本实现现代化的前列

沙洲的崛起，张家港的辉煌

——张家港建县（市）50周年成就展

2012年是张家港建县（市）50周年，为记录张家港建县（市）50年翻天覆地的变化，见证张家港突飞猛进的发展，激励全市人民进一步建设现代化、再创新辉煌，10月27日，“沙洲的崛起，张家港的辉煌”——张家港建县（市）50周年成就展在市文化中心综合展示馆开展。主要分为主题形象墙、亲切关怀、城市记忆、崛起之路、辉煌成就、港城荣耀、走向未来、百姓见证等八大板块，综合运用图片、影像和声光电科技手段，生动展现张家港建县（市）50年的风雨历程和时代变迁，集中体现改革开放后张家港经济社会发展、城市建设、民生保障、生态文明等方面取得的卓越成就。

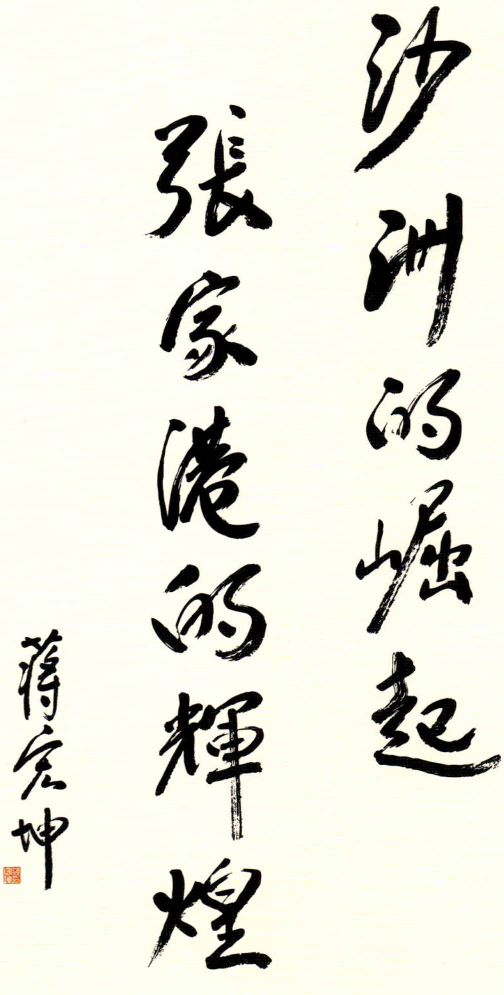

ZHANGJIAGANG ALMANAC 2013

中国年鉴资源全文数据库核心年鉴

張家港年鑑

张 家 港 市 人 民 政 府 主 办
中共张家港市委党史地方志办公室编

方志出版社

图书在版编目（CIP）数据

张家港年鉴. 2013 / 中共张家港市委党史地方志办公室编. -- 北京 ：方志出版社，2013.8
ISBN 978-7-5144-0932-1

Ⅰ. ①张… Ⅱ. ①中… Ⅲ. ①张家港市－2013－年鉴
Ⅳ. ①Z525.33

中国版本图书馆CIP数据核字（2013）第179515号

张家港年鉴（2013）

编　　者：中共张家港市委党史地方志办公室
责任编辑：陈　璐
出 版 者：方 志 出 版 社
（北京市东城区夕照寺14号院富瑞苑公寓6层）
邮编　100061
网址　http://www.fzph.org
发　　行：方志出版社发行部
（010）67120966-6008
经　　销：新华书店总店北京发行所
法律顾问：北京市大禹律师事务所
印　　刷：南京凯德印刷有限公司
开　　本：889×1194　　1/16
印　　张：37.75
字　　数：1087千
版　　次：2013年8月第1版　　2013年8月第1次印刷
印　　数：0001—2600册
ISBN　978-7-5144-0932-1/K·748　　定价：210.00元

张家港年鉴编纂委员会

《张家港年鉴（2013）》

序

中共张家港市委书记　姚林荣

全力争当苏南现代化示范区建设排头兵

在全市上下站在新的历史起点、全面推进港城现代化建设的重要时刻，2013卷《张家港年鉴》付梓出版了。她以丰富的内容、翔实的资料和精美生动的图片，真实全面记录了2012年全市人民攻坚克难、锐意进取、创新实干的奋斗历程，充分展示了全市经济社会发展的重大成就和崭新风貌，是一本存史、资政、育人的生动教材。

2012年，全市上下认真贯彻党的十八大精神，深入落实科学发展观，围绕“在全省第一批基本实现现代化”总目标，紧扣“三个主攻”的工作重点，深入开展“拼抢五个月、加速现代化、献礼五十年”等一系列活动，自加压力，团结拼搏，胜利完成了经济社会发展的各项目标任务，率先总体达到了省和苏州市基本实现现代化指标体系要求，以全面发展的过硬实绩为建县（市）50周年增添了新的光彩。特别是率先在全国推出网格化公共文化服务，得到刘云山的高度肯定。城市文明程度指数测评高居全国同类城市第一。高标准通过国家环境保护模范城市复核验收，荣获全省首个和唯一的生态文明建设特别贡献奖。

2013年，是我市港城现代化建设三年行动的开局之年。全市上下要深入贯彻党的十八大精神，与时俱进弘扬张家港精神，按照“五位一体”的总要求，坚持以转型升级为引领，创新经济发展路径，全力打造“实力张家港”；坚持以城市能级为核心，创新推进城乡一体，全力打造“美丽张家港”；坚持以人文幸福为核心，创新社会建设管理，全力打造“幸福张家港”。以争先的精神、创新的举措，再接再厉、扎实工作，不断巩固提升率先基本实现现代化的建设成果，全力争当苏南现代化建设排头兵。

治天下者以史为鉴，治郡国者以志为鉴。《张家港年鉴》是我市经济社会发展的鉴证实录，更给未来发展以借鉴启迪。希望《张家港年鉴》始终秉承正确的编纂宗旨，进一步彰显港城特色，提升资政服务功能，为全面推进港城现代化建设，为各级领导决策参考，为宣传张家港、推介张家港，发挥更加重要的作用，做出新的更大的贡献！

2013年8月

过去的2012年，虽然外部形势严峻复杂，但是我们张家港攻坚克难，喜事连连。主要经济指标继续在苏州县市名列前茅；现代化建设取得了阶段性的重要成果，总体达到了省和苏州率先基本实现现代化指标体系的要求；“民生水平提升年”的一系列政策，为广大群众带来了更多的实惠；文明建设水平，高居全国同类城市第一；生态建设荣获全省首个和唯一的特别贡献奖，等等。可以说，各个领域全面进步、亮点纷呈，为建县（市）50周年增添了新的光彩！我们共同为之骄傲的城市，在全国的典型地位不断巩固提升！

日月开新元，天地又一春。新的一年，大家希望经济有更好的发展、盼望民生有更多的改善、期待城市更加文明宜居。群众的愿景，就是我们奋斗的目标。2013年，我们将积极顺应全市人民的新期盼，着力打造“实力张家港、美丽张家港、幸福张家港”，创造出更多“看得见、摸得着、用得到”的发展成果，努力使每个家庭“物质更加富裕、居住更加舒适、生活更加安康”，让全体人民都为生活在张家港而“更感温暖、更有信心、更加自豪”！

徐美健 姚林荣

——摘自2013年2月9日新春贺词

2012

年度国家级以上主要荣誉

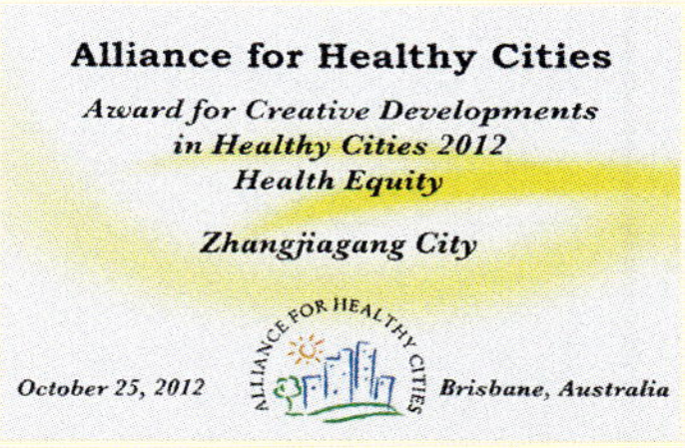

“健康公平”项目获健康城市创新发展奖

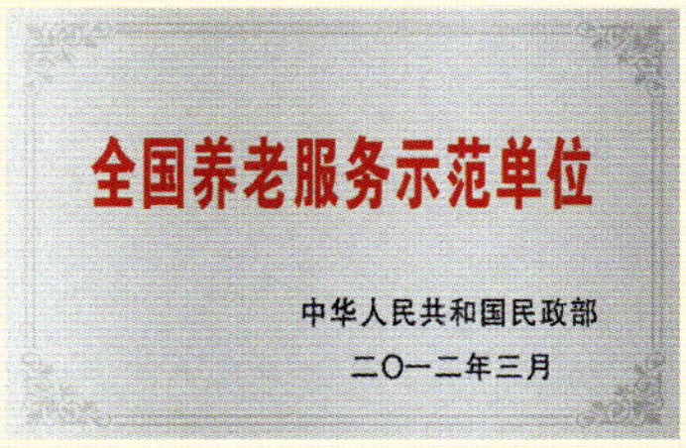

“道路安全”项目
获健康城市最佳实践奖

“健康服务体系建设”项目
获健康城市创新发展奖

2005年年末，张家港市经济和社会发展水平达到省定全面小康社会指标要求，在全省首批实现“第一个率先”。2006年6月，张家港提出要力争用五年左右的时间，在经济总量上再造一个新港城的奋斗目标，这一目标在张家港人的拼搏努力下，于2009年提前一年实现。

2011年2月28日，苏州市委、市政府发出“率先基本实现现代化”的动员令，张家港市以“能当第一，不做第二”为强大激励，以“决战2012，确保在全省第一批基本实现现代化”为奋斗目标，按照全力建设“富有个性、更具实力、群众认可、全面进步”现代化的要求，高点定位扬长避短，扎扎实实埋头苦干，现代化建设取得明显成效。

2013年2月18日，苏州市现代化建设暨转型升级推进会召开。会议指出，张家港走在了率先基本实现现代化的前列，基本达到省和苏州市现代化指标体系的总体要求。

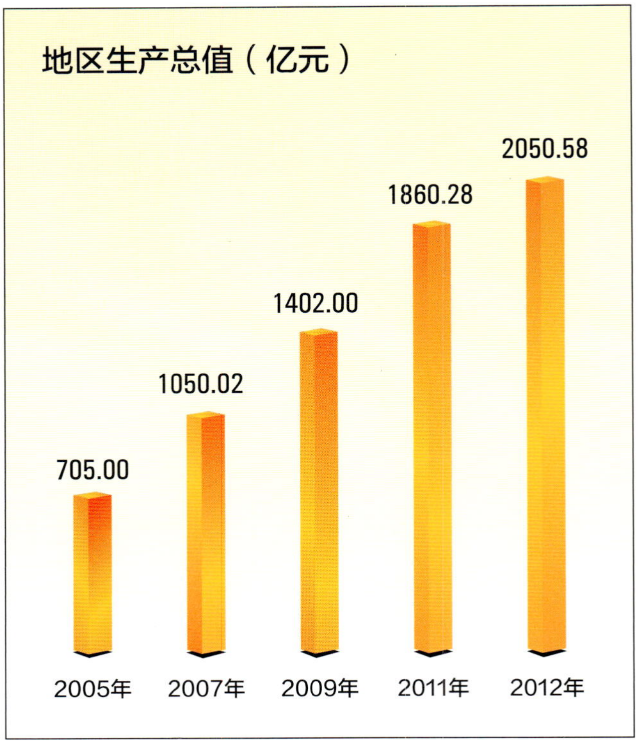

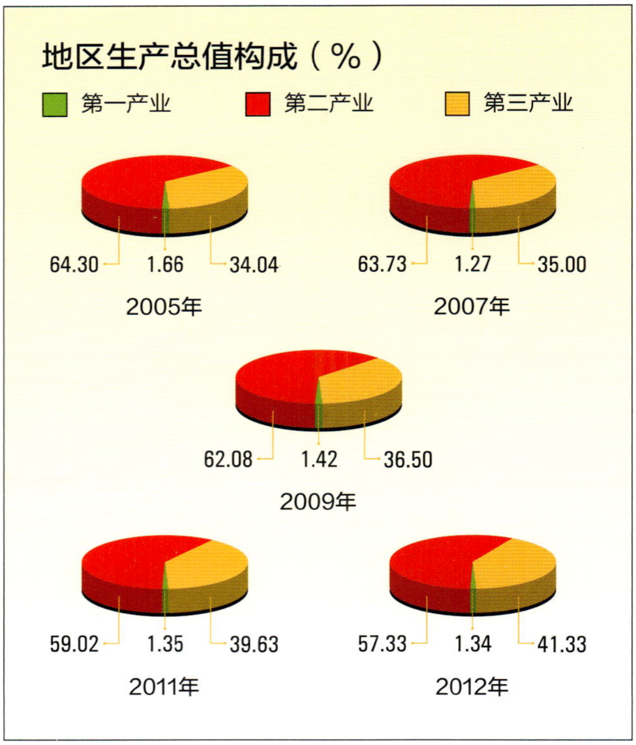

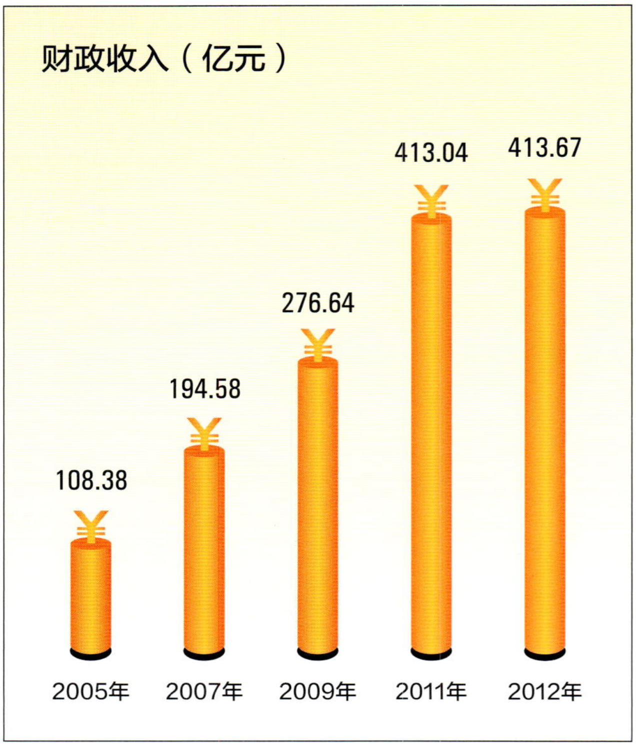

工业总产值（亿元）

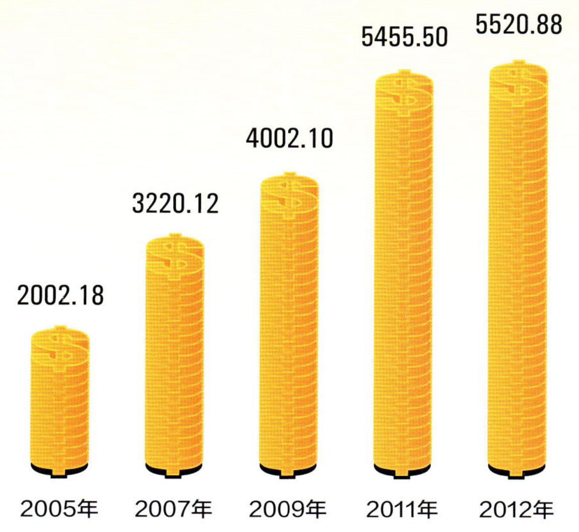

社会消费品零售总额（亿元）

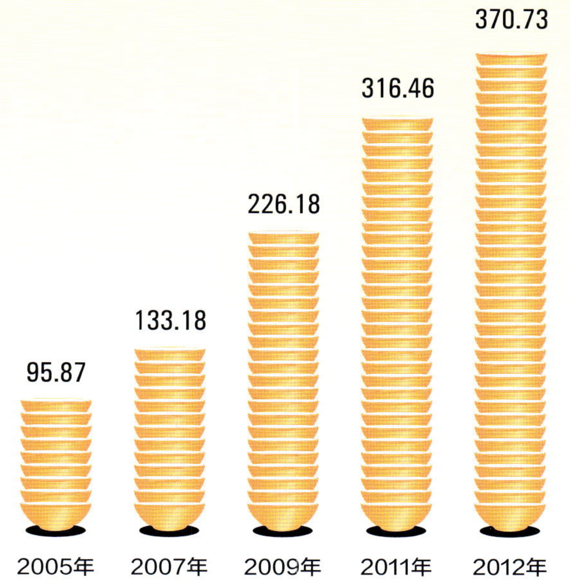

农村居民人均纯收入（元）

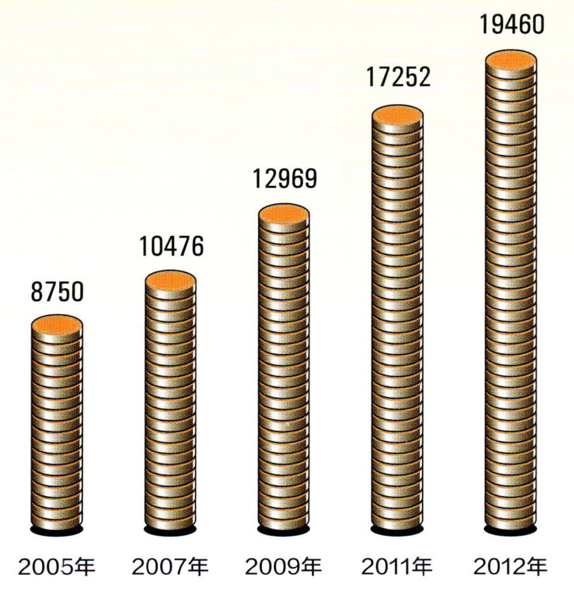

城镇职工平均工资（元）

1

2012年，张家港市坚持转型升级的战略取向，在推进重点项目建设、实施创新驱动战略、保障企业稳健运行、稳定外贸进出口等方面，采取了一系列针对性措施，保持了经济平稳较快发展。全年实现地区生产总值2050.58亿元，比上年增10.9%。公共财政预算收入149.61亿元，比上年增5.1%。全社会固定资产投资额702.98亿元，比上年增20.6%，其中工业投资412.47亿元，继续居苏州县市之首。进出口总额319.62亿美元，其中出口128.11亿美元，比上年增5.9%。

2

3

1 比茨信息技术有限公司中国区总部启动
2 张家港国际商务新城启动仪式暨九州国际广场开工典礼
3 西马克中国生产基地开业典礼
4 张家港扬子江石化有限公司丙烯项目开工仪式
5 市第六届科技节开幕式暨海智基地揭牌仪式
6 市国泰华荣化工新材料有限公司实验室
7 张家港康得新光电材料有限公司生产车间
8 张家港诺信自动化设备有限公司实验室
9 苏州迈泰生物技术有限公司生产车间
10 张家港智能电力研究院与江苏金帆电气集团等企业进行产业化项目深度合作

4

张家港市第六届科技节开幕式暨海智基地揭牌仪式
5

6

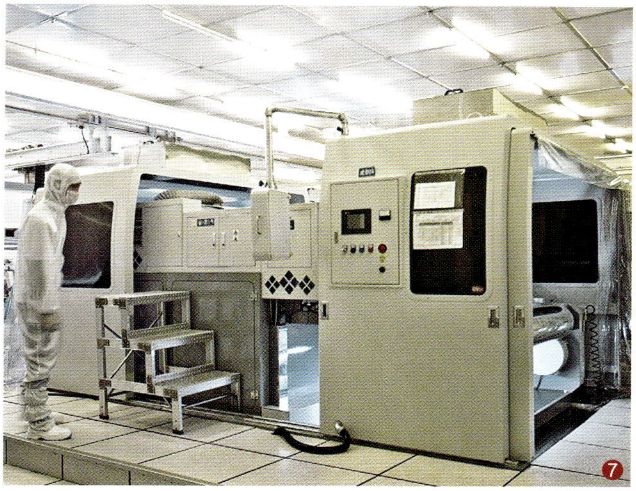
7

8

9

10

1

POLAR
2

3

4

5

6

1 张家港港
2 华芳集团有限公司细络联车间
3 张家港化工机械股份有限公司生产车间
4 中粮东海粮油工业（张家港）有限公司生产线
5 保定天威集团（江苏）五洲变压器有限公司外景
6 江苏华昌化工股份有限公司厂区
7 江苏澳洋医药物流有限公司外景
8 张家港保税区粮油交易市场外景
9 江苏化工品交易所外景
10 玖隆钢铁物流园

2012年，《张家港市城市总体规划（2011～2030）》修编完成并获省政府批准，双山岛旅游度假区等一批专项规划深入开展。城西新区拓展区建设加快，城北沙洲湖区形象初步显现。小城河综合改造顺利竣工，苏虞张快速通道建成通车，走马塘顺利通水，张家港复线船闸通航，疏港高速公路正式开工，通洲沙西水道等一批重大基础设施加快建设。全年搬迁房屋1.44万户，新开工安置房366万平方米，竣工288万平方米，农民集中居住率达到57%。新增林地、绿地3546.67公顷。推动生活垃圾分类管理的试点扩面，完成公共自行车服务系统三期工程。张家港市高标准通过国家环境保护模范城市复核验收，荣获全省唯一的生态文明建设特别贡献奖，建成全省首批村庄环境整治工作示范市。

1 “湖城相望”——暨阳湖大道风景线
2 保税区（金港镇）中港南路
3 经开区（杨舍镇）旺西花苑
4 苏园小区
5 苏州江南农耕文化园
6 冶金工业园（锦丰镇）协仁村
7 大新镇新凯村
8 沙洲中路步行街夜景
9 小城河夜景

5

6

7

8

9

1 市文化中心俯瞰图
2 现代农业示范园区高标准农田
3 沙洲县抗日民主政府纪念馆
4 凤凰湖
5 梁丰生态园菊展
6 沙洲新城中央公园
7 河阳山歌馆
8 香山风景区夜景
9 双山岛旅游度假区

2012年，张家港市率先在全国推出网格化公共文化服务，广泛开展“寻访身边好人、道德讲堂、志愿服务”等文明实践，在全国创新设立“书香城市”建设指标体系，举办第九届长江文化艺术节。深入开展“民生水平提升年”活动，先后出台“未参保超龄人员纳入城保、新市民同城化待遇、城乡医保衔接”等29项民生政策，启动实施“民生保险提优、困难家庭安居、阳光午餐”等18项民生服务项目。在全国率先建立就业失业动态监测预警机制，在全省首家实现真正意义上的城乡养老并轨。义务教育优质均衡改革发展示范区创建通过国家考核，医药卫生体制改革稳步实施，奥运会奖牌实现“零”的突破。推进社会管理创新试点，全省社会治安安全县（市）实现“九连冠”，法治建设满意度保持全省领先。在中央文明办的城市文明程度指数测评中，高居全国同类城市第一，并被评为“中国公益慈善七星级城市”。

1 全市发放1.5亿元春节慰问金，惠及11.56万户群众。图为市领导春节慰问困难群众

2 “幸福网格乐翻天”活动

3 2012年中国（张家港）长江文化艺术节开幕式

4 “12345”便民服务热线

5 开展新市民积分管理

6 凤凰镇双龙村居民健康体检屋

7 经开区（杨舍镇）万红社区“大爱网格文化”茶室

8 青年志愿者慰问空巢老人送温暖

9 实施贫困学生“阳光午餐”工程

应答民生诉求

人文化关怀 同城化待遇 均等化服务
为人民服务

日行一万步
吃动两平衡

助人为乐
1

2

3

4

可回收物
Recyclable
纸类、塑料类、玻璃类、
金属类、织物类、电子类
弃物类
5

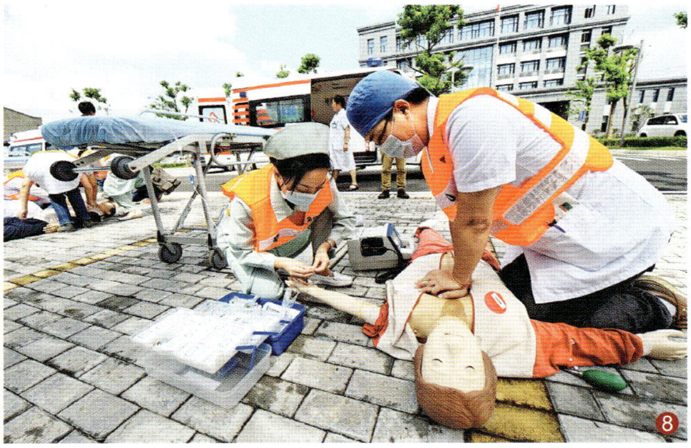

1 “中国好人”事迹巡回演讲开幕式
2 新市民子女乘坐“长鼻子”校车游览全市景点
3 “夏送清凉”走访退休人员
4 城管女子特勤中队
5 市民分类投放垃圾
6 人民调解员化解邻里纠纷
7 常阴沙派出所开展“走访送”活动
8 市第一人民医院开展急救演练活动
9 保税区（金港镇）长山村开展“每月一星”评比活动
10 南丰镇永联村村民代表大会
11 经开区（杨舍镇）福前小区动迁户喜迁新居

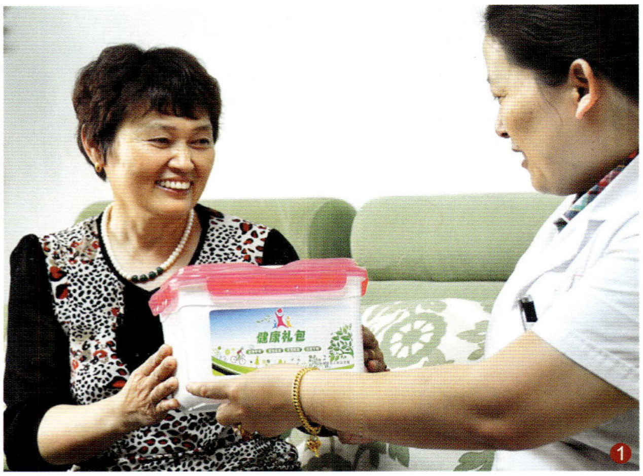

1

2012年，张家港市实事工程分别为：（一）社会关爱工程，包括城乡困难群众帮扶、儿童健康保障工程、健康礼包进万家、“民生保险”优化、新增养老床位1000张、就业援助、公共租赁住房建设；（二）便民服务工程，包括公交候车亭建设、公共交通运力改造、天然气应用推广、粮食烘干系统建设一期、气象预警信息“村村通”、智能交通3G平台建设；（三）教育、文化、卫生工程，包括青少年社会实践基地二期、示范实训培训基地建设、特种作业人员培训基地、公共文化服务共享、市第一人民医院扩建妇儿大楼、办事处卫生基础设施建设；（四）“菜篮子”工程，包括农业基地标准化建设、蔬菜配送及市场保供应急体系建设、农贸市场提档升级；（五）城镇设施改造工程，包括市区老住宅整治、镇区基础设施改造、背街小巷和里弄改造、城区防汛能力提升二期。

2

1 向居民免费发送健康礼包
2 塘桥镇韩山老年公寓
3 经开区（杨舍镇）花园社区气象预警显示屏
4 张家港智能交通服务系统启用仪式
5 江苏港城汽车运输集团有限公司示范实训基地
6 塘桥镇南京路街景改造工程
7 常阴沙放心蔬菜基地
8 快乐农夫健康农副产品直销店
9 市青少年社会实践基地

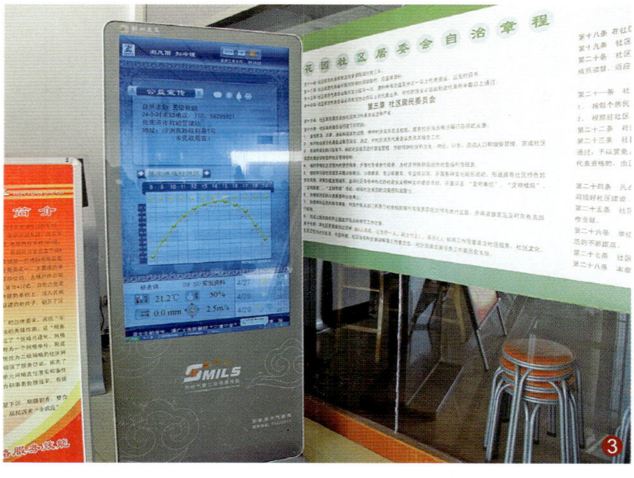

3

4

5

6

7

8

9

1 12月5日，市委书记徐美健会见韩国驻沪总领事馆领事韩总基

2 5月23日，市委副书记、市长姚林荣会见俄罗斯维亚基马市市长德米多娃•英娜一行

3 3月29日，市委常委、副市长徐仲高会见美国丽浪多市市长麦克•甄一行

4 4月17日，副市长邵军民会见德国劳恩堡市市长安德鲁斯•提德率领的政府代表团。其间，两市签署建立友好交流城市关系意向书

5 8月7日，市人大常委会副主任顾放率市学生团首次赴澳大利亚格勒奈尔格郡开展交流

6 7月12日至15日，市政协副主席徐平观一行赴日本香川县参加纪念中日邦交正常化40周年研讨会

7 2月28日，市东莱小学和鹿苑小学分别与英国Great Ballard和Dorset House学校签订姐妹学校协议

8 5月30日，市沙洲中学与韩国浦项市迎日高签订友好学校协议

9 7月25日至30日，张家港市学生团赴日本丸龟市开展交流

10 4月25日至5月2日，法国巴赫—乐—蒙尼阿乐的贞德学校师生到访市外国语学校

创建单位	品牌名称	品牌标识	核心价值
市交通运输局	阳光e驾	阳光e驾	在培训模式上，“阳光e驾”采用分段教学的方法，选择每个科目技术精湛的教练员专门从事各个科目的教学；在培训收费上，学员在学课程结束后，根据相应时段的价目缴纳课程所需费用；在培训管理上，实现全数字化管理，确保学员培训学时；在学员管理上，利用现代化科技信息手段，通过网上预约系统、指纹识别系统、GPS监控系统、掌上信息系统、评价系统五大系统实现对学员教学全过程管理；在人性化服务上，一是学员练车自主性强，二是提供班车免费接送学员；在社会责任上，教练员教学时会把文明驾车、安全驾车理念贯穿到学员学车的过程中
市财政局	阳光财政 聚财为民		发展经济、保障民生
市城市管理局	城市管家	城市管家 CITY GUARD	广大城管工作人员作为城市管理的服务者，爱岗敬业、任劳任怨，用心管理城市，为打造全国最洁美文明城市、打造全国最优秀城管队伍而辛勤耕耘、默默付出，勇当城市建设的“管理先锋”，甘做服务群众的“人民公仆”，提供优质城管服务，营造街净巷洁、秩序井然的优美人居环境，让城市更加文明、社会更加和谐
市委市级机关工作委员会	全心力行 倾情服务	全心力行 倾情服务 先于机关 优于机关 www.zjgjggw.gov.cn 中共张家港市委市级机关工作委员会	以“全心力行”作为开展工作的奉献标准，有多少心，用多少心，有多少力，出多少力；以“倾情服务”作为开展工作的理念追求，在工作中倾注热情、满怀豪情、贯穿亲情，为市委、市政府服务，为机关单位服务，为党员干部服务，为人民群众服务。以“先于机关、优于机关”作为全心力行、倾情服务的自我要求和履职标准，力争做到思想先、作风优，服务先、作品优，行动先、作为优
市人力资源和社会保障局	人为本 心为民	ZJG·RSJ 人为本 心为民 张家港市人力资源和社会保障局 ZHANGJIAGANGSHI RENLIZIYUAN HE SHEHUIBAOZHANGJU	以“争当保障民生表率，争做服务人才模范”为己任，以全面推进“人才强市、城乡就业、社会保障”三大工程建设一流业绩为目标，以“高点定位、争先进位”为标准，强化队伍素质，用心为民（真心为民排忧、热心为民解难、诚心为民办事、公心为民执法、尽心为民守责、一心为民谋利）提供满意服务，着力树立人社部门良好形象

创建单位	品牌名称	品牌标识	核心价值
市委宣传部、市文化广电新闻出版局	张家港市网格化公共文化服务	张家港市网格化公共文化服务 Zhangjiagang Grid Public Culture Service	旨在解决政府在村（社区）以下公共文化服务缺乏支撑层级的问题；解决基层公共文化服务人员严重缺乏的问题；大幅度提高公共文化服务的效率和效益，并以此形成倒逼机制，促进公共文化设施网络覆盖体系和公共文化服务组织支撑体系、资金及技术保障体系的进一步完善，促进公共文化资源建设和公共文化产品的生产，促进市、镇两级公益性文化事业单位服务方式的转变和服务能力的提高，促进公共文化人才队伍建设，促进公共文化服务评估体系的建立，从而以小网格撬动大体系，推动整个公共文化服务体系建设再上新台阶
市档案局	大档案心服务	大档案 心服务 张家港市档案局（馆） ZHANGJIAGANG CITY ARCHIVES(MUSEUM)	坚持“为党管档、为国守史、服务为先、安全第一”的理念，努力建立覆盖人民群众的档案资源体系、服务人民群众的档案利用体系及确保安全保密的安全体系，加强全市档案资源的整合开发，为社会各界提供高效、便捷、优质的服务。更好地发挥档案工作传承文明、传播文化、资政育人、服务民生的独特作用
市公安局	走访送	走访送 走千家 访万户 送安全	通过“走千家、访万户、送安全”活动，推动社会管理和群众工作的创新，提升公安机关服务大局、执法为民、守护平安的能力，打造群众工作的特色品牌，积极构建和谐警民关系，树立公安机关良好形象
市人口和计划生育委员会	助您好孕		以科学发展观为指导，坚持以人为本，关注民生，服务民生。加强部门协作，增强服务能力，完善人口出生缺陷社会化干预工程，实施免费孕前优生检查，提高出生人口素质，提升人民群众幸福指数
市住房和城乡建设局	阳光代建	HOUSING AND URBAN-RURAL DEVELOPMENT 阳光代建	以“高效、廉洁、创新”为核心价值观，体现市建筑工务处的代建机构职能，接受委托对市级政府投资的非经营性建设用房和政府指定的其他项目及构筑物、配套设施进行建设的组织实施工作，项目建成后交付使用单位

编辑说明

一、《张家港年鉴》是由中共张家港市委领导、张家港市人民政府主办、中共张家港市委党史地方志办公室负责逐年编纂的张家港市地方综合性年鉴。

二、《张家港年鉴（2013）》为第十八卷。她全面、系统、真实地记录了2012年度张家港市自然、政治、经济、文化和社会生活等方面的基本情况，为领导决策提供依据，为中外人士了解和研究张家港提供资料，也为地方留下宝贵史料。

三、《张家港年鉴（2013）》采用条目式记事体，分类编纂。基本结构为类目、分目、条目三个层次，其中“民主党派·工商联·人民团体”类目增设次分目以达到方便读者、贴近实际的目的。《张家港年鉴（2013）》共设类目36个，下设分目257个、次分目11个、条目1022个、表格117张。

四、年鉴彩页彰显年度特色。2012年为张家港建县（市）50周年和“决战现现代化”之年，为反映重点，在前环设置张家港建县（市）50周年成就展，公共彩页突出“争当苏南现代化建设排头兵”和“实力张家港、美丽张家港、幸福张家港”建设主线。以“率先基本实现现代化”为题，用数据体现2012年张家港市全力建设“富有个性、更具实力、群众认可、全面进步”现代化，基本达到省和苏州市现代化指标体系情况；以“实力张家港”为题，体现张家港市以转型升级为核心，创新经济发展路径情况；以“美丽张家港”为题，体现张家港市以城市能级为核心，创新推进城乡一体情况；以“幸福张家港”为题，体现张家港市以人文幸福为核心，创新社会建设管理情况。同时设置“实事工程”“友好往来”“十佳机关服务品牌”等栏目。

五、年鉴正文部分类目根据2012年实际，框架结构作了适当调整。特设“率先基本实现现代化”类目，呈现张家港市2012年决战现代化的决策与措施以及特色与优势；突出年度特色，设置深入开展“拼抢五个月、加速现代化、献礼五十年”活动、张家港建县（市）50周年庆祝活动和网格化公共文化服务3篇专记。取消保税区·工业园区类目，将相应内容并入区镇概况类目，体现“区镇合一”体制的实际；将建筑业·房地产业类目中的住房公积金管理分目移至综合经济管理类目，将商贸服务业类目与市场·物流类目合并为商贸服务业类目，将交通·邮政类目与信息化建设类目合并为交通·邮电·信息化类目，在区镇概况类目中增加双山岛旅游度假区分目，使篇目设置更合理。同时，为突出张家港经济发展特点，继续设置开放型经济、民营经济、港口口岸、生态环境建设·旅游等地方特色类目。

六、年鉴采用的稿件由全市各区镇、各部门提供，并经相关单位领导审核。文中所列数据，原则上依据《张家港统计年鉴（2012）》，统计年鉴中没有的以主管部门统计为准。有部分数据因统计口径不同而有所差异，请读者在引用时加以注意。

七、《张家港年鉴（2013）》有纸型版和光盘版两种版本。光盘版随纸型版年鉴同时发行。

八、根据行文实际需要，本年鉴部分机构使用简称，机构的全称与简称对照表列于目录前。

九、年鉴卷首有详细的中文目录和英文要目，卷末有按汉语拼音顺序排列的主题分析索引，文中所有信息均可由目录、索引、书眉获得。

十、年鉴征编过程中，得到了全市各区镇、各部门、各单位的热情支持，在此深表谢意！由于编辑水平有限，不足之处恳请广大读者批评指正。

张家港市部分机构简称、全称对照表

简　称	全　　称	简　称	全　　称
市委	中国共产党张家港市委员会	市国税局	张家港市国家税务局
市人大	张家港市人民代表大会	张家港地税局	苏州市张家港地方税务局
市政府	张家港市人民政府	张家港工商局	苏州市张家港工商行政管理局
市政协	政协张家港市委员会	张家港质监局	苏州市张家港质量技术监督局
市纪委	中国共产党张家港市纪律检查委员会	张家港住房公积金中心	苏州市住房公积金管理中心张家港分中心
民革市总支	中国国民党革命委员会张家港市总支委员会	市工商联	张家港市工商业联合会(总商会)
民盟市委	中国民主同盟张家港市委员会	团市委	共青团张家港市委员会
民建市基层委员会	中国民主建国会张家港市基层委员会	市妇联	张家港市妇女联合会
农工党市委	中国农工民主党张家港市委员会	市侨联	张家港市归国华侨联合会
保税区(金港镇)	张家港保税区(金港镇)	市文联	张家港市文学艺术界联合会
经开区(杨舍镇)	张家港经济技术开发区(杨舍镇)	市社科联	张家港市哲学社会科学界联合会
冶金工业园(锦丰镇)	江苏扬子江国际冶金工业园(锦丰镇)	市科协	张家港市科学技术协会
市人武部	张家港市人民武装部	市残联	张家港市残疾人联合会
市委统战部	中国共产党张家港市委统一战线工作部	市关工委	张家港市关心下一代工作委员会
市委农工办	中国共产党张家港市委农村工作办公室	市食品药品监管局	张家港市食品药品监督管理局
市发改委	张家港市发展和改革委员会	市政府口岸办	张家港市人民政府口岸办公室
市经信委	张家港市经济和信息化委员会	张家港边检站	张家港边防检查站
市农委	张家港市农业委员会	张家港检验检疫局	张家港出入境检验检疫局
市人口计生委	张家港市人口和计划生育委员会	张家港引航站	长江引航中心张家港引航站
市委史志办	中国共产党张家港市委党史地方志办公室	沙工	沙洲职业工学院
市人社局	张家港市人力资源和社会保障局	张家港电大	江苏广播电视大学张家港学院
市国土局	张家港市国土资源局	市金融办	张家港市人民政府金融工作办公室
市住建局	张家港市住房和城乡建设局	市人民银行	中国人民银行张家港市支行
市城管局	张家港市城市管理局	市银监办	中国银行业监督管理委员会苏州监管分局张家港监管办事处
市房管中心	张家港市房产管理中心	市外汇管理局	国家外汇管理局张家港市支局
市园林局	张家港市园林绿化管理局	沙钢集团	江苏沙钢集团有限公司
市文广新局	张家港市文化广电新闻出版局	永钢集团	江苏永钢集团有限公司
市环保局	张家港市环境保护局	国泰集团	江苏国泰国际集团有限公司
市安监局	张家港市安全生产监督管理局	华尔润集团	江苏华尔润集团有限公司
市民宗局	张家港市民族宗教事务局	华芳集团	华芳集团有限公司
市外事办	张家港市人民政府外事办公室	澳洋集团	江苏澳洋实业(集团)有限公司
市流服中心	张家港市流动人口服务中心	骏马集团	江苏骏马集团有限公司
市调解中心	张家港市社会调解服务中心	华昌集团	江苏华昌(集团)有限公司

总　目

目　　录

特辑·特载

大事记

市情概览

率先基本实现现代化

中共张家港市委员会

张家港市人民代表大会

张家港市人民政府

政协张家港市委员会

纪检·监察

民主党派·工商联·人民团体

武装·政法

农业·水利

工　　业

民营经济

开放型经济

港口口岸

商贸服务业

城乡建设

建筑业·房地产业

生态环境建设·旅游

交通·邮电·信息化

财政·税务

金　　融

综合经济管理

科学技术

教　　育

文化·新闻

卫　生

体　育

社会生活

专　记

组织机构及其领导人名录

人物·先进集体

附　　录

索　　引

宣传画页

Main Contents

National Defense & Legal System

Agriculture & Water Conservancy

Industry

Private Economy

Open Economy

Zhangjiagang Port

Commerce and Service Trade

Urban and Rural Construction

Architecture & Real Estate

Ecological Environmental Construction & Tourism

Traffic & Postal Service and Telecommunications&Information Construction

Finance & Taxation

Finance

Comprehensive Economic Administration

Science and Technology

Education

Culture & News

Health

Sports

Social Life

Survey of Towns

Special Narration

Name Lists of Organizations and Their leaders

Personages & Advanced Collectives

Appendix

Index

特辑·特载

党和国家领导人赴张家港市考察

7月13日，全国人大常委会副委员长、民进中央主席严隽琪一行在省人大常委会副秘书长陈为民及苏州市人大常委会副主任顾仙根等陪同下到张家港市考察。严隽琪一行先后考察了凤凰镇河阳山歌馆、市现代农业示范园区、永联小镇、城西新区、暨阳湖生态园等地。严隽琪充分肯定了张家港市经济社会发展取得的丰硕成果，称赞张家港市城市建设独特、干群精神饱满，有很好的发展潜力。市领导徐美健、姚林荣、高建刚、单玉珍等陪同严隽琪考察。

8月20日至22日，全国人大常委会副委员长、九三学社中央主席、中国科学技术协会主席韩启德到张家港市考察。省人大常委会副主任赵龙，省政协副主席、九三学社江苏省委主委许仲梓，苏州市委副书记、市长周乃翔，苏州市人大常委会副主任、九三学社苏州市委主委钱海鑫，张家港市领导徐美健、姚林荣、单玉珍、郭炳荣、陆颂义、石锡贤、徐平观等陪同考察或出席相关活动。韩启德一行先后参观了市文化中心的“张家港精神”主题展馆和城市展示馆，实地考察了永联村、城西新区、暨阳湖生态园、小城河改造一期和二期工程、苏州艾迪尔医疗器械公司、苏州欣荣博尔特医疗器械公司等地。韩启德称赞张家港市始终坚持经济提速增效与文明创建育人有机结合，不断深化精神文明创建，不断提高市民整体素质，形成了“全民参与、共建共享、长效常态”的创建格局。

10月28日至29日，全国政协副主席、九三学社中央副主席王志珍到张家港市考察。全国人大常委会委员、民进中央专职副主席朱永新，苏州市人大常委会副主任、九三学社苏州市委主委钱海鑫陪同考察。张家港市领导徐美健、姚林荣、单玉珍、顾放、徐平观等陪同王志珍一行考察。王志珍考察了南丰镇永联村，称赞永联是全国一流的社会主义新农村，并出席了2012中国（张家港）长江文化艺术节开幕式暨庆祝张家港建县（市）50周年、张家港保税区建区20周年文艺晚会、第五届中国（张家港）长江流域戏剧艺术节开幕式暨中国剧协梅花奖艺术团专场演出。

张家港市获评2012年“中国最具幸福感城市”

12月30日，以“民生幸福·成就中国”为主题的“2012中国城市幸福盛典”在北京举行。张家港市在获评的十大2012年“中国最具幸福感城市”县级市中，以总分第一的成绩名列榜首。市委常委、宣传部部长杨芳代表张家港市出席盛典，并作主题发言。中国最具幸福感城市调查推选活动由新华社《瞭望东方周刊》首创，至2012年已举办6年。此次评选依据的城市幸福感评价体系，涉及人情味、交通、医疗、教育、社保、治安、收入、环境、房价等22个指标，张家港市的综合得分名列前茅，充分反映了城市幸福程度。

张家港市荣获2012年中国制造业最优投资环境城市称号

5月20日至21日，由亚洲制造业协会主办的第四届中国制造业论坛年会在上海举行，张家港市凭借良好的投资环境和规范化服务型政府建设的成效，获2012年中国制造业最优投资环境城市称号，市人民政府副市长邵军民代表张家港市出席颁奖典礼并领奖。由亚洲制造业协会评选的中国制造业最优投资环境城市致力于表彰在加大对外开放，提升城市形象，优化投资环境，吸引外资和发展民营经济等方面成效显著的城市。

张家港市被评为2012年中小城市综合实力百强县第三位

9月15日，中国中小城市科学发展评价体系研究课题组发布2012年度中国中小城市科学发展评价体系研究成果，张家港市入选“2012年度中国中小城市综合实力百强县”，位列第三位。同时张家港市还荣膺“2012年度中国最具区域带动力中小城市百强县”。中小城市综合实力评选指标体系由“经济指数、社会指数、环境指数、政府效率指数”4部分构成。对中小城市综合实力的评价，力图从发展观的内涵出发，遵循“以人为本”和“全面、协调、可持续”的要求，全面审视中小城市的经济发展质量，经济、社会、环境各方面的协调发展程度，人民群众共享改革发展成果的状况，以及城市可持续发展的能力和水平等。

张家港市首批荣膺“全国慈善城市”

8月27日，民政部在宁夏吴忠市举行第二届“中国城市公益慈善指数”发布活动，张家港市以高分获得首批“全国慈善城市”称号，市人民政府副市长华红代表张家港市领奖。城市公益慈善指数被称为“爱心GDP”，直接反映着一个城市的现代化进度和社会文明程度，也直接决定着一个城市的社会和谐度和城市美誉度。此次全国慈善城市评比以“城市公益慈善指数”调查为依据，从社会捐赠、慈善组织、慈善项目、志愿服务、政府支持、慈善文化六方面共100余项指标对城市公益慈善事业进行综合考量，张家港市综合得分在参评的321个城市中名列前茅。

张家港市获“全国村务公开民主管理示范单位”称号

7月3日，全国村务公开民主管理工作会议在山西省运城市召开，张家港市在会上被全国村务公开协调小组命名为“全国村务公开民主管理示范单位”。张家港市高度重视村务公开民主管理工作，出台《关于进一步加强村务公开民主管理工作的意见》，规范村务公开内容；建立覆盖全市的市、镇、村三级村务公开民主管理组织机构，并探索推行议事会、“两委”联席会和听证会、民主恳谈会机制，全面推行“村级职权目录流程”公开、“村级阳光综合审计制度”等，确保村务公开民主管理的公开程序、运行机制、载体建设、监督体系到位。

张家港保税港区被国务院批准为汽车整车进口口岸

11月6日，国务院批准张家港保税港区为汽车整车进口口岸，这是江苏省第一个汽车整车进口口岸。至2012年年末，张家港保税港区完成汽车整车进口口岸概念规划和顶层设计及详细建设方案，接洽宝马、英菲尼迪、GMC、上海海通等一批企业，韩国现代、起亚每年进口2万辆的整车物流中心项目成功签约。同时，码头改造、堆场、检测线等功能规划确定，分拨分销中心区域的建设启动。

张家港市发布全国首个“书香城市”建设指标评价体系

11月13日，张家港市正式发布全国首个“书香城市”建设指标评价体系。该体系的正式版本包括阅读设施、阅读资源、阅读组织、阅读活动、阅读环境、阅读成效及保障条件等一级指标7个，涉及44个二级指标和87个三级指标。这是张家港市在推动全民阅读、建设“书香城市”进程中一次有益的尝试，首次将“书香城市”以量化、可考的指标形式体现出来，变模糊型推动为制度化约束，具有很强的创新性、操作性和示范性。

乘势而上抓提升　创新争先求突破 全力争当苏南现代化建设排头兵

——2012年12月22日在市委十届五次全体(扩大)会议上的讲话

徐美健

同志们：

这次全会的主要任务是：认真贯彻落实党的十八大精神和省委、苏州市委全会精神，全面总结今年以来的各项工作，深入分析当前面临的形势，按照科学发展观和“五位一体”建设的要求，研究部署明年的工作目标和思路举措，动员全市广大干部群众，以争先的精神、创新的举措，再接再厉、扎实工作，不断巩固提升率先基本实现现代化的建设成果，全力争当苏南现代化建设的排头兵。

下面，我根据市委常委会研究的意见，讲三个方面问题。

第一个问题，咬定目标，加压奋进，现代化建设取得阶段性的重要成果

今年是党的十八大胜利召开之年，也是我市建县(市)50周年的大庆之年，更是率先基本实现现代化的决战之年。今年以来，面对复杂严峻的宏观形势，市委团结带领广大干部群众，紧扣“在全省第一批基本实现现代化”的总目标，紧扣“三个主攻”的工作重点，深入开展“拼抢五个月、加速现代化、献礼五十年”等一系列活动，自加压力，团结拼搏，基本完成了经济社会发展的各项目标任务，总体达到了省和苏州的率先基本实现现代化指标体系要求，以全面发展的过硬实绩为建县(市)50周年增添了新的光彩。

(一)稳增长、促转型，经济实力不断提升。坚持转型升级的战略取向，在推进重点项目建设、实施创新驱动战略、保障企业稳健运行、稳定外贸进出口等方面，采取了一系列针对性措施，保持了经济平稳较快发展。全年地区生产总值突破2000亿元，达到2050亿元(预计数，下同)，增长10.2%；公共财政预算收入突破150亿元，达到152亿元，增长6.8%；全社会固定资产投资突破700亿元，其中工业投资412亿元、继续居苏州县市之首；进出口总额318亿美元，其中出口126亿美元、增长4.2%。新兴产业培育力度加大。完成新兴产业投资170亿元、增长17%，总量居苏州第一；实现新兴产业产值1825亿元，增长20%。保税区新兴产业育成中心、市高新技术中试与产业化基地和重装基地等一批新兴产业载体加快完善。康得新光学薄膜、扬子江石化丙烯等41个超亿元新兴产业项目，按计划有序推进。科技创新能力明显增强。新增自主培育“千人计划”人才4人，签约“千人计划”项目45项；新增省“双创人才”12人、姑苏“领军人才”21人，均在苏州县市领先；申报入选省“创新团队”1个；引进市级领军型创新创业人才(团队)74个。在全省率先实现大中型工业企业研发机构“全覆盖”。建成智能电力研究院、苏大工研院、东大工研院、飞翔苏州新材料研究院等一批重大创新载体，新增面积30万平方米、相当于历年总和。现代服务业加速发展。完成服务业投入288亿元，增长25%、居苏州县市首位；实现服务业增加值850亿元，增长15%。成功获批全省唯一的汽车整车进口口岸和江苏进口商品集采分销中心，正式发布中国·张家港液体化工品价格指数。玖隆物流园一期仓储区建成投运。长三角唯一的比荻服务外包产业园落户我市，软件动漫产业园成为国家影视网络动漫实验园。入选全国服务业500强企业14家，总数居全省县市第一。现代农业水平持续提升。粮食生产实现“九连增”。新增高效农业2.98万亩。建成市级蔬菜配送中心2个，日配送量超过10万人次。青草巷批发市场成为我省首个全国4A级仓储型物流企业。建成江苏首家“基本实现农业机械化示范市”。

(二)创特色、增亮点，个性优势更加突出。不断增创我市发展的特色优势，城市的品牌效应持续放大。文明张家港建设继续深化。率先在全国推出网格化公共文化服务，得到刘云山同志的高度肯定。在中央文明办的城市文明程度指数测评中，高居全国同类城市第一。启动实施“城市公共文明提升三年行动计划”，广泛开展“寻访身边好人、道德讲堂、志愿服务”等文明实践，被评为“全国未成年人思想道德建设工作先进城市”。7名市民荣登“中国好人榜”，居全省县市之首。深入实施八大文化民生工程，在全国创新设立《“书香城市”建设指标体系》，成功举办第九届长江文化艺术节。人均公共文化设施面积居全省县市之首。城乡一体化建设快速推进。《城市总体规划》修编完成并获省政府批准，深入开展双山岛旅游度假区等一批专项规划。城西新区拓展区建设加快，城北沙洲湖区形象初步显现。小城河综合改造顺利竣工，谷渎港改造主体工程基本完成。苏虞张快速通道建成通车，走马塘顺利通水，张家港复线船闸具备通航条件，通洲沙西水道等一批重大基础设施加快建设。疏港高速公路正式开工。张杨公路、金港大道等整治提升。70万平方米老住宅区综合整治和18项街景立面整治工程全面完成。欢乐世界等一批功能性设施建成开放。搬迁房屋1.44万户，新开工安置房366万平方米、竣工288万平方米，农民集中居住率达到57%。生态示范区建设巩固提升。高标准通过国家环境保护模范城市复核验收，荣获全省首个和唯一的生态文明建设特别贡献奖。加快淘汰落后产能，腾笼换凤面积5500亩。全面完成COD、氨氮、氮氧化物、二氧化硫的减排任务。新增林地、绿地5.32万亩。建成首批“全省村庄环境整治工作示范市”。推动生活垃圾分类管理的试点扩面。完成公共自行车服务系统三期工程，在全国率先实现市区全覆盖。

（三）促民富、惠民生，共建共享充分体现。深入开展“民生水平提升年”活动，切实解决群众普遍关注、急需解决的问题。惠民政策力度空前。加大“社会保障、待遇同城化、社会救助”等方面的投入，先后出台“未参保超龄人员纳入城保、新市民同城化待遇、城乡医保衔接”等29项民生政策，启动实施“民生保险提优、困难家庭安居、阳光午餐”等18项民生服务项目，惠民政策的普及面进一步扩大。春节发放1.5亿元“民生大礼包”，惠及11.56万户家庭。34.1万份“健康大礼包”受到群众普遍欢迎。保障水平优化提升。城镇居民可支配收入达到4万元、农民人均纯收入达到2万元，分别增长14%和16%。在全国率先建立就业失业动态监测预警机制。职工医保和居民医保实现“五个统一”，全面调高了“企业和农保退休人员、征地保养金、老年农（居）民社会养老补贴”等保障标准，在全省首家实现真正意义上的城乡养老并轨。新建保障性住房36.1万平方米、5986套（户）。募集“爱满港城”善款超亿元，被评为“中国公益慈善七星级城市”。率先在全省实施了新市民积分管理办法，新市民享有公租房以及子女就读公办学校、参加居民医保的比例，均在全省领先。公共服务深化拓展。义务教育优质均衡改革发展示范区创建通过国家考核，新加坡外国语学校正式招生，普通高考、对口单招等指标继续位居苏州第一，沙洲工学院完成了教育部人才培养工作评估。稳步实施医药卫生体制改革，有序推进公立医院改革试点，“健康公平”等3个项目荣获世界卫生组织的创新发展奖和最佳实践奖。食品监测“四统一”、养老帮扶“五个一”、政府公共服务平台建设等在全省推广，镇（区）居家养老服务中心实现全覆盖。全民健身大联赛等活动蓬勃开展，奥运会奖牌实现“零”的突破。

（四）抓党建、强保障，各项事业协调共进。以党建为引领、以改革促创新，统筹推进现代化建设的各项事业。党的建设全面加强。圆满完成了市镇两级人大、政府和市政协换届，严肃换届纪律工作满意度列苏州县市第一。人大法律监督、工作监督和政协民主监督作用有效发挥。深化干部人事制度改革，面向全国选聘紧缺型人才，在全国率先建成15家市级机关“研究生工作站”。扎实开展“基层组织建设年”活动，在全省率先出台《创建服务型基层党组织指标体系》。非公党建力度不断加大，并形成了“党建商贸服务圈”等一批工作品牌。大力实施“党风廉政建设满意度提升”工程，严肃查处和惩治腐败分子，坚决纠正损害群众利益的不正之风。深入推进“三解三促”活动，抽调千名机关干部到基层帮助工作，受到基层干部群众的好评。改革工作稳步实施。在全国县级市中成立首家绩效管理委员会，构建了与中心工作紧密结合的绩效管理制度体系。全面实施凤凰镇“强镇扩权”试点，双山岛旅游度假区正式成立，深化完善镇辖办事处的管理体制。完成新一轮行政审批事项清理，审批时限压缩30%。文化体制改革方案确定并启动。金融改革步伐加快，在苏州县市中首开中小型企业统贷平台业务。成立了城市投资发展集团有限公司。率先实施经营性土地出让的预申请制度。农村“三大合作”改革取得新进展。组建农村资源（南丰）交易所，成为全省首家农村资源交易平台。社会保持和谐稳定。深入开展“四项排查”，切实加强对重大活动、敏感问题的动态防控。全面完成三级政府挂牌督办的安全生产隐患整改。创新完善“大调解”机制，落实党政领导干部下访接访制度。推进社会管理创新试点，实现全省社会治安安全县（市）“九连冠”，法治建设满意度保持全省领先。与此同时，统计、粮食、物价、工青妇、兵役、民防、老干部、档案、残疾人和

市老年公寓　（市民政局　供稿）

关心下一代等工作都取得了新的进展。

回顾2012年，决战现代化成效的取得，离不开省委、苏州市委的正确领导，离不开全市广大干部群众的不懈奋斗，离不开历届领导班子打下的良好基础和社会各方面的关心支持。一年来，全市上下创造的物质财富来之不易，积累的精神财富尤为珍贵，最深切的体会有四条：

（一）“上下同心、风清气正、众志成城”是最值得珍惜的发展环境。面对前所未有的严峻形势、面对前所未有的经济冲击，各级各部门在思想上、行动上，与市委市政府保持高度一致，一呼百应、坚定不移。全市上下包括各垂直条线部门，一切以决战现代化为先，一切以实现既定目标任务为重，主动配合、紧密协作，全力攻坚现代化建设的难点，合力应对经济下行的压力。正是这种政通人和、团结拼搏的内部环境，最大程度消解了外部环境的不利影响，为全市各项事业发展提供了坚强有力的支撑。

（二）“使命在我、不留退路、克难求进”是最难能可贵的精神风貌。在率先基本实现现代化、以崭新业绩迎接建县（市）50周年、稳增长促转型等繁重的任务面前，各级干部大力弘扬张家港精神，以高度的责任意识，义无反顾、一往无前。各板块各部门真正做到了不管困难有多大，始终咬定目标，不打折扣、不找借口；不管压力有多大，坚持创新思路，对内挖潜、对上争取。可以说，这种“永不懈怠、奋发进取”的精神状态，是张家港全年决战决胜的不竭动力，也是张家港未来再创辉煌的希望所在。

（三）“真抓实干、敢于担当、动真碰硬”是最需要保持的工作作风。对照第一批基本实现现代化和年度既定目标的时间表、任务书，全市上下以强烈的紧迫意识，分秒必争地抢，全力以赴地拼。从争取“开门红”，到拼抢“五个月”，再到确保“结好果”，全市各级挂图作战、力求实效，一鼓作气不松劲；从补强现代化建设的薄弱环节，到克服影响发展的瓶颈制约，再到争取事关全局的重大项目，各相关部门敢抓敢管、全力突破，一着不让抓落实，推动了各项工作的“能快则快、能超则超”，并培育形成了许多新的特色亮点。

（四）“全体干部、广大企业家、人民群众”是最坚强可靠的发展力量。广大干部以港城发展为己任，任务再重不退缩，挑战再大不畏难，模范带头、勤勉敬业。众多企业家危中求进抢发展，胸怀大局争贡献，有力地支撑了经济发展，自觉地履行了社会责任。包括“新张家港人”在内的百万港城人民，以高度的城市自豪感和主人翁意识，发挥主体作用，积极主动作为，合力谱写了率先基本实现现代化的精彩篇章。可以说，在张家港精神熏陶下培育成长起来的这三支队伍，不愧是张家港最为宝贵的财富、最核心的竞争优势。

在此，我代表中共张家港市委，向一年来为我市率先基本实现现代化付出辛勤汗水的各级党组织、广大党员干部、企业家和全市人民，表示崇高的敬意！向所有关心和支持张家港发展的各界人士，表示衷心的感谢！

与此同时，我们也清醒地看到，当前发展中还存在不少矛盾和问题，突出表现在：一是转型升级的步伐还不快，战略性新兴产业的大项目、好项目不多，开放型经济的支撑作用不强。高层次的“创新创业、经济管理、企业经营、城市建设、社会管理”人才还很不够。二是经济发展与资源环境的矛盾依然突出，突破瓶颈制约的办法不多。三是城市功能和核心吸引力不够强，对产业发展的支撑和服务能力亟待提高。四是社会建设管理与社会结构的深刻变化还不相适应，公共服务还不能完全满足市民群众的多样化需求，部分特色优势有弱化的趋势。五是少数干部的能力素质、创新意识、工作作风，与科学发展、率先发展的要求还有差距，等等。对这些问题，我们必须高度重视，积极采取有针对性的措施，认真加以解决。

第二个问题，乘势而上，创新争先，全面巩固提升现代化港城的建设水平

2013年，是贯彻落实党的十八大精神的开局之年，是实施“十二五”规划承前启后的关键一年。市委审时度势，决定把“创新争先突破年”确立为新一年工作的主基调。

创新争先求突破，必须深刻领会党的十八大精神，统一思想，明确方向，勇于实践。党的十八大报告，在国家层面，是夺取中国特色社会主义新胜利的政治宣言和行动纲领；对我市而言，就是建设现代化港城的发展航标和工作指南。在今后的工作中，各级各部门要紧密结合我市实际，全面把握科学发展观的深刻内涵和“五位一体”的总体布局，以更强的自信推进率先基本实现现代化，以更实的举措加快产业升级，以更大的勇气推进改革开放，以更新的理念加快城乡一体化，以更高的标准建设生态文明，以更大的力度增进民生幸福，不断巩固放大“全面、统筹、协调”的发展优势，全面提升现代化建设水平，为再创新辉煌奠定坚实基础。

创新争先求突破，必须充分认清发展的形势和条件，坚定信心，抢抓机遇，奋发有为。我们既要看到，宏观形势依然复杂严峻，世界经济复苏曲折缓慢，经济在紧约束环境下运行将成为常态，全市上下务必要做好充足的心理准备和策略储备。我们还要看到，党的十八大“鼓励有条件的地方在现代化建设中继续走在前列”，尤其是《苏南现代化示范区建设规划》即将出台，将为我市现代化建设带来重大机遇。我们更要看到，经过多年发展，我市已经拥有较为雄厚的综合实力；50年来形成的宝贵经验，特别是张家港精神，已经成为我市率先发展、攻坚克难的强大武器；近年来保持领先的产业投入、积聚形成的品牌优势、正在建设的重大基础设施，都将很快转化为持续发展的后劲和资源。只要我们坚定不移、坚持不懈，我市的发展前景一定会更加光辉灿烂。

基于以上考虑，市委确定明年全市工作总的思路是：高举中国特色社会主义伟大旗帜，以邓小平理论、“三个代表”重要思想和科学发展观为指导，深入贯彻落实党的十八大精神，与时俱进弘扬张家港精神，以转型升级为核心，创新经济发展路径，全力打造“实力张家港”；以城市能级为核心，创新推进城乡一体，全力打造“美丽张家港”；以人文幸福为核心，创新社会建设管理，全力打造“幸福张家港”，争当苏南现代化建设排头兵。

经济社会发展的主要预期目标是：地区生产总值增长10%以上；公共财政预算收入增长8%以上；全社会固定资产投资增长15%以上；实际利用外资增长10%以上；进出口总额增长4%左右；城镇居民人均可支配收入增长13%左右，农村居民人均纯收入增长14%左右；社会消费品零售总额增长16%以上；万元GDP能耗下降率、主要污染物排放总量削减率，完成上级下达任务。

具体要做到“五个坚持”、力求“五个突破”。

（一）坚持“结构调整与创新驱动”并重，在产业转型升级上力求新突破。全力推进转型升级工程，以更加有力有效的措施“稳增长、调结构、促转型、重创新”，不断提升经济发展的质量、效益和后劲。

全力建办重大产业项目。重点实施好总投资超千亿元的50个重大产业项目，确保完成工业投入460亿元，其中新兴产业投入195亿元。要集群发展、强化带动。更加自觉深入地研究项目的关联性、带动性，更加注重以重大项目建设来带动产业更新。要以旗舰型项目为牵引，构建完善产业链；以龙头型企业为核心，构建强势企业组团。推动更多企业加快上市，打造规模型企业的更强方阵。力争新增上市企业3家以上。要珍惜资源、提高门槛。各板块特别是“两区一园”要以宽广的视野和长远的眼光招商选资，重点招引“投资规模大、科技含量高、亩均税收多、成长性好、带动力强”的大项目、好项目。要树立“宁缓勿躁，宁缺毋滥”的理念，将宝贵资源用于优质项目。要完善机制、突破制约。进一步强化招商引资的工作统筹、制度激励和队伍建设，激活用好各类招商力量。要推动公共码头、通道等基础设施“资源共享、优势共用”，推动各区镇载体“功能互补、联动发展”。要继续加大对上争取力度，全力突破资源空间制约，增强项目主体的投资信心，保障重大项目成功落地。

深入实施创新驱动战略。创新和人才这两项工作，是推动并支撑“经济国际化、人才国际化、城市国际化”的核心。要强化人才工作的针对性。在高端人才方面，大力培养引进科技领军人才、创新创业团队，要十分重视人才项目与企业的嫁接，加快推进省“创新团队”培育和“千人计划”研究院建设，全力打造“千人项目最多、对接成效最好、经济贡献最大”的张家港品牌。全年确保新增“千人计划”人才4人、省“双创计划”人才10人、“姑苏计划”人才15人、市级领军型创新创业人才（团队）80个以上，引进“千人计划”专家产业化项目30项以上。在企业人才方面，要以企业家和职业经理人为重点，鼓励引进“战略谋划人才、商业模式创新人才、经营人才、管理人才”。在实用人才方面，要围绕产业优化升级的需要，培养引进更多实用型的技能人才。要释放创新要素的生产力。着重发挥好三类载体的作用。沙钢研究院等企业研发载体，作为产学研的主要阵地，要着力建成产业核心技术和共性技术研发的重要平台；沙洲湖科创园等成果转化载体，要进一步扩大面积、提升形象、放大品牌，成为高新技术集聚、转化的重要基地。留学生创业园等创新创业载体，要提高入驻率、成活率，加快培育形成新的产业增长点。要强化创新环境的配套性。优化科技金融环境，加大对人才项目、创新创业项目的前期信贷支持；发挥政府资金的示范效应，推动创新投资“井喷式”扩张。优化人才生活环境，为各类人才提供交流提升的平台。优化创新政策环境，解决资源分散的问题，集中财力办大事，形成更加有效的政策激励。

大力推进制造业高端化。要坚定信心发展新兴产业。加强政策支持和规划引导，用好用足各类专项资金和引导基金，引导企业、金融和社会资金投入战略性新兴产业，促进新兴产业跨越发展。对因国际市场变化而暂时遇到困难的重点企业，要主动采取有针对性的措施，帮助他们渡过难关。要坚定不移提升传统产业。要狠抓“提升装备、创建品牌、淘汰落后”三大环节，特别要大力鼓励企业创新商业模式，加快传统产业向高端攀升，不断提高抵御风险和盈利的能力。本土规模企业要注重完善现代企业制度，建设高素质的经营管理者队伍，形成新一轮的市场竞争优势。

加速发展现代服务业。年内，确保完成服务业投入340亿元、其中生产经营性服务业投入125亿元，服务业增加值占地区生产总值比重达到43%。要抢抓机遇发展服务业。随着长三角一体化的快速推进，“营改增” 试点政策的出台和我市铁路、高速公路等对外大交通的建设，张家港将迎来服务业发展的黄金期。要抢抓机遇，加快提升对物流、资金流、信息流的控制能力和增值水平，推进各类服务要素在我市积淀为财富。要挖掘优势发展服务业。充分利用我市制造业发达、临江达海、保税港区的优势，加快玖隆物流、汽车整车进口口岸等重点项目建设，大力发展现代物流等生产性服务业，促进先进制造业与现代服务业融合发展。要创新“大宗商品交易、进口商品分销、电子商务”等商业模式，加大对创意动漫、软件业等的扶持力度，促进新兴服务业发展。要围绕民需发展服务业。顺应人民群众消费结构改变、消费能力增强、消费层次提升的趋势，大力提高生活服务业发展水平。加快曼巴特广场等一批城市综合体建设进度，加快推进双山、香山、凤凰、常阴沙等地区的旅游开发，重点打造1个至2个具有影响力、吸引力的一流景区。

积极构建现代农业体系。要以创建“国家级现代农业示范区”为抓手，着力构建现代化的农业体系。加快发展现代高效农业。优化调整农业结构、大力发展高效农业，是张家港农

长江润发机械集团有限公司　（张家港日报社　供稿）

业现代化的根本和必然要求，必须坚定不移、强力推进。要推动农业“标准化、产业化、品牌化”生产，发展无公害、绿色、有机农业，高标准建好各类农业产业园区，提高农业产出效益。年内确保新增高效农业面积2万亩。加快完善现代流通体系。加快做大农产品配送中心，鼓励各类市场主体进入现代流通业，不断拓展农业营销网络。健全农产品“储运保鲜、冷链物流、展示展销、安全质量监测”等新型服务体系，提升农业组织化水平、提升农产品附加值。

（二）坚持“深化改革和扩大开放”互动，在区域发展活力上力求新突破。改革开放是推进转型升级的最有效抓手。必须克服懈怠、畏难的情绪，向改革要红利、要动力，向开放要资源、要创新。

纵深推进各项改革。按照“提高效率、促进公平、有利发展”的原则，做好改革的整体规划和具体设计。坚持以改革促转型。优化行政服务，继续做好网上行政审批和向镇村延伸，提高经济服务效率，做亮具有区域影响力的服务品牌。做好“营改增”试点工作，确保结构性减税政策落到实处。加快金融改革，尤其要加快科技金融改革，进一步扫除“资本与创新”之间的障碍。深化国资改革，努力以有限的政府资源撬动更多的社会资本。坚持以改革惠民生。动态跟踪改进社会保障和最低生活保障工作，确保走在苏州、全省前列。推进以公立医院改革为重点的医药卫生体制改革，扶持发展民办医疗机构，加快解决“医疗资源配置、群众看病难、因病致贫”问题。探索教育领域的优胜劣汰机制，加快形成高等教育发展的动力机制。深入实施文化体制改革，增强公益性文化事业的活力，提升经营性文化产业的竞争力。坚持以改革强统筹。进一步深化凤凰镇“强镇扩权”试点改革，提高镇辖办事处的服务能力。积极扶持社会组织发展，向社会简政放权，减轻村和社区的杂务负担，促进政府职能转变。优化村集体经济产业结构，深化以村集体为主的土地股份合作改革。加快农村资源交易平台建设等探索，完善农业支持保护机制。

提升对外开放质效。扩大对外开放是推动经济国际化、促进产业升级最直接的路径。特别要着力提升“四大效应”。提升内外融合效应。加快“本土企业国际化、外资企业本土化”步伐，鼓励企业家以开放的理念，与跨国公司开展合作，以产权换资金、以存量引增量，实现外企“落地生根”、本土企业“借船出海”。提升外资转型效应。要特别注重引进外资的质量、规模和效益，特别要在特大型项目上力求突破。加快引进大集团的区域总部或功能性机构，重点引进与开票结算有关的总部经济，特别是税收超亿元的区域总部。年内确保引进总部不少于5家。要强化“二次招商”理念，推进增资、并购等非绿地投资。提升外贸带动效应。在确保完成年度进出口任务的同时，尤其要高度重视、全力扩大外贸出口规模。要优化外贸服务环境、创新外贸服务手段，支持帮助企业抢订单、争市场，并不断提升出口产品的市场竞争力和盈利能力。提升外资溢出效应。在利用外资的同时，要注重认真学习外资的“先进技术、品牌运作、商业模式、管理理念”，不断提升我市企业的发展水平。

推动园区开发转型。园区是开发开放的前沿阵地，要在“产业升级、空间优化、服务提升、功能完善”上迈出更大步伐。保税区在打造“江苏外高桥”的首战之年，要按照“做强港口服务业、做优临港制造业、做美商贸宜居城”的总思路，创新路径、加速突破。特别要全力加快汽车整车进口口岸、进口消费品展示交易中心建设。要深入研究政策功能，把港口物流、交易市场的流量经济变为存量税源。经济技术开发区要围绕“现代产业集聚区、科技创新示范区、开发开放先导区、幸福宜居新城区”的定位，加快建设智能装备、机器人产业园等五大百亿产业集群，创新“一栋楼宇成就一个产业”的楼宇经济，打造“服务外包、电子商务、检测认证、文化创意”等区域品牌，形成国际化商务集群。冶金工业园在全力服务玖隆物流、沙钢项目的同时，要围绕产业结构的调整方向，加大企业搬迁力度，增强园区配套能力，引进一批新的优质项目。各镇工业集中区要按照“资源互通、优势互补、功能整合”的要求，优化规划布局，统筹项目建设，打造定位科学、功能完善、节约集约的高效益园区。全市各类园区都要十分注重发挥已批特色产业园的功能效应，做实、做大、做强特色产业，不断提升产业竞争能力。

（三）坚持“提升功能和优化形态”同步，在推进城市国际化上力求新突破。国际化城市是国际化经济、国际化企业、国际化人才的重要基础和承接载体。要以外在的美好环境、内在的功能品质，增强对优质资源的吸引力和承载力。

加快建设重点功能设施。城市的生产生活、综合服务、集聚辐射功能，是国际化城市建设的核心。突破特色功能。城北科教新城要全力推进基础设施建设，确保科创园15幢研发楼交付使用；城东新城要加快搬迁安置，开工建设中央景观区；城西新区要进一步加强公共配套设施建设；各镇的新城建设要突出特色、提升品位、加快推进。双山岛要按照“长江文化、时尚运动、健康养生、生态水岸”为主的定位，高水平推进项目规划和过江隧道建设；加快建设暨阳湖生态湿地商业街，不断提升城市的生活休闲功能。提升枢纽功能。加快疏港高速、沪通大桥、铁路建设等重大交通设施建设，尽快优化我市的对外交通条件和集聚辐射功能；全面建成张家港复线船闸工程，实施申张线（金港段）改造升级工程，加快优化综合枢纽功能。优化宜居功能。进一步完善规划体系，按照“大疏大密”的理念，整体优化工业、农业、居住、生态、水系等空间布局。继续抓好“大环境整治、水循环体系、旧城改造”等建设，提升“城乡环境美、生活品位高、服务配套优”等宜居功能，使我市的城市品质与国际人才的工作、生活、创业需求更加贴近。

着力提升城乡一体水平。城乡一体化是城市国际化的重要抓手，也是破解全市发展瓶颈的必由之路，必须坚决做到“推进速度不减慢、建设标准不降低、配套服务不脱节”。年内确保搬迁1.3万户，新开工安置房360万平方米、竣工360万平方米，农民集中居住率达到60%。要科学经营城市，坚持“先储备后开发、先环境后建设”的模式和“适度负债、平衡经营”的理念，创新城市建设的投入机制，吸引外资、民资等各类资本参与城市建设，用各类资源和资本建设“美丽张家港”。要完善镇区和办事处建设，强化“新市镇”理念，提升城镇的建设管理水平，完善配套设施和服务功能，充分发挥镇和办事处在“经济发展、促进就业、公共服务、社会和谐”等方面的积极作用，使镇和办事处成为城乡一体化建设的重要节点。要创新社区建设管理，进一步理顺动迁安置社区与动迁村之间的关系，创新动迁村和安置社区的治理结构，让村民“在村合作社享受经济权利、在社区享受政治文化等权利”，减少因“人户分离”带来的管理和服务缺位现象。要加快推进富民强村，加大“三大合作”改革力度，创新手段发展壮大村集体经济，构建集体经济与社员更为紧密的利益联结机制，使股份分红成为农民增加财产性收入的重要途径。确保全市村级经济可支配收入增长12%以上。

构建接轨国际的管理机制。巩固放大文明城市创建成果，不断提升城市的国际化品质。完善制度环境。参照国际通行规则，进一步规范市场体系。建立健全国际法律咨询机制，为境外人士提供国际化的法律服务。依法保障外籍人士的各项权益，加强涉及境外人士的保障体系研究，在劳动就业、医疗服务等领域，实施与国民同等待遇的保险制度。优化服务环境。改善促进投资的商务和信用环境，加强知识产权执法工作，建立健全适应国际化要求的中介服务体系。针对外商的需要、遵循国际惯例，不断提高外商投资管理服务水平。加快建设无线智慧港城。实施公共场所双语标识工程。美化市容环境。保持市容市貌、农村环境整治的长效常态。借鉴国外先进理念，完善“网格化、即时性、全覆盖”的城市管理长效机制，提高管理的精细化、规范化、科学化水平，促进城市的净化、亮化和美化。

（四）坚持“节约资源和环境保护”共举，在生态文明建设上力求新突破。围绕“率先打造全国生态文明建设示范区”目标，打造一批生态文明的节点工程、亮点工程，确保张家港生态环保工作始终走在全省乃至全国前列。

推动绿色增长。要把生态文明全面深刻地融入转型升级全局，不论经济形势如何波动，都要严格执行“节约优先、生态优先”的方针，严把环境准入门槛，努力形成空间、总量、项目“三位一体”的环境准入格局。加强对高污染企业特别是化工企业的整治力度，禁止新上高排放项目。

强化节能减排。要深入实施产业园区的循环化改造，促进相关产业实现资源循环利用。实施“资源综合利用、废旧商品回收、再制造产业化、餐厨废弃物资源化”等循环经济工程。全面推进清洁生产。在全市探索发展分布式能源系统，提高能源利用效率。大力发展生态交通系统，继续深化“公共自行车、新能源公交、垃圾分类、低碳小区建设”等工作。

加强环境整治。要大力实施民生环保，围绕群众反映强烈的异味、噪声、粉尘等问题，扩大整治范围，全年再整治、关停一批严重影响环境的企业。要加快建设生态项目，把优化生态环境贯穿到“城市建设、水利建设、交通建设、搬迁改造”等工作的始终，抓好“通洲沙西水道二期工程、三干河南延、城东生态区、一干河生态风景区、常阴沙湿地公园”等生态项目，打造属于张家港的生态亮点和生态品牌。

严格生态制度。建立健全“三大制度体系”，夯实生态文明建设的基础。要建立共同担当的责任体系。各级“一把手”要以“第一责任人”的要求，履行环保监管责任。广大企业要积极参与生态建设，为构建“资源节约型、环境友好型”社会贡献力量。要强化动真碰硬的执法监管体系。严格执法监管，完善考核奖惩机制、环保责任追究和环境损害赔偿制度。要加大对违法企业的曝光力度，让环境违法行为无所遁形、人人喊打。要构建齐抓共管的合力体系。涉及生态环保工作的各部门，要落实归口管理责任制，共同筑牢生态文明的坚固防线。要积极倡导绿色、低碳、节能的生活方式，提高全社会的生态文明意识，努力营造全社会关心、支持、参与生态文明建设的浓厚氛围。

（五）坚持“人文素质和民生幸福”齐抓，在社会建设管理上力求新突破。人是社会管理的主体，人的现代化是现代化建设的核心。只有不断提高市民素质、不断增进民生幸福，现代化建设才有坚固的社会基础。

以先进的文化提升群众素质。深化张家港精神主题宣传教育，进一步提振又好又快发展的精气神，推动争先创新转化为自觉广泛的社会实践。加快构建具有张家港独特内涵的核心价值体系，深入推进公民道德建设，注重人文关怀和心理疏导，建设市民共同的精神家园。进一步完善“长效常态、全民参与、共建共享”的文明建设体制，要突出抓好新的文明典型的发掘、培育和弘扬，深化“学雷锋”志愿服务，扩大“网格化公共文化服务、书香城市、好人文化、未成年人思想道德建设”的效用和影响。用足用好长江文化艺术节平台，集中力量、创新突破长江文化品牌，打造区域文化整体形象。

以更大的投入建办惠民实事。把群众的意愿作为民生工作的方向。抓好富民工程，实施更加积极的就业政策，建立健全鼓励创业的服务体系，重点解决好高校毕业生、城镇困难人员等人群的就业问题，促进群众持续增收，让群众生活得更有信心。抓好保障工程，不断提升“养老保险、医疗保险、低保”的城乡一体化水平，扩大保障范围，让群众更加安心。加快发展公共租赁住房，逐步使其成为保

香山风景区　　（张家港日报社　供稿）

障性住房的主体。抓好托底工程。要切实完善社会救助制度,加强对特殊人群和困难群众的帮扶。在加大财政投入的同时,要弘扬广大企业家的社会责任,多办慈善事业;要鼓励和调动社会力量,兴办公益性福利设施,形成“政府主导、各方参与、持续发展”的社会福利供给格局。

以更实的举措优化公共服务。教育要更加优质均衡。高层次调整优化教育布局,加快义务阶段新学校建设,进一步缩小城乡教育差距,并切实加强学校的文化内涵和特色品牌建设。加快建设高职园区,全力办好江科大苏州理工学院、沙洲工学院,探索组建职业教育集团。坚定不移推进教育多元化、国际化,全面提升教育质量和层次。医疗要更加便捷高效。在优化医疗资源布局的基础上,完善医疗机构三级网络建设,加快建立优质资源共享机制,提高镇、社区医疗水平。实施高层次卫生人才引育工程,加快提升医卫人员的能力素质,让高质量的医疗服务方便可及。文化要更加多元普惠。以深化网格化公共文化服务的内涵为重点,针对群众的文化需求,科学整合文化资源,丰富公共文化产品,切实增强群众的参与性、资源的共享性。体育、养老、人口、残疾人保障、优抚安置等工作,都要做出亮点、领先周边。

以完善的体制促进社会安定。制定实施社会管理创新三年行动计划。推广公安机关“走千家、访万户、送安全”活动的经验,构建“六位一体”的立体化治安防控体系,扎实有效抓好安全生产,切实提升群众安全感。强化“大调解”机制建设,进一步提高矛盾纠纷的预知预警率和调解成功率。从改善干群关系源头抓好预防,最大程度地争取群众的理解和支持,最大程度地减少影响社会和谐稳定的“风险源”。高度重视网络等新媒体的建设和运用,建立网络舆情监测处置机制,切实增强对网络舆情的导控能力。

第三个问题,高举旗帜,加强党建,为各项事业发展提供坚强有力的政治保证

争当苏南现代化建设排头兵,既是上级的殷切期望,也是我市自身的更高追求。全市各级党组织和广大党员干部要牢记宗旨,不辱使命,凝心聚力,以更加振奋的精神创先争优,以更加扎实的举措探索实践,以更加自觉的责任狠抓落实,全面加快现代化港城建设进程。

(一)坚定理想信念。只有坚定理想信念,保持思想纯洁,才能在考验面前保持清醒,在困难面前勇往直前。一要深入抓好十八大精神的学习贯彻。在前阶段传达学习、讨论交流的基础上,各级党组织要进一步强化组织领导,周密部署安排,把学习宣传贯彻活动引向深入。要深刻领会十八大的精神实质和重大理论创新、重大战略部署、重大工作举措,特别是要把学习贯彻与我市发展实际紧密结合起来,按照“五位一体”总体布局的要求,巩固放大“学习十八大、总结五十年”争先创新专题讨论活动的成果,不断开创我市科学发展的新局面。二要不断加强思想政治建设。要以思想理论建设为根本、以党性教育为核心、以道德建设为基础,组织党员干部深入开展党的理论知识学习,推动干部不断加强党性锻炼、提高党性修养、严明党的纪律,坚定政治立场,明辨大是大非,彰显共产党人的人格力量。三要充分激发全社会的创业热情。围绕“争当苏南现代化建设排头兵”的定位,发动群众、营造氛围、培育典型,把全市干部群众干事创业的激情、加快发展的热情全面调动起来,凝心聚力共建“实力张家港、美丽张家港、幸福张家港”。

(二)强化队伍组织。现代化建设,干部队伍和基层组织是关键。一要着力提升领导班子的整体合力。领导班子是各项事业发展的核心力量。各级领导班子要牢固确立大局意识、责任意识、示范意识,做解放思想、开拓创新的榜样,做高点定位、真抓实干的榜样,做强化执行、务求实效的榜样,做提升能力、勤政廉政的榜样,积极谋率先之策,大胆行率先之事,争取“不含水分、群众认可”的发展实绩。二要不断提升干部队伍的能力素质。要坚持“崇尚实干、注重实绩”的用人导向,按照“三宽四有”的要求,加大竞争性选拔干部和公开竞聘人才的力度,唯才是举、唯才是用,从源头上提升能力素质。要加强具有针对性、实效性的教育培训,根据发展的需要、个人的特点,高质量、大规模开展干部培训,持续提升能力素质。要注重干部的实践培养,健全“人才到基层锻炼、干部从一线选拔”的干部培养选拔链,促进干部多途径、多岗位锻炼成长。三要切实强化基层组织的服务能力。要进一步深化服务型党组织建设,以基层党组织集中换届为契机,突出抓好“双强”带头人队伍建设,选优配强基层党组织领导班子。要以“两新组织、农民集中居住区”为重点,进一步创新基层党组织设置,推动党的组织在各个方面的“有效覆盖、有效管理、有效提升”。

(三)优化作风形象。在作风建设上,中央政治局提出了八项规定,作出了示范。各级干部特别是领导干部,一定要带头锤炼过硬的作风,努力做群众信赖、组织信任的干部。一要坚持为民的宗旨。坚决贯彻党的群众路线,深入推进“三解三促”活动,继续执行好领导干部挂钩联系制度、区镇干部住镇制度,继续加强机关干部下基层工作,多听听群众的声音、多解决实际问题。要认真办好群众看得见、摸得着、得实惠的实事好事,让群众的收入更多一些、生活更好一些、满意度更高一些。二要坚持务实的作风。牢固树立正确的政绩观,重实干、不作秀、降虚火、不浮躁,多做打基础、谋长远的事。要强化绩效考评制度,对既定的目标任务,要不打折扣、一抓到底。要大力改进文风会风,严肃整治平庸懒散、铺张浪费等现象,出实招杜绝“台账工程”,以优良的党风凝聚党心民心、带动政风民风。三要坚持清廉的本色。深入开展勤廉专题教育活动,积极推行领导干部生活作风建设“六个一”工程。继续加强政风行风评议,创新推动市级机关班子副职和职能科室(中层干部)作风效能调查评议,坚决治理“中梗阻”现象。始终保持惩治腐败的高压态势,有案必查、有腐必惩,以反腐倡廉的实际成效取信于民。

同志们,现代化建设取得了重要的阶段性成果,但任重而道远,仍需加倍努力!张家港的未来发展前景十分广阔,但机遇和挑战并存,仍需拼搏实干!让我们紧密团结在以习近平同志为总书记的党中央周围,在党的十八大精神指引下,锁定目标、锐意创新、奋勇争先,为争当苏南现代化建设排头兵、再创张家港新辉煌而努力奋斗!

政府工作报告

——2013年1月3日在市十三届人大二次会议上

姚林荣

各位代表：

现在，我代表市人民政府向大会报告工作，请予审议，并请市政协委员和其他列席人员提出意见。

一、2012年工作回顾

刚刚过去的2012年，是党的十八大胜利召开之年，也是我市建县(市)五十周年的大庆之年，更是率先基本实现现代化的决战之年。全市人民在中共张家港市委的坚强领导下，以邓小平理论和"三个代表"重要思想为指导，深入贯彻落实科学发展观，与时俱进弘扬张家港精神，围绕在全省第一批基本实现现代化的总目标，积极应对严峻复杂的经济形势，深入开展"拼抢五个月、加速现代化、献礼五十年"活动，全力主攻"重大项目建设、城乡一体推进、民生水平提升"，经济社会各项事业取得了新的成绩，现代化建设迈开了坚实步伐。

率先基本实现现代化是全市人民的共同期盼。一年来，我们以率先基本实现现代化为统领，所有工作聚焦现代化，全部精力推进现代化，一切成效体现现代化，全市上下形成了加速现代化、再创新辉煌的良好氛围。一年来，我们把"富有个性、更具实力、群众认可、全面进步"作为现代化建设的目标定位，自加压力，创新突破，拼抢时序，分解落实每一项指标，督查考核每一项任务，建立了上下联动、富有效率的工作推进机制。一年来，我们把民生幸福作为现代化建设的出发点和落脚点，出台了29项惠民政策，实施了8大类民生项目，广泛开展现代化满意度测评，认真听取社会各界的意见建议，进一步提升了市民群众的参与度和满意度。一年来，我们把推进转型、提升实力作为现代化建设的重中之重，抢抓机遇，全力争取，合力攻坚，人才科技实现突破，产业转型步伐进一步加快。一年来，我们把文明品牌作为现代化建设的特色优势，巩固深化全国文明城市"三连冠"和城乡一体文明创建成果，在生态文明建设、公共文化服务、优质均衡教育、社会管理创新等方面增创新优势，文明张家港品牌进一步彰显。在全市上下的共同努力下，率先基本实现现代化总体达到了省和苏州的指标体系要求，取得了阶段性重要成果。

(一)攻坚克难，稳增长促转型取得新成效

经济运行保持平稳。面对严峻复杂的宏观经济形势，我们把稳定企业经营作为首要任务，多跑企业，分析情况，会商对策，共渡难关。出台了促进外贸增长、开拓国内市场等一系列政策，加大资金、劳动力、电力等生产要素保障力度。年内，取消、暂停、降低涉企收费项目22项，减免收费6586万元；兑现各类扶持资金10.2亿元，对上争取各类专项资金10.8亿元。新增银行贷款270亿元，新增直接债务融资107亿元，上市公司再融资募集资金17.8亿元；500千伏张家港变扩建等重点电网工程顺利完成。预计，实现地区生产总值2050亿元，同比增长10.2%；公共财政预算收入149.6亿元，增长5.1%；规模以上工业总产值4710亿元，增长6%；进出口总额318亿美元，其中出口126亿美元；口岸货物吞吐量2.5亿吨，集装箱运量150万标箱，分别增长13.4%和14.7%。

项目投入持续加大。实行重大项目推进、土地点供评估等制度，落实领导挂钩、一事一议、跟踪会办、绿色通道等措施，两次组织重大项目集中开竣工活动，列入省、苏州市的25个重点项目顺利推进，永钢集团"百亿项目、千亿企业"工程全面启动，康得新光学薄膜、沙钢冷轧、扬子江石化、不二越精密机械、曼巴特购物广场、华灿光电等一批项目加快建设，银河锂业、西马克冶金装备、浦项产品结构调整、翰普高分子等一批项目竣工投运。获批土地点供、独立选址项目19个，新增建设用地5272亩，盘活存量土地5540亩。完成全社会固定资产投资700亿元，增长20.1%。其中，工业投资412亿元，继续居苏州县市之首；服务业投资288亿元，增长25%、居苏州县市首位。实际利用外资9.5亿美元，增长5.3%。

产业结构不断优化。完成新兴产业投资170亿元，工业技改投入305亿元，分别增长17%和22%。新增销售超10亿元企业25家，入库税收超5000万元企业达56家，沙钢集团连续

四年入围世界500强、位居第346位。实现服务业增加值850亿元，占地区生产总值的比重达到41.5%。实现消费品零售总额371亿元，增长17.5%。入选全国服务业500强企业14家，总数位居全省县市第一。保税港区汽车整车进口口岸获国务院批复，成为江苏唯一一家汽车整车进口口岸。江苏进口商品集采分销中心获省政府批复。玖隆物流园被列为省级重点物流园区试点。经济技术开发区软件动漫产业园成为国家级文化产业园区。中国·张家港液体化工品价格指数正式发布。双山岛旅游度假区获批省级旅游度假区。青草巷批发市场成为全省首家全国4A级仓储型农产品物流企业。新增高效农业2.98万亩，其中设施农业1.61万亩，新建高标准农田3万亩，适度规模经营面积占比达92.5%，粮食单产创新高，建成全省首家基本实现农业机械化示范市。

（二）乘势而上，引人才抓创新取得新突破

载体建设全面推进。深入实施创新载体建设三年行动计划，城北科教新城、沙洲湖科创园等加快建设，清华大学智能电力研究院、苏州大学工业技术研究院、东南大学工业技术研究院、飞翔苏州新材料研究院、北京大学技术转移中心等建成投用，新增创新创业载体面积30万平方米。在全国县市首家获批设立"海智计划"工作基地，塘桥东城科创园、南丰科创园获批省级高新技术创业服务中心，锂电池及新材料科技产业园获批省级科技产业园，新增省级以上公共技术服务平台3个。

人才引进全面突破。新增"千人计划"人才4人，获批省"创新团队"1个。新增省"双创计划"人才12人，"姑苏计划"人才21人，均居苏州县市第一。引进市级领军人才（团队）项目74个，国家2012年高端外国专家项目计划2个。培训高技能人才2.56万人，每万名劳动力中高技能人员数达到609人。

企业科技创新主体作用更加显现。新增省级以上企业研发机构50家，在全省率先实现大中型工业企业研发机构建设全覆盖。推进高层次人才项目与本土企业"嫁接"，新增产学研合作项目180项，签约"千人计划"项目45项，评定"千人计划"专家工作站18家。落实科技产业化项目信贷风险补偿、科技保险等扶持政策，引导企业加强核心关键技术研发，入选国家火炬计划重点高新技术企业7家，新增高新技术企业54家，实施省级以上科技计划项目82项，新增发明专利829件、中国驰名商标2件，制订国家、行业、地方标准45项。全社会研发投入占地区生产总值比重达2.8%。成为省创新型试点市。

（三）一体推进，城乡建设管理取得新进展

规划布局更加优化。完成《城市总体规划》修编并获省政府批准，编制完成杨舍城区慢行系统规划、一干河风景路概念规划、杨舍城区商业布局及业态指引规划，以及综合交通、地下空间开发利用等专项规划。双山岛旅游度假区概念规划加快编制。城北基础设施加快建设，沙洲湖区景观工程基本完成，农联新镇开工建设。城西新区北延区、拓展区道路和安置房建设加快推进。暨阳湖欢乐世界一期建成开放。金港滨江新城、锦丰·沙洲新城、凤凰新城、大新滨江新镇等新城镇建设加快推进。

重点工程加快建设。沪通铁路、沿江城际铁路前期工作有序推进，疏港高速公路开工建设，苏虞张快速通道建成通车，张家港复线船闸工程竣工通航，通洲沙西水道一期工程完工、二期工程开工。小城河综合改造二期工程顺利竣工，谷渎港改造基本完工，中心城区核心商业区功能品位进一步提升。城市综合展示馆、儿童福利院、实验小学改造等工程竣工投用，高职园区、江帆小学等工程开工建设。镇区综合改造深入实施，完成70万平方米老住宅区综合整治和18项街景立面整治工程。完成朝东圩港至段山港、海螺水泥至一干河段"百年一遇"江堤建设，走马塘工程实现通水。

人居环境持续优化。高标准通过国家环境保护模范城市复核验收，荣获全省唯一的生态文明建设特别贡献奖。大力开展环境整治专项行动，完成减排重点工程23项，万元GDP能耗下降率达5.2%，COD、氨氮、二氧化硫、氮氧化物削减率分别达3.73%、4.86%、5.87%和3.1%。疏浚河道310条，拆坝、建桥（涵）217座。新增各类林地、绿地5.32万亩，市区主干道绿化园艺化水平进一步提升。在全省首批完成村庄环境整治任务，其中5个村庄高标准完成省级试点，村庄环境整治达标率100%，获评首批省村庄环境整治工作示范市。

安置房建设加快推进。两次组织安置小区集中开竣工，杨舍旺西花苑、锦丰书院五村等一批集中居住区建成投用，金港金城小区、大新新南社区等一批集中居住区开工建设，全年新开工安置房366万平方米、竣工294万平方米。高度重视安置房产权办理遗留问题，加快推进确权登记发证工作，为11820套安置房办理了权属证书。完成预拆迁安置1467户。复垦土地5474亩。农民集中居住率达57%。

城市管理水平不断提高。数字化城管分中心建设全面完成。成立全国首家村级城管综合服务中心。生活垃圾分类管理试点扩面推进，垃圾焚烧发电厂二期工程加快设备安装，餐厨垃圾处理厂竣工试运行。公共自行车三期工程建成投用。完成出租车扩容80辆。全市新增机动车停车位1.5万个。金港污水处理厂建成投运，城乡供排水一体化实现市域全覆盖。天然气主管网实现"镇镇通"。

（四）富民惠民，民生水平实现新提升

富民强村步伐加快。城镇居民人均可支配收入4万元、农村居民人均纯收入2万元，分别增长14%和16%。新建就业援助单位232个，开发就业援助岗位1.22万个。新建创业孵化基地13个，实现创业带动就业3500人。本市籍应届高校毕业生和特困家庭劳动力就业率分别达到99.6%和99.7%。率先建立就业失业动态监测预警机制，劳动争议结案率达98%以上。实施"百村千亩增百万"、"十村十亿增千万"工程，组建超千亩土地股份合作社20家、村级经济联合发展平台6个，村集体可支配收入超千万元的村突破20家、村均超600万元。

保障水平全面提高。实施超龄人员纳入城保、城乡医保衔接等一系列惠民政策。2.8万名超龄人员纳入城镇养老保险，在全省首家实现真正意义上的城乡养老并轨。1.6万名超龄人员参加城镇职工医保，职工医保和居民医保实现"五个统一"，政策内补偿比分别达90%和75%以上。企业和农保退休人员养老金、征地保养金、老年农（居）民社会养老补贴、城乡低保，以及参保困难家庭大额医疗救助的标准进一步提高。区镇居家养老服务中心实现全覆盖，新增养老床位数2717张，获评全国养老服务示范单位。完成4个优质蔬菜基地提档升级，新建2个市级蔬菜配送中心、11家农产品平价直销店和35个农贸市场直销摊位，建成放心粮油示范店28家。开工建设保障性住房36.1万平方米、5986套(户)，竣工19.5万平方米、2902套（户）。新增住房公积金缴存职工3.01万人。加大对困难人群的节日走访慰问。开展“百村万人看港城”活动，在全市村、社区设立旅游咨询服务站。实施“阳光午餐”工程，惠及学生2452人。残疾人免费乘坐公交车。发放“共享阳光”慈善助学金761万元，募集“爱满港城”善款超亿元，获评中国公益慈善七星级城市。

教育卫生事业加快发展。通过全国义务教育优质均衡改革发展示范区创建省级考核，获评全国“两基”工作先进地区。普通高考本科达线率、达线人数等四项指标列苏州市第一，职校对口单招综合指标连续12年列苏州市第一。江科大苏州理工学院正式成立，兆丰学校、悦来小学、塘市小学等8所新学校建成投用，张家港新加坡外国语学校对外招生。校车安全管理进一步加强，新增国标校车40辆。市中医院通过国家三级医院复评，耳鼻喉科、肾内科分别入选国家和省级重点专科建设项目，实现零的突破。儿童功能障碍检测和脑健康促进项目常态化运行，创建成为国家慢性病综合防控示范区。向全市34.1万户家庭免费赠送“健康大礼包”。“健康公平”、“健康服务体系建设”、“道路安全”三个项目获世界卫生组织健康城市创新发展奖和最佳实践奖。孕前优生健康免费检查实现目标人群全覆盖，计划生育家庭“五个一”养老帮扶模式在全省推广。假日体育等全民健身活动蓬勃开展，成功承办“塘桥杯”全国乒乓球锦标赛、环太湖国际公路自行车赛双山岛绕圈赛等8项国家级赛事，提升了张家港影响力。

文化文明品牌更加靓丽。文化部在我市召开国家公共文化示范区创建工作现场经验交流会，网格化公共文化服务模式在全国宣传推广，“幸福港城”网格文化系列活动蓬勃开展，参与群众超过400万人次，成为全省首批公共文化服务示范区。新增公共文化设施面积9.4万平方米。成功举办建县(市)五十周年纪念活动和第九届中国(张家港)长江文化艺术节。在全国率先建立“书香城市”综合评价指标体系，并在全省推广。文艺创作成果丰硕，首次荣获中国曲艺牡丹奖，荣获第十届省五星工程奖13个奖项，金奖和大奖数量居全省县市第一。市图片中心建成投用。成功创建省版权示范市。深入实施城市公共文明提升三年行动计划，广泛开展寻访身边好人、道德讲堂、学雷锋志愿服务合作伙伴计划等文明实践活动，7位市民荣登“中国好人榜”，高分通过中央文明办城市文明程度指数测评，获评全国未成年人思想道德建设工作先进城市。

社会管理创新深入推进。“一委一居一站一办”新型社区服务管理体制全面推行，社区网格化运行模式逐步完善，动迁安置社区管理不断加强。“网上村委会”服务功能加快提升，获评全国村务公开民主管理示范单位。永联村荣获全国民主法治示范村。各类社会组织健康有序发展，新增登记和备案数568个，累计1924个。社会工作人才队伍加速壮大，每万人拥有社会工作者6.2人。创新网络管理机制，服务功能加快提升。“价格诚信城市”创建全面启动，率先在全省实现价费公布城乡全覆盖。加快新市民待遇同城化步伐，在全国同类城市率先实施新市民积分管理，9663名新市民子女参加居民基本医疗保险，新市民子女进入公办学校就读比率达71.3%，人民日报、中央电视台、中央人民广播电台等主流媒体作了专题报道。“四项排查”、“打非治违”、“天安行动”等专项治理行动成效明显，三级政府挂牌督办的安全生产隐患整改全面完成，食品安全“四统一”监测模式全省推广，在全省首家通过国家药品安全示范市验收。社会治安大防控体系不断完善，八类案件发案数同比下降24.9%，社会公众安全感进一步提升，连续九年获评全省社会治安安全县(市)。

实事工程优质高效。五大类26项实事工程项目顺利推进，其中，城乡困难群众帮扶、民生保险优化、公交运力改造、青少年社会实践基地二期等24项全面完工，第一人民医院妇儿大楼和公共租赁住房两项跨年度工程按时序进度推进。

此外，对口援建、南北挂钩、民族宗教、台务侨务、统计、兵役、人民防空、气象、外事、地方志、妇女、儿童、关心下一代等工作都取得了新的进步。

(五)创新争先，行政效能得到新提高

行政行为依法规范。成立市政府法律专家咨询委员会，在全省率先推行“事前风险评估、事中跟踪评估、事后绩效评估”的决策全程评估模式，成为省级依法行政示范点。高度重视建议提案办理工作，办理人大代表建议257件，采纳和解决238件；办理政协委员提案368件，采纳和解决350件。深入推进行政权力网上公开透明运行，高分通过政务公开和政务服务省级试点验收。加强行政执法规范化建设，全面推行行政调解，出台规范性文件30件，办理行政复议案件75件。

改革创新积极推进。加强财政预算绩效管理和审计监督，推进“营改增”试点。“两区一园”区镇管理体制改革进一步深化，凤凰镇“强镇扩权”试点全面启动，镇辖办事处管理深化完善，双山岛旅游度假区工作机构正式成立。深化新一轮国资企业改革，出台国资公司薪酬管理和年度经济目标责任制考核办法，成立城市投资发展集团有限公司。启动实施文化体制改革。率先实施经营性土地出让预申请制度。在苏州县市首家开办中小企业统贷平台业务。组建农村资源(南丰)交易所，成为全省首家农村资源交易平台。在全省率先建设市级机关研究生工作站。

服务绩效持续提升。“网上行政服务中心”全面运行，开展镇、村行政服务中心建设试点，全年办理各类行政服务事项18.8万件，承诺件提前办结率达98.2%。“12345”便民服务热线与政风行风热线并轨运行，全年受理各类求助140余万次，协调处理群众投诉建议2.7万余件。在全国县级市首家成立绩效管理委员会，抽调千名机关干部下基层帮助工作，深入开展市级机关班子副职和中层干部作风效能调查评议，全面清理规范各类检查、评比和考核项目，机关服务绩效得到全面提升，政府部门获得省级以上荣誉102项，形成了加压奋进、拼抢实干、创新争先的良好氛围。

各位代表，过去的一年，我们全力应对宏观经济下行的巨大压力和矛盾困难叠加的严峻考验，凝心聚力，攻坚克难，经济社会发展和现代化建设取得了来之不易的成绩。这是市委正确领导的结果，是市人大、市政协监督支持的结果，是全市人民齐心协力、奋力拼搏的结果。在此，我谨代表市人民政府，向辛勤奋战在全市各条战线的广大干部职工、企业家和全市人民，致以崇高的敬意！向给予政府工作大力支持的人大代表、政协委员，离退休老领导、老同志，各民主党派、工商联和无党派人士，各人民团体、各垂直部门和涉外单位，全体驻军指战员、武警官兵、公安干警，以及所有关心、参与张家港建设发展的海内外朋友，表示衷心的感谢！

回顾过去一年，我们也清醒地看到，我市经济社会发展中仍然存在一些不容忽视的矛盾和问题。主要表现在：一是受国内外市场需求持续低迷等因素的影响，企业经营困难、效益下滑，财税、外贸等指标增长不快。二是产业结构偏重，能源消耗偏大，经济发展与资源环境的矛盾依然突出，传统产业改造提升、新兴产业和现代服务业加快发展的任务紧迫而艰巨。三是群众持续增收难度仍然较大，部分人群生活水平提高还不快，公共服务还不能完全满足市民群众的多样化需求，增进民生福祉还需付出更大努力。四是政府工作人员创新突破瓶颈制约的能力需要进一步增强，服务意识和行政效能还需进一步提升。对此，我们将在今后的工作中，积极采取措施，努力加以解决。

二、2013年工作安排

2013年，是贯彻落实党的十八大精神的开局之年，是实施“十二五”规划承前启后的关键一年。我们要以学习贯彻党的十八大精神为强大动力，自觉传承张家港五十年发展的宝贵经验，牢牢把握市第十次党代会和十三届人大一次会议明确的五年战略目标，全面贯彻落实市委十届五次全会作出的决策部署，坚定信心，抢抓机遇，把产业转型发展作为第一要务，把民生水平提升作为第一追求，把维护社会稳定作为第一责任，在文化建设、社会建设、生态文明建设、城乡一体发展等各个方面增创新优势，全面提升文明张家港品牌，全面提升现代化建设水平。

今年政府工作的指导思想是：高举中国特色社会主义伟大旗帜，以邓小平理论、“三个代表”重要思想和科学发展观为指导，深入贯彻落实党的十八大精神，与时俱进弘扬张家港精神，牢牢把握“创新争先突破年”工作主基调，以转型升级为核心，创新经济发展方式，全力打造“实力张家港”；以城市能级为核心，创新推进城乡一体，全力打造“美丽张家港”；以人文幸福为核心，创新社会建设管理，全力打造“幸福张家港”，争当苏南现代化建设排头兵。

2013年经济社会发展的主要预期目标是：地区生产总值增长10%；公共财政预算收入增长8%；全社会固定资产投资增长15%；实际利用外资增长10%；进出口总额增长4%；万元GDP能耗下降率、主要污染物排放总量削减率完成上级下达任务；城镇居民人均可支配收入增长13%，农村居民人均纯收入增长14%；社会消费品零售总额增长16%；城镇职工登记失业率控制在2.5%以内；人口自然增长率控制在1.5‰以内。

围绕上述目标任务，市政府将全力抓好以下五个方面的工作：

（一）全力加快产业转型升级

产业是城市的基础，转型是发展的主线。要围绕构建现代产业体系，充分发挥我市临港经济和规模企业的优势，突破重大项目，化解瓶颈制约，加快培育和壮大新的经济增长点，在稳定增长中加快转型，不断提升产业竞争力和经济综合实力。

狠抓产业项目。投入决定产出，项目决定未来。要把汽车整车进口口岸和玖隆物流项目作为全市产业转型的重大突破口，集中力量，集聚资源，加快建设，努力打造全省转型发展的新亮点。要重点实施好总投资超千亿元的康得新光学薄膜、沙钢FINEX和冷轧、永钢大型锻件、扬子江石化、华灿光电、曼巴特购物广场等50个重大产业项目，逐个排出推进计划，落实挂钩联系，加强会商，全程服务，力争项目早落地、早开工、早达产。围绕我市产业发展方向，加大招商力度，改进招商办法，努力引进一批高端优质项目，并全力争取在特大型、基地型项目引进上取得突破。年内，完成工业投资460亿元，其中新兴产业投资195亿元，分别增长11%和15%。完成服务业投资340亿元，其中生产经营性服务业投资125亿元，分别增长18%和19%。加大对上争取和对内挖潜力度，用足用好增减挂钩等政策，确保全年新增建设用地4000亩，盘活存量用地5000亩。完成3个220千伏、1个110千伏变电站建设，推进沙电二期、华电二期等重大能源项目，提升电力保障能力。

加强园区建设。园区是项目、人才、投资的集聚区，是城市综合竞争力的重要体现。要进一步发挥优势、加大投入、整合资源，实现投入强度和产出强度双提升。保税区围绕打造“江苏外高桥”，要积极争取政策突破，优化整合资源布局，全力推进汽车整车进口口岸建设，上半年通过国家部委验收，并同步开展招商，实现实质性运营，当年进口整车力争突破3万辆，三年左右达到20万辆。加快国际消费品营运中心大楼建设，依托江苏进口商品集采分销中心的品牌效应，引进一批品牌经销商，实现放量营运。段山重装园一期工程码头泊位投入试运营，园内道路框架形成，重大项目招商取得实质性突破。磁传感产业园完成一期工程产业载体建设，确保多维科技实现投产。扬子江化工园要发挥优势，选优项目，加快实施，提升产出。经济技术开发区按照国家级开发区和城市拓展区的发展定位，进一步完善空间规划，实现高端制造业和现代服务业的合理布局、同步发展。加快推进软件动漫产业园建设，爱康总部完成主体建设，如意通动漫大厦、国泰金融广场、华东国际创新园等土建竣工。加快推进中丹生态科技园动迁和基础设施建设。在高端装备、再制造、智能产业、电子商务等领域争取突破性发展，加快打造智能装备、机器人产业园等五大百亿级产业集群。冶金工业园重点推进玖隆物流园一般商务区、剪切加工区、电子商务、在线金融等配套平台建设，吸引高端交易商入驻。塘桥新能源产业园、凤凰韩国工业园、乐余机械装备产业园、南丰精密机电产业园、大新重装工业配套区等一批镇级产业载体，要优化功能配套，引进优质项目。与此同时，要依托“两区一园”载体功能和流量经济优势，大力发展总部经济，年内引进苏州市级外地总部企业5家。加快港口支持系统建设,进一步整合港口资源,拓展港口功能,提升口岸综合实力和服务能力,口岸货物吞吐量达到2.6亿吨,集装箱运量超过170万标箱。推进农业园区"五园十基地"建设,实施农业科技"百人千户惠万农"工程,完善农产品营销流通体系,农产品现代流通业态销售率达85%,新增国家级农业龙头企业1家,新增高效农业面积2万亩,争创国家级现代农业示范区。

激励企业做强做大。企业是市场经济主体,企业强才有产业强。要十分珍视企业家的创业精神,充分发挥我市大企业集团优势,启动实施转型升级百企培育工程,全力服务企业,通过人才引进、技术进步、管理提升、品牌打造和资本经营,做强做大。实施好沙钢、永钢、华芳、澳洋、骏马、华昌、飞翔等53个超亿元技改项目,全年完成技改投入335亿元。与此同时,要密切关注、保障正常的经济运行,加强对主导产业、重点企业的监测预警。要推进金融创新,优化金融生态,扩大信贷规模。要关心支持中小企业发展,在稳定外贸、拓展国内外市场等方面作更大努力,帮助企业协调解决实际困难。完成外贸进出口330亿美元,其中出口132亿美元;新增信贷250亿元;新增入库税收超5000万元工业企业10家;力争新增上市企业3家。

(二)全力增强科技创新能力

创新是转型升级的根本动力,人才是引领发展的决定因素。深入推进科技创新"三个一批"行动计划,全面激发科技创新活力,在增强企业创新能力、促进科技项目转化、提升科技人才贡献等方面取得突破。

加快提升一批创新载体。深入推进创新载体建设三年行动计划,年内新增载体面积30万平方米。沙洲湖科创园7月底前具备入驻条件,引进入驻国家级检测中心、高校院所技术转移中心10家以上,建成省级高新技术创业服务中心。提升保税区新兴产业育成中心、锦丰科创园、凤凰科创园、塘桥东城科创园、南丰高新技术中试与产业化基地等科技载体的整体功能,入驻项目30个以上,并加快产业化步伐。进一步支持清华大学智能电力研究院、苏州大学工业技术研究院、东南大学工业技术研究院、江苏科技大学产业技术研究院、南京理工大学工业技术研究院、清华大学锂电技术研究院建设,扩大研究团队,拓展科研领域,加快成果转化,年内新增"千人计划"专家工作站20家。加快推进精细化工、金属材料检验检测等公共技术服务平台建设,建成国家化工设备质量监督检验中心,新增省级以上公共技术服务平台1~2家。

加快集聚一批创新创业人才。实施人才国际化战略,构建"载体、项目、金融、服务"四位一体的人才工作机制,加快形成引进高层次人才、创办高科技企业、发展高新技术产业的"链式效应"。通过科研院所对接、海外合作组织定制、人才中介组织引进等渠道,壮大高层次人才队伍,年内新增"千人计划"人才4人、省"双创计划"人才10人、"姑苏计划"人才15人,引进市级领军人才(团队)项目80项以上,在省"创新团队"培育上取得突破。深入推进高层次人才项目与本土企业嫁接,年内引进"千人计划"专家产业化项目30项以上。加快发展科技金融,建立科技投融资风险分担、科技企业成长培育机制,促进资本与人才项目对接。

加快培育一批科技型企业。突出企业技术创新主体地位,引导企业加大研发投入。积极参与省"智慧百企"培育工程,年内培育创新型领军企业2~3家、科技型上市后备企业17家,新增高新技术企业40家。加快推进爱康研究院、海陆重工研发中心、华盛化学锂电池材料研究中心、"千人计划"集成光电研究院等企业研发平台建设,同步加速重大项目中试与产业化进程,富瑞特装工程技术研究中心力争建成国家级工程中心,年内新增省级以上企业研发机构60家,力争在"千人计划"研究院培育上取得突破。深化产学研合作,推进科技信息港建设,搭建科技综合服务平台,加快引进、转化一批产业化速度快、市场前景好的科技项目,年内新增产学研合作项目200项,实施省级以上科技计划项目90个以上。引导企业引进消化吸收再创新,鼓励企业购买国内外重大科技创新成果和发明专利,并加速产业化,年内新增发明专利授权270件。建成国家知识产权示范市。全社会研发投入占地区生产总值的比重达2.9%。

(三)全力推进城乡一体发展

以打造城乡一体的高品质现代城市为目标,优化空间布局,加速功能升级,提升形象品位,促进城乡融合发展、共同繁荣,努力让城市生活更加美好。

优化完善城市规划。依据城市总体规划,加快修编镇区总体规划,完善双山岛旅游度假区概念规划,编制完成杨舍核心区、塘桥核心区和10个镇辖办事处控制性详规。优化重点区域、重点地段的规划设计,抓紧编制城市空间特色、杨舍城区停车场等专项规划,开展杨舍东南地区交通组织、东沙区域集疏运体系等研究。加快城市基础地理信息数据库建设,地下管线规划管理信息系统实现试运行。

高标准推进新城建设。加快沙洲湖科创园、沙洲湖桥梁工程和配套工程建设,启动沙洲湖中央商务区商务大厦建设,西侧配套商业设施年内完成主体工程,展现城北科教新城形象。城西新区北延区、拓展区全面拉开道路框架,加快区域公共配套设施建设。优化城东区域规划,有序推进动迁安置和相关节点工程建设。推进金港滨江新城、锦丰·沙洲新城、凤凰新城、南丰新镇、大新滨江新镇等新城镇建设管理,提升镇区功能形象和集聚带动能力。

加快基础设施建设。疏港高速公路年内完成路基土方和桥梁下部结构工程。通洲沙西水道二期主体工程年内基本完工。启动申张线金港段航道整治。沪通铁路、沿江城际铁路力争年内开工。完成晨丰公路、新泾路东延、杨锦公路改造等工程。开工建设张皋路、五棵松路等新建道路。加快东山村遗址博物馆、艺术中心等工程建设,高职园区、农副产品批发市场主体工程封顶,港城大厦、沙洲粮库等10个项目年内竣工。继续抓好市政道路改造和新建工程,推进背街小巷整治、镇区改造和天然气普及利用工程。推进沙钢老海坝节点综合整治,加快双狮物流至老沙码头"百年一遇"江堤建设,实施界泾河等城区防汛工程,进一步提升防汛防洪能力。推进三千河南延等河道工程,完善市域水循环体系,创建全省水利现代化示范市。

加快安置房建设。力争通过今明两年努力,全面解决现有过渡户的住房,并使新增动迁过渡户控制在当年动迁户数以下。年内新开工安置房360万平方米，竣工360万平方米，农民集中居住率达60%。同步优化集中居住区设施配套，让动迁安置小区环境更美、功能更全、服务更好。有序出让土地，促进房地产市场健康稳定发展。加快农业用地区土地复垦，双山岛、现代农业示范园区两个万顷良田建设工程竣工。

提升城市管理服务水平。实施“乱停乱放、非法营运、小区环境、违法建设”四项整治，实现“交通秩序、运管服务、人居环境、市容市貌”四大提升，进一步彰显张家港文明、洁美的城市品位。健全农村环境卫生长效管理机制，巩固提升村庄环境整治成果。规范道路行车秩序，创新城市停车管理运行机制，努力缓解行车拥堵和停车难问题，为群众出行创造更好条件。优化扩容数字化城管，不断提高城市管理的信息化、精细化水平。扎实推进生活垃圾分类扩面，垃圾焚烧发电厂二期工程上半年建成投运。推进社会管理综合信息平台、市民网页综合服务系统等信息化工程，启动家庭信息化(云媒体电视)项目，加快智慧港城建设。

(四)全力提升文明城市内涵

以先进文化和现代文明引领社会、促进发展，全面提升人文素质，全面优化人居环境，全面加强社会管理，努力让城市更文明、社会更和谐。

推进文化发展。文化是一个城市凝聚力和创造力的重要源泉。要大力弘扬以张家港精神为核心的城市文化，充分激发全市人民创业创新创优的激情和活力。要做强文化事业，不断满足市民多元化、多层次的精神文化需求。深化网格化公共文化服务，开展“幸福港城”网格文化等系列活动。构建城乡一体的全民阅读服务平台，开展全民阅读活动，推进“书香城市”建设。精心举办2013中国(张家港)长江文化艺术节，进一步做亮长江文化品牌。加强东山村遗址、黄泗浦遗址等保护开发。加快少年儿童图书馆、镇(区)文化中心等文化基础设施建设，年内人均公共文化设施面积超0.36平方米。大力发展文化产业，充分发挥国家影视网络动漫实验园集聚效应，推进文化产业特色基地建设，培育壮大文广集团等一批骨干文化企业。提升“文明张家港”品牌，深入开展学雷锋活动，完善志愿服务运行机制，强化未成年人思想道德教育，大力宣扬教师、医生等公共服务行业优秀工作者的先进事迹，大力宣扬道德模范、身边好人和广大市民家庭的感人事迹，持续提高市民文明素养和社会文明程度，确保高分通过中央文明办城市文明程度指数测评。整体推进“价格诚信城市”创建，启动社会信用体系建设。深入实施“一特多品”体育名镇创建，继续办好万人健步行、全民健身大联赛、假日体育等群众体育品牌活动，争创全国乡镇体育示范工程。

加快生态文明建设。要从“五位一体”的高度出发，更加重视生态文明建设。深入实施生态文明建设“620”工程，推进生态文明镇建设试点，高标准通过国家生态市复核验收。加强生态修复保护，精心打造从市区到长江的一干河生态廊道和滨江湿地，大力提升双山岛生态建设，加快规划建设常阴沙长江湿地公园，大力植树造林，新增绿地5000亩。要以大气、水质、噪音为重点，加大治理力度。推进钢铁行业脱硫和电力、玻璃行业脱硝工程，以及工业和生活污水处理厂中水回用工程，完成污染减排重点项目18项、清洁生产企业审核50家。深入实施淘汰落后企业三年行动计划。加大化工园区、电镀印染、危险废物、畜禽养殖场等重点领域和行业的专项整治，推进热电行业归并、黄标车淘汰和秸秆资源化利用。开展万企节能低碳行动，万元GDP能耗完成上级下达指标，主要工业产品单位能耗稳定下降率70%。落实最严格水资源管理制度，加强饮用水源地管理保护，推进生活污水纳管和市域水系畅流工程。积极引导市民养成低碳生活习惯，培育绿色生态人文。加强生态环保指标考核，完善多元化投入机制，不断健全生态文明制度体系。

提升社会管理水平。做好村委会、社区居委会换届选举工作。完善“一委一居一站一办”社区服务管理模式，推进“政社互动”试点，创新动迁安置小区管理机制，理顺动迁村和安置社区之间的关系，全面提升城乡社区建设管理水平。加强社会组织孵化中心建设，积极培育社会组织。实施社工人才增量提质工程，提升参与社会管理服务的能力。完善新市民积分管理，加快新市民同城化步伐。深入推进平安建设、法治建设，深化“六五”普法活动，加强社会治安综合治理，推进住宅小区安全防范设施改造，完善社会大防控机制，依法打击各类违法犯罪活动，切实增强人民群众的安全感。强化社会稳定风险评估，加强和改进信访工作，畅通诉求表达渠道，完善司法调解、行政调解、人民调解有效衔接的大调解体系，全力预防、化解各类社会矛盾。积极尝试“政务微博”，加强网络舆情引导，利用网络为市民提供便捷优质的服务。推进重点领域安全生产专项整治，加强危化品道路运输安全综合监管，高标准完成三级政府挂牌督办重点隐患整改，实现规模工贸企业安全标准化建设全覆盖。加强食品药品质量安全风险防控，全面启动国家餐饮服务食品安全示范市创建。健全重点企业专业应急救援队伍，开展应急救援演练，提升突发事件的预警、处置和保障能力。

(五)全力增进民生幸福

让人民群众过上更加美好的生活，是现代化建设的根本目的。要积极呼应人民群众的幸福向往，扎实办好各项民生实事，努力让人民群众享有更高水平的社会保障和更高质量的公共服务。

提增城乡居民收入。实施积极的就业政策，帮助有工作意愿、有劳动能力的市民尽快找到工作，实现充分就业。深入推进就业援助工程，采取开发就业援助岗位、向吸纳企业发放补贴等措施，重点帮助十类就业困难人员实现就业，确保本市籍应届高校毕业生和就业困难人员就业率稳定在99%以上。强化创业服务平台建设，新增创业孵化基地11个，实现创业带动就业3500人。加强职业技能培训，培养更多高技能人才，扩大中高收入技工群体。推进工资集体协商、工资支付保障等制度，积极构建和谐劳动关系。实施新一轮“十村十亿增千万”和“百村千亩增百万”工程，重视村级经济联合发展平台建设，建立村级集体收入和村民福利收入增长挂钩机制，全市村级经济可支配收入增长12%以上。围绕农民持续增收，大力发展社区、专业、土地、劳务、富民等合作经济组织，新增各类合作社30家。

南丰镇振兴社区服务中心　　(南丰镇　供稿)

完善社会保障体系。巩固提升社保扩面成果,新增城镇职工社保参保4.2万人。继续抓好"菜篮子"工程,发展产业化蔬菜基地,推进肉菜流通追溯体系建设,加大农产品统一配送和质量安全检测力度,培育1个千亩以上"菜篮子"产品生产基地。加快保障性住房建设,年内新开工保障性住房18.6万平方米、2878套(户),竣工17.8万平方米、3166套(户)。推进住房公积金扩面工作,年内新增缴存职工3万人。继续做好贫困家庭大病医疗救助、困难群众安居、民生保险、慈善助学、阳光午餐等民生项目,实施企业退休职工送温暖工程,更加深入了解摸清困难家庭状况,加大帮扶力度,让困难群众得到更好的社会关爱。完善计生特扶家庭帮扶政策,加快建立人口和家庭公共服务体系。完善残疾人社会保障和服务体系,实现"人人享有康复服务"。

推进教育优质均衡。制定实施城乡学校布局调整优化三年行动计划,完成江帆小学、福前幼儿园等学校新建、扩建工程。改革教育质量综合评估机制,进一步强化教师绩效考核,提升学校办学水平和管理质量,创建全省义务教育优质均衡市。重视沙洲职业工学院、江科大苏州理工学院建设,加快发展高等教育,积极推进国际办学合作,鼓励社会多元化投入,走教育国际化、多元化发展之路。推进中高职教育资源整合,加强校企合作,积极培育发展急需的学科产业(群),创建省职业教育创新发展实验区,年内培养高技能人才5000人。加强校园安全管理,新增国标校车66辆。完善终身教育体系,创建全国社区教育示范区。

提升卫生服务水平。积极稳妥推进公立医院改革,探索全市医疗机构的联动协作机制,加强重点专科建设,扶持引导民办医疗机构错位发展,不断提升医疗技术水平和资源利用效率。健全社区卫生服务体系,年内完成6家社区卫生服务中心的新建和改建工程,全面提升社区卫生综合服务能力。加快卫生信息化建设,医疗机构电子病历系统实现全覆盖,二级医院医疗信息实现共享。健全市、镇、村三级卫生应急体系,提高突发公共卫生事件的应对处置能力,积极创建"国家卫生应急综合示范市"。加快提升医卫人员的能力素质,实施高层次卫生人才引进培育工程,年内引进"港城英才"卫生领军人才1至2人。

加快发展养老事业。积极面对社会老龄化的现实,高度重视养老问题,坚持在政府主导下,走养老事业和养老产业协同发展之路,鼓励社会参与多元化投入,逐步建立完善的社会养老服务体系,倡导敬老爱老、养老助老的社会风尚,让老年人安享幸福晚年。实施居家养老服务提升工程,改(扩)建10个居家养老服务中心(站),并推进亲情虚拟养老院建设,年内实现城区全覆盖。加快养老机构建设,重点实施澳洋老年公寓、锦丰社会福利服务中心等项目,年内养老机构总床位数超8000张。优化社区养老服务,新建6家日间照料中心和12家助餐点。提升养老服务队伍专业化水平,养老机构护理员持证上岗率达80%以上。发挥老年协会、家庭服务业协会等社会组织作用,完善养老服务行业管理体系。

切实办好实事工程。按照贴近民意、惠及百姓的要求,今年确定了增设惠民险种、气象精细化预报建设、老城区天然气配套用户改造、农贸市场改造等15项实事项目。我们将精心组织、认真办好,让市民群众得到更多便利和实惠。

各位代表,站在五十年跨越发展的新起点,时代赋予我们重任,人民寄予我们厚望。担当这个重任,就是要时不我待,奋勇争先,让张家港的发展始终走在全国的最前列;承载这份厚望,就是要顺应民意,为民谋利,让张家港的百姓过上更加美好的生活。我们要顺应时代召唤、人民期待,更加奋发有为,更加务实勤政,努力建设人民满意的法治政府、服务政府、责任政府、透明政府、清廉政府。要切实加强学习。党的十八大对未来五年作了全面部署,内涵丰富。张家港的发展已到了全面提升建设现代化的新时段,要求更高。新的阶段,新的要求,迫切需要政府工作人员加强学习、提高素养。只有这样,才能克服能力危机,避免决策失误,提升工作效能。要坚持依法行政。我们的权力是人民赋予的,必须受到人民最严格的监督。政府及其部门要在市委领导下,按照法定权限和程序行使权力、履行职责,全面规范行政行为,自觉接受市人大及其常委会的法律监督和工作监督,主动接受市政协的民主监督,广泛听取民主党派、工商联、无党派人士和人民团体的意见,高度重视司法监督、舆论监督和社会公众监督,大力推进政务公开透明,不断加强和改进政府工作。要推进改革创新。改革是最大的红利,只有不断地改革创新,才能激发活力、提升效能。新的一年,政府将重点在财政专项资金绩效、国资管理体制、行政审批服务、公共资源交易、文化体制、医药卫生、社区管理、机关效能、考核激励等方面加大改革创新力度,为经济社会发展提供更强的动力和保障。要狠抓工作落实。任务确定之后,关键在于落实。每一位政府工作人员,特别是政府组成人员,都要十分清楚人代会确定的目标任务,按照分工,密切配合,狠抓落实。要深入一线,组织、带领人民群众攻坚克难,把各项工作抓紧抓实抓到位。要强化廉政建设。严格落实党风廉政建设责任制,强化行政监察和审计监督,加大对财政资金使用、工程项目建设等重点领域的监管力度，坚决查处各类违法违纪案件。深入开展政风行风评议，切实解决群众反映强烈的突出问题。艰苦奋斗，勤俭办事，压缩公务开支，将有限的财力更多用于产业发展和民生事业，以良好的形象取信于民。

各位代表，新征程的号角催人奋进，新一年的任务光荣而艰巨。让我们在市委的坚强领导下，紧紧依靠全市人民，大力弘扬张家港精神，抢抓机遇，攻坚克难，拼搏奋进，为全面推进现代化建设、再创张家港新辉煌而努力奋斗！

（注：报告中2012年数据为预计数）

名词解释：

1.“百村千亩增百万”“十村十亿增千万”工程：“百村千亩增百万”工程，即全市组建一百个、面积超千亩的以村为经营主体或控股的土地股份合作社，每村每年增收百万元。“十村十亿增千万”工程，即建设单项投资在5000万元以上的十大村级集体经营性项目，投产后，项目年平均收入超千万元。

2.职工医保和居民医保“五个统一”：即统一门诊特定项目的结报待遇，统一药品目录和诊疗项目、实行药品目录和诊疗项目的同步动态管理，统一医疗救助政策，统一转外就医、居外就医、定点医疗机构准入等管理制度，统一基本医疗保险信息服务平台，逐步建立城乡一体的社会医疗保障体系。

3.“两基”工作：即基本普及九年义务教育和基本扫除青壮年文盲工作的简称。

4.计划生育家庭“五个一”养老帮扶模式：即明确一个补贴，建立计生特扶家庭社会保险（养老补贴）制度；建立一个基金，形成每年规模为100万元的生育关怀资金；落实一个优惠，计生特扶家庭纳入介助（半护理）、介护（全护理）养老优惠补贴；实行一个减免，计生特扶对象入住养老机构实行收费标准下浮；形成一个机制，建立计生养老服务中心和志愿者服务、老年人健康评估等工作机制。

5.网格化公共文化服务模式：是指将全市各村（社区）按一定标准划分成若干网格，每个网格配备一名网格文化员，作为政府公共文化服务的基本单元，形成市、镇、村（社区）、网格四级服务网络，并紧贴群众文化需求，有针对性地提供人性化、精细化文化服务。

6.“书香城市”综合评价指标体系：是张家港市推动全民阅读、建设“书香城市”的创新举措，该体系包括阅读设施、阅读资源、阅读组织、阅读活动、阅读环境、阅读成效及保障条件等一级指标7个，以及44个二级指标和87个三级指标，将模糊性的阅读动态用指标性的数据体现出来，对“书香城市”建设进行客观、量化、科学地考评。

7.一委一居一站一办：是一种新型社区服务管理体制。“一委”即社区党组织，“一居”即居（村）委会，“一站”即社区服务站，“一办”即综治办。

8. 网上村委会：市纪委、监察局于2009年启动实施，2011年实现全市行政村（社区）全覆盖。主要依托网络技术，以党务村务公开、集体“三资”管理、工程建设监管、干部勤廉预警为重点，构建的集便民服务、信息公开、党群互动、立体监督于一体的农村综合信息服务平台。

9.食品安全“四统一”监测模式：即由市食品安全委员会办公室统筹分散在食品安全各环节监管部门的检验检测资源，在保持原有检测人员、机构性质、隶属关系不变的基础上，构建“一个监测中心”和“四个监测分中心”，实现全市食品安全监测工作“统一监测工作计划、统一监测工作实施、统一监测经费保障、统一监测结果使用”的“四统一”。

10.八类案件：指杀人、抢劫、伤害、强奸、放火、爆炸、劫持、绑架八种刑事案件。

11.农业园区“五园十基地”建设：按照全市现代农业发展规划布局，重点打造5个万亩以上现代农业综合示范园，建设都市农业、健康畜禽养殖、长江水产养殖、食用菌栽培等十类千亩以上特色农业种养基地20个。

12.农业科技“百人千户惠万农”工程：指培养100名骨干农技员，培育1000个农业科技示范户，培训10000名职业农民。

13.省“智慧百企”培育工程：江苏省政府于2012年6月出台《江苏省创新型领军企业（智慧百企）培育工作推进方案》，提出全省到2015年，培育100家集聚全球高端人才、占领技术制高点、整合国际创新资源、引领产业跨越发展的创新型领军企业；到2020年，培育100家拥有全球顶尖人才、创新能力国际一流、规模与品牌位居世界前列的创新型领军企业。

14.家庭信息化（云媒体电视）项目：指数字电视用户通过高清互动数字电视就可全方位获取各类信息和服务。通过机顶盒遥控器，获得张家港地方文化、物价、社保、生态农业、交管信息、人口计生、教育、旅游、社区服务等百姓关心的政务民生信息服务，实现对水、电、有线电视费查询代缴。

15.“五位一体”：是党的十八大报告对推进中国特色社会主义事业作出的总体布局，内容包括经济建设、政治建设、文化建设、社会建设、生态文明建设五个方面。

16.生态文明建设“620”工程：《张家港市生态文明建设2012~2014年工作意见》中确定的生态意识提升行动、生态经济发展行动、生态环境保护行动、人居环境优化行动、生态示范创建行动、生态制度完善行动等六大重点工作，以及生态文明宣传、生态文化教育、低碳生活倡导等20项具体工程。

17.“政社互动”试点：是张家港市2012年启动的一项社会管理创新工程。即在全面梳理《基层群众自治组织协助政府工作事项》和《基层群众自治组织依法履行职责事项》“两份清单”基础上，由政府与基层群众自治组织签订一揽子协议，明确工作的目标要求、经费保障及各自所应承担的责任，实行“权随责走、费随事转”。首批试点为凤凰镇、南丰镇。

18.亲情虚拟养老院：即依托养老服务信息管理系统、老年人居家呼叫服务系统和应急救援服务网络，运用市场化手段，使老年人在家即能享受人文关怀、生活照料、家政物业等方面的标准化、专业化、亲情化、全方位、全天候养老服务。

张家港市城市总体规划（2011～2030）

一、总则

（一）指导思想

坚持从张家港实际出发，全面贯彻落实科学发展观，率先全面实现现代化。积极应对全球化与区域一体化发展机遇与挑战，在全面融入长三角区域发展的进程中，不断提升张家港的战略地位；大力推进城市转型升级，切实转变现有发展模式与路径，努力建设资源节约、环境友好型社会；推动城市空间高度集聚，完善提升城市功能与综合承载能力，改善人居环境，积极实践生态文明。将张家港建设成为实力之城、幸福之城、宜居之城和文明之城，打造成为独具魅力的美丽港城。

（二）修编重点

1.体现创新发展、城乡统筹、社会和谐、生态文明等要求，确定张家港现代化目标体系，引导经济、社会、环境协调发展。

2.完善整体城市的市域空间结构，强化中心城区的综合服务功能，不断提升城市能级。

3.统筹交通设施布局，构建城乡一体的综合交通体系，强化公交优先，倡导慢行交通。

4.探索资源环境约束下的产业转型路径，构建产业转型升级空间支撑体系，促进发展方式转变。

5.加强生态资源的保护与利用，构建完整的生态体系，实现城市精致增长。

6.加强历史文化保护与历史文化资源利用，弘扬城市文化，彰显城市特色。

（三）规划范围

规划区：张家港市市域行政区范围，面积998.48平方公里。

中心城区：杨舍镇、塘桥镇行政区范围和大新镇兴南路以南、凤凰镇西塘公路以北部分地区，面积257.2平方公里。

（四）规划期限

近期：2011～2015年；中期：2016～2020年；远期：2021～2030年；远景：2030年以后。

二、目标与策略

（一）城市性质

现代化滨江港口城市，高品质文明宜居城市。

（二）城市规模

市域近期规划总人口185万人，城乡建设用地控制在289.14平方公里以内；市域中期规划总人口215万人，城乡建设用地控制在281平方公里以内；市域远期规划总人口265万人，城乡建设用地控制在319.45平方公里以内。

中心城区近期规划城市人口95万人，城市建设用地控制在118.93平方公里以内；中心城区中期规划城市人口118万人，城市建设用地控制在131.67平方公里以内；中心城区远期规划城市人口148万人，城市建设用地控制在152.16平方公里以内。

（三）总体目标

全面推动城市转型升级，建设创新发展、城乡统筹、社会和谐、文化繁荣、生态文明的示范城市。

至2012年，率先基本实现现代化。至2015年，主要发展指标总体达到上中等发达国家和地区当前发展水平。至2020年，主要发展指标总体达到发达国家或地区当前发展水平。至2030年，主要发展指标总体达到发达国家或地区同期发展水平。

（四）发展战略

创新驱动战略、港城联动战略、城乡发展一体化战略、可持续发展战略、文化提升战略。

三、内容与对策

（一）区域协调

积极承担区域职能、充分发挥自身优势。

与上海：促进张家港深水港区与上海港互动发展，成为以上海港为核心的长三角港群中最重要的专业性港口物流中心和区域临港高端产业集聚区。充分利用张家港铁路枢纽，成为沿江地区城市组群转型升级的资源要素集聚平台和上海高端职能作用于沿江地区的功能支点。

与苏州、无锡：充分发挥港口优势，依托锡通高速公路、通苏嘉城际铁路等大型交通设施，建设苏州、无锡沿江地区重要临港综合性产业基地。大力发展临港物流与贸易，建设苏州、无锡对外贸易重要门户。

与南通：充分发挥锡通高速公路和通苏嘉城际铁路区域发展轴带作用，协同南通全面支撑苏中、苏北发展，共同作为江苏沿江开发与沿海开发战略实施的重要支点。

与江阴、常熟：加强与江阴、常熟错位发展和协作；在基础设施建设与生态环境保护等领域相互联合，形成更紧密整体的城市组群。

与靖江、如皋（港）：张家港的产业发展带动辐射靖江、如皋（港），依托长江黄金水道，两岸协同发展。

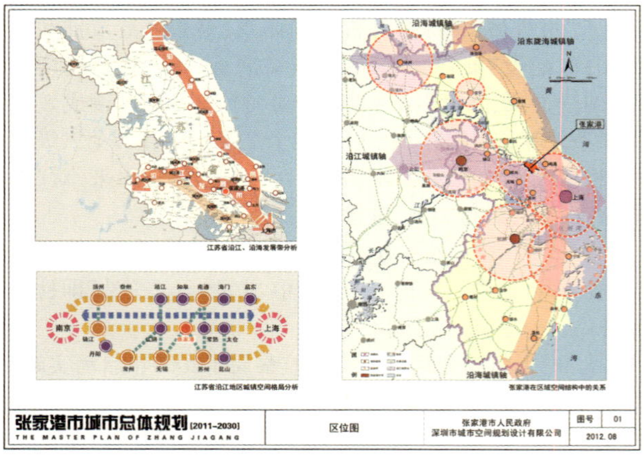

（二）产业发展

1.产业发展策略

推动城市产业升级与多元发展，促进产业结构战略性调整，优化发展传统制造业和传统服务业，加快发展现代制造业和现代服务业，培育新兴支柱产业。

2.产业布局指引

规划形成“一核一带、核心引领”的市域产业空间布局结构：“一核”为张家港中心城区以新兴产业和综合服务业为主的都市型产业聚集核心区；“一带”为依托沿江港口聚集先进制造业的沿江临港产业发展带。

（1）制造业空间布局

中心城区制造业主要位于开发区北区、开发区南区、东莱集中工业区、鹿苑东部工业区和塘桥东部工业区。临港新兴产业基地主要包括金港扬子江化工园、金港再制造园、大新重装园、锦丰冶金工业园、乐余临江绿色产业园、南丰机电工业园和东沙工业园。产业发展战略预留空间主要位于乐余镇滨江地区。凤凰片区以韩国工业园为基础，适度拓展新兴产业发展空间。

（2）现代服务业空间布局

临港物流服务业集聚区包括金港保税物流园区、玖隆物流园区、张家港铁路货运站物流园区和乐余西水道物流园区。科技创新服务业集聚区主要位于城北科教新城和保税港区。休闲旅游服务业集聚区包括双山岛生态旅游度假区、现代农业示范园区、黄泗浦文化生态园和凤凰历史文化名镇。

（3）农业空间布局

高效农业区包括现代农业示范园区、沿江生态农业带和南丰高效设施产业带。都市农业区包括杨舍都市农业带、塘桥优质粮食产业带、凤凰优质果品产业带和锦丰优质蔬菜产业带。观光农业区包括双山岛休闲观光农业产业区、凤凰农业旅游观光园和现代农业示范园区。

（三）市域空间

1.四区划定

禁建区：390.28平方公里；限建区：44.78平方公里；适建区：49.34平方公里；已建区：301.15平方公里。

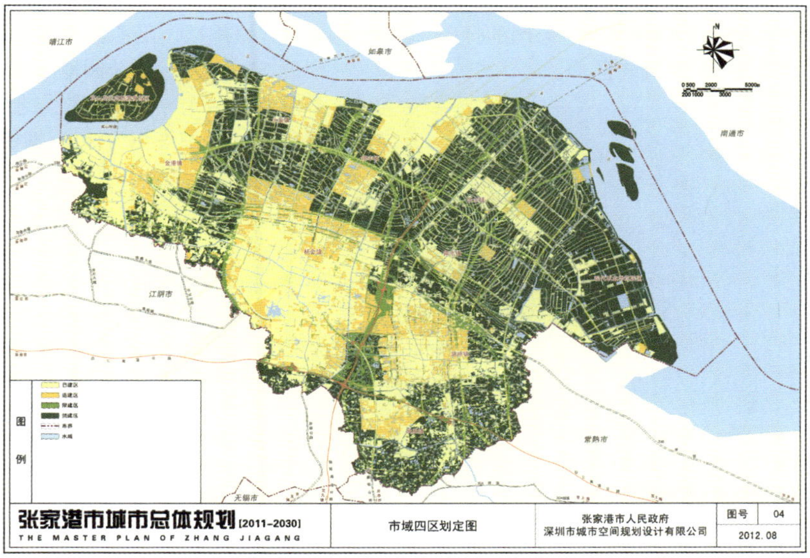

2.空间结构

坚持“整体城市”的理念，推动市域空间集聚，形成杨舍—塘桥中心城区和金港（市域副中心）、锦丰、乐余、凤凰四个片区组成的“整体城市，一城四区”市域空间结构。

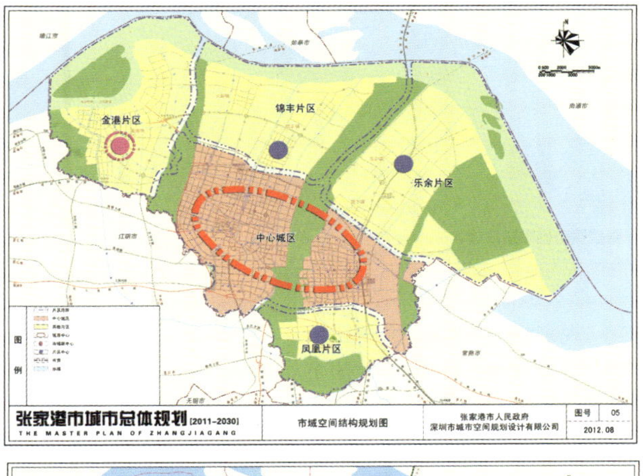

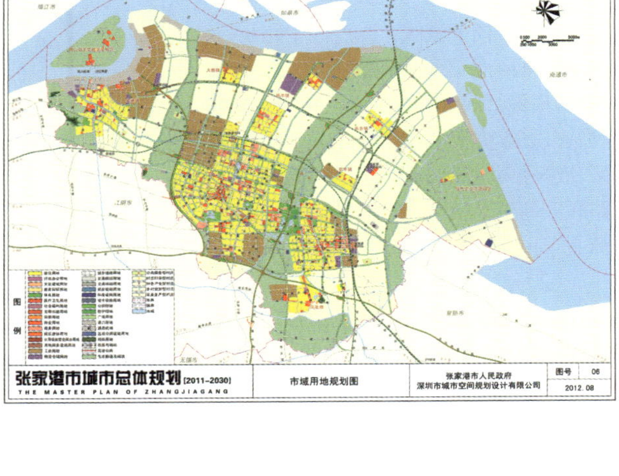

（四）中心城区

1.空间布局结构

中心城区形成“一主、一副、一园”的空间结构，“一主”为杨舍主城区，“一副”为塘桥副城区，“一园”为黄泗浦文化生态园。黄泗浦文化生态园位于杨舍主城区与塘桥副城区之间，通过黄泗浦文化生态园的打造，将杨舍主城区与塘桥副城区进行有机缝合。

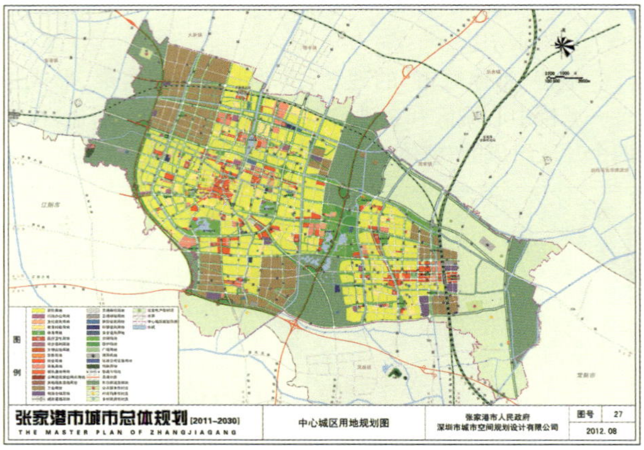

2.公共服务中心体系

规划中心城区形成“市级、分区级、居住区级”三级公共服务中心体系。

（1）市级中心

规划形成“一主一次”市级中心。城市主中心位于杨舍城区，以沙洲中路步行街、杨舍西街等老城商业街区及人民路为核心，集聚行政、商业、文化、体育和商务等城市服务功能。城市次中心位于塘桥城区，依托张家港枢纽站，通过南京路、北京路联系塘桥老镇区，打造高铁新城，集聚商业、商务和会展等功能。

（2）分区级中心

规划分区级中心6个，承担各功能分区综合服务职能，提供相应的商业、文化、医疗、体育、娱乐和商务等配套服务设施。

城北分区中心位于沙洲湖、中兴路周边地区，张家港北站公共服务设施作为补充；城南分区中心位于南二环路和金港大道交界处周边地区，塘市公共服务设施作为补充；城东分区中心位于南苑路、乘航路、双鹿路周边地区，暨阳路、蒋乘路公共服务设施作为补充；城西分区中心位于城西购物公园地区，泗港公共服务设施作为补充；鹿苑分区中心位于南苑路与老204国道交界处周边地区，鹿苑公共服务设施作为补充；塘桥分区中心位于南京路与老204国道交界处周边地区，塘桥南环路、塘桥镇中路公共服务设施作为补充。

（3）居住区级中心

居住区级中心结合各居住区进行统一规划布局，配置完善的生活服务设施。

（五）综合交通

1.交通发展策略

对接区域交通网络，建设区域性货运及公共交通枢纽，建设客货运分离系统，形成以公路、水路、铁路为主体的综合联运体系；完善城市主干路网系统；建立以轨道交通和快速公交为主体，常规公交为补充的城市公共交通体系；建设安全、舒适的慢行交通网络。

2.轨道交通

普通铁路：沪通铁路由上海浦东国际机场至南通。

城际轨道：通苏嘉城际铁路由南通至嘉兴；沿江城际铁路由上海至南京；苏锡张城际加密线由苏州经无锡、江阴至张家港。

城市轨道：市域规划两条城市轨道交通线路，满足通勤需求。

3.干线公路

规划增设市域沿江地区疏港通道，完善南北向的交通走廊，形成网络化的公路格局。加快高等级公路的新建、扩建，完善公路等级结构，提高系统通行能力；加强公路同城市道路、其他重要交通设施的衔接；截流、外迁干扰严重的过境交通线。

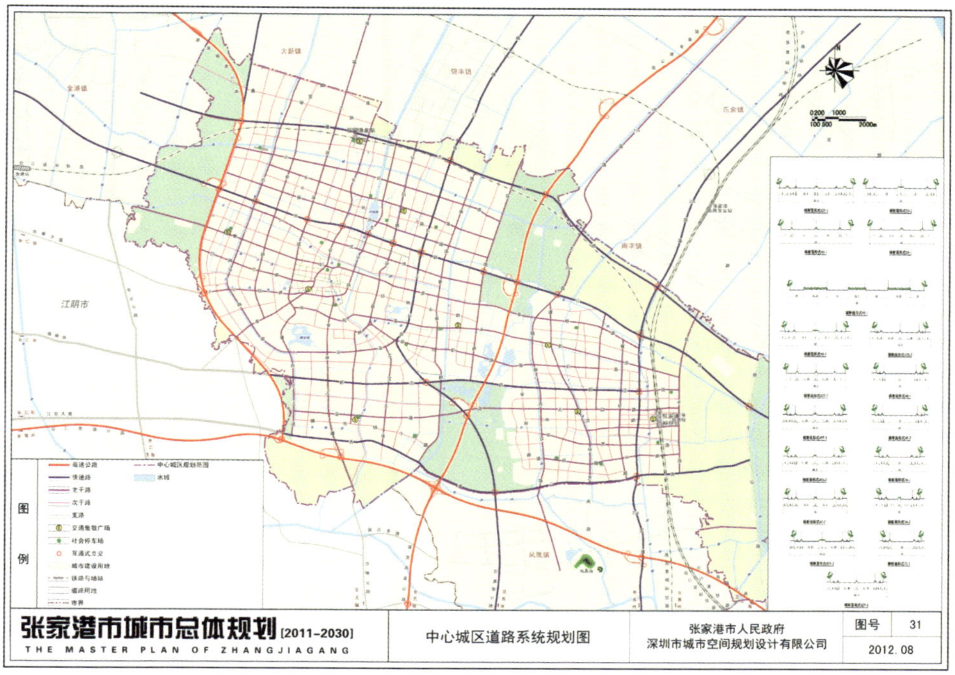

4.港口岸线

积极参与建设上海组合港，充分发挥港口群整体效应，围绕上海航运中心建设，协调与沿江各港口的关系。建设长三角地区物资接卸、转运的重要枢纽之一，推进公用码头建设，形成设施先进、功能完善、管理高效、效益显著的现代化综合性港区。

5.水运交通

规划将部分七级航道和等外级航道降级为景观、亲水河道；突出发展重点骨干航道。

6.中心城区道路网络

快速路：快速路承担中心城区长距离快速出行，快速联系中心城区与周边片区间。

主、次干路：规划构建方格网主干路系统，主干路网密度为1.1公里/平方公里。次干路系统起到集散、分流服务功能，次干路网密度为1.2公里/平方公里。

（六）资源节约、保护与利用

1.土地资源

土地资源保护：执行严格的基本农田保护制度，严格保护耕地，保护生态用地。

土地综合利用目标：严格控制新增建设用地规模，合理挖掘空间潜力；土地利用结构与布局明显改善，土地利用向集约方式转变，土地综合利用效益显著提高。

2.水资源

水资源利用：充分利用长江优质地表水资源，建设一干河（沙洲湖及以北河段）应急水源地，提高水源安全保障。加强污水再生回用及雨水利用。

水资源保护：大力加强长江水源地建设和保护；改善内河水系环境，加强暨阳湖等生态湖区的水质保护；提高污水收集处理率及处理标准，倡导中水回用；严格执行禁止地下水开采的相关规定。

水资源节约：建设“节水型”社会，将节约用水纳入依法管理轨道；推进产业结构调整，将用水指标作为产业准入的重要门槛，降低单位GDP水耗。

3.能源

逐步降低单位产出的能耗水平。优化调整能源结构，提高传统能源综合利用水平，大力发展清洁能源，推广太阳能、地热能、生物质能等可再生能源。

规划期末，万元GDP能耗控制在0.48吨标准煤，总能耗控制在4400万吨标准煤以内；电力占全社会能耗总量的35.5%，天然气占全社会能耗总量的14.3%，可再生能源占全社会能耗总量的17%，煤炭占全社会能耗总量的30%，汽油、柴油、燃料油等其他能源占全社会能耗总量的3.2%。

（七）生态建设

规划构建“四纵三横”生态的廊道系统，“四纵”为双山岛—香山、太字圩港、锡通高速公路、六干河廊道，“三横”为港丰公路、晨丰公路和沿江高速公路生态廊道。规划形成香山与双山岛生态旅游度假区、黄泗浦、现代农业示范园区与通州沙、港丰公路至晨丰公路农田生态区和凤凰南部农田生态区五处生态板块。

综合考虑自然生态、人文、交通和城镇布局以及周边城市生态系统规划与风景路规划等要素，规划形成由5条主线与多条支线组成的风景路网总体布局。结合风景路连接的风景区、森林公园、城镇建设区等发展节点，重点安排慢行道、服务区、标识系统、交通与换乘系统、基础设施等配套设施及服务系统，提供休憩、指示、停车、换乘、信息、卫生、安全等服务。

(八)城市特色

1.总体设计目标

凸显长江、港城、水乡的地域特征，挖掘长江文化、赋予张家港精神新的内涵，彰显有序、和谐、宜人、精致的城市形象，塑造“枕江汇林脉，阡陌泛波影；都会衔绿心，港城间相映”的城市意象。

2. 总体城市设计结构

在宏观层面，强化城市地域南北、东西在自然与人文上的不同特色，建立长江与城市互动的空间序列，重点打造一系列城市特色节点，最终形成“五区六带多点”的城市总体空间序列结构框架。“五区”指在“一城四区”城市空间结构基础上，形成现代都市风貌区、绿色港城风貌区、滨江产业风貌区、滨江生态风貌区和江南水乡风貌区五个风貌区；“六带”指两条东西向景观轴和四条南北向景观轴；“多点”指自然地貌、城市标志性建筑群和城市出入口等众多节点。

3.历史文化保护

挖掘张家港历史文化内涵，保护历史文化遗存，传承历史文化精髓。协调保护与发展的关系，改善凤凰历史文化名镇和恬庄历史街区环境，展示历史风貌，彰显城市特色。保护张家港独特的地域文化，合理利用非物质文化遗产，为非物质文化遗产展示提供空间载体。合理利用各类文物古迹，充分展示历史文化内涵和价值。

规划形成“六区三带”的城市文化空间结构。“六区”指六个文化集中展示区，包括双山岛长江文化集中展示区、杨舍暨阳文化集中展示区、塘桥东渡文化集中展示区、金港香山文化集中展示区、乐余沙上文化集中展示区以及凤凰河阳文化集中展示区。“三带”指三条文化集中展示轴带，包括一干河—谷渎港—新沙河轴带、三干河轴带、张家港河—东横河—盐铁塘—七干河轴带。

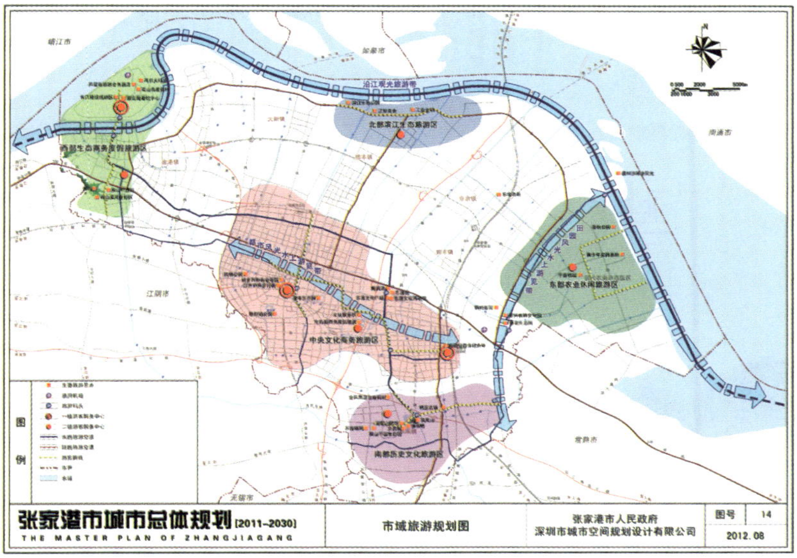

4.旅游规划

(1)旅游发展目标

规划形成以观光产品为基础、生态度假和健康养生为重点、文化休闲和现代商务旅游为突破的旅游产品体系,打造长三角一流的滨江休闲旅游胜地。

(2)旅游空间布局

规划形成“五区、三带”的旅游空间布局结构,包括中央文化商务旅游区、东部农业休闲旅游区、南部历史文化旅游区、西部生态商务度假旅游区和北部滨江生态旅游区,沿江观光旅游带、都市风光水上游览带和田园风光水上游览带。重点打造长三角生态旅游度假岛(双山岛),将双山岛打造成为以长江文化为主体,融合休闲度假、生态旅游、健康养生为一体的国际一流旅游度假区,成为彰显传统文化与现代文明相互交融的张家港新的城市名片。

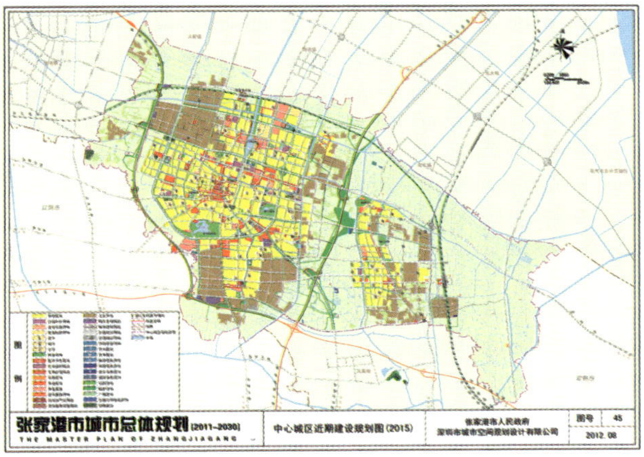

(九)基础设施

城市市政公用设施体现“整体城市”理念,建成城乡统筹、安全优质、节能高效、适度超前的现代化市政基础设施体系,保障张家港市城乡经济和社会的可持续发展。

市域层面着重解决供给系统的布局,包括给水系统、污水系统、电力通信系统和燃气系统等公用设施布局和主要管网布置,为下层次专项规划提供指导;中心城区层面在市域系统布局的基础上着重解决系统内部管网的详细布置,包括给水管网、污水管网、110千伏电力网和中压燃气管网及其配套设施。

(十)近期建设

1.近期发展目标

至2012年,在全省第一批率先基本实现现代化。至2015年为转型启动期,这一阶段逐步确定张家港未来发展的方向,在某些具备条件的行业和部门应率先转型发展,为张家港进一步的全面转型奠定基础和积累经验。至2015年,市域总人口185万人;中心城区城市人口95万人,城市建设用地面积118.93平方公里。

2. 近期建设策略

土地利用效益突破;城市空间结构突破;港口岸线资源利用水平突破;交通网络高效支撑建设突破;生态环境建设突破。

3.近期建设重点地区

中心城区推进城北科教新城建设,建设沙洲湖商务区、中丹生态城和沙洲湖科创园;推进黄泗浦文化生态园建设,重点完善河道水系绿网,建设主次干路;完善提升塘桥城区综合公共服务能力,建设联系张家港枢纽站地区的快速干路。

金港片区重点建设保税区智能港口物流基地、临港新兴产业基地、国际市场集群基地、生态休闲旅游基地和离岸金融试验基地,加快推进双山岛生态旅游度假区和金港滨江新城中心区建设。

锦丰片区重点建设沙钢玖隆钢铁物流区和锦丰沙洲新城中心区。

乐余片区加快推进通州沙西水道综合整治工程,建设滨江湿地公园和张家港铁路货运站。

凤凰片区推进凤凰新城建设、老镇区改造和恬庄历史文化街区保护工程。

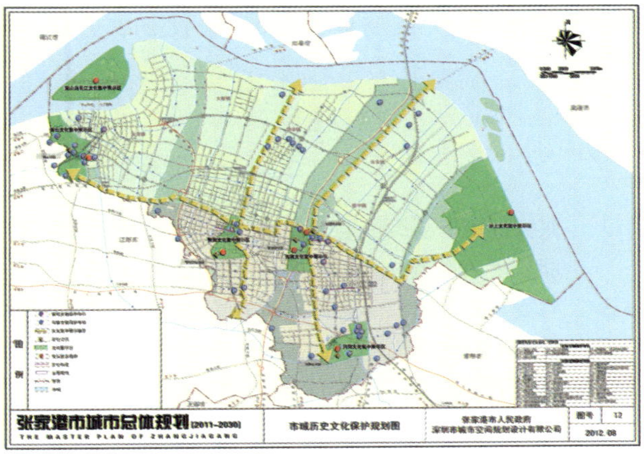

【编辑 黄宏庆】

大　事　记

1月

1日　杨舍老街开街。杨舍老街位于市区园林路西侧、梁丰路南侧，占地面积1.97万平方米，建筑面积近3.6万平方米，总投资4.5亿元。

4日　全市领导干部警示教育大会暨2012年度党风廉政建设责任书递交仪式在张家港保利大剧院召开。

7日　市网格化公共文化服务启动仪式暨网格文化团队优秀文艺节目展演活动在市文化中心星海剧场举行，首批经过培训的500名网格文化员正式上岗，《张家港市文化地图》《张家港市公共文化服务指南》同时首发，标志着张家港市在全国率先启动网格化公共文化服务。

13日至18日　全市发放1.5亿元春节慰问金，惠及11.56万户群众，慰问的范围、受众、标准均为历年之最。

29日　《人民日报》头版头条刊发《张家港，转型发展启新航》。

30日　2012年全市“开门红”项目集中开工活动举行，共有项目75项，总投资378亿元。其中，工业项目55项，总投资252亿元；服务业项目20项，总投资126亿元。

2月

1日　张家港市以县级市第一名的成绩被省文化厅评为首批江苏省公共文化服务体系示范区。

6日　省委常委、组织部部长杨新力受中共中央政治局委员、书记处书记、中宣部部长刘云山和省委书记罗志军委托，专程到市慰问省政协原常委、苏州市人大常委会原副主任、张家港市委原书记秦振华和金港镇长江村党委书记郁全和。

8日　在北京召开的全国未成年人思想道德建设工作视讯会议上，张家港市荣获第三届全国未成年人思想道德建设工作先进城市称号。

△　汇丰银行（中国）有限公司张家港支行开业。

△　九派张家港智能电力基金签约落户。这是国内第一家智能电力产业基金。

13日　张家港市被省版权局认定为江苏省版权示范市。

14日　在北京召开的国家科学技术奖励大会上，张家港海陆环形锻件有限公司参与完成的“环类零件精密轧制关键技术与装备项目”获国家科技进步奖二等奖，江苏省（沙钢）钢铁研究院院长江见俊彦获国家国际科技合作奖。

△　中国成人教育协会公布2011年度全国数字化学习先行区名单，张家港市入选。

17日　副省长张卫国到市调研。

26日　国务院应急办主任陈建安到市考察调研道路交通安全和应急工作。

27日　全国双拥模范城（县）命名暨双拥模范单位和个人表彰大会在北京举行，张家港市蝉联“全国双拥模范城”，成为江苏省首个实现“全国双拥模范城”五连冠的县级市。

△　“12345”便民服务热线与原“政风行风热线”节目整合后的“12345·政风行风热线”节目全新开播。

28日　在南京召开的全省福利彩票工作会议上，张家港市荣获全省福利彩票销售十强县（市）奖。

29日　全国政协委员、中国科协书记处原书记宋南平到市考察。

3月

5日　副省长何权到市调研。

7日　张家港比茨服务外包产业园签约仪式在市馨苑度假村举行。美国比茨·普尔什集团计划投资3亿美元，引入5家左右世界500强企业或服务外包全球100强企业，创造6亿元以上的服务外包产业。

15日至16日　全省食品安全工作会议在张家港市召开，副省长何权等出席会议。

19日至23日　政协市第十一届委员会第一次会议举行，选举单玉珍为市十一届政协主席。

20日至24日　市第十三届人民代表大会第一次会议举行，选举高建刚为市十三届人大常委会主任，姚林荣为市人民政府市长。

21日　国务院参事室党组成员、副主任方宁到市考察。

22日　省人大常委会副主任、省总工会主席张艳到市考察工会工作。

28日至4月5日　市委副书记、市长姚林荣率团赴日本、欧洲招商引资。

29日　在河北省邯郸市召开的全国社会养老服务体系建设工作会上，张家港市被民政部授予全国养老服务示范活动示范单位称号。

29日至30日　全国政协委员、水利部原副部长翟浩辉，长江水利委员会副主任杨淳到市检查防汛防台准备工作。

△　美国加利福尼亚州丽浪多市市长麦克·甄率政府代表团到市友好访问。

31日　省人大常委会原副主任、苏州市委原书记、苏州市人大常委会原主任王敏生率团到张家港市考察。

4月

7日　国土资源部副部长王世元到市调研土地节约集约利用情况。

△　在南丰镇永联村开幕的2012年张家港长江鲜美食节上，张家港市被中国烹饪协会授予“中国刀鱼美食之乡”称号。

9日　省委常委、苏州市委书记蒋宏坤到张家港市调研。

△　省委常委、纪委书记弘强到市参加全省“12345”政府公共服务平台建设推进会。

11日　在2012年全国男子举重锦标赛暨伦敦奥运会选拔赛上，张家港籍运动员陆浩杰以375公斤的总成绩夺得男子77公斤级比赛全国冠军，其以175公斤的成绩获得该级别抓举冠军，并打破全国纪录，成为全市第一位超亚洲纪录和世界纪录的运动员。

11日至12日　省委常委、宣传部部长王燕文到市开展宣传思想文化工作专题调研。

15日　市委、市政府安排全市千名机关干部下基层，深化和拓展市级机关服务发展、服务基层、服务群众工作。

17日　德国劳恩堡市市长安德鲁斯·提德率团到市访问。其间，劳恩堡市与张家港市签署建立友好交流城市关系意向书。

20日　全市12个安置房项目集中开工建设，总面积145.5万平方米。

23日　武警部队副政委崔景龙带领武警部队军师职领导干部理论轮训班成员到市参观考察。

25日至29日　2012年“特步杯”全国女子武术散打锦标赛在张家港市举行。

26日　康得新年产2亿平方米光学膜产业集群项目奠基仪式举行，项目总投资45亿元。

5月

4日　副省长何权率出席全省村庄环境整治现场推进会的与会代表到市考察。

4日至6日　中国国土资源报社社长陈国栋到市采访调研节约集约用地情况。

9日　新市民积分管理工作启动仪式举行，64万名新市民累积一定积分即可享受入户、入学、就医的同城待遇。

10日至16日　巩留县（张家港市）活动周在张家港市举行。

12日至20日　2012年国际网联男子巡回赛（张家港站）在市体育馆举行。

19日　全市“拼抢五个月、加速现代化、献礼五十年”活动动员大会举行。

20日至21日　由亚洲制造业协会主办的第四届中国制造业论坛年会在上海举行，张家港市获2012年中国制造业最优投资环境城市称号。

21日至22日　中国文明起源与形成学术研讨会在市举行。

23日　俄罗斯维亚基马市市长德米多娃·英娜到市考察。

23日至24日　海南省副省长李国梁到市考察。

28日　张家港市“健康礼包进万家”“儿童健康保障工程”政府实事工程启动。

31日　张家港经济技术开发区（杨舍镇）举行40个项目集中开竣工仪式，总投资84.3亿元。其中，工业项目12项，总投资33.5亿元；现代服务业项目5项，总投资31.3亿元；社会事业项目14项，总投资18.2亿元；科技合作项目9项，总投资1.3亿元。

6月

1日　暨阳湖欢乐世界开园。

5日　在江苏省世界环境日纪念大会暨首届生态文明号、生态文明使者颁奖典礼上，张家港市获省生态文明建设特别贡献奖，成为全省第一家也是唯一一家获此称号的城市。

7日　省政协副主席、党组副书记张九汉到市调研。

7日至14日　市委书记徐美健率团赴美国、韩国招商引智。

8日　国家广电总局正式批准张家港软件(动漫)产业园成为国家影视网络动漫实验园。张家港软件(动漫)产业园是全市第一个国家级文化产业园区，也是全国第五家、江苏省第二家获批国家影视网络动漫实验园的园区。

18日至22日　2012年世界斯诺克球员巡回赛张家港公开赛在市体育馆举行。

21日　市委、市政府举行大型报告文学《一个人和一座城市——记全国优秀市委书记秦振华》首发仪式。省委常委、苏州市委书记蒋宏坤到会讲话。

25日　苏虞张公路快速通道北段工程正式通车，工程以苏州市绕城高速北桥互通为起点，以张家港市340省道交叉口为终点，全长约42公里，总投资6.77亿元。

27日　江苏科技大学苏州理工学院暨江苏科技大学张家港产业技术综合研究院揭牌典礼仪式在暨阳湖大酒店举行。苏州理工学院的前身为江苏科技大学南徐学院，成立于2002年。2012年，经教育部批准，正式更名为江苏科技大学苏州理工学院，迁址张家港市。

28日　全市首家民办养老机构——张家港合兴老年公寓启用。公寓占地0.33公顷，建筑面积6000平方米。

30日　市小城河治理二期工程基本完工。小城河综合治理投资约20亿元，分两期进行。

7月

1日　双山岛旅游度假区党工委、管委会正式揭牌运作。

2日　市委号召全市学习南丰镇永联村党委书记、永钢集团董事长吴栋材的先进事迹。

3日　在山西省运城市召开的全国村务公开民主管理工作会议上，张家港市被全国村务公开协调小组命名为全国村务公开民主管理示范单位。

8日　国家发改委副主任杜鹰率国家苏南规划调研组综合组在省委常委、常务副省长李云峰的陪同下到市调研。

△　金城中银大厦项目举行开工奠基仪式。项目规划用地面积1公顷，总高度100米，总建筑面积6万平方米，预计投资总额约4.5亿元。

8日至10日　市第六届科技节举行。其间，中国科协海智计划(张家港)工作基地和国家火炬计划张家港锂电特色产业基地揭牌。全国人大常委、中国科协副主席冯长根，中国工程院院士陈克复等出席活动。

9日　美国《财富》杂志公布2012年世界500强企业排名，沙钢集团以营业收入320.97亿美元列第346位。

13日　全国人大常委会副委员长、民进中央主席严隽琪到市考察。

18日　市金生科技小额贷款有限公司开业。该公司是全市第一家面向科技型中小企业，兼有贷款融资和股权融资功能的新型贷款公司。

23日　南丰镇举行38个项目集中开竣工仪式，总投资42.8亿元。

△　市十三届政府第一次全体(扩大)会议召开。

8月

2日　在2012年伦敦奥运会男子举重77公斤级比赛中，张家港籍运动员陆浩杰以360公斤的总成绩获得银牌。

3日　江苏沙钢集团和丰立集团有限公司签订重组框架协议。

10日　省委常委、苏州市委书记蒋宏坤到张家港市调研。

15日　农联家园安置小区开工建设，总投资7.5亿元，总建筑面积23.98万平方米。

16日　张家港市政协成立50周年暨全市政协工作大会举行。《张家港政协志》同时首发。

17日至18日　国家发改委副主任解振华到市调研低碳和循环经济发展等情况。

20日至22日　全国人大常委会副委员长、九三学社中央主席、中国科学技术协会主席韩启德到市考察，并参加第二届中国医疗设备自主创新研讨会(骨科)。

27日　在宁夏回族自治区吴忠市举行的第二届“中国城市公益慈善指数”发布活动上，张家港市获得首批全国慈善城市称号。

28日　中国·张家港液体化工指数在北京正式发布，这是国内液体化工行业首次推出的行业指数。

31日　生态文明建设(张家港)高层研讨会在张家港市召开。中国生态文明研究与促进会常务副会长、国家环保总局原副局长祝光耀，中国生态文明研究与促进会副会长、全国政协委员、水利部原副部长翟浩辉等出席会议。

9月

5日　国务院对全国80个“两基”(基本普及九年义务教育、基本扫除青壮年文盲)工作先进地区予以通报表扬，张家港市列入全国“两基”工作先进地区名单。

7日　在南京召开的全省社会管理创新工程推进落实会上，张家港市获2011年度省级平安县(市、区)和省级社会管理综合治理先进县(市、区)称号，实现全省平安创建九连冠。

11日至12日 最高人民检察院党组成员、政治部主任李如林到市调研。

12日 中央人民广播电台《新闻和报纸摘要》节目头条播发大型主题报道《万里欢歌》的开篇新闻——《走现代化发展之路,看江苏张家港老树开新花》。

15日 中国中小城市科学发展评价体系研究课题组发布2012年度中国中小城市科学发展评价体系研究成果，张家港市位列2012年度中国中小城市综合实力百强县第三位，并荣膺2012年度中国最具区域带动力中小城市百强县。

16日至18日 省委原书记、省人大常委会原主任陈焕友到市考察。

21日 省人大常委会原副主任、党组成员叶坚,省政协原副主席、党组成员陆军到市调研。

24日 数字图书馆推广工程工作会议在张家港市召开。文化部副部长杨志今、国家图书馆馆长周和平等出席会议。

24日至25日 省委书记、省人大常委会主任罗志军到市就推进苏南现代化示范区建设进行调研。

24日至26日 全国渡运安全监管现场会在市召开，交通运输部副部长徐祖远、江苏省副省长史和平等出席会议。

25日 在北京举行的中国质量发展论坛上，张家港港荣膺首批世界卫生组织口岸核心能力达标单位。

25日至26日 国家公共文化示范区创建工作现场经验交流会在张家港市召开,文化部副部长杨志今、江苏省副省长曹卫星等出席会议。

27至28日 在中国留学人员创业联盟·全国留学人员创业园年会上,沙洲湖科创园被认定为“中国留学人员创业联盟”成员单位。

28日 全市7个安置房项目集中竣工，总面积89.69万平方米,可安置5384户动迁户。

29日 凤凰镇行政管理体制改革试点启动。10月25日,凤凰镇便民服务大厅投入运行。

是月 经住建部、财政部批准,张家港市获批国家可再生能源建筑应用示范县(市)。

10月

2日 博鳌亚洲论坛秘书长周文重到市考察。

6日至14日 2012年“塘桥杯”全国乒乓球锦标赛在张家港市举行。

12日至13日 全国人大常委会委员、科教文卫委员会副主任委员金炳华,全国人大常委会委员、科教文卫委员会委员、中国科学技术协会副主席冯长根率调研组到市调研。

16日 大新镇举办庆祝建镇90周年文艺演出。

17日至18日 全国人大常委会委员、民族委员会副主任委员、中华全国供销合作总社原党组书记周声涛到市考察。

18日 位于市区人民路的国泰新世纪广场启用。

19日 张家港市在全省率先基本实现农业机械化。

19日至20日 交通运输部长江航务管理局局长唐冠军到市考察。

20日 中国工程院院士、哈尔滨工业大学机电工程学院博士生导师蔡鹤皋率中国机械工业联合会专家组到市考察。

22日至31日 在澳大利亚举办的第五届世界健康城市联盟大会上,张家港市申报的“健康公平”“健康服务体系建设”两个健康城市建设项目获世界卫生组织授予的健康城市创新发展奖,“道路安全”项目获最佳实践奖。

23日 白俄罗斯驻华大使维克多·布里亚到市参观考察。

24日 张家港市被农业部认定为全国农村集体“三资”(资金、资产、资源)管理示范县。

26日 全国政协常委、中国文联副主席、中国电视艺术家协会主席赵化勇到市考察。

△ 《张家港市城市总体规划(2011~2030)》获省政府批复。

△ 全市136个项目集中开竣工,总投资767亿元。其中,开工项目60项,总投资585.7亿元;竣工项目76项,总投资181.3亿元。

27日 “沙洲的崛起,张家港的辉煌”——张家港建县(市)50周年成就展在市文化中心综合展示馆开展。

△ “长江城·长江人”全国微视频大赛颁奖仪式在市广播电视台演播大厅举行。

28日 张家港建县(市)50周年纪念大会在张家港保利大剧院举行。中共中央政治局委员、书记处书记、中组部部长李源潮,全国人大常委会副委员长严隽琪,省委书记、省人大常委会主任罗志军,省委副书记、省长李学勇，全国人大财政经济委员会副主任委员梁保华等先后作批示或发贺信。省委常委、苏州市委书记蒋宏坤,省人大常委会副主任李全林,省政协副主席包国新,省委原常委、原常务副省长高德正,省委原常委、苏州市委原书记杨晓堂等出席会议。

△ 2012年中国(张家港)长江文化艺术节开幕式暨庆祝张家港建县(市)50周年、张家港保税区建区20周年文艺晚会举行。全国政协副主席、九三学社中央副主席王志珍宣布开幕。

△ 《人民日报》头版头条刊发《张家港,普惠民生正当时》。

28日至29日　全国政协副主席、九三学社中央副主席王志珍到市考察。

30日　市城市投资发展集团有限公司揭牌。

△　冶金工业园(锦丰镇)举办第四届沙上文化艺术节开幕式暨沙洲县抗日民主政府纪念馆开馆仪式，中央公园、滨河公园开园仪式暨《三兴镇志》《合兴镇志》首发式。

是月　全市首家村级养老院韩山老年公寓投入使用。

11月

2日　省人大常委会原副主任、苏州市委原书记、苏州市人大常委会原主任王敏生率苏州市部分老干部到张家港市考察。

6日　经国务院批准，张家港保税港区成为江苏省首家汽车整车进口口岸。

8日至9日　长江三角洲城市市场信息协作网第12次联席会议暨2012年长三角城市商业发展论坛在镇江市召开。会上，张家港市荣获2011年长三角县域商业十强县市，连续四次荣获该荣誉。

9日　第五届(张家港)长江流域戏剧艺术节在张家港保利大剧院闭幕。该届戏剧艺术节历时13天，沿江12个省(市、区)的专业剧团演出9台精品大戏。

12日　张家港保税区建区20周年庆典暨第九届香山文化旅游艺术节开幕。

12日至13日　全省开发区(园区)和规模企业工会帮扶服务工作会议在张家港市召开，省人大常委会副主任、省总工会主席张艳出席会议。

13日　张家港市发布《张家港市"书香城市"建设指标体系(试行)》，标志全国首个"书香城市"建设指标体系正式出台。

16日至18日　2012年海峡两岸(张家港)农业博览会在市体育场举行。

18日　澳洋集团总部经济项目奠基。项目总投资8亿元，占地6.13公顷，建筑面积18.8万平方米。

19日　欧璧医药包装科技(中国)有限公司在张家港经济技术开发区举行开工奠基仪式。项目由世界高端医疗包装行业的领军企业意大利斯蒂瓦纳托集团投资1亿欧元建设。

20日　位于市区城北路的华芳国际大厦落成启用。

21日　市图片中心启用。中心储存128个单位11.8万张图片，涵盖1928年起张家港境内形成的古迹遗存、民风民俗、行政建制、经济发展、文化建设、社会事业等各方面内容。

△　全球现代"商对商批发业领导者"麦德龙在中国第61家批发商场在张家港市开业。

22日　张家港疏港高速公路开工仪式举行，省委常委、苏州市委书记蒋宏坤出席。路线北起保税区(金港镇)长江路与东海路交叉口，南接沿江高速公路，全长20.71公里，项目批复概算35.68亿元，建设工期4年。

是月　由省委常委、苏州市委书记蒋宏坤题写书名的《乐余镇志》由凤凰出版社出版发行。

12月

1日　国家统计局在张家港市召开全国城市文明程度指数测评工作总结会。

3日　全国政协常委、江苏省政协副主席、农工党江苏省委主委、中国科学院南京分院院长周健民到市调研。

3日至4日　第七届全国网球训练工作会议在张家港市召开，国家体育总局副局长肖天等出席会议。

4日　中央文明办公布2012年全国城市文明程度指数和未成年人思想道德建设工作测评结果，张家港市城市文明程度指数得分为94.91分，未成年人思想道德建设工作得分为98.99分，均名列全国同类城市之首。

6日　新闻出版总署副署长、国家版权局副局长阎晓宏到市考察。

22日　市委十届五次全体（扩大）会议在市馨苑度假村召开。市委书记徐美健作题为《乘势而上抓提升，创新争先求突破，全力争当苏南现代化建设排头兵》的报告。

24日　中央农办全国新农村建设中心公布首批"全国社会主义新农村建设示范镇"名单，杨舍镇成为苏州地区唯一获此荣誉的乡镇。

△　农业部、国家安全监管总局公布2012年全国"平安农机"示范县(区、市)名单，张家港市入选。

27日　张家港复线船闸开闸通航。工程于2007年7月开工，概算投资9.27亿元，闸室长230米，宽23米，门槛水深4米，建设里程2.8公里，常年可通航千吨级船舶。

△　张家港市被评为2012年度国家慢性病综合防控示范区。

30日　以"民生幸福·成就中国"为主题的2012年中国城市幸福盛典在北京举行。在获评十大2012年中国最具幸福感城市的县级市中，张家港市以总分第一的成绩名列榜首。

31日　江苏省卫生厅发布《关于确认江苏省妇幼卫生先进县(市、区)的通知》，张家港市创建成为江苏省妇幼卫生先进市。

【编辑　沈立平】

市情概览

自然地理

【地理位置】 张家港市位于长江下游南岸，江苏省东南部。东、东南连常熟市，西南、西接江阴市，西北、北、东北临长江，是沿海和长江两大经济开发带交汇处的新兴港口工业城市。地理坐标北纬31°43′12″～32°02′，东经120°21′57″～120°52′。大中城市环绕四周，东南距上海市98公里；南近太湖，分别距无锡市58公里、苏州市90公里；西距常州市55公里、南京市200公里；北隔江距南通市62公里，属长江三角洲的重要组成部分。全市总面积998.48平方公里，占全省面积的0.96%、苏州市面积的11.62%。其中，陆地面积785.55平方公里，占全市总面积的78.67%；长江水域212.93平方公里，占21.33%。陆地东西最大直线距离44.58公里，南北最大直线距离33.71公里。北宽南窄，呈三角形。

【地质地貌】 *地层* 张家港境内主要是第四系沉积覆盖。第四系覆盖层的厚度为90米至240米，是全新统现代沉积。西南零星出露基岩属泥盆系茅山群的紫红色沙砾岩。第四系覆盖层的可耕层为2米至3米，耕层下面是沙质黏土、黏土层，隔水性能较好，厚度为50米至70米；在地面以下70米至150米之间，有含水性较好、透水性较强的细沙层、黏质沙层、中沙层、砾石层，但中间夹有含砾黏土层、黏土层等不透水层。在地面140米至240米以下便是砂岩、灰岩、砾岩层。在第四系覆盖层下有白垩系的杂色砾岩、粉砂岩及灰岩，厚度约210米；三叠系青龙群的灰岩和钙质泥岩，厚600米；二叠系龙潭组的海陆交互相岩层、砂岩、灰岩、泥岩等，厚450余米；石炭系的砂岩、灰岩和泥岩等，厚450余米。

地震地质 江苏境内主要的地震带是西北部的郯庐断裂地震带和沿长江的扬铜地震带。张家港市主要受扬铜地震带所控制，在大地构造上属扬子准地台下扬子古拗陷的东部，苏锡中台拱的北东部，北邻苏北中新凹陷，南部和东部与钱塘褶皱带相连，西部是常州中凹陷。境内基本构造格架为“二隆二凹”构造形式。“二隆”是段山—张家港褶断束、顾山—同官山褶断束；“二凹”是祝塘—锦丰凹陷、谢桥凹陷。境内有北北西向、北西向和北东向（华夏）构造发育，形成网络系统。根据可考文字和有关地震研究，张家港市历史上未见强震记载。从地震强度背景值而论，境内所在位置介于强震和弱震的过渡区域，受扬州—铜陵地震带所控制。

工程地质 根据市建筑设计院历年工程地质勘探资料，境内的地耐力一般为每平方米10吨左右。其中，南部黏土一般为每平方米20吨左右，亚黏土一般为每平方米18吨左右，轻亚黏土一般为每平方米10吨左右；北部粉黏土一般为每平方米8吨左右。

地貌 张家港地跨长江三角洲平原的两个地貌副区，即长江南岸古代沙嘴区和靖江常阴古沙洲区。北面临江，双山沙孑立江中，长江水域宽阔，沿岸滩地绵长。古长江岸线把境内陆地分为南北两个部分，南部属老长江三角洲的古代沙嘴区，成陆8000年以上，地势高亢，高程（吴淞零点，下同）为5米至8米，散落着大小11座山丘；北部属新长江三角洲，由数十个沙洲积涨连接而成，成陆最早的距今约800年，地势低平，高程为3米至5米。根据地面黄海高程，全境地貌可分为丘陵、高平田、平田、低平田和圩田。其中，南部地区主要为高平田、平田和低平田，北部地区均为圩田，丘陵主要散落在塘桥镇的妙桥地区、金港镇的南沙地区和凤凰镇的少量地区。全境河港纵横，土地肥沃，有大小河道9791条，总长4854.57公里，平均每平方公里陆地有河道6.18公里。

【沿江岸线】 张家港市境内有沿江岸线63.57公里，其中不冻不淤的深水岸线有35.7公里。依托优越的沿江岸线，建有国际贸易商港张家港港，并由西向东排布着江苏省张家港保税区、张家港保税港区、江苏扬子江国际化学工业园、江苏扬子江国际冶金工业园等各具特色的专业园区。西北部有江中小岛双山沙，离南岸1公里，是张家港港天然的避风屏障；距北岸3公里，为长江主航道。双山岛洲堤长16.77公里，面积18平方公里，高程4米至5米。

【自然资源】 *土地资源* 2012年，全市有耕地30649.71公顷，比上年增2005.84公顷；园地3566.77公顷，比上年减1809.47公顷；林地206.27公顷，比上年减0.51公顷；城镇村及工矿用地28727.59公顷，比上年增183.46公顷；交通运输用地5690.53公顷，比上年减169.95公顷；水域及水利设施用地29427.75公顷，比上年减440.35公顷；其他土地403.93公顷，比上年增6.81公顷。

水资源 境内水资源比较丰富。地表水中河港蓄水量丰水年为2.36亿立方米，中等干旱年为9700万立方米。2012年全市沿江各闸共引水10.25亿立方米，排水15.14亿立方米。其中汛期沿江各节制闸共引水56578万立方米，排水82769万立方米；全年实际用水量地表水111312万立方米，地下水284万立方米。全境河港纵横，土地肥沃，有大小河道9970条，总长4854公里，平均每平方公里陆地有河道6.18公里。

矿产资源 境内矿产资源较多，已发现的矿产品主要有：砂石、砖瓦黏土、矿泉水、煤炭、天然气等。其中，探明储量的有：砂石约6000万吨，煤炭约2010万吨，天然气约8000万立方米，矿泉水约8000万立方米。2003年建成西张地热井，水温45摄氏度，日产地热水624立方米。

野生动植物资源 境内共有野生动物资源13纲292个品种。其中，鱼纲类有刀鱼、河豚、鲫鱼等96种，爬行纲类有龟、鳖、蛇等21种，鸟纲类有野鸡、野鸭、鹰、雀等104余种，哺乳纲类有野兔、刺猬、鼠等8种，另有野生无脊椎动物近百种。野生植物资源比较丰富，有百余科近500个品种，常见的有24科80个品种，分布在田间、山丘、河边、滩地，可用于农、牧、渔业生产，手工编织及治疗疾病。另有常见绿化植物314种。

【气候】 *光照* 全年日照时数1771.3小时，比上年多140.6小时，日照百分率（相对日照）为40%。同1986～2005年平均日照1887.2小时相比少115.9小时，日照偏少。日照时数最多的月份是7月，为204小时，占月可照时数的47%；月日照时数最少的月份是2月，为81.1小时，占月可照时数的25%。

气温 全年平均气温16.1摄氏度，比上年度高0.2摄氏度。同1986～2005年平均气温16摄氏度相比高0.1摄氏度，气温正常。7月是全年最热的月份，月平均气温29.1摄氏度。年极端最高气温37.8摄氏度，出现在7月5日。全年达到35摄氏度的高温日数19天，比去年多9天。2月是全年最冷的月份，月平均气温为3.2摄氏度。年极端最低气温-6摄氏度，出现在2月3日。全年低于零摄氏度的低温日数35天，比上年少19天。

降水 全年降水量1111.7毫米，比上年少239.8毫米，同1986～2005年平均降水量1077.9毫米相比多33.8毫米，雨量略偏多。全年降水分布不均，干湿档明显。1月降水量24.9毫米；10月降水量最少，仅为16.7毫米。7月、8月雨量集中，月降水量均在200毫米以上，分别为225.3毫米、226.9毫米。4月至9月汛期降水量696.5毫米，与历年同期相比略偏少。全年有2次暴雨，分别出现在7月3日和8月8日，降水量分别为55.6毫米和63毫米。梅雨期自6月26日至7月18日，历时23天，降水总量254.4毫米，入梅、出梅均偏迟，梅雨期正常、梅雨量略偏多。

霜、雪、风及灾害性天气 2012年初霜日为11月5日，终霜日为3月21日，霜期122天。全年降雪日数9天。年平均风速每秒2.2米，8级以上大风日为3天。8月7日至9日受第11号台风“海葵”影响，全市普降暴雨，并伴有8级至10级大风，过程雨量119.8毫米。最大风力9级（每秒20米，东风），共造成750人受灾，农作物受灾面积1287.67公顷，损坏房屋482间，直接经济损失2277.22万元。

历史文化

【建制沿革】 张家港市历史悠久。距今8000年，南部地区就有人类活动。商末，属勾吴之地。春秋时期，属吴国延陵郡。秦代，属会稽郡。汉高祖五年（公元前202年），建毗陵县暨阳乡，为境内有据可查的最早的乡级行政建置。晋代，置暨阳县，为境内第一个县级行政建置，县治杨舍镇。南朝梁代，在暨阳之墟建梁丰县。唐代以后，分属常熟、江阴两县。清代至民国，常通港以北属南通县。抗日战争时期，中国共产党曾一度在北部沿江地区建立沙洲县，南部及常熟、江阴两县的边界地区设立虞西县。新中国成立后，东部属常熟县，西部属江阴县。1962年，常熟划出14个公社和国营常阴沙农场，江阴划出9个公社，建立沙洲县，隶属苏州地区。1986年9月，经国务院批准，撤销沙洲县，以天然良港——张家港港命名设立张家港市，隶属苏州市。

【名胜古迹】 张家港境内有多处新石器时代遗址，其中金港镇南沙东山村遗址以马家浜文化和崧泽文化为主。发现了马家浜晚期和崧泽文化早中期大墓、大房址及分区埋葬现象，是目前长江下游最重要的史前遗址。塘桥镇境内的黄泗浦遗址是唐代鉴真大和尚第六次东渡日本并获得成功的启航地，1963年国家在鹿苑黄泗浦古址设立纪念经幢，20世纪90年代后陆续修建东渡纪念馆、碑亭和东渡禅院，2006年成为国家级AAA景区。金港镇香山风景区古迹众多，有梅花堂、桃花涧、圣过潭、藏军洞、香山寺等，其中梅花堂由宋代大文豪苏东坡题写匾额，明代地理学家徐霞客曾在堂内小住并写下6首诗、2篇序文，2008年香山风景区通过国家级AAA景区验收。凤凰镇境内的永庆寺、塘桥镇境内的永昌寺均属“南朝四百八十寺”之列，其中永庆寺所在的河阳山周围有秀峰、醴泉、读书台、红豆树等名胜古迹，且有多处名人墓葬。张家港南部地区的集镇大多是明清以前建成的古镇，其中杨舍镇是古暨阳、梁丰县的县治，明代多次发生抗倭斗争，建造的杨舍堡城是当时江南5座城池中规模最大的防御倭寇工程；凤凰镇恬庄古镇保留有榜眼府、杨氏孝坊以及石板街道等古迹，已完成保护性修复；塘桥镇已修复庞氏故居嘉荫堂；乐余镇有保存较为完整的民国时期一条街——乐余老街。

【历史名人】 据史料记载，自唐宋至清末，张家港境内共出状元、榜眼、探花、进士数百名。唐代状元陆器是苏州范围内最早的状元；章卿赵氏自宋代至清末共出37名进士；鹿苑钱氏在明代有“一门九进士”之誉；港口蒋氏在清康熙、乾隆年间出了蒋廷锡、蒋溥父子大学士。境内官至大学士、尚书、御史、巡抚、总督者代不乏人。张家港人民有着光荣的爱国斗争传统。宋代有抗金名将丘崇；明代有抗倭英烈钱泮、徐督、许蓉、朱贵等，有斗阉直臣缪昌期、黄昭。

在文化艺术方面，著述宏富的经学家有北宋职方郎中陆绾、清代国子监纂修庞大坤；享誉文坛的诗人学者有号称东南文宗的钱谦益、近代诗人杨云史、南社诗人庞树柏、新文学家刘半农；史学家有主纂《江阴县志》的北宋进士郭庭坚、纂修《元史》的元末明初学士陈基、主纂《常熟县志》的清代举人钱陆灿、进士庞鸿文；书画篆刻和工艺美术名人有清代篆隶书法家杨沂孙、近代金石篆刻家赵古泥、现代工艺美术家庞熏琹；乐坛耆宿有近代民族音乐家刘天华、刘北茂，古琴学家吴景略；医药名家有明代缪希雍、清代缪柳村，近代名医周憩棠、金兰升、章成器等。在社会主义现代化建设中，张家港市涌现出了一大批科学家、医学家、文学家、书画家，张光斗、钱人元、曹楚南、章申、童秉纲、薛永祺、吴培亨、吴中伟等8位中国科学院和中国工程院院士为其中的杰出代表。

【革命传统纪念地】 张家港是一块英雄辈出、风雷激荡的红色热土。在战火纷飞的革命战争年代，张家港人民在中国共产党领导下，发动沙洲农民暴动起义，开展抗日救国运动，积极配合渡江作战，建立人民民主政权。境内重要的纪念设施有：双山渡江战役纪念碑、沙洲县抗日民主政府纪念馆、市烈士陵园、巫山渡江战役登陆纪念碑、学勤广场、毋忘国耻纪念碑亭、童德载烈士铜像、南丰之战纪念广场等。重要革命机构旧址有：1926年中国共产党金村支部旧址、江南人民抗日救国军沙洲县办事处旧址、沙洲县抗日民主政府成立地旧址、蔡悲鸿办公旧址、重建后的沙洲县抗日民主政府活动地旧址、江南保安司令部警卫一团成立地、新四军六师十八旅后方医院第一疗养所旧址、新四军六师十八旅修械所旧址、地下情报站、交通站旧址等。重要历史事件纪念地有：农民暴动纪念地（后塍农民暴动纪念地、占文桥农民暴动纪念地、杨舍农民暴动纪念地、店岸福利垦殖公司暴动纪念地）、拦门沙江心遭遇战纪念地、常家埭地洞旧址、恬庄“千人坑”纪念地、谭震林抗战动员讲话纪念地暨年旺街小学党支部旧址、血战南横套纪念地、收缴伪军武装纪念地等。重要人物故居及纪念地有：孙逊群烈士纪念地、谢恺烈士故居、茅学勤烈士纪念地、范醒之故居、田平故居、许亚故居、孙洁人故居等。

双山渡江战役纪念碑

（市委史志办　供稿）

【张家港精神】 伟大的事业需要崇高的精神。1992年在改革开放的进程中，张家港人培育、塑造了“团结拼搏、负重奋进、自加压力、敢于争先”的张家港精神，实现了张家港的大变化、大发展。随着时代发展，张家港人又以全球的视野和开放的胸怀，赋予张家港精神“争先、创新、务实、富民”的新内涵，使之保持旺盛的生命力。进入21世纪，张家港人把弘扬张家港精神与落实科学发展观有机结合起来，以无功即过的意识抢抓科学发展机遇，以超越自我的追求提升统筹发展定位，以激励竞争的机制营造协调发展氛围，并不断丰富其“率先、创新、和谐”的新内涵，促进了张家港的大进步、大提高。张家港精神是一种艰苦奋斗的创业精神，是一种科学务实的创新精神，是一种敢争一流的创优精神。

1995年5月13日，时任中共中央总书记江泽民亲临张家港考察，并欣然为“张家港精神”亲笔题词；同年10月，全国精神文明建设经验交流会在张家港召开，从此“张家港精神”在全国迅速产生了极为广泛的影响。刘云山称赞：“张家港精神已经成为我们中华民族精神和时代精神的重要组成部分”。十余年来，通过深入持久的教育和熏陶，张家港精神已经成为张家港人民的自觉行动和共同追求，成为实现率先发展的强大动力，同时成为江苏创业创新创优精神的一个生动典型和苏州发展的四大宝贵精神财富之一。正是在张家港精神激励下，张家港市先后荣获189项国家级荣誉、165项省级荣誉，文明城市创建结出了丰硕的成果，被《人民日报》誉为“伟大理论的成功实践”的典范，荣膺首批全国文明城市，成为江苏省首批全面小康达标的县（市）。2011年荣膺“全国文明城市”三连冠。

区 划 人 口

【行政区划】 年内，全市行政区划发生以下变化：2月2日，凤凰镇新增湖滨社区；2月21日，杨舍镇新增江南社区；4月13日，杨舍镇杨港村、五新村、严家埭村并入善港村，西新村并入章卿村，老宅村并入蒋桥村，勤星村并入民丰村，乘航村并入庆安村，陈东庄村、范港村并入田垛里村，河头村并入李巷村，同时撤销杨港、五新、严家埭、西新、老宅、勤星、乘航、陈东庄、范港、河头等10个村的村名和村民委员会；6月25日，双山岛旅游度假区新增渡口社区。至年末，全市共有8个镇，1个现代农业示范园区，1个双山岛旅游度假区；17个办事处，4个街道办事处；165个行政村，92个社区居委会（含24个村居合一的社区居委会）。与上年相比，增加2个社区居委会。

【消亡自然村】 年内，因经济开发园区建设、道路交通建设，以及零星宅基地归并、农民集中居住区建设等，全市共消亡自然村131个。至年末，全市共有自然村2477个，其中杨舍镇436个、塘桥镇572个、金港镇302个、锦丰镇277个、乐余镇201个、凤凰镇454个、南丰镇147个、大新镇67个、现代农业示范园区21个。

2012年张家港市消亡自然村一览

表 1

区　镇	自然村名（所属行政村）	消亡原因	区　镇	自然村名（所属行政村）	消亡原因
保税区（金港镇）	西徐家坝（柏林村）	新城区建设	经开区（杨舍镇）	张寅巷（百家桥村）	城西新区扩延
	四圩里（山北村）	安置房建设		程家巷（百家桥村）	城西新区扩延
	顾家巷（占文村）	香山风景区规划		翁家村（河南村）	工业企业征地
	胡家高头（占文村）	香山风景区规划		横泾梢（河南村）	安置房建设
	潘家港（占文村）	香山风景区规划		西庄巷（旺西村）	安置房建设
	小圩里（占文村）	香山风景区规划		桥头巷（旺西村）	安置房建设
	沿山巷（占文村）	香山风景区规划		石皮陈巷（李巷村）	疏港高速建设
	东五节桥埭（学田村）	安置房建设		南园（汤联村）	工业企业征地
	黄德辉圩埭（学田村）	安置房建设		野鸡场（汤联村）	工业企业征地
	教化埭（学田村）	安置房建设		闽家巷（汤联村）	工业企业征地
	冒家埭（学田村）	安置房建设		西庄（汤联村）	工业企业征地
	孙家埭（学田村）	安置房建设		后房（汤联村）	工业企业征地
	徐竹圩岸埭（学田村）	安置房建设		老宅基（棋杆村）	工业园区建设
	朝东埭（学田村）	安置房建设		朱家巷（南庄村）	工业园区建设
	项家埭新街（学田村）	安置房建设		孔家庵（南庄村）	工业园区建设
	学田圩埭（学田村）	安置房建设		李家湾（新民村）	新泾路建设
	银河街（学田村）	安置房建设		张家堂（双鹿村）	工业企业征地
	宝鸭子圩（福民村）	德丰小区安置房建设		杨家堂（双鹿村）	工业企业征地
	东金城圩埭（双丰村）	园区建设		庞家堂（双鹿村）	工业企业征地
	海口挂脚圩埭（双丰村）	园区建设		高房里（蒋桥村）	安置房建设
	新八圩埭（双丰村）	园区建设		康墩（蒋桥村）	安置房建设
经开区（杨舍镇）	七房桥（城北村）	安置房建设		沈巷里（民丰村）	安置房建设
	包基（包基村）	安置房建设		匡家堂（农联村）	安置房建设
	程家基（七里庙村）	城西新区扩延		倪家堂（农联村）	安置房建设
	草浜湾（七里庙村）	城西新区扩延		唐家堂（农联村）	安置房建设
	钱家湾（七里庙村）	城西新区扩延		十五圩埭（西闸村）	高职园区建设
	西大房（百家桥村）	城西新区扩延		十六圩埭（西闸村）	高职园区建设
	小陆家桥（百家桥村）	城西新区扩延		二圩港（西闸村）	高职园区建设
	河二桥（百家桥村）	城西新区扩延	冶金工业园（锦丰镇）	丁家圩（洪桥村）	市果品市场拆迁
	二房桥（百家桥村）	城西新区扩延		三丘圩（洪桥村）	市果品市场拆迁
	老宅基（百家桥村）	城西新区扩延		定心圩（常家村）	新城区建设拆迁
	园地上（百家桥村）	疏港高速建设		四圩埭（永盛村）	新城区建设拆迁
	百家桥（百家桥村）	城西新区扩延		陆家埭（永盛村）	新城区建设拆迁

续表 1

区　镇	自然村名（所属行政村）	消亡原因	区　镇	自然村名（所属行政村）	消亡原因
冶金工业园（锦丰镇）	清节堂（福利村）	玖隆物流二期拆迁	凤凰镇	钮巷（杨家桥村）	农业复垦
	钱家圩（福利村）	玖隆物流二期拆迁		陆家宕（杨家桥村）	农业复垦
	衡丰圩（福利村）	玖隆物流二期拆迁		汤家宕（杨家桥村）	农业复垦
	钱补圩（福利村）	玖隆物流二期拆迁		新宅基（高庄村）	农业复垦
	老横套埭（福利村）	玖隆物流二期拆迁		阚家宕（高庄村）	农业复垦
	二圩岸埭（福利村）	玖隆物流二期拆迁		卢巷（高庄村）	农业复垦
	陈家圩（向阳村）	市政建设拆迁		张巷（高庄村）	农业复垦
	辰字四圩（向阳村）	市政建设拆迁		肖家塘湾（高庄村）	河道建设
塘桥镇	瞿家宕（何桥村）	东城区规划		小桥头（安庆村）	新农村建设
	南塘叶家宕（何桥村）	东城区规划		肖家宕（安庆村）	韩国工业集中区建设
乐余镇	文革圩（齐心村）	沙钢灰场工程建设		新屠家宕（安庆村）	韩国工业集中区建设
	东闸圩（齐心村）	沙钢灰场工程建设		赵家桥（恬庄村）	恬庄花苑安置房建设
	时耕圩（齐心村）	沙钢灰场工程建设		金家巷（莺山村）	港星建材工业用地
	人民圩（齐心村）	安息堂建设		西陆家巷（莺山村）	农业复垦
	联合头圩（东联村）	临江绿色产业园东区建设	南丰镇	孙小圩（海坝村）	老年公寓建设
	锦丰小圩（东联村）	临江绿色产业园东区建设		民生东四圩（海坝村）	民丰小区建设
	和顺圩（常丰村）	友谊厂区扩建		民生小圩（海坝村）	兴园路建设
	联顺圩（常丰村）	友谊厂区扩建		民生三圩（海坝村）	精密机电产业园建设
凤凰镇	大树巷（金谷村）	新城区安置房建设	大新镇	沿江南埭（段山村）	安远物流建设
	唐家巷（金谷村）	新城区安置房建设		沿江北埭（段山村）	安远物流建设
	高家桥（金谷村）	新城区安置房建设		北场（段山村）	重装基地建设
	施家桥（金谷村）	新城区安置房建设		小桥南埭（段山村）	重装基地建设
	后巷里（金谷村）	新城区安置房建设		小桥北埭（段山村）	重装基地建设
	小墩头（双龙村）	新城区安置房建设		蔡家小埭（段山村）	重装基地建设
	西巷（双龙村）	新城区安置房建设		陆圩埭（段山村）	重装基地建设
	窑墩头（双龙村）	新城区安置房建设		段山江沿（段山村）	重装基地建设
	石塘（双龙村）	新城区安置房建设		后沙家岸（朝东圩港村）	预拆迁
	徐岸（凤凰村）	新城区安置房建设		黄家圩埭（长丰村）	新镇区
	赵家巷（凤凰村）	新城区安置房建设		二圩埭（长丰村）	公交首末站
	谢巷湾（杨家桥村）	飞翔公司南扩		谢家埭（长丰村）	新镇区
	祠堂里（杨家桥村）	飞翔公司南扩		谢家埭（新凯村）	城乡一体化建设
	孙塘堰（杨家桥村）	飞翔公司南扩		西翟家埭（新凯村）	城乡一体化建设
	徐巷（杨家桥村）	飞翔公司南扩			

【人口】 2012年年末，张家港市户籍总人口336570户，91.02万人，分别比上年减少2566户、增加0.23万人。其中，男性44.79万人，女性46.23万人，男女性别比为96.88∶100。总人口中，0岁至18岁的114140人，占12.54%；18岁至60岁的590857人，占64.91%；60岁以上的205211人，占22.55%。全年共出生人口8154人，出生率为8.51‰，死亡人口6351人，死亡率6.63‰，人口自然增长率为1.88‰，较上年上升1.32个千分点。全年迁入人口5119人，迁出人口2710人，机械增长2409人。人均期望寿命81.64岁，其中男性78.88岁，女性84.47岁。平均家庭规模2.7人。全市有外来暂住人口63.43万人，比上年减少2.05万人。

2012年张家港市行政区划与人口情况

表2

镇(区)	面积(平方公里)	年末人口(人)	办事处(个)	街道办事处(个)	行政村(个)	社区居委会(个)
杨　舍	153.09	276598	5	4	39	56
塘　桥	94.26	91167	2	–	14	4
金　港	111.62	166193	3	–	26	12
锦　丰	114.32	114062	2	–	25	6
乐　余	93.39	78625	2	–	22	3
凤　凰	78.79	66143	2	–	15	4
南　丰	47.66	48743	–	–	10	3
大　新	40.48	37549	–	–	10	2
现代农业示范园区	37.45	20925	–	–	7	1
双山岛旅游度假区	20.00	10203	1	–	4	1
合　计	791.06	910208	17	4	165+7	91+1

说明:现代农业示范园区下设7个社区、1个居民委员会,乐余镇另设稻麦良种场、畜禽良种场2个场。

【方言】 张家港方言主要有虞西话、澄东话、老沙话、常阴沙话(又称崇明话)四大类,另有少量苏北话。其中虞西话、澄东话、老沙话和常阴沙话分布地域最广、人口最多,成为境内有代表性的方言;苏北话有南通话、如皋话、泰兴话和靖江话。其方言具体分区及其人口分布情况为:讲虞西话的约有20万人,占户籍人口的22.84%,分布在凤凰镇的全部;塘桥镇的塘桥地区全部,妙桥、鹿苑地区的绝大部分;杨舍镇的杨舍、乘航地区的全部,塘市、泗港、东莱地区的绝大部分;南丰镇的小部分地域。讲澄东话的约有21万人,占23.56%,分布在金港镇的南沙、港区、后塍地区的绝大部分;杨舍镇的泗港、塘市地区的小部分地域。讲老沙话的约有24万人,占户籍人口的26.83%,分布在金港镇的港区、德积、晨阳地区的绝大部分和后塍地区的小部分;锦丰镇的合兴地区的绝大部分,锦丰地区的小部分;大新镇的绝大部分;南丰镇的小部分;塘桥镇的妙桥、鹿苑地区的小部分;杨舍镇的泗港、东莱、晨阳地区的小部分;现代农业示范园区的小部分地域。讲常阴沙话(崇明话)的约有17万人,占18.97%,分布在乐余镇、锦丰镇、南丰镇和现代农业示范园区的绝大部分;金港镇的港区、后塍、德积地区的小部分;杨舍镇的东莱、泗港地区的小部分;塘桥镇的妙桥地区的小部分;大新镇的小部分地域。讲苏北话的约有3万余人,分布在沿江一带。

地方特产

【长江三鲜】 鲥鱼、刀鱼、河豚并誉为"长江三鲜"。鲥鱼为南方水产中的珍品,《本草纲目》载,鲥鱼"夏初时有,余月则无,故名"。鲥鱼鳞可食,肥嫩清鲜。古时曾列为皇帝的"御膳"珍肴,现已蜚声海外,远销新加坡、日本、美国等国及中国香港地区。张家港境内长江水域属河口段,鲥鱼至此,体内脂肪消耗很少,正丰腴肥硕,肉味最鲜,营养丰富。刀鱼体形狭长侧薄,颇似尖刀,银白色,肉质细嫩,但多细毛状骨刺。肉味鲜美,肥而不腻,兼有微香。宋代名士刘宰曾有诗称赞:"肩耸乍惊雷,腮红新出水,芼以姜桂椒,未熟香浮鼻。"河豚产于咸水和淡水相交处的水域里,营养丰富,腴肥鲜美且带野味,与众不同。宋《明道杂志》曾称颂它为"水族中之奇味也"。河豚还有补虚去湿、舒胃、却痔疾等效用。但血液、肝脏、卵巢都有剧毒,烹煮不慎,食后易中毒致死。新中国成立后,禁止私自买卖,统一由国家购销。河豚经处理后,可制成冻鱼片或罐头食品,还可从肝脏、卵巢中提炼出河豚素、河豚酸等名贵药品。进入21世纪,随着养殖技术的日益成熟,河豚人工养殖普遍。

【长江蟹】 长江蟹学名中华绒螯蟹,养殖历史较久,但规模较小。进入21世纪后,在境内沿长江一带发展较快。长江蟹营养丰富,每100克蟹肉含蛋白质14克、脂肪5.9克、糖分7克,维生素A为5960国际单位,热量139千卡,皆为一般水产品之冠。由于其所含脂肪为不饱和脂肪,对高血压、高血脂、高血醣、血管硬化有较好的预防作用,蟹黄中富含的卵磷脂对智力发育亦有良好的促进作用。优质的长江河蟹外观表现为青背、白肚、金爪、黄毛,在肉质与口味方面表现为肥、鲜、腥、甜。在沿江的锦丰镇、乐余镇、现代农业示范园区等地均建有养殖基地。

【血糯】 又名"呕血糯",又称"红莲糯",是一种名贵的糯稻。其米,清代列为"御米",是制作八宝饭的主要原料。境内凤凰镇金村、凤凰、西张一带均有种植。清《常昭合志·物产志》载:"血糯,亦名红莲糯,宜粥。"金鹤翀所撰《金村小志》中说:"糯米之佳者曰'落霜青',曰'红莲糯',江阴人亦来购取,云:唯产金村者为佳。"

【凤凰稻】 是张家港凤凰山附近长期培育成的优良粳稻,谷粒基部有双翼(护颖),似凤凰展翅,故名凤凰稻。清代《常昭合志》中列为著名物产。凤凰稻碾成的米,色洁白如珍珠,煮饭烧粥,性黏腻,香软适口,为粳米中的上品,载誉江南。

【常阴沙有机米】 2009年起,市现代农业示范园区依托得天独厚的生态环境,采用香港长江生命科技集团首席科学家张令玉教授历经30余年研究创建的三安生物操作规程,在常北社区和常沙社区种植"南粳5055""南粳46"等优质水稻良种生产有机大米。水稻生长阶段完全不用化肥和化学农药,公顷产量稳定在6000千克以上,经南京检测中心抽样检测,各项指标均达到并超过有机大米标准,达到"无化残、无药残、低重金属”要求，被誉为顶级安全优质食品。常阴沙有机米圆润洁白，煮饭烧粥，性黏腻，香软可口，深受消费者喜爱。

【鹿苑鸡】 因产于鹿苑而得名，相传已有两百年的饲养历史。鹿苑鸡的毛、皮、嘴、脚均为黄色，颈羽、尾羽和翅羽间有疏落黑毛。公鸡脚杆高壮，傲然挺立，大的体重可达4千克以上，有“九斤王”之称。母鸡脚杆粗矮，浑重壮实，重2千克以上，年产蛋在140个至200个之间，平均蛋重54克。该鸡肉质细嫩、肥美、香鲜、味浓。民间传说，清代同治、光绪两帝之师翁同龢常把鹿苑鸡作为特产，带至京城赠送亲友和同僚。

【凤凰水蜜桃】 风景秀丽的凤凰山和莺山山麓，是著名的凤凰水蜜桃主要产地。凤凰水蜜桃是在1952年引进无锡水蜜桃的基础上，经长期选育而成的优良品种。皮色有淡黄，有乳白，有微红，具有果大、肉嫩、鲜甜、多汁、果皮易剥等特点。凤凰水蜜桃有白凤、白花、黄皮、小青等主栽品种，远销苏州、南京、上海等地。

【高峰鹿液茶】 产于金港镇长山一带。长山位于长江边，江雾迷漫，空气清新，气候湿润，适合茶叶生长。所产茶叶具有气香色清的天然品质。高峰茶分春、秋两季采摘，以谷雨前为最好。长山村办有高峰茶场。制成的高峰鹿液茶，条索紧结，色泽嫩绿，带有清香，用水冲泡，碧色诱人，味感鲜醇，有生津止渴、解乏提神的作用。曾在江苏省品茶会上获第一名。

【凤凰白茶】 2008年，凤凰山茶园批量引进白茶，针对其适应性要求高的特点，改革栽培技术，创新加工工艺，形成“采摘把关、重视萎凋、注重杀青、回潮揉捻、薄摊二青、扬去末子、搓条整形、足干提香”的独特工艺流程。凤凰白茶以“叶白，脉绿，香郁，味醇”独树一帜，营养丰富，药用价值高，氨基酸含量高于普通绿茶2倍至5倍，味鲜爽不苦涩，深受消费者青睐，成为张家港市茶叶新品牌。

【弄里芹菜】 凤凰镇金谷村朱家弄种植的水芹，品质优良，历史悠久。相传宋名将韩世忠和夫人梁红玉带兵驻守庆安，被金兵围困，军中缺粮，梁红玉率部遍寻野菜，至弄里一带见有大片野芹，味清香，采食充饥。以后，人们把野芹移植家种，称为“玉芹”，并精心培育，世代栽种。芹菜品种有大青种、小青种、红种、麻栗等，具有嫩茎（俗称白头）长、叶柄青、质地脆、香味浓、存放时间较久等特点。无论是清炒或与豆制品素炒，或与肉类混炒，都味道鲜美，各具风味；若在开水里稍烫后，浇上酱油、麻油等佐料，拌作冷菜，则香脆、鲜嫩、爽口，能去腻、舒胃。是苏、锡、沪一带家庭日常生活和便宴常用的菜肴。在上海、苏州等地享有盛名，称“弄里芹菜”。

凤凰水蜜桃 （市旅游局 供稿）

【高庄豆腐干】 凤凰高庄豆腐干始于清咸丰年间，已有160余年的历史。原料选用当地产的小黄豆并经精心筛选，制法独特，一般要经过磨豆、滤浆、点卤等11道工序，制作精细，风味独特。清末民初，已畅销常熟、江阴、无锡等地。高庄豆腐干有厚型、薄型两种，呈绛色，质地细实，五香佐料渗透入味，闲吃或作下酒菜，均属佳品。

【拖炉饼】 杨舍、塘桥两地的著名传统风味小吃，历史悠久，距今已有150余年。制作工艺独特，烘烤时需用两只炉，下面一只为底炉（平底），上面一只为顶炉（尖顶，呈锥状），烘烤时两只炉同时加热吻合，并以顶炉的热量将饼吊熟，大有顶炉拖底炉之势，故称拖炉饼。拖炉饼采用上白面粉、白糖、净板油（加工过的生猪油）、荠菜、芝麻、桂花等为原辅料。口味油而不腻，甜而不粘，清香可口。集酥、甜、松、脆、香于一体，外形饱满，色泽金黄，酥层清晰。

【沙洲优黄】 沙洲优黄（后塍黄酒）始酿于清光绪年间，已有100余年的历史。原料选用优质大米。其制作需经过过筛、浸渍、摊冷、落缸、发酵、压榨、澄清、勾兑、煎酒等十几道工序，工艺精细。所酿黄酒具有色泽澄黄、酒体协调、清亮透明、醇厚爽口等特点，不仅营养丰富，而且在文化、工艺、保健和药用等方面有重要价值。产品历经数十年开发，已形成“沙洲优黄”“花开花香”等多个系列，酒龄为2年、3年、5年、6年、7年、10年、15年、20年等不同规格，深受上海、苏州等地消费者欢迎，还远销海外。“沙洲”“沙洲优黄”商标被国家工商局认定为中国驰名商标。

经济和社会发展

【综合实力】 2012年，全市人民在中共张家港市委的坚强领导下，以邓小平理论和“三个代表”重要思想为指导，深入贯彻落实科学发展观，与时俱进弘扬张家港精神，围绕在全省第一批基本实现现代化的总目标，积极应对严峻复杂的经济形势，深入开展“拼抢五个月、加速现代化、献礼五十年”活动，全力主攻“重大项目建设、城乡一体推进、民生水平提升”，经济社会各项事业取得了新的成绩，率先基本实现现代化基本达到了省和苏州市现代化指标体系的总体要求，取得了阶段性重要成果。

经济实现平稳增长。全市实现地区生产总值2050.58亿元，现价增长16%，按可比价计算比上年增10.9%。按户籍人口计算，人均GDP达到22.56万元，按现行汇率折3.59万美元；按常住人口计算，人均GDP为16.44万元。产业结构在调整中不断优化，第二、第三产业共同推动经济增长的格局进一步巩固。全年完成第一产业增加值27.53亿元，比上年增4.9%；第二产业增加值1175.51亿元，比上年增8%；第三产业增加值847.54亿元，比上年增15.2%。三次产业的比重为1.34：57.33：41.33。

全年完成全口径财政收入413.67亿元，比上年增0.2%；公共财政预算收入149.61亿元，比上年增5.1%。全口径财政收入和公共财政预算收入占GDP的比重分别为20.17%、7.3%。增值税、企业所得税、个人所得税和营业税4项主体税种入库84.59亿元，比上年增3.4%。全年公共财政预算内支出142.92亿元，比上年增7.6%。

【农业】 现代农业建设成效明显。全年实现农林牧渔业总产值48.73亿元，比上年增8.77%，其中农业产值26.31亿元，林业产值6.15亿元，牧业产值4.82亿元，渔业产值4.82亿元，农林牧渔服务业产值6.63亿元。

农业综合生产能力稳步提高。新增高效农业面积1986.67公顷，其中设施农业1073.33公顷，凤凰水蜜桃园区成为国家级农业标准化示范区。全年粮食产量28.05万吨，比上年减0.8%。油料总产量4041吨，比上年减14.4%；棉花总产量53吨，比上年减26.4%。

【工业和建筑业】 工业生产平稳增长。全年完成工业增加值1129.02亿元，可比增长7.8%。完成工业总产值5520.88亿元，比上年增4.6%；完成工业产品销售收入4768.37亿元，比上年增5.3%；完成工业利税190.1亿元，比上年减37.04%；工业利润89.73亿元，比上年减56.44%。工业产销率达到99%；工业用电量246.75亿千瓦小时，比上年增1.5%。冶金、纺织、机电、化工、粮油食品和建材为全市的主要行业，在规模以上工业总产值中占全市的比重为94.4%，比上年增0.3个百分点。全市规模以上工业总产值中冶金占48.5%、纺织占16.9%、机电占12.2%、化工占10.2%、粮油食品占5.1%、建材占1.6%。全市规模以上工业经济综合指数249.48%，高于苏州全市平均水平45.95个百分点。全年销售收入超亿元的工业企业有333家，其中超1000亿元的有1家，超200亿元的有1家，超100亿元的有4家，超50亿元的有5家，超20亿元的有14家，超10亿元的有31家。百家骨干企业实现销售收入3714.81亿元，比上年增0.6%；利税153.25亿元，比上年减22.22%。沙钢集团销售超2000亿元，连续四年入围世界500强，位次前移20位，列第346位。规模以上工业主要产品产量：食用植物油78.1万吨，比上年减16%；黄酒5.34万立方米，比上年增2.2%；布22744万米，比上年减3.7%；服装18397万件，比上年增23.8%；纯碱64.03万吨，比上年增1.5%；化学农药7308吨，比上年增10.5%；水泥301.15万吨，比上年增15.5%；玻璃3035.7万重箱，比上年增10.2%；成品钢材3434.85万吨，比上年增10.6%；铜材4.76万吨，比上年增2.8%。

建筑业保持健康发展。全市资质内的建筑企业132家，比上年增加5家，资质内建筑业总产值122.86亿元，比上年减5.21%。建筑施工企业全年房屋施工面积1541.76万平方米，比上年增9.97%。竣工面积898.08万平方米，比上年增49.68%。

【固定资产投资】 投资结构更趋优化。全年完成全社会固定资产投资额702.98亿元，比上年增20.6%。其中城镇投资373.14亿元，农村投资246.08亿元。总投资中，第二产业投资412.65亿元，比上年增17.5%；第三产业（服务业）投资289.58亿元，比上年增25.3%。工业完成投入412.47亿元，占全社会投资额的比重为58.7%。房地产业投资83.76亿元，占服务业投资的比重为28.9%。个体私营投资241.18亿元，比上年减4.27%。

房地产市场平稳发展。全年完成房地产开发投资83.76亿元，比上年增11.8%。商品房施工面积494.85万平方米，竣工面积156.1万平方米。全年销售商品房面积89.44万平方米。其中现房销售面积26.51万平方米；期房销售面积62.93万平方米。实现销售额84.33亿元。其中现房销售额21.81亿元；期房销售额62.52亿元。

【国内贸易】 消费市场持续繁荣。全年实现社会消费品零售总额370.73亿元，比上年增17.2%。其中城镇317.57亿元，农村53.16亿元。在社会消费品零售总额中，批发和零售业320.75亿元，住宿业和餐饮业47.67亿元。在限额以上单位商品销售中，建筑及装潢材料类、服装（鞋帽、针织纺品类）、食品类、通信器材类、金银珠宝类、汽车类分别比上年增55.5%、54.8%、28.9%、20.3%、17.7%、4.4%。全年商品市场实现成交额2045.64亿元，比上年减2.9%，其中生产资料市场为1920.65亿元，比上年减3.5%。玖隆物流园、保税区化工品原料市场、保税区纺织原料市场成交额分别达到1008.99亿元、435.33亿元和271.94亿元。

【开放型经济】 对外贸易增势趋缓。全年完成进出口总额319.62亿美元，比上年减4.4%。其中出口128.11亿美元，比上年增5.9%；进口191.5亿美元，比上年减10.3%。江苏国泰国际集团完成出口21.95亿美元，继续在全省外贸企业中保持领先地位。自营生产企业出口67.53亿美元，三资企业出口38.64亿美元。出口商品和市场结构不断优化。张家港口岸完成外贸货物吞吐量5037.3万吨，比上年减3.8%。

招商引资稳量提质。新批三资企业118家，完成注册外资及港澳台资16.1亿美元，到账外资及港澳台资9.52亿美元，比上年增5.5%。1000万美元以上项目55项，注册外资及港澳台资合计15.2亿美元，占全市注册外资及港澳台资的94.2%。增资项目利用外资及港澳台资创历史新高，全年新批增资项目50项，增加注册外资及港澳台资4.48亿美元，占全市总额的27.8%。服务业注册外资及港澳台资5.68亿美元，比上年减7.8%，占全市注册外资及港澳台资的35.3%。开发区集聚效应日益显现。“两区一园”(保税区、经开区和冶金工业园)的注册、到账外资及港澳台资分别占全市的80%和81.5%。

对外合作继续领先。全年新批境外投资项目24项，境外投资总额2.91亿美元，其中中方投资2.53亿美元，比上年增32%；新签境外工程、劳务合同额1.84亿美元，完成境外工程劳务营业额2.44亿美元，分别比上年增11.7%和9.2%。

口岸发展继续领先。张家港口岸完成货物吞吐量2.5亿吨，集装箱运量150.2万标箱，分别比上年增13.4%和14.9%。完成海关税收238.7亿元，比上年增0.85%。

【民营资本利用】 内资经济发展加快。全年共引进外地资本项目1853项，比上年增13.3%，注册资本103.98亿元，比上年增23%；完成投入工作量123.38亿元，比上年增33.1%。个私经济加快发展，新批私营企业3003家、个体工商户8899家，新增注册资本121.56亿元，比上年增5.41%，多种所有制经济共同发展的格局进一步巩固。年末，私营企业达到2.67万家，个体工商户达到6.67万户，累计注册资本达到873亿元。

【交通运输业】 交通运输网络不断完善。沪通铁路、沿江城际铁路前期工作有序推进，疏港高速公路开工建设，苏虞张快速通道建成通车，张家港复线船闸工程竣工通航，通洲沙西水道一期工程完工、二期工程开工。完成9项市政道路新建、改造工程。全市公交营运汽车670辆，公共汽车客运总量6815万人次。机动车辆较快增长，运输能力不断提高。年末全市拥有机动车29.93万辆，其中汽车20.36万辆，比上年增19.1%，全年新增私牌汽车3万辆，比上年增19.1%，年末全市私牌汽车保有量17.01万辆。

现代物流加快发展。全年完成公路、水路货运量3168.3万吨；客运量8274.6万人次。张家港口岸完成货物吞吐量2.5亿吨，比上年增13.4%；集装箱运量150.2万标箱，比上年增14.9%。张家港保税港区完成进出区货运总量982.6万吨、货值118.7亿美元，分别比上年减9.1%、28.92%。

【邮电和旅游业】 邮电通信业加快拓展。全年完成邮政业务总量1.31亿元，比上年增13.91%。年末邮政储蓄余额60.56亿元。全年完成电信业务总量65388万元。电信电话用户35.26万户，其中普通电话31.61万户。电信移动电话用户34.86万户，移动互联网电话用户22万户。电信互联网用户46.02万户，其中宽带用户23.15万户。年末移动通信用户156万户，移动通信交换机容量228万门，移动通信营业网点199处。

旅游业加快发展。全年接待境内外游客543.15万人次，比上年减6.19%；实现旅游收入93.86亿元，比上年增30.58%。

【金融保险业】 金融保险业稳健运行。年末全市金融机构本外币存款余额2162.27亿元，本外币贷款余额1789亿元，分别比上年增12.1%和17.8%。存款中，居民储蓄余额751.17亿元，比上年增12.2%。贷款中，个人消费贷款余额为135.33亿元，比上年增12.7%。全年保费收入25.98亿元，比上年增5.88%，其中财产险10.63亿元，比上年增16.05%；人身险15.35亿元，与上年基本持平。成功引进银行业机构1家，总数达到21家，新增财务公司、创投(风投)、小贷、担保等投融资机构5家。年末全市证券开户数17.04万户，比上年增5.7%，全年股票成交金额768.04亿元，比上年减35.6%。

【体制改革】 城乡一体改革推进加快。全年搬迁房屋1.44万户，新开工安置房366万平方米、竣工288万平方米，为11820套安置房办理了权属证书。完成预拆迁安置1467户。复垦土地357公顷。农民集中居住率达57%。开工建设保障性住房36.1万平方米、5986套(户)，竣工19.5万平方米、2902套(户)。新增设施农业面积1073.33公顷，新建标准化农田2253.33公顷。“万顷良田工程”有序推进。农村“三大合作”改革全面推进，土地规模经营面积占比92.5%，新增以村为经营主体或控股的土地股份合作社158家、农民专业合作社383家，农民增收渠道进一步拓展。

【城市建设】 加快提升城市功能。全年投入城市建设资金192.11亿元，其中市区188.34亿元。至年末，全市城市化率63%。城乡建设加快推进。小城河综合改造二期工程顺利竣工，谷渎港改造基本完工，中心城区核心商业区功能品位进一步提升。城市综合展示馆、儿童福利院、实验小学改造等工程竣工投用，高职园区、江帆小学等工程开工建设。高标准通过国家环境保护模范城市复核验收，荣获全省唯一的生态文明建设特别贡献奖。大力开展环境整治专项行动，完成减排重点工程23项，万元GDP能耗下降率达到5.2%，化学需氧量、氨氮、二氧化硫、氮氧化物削减率分别达到3.73%、4.86%、5.87%和3.1%。疏浚河道310条，拆坝、建桥(涵)217座。新增各类林地、绿地3546.67公顷，市区主干道绿化园艺化水平进一步提升。在全省首批完成村庄环境整治任务，其中5个村庄高标准完成省级试点，村庄环境整治达标率100%，荣获首批省村庄环境整治工作示范市。

【社会事业】 创新能力持续增强。全市人才总量达到22.99万人，全社会研发投入占地区生产总值的比重达到2.8%。新增省级以上企业研发机构50家，在全省率先实现大中型工业企业研发机构建设全覆盖。推进高层次人才项目与本土企业“嫁接”，新增产学研合作项目180项，签约“千人计划”项目45项，评定“千人计划”专家工作站18家。落实科技产业化项目信贷风险补偿、科技保险等扶持政策，引导企业加强核心关键技术研发，入选国家火炬计划重点高新技术企业7家，新增高新技术企业54家，实施省级以上科技计划项目82项，新增发明专利829件、中国驰名商标2件，制定国家、行业、地方标准45项。新增“千人计划”人才4人，获批省“创新团队”1个。新增省“双创计划”人才12人，“姑苏计划”人才21人，均居苏州县市第一。引进市级领军人才（团队）项目74项，国家2012年高端外国专家项目计划2项。培训高技能人才2.56万人，每万名劳动力中高技能人员数达到609人。实施创新载体建设三年行动计划，城北科教新城、沙洲湖科创园等加快建设，清华大学智能电力研究院、苏州大学工业技术研究院、东南大学工业技术研究院、飞翔苏州新材料研究院、北京大学技术转移中心等建成投用，新增创新创业载体面积30万平方米。在全国县市首家获批设立“海智计划”工作基地，塘桥东城科创园、南丰科创园获批省级高新技术创业服务中心，锂电池及新材料科技产业园获批省级科技产业园，新增省级以上公共技术服务平台3个。

优质教育均衡发展。通过全国义务教育优质均衡改革发展示范区创建省级考核，获评全国“两基”工作先进地区。普通高考本科达线率、达线人数等四项指标列苏州市第一，职校对口单招综合指标连续12年列苏州市第一。全市各类学校78所，在校学生118758人，专任教师8082人。其中，普通高校3所，在校学生11857人，专任教师715人；中等专业学校6所，在校学生11709人，专任教师799人；普通中学37所，在校学生36140人，专任教师3396人；小学31所，在校学生58908人，专任教师3144人；幼儿园37所，在园幼儿28415人，专任教师984人。学龄儿童入学率、初中升学率和高中升学率分别为100%、99.67%和97.71%。

公共文化欣欣向荣。文化部在张家港市召开国家公共文化示范区创建工作现场经验交流会，网格化公共文化服务模式在全国宣传推广，“幸福港城”网格文化系列活动蓬勃开展，参与群众超过400万人次，成为全省首批公共文化服务示范区。成功举办建县（市）50周年纪念活动和第九届中国（张家港）长江文化艺术节。在全国率先建立“书香城市”综合评价指标体系，并在全省推广。文艺创作成果丰硕，首次获中国曲艺牡丹奖，荣获第十届省五星工程奖13个奖项，金奖和大奖数量居全省县市第一。全市拥有电影放映单位12个，容纳坐席1646个；剧团1个，演出1461场；博物馆1个，文物藏品11107件。群众文化事业提高明显，群众文化机构10个，组织文艺活动2302次；市级图书馆总藏量141万册，其中图书134万册。

医疗卫生服务不断加强。全市拥有医疗卫生机构410个，其中医院有35家；卫生技术人员7440人，比上年末增加738人，其中医疗人员3062人；卫生机构床位数6013张。人口平均期望寿命81.64岁，其中男性78.88岁，女性84.47岁。

【人民生活】 居民收入持续增加。全市农村居民人均纯收入19460元，比上年增12.8%；城镇在岗职工年平均工资56591元，比上年增12.01%；城镇居民人均可支配收入39695元，比上年增13%。居民储蓄存款继续增长，年末城乡居民人均储蓄存款8.25万元，比上年增11.9%。居民消费支出稳定增长。农村居民人均生活消费支出15129元，比上年增16.6%，恩格尔系数为30.4%。城镇居民人均生活消费支出27695元，比上年增16.2%，恩格尔系数为29.5%。

家庭耐用消费品拥有量继续增加。据城镇抽样调查资料反映，在百户城镇居民拥有的耐用消费品中：洗衣机108台，电冰箱110台，彩色电视机207台，空调器270台，普通电话105部，移动电话242部，热水器具111台，电脑117台，汽车69辆。据农村抽样调查资料反映，在百户农村居民拥有的耐用消费品中：洗衣机92台，电冰箱94台，彩色电视机177台，空调器170台，抽油烟机62台，普通电话85部，移动电话240部，热水器具94台，电脑68台，汽车22辆。人居环境不断改善，年末农村居民人均住房面积67.4平方米，城镇居民人均住房建筑面积39.87平方米。

保障水平全面提高。城乡低保标准由每月500元提高到每月600元，此项标准居全省第一。2.8万名超龄人员纳入城镇养老保险，在全省首家实现真正意义上的城乡养老并轨。1.4万名超龄人员参加城镇职工医保，职工医保和居民医保政策内补偿比分别达到90%和75%以上。新建就业援助单位227个，开发就业援助岗位1.22万个。新建创业孵化基地13个，实现创业带动就业3500人。张家港市籍应届高校毕业生和特困家庭劳动力就业率分别达到99.6%和99.7%。率先建立就业失业动态监测预警机制，劳动争议结案率达到98%以上。区镇居家养老服务中心实现全覆盖，新增养老床位数2717张，获评全国养老服务示范单位。完成4个优质蔬菜基地提档升级，新建2个市级蔬菜配送中心、11家农产品平价直销店和35个农贸市场直销摊位，建成放心粮油示范店28家。开工建设保障性住房5986套（户），竣工2902套（户）。全年住房公积金扩面新增3.66万人，累计开户人数34.23万人，全年住房公积金归集总额17.32亿元，累计公积金归集总额88.73亿元。实施“阳光午餐”工程，惠及学生2452人。发放“共享阳光”慈善助学金761万元，募集“爱满港城”善款超1亿元，获评中国公益慈善七星级城市。

【存在问题】 2012年，全市经济社会发展中还存在着一些不容忽视的矛盾和问题。受国内外市场需求持续低迷等因素的影响，企业经营困难、效益下滑，财税、外贸等指标增长不快。产业结构偏重，能源消耗偏大，经济发展与资源环境的矛盾依然突出，传统产业改造提升、新兴产业和现代服务业加快发展的任务紧迫而艰巨。群众持续增收难度仍然较大，部分人群生活水平提高还不快，公共服务还不能完全满足市民群众的多样化需求，增进民生福祉还需付出更大努力。政府工作人员创新突破瓶颈制约的能力需要进一步增强，服务意识和行政效能还需进一步提升。

（史　志）

【编辑　黄宏庆】

率先基本实现现代化

综　　述

在2005年率先建成江苏首批全面小康达标县市后，全市开启了率先基本实现现代化的征程，自觉把争当全省“第二个率先”排头兵，作为落实科学发展观最生动的实践，作为再创张家港发展新辉煌最直接的抓手。2011年12月26日，市委十届二次全体（扩大）会议明确提出：决战2012，确保在全省第一批基本实现现代化。全市上下振奋精神、凝心聚力、全力以赴，打响了一场“决战现代化”的攻坚战。2月，张家港市率先基本实现现代化推进工作领导小组进行调整，市委书记、市长分别担任正、副组长，全面部署全市现代化建设工作。组建市现代化推进办公室，具体负责全市现代化推进的总体策划、工作安排、组织协调、分析汇总、检查监督等方面工作。各部门、各区镇均成立现代化推进工作领导小组，明确“一把手”为现代化推进第一责任人，明确相关人员和机构具体抓好推进工作。各区镇党委、政府、经服中心全面参与，建立协调、宣传、监测、督察等工作小组，扎实推进现代化建设。具体实践中，全市始终坚持“符合时代特征、具有区域特色”的建设理念，既对照指标推进又不局限于指标，既注重整体提升又注重增创优势，使张家港现代化建设更加“体现率先水平、富有个性优势、具有典型意义”。主要体现在四个方面：

综合实力继续领先　实施创新驱动战略，推进转型升级，实现做大总量和加快转型“两个同步”。经济总量不断壮大。按常住人口计算，全年人均地区生产总值16.44万元，继续在苏州保持领先。创新转型强势突破。完成新兴产业投资166.8亿元，居苏州各县市之首；新增省“双创人才”和姑苏“领军人才”均居苏州各县市第一，引进“千人计划”项目20项、“千人计划”团队专家33人；大中型企业均建有研发机构，在全省率先实现“全覆盖”；完成服务业投资289.6亿元，增幅居苏州各县市首位，服务业占地区生产总值比重达到41.3%。

特色优势更加鲜明　统筹协调的发展模式继续成为全国样板。文明建设引领全国。2011年，城乡一体文明的做法和经验得到中共中央政治局委员、中央书记处书记、中宣部部长刘云山高度评价，被称为“中国特色社会主义的前景和方向”。张家港成为全国文明城市“三连冠”唯一县级市。2012年9月中央文明办组织的全国城市文明程度指数测评中，得分遥遥领先于同类城市。累计11人入选“中国好人榜”，位居苏州各县市第一。城市品质持续提升，城乡一体化建设被誉为“推进速度最快、示范效应最好、亮点特色最多”。生态文明成为示范，作为首批生态文明建设试点地区，在全国率先编制《生态文明建设规划》基础上下发生态文明工作意见，荣获全省唯一的生态文明建设特别贡献奖。群众对绿化的满意率位列全省第一，获绿色江苏建设突出贡献奖。

人民群众高度认可　坚持把群众意愿作为现代化建设方向，让群众真正得到实惠。民生保障水平最优。在全国率先实现城乡养老保险并轨、城乡低保并轨，城乡社会保障一致性指数99.6%，继续保持全省最高。上半年苏州市公布的城乡居民收入增幅，张家港市均列县市首位。年内，实施民生政策29项、民生服务项目18项，春节1.5亿元“民生大礼包”、34万份“健康大礼包”得到群众高度评价。建设成果广泛认同。在省统计局社情民意调查中心开展的测评中，群众对基本实现现代化的信心度为80.8%，满意度为75.94分；苏州市“现代化万人评”结果显示，张家港市群众对现代化建设成果满意度为74.8分。全省法治建设满意度和公共安全感，张家港市分别为90%和97.5%。

各项事业全面进步　按照“坚持科学发展、顺应时代要求”理念，高点定位、锐意创新，各项事业呈现整体推进、全面提升的良好态势。社会事业高位均衡。社区卫生服务全面覆盖，千人医生拥有数、千名老人拥有机构养老床位数均居苏州各县市之首。城乡教育发展经验得到国务院充分肯定并在全国推广，教育质量指标连续多年列苏州第一。在全国率先提出并实施网格化公共文化服务，再次得到刘云山高度赞扬。人均拥有公共文化、体育设施面积均列全省第一。社会管理创新率先。建成全国唯一的中国和谐管理城市、首个实现数字化城管全覆盖的县市。在苏州率先成立社会公益组织

培育中心，社工队伍规模处于全国县级市之最。率先在全省实施新市民积分管理办法，新市民享有公租房以及子女就读公办学校、参加居民医保的比例分别为 81.15%、88.6%、80.72%，均在全省领先。社会秩序和谐安定。信访量比上年降 29.6%。违法犯罪警情、刑事发案率连续七年下降，实现全省平安创建“九连冠”。

张家港市基本实现现代化指标体系一览

表 3

序号	指标名称		单位	目标值	权重
一	省定指标				100
(一)	经济发展				31
1	人均地区生产总值		元	100000	5
2	服务业增加值占地区生产总值比重		%	53	3.5
3	消费对经济增长贡献率		%	53	3
4	城市化水平		%	68	3.5
5	现代农业发展水平		%	90	4.5
6	研发经费支出占地区生产总值比重		%	2.8	3.5
7	高新技术产业产值占规模以上工业产值比重		%	45	3
8	自主品牌企业增加值占地区生产总值比重		%	15	3
9	万人发明专利拥有量		件	12	2
(二)	人民生活				24
10	人均预期寿命		岁	78	4
11	居民收入水平	城镇居民人均可支配收入	元	55000	5
		农村居民人均纯收入	元	23000	
12	居民住房水平	城镇家庭住房成套比例	%	95	3
		农村家庭住房成套比例	%	80	
13	每千人国际互联网用户数		个	1000	2
14	社会保障水平	城乡基本养老保险覆盖率	%	98	4
		城乡基本医疗保险覆盖率	%	98	
		失业保险覆盖率	%	98	
		城镇保障性住房供给率	%	98	
		每千名老人拥有机构养老床位数	张	30	
15	每千人拥有医生数		人	2.3	3
16	公共交通服务水平	城市居民公共交通出行分担率	%	26	3
		镇村公共交通开通率	%	100	
(三)	社会发展				24
17	主要劳动年龄人口平均受教育年限		年	12.2	5
18	人力资源水平	每万劳动力中研发人员数	人	100	4
		每万劳动力中高技能人员数	人	600	
19	基尼系数		—	<0.4	2
20	党风廉政建设满意度		%	80	2
21	法治和平安建设水平	法治建设满意度	%	90	3
		公众安全感	%	90	
22	和谐社区建设水平	城市和谐社区建设达标率	%	98	4
		农村和谐社区建设达标率	%	95	
23	文化产业增加值占地区生产总值比重		%	6	2
24	人均拥有公共文化体育设施面积		平方米	2.8	2
(四)	生态环境				21
25	单位地区生产总值能耗		每万元吨标准煤	<0.5	4.5

续表 3

序号	指标名称		单位	目标值	权重
26	主要污染物排放强度	单位地区生产总值化学需氧量排放强度	每万元千克	<2.0	4.5
		单位地区生产总值氨氮排放强度	每万元千克	<0.2	
		单位地区生产总值氮氧化物排放强度	每万元千克	<1.5	
		单位地区生产总值二氧化硫排放强度	每万元千克	<1.2	
27	空气质量优良天数比例		%	95	3
28	III 类以上地表水比例		%	60	3
29	绿化水平	林木覆盖率	%	23	3
		城镇绿化覆盖率	%	40	
30	村庄环境整治达标率		%	95	3
评判指标	人民群众对基本现代化建设成果满意度		%	70	—
二	张家港市特色指标				10
1	城乡公共文明指数		分	85	2
2	万人拥有社会工作者		人	4	1
	万人拥有社会组织数		个	12	1
3	城乡基本社会保障一致性指数		%	99	2
4	新市民同城化率		%	75	2
5	城镇生活污水集中处理率		%	90	2

【基本实现现代化指标体系设立】 市委十届二次全会上,市委明确提出“增创特色优势,建设富有个性的现代化;攻坚薄弱环节,建设更具实力的现代化;突出人本内涵,建设群众认可的现代化;超越指标体系,建设全面进步的现代化”的要求。1 月 5 日,省政府公布《江苏基本实现现代化指标体系》(地市版),分经济发展、人民生活、社会发展、生态环境四大类共 30 项 44 个指标。结合省定指标体系和张家港市实际情况,全市先后制订下发《张家港市基本实现现代化指标体系》《张家港市率先基本实现现代化推进工作方案》和《张家港市率先基本实现现代化目标责任分解表》,将现代化建设的目标任务和工作责任下达到部门,分解到区镇。为了体现张家港市现代化建设特色,在省定指标基础上,增设城乡公共文明指数、万人拥有社会组织和社会工作者、城乡基本社会保障一致性指数、新市民同城化率、城镇污水集中处理率等 5 项 6 个指标,显示张家港市在文明创建、社会管理、城乡统筹、生态建设等方面的建设特色。

【广泛开展率先基本实现现代化宣传】 年内,《新华日报》在头版开设《聚焦第二个率先先行军》栏目,对包括张家港市在内的 6 个城市列入“第二个率先第一方阵”城市,分 3 次作全面深入报道,充分肯定了张家港市率先推进现代化的做法和成效。新华社江苏分社、《群众》杂志刊发市委书记徐美健的署名文章以及全市现代化建设的专题报道。全市上下按照市委“决战现代化,人人作贡献”要求,紧密联系实际,广泛深入开展现代化宣传教育活动。2 月起,全市广泛开展了为期 3 个月的“我心目中的现代化”大讨论。3 月至 5 月,组织 60 余名市级宣讲员赴市镇各单位、所有村(社区)开展 360 余场“决战现代化”主题宣讲;市文化馆、艺术团联合创作编排了 20 集的现代化主题情景剧,参与巡回“村村演”活动,并在市电视台录制播出,展示现代化建设成果。为营造“决战现代化”的浓厚氛围,《张家港日报》、市电视台、市电台开辟《我心目中的现代化》《决战现代化》等主题专栏,集中展示全市现代化动态。在城市出入口、主干道设置一批户外宣传广告,切实提高群众知晓率。同时编印发放倡议书、公开信数十万份以及《指标体系宣传画册》《现代化知识读本》等宣传材料。各区镇、各部门也组织开展了主题鲜明、形式多样、贴近群众、富有成效的宣传活动。

决策与措施

【概况】 年内,张家港市围绕在全省第一批基本实现现代化总目标,积极应对严峻复杂的经济形势,1 月,市委下发《关于在全市深入开展“我心目中的现代化”大讨论活动的通知》和《关于在全市开展“我心目中的现代化”大讨论活动的方案》。3 月,市委印发《指标责任部门 2012 年度现代化指标目标任务下达表》和《区镇 2012 年度现代化指标目标任务分解表》。6 月,市委转发市现代化推进办公室《全市“加速现代化”五个月大会战行动方案》。全年通过深入开展“拼抢五个月、加速现代化、献礼五十年”活动,全力主攻“重大项目建设、城乡一体推进、民生水平提升”,经济社会各项事业取得新的成绩,基本达到省和苏州市现代化指标体系的总体要求。在 4 次现代化建设群众满意度测评中,群众对全市基本实现现代化的满意率均超过 75%。在 10 月末委托“12345”市便民服务中心开展的第三方调查中,群众综合满意度为 85.75%。苏州市委十一届三次全体(扩大)会议公布的上半年各县市区现代化进展情况,在可监测的 22 个指标中，张家港市大部分指标超过苏州平均分，其中名列第一和并列第一的指标有 11 个，数量为 5 县市之首。

【确定“决战现代化”为中心任务】 年内，全市把“决战现代化”作为工作总任务和总抓手。市主要领导定期听取全市现代化推进情况，明确各阶段推进工作重点，在全市综合会议及相关会议上具体部署。同时，深入基层调查研究，现场督促，增强各级、各单位加快现代化建设的责任感和使命感。市委常委、副市长对全市现代化建设涉及的 15 个重大问题进行专题调研，逐一提出建设性意见和措施。各分管市领导分工明确，各负其责，协调难点问题，督察重点工作。将 50 个指标（省定指标 44 个、张家港市特色指标 6 个）下达到 28 个责任部门，各责任部门又分解到 9 个区镇，明确区镇可监测的 41 项年度目标任务。建立按月统计、按月分析、按月督察制度，以月保季，以季保年。市现代化推进办公室每月 25 日和 28 日，分别召开部门、区镇分析会，总结交流工作推进和指标完成情况，并经常开展检查督促活动。8 月起，针对未达到省定目标值和未达到时序进度的指标，逐月对有关部门、9 个区镇分别下发督察建议书，并开展现场督察活动，督促各单位整改。将现代化工作情况列为全年部门绩效考核和区镇千分考核重要内容，激发全市各级决战现代化的拼抢热情和工作干劲。

【开展“我心目中的现代化”大讨论】 为贯彻市委十届二次全体（扩大）会议精神，全面落实率先基本实现现代化目标任务，1 月，市委下发《关于在全市深入开展“我心目中的现代化”大讨论活动的通知》和《关于在全市开展“我心目中的现代化”大讨论活动的方案》。各区镇、各部门围绕讨论主题和内容，组织开展各类学习交流活动，查找在发展理念、工作作风、服务群众等方面存在的问题和不足。各部门、各单位通过学先进、找差距、谋转型、促发展，增强争先进位的意识，坚定赶超先进的信心，全市呈现出敢于争第一、勇于创唯一、决战现代化的热潮。各区镇、各部门通过主题征文、网络微博、宣传资料、摄影比赛、绘画比赛、访谈活动、演讲比赛等，动员干部群众统一思想、提振信心、凝聚力量，切实把现代化的目标任务、发展思路和重大举措转化为共同意志和自觉行动，取得了阶段性成果。由市委宣传部、市现代化推进办公室、市社科联、张家港日报社联合举办的“我心目中的现代化”主题征文共收到稿件 419 篇，评出一等奖 5 篇、二等奖 10 篇、三等奖 17 篇。

【组织“加速现代化”5 个月大会战】 5 月 19 日，市委、市政府召开“拼抢五个月、加速现代化、献礼五十年”活动动员大会，动员全市围绕首批基本实现现代化总目标，全面实施重大项目、科技创新、城乡建设、民生工程、文明创建、服务基层等“六大提速行动”，进一步振奋精神、凝心聚力、拼抢当前、创新突破，以更加优异的成绩和更多特色亮点向建（县）市 50 周年献礼。市委、市政府制订下发《全市“加速现代化”五个月大会战行动方案》，各部门、各区镇都细化制订推进方案、拼抢方案及整改方案，有计划、有重点地做好推进工作。经过五个月的拼抢活动，全市现代化推进工作全面加快，各项工作取得明显成效。

（朱岑宇）

特色与优势

【文明城市建设】 3 月 28 日，市委召开全市深化文明城市创建工作推进会议，部署落实 2012 年度文明创建各项工作任务，对 2009～2010 年度市文明示范窗口、第二批文明服务品牌予以表彰。4 月 10 日，市委、市政府发文表彰创建全国文明城市“三连冠”工作先进集体和先进个人，市公安局交通巡逻警察大队等 5 个单位获突出贡献奖，经开区（杨舍镇）等 10 个单位获优秀创建奖，市委市级机关工作委员会等 32 个单位获优秀组织奖，43 人获先进个人称号。6 月 9 日，全市深化文明城市创建工作联席会议召开，对测评迎检工作进行专题培训，明确各项指标要求。7 月 3 日，市委副书记、市长姚林荣督察文明城市创建工作。8 月 18 日，市委召开全国城市文明程度指数测评迎检工作会议。8 月 20 日，市委书记徐美健督察城市文明程度指数测评迎检工作。9 月 4 日至 6 日，中央文明办测评组在市开展 2012 年度全国城市文明程度指数测评，测评组进行了实地考察、材料审核、问卷调查、网络调查。12 月 5 日，中央文明办公布 2012 年全国城市文明程度指数和未成年人思想道德建设工作测评结果，张家港市城市文明程度指数得分为 94.91 分，未成年人思想道德建设工作得分为 98.99 分，均名列全国同类城市之首。

文明系列创建　1 月 17 日，省委、省政府在南京召开全省宣传部长会议，表彰江苏省文明城市，张家港市作为全国文明城市，自动入选江苏省文明城市名单。6 月 26 日，市委宣传部、市文明办在市文化中心星海剧场举行张家港市爱国歌曲大家唱汇演活动。6 月 29 日，市委宣传部、市文明办等部门联合主办的“文明餐桌行动”启动仪式在市馨苑度假村举行，全市 4000 余个餐饮单位、食堂等全部参与“文明餐桌”行动。8 月 8 日，全市道德领域突出问题专项教育和治理活动座谈会在市沙洲宾馆召开，会议传达中央、省有关会议精神。12 月 17 日，省文明委召开全省农村精神文明建设推进会，市委副书记王亚方参加会议并作交流发言，会议对南丰镇永联村等首届“江苏最美乡村”予以表彰。年内，市文明办委托华东理工大学分别在 6 月和 11 月对各区镇开展城乡文明指数测评。全市组织开展 2009～2011 年度苏州市文明行业、文明单位、文明村镇、文明社区创建活动，市财政局等 6 个单位被评为苏州市文明单位标兵，冶金园（锦丰镇）被评为苏州市文明镇标兵，南丰镇永联村等 3 个村被评为苏州市文明村标兵，经开区（杨舍镇）东湖苑社区等 2 个社区被评为苏州市文明社区标兵，经开区（杨舍镇）等 5 个区镇被评为苏州市文明镇，张家港出入境检验检疫局等 20 个单位被评为苏州市文明行业，张家港市人民法院等45个单位被评为苏州市文明单位，经开区(杨舍镇)城西村等29个村被评为苏州市文明村，保税区(金港镇)德丰社区等15个社区被评为苏州市文明社区。在2012年度张家港市文明村镇、社区、单位、机关评比中，南丰镇和经开区(杨舍镇)获文明区镇标兵称号，保税区(金港镇)福民村等10个村获文明村标兵称号，保税区(金港镇)德丰社区等15个社区获文明社区标兵称号，市便民服务中心等25个单位获文明单位标兵称号，市国土资源局等5个机关被授予突出贡献奖，市民政局等15个机关被授予综合贡献奖，苏州市住房公积金管理中心张家港分中心等15个机关被授予服务地方奖，市委农村工作办公室等10个机关被授予单项贡献奖。全市共有97个机关被评为文明机关，10个区镇被评为文明区镇，109个村被评为文明村，124个社区被评为文明社区，566个单位被评为文明单位。市委、市政府对获得张家港市级以上文明创建荣誉称号的单位共奖励222万元。

社会志愿服务 3月2日，市文明委在市文化中心星海剧场举行“学习雷锋好榜样”张家港市万名志愿者集中行动启动仪式，部署开展道德宣讲、生态环保等十大类志愿服务活动。3月2日至5日，全市共有1.3万名志愿者参加各类志愿服务活动。是月初，全市开始实施“学雷锋·志愿服务伙伴计划”，陆续推出“困难单身母亲关爱行动”“亲城计——新市民子女融入行动”等10个志愿服务伙伴项目，企业资助资金110余万元，全市近60个单位参与志愿服务活动，参与志愿者1.2万人次，受益人群5.8万人次。其中，3月11日，“学雷锋·志愿服务伙伴计划”之一“保利·文化月票”项目正式启动，百名环卫工人走进保利大剧院，免费观看“越来越好”相声专场演出，市委书记徐美健对活动作出批示。5月11日，市“关爱他人、关爱社会、关爱自然”(简称“三关爱”)志愿服务活动启动仪式在经开区(杨舍镇)花园社区举行。启动仪式由中央文明办主办，中国志愿服务基金会和江苏省文明办协办，张家港市委、市政府承办。仪式上，张家港市向中国志愿服务基金会捐赠“三关爱”志愿服务基金100万元。5月16日，张家港市志愿服务专门网站“友爱港城网”上线运行，网站整合新闻发布、招募注册、信息检索、求助发布、论坛交流等功能。8月20日，张家港市作为全国唯一的县级市，在全国志愿服务工作座谈会上作经验交流。10月22日，位于步行街的市志愿服务指导中心、市志愿者协会办公用房投入使用。11月19日，市委下发《关于深化全市志愿服务工作的实施意见》，提出通过两年努力，到2014年全面完成《张家港市城市公共文明提升三年行动计划》提出的社会志愿服务工程。11月21日，市文明委组织召开全市志愿服务工作现场推进会，与会人员实地参观南丰镇永联村爱心互助街、保税区(金港镇)新塍社区爱心接力站、文明交通指导站和市志愿服务指导中心。12月5日，市文明委在市文化中心星海剧场举行首届“志愿服务伙伴日”活动，向社会集中发布2013年度首批38个张家港市志愿服务项目。

未成年人思想道德建设 2月2日，首届江苏省“百名美德少年”“十大美德少年标兵”评选揭晓，市暨阳高级中学学生郭秦获“百名美德少年”称号。2月8日，中央文明委在北京召开全国未成年人思想道德建设工作视讯会议，张家港市荣获第三届全国未成年人思想道德建设工作先进城市称号，市委书记徐美健参加会议并上台领奖。3月30日至4月25日，市文明办、市教育局在全市未成年人中开展“网上祭英烈”活动，组织广大未成年人上网祭奠英烈，献花留言。5月29日，在市实验小学举行“学习雷锋、做美德少年”网上签名寄语活动启动仪式。6月，组织开展首届张家港市美德少年评选表彰活动，陆一行等10名学生被评为市首届“美德少年”，常静等10名学生被授予市首届“美德少年”提名奖。8月，市创建办联合相关职能部门围绕网吧管理、校园周边环境整治等问题组织两次净化社会文化环境工作专项督察。9月25日，市文明办、市教育局在市万红小学举行“向国旗敬礼，做一个有道德的人”网上签名寄语活动启动仪式。10月29日至30日，中央文明办在南京召开全国第二期未成年人心理健康辅导工作骨干人员培训班，市未成年人健康成长指导中心作为全国县级市唯一代表，在培训班上作经验交流发言。年内，市文明办组织开展张家港市2012年度未成年人思想道德建设工作创新案例评选，评出“万名教师进万家”集中家访活动等4个案例为一等奖，“我的青春我做主”关爱新市民子女就业成才行动等6个案例为二等奖，“小螺号”道德故事汇等10个案例为三等奖。邵建华、陈彩芬获江苏省未成年人思想道德建设工作先进个人，张家港市文明

南丰镇永联村爱心互助街 （南丰镇永联村 供稿）

办、张家港市教育局获苏州市未成年人思想道德建设工作先进集体，黄海燕、蓬元、徐彩萍、陈云华、汤汉民等5人获苏州市未成年人思想道德建设工作先进个人，"'乐智课堂'未成年人素质拓展行动"获苏州市未成年人思想道德建设工作创新品牌，"未成年人阅读阶梯计划"获苏州市未成年人思想道德建设工作创新案例二等奖。

（蔡　磊）

【平安张家港建设】 1月，全市组织开展第九次"万人大巡防"活动，共出动巡防人员3万余人，检查房屋出租户4300余户，盘查车辆690余辆，抓获各类违法犯罪嫌疑人员120人，其中网上逃犯5人，破获各类案件378起，其中刑事案件139起，服务群众116次。2月，市综治委出台《关于加强镇村两级专职巡防队伍建设的意见(试行)》，加强专职巡防队伍建设。5月，牵头组织市公安局、卫生局、电信局等相关部门开展打击扰乱医疗秩序、电信诈骗专项行动，5月21日至6月20日成功拦截电信诈骗23起。8月，全面启动"基层基础薄弱环节"排查专项工作，全年共排查上报7个薄弱环节，并高标准完成整改落实措施。9月，开展综治宣传月活动，通过在报刊设立有奖知识问答专栏，开设"平安张家港"新浪微博以及向市民发送治安防范、综治工作动态手机短信等方式提升市民对综治和平安建设工作的知晓率和满意度。年内，全市9个区镇获评苏州市平安乡镇，杨舍镇综治工作中心等9个区镇综治工作中心被评为苏州市一级工作中心，218个村(社区)综治办被评为苏州市一级"五位一体"村(社区)综治办。张家港市被评为苏州市社会管理综合治理和平安建设优秀单位，荣获2011年度省级"社会管理综合治理先进县(市、区)"和省级"平安县(市、区)"称号。

【法治张家港建设】 2012年，全市围绕率先基本实现现代化总目标，以法治建设满意度提升为工作主线，以推进法制教育、依法行政、公正司法、基层法治为重点，坚持法治惠民宗旨，强化法治服务保障，纵深推进法治建设工作，法治建设满意度在苏州市列第一，被苏州市和省法治办推荐为"全国法治县(市、区)创建活动先进单位"。2月，市依法治市领导小组下发《2012年法治张家港建设工作意见》。3月，制订下发法治建设满意度测评实施办法(试行)，制订并部署2012年度"关爱民生法治行"活动方案。5月，召开区镇法治建设满意度推进工作现场观摩会。6月、7月，分别组织学校、区镇和机关法治建设满意度问卷测评，并通过"12345"市民服务中心组织电话测评。8月，组织市人大代表、市政协委员督察法治惠民实事项目进展情况。9月，组织开展法治建设成果的集中宣传报道，放大法治建设影响力。10月，再次组织全市各区镇法治建设满意度测评。11月，市委、市政府表彰30个法治张家港建设先进集体、15名先进个人。省委政法委公布张家港市法治建设满意度为90%，居苏州各市、区之首。

法治系列创建　年内，深化法治建设示范机关、镇、村、社区、企业、学校等系列创建活动。围绕率先完成法治政府建设阶段性目标，全市依法行政工作取得新突破，认真落实政府常务会议学法制度，提升政府依法行政理念，全面规范重大行政决策程序，推行决策全程评估模式，进行决策"事前风险评估、事中跟踪评估、事后绩效评估"，制订行政规范性文件后评估办法，建立全市行政规范性文件库，建立全市行政执法人员"月培训、季考试、年评定"制度、行政执法人员法律知识抽考制度，提升了依法决策、依法行政能力和水平，张家港市连续五年被评为"全省依法行政工作示范点"。继续推进法治乡镇、民主法治村(社区)创建，基层法治化管理水平进一步提高。南丰镇永联村建成"全国民主法治示范村"，全市已建成省级"民主法治示范村(社区)"41个，苏州市级"民主法治村(社区)"220个。法治校园建设活动深入开展，开展首次优秀法制副校长评选活动，开展校园周边环境整治，完善了学校、社会、家庭三结合教育机制，严格规范中小学校园管理，依法治校水平不断提高，全市100%的学校创建成苏州市级以上平安学校、依法治校先进学校。继续开展诚信守法企业创建，加强企业依法管理工作，江苏东渡纺织集团等25家企业参与苏州市诚信守法企业的评比。

法治品牌创新　年内，探索创新社会管理模式，以"政社互动""政会互融""政体互助"三种方式，加强各类社会组织在社会管理体系中作用的发挥，推进政府职能转变，增强社会管理的活力，培育基层法治新模式。制定出台《张家港市"政社互动"试点方案》，以凤凰镇、南丰镇为试点，逐步推进"政社互动"。制定村(社区)自治组织权力清单，明确社会组织的自治权利，与自治组织签订委托管理协议，实现基层自治组织的权力归位，加强政府行政管理与基层自治的承接互动，提升基层组织民主自治的能力和依法办事的水平。重视行业协会的改革发展，在建筑业、塑饮机、装修装饰等行业协会，探索政府与行业协会互融发展的"政会互融"新型管理模式，实现行业微观管理与政府宏观管理相融合。整合社会资源，组建新市民共进协会、房东协会等新型社会团体，发挥社会团体的"中介"作用，由团体承担起政府服务新市民的职能，实现政府与社会团体功能的互补，提高社会公共管理的有效性。新的流动人口管理模式不仅解决了政府管理的难题，更得到新市民的拥护。

（秦　悦）

【健康城市建设】 2012年，全市健康城市建设，围绕张家港市在全省第一批基本实现现代化的总体要求，坚持城乡一体、整体推进的工作思路，实施"健康大步走""健康大讲堂""健康大联盟""健康大展示""健康示范点"等系列活动，推动全国建设健康城市试点市建设。居民健康素养干预和监测评估体系不断健全，张家港市被列为全国居民健康素养监测试点市。10月，在第五届世界健康城市联盟大会上，张家港市申报的"健康公平""健康服务体系建设"两个健康城市建设项目获世界卫生组织授予的健康城市创新发展奖，"道路安全"项目获最佳实践奖。

领导干部健康教育专题讲座 （市城乡环境卫生指导中心 供稿）

健康宣传 年内，围绕培育健康人群的总目标，不断扩大健康宣传力度，营造健康氛围，提升居民健康素养。健康城市宣传栏每年至少4次更新展示内容。全市202个健康城市宣传栏、9个室内健康教育园和4个健康主题公园，重点宣传中国公民健康素养66条，全民健康生活方式知识，高血压、糖尿病等慢性病防治知识。市城乡环境卫生指导中心继续与《张家港日报》合办《健康周刊》，做好“张家港爱卫健康网”的更新与维护。倡导“日行一万步、吃动两平衡、健康一辈子”的“健康‘121’行动”理念，全市建设健康路径71条，总长58千米，为市民提供便利的健身活动场所。市城乡环境卫生指导中心利用手机短信每月向1万名市民发送健康小提示，与市气象局、环保局、城管局等部门合作，利用户外电子显示屏定期播放健康小提示，在市区480辆出租车LED屏每天48次播放宣传健康城市标语。继续推进全市公共场所和工作场所控烟工作，制作发放禁烟标识2万份、控烟台卡1万份、宣传折页2万份。根据全国居民健康素养监测试点市工作安排，制订《2012年度张家港市城乡居民健康素养干预及效果评估工作方案》，在全市范围内随机挑选3个镇、6个监测点，共600位居民，开展健康素养干预、综合评价工作，重点普及健康素养知识和基本技能。

健康细胞 年内，全市继续推进全民健康生活方式行动，在各区镇、社区（村）、机关、企事业单位、食堂和餐饮行业稳步推进健康细胞单位建设，建成健康城市先进单位76个，健康家庭示范户100户，健康家庭标兵户20户。根据省卫生厅、省爱卫办《江苏省全民健康生活方式行动示范创建工作实施方案（试行）》要求，全市建成杨舍镇东湖苑社区等10个示范社区，金港中心幼儿园等10个健康单位，南丰镇江鲜大酒店等10家健康餐厅，南丰幼儿园等10家健康食堂。南丰镇创建成苏州市“全民健康生活方式行动”示范镇，经开区（杨舍镇）城东村等10个村（社区）创建成苏州市建设健康城市先进村，经开区（杨舍镇）章卿村等10个村创建成“全国亿万农民健康促进行动”苏州市先进村。根据张家港市健康促进学校建设标准，广泛开展健康促进学校建设，年内，市青龙小学等13所学校获得2012年江苏省健康促进学校铜奖。会同相关部门对公共场所和工作场所控烟工作进行督察，命名市第二中学等23个单位为第五批控烟先进单位，通过江苏省无烟医疗卫生系统交叉督导评估。

健康服务 年内，主动适应《国家基本公共卫生服务规范（2011年版）》新要求，建立完善以定量考核为主、定性考核为辅的绩效考核体系，基本公共卫生项目持续领先。累计投入3359万元新建、改建、扩建杨舍、塘桥、金港、锦丰等社区卫生服务中心，凤凰镇社区卫生服务中心和12家社区卫生服务站基本达到苏州市示范社区卫生服务中心（站）要求。市儿童功能检测中心和市儿童康复基地建成。“健康礼包进万家”工程顺利推进，向全市34.1万户家庭发放健康大礼包。深入推进全科团队服务和家庭医生制度，全市共组建全科服务团队43个，签约家庭25.7万户，签约率75.96%，高血压、糖尿病患者管理人数比上年增90.1%。杨舍、塘桥、凤凰、锦丰、南丰等5个镇“健康自助体检屋”建成运行，1.1万余名居民体验了免费自助体检服务。推出以“卫生监督分所与社区卫生服务中心卫生基础管理科整合”为主要内容的镇级卫生监管体制改革，成为“苏州模式”。全市重点食品监测合格率99.73%。创新实施食品安全举报奖励制度，兑现举报奖励5起5.43万元。市级医疗专家村村行走进106个村（社区），服务群众9.1万余人，为贫困家庭送医送药215户，免费发放药品价值11.9万元。创新打造“健康心理进社区”品牌服务，率先在苏州各县市中筹建心理卫生协会，各镇“心语桥工作室”实现全覆盖。对604名超龄重度残疾人“农保转城保”补贴604万元，为全市9700名就业年龄段残疾人全额购买人身意外伤害商业保险，资助80万元让全市残疾人免费乘坐公交车，对836名残疾学生（含贫困残疾人家庭子女）读书资助奖励52.88万元。对康复项目进医保政策进行扩面，将残疾人辅助器具、0岁至6岁残疾儿童康复项目纳入基本医疗保障范围。

健康环境 年内，根据《全省村庄环境整治行动计划》的安排，全市大力开展村庄环境整治行动，共整治自然村庄2084个。整治后，达省三星级康居乡村标准村庄23个，二星级村庄11个，一星级村庄79个，一般环境整洁村1971个。9月末，全市所有村庄环境整治任务率先完成。积极推进全市环境卫生长效管理新模式，以经开区（杨舍镇）闸上村等4个村为试点，创新探索农村环卫保洁市场化改革新路子。全面加大公共场所和饮用水卫生监督检测力度，加强水源卫生监测和防护，生活饮用水水质合格率100%。加大对农村“四户”(废品废物收集户、家禽家畜养殖户、农村房屋出租户、专业种植大户)的环境卫生管理力度，试点推行农村大棚种植户集中居住模式。生活垃圾处理体系不断完善，切实解决农村生活垃圾收集转运、乱堆乱放等问题，清除生活和生态垃圾24.5万吨，清理乱堆乱放69411处，拆除危旧房屋及违章建筑2080处；新建、改建、扩建标准型垃圾收集点434处(累计7251处)，新增设垃圾箱(桶)6978个，配置封闭式自装自卸垃圾清运车、电瓶保洁车等环卫车辆355辆，各村(社区)按村总人数不低于5‰的比例配备3063名农村卫生保洁员。市、镇两级投入1676万元实施办事处环境卫生质量提升实事工程，对办事处(集镇)环卫车辆、垃圾收集点、公厕、灭蚊灯等设施进行提档升级。建立较为完善的“组保洁、村收集、镇转运、市处理”农村生活垃圾清运体系。生态环境保护体系持续优化，建立健全生活污水处理、河道疏浚管理、秸秆综合利用、农业清洁生产等方面的长效管理机制。新铺设污水管网169.3千米，新建污水处理设施144座、涉及农户8078户；实施畜禽养殖污染治理工程，拆除猪圈、鸡(鸭)棚3150处，新增发酵床猪舍2880平方米、集粪棚1303平方米、沼气池1200立方米，对5个养殖场实施雨污分流改造，改造排污管道4000米；清理河道3148条，清淤221.8万立方米，清砌排水沟11.6万平方米，新建景观驳岸40162米；加大村庄绿化，种植苗木201.4万株，新增绿地684.4万平方米。对主要交通干线沿线村庄高标准实施立面出新、绿化美化等工程，优化窗口形象，累计1.94万户农户房屋墙面出新，刷新墙面427万平方米。公共设施配套体系不断健全，修建农村道路（沥青路、水泥路、青石板路等)约240千米，新(改)建二类以上公厕158座(累计732座)，新建(加固)桥梁186座；新建村级服务中心4.2万平方米，新建公共活动场地10.9万平方米，新增健身场所116处，新增路灯2018盏，新建公共停车场139处，公共服务水平大幅提升，农村生产、生活、生态条件有效改善。 （孙学鲁）

【城乡一体化建设】 1月31日，市委、市政府召开城乡一体化改革发展工作专题会议。4月20日，全市举行安置房项目集中开工奠基仪式。项目涉及保税区(金港镇)、经开区(杨舍镇)、冶金工业园(锦丰镇)、塘桥、凤凰、大新、南丰等7个区镇12个安置小区建设项目，总建筑面积145.5万平方米，建设小高层、多层住宅9072套。12月15日，苏州科技学院—张家港市城乡一体化研究生工作站成立。工作站以课题研究为平台，为张家港市城乡一体发展提供更好的理论和智力支持。全年共召开各区镇一体办主任暨市一体办主任办公会议3次，及时研究工作推进情况，调整工作部署，促进城乡一体化改革发展工作加快推进。年内，农户搬迁工作协力推进，安置房建设规模696万平方米。全市完成农户搬迁13521户，农业用地区搬迁3008户；安置房开工建设面积366万平方米，竣工面积288万平方米，农民集中居住率57%。持续加大财政扶持力度，对城乡一体化基础设施实行补贴，全年基础设施专项补贴1.4亿元。土地复垦高效推进，研究出台“调整城乡一体化农业用地区土地复垦补助标准”政策，将土地复垦补助标准由每公顷4.5万元调整到7.5万元，加上省补助资金，每公顷补助资金达到12万元。全市复垦357公顷。坚持综合开发理念，加快实施新城建设项目，大新滨江新镇、锦丰·沙洲新城、凤凰新城、金港滨江新城等核心区建设全面展开，新城雏形逐步形成。

（朱伟新）

【生态文明建设】 6月5日，张家港市人民政府被授予全省首个“生态文明建设特别贡献奖”。8月21日，市委、市政府下发《张家港市生态文明建设2012～2014年工作意见》，基本形成实施生态文明建设“六大行动”和“二十大工程”，率先打造全国生态文明建设示范区的以后三年工作思路。8月31日，中国生态文明研究与促进会首次在县级市举办的高层研讨活动——生态文明建设(张家港)高层研讨会在市举行，进一步扩大张家港市生态文明建设在全国的影响力。其间，市政府与中国生态文明研究与促进会签订《关于全面推进张家港市生态文明建设的合作协议》，确定长期战略合作关系。11月，中央电视台对张家港市生态文明建设进行采访报道。年内，各区镇全面完成生态文明建设规划编制，并通过苏州市级专家评审，生态文明建设逐步向镇、村层面深入推进。公共自行车三期项目、金港污水处理厂、朝东圩港—环城河工程、小城河综合改造工程等生态文明示范工程完成。塘桥镇金村村创建“国家生态村”建设规划通过专家评审并上报，新增省级生态村5个，建成省级绿色学校1家、省级绿色社区3个、苏州市级绿色社区18个。张家港经济技术开发区创建国家生态工业园区规划通过省级专家评审，江苏扬子江国际冶金工业园创建省级生态工业园区加速推进。

（钱秋松）

【诚信城市建设】 年内，全市继续将诚信城市建设作为全国文明城市创建、提高城市品位和人文素质的重要组成部分，深入开展效能建设，促进政府公开、公平、公正地行使社会管理职能。市政务公开信息网全年发布政务信息3338条。市长信箱受理市民信件1139封，部门信箱受理信件1969封，办复率100%。全市先后有42个部门的有关领导126人次走进“政风行风热线”直播室，与听众沟通交流。“政风行风热线”累计受理咨询和投诉699个，做到事事有回音，件件有答复。开展以构建诚实守信的市场经营秩序和安全放心的消费环境为主要内容的星级农村文明集市(市场)创建活动，组织申报省级农村文明集市（市场)1个、苏州市级农村文明集市(市场)4个。全市市场信用分类A类82个，B类3个。深入推进食品经营单位信用等级公示制度，年内对977个符合公示条件的食品经营单位进行评定，并通过张家港市食品安全网向全社会公布信用等级评定情况，接受消费者的监督。指导成立市商品（食品）行业协会，设立全市首个社会团体“道德讲堂”，有效推动食品行业的诚信自律建设。加强网络商品交易监管，全年完成人工数据比对2042个，重点、热点网站标注4336个，完成网络经营者主体身份审查公示1274个，挂标900个。通过网络监管，处理网络投诉10起，发现网络案件线索3条，处罚案件16起。开展整治利用合同格式条款侵害消费者专项活动，年内整治重点行业6个，巡查经营主体895个，发出行政提示书705份，检查格式合同597份。扎实开展合同管理，组织合同培训6场，培训企业771家。调整落实农村合同帮农指导站148个。加强企业诚信建设，年内对家装企业合作材料商实行备案制度，对规范家装行业起到积极作用。对全市范围内普遍存在的利用虚假宣传、不平等格式合同条款等侵害消费者合法权益的违法行为进行专项整治，年内共查处美容美发行业违法行为55起，结案率100%。继续培育重合同、守信用企业，对448家重合同、守信用企业进行复查，新发展627家重合同、守信用企业。至年末，全市共有江苏省重合同、守信用企业42家，苏州市重合同、守信用企业269家，张家港市重合同、守信用企业1075家。帮助重合同、守信用企业及个体工商户融资，共办理动产抵押312件，帮助企业融资56.23亿元。创新市场管理机制，实施市场信用分类监管。年内，共评出A类经营户4274户，B类经营户313户，无C类经营户。

“3·15”国际消费者权益日广场活动　　（张家港工商局　供稿）

【消费放心城市建设】 年内，全市围绕江苏省、苏州市消费放心城市创建活动要求，在推进创建工作常态化管理上下功夫。3月15日，工商等部门在张家港购物公园举办纪念第30个“3·15”国际消费者权益日大型广场活动，现场发放宣传资料3000余份，接受咨询2500人次，受理消费者投诉13件。制作和展映消费维权动漫教育片，并在市电视台和“3·15”大型广场活动、农村（社区）中向消费者播放。深入推进“12315”社会网络建设，确定首批10个“12315”远程维权系统试点单位，申报达标村级投诉站或企业监督站252个、示范窗口32个。累计创建样板分会、样板投诉（监督）站144个，“消费争议和解示范街”9条。市工商部门联合相关部门开展“放心食盐”“放心粮油”和诚信企业联盟签约等创建活动，开展通信产品、学生用品、服装等商品质量检测工作，以家装行业为试点实施合作材料商备案制度。完善流通环节食品快速监测操作规程，全年开展食品快速检测2900余批次，合格率99.87%。法定检测食品603批次，合格率99.67%。加大对集贸市场农副产品检测力度，共检测农副产品865012批次，合格率99.85%，销毁不合格农产品26842千克。大力推进格式合同专项整治行动，查处侵害消费者权益的格式合同案件112起。探索推进“12315”远程维权系统外部协同作用，积极推进“12315”与“12345”便民热线、市食品安全网的融合对接。全年共受理消费者投诉238起，处结率100%，为消费者挽回经济损失112.95万元。张家港市被省政府表彰为江苏省消费环境治理工作先进市。　　（顾文娟）

【社会管理创新示范城市建设】 创新社会管理是“十二五”期间全省重点实施的“八项工程”之一，也是张家港市在全省率先基本实现现代化的基础保障和重要内容。年内，紧紧围绕全市决战现代化的工作大局，以加强和创新社会管理为统领，全力打造社会管理创新示范城市。4月，市综治办与长安杂志社结对共建，提升全市社会管理工作的知名度。是月，市社会治安综合治理委员会更名为市社会管理综合治理委员会（仍简称市综治委），新增25个综治成员单位，共62个。4月13日，全市社会管理综合治理委员会第一次会议召开，明确综治各部门在社会管理中的主导作用、主要职责和主攻方向，对下设领导小组和专项工作组进行调整，保留社会矛盾化解、实有人口服务管理、特殊人群服务管理、“两新组织”服务管理、社会治安5个领导小组，合并设立校园安全和预防青少年违法犯罪、虚拟社会管理和突发性公共事件应急2个领导小组，新增社会建设、城市管理2个领导小组。领导小组组长均由市委分管常委或市政府副市长担任。5月，开展领导干部谈“社会管理创新”活动，市综治委9个领导小组组长、各区镇政法委书记以书面形式探讨加强社会管理创新的思路和举措。9月12日，在南丰镇召开市综治委全委会暨社会管理创新推进会，强化综治委实体运作、创新项目建设、典型培育机制、目标对接任务。11月，与南京大学合作成立全国首家县域社会管理创新博士工作站，年内完成4个小课题和2个大课题的研究。市综治委在原有六大项目体系(创新完善“维护稳定、社会治安防控、人口服务管理、信息化建设与网络管理、基层基础建设、组织保障”)基础上进一步充实完善，增加创新完善社会建设、城市管理服务两大体系，形成“8+30+X”(创新完善8大体系，30个一级项目，若干个二级项目)社会管理创新工作体系，采用项目化管理方式推进社会管理创新工作开展。市综治五部门研究确定基于网格化管理的社会管理综合信息平台建设、健全社情民意调查疏导机制、重点地区和突出治安问题整治、吸毒人员教育管理、培育规范社会组织、网络舆情控制、规范医疗秩序、校园及周边治安综合治理、预防青少年违法犯罪、试点镇社会管理创新等10个2012年全市社会管理创新重点项目，并对项目进行联合督察。年末，对年度完成的40个社会管理创新项目进行评估验收，评选出15个社会管理创新优秀项目。开展社会管理创新“以奖代补”活动，市财政每年设立200万元“以奖代补”专项资金，对评选出的社会管理创新优秀项目、“平安建设”宣传教育基地建设项目和镇、村(社区)社会管理服务中心建设项目给予配套资助。市社会管理服务中心建设项目获得省级社会管理创新“以奖代补”100万元奖励。

(秦　悦)

【“寻访身边好人张闻明”道德风尚行动开展】 2012年，全市深入开展“寻访身边好人张闻明”道德风尚行动。4月1日，“道德的力量·2011年度张家港市十佳身边好人”颁奖典礼举行，蒋锋、徐晓鹏等10人荣膺“十佳身边好人”称号。5月21日，市文明办在张家港地税局举行道德讲堂现场观摩活动。6月27日，南丰镇举办德润南丰——公民道德教育专场文艺演出，苏州市委常委、宣传部部长蔡丽新对“德润南丰”工作作出重要批示。7月31日，市文明办在保税区(金港镇)柏林村举行张家港市道德模范、身边好人先进事迹巡讲活动启动仪式。9月20日，《张家港日报》创刊20周年纪念大会暨中国好人先进事迹巡回演讲开幕式举行，市领导与曹建苏、樊惠平、朱秀珍等“中国好人”进行座谈。9月26日，市文明办在沙洲职业工学院举行张家港市道德模范高校巡讲活动。年内，建成517个“道德讲堂”，举行道德模范、身边好人先进事迹巡讲、巡演活动200余场。各区镇、各部门共推荐身边好人1000余人，新闻媒体宣传身边好人309人。金小华当选第21届苏州市道德模范·精神文明建设十佳新人，邵丽娅获第21届苏州市道德模范·精神文明建设十佳新人提名奖，永联村爱心互助街被评为第21届苏州市精神文明建设十佳新事。朱付妹、陈春明、朱秀珍、邵瑞平、蒋锋、邵丽娅、王金才等7人入选“中国好人榜”，入选中国好人数量列江苏省各县市第一。

(蔡　磊)

【公众安全感提升】 年初，市综治委制定出台《公众安全感监测指标体系》，以全市公众安全感满意度95%为目标，明确监测项目，细化项目内容，落实各区镇和综治成员单位责任。2月，开展公众安全感调查，共收集调查问卷4700份进行统计，排出影响群众安全感的治安重点地区和突出问题17个，召开治安重点地区和突出问题整治协调会，牵头市公安局、各区镇开展专项整治行动。9月，全面启动综治干部走访活动、万人大巡防活动、日常巡防工作、“走访送”活动、社会面治安监控系统建设、系列平安创建和联系点共建、出租房屋管理、物业小区管理等提升公众安全感十项攻坚行动，成立督察小组赴各区镇进行明察暗访，保障各项工作落到实处，公众安全感稳步提升。年内，对青草巷、沙钢地区、西门路等17个治安重点地区和突出问题进行集中整治，摧毁恶势力团伙17个，刑事拘留158人，有效净化社会治安环境。在行动中，市综治办专门成立督察组，深入基层实地走访178个村近3000户居民，刊发《督察简报》15期，通报整改解决问题4大类13项。6月和10月，专门委托调查机构进行公众安全感模拟测评，对未达标乡镇实行市综治办指派干部住镇蹲点指导制度，及时督促落实整改措施。在年末省现代化测评中，市公众安全感指标97.5%，列全省第一。

【“关爱民生法治行”法治惠民实事项目推进】 年内，结合“民生水平提升年”要求，坚持法治惠民宗旨，采取扎实有效措施，强力推进“关爱民生法治行”法治惠民实事项目建设，有效提升法治建设群众满意度。年初，确定与民生水平最相关的新市民积分管理、法治文化共享等10个市级“关爱民生法治行”活动项目及42个部门项目。10月，对法治惠民实事工程开展全面宣传展示工作，吸引广大市民关心、参与，加强群众的评议和监督。经过一年的努力，“关爱民生法治行”活动全面推进。基层法律服务不断强化，综合融通法律服务资源，打出司法行政“组合拳”，全面开展“法律手拉手·牵手百千万”服务民生走基层系列活动，牵手百个村(社区)，牵手千家企业，牵手万家居民，实现“法律服务窗口”全覆盖。法律援助和司法救助机制不断完善，法律援助范围进一步扩大，全年法律援助案件比上年增46%。社区治安环境进一步优化，通过公安干警走千家访万户送安全活动，推进居民家庭技防建设，增强居民小区及新建企业安全防范能力，群众安全感得到有效提升。法治文化进一步繁荣，打造以张家港法治文化公园为龙头，杨舍镇新丰苑法治文化一条街、凤凰镇法治公交站台、乐余镇校园法治文化长廊、南丰镇法治文化展馆等“一镇一景”特色文化工程为框架的法治文化阵地网，“法治文化夜市”“百场法治电影进社区”等法治文化品牌百花齐放。司法便民措施进一步完善，实现诉讼服务中心一站式服务，采用巡回审判庭点、驻村法官工作室平台、巡回检察工作方式，减轻当事人诉累，方便群众诉讼需求。食品药品安全监管进一步加强，实现对全市各药品零售门店和生产、使用单位的实时网上监管，保证群众食品药品安全。年内，共评比表彰“与法同行”法治文化惠民工程等“关爱民生法治行”活动优秀项目10项。

(秦　悦)

【编辑　朱永平
沈立平】

中共张家港市委员会

市委全会

【市委十届四次全体(扩大)会议】 7月21日，市委十届四次全体（扩大）会议在市馨苑度假村会议中心召开。会议听取并讨论市委书记徐美健代表市委常委会所作的《咬定目标，全力拼抢，以过硬实绩率先基本实现现代化》的报告，表决通过递补张平、季洪良、黄祥亮3人为市委委员。会议提出，2012年是张家港建县（市）50周年，更是“在全省第一批基本实现现代化”的决战之年，下半年要深入开展好“拼抢五个月、加速现代化、献礼五十年”活动，确保主要指标圆满完成年度目标任务，确保现代化指标达到省定指标体系的要求。下半年工作的主要任务是以稳定增长为首要任务，全力保持经济平稳运行；以创新转型为第一驱动，全力提升产业发展水平；以城市国际化为发展取向，全力加快城乡一体步伐；以创新改革为不竭动力，全力优化发展体制机制；以改善民生为根本目的，全面加强社会建设管理。会议强调，全市各级特别是领导干部，要自觉担负起“稳增长、促转型、惠民生、保稳定”的领导责任，把张家港精神的大旗举得更高，把真抓实干的劲头鼓得更足，把群众工作的作风发扬得更好，以自己的模范行动，进一步激发全社会迎难而上、加快发展的动力，为夺取全年胜利提供坚强保障。会议号召，全市上下高举张家港精神大旗，以高度的自觉和历史的担当，勤勉敬业，克难奋进，为圆满完成全年目标任务、在全省第一批基本实现现代化而不懈奋斗。

【市委十届五次全体(扩大)会议】 12月22日，市委十届五次全体（扩大）会议在市馨苑度假村会议中心召开。会议听取并讨论市委书记徐美健代表市委常委会所作的《乘势而上抓提升，创新争先求突破，全力争当苏南现代化建设排头兵》的报告，审议通过《中国共产党张家港市第十届委员会第五次全体（扩大）会议决议》。会议明确2013年全市工作总的思路和主要预期目标，要求深入贯彻落实党的十八大精神，与时俱进弘扬张家港精神，以转型升级为核心，创新经济发展路径，全力打造“实力张家港”；以城市能级为核心，创新推进城乡一体，全力打造“美丽张家港”；以人文幸福为核心，创新社会建设管理，全力打造“幸福张家港”，争当苏南现代化建设排头兵。具体要做到“五个坚持”、力求“五个突破”：坚持结构调整与创新驱动并重，在产业转型升级上力求新突破；坚持深化改革和扩大开放互动，在区域发展活力上力求新突破；坚持提升功能和优化形态同步，在推进城市国际化上力求新突破；坚持节约资源和环境保护共举，在生态文明建设上力求新突破；坚持人文素质和民生幸福齐抓，在社会建设管理上力求新突破。会议强调，全市各级党组织和广大党员干部要坚定理想信念，深入抓好十八大精神的学习贯彻；要强化队伍组织，着力提升领导班子的整体合力；要优化作风形象，坚持为民的宗旨，以更加振奋的精神创先争优，以更加扎实的举措探索实践，以更加自觉的责任狠抓落实，全面加快现代化港城建设进程。会议号召，全市上下紧密团结在以习近平为总书记的党中央周围，在党的十八大精神指引下，锁定目标、锐意创新、奋勇争先，为争当苏南现代化建设排头兵、再创张家港新辉煌而努力奋斗。

重要决策

【概况】 年内，市委召开常委会议16次，常委、市长联席会议10次，领导班子会议3次，各类专题会议60次。市委、市政府联合发文18份，市委发文37份。决策内容涉及理论学习、党的建设、经济建设、社会建设、文化建设等多个方面。

【加快经济转型升级】 2月1日，市委、市政府召开重大产业项目、现代服务业项目推进工作专题会议。要求相关部门围绕优势产业以及产业发展方向，提高重大项目的标准和质量，重点推进扬子江石化丙烯、康得新光学膜等项目建设，并全力做好跟踪服务工作，确保再引进一批产业链或产业基地项目；积极捕捉重大项目信息，加强对重大项目的策划能力，力争在重大项目的挖掘、储备、培育、建设、推进工作中取得突破性进展；完善机制，健全制度，协作配合，为重大项目建设提供全过程的保障服务，形成推进重大项目建设的强大合力。

2月28日,市委、市政府召开规模企业培育和腾笼换凤工作推进会。要求确保完成超10亿元企业100家的总目标;进一步优化服务,有针对性地抓好落实,提高土地准入门槛,破解规模企业培育难题;发挥职能作用,通力配合,帮助和指导板块加快推进腾笼换凤工作。

2月29日,市委召开常委市长联席会议。会议传达省委书记罗志军在苏州调研时的讲话精神和省两会有关精神。要求全市各级领导干部要坚持稳中求进、又好又快,全力以赴"稳增长、调结构、促发展";顺应形势、主动作为,全力提升经济发展能力;把握重点、狠抓关键,全力加快转型升级步伐;强化扶持、突破瓶颈,全力加大服务保障力度。

4月12日,市委、市政府召开市领导班子(扩大)会议,传达贯彻省委常委、苏州市委书记蒋宏坤到张家港调研的指示精神,要求全市上下要牢固树立紧迫意识和危机意识,千方百计破解一切困难,保障经济平稳健康发展。各板块、各单位要力争实现"时间任务双过半",确保完成年度任务。做到"四个全力以赴":加强服务的针对性,提高政策的有效性,全力以赴保障企业运行和发展;切实增强"协税护税"的意识,培植新的财税增长点,全力以赴培育壮大税源;健全完善项目推进机制,在资源配置上实施更大力度的倾斜扶持,全力以赴建办重大项目;在认识上和行动上高度统一,在招才引智、载体建设、"千人项目"产业化上下功夫,全力以赴推动创新驱动。

4月27日,市委、市政府召开全市服务业发展专题会议,传达苏州市加快服务业发展工作会议精神,要求全市各级各部门要抢抓机遇、加快发展,在发挥优势中把握发展重点,保税物流要用足用好保税港区功能,冶金物流要加快玖隆物流项目建设,化工物流要重点在搭建物流平台上下功夫,积极规划建设纺织物流基地;在整合资源中推动创新发展,突出物流平台、交易平台、信息平台、融资平台建设;在深度开发中统筹发展好文化和旅游业、新兴服务业。加强领导、强化措施,在招商引资、对上争取和优化服务上,拿出更大的气魄,加快转型发展,促进全市服务业快速、健康发展。

8月1日,市委、市政府召开常委市长联席会议,传达贯彻胡锦涛在省部级主要领导干部专题研讨班上的重要讲话精神。要求全市上下以更加坚定的信心、更加务实的举措、更加统筹的理念、更加优良的作风实现稳增长;把稳增长与调结构结合起来,强化经营城市理念,加快腾笼换凤步伐,挖潜和拓展发展空间;处理好创新驱动与人才引领的关系,在人才项目引进和产业化上不断谋求新的突破;把发展新兴产业作为重要抓手,掌握发展的主动权。各级领导干部要深入基层,把矛盾化解在一线,为张家港的发展创造良好的氛围。

8月13日,市委、市政府在常熟市召开张家港市重大产业项目推进会。要求全市项目推进要更快。在建项目要"抢时间、快建设",在批项目和已批项目要"抓报批、快开工",在谈项目要"盯签约、快落地"。引进项目要更好。善于谋划大项目、善于落实大项目、善于服务大项目,确保招商引资取得实实在在效果。载体建设要更优。要为重大项目落地构筑平台、拓展空间,并在载体的形象和功能上取得新突破、争创新特色。保障能力要更强。在项目审批上,发扬"不怕跑断腿、不怕磨破嘴"的精神,全力以赴对上争取;创新项目的投融资方式,推动社会资本参与重大项目的投资与建设。

9月19日,市委、市政府召开常委市长联席会议,研究部署经济工作和现代化建设。要求做到"四个更":把既定目标盯得更牢。按照"一个抓手、两个确保"的总要求,充分发挥主观能动性,大力发扬"四千四万"精神,进一步细化分解,分块包干,尽快查漏补缺,扭转脱幅局面,快速迎头赶上,确保不拖后腿;坚定不移稳增长、促转型,推进重大项目建设;坚定不移确保在全省第一批基本实现现代化。把工作干劲铆得更足。大力弘扬张家港精神,在增强动力上下功夫,在提升能力上下功夫,在凝聚合力上下功夫,真正体现张家港干部队伍的能力素质,在"形势预判、突破重点、创新提升"上想得出绝招、拿得出办法。把创新突破推得更快。围绕稳增长的脱幅指标和现代化的难度指标,各板块、各部门进一步解放思想、集中精力,果断采取措施,确保在四季度有大突破。把执行落实抓得更紧。各级干部把工作体现在"执行力"上,落实在"干成事"上,勇于担当、强化督察、严肃考核,真正实现"说了算、定了干、干要成"。

10月11日,市委、市政府组织收听收看全省科技创新大会,要求围绕会议精神,着力将创新驱动贯穿经济发展各个领域,着力培养、发展战略型新兴产业,用优化的区域创新格局,成为苏南转型的重要组成部分。

10月15日,市委调研全市各板块企业发展情况。要求企业家要坚定信心,在稳运行、稳增长的同时,把科技和人才放在发展的首要位置,通过加大投入和加强创新,不断提升企业竞争力,加快转型升级,闯出一条跨越发展的新路,实现企业的做大做强。全市各级各部门要理解、爱护好企业家,将企业家的所思、所想作为服务的重要依据,围绕企业发展细化服务举措,进一步优化服务环境;进一步提升服务的能力和水平,实实在在为企业发展排忧解难、当好参谋,营造更好的企业发展环境,为全市转型升级作贡献。

12月10日,市委、市政府下发《张家港保税区打造"江苏外高桥"三年行动计划(2013~2015年)》,提出借鉴上海外高桥保税区的发展模式,围绕发展"附加值更高、资源消耗更低、爆发力更强"的服务经济,突出金融配套和现代商务手段,以进口为主导,重点打造服务长三角、辐射全国的交易中心、结算中心、物流中心、总部中心、产业中心"五大中心",着力建设升级化工、纺织、粮油、名贵木材、进口消费品、汽车整车进口口岸"六大特色交易平台",致力将保税港区的"货物贸易、服务贸易、现代物流"发展为区域核心功能;围绕建设临港产业高地目标,全力打造新材料、新装备、新能源三个"千亿级产业集群",使张家港保税港区产业结构更优、区域辐射带动作用更强、经济社会贡献份额更大。力争用3年至5年时间,发展质效和服务能力达到外高桥保税区现有水平:主要指标实现翻番,其中业务总收入突破1万亿元,税收总额突破600亿元。努力实现"三个转变",即贸易形态由大宗商品为主向大宗商品和高档消费品并重转变,产业形态由传统产业向新材料、新装备、新能源转变,城市形态由港口工业城镇向开放文明商贸镇、真山真水宜居城转变,真正成为沿江开发开放的主阵地、苏南现代化建设的排头兵、江苏沿江沿海开发的助推器和上海国际航运中心的重要配套区。

12月20日,市委召开市委常委会,传达贯彻苏州市委十一届四次全体(扩大)会议精神,要求全市各级各部门深刻领会省委常委、苏州市委书记蒋宏坤的重要讲话精神,进一步坚定信心、乘势而上、奋勇争先,全面建设更高水平的现代化港城。要求各板块、各部门以转型升级为核心,坚定不移实施创新驱动战略,全力打造"实力张家港"。加速突破重大项目,加快玖隆物流、丙烯产业链、光学膜材料等百亿级基地型项目建设;加快推进汽车整车进口口岸、进口消费品集采中心等服务业重点项目建设;大力推进科技创新,加快建设沙洲湖科创园等创新载体;全面深化改革开放,持续优化"经济国际化、企业国际化、人才国际化"的发展环境,全面推动园区开发转型,加快保税区建设"江苏外高桥"的步伐。以城市能级为核心,坚定不移加快城乡一体步伐,全力打造"美丽张家港"。以国际化的理念,提升城市枢纽功能,提升城市品牌辐射功能,提升城市宜居功能,提升城市服务功能;以一体化的要求美化城乡形态,促进"城镇建设、土地利用、产业发展、生态建设"有机融合,建设"中国最洁美城市";以示范区的标准建设生态文明,培育放大具有张家港特色的生态亮点、生态品牌,进一步增创生态文明新优势。以人文幸福为核心,坚定不移提升民生事业水平,全力打造"幸福张家港"。更加注重人文素质提升,持续丰富"文明张家港"的内涵;更加注重增进民生福祉以及社会和谐安定,让群众生活得更有信心、更加安心。

【推进城乡一体化建设】 1月31日,市委、市政府召开城乡一体化改革发展工作专题会议。会议提出,城乡统筹发展是张家港最大的亮点和特色品牌,全市各级各部门要从在全省第一批基本实现现代化的高度来理解、推动城乡一体化工作。要求进一步加大拆迁安置速度和力度,细化目标,做好任务分解,结合城镇发展形态规划好拆迁的重点方向,要以对历史负责的态度,从满足老百姓需求出发,做优规划,进一步提升品质和完善功能配套;与"三农"工作齐头并进,尤其要结合现代化指标,以强村富民为落脚点,加快土地流转、调整农业结构、发展高效农业,确保在全省第一批基本实现农业现代化;进一步拓展、延伸就业、公共服务、社会管理等民生项目,强化保障、完善政策,以更高、更优的理念,破解资金、土地等瓶颈制约,为全市城乡一体化工作又好又快发展提供强有力的支撑;通过建立科学的考核机制和严格的督察制度,营造风清气正、求真务实的发展氛围。

2月2日,市委、市政府召开推进城北科教新城开发建设专题会议。要求进一步优化科教新城的功能布局,切实提高规划的可操作性;进一步强化经营城市理念,用市场的方式、方法配置资源,实现资金的收支平衡,为加快科教新城的建设奠定坚实的基础;进一步加快科研载体的建设步伐,尽快形成城市创新人才高地的集聚效应。是日,市委、市政府还召开国土资源管理工作专题会议。要求继续抓早抓实,进一步加强与各个板块的对接和业务指导;对照转型升级、经营城市、城乡一体的要求,把好项目的供地关,让有限的资源发挥更大的作用;积极鼓励和引导企业发展新兴产业,加快转型升级步伐。

3月14日,市委到小城河综合改造工程现场办公,要求相关部门在细节之处进一步完善,精雕细琢,充分展示亮点,使改造工程经得起时间的检验;在文化元素布置上,以古韵为主,结合"城市客厅"理念,具体景观设置做到密疏结合,全面挖掘所承载的历史记忆,打造水乡历史文化长廊这一特色亮点;在景观名称上进一步集思广益,充分讨论、形成共识,确保将小城河综合改造工程打造成高标准、高品位、高质量的精品工程,为港城市民营造一个集亲水、购物、休闲、娱乐为一体的生态长廊。

4月17日,市委调研城东区域规划建设。调研要求,城东区域是张家港未来重要的发展方向和发展空间,该地块的建设直接关系到未来张家港中心城区的整体发展。要不断深化规划,努力做到超前规划、高水平规划,特别要超前谋划好黄泗浦文化生态圈、高铁新城、塘桥老镇区、乘航老街等相关地块的专项规划。要在确保时序进度的前提下,本着能快则快、能早则早的原则,加快推进拆迁安置以及新泾路、塘桥西环路北延等基础设施建设。

5月2日,市委、市政府召开全市重点建设项目推进专题会议。要求全市相关板块、部门加强对涉及百姓民生的相关项目的梳理,加快推进老住宅区改造、保障性住房和安置房等工程建设,能快则快,真正让老百姓从得到的实惠中切身感受到城市的变化;围绕小城河二期、沙洲湖、张杨公路和金港大道两侧绿化、高速互通区域等重要节点,再排时序,加强研究部署和落实,相关板块、部门及时对接,加快进度,保证工程顺利推进,早出形象;围绕整个城市的环境整治,相关板块、部门在工作力度和标准上再提档,深入城市的每个角落,攻坚克难,真抓实干,主攻薄弱环节,提升城市管理的精细度,把城市装扮得更加靓丽。

5月7日,市委调研一干河生态廊道建设。调研要求,一干河生态廊道建设首先要注重规划,加强对一干河定位的研究和概念的设计,围绕"贯通、生态、拓宽"做文章,适度开发,拓展应急水源地,保障水安全,实现生态廊道社会效应、生态效应、景观效应的协调统一;对一干河已开工建设点位要进一步细化任务、进度、措施和责任,加强协作,紧密对接,倒排工期,拉出框架,加快建设;明确实施方式,实现部门、区镇之间的无缝对接,保障工程的顺利推进;调动各方的积极性,多方筹措资金,高标准、高质量建设生态廊道,把一干河建成市民的生态走廊、清水走廊,为港城现代化建设增添新的内涵。

【推进新农村建设】 1月11日，市委、市政府召开全市政策性农业保险工作会议。要求各区镇和各有关部门进一步增强推进政策性农业保险工作的紧迫感和责任感；创新思路，突出重点，全面提升全市政策性农业保险工作的水平，重点推进高效农业保险，争取达到60%覆盖面的目标；高度重视，精心组织，确保政策性农业保险工作持续推进，力争取得跨越式的发展。

2月18日，市委、市政府召开全市村庄环境专项整治工作会议。会议要求，切实增强村庄环境整治工作的责任感和紧迫感，扎实做好培育省级三星级康居乡村工作，切实改善村庄环境面貌和农村生产生活生态条件，确保村庄整治工作质量和水平走在全省前列，为决胜现代化提供最优的环境保障。

5月30日，市委、市政府下发《关于率先基本实现农业现代化的实施意见》，提出加快构建以"生产发达、生态优美、科技支撑、产业融合、营销现代"为主要标志的现代农业产业体系，确保在全省率先基本实现农业现代化。围绕率先基本实现农业现代化指标体系要求，大力提升基础设施、科技创新、产业升级、现代营销、生态环境、社会服务、职业农民和园区发展水平。到2012年末，全市农林牧副渔增加值达到24.5亿元，高标准农田占比达到64%，农业适度规模经营比重达到90%以上，农业综合机械化水平达到90%，农业科技进步贡献率达到65%，农民人均纯收入超过2万元，全市现代农业监测综合得分90分以上，在全省率先基本实现农业现代化。到"十二五"期末，把张家港市建设成为引领全省的现代农业样板区、高效规模农业示范区和农村生态宜居区。

6月26日，市委、市政府召开全市推进率先基本实现农业机械化暨创建全国平安农机示范市动员大会。要求各区镇、各部门要加速推进农机装备建设、配套设施建设、合作组织建设和保障能力建设，扎实推进"平安农机示范市"创建，建立健全加速推进农业机械化的保障机制，确保在10月成功创建成为全国平安农机示范市。

8月28日，市委、市政府召开搬迁安置、富民强村工作会议。要求全市各板块、相关部门进一步创新工作方法，加大搬迁安置力度，助推全市转型升级；结合城乡一体化工作，采取有力措施，深挖增收潜力；加大农业种植养殖结构调整的力度，积极引进、培育科技人才，大力发展现代农业，加快建设土地股份合作社等，广辟增收渠道。

10月31日，市委督察秋收秋种工作。要求各区镇加快秋收秋种工作进度，在保证高效设施农业面积稳步增长的同时，重点优化高效设施农业的品种、结构和布局，大力调整优化农业结构，并积极探索促进高效设施农业良性发展的有效途径和模式，确保粮食增产、农业增效、农民增收。

【深化文明城市创建】 4月18日，市委、市政府成立"十大整治"工作领导小组，下设办公室和联合督察组，全面启动市容秩序、建筑工地、河道管理、绿化提升、"五小行业"治理、集贸市场管理、"黑车"、村庄环境、交通秩序、"两违"治理等十大整治。要求着力解决城乡大环境存在的突出问题和薄弱环节，进一步巩固城乡大环境整治成果，切实改善城乡环境质量，提升城市文明水平，为张家港市在全省第一批基本实现现代化提供良好的环境支撑。

8月21日，市委、市政府下发《张家港市生态文明建设2012~2014年工作意见》，提出到2014年，基本形成节约能源资源和保护生态环境的产业结构、增长方式、消费模式，生态文明观念在全社会牢固树立，循环经济形成较大规模，可再生能源比重显著上升，主要污染物排放得到有效控制，生态环境质量明显改善，各项指标达到国家生态文明建设示范区创建要求，力争在全国率先建成生态文明城市。重点工作包括"六大行动"：生态意识提升行动、生态经济发展行动、生态环境保护行动、人居环境优化行动、生态示范创建行动、生态制度完善行动；"二十大工程"：生态文明宣传工程、生态文化教育工程、低碳生活倡导工程、新兴产业提速工程、传统产业转型工程、循环经济发展工程、生态农业培育工程、现代服务业体系推进工程、水环境综合整治工程、大气污染防治工程、工业园区环境整治工程、生态保护修复工程、饮用水源地保护工程、宜居城市打造工程、农村环境整治工程、城乡绿化工程、绿色系列创建工程、生态文明镇建设工程、生态绩效考核工程、绿色采购工程。

11月19日，市委下发《关于深化全市志愿服务工作的实施意见》，提出紧紧围绕社会主义核心价值体系建设这条主线，按照"项目化推进、社会化运作、专业化服务"的总体思路，充分发挥党委、政府在志愿服务工作中的引导、组织、管理作用，大力弘扬雷锋精神，广泛普及"学习雷锋、奉献他人、提升自己"的志愿服务理念，积极培育志愿服务组织，着力开发志愿服务项目，创新打造志愿服务品牌，有效探索"社工＋义工"运行模式，不断提高志愿服务工作的影响力和实效性，为率先基本实现现代化、做靓"文明张家港"品牌创造良好的社会环境。通过两年努力，到2014年全面完成《张家港市城市公共文明提升三年行动计划》提出的社会志愿服务工程，建立健全更加完善的志愿服务体系，开发提供更加契合社会需求的志愿服务项目，培育壮大更加活跃的志愿服务组织，着力打造更加完备的志愿服务阵地，全面实现志愿服务队伍由以青年为主向全体社会成员共同参与转变、志愿服务活动由以阶段性为主向经常性活动转变、志愿服务管理由松散型向规范化转变，形成一批在全省乃至全国具有重大影响、体现地域特色的志愿服务品牌。

12月6日，市委、市政府召开城乡环境"四大整治四大提升"工作会议，传达苏州市城市环境"四大整治四大提升"行动动员大会精神。要求各板块、各部门按照苏州市统一要求，周密部署全市城乡环境"乱停乱放、非法营运、小区环境、违法建设"四大整治，"交通秩序、运管服务、人居环境、市容市貌"四大提升行动的各项工作，凝心聚力推动全市城乡环境持续有效提升。具体做到：把握形势、提高认识，全力打好城乡环境综合整治攻坚战；把握关键、扎实推进，具体在"查、治、管"三个重点环节上抓好落实、务求实效;把握原则、确保实效,具体做到强化整体带动,强化责任推动,强化城乡联动,强化创新驱动,强化宣传发动,全面推进新一轮城乡环境综合整治活动,为加快建设"美丽张家港"作出积极贡献。

【重民生增创特色亮点】 1月13日至18日,全市发放1.5亿元春节慰问金,比上年增加1.2亿元,惠及全市11.56万户次群众,慰问的范围、受众、标准均为历年之最。活动将19大类困难群体纳入慰问范畴,除往年的低保、低保边缘户等对象外,新增动迁过渡户、农村退养干部、新中国成立前老党员等7类困难对象。

2月15日,市委、市政府召开全市优秀校外辅导站表彰暨关心下一代工作会议。对50个优秀校外教育辅导站和32个"五有五好"先进单位进行表彰,要求各镇、各单位积极深化"五有五好"先进村(社区)和未成年人"零犯罪"村(社区)创建,扎实做好帮困帮教帮扶工作,着力抓好城乡校外教育辅导站建设,切实强化网吧等文化市场的义务监督,以关心下一代工作的新成效,为加快推进现代化港城建设作出新贡献。

2月20日,市委、市政府召开全市教育工作会议。要求教育系统着力推进教育均衡化、多元化、国际化发展,为全市经济社会发展提供优质的教育服务;各镇区、各单位以只争朝夕的紧迫感,不进则退的危机感,加快发展的责任感,创优创新,不断提高教育现代化建设水平。是日,市委、市政府还召开全市流动人口服务工作会议。要求相关部门全面提供新市民就业指导,适时开展新市民培训活动,切实维护新市民合法权益,积极组织新市民文体活动,着力提高新市民同城待遇,把他们的力量凝聚到现代化建设热潮中来。

4月10日,市委下发《关于深入开展全民阅读活动加快推进"书香城市"建设的意见》,以建设"书香城市"为总目标,以丰富知识、开阔视野、启迪智慧、陶冶情操为根本目的,通过持续开展全民阅读活动,构建思想创新平台,提高市民文化素质,培养市民文化创造力,在全社会形成"知礼明德、争先领先、创造创新"的良好氛围和文明风尚,推动文化强市和创新型城市建设,为全力建设富有个性的现代化增添新的特色亮点。计划通过3年左右时间的努力,使市民图书阅读率超过全国平均水平(50.1%),进入国内领先城市行列,逐步接近世界领先水平;常住人口人均购书支出、人均公共图书馆藏书和家庭藏书量达到全国领先水平;年度全民阅读活动参与人数达到常住人口的80%以上。

4月18日,市委、市政府下发《关于加快新市民同城化待遇步伐的实施意见》,提出坚持政府主导、以人为本、积极稳妥的三大原则,至"十二五"期末,新市民服务体系和工作机制更加完善,逐步实现新市民与张家港市户籍居民在子女教育、社会保障、医疗卫生、妇女儿童权益、住房保障、社会救助等方面基本享有同等待遇,融入张家港生活,共享张家港文明,实现安居乐业,做到七个全力:全力推动新市民子女享有优质平等的教育,全力推动新市民逐步接轨基本医疗和公共卫生服务,全力推动新市民享有就业和社会保障服务,全力推动新市民不断改善住房条件,全力推动新市民同享计生和优生服务,全力推动新市民同享计生和优生服务,全力推动新市民获得困难救助和社会关爱,全力推动新市民户口准入和积分管理的政策创新。

6月2日,市委、市政府专门召开全市各区镇党(工)委书记专题会议,听取各板块民生建设推进情况。会议强调,2012年是"民生水平提升年",全市上下一定要务实开展民生建设,以更大的力度提升民生福祉,让广大人民群众在共建共享中得到更多实惠,不断增强群众对现代化建设的满意度和认可度。要求全市各板块围绕民生建设,重心下移,及时掌握民生动态特别是弱势群体和困难群众的需求,进一步理顺体制、机制,加大村、社区民生工作考核力度;对明确的工作计划和举措再检查、再落实,充分学习和借鉴现有的好经验、好做法,处理好"锦上添花"和"雪中送炭"、规定动作和特色工作、点和面的关系,更多地做好"雪中送炭",并结合自身实际,突出重点,创出特色;进一步提高对民众诉求的重视程度,用心倾听民众的喜怒哀乐,特别是要畅通利益诉求渠道,解决好群众的民生需求;在现有工作成效的基础之上,加大群众参与度,充分调动基层一线的积极性,进一步营造民生建设的浓郁氛围,并通过树典型等形式,加大各板块间的交流、学习力度,比学赶超,在全市各区镇之间形成你追我赶的良好局面。

9月12日,市委、市政府召开全市社会管理综合治理委员会全委会暨社会管理创新推进会。会议传达贯彻全省社会管理创新工程推进落实会精神,要求各区镇、各部门强化实体运

市委书记徐美健亲切慰问百岁老人 (市民政局 供稿)

作,加快形成齐抓共管合力;强化项目建设,深入推进社会管理创新;强化典型培育,充分发挥示范引领作用;强化目标对接,加速提升公众安全感,认真落实综治委各项工作要求,锐意进取,真抓实干,全面加快社会管理创新步伐,全力维护社会和谐稳定。

10月15日,市委调研新市民事务中心。要求进一步总结积分管理的经验,不断完善工作制度、工作流程和工作内容,不但要做到公平、公正、公开,还要做到科学与高效。进一步创新工作,放大积分管理的功能和成效,发挥积分管理导向作用,并进一步深化研究退出机制。要不断提升新市民积分管理的标准和水平,使之成为具有张家港特色的品牌,持续在全省乃至全国保持领先。

【重视人才培养引进】 1月13日,市委、市政府召开全市人才工作领导小组(扩大)会议。要求全市上下把科技人才工作摆在经济社会发展的重要位置之上,坚持总量突破与质量提升相结合、人才引进与项目嫁接相结合、要素保障和机制创新相结合,2012年全年计划引进和培育国家“千人计划”人才3人至5人,新增“姑苏人才计划”和省“双创计划”人才20人,新增市级领军型创业创新团队70个,引进“港城英才计划”人才50人,引进紧缺高层次人才200人以上,培育本土技能型人才4.5万人。会议通过《关于更大力度推进国家“千人计划”、省“双创计划”和“姑苏领军计划”人才引进、培育工作的建议方案》。

4月7日,市委、市政府召开科技创新载体建设和人才工作专题会议。要求全市上下认识上要再提高,进一步在思想和行动上达到统一,认识到“不通过创新驱动,解决不了土地等发展要素紧缺的瓶颈制约;不通过创新驱动,实现不了张家港的可持续发展”;工作上要再加力,载体建设进一步在面积、形象、品牌上下功夫,招才引智、对上争取有新突破,务求实效、争创特色,在项目引进、产学研结合等方面走出张家港自己的道路;配套上要再完善,在项目产业化等方面加大政策优惠和财政投入,充分发挥自身优势,通过引进社会资本、加大政府和银行合作力度等方式,创新金融服务,做大科技金融平台,助推企业发展;组织上要再加强,各个板块和部门进一步加强工作力量,主动担当,加强科技与人才工作的协调力度,实现工作项目化、项目持续化。

4月28日,市委调研全市重点领军型创新创业人才项目建设情况。要求全市上下牢固确立“创新驱动转型,人才引领发展”的理念,拿出张家港的精气神、高效率,助推创新创业人才项目做大做强。

【加强基层党建工作】 1月29日,市委到市委组织部调研,要求针对基层党建工作,深入贯彻落实中央、省委和苏州市委对“在创先争优活动中开展基层组织建设年”活动的部署,结合创新社会建设和管理,与网格化管理、小区域大党建等有机衔接,确保把抓基层、打基础各项工作落到实处,并且在推动工作中创造特色、培树品牌。针对干部工作,确立干部任用导向,使干部配备充分体现张家港“五句话”的用人方略,选拔出更多工作上有业绩、群众认可、德才兼备的优秀干部;加快充实干部队伍的后备资源,扩充干部来源、优化干部结构;加强干部队伍的能力提升,让学习新知识、培养新能力成为广大党员干部的自觉行为;建立健全科学的干部考核和监督机制,创新举措,鼓励干部到发展一线、民生一线、稳定一线工作,取得考核和监督的实效。针对人才工作,争取在高层次人才的引进数量上和科技型项目的落地实效上取得突破性进展,创出张家港人才工作特色。

2月28日,市委下发《关于在创先争优活动中开展基层组织建设年的实施方案》,要求重点健全五个体系:顺畅合理的组织体系,权责明晰的责任体系,科学规范的制度体系,坚实稳定的保障体系,务实管用的考评体系。实现六个提升:基层党组织战斗力全面提升,普遍建成较强型以上党组织(占比90%以上),非公企业党组织组建率90%以上。基层党组织书记素质全面提升,普遍成为“双强型”带头人(占比90%以上)。党员队伍生机活力全面提升,党员普遍能主动参与党内生活,并能在“率先基本实现现代化”实践中发挥先锋模范作用(占比95%以上)。基层基础保障水平全面提升,基层党组织经费普遍得到落实(占比100%),镇、村(社区)党组织普遍建成综合性信息平台(镇、村党组织占比100%)。基层党建制度化水平全面提升,基层党组织普遍建立完善的党内工作制度(占比100%)。群众满意度全面提升,对基层党组织建设普遍满意(占比95%以上)。取得三个突破:在构建城乡统筹的基层党建格局上取得突破,在推进服务型党组织建设上取得突破,在服务群众、促进社会和谐的实效上取得突破。

3月3日,市委召开全市党建工作会议暨基层组织建设年动员大会。要求各级党组织必须紧扣市委重大决策、紧扣全市中心工作,切实增强针对性和实效性,提振精气神,以共同的目标凝聚人心、以张家港精神激发动力、以强大的舆论营造氛围,形成张家港人“敢于决战、敢打必胜”的舆论强势;提升党的战斗力,突出提升干部能力这个重点、抓好“基层组织建设年”这项活动、明确以实绩论英雄这个导向,保护和进一步调动党员干部干事创业的积极性;造福老百姓,为民多办实事、改善民生,密切关系、倾听民意,化解矛盾、促进和谐。各级党组织要整体设计、系统考虑,促进全市党建资源利用的合理化、党建工作效益的最大化;拓宽思路、务实创新,创新党建思路、创新党建方式、创新党建载体,努力创出更有意义、更有价值的党建新品牌;从严要求、强化责任,严抓领导责任、严抓协调管理、严抓督查考核,确保以有效的考评机制,对现代化建设进程实施全过程监督。

3月15日,市委下发《关于深化和拓展领导干部下基层“三解三促”活动的通知》,要求围绕现代化决战年、民生水平提升年和基层组织建设年的目标任务,坚持联系服务群众与推动工作相结合,总结经验与查找问题相结合,解决问题与研究政策相结合,帮助指导基层与自我锻炼提高相结合,确保挂钩联系与挂职锻炼同步开展、点上问题与面上问题同步解决。具体做到三个围绕：围绕“现代化决战年”推动工作服务发展，围绕“民生水平提升年”办实事解难事，围绕“基层组织建设年”抓基层打基础。

4月14日，市委召开深化和拓展机关干部下基层活动推进会。要求到区镇参加挂职的机关干部发挥桥梁纽带作用，把原单位好的传统和经验带过去，发挥好自己机关工作的政策业务和人脉资源等优势，积极帮助基层解决一些实际问题。到村实践锻炼的要充分发挥机关干部的职能优势、专业优势和特长优势，认真做好上级有关政策、文件的宣传贯彻工作，做好上情下达、下情上传的工作，采取切实可行的措施，协助村级党组织按照基层组织建设年活动的时序进度，扎实开展各项工作。到区域联合党委办公室和规模社区实践锻炼的机关干部要做好区域共建的日常事务性工作，协调组织共建单位按照年度计划开展活动，特别要做好区域党建信息平台的内容更新和维护工作，使之成为展示全市区域共建工作成效的重要窗口。

4月19日，市委下发《关于深化实施市领导班子成员“六个一”蹲点联系制度的通知》，围绕市委“现代化决战年”和“民生水平提升年”的工作部署，积极应对当前复杂的经济形势，充分发挥市领导班子成员在“三解三促”中的表率作用，带头践行张家港精神，深入基层、深入企业、深入群众，加强调查研究，狠抓工作落实，解决实际问题，以创新的思路、扎实的举措推动经济社会又好又快发展，引领全市各级领导干部振奋精神、凝心聚力，真诚听民声，真情办实事，真心谋发展，确保不折不扣地完成全年各项目标任务，确保在全省第一批基本实现现代化。按照“注重实际、突出重点、解决问题、务求实效”的原则，市领导班子成员下基层调研时间不少于2个月，其中走村入户不少于1个月，蹲点时间一般不少于7天，每月至少撰写一篇民情日记。同时，关注和研究解决各区镇上报的问题，确保年内帮助“六个一”蹲点联系点各解决1个至2个实际问题。

6月25日，市委举行纪念中国共产党成立91周年暨创先争优典型代表座谈会。要求全市各级党组织和广大党员，始终在“建设现代港城、实现率先发展”中创先进、当优秀，紧扣“在全省第一批基本实现现代化”这一全市当前的工作中心，各板块、各部门把创先争优活动和“拼抢五个月”活动结合起来，按照市委的统一部署要求，按照时间节点，算好“时间账、任务账、差距账”，全面完成五个月的拼抢任务；始终在“创新发展理念，加速转型升级”中创先进、当优秀，广大党员干部要带领群众，在做大做强规模企业、实施创新驱动战略、利用现有资源大力发展服务业等方面，进一步提振精神、强化措施、拉高标杆，努力实现港城经济、城市、人才的国际化；始终在“增进民生福祉、服务基层群众”中创先进、当优秀，进一步强化“民生是一切工作的出发点和落脚点”这一理念，及时掌握社情民意，及时研究、科学出台有针对性的政策措施，解决群众的实际困难，提高群众的满意度，让人民群众真正得到实惠；始终在“加强组织建设、夯实基层基础”中创先进、当优秀，深入推进党建创新工程，扎实推进基层党组织建设，建立健全创先争优的长效机制；始终在“弘扬优良传统、改进工作作风”中创先进、当优秀，作风建设是一项持久工程，各级领导干部、广大党员和企业家，要保持创业激情，勇于改革创新，坚持真抓实干，自觉清正廉洁，永葆共产党人的清廉本色。

全市“拼抢五个月、加速现代化、献礼五十年”活动动员大会

（张家港日报社　供稿）

7月2日，市委号召全市上下学习吴栋材的先进事迹，深入开展创先争优活动，围绕“拼抢五个月、加速现代化、献礼五十年”，进一步解放思想，创新理念，攻坚克难，再创张家港新辉煌。要求广大党员干部深入领会国家主席胡锦涛在去年“七一”时的重要讲话，认真学习国家副主席习近平在2012年全国创先争优表彰大会上的“中国共产党五大优势”讲话精神，结合张家港实际，在创先争优中积极进取。要求相关部门总结好创先争优实践和成果；将创先争优活动中好的经验、做法制度化、常态化，并将其更好地运用到张家港的转型升级中；深入挖掘，总结特色，树立一批典型，对内提振精气神，对外进一步提升张家港影响力。

11月17日，市委下发《关于开展“学习十八大、总结五十年”争先创新专题讨论活动的通知》，要求从发文起至市委十届五次全会召开前的一个月时间，组织全市广大党员干部群众开展争先创新专题讨论活动，突出解放思想、突出改革创新、突出争先率先，以“样样工作争第一”的豪迈气魄，结好今年果、开好明年头，把张家港现代化建设事业推向新的高度，再创科学发展新辉煌。

11月26日，市委下发《关于认真学习宣传贯彻党的十八大精神的通知》，要求全市各级党组织要紧密联系张家港实际，紧密联系自身实际，紧密联系广大党员干部群众思想实际，把学习宣传贯彻党的十八大精神体现到决战全年、谋划明年、理清思路的行动上来，对照“沙洲的崛起，张家港的辉煌”，深入思考“面对历史怎么办”和“面对将来怎么办”两个现实问题，科学谋划推动工作的新思路新举措，努力使学习贯彻的过程成为拓展思路、创新举措、破解难题、推动发展的过程，不断增强工作的主动性、前瞻性和实效性。

【加强作风建设勤廉防腐】 1月4日，市委、市政府在保利大剧院召开全市领导干部警示教育大会暨2012年度党风廉政建设责任书递交仪式。要求全市各级党组织和党员领导干部，在新年伊始就切实担负起党风廉政建设的政治责任，把勤廉建设与落实市委的决策部署相结合，严明纪律，落实责任；把勤廉建设与服务基层、服务企业相结合，优化作风，主动作为；把勤廉建设与维护发展群众利益相结合，执政为民，改善民生。特别要做到“三个正确对待”和“三个杜绝”，即正确对待手中的权力，正确对待金钱，正确对待自身的发展；杜绝过年过节送礼收礼，杜绝婚丧喜事收受钱财，杜绝经商办企业与民争利。以自身拒腐防变的实际行动，树立清正廉洁的良好形象，以卓有实效的反腐倡廉工作和勤廉兼优的过硬作风，全力以赴加快现代化建设，为“在全省第一批基本实现现代化”提供有力的政治和纪律保障。

1月29日，市委、市政府举行先进表彰暨干部作风建设大会。要求全市干部尤其是各级领导干部要以更高的标准、更严的要求、更实的举措，增亮点、攻难点、补弱点，为全市在全省率先基本实现现代化提供坚强保障。做到“四个必须”：必须牢记使命，在齐心协力、奋勇拼搏中决战现代化；必须坚定信心，在抢抓机遇、攻坚克难中决战现代化；必须解放思想，在锐意进取、开拓创新中决战现代化；必须比学赶超，在查找差距、扬长补短中决战现代化。

1月29日，市委组织收听收看苏州市作风效能建设大会。要求全市党员干部，牢记使命，不负重托，当好率先发展的带头人，在变化中抢占先机，咬定目标，迎难而上，群策群力，奋起解忧，创新机制，破解难题。要转作风，提效能，紧密联系实际，身体力行，真抓实干，敢于动真碰硬，当好争经济发展之先，创社会和谐之优的带头人。要放下架子，办好实事，扩大群众参与监督范围，以人为本，执政为民，当好造福百姓的带头人。要昂扬斗志，严格操守，廉洁从政，高要求工作、低要求生活，做一个组织放心、人民满意的好干部。

3月26日，市委、市政府组织收听收看国务院第五次廉政工作会议。会议明确，2012年反腐倡廉工作的重点是深入推进行政审批制度改革，深入推进公共资源配置市场化改革，深入推进财政管理改革，深入推进经费使用管理改革，深入推进行政机关、国有企业、事业单位财务管理改革，深入推进反腐倡廉长期性、基础性工作，坚决查办腐败案件。要求全市把反腐倡廉工作摆在更加重要的位子，严格落实党风廉政责任制，进一步加强民主监督。

4月28日，市委、市政府组织收听收看省纠风工作电视电话会议。会议明确，2012年全省将重点治理6大领域乱收费行为：纠正大型零售企业向供应商违规收费问题，纠正物流领域乱收费问题，纠正银行业金融机构乱收费问题，纠正电信行业乱收费问题，继续纠正教育乱收费问题，继续纠正涉农乱收费问题。此外，针对群众反映强烈的问题，全省还将进行纠正公务员考录和国有企事业单位招聘、医疗卫生领域等不正之风专项治理，杜绝庆典、研讨会过多过滥。

6月11日，市委、市政府组织收听收看全省领导干部警示教育大会。要求全市坚定理想信念，在党的建设中涵养纯洁性；坚持科学发展观，在推进“两个率先”中体现纯洁性；践行为民宗旨，在为民服务中展现纯洁性；坚持惩防并举，在严明纪律中维护纯洁性。

11月23日，市委在市电视台演播大厅举行“弘扬勤廉精神，服务率先发展”专题廉政教育活动。要求全市党员干部找准“定位”，在勤出手、求落实、见成效上求突破，以争先的气魄创出业绩；提高“站位”，在勤思考、创特色、树品牌上求突破，以创新的精神赢得未来；提升“品位”，在重学习、强素质、促形象上求突破，以勤廉的要求永葆本色。

重要活动

【干部学习培训活动】 3月3日，“决战现代化”主题宣讲骨干培训班在市委党校开班。

3月16日，市级机关“加强基层组织建设，深化创先争优活动”综合培训班在市委党校开课。全市党组织和条线部门120余名党员参加培训班。

4月13日，省司法厅厅长、党委书记兼省监狱管理局第一政委缪蒂生到市作专题讲座。

4月16日，全市第二期领导干部中央党校研修班开班。市委常委、组织部部长方培华出席活动。

4月23日，市非公企业党工干部培训基地揭牌仪式暨全市非公企业党工干部专题培训班在市委党校举行。

5月5日，中国现代国际关系研究院经济安全研究中心主任、研究员、博士生导师、教授江涌到市作《后欧债危机时代的应对》专题讲座。

5月15日，著名经济学家、复旦大学管理学院院长、博士生导师、教授陆雄文到市作《推动经济转型升级》专题讲座。

6月14日，中国新闻教育学会副会长、上海市新闻学会副会长、复旦大学博士生导师、教授黄芝晓到市作《网络舆情研判与危机应对》的专题讲座。

6月12日至7月2日，市社会管理与创新研修班24名学员赴美国马里兰州进行以社会管理与创新为主题的学习培训。

7月3日，全市第七期党外干部培训班在省社会主义学院开班。省社会主义学院副院长黎玉林，张家港市领导方培华、景惠新出席开班仪式。

7月13日、7月23日、8月23日，全市“人才国际化研修班”、女干部培训班、新提拔任职领导干部培训班开班典礼分别在市委党校举行，市委常委、组织部部长方培华出席开班仪式。

9月1日，全市集中收听收看中央纪委、监察部中国纪检监察报社社长李本刚所作《保持党的纯洁性，加强党员领导干部廉洁自律》的专题报告。

9月14日，2012年全市中青年干部培训班在市委党校开班。

9月15日，国防大学战役教研部教授周桂良到市作题为《我国的海洋形势》的国防形势报告。

9月26日，著名经济学家、国民经济研究所所长樊纲到市作《国际金融动荡与中国经济发展》专题讲座。

12月14日，省委宣讲团成员、省社科联党组书记、常务副主席张颢瀚到市作题为《以十八大精神为强大动力，奋力开创江苏科学发展的新局面》的辅导报告。

12月18日，全市领导干部学习贯彻党的十八大精神培训班举行。中央党校马克思主义理论教研部主任、中国民生研究院学术委员会副主任、教授周为民到市作题为《深入学习和掌握十八大精神》的专题报告。

【党政领导考察活动】 3月1日，市委书记徐美健，市委副书记、市长姚林荣率团赴镇江市学习考察。重点考察该市经济发展、社会建设、城市建设等方面的成功做法和经验。

3月10日，市委书记徐美健，市委副书记、市长姚林荣率团赴苏盐沿海合作开发园区参观考察，学习借鉴先进经验，主动对接沿海开发，加强南北合作，推动全市经济转型升级。

5月22日至25日，市委书记徐美健率党政代表团赴上海、杭州、长兴、宜兴、溧阳等地，重点就生态建设、城市建设与管理、现代农业等进行考察。

8月13日，市委书记徐美健，市委副书记、市长姚林荣率党政代表团赴常熟学习考察。

9月4日，市委书记徐美健，市委副书记、市长姚林荣率党政代表团赴常州市武进区学习考察，重点围绕转型升级主题，深入学习产业转型、文化旅游等方面的先进经验，进一步加大全市转型升级力度，加快推进科学发展步伐。

【项目签约、奠基、竣工、开业等活动】 1月1日，杨舍老街开街。市领导徐美健、王亚方、石锡贤、张伟等出席活动。

1月8日，中国科学院过程工程研究所与江苏申港锅炉有限公司科技合作项目在市馨苑度假村签约。中科院过程工程研究所副所长江明，张家港市副市长、张家港经济技术开发区党工委书记、杨舍镇党委书记张伟出席活动。

1月30日，全市75个项目集中开工，总投资378亿元。包括工业项目55项，总投资252亿元，其中新兴产业项目41项，总投资185亿元，占工业项目总投资的73%；服务业项目20项，总投资126亿元。张家港市和保税区领导徐美健、姚林荣、单玉珍、徐仲高、顾月华、方培华、王亚方等出席活动。

2月8日，汇丰银行（中国）有限公司张家港支行开业，成为全市第20家银行。汇丰银行（中国）有限公司副行政总裁戴志凯，市领导姚林荣、王亚方等出席活动。

3月9日，张家港·宿豫南北挂钩合作工作交流会暨合作协议签字仪式在宿迁市宿豫区举行。张家港市委书记徐美健、宿豫区委书记曹秀明分别致辞。张家港市委副书记、市长姚林荣与宿豫区委副书记、区长张晓伟共同签订两地政府《2012年度南北挂钩合作协议》。宿迁市委常委、宣传部部长赵正兰，副市长赵丽丽，宿豫区政协主席叶盛旺，张家港市委副书记王亚方等出席签字仪式。

3月13日，张家港市与苏州大学科技人才合作项目签约仪式在市国贸酒店举行。苏州大学党委常委、副校长路建美，张家港市领导方培华、朱巧明等出席签约仪式。

4月6日，北京康拓科技有限公司与苏州盛隆光电科技有限公司在市国贸酒店举行500兆瓦光伏发电项目合作签约仪式。市委常委、副市长徐仲高出席活动。

4月20日，全市12个安置房项目集中开工建设，总面积145.5万平方米。市领导徐美健、姚林荣、高建刚、单玉珍、卞东方、周伟、张伟等出席活动。

4月20日，全市首个光学领域“千人计划工作站”在塘桥镇设立，苏州大学特聘教授、国家“千人计划”博士韩森与市光学仪器有限公司就共建“千人计划工作站”举行签字暨揭牌仪式。市领导方培华、朱巧明等出席签约仪式。

4月21日，南京航空航天大学与张家港经济技术开发区产学研合作项目签约仪式在市馨苑度假村举行。南京航空航天大学机电学院党委书记、博导陈文亮及张家港市领导张伟、朱巧明等出席签约仪式。

4月27日，NIIT（印度国家信息技术学院）张家港软件和服务外包学院签约。印度驻上海总领事馆总领事戴思锐，NIIT中国区总裁浦凯旋，张家港市领导姚林荣、王亚方，苏州市教育局副局长高国华等出席活动。

5月15日，北京大学科技开发部·张家港市人民政府（张家港经济技术开发区）合作协议暨陶瓷膜过滤技术项目签约仪式在市馨苑度假村举行。北京大学科技开发部部长陈东敏，张家港市领导徐美健、张伟、朱巧明等出席活动。

5月18日，由市人民政府与神州数码公司合资组建的江苏智慧港城投资发展有限公司揭牌成立。市领导姚林荣、石锡贤出席活动。

5月31日，张家港经济技术开发区（杨舍镇）40个项目集中开竣工，总投资84.3亿元。

6月1日，暨阳湖欢乐世界正式开园。该园位于暨阳湖畔，占地面积8公顷，规模档次在国内县市级游乐园中首屈一指。

6月13日，张家港标准信息服务平台开通运行。该平台与江苏省标准信息平台的标准数据库相连，实现标准化信息资源的优化整合和共享，为企业提供标准查询等服务，满足社会各界对标准资源和服务的需求。

6月15日，市港口支持系统（执

首批市级机关“研究生工作站”集中授牌仪式　　（市委组织部　供稿）

法基地）工程港池部分开工典礼在金港镇北荫村举行。市与保税区领导徐仲高、王惠忠等参加活动。

6月21日，全市首批市级机关“研究生工作站”在市沙洲宾馆会议中心集中授牌。市领导徐美健、姚林荣、王亚方、方培华、陆颂义等出席活动。

6月21日，佐敦涂料(张家港)有限公司举行二期粉末涂料项目竣工投产庆典。

6月25日，苏虞张公路快速通道北段工程正式通车。该路是苏州地区第一条以主路加辅路形式建设，并全线取消平交口的快速通道工程。省委常委、苏州市委书记蒋宏坤，苏州市委副书记、代市长周乃翔，苏州市人大常委会副主任朱建胜，苏州市政协副主席周人言，张家港市副市长黄尧等出席通车仪式。

6月27日，江苏科技大学苏州理工学院暨江苏科技大学张家港产业技术综合研究院揭牌，《江苏科技大学—张家港市人民政府深化合作协议》同时签订。省教育厅副厅长丁晓昌，苏州市委副书记陈振一，江苏科技大学党委书记王建华、校长王自力，苏州市教育局局长顾月华，张家港市领导徐美健、王亚方、徐仲高、丁学东出席活动。

6月28日，全市首家民办养老机构——张家港合兴老年公寓举行启用仪式。合兴老年公寓是经市民政局批准建立的非营利性民办养老机构，集老人护理、康复、娱乐、食宿于一体。副市长华红出席活动。

7月10日，中检集团江苏化矿检测实验室揭牌暨中检集团与江苏化工品交易所合作签约仪式在张家港保税区管委会举行。江苏省检验检疫局副局长卢艳光，市和保税区领导卞东方、王惠忠出席活动。

7月18日，全市首家面向科技型中小企业的小贷公司——市金生科技小额贷款有限公司开业。市领导徐美健、徐仲高、张伟出席活动。

7月19日，2012张家港融资项目汇报会在苏州举行。工行苏州市分行、农行苏州分行等银行与张家港市企业当场签订11个项目的授信协议，总金额165.5亿元。苏州市委常委、常务副市长周伟强，张家港市领导姚林荣、徐仲高出席活动。

8月3日，沙钢集团和丰立集团在暨阳湖大酒店签订重组框架协议。市领导姚林荣、石锡贤，沙钢集团董事局主席沈文荣出席签约仪式。

8月8日，中联粤海国际酒店开业。著名女高音歌唱家、国家一级演员、中国人民解放军海军政治部文工团副团长宋祖英，江苏省旅游局副局长周旭，张家港市领导徐美健、张伟出席活动。

8月15日，农联家园安置小区开工建设。项目总投资7.5亿元，是农联新镇首期启动项目。市领导徐美健、姚林荣、周伟、张伟等出席活动。

8月28日，张家港智能交通服务系统启用，张家港市为全国首个使用该系统的县级市。

8月30日，张家港市人民政府与中国建设银行苏州分行战略合作启动暨综合金融服务签约仪式举行。张家港市领导姚林荣、徐仲高出席活动。

8月30日，由中国科学院化学研究所、北京中科纳新印刷制造有限公司和长江润发机械股份有限公司三方共同投资创办的江苏中科润发科技有限公司签约。市和保税区领导徐美健、姚林荣、卞东方等出席活动。

9月9日，张家港保税区现代、起亚进口整车物流项目签约。保税区现代、起亚和其他品牌物流中心及汽车销售项目总投资约3亿元，注册资本3000万元。市和保税区领导卞东方、王惠忠出席活动。

9月10日，中国农业银行张家港分行、中国农业银行江阴支行向曼巴特(张家港)投资发展有限公司18亿元综合授信签约。中国农业银行江苏省分行行长李志成，中国农业银行江苏省分行副行长兼苏州分行行长高友清，中国农业银行无锡分行行长刘坚，市领导徐美健、徐仲高，以及海澜集团董事长、总裁周建平出席活动。

9月28日，全市7个安置房项目集中竣工，总面积89.69万平方米，可安置5384户搬迁户。市和保税区领导徐美健、姚林荣、高建刚、单玉珍、卞东方、周伟、张伟等为竣工安置小区剪彩。

10月14日，南沙举重馆落成暨江苏省举重训练基地揭牌仪式在南沙举重新馆举行。国家体育总局举摔柔运动管理中心举重部部长、中国举重协会秘书长钱光鉴，张家港市和保税区领导卞东方、丁学东、许剑波、张建平出席活动。

10月16日，全市庆祝第25个老年节暨虚拟养老院成立仪式在保利大剧院举行。市领导方培华、华红出席活动。

10月18日，2012首届常阴沙金秋乡村欢乐游活动在市现代农业示范园区启动。农业部乡镇企业局副局长欧阳海洪，江苏省农委副巡视员张定，苏州市政协副主席、农委主任蒋来清，张家港市领导周伟、邵军民出席活动。

10月18日，国泰新世纪广场启用。市领导姚林荣、徐仲高、邵军民出席活动。

10月26日，全市136个项目开竣工。其中，开工项目60项，总投资585.7亿元；竣工项目76项，总投资181.3亿元。市和保税区领导徐美健、姚林荣、王亚方、高建刚、单玉珍等出席开竣工仪式。

10月29日，扬子江装备制造产业园推介会在市国贸酒店举行。市和保税区领导卞东方、邵军民、张雷出席活动。

11月5日，由南京大学社会学院与张家港市委政法委合作建立的全国首家县域社会管理创新博士工作站“南京大学—张家港市社会管理创新博士工作站”在市馨苑度假村启动。南京大学社会学院院长周晓虹，张家港市委副书记、政法委书记王亚方共同为工作站揭牌。

11月6日，经国务院正式批准，张家港保税港区成为江苏省首家汽车整车进口口岸，为长三角地区进口整车汽车开通新的便捷通道。

11月7日，东华大学—张家港市荣昌涤纶毛条有限公司“工程实践教育中心”揭牌仪式在中联粤海国际酒店举行。副市长朱巧明出席活动。

11月8日，“国家开发银行苏州分行—张家港市人民政府”中小企业统贷平台合作协议签约仪式在市国贸酒店举行。市委常委、副市长徐仲高出席活动。

11月8日，江南大学—张家港市粮食研究生工作站成立。江南大学副校长金征宇，苏州市粮食局局长戴兴根，张家港市副市长丁学东参加活动。

11月18日，澳洋集团总部经济项目奠基。项目总投资8亿元，占地6.13公顷，建筑面积约18.8万平方米。市领导张伟等出席活动。

11月19日，由世界高端医疗包装行业的领军企业意大利斯蒂瓦纳托集团投资设立的欧璧医药包装科技（中国）有限公司在张家港经济技术开发区开工奠基。市领导姚林荣、张伟，意大利驻上海总领事德卢卡、斯蒂瓦纳托集团总裁塞尔吉奥·斯蒂瓦纳托出席活动。

11月20日，华芳集团投资3.5亿元、历时3年打造的华芳国际大厦落成启用。市领导徐仲高、张伟、张玮等出席活动。

11月21日，张家港市图片中心启用。省档案局局长谢波，苏州市档案局局长肖芃，张家港市领导徐美健、姚林荣、华红出席活动。

11月21日，全球现代“商对商批发业领导者”麦德龙在中国第61家批发商场在市开业。副市长邵军民为商场开业剪彩。

11月22日，张家港疏港高速公路开工仪式举行。省委常委、苏州市委书记蒋宏坤为工程奠基揭幕。省交通控股有限公司董事长杨根林，省发改委副主任林一峰，省国土资源厅副厅长祖耀升，省交通运输厅副厅长王永安，苏州市领导周伟强、徐惠民、朱建胜、金海龙，张家港市领导徐美健、姚林荣、高建刚、单玉珍、徐仲高等出席活动。

11月27日，同济大学—张家港市生态环境研究生工作站成立。同济大学科学技术处处长贺鹏飞、张家港市副市长邵军民为研究生工作站揭牌。

11月28日，张家港港务集团省级物流企业技术中心在港务集团港机修造基地揭牌成立。副市长邵军民出席活动。

11月29日，张家港市人民政府与东吴证券有限公司战略合作协议签约仪式在暨阳湖大酒店举行。市领导姚林荣、石锡贤出席活动。

11月30日，张家港市金港投资担保有限公司科创分公司揭牌暨合作银行签约仪式在市国贸酒店举行。市领导姚林荣、石锡贤出席活动。

11月30日，全市卫生系统研究生工作站授牌暨科技院长聘任仪式在市卫生局举行。副市长华红出席活动。

12月10日，市科技局和浙江大学共建研究生工作站签约仪式在市国贸酒店举行。市委常委、组织部部长蔡炳锋出席活动。

12月15日，苏州科技学院—张家港市城乡一体化研究生工作站成立。苏州科技学院副院长张钦文与市委常委周伟共同为工作站成立揭牌。

12月21日，苏州大学与艾迪尔医疗器械有限公司共建研发平台签约并揭牌。市领导蔡炳锋、朱巧明出席活动。

【重大文化、教育、科技、体育活动】 1月7日，张家港市“网格化公共文化服务”启动仪式在市文化中心举行，首批经过培训的500名网格文化员正式上岗，《张家港市文化地图》和《张家港市公共文化服务指南》同时首发，标志着张家港市在全国率先启动“网格化”公共文化服务。市领导杨芳、石锡贤等出席活动。

1月8日，“春满港城”2012年全市春节文艺晚会在市广电大厦演播厅举行。市领导徐美健、杨芳、顾放、徐平观等出席活动。

1月18日，由中国美术家协会展览部、苏州市美术家协会、中共张家港市委宣传部联合主办，张家港市文化中心美术馆承办的“张家港市第二届全国中青年中国画邀请展”开幕。中国美术家协会理事、展览部主任杜军，张家港市委常委、宣传部部长杨芳出席开幕式。

1月31日，张家港东山文化传播有限公司历时18个月创作的连环画作品《鉴真东渡》完成。该书计划在日本奈良县举办海外首发式，国内首发式定在东渡成功启航地——张家港。

2月10日，中央党校“张家港精神与社会主义核心价值体系”课题调研座谈会在市馨苑度假村举行。会议指出，张家港精神符合社会主义核心价值体系建设的基本要求，张家港城乡一体化发展的生动实践对于坚持中国特色社会主义共同理想具有引导意义，张家港文明创建的丰硕成果是践行社会主义荣辱观、引领社会主义精神文明建设的鲜明旗帜。市领导王亚方、杨芳等参加活动。

3月27日，“苏州市远程教育视频互动系统”暨“党员专家志愿者在身边”活动启动仪式举行。全市50名志愿服务基层的党员专家志愿者服务团成员从市农村党员干部现代远程教育领导小组负责人的手里接过聘书。市委常委、组织部部长方培华出席启动仪式。

3月31日，“文明百村欢乐

行”——2012年大型公益文艺巡演启动仪式在杨舍镇晨新村社区广场举行。市领导杨芳、华红、刘会荪等出席活动。

4月1日，由市文明委主办的“道德的力量·2011年度张家港市十佳身边好人颁奖典礼”在市广电大厦演播大厅举行。市领导杨芳、顾放、刘会荪参加活动。

4月7日，吴栋材先进事迹理论研讨会在南丰镇举行。中宣部《党建》杂志总编辑刘汉俊，江苏省委宣传部副部长周琪，苏州市委常委、宣传部部长蔡丽新，以及张家港市领导徐美健、杨芳等参加活动。

4月10日，全市首所农村社区老年大学在南丰镇永合社区成立。

4月23日，市总工会、市文学艺术界联合会在市文化中心美术馆举行“劳动最光荣——2012年全市职工书法美术大赛作品展”。市领导方培华、李汉忠等参加活动。

4月26日，全市侵权盗版制品和非法出版物集中销毁活动在市博物馆广场举行，集中销毁非法物品8万余件。市领导杨芳、华红出席活动。

4月28日，张家港市11家文化创意企业亮相首届中国·苏州文化创意设计产业交易博览会暨第三届中国创意策划节。张家港市委常委、宣传部部长杨芳参加活动。

5月2日，由《如意兔之红晶石》《如意兔之开心农场》两部动画片改编而成的儿童舞台剧《龙侠传奇》在北京、天津、南通等城市进行全国巡演。计划全年巡演180场，两年内超过300场。该剧是张家港市首部原创动漫儿童舞台剧，由江苏如意通动漫产业有限公司创作。

5月11日，《新华日报》、江苏人民广播电台、江苏电视台、《扬子晚报》《现代快报》、中国江苏网等10余家省级媒体以及《苏州日报》、苏州电视台、《姑苏晚报》等苏州市级媒体集中报道张家港市南丰镇永联村党委书记吴栋材同志的先进事迹。

5月11日，全市“关爱他人、关爱社会、关爱自然”志愿服务活动启动仪式在市区花园社区广场举行。中央文明办志愿服务工作组副组长崔海教，张家港市领导徐美健、杨芳出席活动。

5月21日，中国文明起源与形成学术研讨会在市开幕。国家文物局科技司副司长罗静，中国考古学会会长、故宫博物院原院长张忠培，中国社科院考古所所长、研究员王巍，南京博物院院长龚良，北京大学考古文博学院院长赵辉教授，市委副书记、市长姚林荣出席开幕式。

5月24日，“辉煌五十年·决胜现代化”知识竞赛抽奖仪式暨创先争优先进事迹宣讲会在市文化中心星海剧场举行。市委常委、宣传部部长杨芳出席。

5月28日，江苏省第八届新人书法篆刻作品展在市开幕。省文联党组书记、常务副主席、书记处第一书记王慧芬，张家港市领导杨芳、李汉忠参加活动。

5月29日，全市“学习雷锋、做美德少年”网上签名寄语活动启动仪式在市实验小学东校区举行。该活动是2012年未成年人思想道德建设重点工作之一，被中央文明办纳入当年未成年人思想道德建设测评体系。

6月3日，“当代中国画名家五十人邀请展”在阳光里程会所举行。市领导杨芳、丁学东、李汉忠出席活动。

6月10日，全市第二届全民健身节启动暨市第二届全民健身大联赛开幕，该届健身节主题是“每天锻炼一小时”“让体育焕发城市的活力”，活动持续至8月15日。市领导杨芳、顾放、黄尧、刘会荪出席活动。

6月15日，以“携手创建创新型城市，决战基本实现现代化”为主题的市第24届科普宣传周在市文化中心开幕。苏州市科协主席纪顺俊，张家港市领导方培华、朱巧明出席开幕式。

6月21日，大型报告文学《一个人和一座城市——记全国优秀市委书记秦振华》首发。江苏省委常委、苏州市委书记蒋宏坤，苏州市委常委、秘书长王少东，苏州市委常委、宣传部部长蔡丽新，苏州市人大常委会副主任徐国强，张家港市四套班子领导徐美健、姚林荣、王亚方、高建刚、单玉珍出席首发仪式。报告文学的主人公、省政协原常委、苏州市人大常委会原副主任、张家港市委原书记秦振华，该书作者、全国著名作家庞瑞垠出席仪式。

6月26日，市委宣传部、市文明办在星海剧场联合举办张家港市“爱国歌曲大家唱”汇演。市委常委、宣传部部长杨芳出席活动。

7月4日，全市网格化公共文化服务模式座谈会举行。文化部公共文化司副司长张永新，张家港市领导姚林荣、杨芳、华红参加活动。

7月8日至10日，市第六届科技节举行。其间，中国科协海智计划（张家港）工作基地和国家火炬计划张家港锂电特色产业基地揭牌。十一届全国人大常委会常委、中国科协副主席冯长根，中国工程院院士陈克复，科技部火炬中心副主任张卫星出席活动。

7月9日，2012年长江文化艺术节系列活动——“长江城·长江人”全国微视频大赛新闻发布会在市广播电视台演播大厅举行。市委常委、宣传部部长杨芳出席活动。

7月14日，“文明，辉映现代化征程——圆明园国宝暨南北朝石刻佛像精品展”在市文化中心美术馆开展。市领导姚林荣、高建刚、杨芳、华红、李汉忠，保利文化集团副总经理、保利剧院董事长任伟，北京保利剧院总经理郭文鹏出席活动。

7月28日，全国创先争优优秀共产党员吴栋材同志先进事迹报告会在市馨苑度假村会议中心举行。

9月20日，纪念《张家港日报》创刊20周年大会暨“中国好人”事迹巡回演讲开幕式在市馨苑度假村会议中心举行。苏州日报报业集团党委副书记、《苏州日报》总编辑张建雄，张家港市领导徐美健、姚林荣、高建刚、单玉珍、杨芳出席活动。

9月23日，“飞越五十载，全景看港城”大型航拍活动在市体育场启动。市委常委、宣传部部长杨芳出席活动。

9月28日，全市“辉煌的历程——中共一大至十七大”图片展在市文化中心美术馆开展。市委常委、宣传部部长杨芳出席活动。

9月28日，“我们的节日——中秋”2012年张家港市经典诗歌朗诵会在南丰镇科文中心剧场举行。市委常委、宣传部部长杨芳出席活动。

9月30日，2012年“快乐中秋、喜

迎国庆”大型假日体育活动暨全市家庭健身运动会开幕。市领导杨芳、顾放、丁学东、刘会荪出席活动。

10月6日至14日，2012年塘桥杯全国乒乓球锦标赛在市举行。

10月13日，“感受变迁、分享幸福”纪念张家港建县（市）50周年活动——寻找港城金婚夫妇大型公益行动庆典仪式在市国贸酒店举行，50对金婚夫妇携家属欢聚一堂，共庆金婚。市领导杨芳、华红、刘会荪等出席活动。

10月21日，首届江苏书画名家精品全省巡展暨江苏实力书法提名展张家港站巡展在市美术馆开幕。市委常委、宣传部部长杨芳出席活动。

10月21日，“魅力网络幸福港城”首届张家港市网络文化节在购物公园广场开幕。市委常委、宣传部部长杨芳出席活动。

10月21日至28日，《人民日报》、新华社、《光明日报》和《新华日报》《苏州日报》等中央、省和苏州市主流媒体相继推出重头报道，聚焦张家港50年发展历程和辉煌成就，展示张家港率先基本实现现代化的美丽画卷。

10月27日，“沙洲的崛起，张家港的辉煌”——张家港建县（市）50周年成就展在市文化中心综合展示馆开展。

10月28日，张家港建县（市）50周年纪念大会在保利大剧院举行。中央政治局委员、书记处书记、中组部部长李源潮，全国人大常委会副委员长严隽琪，江苏省委书记、省人大常委会主任罗志军，省委副书记、省长李学勇，全国人大财政经济委员会副主任委员梁保华等先后作批示或发贺信。省委常委、苏州市委书记蒋宏坤到会并作重要讲话。

10月28日，第五届（张家港）长江流域戏剧艺术节开幕式暨中国剧协梅花奖艺术团专场演出在张家港保利大剧院举行。中国戏剧家协会分党组书记、驻会副主席季国平宣布开幕。全国政协副主席、九三学社中央副主席王志珍，全国人大常委会委员、民进中央专职副主席朱永新等参加开幕式。

10月28日，2012年中国（张家港）长江文化艺术节开幕式暨庆祝张家港建县（市）50周年、张家港保税区建区20周年文艺晚会举行。全国政协副主席、九三学社中央副主席王志珍宣布开幕。全国人大常委会委员、民进中央专职副主席朱永新参加开幕式。

10月28日，25名在中央企业、世界五百强企业以及其他国内外知名企业、知名机构担任高管的张家港籍杰出人士，到市参观考察全市经济社会发展亮点。

10月29日，由中国群众文化学会、省文化厅和张家港市人民政府联合举办的长江流域群众文化研讨会在市举行。文化部政策法规司副司长、中国群众文化学会副会长孙若风，中国群众文化学会会长郭沫勤，张家港市市委常委、宣传部部长杨芳参加会议。

10月29日，由江苏省委宣传部、江苏省文学艺术界联合会、张家港市人民政府联合主办的江苏省“梅花奖”艺术团——走进张家港惠民专场演出在南丰镇科文中心剧场举行。江苏省文联书记处书记、党组成员郑泽云，江苏省剧协驻会副主席、秘书长黄霞芬，张家港市委常委、宣传部部长杨芳出席活动。

10月30日，第四届沙上文化艺术节开幕式暨沙洲县抗日民主政府纪念馆开馆仪式在冶金工业园（锦丰镇）举行。苏州市委党史工办主任、苏州革命博物馆馆长吴晨潮，张家港市领导杨芳、赵建明、华红出席活动。

11月1日，“时代铸标杆，丹青传楷模”吴栋材先进事迹美术作品展在市美术馆开展。

11月20日，第三届“长江杯”江苏文学评论奖颁奖典礼在市举行。江苏省作家协会党组书记、主席范小青，张家港市委常委、宣传部部长杨芳出席活动。

11月21日，市第四届青少年科技创新市长奖暨2010~2011年度自然科学优秀学术论文表彰大会在市馨苑度假村举行。市委副书记、市长姚林荣为相关获奖者颁奖，市委常委、组织部部长蔡炳锋主持，副市长朱巧明宣读相关决定。

12月1日，全市首个古琴文艺社团——沙洲琴社正式揭牌成立。市委常委、宣传部部长杨芳出席活动。

12月11日，2012年市女企业家联谊会年会暨“木兰芬芳”市女企业家第二届主题论坛在市馨苑度假村举行。市委常委、组织部部长蔡炳锋出席活动。

12月21日，2012年张家港市“村村演”闭幕式暨公共文化服务成果汇报演出在保利大剧院举行。市领导杨芳、顾放、华红、徐平观出席活动。

12月30日，由市文广新局和经开区（杨舍镇）联合举办的“幸福网格乐翻天”才艺PK赛年度总决赛在市广电大厦演播厅开赛。市领导杨芳、张伟为获奖网格颁奖。

12月31日，全市举行迎新年万人健步行活动，市领导徐美健、高建刚、丁学东、李汉忠等参加活动。

（张　赟）

组 织 工 作

【概况】 2012年，全市新成立党委8个（杨舍镇民丰村党委、庆安村党委，塘桥镇金村村党委，金港镇占文村党委、晨阳村党委，凤凰镇金谷村党委，南丰镇建农村党委，大新镇新海坝村党委），撤销党委3个（高新张铜股份有限公司党委、市益棉纺织有限公司党委、市锦丰轧花剥绒有限公司党委）。新成立党总支8个，撤销18个；新成立党支部111个。至年末，共有基层党组织4588个，其中党委115个、党总支271个、党支部4202个，另有党工委36个。新发展党员1318人，转入3296人，减少2462人，至年末，有中共党员65948人。有副主任科员（副镇级）以上干部1476人。其中，女干部223人，占15.79%；非中共党员63人，占4.26%；大专以上学历1377人，占93.29%。年内，市委组织部完成《关于加强基层服务型党组织建设的实践与思考》《关于建设具有“张家港精神”特质干部队伍的实践与思考》《关于在城乡一体化背景下促进农村干部向社区干部转型的实践与思考》等调研报告，并抓好调研成果的转化。加强组工信息工作，出刊《张家港组工信息》25期、《远程教育简报》12期、《人才工作信息》20期，在《张家港日报》刊出

《今日党建》12 期，市委组织部被评为全省组织系统信息工作先进集体。推进党建工作创新工程，组织实施基层党建工作创新课题项目化管理，全市评选产生 40 个优秀基层党建工作创新课题项目。《构建“一平台三体系”，深入推进基层服务型党组织建设》被评为全省组织工作创新创优成果优秀奖。

【领导班子和干部队伍建设】 年内，市镇人大、政府和市政协换届完成，实现“确立好导向、推选好班子、形成好风气、换出好面貌”的预期目标。全年共召开 9 次市委常委会研究干部调配工作，调整干部 335 人次，其中提拔 155 人，涉及“一把手”调整 60 人。在提拔的 155 人中，有女干部 34 人，党外干部 11 人，40 岁以下干部 60 人，其中 35 岁以下干部 17 人。32 个政府工作部门领导班子中，有 12 个部门配备党外干部，10 个部门配备女干部。出台《张家港市党政领导班子和领导干部考核评价办法（试行）》《张家港保税区、张家港经济技术开发区、江苏扬子江国际冶金工业园领导职位聘任制工作暂行办法（试行）》《张家港市党政领导干部任职试用期满考核细则》《张家港市领导干部离任交接工作办法（试行）》等文件。3 月至 6 月，组织实施第三批“985”高校优秀毕业生招聘工作，录取 48 人，3 年累计达到 105 人，完成《张家港市引进“985”工程院校优秀毕业生三年行动计划》。制订年轻干部培养选拔“365”成长计划（通过 3 年时间，在大学生村官、选调生、区镇中层干部、市级机关中层干部、事业单位负责人、副局副镇职干部等 6 个层面各培养选拔 50 名优秀年轻干部）。5 月，从全市 4 个层面选派 88 名优秀中青年干部在市级机关、涉外垂直单位与区镇之间进行“双向挂职”。5 月至 8 月，拿出 17 个科级（相当于科级）职位开展第二批面向全国竞争性选聘领导干部工作，拿出 2 个团市委副书记职位面向全市实施竞争性选聘。成功选聘 10 名专业技术型和经营管理型干部人才和 1 名团市委副书记。5 月至 6 月，对 30 个机关部门进行“三三三”干部专项调研考察，首次创新实施“一述、二公、三测、四评、五用”（述职；实绩公示、群众公议；履职的正向测评、德的反向测评、实绩的专项测评；自我评价、群众评价、上级评价、领导评价；定性分析与定量分析结合运用、评价结果与年度考核结合运用、评价结果与评先评优结合运用、评价结果与诫勉教育结合运用、评价结果与组织调整结合运用）领导班子和领导干部考核评价办法。12 月，实施面向全市竞争性选拔镇级领导班子成员工作，选拔 8 名 32 岁以下镇级领导班子成员。推进干部工作“阳光监督”，组织基层党组织集中学习《党政领导干部选拔任用工作条例》规定，面向干部选拔任用工作监督员征求意见建议。9 月，对市环保局、市档案局、市体育局、市物价局、市民防局等 5 个单位的原任或现任主要领导进行“三责联审”，对 18 名区镇、市级机关部门正职领导进行离任审计。全年规范干部出国（境）护照管理，全年共审查领导干部因公出国（境）137 批 438 人次，审批因私出国（境）75 批 83 人次。加强干部教育，4 月，举办 45 名副局（镇）职以上干部参加的第二期中央党校领导干部高端研修班。6 月，举办 24 名正局（镇）职领导干部参加的社会管理与创新（美国）研修班。9 月至 10 月，举办 48 名优秀中青年干部参加的中青年干部培训班。全年先后举办领导干部菜单式讲座 12 期，参训 6300 余人次。牵头举办主体班 49 期，参训 3000 余人次。完善“干部教育在线学习中心”功能，新增网络课件 50 部。

【基层组织建设和党员队伍建设】 按照中央、省委、苏州市委的统一部署，围绕“强组织、增活力，创先争优迎接十八大”主题，扎实开展基层组织建设年活动。2 月 28 日，市委下发《关于在创先争优活动中开展基层组织建设年的实施方案》，明确调查摸底、分类定级，集中整改、晋位升级，学习先进、创先争优，分析评估、巩固成果等 4 个阶段的方法步骤，提出深化区域化大党建工作、推进服务型党组织建设、加强农村“双强”（自富能力强，带富能力强）带头人建设、深化领导干部“三解三促”活动（了解民情民意、破解发展难题、化解社会矛盾，促进干群关系融洽、促进基层发展稳定、促进机关作风转变）、强化基层基础保障等 5 个重点，细化量化不同类型党组织开展基层组织建设年的 32 项基本工作任务。对全市 4322 个基层党组织进行划档定级，明确整改项目 10335 个，落实整改措施 17813 条，基层党组织普遍实现晋位升级。“七一”前夕，市委集中表彰 40 个先进基层党组织、60 名优秀共产党员。15 个先进基层党组织、15 名优秀共产党员得到苏州市以上级别表彰。构建“一平台三体系”，率先推进基层服务型党组织建设。组织实施“党建服务率先基本实现现代化先锋工程”，先后开展先锋文化引领、先锋服务惠民、先锋团队攻坚、先锋人才培育、先锋典型示范、先锋形象塑树等“六大先锋行动”，在全市各行各业评比表彰 20 个党员先锋团队标兵和 80 个党员先锋团队。加强农村基层组织建设。5 月 23 日，《关于进一步加强大学生村官工作的意见》出台，对全市镇、村聘大学生村官实行重新择优选聘，有 312 名大学生通过统一考试，纳入“苏州市大学生村官工程”。7 月 26 日，《关于加强村级后备干部队伍建设的意见》出台，建立村级后备干部培养、选拔、使用工作制度和村级后备干部人才库。8 月，以“双强”带头人建设为重点，分创新社会管理、村干部向社区干部转型和现代农业等 3 个专题开展“小班化、菜单式”培训，组织 297 名村（社区）党组织书记赴镇江、扬州、潍坊和武汉百步亭等地学习考察。9 月，2 名村官被评为苏州市“十佳”大学生村官。12 月，评选产生 10 名张家港市“十佳”大学生村官。采取区域联建、村级联建、集群联建、机关帮建“三联一帮”方式，开展“健全组织、扩大覆盖”活动，全市非公企业党组织组建率达到 98.1%，社会组织党组织组建率达到 57%。3 月至 7 月，在全市组织开展“区域党建文化大舞台”活动，表彰 20 个优秀节目。5 月，张家港市非公企业党工干部培训基地在市委党校成立。7 月至 8 月，市委非公经济工委联合市委研究室、市总工会、市工商联、市委党校等部门开展“提升党建服务水平，助推企业转型发展”联合调研行动，对全市百强企业调研并形成调研报告。7 月至 12 月，市委非公经济工委、市经信委、市工商联、市委党校组织实施“百企进党校、党课进百企”活动，为25家企业培训党员职工1350余人次。10月22日，市委下发《关于进一步加强和改进全市非公有制经济组织党建工作的意见》。年内，推出沙钢绩效管理法、澳洋党建e家工作法等10种非公党建品牌，培育购物公园党建商贸服务圈、“党建桥·心港湾”“港城车大夫”党建服务联盟等非公党建新模式。2月，组织全市1118名党组织书记、党务干部参加苏州市发展党员履职资格认证考试。选择南丰镇、市委市级机关工委、国泰集团等13个单位参加苏州市第三批党员“出口”机制试点工作。3月27日，启动“党员专家志愿者在身边”活动，50名党员专家志愿者通过远程在线视频互动答疑的方式全年服务党员群众2180余人次。7月，开展“流动党员集中活动月”活动，组织全市945名流动党员开展“组织生活、学习教育、公开承诺和领导点评、民主评议党员、解决实际问题、建交流平台、选树先进典型”等“七个一”活动。会同市新市民事务中心评选表彰2011年度全市“十佳流动党员”。推进“在职党员进社区”活动，全年6619名在职党员参与社会志愿服务3万余次。

【人才工作和人才队伍建设】 年内，先后出台《关于更大力度引进和培育国家“千人计划”人才（项目）的激励办法》《关于印发张家港市领军人才项目政策性风投资金跟进实施细则融资担保和信贷风险补偿办法银行贷款贴息实施细则的通知》等文件。从市级、区镇和企业三个层面梳理拟订领军人才项目需求目录，联合市工商联、市人社局、市科技局、市商务局、团市委、科协、侨办、侨联等单位加快推进“人才（项目）超市”建设，快捷掌握企业科技人才需求信息，全年征集海内外人才项目有效信息500余个，引进落户领军型创业创新人才（团队）74个。推动人才项目与本土企业“嫁接”发展，将“嫁接”型项目数作为区镇考核的主要指标之一，并纳入全市绩效比拼的考核指标体系，全年配对“嫁接”型创业项目23项，引导社会资本投入超过4亿元。建成“千人计划”专家工作站18家，签约“千人计划”产业化项目45项；入选国家“千人计划”人才4人（累计5人），新增省“双创计划”人才12人（累计34人），新增苏州“姑苏计划”人才21人（累计37人）；新增省“创新团队”1个，实现零的突破。加强社会事业领域人才队伍建设，稳步推进“港城英才计划”，在教育、卫生等领域引进一批具有较高成就、能为全市社会事业发展作贡献的精英人才。在全国率先探索建设市级机关“研究生工作站”，年内与南京大学、东南大学等高校合作建成15家市级机关“研究生工作站”。推进社会工作人才队伍建设，全市累计有784人通过全国社工职业水平考试，居全省县级市之首。组织开展“人才引领转型升级示范企业”“优秀人才奖”“科技合作贡献奖”“创新创业市长奖”等评选表彰活动。

【市镇人大、政府和市政协换届完成】 3月，全市完成8个镇人大、政府换届选举工作，换届选举一次成功率100%。换届后8个镇人大领导班子大专以上学历占100%；政府领导班子平均年龄40.83岁，比上届下降3岁，大专以上学历51人，占98%。完成新一届市人大代表和政协委员的选举工作，其中新一届人大代表335人、政协委员326人。3月19日至23日，中国人民政治协商会议张家港市第十一届委员会第一次会议在市馨苑度假村召开。3月20日至24日，张家港市第十三届人民代表大会第一次会议在市沙洲宾馆召开。选举产生的新一届市人大班子平均年龄51.6岁，比上届下降3.2岁，大专以上学历100%；市政府领导班子平均年龄45.8岁，比上届下降0.8岁，大学以上学历100%；市政协领导班子平均年龄50岁，大专以上学历100%。市、镇两级人代会和市政协会议期间，组织1463名与会代表和委员进行换届风气情况测评，总体评价均为“好”和“较好”。4月，在苏州市严肃换届纪律工作满意度调查中，张家港市组织工作民意调查得分在苏州各县市区名列第一。

【千名机关干部下基层】 3月15日，市委下发《关于深化和拓展领导干部下基层“三解三促”活动的通知》，分市领导干部、市级机关部门领导班子成员、市级机关部门其他干部三个层面，推动全市各级党政机关干部下基层，确保实现全市党员干部参与全覆盖、所有村和社区联系全覆盖、有重点信访案件地区落实领导包案全覆盖。开展市领导“六个一”蹲点联系活动，公开向基层征集207个热点难点问题，市领导带领相关职能部门“组团”到基层解决问题；开展市党政领导“天天听民声”活动，市领导每月开展1次以上公开接访，集中化解一批社会纠纷和矛盾隐患。实行机关部门主要负责人蹲点联系村制度，机关部门主要领导蹲点联系93个村，机关部门班子副职领导确立367个调研课题，深入基层走访调研，化解难题。开展机关干部下基层实践锻炼活动，4月至10月，第一批市级机关94个部门、单位的282名机关干部，利用每周五、周六两天时间，到行政村、市区域联合党委办公室和各区镇规模社区145个基层点位实践锻炼。年内，全市1177名各级党政机关干部参与下基层活动，进驻及联系150个村、30个规模社区、22个区域联合党委、100家规模企业、47个重大项目和200家贫困户，为群众解难题4342件次，办实事6621件次。12月18日，《关于表彰第一批机关干部下基层实践锻炼活动优秀组织单位和优秀干部的决定》下发，表彰20个机关单位、10个基层实践锻炼点位和30名下基层干部。

【在全国首创市级机关“研究生工作站”】 围绕提升市级机关部门社会管理和服务水平，推进市级机关与高校的对接合作，在全国率先探索建设市级机关“研究生工作站”，引进由高校导师领衔的优秀硕士、博士团队，针对现代化建设重点难点课题合力攻坚。6月20日，《张家港市市级机关“研究生工作站”建设资助暂行办法》下发，设立专项资金对市级机关“研究生工作站”进行资助，符合建站标准的，一次性给予5万元经费补贴，每年给予1万元至2万元的运行经费补贴，硕士生和博士生分别按照每月1000元、1500元的标准进行进站工作综合补贴。6月21日，市发改委等10个市级机关与南京大学、东南大学、复旦大学、同济大学等7所高校共建的首批10个“研究生工作站”正式揭牌，研究课题涵盖基层党组织建设、社会工作、城市规划、医疗卫生、金融支持等领域。年内与南京大学、东南大学等高校合作建成15家市级机关“研究生工作站”。

【党员关爱基金会成立】 4月21日，市党员关爱暨帮扶困难群众基金会举行第一届理事会第一次会议，会议审议并通过基金会章程（草案），选举产生基金会第一届领导班子和理事会，签订党员关爱基金委托管理协议。基金以市政府支持为主，党员捐款和企业党组织捐助为辅。市财政统筹1亿元作为市级党员关爱基金本金，委托市城市投资发展有限公司管理，年收益一般不少于基金总额的10%。党员关爱基金使用原则为“动息不动本”，收益部分、每年党员捐款和社会资助款，主要用于生活困难党员群众帮扶支出。5月，先后取得由省民政厅颁发的基金会法人登记证书、省组织机构代码管理中心颁发的基金会组织机构代码证书，基金会正式成立并运行。6月，基金会会同市民政慈善基金会开展2012年度党员关爱基金募集工作，共募集党员关爱基金1000万元。28日，基金会对全市4761户低保户、1425户低保边缘户、64名新中国成立前老党员、2410名困难党员进行慰问，共发放党员关爱基金977.75万元。

【“一平台三体系”推进服务型党组织建设】 市委组织部搭建区域化、网格式工作平台，依托全市范围划分的112个党建区域，推行网格化管理，构建“一平台三体系”，率先推进基层服务型党组织建设。全市农村、社区共划分1313个一级网格、6621个二级网格。创设分类定标体系，6月4日，张家港市委组织部、苏州基层党建研究所联合举办“张家港市服务型党组织建设指标体系”研讨会；7月7日，在江苏省率先出台《张家港市创建服务型基层党组织和党员队伍指标体系（试行）》，按服务理念、服务内容、服务行为、服务保障等设立4大类12项基准指标，针对农村、社区、企业、机关事业单位不同类型，分别制订51项、53项、50项、46项考核指标，并在全市64个单位试点开展争创活动，培育15个争创服务型党组织示范单位和15个争创服务型党组织先进单位。创设互动服务体系，建立落实市领导干部“天天听民声”、镇领导干部“驻区镇”、党员专家志愿者“在线服务”等党员干部直接联系服务群众制度，开展“共产党员关爱帮扶生活困难群众行动”、在职党员社区周末服务日、党员专家志愿者网上服务等活动，全市共有1275个党员志愿者团队服务在基层，327个党员先锋团队奉献在岗位，1228个党员中心户活跃在一线。创设群众考评体系，采取基层党组织自评、群众测评、上级党组织考评的方式，自评、测评、考评分数按10%、70%、20%进行折算，增加民意测评的权重。12月，组织131个机关事业单位党组织走进党建区域面向党员群众代表公开述职，现场以不记名方式进行满意度测评，平均满意率达到93%，并对满意率低于80%的5个单位跟进问责。

（陶叶萍）

市党员关爱基金会第一届理事会第一次会议召开（市委组织部　供稿）

宣 传 工 作

【概况】 年内，全市宣传思想战线以迎接党的十八大和学习贯彻十八大精神为主线，以纪念张家港建县（市）50周年、推进率先基本实现现代化建设为重点，强化理论学习，优化舆论引导，深化文明创建，加大文化建设，为在全省率先基本实现现代化提供有力的精神动力、舆论支持和思想保证。

理论武装不断加强　围绕全市工作重点，先后开展“我心目中的现代化”大讨论、现代化指标体系解读、现代化知识巡回宣讲、率先基本实现现代化理论研讨征文等活动。先后邀请黄芝晓、刘斌、张颢瀚等专家、教授到市作《网络舆情研判与危机应对》《网络舆情引导》《党的十八大精神宣讲》等讲座和辅导报告。用好“张家港论坛”、基层党校、网上党校、新华社智库、党员干部在线学习中心等各类学习平台，编印《暨阳论丛》、党员干部理论学习读本——《张家港论坛名家讲座精品选》学习教材。1月31日，授予杨舍镇党委等10个单位“2011～2012年度党员干部冬训工作优秀组织奖”，授予黄建明等10人“2011～2012年度党员干部冬训工作优秀教员”称号。2月1日，在全市开展“我心目中的现代化”主题征文活动，截至4月，共收到稿件419篇，5月，评出获奖征文32篇，汇编《“我心目中的现代化”征文活动作品选》。3月，组织开展“决战现代化”主题宣讲活动，宣讲团赴全市各部门、各区镇、各单位巡回宣讲。4月，启动2012年张家港市全民阅读活动，开展“知礼明德”“悦读经典”等138项主题阅读活动。5月，《城市主题文化品牌建设研究》《统筹城乡文化一体化发展新模式研究——以张家港在全国首创的网格化公共文化服务模式为例》研究课题被评为2012年度苏州市社科研究立项课题。6月21日，市委理论宣讲团被评为“全省理论宣讲先进集体”，南丰镇永联村被表彰为全省首批“马克思主义大众化学习实践基地”。7月19日，中央党校“张家港精神与社会主义核心价值体系”课题研究成果《论张家港精神的社会主义价值意蕴》在《人民日报》发表。10月，市委宣传部组织实施政工专业人员教育培训，全市170人参加培训。11月22日，印发《关于做好党的十八大精神宣传报道的意见》，在全市“一报两台”主要版面推出专题专栏、反响报道、解读评论和理论文章，迅速兴起以十八大精神引领张家港现代化建设取得新佳绩的舆论热潮。11月26日，根据市委《关于认真学习贯彻党的十八大精神的通知》要求，将党的十八大精神学习作为各级党委（党组）中心组学习的核心内容，组织讲师团深入全市各区镇、机关、企事业单位、高校巡回宣讲。12月，《中国传统文化产品如何“走出去”——以东山文化传播有限公司中国连环画项目为例》《“长江文化”品牌是怎样炼成的》《独特的老沙话》等三项社科研究成果荣获苏州市第十一次哲学社会科学优秀成果奖三等奖。

舆论引导正确有效　年内，全市先后召开网格化公共文化服务、新市民积分管理、“共享阳光”慈善助学、医保救助、就业援助政策、中国（张家港）长江文化艺术节等新闻发布会，全年组织各类新闻发布活动36次，民生现代化、个性现代化引起全国媒体聚焦。建立舆情分析月度例会制度。全面推进全市网络舆情管理各项工作，出台《张家港市网络舆情快速处置工作办法（试行）》，建立以“舆情监测、快速处置、应对引导”为重点的常态化工作体系，实现部门与部门、网上与网下工作联动，全市网络管理、网情处置、网宣活动、队伍建设成效明显。3月，市互联网协会成立，举行第一次会员大会，审议通过协会章程和管理办法。组建由全市51个部门80人组成的网宣志愿者队伍。6月，市委宣传部举办网宣志愿者培训班，南京市委宣传部网络处处长潘涛、西祠胡同网站总经理刘辉、南京市互联网宣传信息中心主任刘斌分别讲授《如何开展网评工作》《网络社区传播规律与网络热点事件形成》《网络舆论引导和突发事件应急处置》课程。

媒体宣传广泛深入　年内，宣传部门推出在全省率先基本实现现代化系列宣传报道，先后刊发《张家港，转型发展启新航》（1月29日《人民日报》头版头条）、《张家港：精神火炬引领率先现代化》（3月29日《新华日报》头版头条）、《张家港：学习型党组织建设焕发“现代化”内生动力》（4月13日《光明日报》）、《走现代化发展之路，看江苏张家港老树开新花》（9月12日《新闻和报纸摘要》头条报道）、《张家港：建设百姓认可的现代化》（10月26日《新华日报》头版头条）等重点报道。新华社智库分析报告第1241期《聚焦江苏率先基本实现现代化》、第1254期《张家港率先基本实现现代化的三个跨越》得到省委书记罗志军批示，张家港率先基本实现现代化得到广泛认可。5月，宣传部门推出吴栋材先进典型系列宣传报道，《新华日报》刊发《绘制农村现代化新样本的带头人》等3篇通讯。江苏人民广播电台、江苏电视台、《扬子晚报》等10余家新闻媒体重点报道，赞誉吴栋材35年中带领村民创造出一个“共同富裕、城乡一体、文明和谐”的农村现代化新样本。6月，在美国和欧洲推出张家港城市形象系列外宣报道，《中国日报》（美国版）以“基层中国——张家港风采”为主题，用4个整版的篇幅刊登《张家港开拓中国城市经济繁荣》《中国农村的未来》《一座欢迎您的城市》《免费自行车项目鼓励居民绿色出行》《一个外国人眼中的张家港》等报道。10月，《中国日报》（欧洲版）以3个整版的篇幅，长篇报道《张家港保税区：物流产业的选择》《钢铁般的意志》，宣传张家港市优良的投资环境、产业优势和发展潜力。9月，推出市网格化公共文化服务系列宣传报道，9月26日《人民日报》刊发《张家港示范“小网格”如何打造“大服务”》，9月28日《光明日报》刊发《“小网格”激发文化“大活力”——江苏张家港推行网格化公共文化服务新模式》，9月26日《经济日报》刊发《张家港创新网格化公共文化服务模式》，中央人民广播电台《直播中国》节目刊播《江苏张家港：小网格盛开文化之花》，10月30日《新华日报》刊发《张家港“文化情商”塑造鲜明城市品格》、11月13日刊发《“基层群众唱主角”激发文化活力》。11月19日，中央电视台《焦点访谈》栏目播出《让文化焕发活力》节目，对张家港市“网格化”公共文化服务的新做法、新亮点、新成果进行专题报道，形成持续的宣传效应。10月，推出张家港建县（市）50周年辉煌成就系列宣传报道，《人民日报》刊发《张家港：普惠民生正当时》（10月28日头版），《光明日报》刊发《“张家港精神”激励科学发展》（10月21日头版头条）等重点报道。年内，《人民日报》《光明日报》、新华社等国内主流媒体刊发33篇头版、13篇头条，中央电视台发稿12条，重头报道质量、数量前所未有。

文化建设繁荣发展　1月，“春满港城”2012年全市春节电视文艺晚会举行。2月，“暨阳湖之夜”元宵节焰火晚会举办。3月，全市2012“文明百村欢乐行”大型公益文艺巡演行动启动。4月，全市2012年“幸福港城”网格化公共文化服务活动启动，2012张家港旅游节暨河阳山歌节、凤凰桃花节开幕，市长江鲜美食节举办。董红获第22届上海白玉兰戏剧表演艺术奖，这也是张家港市荣获的第一个白玉兰奖。5月，张家港市在全国率先创新实施网格化公共文化服务模式，得到刘云山、蔡武批示肯定。6月，大型报告文学《一个人和一座城市——记全国优秀市委书记秦振华》首发。国家广电总局正式批准张家港（动漫）产业园为国家影视网络动漫实验园，这是张家港市第一个国家级文化产业园区，也是全国第五家、江苏省第二家获批的园区。张家港软件（动漫）产业园、如意通动漫总部大厦、京海明悦时尚产业创意中心、张家港保利大剧院等

7 个项目被列入 2012 年度苏州市文化产业重点项目。9 月，季静娟荣获第七届中国曲艺“牡丹奖”表演奖。9 月 25 日至 26 日，文化部在张家港召开国家公共文化示范区现场会，张家港网格化公共文化服务模式备受关注，得到中宣部、文化部领导及与会专家的一致肯定。10 月，庆祝张家港建县(市)50 周年系列活动举办，“沙洲的崛起，张家港的辉煌”——张家港建县(市)50 周年成就展开展，《沙洲的崛起，张家港的辉煌——纪念张家港建县（市)50 周年》电视文献纪录片首映，第九届中国(张家港)长江文化艺术节开幕。11 月，第十届江苏省“五星工程奖”评选结果揭晓 ，全市获 13 项大奖，金奖、大奖数量位居全省县(市、区)第一。市锡剧团编排的大型新编锡剧《一盅缘》入围 2011~2012 年度江苏省舞台艺术精品工程重点资助剧目。11 月 13 日，张家港市发布全国首个“书香城市”建设指标评价体系，被江苏省委宣传部评为 2012 年度全省宣传思想文化工作创新奖，并在全省推广经验。年内，全市新增公共文化设施面积 9.47 万平方米，人均达到 0.36 平方米，张家港市以县(市)第一名成绩荣获江苏省首批“公共文化服务示范区”称号。

【吴栋材先进事迹在全省宣传推广】 4 月 7 日，吴栋材先进事迹理论研讨会在南丰镇举行。中宣部《党建》杂志总编辑刘汉俊，江苏省委宣传部副部长周琪，苏州市委常委、宣传部部长蔡丽新，以及张家港市领导徐美健、杨芳等参加研讨，蔡丽新号召苏州市各级党组织和党员向吴栋材同志学习。4 月 25 日至 28 日，省委宣传部组织省内各新闻单位对张家港市吴栋材“三创三先之星”先进典型进行集中采访。5 月 7 日、9 日，江苏电视台《江苏新时空》分别播发《吴栋材：为民造福，永不停歇的追求》上、下篇。5 月 7 日、8 日，《苏州日报》分别推出《中国农村现代化的标杆》《靠什么书写现代化奇迹》新闻通讯，并配发评论员文章《来自吴栋材的启迪》，认为“吴栋材的故事吸引人，吴栋材的精神激励人，吴栋材的经验更能启迪人”。江苏人民广播电台、《扬子晚报》《现代快报》《南京晨报》《江南时报》、苏州电视台、《姑苏晚报》等分别推出《从“穷永联”到“华夏第一钢村”在老吴书记心里，村民利益至上》《他将荒滩穷村变为张家港首富村》《吴栋材：乡村都市的缔造者》《吴栋材：我做的是事业，不是家业》《吴栋材，最深的平民情结里孕育最崇高的事业》等重点报道。5 月 11 日、16 日、18 日，《新华日报》分别刊发《绘制农村现代化新样本的带头人》(头版头条)、《把“现代文明”播进村民心田》《“我只是一个本色的共产党人”》3 篇通讯，并配发评论《始终以造福人民为天职》。中国江苏网、苏州新闻网分别推出吴栋材先进事迹专题网页，扩大宣传的深度、广度。

【张家港市获中国最具幸福感城市称号】 参见第 1 页〖张家港市获评 2012 年中国最具幸福感城市〗。

【全国首个“书香城市”建设指标体系出台】 4 月，张家港市和中国新闻出版研究院国民阅读研究与促进中心合作，历时 2 个月全覆盖开展全民阅读基线调查工作，走访全市 1900 余户家庭、200 余个单位，采集有效样本 2040 个，经问卷回收、电话复核、数据录入、数据整理和分析、数据报告撰写等环节层层把关，6 月，发布《张家港市全民阅读状况蓝皮书》。9 月 23 日，《张家港市“书香城市”建设指标体系》论证会召开，全国各地的多位专家学者一致认为，该体系是国内以全民阅读为抓手、第一个覆盖城乡的综合建设指标，是落实公共文化服务体系建设的重大创新，充分体现政府主导下的公共文化服务普遍均等、城乡一体化的核心理念，具有很强的创新性、操作性和示范性。11 月 13 日，张家港市正式对外发布全国首个覆盖城乡的“书香城市”建设指标评价体系，包括阅读设施、阅读资源、阅读组织、阅读活动、阅读环境、阅读成效及保障条件等一级指标 7 个，涉及 44 个二级指标和 87 个三级指标，是张家港市在推动全民阅读、建设书香城市进程中一次有益的尝试，使“书香城市”建设的评价变为量化、可考，进一步促进全民阅读由模糊型推动向制度化约束的转变。12 月 3 日，江苏省委宣传部、江苏省文明办、江苏省新闻出版局以文件形式转发《张家港市“书香城市”建设指标体系(试行)》，向全省推广张家港书香城市建设经验。年末，省委宣传部从全省 200 余个参评项目中评选出 15 个宣传思想文化工作创新奖，张家港市“书香城市”建设指标体系获奖，张家港市成为全省各市(县)参评单位中唯一获得创新奖的县级市。市委常委、宣传部部长杨芳作为全省唯一的县(市)代表，在全省宣传部长会议上作交流发言。

【首届市网络文化节举行】 10 月 21 日，以“魅力网络、幸福港城”为主题，由市委宣传部主办，市互联网协会承办的全市首届网络文化节在购物公园文化广场举行，张家港市委常委、宣传部部长、市互联网协会名誉理事长杨芳出席开幕式并致辞，苏州市委宣传部网络管理处处长宋翼、苏州市互联网协会秘书长王昕出席活动。开幕式上，市互联网协会发布《张家港市互联网行业文明办网、文明上网倡议书》，倡议全市互联网行业从业人员及广大网民共同携手、积极行动，努力把互联网建设成为传播社会主义先进文化的新途径、公共文化服务的新平台、市民健康精神文化生活的新空间。活动现场设立互联网应用推广活动区，为广大网民提供丰富的互动体验项目。张家港在线网站在活动区设立互动体验展台，指尖上的港城——“无线张家港”手机客户端吸引不少网友前往参观、体验。举办为时 2 个月的首届网络文化节，开展网络义卖、网友晒幸福、微博图文大赛等 10 余项活动。

(丁洪斌)

统 战 工 作

【概况】 1 月 12 日，全市各界人士迎春茶话会召开，各民主党派、工商联、无党派人士、“三胞眷属”、归侨、民族宗教界代表 80 余人参加茶话会，市委常委、组织部部长方培华到会讲话。4 月、6 月、9 月、11 月，市委分别就党风廉政建设和反腐败、基本现代化推进、国土资源和规划等工作情况召开各民主党派、工商联和无党派人士座谈会4次，参会人员160余人次，征求到意见和建议120余条。党外干部工作向区镇延伸，至年末，全市有副科级以上党外领导干部59人，其中区镇9人。

【协助民主党派加强自身建设】 全市有民革市总支、民盟市委、民建市基层委员会、农工党市委和九三学社市基层委员会5个民主党派组织和1个市无党派人士联谊会。5月至10月，市委统战部在各党派中推动“拼抢五个月、加速现代化、献礼五十年”活动的开展，引导各党派为“决战现代化”献智出力。11月8日，组织全市各民主党派、无党派人士代表70余人在市沙洲宾馆集中收看十八大开幕式。11月下旬，组织党派开展“学习十八大、总结五十年”争先创新专题讨论活动。协助民主党派基层支部活动室建设，通过在有条件的支部试点试行，以点带面，逐步推开的方式，建成9个支部活动室，占总数的27%。其中，民革市总支4个，农工党市委2个，民盟市委和民建、九三学社市基层委员会各1个。年内新发展民革党员6人、民盟盟员14人、民建会员13人、农工党党员4人、九三学社社员5人、无党派人士联谊会会员8人(退会1人)。至年末，全市民主党派和无党派人士联谊会共有成员589人，其中民盟181人、农工党169人、九三学社81人、民革55人、民建48人，无党派人士联谊会55人。

【市十一届政协人事安排工作完成】 政协换届的组织人事工作是换届工作中的重点内容，市委统战部把这项工作列为年度重点工作。为了使工作有章可循，依照省、苏州市有关文件精神，1月初，制定《关于政协张家港市第十一届委员会人事安排的意见》，明确市政协十一届委员会的委员及常委规模，党内外委员、常委的比例和妇女委员的比例。为适应形势变化和实际工作需要，在保持原21个界别规模不变的基础上，对十一届政协界别设置作调整，将共青团界别更名为共青团(青联)界别，归侨侨眷界别更名为侨联界别，工会界别更名为总工会界别，民族界别和宗教界别合并为民族宗教界别。撤销台属界别，新增社会科学界、社会福利和社会保障界2个界别。1月上旬，市委统战部成立政协换届组织人事工作领导小组，制定《政协换届人事安排工作流程及工作细则》。在关键工作节点，先后召集小组成员开会6次，汇总情况，研讨和部署工作。委员的推荐提名工作是政协换届组织人事工作的关键环节，为把代表性强、素质高，有参政议政能力、热心政协工作的人士推荐到政协委员中，2月初，市委统战部对上届委员履职和代表性是否有变化情况开展调研，专门邀请市政协办公室和各专委会，以及各区镇政协工作的负责人座谈了解，掌握详实情况。2月中旬，统战部深入到各区镇、各界别团体和有关部门，广泛走访，听取意见，下发推荐表，召开推荐提名工作会议，经过反复协商平衡，确定新一届政协初步人选。为了慎重起见，还对所有的提名人选征求公安部门意见，对其中的党政干部征求纪检监察部门的意见，对其中的非公经济人士征求工商、税务部门的意见。在此基础上，对提名人选向社会公示，之后提交市委常委会研究通过。新一届委员有326人，其中，非中共人士196人，占委员总数的60%。61人常委中，非中共常委41人，占67.2%。妇女委员93人，占委员总数的28.5%，比十届一次会议增加13人。十届委员继续提名的189人，占此届委员总数的58%；委员平均年龄43岁。大专以上学历的304人，占委员总数的93.2%，比上届一次会议的委员提高3.9个百分点，其中博士、硕士研究生58人。

【第七期党外干部培训班开班】 7月3日至6日，市委组织部、市委统战部在省社会主义学院共同举办张家港市第七期党外干部培训班。有全市各民主党派、无党派人士联谊会基层支部委员50人参加培训。市委常委、组织部部长方培华，市政协副主席、市委统战部部长景惠新出席开班仪式。方培华在开班仪式上作动员讲话。景惠新在培训班结业典礼上就党外干部提升素质、发挥作用提出希望和要求。培训班邀请省委统战部、省委党校和省社会主义学院等有关领导和专家教授讲课。课程设“切实履行职能，搞好参政议政”“统战理论和统战文化”“社会冲突的网络形态与政府应对”等方面内容。培训期间，市委统战部组织参训学员到南京梅园新村纪念馆参观。

(熊晓建)

老干部工作

【概况】 年末，全市有老干部工作服务对象1398人，比上年增89人。其中离休干部182人（含异地安置张家港市的14人和部省属单位的19人)，比上年减18人；退休干部1216人，比上年增107人。离休干部(不计异地安置张家港市的14人和部省属单位的19人)中享受地市级待遇的3人，享受县处级待遇的46人，享受乡科级待遇的115人。退休干部中享受县处级以上待遇的54人，享受乡科级待遇的1108人。年内，市委老干部局全面推进“全心服务、情暖功臣”机关服务品牌创建工作，高标准落实老干部各项政治待遇和生活待遇，全面做好老干部工作。市委老干部局被市级机关工委确立为特色党建示范点。

【落实老干部政治待遇】 年内，市委老干部局着力打造政治坚定、理想永存、思想常新的老干部队伍。1月，组织召开全市离退休干部春节团拜会和市级老领导与老干部工作者迎新春联欢会。3月，组织市级老领导40余人，列席政协张家港市第十一届委员会第一次会议和市第十三届人大第一次会议；组织居住在市区的副局级以上妇女老干部53人赴宜兴市参观考察，庆祝“三八”国际妇女节；组织易地安置张家港的离休干部参观考察现代农业。3月、6月、9月，先后组织市级老领导赴保税区(金港镇)、经开区(杨舍镇)、冶金工业园(锦丰镇)调研参观。5月，举办一期全市老干部党支部书记培训班，70余名老干部党支部书记参加培训，并赴宜兴参观考察。5月至6月，在全市离退休干部中组织开展“爱满港城”慈善募捐和党员关爱基金募捐活动，分别募得爱心款14470元、8850元。6月，召开“决战现代化”老干部代表座谈会。7月，举行全市离退休干部情况通报会，800余名副局（镇）级以上老干部与会，市委副书记、市长姚林荣通报全市上半年经济社会发展情况。11月，组织市级老领导参观“沙洲的崛起，张家港的辉煌”——张家港建县（市）50周年成就展。年内，为全市离休干部和市级老领导订阅《银潮》《中国老年报》，免费赠阅《张家港日报》和《张家港老干部工作》政务内刊，发放学习材料，认真落实文件阅读、听报告、参加重要会议和重大活动制度。利用市广播电台老干部专栏、“港城金秋”老干部工作网站、《秋韵》内刊及市电视台和上级媒体，宣传老干部先进典型，全年刊发老干部宣传信息215篇。信息工作被苏州市委老干部局评为三等奖，《张家港市基层老干部工作的实践与思考》被省委老干部局评为全省老干部工作部门调研成果二等奖。

【落实老干部生活待遇】 年内，市委老干部局提出“全心服务，情暖功臣”机关服务品牌创建“三年计划”，通过优化服务提高老干部满意度。市委老干部局在春节、夏季高温和中秋节，分片组走访慰问全市离休干部、市级老领导以及老干部遗属，并送去慰问信、慰问金和挂历。认真落实老干部“五必访”制度，走访慰问困难遗属34人，发放困难补助8万元。1月，市党政领导走访慰问原市（县）四套班子老领导和遗属代表。4月、10月，先后组织离休干部和市级老领导分赴宜兴市黑龙江农垦太湖疗养院和浙江省安吉天池疗养院疗养，组织老干部开展健康体检、保健讲座、参观考察及各类有益身心的文体活动，邀请专家为老干部作体检报告一对一分析讲解。对未参加保健疗养的老干部，及时足额发给疗养补贴，组织到市中医医院体检。4月，特邀南京政治学院上海分院、上海国防战略研究所教授奚纪荣举办国防教育知识专题讲座，副局（镇）级以上离退休干部228人参加。5月，特邀复旦大学附属中山医院主任医师蔡定芳举办老干部保健知识专题讲座，副局（镇）以上离退休干部近200人参加。10月，举办迎“老年节”药品安全知识专题讲座，副局（镇）以上离退休干部170人参加。积极开展示范性老干部活动中心（室）创建工作，1月，塘桥镇老干部活动中心、金港镇老干部活动中心、市住房与城乡建设局老干部活动中心被苏州市委老干部局表彰为苏州市示范性老干部活动中心（室）。

市老干部“晚霞生辉进社区”启动仪式　　（市委老干部局　供稿）

【组织老干部活动】 年内，市委老干部局组织13个老干部兴趣团队（协会）开展文体活动53场，对外交流28场，活动人数近5000人次。将居住在市区的各区镇副局（镇）级以上退休干部也纳入活动范围，新增活动人数约600余人。1月，组织召开13个老干部兴趣团队负责人座谈会。2月，举办市老干部元宵喜乐会，包括歌舞、猜灯谜、垒纸杯、掷皮球、夹花生等12个活动节目，200余人参加；举办市老干部迎春摄影展，展出摄影作品60余幅。3月，市老干部书画协会举办交流笔会，创作点评200余幅书画作品。4月，启动“晚霞生辉进社区”活动，年内开展各类活动30余场。开展老干部“书香溢晚霞”主题读书活动，为市老干部活动中心图书室添置新书800余册；优化阅读环境，老干部阅览室实施专人伴读，提供咨询和茶水服务，配备专门的读报室。承办苏州市老干部桥牌赛，苏州市以及苏州市下辖的五县市和苏州创元集团的8支老干部桥牌代表队参赛。5月，开展“诗书画影抒情怀、喜迎党的十八大”主题活动，共收到诗词作品26首、书画作品52幅、摄影作品69幅。6月，市老干部活动中心组织老干部开展迎“七一”文体活动周，包括门球、投篮、桥牌、文艺汇演等多个活动项目，400余名老干部参与。9月，举办全市老干部“幸福晚霞耀港城”文艺演出，包括舞蹈、独唱、小品、锡剧、越剧、沪剧、乐器演奏、表演唱等多种形式，全市260余名离退休老干部观看。9月至10月，市老干部活动中心举办全市老干部欢庆中秋节、国庆节和第25个老年节门球、象棋、麻将、扑克和乒乓球比赛，177名离退休干部参赛。10月，市委老干部局联合市委组织部和市人社局，在市馨苑度假村会议中心举行全市离退休干部锡剧专场慰问演出，市艺术中心锡剧团上演大型现代锡剧《幸福港湾》，全市800余名离退休干部观看演出；举办“幸福晚霞耀港城”书画摄影展，展出书画摄影作品136幅，编印《幸福晚霞耀港城——张家港市老干部书画影集》。12月，举办迎元旦全市老干部棋牌比赛，80余名老同志参加。年内，市老干部活动中心组织老干部兴趣团队(协会)先后与昆山市、吴中区、丹阳市、常州市老干部兴趣团队(协会)开展书画、桌球、桥牌、棋类、乒乓球对口交流。

【"晚霞生辉进社区"活动举行】 4月20日,市委老干部局联合市委组织部、市委宣传部、市人社局、市文广新局启动老干部"晚霞生辉进社区"活动。先后组织老干部艺术团、书画组、摄影组、棋牌组等13个老干部兴趣团队,分批深入社区,开展各类活动30余场,带动社区老年人共同进步。11月,经开区(杨舍镇)庆丰社区、市委老干部局分别被苏州市委老干部局表彰为"晚霞生辉进社区"活动优秀社区奖、优秀组织奖。 (施翠萍)

调研工作

【概况】 年内,市委研究室起草市委十届四次、五次全体(扩大)会议、"拼抢五个月、加速现代化、献礼五十年"活动动员会议以及建县(市)50周年庆典等各类重要文稿材料79篇,共40余万字。围绕经济、民生、改革等事关全市发展的重大课题,深入走访调研各区镇、机关、村、企事业单位及周边地区200余人次,形成《关于实化生态文明建设,打造十大亮点品牌的调研与建议》《加快保税港区转型升级,全力打造"江苏外高桥"》《广电产业改革发展的外地实践及启示》《我市报社产业发展建议》等9篇调研报告,均得到市委主要领导的高度肯定,为市委科学决策提供参考。

【市文化体制改革专题调研活动开展】 年初,根据市委部署,就如何深入推进全市文化体制改革和文化机制创新,进一步激发文化事业活力,增强文化产业实力,推动全市实现文化大发展大繁荣,市委研究室组织50余人次开展调研,先后赴苏州、江阴、萧山、义乌等地学习考察,并走访相关部门以及主要文化企业,形成《广电产业改革发展的外地实践及启示》《我市报社产业发展建议》《文化体制改革与发展的调研与建议》3篇调研报告。报告对周边地区和全市文化事业和产业发展现状进行深入研究,客观分析当前存在的一些问题和新的发展趋势,并对推进文化体制的改革创新工作提出相关建议,得到市委主要领导的高度重视,为全市出台关于深化文广新系统体制机制改革创新的意见提供参考。

【生态文明建设专题调研活动开展】 年内,根据市委部署,市委研究室把生态文明建设作为调研重点课题,组织30余人次赴贵阳及相关部门调研,形成《关于实化生态文明建设,打造十大亮点品牌的调研与建议》调研报告。报告认为全市的生态建设,应着重围绕生态产业与减排、生态人居与环境、生态文化与制度三大体系框架,实施系统化的策略措施:生态产业与减排体系建设方面,实施系统减排、循环减排、管理减排的措施;生态人居与环境体系建设方面,实施生态家园建设、生态城乡建设、生态防护修复的措施;生态文化与制度体系建设方面,实施凝聚生态建设合力、制度创新与探索、教育与文化培育的措施。就如何引进最新理念、最新管理、最新技术实化生态文明建设,报告提出打造工业区集中整治、发展能源合同管理模式、分布式能源建设、推广"短距离循环"、探索推行市区限行、低碳小区建设、全力推进垃圾分类、生态水系和廊道建设、校企联动的教育品牌、创新高效的机制品牌等十大生态品牌的建议。市委主要领导对调研报告作出批示。

【保税港区转型升级专题调研活动开展】 年内,根据市委部署,就如何深度释放保税港区的政策功能,进一步推动保税港区加快转型升级,打造类似于上海外高桥保税区的服务经济示范区,提升全市服务经济的内涵和水平,市委研究室组织40余人次会同保税区相关部门调研,先后形成《在保税区交易市场建立清算中心的建议》和《加快保税港区转型升级,全力打造江苏"外高桥"》2篇调研报告。《在保税区交易市场建立清算中心的建议》从研究保税区大宗商品交易市场面临的竞争形势入手,分析从率先打造结算中心到全面筹建清算中心的必要性。各大交易市场存在较大风险敞口,须尽快以清算中心强化监管,促进交易市场健康发展;交易市场竞争优势日趋减弱,须尽快以清算中心创新商业模式,领跑交易市场的下一轮增长;发挥保税港区的政策功能优势,需要尽快以清算中心提升服务业发展层次,优化全市开放型经济发展环境。同时对发展以物流金融为主要业务的清算银行的可行性与前景进行深入分析。《加快保税港区转型升级,全力打造江苏"外高桥"》调研报告对张家港保税港区打造"江苏外高桥"的重要意义、现实基础和优势进行详尽分析,并从发展总量、主导产业、收入结构三方面分析张家港保税港区与外高桥保税区之间存在的主要差距。对加快打造"江苏外高桥"提出打造"五大中心"的具体实施路径:全力打造实力更强的"交易中心",全力打造功能更优的"物流中心",全力打造特色更亮的"结算中心",全力打造贡献更大的"总部中心",全力打造业态更新的"产业中心"。其中,打造江苏"外高桥"调研报告得到江苏省委常委、苏州市委书记蒋宏坤和张家港市委主要领导的重要批示,省委研究室以内参形式报送省委主要领导。 (卞新峰)

保密工作

【概况】 年内,全市保密工作标准化管理、保密宣传教育、保密依法管理、保密技术防范、保密队伍建设等工作取得新的进展。3月,市委保密委员会组织学习贯彻省和苏州市委保密委会议精神,研究和部署全市年度保密工作。4月,强化对全市保密要害部门部位的规范管理,督促相关部门调整涉密人员,修改各项管理制度,保密管理更加突出注重人员管理重点。6月,与市教育、公安等部门通力协作,全力做好高考中的保密管理工作。教育部门加大投入,保密室及各考点上保密技术防范硬件设施配置得到有效加强,考务人员的保密意识和责任心进一步提高,保证各类国家级考试的顺利进行。9月，以纪念新保密法施行2周年为契机，结合迎接苏州市保密大检查，在全市组织开展多层次、多形式的保密法律法规宣传教育活动。同时对照保密工作标准化管理的要求，组织开展全面性的自查活动，促进各级领导干部及涉密人员保密意识的强化，各种制度和各类资料的健全完善，整体保密技术防范水平的提升。在10月苏州市组织的保密大检查中，被抽检的单位均顺利通过。加强对全市保密主官及党政机关中相关人员的教育和培训，市保密部门2次组织保密主官进行保密业务培训，努力提高他们的保密意识、业务水平和履职能力，收到较好效果。在有关部门的配合下，市、镇两级对新录用的公务员和进入事业单位的人员岗前培训中都安排保密教育内容，全年举办保密知识讲座4次。继续做好保密载体的回收销毁工作，努力扩大回收的覆盖面，全年共回收销毁各类废纸、废旧计算机等近60吨，有效减少机关办公废品流入社会的现象，杜绝泄密事件的发生。积极帮助有关部门进行信息审查，完成《张家港年鉴(2012)》的保密审查及市人大代表批评意见、市政协委员提案处理意见上网公开前的保密审查工作。做好企业申领保密资质的服务工作，有2家企业通过军工产品生产保密认证，3家企业申报保密资质。继续做好《保密工作》杂志的通联发行工作，充分利用这个平台进行宣传教育，通联发行工作名列全国县级市第一名，受到国家保密局的表彰。

【计算机U盘管理系统建成】 5月，按照苏州市委保密委推行的保密工作标准化管理的要求，张家港市保密局着手对全市市、镇两级党政机关的计算机建立起U盘管理系统。市委保密委从有关部门抽调多名技术人员，历时4个月，逐个部门上门服务，对所有计算机分类安装管理软件。在实施中，一方面与接受安装的工作人员分类签订保密管理承诺书，明确管理责任；另一方面，对U盘管理系统使用操作基本技能进行现场讲解演示，对新保密法规定应予追究法律责任的12种违法行为进行面对面的宣传，对操作中容易发生问题的环节、方式和现象进行提醒和警示，使大家深受启发和教育。通过建立计算机U盘管理系统，对杜绝党政机关工作人员U盘使用中内外不分、公私不分、交叉使用的违规行为带来的泄密隐患的发生起到积极的防范作用。各级领导和机关工作人员的保密意识进一步增强，人防与技防的有机结合，推动了全市计算机信息系统防范水平的进一步提升。（张岳良）

接待工作

【概况】 市委接待办全年接待宾客775批29953人次。先后接待全国人大常委会副委员长、九三学社中央主席、中国科协主席韩启德，全国人大常委会副委员长、民进中央主席严隽琪，全国政协副主席、九三学社中央副主席王志珍，全国人大教科文卫委员会副主任委员金炳华，全国人大财经委员会副主任委员梁保华，全国人大常委、中国科协副主席冯长根，国家发展改革委副主任解振华、杜鹰，国土资源部副部长王世元，交通运输部副部长徐祖远，文化部副部长杨志今，全国工商联副主席李路，武警部队副政委、中将崔景龙，全国人大常委、民进中央专职副主席朱永新以及罗志军、弘强、杨新力、蒋宏坤、樊金龙、王燕文、张艳、赵龙、张卫国、何权、史和平、曹卫星、许仲梓、罗一民等省(部)级领导带队的考察团80批。接待22个省、市、自治区党政考察团144批，条线调研和会议209批，各地领导干部培训班68批，保障全市性活动53批次。为张家港建县(市)50周年纪念大会、2012年中国(张家港)长江文化艺术节、国家公共文化示范区创建工作现场经验交流会、全省食品安全工作会议、全省“12345”政府公共服务平台建设推进会、全国重点职校走进张家港暨2012年全国东西部中等职业学校联合招生协作会、市第六届科技节等会议及重要活动提供接待服务工作。先后6次配合市委办公室赴镇江、宿豫、盐城、上海、杭州、宜兴、长兴、溧阳、乌鲁木齐、巩留、徐州、枣庄等地，为全市重大对外交流政务活动做好前站联络和随团服务工作。全年编发《接待简报》12期，累计144期，为市领导及有关部门提供相关信息。

【首届“沙洲风情”地方菜系竞展活动举行】 3月27日至29日，全市举办首届“沙洲风情”张家港地方菜系竞展活动。此次活动由市人民政府主办，市委宣传部、市委接待办、市商务局及市烹饪协会承办，旨在进一步弘扬长江美食文化，深度挖掘张家港市风情浓郁、文化特质鲜明的地方菜系，搭建全市美食文化交流平台，不断提高全市餐饮行业整体服务水平。全市22家宾馆、酒店参加竞展。活动

首届“沙洲风情”地方菜系竞展活动现场　　（市委接待办　供稿）

邀请张家港烹饪行业资深专家陈荣华担任裁判长，国家职业技能鉴定考评员严维贵、赵铁强、陶云龙等知名专家、相关领导和部分群众代表担任评委。活动注重全方位展示港城文化底蕴，凸显绿色、生态、本土三大特色。评审团对每一道菜肴的烹饪基本功、创意、造型、色泽、质感、味道、文化和体现的地方特色等几个方面进行评分，经过预决赛，最终评出8道金牌菜和8桌精品宴席。华芳酒店的江河田园宴、国贸酒店的沙洲印象主题宴、皇家花园美食会所的五彩缤纷港城美等团体宴和双山高尔夫俱乐部的渔家一锅鲜、江鲜大酒店的长江河豚黄豆冻、联峰宾馆的金网煎刀鱼馄饨等特色菜获奖。（李可懿）

党校工作

【概况】 年内，市委党校共举办市青年干部培训班、市级机关中层干部轮训班等主体班和各类短训班129期，培训1.2万余人次；开展十八大精神、决战现代化等主题宣讲200余场，“党课进百企”活动受到企业干部职工欢迎。完成科研成果45项、共23万字，其中，《以学习型党组织建设助推现代化进程》等9篇论文在有关理论研讨征文中获奖，《关于张家港市总部经济发展的调查与思考》等6篇调研报告获市委主要领导批转，张家港市委党校获苏州市党校系统“优秀科研组织奖”。10月，在全省县级党校第一轮办学水平评估中，省、苏州市有关领导和专家对张家港市委党校办学水平进行综合评估，对市委党校紧扣全市大局抓培训、紧扣决策咨询抓科研、紧扣服务基层抓宣讲的工作思路和成效给予充分肯定，张家港市委党校综合得分列苏州市县级党校第一。12月，市委党校被省委组织部和省委党校联合表彰为全省“优秀县级党校”。（王 维）

【基层党校建设】 年内，市委宣传部召开4期基层党校工作例会，组织全市各基层党校认真学习贯彻《中国共产党党校工作条例》。围绕率先基本实现现代化总体工作思路，以党的基本理论、方针政策、法律法规、经济社会发展等为培训内容，开展党员轮训、入党积极分子培训及各类专业技术培训，完善“分党校、教学点”工程，综合运用现场教学和网络远程教学等方式，在全部的村（社区）和有条件的非公企业和学校建立分党校和教学点。全市基层党校分校、教学点达到188个。各基层党校全年共举办各类培训班1400余期，参训人数20万人次，其中党员干部培训9.3万余人次，培训率达到99%以上，支委以上骨干培训率达到100%。继续坚持“以特色班支撑主体班，以成人校、科技校支撑党校”的办学模式，与各区镇党委办、组织人事办、纪检办、综治办等职能部门联合开展村官知识技能、经济组织运用、安全法律法规、干部警示教育、实用种养殖技术、安全生产、金融会计、就业创业等特色培训班，共举办各类技能培训班446余期，组织编写辅导材料120余篇，培训人员4500余人次。（丁洪斌）

【“百企进党校，党课进百企”活动开展】 7月，市委党校与市委非公经济工委等联合开展“百企进党校、党课进百企”活动。7月至12月，市委党校先后举办关于规模经济、经济形势分析、产业结构调整、供应链管理、精细化生产、产业升级、人才评鉴、周易的智慧以及营销创新等专题讲座9场，全市骨干企业负责人和企业高管参训人数1350余人次。校领导和骨干教师先后赴易华塑料、华伟薄板等企业，开展党的十八大精神、决战现代化、张家港精神、中共党史、素质提升与能力建设、宏观经济形势分析、科技创新、企业管理与企业文化建设等专题宣讲累计28场，受到企业干部职工欢迎。

【全市首批现场教学基地建立】 年内，市委党校和市干部教育领导小组办公室联合开展市干部教育培训现场教学基地评选活动，于10月认定沙钢集团、市文化中心、暨阳湖生态园、市高新技术创业服务中心、杨舍镇农联村、杨舍镇东湖苑社区、保税区专业市场、金港镇德丰社区、锦丰镇沙洲新城展示馆、凤凰镇河阳山歌馆、南丰镇永联村和现代农业示范园区科技中心等12个单位为首批现场教学基地，并举行授牌仪式。这些现场教学基地，涉及党性教育、经济发展、科技创新、城乡一体化、社区建设管理、基层组织建设等培训主题，是展示张家港经济社会发展成就与经验的生动典型。（王 维）

市级机关工委工作

【概况】 年内，市级机关工委管理的机关及涉外单位新调整22个党组织书记或专职副书记，张家港中联理货有限公司党支部升格为党委，市科技局党支部升格为党总支。全年新发展党员51人，其中35周岁以下的34人、占66.7%，女性22人、占43.1%；批准预备党员转正82人。至年末，市级机关工委下辖党委7个、党总支21个、党支部177个（其中直属党支部51个），党员3476人。下辖工会组织83个，团组织27个，妇女组织73个。评出市级机关先进党组织55个、优秀共产党员139人。8月，市编办批复同意机关工委设立办公室、党建科、宣教科3个内设机构，均为正股级建制。核定内设机构领导职数为科长（主任）3名，副科长（副主任）2名。“全心力行·倾情服务”工作品牌入选市2012年度“十佳机关服务品牌”。6月，市委市级机关工委被苏州市委、市政府表彰为2009~2011年度苏州市人口和计划生育工作先进集体。10月，群众体育工作被苏州市人民政府表彰为先进集体。

【机关党建工作】 1月，市级机关工委“全心力行·倾情服务”工作品牌发布。4月至9月，开展机关干部“品读好书·争当先锋”主题读书活动，获第七届苏州市阅读节优秀活动奖。开展个性化工作格言、行业精神征集评选活动，收到机关各部门报送的行业精神172条、个性化工作格言333条，评出优秀行业精神15条、优秀个性化工作格言37条。5月24日，在市文化中心星海剧场举行市级机关“学标兵、颂劳模、争率先、促现代”先进事迹宣讲会。5月,“如何打造生动活泼的基层党建工作局面”入选《苏州市市级机关微型党课典型案例及特色教案选编》,为苏州各市(区)机关工委唯一入选案例。6月,出台机关基层党组织书记述职、党组织书记讲党课、党员谈心交心、机关党员思想状况分析会议、新发展党员复训等8项经常性工作制度和严格党员发展工作的3项规定。6月至12月,部署推进“机关道德讲堂”建设,市检察院、市财政局、张家港地税局、张家港出入境检验检疫局、市新华书店被市文明委命名为市首批“道德讲堂”活动示范基地。7月28日,在市馨苑度假村会议中心举行全国创先争优优秀共产党员吴栋材同志先进事迹报告会。8月17日,在市国税局召开深入开展基层组织建设年活动暨加强服务型党组织建设推进会。8月中旬,联合市绩效办对27个机关部门开展机关副职和中层作风效能评议。9月、11月,2次与锦丰镇星火村联合组织开展“看机关、强基层、促发展”主题活动、赴塘桥镇花园村学习交流活动。10月8日、9日晚,组织市、镇两级机关2200余名党员干部观看红色经典歌剧《党的女儿》。10月13日,召开全市作风效能建设共进会。10月30日,组织机关通讯员赴张家港海事局开展“采风党建桥·体验心港湾”活动。11月下旬,根据市委统一部署,组织开展“学习十八大、总结五十年”争先创新大讨论活动。11月28日,制定下发市级机关(单位)机关服务和机关保障(组织工作部分)绩效考评实施细则。12月18日至22日,分组召开市级机关党的工作座谈交流会,市级机关工委所属76个党组织和17个系统党委的分管领导参加会议。年内,在《张家港日报》开设《张家港机关建设》双月专版,编印《市级机关务实管用制度、创新案例、典型事迹汇编》《优秀党课教案》等学习读物和《春华秋实——图说2012》工作画册。

【机关群团活动】 3月至4月,市级机关工委组织开展机关青年志愿服务进社区活动。3月至12月,先后组织市级机关党员爱心妈妈走进塘桥镇花园村、市儿童福利院和塘桥镇青龙村开展助学帮困献爱心活动。4月27日至28日,举办“创先争优杯”乒乓球比赛。“五四”前夕,组织300名机关团员青年观看市保利大剧院文化演出。6月6日,召开市级机关第三次团代会,27个机关部门的60名团员青年代表参加会议。会议选举产生新一届委员会委员11人和出席共青团张家港市第十四次团代会的代表6人。6月8日至9日,举办“绿满港城杯”羽毛球比赛。6月至7月,举办机关干部文档编辑和PPT制作大赛,分别有41个机关部门的87名机关干部和71件PPT作品参赛。6月末至8月初,配合全国文明城市创建,组织近4000人次机关志愿者在市区20条主要路段,配合城管部门开展公共文明劝导志愿活动。8月12日,举办“七彩夏日·感悟亲情”市级机关青年家庭走进市青少年教育实践基地主题活动。10月13日,举办“现代传承杯”象棋、围棋比赛。

【组织机关干部服务现代化建设】 2月3日,市级机关工委下发《关于市级机关党员干部积极投身港城现代化建设的通知》,号召市级机关各级党组织和广大党员干部为张家港市在全省率先基本实现现代化争作新贡献。编印《张家港市基本实现现代化指标体系宣传手册》1万册,发放到各区镇、各机关部门、各单位。3月中旬,邀请市现代化推进办负责人为机关干部作现代化指标体系专题解读。3月至5月,会同市委宣传部、市现代化推进办、市委史志办、市档案局、张家港日报社等部门举办“辉煌五十年,决胜现代化”知识竞赛,近2万人参与。5月24日,在市文化中心星海剧场举行知识竞赛抽奖仪式,抽取特等奖2人、一等奖10人、二等奖20人、三等奖30人、纪念奖50人。9月25日,下发《关于组织下基层干部认真做好“决战现代化”宣传工作的通知》。9月至10月,组织下基层干部开展“决胜现代化”民生政策措施宣讲,受众30余万人次,进家庭宣传20余万户。10月10日,苏州市委市级机关工委书记明亮一行到张家港市调研机关党建工作,召开机关党组织服务现代化建设座谈会。

【组织282名机关干部下基层实践锻炼】 年初,按照市委要求,市级机关工委深入镇、村和机关部门走访调研,形成专题调研汇报。研究制订机关干部下基层活动组织实施方案,明确目标任务、人员安排、点位安排、时间保证和纪律要求等。3月23日,印发《关于深入推进机关干部定期下基层实践锻炼的通知》,对活动作出部署。4月14日,市委组织部、市级机关工委在市馨苑度假村会议中心召开全市深化和拓展机关干部下基层活动推进会。4月至10月,市级机关94个部门、单位的282名干部集中利用每周五、六两天时间,到93个行政村、22个区域联合党委办公室、30个规模社区进行实践锻炼。下基层干部重点围绕宣传一批政策措施、了解一手社情民意、参加一线实体工作、开展一项重点调研、解决一批具体问题、提出一些工作建议的“六个一”任务,积极投入基层,努力实践锻炼。7月初,市级机关工委会同市纪委、市委组织部对下基层活动情况进行联合督察,形成调查报告,报市委主要领导。7月末至8月上旬,分区镇召开机关干部下基层活动座谈会。在半年的实践锻炼活动中,下基层干部共走访群众3318户,走访企业1145家,撰写民情日记3385篇,撰写心得体会文章720篇,提出工作意见、建议534个,帮助协调解决具体问题910个,受到基层干部群众的广泛好评。市主要领导和分管领导先后4次对下基层活动作出重要批示,给予充分肯定。12月19日,在保利大剧院召开市级机关干部下基层实践锻炼活动第一批总结表彰暨第二批部署推进会议,全面总结第一批活动成效,对20个机关单位、10个基层实践锻炼点位、30名下基层干部予以表彰,下发《机关干部下基层实践锻炼活动管理办法》,部署推进第二批机关干部下基层活动。

【打造机关党建服务联盟】 针对机关党建资源存在重复建设、优质资源得不到充分发挥、党建水平参差不一等情况，市级机关工委依托党建特色示范点建设，通过有效整合相邻区域或相近职能的机关党组织的党建资源，积极探索建设条融于块、多向受益、互补共享的机关党建联盟格局。年初，重点谋划民生和谐、发展建设、执法服务、社会服务和先锋文化5大类17个党建示范点，在具体点位建设上，要求部分有条件的机关采取联盟建设形式。年末，建成包括城建口的“七彩党建服务联盟”、市民服务中心的“五心党建服务联盟”在内的特色党建示范点12个。申报的“打造机关党建联盟，实现资源互补共享”获苏州市机关党建工作创新创优项目一等奖。

【教育培训机关干部近千人】 年内，市级机关工委依托市级机关干部人生教育和能力提升基地，精心设计内容，实行按需施教，组织开展各类培训5期，培训机关干部近千人。3月16日，举办近200名党务干部参加的市级机关“加强基层组织建设，深化创先争优活动”综合培训班，通过观看短片、交流发言、专题讲座等形式，抓好《中国共产党党和国家机关基层组织工作条例》的学习贯彻，指导基层党组织扎实开展基层组织建设年活动。4月11日至13日，举办市级机关第26期入党积极分子培训班，294名入党积极分子参加培训。5月25日，市级机关首期赴新加坡创新实务培训班在市委党校举行开班仪式。5月26日至6月1日，28名党务干部在为期一周的培训期间，重点学习新加坡在党的执政理念与治国策略、基层社会管理与服务体系、社会思想道德建设与运作、政府动态管理与创新等方面的先进经验，编印《学鉴狮城，建设港城》学习成果。6月17日，组织75名2009年以后部分新发展党员开展集中复训。9月8日至9日，举办市级机关干部行政管理能力主体培训班，205名机关干部参加《做好机关工作的法宝》《机关常用公文写作技巧》《机关政务接待礼仪》《PPT制作技巧》等5个方面的培训。

【推动机关人大代表履责】 1月至3月，按照全市人大换届选举工作的统一部署，做好市级机关15个选区的换届选举工作，市级机关共选举产生25名新一届市人民代表大会代表，52604名选民参与投票选举。换届选举后，市级机关有市人大代表26人，分2个代表小组，每组13人。4月26日，举行市级机关人大工委、市级机关人大代表之家揭牌仪式，市人大常委会主任高建刚出席活动并揭牌。5月16日，组织市级机关全体人大代表参观机关“代表之家”并开展代表活动。7月11日，组织机关人大代表开展接待选民和述职活动及机关二组代表与凤凰镇人大代表互动活动。7月13日，组织市级机关人大一组代表赴海关调研。10月17日至21日，市级机关人大工委组织12名市人大代表先后赴黄山市屯溪区老街街道、杭州市上城区清波街道、南星街道，学习交流人大工作经验做法。11月2日、8日，市级机关人大代表一组、二组分别在市水利局、市第一人民医院举行代表述职和接待选民活动，市人大常委会副主任郭炳荣等出席活动。11月21日，机关一组人大代表与乐余镇部分驻镇市代表就高效农业发展课题开展专题调研，市人大常委会主任高建刚、副主任郭炳荣等参加调研。

（钱艳虹）

机构编制工作

【概况】 年内，市机构编制委员会办公室（以下简称市编办）扎实推进行政管理体制改革各项工作，深入推进经济发达镇管理体制改革试点工作，深化“区镇合一”管理体制。加强机构编制管理，修订并印发《张家港市机构编制委员会工作规则》和《张家港市机构编制审批及管理权限》，全年受理各类机构编制申请事项74件，提请市编委召开2次编委会，共审议机构编制事项24件，同意新增凤凰房产管理所、社区矫正管理教育服务中心、居民家庭经济状况核对中心3个事业单位，撤并事业单位2个，5个单位变更事业单位名称，2个单位增挂牌子，1个单位调整隶属关系，否决事项12项。加强机构编制监督检查，9月，会同市委组织部、市审计局开展领导干部“三责联审”工作，对市环保局、市档案局原主要领导，市体育局、市物价局、市民防局主要领导分别实施机构编制责任审核。扎实推进事业单位登记管理，年内办理18个2011年度事业单位设立登记、2个补办证书，变更登记103项；年度检验362家，年检率为100%。

【经济发达镇管理体制改革试点工作推进】 2月和5月，根据省委、省政府办公厅工作要求，重点研究以凤凰镇为试点的经济发达镇行政管理体制改革工作，分别制定《张家港市凤凰镇行政管理体制改革试点方案》和《张家港市凤凰镇职能配置、内设机构和人员编制实施方案》。根据改革要求，协调有关部门进行权限梳理和下放，协助市政府法制办和市行政服务中心抓好该镇综合执法局和便民服务中心的组建工作。至9月末，凤凰镇内设职能机构和人员配备全部到位，“七局二室一中心”正式揭牌，凤凰镇行政管理体制改革试点工作进入实质性运作阶段。

【深化“区镇合一”管理体制】 6月，按照市委、市政府对有关区镇管理体制调整的部署，以经济技术开发区成功升级为国家级开发区为契机，制定《张家港经济技术开发区实行“区镇合一”管理体制实施方案》和《张家港经济技术开发区党工委管委会主要职责内设机构和人员编制规定》，经济技术开发区和杨舍镇全面整合，打破原运作中存在的管理“两张皮”现象，促进资源整合、优势互补，共同发展，真正实现规划建设、经济发展、干部调配、财务审批、考核管理、公共事务“六个统一”。在此基础上，会同保税区（金港镇）、冶金工业园（锦丰镇），分别拟定“区镇合一”方案，推动“区镇合一”全面深入推进。

（陈　红）

【编辑　黄宏庆】

张家港市人民代表大会

综　　述

2012年年初，全市有十二届人大代表308人。3月，市人大顺利实现换届。年末，全市有十三届人大代表336人，其中工人代表45人，农民代表95人，农民工代表5人，企业负责人代表34人，国家干部代表68人，专业技术人员代表72人，张家港驻军代表3人，民主党派和无党派爱国人士、归侨及其他方面人员14人。市十三届人大一次会议后，市人大及其常委会紧紧围绕市委的决策部署，与时俱进弘扬张家港精神，紧贴中心促发展，关注民生助和谐，依法履行各项职责，大力推进民主法制建设，积极发挥地方国家权力机关作用，为促进经济社会发展和民主法制建设作出积极贡献。

推进现代化建设　围绕市委决策部署，组织开展专题调研，听取市现代化推进情况汇报，赴有关部门、区镇进行调研和督察，按照建设“富有个性、更具实力、群众认可、全面进步”的现代化要求，提出形成工作合力、强化推进指导、加强宣传引导等建议，得到政府的重视和采纳。

强化监督工作　依法履行各项职责，全年共召开常委会会议8次，主任会议10次，听取和审议“一府两院”专项工作报告39项，作出决议、决定18项，组织调研、视察、执法检查等活动38次，撰写各类调研报告39篇。

规范人事任免　坚持党的领导、充分发扬民主和依法任免相统一的原则，市人大常委会组织6批24人进行任前法律和廉政知识考试，5批12人进行拟任职发言，依法任免国家机关工作人员172人次，其中任免市政府组成人员81人次，任免“两院”工作人员91人次，接受辞职2人，补选苏州市人大代表1人、张家港市人大代表2人。

增强代表作用　完成37家“人大代表之家”规范化建设，组织人大代表2789人次参与代表活动191场；组织开展代表接待选民日活动40次，314名代表接待选民760人次，收集意见建议236条，交办解决218条；认真实施代表向选民述职计划，有190名市、镇两级人大代表向1500余名选民进行面对面述职。

注重自身建设　推进市级机关“人大代表之家”建设，积极组织代表开展视察调研活动，调整人大各工委的兼职委员，聘请法律顾问。对37项常委会和人大机关制度进行了修订完善。把信访工作作为密切联系群众的重要渠道，全年共受理群众来信到访63件次。认真编发人大常委会会报和《张家港人大信息》，及时宣传人大及其常委会的重要活动、人大代表认真履行职责情况。

【市、镇两级人大顺利换届】　依照宪法和有关法律规定，并根据全国、江苏省和苏州市人大常委会的有关决定，以及中共江苏省委、苏州市委有关文件精神，结合张家港市实际，1月至2月，全市开展市、镇两级人大同步换届选举工作。1月4日至15日，年满18周岁的张家港市公民到户口所在地或工作单位的选民登记站进行选民登记。2月1日，公布选民榜。全市共设市级选区163个、镇级选区426个，设立选民登记站3732个，共登记选民1002546人。2月14日，市选举委员会按选区张榜公布市、镇两级人大正式代表候选人名单和基本情况，全市共产生市级人大正式代表候选人499人、镇级人大正式代表候选人1306人。2月19日至20日，市、镇两级人大正式代表候选人，除个别因特殊情况外，都到所在选区与选民代表见面。2月22日，正式投票选举。至2月23日，共选举产生市十三届人大代表336人、镇级新一届人大代表877人。在换届选举中，共有871434名选民参加投票。市、镇两级选区的一次选举成功率分别达到99.7%和100%。在市十三届人大代表中，工人45人，占13.39%；农民95人，占28.27%；农民工5人，占1.49%；企业负责人34人，占10.12%；国家干部68人，占20.24%；专业技术人员72人，占21.43%；张家港驻军代表3人，占0.89%；民主党派和无党派爱国人士、归侨及其他方面的人员14人，占4.17%。代表中，具有大专以上文化的319人，占94.94%，比上届提高23.54个百分点；中专及高中文化的11人，占3.27%；初中及以下文化的6人，占1.79%。代表中，非中共党员占35.7%，妇女占32.1%。3月9日至14日，全市8个区镇陆续召开新一届人民代表大会第一次会议，依法选举产生新一届镇人大主席、副主席，镇长、副镇长。

2012年张家港市各镇新一届人代会情况

表4　　单位:人

镇名	届次	召开时间	代表人数		选举情况			
			应到数	实到数	主席	副主席	镇长	副镇长
杨舍	十七	3月10日至11日	160	160	1	1	1	6
塘桥	十五	3月12日至13日	100	100	1	1	1	5
金港	十	3月9日至10日	159	153	1	2	1	6
锦丰	十九	3月12日至13日	129	125	1	2	1	6
乐余	十七	3月12日至13日	94	94	1	1	1	5
凤凰	十八	3月12日至13日	90	90	1	2	1	6
南丰	十六	3月13日至14日	72	65	1	1	1	5
大新	十五	3月10日至11日	73	73	1	2	1	5

重要会议

【市十三届人民代表大会第一次会议】 3月20日至24日，第十三届人民代表大会第一次会议召开。会议应到代表335人,因事因病请假5人,实到代表330人,列席134人。会议听取市长姚林荣作的政府工作报告、市人大常委会主任彭建平作的市十二届人大常务委员会工作报告、市人民法院院长张玮作的市人民法院工作报告、市人民检察院代检察长蔡蔚作的市人民检察院工作报告。会议通过无记名投票的方式,选举产生市十三届人大常委会组成人员,市人民政府市长、副市长,选举产生市人民法院院长、市人民检察院检察长,以及张家港市出席苏州市第十五届人民代表大会的代表70人。高建刚当选为市十三届人大常委会主任,顾放、郭炳荣、徐根法、陆颂义当选为市十三届人大常委会副主任。丁一红等28人当选为市十三届人大常委会委员。姚林荣当选为市人民政府市长,徐仲高、丁学东、黄尧、石锡贤、邵军民、赵建明、华红当选为市人民政府副市长。张玮当选为市人民法院院长,蔡蔚当选为市人民检察院检察长(需报经苏州市人民检察院检察长提请苏州市人大常委会批准)。会议以举手表决的方式通过《关于张家港市人民政府工作报告的决议》《关于张家港市2011年财政预算执行情况和2012年财政预算的决议》《关于张家港市人大常委会工作报告的决议》《关于张家港市人民法院工作报告的决议》《关于张家港市人民检察院工作报告的决议》。会议收到代表建议、批评和意见249件。

张家港市十三届人大一次会议重点督办建议一览

表5

建议号	建议名称	承办单位	建议人
109	关于解决失地农民就业问题的建议	市人社局	丁萍芬
176	关于加强保留村庄新农村建设的建议	市委农工办	王海霞
86	关于加强养老护理人员队伍建设的建议	市民政局	朱丽萍
147	关于加快中心镇区医院建设、提高医疗水平的建议	市卫生局	龚　盛
155	关于加强我市职校或技校发展的建议	市教育局	杨绪刚
213	关于进一步加大对抽头聚赌者打击力度的建议	市公安局	吴广勤
204	关于加快全市旅游产业发展的建议	市旅游局	季洪良
46	关于加快推进出租汽车扩容工作的建议	市交通运输局	朱长明
14	关于规范小区物业管理的建议	市房管中心	张小飞
84	关于在金港大道李巷村段开设十字路口的建议	市交通运输局	黄玉琪

【市十二届人大常委会会议】 年内,市十二届人大常委会共召开会议4次。

第三十八次会议　1月19日召开。会议审议通过关于李刚请求辞去张家港市十二届人大常委会委员职务的决定，审议通过有关人事任免和有关工作事项。

第三十九次会议　2月12日召开。会议审议通过关于王亚方、张伟请求辞去张家港市人民政府副市长职务的决定，审议通过关于钱根源请求辞去张家港市人民检察院检察长、检察委员会委员职务的决定。会议选举徐仲高、华红为张家港市人民政府副市长，选举蔡蔚为张家港市人民检察院副检察长、代理检察长;免去陆建中市人民检察院副检察长、检察委员会委员职务。会议审议通过有关人事任免。

第四十次会议　3月5日召开。会议作出关于召开市十三届人大一次会议的决定，听取和审议市人民政府关于2011年财政预算执行情况和2012年财政预算草案的报告，听取和审议市十三届人大代表资格审查报告；审阅和审议市人民政府工作报告(草案)。

第四十一次会议　3月12日召开。会议听取市十三届人大一次会议筹备工作情况汇报；审议通过市十三届人大一次会议的有关事项；审阅和审议市人大常委会工作报告(草案)、市人民法院工作报告(草案)、市人民检察院工作报告(草案)。

【市十三届人大常委会会议】 年内,市十三届人大常委会共召开会议8次。

第一次会议　4月9日召开。会议任命黄雪元、黄亚平为市人民政府副市长;会议表决通过市人大常委会内设机构负责人的任免事项,表决通过政府组成人员的任免事项,并颁发任命书。会议审议通过市人大常委会代表资格审查委员会、各工作委员会、法律顾问团成员名单,审议通过市人大常委会2012年度工作要点和工作安排。

第二次会议　5月18日召开。会议审议通过关于张玮请求辞去张家港市人民法院院长、审判委员会委员职务的决定，任命徐建东为市人民法院副院长、代理院长、审判委员会委员。会议听取市人大常委会议事规则辅导讲座。审议通过市人大常委会有关规定和制度，审议通过市人大常委会2012年工作评议实施方案。会议还听取和审议市人民政府关于贯彻实施《中华人民共和国价格法》情况的汇报。

第三次会议　7月19日召开。会议审议通过市人民法院有关人事任免事项。会议听取和审议市人民政府关于2011年度财政决算报告以及2012年地方政府债券预算安排的报告，并批准张家港市2011年度财政决算和张家港市2012年地方政府债券预算安排。会议听取和审议市人民政府关于2011年度财政预算执行及其他财政收支情况的审计工作报告，听取市人民政府关于2012年上半年财政预算执行情况的报告。会议听取市住建局、司法局、体育局、张家港质监局4个部门工作情况报告,并进行工作评议。

第四次会议　8月31日召开。会议审议通过市人民检察院有关人事任免事项。会议听取和审议市人民政府关于市十三届人大一次会议代表建议办理情况的汇报，听取和审议市人民检察院关于贯彻实施《江苏省预防职务犯罪条例》和全市职务犯罪惩防体系建设情况的汇报,审议《张家港市城市总体规划(2011～2030)》。

第五次会议　9月28日召开。会议听取和审议市人民政府关于教育中长期规划贯彻落实情况的汇报、关于台资企业运行和贯彻实施《中华人民共和国台湾同胞投资保护法》情况的汇报,审议通过有关人事任免事项。

第六次会议　10月31日召开。会议审议通过有关人事任免事项。会议听取市住建局、司法局、体育局工作评议整改情况报告，并进行工作评议二次审议。

第七次会议　11月30日召开。会议表彰2012年度优秀代表建议和先进承办单位,审议通过有关人事免职事项,听取和审议市人民政府关于调整2012年部分经济指标预期目标的报告、关于代表建议办理情况的汇报,作出关于召开市十三届人大二次会议的决定,审议通过关于施卫尧请求辞去张家港市十三届人大代表职务的决定。

第八次会议　12月25日召开。会议审议通过有关人事任免事项。会议补选陈雄伟为苏州市十五届人大代表。会议听取和审议市人民政府关于实事工程实施情况的汇报,听取市人民政府关于2012年国民经济和社会发展计划执行情况与2013年国民经济和社会发展计划草案的报告,听取市人民政府关于2012年财政预算执行情况和2013年财政预算草案的报告。会议审议市人民政府工作报告(草案)、市人大常委会工作报告(草案)、市人民法院工作报告(草案)、市人民检察院工作报告(草案)。会议听取市十三届人大二次会议筹备工作情况汇报,审议通过市十三届人大二次会议的有关事项。

【市十二届人大常委会主任会议】 年内，市十二届人大常委会共召开主任会议4次。

第五十次主任会议　1月18日召开。会议听取市十二届人大常委会第三十八次会议准备工作情况的汇报。会议还审议了有关人事任免事项。

第五十一次主任会议　2月9日召开。会议听取市十二届人大常委会第三十九次会议准备工作情况和市十三届人大一次会议会务准备情况的汇报。

第五十二次主任会议　3月1日召开。会议听取市人民政府关于2011年财政预算执行情况和2012年财政预算草案的报告,讨论市人大常委会工作报告(草案),讨论市十三届人大一次会议有关事项,听取市十二届人大常委会第四十次会议准备工作情况的汇报。

第五十三次主任会议　3月10日召开。会议讨论市人民法院工作报告(草案)、市人民检察院工作报告（草案),讨论市十三届人大一次会议有关事项，听取市十二届人大常委会第四十一次会议准备工作情况的汇报。

【市十三届人大常委会主任会议】 年内，市十三届人大常委会共召开主任会议10次。

第一次主任会议　3月31日召开。会议研究市人大常委会主任、副主任、调研员、副调研员、党组成员的工作分工，讨论市人大常委会2012年度工作要点和工作安排，听取市人大人事代表联络工委关于市十三届人大一次会议代表议案和代表建议、批评、意见情况的汇报；听取市十三届人大常委会第一次会议准备工作情况汇报。

第二次主任会议　4月23日召开。会议听取市人民政府关于市十三届人大一次会议代表建议办理打算的汇报，讨论市人大常委会有关规定和制度，研究部署市十三届人大常委会第二次会议准备工作。

第三次主任会议　5月15日召开。会议听取市人民政府关于《中华人民共和国食品安全法》审议意见落实情况的汇报，研究市人大常委会2012年工作评议实施方案，听取市十三届人大一次会议重点督办建议征求意见情况的汇报和人大代表培训工作有关情况的汇报，听取市十三届人大常委会第二次会议准备工作情况的汇报。

第四次主任会议　6月19日召开。会议听取市人民政府关于张家港市2011年度财政决算情况的汇报、2011年度财政预算执行及其他财政收支审计情况的汇报、市容管理情况的汇报、2012年度张家港市国有土地房屋征收计划情况汇报，听取市人大常委会专题调研课题情况的汇报，研究部署市十三届人大常委会第三次会议准备工作。

第五次主任会议　7月10日召开。会议听取市人大各工作评议组对市住建局等4个部门工作评议调查情况的汇报，听取市十三届人大常委会第三次会议准备工作情况的汇报。

第六次主任会议　8月24日召开。会议听取各调研组关于实施创新驱动战略调研情况的汇报，研究部署市十三届人大常委会第四次会议准备工作。

第七次主任会议　9月22日召开。会议听取市人民政府关于在全省第一批基本实现现代化推进工作情况的汇报，研究部署市十三届人大常委会第五次会议准备工作。

第八次主任会议　10月15日召开。会议听取市人民政府关于"六五"普法工作情况的汇报，研究工作评议整改情况调查报告，研究部署市十三届人大常委会第六次会议准备工作。

第九次主任会议　11月7日召开。会议听取市人民政府关于《各方配合、齐抓共管，确保我市农产品质量安全》代表议案办理工作审议意见落实情况的汇报，听取各工作委员会关于人代会拟提议案的情况汇报；部署市十三届人民代表大会第二次会议筹备工作，研究部署市十三届人大常委会第七次会议准备工作。

第十次主任会议　12月7日召开。会议听取市人民政府关于2013年国民经济和社会发展计划草案的报告、关于2012年财政预算执行情况和2013年财政预算草案的报告，讨论市十三届人大二次会议有关事项和市人大常委会报告(修改稿)，研究部署市十三届人大常委会第八次会议准备工作。

审议与监督

【审议工作】 2012年，市人大常委会听取和审议"一府两院"专项工作报告39项，作出决议、决定18项。其中主要有：1月19日，市十二届人大常委会第三十八次会议审议通过关于李刚请求辞去张家港市十二届人大常委会委员职务的决定；2月12日，市十二届人大常委会第三十九次会议审议通过关于王亚方、张伟请求辞去张家港市人民政府副市长职务和钱根源请求辞去张家港市人民检察院检察长、检察委员会委员职务的决定；3月5日，市十二届人大常委会第四十次会议听取和审议市人民政府关于2011年财政预算执行情况和2012年财政预算草案的报告；3月12日，市十二届人大常委会第四十一次会议审议通过市十三届人大一次会议建议议程和建议日程、市十二届人大常委会代表资格审查委员会关于代表情况的报告（草案）；5月18日，市十三届人大常委会第二次会议审议通过关于张玮请求辞去张家港市人民法院院长、审判委员会委员职务的决定；7月19日，市十三届人大常委会第三次会议听取和审议市人民政府关于2011年度财政决算报告以及2012年地方政府债券预算安排的报告，并批准2011年度财政决算和2012年地方政府债券预算安排；8月31日，市十三届人大常委会第四次会议听取和审议市人民政府关于市十三届人大一次会议代表建议办理情况的汇报，审议《张家港市城市总体规划(2011～2030)》；9月28日，市十三届人大常委会第五次会议听取和审议市人民政府关于台资企业运行和贯彻实施《中华人民共和国台湾同胞投资保护法》情况的汇报；11月30日，市十三届人大常委会第七次会议审议并批准市人民政府关于调整2012年部分经济指标预期目标的报告，作出关于召开市十三届人大二次会议的决定，审议通过关于施卫尧请求辞去张家港市十三届人大代表职务的决定。

【任免工作】 2012年，市十二届人大常委会依法任免国家机关工作人员19人次，其中任免市人大、政府工作人员15人次，任免"两院"工作人员4人次；市十三届人大常委会依法任免国家机关工作人员172人次，其中任免市人大、政府工作人员81人次，"两院"工作人员91人次。

2012年张家港市人大常委会任免"一府两院"及人大机关人员情况

表6

时间	会议	任免情况
1月19日	市十二届人大常委会第三十八次会议	任命许京海为市人大常委会办公室副主任、研究室副主任，任命姚金泉为市人大常委会办公室副主任，任命张颖为市人大常委会财政经济工作委员会副主任(正局级)，任命秦浩为市人大常委会财政经济工作委员会副主任，任命季祖元为市人大常委会教科文卫工作委员会副主任(正局级)，任命苏花兰、赵敢为市人大常委会教科文卫工作委员会副主任，任命格桑曲宗为市人大常委会外事民宗侨台工作委员会副主任(正局级)，任命黄浩明兼市人大市级机关工委工作委员会副主任，任命耿兴中兼市人大现代农业示范园区工作委员会副主任，任命张平为市环境保护局局长，任命沈浩为市旅游局局长；免去陆一珉市人大常委会办公室副主任职务，免去季洪良市城管局局长职务，免去陶平市环保局局长职务，免去陈奉德市旅游局局长职务，免去张澄市人民法院审判委员会委员、民事审判第三庭庭长、审判员职务

续表6

时间	会议	任免情况
2月12日	市十二届人大常委会第三十九次会议	接受王亚方、张伟辞去市人民政府副市长职务,接受钱根源辞去市人民检察院检察长、检察委员会委员职务,选举徐仲高、华红为市人民政府副市长,选举蔡蔚为市人民检察院副检察长、代理检察长;免去陆建中市人民检察院副检察长、检察委员会委员职务
4月9日	市十三届人大常委会第一次会议	任命黄雪元、黄亚平为市人民政府副市长,任命周志虎为市人大常委会办公室主任,任命徐敏为市人大常委会人事代表联络工作委员会主任,任命陶建明为市人大常委会内务司法工作委员会主任,任命张颖为市人大常委会财政经济工作委员会主任,任命周勇为市人大常委会城建环保工作委员会主任,任命季祖元为市人大常委会教科文卫工作委员会主任,任命格桑曲宗为市人大常委会外事民宗侨台工作委员会主任,任命许京海为市人大常委会办公室副主任、研究室主任,任命姚金泉、孙朝枫、孙海为市人大常委会办公室副主任,任命张亚华、王新法为市人大常委会人事代表联络工作委员会副主任,任命许娟为市人大常委会内务司法工作委员会副主任,任命秦浩为市人大常委会财政经济工作委员会副主任,任命朱保明为市人大常委会城建环保工作委员会副主任,任命苏花兰、赵敢为市人大常委会教科文卫工作委员会副主任,任命蔡杰为市人大常委会外事民宗侨台工作委员会副主任;免去周志虎市人大常委会研究室主任职务,免去钱建平市人大常委会办公室主任职务,免去周正亚市人大常委会人事代表联络工作委员会主任职务,免去陶建明市人大常委会城建环保工作委员会主任职务,免去袁培龙市人大常委会内务司法工作委员会主任职务,免去常士明市人大常委会财政经济工作委员会主任职务,免去周勇市人大常委会教科文卫工作委员会主任职务,免去高根祥市人大常委会外事民宗侨台工作委员会主任职务,免去陆雪祥市人大常委会办公室副主任职务,免去汤耀石市人大常委会财政经济工作委员会副主任职务,免去徐永祥市人大常委会城建环保工作委员会副主任职务;任命应梓为市政府办公室主任,任命戴建明为市发改委主任,任命钱锦东为市经信委主任,任命邵建华为市教育局局长,任命陈亚光为市科技局局长,任命赵金龙为市公安局局长,任命尚文涛为市监察局局长,任命陈跃为市民政局局长,任命李婧娟为市司法局局长,任命周兵为市财政局局长,任命黄亚红为市人社局局长,任命袁雪祥为市住建局局长,任命王觉方为市规划局局长,任命陈军为市交通运输局局长,任命刘国强为市水利局局长,任命徐江为市农委主任,任命唐勇为市商务局局长,任命陈世海为市文广新局局长,任命陈跃为市卫生局局长,任命徐国兴为市食品药品监管局局长,任命张小伟为市体育局局长,任命张平为市环境保护局局长,任命沈浩为市旅游局局长,任命徐建新为市园林局局长,任命秦真智为市人口计生委主任,任命张耀明为市审计局局长,任命沈琳为市安监局局长,任命徐华东为市统计局局长,任命郑国清为市物价局局长,任命孟波为市粮食局局长,任命王永良为市信访局局长,任命毛永林为市民防局局长
5月18日	市十三届人大常委会第二次会议	任命徐建东为市人民法院副院长、代理院长、审判委员会委员、审判员
7月19日	市十三届人大常委会第三次会议	免去华锡鸣市人民法院民事审判第一庭副庭长职务
8月31日	市十三届人大常委会第四次会议	任命徐晶、谭蕾、唐彬斌、杨雪松、厉亮亮、袁平、寇建坤、季宏武、杨勇、钱刚、韩广强、赵秉玺、王付申为市人民检察院检查员,免去郭新、陶官荣市人民检察院检察员职务
9月28日	市十三届人大常委会第五次会议	任命顾海斌为市人民法院副院长、审判委员会委员,免去市人民法院塘桥人民法庭庭长职务;免去蔡毓市人民法院审判员职务
10月31日	市十三届人大常委会第六次会议	任命赵金龙为市人民政府副市长,任命万资平为市科技局局长,任命张小伟为市民政局局长,任命徐向前为市城管局局长,任命薛平为市商务局局长;免去陈亚光市科技局局长职务,免去陈跃市民政局局长职务,免去唐勇市商务局局长职务,免去张小伟市体育局局长职务
11月30日	市十三届人大常委会第七次会议	免去樊建兵市人民检察院检察委员会委员、检察员职务,免去曹亚宏、林钰明市人民检察院检察员职务
12月25日	市十三届人大常委会第八次会议	任命严栋兴为市水利局局长,任命孟波为市体育局局长,任命邵建芳为市粮食局局长;免去刘国强市水利局局长职务,免去孟波市粮食局局长职务

【监督工作】 2012年，市人大常委会依法开展监督工作，有力促进了全市经济社会全面发展。

监督财政工作 3月，十二届人大常委会第五十二次主任会议听取市人民政府关于2011年财政预算执行情况和2012年财政预算草案的报告。针对调研发现的企业效益下滑、部门预算执行不严等问题，要求市政府及其财税部门保持合理投资规模，着力优化结构，加大对战略性新兴产业、现代服务业和重大民生工程的投入力度，全力培育新的经济增长点。全面落实各项扶持企业特别是中小企业发展的政策，切实减轻企业负担，支持实体经济发展。认真落实外贸发展扶持政策，推动加工贸易转型升级，确保对外贸易持续稳定增长。深化税源管理，加强国家宏观政策调整和全市财税增收的关联分析，确保全市经济增长、财税增长和人代会确定的各项目标任务的实现。制订完善骨干企业二三产分离的财政扶持政策，全力推进二三产分离工作，进一步优化全市财政收入结构。稳步启动并逐步完善第三方税源信息共享机制，将涉税信息转化为增收动力。加强税源管理和检查，堵塞各种漏洞，做到依法征收，应收尽收。加强预算管理，建立和完善预算执行动态监控体系，增强预算执行的均衡性、时序性和严肃性。认真落实预算、决算公开制度，实行阳光财政，接受社会各界的监督。投资项目要分清轻重缓急，适度控制投资规模。

监督城市市容管理 6月，十三届人大常委会第四次主任会议听取市人民政府关于市容管理情况汇报，针对存在的城管体制尚未理顺、城建基础设施欠缺、管理难点突破不够等问题，要求市政府及有关职能部门：完善城市基础设施建设，突出规划服从管理优先原则，在老城改造，新城建设，城市空间景观、专业市场、公共活动场所、商业性开发、地下管网规划、公益服务设施建设时，要充分考虑城市市容管理的要求，从源头上遏制影响城市市容的问题；探索创新城市管理途径，理顺城市管理主体和市直机关部门的关系，做到“分级管理”和“条块结合”同步，实现重心下移和市、镇（街道）、村（社区）三级属地管理无缝衔接，增强条块管理的互补性，消除管理上的盲区；加强城市管理能力建设，建立与城市规模相适应的城市管理队伍、管理装备和管理经费，合理下放城市管理权限，实现城市管理重心下移和属地管理，形成上下联动、部门联合、社区主抓的城市管理模式；提高行政执法效力，健全违章搭建管控机制，落实防控责任，强化源头监管；统筹相关部门职责，解决城市管理领域长期存在的多头管理、职能交叉、“有利争着管、无利都不管”的问题；增强全民参与意识，坚持严管重罚和宣传教育并重，增强市民保护城市环境意识，自觉养成遵守公共秩序、维护公共利益的良好习惯，使城市中的每一个人都成为城市管理的主体。

监督城市发展规划 8月，十三届人大常委会第四次会议审议同意《张家港市城市总体规划（2011～2030）》，并提出以下建议：市政府和规划职能部门应根据人大常委会审议意见，及时组织编制单位对总规进行修改完善，并按法定程序上报省政府审批；广泛深入宣传学习新编总体规划，使全市干部和群众知晓和了解新的总体规划；围绕其所确立的目标、方向、战略、空间布局和开发时序等内容，抓紧编制近期建设规划、各区镇总体规划、控制性详细规划和专项（业）规划；加快实施新总体规划确立的重点、要点，使其形成突破性的规划效应；总体规划依法批准后，应接受社会公众监督，任何单位或个人不得随意改变总体规划。

监督教育事业 9月，十三届人大常委会第五次会议听取和审议市人民政府关于教育中长期规划贯彻落实情况汇报。会议认为，《张家港市中长期教育改革和发展规划纲要（2010～2020）》制定实施后，市政府及相关职能部门加强组织领导，积极推进教育规划纲要各项工作，全市教育事业呈现出发展加快势头。针对基础资源总量不足与优质教育资源不均衡、职业教育的办学活力和吸引力不强、社区教育作用发挥不到位等问题，会议要求市政府及其职能部门要继续健全和完善相关工作机制，加强统筹协调，积极推进教育改革和创新，有力有序地推进教育规划纲要的组织实施。

监督法制建设 10月，十三届人大常委会第八次主任会议听取市人民政府关于“六五”普法工作情况汇报，针对存在的法制宣传教育实效不明显、普法教育工作机制不完善、普法各自为政资源分散等问题，要求市政府及相关职能部门要进一步按照规划要求，不断创新突破，把“六五”普法工作做得更实、更精、更细、更优。要进一步创新普法教育联动机制，着力打造运作规范的新平台；进一步创新工作思路，着力在培育亮点特色上做文章；进一步关注对新市民的法制宣传教育，着力在普法宣传教育的实效上下功夫。

监督国民经济和社会发展 12月，十三届人大常委会第十次主任会议听取市人民政府关于2013年国民经济和社会发展计划草案报告，会议围绕2013年国民经济和发展计划草案的报告，发表了意见和建议。会议要求相关部门结合主任会议意见、建议，对报告再作进一步修改和完善。

执法检查

【概况】 年内，市人大常委会依法开展法律监督，促进法律法规实施。全年组织对《中华人民共和国价格法》《中华人民共和国台湾同胞投资保护法》和《江苏省预防职务犯罪条例》2项法律和1项法规贯彻实施情况的执法检查，为率先基本实现现代化营造了良好的法治环境。

【价格法执法检查】 4月至5月，市人大常委会就全市贯彻实施《中华人民共和国价格法》进行执法检查。针对贯彻实施价格法存在的宣传不够广泛、管理监督不够到位、价格执法力度不大等问题，要求市政府及其相关职能部门要从率先基本实现现代化和提升民生水平的高度，以创建“价格诚信城市”为抓手，加大监管力度，扎实做好物价工作。要深化宣传教育，使广大经营者和消费者熟悉、掌握法律的基本要求和主要内容，切实提高经营者遵纪守法的自律意识和消费者的维权能力；要加大监管力度，建立健全价格监测、预警和应急机制，以及物价上涨困难群众补贴机制；要规范价格秩序，全面落实明码标价制度，实行价格、收费公示，并加大对违反价格法行为的查处力度；要拓展服务方式，推进“价格诚信城市”建设，精心维护“12358”维权品牌，实现与“12345”的无缝对接，切实畅通群众价格诉求渠道。

【台胞投资保护法执法检查】 8月至9月，市人大常委会就全市贯彻实施《中华人民共和国台湾同胞投资保护法》进行执法检查。针对贯彻实施保护法存在的台资企业数量较少、台资企业经营困难、个别涉台部门认识偏差等问题，要求市政府及其职能部门进一步认识贯彻实施台湾同胞投资保护法的重要性，高度重视台资企业在张家港市的健康发展和台商合法权益的有效维护，推进全市对台经济工作又好又快发展。要加强对台湾同胞投资保护法的宣传贯彻力度，提高全社会的认知度，增强执行自觉性；要健全台湾同胞权益保障工作体制，加快制订和实施有关配套措施，形成台胞投资权益保障合力；要注重解决台商面临的实际问题，做好台商投资项目引进后的跟踪服务；要加强对台商的社会领域服务工作，为台商就医、子女就学提供便利；要加大台商投诉案件的调处力度，依法维护台商的合法权益和正当利益，以良好的投资环境吸引更多的台商到张家港市投资兴业。

【预防职务犯罪条例执法检查】 7月至8月，市人大常委会就全市贯彻实施《江苏省预防职务犯罪条例》进行执法检查。针对贯彻实施预防职务犯罪条例存在的职能部门配合有待深化、针对性预防有待深入、督促检查力度有待强化等问题，要求检察机关和其他预防工作职能部门加强沟通配合，指导和督促机关部门和重点企事业单位建立起单位内部自我预防、职能机关专门预防和社会预防相结合的工作机制，构建全市预防职务犯罪工作大格局。要借鉴先进地区经验，尽快建成自己的宣传教育警示基地，打造富有张家港特色的廉政文化品牌。要加大对重点行业、重点领域的预防监督力度，完善内部约束机制，提高预防和监督的实效；要加强对新形势下职务犯罪特点和规律的研究，及时向市委和有关部门提出带有全局性、针对性的预防和治理对策，并适时总结推广预防职务犯罪工作的好经验，新方法，推进预防工作的深入开展。

调查视察

【概况】 年内，市人大常委会就文化事业发展、防汛排涝、实事工程、社会治安防控体系建设等进行调查视察，撰写调研报告39篇。

【食品安全法审议意见调研】 4月17日至20日，市人大常委会领导带领市人大常委会城建环保工委、教科文卫工委和办公室的有关人员及部分教科文卫工委委员，对市十二届人大常委会第三十四次会议关于《中华人民共和国食品安全法》审议意见的落实情况进行调研，深入调查了解相关职能部门的整改落实情况。调研组分别就食品生产、加工、流通、消费等环节的食品安全情况召开7次座谈会，听取市食品安全办、卫生局、食品药品监管局等9个部门的专题汇报，实地察看有关食品安全检测机构，以及杨舍、塘桥、锦丰3个镇30余家食品生产、加工、流通等相关企业和场所。通过座谈交流和实地察看，调研组充分肯定各职能部门贯彻落实人大常委会审议意见所取得的进展和成绩，同时对食品安全监管中存在的问题，提出了进一步整改的意见，要求各职能部门要各负其责、主动协调、敢于创新，从对广大市民食品安全负责的高度，加强监督检查，严把安全质量关口，要抓紧抓实动态化、常态化监管，保持高压态势，在食品的源头监管、环节监管、重点领域监管、重大食品安全事件预防上多措并举，抓出成效，真正把人大常委会的审议意见落实到位。

【社会治安防控体系建设视察】 7月28日，市人大常委会领导带领市人大常委会部分组成人员，视察全市社会治安防控体系建设情况。视察组先后到交巡警大队车管服务窗口、交通控制中心、城中派出所、包基卡口中队、小城市社区、治安大队等地，实地察看交通监控系统、基层治安防范布控点、物联网安防系统等，详细了解全市社会治安防控体系建设各个点位的工作开展情况。视察组听取市公安局关于全市社会治安防控体系建设情况的汇报，并高度肯定公安机关立足本职、服务大局，通过实施动态巡防、完善社会面治安监控系统、严打违法犯罪、严治重点地区、深化执法规范化建设，全面提高打、防、管、控水平的做法。视察组希望，全市各级公安机关要进一步充分发挥治安防控主力军作用，紧跟形势，不断创新治安防控体制机制，织密治安防控网络，提升动态管控能力。各级、各部门要加强与公安机关的密切协作，全方位支持治安防控体系建设，齐抓共管，共同建立现代化、信息化、实战化、攻守兼备的治安防控体系，为全市现代化建设营造安全、稳定、和谐的社会环境。

【实事工程视察】 12月14日，市人大常委会主任高建刚带领有关人员，对2012年实事工程完成情况进行视察。视察组一行实地视察了第一人民医院扩建妇儿大楼工程、公共租赁住房建设工程、沙洲中心粮库建设工程、蔬菜配送及市场保供应急体系建设工程、青少年社会实践基地二期建设工程、镇区基础设施改造工程等建设情况，并听取市政府关于2012年实事工程建设情况的汇报。2012年全市为民办的实事工程共有五类26个项目，计划总投资17亿元，年内计划完成投资12.6亿元，是历年来民生工程数量最多的一年。至11月末，完成项目21项，3项年末可以完成，2个跨年度项目按计划有序推进。视察组对实事工程完成情况表示肯定，要求市政府及相关部门进一步落实责任和保障措施，在保证质量的基础上，加快工程进度，争取早日完成工程建设，让人民群众早得益，并要强化后续管理，真正发挥实事工程应有的作用，让老百姓正切感受到实事工程带来的实惠。

【代表建议办理督察】 11月上旬，市人大常委会组成代表建议办理工作督察组，采用听汇报、查资料、看现场、座谈交流等形式，先后到市委农工办、市人社局等单位，对市十三届人大一次会议代表建议的办成情况和闭会期间代表建议的办理情况进行重点督察。市十三届人大一次会议期间收到代表建议249件，闭会期间收到建议8件，共257件。至年末，257件代表建议全部完成代表见面、答复工作，代表满意和基本满意率为100%，代表建议办成率为87.5%。为进一步调动人大代表履职热情，充分发挥人大代表的作用，鼓励承办单位认真办理代表建议，不断提高建议办理的质量，市人大常委会组织开展了2012年度优秀代表建议和承办代表建议先进单位评选活动。11月30日，市十三届人大常委会第七次会议对20件优秀代表建议和12家承办代表建议先进单位进行了表彰。

2012年度张家港市优秀人大代表建议一览

表7

建议号	建议名称	建议人
14	关于规范小区物业管理的建议	张小飞
25	关于切实解决市区老小区停车难的问题	陆静娟
44	关于公交车增加发车班次等相关问题的建议	王志林
46	关于加快推进出租汽车扩容工作的建议	朱长明
48	关于加强农村交通管理，减少交通安全事故的建议	黄方平
86	关于加强养老护理人员队伍建设的建议	朱丽萍
103	关于加大养老机构扶持和管理力度的建议	黄清芬
109	关于解决失地农民就业问题的建议	丁萍芬
117	关于提高城市文化品位及丰富内涵的建议	严　勇
122	关于进一步加大网吧管理力度的建议	樊建芬
123	关于加强我市职业卫生宣传、管理的建议	徐卫明
137	关于改造危旧校舍，排除安全隐患，提升老城区学校形象的建议	丁育新
138	关于确保新市民学校学生人均公用经费尽早到位，缓解办学压力，提升办学品位的建议	徐旭东
142	关于培养文化创意产业龙头企业的建议	沈学如
147	关于加快中心镇区医院建设、提高医疗水平的建议	龚　盛
150	关于提高社区医生待遇、优化社区卫技队伍管理的建议	黄清芬
155	关于加强我市职校或技校发展的建议	杨绪刚
204	关于加快全市旅游产业发展的建议	季洪良
213	关于进一步加大对抽头聚赌者打击力度的建议	吴广勤
229	关于进一步加大对领军型创业人才扶持力度，助推我市经济转型升级的建议	钱立新

2012年度张家港市承办人大代表建议先进单位一览

表8

序号	单位名称	序号	单位名称	序号	单位名称
1	市政府办	5	市卫生局	9	市住建局
2	市民政局	6	市公安局	10	市委农工办(市一体办)
3	市交通运输局	7	市水利局	11	市城管局
4	市人社局	8	市教育局	12	市文广新局

【凤凰镇社会经济发展视察】 12月5日下午，苏州市十五届人大张家港代表团第二代表小组开展小组活动，视察凤凰镇社会经济发展情况。省人大常委会原副主任、苏州市人大常委会原主任王敏生，张家港市人大常委会主任高建刚以普通代表身份参加视察活动。市人大常委会副主任郭炳荣、副调研员包永康陪同视察。代表们先后视察凤凰镇科技创业园、现代威亚有限公司、凤凰镇便民服务中心等地，并听取凤凰镇社会经济发展情况的汇报。2012年，凤凰镇紧紧围绕“争当全市率先基本实现现代化排头兵”的工作主线，攻坚克难、逐项突破，全镇34项现代化考核指标中有28个指标完成时序进度，有20项指标100%完成年度任务。全镇综合发展实力持续提升、转型升级步伐不断加快，开发建设不断跃上新台阶。2013年，凤凰镇将在更高起点规划重点工作，以“靓丽南大门、江南美凤凰”为定位，以“重大项目突破年”为主线，在经济转型升级、民生事业保障、社会事业发展等方面下功夫，以拼抢的精神、十足的干劲、优异的成绩，加快凸显凤凰镇在区域经济社会发展中的辐射带动作用。代表们对凤凰镇近年来发展所取得的成绩表示肯定，希望凤凰镇进一步加快产业转型升级步伐，不断提升创新能力，加大保障和改善民生力度，使凤凰镇实现更好更快的发展。 （陆雪祥）

【编辑　陆正芳】

张家港市人民政府

重要会议

【概况】 全年市政府召开全体(扩大)会议2次,常务会议10次。召开全市性会议42次,其中,市委、市政府联合召开11次。会议主题涉及稳定增长、转型升级、城市建设、城乡一体、社会事业、生态文明等方面。

【市政府全体(扩大)会议】 1月31日,市十二届政府第八次全体(扩大)会议召开。会议围绕“在全省第一批基本实现现代化”的目标,对2012年全市经济社会各项目标任务再细化、再部署、再明确。市委副书记、市长姚林荣主持会议,市委常委、副市长王亚方,副市长丁学东、张伟、黄尧、石锡贤、朱巧明,市长助理赵金龙参加会议。

7月23日,市十三届政府第一次全体(扩大)会议召开。会议全面贯彻落实市委十届四次全体(扩大)会议和省政府全体(扩大)会议精神,回顾总结上半年工作,安排部署下半年任务,动员全市上下进一步振奋精神、全力拼抢,确保圆满完成年度目标任务,加快率先基本实现现代化。市领导姚林荣、徐仲高、丁学东、黄尧、石锡贤、邵军民、赵建明、华红、朱巧明,市长助理赵金龙、范泽夫等参加会议。

【市政府常务会议】 2月4日,市十二届政府第三十九次常务会议审议并原则通过《张家港市饮用水水源地保护管理办法》《张家港市“十二五”污染减排实施方案》《关于进一步完善终身教育体系的实施意见》《张家港市城市建筑色彩管理暂行办法》及《关于鼓励太阳能光伏发电示范工程建设的工作意见》,听取关于2012年政府挂牌督办重大隐患单位情况的汇报。

2月27日,市十二届政府第四十次常务会议审议并原则通过《政府工作报告(讨论稿)》《张家港市城市节约用水管理办法》《关于加强就业援助岗位开发管理的意见》《张家港市困难家庭大额医疗费用救助实施办法》及《张家港市光伏产业扶持意见》。

4月13日,市十三届政府第一次常务会议讨论并原则通过《张家港市2012年“菜篮子”工程建设实施方案》《张家港市食品安全工作考核评估办法(试行)》《张家港市食品安全工作责任制和责任追究办法(试行)》《张家港市老年护理院管理办法》《张家港市工业园区(集中区)环境保护三年行动计划》及《2012年度市政府规范性文件制定工作计划》,研究国有土地上房屋征收补偿及稳定外贸增长等事项。会议还邀请省政府法制办公室副主任马太建就学习贯彻《省政府关于加快推进法治政府建设的意见》作辅导讲座。

5月5日,市十三届政府第二次常务会议审议并原则通过《关于开展质量强市活动的实施意见》《2012年全市行政监察工作要点》《关于建立土地执法监管共同责任制的实施办法》《张家港市城市管线规划管理办法》《张家港市城市公共照明设施管理办法》《张家港市餐厨废弃物管理办法》《张家港市重大活动餐饮服务食品安全管理办法》《张家港市妇女发展规划(2011~2015)》《张家港市儿童发展规划(2011~2015)》及《2012年度第一批市领军型创业创新人才(团队)项目资助方案》。

6月5日,市十三届政府第三次常务会议传达江苏省领导干部会议和苏州市委常委会有关精神,组织学习重大行政决策程序规范相关知识,讨论并原则通过《2012年张家港市政府信息公开工作实施意见》《张家港市行政规范性文件后评估办法》《张家港市中小企业科技产业化项目信贷风险补偿专项资金管理办法(试行)》《张家港市保险业参与支持社会管理创新工作意见》及《关于促进服务外包产业发展的若干政策》,听取《关于调整市级治安保卫重点单位的情况汇报》《关于我市经营性用地实施预申请的情况汇报》。

7月10日,市十三届政府第四次常务会议组织学习应急管理相关知识,讨论并原则通过《张家港市建筑垃圾(工程渣土)管理办法》《关于进一步加强电网建设和电力管理的意见》《张家港市长江水文勘测管理办法》《张家港市长江防洪工程管理办法》《张家港市城市水体景观规划建设管理暂行办法》《关于支持工业经济稳增长促转型的补充意见》。

8月3日,市十三届政府第五次常务会议讨论并原则通过《张家港市城市绿化管理办法》《关于做好2012年高校毕业生就业工作的意见》《张家港市行政调解办法(试行)》《张家港市生态文明建设2012~2014年工作意见》《张家港市应急管理体系建设“十二五”规划》《关于赋予凤凰镇部分经济社会管理权限的意见》。

9月17日，市十三届政府第六次常务会议讨论并原则通过《张家港市安全生产事故隐患排查治理暂行办法》《张家港市农村部分计划生育家庭奖励制度实施办法》《张家港市财政专项资金管理办法》《张家港市税收征管保障办法》《张家港市技术改造专项(贴息)资金管理办法(2012修订稿)》和《2012年度第二批市领军型创业创新人才(团队)项目资助方案》。

11月19日，市十三届政府第七次常务会议讨论并原则通过《关于推进镇村两级政务服务体系建设的指导意见》《张家港市卫生事业发展“十二五”规划》《张家港市劳动模范评选表彰工作规程》《张家港市“政社互动”试点工作方案》《张家港市公共视听载体播放活动管理办法》《2012年度第三批市领军型创业创新人才(团队)项目资助方案》。

12月10日，市十三届政府第八次常务会议讨论并原则通过《关于2012年国民经济社会发展计划执行情况和2013年国民经济社会发展计划报告(草案)》《关于2013年度基本建设项目计划及资金安排》《关于2013年实事工程预选项目》《关于2013年度政府挂牌督办重大隐患工作情况》。

12月13日，市十三届政府第九次常务会议审议《政府工作报告(讨论稿)》，讨论并原则通过《张家港市科技创新“三个一批”行动方案》《工业经济转型升级“3333”百企培育工程实施意见(2013~2015)》《张家港市“淘汰落后企业三年行动计划”实施方案》《2012年度第四批市领军型创业创新人才(团队)项目资助方案》和《张家港市内部资料性出版物管理规定》。

重要施政

【概况】 2012年是张家港建县(市)50周年的大庆之年，也是率先基本实现现代化的决战之年。全市上下围绕“在全省第一批基本实现现代化”的总目标，积极应对严峻复杂的经济形势，深入开展“拼抢五个月、加速现代化、献礼五十年”活动，全力主攻“重大项目建设、城乡一体推进、民生水平提升”，经济社会各项事业取得新的成绩。全市实现地区生产总值2050.58亿元，比上年增10.9%；公共财政预算收入149.6亿元，比上年增5.1%；完成全社会固定资产投资702.98亿元，比上年增20.6%。其中，工业投资412.65亿元，继续居苏州各县市之首；服务业投资289.58亿元，比上年增25%，居苏州各县市首位。规模以上工业总产值4702.9亿元，比上年增6%；实际利用外资9.5亿美元，比上年增5.3%。进出口总额319.62亿美元，其中出口128.11亿美元；口岸货物吞吐量2.5亿吨，集装箱运量150万标箱，分别比上年增13.4%和14.9%。三次产业比例为1.34∶57.33∶41.33。城镇居民人均可支配收入3.96万元，农村居民人均纯收入1.94万元，分别比上年增13%和12.8%。

【经济建设的决策实施】 项目投入持续加大。实行重大项目推进、土地点供评估等制度，落实领导挂钩、一事一议、跟踪会办、绿色通道等措施，两次组织重大项目集中开竣工活动，列入省、苏州市的25个重点项目顺利推进，永钢集团“百亿项目、千亿企业”工程全面启动，康得新光学薄膜、沙钢冷轧、扬子江石化、不二越精密机械、曼巴特购物广场、华灿光电等一批项目加快建设，银河锂业、西马克冶金装备、浦项产品结构调整、翰普高分子等一批项目竣工投运。获批土地点供、独立选址项目19项，新增建设用地351.47公顷，盘活存量土地369.33公顷。产业结构不断优化。完成新兴产业投资170亿元，工业技改投入305亿元，分别比上年增17%和22%。新增销售超10亿元企业25家，入库税收超5000万元企业56家，沙钢集团连续四年入围世界500强、位居第346位。实现服务业增加值850亿元，占地区生产总值的比重达到41.5%。实现消费品零售总额370.73亿元，比上年增17.2%。14家企业入选全国服务业500强，总数位居全省县市第一。保税港区汽车整车进口口岸获国务院批复，成为江苏唯一一家汽车整车进口口岸。江苏进口商品集采分销中心获省政府批复。玖隆物流园被列为省级重点物流园区试点。张家港软件(动漫)产业园成为国家级文化产业园区。中国·张家港液体化工品价格指数正式发布。双山岛旅游度假区获批省级旅游度假区。青草巷批发市场成为全省首家全国AAAA级仓储型物流企业。新增高效农业1986.67公顷，其中设施农业1073.33公顷，新建高标准农田2253.33公顷，适度规模经营面积占比92.5%。张家港市建成全省首家基本实现农业机械化示范市。

【人才科技的决策实施】 深入实施创新载体建设三年行动计划，城北科教新城、沙洲湖科创园等加快建设，清华大学智能电力研究院、苏州大学工业技术研究院、东南大学工业技术研究院、飞翔苏州新材料研究院、北京大学技术转移中心等建成投用，新增创新创业载体面积30万平方米。在全国各县市首家获批设立“海智计划”工作基地，塘桥东城科创园、南丰科创园获批省级高新技术创业服务中心，锂电池及新材料科技产业园获批省级科技产业园，新增省级以上公共技术服务平台3个。人才引进全面突破。新增“千人计划”人才4人，获批省“创新团队”1个。新增省“双创人才计划”12人，“姑苏领军人才计划”21人，均居苏州县市第一。引进张家港市级领军人才(团队)项目74项，国家2012年高端外国专家项目计划2项。培训高技能人才2.56万人，每万名劳动力中高技能人员数达到609人。企业科技创新主体作用更加显现。新增省级以上企业研发机构50家，在全省率先实现大中型工业企业研发机构建设全覆盖。推进高层次人才项目与本土企业“嫁接”，新增产学研合作项目180项，签约“千人计划”项目45项，评定“千人计划”专家工作站18家。落实科技产业化项目信贷风险补偿、科技保险等扶持政策，引导企业加强核心关键技术研发，入选国家火炬计划重点高新技术企业7家，新增高新技术企业54家，实施省级以上科技计划项目82项，新增发明专利829件、中国驰名商标2件，制订国家、行业、地方标准45

项。全社会研发投入占地区生产总值比重达到2.8%。张家港市成为省创新型试点市。

【城乡一体化的决策实施】 完成城市总体规划修编并获省政府批准，编制完成杨舍城区慢行系统规划、一干河风景路概念规划、杨舍城区商业布局及业态指引规划，以及综合交通、地下空间开发利用等专项规划。双山岛旅游度假区概念规划加快编制。城北基础设施加快建设，沙洲湖区景观工程基本完成，农联新镇开工建设。城西新区北延区、拓展区道路和安置房建设加快推进。暨阳湖欢乐世界一期建成开放。金港滨江新城、锦丰·沙洲新城、凤凰新城、大新滨江新镇等新城镇建设加快推进。重点工程加快建设。沪通铁路、沿江城际铁路前期工作有序推进，疏港高速公路开工建设，苏虞张快速通道建成通车，张家港复线船闸工程竣工通航，通洲沙西水道一期工程完工、二期工程开工。小城河综合改造二期工程顺利竣工，谷渎港改造基本完工，中心城区核心商业区功能品位进一步提升。城市综合展示馆、儿童福利院、实验小学改造等工程竣工投用，高职园区、江帆小学等工程开工建设。镇区综合改造深入实施，完成70万平方米老住宅区综合整治和18项街景立面整治工程。完成朝东圩港至段山港、海螺水泥至一干河段"百年一遇"江堤建设，走马塘工程实现通水。人居环境持续优化。高标准通过国家环境保护模范城市复核验收，获全省唯一的生态文明建设特别贡献奖。大力开展环境整治专项行动，完成减排重点工程23项，万元GDP能耗下降率5.2%，化学需氧量、氨氮、二氧化硫、氮氧化物削减率分别为3.73%、4.86%、5.87%和3.1%。疏浚河道310条，拆坝、建桥(涵)217座。新增各类林地、绿地3546.67公顷，市区主干道绿化园艺化水平进一步提升。在全省首批完成村庄环境整治任务，其中5个村庄高标准完成省级试点，村庄环境整治达标率100%，获评首批省村庄环境整治工作示范市。安置房建设加快推进。两次组织安置小区集中开竣工，杨舍旺西花苑、锦丰书院五村等一批集中居住区建成投用，金港金成小区、大新新南社区等一批集中居住区开工建设，全年新开工安置房366万平方米、竣工288万平方米。高度重视安置房产权办理遗留问题，加快推进确权登记发证工作，为11820套安置房办理权属证书。完成预拆迁安置1467户，复垦土地357公顷。农民集中居住率57%。城市管理水平不断提高。数字化城管分中心建设全面完成，成立全国首家村级城管综合服务中心。生活垃圾分类管理试点扩面推进，垃圾焚烧发电厂二期工程加快设备安装，餐厨垃圾处理厂竣工试运行。公共自行车三期工程建成投用，完成出租车扩容80辆，全市新增机动车停车位1.5万个。金港污水处理厂建成投运，城乡供排水一体化实现市域全覆盖。天然气主管网实现"镇镇通"。

【富民惠民的决策实施】 新建就业援助单位232家，开发就业援助岗位1.22万个。新建创业孵化基地13个，实现创业带动就业3500人。张家港市籍应届高校毕业生和特困家庭劳动力就业率分别为99.6%和99.7%。率先建立就业失业动态监测预警机制，劳动争议结案率98%以上。实施"百村千亩增百万""十村十亿增千万"工程，组建超千亩土地股份合作社20家、村级经济联合发展平台6个，村集体可支配收入超千万元的村突破20家、村均超600万元。保障水平全面提高。实施超龄人员纳入城保、城乡医保衔接等一系列惠民政策。2.8万名超龄人员纳入城镇养老保险，在全省首家实现真正意义上的城乡养老并轨。1.6万名超龄人员参加城镇职工医保，职工医保和居民医保实现"五个统一"，政策内补偿比分别为90%和75%以上。企业和农保退休人员养老金、征地保养金、老年农(居)民社会养老补贴、城乡低保，以及参保困难家庭大额医疗救助的标准进一步提高。区镇居家养老服务中心实现全覆盖，新增养老床位数2717张，张家港市获全国养老服务示范单位称号。完成4个优质蔬菜基地提档升级，新建2个市级蔬菜配送中心、11家农产品平价直销店和35个农贸市场直销摊位，建成放心粮油示范店28家。开工建设保障性住房36.1万平方米、5986套(户)，竣工19.5万平方米、2902套(户)。新增住房公积金缴存职工3.01万人。加大对困难人群的节日走访慰问。开展"百村万人看港城"活动，在全市村、社区设立旅游咨询服务站。实施"阳光午餐"工程，惠及学生2452人。残疾人免费乘坐公交车。发放"共享阳光"慈善助学金761万元，募集"爱满港城"善款超亿元，获评中国公益慈善七星级城市。教育卫生事业加快发展。通过全国义务教育优质均衡改革发展示范区创建省级考核，获评全国"两基"工作先进地区。普通高考本科达线率、达线人数等四项指标列苏州市第一，职校对口单招综合指标连续十二年列苏州市第一。江科大苏州理工学院正式成立，兆丰学校、悦来小学、塘市小学等8所新学校建成投用，张家港新加坡外国语学校对外招生。校车安全管理进一步加强，新增国标校车40辆。市中医医院通过国家三级医院复评，耳鼻喉科、肾内科分别入选国家和省级重点专科建设项目，实现"零"的突破。儿童功能障碍检测和脑健康促进项目常态化运行，创建成为国家慢性病综合防控示范区。向全市34.1万户家庭免费赠送"健康大礼包"。"健康公平""健康服务体系建设""道路安全"三个项目获世界卫生组织健康城市创新发展奖和最佳实践奖。孕前优生健康免费检查实现目标人群全覆盖，计划生育家庭"五个一"养老帮扶模式在全省推广。假日体育等全民健身活动蓬勃开展，成功承办"塘桥杯"全国乒乓球锦标赛、环太湖国际公路自行车赛双山岛绕圈赛等8项国家级赛事。文化文明品牌更加靓丽。文化部在张家港市召开国家公共文化示范区创建工作现场经验交流会，网格化公共文化服务模式在全国宣传推广，"幸福港城"网格文化系列活动蓬勃开展，参与群众超过400万人次，成为全省首批公共文化服务示范区。新增公共文化设施面积9.4万平方米。成功举办建县(市)50周年纪念活动和第九届中国(张家港)长江文化艺术节。在全国率先建立"书香城市"综合评价指标体系，并在全省推广。文艺创作成果丰硕，首次获中国曲艺牡丹奖，在第十届省五星工程奖评选中获13个奖项，金奖和大奖数量居全省县市第一。市图片中心建成投用。成功创建省版权示范市。深入实施城市公共文明提升三年行动计划，广泛开展寻访身边好人、道德讲堂、学雷锋志愿服务合作伙伴计划等文明实践活动，7位市民荣登"中国好人榜"。张家港市高分通过中央文明办城市文明程度指数测评，获全国未成年人思想道德建设工作先进城市称号。社会管理创新深入推进。"一委一居一站一办"新型社区服务管理体制全面推行，社区网格化运行模式逐步完善，动迁安置社区管理不断加强。"网上村委会"服务功能加快提升。张家港市获全国村务公开民主管理示范单位称号，永联村获全国民主法治示范村称号。各类社会组织健康有序发展，新增登记和备案数568个，累计1924个。社会工作人才队伍加速壮大，每万人拥有社会工作者6.2人。创新网络管理机制，服务功能加快提升。"价格诚信城市"创建全面启动，率先在全省实现价费公布城乡全覆盖。加快新市民待遇同城化步伐，在全国同类城市率先实施新市民积分管理，9663名新市民子女参加居民基本医疗保险，新市民子女进入公办学校就读比率71.3%，《人民日报》、中央电视台、中央人民广播电台等主流媒体作专题报道。"四项排查""打非治违""天安行动"等专项治理行动成效明显，三级政府挂牌督办的安全生产隐患整改全面完成，食品安全"四统一"监测模式全省推广，在全省首家通过国家药品安全示范市验收。社会治安大防控体系不断完善，八类案件发案数比上年降24.9%，社会公众安全感进一步提升，连续九年获评全省社会治安安全县（市）。

【实事工程实施与确定】 2012年实事工程项目有五大类26项。至年末，城乡困难群众帮扶、公交运力改造、青少年社会实践基地二期等24项完工，市第一人民医院妇儿大楼和公共租赁住房两项跨年度工程按时序推进。确定2013年实事工程五大类15项。一是惠民工程，包括提高劳动者就业率、提高城乡养老人员待遇、增设惠民险种。二是便民工程，包括新增居家养老服务设施、增设社区卫生服务中心、气象精细化预报建设。三是宜居工程，包括住宅小区防盗设施建设、背街小巷及路灯改造、老城区天然气配套用户改造、镇区设施改造。四是文化教育事业建设工程，包括文化育民工程、新建3所学校及更新66辆校车。五是"菜篮子"工程，包括农副产品批发市场易地新建工程、城西拓展区菜场建设工程、改造老农贸市场、增加优质蔬菜基地直销点。

2012年张家港市实事工程完成情况

表9

工程名称	具体项目	计划建设内容	投资概算（万元）	完成时间
社会关爱工程	城乡困难群众帮扶	贫困学生"阳光午餐"：为在市幼儿园、小学、初中、高中（职高）、大学上学的低保或者低保边缘家庭子女、特殊学校学生上学期间每天免费提供一顿午餐；困难家庭安居工程：对全市低保、低保边缘、分散供养五保对象、特困职工，以及家庭收入在低保标准2倍以内的优抚对象等困难家庭，由市、镇两级财政给予一定的住房修建补贴；困难群众医疗救助：统一城乡医疗保险参保困难人群医疗救助办法，加大救助力度，切实减轻困难人群医疗费用负担，提高保障水平；慈善助学：继续实施"共享阳光"贫困家庭慈善助学工作，对张家港市户籍3000余名城乡低保、低保边缘及其他困难家庭的学生按家庭类别和就读类别由市镇两级给予助学补助	6720	2012年12月
	儿童健康保障工程	在市妇幼保健所建立儿童功能障碍检测中心和儿童脑损伤康复中心，为张家港市户籍0～6岁儿童提供视力、听力、言语、肢体、智力等免费筛查；为张家港市户籍0～6岁脑损伤儿童提供康复训练与治疗	505	2012年12月
	健康礼包进万家	结合推广家庭责任医生服务，以居民电子健康档案中登记的家庭为单位，向全市30万户居民家庭免费发送健康礼包。健康礼包中包括《健康素养指导》《公共卫生服务项目手册》、家庭用体温计、健康腰围尺、计步器、限量盐勺、限量油壶、体重指数速查卡、家庭药箱共9件保健用品	900	2012年9月
	"民生保险"优化	提高保费额度，将自然灾害公众责任保险附加火灾（爆炸）责任保险由每人1元增至每人4元；将重大自然灾害房屋保险附加房屋火灾（爆炸）保险由每户8元增至每户16元。保险条款增加交通事故逃逸（最高赔付每人10万元）、溺水身亡（最高赔付每人3万元）、见义勇为（包括非张家港市户籍人员、发生在张家港境内，最高赔付每人50万元）等；将原自然灾害、火灾爆炸等意外伤害每人10万元的赔付限额提高到每人20万元	842	2012年6月

续表 9–1

工程名称	具体项目	计划建设内容	投资概算（万元）	完成时间
社会关爱工程	新增养老床位 1000 张	新增养老床位 1000 张	1095	2012 年 12 月
	就业援助	加大公益性岗位开发力度，建立一批就业援助单位，开展就业援助专题活动，计划全年开发就业援助岗位 1.15 万个，帮助高校毕业生、特困家庭劳动力、被征地农民等重点人群实现就业，对吸纳就业困难人员就业的单位发放岗位补贴和社保补贴	4500	2012 年 12 月
	公共租赁住房	新增公租房建筑面积 18 万平方米	54560	2014 年 12 月
便民服务建设工程	公交候车亭建设	改建市区公交候车亭 50 个，建设农村公交候车亭 200 个	1250	年内完成
	公共交通运力改造	更新公交车 110 辆（其中苏州下达的 50 辆气电混合动力公交车，由于尚处在研发阶段，将视研发进展情况确定采购）	7570	年内完成
	天然气应用推广	城乡一体化管网配套项目；城区天然气改造项目，完成 7500 户老住宅天然气改造	11100	2012 年 12 月
	粮食烘干系统建设一期	建设乘航库每批 80 吨烘干设备、厂房、防雨钢罩棚、码头部分；建设港口库每批 60 吨烘干设备、厂房、防雨钢罩棚及烘前、烘后仓等工程；建设周家桥库每批 180 吨烘干设备、厂房、烘前烘后配套仓库、配电间、场地等工程	2800	年内完成
	气象预警信息“村村通”工程	新布设气象预警显示屏及机顶盒 300 套，户外显示大屏 2 块；购置并搭建一流媒体服务器，打造全新数字化新媒体平台	400	2012 年 12 月
	智能交通 3G 平台建设	通过 3G 平台，向用户提供城市交通路况（畅通、拥挤、堵塞）、城市交通预报（拥堵概率）、高速公路、交通事故、道路施工、交通管制、停车场位、交警执法告知以及餐饮、住宿、旅游、购物、天气、重要时事新闻等实时信息服务	300	年内完成
教育、文化、卫生工程	青少年社会实践基地二期	新建体能拓展区、种植区、公寓式宿舍、行政办公楼、4D 影院等，建筑总面积 5800 平方米	3435	2012 年 12 月
	建设示范实训培训基地	在全市骨干企业建立 10 个企业示范实训基地，在全市职业院校和民办培训机构建立 10 个示范培训基地	450	年内完成
	特种作业人员培训基地	基地新建培训教育楼、实考用房、辅助用房等，总建筑面积为 8300 平方米，添置各种考核设备、特种设备模型、零部件等	1700	2012 年 12 月
	公共文化服务共享	图书通借通还工程：建立全市文献采编中心和图书流转中心，实现市、镇图书馆总分馆通借通还。群众文艺繁荣工程：培育扶持 400 个群众文艺团队，每年开展文艺演出活动 4000 场（次）以上；对群众文艺团队演出获得张家港市级以上奖项的给予奖励；鼓励各专业团体、群众团队开展地方戏曲推广活动。网格化文化服务工程：以村（社区）为基础，细分公共文化服务网格（每个村、社区划分 2 个至 3 个网格），配备网格文化员，组织群众开展各类文化活动，每年不少于 15 次。对网格文化员进行培训，对网格进行考核、星级评定及奖励，考核合格后发放工作补贴。每年培训 2 次。向全体市民发放《张家港市文化地图》，每季度印发一次《公共文化服务指南》，公布全市各级各类培训、讲座、辅导、演出、展览、比赛等文化活动信息，方便群众知晓、选择、参与	1287	2012 年 12 月
	市第一人民医院扩建妇儿大楼	在市第一人民医院预留地新建一幢妇儿大楼，建筑面积 4.1 万平方米	19000	2014 年 5 月
	办事处卫生基础设施建设	新建 69 座垃圾收集房，新建公共厕所 16 座，添置环卫车 20 辆、电瓶车 118 辆、中型道路清扫车 17 辆、5 吨洒水车 13 辆，配备 340 个户外大型灭蚊灯配备，在全市办事处主干道沿线公交站点配备 197 个控烟点	1676	年内完成

续表 9-2

工程名称	具体项目	计划建设内容	投资概算（万元）	完成时间
菜篮子工程	农业基地标准化建设	蔬菜基地标准化建设：规范完善 4 个 33.33 公顷以上优质蔬菜基地的建设管理；蔬菜产地准出体系建设，新建 9 个镇区农产品质量检测室、16 个规模基地农产品质量检测室。规模养猪场防疫标准化建设：对全市年饲养量 1000 头以上的 13 家生猪养殖场实施动物防疫标准化建设	1200	年内完成
	蔬菜配送及市场保供应急体系建设	蔬菜配送体系：建设 2 个蔬菜配送中心；15 家农产品专卖店，其中市区 5 家、镇区 10 家；35 家农贸市场优质农产品专销区，其中市区 10 家、镇区 25 家。市场保供应急体系：蔬菜保供基地建设，每年落实应急保供蔬菜基地面积 53.33 公顷；猪肉储备和生猪直供基地建设，2012 年落实活体储备 8000 头、冷冻肉 150 吨，直供基地 2012 年落实 2 万头	2865	年内完成
	农贸市场提档升级	对全市 10 个农贸市场进行提档升级改造。其中：城区改造 2 个（城北、万红），乡镇改造 5 个（合兴、兆丰、妙桥、大新、新塍），农村改造 3 个（闸上、福前、斜桥）	4610	2012 年 12 月
城镇设施改造工程	市区老住宅整治	对花园浜南村、花园浜三村、向阳新村、城建新村等 4 个老住宅小区进行雨污分流、房屋外立面刷新、四线入地、绿化整治、道路修补、车位增加、路灯改造等综合整治	6000	2012 年 12 月
	镇区基础设施改造	对各镇区、办事处老住宅小区（30.28 万平方米）进行整治，整治内容为房屋外立面刷新、雨污分流、完善设施等。对各镇区、办事处建筑立面、市政道路、夜景照明、沿街景观绿化以及各类管线管道的改造。对港城大道北延开发区段和大新段、妙丰公路南丰段、新 204 国道塘桥段、华昌路港丰公路至锦绣路段道路安装路灯	33130	2012 年 12 月
	背街小巷和里弄改造	陈家场弄：铺设雨、污水管道 1300 米，改造机动车道约 4900 平方米，人行道板约 3000 平方米，铺设路侧石约 800 米。谷城巷南弄（人民路至一支河段）：增设雨水管道约 170 米，与人民路南侧雨水管网环通，增设人行道板 450 平方米	1018	2012 年 8 月
	城区防汛能力提升二期	弯背塘防洪排涝整治工程。国脉大厦西侧区域排水管网管径扩容工程	3725	2012 年 12 月

【议案、建议、提案办理】 年内，市政府办理人大议案 1 件，人大代表建议、批评和意见 257 件，办理政协提案 368 件，办理满意率和基本满意率为 100%。 （朱甲波）

体 制 改 革

【概况】 年内，全市加强财政预算绩效管理和审计监督，推进“营改增”（缴纳营业税的应税项目改为缴纳增值税）试点。“两区一园”区镇管理体制改革进一步深化，凤凰镇“强镇扩权”试点全面启动，镇辖办事处管理深化完善，双山岛旅游度假区工作机构正式成立。深化新一轮国资企业改革，出台国资公司薪酬管理和年度经济目标责任制考核办法，成立城市投资发展集团有限公司。启动实施文化体制改革。率先实施经营性土地出让预申请制度。在苏州县市率先开办中小企业统贷平台业务。组建农村资源（南丰）交易所，成为全省首家农村资源交易平台。在全省率先建设市级机关研究生工作站。“网上行政服务中心”全面运行，开展镇、村行政服务中心建设试点，全年办理各类行政服务事项 18.8 万件，承诺件提前办结率达到 98.2%。“12345”便民服务热线与“政风行风热线”并轨运行，全年受理各类求助 140 余万次，协调处理群众投诉建议 2.7 万余件。在全国县级市首家成立绩效管理委员会，抽调千名机关干部下基层帮助工作，深入开展市级机关班子副职和中层干部作风效能调查评议，全面清理规范各类检查、评比和考核项目，机关服务绩效得到全面提升，政府部门获得省级以上荣誉 102 项。

【农村“三大合作”改革持续深化】 全年新增工商登记农产品专业合作社 120 家，其中：杨舍镇 10 家，金港镇 40 家，塘桥镇 8 家，锦丰镇 6 家，乐余镇 11 家，凤凰镇 25 家，南丰镇 14 家，大新镇 2 家，现代农业示范园区 4 家。新增土地股份合作社 29 家，其中：杨舍镇 11 家，金港镇 2 家，塘桥镇 4 家，锦丰镇 4 家，乐余镇 4 家，凤凰镇 1 家，大新镇 1 家，现代农业示范园区 2 家。年末，全市农村专业合作经济组织累计 729 家，其中：专业合作社 383 家；以村为经营主体的土地股份合作社 158 家，入股土地面积 15333.3 公顷；社区股份合作社 188 家，入社农户 21.21 万户。全市进行工商登记的农民专业合作经济组织数为 548 家，在苏州市名列前茅。农村社区股份合作社分红面进一步扩大，分红家数为 115 家，实现各类分红 12085 万元。张家港市顺峰种植农民专业合作社等10家被评为省“五好”示范合作社,张家港市金麦穗果蔬农民专业合作社等5家被评为苏州市“五好”示范合作社。

(朱甲波　朱伟新)

人事·人才

【概况】 2012年,市人社局实施人才强市战略,推进人事制度改革,研究出台《张家港市关于进一步加强市级机关中层干部队伍建设的意见》。开展公务员职业道德主题教育实践活动、新一轮“5+X”网络培训、任职培训和中层干部集中轮训,参训人数12576人次。抓好军转安置工作,完成30名军转干部接收安置任务,其中团职干部7人,营职11人,连、排职6人,技术职6人。全年共完成429名中层干部任免工作,其中正职189人,副职240人;确定公务员正副股级科员556人,其中正股级198人,副股级358人。稳妥推进实施事业单位绩效工资改革,拟定《张家港市公共卫生与基层医疗卫生及其他事业单位绩效工资实施办法、实施细则和绩效工资总量管理办法(试行)草案》。完成事业单位退休人员补贴套改工作,惠及退休人员8549人。实行机关事业单位人员工资信息化管理,对全市32172名在职和离退休人员工资信息实行动态管理。做好事业单位岗位设置管理工作,确保各单位岗位设置的结构、比例科学合理。全年共接收张家港市籍高校毕业生6515人,初次就业率99.6%。

年内,全市新增各类人才3.2万余人,其中,研究生学历以上高层次人才2853人,引进紧缺高层次人才300多人,引进领军型创业创新人才(团队)74个,入选“姑苏领军人才计划”21人、省“双创人才计划”12人、新增“千人计划”人才4人(其中国家“千人计划”人才3人,国家“外专千人计划”人才1人);2个引智项目列入国家高端外国专家项目,入选数量位居全省各市、县前列;7个引智项目、8名专家入选苏州“海鸥计划”,居苏州县市前列。全市人才总量达到20万人,其中高层次人才1.17万人。常年在张家港市工作的外国专家910人、海外留学人员1100人。至年末,全市拥有大专以上学历及中级以上职称的各类人才206498人、专业技术人员150802人。年内,新招录公务员138人,其中,社会招考录用公务员及参照管理单位工作人员95人,录用特殊职位公务员(人民警察)3人,录用公安院校毕业生40人。招录事业单位工作人员164人,其中“985”高校毕业生42人。至年末,全市共有公务员4199人,其中参照管理798人;事业单位工作人员15095人。全年推荐评定各级各类职称资格5523人,其中高级职称资格606人、中级职称1502人,工程系列初、中、高级职称资格申报评审总量、质量继续位居苏州市第一。获“省六大人才高峰”项目资助4人;入选“省博士集聚计划”3人;成功推荐张家港经济技术开发区管委会设立市首家省博士后创新实践基地总站(原称为省级企业博士后科研工作站),并下设澳洋集团等9家企业为省创新实践基地分站;全年先后引进5名博士后人员到市参加科研,有6项博士后科研课题获国家、省科研资助。培养技能人才4.5万人,其中高技能人才2.5万人。

【七项活动亮相苏州国际精英创业周】 7月7日至10日,2012年苏州国际精英创业周张家港分会场活动举行。活动期间,2012年第二批领军型创业创新人才项目评审会、创新创业特装展暨人才项目对接洽谈会、海外高层次人才对接洽谈会暨海智洽谈会、校企推进博士后科研工作站建设合作洽谈会、2012年“985”高校研究生张家港暑期社会实践启动仪式、精英周签约仪式、苏州(张家港)国际精英创新创业项目合作洽谈会等七项活动顺利举行。16个国家和地区的200余位嘉宾和复旦大学、上海交通大学、北京航空航天大学、重庆大学、西北工业大学、南京大学等高校师生代表,与张家港市载体、企业进行深入对接,累计签约落户人才项目50项。

【开展海外招才引智系列活动】 年内,市人社局实施“走出去”战略,到北美、欧洲两大海外人才高地开展城市环境和创业政策推介、人才项目需求发布、人才项目对接。6月9日,在美国硅谷举行2012年张家港(硅谷)招才引智推介会,美国各地的150余名从事电子信息、生物医药、新能源、新材料等方面研究工作的高层次人才参加。6月22日至7月1日,组团参加“赢在苏州”系列国际精英创业大赛欧洲赛区决赛,分赴德国和意大利举办招才引智活动。10月19日至26日,组团参加“赢在苏州”系列国际精英创业大赛北美赛区决赛,分赴美国和加拿大举办招才引智活动。

市创新创业特装展暨人才项目对接洽谈会　　　(市人社局　供稿)

【社会化招才引智激励办法发布】 12月26日，市政府出台《张家港市社会化招才引智激励办法（试行）》。办法明确招才引智合作对象、工作职责、奖励力度等政策。除继续吸引海外华人华侨社团组织参与张家港市招才引智活动外，还创新性地聘请已落户张家港市的领军人才或社会人士作为招才引智顾问。明确规定合作对象应推荐并协助引进海内外人才、项目、技术和先进管理经验，协助开展各类智力合作与交流活动并发布招才引智推介信息，协助做好有关人才工作对外交往活动的组织、协调和服务等工作。经考核合格的组织或个人，每年享受2万元的工作经费，成功协办海外招才引智活动的给予3万元的活动奖励，推荐人才落户后获批省“双创人才计划”“姑苏领军人才计划”的给予10万元奖励，获批国家“千人计划”的给予30万元奖励。

【组织市级机关中层干部集中轮训】 5月和8月，市委组织部、市人社局组织第一期、第二期市级机关中层干部集中轮训，每期培训班为期6天，共有133人参训。培训根据中层干部职位性质和岗位特点，分综合管理类和行政执法类2个班，按照先公共课程后专业课目，先集中辅导后分班授课、再集中研讨交流的方法，采取“5+4+1”模式进行，即公共课程占50%，专业课目占40%，研讨交流占10%。培训既安排干部创新思维、核心价值体系、突发事件处理、能力素质提升等公共课程学习，又进行专业知识辅导，在提高机关中层干部综合素质的同时，进一步提高专业能力。

【50名干部赴浙大“充电”】 7月15日至20日，市委组织部、市人社局在浙江大学举办市级机关中层干部暨事业单位领导任职培训班。全市市级机关新任中层干部以及部分事业单位领导共50人参加培训。此次培训开设创新思维、领导能力提升、公共政策、宏观经济形势研判、公共危机管理、国学与管理等8门课程，授课教授均为浙江大学从事公共管理理论和实践研究的专家学者。讲座内容贴近实际，理论与实际案例相结合，具有较强的针对性和实用性。 （朱海婷）

政府法制

【概况】 2012年，全市政府法制工作贯彻落实《国务院关于加强法治政府建设的意见》和《省政府关于加快推进法治政府建设的意见》要求，科学谋划，统筹安排，创新发展，依法行政各项工作稳步推进。全年立项计划制定规范性文件53个，侧重民生福祉、城市建设、环境保护、节能减排、科技创新等方面。全年实际审核文件草案97个，通过审核并印发规范性文件30个。8月1日，市机构编制委员会下发《关于同意张家港市人民政府办公室（市人民政府法制办公室、市人民政府研究室、市人民政府外事办公室）增设内设机构、增加内设机构领导职数的批复》，同意市政府法制办公室增设行政调解科，编制2人，负责行政调解工作的业务指导、组织协调、分析通报和监督考核。年内，市政府法制办公室被省政府法制办公室评为全省行政复议工作先进集体和2012年度全省政府法制工作先进集体。张家港市被确认为2012~2013年省级依法行政示范点和苏州市级依法行政示范单位。

行政复议工作 2011年12月11日至2012年12月10日，共收到行政复议申请71件，受理61件，不予受理5件，其他方式解决5件；办结60件（包括上年结转的2件），其中，维持决定33件，通过调解方式解决2件，自愿撤回申请15件；未审结13件。将原公安、人社、工商、地税、交通等部门行政复议案件全部纳入市政府受案审理范围，实现行政复议审理权相对集中。行政复议案件主要集中在工伤认定、征地补偿和治安交通管理等三个方面。市政府法制办公室通过规范行政复议委员会运作机制和办案程序，聘请外部委员参与复杂、疑难案件审理，组织召开12次行政复议案审会，增强行政复议案件办理的权威性和公信力。按照法律法规规定，遵循“自愿合法”原则，将和解、调解灵活运用到行政复议案件审理的案前、案中，加强案后疏导，客观公正地作出行政复议决定。行政复议案件办理基本做到“定纷止争、案结事了”，无一案件被人民法院撤销、变更或确认违法。

行政调解工作 8月，市政府出台《张家港市行政调解办法（试行）》，并成立行政调解工作领导小组，市政府法制办公室增设行政调解科，各职能部门相继成立行政调解工作领导小组，明确责任科室（部门），落实行政调解工作人员，构建政府负总责、市政府法制办公室牵头、各职能部门为主体的行政调解工作体制。9月，市政府法制办公室全面调研行政调解工作开展情况，梳理行政调解法律依据。为建立职责明晰、协调运转的行政调解工作体系，10月，市政府法制办公室转发省人民政府法制办公室《行政调解文书示范文本》，11月，制定《行政调解工作规程》《行政调解工作领导小组会议制度》《行政调解统计分析和信息报送制度》和《行政调解工作考核制度》，规范行政调解工作运行程序。同时，制定《关于建立行政调解与诉讼调解衔接机制的实施意见》，推动行政调解和司法调解的互动衔接。年内，全市各级行政调解主体共处理行政调解案件14833件，达成协议14537件，未达成协议296件，调解成功率98%。

行政执法监督 2月，市政府法制办公室制定《2012年度张家港市行政执法监督工作计划》，从行政规范性文件备案审查、行政权力网上公开透明运行平台运行情况督察、行政执法案卷评查等八个方面对全市行政执法监督工作进行安排部署。4月，联合市监察局开展加强和改进行政执法提升群众依法行政满意度活动，建立健全培训、预防、监督和奖惩“四位并重”的行政执法工作机制。8月至9月，以自评、互评和复评的“三评”模式开展行政执法案卷评查活动，随机抽取公安、住建、城管、交通运输、国税、地税等21个部门的59件行政处罚类案卷、30件行政许可类案卷，评选出13卷优秀案卷，查找出案卷存在问题238个，并逐一进行反馈整改。9月至11月，先后组织对水政监察大队、路政监

市政府法律专家咨询委员会成立大会暨第一次全体会议

（市法制办　供稿）

察大队、环保监察大队等3个基层执法机构开展专项检查，通过“中国·张家港”门户网站和依法行政联系点进行公众评议，并就队伍建设、执法效能、执法保障方面进行实地调研。全年对《中华人民共和国人民调解法》《国有土地上房屋征收与补偿条例》《工伤保险条例》等5部2011年新施行的法律、法规贯彻执行情况进行调研。全年审查各镇政府和市政府各部门报送备案的规范性文件33个，全部通过审查准予备案。全年新增行政执法证156件、注销行政执法证385件，新增行政执法监督证6件、注销行政执法监督证5件。健全全市行政执法人员电子库，全市共有48个执法单位5644项行政权力录入权力库，其中在用权力5382项、暂停权力262项。在用权力中行政许可482项，行政处罚4287项，行政征收71项，行政审批263项，行政强制、给付、奖励、确认、征用及其他共计541项。

政府法制宣教　3月，在上年度开展张家港市2011～2012年依法行政示范点创建活动的基础上，将20个依法行政示范项目整理汇编成《阳光行政暖港城》一书，全面展示示范项目的典型做法和先进经验。建立行政执法人员“月培训、季考试、年评定”制度、行政执法人员法律知识抽考制度、新任行政执法人员集中培训制度和依法行政大讲堂制度，每月下发行政执法人员法律知识月培训资料，先后于6月、9月、10月组织开展全市行政执法人员第二季度、第三季度法律知识考试和新任行政执法人员为期10天的集中封闭培训，全年累计培训行政执法人员3600余人次。9月，启用张家港市政府法制网站，实现政府法制工作的网络化、信息化管理。全年共上报政府法制信息38条，分别被国务院法制办、省政府法制办、苏州市政府法制办网站或简报录用12条、32条、21条。

【行政规范性文件后评估】　6月，市政府出台《张家港市行政规范性文件后评估办法》。行政规范性文件后评估是市政府制定的规范性文件实施后，依照办法规定的程序、标准和方法，对其政策措施、实施绩效、存在问题及其影响因素进行客观调查和综合评价，提出修改、完善、废止或者改进管理等意见的制度。7月，将《张家港市关于实施生活垃圾集中处理的意见》《张家港市生活垃圾处理费征收管理实施办法》《张家港市杨舍城区环境卫生有偿服务收费办法》《张家港市机动车停车（点）管理办法》《张家港市城镇社会保障住房供应管理办法》和《张家港市户口准入登记办法》等6个事关经济社会发展大局、涉及实事民生的重要规范性文件纳入政府年度后评估计划。自7月起，由市政府法制办公室牵头，组织上述文件的实施单位市城管局、市房产管理中心、市公安局制订后评估实施方案，采取问卷调查、实地调研、座谈等形式，对文件进行综合评价。年末，市政府法制办公室完成后评估报告，上述6个规范性文件的修订工作列入日程。年内，市政府法制办组织相关部门对实施满两周年的20个规范性文件进行评估，后评估工作取得预期效果。

【市政府法律专家咨询委员会成立】　7月6日，市政府法制办公室邀请市委政法委、市纪委、市法院、市检察院、市司法局等单位负责人专题讨论，确定市政府法律专家咨询委员会筹建事宜和委员产生方式。7月中下旬，市政府法制办公室按照定向聘任和推荐选任相结合的原则，初步拟定委员会委员建议名单，报市政府审定。9月14日，市政府法律专家咨询委员会成立，主要职责包括：为市政府的重大决策和重要规范性文件提供法律意见；就政府行政管理中存在问题提出法律建议；参加以市政府名义洽谈、签约的经济项目谈判，协助政府审查重大经济合同、经济项目文书以及重要法律文书；对涉及市政府的尚未形成诉讼的重大民事纠纷、经济纠纷、行政纠纷或者其他涉法疑难问题提供法律意见；承担市政府委托的课题研究、法律培训、普法宣传等任务等。首届委员会聘请15名专业委员，包括高等院校、机关、律师事务所的专家学者和专业人士，任期5年。9月15日，市政府法律专家咨询委员会成立大会暨第一次全体会议召开。至年末，委员会累计为市政府重大行政决策和重要法律事务提供法律咨询服务2次。

（赵　洁）

行 政 服 务

【概况】　年内，市行政服务中心共办理各类行政服务事项187958件，承诺件按期办结率100%，群众现场评议满意率99.98%。完成工程建设招投标和政府采购项目1561项，成交金额95.85亿元，节减财政资金9.31亿元。全年完成企业注册登记

2445户，受理“绿色通道”项目71项，有效压缩审批时限30%。完成竣工联合验收项目134项，联合办理事项一次踏勘通过率93.8%，有效压缩办理时限35%。8月，现代农业示范园区便民服务中心及常南社区便民服务室建立。9月，凤凰镇便民服务中心和魏庄村便民服务室建立，完成政务公开和政务服务省级试点工作。全市以“网络服务为核心手段、网点服务为重点工程、集中服务为基本途径”的服务模式，在10月的全省政务公开和政务服务八个省级试点考评中名列第三。11月，制定出台《关于推进镇村两级政务服务体系建设的指导意见》，明确第一批65项行政服务事项和15项便民服务事项分别延伸至镇村办理。12月4日，国家信息化专家咨询委员会一行9人到中心调研。“行政服务·365”服务品牌获评2012年度“苏州市服务业名牌”，成为全市机关唯一获此称号的服务品牌。年内，中心先后被评为江苏省节能示范单位、苏州市创先争优先进基层党组织、苏州市行政服务创新工作综合奖先进集体。

【“网上政务通”审批平台构建】 年内，市行政服务中心对全市的政务办公系统、行政审批系统、部门业务系统进行审批业务统合，构建智慧型审批平台“网上政务通”。该系统使用电子政务平台，统合全市审批业务。至年末，市住建、安监、城管等11个部门的审批业务在该系统平台上运行。系统为企业与个人提供事项申报、历史数据查询、私有数据管理等服务。围绕基本建设项目审批、竣工联合验收、房地产登记等链式审批事项的网上流转，实现与市环保、卫生等部门局域网系统的数据交换，达成跨部门的串并联审批。市、镇、村三级政务服务联动，第一批65项行政服务事项和15项便民服务事项延伸至镇村办理。“网上政务通”实现与权力库平台、电子监察平台的无缝对接，审批有依据，流程全公开，全程受监督，得到国家信息化专家咨询委员会的肯定，被评为2012年度苏州市电子政务优秀项目（应用创新奖）。

（郭　娜）

信　访

【概况】 2012年，市信访局全年共受理信访2524件(其中网上市长信箱914件)，比上年减2.28%。其中：社会保障、劳资纠纷、医疗保险类569件，城市管理、环境问题类405件，征地补偿、拆迁安置类933件，投诉举报类133件，“三农”问题类103件，科教文卫类96件，涉法涉诉类198件，其他问题类87件。3月1日，市党政领导接访下访“天天听民声”工作启动，市委书记徐美健、市长姚林荣多次到人民来访接待中心、各区镇接访、下访、走访。全年市级党政领导共89人次接访、下访，接待群众140批169人次，进村入户走访调研54次，走访290余家村(社)企业。8月14日，中央信访工作督导组到市督导检查信访工作，对市信访维稳工作给予肯定。

2012年张家港市信访情况

表10

信访总量(批、件)	信件(件)		上访										
					其中								
	纸质	市长信箱	批数	人次	在张家港市集访		赴苏州市集访		赴省上访		赴京上访		
					批数	人次	批数	人次	批数	人次	批数	人次	
2524	554	914	1056	4644	175	3272	5	98	58	99	22	41	

2012年张家港市群众信访处理情况

表11

上送	上级交办		转办		未结案	信访总结案率(%)	市领导阅批信件(件)	占信件总数比例(%)	市领导接访数		市领导主持会办信访案件数(件)
摘报及汇报(件)	信件(件)	到访(批)	信件(件)	到访(批)	信件(件)				批数	人次	
40	224	87	231	64	0	100	920	62.67	140	169	168

（李　磊）

台湾事务

【概况】 2012年，全市新批台资企业5家，新增注册台资816.6万美元。至年末，全市累计建办台资企业856家，注册台资31.31亿美元。全市有46批131人因公赴台考察、交流和培训，其中：5月14日至19日，市卫生系统一行27人赴台交流；9月上旬，市实验小学部分师生赴台参加2012年台北苏州中华经典文化诵读交流活动，展演具有张家港特色的河阳山歌，节目《吴歌乡情》获“最佳薪传奖”。2月15日，市台办和台资企业协会举办2012年台商新春联谊会，市长姚林荣、副市长石锡贤，各区镇、市有关部门领导和300余名台商参加活动。10月28日，张家港市城市贵宾、台商陈锦龙和蔡裕深参加张家港建县(市)50周年纪念大会。11月16日至18日，2012年海峡两岸(张家港)农业博览会在市体育馆举行。

【服务台商和台资企业】 5月至6月，市台办开展台资企业“三访三送”活动，走访14家规模集团型、科技成长型、小微或困难台资企业，送政策、送服务、送关怀。8月17日至20日，市人大常委会副主任顾放率部分外事民宗侨台工委委员，调研全市台资企业运行情况和贯彻执行《中华人民共和国台湾同胞投资保护法》及其《实施细则》情况；9月28日召开的市十三届人大常委会第五次会议，听取和审议市人民政府关于市台资企业运行和贯彻执行《中华人民共和国台湾同胞投资保护法》情况的汇报。年内，市台办共协调协助有关单位为台资企业解决土地、拆迁、交通、工伤、劳资等矛盾纠纷和实际问题10余件，为台商（含部分外商）协助办理居留许可及居留签注、停留延期、更换台胞证、就业证、驾驶证等160余份。

（徐　明）

华侨及港澳事务

【概况】 2012年，全市共有归国华侨14人，海外华侨华人、侨眷、归国留学生近6000人，侨资企业300余家。侨界有张家港市人大代表2人，张家港市政协委员16人（其中政协常委1人）。年内，市侨办共接待到访和处理信函43件，涉及寻找亲人、侨房拆迁、工作就业、出入境待遇、投资洽谈等多个方面，结案率100%，无涉侨上访事件发生。全年共接待华侨华人71批次，包括海外高层次专业人士59人。在中秋节、春节等传统节日期间，走访慰问华侨华人、困难归侨侨眷、侨界重点人士等60余户。年内，市侨办利用第五届海外华侨华人专业协会会长联席会议、海外华侨华人高层次人才江苏行和海外华侨华人社团负责人、著名院校校友会等活动，搜集高层次人才、项目信息440余条，分类提供给市人才办、科技局、两区一园等部门，为招商引资工作提供参考信息。1月6日，举办张家港市侨界人士新春联谊会，归侨侨眷、侨资企业、留学回国人员代表近60人应邀出席。3月，市侨办在城东街道“侨友家园”内设立“侨法宣传角”。9月20日和10月25日分别促成海外华文媒体《欧洲时报》和《中文导报》以《文明典范，人居天堂》为题，整版宣传报道张家港市经济社会建设成就和良好的投资创业环境。9月21日，举办“月是故乡明”侨界人士中秋联谊会，归侨侨眷代表、华侨华人代表、侨资企业代表以及包括3名国家“千人计划”人才在内的回国创新创业人员代表90余人参加。9月26日，组织江苏竹辉律师事务所张家港分所和广和中西医结合医院在城东街道“侨友家园”联合开展侨界人士法律咨询、义诊活动。年内，完成侨情普查工作，创建侨务信息服务平台。年内，市侨办被苏州市人民政府评为全市侨务工作先进单位。

海外华侨华人高层次人才江苏行苏州站开幕式　　（市侨办　供稿）

【张家港市在海外华侨华人专业协会联席会议作专题推介】 6月25日至27日，由国侨办主办的第五届海外华侨华人专业协会会长联席会议在南京召开。国务院侨务办公室、省政府、省委组织部、省侨办、省科技厅、省人社厅相关代表及美国、加拿大、英国、德国、法国、澳大利亚、日本等16个国家的海外专业协会77名负责人参加联席会议。6月26日上午，张家港市作为唯一入选的县级市在江苏省人才政策和创业环境推介会上作推介，介绍全市经济、社会、科技、人才等相关情况以及人才政策和创业环境。

【海外华侨华人高层次人才江苏行苏州站开幕】 7月5日，2012年海外华侨华人高层次人才江苏行苏州站开幕式暨张家港创业环境说明会在市国贸酒店举行。欧美日韩等发达国家和地区的近40名海外华侨华人高层次人才参加说明会。张家港市在说明会上作创业环境说明，海外留学回国创业人员代表、聚晟光电有限公司董事长彭程介绍在张家港市的创业经历。会后举行项目对接洽谈活动，区镇及相关职能部门30余名引资引智工作人员参加对接洽谈活动，签订合作意向书16份，其中国家“千人计划”获得者张亮博士与乐余镇达成合作共建“千人计划”工作站的合作意向。

（张燕红）

外　事　工　作

【概况】 2012年，张家港市因公出国（境）80批323人次，其中赴国际友城交流5批27人次；申办APEC商务旅行卡106张，累计216张；缔结国际友城1个。市外事办办理因公出国（境）手续80批323人次、办理因私签证手续90批150人次、代发外籍人员邀请函（电）6人次；受理并处置涉外事(案)件5起;组织4批7所学校82名学生分赴美国、澳大利亚、日本、韩国等友城开展交流活动;接待外宾22批242人次，其中联合国禁止化学武器组织2批7人、省部级2批12人、友城政府代表5批50人、友城学生代表2批88人、使领馆4批14人、民间友好交流6批31人、其他1批40人。

【与德国劳恩堡市缔结友好交流城市关系】 4月17日，德国劳恩堡市市长安德鲁斯·提德率政府代表团到访。副市长邵军民会见代表团一行，并与安德鲁斯·提德签署两市建立友好交流城市关系意向书。这是张家港缔结的第十个国际友城，也是首次与欧洲城市开展交流。两市缔结友城关系后，将在经济贸易、港口建设、文化旅游等领域交流合作，优势互补。代表团还考察参观梁丰高中、市文化中心、暨阳湖生态园、梁丰生态园、东渡苑等地，并与张家港市长力机械有限公司交流洽谈。

【友城代表、荣誉市民参加建县(市)50周年庆典活动】 10月28日，德国劳恩堡市代表团、韩国浦项市代表团以及荣誉市民麦克·诺斯基(澳大利亚籍)、徐鸥、凌向辉(澳大利亚籍)应邀参加2012年中国(张家港)长江文化艺术节暨张家港建县(市)50周年庆典活动。其间，客人们参观香山风景区、江南农耕文化园、梁丰生态园、暨阳湖生态园、市文化中心城展馆等地，表示将积极利用外事资源，协助张家港发展。同期参加活动的还有张家港籍外交部官员汤铭新(原中国驻乌拉圭、玻利维亚大使)夫妇，陆青江(外交部礼宾司参赞)、钟建华(中国政府非洲事务特别代表)夫妇，陈平(中国驻古巴大使馆政务参赞)、许可祝(中国驻古巴大使馆官员)夫妇，浦正东(中国驻瑞典大使馆文化参赞)夫妇等。（李　杰）

副市长邵军民会见德国劳恩堡市市长安德鲁斯·提德

（市外事办　供稿）

对口帮扶工作

【概况】 2012年，张家港市继续对江苏省宿迁市宿豫区、陕西省子洲县、重庆市云阳县等地区实施对口扶贫协作，与西藏自治区林周县、新疆维吾尔自治区伊犁哈萨克自治州巩留县建立对口支援关系，与江苏省丰县、湖北省秭归县、陕西省汉阴县、四川省白玉县和马边彝族自治县保持友好合作关系。全年对上述地区实施对口帮扶项目28项，提供援助资金2181万元(市财政出资1404万元，各镇、机关、企事业单位和个人对口援助777万元)。其中，援助宿迁市宿豫区1174万元、子洲县148万元、云阳县30万元、林周县101万元、巩留县625万元、白玉县8万元，其他地区95万元。捐赠对口地区汽车、电脑、医疗设备、健身器材、学习用品、衣被等物资价值151万元。2月，张家港市被江苏省扶贫工作领导小组评为2010~2011年度全省脱贫攻坚工作先进单位。

【交流培训活动】 年内，张家港市与对口地区开展形式多样的交流活动。其中，张家港市领导出访的有:3月9日至10日，市委书记徐美键率党政代表团访问宿豫区，市委副书记、市长姚林荣和宿豫区委副书记、区长张晓伟分别代表双方政府签订2012年度南北挂钩合作协议;6月25日至28日，市委副书记、市长姚林荣率党政代表团赴巩留县考察，举行“港城情·爱洒巩留”车辆、关爱基金捐赠仪式;8月7日至10日，市委常委、常务副市长徐仲高率团赴巩留县考察援建项目，慰问援疆干部;8月中旬，市人大常委会主任高建刚率团赴巩留县考察，调研巩留县经济社会发展情况;9月中旬，副市长丁学东率队赴林周县考察，看望援藏干部;10月16日至17日，市人大常委会副主任郭炳荣率队赴子洲县考察，检查帮扶项目落实情况。对口地区领导到访的有:1月14日至15日，宿豫区委书记曹秀明率宿豫区党政代表团到访;5月9日至16日，巩留县委书记李世民率巩留县党政代表团到市考察，并举办巩留县(张家港)活动周活动;5月9日至10日，林周县委书记钱文辉、县长次仁顿珠率林周县党政代表团到访;7月12日至13日，汉阴县县长周永鑫随安康市代表团到市考察;10月26日至28日，宿豫区委书记曹秀明、子洲县委书记雒凤翔、巩留县县长托里坤、汉阴县县长周永鑫、云阳县副县长肖东海到市考察，并出席建县(市)50周年活动。张家港市全年共接待对口地区领导到访50余批800余人次。张家港市和宿豫区互派干部进行挂职锻炼:9月中旬，张家港市选派45名青年干部赴宿豫区各乡镇挂职;11月1日至12月1日，宿豫区选派47名新提拔副科级干部到市各区镇挂职，双方交流合作得到进一步加强。市委组织部、市委党校、市教育局、市卫生局等单位为宿豫区、巩留县、马边县等对口地区举办各类培训班 16 期，培训干部人才 459 人次。

【援藏援疆工作】 年内，张家港市派出副市长黄亚平担任林周县委副书记、常务副县长，负责援藏工作。除省财政统筹援藏资金外，市财政支援林周县项目建设资金 70 万元，相关单位对口支援林周县对口单位 31 万元，双方开展多层次部门干部交流。根据新一轮援疆工作总体要求，张家港市选派 21 名干部、教师、医生和农林科技人员赴巩留县工作。其中，副市长黄雪元、张家港经济技术开发区管委会副主任季冬分别担任巩留县委副书记和巩留县委常委、副县长，全面负责开展援疆工作。年初，由援疆工作组负责实施的总投资 3.38 亿元（其中省财政统筹援疆资金 6264 万元）的 5 大类 10 个援疆项目建设全面开工。至年末，8 个项目全部完成（安居富民工程、定居兴牧工程、人民医院工程、良种牛养殖繁育中心、2 期基层阵地建设、产业援疆及产业合作、人才培训），2 个跨年度项目（巩留县高级中学和职业技能培训基地）进展顺利。年内，张家港市出资 625 万元（市财政安排 255 万元，各镇、各部门援助 370 万元）支援巩留县发展。两地共有 50 余个部门互访交流，巩留县派出 5 批 122 名干部、教师、医务人员到张家港培训。

【共建园区建设】 年内，张家港宿豫工业园区投入建设资金 1 亿多元，建成园区内杨舍路北延段、百威大道、污水处理厂，新增 500 万元以上固定资产投资 5 亿元。全年完成业务总收入 6.5 亿元，实现财政总收入 1.6 亿元，一般预算收入 3000 万元。6 月，占地面积 33.33 公顷，总投资 4 亿美元的百威英博（宿迁）啤酒有限公司一期工程开工建设，至年末共投入建设资金 3.6 亿元，完成全部桩基工程。年内，海纳新材料有限公司和总投资 2 亿元的华虹电子工业有限公司均投产，中天国际贸易有限公司一期工程基本竣工。园区的三产项目稳步推进：总建筑面积 6.5 万平方米的张家港大厦设计方案通过审批；建筑面积 10 万平方米的悦丰花园商品房开发项目，各项前期报批工作基本完成；9 公顷商业用地完成土地挂摘牌工作，并进行相关三产项目的招商工作。9 月，共建园区被评为江苏省共建园区先进单位，受到省苏北发展协调小组的表彰。

（赵　敢）

驻外办事处

【市政府驻南京办事处】 2012 年，市政府驻南京办事处坚持“从简、从细、从严”方针，把好接待流程、接待成本、廉洁自律“三道关”，为市各部门领导在南京开会、培训、参观、考察、调研、办事等提供后勤保障。全年共接待江苏省、苏州市和张家港市领导 282 批 374 人次。发挥对外“窗口”作用，宣传推介张家港建县（市）50 周年取得的成就。向省委、省政府和南京市委、市政府主要领导呈送张家港建县（市）50 周年纪念画册 14 本。加强与保税区、市发改委等职能部门沟通协调。7 月，协助江苏进口商品集采分销中心获省政府批复。11 月，协助保税港区通过省汽车整车进口口岸申报工作。

（毛爱维）

【市政府驻深圳办事处】 2012 年，市政府驻深圳办事处共接待赴深圳团队 40 余批 400 余人次。走访深圳 500 强企业，掌握与张家港市相关企业动态，努力开拓深圳供应产业链、新型金融产业链等潜在客户源，为保税区（金港镇）、经开区（杨舍镇）、大新镇赴深圳招商引资牵线搭桥。1 月，介绍投资 3000 万美元的日本医药物流项目和耀方科技的空中机器人等项目与经开区（杨舍镇）沟通洽谈。7 月，协助华中科技大学“双氟磺酰亚胺锂 LiFsi”项目在保税区化工园区落实土地 2.67 公顷并启动运转。年内，为飞翔化工张家港大厦在深圳顺利推进办理相关手续。至年末，共为江苏振龙减震器有限公司、长城装饰工程有限公司在深圳分期分批追回货款 1500 万元。协助市金茂公司与深圳证券交易所处理沙钢集团、张铜集团、牡丹集团等企业深圳证券债权转移过程中的有关问题。编印《南风窗》12 期。

（承晓茗）

机关事务管理工作

【概况】 2012 年，市级机关事务管理中心履行后勤服务保障职能，为市级机关创造良好的办公条件和工作环境。先后完成张家港市建县（市）50 周年庆典、第六届科技节、2012 年中国（张家港）长江文化艺术节等各类会议、活动的会务、后勤保障。全年提供会议服务 1800 余场（电视电话会议 65 场），用车服务安全行驶 50 万公里。集中组织公开拍租房产 3700 余平方米，年收益租金近 1200 万元。按照规定完成空调、办公家具等设备设施的采购工作。依法推进公共机构节能管理工作，加大节能减排宣传力度，稳步推进市政府大院等机关集中办公区域的节能管理工作，在全市范围内开展节水型单位（机关）和公共机构节能示范单位创建工作。继续配合市纪委开展全市党政机关公务用车专项治理工作。

【机关办公条件改善】 年内，市级机关事务管理中心重点推进机关办公条件改善工作。统筹做好办公用房的调配改造和机关非自用办公用房的处置工作，调整改造办公用房 3500 余平方米，6 个单位迁入新址办公。配合东城开发公司、市建筑工务处、市人社局等单位，做好港城大厦相关配套服务工作。2 月，完成现代化推进办公室、绩效管理委员会办公室办公用房调配和装潢工作。3 月，完成市政府大院雨水管网改造工程。5 月，完成江南大厦空调、雨篷改造工程。6 月，完成港城大厦入驻单位楼层和办公用房分配及装饰装潢方案，并上报市政府获得批准。7 月，完成市海外联谊会、市新市民积分管理工作领导小组办公室、市政府金融工作办公室、市服务业发展办公室的办公用房调配和装潢改造工作。11 月，完成市政府大院停车场改造工程。

（杨　明）

【编辑　景力颖】

政协张家港市委员会

综　　述

2012年年初，市十届政协共有委员300人。3月，经市政协十届二十九次常委会议协商，产生市十一届政协委员，共326人。年内，市政协围绕现代化建设大局，把握团结和民主两大主题，调动全体委员的积极性，履行政治协商、民主监督、参政议政职能，较好地发挥了人民政协“协调关系、汇聚力量、建言献策、服务大局”的作用，为巩固和发展新时期爱国统一战线，推进率先基本实现现代化，作出积极贡献。

开展协商议政活动　年内，市政协组织各类协商通报活动11次。其中，市政协常委会议分别就新市民管理服务创新、经济社会发展及提案办理、助推率先基本实现现代化议题，市政协主席会议分别就农村居民集中居住区建设与管理、旅游业发展议题，各专委会分别就中小企业融资、价格诚信城市创建、生态文明建设等议题，与市政府及有关部门进行协商，形成专题调研报告3篇，提出各类意见和建议80余条。对市政协报送市委、市政府的调研报告，市主要领导在第一时间作出批示，相关建议得到有关部门的吸收和采纳。

履行民主监督职能　年内，共收到提案473件，其中党派集体提案68件，个人提案405件。经审查，立案368件。通过开展主席会议成员督办重点提案、带案调研视察、“B”类提案专项督察、提案办理“回头看”等活动，提案办理的成效不断提高。组织开展专题视察活动7项，提出各类合理化意见建议20余条，对相关部门更好地开展职能工作，起到一定的助推作用。认真开展社情民意收集工作，收集社情民意信息288条，向市政府编报重点社情民意信息16条。年内，组织对市卫生局进行民主评议，对完善卫生事业“十二五”发展规划，加快社区卫生服务机构和医疗设施建设，起到有力的推进作用。

弘扬团结民主主题　年内，市政协利用多种活动形式，支持各民主党派、工商联、无党派人士和各人民团体发挥作用。认真督办党派团体提出的集体提案，推荐党派团体成员担任党风政风行风监督员，支持党外人士参加市里有关经济社会发展重大问题的政治协商活动。加强与港澳台侨、民族宗教界人士的联络沟通，组织相关界别委员视察侨界委员企业科技创新工作，关注易地新建的杨舍镇天主教堂建设，走访联系居住在张家港市的少数民族人员。重视发挥文史工作的存史、资政、团结、育人作用，认真做好文史资料征集编辑工作，完成《张家港政协志》《杨沂孙杨泗孙年谱》编纂，全年征集文史资料20余万字。

推进政协自身建设　抓好理论学习，在政协委员、政协机关和各民主党派中组织开展学习中共十八大精神活动，把领会精神、提高认识与政协工作紧密结合起来，使政协工作与市委工作始终保持同心同向。注重政协工作的规范化建设，先后修订和完善《市政协主席会议工作规则》《市政协常委会议工作规则》《市政协全体委员会议工作规则》《市政协民主监督规程》等8项工作制度。加强政协机关思想作风建设，规范内部管理，强化监督检查，加强协调配合，提升工作效率，树立政协机关良好形象。重视政协联谊会、政协理论研究会和海外联谊会工作，发挥其联谊联络和理论研究的积极作用。

【换届工作】　市政协党组积极配合市委统战部和市委组织部做好政协委员的调整、推荐工作。3月，市十一届政协委员名单确定。经市委常委会审核提名、政协常委会议协商通过，市十一届政协委员为326人，比市政协十届一次会议时增加36人，比市政协十届四次会议时增加26人。326名委员中，中共委员130人，占40%；党外委员196人，占60%；女委员93人，占28.5%，均符合上级规定。十一届政协委员中，新委员137人，占42%；具有大专以上文化程度的304人，占93.2%，比市政协十届一次会议时提高3.9个百分点，其中博士、硕士研究生58人。十一届政协共设21个界别，界别数量与十届时相同，个别界别作了适当调整。其中共青团界别更名为共青团（青联）界别，归侨侨眷界别更名为侨联界别，工会界别更名为总工会界别，民族界别和宗教界别合并为民族宗教界别，撤销台属界别，新增社会科学界、社会福利和社会保障界2个界别。21个界别中，中共

19人、民盟12人、农工党12人、工商联17人、无党派人士8人、总工会6人、共青团(青联)5人、妇联9人、科协8人、文艺新闻界7人、科技界16人、经济界43人、农业和农村界15人、教育界20人、体育界5人、医卫界22人、侨联界13人、民族宗教界8人、社会福利和社会保障界13人、社会科学界12人、特邀人士56人。

市政协十一届一次会议会场　　（市政协　供稿）

重要会议

【市政协优秀提案表彰暨全体委员会议】 2月23日，市政协召开优秀提案表彰暨全体委员会议，市十届政协全体委员参加会议。会议回顾总结十届政协四年来的工作，要求广大委员要一如既往地关心支持政协工作，在各条战线上发挥好先锋模范带头作用，为张家港市在全省第一批率先基本实现现代化贡献聪明才智。会议表彰了市政协十届三次、四次会议优秀提案和提案承办先进单位。据统计，市政协十届三次、四次会议共立案提案548件，参与提案承办的部门123个。

【市政协十一届一次会议】 3月19日至23日，市政协十一届一次会议在馨苑度假村举行。会议应出席委员326人，实到319人。会议审议通过市政协主席单玉珍代表十届政协常务委员会所作的常委会工作报告和副主席李汉忠代表十届政协常务委员会所作的关于提案工作情况的报告。与会委员列席市十三届人大一次会议，听取并讨论市政府工作报告和其他报告。会议选举产生市十一届政协常务委员会组成人员，单玉珍为主席，李汉忠、刘会荪、徐平观、景惠新为副主席，陶平为秘书长，周新华等55人为常务委员。会议共收到提案473件，立案368件。

【市政协成立50周年暨全市政协工作大会】 8月16日，张家港市举行市政协成立50周年暨全市政协工作大会。市委书记徐美健对市政协成立50周年表示祝贺，并要求全市上下要把政协政治协商作为民主决策的重要程序，把政协民主监督作为监督体系的重要环节，把政协参政议政作为改进工作的重要途径，把支持政协履职作为全局工作的重要内容，创新机制，创造条件，大力支持人民政协充分发挥职能作用。全市各级各部门要增强政治意识、大局意识、使命意识、责任意识，以更长远的眼光、更开阔的视野、更有力的举措，开创张家港市政协事业的崭新局面。市委副书记、市长姚林荣主持会议。市政协主席单玉珍代表市政协常委会总结50年来张家港市政协工作所取得的成绩和基本经验。会议结束后，举行《张家港政协志》首发式。

张家港市政协十届三次、四次和十一届一次会议优秀提案

表12

届次	提案人	案　由	承办单位
十届三次	民盟市委	关于加强公共租赁住房建设的建议	市房管中心
	农工党市委	关于加快科技创新载体建设，推动产业结构升级的提案	市科技局
	九三学社基层委员会	关于张家港港口岸线资源整合的建议	市政府口岸办
	民革总支	关于加强废旧物品回收管理的建议	市经信委
	无党派人士联谊会	关于拓展现代农业投资渠道，打造现代农业经济板块的建议	市农委、 市财政局
	锦丰镇政协工委	关于市区学校周边道路路口红绿灯时间调整的建议	市公安局
	管卫东	关于规范汽车行业维修维护收费的建议	市交通局、 市物价局
	焦　实	关于加强地下管线管理的建议	市规划局

续表 12-1

届次	提案人	案　由	承办单位
十届三次	黄建新	关于加强燃气安全管理，保障人民群众的生命财产安全的建议	市住建局、 张家港质监局
	苏国兴 张建新	积极加大财政投入，推进公交低票价，确保百姓得实惠	市交通局、 市物价局、 市财政局
	朱培福 付建国	加大对医保定点药店的监管力度的建议	市人社局、 市药监局
	唐正兴	关于公布“张家港市民生商品价格信息公开表”的建议	市物价局
	陈国华	关于加强学校保安(门卫)管理的建议	市教育局、 市财政局、 市公安局
	赵世勇	关于落实张家港市新能源产业发展的相关建议	市发改委、 市经信委
十届四次	民盟市委	彰显职教特色，提升服务能力	市教育局
	农工党市委	关于加强我市医院儿科建设的建议	市卫生局
	九三学社基层委员会	推动科技成果转化，促进企业转型升级	市科技局、 市经信委、 市财政局、 市人才办、 市金融办
	民革总支	关于加强农村技术人才培养的建议	市农委
	无党派人士联谊会	关于加快建立我市基础信息共享平台的建议	市经信委
	工商联	加快传统产业转型升级，促进经济又快又好发展	市经信委
	杨舍镇 政协工委	关于加强村级集体资产管理的建议	市委农工办、 市监察局、 市审计局
	金港镇政协工委	关于加强对港区危化品运输车辆安全停放进行整治的建议	市安监局、 市公安局、 市交通运输局、 市城管局、 市环保局
	塘桥镇政协工委	关于推进教育城乡一体化、促进教育均衡发展的建议	市教育局
	李意坚	引入合同能源管理，加速推进绿色照明	市住建局
	周亚萍	关于实施垃圾分类处理，提高城市垃圾利用效能的提案	市城管局
	周卫君	关于加强城市色彩规划管理的建议	市规划局
	侯蔚枫	关于建设张家港“城市候机楼”的建议	市交通运输局、 市旅游局
	张金静	关于农村新型社区建设与管理的建议	市民政局
	陈　宇	关于增加精装修成品住房开发建设及销售的建议	市房管中心
	徐建龙	加强对我市化工企业严格监管的建议	市安监局、 市公安消防大队
	吴亚芳	关于扶持设施蔬菜生产基地建设的问题	市农委

续表 12-2

届次	提案人	案　　由	承办单位
十届四次	秦国平	关于扶持大学生就业、创业的建议	市人社局
	缪建林	关于创建放心粮店,引导安全消费的建议	市粮食局
	何　斌	关于对开放式小区加强技防设施建设的建议	市公安局、市财政局
十一届一次	杨舍镇政协工委	关于加快推进养老服务体系建设的建议	市民政局
	无党派人士联谊会	关于加强农业科技创新,提高农业科技贡献率的建议	市农委、市科技局
	金港镇政协工委	关于进一步加强双山岛湿地生态保护和建设的建议	双山岛旅游度假区
	九三学社基层委员会	关于进一步促进我市节能减排的建议	市经信委、市环保局
	农工党市委	关于统筹制定全市水上旅游资源开发规划的建议	市旅游局、市水利局
	民盟市委	关于加快推进出租汽车扩容工作的建议	市交通运输局
	工商联	关于加快推进现代物流业发展的建议	市服务业办
	民革总支	关于建立全市中高级医疗专家流动机制的建议	市卫生局
	民建基层委员会	关于"放心菜"如何平价惠民的建议	市农委
	黄刻松	关于加快我市传统产业升级转型的建议	市经信委
	余爱华	关于对网吧规范管理的建议	市文广新局、张家港工商局、市公安局
	张云法	关于加快推广使用新型墙体材料的建议	市住建局
	钱亚红	关于加强城市无障碍设施建设与管理的建议	市规划局、市住建局、市城投公司
	翟二生 孙丽华	引导全市商家设立临期食品专柜的建议	张家港工商局
	钱建伟	关于成立"张家港市南社研究会",抢救性挖掘、保护、推动"南社"文化研究的建议	市文联
	沈鸟松	关于警务人员入驻医院警务室、发挥警务室应有作用的建议	市公安局
	缪建林	加强民间借贷监管,促进中小企业稳定发展	市金融办、市公安局
	张永佳	关于有效解决孩子放学后托管难的建议	市教育局
	陈和平	关于创新社会管理,加快推进流动人口"同城待遇"的建议	市新市民事务中心
	陆翠珍	关于扩大老小区机动车辆停车位的建议	市房管中心

【市十届政协常委会议】 2012年,市十届政协共举行常委会议2次。

第二十八次会议　1月19日召开。会议审议通过市政协有关人事任免事项,传达贯彻苏州市政协十二届五次会议精神。

第二十九次会议　3月12日召开。会议协商通过市十一届政协规模、界别设置和委员名单,审议通过《关于召开市政协十一届一次会议的决定(草案)》,审议通过市政协十一届一次会议大会日程(草案),审议通过市政协十一届一次会议提案审查委员会主任、副主任、委员名单(草案),审议通过市十届政协常委会工作报告和提案工作报告的报告人。

【市十一届政协常委会议】 2012年,市十一届政协共举行常委会议4次。

第一次会议　4月10日召开。会议

审议通过市政协有关人事任免事项，审议通过《政协张家港市第十一届委员会2012年度工作要点》，审议通过关于建立市十一届政协法律顾问团事项。

第二次会议　7月26日召开。会议审议通过有关人事任免事项，听取市政府《关于全市上半年经济社会发展情况及提案办理情况的通报》，传达学习市委十届四次全体（扩大）会议精神和苏州市十三届政协一次会议精神，审议通过市政协常委会工作规则等规章制度，协商推进新市民管理服务创新工作。

第三次会议　10月16日召开。会议专题协商率先基本实现现代化推进工作。

第四次会议　12月25日召开。会议听取市政府《关于全市经济社会发展及政协提案办理情况的通报》，审议通过市政协有关人事任免事项，审议通过市政协常委会工作报告（草案）和提案工作报告（草案），审议通过《关于召开市政协十一届二次会议的决定（草案）》，审议通过市政协十一届二次会议的有关事项。

【市十一届政协主席会议】 2012年，市十一届政协共举行主席会议9次。

第一次会议　4月10日召开。会议审议通过市十一届政协主席、副主席、副调研员、秘书长工作分工，审议通过有关人事任免建议名单，审议通过市十一届政协专门委员会组成人员建议名单，审议通过各系统联系组组长名单，审议通过《政协张家港市第十一届委员会2012年度工作要点（草案）》，审议通过市政协十一届一次常委（扩大）会议议程（草案），听取关于建立市十一届政协法律顾问团事项说明。

第二次会议　5月5日召开。会议研究讨论主席重点督办提案和带案调研视察、民主评议事项，研究讨论市政协常委会、主席会议工作规则等规章制度，研究讨论市政协2012年月度工作安排。

第三次会议　6月15日召开。会议研究讨论纪念市政协成立50周年活动方案，审议通过市政协常委会、主席会议工作规则等规章制度。

第四次会议　7月5日召开。会议传达学习苏州市政协十三届一次会议精神，审议通过2012年主席督办重点提案活动方案、市政协领导走访约谈委员暨收集社情民意活动方案和市政协十一届二次常委（扩大）会议议程，研究讨论《关于推进新市民管理服务创新的调研报告》，听取市政协成立50周年各项纪念活动筹备情况汇报。

第五次会议　8月21日召开。会议研究讨论《关于全市农村居民集中居住区建设与管理情况的调研报告》，研究讨论民主评议市卫生局活动方案。

第六次会议　9月21日召开。会议研究讨论关于对市卫生局的民主评议意见。

第七次会议　10月15日召开。会议研究讨论《关于全市旅游业发展情况的调研报告》，听取社情民意信息收集情况汇报，审议通过市政协十一届三次常委（扩大）会议议程。

第八次会议　11月22日召开。会议传达学习中共十八大精神，听取市政协办公室、各专委会2012年主要工作情况及2013年工作打算的汇报，研究讨论市政协十一届二次会议筹备工作方案。

第九次会议　12月14日召开。会议听取市政协十一届二次会议筹备工作情况汇报，审议市政协常委会工作报告（讨论稿）和提案工作报告（讨论稿），审议通过市政协十一届二次会议议程（草案）、日程（草案）及有关事项，审议通过市政协十一届四次常委（扩大）会议方案。

2012年张家港市政协重要人事任免情况

表13

时　间	会　议	任免情况
1月19日	市政协十届二十八次常委会议	任命陶平为市政协副秘书长，任命周新华为市政协副秘书长、办公室副主任，任命李爱平为市政协提案委员会副主任，任命陈奉德为市政协经济科技委员会副主任，任命陈志芳为市政协社会事业委员会副主任，任命朱育才为市政协社会事业委员会副主任，任命王正华为市政协城乡建设委员会副主任，任命张永全为市政协城乡建设委员会副主任，任命张亚萍为市政协港澳台侨（民族宗教）委员会副主任，赵志刚兼任市政协港澳台侨（民族宗教）委员会副主任，任命许峰为市政协文史委员会副主任，叶丽娜兼任市政协杨舍镇工作委员会副主任，吴文军兼任市政协凤凰镇工作委员会主任，朱志斌兼任市政协大新镇工作委员会主任，陈飞健兼任市政协现代农业示范园区工作委员会主任；免去朱育才市政协副秘书长、办公室副主任职务，免去杨枫市政协提案委员会副主任职务，免去张亚萍市政协城乡建设委员会副主任职务，免去王永清兼任的市政协港澳台侨（民族宗教）委员会副主任职务，免去蔡勇兼任的市政协杨舍镇工作委员会副主任职务，免去张晖兼任的市政协凤凰镇工作委员会主任职务，免去吴文军兼任的市政协大新镇工作委员会主任职务，免去赵志刚兼任的市政协现代农业示范园区工作委员会主任职务

续表 13

时　间	会　议	任免情况
4 月 10 日	市政协十一届一次常委会	任命周新华为市政协副秘书长、办公室主任,任命张燕清为市政协副秘书长、办公室副主任,任命刘品贤为市政协副秘书长、提案委员会副主任,任命陈丽为市政协办公室副主任,任命李爱平为市政协提案委员会主任,任命朱文焰为市政协提案委员会副主任,曹东、毛建锋兼任市政协提案委员会副主任,任命陈奉德为市政协经济科技委员会主任,任命陈国平为市政协经济科技委员会副主任,邹利明、钱进、卢惠兴、张金静、钱建国、丁建章兼任市政协经济科技委员会副主任,任命陈志芳为市政协社会事业委员会主任,任命朱育才为市政协社会事业委员会副主任,周春峰、朱兴华、王建东、陈永泽、季春郁兼任市政协社会事业委员会副主任,任命王正华为市政协城乡建设委员会主任,任命张永全为市政协城乡建设委员会副主任,秦国平、王春松兼任市政协城乡建设委员会副主任,任命梁一红为市政协港澳台侨(民族宗教)委员会主任,任命张亚萍为市政协港澳台侨(民族宗教)委员会副主任,陆忠理、马辉、赵志刚、张璇、陆翊农、黄亚平兼任市政协港澳台侨(民族宗教)委员会副主任,任命许峰为市政协文史委员会主任,任命钱新棣为市政协文史委员会副主任,俞慧军、高卫平兼任市政协文史委员会副主任;免去王世明市政协副秘书长、办公室主任职务,免去项建度市政协提案委员会主任职务,免去王金良市政协经济科技委员会主任职务,免去丁正义市政协社会事业委员会主任职务,免去钱魁中市政协社会事业委员会副主任职务,免去侯一华兼任的市政协社会事业委员会副主任职务,免去顾兴达市政协城乡建设委员会主任职务,免去赵惠良市政协城乡建设委员会副主任职务,免去成建中市政协港澳台侨(民族宗教)委员会主任职务,免去邢鹿市政协文史委员会主任职务,免去黄宏兼任的市政协锦丰镇工作委员会副主任职务
7 月 26 日	市政协十一届三次常委会议	任命朱建芬为市政协锦丰镇工作委员会副主任;免去钱进、丁建章兼任的市政协经济科技委员会副主任职务,免去俞慧军兼任的市政协文史委员会副主任职务
12 月 25 日	市政协十一届四次常委会议	任命周小军为市政协办公室副主任,黄晓伟兼任市政协提案委员会副主任,马学锋、潘琦兼任市政协经济科技委员会副主任,任命张曲为市政协城乡建设委员会副主任,刘俭兼任市政协港澳台侨(民族宗教)委员会副主任,汪丽菁兼任市政协文史委员会副主任,夏立新兼任市政协锦丰镇工作委员会主任,杨建钟兼任市政协乐余镇工作委员会主任,徐婉琴兼任市政协凤凰镇工作委员会主任;免去陈飞兼任的市政协锦丰镇工作委员会主任职务,免去黄蓉兼任的市政协乐余镇工作委员会主任职务,免去吴文军兼任的市政协凤凰镇工作委员会主任职务,免去曹东兼任的市政协提案委员会副主任职务,免去陆忠理兼任的市政协港澳台侨(民族宗教)委员会副主任职务

协 商 议 政

【概况】 年内,市政协围绕事关全市经济社会发展的重大问题,组织各类专题性协商通报活动5次,专委会对口协商通报活动6次,形成专题调研报告3篇,提出各类意见建议80余条。

【协商新市民管理服务创新】 7月,市政协召开常委会议,就全市新市民管理服务创新工作进行协商。会后向市委、市政府报送《关于推进我市新市民管理服务创新的调研报告》。调研报告中针对新市民和谐稳定、住房环境和条件、基础信息工作、管理服务保障措施等方面存在的问题,提出要以深入推进新市民教育培训、公共服务、权益保障、安居保障、治安管理、融合发展等六大体系建设为重点,从更新思想观念、创新管理模式、强化服务保障、完善长效机制等4个方面,进一步改进工作。调研报告得到市领导的高度重视,其中的一些意见建议经相关部门采纳后,成为健全完善有关政策的重要依据。

【协商农村居民集中居住区建设与管理】 8月，市政协召开主席会议，就全市农村居民集中居住区建设与管理工作进行协商。会后向市委、市政府报送《关于全市农村居民集中居住区建设与管理情况的调研报告》。调研报告中针对农村居民集中居住区在规划建设、管理服务等方面存在的问题，提出要强化规划建设标准，创新管理工作机制，拓展农民创收渠道，加强集中居住区文化建设等建议，得到了市领导和相关职能部门的高度重视。市政府主要领导专门作出批示，肯定政协调研报告很有针对性，要求市政府分管领导和部门认真研阅，进一步完善相关政策。

【协商全市旅游业发展】 10月，市政协召开主席会议，就全市旅游业发展工作进行协商。会后向市委、市政府报送《关于全市旅游业发展情况的调研报告》。调研报告针对旅游业存在的缺乏龙头景区带动、产业化水平偏低、体制机制滞后等问题，提出要突出重点，全力打造精品项目；整合资源，不断做大做强旅游产业；强化宣传推荐，提升港城特色旅游知名度；优化体制机制，形成发展合力等意见建议。市委、市政府领导高度重视，要求相关部门认真研究，充分吸收，加紧落实。

【协商全市现代化推进工作】 10月，市政协召开常委会议，协商率先基本实现现代化助推工作，并邀请市政府领导和相关部门负责同志参加会议。会议提出要进一步强化政协职能优势，主动围绕现代化建设中急需解决的问题，深入基层一线，加强调研思考，积极建言献策，当好现代化建设的实践者、参与者和建设者，努力在推动发展上有新作为，在服务大局上有新成效。常委们在会上提出要大力实施科教兴市战略、加快发展高新技术产业、加大节能减排力度、改善生态环境质量、鼓励自主创业择业、切实提高城乡居民收入等20余条意见建议，得到相关部门的积极采纳。

市政协考察双山岛生态湿地保护工作 （市政协　供稿）

民主监督

【概况】 年内，市政协综合运用提案、社情民意、民主评议、专项视察等多种形式，认真开展民主监督工作，全年共办理提案368件，收集社情民意信息288条，筛选编报重要社情民意信息16条。

【368件提案办结】 市政协按照立案抓质量、督办抓重点、“回头看”抓落实率的思路，在做好提案筛选整理、跟踪督办、答复落实等环节上下功夫，充分发挥主席会议成员督办重点提案、带案调研视察、B类提案专项督察、提案办理“回头看”等提案办理工作机制作用，推动提案办理实效不断提高。市政协十一届一次会议期间，共收到提案473件，立案368件，至10月末，368件提案全部办结，提案办理的见面率、答复率和满意与基本满意率达到3个100%。

【民主评议卫生工作】 8月下旬至9月，市政协组织开展对市卫生局的民主评议活动。围绕市卫生事业改革和发展，就医疗卫生服务体系建设、卫技人才队伍建设以及群众关心的热点难点问题等内容，认真进行调查评议。先后召开座谈会16个，发放调查问卷200余份，参加座谈的群众有300余人，广泛听取社会各界的意见建议，形成专题调查评议报告5份。市政协主席会议对调查评议情况进行专题协商，建议要围绕张家港市城乡一体化总目标，进一步加快卫生现代化建设，提出深化医疗卫生体制改革、加强人才引进培养、加大卫生惠民便民力度、着力建设人民满意医疗卫生行业等整改意见。市卫生局高度重视政协民主评议意见，迅速制定整改方案，逐条深入剖析，并将整改情况及时向市政协通报。此次民主评议，对于完善卫生事业“十二五”发展规划，加快社区卫生服务机构和医疗设施建设，起到了推进作用。

【收集社情民意信息288条】 市政协坚持将社情民意收集摆上重要位置，特别是进一步完善社情民意的收集方式、筛选整理、跟踪反馈机制，提高收集反映社情民意的水平。9月，市政协主席会议成员带队，征集社情民意信息288条，向市委、市政府报送16条重要社情民意，内容涉及城乡一体化建设中拆迁企业用地、规范公共小码头建设管理、加强农村河道整治、优化区镇公交线路、培养本土特级教师、打击非法行医等多个方面。对市政协反映的社情民意，市领导十分重视，要求各有关部门逐一研究落实，使群众关注的一些热点问题得到妥善解决。

（周小军）

【编辑　张　洁】

纪检·监察

党风廉政建设

【概况】 市纪委与市监察局合署办公，2012年年末在编人员45人。全市共设区镇纪（工）委10个、系统纪（工）委20个、派驻纪检组（监察室）23个、市直属企业纪委8个、条线管理单位纪委（纪检组）12个和基层纪检监察工作室4个，另设有行政村纪律监督委员会165个，非公企业纪（监）委38个及纪律监督小组922个。12月3日，中国共产党张家港市纪律检查委员会非公有制经济工作委员会成立，作为市纪委派出机构，与纪委合署办公。5月，全市纪检监察工作会议召开，整体推进惩治和预防腐败体系建设，加强反腐倡廉宣传教育，强化领导干部廉洁自律和生活作风建设。市纪委、监察局开展职业道德主题教育实践活动和“学习十八大，总结五十年”争先创新专题讨论活动，完善多岗锻炼、竞争上岗等机制；5月组织25名纪检监察干部赴新加坡学习，分批组织7名纪检监察干部赴中国纪检监察学院培训，建立基层纪检监察工作目标考评制度。3月，由中宣部、中央文明办联合举办的“我推荐、我评议身边好人”活动“中国好人榜”揭晓，市纪委常委陈春明当选敬业奉献“中国好人”。在“2012年度苏州市现代化万人评”调查中，全市党风廉政建设满意度为83.4%，名列苏州第一。6月，中央纪委扶贫办主任钱武军到市考察。是月，南丰镇永联村与中国纪检监察学院党委结对共建签约仪式在中国纪检监察学院举行。8月，四川马边彝族自治县三类人才培训班在市开班，自治县中青年干部、教师和医务工作者共28名学员进行为期一个月的学习培训。年内，市纪委被中央纪委党风廉政建设室评为2012年度党风建设工作联系点先进单位，被中央纪委第七纪检监察室授予《华东之窗》信息工作先进单位，被省纪委办公厅表彰为全省纪检监察信息工作一等奖。

【落实党风廉政建设责任制】 年初，修订完善市领导、市直机关、区镇和市直属公司（企业）等4个版本的党风廉政建设责任书。1月，举行2012年全市党风廉政建设责任书签字仪式，根据市委常委和市政府领导分工，与17名个人、9个区镇、85个机关部门和15个公司（企业）签订党风廉政建设责任书。各单位也与下属单位签订党风廉政建设责任书，逐级分解。3月，市委把6个方面65项反腐倡廉重点任务，分解到28个主办单位和53个配合单位，明确工作重点，细化工作任务，落实部门责任。12月，组织开展2012年度落实党风廉政建设责任制、推进惩防体系建设检查考核，在各单位自查的基础上，由市委常委、党员副市长带队，分12个专项检查组，对全市16个单位进行重点检查，同时将检查考核与领导干部述职、述廉、述法、述党建相结合，并邀请人大代表、政协委员、党风廉政监督员列席检查汇报会，听取汇报、参与测评。

【领导干部廉洁自律】 年内，市纪委会同相关部门组成联合检查组，对工作日午间饮酒、公款吃喝等情况进行8次明察暗访，检查机关企事业单位、商场饭店139家；会同公安交警部门先后开展2次酒后驾驶专项检查，检查车辆2000余辆次。7月，举办新提拔领导干部集体廉政谈话，102名新提拔领导干部和80名领导干部家属参加活动。10月，开展《廉政准则》和《农村基层干部廉洁履行职责若干规定》贯彻落实情况自查自纠，并对八镇二区和36个机关部门进行重点检查，切实加强问题整改。11月，下发《关于实施“六个一”工程，加强领导干部生活作风建设的实施意见》，以“树形象、做表率、促发展”为主题，以“公开一项承诺、常备一本好书、培养一个爱好、养成一种习惯、当好一名义工、撰写一篇日记”为内容，深入推进领导干部生活作风建设，引导督促领导干部培养积极健康的生活情趣，自觉接受“八小时”外的监督。严格落实党政主要领导干部经济责任审计规定，完善推广“三责联审”（用人责任审查、编制责任审核、经济责任审计）工作机制，年内对25名领导干部开展任中和离任经济责任审计，对5名领导干部开展“三责联审”。全年全市共有138名领导干部报告个人重大事项，其中报告购房的28人，报告购车的22人，报告操办婚丧嫁娶事宜的49人，报告配偶子女因私出国（境）的32人，其他事项的13人。市廉政办及“510”廉政账户共收到领导干部主动上缴礼金礼券折合人民币243.21万元。

【反腐倡廉宣传教育和廉洁文化建设】 1月，市纪委协助市委召开全市领导干部警示教育大会，借阅警示教育专题片等各类廉政教育电教片50余次，受教育党员干部达到2.13万人次；发放廉政宣传贺卡4300余份，廉政日志2420本。5月，制作5万份简洁式宣传资料折页和党风廉政建设满意度调查问卷；组织机关干部旁听市农委原副主任杨某职务犯罪案件庭审。组织基层单位赴宜兴丁山监狱和常州监狱开展警示教育。6月，结合“机关干部下基层”活动，发动区镇机关干部、农村党员干部进村入户，到基层一线开展地毯式宣传。会同市文化馆编排廉政文艺作品——音乐快板《为了实现现代化》，在全市各农村社区巡演。9月，开展保持党的纯洁性主题教育，邀请中国纪检监察报社社长李本刚为全市领导干部作专题讲座。年内，根据上级统一部署，会同相关部门深入开展公务员职业道德主题教育实践活动。组织党员干部观看重大革命历史题材电影《忠诚与背叛》，组织纪检监察干部收听收看全国纪检监察系统先进工作者陈超英先进事迹报告会。举办《农村基层党员领导干部廉洁履行职责若干规定》、重点领域廉政风险防范、动迁领域勤政廉政等专题讲座，开展“道德讲堂进社区”宣讲、“读廉政书籍、扬清风正气”主题读书及廉政格言征集，“廉政效能清风行”“做最好的共产党员”等系列活动，推动农村基层党风廉政教育。全市纪检监察组织在各级报刊媒体上发表党风廉政建设宣传报道429篇，其中国家级媒体104篇，省级媒体149篇、地市级媒体65篇、张家港媒体111篇。广泛开展廉洁文化建设，申报创建成功一批廉洁文化示范点。选送廉政文艺作品《清风颂》参加苏州市廉政文艺汇演。

【执纪查案】 年内，市纪委、监察局受理并办结纪检监察信访150件，其中信件107件、到访4件、电话举报8件、网络举报31件。深化领导干部接访下访活动，加强信访监督工作，提级调查处理农村基层信访问题，开展维稳督导，形成市、区镇、部门纪检组织联动督察体系，在全国“两会”和党的十八大期间实现越级信访“零登记”，挽回经济损失103.5万余元。查办各类违纪违法案件163件，其中，副镇(局)级以上领导干部案件10件，移送司法机关案件20件，为国家和集体挽回经济损失6062万元。重点查处涉及农业系统、科技系统、招商系统以及国有控股企业等一批有影响的窝案、串案。8月，省纪委常委朱俊友率领省纪委审理室一行对PDCA案件质量监管系统进行调研，要求适时予以完善推广。

【惩防体系建设】 年内，按照省委“5+1”文件的部署和要求，以制度建设为根本，以制约和规范权力运行为核心，完善惩防体系基本框架。在建立健全惩治腐败工作机制的基础上，将工作成果拓展到反腐倡廉教育、权力监控、源头治理、纠风治乱等领域。10月，建立“法律专家咨询委员会”，抓住重点领域、重点部门、关键环节，以“防止利益冲突”为核心，组织开展制度廉洁性审查，进而提升制度的针对性和有效性，推进全市惩防体系建设的规范化和科学化。

【公车和出国(境)治理】 按照上级要求，市纪委对全市95个党政机关和直属事业单位161辆一般公务用车进行专项治理。年内共清理超编、超标车辆27辆。其中，公开拍卖2辆，新纳入车改单位上缴3辆，调剂使用11辆，产权变更7辆，报废4辆。通过清理，全市有一般公务用车134辆，达到苏州核定张家港市135辆公务用车的编制数。深化党政机关因公出国(境)专项治理工作，建立联合会审票决制度，严格实施一票否决制度，年内共开展因公出国(境)会审12次，核减因公出国(境)12人。

【首批38个市廉洁文化建设示范点通过考评】 4月12日，市纪委制定出台《张家港市廉洁文化建设示范点考评管理办法(试行)》，明确示范点建设原则、建设标准、评审办法、管理办法。7月至10月，按照抓住重点、突出特色、以点带面、整体推进的要求，对各申报单位的创建工作认真指导、精心培育，引导各单位创新宣传教育载体，整合社会资源，挖掘特色亮点，全方位、多层次地开展廉洁文化建设。全市共有49个单位申报创建市级廉洁文化建设示范点，其中机关28个、村11个、社区2个、学校2个、企业单位6个。10月中下旬，市纪委会同市级机关工委、市委农工办、市教育局、市民政局、市总工会等廉洁文化“六进”(进机关、进农村、进社区、进学校、进企业、进家庭)牵头部门组成联合考核验收小组，分两组对申报单位进行实地考核验收。12月19日，《关于公布第一批市级廉洁文化建设示范点的通知》下发，公布市司法局等38个单位为市第一批廉洁文化建设示范点。

【机关中层干部专题廉政教育活动举行】 11月23日，市纪委举行市机关中层干部“弘扬勤廉精神、服务率先发展”专题廉政教育活动。全市200余名中层干部、大学生村官代表参加

11月23日，举行机关中层干部“弘扬勤廉精神、服务率先发展”专题廉政教育活动 (市纪委 供稿)

专题教育活动,集中观看专题片《沙洲的崛起,张家港的辉煌》。机关和农村基层一线的8名同志结合工作岗位,围绕勤廉主题进行演讲,部分中层干部代表进行廉政宣誓。组织其中45名机关中层干部、大学生村官代表参观省级廉政教育基地河阳山歌馆和市公安局看守所警示教育基地。活动由张家港电视台全程录制,并在张家港新闻综合频道《文化广场》栏目播出。

【党风廉政建设满意度列苏州市第一】 年内,市纪委按照市委提出的"在全省第一批基本实现现代化"的要求,确定"提升党风廉政建设满意度,保障率先基本实现现代化"工作目标,加力加压,全力以赴做好各项工作。1月,制订全市党风廉政建设满意度推进工作方案,提出市党风廉政建设满意度应达到80%的目标。3月,依托"52KD"论坛开设"网上村委会(便民服务)"专栏,创设服务群众新载体。4月,根据省民调中心对市党风廉政建设满意度进行电话随访的结果,分析制订整改方案,并得到市委肯定。5月,全市提升党风廉政建设满意度工作会议召开,深入开展地毯式宣传,全市发放宣传资料10万余份。6月,按照中央纪委、国家调查总队部署,配合开展反腐倡廉民意抽样调查。调查以问卷形式为主,电话回访为辅,共在全市抽取200个样本。7月,"2012年度苏州市现代化万人评"调查结果公布,根据调查抽取的张家港市1343个有效样本,全市党风廉政建设评价满意率为83.4%,位列苏州市第一。10月,结合建县50周年及喜迎十八大主题,市纪委策划开展提升党风廉政满意度系列宣传,继续着力营造"提升满意度,共建现代化"的社会氛围。

【《张家港市纪检监察志》出版】 年内,市纪委、监察局开始编纂《张家港市纪检监察志》。1月至6月,完成资料收集及初稿起草工作,查阅资料1670余卷,复印文件资料3000余份;7月中旬形成送审稿,广泛征求意见。8月至10月,对全部书稿三审三改。12月1日,专题审稿会召开,全书通过市委党史地方志办公室终审。年末,《张家港市纪检监察志》由方志出版社正式出版。该志全面记载了1962年至2011年张家港市纪检监察机关历史沿革和工作实践。全书共分组织机构、反腐倡廉宣传教育、领导干部廉洁自律工作、违纪违法案件查处等10章41节,附有150余幅图片,另有凡例、序、概述、大事记、附录、编后记等,计73.9万字,印制2000册。

行政监察

【概况】 年内,市各级监察组织重点加强对中央、省、市重大决策部署落实情况的监督检查,围绕重点环节监管,对征地拆迁、安全生产、节能环保等工作,开展经常性监督检查。围绕提升民生水平,加大对重大民生问题的督办力度,以执法监察助推发展。深入推进纠风和专项治理工作,深入开展工程建设领域专项治理,深化纠正医药购销和医疗服务中的不正之风,巩固治理教育乱收费成果,开展清理和规范庆典、研讨会、论坛活动等工作。继续开展省级"群众满意基层站所"创建活动,对10个公共服务行业进行重点评议,进一步推动政府职能转变,提高行政工作效率,营造勤廉双优、风清气正的发展环境。张家港市被评为全国村务公开民主管理示范单位、全国首批(苏州市首家)农村集体"三资"管理示范县。

【执法监察】 年内,市纪委会同相关部门围绕市委、市政府决战现代化的任务部署,突出转型升级主题,加强对重大决策部署的监督检查,加大对重大民生问题的督办力度,深化工程建设、拆迁安置、涉农惠农、食品药品等领域督察治理成果,共开展各类督察督办160余起。完成张家港市征收拆迁信息管理系统的研发和推广工作,修订完善《房屋搬迁(征收)估价机构考核办法》《房屋搬迁实施单位考核细则》《建筑物拆除施工企业考核办法》,形成以信息平台为基础,以制度体系为支撑的阳光征收新模式。有序推进市、镇两级公共资源交易市场建设的筹备工作,研究制订筹建方案,初步形成全市公共资源交易市场"一委一办一中心"(市公共资源交易管理委员会、市公共资源交易管理委员会办公室、市公共资源交易服务中心)的基本框架。

【效能监察】 全力打造独具特色的绩效管理新模式。年初,市委、市政府在全国率先成立首家县级市绩效管理委员会及办公室,办公室设在市监察局。2月下旬,市绩效办正式投入运行,重点围绕科学管理目标、有效监控过程、优化绩效考评和调研服务决策4个方面开展工作。各区镇、各部门对应设立绩效管理机构,形成上下联动、全面覆盖的绩效管理组织机构。5月中旬,《张家港市党政机关绩效管理工作意见》《张家港市市级机关(单位)绩效考评工作实施办法》《张家港市区镇年度绩效考核工作实施办法》和《张家港市经济社会发展主要目标任务进度监测办法》4个文件下发,初步构成全市"1+2+1"的绩效管理工作制度体系。建立多措联动的绩效管理工作机制。6月,市绩效办组织各部门对"市下达目标"和"部门自定目标"两类目标进行时序化分解,共涉及95个相关部门,328个指标。根据各目标任务的责任分工,明确主要责任部门为指标监测点,担负对应指标任务的推进和进度监测分析的双重职责;同时,在区镇板块设立指标数据监测点,实行监测指标数据直报制度,确保准确性和及时性。通过《绩效评估报告》形式,将每月进度动态监测结果,在一定范围内进行权威发布、公开通报,并将监控的结果直接体现到年度绩效考评中。年内共形成《绩效评估报告》9期,市委、市政府主要领导每期均作了批示。其中第五期和第九期的《绩效评估报告》在市委十届四次和十届五次全会上进行展示。在政务网开设"绩效管理专题",全程宣传和展示各级绩效管理进度,全年共发布各类绩效管理专题信息260余条。扎实开展专题督办和绩效监察。根据目标任务进度监测结果,针对推进滞后、成效不佳的指标项,专题立项组织督察会办和调查研究,剖析问题症结,寻找破解措施,并以《绩效督查建议书》形式,明确整改措施、预期成效、完成时限等，责成相关职能部门不折不扣落实。年内共发出《绩效督查建议书》68份。围绕市委“六大提速行动”，先后选择拆迁工作、安置房建设和安置房办证、街景改造工程、村庄环境整治、科技创新载体建设、人才项目落地情况等专题，联合相关职能部门，组织开展专题绩效监察，向市委、市政府提交专题绩效督察报告7期，市委、市政府主要领导每期均作出批示。

【纠风和专项治理】 年内，继续深化纠正医药购销和医疗服务中的不正之风，巩固治理教育乱收费成果，会同相关部门开展医药卫生服务价格大检查、农机购置补贴检查等。根据上级要求，在全市范围内开展清理和规范庆典、研讨会、论坛活动工作。对全市学校、医院、城市公交、旅游、殡葬、银行、通信、供电、供水、有线电视等10个公共服务行业进行重点评议，各重点评议行业及下属基层站（所、队）共组织召开部署推进会、各类座谈会728次；组织现场述职述廉评议21场，共2711人次参加；主动开门纳谏，征集到群众意见建议1414条；对群众反映的问题开展明察暗访15次，主动排查问题414条，完善各项制度441项；开展各类问卷调查，涉及4564人次，其中第三方调查1853人次；在“中国·张家港”门户网站开设《政风行风评议》专栏，全面公开2011年重点评议部门重点问题整改情况回顾、2012年政风行风评议工作动态、2012年重点评议行业重点问题整改方案等信息509条。

【工程建设监督管理问题治理】 根据省、苏州市统一部署，市纪委会同相关部门以《招标投标法实施条例》颁布实施为契机，以规范招标投标活动为主线，突出治理重点，强化制度建设，全市工程建设领域专项治理工作取得明显成效。开展《招标投标法实施条例》的学习宣传活动，对全市政府采购领域采管员进行业务培训。全面贯彻苏州市政府投资建设工程预选承包商管理办法，修订张家港市工程建设领域不良行为记录和黑名单制度，会同市检察院出台《关于建立工程建设领域行贿行为档案查询处置制度的实施意见》，工程建设领域相关配套制度不断健全。会同有关部门全面实施项目信息公开和诚信体系建设，加强监督检查，推动各有关部门加强工程建设项目信息和信用信息公开，以项目为中心，以审批流程为主线，做到项目无遗漏、信息无空白，突出对不良行为信息的披露，逐步实现工程项目各类信息的全覆盖，建立健全守信激励和失信惩戒制度。先后调查处理5起招投标领域的投诉举报案件，并会同住建部门对11家企业及个人作出限制市场准入处理，对招投标过程中存在问题的招标单位、中介机构下发整改通知书3份，有效维护了招投标领域市场秩序。

【加大机关服务品牌创建】 根据《张家港市机关服务品牌创建与评选办法》，年内，全市继续加大机关服务品牌的宣传和培育工作。年初，在《张家港日报》上开辟专版，宣传2011年度“十佳机关服务品牌”，进一步激发各部门服务创新、争创品牌的意识。在政务网绩效管理专题的“服务品牌”栏目中着力宣传市级机关各部门在品牌创建过程中的新思路和新举措，累计发布信息100余条。全市共有56个机关单位创建申报了59个机关服务品牌。12月，通过资料审核、民主推荐、现场评审、媒体公示等环节，评选出了“阳光e驾”等10个入围品牌和2个入围替补品牌，经市绩效管理委员会审核，并报市委常委会审定，评选出“2012年度十佳机关服务品牌”并予以表彰，进一步强化了机关单位创新服务和绩效倍增的争先意识。

【开展机关副职领导和职能科室作风效能评议】 年内，结合上年试点情况，6月，市委、市政府下发《2012年度市级机关班子副职和职能科室（中层干部）作风效能调查评议工作实施方案》，成立由市委办、市政府办、市纪委（监察局）、市委组织部、市级机关工委和市人社局等部门组成的市级机关班子副职和职能科室（中层干部）作风效能调查评议工作联席会议，以内外部调查评议相结合的方式，利用两年时间，实现对全市所有机关班子副职和职能科室（中层干部）作风效能调查评议的“全覆盖”，形成以评促建的作风效能建设长效机制。6月，通过单位推荐、会议审定以及集中公布的形式，确定了2012年首批接受调查评议的79个单位154个班子副职和224个职能科室（中层干部）。7月至9月，开展集中评议工作，由内部调查评议和外部调查评议组成。内部调查评议主要由市级机关各单位组织评议对象面向该单位全体公开述职，外部调查评议则通过网上评议、座谈评议以及邮寄评议等方式开展。此次评议共回收评议表4.5万余份，市级机关班子副职领导作风效能调查评议整体平均得分为94.83分，职能科室（中层干部）作风效能调查评议整体平均得分为96.3分。通过调查评议，共推出市国土资源局副局长杨慧亚等10名年度“优秀机关副职领导”和“张家港工商局外资科”等15个年度“机关示范科室”。

政务公开工作

【概况】 年内，全市推进依托电子政务平台加强政务公开和政务服务省级试点工作，全省“12345”政府公共服务平台建设推进会在市召开，完善市、镇、村三级行政（便民）服务体系，省内率先推进政风行风热线与“12345”便民服务热线并轨运行，实现“网上村委会”转型升级。“网上村委会”农村综合信息服务平台建设工作在全省推广。全年市政务公开信息网发布政务信息3344条，点击量342万余人次；市长信箱受理市民信件1139封，部门信箱受理信件1969封，全部回复。充分发挥市文件查阅中心、档案馆、宣传栏等公开平台的作用，市电子文件中心点击量79714人次，张家港档案信息网站点击量近22万人次。

【政务信息公开】 3月，“中国·张家港”门户网站《政府信息公开》专栏作出调整。调整后的专栏下设33个子栏目，确保试点工作要求的规范性文件、国民经济发展规划、财政信息等65类(项)政府信息公开事项全面、及时、准确公开。同时，增设《文件库》《重要会议》《政府联系方式》等栏目，公开市政府各部门近年来制订下发的各类非涉密公文、政府常务工作会议纪要摘要、政府部门办公地点及办公电话等，方便群众及时了解全市各部门工作情况。9月，按照上级统一部署，对政府部门和公共企事业单位信息公开目录进行重新编制、调整。各区镇、各行政机关和具有公共事务管理职能的公共企事业单位，在原有政府信息公开目录的基础上，调整完善行政机关政府信息公开详细目录和公共企事业单位信息公开详细目录，形成全市统一的政府信息公开目录系统，将张家港市政府信息平台按规范标准与苏州市政府平台进行对接，及时更新上传各类政府信息。完善信息发布制度，提高政府工作透明度。市政府全年召开新闻发布会5次、新闻通气会1次、媒体见面会1次，媒体集中采访12次，发布新闻通稿11篇，对群众关心的新市民积分管理、慈善助学、就业援助和医疗救助等内容进行发布。

【政风行风热线】 市政府纠风办继续做好"政风行风热线"节目。年初下发通知，将"政风行风热线"与"12345"便民服务热线进行整合，形成全新的"12345·政风行风热线"节目，实现了"1+1>2"的双赢效果。一方面，政风行风热线依托"12345"便民服务热线，更加全面地收集社情民意，节目更具针对性；另一方面，"12345"便民服务热线借助媒体力量，加大监督力度，更加高效地为群众解决困难和问题。全年"12345·政风行风热线"共直播116期，其中部门上线42期，节目场内热线电话、场外值班电话共接收各类电话699个，办结682个，办结率达到97.57%。

【依申请公开政务信息2.9万件】 年内，全市各政务公开单位共受理政务信息公开申请29534件。其中，当面申请25882件，占87.63%；以网上提交表单形式申请382件，占1.29%；以电子邮件形式申请257件，占0.87%；以传真形式申请1122件，占3.8%；以信函形式申请229件，占0.78%；以其他方式申请1662件，占5.63%。申请内容主要涉及农村建房申请审批材料、公民婚姻登记材料、计划生育审批登记材料、复退军人档案证明、工龄工资证明材料等。申请量居前的分别有农村建房申请审批材料、婚姻登记材料、计划生育审批表等。政务信息公开申请已全部答复。其中，"同意公开"的29014件，占98.24%；"同意部分公开"的40件，占0.14%，"信息不存在"的7件，占0.02%；因属于主动公开内容而"免于公开"的473件，占1.6%。

2月8日，依托电子政务平台加强政务公开和政务服务试点工作推进会召开

（市纪委　供稿）

【推进"依托电子政务平台加强政务公开和政务服务"省级试点】 1月，市政府下发《张家港市开展依托电子政务平台加强政务公开和政务服务试点工作实施方案》。2月上旬，全市召开试点工作推进会，对试点工作进行部署。专项成立综合协调组(由市政府办公室牵头)、项目梳理组(由市政府法制办牵头)、技术攻关组(由市经信委牵头)等3个工作组，负责全面推进试点工作。全年共召开试点工作联席会议10次、工作组会议20余次，在协调力量、情况互通、难点处置等方面发挥作用。编制出台试点工作具体技术方案，专门邀请省政府办公厅、省经信委、省政务公开办领导和专家到市进行现场论证。将"基本目录"中规定的65类政府信息逐一分解到各责任单位，逐项明确公开内容、公开项目、公开时效、责任人，全市共编制政府公开信息1000余条。对行政职权和便民服务事项进行梳理审核，295项行政职权事项、25项便民事项录入行政权力库规范运行。整合行政服务中心及便民服务中心资源，全面改造行政审批系统，逐步实现"资料电子化、程序标准化、审批网络化、监管远程化"；将政务公开、政务服务类咨询投诉整合进便民服务中心业务平台，由便民服务中心统一受理，统一跟踪督办和统一办结回访。对行政权力电子监察平台进行升级改造，监察功能涵盖全程监控、预警纠错、督察督办、投诉处理等内容，监察方式调整为市、部门两级监察模式，监察范围按照"总体规划、先易后难、逐步到位"的原则，将相关部门分批纳入统一监察平台。增设"视频监控"功能，对市民服务中心的服务现场设置视频音频监控点，通过网络工作人员服务态度、在岗在位和办事效率实施远程监控。

（殷　焕　汤栋梁　郭　璟　王　辉　吴　剑　王修亮　倪建鑫　石　磊　陈晓锋　殷　石）

【编辑　汪丽菁】

民主党派·工商联·人民团体

民主党派·工商联·无党派人士联谊会

中国国民党革命委员会张家港市总支委员会

【概况】 2012年,中国国民党革命委员会张家港市总支委员会(简称民革市总支)共有支部4个,党员55人,平均年龄40岁,在职党员54人。其中,非公经济界15人,医卫界8人,文化界6人,法律界3人,科技界3人,教育界3人。党员中,具有高级职称15人,中级职称12人,分别占27.27%、21.82%。党员中,有苏州市政协委员1人,苏州市人大代表1人,张家港市政协委员17人,张家港市人大代表1人。全年召开主委办公会议8次,总支中心组成员会议6次,各支部组织活动30余次。8月,为贯彻落实中共张家港市委统战部《关于建立镇与民主党派、无党派人士联谊会结对联系制度的通知》精神,民革市总支在与对口联系镇锦丰镇开展活动的基础上,在锦丰镇合兴社区建立民革市总支一支部对口联系社区服务点和党员活动室,组织党员到合兴社区开展调研,了解社情民意,举办送爱心、送帮扶、送健康、送文化、送法律等"五送"惠民服务活动。10月,民革市总支四支部"党员之家"活动室在江苏申港锅炉有限公司成立,民革市总支4个支部在全市各民主党派中率先实现党员活动室建设"全覆盖"。年内,编印《张家港民革》杂志2期,共20万字。有7条信息被民革中央机关报《团结报》录用,有18条信息被《江苏民革》杂志及民革江苏省委网站录用,有24条信息被民革苏州市委录用。

【参政议政】 在市政协十一届一次会议上,民革市总支提交集体提案14件、个人提案36件。其中,集体提案《关于建立全市中高级医疗专家流动机制的建议》和个人提案《关于加快我市传统产业升级转型的建议》被评为优秀提案。年内,民革市总支主委、副主委、支委,分别带领1个支部到杨舍镇景巷社区、对口联系镇凤凰镇、锦丰镇合兴社区和卫生系统进行走访调研,征集社情信息。完成调研报告《关于加快我市老年事业发展的建议》《统筹解决农村居民建房需求的建议》《关于进一步提升我市文化民生水平的建议》,分别得到市有关领导批示。

【服务社会】 年内,民革市总支组织党员参加一系列社会服务活动。3月,在全市各民主党派中成立首个学雷锋志愿服务组,组织党员到杨舍镇景巷社区开展学雷锋志愿服务活动。4月,举办"法律知识进校园"活动。5月,组织部分有艺术特长的党员送戏到市老年公寓。6月,依托中国医学基金会的教学资源,为全市150余名卫技人员免费举办心脏急诊急救培训班。7月,组织"安全知识进社区"主题宣讲活动。8月,在对口联系镇锦丰镇实施"2020"爱心助学工程,计划5年内,每年捐资4万元,帮助20名贫困家庭学子完成学业。是月,组织张家港市部分医疗专家赴贵州省纳雍县阳长镇乐丰卫生服务中心义诊,对纳雍县100余名卫技人员进行业务培训,并赠送价值1万元的药品。10月,组织部分党员律师为乐余镇35家科技创新企业举办专题讲座。　　　　(蔡克荣)

中国民主同盟张家港市委员会

【概况】 2012年,中国民主同盟张家港市委员会(简称民盟市委)共有支部10个,盟员181人,平均年龄51.98岁。其中,教育界86人,科技界39人,文化界17人,医卫界20人,法律界5人,非公经济界11人,金融界3人。盟员中,具有高级职称的111人、中级职称的60人,分别占61.33%和33.15%。盟员中,有苏州市政协委员1人,苏州市人大代表2人,张家港市政协委员30人,张家港市人大代表7人。全年召开民盟市委扩大会议4次,各支部组织学习活动40余次。20余人次参加党外干部培训班、扶贫考察等活动。1月,与市住建局召开对口联系座谈会。3月,在全市"我心目中的现代化"大讨论活动中,3篇征文获市级奖项。11月,在民盟苏州市委组织的"学习民盟历史,继承光荣传统"知识竞赛现场答题活动中,3人次获奖,民盟市委获知识竞赛优秀组织奖。12月,在民盟苏州市委组织的"缅怀民盟先贤,继承光荣传统"征文活动中,有10篇文章获奖,民盟市委被授予征文优秀组织奖。是月，在民盟苏州市委组织的"树立同心思想，喜迎中共十八大"征文活动中，有4篇文章获奖。年内，盟员在各级刊物发表论文30余篇，有120余幅书画摄影作品分别在国家级、省级、苏州市级等各类展览中展出。此外，有40余位盟员获各级各类奖项。民盟市委机关编印《张家港盟讯》4期，全年在各级统战条线媒体和《张家港日报》上发表文章和简讯182篇次，并完成梁丰支部盟员活动室筹备工作。

【参政议政】 在市政协十一届一次会议上，民盟市委提交集体提案6件、个人提案82件。其中，集体提案《关于加快推进出租汽车扩容工作的建议》被评为优秀提案。年内，围绕全市地下空间利用、双山岛旅游度假区、国土资源利用、养老服务机构运营、工程建设招投标等主题开展调研，并在全市各民主党派、工商联和无党派人士代表座谈会上发言，提出相关建议。民盟市委完成调研课题"强化农业科技创新的金融支撑"。在民盟苏州市委和张家港市政协组织的征集社情民意信息活动中，分别提交社情民意15条和25条。2月，民盟市委获民盟苏州市委"社情民意信息工作优秀组织奖"，12位盟员获民盟苏州市委"社情民意信息工作个人奖"。11月，配合民盟江苏省委，在张家港市开展"促进江苏老区文教事业一体化发展""促进中小企业发展"调研，并就《创新地方戏保护与传承，促进江苏文化大繁荣大发展》的调研报告征求意见。12月，配合民盟上海工程技术大学委员会调研组，开展"上海的经济发展对张家港的辐射作用"调研。

【"五民工程"服务社会】 年内，民盟市委致力打造"五民工程"品牌，组织志愿者服务队共开展"书画亲民""送医利民""信息惠民""爱心济民""法律助民"活动9次。1月，民盟市委在南丰中学开展献爱心捐助活动，捐资1万元，资助20名贫困学生。2月，经民盟市委牵线，瓦克化学(张家港)有限公司在江苏省梁丰高级中学设立瓦克奖学金。是月，文教服务队在购物公园举行送春联活动，为市民送出200余幅春联。5月、6月、10月，医疗服务队到杨舍镇万红社区、南丰镇永联社区、现代农业示范园区常东社区开展送医下乡活动，为群众提供咨询服务，共接诊病人500余人次，开出处方100余张，发放预防疾病宣传资料200余份。6月，民盟市委参与"爱满港城"慈善募捐活动，筹得善款1.42万元。是月，文教服务队联合江苏省梁丰高级中学举办高校招生咨询会，3000余位高考学生及其家长参加活动。是月，法律服务队在塘桥镇妙桥办事处，面向全市大中型企业人力资源经理举办"劳动法、人力资源法规、诉讼技巧"法律知识讲座。

【"我为同心添光彩，我为率先做贡献"主题活动开展】 年内，民盟市委开展"我为同心添光彩，我为率先做贡献"主题活动。"我为同心添光彩"，即提升"同心"品牌创建内涵，不断深化民盟自身建设。"我为率先做贡献"，即将"我为我市率先基本实现现代化做贡献"的理念和决心转化为具体行动，渗透到参政议政、服务社会、本职工作的各个层次和各个环节，延伸到张家港市第一批基本实现现代化的各个领域和各个方面。年末，民盟市委组织"我为同心添光彩，我为率先做贡献"征文活动，有11篇文章获奖。民盟市委对在"我为同心添光彩，我为率先做贡献"活动中表现突出者进行评比，评出10位先进盟员。

(冷　莉)

中国民主建国会张家港市基层委员会

【概况】 年末，中国民主建国会张家港市基层委员会(简称民建市基层委员会)有会员48人。其中，女会员13人，占总数的27.08%。会员中，有苏州市人大代表1人，苏州市政协委员1人，张家港市政协副主席1人、政协常委3人、政协委员8人，张家港市人大常委会委员1人。6月，民建市基层委员会举办基本现代化讲座，特邀市现代化推进办公室主任张明国为全市民建会员授课。10月，组织2010年9月以后入会的新会员参加2012年新会员培训班。11月，组织部分会员参观民建江苏省委爱国爱会教育基地冷遹纪念馆。

【参政议政与服务社会】 在市政协十一届一次会议上，民建市基层委员会提交集体提案8件、个人提案9件。其中，集体提案《关于"放心菜"如何平价惠民的建议》被评为优秀提案。年内，完成调研报告《深入推进"惠民菜篮子工程"，打造地方特色品牌效应》。5月，组织部分会员到江西省新干县麦斜中学参加捐助建设的民建综合楼落成揭牌仪式。6月，举行"爱满港城"慈善募捐活动，募集捐款5100元。8月，捐助金港镇滩上村贫困户5000元。

(葛庆贤)

中国农工民主党张家港市委员会

【概况】 年末，中国农工民主党张家港市委员会(简称农工党市委)有下属支部11个，其中医卫界6个，教育界3个，经济、科技界各1个。有农工党员169人，其中医卫界90人、文教界42人、科技界19人、经济界18人，分别占总数的53.25%、24.85%、11.24%和10.65%。在职党员118人，退休党员51人。党员中具有高级职称的99人，中级职称的67人，分别占58.6%和39.6%。党员中，有苏州市政协委员2人，苏州市人大代表2人，张家港市政协委员29人，张家港市人大代表2人。年内，开展"同心·双岗建功"主题活动，评选出在本职岗位和党派工作中成绩突出的先进个人23人。共选派27名骨干党员参加统战部及农工党上级组织的学习培训活动。2月至4月，开展"我心目中的现代化"主题征文活动，共收到征文24篇，有1篇文章获市委宣传部征文比赛二等奖。4月，举办骨干党员培训班，全市40余名农工党基层干部及党内政协委员、人大代表参加培训，并赴南京拜谒邓演达烈士墓，瞻仰邓演达烈士殉难地。9月，召开党内老领导、老党员座谈会。10月，农工党苏州市委主委、平江区副区长周俊一行到张家港市走访调研。重阳节期间，组织40余名退休党员参观恬庄古街，欣赏河阳山歌演出。12月，市委主委顾放作为代表参加农工党第十五次全国代表大会。年末，农工党市委对参政议政、宣传工作先进支部和个人进行评选，共评出先进支部4个，先进个人6人。年内，获各级各类表彰的农工党员有80余人次，其中5人次获国家级荣誉，8人次获省级荣誉，38人次获苏州市级荣誉。党员在苏州市级以上刊物发表论文50余篇。农工党市委机关编印《张家港农工》4期，完成农工党张家港市委网站的改版升级工作，全年在各级农工、统战条线媒体和《张家港日报》上发表文章90余篇次。

【参政议政】 在市政协十一届一次会议上，农工党市委提交集体提案9件、个人提案86件。其中，个人提案《引导全市商家设立临期食品专柜的建议》被列为主席督办提案，集体提案《关于统筹制定全市水上旅游资源开发规划的建议》被列入市政协调研视察课题，集体提案《理顺全市医疗管理体制》的办理情况被列入市政协民主评议卫生局的重点内容。个人提案《关于警务人员入驻医院警务室，发挥警务室应有作用的建议》《关于扩大老小区机动车辆停车位的建议》《引导全市商家设立临期食品专柜的建议》以及集体提案《关于统筹制定全市水上旅游资源开发规划的建议》被评为优秀提案。年内，围绕全市城市规划、国土资源管理、现代化指标体系、效能建设和廉政建设开展调研，在全市各民主党派、工商联和无党派人士代表座谈会上发言，提出相关建议。年内，完成调研报告《关于进一步理顺我市医疗体制》和《进一步优化教育资源配置，保障城乡教育一体化发展》。向农工党苏州市委上报社情民意信息39篇，其中农工党中央采用3篇，农工党省委采用11篇，农工党苏州市委采用29篇。7月，开展“我为港城发展献良策”社情民意收集活动，向市政协上报43条社情民意。

【服务社会】 9月，农工党市委启动“同心·健康服务行”定点服务小明沙社区卫生服务站活动，每两周（第一个月为每周）选派1名临床医学专家和1名公共卫生专家到卫生服务站无偿工作半天，对社区卫技人员进行面对面指导帮带，为当地群众进行义诊服务，实现了农工党医疗服务由不定期、不定点的义诊活动向定点、长期帮带转变。4月、5月、9月，组织医卫专家分别赴南丰镇民联社区、大新镇中心社区、金港镇小明沙社区开展义诊活动，服务群众600余人次，免费发放药品价值3000余元，分发健康宣传资料1200余份。6月，与经济支部联合向市儿童福利院赠送价值3000余元的日常生活用品。10月，开展“同心·爱心助学”捐赠活动，全市农工党员捐款4万元，资助沙洲职业工学院40名品学兼优、家庭经济困难的大学生。

【首家基层支部党员活动室成立】 9月29日，农工党市委首家基层支部党员活动室——医卫五支部党员活动室在江苏澳洋医药物流有限公司成立。为了加强基层组织建设，解决党员活动没有固定场所的问题，农工党医卫五支部在江苏澳洋医药物流有限公司的支持下，投资10万元建设党员活动室。活动室面积220余平方米，分党史陈列区、支部活动展区、图书阅览区、健康休闲区和会议室等5个主题区域，并为党员订阅《中国统一战线》《江苏政协》《农工苏讯》《苏州农工》等刊物。11月，经济支部活动室在江苏亿利机械有限公司成立，活动室面积60余平方米。

（顾鸣旦）

九三学社张家港市基层委员会

【概况】 年末，九三学社张家港市基层委员会下属5个支社，共有社员81人。其中，在职社员65人，退休社员16人；具有高级职称的55人，中级职称的22人，分别占67.9%、27.16%；有苏州市人大代表1人，苏州市政协委员1人，张家港市人大常委1人、代表1人，张家港市政协副主席1人、常委4人、委员8人。年内，九三学社张家港市基层委员会被九三学社中央表彰为“学习、践行社会主义核心价值体系”全国先进集体，社员林艺被中国生产力促进中心协会评为“中国生产力发展20年杰出人物”，钱王平被授予中国钢铁工业协会“2012年度优秀科技工作者”，茹逸樵被省关工委授予“江苏省五老标兵”，鲁怀敏被授予省年度青蓝工程优秀青年骨干教师和省青蓝工程学术带头人荣誉称号，丁浩被九三学社省委评为宣传工作先进个人。林艺、丁浩、谢力撰写的3篇论文被录入《江苏九三论坛》论文集，社员严红艳的文章《同心相应凝共识，和而不同显特色》入选江苏省统一战线《同心论坛》论文集。

农工党市委医卫五支部党员活动室 （农工党市委 供稿）

【参政议政】 在苏州市十五届人大一次会议上，九三学社张家港市基层委员会提交1件建议。在苏州市政协十二届五次和十三届一次会议上，分别有4件和1件提案被立案。在张家港市十三届人大一次会议上，提交3件建议。在张家港市政协十一届一次会议上，提交74件提案，立案57件。其中集体提案8件，个人提案49件。集体提案《关于进一步促进我市节能减排的建议》被列为主席督办提案，并被评为优秀提案。9月，社员丁浩、茹逸樵调研论文《新型农村社区物业管理和公共服务》在九三学社省委召开的“城乡统筹与新型农村社区建设”主题调研研讨会上作交流发言。12月，九三学社广东省委就九三学社中央“建设新型农村社区统筹城乡发展”主题到江苏省开展专题调研，并与九三学社江苏省委联合召开座谈会，社员丁浩应邀参加座谈会。年内，九三学社张家港市基层委员会完成九三学社省委中标课题“进一步加快重大科技成果培育与转化的步伐”。围绕公共服务、消防、安全、城建、城乡一体化等内容，先后组织部分社员深入到市人社局、杨舍镇、塘桥镇、金港镇等多个部门和乡镇进行调研，为参政议政工作积累大量的资料。

【服务社会】 6月，九三学社张家港市基层委员会组织医卫人员到杨舍镇清水湾社区开展义诊活动。年内，与4名学生进行结对捐资助学，多名社员以个人名义和贫困学生进行结对帮扶。

【中国医疗设备自主创新研讨会在市举行】 8月21日，由九三学社中央委员会、北京九三王选关怀基金会主办的第二届中国医疗设备自主创新研讨会(骨科)在市举行。全国人大常委会副委员长、九三学社中央主席、中国科协主席韩启德，九三学社中央副主席邵鸿，江苏省人大常委会副主任赵龙等领导出席研讨会。卫生部、科技部、国家食品药品监管局、国家知识产权局、中国女医师协会、中国老年保健协会以及有关医疗单位、医疗设备公司的专家学者分别从政府、临床、高校、企业四个方面展开对国内骨科医疗器械自主创新环境、现状、困难、出路等问题的探讨和交流。近年来，张家港市医疗器械产业已基本形成以骨科植入物医疗器械为特色、多种门类齐头并进的产业格局，特别是骨科植入物医疗器械行业，保持25%的年增长速度，在全国占有30%的市场份额。 (丁 浩)

市工商业联合会(总商会)

【概况】 年末，全市共建有商会36个，其中镇商会8个、街道商会10个、行业商会14个、异地商会4个。有工商联会员单位2214个，其中企业会员2037个，团体会员30个，个人会员147个，个体工商户、原工商业者和“三小”会员(小商贩、小手工业者、小业主)100个。全年编发《张家港商会》会刊11期2.8万份，采访宣传企业50家。年内，市工商联推进商会大厦建设，进行多轮大厦方案设计和完善，大厦选址沙洲湖畔，各项工作稳步推进。积极开展行业组织星级评定，市装修装饰行业协会(商会)、色织商会、塑饮机协会、保税区石化业商会获评苏州市AAAA级行业组织，其中装修装饰行业协会(商会)是苏州市唯一一家入围AAAA级的社会组织。市塑饮机协会成立全省首家行业性联合工会和劳动争议调解委员会，成功制定并通过行业协会工资集体协商工作机制。市色织商会和防火板商会成功申报玻镁平板和中高档色织面料两个联盟标准，分别获得政府扶持资金20万元。大新、南丰、乐余3家镇商会完成换届工作。大新镇商会在全市基层商会中率先实施民政登记，拥有独立社会团体法人资格，编发《大新商会报》，成为苏州市首家拥有独立会报的镇级商会。

【参政议政】 年内，市工商联以改善民营经济发展大环境为责任，对民营经济发展过程中出现的热点、难点问题广泛开展调查研究。重点在中小企业发展方式转变、社团组织在社会管理中的作用发挥、中小企业综合服务平台的搭建、行业组织指导中心的成立、激励社会组织参与星级评审、加强知识产权保护力度、新生代企业家培育、特色市场培育、建立企业产品对外展示中心等9个方面进行专题研究，撰写较具针对性的调研报告，为市委、市政府提供决策参考。年内，调研上规模企业48家、重点纳税企业23家、就业大户企业12家，并分别上报调研材料。沙钢集团、永钢集团、华芳集团、丰立集团、澳洋集团、华尔润集团、攀华集团、骏马集团等8家企业成功入围2012年中国民营企业500强，入围数量居苏州市首位，其中沙钢集团列第一位。13家企业获评江苏省纳税大户，9家企业获评江苏省就业大户。

【服务社会】 年内，市工商联搭建校企合作平台，帮助企业缓解“招工难”问题。强化与高校和职业院校的联系合作，举办7场企业家进校园交流座谈会。分行业组织企业参加“全国职教名校走进张家港”“江苏科大2013届毕业生双选会”等对接活动，组织市密封件行业商会与张家港工贸职业高级中学签订合作协议，市塑饮机协会与包头技校签订合作培养人才协议，江苏爱博纳集团、保定天威集团(江苏)五洲变压器有限公司分别与江苏科技大学、张家港工贸职业高级中学签订在企业建立科研基地和实践基地的合作协议。搭建法企共建平台，与市法院联合举办商事法律服务恳谈会3次，就公司治理、股东权利义务规则和企业融资法律风险防范等问题作专题剖析。签订法企共建协议，建立培训服务机制、稳控联动机制、“诉调对接”机制、司法指导机制和联系沟通机制等五项合作机制。搭建税企对话平台，组织南丰镇商会、市分离机商会召开“你点题，我服务”税企交流会，组织大新镇商会与张家港地税局第五税务分局共同举办“税企同行、健康发展”税企沙龙。搭建产业链配套合作平台，针对调研中发现的部分行业、企业在当地原材料采购、产品对接、配套服务上存在着产品信息交流不畅通、对接合作不顺畅、产品推广使用受限制等问题，组织全市上下游企业对接交流会。组织机械行业、新兴产业、重装工业、密封件行业、分离机行业与“千人计划”、高层次人才项目对接座谈会4次。搭建教育引导平台，组织民营企业股权投资与风险防范专题讲座、“企业转型、追求卓越”海澜经验专题报告会等专题培训10余场，培训会员企业500余家。组织全市企业“学习吴栋材、拼抢五个月、加速现代化”活动，带领会员企业走进南丰镇永联村，学习吴栋材事迹。优化新生代企业家队伍，组织新生代企业家参加中小企业发展论坛、经济形势和财富人生讲座、“企业家第二代接班与传承智慧”培训，帮助新生代企业家提升素质和能力。

【交流合作】 年内，市工商联先后组织8批170人次企业家考察团队赴新疆、湖南、江西、福建、深圳和日本等地参观考察和参加会展，与湖南省长沙市雨花区商会、湖北省大冶市商会缔结友好商会，通过联络交流，为张家港市企业利用外地资源发展企业搭建平台。为区镇招商引资牵线搭桥，促成科技部重点项目干细胞项目落户张家港保税区生物医学产业园。

【光彩事业】 年内，沙钢集团、张家港天宇羊毛工业有限公司、骏马集团、永钢集团分别向市慈善总会捐款226万元、200万元、180万元、150万元。沙钢集团、永钢集团、国泰集团、江苏张家港酿酒有限公司、澳洋集团、骏马集团、江苏飞翔化工股份有限公司、张家港天宇羊毛工业有限公司等8家会员企业荣膺市“最具爱心慈善标兵单位”称号。攀华集团董事长李兴华、江苏新芳纺织集团有限公司董事长黄和芳、市大唐纺织制品有限公司董事长唐利刚等3位企业家荣获市“最具爱心慈善行为楷模”称号。

【市人才（项目）超市运营】 4月，市委提出建办市人才（项目）超市。经过市人社局、人才办、科技局、商务局、科协、侨办、侨联、团市委等8个部门共同探讨，由市工商联对人才超市服务进行层次细分与服务定位，确定一个中心、两个团队、三个层次的核心服务理念。市工商联将各服务部门、各企业、其他各商务服务机构的有效信息融合起来，通过一个平台，实现人才、技术、项目、服务到企业需求的主动式直通服务。人才（项目）超市建设分为两个平台，一个虚拟的网络服务平台和一个实体的综合服务平台。10月，市工商联完成市人才（项目）超市网络服务平台建设，并上线运营，人才（项目）超市洽谈对接场所同步建设完毕。至年末，人才超市收集人才项目信息89条，企业需求信息112条，实现科技项目与企业对接5次。市金陵纺织有限公司、江苏申州毛纺有限公司等通过超市平台与高层次人才进行面对面接洽，并就企业中水回用项目建设与专家进行深层次对接。

（彭　嫣）

市无党派人士联谊会

【概况】 年末，张家港市无党派人士联谊会有会员55人。其中，具有高级职称的15人、硕士学位的13人、博士学位的1人。联谊会下设办公室和5个专门委员会，有理事11人、会长1人、副会长3人、秘书长1人、副秘书长2人。会员中，苏州市人大代表2人，苏州市政协委员1人，张家港市人大代表4人，张家港市政协委员15人。

【参政议政与服务社会】 在市政协十一届一次会议上，市无党派人士联谊会提交集体提案件4件，个人提案11件。其中，集体提案《关于农业科技创新，提高农业科技贡献率的建议》被列为优秀提案。年内，市无党派人士联谊会结对帮扶贫困学生8人，资助每人每年1000元。

（朱茂华）

人民团体

市总工会

【概况】 年末，市总工会下辖9个区镇工会、11个系统工会。全市工会组织覆盖法人单位22571家，其中单独基层工会2702家。累计发展会员507559人。

工会组建　年内，市总工会对年初梳理排摸出的25人及25人以上未建会企业进行任务分解，重点推进年初确定的重点难点企业，加强行业、楼宇、市场等工会组建工作，全年共完成建会6363家，其中单独建会401家，覆盖建会5962家。罗地亚飞翔精细化工有限公司、瓦克化学（张家港）有限公司、道康宁（张家港）有机硅有限公司等世界500强企业完成建会工作。建成张家港保税区石化行业、塑机饮机行业、机械行业、塑胶手套行业等10家行业工会。

职工宣教　4月7日，市总工会组织成立市职工艺术团，公开招募吸收80余名一线职工文艺骨干，全年参与演出活动12场。是月中旬，开展张家港市企业文化职工文化展示活动，近万名职工参与，80余个节目、300余名职工参加全市展演。是月，举办全市职工书法美术作品大赛，收到书法、美术作品374件，形成《劳动最光荣——2012年全市职工书法美术作品大赛展作品集》。9月28日，邀请江苏省演艺集团民族乐团与著名民族管乐演奏家王亚军等艺术家举办“庆国庆、迎中秋”民乐专场音乐会，2011年度荣获“111工程”奖的10个学习型组织、100名知识型职工、1000名文明示范职工观看演出。年内，在全市职工中开展“职工喜爱的一线劳模”评选活动，收到网上投票4.1万票、纸质选票1.5万张，评出10位“职工喜爱的一线劳模”。推进“职工书屋”建设，开展“图书配载进企业”“数码放映设备进企业”活动，为企业配送图书10万余册，赠送数码放映设备20余台。全市建成“五有”（有场地、有书刊、有制度、有设施、有专人管理）标准“职工书屋”111家，推出东海粮油工业（张家港）有限公司、江苏培达塑料有限公司等十佳书香企业。加强与新闻媒体合作，全年在市广播电视台播出专栏节目80余期，在各类报刊发表文章120余篇。

劳动竞赛　4月5日，市总工会启动职工“技能达人”主题竞赛，10.6万余名职工参与，评选出100个不同行业的100名职工“技能达人”，培养“江苏技能状元”秦鑫、“江苏省技术能手”唐明亮等为代表的岗位技术领军人物。10月15日，在全省首创推出服务行业职工技能大赛，包括旅游、卫生、交通、烹饪四大类别共15个项目，400余名职工参赛。年内，开展职工科技创新、先进操作法等评选活动，收到合理化建议5000余条，创造节约效益约2.8亿元。永钢集团、江苏海狮机械集团有限公司的创新项目分别受到江苏省、苏州市总工会表彰，沙钢集团被苏州市政府授予“能效之星”五星级企业称号。

民主管理　年内，市总工会开展典型示范、督促指导、计划申报、持续改进、验收评审、表彰奖励等劳动关系和谐企业创建系列活动，完成2011年度劳动关系和谐企业申报、创建、验收工作，在全市推出全国、省“模范劳动关系和谐企业”6家，苏州市、张家港市“劳动关系和谐企业”542家，苏州市“劳动关系和谐园区”2家。各级工会以《张家港市厂务公开民主管理工作实施意见》为指导，提高职工代表大会建制率和运行质量，华昌集团、江苏培达塑料有限公司等企业被评为江苏省厂务公开民主管理先进单位。

维权帮扶　年内，市总工会启动工资集体协商“集中要约月”，全市单独建会企业累计签订集体合同1400份，签订工资协议1380份；签订区域性集体合同187份，覆盖职工30余万人；开展行业工资集体协商2家，覆盖企业106家。年内，张家港市劳动人事争议仲裁委员会市总工会分庭共立案252件，结案248件，涉及标的500余万元。市职工服务中心受理信访案件213起，涉及职工245人次。以全市困难职工为主要服务对象，市总工会定制开发融关爱信息网站、关爱信息系统平台、关爱3G手机和关爱帮扶热线“四位一体”的市总工会助困信息帮扶系统，整合粮油卡、零钱包、公交卡等功能，免费向特困职工发放手机卡、爱心卡104份，共2.6万元。深化“关爱职工，快乐心灵”公益行动，建立专业的工会心理咨询队伍，在锦丰、金港等6个区镇举办巡回展和宣讲会。开展“超越烦恼·与快乐同行”主题征文大赛，收到心理故事384篇，并举办职工优秀心理故事分享会。元旦、春节期间，共慰问困难职工1000余人，发放慰问金150余万元、暖心被600余条。组织各类招聘会，150余家企事业单位进场，提供岗位5000余个，达成意向近2000人次。开展“送清凉、送安全、送法律”活动，全市各级工会共筹集慰问资金676.2万元，走访企业和工地1194家，走访慰问一线职工7.35万人次，发放防暑降温用品428.2万元，开展监督检查活动1290次，为农民工提供健康体检1246人次。开展“金秋助学”活动，全年共资助140名大学生，其中帮困助学117人，奖励助学23人。按照帮困助学每人2600元，奖励助学每人3600元（研究生每人5000元）的标准，慰问金额共39.54万元。

【推进三级职工服务中心网络建设】 2012年，市总工会推进三级职工服务中心网络建设，通过在冶金园（锦丰镇）、永钢集团试点，重点在园区、镇和全市百强企业中全面推行工会职工服务中心建设，在职工500人以上企业推进职工服务中心（站点）建设。年末，全市大部分园区及千人以上规模企业均已建立“一站式”职工服务中心，规模以上企业职工服务中心（站点）建成率80%。全市初步构建起以“市—区镇—企业”为主要架构的三级联动网络。全年累计有3500余名困难职工得到帮扶救助，6万余名普通职工得到工会组织多方面的帮扶服务。11月12日至13日，市总工会组织承办全省开发区（园区）和规模企业工会帮扶服务工作会议，并作经验交流。

【“面对面、心贴心、实打实服务职工在基层”活动开展】 1月，中华全国总工会启动“面对面、心贴心、实打实服务职工在基层”活动。市总工会按照要求，立即组织工会干部下基层实践锻炼，深入一线、贴近职工，实打实为职工群众办实事、办好事。年内，下基层人员积极参与基层工作，协调帮助基层解决实际问题，扎实开展调研走访，为基层发展出谋划策，共完成民情日记近90篇，撰写体会文章20余篇，发放现代化宣传材料2000余份，帮助解决中小企业建会难、社区党团活动经费较少、开放式老旧小区停车难、村级主干道破损路面重建整修等各类实际问题10余项，受到基层的广泛好评。（吴　吉）

共青团张家港市委

【概况】 年末，全市有团委106个，团总支141个，团支部1129个，团员71655人，新建非公企业团组织395个。有各级少先队组织12845个，少先队员8.1万人，少先队辅导员1911人。全年发展团员5138人，推优入党906人。江苏沙钢集团有限公司团委获江苏省五四红旗团委标兵称号，张家港海事局机关第一团支部获江苏省五四红旗团支部称号。新增苏州市消防支队特勤六中队、张家港市便民服务中心两家省级青年文明号。团市委成功蝉联苏州市共青团工作先进单位标兵。“青春家园计划”获苏州市共青团工作创新奖第一名。

组织建设　3月起，团市委实施“新媒介·新组织·新青年”专题调研，召开座谈会十余次，联系近100家活跃于网络的青年自组织，了解他们在自组织活动开展、组织发展中的真实诉求。6月，指导市大学生村官联谊会召开第二次会员大会。是月，组织165名大学生村官参加全市大学生村官培训班。9月，组织12名机关、乡镇团干部骨干，赴团中央北戴河基地，参加全国团干部培训。

青少年教育　4月，团市委在大学城报告厅举办“张家港市各界青年庆祝建团90周年诗歌朗诵会”。全市各机关、乡镇团干部、团员青年以及大学城师生450余人参加活动。7月，招募26名在校大学生志愿者参与暑期志愿服务，开展步行街岗亭便民服务、导医导诊、医疗卫生、文明乘车引导等志愿服务。在1个月的服务期满后，给予家庭贫困的10名大学生每人3000元的助学金资助。9月，在市沙洲宾馆召开各界青年纪念“九一八”事变81周年座谈会，20余人参加座谈。10月，团市委、市教育局、市少工委在市文化中心星海剧场联合举办市首届少先队形象大使“沙沙”“洲洲”选拔大赛总决赛。全市近300名少先队辅导员和少先队员观看比赛。11月至12月，对全市“未成年人零犯罪社区(村)”创建单位工作进行检查考核,授予保税区(金港镇)巫山村等70个社区(村)2012年度张家港市“未成年人零犯罪社区(村)”称号。12月,团市委联合市法院、检察院、教育局、司法局共同举办市青少年模拟法庭巡演活动,在市职教中心校报告厅进行首场演出。年内,与爱跑俱乐部合作,开展4次肺结核防治街头宣传活动,发放宣传折页2000余份。

青少年服务 4月,团市委组织近30家青年文明号集体,开展“青年文明号服务月”活动,集中展示全市各级青年文明号的服务风采。5月,组织十余名市青商会会员赴韩国友好访问,与浦项青年会议所交流对接。7月,组织近20名青年企业家赴复旦大学参加为期6天的高端培训。11月,市青商会会员一行20人参加粤苏“4+4”青商合作联盟南海投资洽谈会,与广东、江苏两省七地近300余名优秀青年企业家共谋发展。12月,团市委在大学城报告厅举办“扬帆青春·启航梦想”大学生就业创业论坛,近10名青年企业家与在校学子分享创新创业历程。是月,举办2012年张家港市青年商会年会暨青联、青商迎新晚会。年内,在国泰集团、浦项公司、郎酒公司、习酒公司、市青商会等企业和社会组织的共同参与下,共发放“希望之光”助学款106万元,资助969名贫困学子。开展走进张家港天达工具有限公司、苏州千禧坊红木家具有限公司、江苏赛富隆重工有限公司等会员企业和走进市国税局等“对话青商”系列活动近10次。与爱之屋烘焙坊合作,举办2期“缘分天空”青年交友活动,共60名青年参与。

【青年志愿者行动】 2012年,团市委继续深化青年志愿者行动,确定3月为“青年志愿者行动月”。3月5日,在大学城体育馆举办“城市因我们更文明”志愿者风采展示晚会,近千名志愿者参加活动。4月起,撰写城市不文明现象暗访专题汇报和志愿者工作调研报告6份,5次得到市委领导批示。8月,团市委、市水利局团委开展“保护母亲河—志愿服务你我同行”青年志愿者行动,50余名志愿者参加活动。全年组织8次“青年党员志愿者进区域”活动,服务城乡居民1.5万余人次。组织1万人次青年志愿者在市区40余个主要路口开展交通督导。组织青年礼仪志愿者参与10余次政务接待和重大活动。

【共青团市第十四次代表大会召开】 11月5日至6日,共青团张家港市第十四次代表大会在馨苑度假村会议中心召开。会议应出席代表252人,因事、因病请假7人,实到代表245人,特邀代表70人,列席代表50人。会议听取和审议共青团张家港市第十三届委员会作的《服务大局求突破,开拓创新谱新篇,团结带领全市团员青年为港城现代化建设贡献青春力量》的工作报告,研究和确定以后三年共青团工作的任务,选举产生共青团张家港市第十四届委员会委员21人,候补委员14人,何剑任书记,王苏嘉任副书记。

【“青春家园计划”启动】 2月,团市委启动全市动迁安置小区团建工作——“青春家园计划”,针对全市动迁安置小区内创业就业青年、贫困学子、新市民子女、普通青少年群体以及居民群众5类群体,分别设立“家园·创智”“家园·圆梦”“家园·助苗”“家园·友伴”“家园·乐居”5个子项目,服务全市100余个动迁安置小区中的10万余名青少年。7月13日,团省委副书记张国梁带领全省共青团工作年中评估考察组,调研保税区(金港镇)新塍社区“青春家园计划”试点。7月20日,团市委在星海剧场召开市动迁安置小区团建工作推进会。10月22日,团省委书记万闻华调研市“青春家园计划”,先后参观冶金工业园(锦丰镇)三兴社区和保税区(金港镇)新塍社区试点。年内,共开辟保税区(金港镇)新塍社区、经开区(杨舍镇)金塘社区、冶金工业园(锦丰镇)三兴社区和联兴社区、南丰镇振兴社区等5个试点。通过广场志愿服务、“希望之光”助学工程、“社工+志愿者”等工作,服务动迁安置小区青少年,助推城乡一体发展。 (邵 帅)

市妇女联合会

【概况】 年末,全市有区镇妇联8个,现代农业示范园区妇工委1个,直属机关妇工委1个,部门机关妇联、妇工委、妇委会23个,行政村妇联、妇代会163个,社区妇联95个,非公经济组织中的妇女组织245个。

组织建设 3月,省妇联专题调研市“妇联组织创新”工作,视察市公益组织培育中心、南丰镇振兴社区,并召开省妇联“妇联组织创新”专题调研张家港座谈会。配合组织人事部门做好女性推优荐才工作,为优秀女性成长搭建平台。7月,联合市委组织部举办2012年张家港市女干部培训班,60名女干部在市委党校进行4天培训。是月,举办2012年张家港市基层妇女干部培训班,266名基层妇女干部在市委党校进行2天培训。4月至10月,市妇联在广大妇女干部中开展好书“读、讲、评、荐、议”活动,建设学习提高型妇女干部队伍。11月,牵头成立张家港市家庭教育协会,选举产生第一届理事会,保税区(金港镇)社会事业局教管办副主任徐玲当选为会长。全面铺开“妇女儿童之家”建设,全市257个村(社区)挂牌成立“妇女儿童之家”。年内,培育省级“妇女儿童之家”7个,苏州市级8个,张家港市级14个,“妇女儿童之家”成为基层妇女工作的主要阵地。

妇女维权 2月,市妇联协调召开“十二五”妇女儿童发展规划专家论证会。3月,举行“巾帼决战现代化 服务民生促和谐”“三八”妇女维权周广场咨询活动,发放宣传资料2000余份,接受群众咨询50余人次。5月,市政府出台《张家港市妇女发展规划(2011~2015年)》和《张家港市儿童发展规划(2011~2015年)》。6月,市妇联联合市综治办开展“平安进我家、万家欢乐多”家庭平安小故事征集活动,收到征文85篇,获奖16篇,并将获奖文章汇编成册。8月,举办“爱心点亮希望,文明辉映港城”2012年张家港市爱心助学主题活动分享会,表彰10位第三届十佳“自强不息好少年”和12位提名奖,为20名优秀贫困女大学生颁发奖学金。6月至9月，联合市综治办，在《张家港日报》上开展“万家学法律、平安促和谐”法律知识竞赛，收到答题卡10043份，抽奖产生一等奖1名、二等奖3名、三等奖6名、优秀奖10名。9月，召开妇女维权维稳工作会议暨“平安进我家、万家欢乐多”家庭平安小故事分享会，总结部署妇女维权维稳工作，分享优秀家庭平安小故事。是月，推动市委、市政府召开全市关爱流动儿童工作联席会议，建立张家港市关爱流动儿童服务体系联席会议制度，协调17个部门共同做好关爱流动儿童工作。10月，召开全市妇女儿童工作会议，总结“十一五”期间市妇女儿童发展经验，表彰先进集体和个人，部署“十二五”期间妇女儿童工作。11月，省政府妇儿工委督察组专项督察市妇女儿童发展新规划及8件实事落实情况，给予高度评价。年内，市妇联开展“母亲邮包”公益项目，发动全市基层妇联组织和家庭向苏北地区单亲贫困母亲定向捐赠近13万元。

妇女发展 3月，市妇联召开各界妇女纪念“三八”国际劳动妇女节102周年暨“巾帼决战现代化”工作大会，动员广大妇女投身现代化港城建设。是月，举行市女企业家联谊会系列行之二——“走进长江村”暨女企业家和长江村女精英座谈活动。是月，联合市人社局、市总工会举办“‘三八’架金桥、春风送岗位”女性劳动力就业专场招聘会、第十三届女性人才专场招聘会，共59家企业进场，提供2000余个岗位，初步达成意向660余人。4月，召开巾帼助推城乡一体化建设暨新一轮绿色行动工作会议，总结部署“双学双比”工作，动员广大妇女争当全市推进城乡一体化建设排头兵。5月，联合市人社局举办巾帼淘宝店实战课程培训班，为34名未就业女大学生、下岗失业妇女和市场女性业主提供培训。9月，联合市人社局、市女职工委员会举办2012年张家港市女性高校毕业生招聘专场，共50余家企业进场，提供岗位500余个。是月，开展“绿化庭院·美化家园”村庄环境整治巾帼志愿行动，组织妇女和家庭参与巾帼志愿清洁行、巾帼志愿文明行、巾帼志愿绿色行活动。10月，联合市委组织部举办2012年张家港市女企业家复旦大学高级研修班，33位女企业家赴复旦大学进行3天培训。12月，召开市女企业家联谊会2012年年会，并举办“木兰芬芳”市女企业家第二届主题论坛。继续推进妇女小额贷款工作，全年共发放贷款19笔，总额308万元。年内，市女企业家联谊会被评为AAA级社会组织。

【“文明家庭”创建活动】 聚焦文明城市创建，市妇联培育一批平安家庭、健康家庭、五好文明家庭等特色家庭。3月，联合市总工会、市体育局举办第五届女子羽毛球比赛，全市35个单位的153名女性参加比赛。4月，举办“我爱我家”巧媳妇厨艺大赛，倡导文明、健康、环保的生活方式。5月，联合市文明办举办纪念“5·15国际家庭日”张家港市“争当巾帼志愿者，服务港城现代化”主题活动，表彰2011年度平安家庭标兵户、健康家庭标兵户、10名优秀巾帼志愿者和16个优秀巾帼志愿服务特色团队，巾帼文体志愿团队进行展演。7月，举办张家港市“文明礼仪百家讲坛”推进会暨家庭美德道德讲堂，聘请巾帼文明礼仪讲师分赴村、社区开展家居生活、科学家教、家庭美德等方面的讲座200余场。4月至10月，在全市开展“书香进我家，文明伴我行”家庭主题读书活动，以推荐一批优秀书目、构建一个互动学习交流平台为载体，深化“学习型家庭”创建，提升家庭成员综合素质。10月至11月，举办“健康天使”大赛，展示港城女性健康向上的精神风貌。年内，普及科学家教文化，依托市“快乐父母工作坊”，进社区开展家庭教育讲座10余场。

【“党员爱心妈妈”志愿服务行动开展】 2月，市妇联启动“党员爱心妈妈”志愿服务行动，组织广大女党员深入各大区域，走进农村社区，联系基层网格，结对贫困儿童，在扶贫帮困方面发挥先锋模范作用，在区域党建方面打造“妇”字号特色品牌。6月，召开“走近你、温暖你”——张家港市“党员爱心妈妈”志愿服务行动推进会，命名杨舍镇东湖苑社区等10个村（社区）为首批张家港市“党员爱心妈妈”志愿服务行动工作站，命名“和谐使者”市级机关“党员爱心妈妈”志愿服务团队等10支志愿服务团队为首批张家港市“党员爱心妈妈”志愿服务团队，举行“党员爱心妈妈”志愿服务团队和志愿服务行动工作站结对仪式。年内，招募1000余名“党员爱心妈妈”志愿者与全市238名弱势儿童结对，通过开展“六个一”（见一次面、照一张全家福、作一次家访、寄一张亲情贺卡、送一本书籍、看一场戏）帮扶活动，促进弱势儿童健康成长。

【“新农村、新女性”素质提升工程启动】 4月，市妇联启动“新农村、新女性”素质提升工程，组织动员妇女积

全市各界妇女庆“三八”暨“巾帼决战现代化”工作大会（市妇联 供稿）

极投身城乡一体化建设。是月，包惠红、申志琴、刘建荣、杨红、吴秋萍、吴惠英、张卫勤、陈保英、季万兰、袁建玉等10人被授予首届张家港市十大"新农村、新女性"。年内，开展"新农村、新女性"家庭主题读书活动，通过图书漂流、读书沙龙等形式，动员拆迁安置小区妇女和家庭成员多读书、读好书，提高文化素养。实施"新农村、新女性"基层妇女培训计划，开展"提升能力促发展、巾帼决战现代化"2012年全市农村妇女劳动力转移系列主题培训，为200名失地妇女提供以家政月嫂、SYB(创办你的企业)创业培训和养老护理为内容的创业技能培训，提高拆迁安置小区妇女的综合素质，帮助她们适应城市生活。（刘　兰）

市归国华侨联合会

【概况】 年末，全市有"侨之家"2个，侨务工作站1个，张家港市侨界人大代表2人，张家港市侨界政协委员16人，侨联委员19人，侨联顾问2人，海外顾问7人。市侨联全年先后接待海内外侨胞6批20人次到市参观考察。在春节、端午、中秋等传统节日对全市40余户归侨及困难侨眷进行走访慰问，发放慰问金和物资3万余元。对江苏多维科技有限公司董事长薛松生、江苏斯威森生物医药研究中心有限公司董事长闫勇义、张家港广和中西医结合医院董事长江杨清、香港张家港同乡会会长盛敏莉等侨界杰出人物以及优秀侨资企业在《张家港日报》、侨联系统网站、杂志等媒体进行宣传报道。重点对经开区、保税区的新侨企业进行调研，推荐江苏多维科技有限公司董事长薛松生参评并获得"中国侨界贡献奖——创新人才奖"。1月6日，举办张家港市侨界人士迎新春联谊会，全市回国创业人才、侨资企业代表、归侨侨眷代表等近百人参加联谊活动。3月6日，在张家港广和中西医结合医院召开市侨联四届十次全委会议，传达上级侨联全委会议精神，总结2011年工作情况，部署2012年工作任务，对市侨联四届委员会委员进行适当调整。3月29日至30日，省侨联副主席史宇率调研组一行在市开展"三解三促"(了解民情民意、破解发展难题、化解社会矛盾，促进干群关系融洽、促进基层发展稳定、促进机关作风转变）调研活动，深入基层实地走访市新侨创业典型企业和经开区创业园、保税区等特色创业创新服务平台，并与留学回国创业人员代表座谈交流，围绕优化新侨创业创新环境，深化侨联为侨服务工作，完善新侨创业扶持政策等专题开展调查研究。4月28日，市侨联组织侨界医卫专家在城东"侨之家"开展义诊活动，为辖区内众多归侨侨眷和社区居民量血压、测血糖、做基础健康咨询和检查。7月23日至8月3日，组织3个国家的4名创业新侨子女参加"2012海外华裔青少年夏令营"活动，并推荐张家港市新侨子女代表周道佳作为营员代表发言。9月21日，与市侨办共同举办"月是故乡明"侨界人士中秋联谊会。10月11日至13日，参加在武汉召开的全国城市侨联工作经验交流暨侨联文化项目推进会，学习各地侨联的好做法、好经验，并与中华侨讯网签订合作协议，实现侨界信息资源共享。重阳节期间，组织老归侨侨眷及侨联退休干部共度佳节，并发放重阳糕。10月21日，接待由新疆伊犁哈萨克自治州侨联副主席罗志通带队的伊犁哈萨克自治州侨联考察团一行，并与巩留县侨联签订对口交流合作协议。10月28日，邀请张家港籍海外杰出人士代表回到张家港市，参加张家港建县(市)50周年纪念活动，实地参观张家港市经济社会发展的各个亮点。11月14日，组织机关全体在职、退休干部以及部分归侨侨眷到市文化中心参观"沙洲的崛起，张家港的辉煌"——张家港建县(市)50周年成就展。

【市首届侨界运动会举行】 5月26日，张家港市首届"金州能源杯"侨界运动会在西城体育公园举行。本届运动会以"凝聚侨心、携手共进"为主题，设有乒乓球、羽毛球、定点投篮、跳绳、仰卧起坐和俯卧撑等比赛项目。全市近百名归国创业人才及侨资企业代表共8个代表队参加运动会。保税区斯威森队获得团体冠军，江苏能华微电子科技发展有限公司首席执行官、国家"千人计划"人才、博士朱廷刚获得乒乓球男子组冠军。

【承办沪苏通金三角侨联合作交流会议】 10月8日至9日，沪苏通金三角侨联合作交流第五次年会在市馨苑度假村举行。上海市侨联副主席张燚、江苏省侨联副主席宫琳等上海、苏州、南通三地侨联负责人60余人参会。苏州市委常委、统战部部长周向群，张家港市市委常委、组织部部长方培华，张家港市政协副主席、市委统战部部长景惠新等领导出席相关活动。各市、区(县)市侨联代表围绕新形势下如何发挥侨联资源优势，创新参与社会管理，促进侨界和谐发展，实现"党建带侨建、侨建促党建"的有效途径和方法，进一步推动三市侨联资源整合、合作共享，全面服务经济、政治、社会、文化建设，建立三市侨联系统工作联动合作的长效机制，进行深入探讨交流。（殷丽洁）

沪苏通金三角侨联合作交流第五次年会

（市侨联　供稿）

【编辑　沈立平】

武装·政法

人民武装

【概况】 2012年，市人武部以加强思想政治建设为主线，以提高班子能力建设为重点，以推进稳中求进为目标，全面加强人武部建设。在年初苏州军分区统一组织的“学、训、整”考核中，市人武部获理论考试第一名和队列会操优胜单位两块奖牌。

战备训练　市人武部先后制订完善“营区防袭扰”应急预案、民兵应急行动预案、抗洪救灾应急预案、武器装备仓库“军警民联防”预案，各区镇人武部完善应急分队维稳处突预案和组织演练，并在抗击11号强台风“海葵”和维护社会稳定等行动中得到实战检验。全年完成7批次655人训练任务，以现役干部和专武干部为主要参训对象，着力提升各级各类民兵干部骨干组织指挥能力。先后分4批8人次参加省军区集训组织的民兵军事技能比赛，取得优异成绩。4月末，在民兵训练基地分两批组织252名民兵营长、民兵情报信息员开展封闭式集训。6月，在各区镇民兵应急分队自训的基础上，进行综合考评，全部达到良好以上。

国防教育　市人武部把打牢干部职工和民兵队伍的思想政治基础作为首要任务，在抓好“赞颂科学发展成就，忠实履行历史使命”和国家主席胡锦涛“7·23”重要讲话学习的同时，开展“充分认清日本政府非法购岛事件本质，坚决捍卫国家领土主权和发展利益”形势教育、反邪教警示教育、政治纪律教育、网络安全教育等，充分利用武装工作例会、民兵整组点验和业务集训等时机抓好民兵思想政治教育。9月15日第12个全民国防教育日上午，在馨苑度假村会议中心举行全市国防形势报告会，邀请国防大学战役教研部教授周桂良，着重围绕中国海洋安全形势，从东海争端、南海争端和亚丁湾护航三个方面，为全市500余名党政领导干部作题为《我国的海洋形势》的报告。全年落实民兵刊授教育经费30余万元，为全市9个区镇和20个党政机关、企事业单位、党委总支厂及大型企业的人武部征订《解放军报》《中国国防报》和《中国民兵》等报刊，并为当年入伍的新兵家庭和部分学校征订《解放军画报》共计455份。

兵役工作　市人武部针对近年来出现的“征兵难”“当兵冷”问题，及时调整充实征兵领导小组，成立由市长姚林荣挂帅、市征兵办具体负责、相关部门领导组成的征兵工作领导小组，同时把征兵工作列入区镇年度千分考评指标，明确各出兵单位主要领导为征兵工作第一责任人，对完不成任务的实行一票否决。上半年，结合整组点验、民兵训练等时机，抓好征兵政策法规辅导和宣传。7月，结合军校和国防生招生，开展走进校园现场宣传征兵咨询活动。10月，市征兵办在市电视台连续播放《张家港兵在军营》系列宣传片，进一步激发适龄青年报名参军的热情。在《张家港日报》等新闻媒体、电子屏开设征兵公益广告，在步行街、购物公园、世纪广场等繁华地段悬挂征兵宣传横幅。全

2012 年军校和国防生招生现场咨询会　　（市人武部　供稿）

年入伍新兵中，大专以上文化程度的占51%，党、团员占96%，各项指标均为近年来最好。

基层规范化建设 年内，市人武部结合省民兵工作会议精神，突出民兵应急队伍和基层规范化建设两个重点，杨舍镇和南丰镇民兵应急分队实行政府出资、集中居住、集中教育训练，探索出一条民兵组训新路子。4月中下旬，市人武部组织对全市民兵整组和规范化建设进行检查验收，到点率100%，规范化建设全部达标。4月18日，苏州军分区首长检查杨舍镇基干民兵营、华尔润集团武装部和锦丰镇联兴村民兵组织，给予充分肯定。6月13日，张家港经济技术开发区（杨舍镇）被江苏省委、省政府、省军区表彰为民兵工作先进单位。

【走访慰问37名驻藏战士】 5月29日，市委常委、市人武部政委许进华，部长李军强带部机关和部分镇人武部部长及新闻媒体一行10余人，赴西藏走访慰问2011年入伍的37名驻藏林芝地区张家港籍新战士，向全体新战士发放了书籍和慰问品，并先后与部队领导及部分新战士代表就工作、学习、生活进行座谈和讨论。部队领导对这些新战士的综合素质和现实表现给予高度评价。对家乡领导不远万里看望，战士们深受感动和鼓舞，纷纷表示要立足军营，积极争当优秀士兵，让家乡人民放心，还在"做张家港精神在军营实践者"横幅上签名。随行媒体拍摄了3集反映新战士在部队工作、学习、生活场面的纪录片《雪域高原，绽放青春》，并于10月初在张家港电视台连续播出。

【32篇典型宣传有声有色】 市人武部全年先后有《无须扬鞭自奋蹄》等32篇报道被《中国国防报》《中国民兵》《新华日报》《东海民兵》《人民前线》《苏州日报》等多家媒体刊登。其中，5月3日，《中国国防报》以"让拥军尚武融入张家港精神"为题，报道了市委书记、市人武部党委第一书记徐美健爱武尚武、真诚拥军的先进事迹，被"国防部网""中国军网"等媒体转载。8月，《解放军画报》以"以夯实根基起高楼"为题报道了市人武部近年来全面建设取得的成果。市人武部被苏州军分区表彰为"新闻报道二等奖"。

（陈 航）

民 防

【概况】 年内，市民防局深入贯彻落实第六次全国人民防空会议精神，按照"适应国防建设需要强能力、服务经济社会发展作贡献"的总体要求和"坚持制度、创新模式、提高能力、发挥作用"的建设思路，统筹推进民防事业取得新成效，"战时应战、急时应急、平时服务"的综合能力持续提升，"张家港民防"个性优势更加突出。

民防服务 年内，全市民防工程对外开放利用率达到90%。在市人口疏散基地（一期）实施规范化管理新举措，改造设备设施，对小区管理人员进行教育培训。"0907""0403"工程投入运行，缓解商业集中区停车难问题。全年建成社区民防工作室27个，成立社区民防志愿者队伍，配备应急器材6类360件，发放《社区居民防空防灾应急疏散（避难）手册》《民防应急知识读本》10万余册。开展民防志愿者先锋团队争创活动，多次举办防空防灾知识、应急救援技能讲座，参加社区服务广场活动6场次。加强民防行政窗口标准化和机关准军事化建设，精简审批程序，优化工作流程，全年办结各类审核服务事项470件。

民防工程建设 年内，市民防工程新立项目22项、开工19项、竣工15项，各项指标均超额完成年度目标任务。人民防空重点工程——市直机关疏散基地"1110"工程完成主体建筑封顶。5月，组织全市民防工程管理维护和消防、防汛安全大检查。积极应对第11号强台风"海葵"袭击，对8个自建民防工程增设安全护栏和双面不锈钢防汛挡板，为103个结建民防工程增发应急水泵和防汛袋。7月，参加省民防系统深化重点工作推进座谈会的代表参观了张家港市购物公园地下连通道和民防工程标识及标牌维护管理。10月，组织150名建筑从业人员进行人防工程建设管理政策和技术培训。11月，启动《张家港市人民防空工程专项规划（2012~2030年）》编制工作，将民防工程纳入城市建设总体规划，走依法制、依规划建设民防工程的道路。至年末，全市民防工程建设总量累计近百万平方米，在全省县级市中保持领先。

指挥通信建设 年内，升级改造高清指挥信息系统，省、市、县（市）实现无缝对接。结合"4·22"沙洲解放日警报试鸣，同步组织指挥所编成暨社区人员应急疏散演练，市、镇、街道（社区）三级联动，地面、地下、移动指挥平台综合运用，探索总结信息化条件下防空袭作战组织指挥、流程规范、信息支撑、联合行动的特点规律。抓好《张家港市防空袭预案》编修，召集市政府20余个部门参加编修协调会，反复调研论证。开展人防专业队伍整组，配强配优各级干部，人防专业队伍党、团员占62.5%，大专以上文化程度的占67.2%，40岁以下人员占86.3%，专业对口率100%。

【在全省县级市中率先组织高层建筑居民逃生演练】 11月30日，由张家港市安全生产委员会举办、市民防局承办的高层建筑次生灾害居民逃生及应急救援综合演练活动，在经开区（杨舍镇）四季花园进行，这在全省县级市中尚属首次。演练围绕"高层建筑居民应急疏散与逃生"和"事故现场应急救援联动机制"课题，重点演示民防应急指挥及保障、居民应急疏散行动、抢险救援单位应急响应等课目。演练场景设定为：四季社区今日家园小区20幢8楼居民住宅，由于燃气泄漏，居民在打开电器开关时突然引起爆燃，造成火灾。演练具体内容包括火灾事故接报和启动应急预案，社区及居民志愿者组织对事故现场进行先期处置，组织人员疏散，现场警戒保卫，营救被困人员及现场事故情况处置，水、电、气等公用设施的应急抢修，房屋安全鉴定，新闻发布等。演练有安监、住建、地震等15个政府部门和单位参与，出动应急救援车辆20余台，动用各类装备20余种，

全市高层建筑居民逃生及应急救援综合演练　　（市民防局　供稿）

参演人员350人。苏州市民防局、张家港市安全生产委员会相关成员单位主要负责人以及张家港市各区镇安全生产分管领导、全市物业管理单位主要负责人、民防志愿者代表等150余人观摩了演练。　（郭燕波）

武　　警

【概况】 市武警中队在完成市看守所外围看守这一主要任务外，还积极配合完成其他安全保卫任务。年内，中队完成临时性押解勤务145次，出动执勤兵力250人次，押送罪犯1200人，行程约5.5万余公里。担负市体育馆为期7天的全国乒乓球联赛安保任务，出动兵力27人次；参与南通启东“7·28”环境群体性事件、涉日抗议游行维稳任务；承担暨阳高级中学、沙洲职业工学院、市城市管理局等单位的军训任务。中队连续十三年被武警江苏总队评为基层单位建设标兵中队，中队党支部被江苏武警总队党委评为先进党支部。7月，中队被中宣部、中央文明办、总政治部联合表彰为全国军民共建社会主义精神文明先进单位。年内有3名官兵荣立三等功、13名战士被武警苏州市支队评为优秀士兵。

【武警江苏总队政委到中队检查指导】 6月14日，武警江苏总队政委张红朝到中队检查指导工作。张红朝查看了营区的文化环境建设，对兵圣文化、惜时文化、张家港精神等把苏州驻地文化引进警营，用“软实力”催生“内动力”的做法给予高度评价，指示中队要结合自身实际，充分发挥好这些文化载体的作用，大力弘扬先进军事文化，不断提升部队战斗力、凝聚力。张红朝参观了中队新建的荣誉室，并指示要利用现有资源搞好崇尚荣誉引导，激励官兵再接再厉，勇于争先。他实地查看官兵宿舍、伙房饭堂、勤务值班室、菜地等场所，询问官兵日常学习、训练、生活、教育等情况，勉励官兵将中队优良传统和作风不断传承下去，并将张家港精神融入到建设发展中，工作再上新台阶。（唐铁山）

消　　防

【概况】 2012年，市公安消防大队全力以赴打好“党的十八大”消防安全保卫战役，坚定不移打造“公安消防铁军”，较好完成了全年目标任务，全市火灾形势平稳。至年末，全市共有10支消防中队，有官兵337人，其中现役官兵111人、地方合同制战斗员135人、公安消防民警18人、地方合同制消防监督员73人。有华芳集团、道康宁公司、华昌集团、华尔润集团4支企业专职消防队，专职消防队员24人。在欧桥、巨桥、南丰等16个规模较大的行政村建立保安消防队，培训保安消防队员64人。年内，市公安消防大队被公安部评为“全国清剿火患战役成绩突出公安消防大队”“全国优秀公安基层单位”“党的十八大消防安全保卫战公安消防部队成绩突出集体”，被公安部记集体二等功，被省消防总队连续八年评为“十佳基层大队”、连续九年评为“基层基础建设先进大队”，被苏州市委、苏州市政府评为苏州市2009~2011年度文明单位标兵，被苏州市政府、苏州军分区评为“拥政爱民先进单位”，所属特勤六中队被共青团江苏省委评为2011~2012年度江苏省青年文明号。市公安消防大队党支部被苏州市委组织部评为“双帮双比先进党组织”。

设施装备　年内，市、镇两级财政落实消防经费总量3466.73万元，比上年增21.03%。加大高精尖车辆和装备器材配备力度，先后投入900万元购置水罐消防车4辆、抢险救援车1辆、消防宣传车1辆、12吨奔驰水罐泡沫车1辆以及相关专勤器材和防护装备，全市共有执勤车60辆，初步形成结构合理、性能优良、功能齐全的车辆装备体系。自筹资金对大队辅楼进行设计改造，新建大队影院、心理疏导室、荣誉室等。

队伍建设　年内，市公安消防大队以提升战斗力为核心，积极开展“大练兵”活动。创新周测试、月评比及对抗挑战等形式多样的练兵手段，加强对大跨度、大空间建筑和石油化工单位、高层地下建筑、人员密集场所火灾扑救的技战术研究和实际应用，提高指挥员的战术意识和决策水平。开展全省消防部队铁军中队达标和星级评定活动，特勤六中队成功创建成一星级铁军中队。年内累计巡防单位648个，制订灭火救援预案300余份，开展高层、大跨度厂房等重点单位实战合成演练745次。10月12日，在红星美凯龙张家港商场成功举行全市突发事件应急综合演练。

执法监督　年内，市公安消防大队共督办5家政府挂牌重大火灾隐患单位，先后开展棉纺行业、易燃易爆物品、高层建筑消防设施、人员密集场所、“三合一”场所5次专项整治活动，发动“打非治违”“四项排查”“平安消防”等专项行动，以网格化排查各类火灾隐患为抓手，严厉打击各类消防违法行为。年内累计检查单位30940个，发现隐患181188处，整改隐患181496处，办理消防行政处罚案件3513起，罚款313.59万元，责令“三停”（停产停业、停止施工、停止使用）238个，临时查封64个，行政拘留32人。有506个单位办理设计备案，市公安消防大队抽查269个；有365个单位办理验收备案，市公安消防大队抽查219个；对103个单位进行开业前安全检查；办理群众举报21起，群众满意率100%。

抢险救援　年内，全市共发生火灾824起，比上年增56.06%，无死亡和受伤人员，直接经济损失1008.1万元，比上年减31.74%。市公安消防大队全年接警出动1464次，扑救各类火灾1089起，参与抢险救援和社会救助375次，抢救遇险人员400余人。

防火宣传　2012年是《全民消防安全宣传教育纲要》颁布一周年，市公安消防大队在张家港电台设立《聚焦消防》专栏，并对外开放2座消防教育馆和9座消防站，组织全市7000余名消防志愿者深入社会单位、辖区居民家庭，开展隐患排查、消防宣传、与孤寡老人“一对一”结对帮扶等活动，新组建“环保工人义务宣传队”“商场超市营业员火患纠察队”“房东消防宣传队”等特色消防志愿者队伍，更新完善消防一条街，制作2万套消防宣传钥匙扣发放到社会单位及居民家庭。市消防技能培训中心开办培训班50批次，有1683名单位消防安全责任人、管理人、消控室操作员接受专业培训。与气象、交巡警、环保等部门沟通，利用小区、道路电子显示屏及电视台游动字幕等载体大力开展消防知识的宣传普及。

【成功救援掉落建筑打桩洞内女童】 11月17日15时7分，市公安消防大队接报，有一女童在塘市横泾花园建筑工地玩耍时不慎掉入打桩留下的洞内，情况十分危急。市公安消防大队立即调派消防官兵赶赴现场救援。由于该洞宽度仅30厘米，救援人员无法进入。为防女童长期被困洞下导致缺氧，消防人员立即调到移动供氧气源进行不间断供氧，同时商讨继续救援方案，最终确定用挖掘机在洞口旁50厘米处挖大坑并在坑内相应位置进行人工挖掘的营救方案。经过消防官兵4个多小时的生死营救，成功将女童救出。（王克静　常　妍）

公　安

【概况】 2012年，全市新增民警55人，年末共有民警1568人，其中见习民警53人、三级警司228人、二级警司309人、一级警司200人、三级警督377人、二级警督368人、一级警督33人。年内，市公安局将做好党的十八大安保工作作为首要政治任务，全警动员、全力以赴，认真开展“四项排查”（突出信访问题、风险预警项目、安全事故隐患、基层基础工作薄弱环节），配合市委、市政府及有关部门做好宣传教育、矛盾化解工作，高标准、严要求落实各项安保工作措施，成功处置规模性群众涉日抗议游行活动，为党的十八大胜利召开创造和谐稳定社会环境。5月18日，在北京举行的全国公安系统英雄模范立功集体表彰大会上，市公安局作为苏州唯一的县（市）级公安机关被公安部授予“全国优秀公安局”荣誉称号。年内，市公安局蝉联“全国公安机关执法示范单位”三连冠，被评为全省政法系统公正廉洁执法先进集体、苏州市文明单位，被张家港市委、市政府授予“2012年度突出贡献奖”，局党委被评为苏州市创先争优先进基层党组织。

打击犯罪　年内，市公安局围绕“快破大案、多破小案”的目标，创新侦查破案工作机制，坚持打合成战、技术战、信息战，持续开展春季打防攻势、百日集中打防、冬季治安整治等10余次专项行动，保持严打高压态势，破获各类刑事案件3714起，比上年增8.53%；破获“八类”（放火、爆炸、劫持、杀人、伤害、强奸、绑架、抢劫）案件183起，连续四年实现命案全破，在苏州市保持领先水平；抓获各类刑事作案人员2836人，网上在逃人员466人。开展严厉打击经济犯罪“破案会战”，经济犯罪破案数、抓获经济犯罪嫌疑人数比上年分别增154%、118%，成功侦破公安部、省公安厅督办案件4起，挽回经济损失2.3亿元，被省公安厅评为全省公安机关严厉打击经济犯罪“破案会战”成绩突出集体。破获“1·19”虚开增值税专用发票案件，抓获犯罪嫌疑人137人，获得公安部肯定。

治安管理　年内，市公安局共查破各类治安案件21972起，查获违法人员10489人。会同市文广新局、张家港工商局等单位开展无证电子游戏机房、无证网吧及文化出版市场的清理整顿，依法取缔无证网吧33家次、无证游戏厅7家次，查缴电脑362台、非法音像制品1.6万余个、非法出版物2000余册。围绕“涉黄涉赌、食品安全、假冒伪劣、废旧收购”4个领域，会同有关职能部门开展专项整治，取缔“黑作坊”“黑工厂”“黑市场”“黑窝点”356个。加强

消防战士训练　（市公安消防大队　供稿）

养犬管理,至年末,全市共有7259条犬办理证照,其中新办证1698条、延续5561条。根据治安状况和管理措施落实情况,完成对全市154个危险物品从业单位、549个旅馆业单位、191个娱乐场所的治安等级评定工作。开展禁赌专项行动,治安处罚1176人,采取刑事强制措施99人。开展治爆缉枪专项整治,办理涉枪、涉爆案件17起,抓获违法犯罪人员144人,收缴各类枪支183支、弹药5万余发、管制刀具348把、非法储存假冒伪劣烟花爆竹3048箱。推进流动人口居住证制度,至6月末,实现流动人口居住证发放全覆盖。

交通管理　年内,全市共发生一般以上交通事故462起,死亡91人,伤386人,直接经济损失284.91万元。查处各类交通违法行为80.3万余起,暂扣驾驶证383本,行政拘留752人,醉酒驾驶追究刑事责任275人,并对465名记满12分的驾驶员组织理论考试。办理汽车注册登记30696辆,"五小"车辆上牌照1016副,考核"五小"车辆驾驶员1178人,核发车辆检验合格标志100760辆。安装交通信号灯24套,漆划交通标线6.5万平方米,增设交通标志牌1500套、隔离护栏4000米、减速块1.8万米、反(发)光道钉500支。开展交通安全宣传400余场次,累计受众82万人次。在全国县级市中率先启用智能交通服务系统,整合电子警察数据、停车场实时数据、交通视频监控信息等各类动态交通数据源,为交通参与者提供综合交通信息服务。建立公安交巡警、城管联动协作机制,提升执法效能和管理合力。新建3家车辆检测站、5家道路交通事故快速理赔中心,进一步提升服务水平。

"110"接处警工作　年内,市公安局指挥中心共受理报警98.78万起。其中,违法犯罪警情2.61万起、火灾警情2249起、交通警情12.47万起、纠纷警情4.24万起、群众求助警情8.87万起、其他70.36万起。通过快速指挥调度,直接抓获违法犯罪嫌疑人610人。

【"三定"和职务套改方案实施】 年内,在全市公安机关实施"三定"方案(定职责、定内设机构、定人员编制)和职务套改方案。根据市政府办公室《关于印发张家港市公安局主要职责内设机构和人员编制规定的通知》,市公安局设政治处和7个综合管理机构,综合管理机构均为正股级建制;设执法勤务机构15个,均为副科级建制,其下设的股、所、中队均为正股级建制;设29个派出所,均为副科级建制;设监管场所1个,其下设看守所(加挂"监管大队"牌子)和行政拘留所,其中看守所为副科级建制,行政拘留所为正股级建制,归属看守所管理。核定市公安局中央政法专项编制1142名,行政附属编制8名。实施"三定"方案后,19个单位和部门从正股级建制升格为副科级建制。根据《苏州市公安机关执法勤务机构人民警察警员职务套改方案》,对1371名民警进行相应的职务套改,其中三级警长24人、四级警长17人、一级警员408人、二级警员922人。

市公安局专业技术职位聘任仪式举行

（市公安局　供稿）

【开展"走千家访万户送安全"活动】 为顺利实现群众安全感、法治建设满意度"两个90%"现代化指标,年内,市公安局在全市范围内组织开展"走千家访万户送安全"活动,以"涉及警情家庭回访、普通家庭走访、帮扶对象家庭慰问、网上警民互动"等为重点,对全市40余万户家庭,逐家主动上门走访,逐家宣传防范知识,逐家查找防范漏洞,逐家开展安全评估,逐家提出防范建议,逐家提供安全服务,为每户家庭建立"安全档案",为群众送上安全、平安和服务。公安部、省公安厅网站主页刊发专题简报宣传这一做法,市委十届五次全体(扩大)会议要求在全市推广,"走千家访万户送安全"活动品牌被评为全市"2012年度十佳机关服务品牌"。

【推出"保障民生服务现代化建设二十条新举措"】 为服务保障全市"决战2012,确保在全省第一批基本实现现代化"发展大局,年内,市公安局推出"保障民生服务现代化建设二十条新举措",进一步拓宽服务领域,优化服务质态。主要分为四大方面:在保障安全方面,开展"走千家访万户送安全"活动,24小时提供电信诈骗防范咨询服务,提供大额存取款护送服务,开展"护校安园"专项行动;在延伸服务方面,建立"二代证便民服务队",全面实施流动人口居住证制度,推进境外人员服务站建设,实施道路交通"排堵保畅"工程;在提速增效方面,扩大网上办事范围,建立"企业经侦服务队",建立流动警务室和专业警务室,建立"消防专业技术服务队",打造消防行政许可审批"快速通道",设立车驾管自助式服务系统,在公安出入境行政许可服务窗口提供自助式填表和复印服务;在人性执法方面,全面加强基层所队亲民便民执法服务软环境建设,建立警情回访测评制度,向嫌疑人家属邮寄交通路线图和退赔建议书,建立完善司法救助制度,为短期服刑人员亲属提供远程视频会见服务。

【5个市际专业卡口中队成立】 年内,市公安局加强卡口外围堵控,将全市15个市际卡点从交巡警大队划归巡防大队扎口管理,成立5个市际专业卡口中队,配备80名民警、300名警辅,通过岗前培训、制定工作规范,不断规范勤务运作,形成严查严管的氛围,与城区、警署的镇级卡口、治安岗亭、主

干道电子监控形成“三道包围圈”,震慑各类违法犯罪。2012年违法犯罪警情数与上年基本持平,刑事发案数比上年下降7.74%,“八类”案件发案数比上年下降24.89%;通过卡口堵控,抓获各类嫌疑人员1639人。

(董月胜)

检　　察

【概况】 2012年,市人民检察院以执法规范化、队伍专业化、管理科学化、保障现代化为方向,忠实履行法律监督职责,全年办理刑事、民事、控告申诉、反贪污贿赂和渎职侵权案件共计2828件,涉案人数3500余人。年末,有检察官79人。年内,市人民检察院被评为全国检察机关“两房”建设先进集体、全省先进基层检察院、苏州市文明单位标兵,被张家港市委、市政府授予“综合贡献奖”。

反贪污贿赂和反渎职侵权　市检察院立案侦查贪污贿赂犯罪案件18件18人,其中受贿案14件、行贿案2件、贪污案2件。立案侦查渎职侵权犯罪案件4件4人。通过办案追缴赃款赃物和挽回其他经济损失1270余万元。

刑事检察　市检察院受理公安机关提请批准逮捕各类刑事犯罪案件嫌疑人1133人,经审查批准逮捕836人,不批准逮捕315人;受理移送审查起诉1767件2388人,经审查提起公诉1594件2116人,决定不起诉 64人,报送苏州市检察院审查起诉12件14人。

控告申诉检察　市检察院受理群众信访173件,开展检调对接57件,救助特困刑事被害人8人,发放救助金5.85万元;立案复查刑事申诉案件4件,建议法院再审纠正1件。

民事行政检察　市检察院受理民事申诉案件22件,立案审查15件,提请抗诉9件,发出再审检察建议4件,其中监督纠正民事虚假诉讼案件2件。承办苏州市检察院立案后交办案件4件,建议提请抗诉3件。

监所检察　市检察院检察收押入所人员2633人次,检察出所人员2715人次。监督留所服刑罪犯减刑80人次。办理各类申诉案件22件。对9名违反社区矫正管理规定的社区矫正对象,建议收监执行。

职务犯罪预防　市检察院发出预防检察建议15份,开展预防调查8次,犯罪分析21次,受理行贿犯罪档案查询3309批次,组织党员干部接受警示教育33批2400余人次。

检察技术工作　市检察院办理文件检验鉴定7件、文证审查41件,开展全程同步录音、录像18件117次。6月,自主研发的“检察机关案件质量督察平台”软件开始运行。

【编制和试点基层检察院科学发展指标体系】 市检察院在全国率先探索编制《基层人民检察院科学发展指标体系》,把基层检察院建设目标任务具体化。按照合法性、科学性、公认性、前瞻性原则,将执法规范化、队伍专业化、管理科学化、保障现代化“四化”建设目标细化为检察业务流程构建实施覆盖面、案件瑕疵控制率、检务网上公开率等42个具体指标,努力把基层院建设提升到可复制的标准化境界,以实现自我监测、自我管理。在8月召开的研讨论证会上,这一做法得到专家学者的高度评价,引起上级领导的关注,得到最高人民检察院检察长曹建明批示肯定。9月下旬,市检察院按照“边实践、边总结、边完善”的思路,专门成立工作领导小组,研究制订方案,率先启动指标体系试点监测工作,编制试点工作监测操作手册,开展数据采集和分析等工作。

【构建预防职务犯罪人民防线】 市检察院着力构建预防职务犯罪人民防线,促进群众预防、专门机关预防、各单位内部预防有机结合的全社会预防职务犯罪大格局。出台《关于推动构建张家港市预防职务犯罪人民防线的实施办法》,召开“张家港市构建预防职务犯罪人民防线动员大会”。成立市“正廉”预防职务犯罪宣讲团、“正廉”预防职务犯罪志愿者服务队,为辖区提供菜单式宣讲服务,开展网格化预防犯罪文化服务活动,发动群众参与预防职务犯罪工作。成立市工程建设领域预防职务犯罪联络工作委员会,先后对港城大厦、市烟草专卖局经营业务用房等重大工程开展同步预防。与市监察局联合建立工程建设领域行贿行为档案查询处置制度,拓展行贿犯罪查询功效。在市城市投资发展有限公司、市供电公司等单位设立预防职务犯罪工作联络处,实现联手预防。丰富预防宣教载体和形式,把预防职务犯罪教育纳入各职能部门培训课程,开通职务犯罪预防网、预防短信发送平台,编纂《预情要文》,印发预防宣传和廉政公益广告手册2000余份。

【“两房”建设取得新成果】 市检察院大力推进“两房”(办案用房和专业技术用房)建设,5月,搬迁至人民东路106号新办公大楼。新办公大楼办案工作区建设规范、设施齐全、功能完备。是月,首批获得“江苏省检察机关办案工作区合格证”,并在全省检察机关进一步加强办案工作区规范化建设现场会上作交流发言。新办公大楼一楼设立案件管理中心,设有案件受理大厅、律师接待室,统一受理公安移送案件、办理案件查询和律师阅卷等,并设有“行贿犯罪档案查询中心”,对外提供行贿犯罪信息查询服务;二楼设有院史陈列室,展示队伍和业务建设的整体风貌。在大楼智能化系统建设方面,建有安保监控系统、侦查指挥系统及审讯监控平台、远程视频审讯系统、视频会议系统等信息化系统。7月,市检察院被最高人民检察院表彰为全国检察机关“两房”建设先进集体。

(蒋　洲)

审　　判

【概况】 2012年,市人民法院围绕“决战基本实现现代化司法保障服务年”工作主题,制定出台《关于服务保障“六大提速行动”的实施意见》和具体活动方案,实施“司法护航、司法惠民、司法便民”三大工程,充分发挥审判职能。4月8日,配合凤凰镇强镇扩权改革,省高级人民法院批文同意设立凤凰人民法庭。这是市人民法院设立的第六个基层人民法庭。全年受理各类案件15955件（含旧存1171件），审、执结14784件，通过审判、执行解决争议标的金额38.31亿元，比上年增57.91%。市法院司法新闻宣传工作受到最高人民法院通报表扬。

刑事审判　市法院受理刑事案件1738件，审结1685件，判处被告人2216人，其中审结危害公共安全罪471件471人，破坏社会主义市场经济秩序罪185件297人，侵犯公民人身权利、民主权利罪137件157人，侵犯财产罪678件981人，妨害社会管理秩序罪191件287人，贪污贿赂罪21件21人，渎职罪2件2人。生效判决中被判处10年以上有期徒刑的罪犯67人，5年以上10年以下有期徒刑的123人，5年以下有期徒刑的651人，拘役的385人，缓刑的803人，单处附加刑的119人，免于刑事处罚42人。

民商事审判　市法院受理民商事案件10846件，审结9998件，涉案标的29.71亿元，其中调解、撤诉7187件。全年审结社区邻里、婚姻家庭、财产损害等常见民间纠纷1485件，劳动报酬、劳动争议、养老保险等社会保障案件1741件，民间借贷纠纷1466件，各类经济合同纠纷3969件，票据纠纷、公司治理、金融保险等新类型案件168件。

执行工作　市法院受理执行案件3252件，执结2988件，其中执结刑事案件20件，民事案件2552件，行政非诉审查与执行案件7件，仲裁402件，其他7件，执结率91.87%，执行标的到位率97.35%，执行标的金额8.59亿元。

立案信访　市法院对刑事、民商事、行政、执行等各类案件立案14784件，受理公示催告案件208件，审结171件。处理人民信函92件，接待到访166余人次。

审判监督和行政审判　市法院受理再审案件15件，审结13件。受理行政案件57件，审结57件，其中原告撤诉38件，驳回诉讼请求17件，驳回起诉2件。审查非诉行政执行案件33件，诉前调解行政争议5件。

【"社区法庭现在开庭"机制建立】4月，市法院在总结和谐共建、驻村工作、巡回审判等参与社会管理经验的基础上，建立"社区法庭现在开庭"机制，定期组织相关案例到案件发生地的村、社区及矛盾集中的企业、市场现场开庭，组织群众旁听评议。通过庭审点评、判由释明、庭后讲座、法律咨询等方式，指导群众合理表达诉求、依法化解矛盾纠纷，引导基层群众树立法治意识和规则意识。年内，有32件社区相关案例现场开庭，2000余名群众参与现场开庭活动。

【重点建设项目法院工作站设立】2月8日，市法院在市政府房屋征收办公室设立"张家港市重点建设项目法院工作站"，主动与全市征收工作和重点项目建设对接。抽调精干力量驻站轮值工作，提供征收工作法律参考，帮助完善法律手续，加快征收工作进程，开展征收法律和政策宣传。年内，妥善处置征收搬迁引发的各类民事纠纷230余起，选取花园南村、范庄村、锦丰镇等地征收难度大的典型户，启动强制搬迁审查程序，并邀请市人大代表、政协委员参加公开听证会，集中力量开展司法协调，所有案件均得到妥善处置。

【首例酒驾危害公共安全案审结】8月10日，市法院公开审理全市首例酒驾危害公共安全案，张某因犯以危险方法危害公共安全罪被判处有期徒刑十二年，剥夺政治权利两年。4月14日晚至次日凌晨，张某醉酒后驾驶雪佛兰轿车，由西向东逆向行驶至金港镇蟠港路三节桥路段时，与施某驾驶的桑塔纳轿车相撞，并在被施某先后两次驾车拦停的情况下，仍驾车调头逃逸，后又与杨某驾驶的江铃客车相撞，行驶至张家港保税区南港轮胎有限公司宿舍楼附近路段时，将骑电瓶车回家的段某撞倒，致段某死亡。经警方鉴定，张某血液中乙醇浓度为每百毫升171毫克，属醉酒状态。

（何　薇）

司法行政

【概况】2012年，市司法局以"法律手拉手·牵手百千万"服务民生走基层系列活动为工作主线，强力推进"五大工程"，创新实施"雁阵计划"，全面深化法律"手拉手"服务品牌建设，获全省司法行政系统创先争优先进集体、全省司法行政新闻宣传工作先进集体、全省司法行政信息工作先进集体等12项苏州市级以上集体荣誉。

法制宣传　年内，市司法局推进"六五"普法，拓展普法阵地。11月，市法治文化主题公园建成开园；全年编发《干部学法导读》24期；在电台、电视台开播《司法传真》栏目，开设法治文化夜市，开展法治书画影作品及领导干部法治格言征集评比活动；组织群众性法制文艺汇演并将优秀节目送进常州监狱。参与首届"苏州法治文化节"，获书画影征集、知识竞赛组织奖等57个奖项，获奖量、质均列苏州各区市（县）第一。全年组织开展法制宣传培训1875场，培训人员250万人次，开展法制文艺演出等各类普法活动1430次，发放普法宣传资料90余万份。推进基层民主法治建设，南丰镇永联村创建成全市首家全国民主法治示范村。至年末，全市累计建成省级民主法治示范村（社区）55个、苏州市级民主法治村（社区）232个。

人民调解　年内，市司法局加强调解组织和队伍建设，建立320人专职人民调解员队伍，实现全市村（社区）专职调解员全覆盖；组建由50名专家组成的人民调解工作专家库；创设苏州市首家个人调解工作室——南丰镇人民调解倪永祥工作室；建成凤凰镇"和谐调解坊"、乐余镇"法衡工作室"等个性化调解组织。全市88个村（社区）人民调解委员会被评为苏州市规范化村（社区）人民调解委员会；南丰镇社会矛盾纠纷调处服务中心被评为首批"省级规范化调处中心"，杨舍镇司法所徐建军获"全国调解能手"称号。每季度上报的《社会矛盾纠纷调处情况分析报告》两次获市委书记批示肯定。全市各类调解组织共受理调解各类矛盾纠纷10054件，调解成功10052件，成功率99.98%。

社区矫正和安置帮教　年内，市司法局制定《张家港市关于进一步加强社区矫正和刑满释放解除劳教人员安置帮教工作的实施意见》，并筹建成立市社区矫正管理教育服务中心。5月，联合市公安局、检察院、法院对全市302名社区服刑人员进行集中警示教育；在全省率先试行社区矫正执法提示单制度，加强对执法活动的督察，提高执法质量；制定《张家港市未成年社区矫正人员星级管理办法》，试行未成年犯罪人档案封存制度；发挥"春晓社会服务社"功能，开展延伸帮教；落实刑释解教人员回归社会"必接必送"财政补贴，建立应急救助基金。"两类特殊人员"服务管理"彩虹桥工程"获评市级社会管理创新优秀项目。全年接收社区服刑人员404人，在矫人员总数589人；接收刑释解教人员531人，五年累计在册刑释解教人员1903人。

法律服务 年内，市司法局深化"1+1+X"法律服务活动，组织全市律师事务所和基层法律服务所开展结对服务，实现全市村、社区法律顾问全覆盖。12月，召开全市律师工作会议，完成律师协会换届选举。联合市公安局、检察院、法院等六部门制订《关于进一步规范全市法律服务市场秩序的意见》。制定出台《法律服务重大事项报告制度》，开展法律服务行业教育整顿。在苏州首家出台《关于引进和培养律师紧缺高层次人才的意见》《律师队伍素质提升和行业发展培育奖励资助办法》。市法律援助中心开发民事案件信息登记系统，在全省率先实现网上运行平台向基层援助站延伸。在苏州首先推行"合适成年人"制度，由法律援助志愿者担任涉罪未成年人的"法律家长"参与庭审过程，及时进行心理疏导、权利维护。加强基层站点建设，全市8家基层法律援助工作站被评为"苏州市示范化法律援助工作站"。深入开展法律援助进村、进社区、进校园、进企业、进工地"五进"活动。年内，全市法律工作者共担任1443家企业的法律顾问，办理案件8290件，为企业避免、挽回经济损失7.98亿元；市公证处办理各类公证案件8619件；市中医医院司法鉴定所出具司法鉴定文书2029份；市法律援助中心接到信访电话、接待到访及网上咨询3503次，受理援助案件1336件，比上年增27.6%。

"法律手拉手·牵手百千万"活动走进杨舍　　（市司法局　供稿）

【法治文化主题公园建成】 11月2日，市法治文化主题公园对外开放。主题公园位于张家港公园内，以"主线引领、需求引导、动静结合、时空多元"为设计理念，在苏式园林景观中融入法治元素。景区占地4万平方米，分8个板块，设有主题雕塑"獬豸"、法治之窗、法治亭、宪法广场、法趣角、法治大道、法治石、名言警句林、普法长廊等16个景点。展示内容以"古今中外"为切点，由古代至现代，由国外到中国，由法律体系到根本大法，由普法历程到当地法治实践，详略结合，全面展示法治进程和法治文化，让市民在游览中了解法治、在参与中感悟法治，成为普法重要阵地。

【"法律手拉手·牵手百千万"服务民生树品牌】 年内，市司法局结合全市"基层组织建设年"和"民生水平提升"总体要求，深化法律"手拉手"服务品牌建设，组织开展"法律手拉手·牵手百千万"服务民生走基层系列活动。通过四个主题活动渐次开展，综合融通法律服务、人民调解、法制宣传等各类优势资源，打出"组合拳"，牵手百村千企万家，使司法行政工作更加贴近基层，更加惠及民生，更加富有实效。年末，法律"手拉手"服务基层特色做法入选苏州市基层组织建设年创新制度和先进事迹资料汇编。

【"雁阵计划"打造服务团队】 年内，市司法局以践行政法干警核心价值观为重点，在巩固壮大原有队伍基础上，实施"雁阵计划"：精建法律顾问团，壮大法律援助志愿者队伍，组建人民调解专家库，打造社工青年突击队，培育名律师、名公证员，推进人民调解员专业化、职业化进程，创优党员先锋岗，开展三个"十佳"评比。营造机关文化氛围，实施局机关干部学分制管理办法，组织机关干部开展社会管理创新专题理论研究，人人撰写工作格言、廉政格言，举办工作论坛、歌咏朗诵比赛、青年读书交流会等活动。打造特色廉洁文化，"一廊一园一栏"营造氛围，"签读看听讲"强化认知，"一言一曲一诗"展现风貌，"三制三规"强化保障。"雁阵计划"队伍建设在苏州市县（市、区）中唯一获评"江苏省司法行政队伍建设创新成果三等奖"。

【苏州首家个人调解室挂牌】 5月16日，南丰镇人民调解倪永祥工作室挂牌成立，这标志着苏州市首家个人调解工作室启动。倪永祥系南丰镇司法所副所长、苏州市人民调解首席调解员。自1981年从事调解工作起，他已调处各类矛盾纠纷3000余件，调处成功率98%以上，2012年2月被江苏省司法厅评为"江苏省人民调解能手"。倪永祥工作室主要负责婚姻、家庭、邻里等民间纠纷的调处。至年末，工作室成功调处矛盾纠纷56件（形成卷宗的）及其他口头调解纠纷。（陈新林）

【编辑　卢德兴】

农业·水利

综　述

2012年，全市以率先基本实现农业现代化为工作核心，全力以赴落实拼抢措施，实现粮食生产两熟双丰收、农业装备条件明显改善、农产品质量安全水平稳定提高等显著成效，全市农业现代化指标体系6大类21项指标，实现值为92.44%。全市完成农业总产值48.73亿元，比上年增8.77%；实现农业增加值27.53亿元，占地区生产总值的1.34%，比上年增9.99%；农民人均纯收入19460元，比上年增12.8%。

粮食生产实现两熟双丰收　全市积极开展"亩产吨粮县"活动，全面抓好良种统一供应，抓好高产增效创建示范，抓好技术服务指导，抓好农机调度抢收，全年实现粮食总产28.05万吨，比上年减2274吨，每公顷产量6936千克。其中，夏粮面积20160公顷，总产量10.59万吨，每公顷产量5254.5千克；小麦每公顷产量5287.5千克，单产创历史最高记录。秋粮面积20280公顷，总产量17.46万吨，每公顷产量8610千克，其中水稻每公顷产量为8957千克。

农业设施装备明显改善　全市新增高效设施农业1073.33公顷，累计3973.33公顷；新增设施渔业346.67公顷，累计797.67公顷。高效设施面积比重达到15.22%。建成标准化基本农田2253.33公顷，累计1.96万公顷，占全市耕地面积的61.65%。全市农机化总投入9597万元，经工商部门注册登记的合作社达到89个，建成3个镇级农机综合服务中心，6镇1区建成苏州市农机化示范镇。全市农业综合机械化水平92.37%，张家港市建成江苏首家基本实现农业机械化示范市，并被评为国家平安农机示范县（市）。

农产品质量安全水平稳步提高　在各区镇农业服务中心（农副办）挂牌成立农产品质量监督管理站，并在9个区镇和16个优质蔬菜基地新建农产品检测室，形成市、镇、基地三级检测网络。全年完成质量监测784批次，综合合格率99.7%。以食品安全"天安行动"为抓手，着力开展种植业、农业投入品等七大农产品质量专项整治，严厉查处农产品质量安全违法违规行为。全年查处违法案件16起。农产品质量建设进一步深化，凤凰水蜜桃园区获全国农业标准化示范区称号；苏州市级以上品牌农产品达到51种；杨舍镇、锦丰镇获得无公害产地整体认证，常青农业获无公害园艺场认证。全市"三品"（无公害、绿色、有机食品）有效数为221种，其中绿色食品88种；"三品"总面积3.16万公顷，占耕地与水产养殖总面积的91.78%。全市建成农产品质量监管示范点50个。

防洪保安能力显著提升　编制《2011～2020年张家港市水利现代化规划》，加紧建设水利现代化保障体系。完成通洲沙西水道一期工程和海螺水泥至一干河、朝东圩港至段山港百年一遇江堤加高加固工程，朝东圩港—环城河、走马塘拓浚、三干河南延、七干河拓浚等重点工程快速推进。长江堤防涵闸、城乡河道、圩区设施等长效管理水平稳步提升，全国最严格水资源管理制度试点方案获水利部和省政府批准，环城河风景区创建成为省级水利风景区。中央财政小型农田水利重点县建设实现预定目标，河道疏浚、拆坝建桥、黑臭河道整治均超额完成年度指标。区镇水利站改革全面完成，水利站明确为公益性全额拨款事业单位性质。全年办理行政审批25件。4月，市水政监察大队担纲起草的《水行政执法专业从业人员行为准则（试行）》由水利部精神文明建设指导委员会办公室正式颁布。水利普查工作累计完成归档165卷、各类表式1.6万份，全部实现信息化录入，10月通过第一次全国水利普查档案省级专项验收。　（毛　慧　朱琴芳）

种 植 业

【概况】 2012年，全市实现种植业产值26.31亿元，比上年增加2.81亿元；占农业总产值的53.99%，比上年提高1.53个百分点。

粮食作物　全年粮食作物播种面积4.04万公顷，比上年减少1067公顷，减2.57%；总产量28.05万吨，比上年减少2274吨，减0.8%。水稻播种面积1.89万公顷，比上年减少702公顷，减3.58%；总产量16.96万吨，比上年减少5846吨，减3.33%；每公顷产量8957千克，比上年增加20千克，增0.22%。小麦播种面积1.99万公顷，比上年减少500公顷，减2.45%；总产量10.54万吨，比上年增加4120

吨，增 4.04%；每公顷产量 5287.5 千克，比上年增加 242.5 千克，增4.81%。至年末，全市新增无公害粮油产地 5 个，面积 8767 公顷，绿色食品粮油产地 1 个，面积 10786.6 公顷；新增无公害粮油产品 2 种，绿色食品粮油产品 1 种。全市累计有无公害粮油产地 10 个，面积 12035 公顷，绿色食品粮油产地 14 个，面积 25986.7 公顷；累计有无公害粮食产品 12 种，绿色产品 23 种。去除重复计算面积，粮油类无公害产品面积累计 5064.5 公顷，粮油类绿色产品面积累计 23704.5 公顷。

经济作物　全年棉花播种面积 60.67 公顷，比上年减少 22 公顷，减 26.73%；总产量 53 吨，比上年减少 18 吨，减 25.4%；每公顷产量 873 千克，比上年减少 16 千克，减 1.87%。油菜播种面积 1360 公顷，比上年减少 350 公顷，减 20.47%；总产量 3643 吨，比上年减少 688 吨，减 15.9%；每公顷产量 2679 千克，比上年增加 146 千克，增 5.76%。蔬菜种植面积 1.01 万公顷，比上年减少 100 公顷，减 1.28%；总产量 26.76 万吨，比上年增加 3.24 吨，增 13.78%；总产值 11.11 亿元，比上年增加 1.77 亿元，增 19.05%。果树面积 1315.52 公顷，水果总产量 26425.2 吨，花木面积 1421.3 公顷。年内，新增无公害蔬菜产品 29 种，绿色食品 9 种，面积分别为 102.67 公顷和 106.67 公顷，产量分别为 5935 吨和 3345 吨；新增无公害果品类产品 4 种，绿色食品 4 种，面积分别为 17.33 公顷和 70 公顷，产量分别为 665 吨和 1750 吨。至年末，全市累计有无公害蔬菜产品 50 种、面积 421.33 公顷，年产量 12395 吨；无公害果品 19 种、面积 207.66 公顷，年产量 3762 吨；绿色食品蔬菜 17 种、面积 366.67 公顷，年产量 25495 吨；绿色食品果品 24 种、面积 225.33 公顷，年产量 12830 吨；无公害茶叶产地 2 个、面积 79.67 公顷，无公害茶叶产品 2 种、面积 79.67 公顷。年内，杨舍镇农联土地股份专业合作社投入近千万元建成 8 万平方米连栋大棚，从砂糖橘原产地广东四会农科所引进优质砂糖橘种苗 1.5 万株，试验示范 4 公顷高效设施栽培砂糖橘技术。合作社采用密植矮化栽培技术，有效缩短砂糖橘果品盛产周期，定植第二年即可进入盛果期。

【粮食高产增效创建面积进一步扩大】　年内，市农委联合现代农业示范园区农副办和塘桥镇、锦丰镇、南丰镇、凤凰镇农业服务中心，参加由农业部和省农委组织开展的粮食高产增效万亩示范片创建活动，承担 2 个水稻整建制推进镇、6 个水稻高产增效万亩示范片和 3 个小麦高产增效万亩示范片建设任务。部级水稻整建制推进镇示范区在塘桥镇实施，分鹿苑示范片和妙桥示范片，涉及 8 个村 175 户，总面积 1454.27 公顷。部级水稻万亩示范片在锦丰镇、凤凰镇实施。锦丰镇涉及 10 个村 50 户，总面积 739.47 公顷。凤凰镇涉及 6 个村 85 户，总面积 766.4 公顷。省级水稻整建制推进镇示范区在现代农业示范园区实施，分现代农业示范园区示范片和南丰镇示范片，涉及 3 个社区和 8 个村，共 1016 户，总面积 1336.23 公顷。1 个部级小麦万亩示范片位于现代农业示范园区，2 个省级小麦万亩示范片位于塘桥镇。全市坚持适度规模经营，普及水稻机插秧、小麦机条播等机械化播栽模式，推广精确定量栽培、测土配方施肥、秸秆全量还田、病虫草综合防治等先进技术，并积极培育和壮大专业服务组织，各项创建任务全面完成。现代农业示范园区小麦高产增效万亩示范片和南丰镇水稻高产增效万亩示范片被省农委评定为全省 A 级万亩示范片，市现代农业示范园区水稻示范片、塘桥镇水稻高产增效万亩示范片（含 2 个万亩示范方）、塘桥镇小麦高产增效万亩示范片（含 2 个万亩示范方）、锦丰镇水稻高产增效万亩示范片、凤凰镇水稻高产增效万亩示范片被省农委评定为全省 B 级万亩示范片，全市共建成 9 个省级粮食高产示范方。塘桥镇、现代农业示范园区通过全省整建制创建考核。

（毛　慧）

养 殖 业

【概况】　2012 年，全市实现养殖业总产值 9.64 亿元，比上年增加 1400 万元，占农业总产值的 19.78%，比上年下降 1.43 个百分点。其中，畜牧业产值 4.82 亿元，比上年增 1159 万元，占农业总产值的 9.89%，比上年提高 2.46 个百分点；渔业产值 4.82 亿元，比上年增 44 万元，占农业总产值的 9.89%，比上年提高 0.09 个百分点。

畜牧业　全年生猪出栏 12.03 万头，年末存栏 9.46 万头；羊出栏 1.25 万只，年末存栏 9772 只；上市家禽 192.97 万羽，年末存栏 78.05 万羽；奶牛年末存栏 4300 头。新增无公害畜禽产地 2 个，新认证无公害畜禽产品 2 种，产量 160 吨。至年末，全市累计有无公害畜禽产地 20 个，产品 24 种，总量 173.57 万只(头)。

渔业　全年水产养殖面积 3040 公顷，比上年减少 3 公顷，减 0.1%；水产品总产量 1.76 万吨，与上年持平。年内，新认定无公害水产基地 2 个，面积 100 公顷；新认证无公害水产品 4 种。至年末，全市累计有无公害水产基地 11 个，总面积 1146.67 公顷，绿色食品水产基地 1 个，面积 133.33 公顷。累计有无公害水产品 25 种，绿色水产品 2 种，“三品”水产品全年总产量 3271.4 吨。

【夏季重大疫病集中补免和消毒灭源】　年内，市农委组织各镇动物防疫站、兽医服务站以及养殖户开展夏季重大动物疫病集中补免和高温季节消毒灭源行动，共防疫猪口蹄疫 2.52 万头，羊口蹄疫 214 只；防疫鸡禽流感 11.73 万羽，鸭禽流感 4.82 万羽，鹅禽流感 2800 羽，其他禽类流感 4.2 万羽；防疫高致病性猪蓝耳病 2.08 万头；防疫猪瘟 2.8 万头；防疫鸡新城疫 7.16 万羽。采集猪血清 207 份，进行猪瘟、口蹄疫及蓝耳病的抗体监测；采集羊血清 78 份，进行 O 型、I 型口蹄疫的免疫抗体监测；采集牛血清 40 份，进行 O 型、I 型、A 型口蹄疫的免疫抗体监测；采集鸡血清 104 份，进行禽流感和新城疫免疫抗体监测；采集鸭血清 46 份，鹅血清 10 份，进行禽流感免疫抗体监测。行动期间，累计消毒面积 225.48 万平方米，消毒药品用量 901.9 千克，发放蝇蟑宁 1.7 万包。

【生态种羊基地落户现代农业示范园区】 5月，市现代农业示范园区常北社区与市润泰农业科技有限公司合作在常北社区建设占地33.33公顷(500亩)、羊舍面积1万平方米、养殖种羊1.5万只的生态种羊基地。基地主要繁育优质波尔羊、黑羊及当地羊。按照“建设标准化、饲养科学化、防疫程序化、粪便处理无害化”的标准，基地统一喂饲种羊墨西哥玉米草，对粪便进行全程无害化处理，全力打造集良种繁育、优质种羊供应、技术服务、生态观光等于一体的良种繁育基地。至年末，基地共建成钢架大棚1万平方米，标准化羊舍6000平方米，拥有种羊3000只。

现代农业示范园区生态种羊基地　　（市农委　供稿）

【金港镇健康猪场利用发酵床生产无公害猪肉】 金港镇健康猪场位于长江之边的小明沙村，是全市采用零排放发酵床养猪技术的示范点之一。猪场始建于2008年1月，2011年建成标准化规模养殖场，占地面积1.33公顷，建筑面积3400平方米，年出栏肉猪3000头以上，母猪常年存栏165头。该场采用发酵床养殖技术，猪舍铺设70厘米至90厘米厚度的有机垫料，松软舒适，内含有益菌种，形成像蘑菇一样的菌体作为猪的饲料。生猪生长环境改善后发病率极低，养殖过程基本不用药物，对肉品及周边环境无不良影响。2010年后，该场先后获得江苏省畜牧生态健康养殖示范场、江苏省动物防疫规范达标示范场、张家港市畜牧生态健康养殖示范场等称号。2011年，该场生产的小明沙牌猪肉通过省级无公害农产品认证。2012年1月，小明沙牌无公害猪肉自主包装上市。至年末，共销售1450头。

（毛　慧）

农业服务业

【概况】 2012年，全市实现农业服务业总产值6.63亿元，比上年增加2710万元，占农业总产值的13.6%，比上年下降0.59个百分点。10月，张家港市以92.73的高分通过农业部、省农委的考核验收，成为全省首家基本实现农业机械化的县（市）。年内，杨舍、塘桥、凤凰、乐余、南丰、大新等6个镇和现代农业示范园区创建成苏州市率先基本实现农机化示范镇。

农资供应　年内，全市继续实行稻麦良种统一供应，稻、麦良种实现全覆盖。小麦全面推广“扬麦13号”“扬麦16号”，水稻全面推广优质粳稻“常农粳5号”“南粳5055”“武运粳19”，稻、麦良种统供面积3.72万公顷，总量3922.1吨。其中，水稻供种面积1.87万公顷、1103.5吨，小麦供种面积1.85万公顷、2818.6吨。农药实行零差价集中配送制度，平均配送率89.3%。配送井岗蛇床素、吡蚜酮、稻腾、阿维、甲维等高效低毒及生物类水稻用药28种，集中配送率94.3%；配送小麦用药14种，集中配送率87.9%，配送果蔬用药114种，集中配送率85%。全市配送农药出厂价4300万元，市、镇两级财政补贴比例为18%，总补贴金额为756万元。按照市场差率30%计算，全年为农民节省成本1290万元。

农机服务　全年农机总投入9597万元，其中市级以上财政投入3788万元，镇级和村级财政投入分别为1556万元和2179万元，私人投入2074万元，私人投入占21.61%。年末，农机总动力33.1万千瓦，农机原值5.7亿元，农机净值4.1亿元。年内新增各类农机具2800余台套，其中中拖66台、高速插秧机107台、粮食烘干机10台、高档粮食加工流水线3套、育秧播种机组4套、秸秆还田机113台、旋耕机92台、开沟机34台、联合收割机169台(其中半喂入式48台)、增氧机和投饲机191台、高效设施农业机械252台、植保机509台，其他机具1200余台套。年末，全市累计有中拖943台，中拖配套机具3549台件，配套比为1∶3.8；有各类联合收割机698台，其中洋马、久保田等半喂入式收割机485台；有插秧机1056台，其中高速机506台；有烘干机130台，手扶拖拉机342台；有植保机7171台，静电喷雾机14600余台，秸秆还田机1000余台，水田耙439台，各类开沟机732台。农业综合机械化水平92.37%，主要作物农机化水平达到97%，高效设施农业机械化水平达到75%。全年机插面积为1.75万公顷，机插比例为91%，水稻机械化种植率为98.2%。全年秸秆综合利用率为98.5%，基本实现秸秆禁烧。全市经工商部门注册登记的农机合作社总数达到89个，其中五星级1个、四星级2个、三星级19个。开展标准化农机场库和镇级农机综合服务中心建设，按照规划布局、建筑设计、功能定位、硬件标准、软件要求、标识编号“六个统一”的要求，全市规划50个标准化农机场库和9个镇级农机综合服务中心。至年末，有8个项目竣工，3个镇级农机综合服务中心建成。全年有334台次农机开展跨区作业，收割小麦1.7万公顷、水稻2.08万公顷。

【科教兴农】 全市以“科技进村入户、促进增产增收”为主题，开展农业科技推广年活动。实施农业科技进村入户工程，选出科技示范户2100户，开展技术员上门指导服务。推进“省挂县强农富民”(农业科研教学推广单位与县(市、区)“一对一”对接)项目，成立张家港市挂县强农富民工程领导小组，精心组织，引进和推广农业新品种10种、新技术12项，其中拥有自主知识产权的2项，建成特色园艺示范基地5个，建立福前村、南港村、高庄村、永利村、常沙社区5个村级规范化服务站。开展区镇“五有”(有先进服务手段、有优良专业人员、有规模示范基地、有严格责任制度、有稳定财政保障)农技推广综合服务中心建设，共建成区镇“五有”农服中心(农副办)9个，其中新建1个(大新)、改扩建2个(凤凰、锦丰)、修缮6个(杨舍、金港、乐余、南丰、塘桥、现代农业示范园区)，总投入1431.97万元，其中中央预算内投资72万元、省奖补资金90万元、市财政配套资金73万元、区镇自筹资金1196.97万元。2月至8月，全市共组织现代职业农民培训55期，培训9406人，其中杨舍镇9期1030人、金港镇7期1205人、乐余镇7期1279人、大新镇4期837人、锦丰镇7期1200人、南丰镇4期1020人、塘桥镇4期1000人、凤凰镇5期1029人、现代农业示范园区7期806人，实现持专业证书农业劳动力占总农业劳动力比重达35%的现代化指标要求。9月至12月，组织阳光工程培训1150人，其中农业职业技能培训2期200人，农业专项技术培训10期950人。

【农业行政执法】 年内，全市结合春秋季农资打假、“夏季百日行动”及“三品一标”(无公害农产品、绿色食品、有机农产品和农产品地理标志的统称)保真打假专项行动，切实保障农业生产和农产品质量安全。全年出动执法人员680人次，检查生产、经营场所520家次，开展各类专项整治活动8次，与工商、技监、公安等部门开展2次联合执法行动。立案处理各类违法、违规案件10起，调解各类投诉案件10起。开展“种子执法年”活动，春季共抽检水稻种子样品56个，批次抽检率100%，样品发芽率均在90%以上；秋季共抽检小麦种子样品114个，样品发芽率均达到85%的国家标准。全年产地检疫生猪109311头，无害化处理病死生猪7377头，屠宰检疫生猪427278头，生猪瘦肉精抽检7808批次、尿样抽检32002份，抽检兽药18份、饲料16份、生鲜乳53份、肉品132份，立案查处违法案件11起，结案9起。加强渔业执法，全年签发渔业捕捞许可证208本，组织开展各类执法检查145次，计758人次，查处各类渔业违法行为274起，其中立案查处17起，处罚金额40850元。对126家养殖户(企业)进行专项执法检查，对99艘次渔船实施安全生产执法检查。组织调处渔业水域污染事故15起，落实补(赔)偿养殖损失62.95万元。加强农机监理，农机上牌率、检审率、持证率明显提高，拖拉机、联合收割机和乘坐式插秧机发牌率、农机驾驶员持证率、第三者责任险参保率、安全生产责任书签订率均达到100%，农机常年检审率达到95%。“全国平安农机示范市”创建通过省级考核验收，八镇一区全部建成“平安农机”示范镇，46个村建成“平安农机”示范村，培育6个“平安农机”专业合作社、1550个“平安农机”示范户。全年共检审自走式联合收割机466台，小型拖拉机、手扶拖拉机179台，变型拖拉机58台，农田中拖801台。农机事故发生率逐年下降，连续4年未发生死亡事故。

【“小型无人飞机航空喷雾试验示范”项目通过验收】 10月25日，市农机技术推广站根据江苏省农机三项工程项目合同要求，与江苏大学、江苏省高效植保机械科技创新中心、无锡汉和航空技术有限公司合作实施的“小型无人飞机航空喷雾试验示范”项目通过江苏省农机局委托的专家组验收。该项目2010年9月立项。2012年5月，项目工作组在永联现代粮食基地进行田间试验，完成直升机喷雾漂移测定、喷雾均匀性测定、作业效率测定等试验，获得成功。示范飞机技术指标先进，载重药水10千克，飞行最高可达2000米，喷幅宽度3米～6米，飞行速度每秒3米～10米，喷洒能力每小时5公顷～10公顷。小型无人飞机航空喷雾可以实现飞机远程遥控喷雾，减少药物对人体的影响；可以根据植保要求，调制不同比例浓度的药液，达到节水省药目的；可以使装有的进口压力式喷头喷雾均匀，植保效果良好，作业效率高，省工省力。该技术填补了国内35千克级小型无人直升机航空喷雾技术的空白，具有节本、省工、环保等多重优点。

（毛　慧）

农业产业化

【概况】 年内，全市完成2011年各类农业综合开发项目3类6项，各类财政支农项目31项；申报实施2012年农业综合开发项目3类6项，获财政资金1420万元，申报下达10类35项财政支农项目，总投资14863.1万元；申报2013年农业综合开发项目6项。全年新增规模以上三资农业投资94994万元，其中新增注册外资及港澳台资3893万美元。年内，江苏绿怡园艺有限公司等19家企业通过张家港市级农业龙头企业复评，万家乐农林有限公司等9家企业被新认定为张家港市级农业龙头企业，金麦穗食品有限公司等3家被认定为苏州市级农业龙头企业。至年末，全市有市（县）级以上农业龙头企业55家，其中国家级1家、省级6家、苏州市级13家、张家港市级35家，年销售收入338.9亿元，比上年增12.49%。农产品加工产值与农业总产值之比为6.96：1，农产品现代流通业态销售率为81.2%。市农委组织51家企业参加第十届中国国际农产品交易会、第十四届江苏农业国际合作洽谈会等农产品展示展销会10次。加快以村为经营主体或控股的土地股份合作制改革，新增以村为经营主体或控股的土地股份合作社29家，新增入股面积7413公顷，累计1.53万公顷。新组建超千亩的土地股份合作社20家，入股土地2333公顷。组建物业劳务型合作社6家，投资型富民合作社3家。成立以镇(大新)为经营主体的土地股份合作社，入股土地100公顷。引导农户参与各类经济合作组织，农民参与各类合作经济组织比重达到95%。7月14日，市农民专业合作社联合会年会召开。联合会协调融资3600万元，帮助合作社销售农产品3800万元，向全市300余家农民专业合作社提供气象预警服务。12月1日，在乐余镇召开“银社对接”推介会。中国农业银行张家港支行、张家港渝农商村镇银行、苏州银行张家港支行、恒丰银行张家港支行分别作了业务推介。张家港渝农商村镇银行与张家港市鸿景稻麦种植专业合作社、张家港市港怡花木农民专业合作社分别签订1000万元和300万元的贷款协议。

【农业信息服务实现全覆盖】 参见第207页〖“一点通”农业信息服务平台建设项目通过省级验收〗。

【凤凰水蜜桃园区成为国家级农业标准化示范区】 8月15日，凤凰水蜜桃园区通过省质监局、省农委、南京农业大学等单位专家组的验收，成为国家农业标准化示范区。2010年，凤凰水蜜桃园区开始创建国家农业标准化示范区。至2012年，共采用生产标准23个，其中参照引用国家或行业标准14个，制定、修订地方和企业标准3个，累计投入各类建设资金超1亿元，带动农户2000户，解决闲散劳动力就业1万余人。2012年，示范区水蜜桃每公顷均产量22.5吨，每公顷产值近30万元，比2010年每公顷增收3万余元，种植户户均增收近7000元。 (毛　慧　朱伟新)

农村经营管理

【概况】 2012年，全市农村经济总收入3293.94亿元，可分配净收入400亿元。农民所得总额156.45亿元，比上年增加32.5亿元。村级集体可支配收入114606万元，比上年增加11701万元，增11.37%，村均集体可支配收入626万元，增17.45%。农民人均分配水平22132元，比上年增加3661元，增19.82%。10月，张家港市被农业部评为全国首批农村集体“三资”(资金、资产、资源)管理示范市，成为苏州市唯一获此荣誉的县级市。

农村集体资产管理 年末，全市农村集体资产总额194.23亿元，比上年增加23.49亿元，增13.76%；负债总计37.45亿元，比上年增加7.4亿元，增11.1%；净资产总计116.78亿元，比上年增加15.75亿元，增15.59%。其中，镇级集体资产总额89.85亿元，净资产52.85亿元；村级集体资产总额104.38亿元，净资产63.93亿元。全面推行村级阳光综合审计工作，共完成审计项目244项，完成审计金额13.3亿元，提出审计建议291条，被采纳291条，发出整改意见书104份，被审计单位制定整改措施205项。加强以“有持续稳定的集体收入、有功能齐全的活动阵地、有先进适用的信息网络、有群众拥护的‘双强’带头人，强化村党组织领导责任”为内容的村级“四有一责”建设。6月，张家港市被评为全省村级“四有一责”建设示范市。

农村财务管理 全市村组财务公开率为100%。全年开展村组财务公开情况检查4次，共抽查8个镇的183个村(次)。各村的村组财务管理均能做到公布及时、程序规范、内容真实、资料完整。7月，在全省率先推行农村财务网上公开制度。全市183个行政村(社区)财务在公开栏公开的同时，全部在网上公开，给群众以更多的知情渠道，扩大农村财务监督范围和力度。在全省率先开发惠民台账管理信息系统，全面展示“民生提升”各项政策措施落实成果。依托这一平台，使各项惠农资金有效对接到各农户家庭，提高财政支农、补农资金使用的监管力度和使用透明度。分区镇开办惠民台账培训班，各镇农经站、村会计、镇代理记账中心农经人员共345人次参加培训。

农村土地承包管理 继续加大财政的扶持力度，促进土地依法流转，进一步提高规模经营水平。年内，市镇两级财政共补贴资金7660.09万元，累计32252.69万元。全市土地适度规模经营面积累计26520公顷，占全市耕地面积的92.5%。

发展新型村级集体经济 年内，加快村级经济联合发展步伐，全市搭建联合发展平台13个，其中弱村抱团型5个、区域联合型2个、强村带动型3个、村企联合型3个。实施“十村十亿增千万工程”，重点抓好单项投资在5000万元以上、投资总额达到18亿元的十大村级服务业经营性资产建设项目。加大财政转移支付力度，对全市79个村发放1580万元可支配收入上台阶的奖励。2012年，全市村级总收入17.8亿元，可支配收入11.46亿元，村均可支配收入626万元。有46个村的总收入和23个村的可支配收入超过1000万元，另有28个村的可支配收入低于200万元。8月17日，苏州市富民强村工作现场会在张家港市召开。

【全市首家农村资源交易所成立】 为切实加强对镇村集体资产、资源交易的监管，确保农村资产、资源交易公平、公正、公开，从源头上遏制腐败，4月5日，全市首家农村资源交易所——张家港市农村资源南丰交易所正式揭牌成立。交易所依托南丰镇农村承包土地管理和流转服务中心，对全镇农村“三资”(资金、资产、资源)进行系统化、规范化、精细化管理。农村资源交易所的基本职能是对集体资产、资源实行承包、租赁、参股、联营、合作、变卖等经营形式进行公开招拍租，招拍租范围主要包括：镇村集体所有或以贷款、投资入股经营和劳动积累形成的建筑物、农业机械、机电设备、林业、果园、农田水利设施，集体投资的企业及收益形成的资产，接受的捐赠和无偿资助的资产，拥有的商标权、专利权等无形资产。通过农村资源交易平台引入市场竞争机制，有效整合各类资产、资源，提高综合产出收益率，以增加集体和农民的经济收入。全年共交易土地流转61宗，涉及土地1012公顷，直接增加农民收入213.5万元。 (朱伟新)

水利建设

【概况】 2012年,市水利系统紧紧围绕防汛保安全,着力抓好长江堤防除险加固和圩区综合治理,加速推进朝东圩港—环城河工程、走马塘拓浚延伸工程、通洲沙西水道整治一期工程等重大水利工程建设项目,全力构筑全市水生态文明环境,不断开创水利现代化建设新局面。

防洪除涝工程 2012年是圩区达标工程建设三年行动计划的最后一年。全市加大圩区建设力度,投资9000余万元,新建改造排涝站35座,新增排涝流量每秒55立方米,新建改造圩口闸20座,加高加固圩堤7千米。投资1.2亿元,完成海螺水泥公司至一干河、朝东圩港至段山港共6千米的百年一遇江堤加高加固,大寨圩、九五圩应急抛护工程以及防汛岁修等防洪工程建设项目。由于受前期清障及连续阴雨天气等不利因素影响,工程进展缓慢,市水利局通过增加施工机械、延长施工时间以及采取土源堆高晾晒、作业面覆盖等措施,确保主体工程按计划在主汛期来临前具备防汛挡潮能力。年末,全市长江堤防总长104.06千米,其中双山洲堤16.11千米,港堤16.17千米;有沿江节制闸21座、内河套闸12座;有涵洞3132座,其中出江(港)涵洞23座,圩内涵洞3109座。全市有圩区56个,面积4.18万公顷,圩堤总长564.57千米。全市有小型泵站1248座,其中电灌站1015座、排涝站228座、灌排结合站5座,排涝能力每秒479立方米。

农村水利建设 年末,全市有各类河道9970条,其中市级及以上河道26条、镇级河道256条、村组河道9688条,总长4854千米,水面面积6700万平方米。年内,全市投资2300万元,疏浚市镇村组四级河道424条227千米,总土方224万立方米。投资3.3亿元,拆除农村河道阻水坝头217条,建桥(涵)217座,治理黑臭河道46条,新建省级公益农桥42座,整治13条市级河道上2.3千米坍塌岸坡。2012年是三年中央财政小型农田水利重点县建设的最后一年。完成第二批杨舍镇、金港镇、乐余镇、现代农业示范园区4个区镇的14个达标圩区建设,建成标准化农田513.33公顷,第二批工程被省财政厅、水利厅评定等级为优良。第三批凤凰镇、南丰镇、大新镇、塘桥镇4个镇的11个圩区治理项目620公顷标准化农田建设陆续开工,至年末完成工程量近80%。

城市水利建设 至年末,朝东圩港—环城河工程完成20千米河道工程,朝东圩港、东横河、南横套节制闸三大控制枢纽、56座圩口涵闸、24座跨河桥梁等主体工程,实现全河段通水。走马塘拓浚延伸工程江边枢纽船闸5月通过省水利厅组织的水下工程验收。12月末江边枢纽主体工程完工验收,总投资1.55亿元,共完成土方439万立方米,建设圩口控制闸35座、沿河挡墙16千米、跨河桥梁11座,16千米河道工程基本结束,达到全线通水通航条件。通洲沙西水道综合整治工程完成一期工程,实施通洲沙右缘16千米潜堤工程以及农场河至长沙河4.2千米边滩圈围,采砂和块石抛护作业量超1500万立方米,新建高标准堤防6千米,新圈围土地323.33公顷。

【农村圩区达标工程全面完成】 为加强农村圩区建设管理,提升防洪排涝能力,2009年,全市开展农村圩区调查摸底,并编制圩区规划报告。报告科学制定圩区防洪排涝标准,合理调整圩区边界以及圩内水利工程布局结构,将原有90个圩区归并为59个,规划自2010年起分三年实施圩区达标建设。市政府先后下发《张家港市农村圩区水利工程管理实施意见》《关于印发张家港市圩区水利工程建设和管理办法的通知》和《张家港市圩区水利工程管理考核细则》。各区镇均成立圩区水利工程建设和管理领导小组。至2012年,全市共投入6535万元,对9个区镇的34个圩区开展达标建设。新建达标圩区25个,其中新建改建排涝站76座,新增、改善排涝流量每秒230.62立方米,新建改建圩口闸39座,加高加固圩堤8.83千米。2012年,全市投入圩区运行管理经费610万元,聘用联圩管养员287人,强化包括排污口监管、发现和制止侵占河面、损毁水利设施等行为在内的河道工程巡查管理,实现管理全覆盖。

【朝东圩港—环城河工程基本完成】 朝东圩港—环城河工程北起大新镇朝东圩港出江口,南接江苏省张家港经济技术开发区西区河,全长19.8千米,既是市区大循环体系中的重要引清河道,又是二干河以西、太字圩港以东、东横河以北150平方千米范围内的涝水排入长江的重要通道。其中,东横河以北为朝东圩港,长13.23千米;东横河以南为环城河,长6.57千米。工程范围涉及杨舍镇、大新镇、金港镇的15个村。为配合锡张高速公路取土需要,2008年8月,环城河工程先行启动。2009年3月28日,市委、市政府举行朝东圩港—环城河工程开工仪式,开始实施朝东圩港工程拆迁并全面推进河道沿线配套设施建设。至2012年年末,共开挖河道20千米,完成朝东圩港、东横河、南横套节制闸三大控制枢纽、56座圩口涵闸、24座跨河桥梁等主体工程,实现全河段通水。共拆迁民房780户13万平方米,企事业单位105家、10万余平方米。整个工程占地94.67公顷,附征安置用地24公顷,总投资17.78亿元。朝东圩港节制闸工程位于杨舍镇朝东圩港,为3孔闸,中孔净宽12米,两侧边孔净宽各9米。2010年11月10日开工,2012年11月30日竣工。南横套节制闸工程位于南横套与太字圩港交叉口东侧南横套河,为单孔闸,净宽12米,主要控制南横套水位,兼顾通航。2009年12月3日开工,2011年6月30日竣工。东横河节制闸工程位于杨舍镇东横河,为3孔闸,中孔净宽12米,两侧边孔净宽各8米,设计排涝流量为每秒142.8立方米,闸上设置人行便桥,总宽3米,中孔通航。2010年6月28日开工,2011年12月20日竣工。

【通洲沙西水道综合整治一期工程完成】 通洲沙西水道河道整治一期工程位于锦丰镇、乐余镇和现代农业示范园区,工程包括长江南岸边滩综合整治工程和通洲沙右缘上段潜堤工程两部分。南岸边滩综合整治工程上起农场河闸,下至长沙河闸,岸线全长约4.15千米,围堤总长度6.16千米,围堤顶高程7.35米,吹填区正常使用高程3米,围区总面积323.33公顷。通洲沙右缘上段潜堤工程全长16.59千米,潜堤顶高程为1米。工程于2011年12月18日开工,2012年12月末完工,总投资10.14亿元。

(朱琴芳)

水利管理

【概况】 年内,市水利系统继续扎实抓好长江堤防管理养护、长江水文勘测、河道长效管理、水资源管理保护、水政巡查执法、圩区设施管理等工作,管理程序方法进一步规范,管理质量水平稳步提升。4月,张家港市被评为全省水资源管理示范市。市水利局先后获2010~2011年度全省水资源管理先进集体、全省水利系统人才工作先进集体、2009~2011年度苏州市文明单位等荣誉。

设施管理 年内,制止江堤违章行为14起、下发限期整改(停工)通知书6份、铲除违章种植79平方米,拆除违章网200余米,清理违章建筑260平方米。对启闭机、柴油机、江堤路灯控制箱、沿江汛情采集系统设备进行维修,新建及维修排水沟220米,实施沿江10座水闸工程水下摄像检测、19座水闸变形观测及河床断面观测。与34个单位签订水下地形勘测协议,实现长江沿线单位勘测全覆盖。为沿江企业提交水文勘测报告72份、测图72套,码头及江堤变形监测报告25份,险工段勘测报告14份,长江水文勘测累计170余平方千米。全市投入河道长效管理经费1373万元,聘用河道保洁员891人。结合市级河道的功能定位,补缺116块安全警示牌和27块管理公告牌,清理河坡垦种5万余平方米,清除地笼46口。7月起,行使城区河道行政监管职能,填补城区河道管理历史空白。河道工程占用单位及个人年审326家,注销9家,新增14家。

水资源管理 3月,创建全国落实最严格水资源管理制度试点城市试点方案编制完成,8月通过水利部专家审查,12月获水利部、江苏省政府批准,水资源监控、农业节水示范等试点工作开始实施。继续严格执行取水许可制度和水资源论证制度,全面推行用水智能化计量监管措施。年内,检查取水单位132家165台套计量设施,修复11台计量设施,处理8起无证取水行为。审验取水许可证182份,其中地表水112份、浅层地下水70份,吊销10份。全年实际用水量地表水111312万立方米,地下水284万立方米。2012年,全市万元GDP(地区生产总值)用水量54.3立方米,比上年减15.2 %;工业万元增加值用水量14.67立方米,比上年减7.13 %。

水政执法 3月22日第20届世界水日和第25届中国水周期间,全市组织广场宣传文艺演出,开展《护航水利——水利法治建设纪实》宣传片展播,举办“水润港城”摄影大赛活动,分发宣传单500份,宣传用品7000余份。年内,全市76名水政监察员参加各类考试培训活动9批次,参加人员283人次,轮训率99%。开展日常巡查1080次,出动人员1806人次,监察车船515辆(艘)次。打击长江非法采砂,出动执法人员269人次,抓获非法采砂船7艘,立案4起,收缴罚款7万元,拆除非法采砂船3艘,拆除采砂设备15台套。

水利规费征收 年内,遵循“总量控制,定额管理”原则,征收水资源费2448.97万元、水利工程水费1158.31万元;征收河道工程占用补偿费480万元,船舶过闸费3800万元,南水北调基金1191.75万元。

【防汛防旱】 2012年,全市组建防汛排涝应急抢险队伍227支6536人,全线长江堤防、出江涵闸、233座圩区排涝站均明确防汛责任单位和责任人员。全市设37个防汛物资储备点,储备防汛积石22450吨,防汛专用袋42万只,土工布3.2万平方米,木材300立方米。落实挖掘机、装载机82台套,运输车辆164辆。全市增设24台雨量计,升级改造防汛决策支持系统和无线通讯系统,提高防汛应急设施处理能力。2012年汛期总降雨量631.1毫米,6月26日入梅,7月18日出梅,梅雨量254.4毫米。汛期共有2个暴雨日,分别发生在7月3日(55.6毫米)和8月8日(63毫米,台风“海葵”影响期间)。汛期张家港闸外最高潮位为6.32米,发生在8月4日(农历六月十七)4时10分;最低潮位2.25米,发生在5月7日(农历四月十七)零时;汛期中超过5.3米警戒潮位的天数共54天。汛期沿江各节制闸共引水56578万立方米,排水82769万立方米。9号“苏拉”、10号“达维”双台风,11号台风“海葵”,15号台风“布拉万”均对张家港市有不同程度的影响。其中11号台风“海葵”对全市影响最大。8月7日10时21分,市气象局发布台风黄色预警信号,16时53分变更为台风橙色预警信号。7日14时,全市启动台风Ⅲ级应急响应,并于18时升级为Ⅱ级应急响应。台风影响减弱后,市气象局在9日6时54分变更为台风蓝色预警信号,9日11时14分解除。受“海葵”影响,全市农业直接经济损失约4900万元,343.4公顷粮食作物、2000余公顷经济作物不同程度受损。224间居民房屋受损,1万余株绿化树木倒伏,19处广告牌、指示牌被吹落。全市防汛应急队伍随时待命,42台挖掘机、39台装载机、166辆装满块石的运输卡车于沿江堤防指定位置待命,近2万人次直接参与到防汛防台一线。

【《张家港市水利志》出版发行】 2月,《张家港市水利志(1986~2008)》由河海大学出版社出版发行。这是全市二轮修志启动后正式出版的首部专业志。该书2006年3月启动,2007年10月完成初稿,2010年完成复审,2011年5月通过市委史志办终审,八易其稿。志首设彩页、序言、概述、大事记,正文设水利规划、水资源、江堤建设与护岸、城乡水利、水文化、水利人物等18章75节,志尾设附录、后记,共66.7万字,上限为1986年,下限为2008年,是1995年出版的《张家港市水利志》的续志。全志资料丰富,内容翔实,结构严谨,体例规范,具有较强的存史价值和借鉴作用。

(朱琴芳)

【编辑 陆正芳】

政协张家港市委员会

2012年，是市十一届政协履职的开局之年，也是市政协成立50周年的喜庆之年。50年来，历届政协在市委的领导下，牢牢把握团结和民主两大主题，紧紧围绕各个时期的发展目标，认真履行职能，扎实开展工作，为促进全市经济、政治、文化、社会建设和生态文明建设做出了重要贡献。**一是紧扣时代步伐，在推进发展上卓有成效。**50年来，历届政协始终坚持与市委“目标一致、工作同向”，积极参与重大决策，帮助推进重点工作，协调组织重大活动，推动了全市经济社会实现跨越式发展。**二是强化民主监督，在实现民生福祉上倾心尽力。**50年来，历届政协充分发挥扎根基层、贴近群众的优势，积极通过政协提案、社情民意、民主评议等方式，反映民情民意，推动市委、市政府为民办实事、办好事。共督办提案5265件，收集整理各类社情民意信息2000余条，使群众关注的许多民生问题得到有效解决。**三是弘扬两大主题，在凝聚合力上创新有为。**50年来，历届政协充分发挥联系广泛、包容性强的优势，巩固和发展爱国统一战线，加强与各民主党派、工商联、无党派人士和各人民团体的交流沟通、合作共事，较好地维护了“政通人和、安定有序”的发展局面，为张家港率先发展凝聚了强大合力。**四是坚持与时俱进，在组织建设上不断加强。**50年来，历届政协主动适应各个时期的工作要求，不断加强自身建设。政协界别不断健全，委员队伍不断扩大，委员结构不断优化，委员履职的积极性和主体作用得到有效发挥。

1 纪念张家港市政协成立50周年暨全市政协工作大会会场

2 市委书记徐美健在市政协会议上作重要讲话

3 市领导向有关部门赠送《张家港政协志》

4 市政协领导视察张家港市养老服务体系建设

5 市政协召开民主评议市卫生局情况通报会

中共张家港市纪律检查委员会、张家港市监察局

2012年，市纪委、监察局紧扣“在全省第一批基本实现现代化”的总目标，深入推进党风廉政建设和反腐败各项工作，为率先基本实现现代化提供了有力保障。

服务中心保障大局坚决有力，围绕市委“六大提速行动”开展专项督察，强化对加快转变经济发展方式的监督检查，先后对全市18个总投资136亿元重点建设项目进行督察。经济社会发展环境持续优化，以“1＋2＋1”制度体系模式全面推行绩效管理工作，以全市作风效能建设共进会、作风效能调查评议和机关服务品牌创建等形式，有效推动全市经济社会发展各项目标任务和作风效能建设同频共振。查案治本综合效应逐步彰显，围绕工程建设、政府采购等重点领域查办案件，深化PDCA案件监督管理和审理工作改革创新。源头防腐阳光工程有效构筑，推进依托电子政务平台加强政务公开和政务服务省级试点工作，启动建设“网上政务通”，完善市、镇、村三级行政（便民）服务体系。筹建市公共资源交易管理机构，推进全市房屋征收搬迁信息管理系统建设。领导干部勤廉意识显著提升，开展“弘扬勤廉精神、服务率先发展”专题教育活动，抓好各级党政领导干部廉洁自律工作，全面实施领导干部生活作风建设“六个一”工程。民生民利维护机制不断完善，承办全省“12345”政府公共服务平台建设推进会，省内率先推进政风行风热线与“12345”便民热线并轨运行。深化网上村委会、网上新社区品牌，张家港市被评为全国村务公开民主管理示范单位，首批获全国农村集体“三资”管理示范县称号。大力实施党风廉政建设满意度提升工程，在苏州现代化万人评调查中名列苏州第一。纪检监察队伍建设全面加强，在全省率先成立市纪委非公经济工委，形成四级非公企业纪检组织架构。积极开展职业道德主题教育实践活动，激励全市纪检监察干部勤廉从政、奋发有为。市纪委被中央纪委党风室授予2012年度党风建设工作联系点先进单位，市纪委、监察局获全省纪检监察信访举报工作先进单位、全省纪检监察信息工作先进集体、苏州市纪检监察工作目标综合考评先进集体等荣誉。

1 1月4日，全市举行领导干部警示教育大会暨2012年度党风廉政建设责任书递交仪式

2 1月29日，全市先进表彰暨干部作风建设大会召开，市纪委、监察局“网上村委会”获评2011年度张家港市“十佳机关服务品牌”

3 4月9日，全省“12345”政府公共服务平台建设推进会在市召开，图为省委常委、纪委书记弘强视察市便民服务中心

4 5月23日，全市纪检监察工作会议召开

5 7月6日，市加快转变经济发展方式监督检查工作会议召开

6 7月23日，开展新任党政主要负责人集体廉政谈话

7 9月1日，全市举行“保持党的纯洁性，加强党员领导干部廉洁自律”专题报告会

8 12月7日，举办“网上新社区——张家港市社区综合服务平台”启动仪式

市委宣传部

1

2

3

4

2012年，全市宣传思想文化战线围绕市委统一部署，以迎接和学习贯彻党的十八大为主线，以纪念张家港建县（市）50周年、推进率先基本实现现代化建设为重点，强化理论学习，优化舆论引导，深化文明创建，建设文化强市，为全力争当苏南现代化建设排头兵提供了有力的精神动力、舆论支持和思想保证。**理论武装扎实深入。**广泛开展“迎接十八大、宣传十八大、学习十八大”、庆祝建县（市）50周年、在全省率先基本实现现代化主题教育活动，继续打造“张家港论坛”理论宣讲特色品牌，扎实开展2011～2012年度党员干部冬训工作，与中央党校合作完成“张家港精神与社会主义核心价值体系”课题研究，市委理论宣讲团被评为全省理论宣讲先进集体。**对外宣传成效明显。**不断加大新闻发布力度，先后召开网格化公共文化服务、新市民积分管理、阳光慈善助学、就业援助和医疗救助等新闻发布会36次，民生现代化、个性现代化引起全国舆论关注。人民日报、光明日报、新华社等国内主流媒体刊发重头报道，质量、数量前所未有。**文化建设高潮迭起。**创新实施的网格化公共文化服务模式在全国宣传推广，相关经验得到时任中共中央政治局委员、中宣部部长刘云山，文化部部长蔡武的批示和肯定。庆祝建县（市）50周年系列活动、第九届中国（张家港）长江文化艺术节、“沙洲之春”社区文化艺术节等大型文化活动成功举办。大型公益文艺“村村演”、“七彩夏日”社区文化活动、“精彩文艺周周演”广场文化活动和“幸福港城”网格文化系列活动深受群众欢迎。在全国率先开展全民阅读基线调查工作，发布《张家港市全民阅读状况蓝皮书》，编印下发《张家港市全民阅读活动工作指南》，创设的“书香城市”建设指标体系被评为全省宣传思想文化工作创新奖。**文明创建再获佳绩。**全市荣获第三批“未成年人思想道德建设工作先进城市”称号，高标准通过中央文明办城市文明程度指数测评，有7位市民入选“中国好人榜”，累计10人当选中国好人，好人数量位居全省县级市首位。创新实施“学雷锋•志愿服务合作伙伴计划”“寻找港城金婚夫妇”和关爱烈士子女家政志愿服务等一批志愿项目，激发了全社会参与文明创建活动的热情。

5

6

7

8

9

1 国家公共文化示范区创建工作现场经验交流会在张家港市召开

2 2012年中国（张家港）长江文化艺术节开幕式现场

3 全市“三关爱”志愿服务活动启动

4 市委常委、宣传部部长杨芳在2012年中国城市幸福盛典颁奖典礼上作活动主题发言

5 “寻找港城金婚夫妇大型公益行动”张家港市百名金婚老人纪念合影

6 全民阅读与书香城市建设暨江苏全民阅读推广工作研讨会在张家港市举行

7 幸福网格乐翻天才艺PK赛活动现场

8 2012年张家港市“村村演”闭幕式暨公共文化服务成果汇报演出现场

9 全市“学雷锋·志愿服务合作伙伴计划”签约现场

10 张家港市党的十八大精神宣讲团成立现场

11 全市首届网络文化节开幕式现场

12 吴栋材同志先进事迹理论研讨会现场

10

11

12

市委市级机关工作委员会

2012年，市级机关工委紧扣“决战现代化”工作主线，充分发挥组织协调、服务参谋综合职能，全力服务率先基本实现现代化。一是全力营造服务现代化的良好氛围。围绕“现代化决战年”，编发现代化指标体系宣传手册1万份，开展现代化知识专题讲座。举办“辉煌五十年•决胜现代化”主题知识竞赛，近2万人参与。组织机关干部广泛开展“决战现代化”民生政策措施集中宣讲和走访宣传活动。二是全力夯实服务现代化的组织基础。扎实开展基层组织建设年活动，加快服务型党组织建设步伐，出台机关党建“8+3”制度。推动建设5大类17个特色党建示范点位，“打造机关党建服务联盟”获2012年苏州市机关党建工作创新创优项目一等奖。在苏州各市（区）率先成立市级机关人大工委暨市级机关人大代表之家，实现机关人大工作的规范化和制度化。三是全力提升服务现代化的能力水平。加强机关党员干部能力素质转型，强化分类施教和内容设计。举办市级机关首期党建创新实务（新加坡）培训班等各类培训5期，年内累计培训党员干部超千人。四是全力提增服务现代化的工作绩效。推动机关干部利用每周五、六两天时间下基层实践锻炼，全面形成“百个机关千名干部下基层”的“三解三促”大行动格局，市委主要领导多次作出重要批示，给予充分肯定和积极评价，受到《新华日报》《苏州日报》等媒体的广泛关注。

1 深入推进市级机关干部下基层实践锻炼活动

2 市级机关人大工委揭牌仪式

3 举办市级机关首期党建创新实务培训班

4 开展特色党建示范点建设

5 举办现代化知识竞赛

荣誉证书

市委市级机关工委“全心为民 倾情服务”

紧扣中心大局，服务民生福祉，创建成效明显，群众口碑良好，经民主推荐评选，特命名为

2012年度十佳机关服务品牌

特发此证，以资鼓励。

市人力资源和社会保障局

2012年，市人社局紧紧围绕“民生水平提升年”工作要求，着力推进“人才开发、就业援助、社会保障、维权维稳”等民生现代化工程建设，各项工作均取得新的成绩。

年内，1人入选国家“外专千人计划”，在苏州大市范围内实现“零”的突破；2个引智项目列入国家高端外国专家项目，入选数量位居全省前列；7个引智项目、8名专家入选苏州“海鸥计划”，居苏州各县市之首；与市人才办一起完成引进74个领军型创业创新人才（团队）目标，成功举办苏州国际精英周分会场活动，落户项目50项。在全省率先将农村集中居住区超龄人员及就业困难高校毕业生纳入就业援助对象范围，建立就业援助单位232个，开发就业援助岗位1.22万个，张家港市籍高校毕业生就业率达99.6%，特困家庭劳动力就业率达99.7%，保持全省领先水平。推进未参保城镇集体企业超龄人员纳入城保工作，落实“四类困难人员”及农村退养干部、乡村医生参加城保帮扶措施，全市有2.81万名超龄人员进入城镇养老保险体系，纳入人数居全省首位。在全省率先实现城乡基本医疗保险接轨，居民医保的筹资标准、职工（居民）医保大病救助力度在全省处于领先水平。依托劳动关系预警机制，第一时间化解突发性群体劳资纠纷，实现了群体纠纷零上访。年内，市人社局获江苏省人社系统创先争优先进基层党组织、江苏省机关事业单位工考工作先进单位、江苏省劳动保障监察两网化管理工作先进单位、江苏省社保经办优质服务窗口、江苏省劳动人事争议示范仲裁院等多项荣誉称号。

1 人社部研究所领导到市人社局调研
2 苏州国际精英创业周张家港分会场活动签约仪式
3 市人社局召开“双争”活动推进会
4 全市城镇集体企业超龄人员纳入城保工作会议
5 “春风行动”招聘会

市民政局

2012年，市民政系统以决战现代化为主线，以提升民生水平为主旨，以特色亮点工作为主题，加快推进民生现代化建设，先后获全国殡葬改革示范单位、全国养老服务示范单位、全国村务公开民主管理示范单位等国家级荣誉，被省民政厅、人力资源和社会保障厅评为全省民政系统先进集体。张家港市被评为全国七星级慈善城市。

社会救助效能显著提升。“民生大礼包”规模空前，总资金超过1.5亿元，惠及19大类困难群体。城乡低保标准提升到每月500元；城乡医疗救助对象、救助范围和救助标准均有所突破；为全市困难群众和优抚对象发放物价补贴597.19万元；“民生保险”实现优化，全年总保费840万元，体现保费额度、保险责任、赔付金额等三大提升。**养老服务提档升级**。全市新增养老床位2717张，床位数达到7432张，每千名老人养老床位数38张；成立亲情虚拟养老院，运用信息化手段拓展居家养老服务；成立市老年协会；发放80周岁以上老年人尊老金及老年节百岁老人敬老金等1973.74万元；在全省率先表彰39个张家港市“敬老文明号”。**双拥优抚融合发展**。发放抚恤补助优待资金3100万余元；接收退役士兵387人，111人参加职业技能培训；走访慰问16家驻军部队，赠送慰问金193万元及落实拥军项目补助60万元；召开全市双拥工作领导小组会议，开展优抚对象精神抚慰活动，提升优抚对象荣誉感和幸福感。**城乡社区建设和谐推进**。召开全市城乡社区建设工作会议；城乡和谐社区建设现代化达标率分别为98%、98.8%；开展“政社互动”试点，制订并以推动市政府名义下发《张家港市“政社互动”试点工作方案》；推动市政府下发抄告单明确社区居委会用房的规划设置实行多部门联合会审。**社会服务体系日趋成熟**。全市有1362人报名参加全国社会工作者职业水平考试，通过人数318人，全市社会工作者总数784人，达到每万人拥有社会工作者6.2人；与复旦大学合作成立苏州市首家社会工作研究生工作站；市公益组织培育中心入驻机构达到7家；开展业务财务会计制度培训、“十佳百优”社区社会组织评选。**公共事务规范化管理**。全市累计散坟整治搬迁率达到80%以上，节约土地80余公顷；启动市天府苑改扩建工程项目建设；完成《中华人民共和国政区大典》张家港词条编写；开展“接送流浪孩子回家”专项活动。**慈善福利体系加速推进**。召开全市慈善大会，开展“爱满港城”慈善募捐活动，接收各类善款10074万元，人均捐赠达到110.9元。“共享阳光”慈善助学活动全年为2585名贫困学生发放助学金761.15万元；实施“阳光午餐”工程，为全市所有贫困学生提供免费午餐，出资158.26万元，受益学生2452人次；市慈善总会首次与国际慈善组织中华仁人家园合作，携手开展贫困家庭住房改造项目。

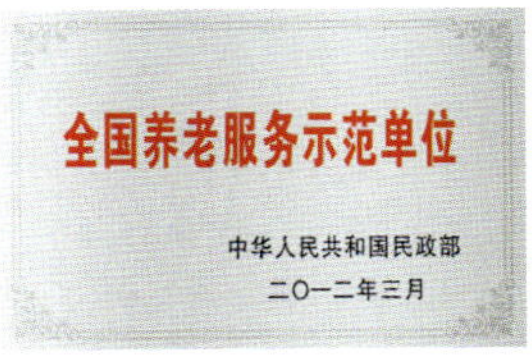

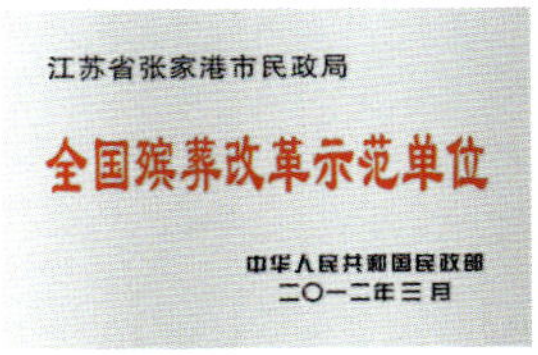

1 省委书记罗志军视察老年公寓
2 苏州市市长阎立等领导到市社会福利中心考察
3 全市民政工作会议召开
4 市慈善大会召开
5 民生保险签约
6 慈善助学新闻发布会举行
7 老年协会成立大会召开
8 全市城乡社区建设工作会议召开
9 民政部在张家港市召开社工介入社会救助服务试点评估会
10 省级和谐社区创建现场评估

市人口和计划生育委员会

2012年，全市人口计生系统紧紧围绕市委、市政府“拼抢五个月、加速现代化、献礼五十年”的部署要求，紧扣“世代服务、幸福家庭”这一主题，全力决胜拼抢，突出转型提质，创新服务内涵，提前并超额完成年初预期目标。分别荣获全省人口计生系统窗口服务示范单位、省级阳光计生示范单位、苏州市文明单位和张家港市争创服务型党组织先进单位称号，“助您好孕”荣获张家港市“十佳机关服务品牌”。全年全市户籍出生人口8154人，自然增长率1.88‰，政策符合率99.94%，0周岁至3周岁科学育儿覆盖率92.98%，流动人口均等化服务率98%。

“助您好孕”形成新品牌。张家港市被纳入国家级免费孕前优生健康检查项目试点市，全年完成孕前优生健康检查6044人，目标人群覆盖率94.4%，超额完成国家项目点和苏州市制定的覆盖率85%的目标。

计生养老帮扶实现新突破。计划生育家庭养老帮扶在上年“五个一”张家港模式的基础上，又创新推出五个方面的措施，在全省进一步推广。9月，在省人大专题调研计生特扶家庭帮扶中，张家港市被特邀进行经验交流，得到充分肯定。

流动人口服务形成新亮点。全面开展“春风行动”、均等服务“百日行活动”、流动人口计生专项治理等活动。新市民计生服务逐步向孕前优生健康检查、科学育儿、“两癌”筛查、独生子女困难救助等领域延伸。申报的“新市民积分管理制度促进流动人口社会融合”项目获第三届人口计生综合改革创新奖。

生殖健康服务拓展新内涵。开展青春期健康知识校园行、中老年保健社区行和避孕药具知识村村讲“三大行动”。举办向快乐出发科学育儿启蒙行动启动仪式，使科学育儿由固定的基地，延伸到社区和家庭。建成金港镇青少年健康人格工程基地，成为全市青少年塑造道德品行和心理健康辅导的一个公益性指导平台。

人口文化宣传凸显新成效。以“新农村新家庭计划”为切入点，积极推进宣传教育、生殖健康、奖励优惠、关爱行动、村居自治进家园“五进”活动。与杨舍镇计生办联手推出《暨阳人家•幸福家庭故事选》。举办首届家庭人口文化节“幸福家庭之旅”——孕妈妈达人盛典活动。举办“构建幸福家庭，传播人口文化”专题电影宣传放映活动，在全社会营造出和谐人口文化氛围。

1 市人口计生委荣获省人口计生综合改革创新奖

2 国家人口计生委国际合作司副司长张杨调研市计生养老帮扶工作

3 免费孕前优生健康检查项目启动仪式

4 《向快乐出发》科学育儿——"启蒙行动"启动仪式

5 孕妈妈达人秀

6 研究生工作站揭牌

7 人口计生系统举办业务培训班

8 走访慰问贫困计生家庭

市经济和信息化委员会

2012年，市经信委紧紧围绕市委、市政府“一个抓手，两个确保”的战略部署，采取有效措施，积极应对复杂严峻的经济形势，全力以赴推动工业经济稳增长、促转型，经济总量、增速位居苏州市前列。全年完成规模以上工业产值4702.9亿元，比上年增6%。完成新兴产业产值1825亿元，占规模企业的比重达到38.8%。新增销售超10亿元企业25家，累计90家，百家规模企业完成销售收入3796亿元，占全市的比重超过三分之二。工业投资总量位居苏州市第一，全年完成工业投资412.5亿元，比上年增18%，其中完成技改投资305亿元，新兴产业投资166.8亿元。实施35个重点节能及循环经济项目，完成节能投入7.4亿元；淘汰落后高耗能生产设备496台套，万元GDP能耗下降5.09%。淘汰关停落后企业98家，腾笼换凤盘活利用存量土地369.33公顷。对上争取各类专项资金共8300余万元。深入实施企业家培育工程，累计培训企业主管1850人次。加快9个信息化项目建设，进一步扩展市民卡功能，发放市民卡105万张。围绕“基层组织建设年”，以“经信连万企、服务争一流”为主题，强化制度建设，打响服务品牌，获得张家港市2012年度单项贡献奖。

1 市工业经济稳增长调结构促转型现场推进会
2 2012年工业经济稳增长促转型扶持政策宣讲会
3 张家港企业家培育工程启动仪式
4 市民卡工程项目验收会
5 张家港企业出席苏州名优产品武汉展销会

市科学技术局

2012年，市科学技术局紧扣市委、市政府“率先基本实现现代化”工作部署，务实进取，主动作为，全市科技事业快速发展。张家港市被省科技厅确定为省创新型试点城市，凤凰镇被确定为省创新型试点乡镇，全市研发投入占GDP比重提高到2.4%。人才培育全面突破。全市引进领军人才74人，新增省“双创人才”12人、姑苏“领军人才”21人，培育国家“千人计划”4人；薛松生团队入选省科技创新团队，实现全市省科技创新团队零的突破。载体建设加快推进。江苏省张家港锂电池及新材料科技产业园获批省级科技产业园，在全省率先实现大中型工业企业及规模以上高新技术企业研发机构全覆盖；新增省高新技术创业服务中心2家，江苏科技大学张家港产业技术综合研究院、苏州大学张家港工业技术研究院、飞翔苏州新材料研究院揭牌成立。高新产业提速发展。全市新增高新技术企业54家，其中国家火炬计划重点高新技术企业7家，新增省民营科技型企业87家、技术先进型服务企业1家；291种产品被认定为省高新技术产品，14家企业入库省科技企业上市培育计划。科技项目数量增多。列入省级以上科技项目60项，其中国家级项目37项；新增国家科技进步奖1项，省科技进步奖6项，苏州市科学技术奖励19项。科技合作不断深化。成功举办第六届科技节，新增产学研合作项目180项，累计有584家企业与236家高校院所建立科技合作关系；新建产学研办公室1个，“科技镇长团”促成合作（意向）项目109个。知识产权实施有力。列入省企业知识产权标准化示范创建单位14家，新增苏州市知识产权战略推进计划企业2家。全市申请专利9196件，其中发明专利2127件；专利授权8469件，其中发明专利授权656件。

1

2

3

1 市第六届科技节开幕式
2 市第六届科技节签约仪式
3 苏州大学张家港工业技术研究院揭牌仪式
4 飞翔新材料研究院揭牌仪式
5 江苏科技大学张家港产业技术综合研究院揭牌典礼

5

4

市教育局

2012年，全市教育系统以率先基本实现现代化为主线，在职业教育、绩效考核、人事管理制度、多元化办学及国际合作办学等方面实施改革创新项目，教育事业在更高平台上实现又快又好发展。张家港市被评为全国“两基”工作先进地区、全国数字化学习先行区，市教育局获得江苏省教育宣传工作先进单位等多项荣誉称号。

突出改革创新，强化教育发展保障机制。推动人事管理制度改革创新，全市教师结构得到进一步优化。深化绩效考核改革创新，教师干事创业激情得到进一步激发。推动多元办学和合作办学改革创新，进一步深化政校合作和拓展学校国际合作。

围绕指标任务，加速推进现代化建设步伐。提高主要劳动年龄人口平均受教育年限，该指标推进度为102.21%。提高公办学校吸纳新市民子女比例，积极落实新市民子女积分入学政策。群众对全市学校的综合满意度为98.3%。

加大有效投入，推动教育优质均衡发展。着力推进教育重点工程建设，工程投资概算超20亿元。其中，市级项目总投入约13.5亿元、镇级项目总投资约6.95亿元。广泛实施教育惠民工程，积极构建教育救助体系，实施阳光午餐工程，全面优化校车管理运行管理体系。

加快优化整合，促进中高职协调发展。沙洲职业工学院与市职教中心校、电大开展五年一贯制办学实验，市职教中心校与常熟理工学院开展“3+4”中职本科衔接办学实验。全市中等职业学校开设新专业14个，创建1个苏州市优秀新专业、2个精品专业、6个精品课程，48个中职专业被认定为省合格专业。

坚持内涵发展，打造素质教育特色品牌。大力开展阳光体育活动，全面开展乡村少年宫活动。连续14年举办课堂教学展示月活动，形成具有张家港特色的“生态课堂”品牌。2012年普通高考、对口单招、职业学校技能竞赛、科技体育艺术竞赛等均取得佳绩，名列苏州市前茅。

1 教育部督导办副主任周坚考察张家港市教育工作
2 江苏省教育厅副厅长胡金波考察张家港市教育工作
3 市委书记徐美健考察教育工作
4 市委副书记、市长姚林荣考察教育工作

5

6

7

8

9

10

11

5 市委副书记、政法委书记王亚方考察教育工作

6 副市长丁学东考察教育工作

7 苏州市十五届人大张家港代表团第四代表小组考察张家港市教育工作

8 全国重点职校走进张家港暨东西部联合招生协作会在张家港市召开

9 全市教育工作会议召开

10 “决战现代化”主题宣讲暨公务员职业道德主题教育宣誓活动召开

11 兆丰学校交付使用

市文化广电新闻出版局

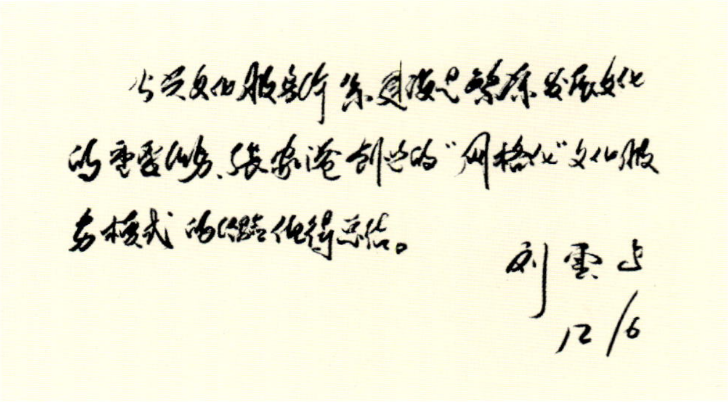

中央政治局常委、中央书记处书记、中央党校校长刘云山（时任中央政治局委员、中央书记处书记、中宣部部长）为市“网格化”公共文化服务模式工作作重要批示

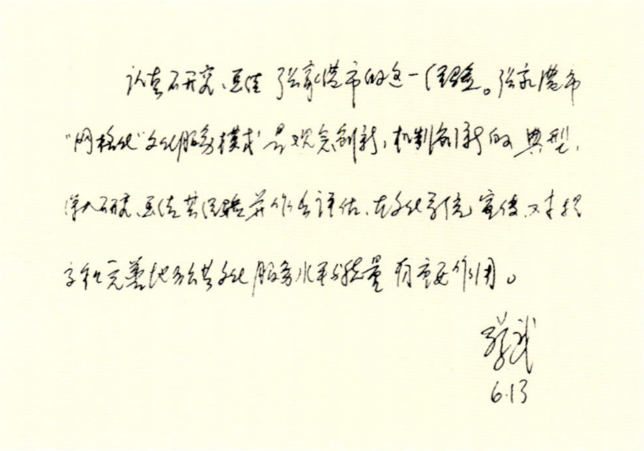

中宣部副部长，文化部党组书记、部长蔡武为市“网格化”公共文化服务模式工作作重要批示

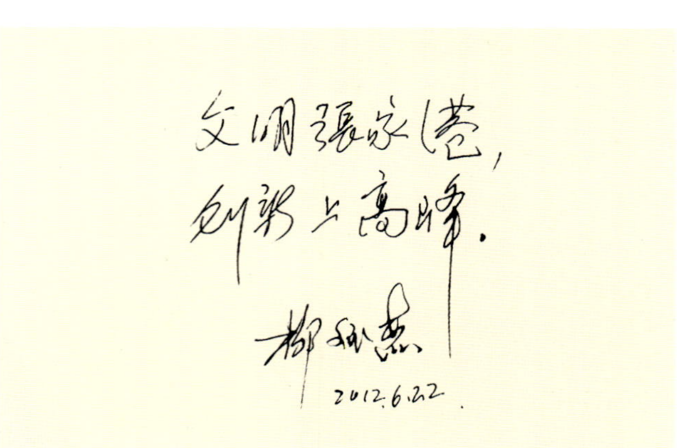

新闻出版总署署长、国家版权局局长柳斌杰在第四届中国国际版权博览会期间参观张家港展区，并为市版权工作题词

2012年，全市文广新各项工作继续在原有较高平台上不断取得新突破。在全国率先探索实施的“网格化”公共文化服务模式受到各级领导和社会各界的充分肯定和高度评价，文化部在张家港市召开国家公共文化示范区创建工作现场经验交流会，在全国宣传推广“网格化”经验；张家港市获首批“江苏省公共文化服务体系示范区”称号；出台全国首个“书香城市”建设指标体系，被授予全省宣传思想文化工作创新奖；成功创建“江苏省版权示范市”；系统获国家文物局田野考古奖、全国文物系统先进集体、全民阅读先进单位、全省广播电视新闻报道先进单位等称号；市文化行政综合执法大队获国家版权局2011年度查处侵权盗版案件有功单位三等奖、2012年全省文化市场综合执法先进单位等称号；张家港软件（动漫）产业园被国家广电总局批准为国家影视网络动漫实验园；季静娟获中国曲艺牡丹奖表演奖；在省、苏州市“五个一工程”和省“五星工程奖”评比中，张家港市获奖数量居省、苏州市前列；《一盅缘》入选省舞台艺术精品工程重点资助剧目；市文广新局挂牌成立全省首家设在行政文化主管部门的研究生工作站——吉林艺术学院研究生工作站；出台全省首个也是全国县级政府首个针对公共视听载体播放活动的规范性文件《张家港市公共视听载体播放活动管理办法》；“无线张家港”手机客户端，率先在全国县（市）开通新闻、生活类综合应用互动平台。

1 全国人大常委会委员、全国人大教科文卫委员会副主任委员金炳华到市调研文化建设工作

2 新闻出版总署副署长、国家版权局副局长阎晓宏考察市版权工作

3 国家图书馆馆长周和平考察市图书馆

4 国家公共文化示范区创建工作现场经验交流会在张家港市召开，文化部副部长杨志今出席会议

5 省委常委、苏州市委书记蒋宏坤为市文广新工作题词，并与市委宣传部副部长、市文广新局局长陈世海合影留念

坚定不移壮大文广新事业
百尺竿头再谱文明新篇章

蒋宏坤
二〇一二年秋书

市公安局

2012年，市公安局紧扣确保党的十八大胜利召开的首要政治大局和率先基本实现现代化的全市发展大局，务实创新保稳定、积极拼抢促发展、主动作为惠民生，实现公安工作和队伍建设的优化发展。市公安局再获全国优秀公安局和全国公安机关执法示范单位殊荣，获评全省政法系统公正廉洁执法先进集体，连续三年荣获苏州市公安机关五度综合绩效考评一等奖，以市级机关绩效考评第二名的佳绩被张家港市委、市政府授予“突出贡献奖”。局党委获评苏州市创先争优先进基层党组织。

1 副市长、市公安局局长赵金龙接受人民网专访
2 全市公安机关决战现代化誓师大会召开
3 开展“走千家访万户送安全”活动
4 参加无偿献血活动
5 加强校车安全检查
6 落实新规，严查酒驾

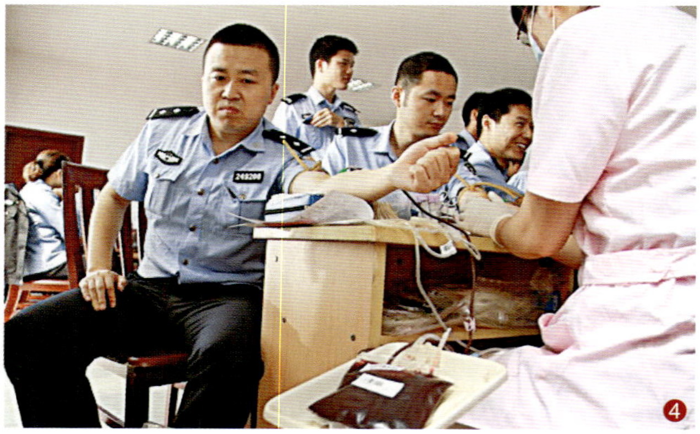

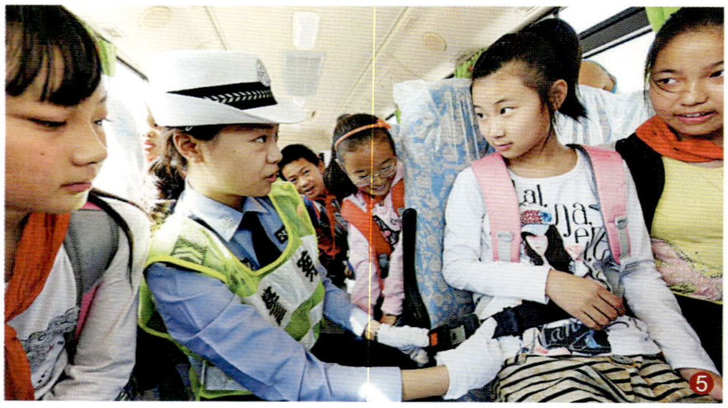

市人民法院

2012年，市法院紧紧围绕市委的决策部署和全市的中心工作，大力弘扬张家港精神，能动司法促发展，标本兼治保稳定，强化素质提质效，创先争优树形象，各项工作取得了新进展。全年共受理各类案件15955件，审、执结14784件，通过审判、执行解决争议标的金额38.31亿元，比上年增57.91%。年内，市法院司法新闻宣传工作受到最高人民法院通报表扬，并获张家港市2012年度综合贡献奖。

1 倾心调解化解纠纷
2 解决争议保障民生
3 在驾校开庭防酒驾
4 社区法庭服务群众
5 在线讲堂答疑解惑
6 走访调查宣传法律

市人民检察院

1 新落成的市检察院办公大楼

2 最高人民检察院党组成员、政治部主任李如林到市考察

3 江苏省检察院检察长徐安到市考察

4 苏州市委常委、政法委书记王翔到市考察

2012年，市检察院围绕全市率先基本实现现代化工作大局，以执法规范化、队伍专业化、管理科学化、保障现代化为方向，以打造“民生检察、公信检察、人文检察、效能检察、智慧检察”为抓手，忠实履行法律监督职责，深入推进“四化”示范院建设，各项检察工作取得了新进步。市检察院被评为全省先进基层检察院、苏州市文明单位标兵。

5 “举报宣传周”活动期间，检察长巡回接访

6 召开基层人民检察院“四化”建设指标体系研讨论证会

7 召开巡回检察联络员会议

8 人大代表、政协委员听庭评议出庭公诉工作

9 建立青少年法制教育馆

10 张家港市检察院被表彰为苏州市检察机关先进集体

市司法局

2012年，市司法局围绕市委、市政府中心大局，开展“法律手拉手•牵手百千万”服务民生走基层系列活动，强力推进“五大工程”，创新实施“雁阵计划”，全面深化法律“手拉手”服务品牌建设，为张家港市“在全省率先基本实现现代化”提供有力的法律服务保障。年内，全市第一个“全国民主法治示范村”创建成功，第一个综合性法治文化主题公园建成开园，第一个社区矫正管理教育服务中心获准筹建，第一批廉洁文化建设示范点位列首位，在苏州市首届法治文化节获奖项目数量、质量均居第一，实现张家港市村（社区）法律服务窗口、专职人民调解员和300人以上企业人民调解组织全覆盖。市司法局获全省司法行政系统创先争优先进集体、全省司法行政新闻宣传工作先进集体、全省司法行政信息工作先进集体、江苏省司法行政队伍建设创新成果三等奖等12项苏州市级以上集体荣誉。市委书记徐美健两次对市司法局社会矛盾纠纷调处工作作出批示肯定。

1 省司法厅厅长缪蒂生到市考察司法行政工作
2 省司法厅副厅长姜金兵和苏州市司法局局长朱正为张家港市法治文化主题公园揭幕
3 全市律师工作会议与会人员合影
4 “法律手拉手•牵手百千万”司法行政服务民生走基层活动启动
5 苏州市首家个人调解工作室成立

市信访局

2012年，市信访局围绕“喜迎十八大”这一工作主线，按照中央、省信访工作部署，紧扣“信访总量持续下降、信访秩序持续好转”的目标任务，着力抓好“真情大接访、真招化积案、真功治源头、真创新机制”等重点工作，团结拼搏、锐意进取、求真务实、开拓创新，坚决守住“两条底线”，即确保不发生赴省进京大规模集体上访、确保不发生有影响的信访事件，为党的十八大顺利召开和市基本实现现代化营造和谐稳定的社会环境。

畅通信访渠道。全市党政领导接访下访工作进一步完善，自“天天听民声”工作启动后，市委书记徐美健和市长姚林荣率先垂范，多次深入基层一线接访下访，2012年度，市级党政领导共89人次接访、下访. 共接待群众140批169人次，54次进村入户走访基层一线，走访290余家村（社）企业。**注重源头预防**。为确保全市整体大局和谐稳定，市、镇两级政府对潜在的不稳定因素日常排摸定期查、敏感时期重点查、突发情况随时查，全年信访形势总体平稳可控，在全国“两会”及党的十八大期间的信访稳控工作得到省、苏州市信访部门的高度肯定。**突出“事要解决”**。结合省信访局“信访积案化解成果巩固深化年”活动，对信访积案强化责任，全部落实领导包案，强化督查督办，突出“案结事了”，信访积案化解工作取得了显著成效。

1 市委书记徐美健在人民来访接待中心接待到访群众

2 市委副书记、市长姚林荣在凤凰镇下访时接待群众

3 时任苏州市政府副秘书长、市信访局局长钱祖源考察南丰镇信访接待大厅

4 全市信访工作月例会召开

5 《信访条例》颁布实施7周年宣传月系列活动

市总工会

2012年，市总工会立足“三个服务”，践行“三个满意”，全力服务经济平稳较快发展，大力提升职工队伍整体素质，着力构建和谐劳动关系，不断强化工会自身建设，树立了“党政放心、企业欢迎、职工信任”的良好形象。

年内，市总工会坚持强基固本、提升服务，不断扩大工会组织覆盖面，深化推进工会专职工作人员职业化、社会化运作模式，扎实开展“面对面、心贴心、实打实服务职工在基层”、机关干部下基层实践锻炼活动，有效提升了工会组织战斗力。围绕创新驱动、转型升级，广泛开展职工“技能达人”主题竞赛，创新推出服务行业职工技能大赛，在助推经济发展中争当现代化建设主力军。深化突出文化育人、文化惠民，组织成立市职工艺术团，举办全市职工书法美术作品大赛、市企业文化职工文化展示大赛等活动，全力打造新时代劳模品牌，在宣扬先进文化中唱响了现代化建设主题曲。全面维护职工、服务企业，深化劳动关系和谐企业创建，推进工资集体协商，初步构建了以“市—区镇—企业”为主要架构的三级职工服务中心联动网络，不断加强困难职工帮扶工作，在促进社会和谐中增强了现代化建设凝聚力。

5

6

7

8

1 市委书记徐美健为市劳动模范颁奖
2 市委书记徐美健为市职工艺术团揭牌
3 苏州市总工会主席温祥华慰问张家港市全国劳动模范
4 市总工会主席王永康慰问困难职工
5 承办全省开发区（园区）和规模企业工会帮扶服务工作会议
6 开展服务行业职工技能大赛
7 庆“五一”文艺晚会举行
8 企业文化职工文化展示大赛举行
9 与职工群众同吃年夜饭

9

共青团张家港市委

2012年，团市委实施全市动迁安置小区团建工作——“青春家园计划”，召开共青团市第十四次代表大会，举办“城市因我们更文明”市志愿者风采展示晚会、市大学生村官联谊会第二次会员大会暨2012年度全市大学生村官培训班、全市动迁安置小区团建工作推进会、张家港共青团“圆梦行动”青商助学金发放仪式暨大学生暑期志愿服务总结会。共青团张家港市委成功蝉联苏州市共青团工作先进单位标兵。“青春家园计划”项目获苏州市共青团工作创新奖第一名和全省共青团创新创优成果奖二等奖。

1 共青团市第十四次代表大会召开
2 “城市因我们更文明”市志愿者风采展示晚会举行
3 市大学生村官培训班举行
4 市动迁安置小区团建工作推进会召开
5 张家港共青团“圆梦行动”青商助学金发放仪式暨大学生暑期志愿服务总结会举行
6 全市各界青年纪念“九一八”事变81周年座谈会召开

市残疾人联合会

2012年，全市共有持证残疾人18555人，其中视力残疾2108人、听力残疾1507人、言语残疾136人、肢体残疾9986人、智力残疾2466人、精神残疾1686人、多重残疾666人。年内，市政府出台《张家港市重性精神病患者免费服药和服药后安全监测项目实施方案》，使精神病患者免费服药和服药后安全检测费用由原来的每人每年600元提标至1200元。制订《张家港市残疾学生教育保障与救助的实施意见》，使残疾学生义务教育、高中、普通高等教育由原来的每人每学年资助400元、600元、800元提升至500元、1500元、2000元。转发《苏州市关于将残疾人辅助器具、0～6岁残疾儿童康复项目纳入基本医疗保障范围的实施办法的通知》，将残疾人辅助器具、0岁至6岁残疾儿童康复项目纳入基本医疗保障范围。印发《关于调整全市社会救助（补助）标准的通知》，四类重残人员救助、一户多残及以老养残的残疾人、精神（智力）三、四级残疾人救助标准从2012年7月1日起均提高20%。作为市实事工程的市儿童功能检测中心和复旦大学附属儿科医院张家港儿童康复基地建成使用。符合生育政策的新生儿童，凭《张家港市儿童健康保障工程服务卡》就能在市儿童功能检测中心免费进行听力、视力、髋关节、脑发育筛查和检测。在澳大利亚布里斯班举办的第五届世界健康城市联盟大会上，市残疾人联合会申报的“健康公平”项目被世界卫生组织授予健康城市创新发展奖。

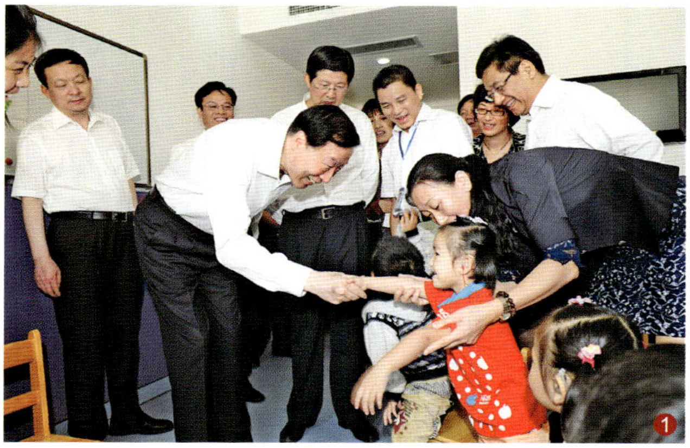

1 省委书记罗志军到市残联考察
2 残疾人“人人享有康复服务”获得省残联审评验收
3 全国助残日“携手同行，爱心助残”文艺演出
4 盲人朋友共享无障碍精神文化生活
5 携手同行——残疾人游港城活动
6 参加苏州市第五届残疾人运动会

市国家税务局

1

2

3

4

5

2012年，市国税局在市委、市政府和省、苏州市国税局的领导下，面对严峻复杂的经济形势，始终坚持“为国聚财、为民收税”的工作宗旨，全力发挥税收职能作用，服务经济社会发展，助推经济转型升级。年内，全市国税部门共组织收入159.76亿元，兑现各项税收优惠81.64亿元，实现税收与经济的同步协调发展；稳步推进“营改增”试点，2565户试点纳税人累计入库增值税4472万元，减税面近95%，实现了新、旧税制的平稳过渡。全系统先后获全国税务系统青年文明号、全省国税系统先进集体、2009～2011年度苏州市文明行业等荣誉。

6

7

1 2013年度全市国税工作会议召开
2 学习党的十八大会议精神
3 开展税收知识竞赛
4 集体讨论纳税评估案件
5 主动接受作风效能评议
6 开展岗位业务技能比拼活动
7 深入企业掌握纳税人经营状况
8 对话青商税收宣传活动
9 国税干部送税法进农业合作社
10 指导“营改增”纳税人办理涉税事宜

8

9

10

苏州市张家港地方税务局

1

2012年，全市地税系统以建设更高水平的“三个一流”工程为主线，坚持标杆管理，创新工作举措，狠抓任务落实，组织收入、税源管理、纳税服务、依法行政、队伍建设等各项工作取得显著成绩。一是组织收入量质齐升。全年累计组织各项收入148.62亿元，比上年增12.03%，其中税收收入108.25亿元，比上年增9.27%，张家港市成为全省第三家地税收入超百亿的县级市；实现公共财政预算收入78.03亿元，比上年增14.2%，占全市公共财政预算收入的52.16%，占比比上年提高4.15个百分点（以上数据均含张家港保税区地税局）。二是惠民政策有效落实。全年为1282户次减免地方各税4.12亿元；落实个人所得税起征点提高的税收新政，全年直接减税4.9亿元。三是征管服务效能全面提升。进一步集中纳税服务职能，实现语音提醒、办税服务、简易处罚等事项集约化服务，促进征纳“双减负”。率先将业务管理全部纳入风险管理范围，建立以风险联席会议为龙头的风险管理体系，风险评定2083户，应对入库税（费）及滞纳金5.7亿元。

年内，张家港地税局荣获张家港市委、市政府表彰的“服务地方奖”，获苏州市依法行政示范单位、江苏省依法行政示范单位称号。

2

3

4

5

6

7

8

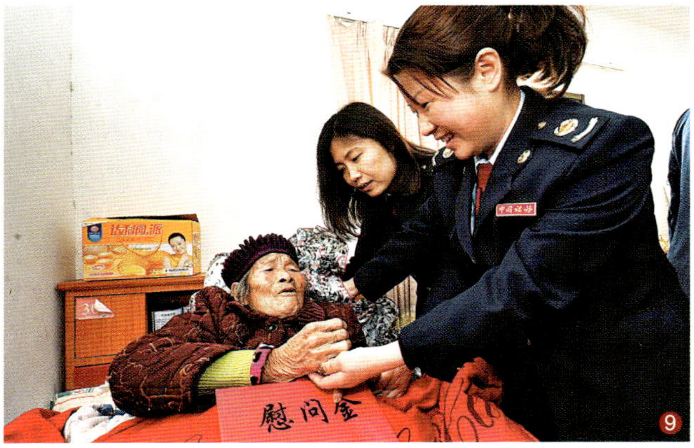

9

10

11

12

1 提供专业化、规范化、标准化的语音提醒服务
2 “税企沙龙”文化品牌形成中
3 创新开展“铭记入党那一刻”党建活动
4 坚持每季业务考试
5 廉政课堂进大厅
6 开展扶持小型微利企业“春风行动”
7 向纳税人赠送鼠标垫，被称为“指尖下的办税指南”
8 小记者走进地税
9 “税花连线”送温暖
10 推行“集中 + 联合”注销登记模式
11 开设“道德讲堂”激发典型示范作用
12 青年志愿者在行动

市住房和城乡建设局

1 省委书记罗志军考察小城河综合改造工程
2 副市长黄尧参加全市新型墙材推广应用现场会
3 市住建局代建的市民服务中心
4 省级村庄建设与环境整治试点——金村村整治后的村容村貌
5 深入工地一线开展服务
6 谷渎港改造工程全貌
7 三兴地震科普馆
8 环境优美、设施齐全的安置小区
9 金港地下式生活污水处理厂
10 施工许可证审批服务

2012年，市住房和城乡建设局大力弘扬张家港精神，高点定位，攻坚克难，全力打造城乡一体的高品质现代城市，向建县（市）50周年献礼。城乡一体快速推进，指导完成全市搬迁1.44万户、398万平方米，安置房新开工366万平方米、竣工294万平方米，18个镇区街景改造工程顺利完成，5个省级村庄建设与环境整治试点村高标准通过省级验收。全年承担33个代建项目，市儿童福利院、青少年社会实践基地二期等7个项目交付使用，小城河综合改造二期工程、谷渎港和两侧建筑立面改造、东横河沿岸环境整治、背街小巷和里弄改造、弯背塘区域防汛能力提升工程、金港地下污水厂顺利竣工。率先推行建筑业从业人员信息化管理，成功创建“全国可再生能源建筑应用示范县(市)”，创新招投标监管模式，深化市场和现场“两场联动”机制，扎实抓好工程质量和施工安全，创省级和苏州市级文明工地92个。加大市政设施管护与整治力度，全年维修混凝土路面7000平方米、人行道2.6万平方米。天然气利用工程主管网实现“镇镇通”，全年新增用户1.2万户。城市节水管理范围不断拓展。地震监测预报体系不断完善，强震台获全省技术革新大奖。年内，市住房和城乡建设局获江苏省建设行业管理先进单位、全省建筑节能工作先进集体、江苏省防震减灾工作先进集体，苏州市城乡一体化改革发展先进单位、张家港市综合贡献奖等诸多荣誉称号。

6

7

8

9

10

市交通运输局

1

2012年，市交通运输局致力于“现代综合交通运输体系”构建，全年完成交通基础设施建设投资16.3亿元。疏港高速公路正式奠基开工，复线船闸建成试通航，首批扩容的出租车投入运营，苏虞张快速通道工程建成通车，金港大道改造等一批交通工程建成启用。公共交通、农村公路建设管理等惠民便民工程取得良好社会效益。行业监管取得良好成绩，尤其是“港城车大夫”“阳光e驾”等服务品牌已成为全省、乃至全国行业发展的标杆。

2

3

4

1 省委常委、苏州市委书记蒋宏坤等领导参加疏港高速公路开工奠基仪式

2 张家港复线船闸主体工程建成通航

3 首批扩容的80辆出租车投放运营

4 沪通铁路前期工作协调会议在张家港市召开

5 苏虞张快速通道工程建成通车

6 交通运输部运输司司长王水平调研“阳光e驾”品牌建设

7 40辆专用学生校车投入运行

8 交通运输系统先进集体暨“十佳标兵”先进事迹宣讲会

9 疏港高速公路张家港互通效果图

市水利局

2012年，在市委“拼抢五个月、加速现代化、献礼五十年”等活动激励下，市水利系统广大干部职工团结拼搏、奋勇争先，高标准完成年度各项水利目标任务。4月，张家港市被省水利厅表彰为水资源管理示范市。市水利局先后获得2010～2011年度全省水资源管理先进集体、全省水利系统人才工作先进集体、2009～2011年度苏州市文明单位等荣誉称号。

安全度汛目标顺利实现。先后完成市海螺水泥有限公司至一干河、朝东圩港至段山港百年一遇江堤加高加固，大寨圩、九五圩应急抛护工程及防汛岁修工程等一批防洪工程。各项防汛措施落实到位，战胜台风“海葵”影响，全市实现安全度汛。

重点水利工程建设快速推进。朝东圩港—环城河工程经过四年努力，主体工程全部完成，实现全河段通水。走马塘拓浚延伸工程江边枢纽主体工程通过验收，全线实现通水通航。通洲沙西水道综合整治一期工程南岸边滩整治及潜堤工程全部完成。

农村水利建设任务圆满完成。加快实施中央财政小型农田水利重点县工程，第二批4个区镇14个达标圩区治理项目全部完成，第三批4个镇11个圩区治理项目完成80%。疏浚四级河道424条227千米，拆除农村河道阻水坝头217条，建桥、涵217座，治理黑臭河道46条。

水利公共管理质量稳步提升。长江堤防管理养护、长江水文勘测、河道长效管理、水资源管理保护、水政巡查执法、圩区设施管理等工作，管理程序方法进一步规范，管理质量水平不断提升。水利普查工作基本结束。张家港市最严格水资源管理制度试点方案获水利部、江苏省政府批准。水利现代化规划编制完成，并报市政府正式批复实施。

1 3月29日至30日，水利部长江水利委员会副主任杨淳，全国政协委员、水利部原副部长翟浩辉等到市检查防汛工作
2 3月，2010年度中央财政小型农田水利重点县工程通过验收
3 8月，张家港市水利现代化规划通过评审
4 双山洲堤
5 组织开展饮用水源地保护志愿者行动
6 大新镇拆坝建桥新貌
7 环城河风景区一角
8 水政巡查
9 一干河长效管理

5

6

7

8

9

市国土资源局

2012年，市国土资源局围绕率先基本实现现代化总目标，以科学发展观为统领，积极顺应新变化，沉着应对新考验，努力克服新困难，大力实施对上争取突破工程、土地利用提效工程、国土服务优化工程、创建工作亮化工程等“四大工程”，各项工作取得显著成绩，被评为苏州市文明行业，年末获评张家港市突出贡献奖。

全面开展农村集体土地所有权确权工作，完成权属界线核对、修改入库以及权属界线协议书签订等事项，在全省处于领先位置。全力推进征地补偿安置工作，《关于调整征地补偿标准和安置办法的通知》经多次论证和修改完善，由市政府发文，被征地农民利益大幅提高。深入内部挖潜，充分盘活存量用地，复垦工作有序推进，2012年耕地占补平衡项目库项目通过苏州市验收及省国土资源厅抽查。土地创建硕果累累，张家港市获评江苏省高标准厂房建设与使用先进地区、土地执法模范创建工作先进县（市）、国土资源节约集约模范县（市）等多项荣誉。

荣誉证书
市国土资源管理局：
在二〇一二年度工作中，与时俱进弘扬张家港精神，围绕“率先基本实现现代化”总目标，创新争先，积极进取，取得了显著成绩，被授予
突出贡献奖
特发此证，以资鼓励。

1 国土资源部副部长王世元考察张家港市土地节约集约利用情况
2 召开全市土地卫片执法检查暨“双创”工作推进会议
3 组织“城乡互看互学、市民看乡村”活动
4 举行“节约集约促发展、低碳出行乐其中”环城自行车宣传活动
5 举办国土之夜——庆祝全国第22个土地日文艺晚会

市安全生产监督管理局

2012年，市安全生产监督管理局立足和服务于安全稳定大局，扎实开展以“科学发展、安全发展”为主题的“安全生产年”活动，不断夯实安全基础，全力压降和控制各类安全生产事故，全市安全生产形势持续稳定向好。

“打非治违”持续推进。4～9月，协调各区镇、各部门对十个重点行业领域集中开展安全生产“打非治违”专项行动，解决一批重点问题，全市重点整治领域未发生严重安全生产事故。**隐患整治不断加压**。加强日常安全执法检查，持续开展重点时期安全大检查、“四项排查”以及专项整治等活动；56个三级政府挂牌督办重大隐患9月末（提前一季度）全部完成整改，投入资金1.24亿元；《张家港市安全生产事故隐患排查治理暂行办法》出台，11月1日起实施；在全省首批建成隐患排查信息系统并通过省级验收，全市规模以上企业全部入网运行。**标准化建设实现突破**。危化企业均完成安全生产标准化建设，其中14家通过省安全生产标准化二级评审；426家规模型非化工企业通过三级标准化考评，超额完成苏州市下达的达标创建任务。**服务品牌深入基层**。做优“安全到家”服务品牌，挂钩联系、“诊断式”服务广受欢迎；开辟电视“安全生产”专栏，优化日报专版，深化征文、诗歌竞赛及安全文艺下乡等系列活动，受教群众超50万人次。**应急工作提档升级**。每季度市级综合演练形成制度，与相关部门密切配合，成功处置危化品运输车侧翻等突发险情，及时化解危机。

年内，市安监局获省冶金等工贸行业安全生产先进集体、省安全生产宣传工作先进单位、张家港市综合贡献奖、学习型组织等多项荣誉。市安监局党组获苏州市机关党组织结对非公企业“双帮双比”活动先进党组织称号。

1 深入企业开展挂钩联系服务活动

2 举行2012年张家港市危化品道路运输突发事故应急救援综合演练

3 举办全市职业健康专题讲座

4 全省首家通过“国家二级标准化”企业——江苏永钢集团评审现场

5 举办“科学发展，安全发展”2012年生命之歌“诗•歌”大赛

市体育局

1

2

3

2012年，全市体育事业围绕率先基本实现现代化的目标，突出民生体育主旨、体育现代化主线、全民健身主题，群众体育、竞技体育等各项工作全面发展。群众体育高位推进，举行迎新年万人健步行、“快乐中秋，喜迎国庆”等假日品牌活动，扩大“全民健身大联赛”的品牌影响力，在全市营造参与健身、提升民生的和谐氛围。竞技体育屡创佳绩，举重运动员陆浩杰在伦敦奥运会获银牌，市少年业余体校晋升省五星级业余体校，南沙中学被授予国家级举重后备人才基地称号。品牌赛事塑造形象，成功承办世界斯诺克巡回赛、全国乒乓球锦标赛、环太湖国际公路自行车赛双山岛绕圈赛等8项国际、国内赛事，文明张家港的影响力不断扩大。

1 10月6日至14日，承办2012年全国乒乓球锦标赛
2 4月25日至29日，承办2012年全国女子武术散打锦标赛
3 8月2日，陆浩杰获伦敦奥运会男子举重77公斤级银牌
4 9月30日，“快乐中秋，喜迎国庆”大型假日体育活动开幕
5 11月2日，承办2012年环太湖国际公路自行车赛双山岛绕圈赛

4

5

工业

综　述

2012年，全市工业突出规模企业培育、工业有效投入、新兴产业发展、现代化指标等工作重点，全力以赴稳增长、促转型，工业经济增势平稳。全年完成工业总产值5520.88亿元，比上年增4.6%。规模以上工业完成产值4702.9亿元，比上年增6%。完成工业开票销售收入4792.2亿元，比上年增2%。工业用电量246.75亿千瓦小时，比上年增1.5%。全市工业经济总量、增幅均据苏州市前列。张家港市同江阴市、昆山市、常熟市并列第十二届县域经济基本竞争力百强县（市）第一名。

工业投入量质并举　年内，工业投入总量位居苏州各县市前列，完成工业投入工作量412.5亿元，比上年增17.8%。其中：传统产业完成投入工作量245.7亿元，占全市工业投入总量的59.6%；新兴产业完成投入工作量166.8亿元，占全市工业投入总量的40.4%。在建亿元以上项目98项，完成投入工作量264.8亿元，占全市工业投入总量的64.2%；5亿元以上项目25项，完成投入工作量171.3亿元，占全市工业投入总量的41.5%。内资项目738项，完成投入工作量348.3亿元，占全市工业投入总量的84.44%；外资项目69项，完成投入工作量64.2亿元，占全市工业投入总量的15.56%。张家港保税区、张家港经济技术开发区和江苏扬子江国际冶金工业园在建项目453项，完成投入工作量310亿元，占全市工业投入总量的75.15%；镇在建项目356项，完成投入工作量102.5亿元，占全市工业投入总量的24.85%。全年竣工项目744项，累计完成投入工作量339亿元，其中当年完成投入工作量256亿元。投资趋向不断优化，全市工业实施技术改造645项，完成投入工作量300亿元，占全市工业投入总量的72.7%。

科技创新驱动有力　年内，张家港市成为省创新型试点市，在全国县级市首家获批设立“海智计划”工作基地。全社会研发投入占GDP比重提高至2.4%。新增省高新技术产品291种，累计1352种；新增国家火炬计划重点高新技术企业7家，累计17家；新增省级高新技术企业54家，累计193家；新增民营科技企业87家，累计570家；新增软件企业4家，累计19家；评选首批苏州市创新先锋企业6家，累计9家；新增管理体系认证企业149家，新增国家级标准45个。实施省级以上工业科技项目33项，其中：国家重点新产品计划项目1项，累计99项；国家火炬计划项目13项，累计161项。7个工业成果获苏州市级以上科技进步奖，其中：获国家科技奖1个，累计13个；获省级科技奖6个，累计92个。新增产学研合作项目180项；累计有584家企业与236家高校、科研院所建立科技合作关系，在全省率先实现大中型工业企业研发机构建设全覆盖。引进国家“千人计划”4人，累计5人；新增省高层次双创人才引进计划12人，累计34人；新增姑苏双创人才领军人才21人，累计37人；新增博士集聚计划4人，累计19人；新增省高新技术创业服务中心2家，累计6家；省级以上高新技术创业服务中心累计8家。新增苏州市企业研究院2家，累计2家；新增张家港市企业研究院2家，累计4家。新增苏州市公共技术服务平台3家，累计11家；新增省级企业技术中心4家，累计21家；新增苏州市级企业技术中心18家，累计73家。新增省工程技术研究中心12家，累计49家；新增苏州市工程技术研究中心86家，累计166家。新增苏州市外资研发机构12家，累计66家。新增省企业院士工作站36家，累计104家；新增苏州市企业院士工作站2家，累计7家；新增省企业研究生工作站1家，累计7家；新增5家博士后工作站。全市申请专利9196件，其中申请发明专利2127件；专利授权8469件，其中发明专利授权656件。新增苏州市知识产权战略推进计划企业2家，累计10家。年内，新增中国驰名商标5件，累计11件；新增江苏著名商标14件，累计123件；新增江苏名牌产品8种，在有效期内的有89种；新增苏州市知名商标19件，累计95件；新增苏州市名牌产品85种，在有效期内的有148种。自主品牌增加值占GDP的比重为26.2%。

转型升级持续加快　年内，先后修订并出台《张家港市技术改造专项（贴息）资金管理办法》《工业经济转型升级“3333”百企培育工程实施意见》等文件。加快发展新兴产业，全年完成产值1825.8亿元，占全市规模以上工业总产值的38.8%，比上年提高5.3个百分点。全市新材料、现代装备、新能源等新兴产业投入占全市工业投入的

40.4%。新增“锂电池新能源”和“金属新材料”2个苏州市第二批战略性新兴产业基地。充分发挥规模企业支撑作用，全年百家骨干企业销售收入占全市规模以上工业销售收入的77.91%，10家重点骨干企业销售收入占百家骨干企业销售收入的70.7%。沙钢集团连续4年名列世界企业500强，排名346位。认定苏州市首批总部企业6家，预认定2家。命名制造业地标型企业1家。突出集聚发展，全年“两区一园”完成工业投入占全市工业投入的75.15%，保税区化工新材料研发生产能力进一步增强，开发区逐渐形成光伏和现代化装备集聚区，冶金工业园产业链不断延伸。加快“两化融合”步伐，全年新增江苏省两化融合研发设计示范企业1家、江苏省两化融合试点企业7家，江苏省规划布局内重点软件企业1家，江苏省双软认定企业4家。推进淘汰落后产业，实施沙钢烧结机余热回收、永钢高炉煤气发电、骏马溴化锂机组改造等35个重点节能及循环经济项目，完成节能投入7.45亿元；淘汰电动机、风机、水泵等落后高耗能生产设备496台（套）；新增清洁生产审核企业50家；全市万元GDP能耗下降超额完成上级下达的任务。推进腾笼换凤，累计关停落后企业98家，盘活利用存量土地369.33公顷，其中93.9公顷用于发展新兴产业。对外贸易平稳增长，全市完成进出口总额319.6亿美元，其中出口128.06亿美元，比上年增5.9%。实际利用外资及港澳台资9.52亿美元，比上年增5.5%。外资投资结构不断优化，全市新批新兴产业外资项目44项，新增注册外资占全市制造业新增注册资金的62%。

（何增丁）

冶金工业

【概况】 2012年，全市规模以上（全部国有及年主营业务收入500万元以上非国有工业企业，下同）冶金工业企业完成销售收入2346.17亿元，占全市规模以上工业销售收入的49.2%，比上年增15%。其中：黑色金属冶炼及轧延加工企业53家，完成销售收入2166.85亿元；有色金属冶炼及轧延加工企业25家，完成销售收入179.32亿元。有4家企业（含浦项）年销售收入超百亿元，沙钢集团（本部）全年完成销售收入1490.81亿元，与上年基本持平，实现利税25.75亿元，比上年减58.7%。永钢集团全年完成销售收入380.38亿元，实现利税19.19亿元，分别比上年增18.7%、8.5%。全行业投入3000万元人民币、500万美元以上的项目有38项，总投资574亿元；当年完成工作量101.1亿元，其中竣工项目31项，总投资49.4亿元，当年完成工作量28.9亿元。

2012 年张家港市规模以上冶金工业主要产品产量情况

表 14

产品名称	年产量（万吨）	比上年增减率（%）
成品钢材	3434.85	10.57
其中：厚钢板	111.09	-3.42
电解铜	21.09	4.16
铜加工材	4.76	2.75
铝材	5.47	-11.69

2012 年张家港市冶金工业投入亿元以上竣工项目情况

表 15

企业名称	项目内容	项目类别	总投资（万元）	竣工月份
江苏沙钢集团有限公司	轧辊项目	内资	160809	2 月
江苏沙钢集团有限公司	专用钢板热处理项目	内资	119000	3 月
江苏永钢集团有限公司	100 万吨棒材项目	内资	30000	3 月
江苏沙钢集团有限公司	沙景 100 吨电炉搬迁项目	内资	77292	5 月
江苏沙钢集团有限公司	50 万吨精品线材项目	内资	40000	5 月
攀华集团有限公司	年产高档家电板 30 万吨项目	内资	18800	7 月
张家港宏昌冶金材料有限公司	钢厂用辊环加工项目，建造生产用房、业务用房	内资	20000	8 月
江苏沙钢集团有限公司	料场改造项目	内资	23000	12 月

【永钢集团线材、螺纹钢出口位居全国第一】 1月30日，永钢集团节能环保综合技改项目奠基。该项目总投资18亿元，主要通过对烧结工序的燃料除尘、配料除尘、烧结烟气脱硫以及烟气余热发电、BPRT（煤气透平与电机同轴驱动的高炉鼓风能量回收成套机组）等10余项节能减排系统进行升级改造，提高企业的降本增效和生态发展水平。该项目计划2014年3月竣工，升级改造后，每年可减排粉尘5000吨、二氧化硫6000吨，实现自发电1.6亿千瓦小时，节省焦炭3.3万吨，减少生产成本3亿元。年内，永钢集团加大国外市场开拓力度，全年完成钢材出口116万吨，出口额7.1亿美元，线材、螺纹钢累计出口量位居全国第一，其中低碳线材在日本、新加坡、马来西亚、菲律宾市场占主导地位，被评为“江苏省出口百强企业”。全年完成销售收入380.38亿元，比上年增18.7%；上缴国家税金12.16亿元，比上年增110.2%；员工年人均收入6.22万元，比上年增15.1%。连续5年纳税额超过10亿元。

【永钢集团3万吨模锻液压机投产】 8月，华东地区首台3万吨模锻液压机在江苏永钢集团昆仑重型装备制造有限公司热调试成功，并成功生产重1.5吨的SH110万向节十字轴，使此项产品首次模锻成型。该液压机使用世界领先的机器人智能垂直缠绕技术和重型增压增速系统，智能垂直缠绕机器人技术更是国内首创。该液压机通过优化工艺等措施，大大减小制造的困难和风险，降低成本，提高产品质量。这台液压机能生产最大2吨的模锻件，主要产品有万向节十字轴，飞机发动机上的涡轮盘，大型船只上的连杆、曲轴、缸盖，以及石油行业使用的防喷器等部件，为航空、船机、石油和核电等行业的发展提供服务。

【张家港浦项公司获省高新技术企业证书】 1997年4月，张家港浦项不锈钢有限公司（简称ZPSS）第一期冷轧不锈钢工程正式开工，1999年1月22日竣工投产，占地面积12万余平方米。一期工程投资总额为 2.16亿美元，设计生产能力为冷轧不锈钢薄板每年14 万吨。2001年12月14日增加投资，兴建不锈钢冷轧薄板二期工程。2002年3月，二期工程举行开工典礼，2003年9月19日竣工投产，占地面积增至20.8万平方米，使年产冷轧不锈钢薄板生产能力达到40万吨，产品质量、服务质量均达到世界领先水平。2012年4月，经省科学技术厅、省财政厅、省国家税务局、省地方税务局的联合审查和国家科技部备案，张家港浦项不锈钢有限公司拿到高新技术企业证书，将拥有一系列优惠政策，企业所得税税率由原来的25%降为15%。企业研究开发投入可以进行研发费用确认，享受所得税加计扣除优惠。企业经过技术合同登记的技术开发、技术转让、技术咨询合同可以享受免征营业税优惠。

【联合铜业公司废杂铜综合利用工程技术研究中心成立】 4月，张家港联合铜业公司废杂铜综合利用工程技术研究中心成立。在“十二五”规划期间，江苏省为支持建设一批资源综合利用示范项目，培育扶持一批资源综合利用技术研发中心，研究完善有利于资源综合利用的体制机制和政策体系，确定了一批资源综合利用“双百工程”示范基地和骨干企业。其中，联合铜业作为苏州市唯一一家从事废杂铜综合利用工程研究的骨干企业入选首批废杂铜资源综合利用示范企业。联合铜业公司在改造升级传统工艺装备的同时，建设废杂铜再生综合利用工程项目。通过依托废杂铜综合利用工程技术研究中心，加强与科研院校的合作，进一步对新工艺的应用研究和实践，使铜电解制造技术更加完善。通过对外技术交流、内部人才培养、行业培训和咨询等开放式管理，在行业和地区成为技术创新的基地，成为长三角地区电解阴极铜工程科研、中试、市场化推广、规模化生产的工程技术平台。至“十二五”期末，该公司阴极铜产量将达到30万吨，副产品阳极泥1800吨，其中可提取金1500千克、银200吨；同时，还能综合回收硒、钯和硫酸镍等多种有价元素，工业产值将达到200亿元，年利润超1亿元。

【攀华集团30万吨家电板技改项目竣工】 2001年5月，攀华集团有限公司成立，是中国最早进入涂镀行业的民营企业。至2012年年末，该集团公司下辖张家港攀华薄板有限公司、张家港万达薄板有限公司、江苏华晟新型建材有限公司、张家港华达码头有限公司、张家港市华达房地产开发有限公司、重庆万达薄板有限公司、重庆攀宝钢材市场有限公司、重庆攀华码头有限公司、重庆攀峰船务有限公司、重庆攀华房地产有限公司、重庆攀华钢铁有限公司、通化市攀兴矿业有限公司等公司。集团公司排名中国民营企业500强第375位，业务涉及薄板、码头、房地产、船务、剪切配送、物流、矿业和金融投资等八大领域。薄板产业是全国民营企业最大的彩钢生产基地，公司生产的镀锌板、彩涂板远销美国、英国、俄罗斯等50余个国家和地区。彩涂板在生产、质量、销售等方面位居全国同行业榜首。 2012年7月，公司投资1.88亿元的年产高档家电板30万吨项目竣工。10月9日，中共中央政治局委员、国务院副总理、重庆市委书记张德江至重庆万达薄板有限公司调研，对攀华集团的发展和取得的成绩给予高度的评价并题词。他说：“攀华集团对重庆经济的腾飞做出了不可磨灭的贡献，市、区政府都高度重视。当前正是重庆乃至全国民营经济发展难得一遇的春天，重庆万达薄板有限公司要狠抓技术创新，扩大市场份额，提升企业核心竞争力，切实把企业做大做强。” （丁卫刚　黄伟城　宋立娟　杨学文）

纺 织 工 业

【概况】 2012年，全市规模以上纺织工业企业完成工业销售收入790.38亿元，比上年减4.9%，占全市规模以上工业销售收入的16.6%，其中：棉纺织、毛纺织、丝织、印染等纺织企业282家，完成销售收入545.36亿元；纺织服装、鞋、帽制造企业85家，完成销售收入60.54亿元；化学纤维制造企业46家，完成销售收入184.48亿元。华芳集团全年完成销售收入165.3亿元，实现利税8.02亿元；澳洋集团全年完成销售收入88.33亿元，实现利税3.71亿元。9月14日至16日，第十四届江苏国际服装节在南京国际博览中心举行，张家港市东渡集团、金陵纺织、华芳色织等8家纺织服装企业参展。全年纺织工业投入资金22.5亿元，其中投资3000万元、500万美元以上项目31项，总投资29.9亿元；当年完成工作量22.5亿元，其中竣工项目27项，当年完成工作量20.4亿元。

2012 年张家港市规模以上纺织工业主要产品产量情况

表 16

产品名称	单位	年产量	比上年增减率(%)
化学纤维	吨	885865	38.91
合成纤维	吨	478598	7.53
布	万米	22744	–3.65
印染布	万米	35046	–0.86
帘子布	吨	144219	12.53
呢绒	万米	8930	1.98
服装	万件	18397	23.84

2012 年张家港市纺织工业投入亿元以上竣工项目情况

表 17

企业名称	项目内容	项目类别	总投资(万元)	竣工月份
江苏鹿港科技股份有限公司	自动化系统改造项目	内资	15000	1 月
江苏鹿港科技股份有限公司	自动化系统二期改造项目	内资	15000	4 月
张家港恒美纺织有限公司	年产 6300 吨锦纶项目	内资	20000	4 月
市新宏基纺织有限公司	高档面料项目	内资	25000	7 月
江苏联宏纺织有限公司	走锭纺项目(粗毛纺工程)	内资	10000	9 月
市金陵纺织有限公司	引进 128 台进口喷气织机,年产 1000 万米高档面料项目	内资	20000	10 月
张家港攒鑫特种纤维有限公司	年产 8000 吨锦纶包覆加弹丝项目	内资	10000	12 月
市浩然纺织有限公司	年产 2.5 万吨纺织纱线项目	内资	20000	12 月
市华鹿毛纺有限公司	特种羊绒制品项目	内资	10000	12 月

【欣欣高纤公司经营实现三项100%】 2012年，张家港欣欣高纤股份有限公司克服纺织行业严峻形势，逆势飘红，保持开台率100%、产销率100%、货款回收率100%。新开发"吸湿排汗纤维",融合聚合、化纤、织造、染整等技术,具有夏天吸湿速干,冬天吸湿发热的特性。10月，总投资15.3亿元的"年产20万吨差别化功能纤维项目"奠基。项目由欣欣高纤公司及下游企业共同出资建办,引进日本TMT公司先进卷绕头534套和国产先进设备126套,新建生产、研发及办公等配套设施。全年完成销售收入40亿元。公司产品的差别化率95%,高附加值产品率25%,降低能耗率10%,节电320万千瓦小时。

【大唐纺织公司注册商标总数达到十大类】 年内,大唐纺织公司集设计、研发、检测、展览为一体的科研中心运行,形成从面料到服装、家纺设计、生产、销售一条龙体系,全国直营店、加盟店近50余家。大唐纺织研发的产品贴合现代、功能性的家纺,具有环保、抗菌、保健、生态功能,使原来的生活必需品变成生活方式,在床上用品的基础上融入沙发、窗帘、家具、灯饰等,整合成"大家纺大家居"的概念。公司开发的职业服装系列,把防火、防腐、防雨、防紫外线、抗菌等特种面料引用到职业服装设计中，保证企业生产的安全、高效、环保。品牌运作促进大唐纺织公司快速发展,创建"大唐公主"家纺、"雅格诗曼"服装、"吉祥大唐" 丝绸、"和合大唐"瓷器、"大唐人家"餐饮等品牌,整个企业注册商标总数达10个大类。企业顺利通过ISO 9001、ISO 14001认证，连续被省、市各级部门评为"江苏省质量信得过企业""重合同守信用企业""AAA级企业""消费者信得过企业"。2008年,"大唐公主"品牌荣获"江苏名牌产品""江苏省著名商标"称号。

【华鹿毛纺公司特种羊绒制品项目竣工】 1997年，市华鹿毛纺有限公司成立,占地面积6万平方米,下设中日合资张家港东鹿毛纺织有限公司、市奚浦毛纺织厂等4家成员单位，是集制条、染色、纺纱、精纺呢绒于一体的毛纺公司,拥有固定资产1亿元,员工800余人。公司引进国际先进的羊毛制条、纺纱、织造、染整生产设备,生产的精纺及半精纺毛条,精纺、粗纺机织纱,呢绒面料等系列产品,在国内外市场享有盛誉。公司通过ISO 9001国际质量体系认证,创造了"和衷拓新,明诚致远"的企业文化。2012年12月,公司投资1亿元的特种羊绒制品项目竣工,计划可增加销售收入1亿元。

【鹿港科技公司走上品牌经营之路】 1993年，江苏鹿港科技股份有限公司成立,是一家以针织纱、精纺面料及服装制造为主的大型毛纺企业,技术装备国际领先,主要生产精纺纱、半精纺针织纱、粗纺纱、花式纱、精纺面料及高级制服六大系列上万个品种,有员工4500余人,可年产各类针织纱4万吨、高档精纺面料700万米、西服100万套、衬衫200万件。企业通过了ISO 9001国际质量体系认证、ISO 14000环境管理体系认证、Oeko-Tex Standard 100生态纺织品认证,获NRDC美国自然资源保护委员会清洁生产综合进步奖。企业竞争力在毛针织行业中名列前茅，是全国最大的针织纱生产基地。2011年5月27日,公司在上海证券交易所主板挂牌上市。2012年,公司依托国际顶尖设备及意大利专业设计师，创建了"SINFONIA" "ARMONIA" "LANIFICIO LA MALPENGA"等品牌,踏上品牌经营之路。 (丁卫刚 黄伟城)

粮油食品工业

【概况】 2012年,全市规模以上粮油食品工业企业完成现行价产值239.04亿元,比上年增5%;销售收入243.01亿元,比上年减3.6%;实现利税6.23亿元,其中利润3.03亿元,分别比上年减61.8%和76.5%。其中:农副食品加工企业8家,完成销售收入224.1亿元;食品制造企业3家,完成销售收入14.32亿元;饮料制造企业1家，完成销售收入4.59亿元。至2012年年末,粮油食品工业占全市规模以上工业总量的比重达到5.1%。全市食品行业中,销售收入超亿元企业7家,其中3家企业的销售收入超过10亿元,中粮东海粮油工业(张家港)有限公司的销售收入180亿元,益江(张家港)粮油工业公司销售收入超26亿元,梁丰食品集团有限公司销售收入超12亿元。

2012 年张家港市规模以上粮油食品工业主要产品产量情况

表 18

产品名称	单位	年产量	比上年增减率(%)
食用植物油	万吨	78.10	-15.99
小麦粉	万吨	36.06	0.11
配混合饲料	万吨	24.10	17.28
乳制品	吨	42979.00	0.53
巧克力	吨	4726.00	1.80
黄酒	立方米	53383.00	2.16

2012年张家港市粮油食品工业投入亿元以上竣工项目情况

表19

企业名称	项目内容	项目类别	总投资（万元）	竣工月份
中粮东海粮油工业（张家港）有限公司	扩建每天5.2万箱包装厂项目	内资	11100	9月

【东海粮油公司销售收入达到180亿元】1993年5月，中粮东海粮油工业（张家港）有限公司成立，是中粮集团有限公司联合新加坡KENSPOT公司共同投资兴建的合资企业。1997年8月建成投产，总投资2.28亿美元，占地面积84.47公顷，主要从事大豆、小麦、大米加工以及油脂深加工项目，拥有榨油、精炼、饲料、小包装、面粉、大米、专用油脂、大豆磷脂等多个专业生产厂，生产"福临门"牌系列食用油、面粉及大米，"四海"牌豆粕、"四海""五湖"牌饲料等粮油产品，产品畅销全国，并出口韩国、日本、越南、马来西亚等国家。自2001年起，公司先后通过ISO 9001、ISO 14001、ISO 22000及HACCP、美国AIB、OHSMS18001等管理体系认证，主要产品荣获"中国名牌产品""江苏名牌产品"等称号。公司发展成为"福临门"系列食用油的主要生产基地之一，是全球最大的综合粮油食品加工基地之一。2010年，公司成为世博会米面油唯一指定生产企业。2012年9月，公司扩建每天5.2万箱包装厂技改项目竣工。年末，公司实现销售收入180亿元。

【"沙洲优黄"获中国驰名商标称号】2012年，"沙洲优黄"商标暨2008年"沙洲"商标被国家工商局认定为中国驰名商标后，再次被行政认定为中国驰名商标，成为全市唯一拥有双驰名商标的企业。江苏张家港酿酒有限公司一直注重质量第一、技术创新、持续改进的经营理念，为企业品牌提升、知识产权保护奠定良好的基础。公司注重产品质量和食品卫生，通过ISO 9001、QS、HACCP认证，连续获得绿色食品证书，中国名牌产品证书和酒类评比最高奖项"仪狄奖"，沙优品种由以前单一化向多元化发展，由低档酒向中高档酒迈进，工艺和口味也不断改进，迎合不同层次消费者的口味。

（赵晓菲）

机电工业

【概况】2012年，全市规模以上机电工业企业完成工业销售收入574.47亿元，比上年减3.4%，占全市规模以上工业销售收入的12.05%。行业中主要涉及化工压力容器制造、锅炉及锅炉附件制造、汽车及零部件、输变电设备、机床及精密机械制造、建筑机械、吊装机械、环保机械、洗涤及分离机械制造、纺织机械、医疗机械、电子类等众多门类。通过多年发展，全市机电行业已形成明显的集群特色，主要有以保税区（金港镇）和经开区（杨舍镇）为中心的高端机械制造工业园，以乐余镇为中心的汽车及汽车零配件生产集群地，以锦丰镇三兴办事处为主的塑机、饮机生产集群地，以大新镇为中心的五金工具生产集群地和以塘桥镇为中心的纺机生产等特色较为明显的产品和企业集群。全年全行业投入3000万元人民币、500万美元以上的项目有114项，总投资182.6亿元；当年完成工作量123.2亿元，其中竣工项目99项，总投资126亿元，当年完成工作量97.9亿元。

2012年张家港市规模以上机电工业主要产品产量情况

表20

产品名称	单位	年产量	比上年增减（%）	产品名称	单位	年产量	比上年增减率（%）
金属集装箱	立方米	410677	27.90	塑料机械	台	398	-1.49
洗涤机械	台	9382	139.20	起重设备	吨	27819	-37.52
轴承	万套	132359	40.00	模具	套	14875	5.48

2012年张家港市改装车生产企业产量情况

表21 单位：辆

企业名称	年产量	企业名称	年产量
江苏友谊汽车有限公司	2448	市中集圣达因低温装备有限公司	227
市江南汽车制造有限公司	2082	张家港韩中深冷科技有限公司	134
市沙洲车辆有限公司	290	市圣汇气体化工装备有限公司	10

2012年张家港市机电工业投入亿元以上竣工项目情况

表22

企业名称	项目内容	项目类别	总投资（万元）	竣工月份
苏州益茂电动客车有限公司	动力锂离子电池、动力锂离子电池的成组、电机、电控系统、电动客车制造以及低速电动车制造项目	内资	10000	2月

续表 22

企业名称	项目内容	项目类别	总投资（万元）	竣工月份
西马克技术（苏州）有限公司	计算机软硬件、工业自动化控制设备、仪器仪表和机电零部件项目	外资	70000	4月
张家港富瑞特种装备股份有限公司	LNG 车船应用装置产业化二期项目	内资	12000	5月
张家港化工机械股份有限公司	航天粉煤气化炉项目	内资	20000	6月
江苏龙跃锂能科技有限公司	锂电子动力电池项目	内资	11400	6月
江苏索尔新能源科技有限公司	锂电池管理器项目	内资	10000	6月
江苏恒阳制管有限公司	年产 5 万吨精密钢管项目	内资	12000	7月
江苏宝利机械科技有限公司	年产 3.6 万吨柴油机高压共轨油管及成品油部件、500 万套内承耐高压塑性精密无缝钢管及汽车油管项目	内资	18700	7月
江苏圣力防爆电机有限公司	防爆电机项目（搬迁）	内资	25000	7月
市爱博纳制管有限公司	双金属复合板二期项目	内资	15000	8月
东熙汽车配件（张家港）有限公司	油箱发动机底盘项目	外资	25000	9月
江苏现代威亚有限公司	4 万吨精密铸件项目	外资	25000	9月
市广大锻造有限公司	大型铸件精加工项目	内资	20000	9月
江苏银河电子股份有限公司	家庭数字终端设备、结构件二期项目	内资	20500	9月
张家港恩斯克精密机械有限公司	370 万套第三、第四代汽车轮鼓轴承项目	外资	25000	11月
张家港五洲变压器有限公司	超高压变压器、箱式变压器、风电组合式变压器项目	内资	100000	12月
中鑫汽配（张家港）有限公司	750 万件等速万向节项目	外资	60000	12月
苏州海陆锅炉股份有限公司	业务用房与研发楼项目	内资	36000	12月
江苏旭晶新能源科技有限公司	太阳能电池背板一期项目	内资	51000	12月
江苏索尔光电科技有限公司	LED 芯片封装及照明产品项目	内资	10000	12月
惠晶显示科技（张家港）有限公司	薄膜晶体管项目	内资	25000	12月

【富瑞特装公司产品占据国内LNG加气站市场主导地位】 张家港富瑞特种装备股份有限公司是一家从事LNG新能源装备产业的科技型企业，公司专业提供LNG全产业链装备解决方案和海水淡化、气体分离液化设备等产品的设计、制造、销售和技术服务，是业内屈指可数的具备提供LNG储存、运输、应用一站式解决方案和配套能力的设备制造商。2012年，公司为国内客户提供200余种产品，占据LNG加气站市场的主导地位。公司在LNG应用设备领域获得专利授权80余项，其中发明专利8项，特别是公司自主研发的车用气瓶自增压系统，为国内首创，被客户赞誉为"一项LNG应用领域的革命性突破"。全年富瑞特装公司完成销售收入13.54亿元，比上年增54.5%，实现利润1.54亿元，比上年增49.1%，入库税金6453万元，比上年增54%。

【新美星公司包装机械生产线速度翻番】 江苏新美星包装机械有限公司以"目标管理"为核心大胆推行企业管理模式改革和创新，帮助液体（饮料）企业建设"理想工厂"，赢得可口可乐、娃哈哈、康师傅、达能、雀巢、达利、加加等众多国际国内知名企业的认可和信赖。年内，制造的包装机械生产线速度从每小时2.4万瓶提高到每小时4.8万瓶，计划3年内速度提高至每小时7.2万瓶。新美星对售后服务部和质检部进行职能改造，成立新的客户服务部和品控中心，进一步提升产品品质和客户服务的品质，努力打造中国领先、世界著名的综合性液体（饮料）包装机械企业集团。

【友谊汽车在国际客车展上获奖】 3月23日，中国住房和城乡建设科技委城乡车辆专家委员会、中国旅游车船协会、中国城市公共交通协会科学技术分会联合举办的"可兰素"杯第七届中国（南京）国际客车大赛举行，江苏友谊汽车有限公司研制生产并选送的三款新车获奖，ZGT6110BEV型纯电动车获CIBC年度最具影响力新能源客车奖，ZGT68DSX型公交客车获CIBC年度最具人气绿色时尚客车奖，ZGT6758DHS型公交客车获CIBC年度客车亚军奖。

【圣汇公司高温烧结炉开创国内先河】 7月23日，张家港圣汇气体化工装备有限公司自主研发的国内首台2600摄氏度高温烧结炉，通过专家验收，该产品打破国外对中国高温烧结炉的技术封锁。同时期，国外高温烧结炉已经超过了2650摄氏度，应用于钛、钨、钼等难以溶化的军工和航天金属材料，而国内高温炉只能达到2400摄氏度。2600摄氏度高温烧结炉保证了钨丝网发热体元件的高温要求和使用寿命，同时减小隔热保温屏长期处于高温状态下的变形量并能减少热短路。此次通过论证的2600摄氏度高温真空炉、高温氢气炉可广泛应用于冶金、电子、电光源、航天、功能陶瓷等行

业，可以替代进口设备，具有十分广阔的市场前景。（丁卫刚　黄伟城）

化学工业

【概况】 2012年，全市规模以上化工工业企业完成工业销售收入502.21亿元，比上年减0.9%，占全市规模以上工业销售收入的10.5%。其中：石油加工、炼焦企业2家，完成销售收入1.67亿元；化学原料及化学制品制造企业108家，完成销售收入441.37亿元；医学制造企业1家，完成销售收入2565万元；橡胶和塑料制造企业57家，完成销售收入58.91亿元。全行业投入3000万元人民币、500万美元以上项目有41项，总投资151.5亿元；当年完成工作量72.5亿元，其中竣工项目30项，总投资54.4亿元，当年完成工作量36.4亿元。

2012年张家港市规模以上化学工业主要产品产量情况

表23

产品名称	年产量(吨)	比上年增长率(%)	产品名称	年产量(吨)	比上年增长率(%)
碳酸钠(纯碱)	640253	1.50	化肥(折纯)	280958	15.24
合成氨(无水氨)	479613	15.52	化学农药原药	7308	10.53

2012年张家港市化学工业投入亿元以上竣工项目情况

表24

企业名称	项目内容	项目类别	总投资(万元)	竣工月份
佐敦涂料(张家港)有限公司	引进粉末涂料生产线，年产10000吨粉末涂料项目	外资	16800	6月
丹尼斯克(张家港)亲水胶体有限公司	高等级CMC项目	外资	10000	7月
张家港华美生物材料有限公司	年产6.5万吨生物法多元醇、1.15万吨混合有机盐项目	内资	12210	8月
苏州翰普高分子材料有限公司	5万吨尼龙11、5万吨合金树脂项目	外资	80400	8月
市华昌药业有限公司	生物医药技术改造项目	内资	15405	9月
江苏康宁化学有限公司	年产30万吨聚氯乙烯项目	内资	108000	10月
陶氏化学(张家港)有限公司	电子和太阳能光伏添加剂项目	外资	10717	12月
江苏富淼科技有限公司	6万吨聚丙烯酰胺项目	内资	30000	12月

【华昌集团转型升级重大项目全面展开】 年内，华昌集团公司下属各公司转型升级项目全面展开。1月30日，华昌化工公司与东华能源公司、飞翔化工公司合资建设的年产120万吨丙烯项目开工。4月21日，江苏华昌化工（涟水）有限公司年产100万吨新型生态肥料项目奠基。7月，华昌化工公司原料结构调整节能改造项目，被列入国家发改委《2012年节能技术改造财政奖励实施计划（第一批）》，获中央财政奖励资金5800余万元，是近年全市节能项目中获得奖励额度最大的。原先企业生产中主要用优质块煤，每吨煤价格1600元以上，项目实施以后，可使用每吨600元至700元的普通烟煤，每年可节省标准煤24.5万吨。9月29日，投资2亿元建设年产15万吨浓硝酸项目破土动工，达产后可增加销售5亿元。10月，投资5亿元生产100万吨的高效复合肥，达产后可增加销售收入20亿元，计划2013年下半年投产。下属恒昌投资公司同步引进恒盛医药项目和管理研发团队。11月，下属恒盛药业公司年产300吨多功能医药活性成分及年产10吨多功能医药研发中试项目正式启动。年内，公司投资5000万元建设烟气脱硝脱硫项目，其中脱硫装置投入运行。下属华昌药业公司一条生产线建成，硼氢化钠全流程打通并生产出符合设计要求的合格产品。下属七洲绿色化工公司推进对外合作生产基地建设。下属和鑫电气公司独家为宇通客车开发11米新能源混合动力双电机系统取得突破性进展，实现小批量销售。由艾克沃公司研制的七洲超临界水氧化项目处于设备制造过程中。华瑞二期焚烧处置项目的计划得到市政府和国家环保部门的肯定和支持，相关前期工作正在进行中。

【佐敦二期粉末涂料项目竣工投产】 佐敦涂料（张家港）有限公司是一家挪威的外商独资涂料生产企业，主要生产和销售船舶漆、工业漆、民用涂料和粉末涂料，是佐敦集团最大的单体生产基地，设有区域研发中心和培训中心。6月21日，佐敦涂料（张家港）有限公司二期粉末涂料项目正式投产，年产粉末涂料1万吨，该项目引进粉末涂料生产线及扩大产能，总投资4300万美元。佐敦粉末涂料广泛应用于建筑、一般工业、家电等行业，现占全球市场份额第三位。

【市锂电产业基地成为国家火炬计划特色产业基地】 1月，市锂电产业基地获批为国家火炬计划特色产业基地，张家港市再添国字号产业基地。市锂电特色产业基地已经基本形成

"一核两园"的空间布局。整个产业基地初步规划面积为5.11平方公里，分为产业核心区、科技创新园、新能源汽车产业园。基地内拥有锂电研发和生产企业35家，其中销售收入超亿元企业8家，高新技术企业3家，国家火炬计划重点高新技术企业3家。集聚了国泰华荣、华盛化学、森田化学、金帆电源、天鹏电源等一批在全国锂电产业领域具有较强影响力的科技型骨干企业，其研发能力和技术水平已走在全国前列，对基地的发展起到关键的引领和带动作用，推动全市锂电产业的规模化、高新化发展。

（丁卫刚　黄伟城）

建 材 工 业

【概况】 2012年，全市规模以上建材工业企业完成工业销售收入69.36亿元，比上年减13.47%，占全市规模以上工业销售收入的1.6%。江苏华尔润集团(本部)年产玻璃3036万重箱，比上年减7.7%。全年墙体材料产量5.92亿标块，其中新型墙体材料产量5.47亿标块，新型墙体材料产量占墙体材料总产量的92.4%，新墙材建筑应用比例达89%。全行业投入3000万元人民币、500万美元以上的项目有16项，总投资16.6亿元；当年完成工作量9.8亿元，其中竣工项目13项，总投资8.5亿元，当年完成工作量7.3亿元。

2012年张家港市规模以上建材工业主要产品产量情况

表25

产品名称	单位	年产量	比上年增减率(%)
平板玻璃	万重箱	3035.70	-7.70
普通硅酸盐水泥	万吨	301.15	15.53
新墙材(非黏土质)	亿标块	5.92	1.72
其他墙材	亿标块	0.62	-13.89

2012年张家港市建材工业投入亿元以上竣工项目情况

表26

企业名称	项目内容	项目类别	总投资(万元)	竣工月份
张家港天海建材有限公司	新增管桩自动化生产线项目	内资	15000	6月
江苏博腾新材料股份有限公司	高档铝箔复合材料项目	内资	15000	8月

【生产新型墙材节约土地65.2公顷】 2012年，全市有新型墙体材料生产企业28家，主要企业有：市华诚新型建筑材料有限公司、张家港恒乐新型建材有限公司、江苏亿大新型墙体材料有限公司、张家港恒安轻质墙体材料厂、市富丽康建材科技有限公司、市新乘建材制造有限公司等。墙体材料年生产能力17.64亿标块，实际产量5.92亿标块，其中新型墙体材料产量5.47亿标块，占墙材总量的92.4%。生产新型墙体材料与传统的生产烧结黏土砖相比，相当于节约土地65.2公顷，节约能源3.676万吨标准煤，减少二氧化硫排放809吨，减少二氧化碳排放9.19万吨。全年生产新型墙体材料共利用工业固体废渣76.71万吨。全年城镇房屋使用新型墙体材料建筑竣工面积332.5万平方米，新墙材建筑比例为89%。

【华尔润集团墙地板落户金陵国际家居城】 12月15日，江苏华尔润集团发尔润绿色高档新型墙地板南京营销中心在金陵国际家居城开业，发尔润牌绿色高档新型墙地板作为江苏华尔润集团投资生产的新型建材产品，在墙地板行业内享有较高的知名度，公司现有16条高档墙地板生产线，年产各类高档墙地板3200万平方米，是全球唯一大型生产绿色高档新型墙地板生产企业。

（丁卫刚　黄伟城　施洪清）

电 力 工 业

【概况】 2012年，在全市地方(热)电力生产企业中，张家港贝顺橡胶制品有限公司热电厂、江苏澳洋科技股份有限公司热电厂分别于7月、11月停产关停；张家港保税区长源热电有限公司5号与6号锅炉脱硝工程于9月通过环保验收，江苏飞翔化工股份有限公司热电厂1号锅炉脱硝工程于12月通过环保验收。2月29日，国家能源局同意江苏沙洲电厂二期"上大压小"扩建项目开展前期工作；12月26日，市政府批复同意《张家港市热电联产规划》。至年末，全市共有地方(热)电力生产企业21家，装机容量914.69兆瓦；省调电力生产企业2家，装机容量2040兆瓦。年内，运行的2家省调电力生产企业中：张家港沙洲电力有限公司两台630兆瓦机组完成发电量80.25亿千瓦小时，上网电量76.53亿千瓦小时，供电标煤耗为每千瓦小时310.58克，实现售电收入28.15亿元，利润4.04亿元，入库税金1.97亿元；张家港华兴电力有限公司两台390兆瓦燃气机组完成发电量41.05亿千瓦小时，上网电量40.29亿千瓦小时，实现售电收入24.66亿元，利润2.38亿元，入库税金3.54亿元。

全市地方(热)电生产企业拥有供热管网367公里，供热用户578户，供热量3239万吉焦，发电量58.12亿千瓦小时，其中上网电量9.33亿千瓦小时，自发自用电量42.08亿千瓦小时，综合厂用电量6.71亿千瓦小时。

2012年张家港市(热)电力企业基本情况

表27

(热)电厂名称	发电机组			锅炉		
	单机功率(兆瓦)	台数	合计(兆瓦)	额定蒸发量(吨/时)	台数	合计(吨/时)
张家港沙洲电力有限公司	630.00	2	1260.00	1913.00	2	3826.00
张家港华兴电力有限公司	390.00	2	780.00	280.00	2	560.00
张家港保税区长源热电有限公司	12.00	2	94.00	130.00	3	830.00
	35.00	2		220.00	2	
江苏金柳江南热电有限公司	6.00	2	15.00	35.00	2	160.00
	3.00	1		45.00	2	
张家港恒东热电有限公司	25.00	2	50.00	130.00	2	260.00
张家港永兴热电有限公司	15.00	2	30.00	100.00	3	300.00
市印染厂(合兴热电厂)	6.00	2	12.00	35.00	1	165.00
				65.00	2	
江苏沙钢集团有限公司	50.00	8	432.40	78.00	4	1322.00
				220.00	4	
	16.20	2		65.00	2	
锦丰轧花剥绒有限公司	1.50	1	4.50	20.00	1	55.00
	3.00	1		35.00	1	
江苏中鼎化学有限公司	0.75	1	0.75	20.00	1	20.00
张家港大裕橡胶制品有限公司	1.50	1	1.50	10.00	2	20.00
华芳张家港热电有限公司	6.00	1	6.00	35.00	2	145.00
				75.00	1	
江苏飞翔化工股份有限公司	4.50	1	4.50	75.00	1	145.00
				35.00	2	
张家港浩波热电有限公司	6.00	1	6.00	35.00	2	70.00
张家港骏马涤纶制品有限公司热电厂	15.00	2	30.00	130.00	2	260.00
双狮(张家港)精细化工有限公司	50.00	2	103.00	165.00	2	356.00
	3.00	1		26.00	1	
市华兴纸业有限公司	3.00	1	3.00	35.00	2	145.00
				75.00	1	
市大新热电有限公司	6.00	1	6.00	35.00	2	70.00
江苏苏化集团张家港有限公司热电厂	6.00	1	42.00	75.00	4	300.00
	12.00	3				
江苏华昌化工股份有限公司热电厂	12.00	2	49.00	75.00	3	485.00
	25.00	1		130.00	2	
华尔润玻璃产业股份有限公司余热电站	3.00	1	10.50	12.30	2	57.10
				8.90	1	
				13.60	1	
	7.50	1		10.00	1	
张家港金州再生能源有限公司	6.00	2	12.00	24.00	2	48.00
江苏宏宝光伏系统有限公司	1.03	1	2.54	—	—	—
	1.51	1				

【沙洲电厂二期扩建工程项目获准开展前期工作】 2月29日，国家能源局以国能电力〔2012〕67号文件同意江苏沙洲电厂二期“上大压小”扩建项目开展前期工作。该项目拟建设2台1000兆瓦国产超临界燃煤发电机组，相应关停江苏省小火电机组448.94兆瓦，选址位于冶金工业园（锦丰镇）境内长江南岸沙洲电厂一期工程的西侧，可用场地面积约70公顷，静态投资74.68亿元，动态投资79.84亿元，计划总资金80.48亿元（基础价格基准年按2010年水平），由北京三吉利能源股份有限公司负责开展前期工作。该工程于2006年11月9日通过江苏省发展改革委员会和华东电网有限公司的初步可行性研究报告审查，是张家港市“十二五”期间重大能源基础设施项目，对于有效缓解“十二五”规划中后期苏南地区电力供需紧张矛盾具有重要意义。

【2家热电企业关停】 7月31日，张家港贝顺橡胶制品有限公司热电厂停产关停，8月前完成对关停电厂员工的安置。该热电厂位于凤凰镇西张镇北路，是张家港贝顺橡胶制品公司的自备电厂，装机规模为1台1.5兆瓦B1.5-24/4型机组配套2台10吨中温中压链条炉，占地面积约5000平方米，1985年10月开始建设，1987年12月投产。原5家用户改由张家港永兴热电有限公司实施集中供热。11月30日，江苏澳洋科技股份有限公司热电厂停产关停，12月前完成对关停电厂员工的安置。该热电厂位于张家港经济技术开发区塘市办事处镇中路18号，是江苏澳洋科技股份有限公司的自备电厂，占地面积约3.13万平方米，始建于1992年，装机规模为1台6兆瓦抽凝汽轮发电机组和1台6兆瓦背压汽轮发电机组配套4台每小时35吨次高温次高压链条炉，两台机组分别于2003年1月、2009年6月并网发电。原69家用户改由张家港永兴热电有限公司实施集中供热。

【2家热电企业3台锅炉脱硝改造工程建成投运】 张家港保税区长源热电有限公司2台锅炉和江苏飞翔化工股份有限公司1台锅炉的脱硝改造工程分别于9月、12月通过环保部门竣工验收，建成投运。张家港保税区长源热电有限公司 5 号、6 号2台每小时220吨循环流化床锅炉脱硝工程投资1021万元，采用选择性非催化还原脱硝工艺（SNCR），以尿素为脱硝还原剂，安装溶解系统、加热系统、喷射系统，采用PLC单独控制，对氮氧化物浓度、含氧量和氨逃逸实施实时监控。在采用低氮燃烧技术氮氧化合物原始排放浓度为每标准立方米200毫克的基础上，本期烟气脱硝工程脱硝设计效率为60%～80%，两台锅炉每年减少氮氧化物排放量648吨，氮氧化物排放量可以满足国家和地方标准要求。工程于1月完成招标，3月开始安装，6月完成调试投入试运行。江苏飞翔化工股份有限公司热电车间1号每小时75吨循环流化床锅炉脱硝工程投资280万元，采用选择性非催化还原脱硝工艺（SNCR），脱硝还原剂采用氨水，浓度为14%，每日耗量约3吨至4吨。氨水储运间与炉区的控制系统使用PLC系统单独控制，在锅炉省煤器出口安装氮氧化物监测装置。脱硝装置由无锡新动力环保科技股份有限公司制造、安装、调试。安装烟气脱硝装置后，氮氧化物的排放浓度由原始排放浓度每标准立方米300毫克降至每标准立方米100毫克以下，每年减排氮氧化物160吨左右。工程于2011年12月开始安装，2012年2月末完成单机调试，3月完成整套加氨调试运行，12月安装在线氨逃逸率监测仪。 （李培青）

其 他 工 业

【概况】 2012年，全市工业除上述行业外，还有其他行业类别的规模型企业116家，全年完成工业销售收入312.13亿元、创利税19.72亿元，分别占全市规模以上工业总量的6.5%、10.4%。其中主要有：造纸及纸制品企业20家，完成销售收入17.1亿元；皮革、毛皮、毛（绒）及其制品企业8家，完成销售收入3.35亿元；木材加工及竹、藤、棕、草制品企业5家，完成销售收入1.27亿元；家具制造企业5家，完成销售收入2.99亿元；文教体育用品制造企业10家，完成销售收入11.22亿元；印刷业和记录媒介的复制企业4家，完成销售收入2.03亿元；废弃资源和废旧材料回收加工企业5家，完成销售收入100.07亿元；电热生产和供应企业8家，完成销售收入66.36亿元；燃气生产和供应企业2家，完成销售收入35.61亿元；水的生产和供应企业2家，完成销售收入2.58亿元。年内，投入3000万元、500万美元以上项目57项，总投资66.8亿元；当年完成工作量43.6亿元，其中竣工项目49项，总投资39.4亿元，当年完成工作量30亿元。

2012 年张家港市其他工业投入亿元以上竣工项目情况

表 28

企业名称	项目内容	项目类别	总投资（万元）	竣工月份
东洋轮胎张家港有限公司	年产 200 万条子午线轮胎项目	外资	59423	6 月
苏州博云塑业有限公司	色母粒、改性工程塑料及塑料制品项目	内资	14000	8 月

【博云塑业公司塑料制品项目竣工投产】 2006年，苏州博云塑业有限公司成立，位于锦丰镇合兴街道办事处，注册资金3500万人民币。公司的业务主要为工程塑料和色母粒，是集设计、开发、生产和销售为一体的专业厂家。公司占地2.8公顷，建筑面积2.8万平方米，与南京工业大学联合设立高分子材料技术研究中心，建立江苏省研究生工作站，年产各类高分子新材料8万吨。现有发明专利10项，实用新型专利8项，企业标准2项。公司聘有南京工业大学

多名博导、教授级高工等国内知名专家、学者作为公司的技术顾问。公司获得北京新世纪认证公司颁发的ISO 9001质量体系认证证书，德国莱茵认证公司颁发的TS 16949体系认证证书，多项产品获得美国SGS公司认证，符合FDA、ROSH、UL等国际标准。2010年，公司被评为省高新技术企业、省科技创业优秀民营企业。2012年8月，公司投资1.4亿元的色母粒、改性工程塑料及塑料制品项目竣工投产。

（丁卫刚　黄伟城）

规模企业

【概况】 年内，规模经济总量持续提升，全市工业产品销售收入2000万元以上的规模企业有1175家。其中，冶金企业80家、纺织企业412家、机电企业388家、化工企业168家、食品企业12家、建材企业46家、轻工企业51家、其他企业18家。规模企业完成工业总产值4702.9亿元，比上年增6%，占全市工业总产值的85.2%；产品销售收入4768.37亿元，比上年增5.3%；全市规模企业产品销售收入比重为：冶金49.2%、纺织16.6%、机电12%、化工10.5%、食品5.1%、其他6.5%；规模企业实现利税总额190.1亿元，比上年减26%；实现利润总额89.73亿元，比上年减43.1%。规模企业中，百家骨干企业完成销售收入3714.81亿元，比上年增0.6%，占全市规模以上工业销售收入的77.9%；实现利税总额153.25亿元，比上年减26.2%，利税总额占全市规模以上工业利税总额的80.62%；完成入库税金92.27亿元，比上年减12.4%，占全市入库税金的36.3%。百家骨干企业中，10家重点骨干企业完成销售收入2626.52亿元、实现利税66.52亿元、入库税金48.72亿元，分别比上年增0.7%、减42.6%和减25.8%。10家重点骨干企业入库税金占全市入库税金的19.2%。规模企业有效投入不断加大。累计内资3000万元、外资500万美元以上的在建大项目有298项，当年完成工作量375.13亿元，占全市工业的88.3%，其中竣工项目236项，全年完成工作量215.55亿元，占全市竣工项目当年完成工作量的81.5%。沙钢精品线材、康宁化学、东洋轮胎、西马克、中鑫汽配等总投资5亿元或以上的大项目竣工投产；沙钢1420毫米冷轧、扬子江石化丙烯、康得新2亿平方米光学薄膜、骏马钢帘线四期等重大项目顺利推进。

澳洋集团总部经济项目奠基仪式　　（澳洋集团　供稿）

全市工业产品销售收入超亿元的企业有333家，比上年减15家，其中销售收入超1000亿元的1家，超200亿元的1家，超100亿元的4家（含浦项），超50亿元的5家，超20亿元的14家，超10亿元的31家（均统计当地数据）。全市工业入库税金超5000万元的企业40家（含丰立、国泰、国泰华荣，不含港务集团、港华燃气、港源电力、保税科技），其中入库税金超10亿元2家，1亿元至10亿元15家，5000万元至1亿元的23家。全市工业自营进出口总额超10亿美元的3家，其中超60亿美元1家，超10亿美元的2家；自营出口总额1亿美元至10亿美元的24家（含东华能源），其中5亿美元至10亿美元的1家，2亿美元至5亿美元的11家，1亿美元至2亿美元的12家。沙钢集团连续第四次入围世界500强，位于第346位；沙钢集团、华芳集团、澳洋集团等3家工业企业入选2012年中国企业500强名单，分列第44位、354位和483位。　（赵晓菲）

【澳洋集团总部经济项目奠基】 11月18日，澳洋集团总部经济项目举行奠基仪式。澳洋集团总部经济项目是张家港市南大门地标性工程，项目总投资8亿元，占地面积6.13公顷，建筑面积约18.8万平方米，其中总部经济双子楼和商务综合楼10.3万平方米；人才公寓412套、安置房83户和临街商铺若干，总建筑面积8.5万平方米。项目建成后将在澳洋集团总部经济地块形成经济金融、行政办公、人才培训、科技研发、休闲娱乐、商业贸易六大中心。年内，集团六大核心产业销售业绩良好，从事粘胶短纤、棉浆粕、毛纱等生产经营的纺织板块完成年销售97.2亿元，从事金属配送的澳洋顺昌公司完成年销售18.7亿元，从事医疗服务的澳洋健投公司完成年销售13.9亿元，从事房产置业、园林建筑和生态种植的绿地养生公司完成年销售7.5亿元，从事动漫创作和软件开发的如意通动漫公司自主研发的“RuYiToon（如意通）智能二维动画制作系统”代表国际先进水平。2012年，澳洋集团整体完成销售201亿元，比上年增10.43%，集团六大核心产业全年实现销售收入总计137.3亿元，比上年增4.91%。　（何晓瑛）

【华昌集团依托技术创新推进转型升级】 2012年，华昌集团依托技术创新积聚和壮大转型升级能量。核心企业华昌化工自主研发、拥有自主知识产权的“新型环保肥料高效脲铵氮肥”填补全国中浓度氮肥大颗粒新品种的空白，通过省级专家鉴定，被列入国家火炬计划项目。七洲绿色化工公司取得10项发明专利，叶菌唑等5个新品自主研发获得突破，11种新剂型实现批量生产，与院校合作的2个新品实现转让取得专利权，三唑类杀菌剂工程技术研究中心列入全市科技基础设施建设计划，新型高效低毒杀菌剂环唑醇工艺开发项目、高效低毒戊唑醇农药降耗减排技术分别列入张家港市、省科技支撑计划，高效低毒广谱杀菌剂苯醚甲环唑被认定为江苏省高新技术产品，其中一项新技术获中国农药工业协会2012年中国农药行业技术创新奖，公司再次被列入国家火炬计划高新技术企业，在中国农药行业百强中前进为第27位。江南锅炉公司申报科技项目6项、申请专利5项、获授权专利6项(其中发明专利实用新型专利各3项)，通过省高新技术企业复评，被国家石油和化工网、中国石油和化学工业联合会评为2012年中国化工装备百强企业。信谊化工公司科技大楼落成启用，携手武汉工程大学产学研合作起步，获得张家港市工业科技攻关计划1项，省级高新技术产品2项，申报2项国家发明专利并获受理，取得国家发明专利1项。苏州和鑫公司“苏州大学研究生工作站”凭借在新能源驱动电机系统和太阳能发电回转控制系统的领先成就，被教育部研究生司、江苏省科技厅确认，在太阳能跟踪系统取得2项发明专利。华昌药业公司“黑荆胶中D-半乳糖的提取方法”和“具有阻垢功能的烟气脱硝剂”两项技术获发明专利，其中“植物提取高纯度D-半乳糖”项目获得市2012年度科技进步三等奖。恒盛药化公司“氟祺康”获得国家商标注册证。

（孙祖春）

【骏马集团半导体项目开工建设】 年内，江苏骏马集团继续加大企业转型升级资金投入力度。5月31日，年产50万片低能耗半导体功率器件芯片项目奠基。该项目总投资4亿元，规划用地5.33公顷，由江苏骏马集团、上海贝岭股份有限公司和周炳博士技术团队等共同出资设立，主要研发和生产沟槽型功率开关器件、智能功率开关器件、碳化硅高压功率开关器件等，项目建成后将实现功率半导体器件及同类产品的进口替代。公司以研发中心为平台，持续推进技改创新，年内共申报各类专利28件，其中发明专利10件，实用新型专利18件。2012年，江苏骏马集团生产锦纶丝9.54万吨、钢帘线6.5万吨，实现销售收入83亿元，利税2.7亿元，外贸出口1.88亿美元。企业位居中国民营企业500强第389位，中国民营企业制造业500强第259位。

（黄江红）

【华尔润集团产品结构模式创新促转型】 2012年，江苏华尔润集团有限公司进行产品结构模式的重大转型和技改，促进企业转型升级。下属子公司市华晶新材料有限公司建设12条绿色高档新型墙地板生产线。项目总投资约为2.2亿元，占地面积5.6万平方米，建筑面积3.8万平方米。5月，年产中高档墙地板3200万平方米项目开工；10月，华晶公司主要工艺流程打通，具备正常生产条件，并通过国内质保体系、安全体系认证及国外CE认证。下属淮安盐化工公司围绕每天产量1750吨、成本每吨1750元的目标，实施煤棒技改、真空变压吸附制氧、制盐填平补齐、联碱清洗工艺4个技改项目，实施的每天300吨煤棒技改和每天1200吨煤棒项目，完成后每天可增加效益30万元。华尔润集团全年实现主营业务收入83.1亿元，创利税1.3亿元，年产浮法玻璃7225万重量箱。年内公司被评为苏州市优秀民营企业。

（吴海燕）

【长江润发集团产业多点开花】 年内，长江润发集团骨干企业长江润发机械股份有限公司二期项目3万平方米厂房投入使用，与科研院校合作开发的2条自动化导轨生产线装备投入生产。公司还与中科院化学所签署合作协议，共同开发纳米印刷项目。建材产业方面，集团下属张家港、宿迁两地鑫宏铝业公司投入近4000余万元新增8条生产线，扩大产能，丰富产品规格；装备制造产业方面，下属润发重工公司在优化现有造船产业的基础上，进军压力容器项目，取得项目准入许可。金融服务产业方面，宿迁市半边天科技小额贷款有限公司成立。三产服务业方面，长江润发房产公司张家港“金港湾”项目二期工程全面竣工，三期项目有序开展；宿迁房产“郡王府”一期项目竣工，二期项目稳步推进；“豫园”项目开始启动。投资5000余万元建成长江壹号娱乐会所，提升长江大酒店整体服务水平。现代农业方面，66.67公顷苗木基地、13.33公顷高效农业及林养鸡等项目丰富园林经济内涵。全年共实现销售收入48亿元，上交税金8106万元。

（叶　辉）

长江润发集团与中科院化学所签署合作协议　（长江润发集团　供稿）

江苏沙钢集团

【概况】 江苏沙钢集团是1975年靠45万元自筹资金创办起来的钢铁企业。经过37年发展建设，沙钢集团拥有总资产1463亿元，职工4万余人，年生产能力炼铁3050万吨、炼钢3780万吨、轧材3660万吨，为江苏省重点企业集团、国家特大型工业企业、国家创新型企业、全国最大的民营钢铁企业。主导产品宽厚板、热轧卷板、不锈钢热轧和冷轧板、高速线材、大盘卷线材、带肋钢筋、特钢大棒材已形成60余个系列和700余个品种近2000个规格，其中高速线材、带肋钢筋等产品荣获"实物质量达到国际先进水平金杯奖""全国用户满意产品"等称号。带肋钢筋获得CARES认证，优质高线获"中国名牌"产品和"出口免验"商品称号，优线生产总量和出口量连年名列全国第一，热轧板卷通过欧盟CE认证，船板钢通过九国船级社认证。"沙钢"牌商标获中国驰名商标称号。沙钢集团拥有江苏沙钢集团有限公司、江苏沙钢集团淮钢特钢股份有限公司、沙钢集团安阳永兴钢铁有限公司、江苏沙钢集团鑫瑞特钢有限公司、江苏沙钢集团锡兴特钢有限公司、沙钢煤焦化有限公司、沙钢国际贸易有限公司、沙钢物资贸易有限公司、沙钢集团玖隆钢铁物流有限公司、沙钢财务有限公司、沙钢农村小额贷款公司等11家子公司。7月9日，美国《财富》杂志公布2012年世界500强企业排名，沙钢集团以营业收入320.97亿美元、利润4.84亿美元位居世界500强企业第346位，较上年366位上升20位，连续4年成功入围世界500强企业。全年沙钢集团完成铁产量2874万吨、钢产量3230万吨、材产量3157万吨，分别比上年增6.9%、1.2%和1.4%；实现销售收入2180亿元、利税50亿元；实现出口创汇18.4亿美元，比上年增45.3%。其中，江苏沙钢集团有限公司全年炼铁1638万吨、炼钢1858万吨、轧材1959万吨，实现销售收入749.67亿元、利润14.45亿元。在世界钢动态公司(WSD)公布最新的"世界级钢铁企业最具竞争力"排名中，沙钢集团名列第23位，位居入围中国钢铁企业第2位。在2012年中国制造业500强以及中国民营企业500强排名中，沙钢集团分别名列第14位和第1位，较上年均上升1位。在中国企业500强排名中，沙钢集团列第44位。在2012年中国对外贸易民营500强企业排名中，沙钢国际贸易有限公司位居第2位。2012年第九届"中国500最具价值品牌"评价结果中，沙钢集团公司"沙钢"品牌以170.63亿元的品牌价值入选，在入围的32家江苏企业中位列第3位，这是继2008年起"沙钢"连续第五次进入世界级品牌第一方阵。

【沙钢集团自主创新开发新品】 沙钢集团将高科技含量、高附加值优质新品开发，作为自主创新的一个重点突破口。3月，成功试制最高强度级别230千克钢绞线盘条。4月，成功批量生产新品K55-Cr钢线钢石油套管。6月，成功开发600兆帕级带肋钢筋。8月，成功试轧Q500qENH低碳高强度耐候桥梁钢板。尤其在板材新品研发上，充分发挥工艺装备精良、沙钢研究院研发力量雄厚等综合优势，全年开发22大系列、50余个品种新产品。其中，煤浆输送用管线钢大壁厚宽幅X80管线钢板和X65M钢板为世界首创；厚规格超高强度海工板系列、"西气东输三线"抗大变形X80HD钢板等产品填补国内空白，大线能量焊接船板成为国内首家通过焊接性能测试的钢板，打破日本在该领域的长期垄断；EQ海工板和X80抗大变形开发成功和批量生产，EQ海工板被中船公司选用，首次替代进口产品批量应用于海上半潜式石油平台的建造，为沙钢集团乃至中国钢铁业赢得荣誉。至年末，沙钢集团主导产品已形成60余个系列700余个品种近2000个规格。沙钢集团高新产品的销售额占企业总销售额的38%左右。

【沙钢集团深入推进节能减排】 年内，沙钢集团实施创新项目200余项，进一步优化工艺流程，释放装备潜力，提高品种质量和指标水平。通过实施煤气、蒸汽、炉渣、工业污水和焦化副产品等五大循环利用工程产生显著的节能减排、降本增效综合效益。通过高炉转炉煤气回收利用发电量超过40万千瓦小时，96%以上的资源得到回收利用，从中获得的综合效益占企业总效益的20%。沙钢集团节能减排技改投入超5亿元，完成高炉TRT和电炉烟气余热回收等节能技改工程10余项，年节能35万吨标准煤。4月，沙钢集团2500立方米高炉脱湿鼓风二期项目竣工运行。10月，3号、6号360平方米烧结机余热回收项目竣工投运。是月，工信部发布2011年度钢铁行业重点用能工序能效标杆指标及企业名单，沙钢集团焦化单位产品能耗每吨焦86.7千克标煤，列6米及以上焦炉指标第2位；5800立方米高炉单位产品能耗每吨铁378.5千克标煤，列4000立方米及以上高炉指标第3位；转炉单位产品能耗每吨钢14.1千克标煤，列120吨至200吨转炉指标第3位。

【中国钢铁制造及物流发展研讨会关注玖隆物流园】 年内，沙钢集团全面实施张家港玖隆物流园建设项目。1月30日，玖隆物流园商务区奠基仪式举行，标志着集团转型升级重大项目全面进入实施阶段。开工建设总投资为33亿元的200万吨仓储中心及配套设施。6月16日至17日，沙钢集团主办第四届中国钢铁制造及物流发展研讨会，沙钢集团玖隆物流园成关注焦点。年内，沙钢集团围绕"建设钢铁大超市、发展钢铁大物流"的建园思路，优化投资环境，加大招商力度，园区"三纵三横"规划基本形成，总部一期启动区4.13公顷仓储项目竣工试运营。引进船板预处理，冷、热卷板剪切加工，以及回炉料加工等一批延伸加工项目，并落实大宗热卷板电子交割库、银行质押库等资质，顺利试点钢贸在线融资平台业务。沙钢集团玖隆物流园被省发改委列为省级重点物流试点园区。全年实现营业收入425亿元，比上年增41.5%；新增入驻企业223家，累计入驻企业900家，注册资本超120亿元。　　（施建兵）

【编辑　黄宏庆】

民营经济

综　　述

2012年，全市民营经济紧紧围绕《苏州市人民政府关于促进民营企业创新发展的工作意见》，坚持“创新引领”战略，以转型升级为主线，积极应对国际、国内严峻复杂的经济环境，全力以赴破解发展瓶颈，转方式增效益。全年民营经济实现工业产值3271.87亿元，比上年增8.37%。

规模总量持续壮大　新增民营企业销售收入超10亿元企业18家，总数60家。8家企业入围中国民营企业500强。沙钢集团实现营业收入2180亿元，连续4年入围世界500强。沙钢集团、华芳集团、澳洋集团、骏马集团被认定为“苏州市地标型企业”；长江润发、银河电子等14家企业被授予“苏州市优秀民营企业”称号。沙钢集团董事局主席沈文荣、永钢集团总经理吴耀芳、华芳集团董事长秦大乾、澳洋集团董事长沈学如、华尔润集团董事长陈惠南被授予“2012年度苏州市优秀民营企业家”称号。

发展活力持续增强　新增私营企业3003家、个体工商户8899户，私营企业新增注册资本114亿元，私营企业户均注册资本达到380万元，个私注册资本逐年累计突破870亿元。现代服务业发展提速，占GDP比重达到41.5%，入选全国服务业500强企业14家，总数位居全省县市第一。全市累计上市公司19家，上市企业总数继续保持苏州领先，再融资募集资金20.09亿元。

社会贡献持续提高　民营企业完成入库税收165亿元，占全市总量的65%，比上年增10%。其中个体私营经济完成入库税收65.7亿元，比上年增4.9%，占全市入库税收的25.8%。民营企业创新能力持续提升，新增民营科技企业78家、省科技型中小企业16家、省管理创新示范企业1家、苏州市信用管理示范企业7家。在全省率先实现大中型民营工业企业研发机构建设全覆盖，研发投入占GDP的比重提升至2.4%。

服务方式持续优化　出台稳增长促转型政策措施，取消、暂停、降低涉企收费22项，减免收费6586万元。新引进金融机构1家，新设立融资性担保分支机构2家、创投公司2家，农村小贷公司开业2家，科贷公司1家，全年新增银行贷款270亿元、直接债务融资107亿元。组织参加国内外各种展销会10余次，举办张家港产品对接活动2次，帮助民营企业拓市场争订单。　　（陆文朝）

私营企业

【概况】　年内，全市新增私营企业3003家，比上年减16家，逐年累计26698家；新增注册资本113.93亿元，原有企业新增注册资本41.15亿元，合计新增注册资本155.08亿元，逐年累计注册资本842.39亿元，比上年末净增118.37亿元；新办企业户均注册资本379.39万元，比上年增加22.75万元。全市规模以上私营工业完成工业总产值939.79亿元，占全市规模以上工业总产值的19.98%。

【8家企业入围中国民营企业500强】　8月30日，全国工商联在北京召开“2012中国民营企业500强”发布会，发布“2012中国民营企业500强”名单以及民企500强分析报告。500强名单以2011年度企业年营业收入总额为排名依据，入选门槛再创新高，达到65.69亿元，比上年提高15.09亿元。张家港市共有8家企业进入全国500强排名，入围家数继续居苏州市首位。江苏沙钢集团有限公司以2075亿元的营业收入总额位居2012中国民企500强榜首。另外7家分别是：永钢集团有限公司排名第38位，华芳集团有限公司排名第83位，丰立集团有限公司排名第108位，澳洋集团有限公司排名第140位，华尔润集团有限公司排名第284位，攀华集团有限公司排名第375位，骏马集团有限公司排名第389位。

【5家企业被授予苏州市创业之星称号】　11月5日，江苏省苏州工商行政管理局、苏州市民营企业协会、苏州市个体劳动者协会为促进广大私营个体业主科学发展、和谐发展，弘扬良好的社会职业道德氛围，促进民营经济健康稳定发展，表彰2010～2011年度苏州市级创业之星，张家港市5家企业榜上有名，分别是徐建明开办

的张家港市宏基铝业有限公司、李华开办的张家港市新鑫安物资贸易有限公司、瞿刘华开办的江苏长山运输有限公司、吕锋开办的苏州博云塑业有限公司、于建军开办的张家港市怡情农庄有限公司。

【个私协会帮助企业融资 62.28 亿元】 年内,市个私协会开展"会员融资服务意向"调查,与相关银行、小额贷款公司和各类担保公司等协调会商,建立金融峰会制度,开设"金融超市"设摊推介,实施综合授信,定期开展银企融资对接、洽谈,通过动产抵押、股权出质、企业信用担保、商标股权质押、联保联贷等措施,为会员企业发展转型缓解资金制约。4 月 13 日,组织举办"2012 张家港市私协银企对接融资座谈会"。8 月 2 日,组织举办"阳光信贷"启动仪式。10 月 18 日,组织举行全市首笔商标专用权质押贷款发放仪式,交通银行张家港分行向江苏合丰机械制造有限公司发放 1500 万元商标专用权质押贷款。年内,先后与民生银行、中信银行、农商行等相关银行落实综合授信 5 亿元,组织大型银企融资对接洽谈会 3 次,金融超市设摊推介 4 次,购置 2000 册张家港融资产品集发放给需融资的会员手中。全年助企融资 62.28 亿元,其中,通过深化联贷联保、商贷通、阳光信贷、债转股等融资模式,为 543 家会员企业融资 11.28 亿元,有力助推全市民营企业的发展。

【惠商帮扶服务活动开展】 2 月 11 日,市个私协会联合市人社局在市体育馆开展以"送政策、送岗位、就业牵手"为主题的 2012 年春季大型招聘会。6 月 12 日,在张家港大学城举办大型校园招聘会。组织开展大学生村官创业实践基地活动,锦丰茅斌、德积杨晓峰大学生村官创业实践基地被推荐为全省大学生村官创业实践示范基地。年内,先后组织各类专场招聘会 4 次,以乡镇为单位组织各类小型招聘会 10 次,发放企业用工信息 1.7 万册,提供岗位 1 万余个,帮助 816 家企业达成就业意向 7092 人次,4530 人实现就业,缓解会员企业的"用工荒"和特定人群的"就业难",实现社会效益、人才效益和经济效益的三项统一、三项提升。对 32 名特困、病残、遭受天灾人祸的个体工商户和私营企业主,协会也拨出专款上门慰问。市个私协会建立手机短信服务平台,通过"点对点"发送手机短信方式,不定期免费向会员提供最新的国家大政方针、政策法规、重大事项通告、提醒年检验照和各类培训服务、论坛讲座的信息服务等。全年向广大会员发送各类有价值、有时效的信息 2 万余条,各类培训讲座、招聘洽谈等通知 8 个,提醒服务信息 4 条。

个体工商户

【概况】 年内,全市新增个体工商户 8899 户,比上年减少 1840 户,逐年累计 66701 户;新增注册资本 7.63 亿元,与上年同期基本持平,逐年累计 37.64 亿元。

【5 名个体户被授予苏州市光彩之星称号】 11 月 5 日,江苏省苏州工商行政管理局、苏州市民营企业协会、苏州市个体劳动者协会表彰 2010～2011 年度苏州市级"光彩之星",张家港市 5 个个体户榜上有名,分别是市金港三友印刷厂的张理全、市杨舍西城富邦装饰材料商行的黄忠、市杨舍镇东城红印装饰设计服务部的束达红、市南丰龙腾油漆装潢商店季秀红、市乐余炳章理发店邵炳章。

【惠商消费和保险服务活动开展】 8 月 2 日,市个私协会"会员惠商卡"发行和光彩服务特约服务消费联盟启动仪式举行,省和苏州市协会的领导到会讲话,对张家港市个私协会探索创新"会员惠商卡"普惠服务给予充分的肯定和高度的评价。全市 4 万余户个协会员和 1.5 万余家私协会员持"会员惠商卡"到光彩服务特约单位消费服务时,可以享受到高质量、低价格的特别优惠服务。"会员惠商卡"吸引全市银行、保险、法律、医疗、商业、酒店、娱乐、修理等多个行业的 125 家会员企业加盟"光彩服务特约单位"。年内,市个私协会强化个协会员惠商保险服务,在保证服务质量不减、理赔数额不变的前提下,采取招标形式,为全市 4 万余会员统一办理人身意外伤害保险"惠商险",印发宣传卡片 5 万张,相关知识问答 2 万册。年内,全市共有 35 名个体会员受到意外伤害,落实理赔款 31.75 万元。

(陆文朝　何建平)

利用外地资本

【概况】 年内,全市累计新建利用外地资本项目 1853 家,比上年增加 217 家;总投资 237 亿元,其中外地资本投资额为 157 亿元。注册外地资本 103.98 亿元,比上年增 23%,占全年目标 100 亿元的 104%;到账外地资本 127 亿元,比上年增加 10.51 亿元;完成投入工作量 123 亿元,占全年目标 100 亿元的 123%。其中工业项目 388 项,服务业项目 1465 项;注册外地资本 5000 万元以上项目共有 23 项,注册外地资本达到 38 亿元,占总额的 37%。至年末,外地资本逐年累计完成投入工作量达到 669 亿元。

(季琳芬)

【双象光学公司 8 万吨 PMMA 项目开工】 10 月 26 日,无锡双象光学材料有限公司控股子公司苏州双象光学材料有限公司光学级有机玻璃(聚甲基丙烯酸甲酯树脂 PMMA)项目在张家港保税区举行开工典礼。张家港市和保税区领导姚林荣、卞东方等出席开工典礼。苏州双象光学材料有限公司在江苏扬子江国际化学工业园区建设每年 8 万吨 PMMA 高性能光学级液晶材料的生产项目。该项目分期建设,2012 年开始建设一期工程年产 3 万吨 PMMA 装置,计划 2013 年 9 月建成投产;2014 年开始建设二期工程年产 5 万吨 PMMA 装置,2015 年 12 月建成投产。项目正式投产后,预计年销售额 20 亿元。

2012年张家港市引进外地资本注册亿元以上项目情况

表29

项目名称	企业名称	来源地	主营业务	注册资本（亿元）
年产8万吨PMMA高性能光学级液晶材料项目	苏州双象光学材料有限公司	江苏无锡	其他塑料制品制造	3
LED芯片、外延片项目	华灿光电(苏州)有限公司	广东深圳	半导体材料、电子材料与器件、半导体照明设备的设计、制造、销售	3
机械零部件、钣金件加工制造与销售	江苏跃园机械科技有限公司	河南商丘	机械制造	1
钢材、金属材料等购销项目	张家港翔博贸易有限公司	内蒙古	各类金属材料及纺织原料、电子产品、矿产品等购销	7
钢材、金属材料等购销项目	张家港盛安泽物贸有限公司	湖北省宜昌、上海宝山	各类金属材料及纺织原料、电子产品、矿产品等购销	3

上市公司

【概况】 2012年，全市新增上报首发申请材料企业3家，累计达到4家；新增辅导企业4家，累计达到9家；新增拟上市企业9家，累计达到26家。10家企业完成股改。省金融办累计备案企业21家。4家上市公司完成再融资，募集资金20.09亿元，另有2家上市公司上报再融资申请材料。至年末，全市上市企业19家，募集资金总额157亿元。其中，张家港经济技术开发区(杨舍镇)7家，分别是骏马化纤、沙钢股份、江苏国泰、澳洋科技、澳洋顺昌、海陆重工、富瑞特装；张家港保税区(金港镇)5家，分别是保税科技、东华能源、华昌化工、长江润发、张化机；塘桥镇3家，分别是华芳纺织、银河电子、鹿港科技；冶金工业园(锦丰镇)1家，即格兰奇；凤凰镇1家，即盛隆光电；乐余镇1家，即牡丹汽车；大新镇1家，即江苏宏宝。

上市服务　年内，市上市办采取现场办公、一企一议专题协调会等方式，不定期地将拟上市企业急需政府帮助解决的困难、问题与有关部门一起协商解决，并加强跟踪落实，全年为30余家企业解决问题30余件。对已报材料企业，积极做好证监会等相关国家部委的对上争取工作。对辅导期企业，主动协助做好各项基础工作，严格依法规范其经营管理，确保不留“后遗症”，定期会同企业制订上市计划，并明确各阶段的重点工作和完成时间。适时调整后备企业资源库，主动深入后备企业进行调研，提供咨询指导，全年走访企业近100家；与各区镇合作，更新调整200家后备企业资源库，并对其进行动态管理，确保上市工作梯队。宣传引导企业实施股权融资，举办“张家港市企业场外市场股权融资”专题讲座，承办2012年张家港经济发展多元化融资合作高峰会和“融在沙湖”2012年张家港市领军型创业人才企业专场对接会，沙湖创投中心22家创投企业与市29家领军型创业人才企业进行专场对接，推动沙湖创投中心对市高新人才项目的投资服务，新增创投公司2家，累计达到21家，注册资本总额36亿元。引导华盛化学等15家企业引进战略投资者，合计引进私募资金5.9亿元。及时兑现各项扶持政策，会同市财政兑现24家拟上市企业和上市公司以前年度的上市奖励与所得税增长补贴资金7204万元，以及上市公司个人限售股在张家港市减持的奖励资金1111万元，合计8315万元。鼓励中小企业发行私募债，会同东吴证券对50家中小企业进行专项调查和宣传推广，至年末，市首单五洲变压器3年期8000万元中小企业私募债在上交所成功备案发行，另有华菱化机、欧邦塑胶等企业的私募债发行准备工作启动。落实交易场所清理整顿工作，通过走访调查、自查报告、日常监管、专项检查等形式，全面了解全市交易场所的基本情况，形成《张家港保税区华东化工电子交易市场有限公司整顿及风险处置预案》报告上报，指导对潜在的金融风险进行有效监管，通过省金融办牵头组织的江苏省清理整顿各类交易场所工作领导小组组织的检查验收。

2012年张家港市企业在国内上市情况

表30

上市公司	主行业归属	主营构成	上市时间	募资总额（亿元）	总股本（万股）	流通股（万股）	12月30日股价(元)
保税科技	交通运输、仓储业	码头仓储、化工品贸易、运输	1997年3月	3.89	23717.59	21391.60	11.15
华芳纺织	纺织业	棉纱、新型纺织面料	2003年6月	7.42	31500.00	31500.00	5.56
江苏宏宝	工具制造业	工具五金、锻件五金	2006年1月	1.94	18402.00	18016.13	5.40
江苏国泰	商业经纪与代理业	贸易行业、化工行业	2006年12月	2.56	36000.00	34653.86	8.47
澳洋科技	合成纤维制造业	粘胶短纤、蒸汽	2007年9月	9.30	55622.00	53357.10	3.55

续表 30

上市公司	主行业归属	主营构成	上市时间	募资总额（亿元）	总股本（万股）	流通股（万股）	12 月 30 日股价(元)
东华能源	能源批发业	液化石油气销售、再生能源贸易	2008 年 3 月	9.99	29317.31	22345.00	13.74
澳洋顺昌	社会服务业	电镀锌钢板、热镀锌钢板、冷轧钢板、铝合金板物流	2008 年 6 月	2.49	36480.00	33546.45	5.49
海陆重工	通用设备制造业	余热锅炉及相关、容器产品	2008 年 6 月	7.60	25820.00	19648.70	13.68
华昌化工	化学肥料制造业	纯碱、肥料系列产品、精甲醇	2008 年 9 月	5.11	26147.32	25528.85	6.61
长江润发	专用设备制造业	扶梯导轨、实心导轨、配件及汽车型材、导轨毛坯	2010 年 6 月	5.12	13200.00	7890.08	10.02
银河电子	广播电视设备制造业	数字机顶盒、信息电子设备结构件	2010 年 12月	6.48	14080.00	3520.00	13.06
张化机	石化及其他工业专用设备制造业	换热器、蒸发器、过滤器等	2011 年 3 月	21.16	30386.00	13890.73	10.15
沙钢股份	黑色金属冶炼及压延加工业	黑色金属产品的开发、冶炼、加工及销售。	2011 年 4 月	24.84	157627.00	39600.00	3.76
鹿港科技	毛纺织业	精纺纱线、半精纺纱以及呢绒面料	2011 年 5 月	9.30	31800.00	16491.45	7.03
富瑞特装	专用设备制造业	金属压力容器的设计、生产和销售	2011 年 6 月	4.25	13400.00	6921.53	34.00

【4 家上市公司成功实施再融资】 年内，鹿港科技、张化机、东华能源、保税科技 4 家上市公司完成再融资，募集资金 20.09 亿元。鹿港科技于 2011 年 5 月 27 日在上交所挂牌上市，首次公开发行 5300 万股（每股 10 元），募集资金 5.3 亿元；2012 年 4 月，该公司成功实施再融资，通过发行公司债募集资金 4 亿元，所募资金主要用于补充存货、扩大经营规模及增加新产品品种。张化机于 2011 年 3 月 10 日在深交所挂牌上市，首次公开发行 4800 万股（每股 29.5 元），募集资金 14.2 亿元；2012 年 4 月，该公司成功实施再融资，通过发行公司债募集资金 7 亿元，所募资金主要用于偿还短期借款或一年内到期的长期借款、补充流动资金。东华能源于 2008 年 3 月在深交所挂牌上市，首次公开发行 5600 万股（每股 5.69 元），募集资金 3.2 亿元；2012 年 11 月，该公司以每股 9.96 元的价格成功实施定向增发 6827.31 万股，募集资金 6.8 亿元，所募资金主要用于投资建设以扬子江石化为主体的丙烷脱氢制丙烯（一期）项目和收购宁波百地年 100%股权。保税科技前身大理造纸于 1997 年 3 月在上交所挂牌上市。1999 年，大理造纸向张家港保税区金港资产经营公司等定向增发 1156.6 万股（每股 13.8 元），募集资金 1.6 亿元，并更名为保税科技，成为张家港市上市公司。2012 年 12 月，该公司以每股 9.85 元的价格成功实施定向增发 2326 万股，募集资金 2.29 亿元，所募资金主要用于子公司长江国际实施 1 号罐区改扩建项目和码头结构加固改造项目。

【市政府与东吴证券签订战略合作协议】 11 月 29 日，市政府与东吴证券有限公司战略合作协议签约仪式在市暨阳湖大酒店举行。东吴证券将为张家港市经济社会发展提供全方位的金融创新服务。市委副书记、市长姚林荣，副市长石锡贤出席签约仪式。姚林荣在签约仪式上致辞。姚林荣强调，此次战略合作协议的签约是全市借力资本市场，推进产业转型升级、全面发展的又一重要举措。产业的发展离不开资本市场，东吴证券是苏州人自己的证券公司，希望双方以此次签约为契机，进行深入的交流合作，取得战略性的丰硕成果。（刘恳璞）

市政府与东吴证券股份有限公司签订战略合作协议

（东吴证券公司　供稿）

管理与服务

【概况】 2012 年，全市面对民营企业发展环境的变化，继续贯彻《国务院关于进一步支持小型微型企业健康发展的意见》，落实苏州市委、市政府《关于加快民营经济转型升级的若干意见》，推动全市民营企业的快速健康发展，市四套班子领导和市经信委、市中小企业局、市个私协会继续实施定点联系制度，加强调查研究，及时发现经济运行过程中出现的新情况、新问题,第一时间帮助企业解决问题。支持中小企业开拓国内外市场,主动组织民营企业参加国内外各种展会,开拓国内其他省市市场,为全市中小企业提供有效帮助,协助参加其他省市的政府采购招标。多批次、小规模开展银企对接活动。创新设立政策性担保公司,为民营企业提供低成本的融资服务。

【企业培训服务】 年内,市个私协会开展"惠商课堂"服务活动,加强民营企业后备人才培养和企业发展规划培训,积极牵手北大苏南培训基地、知名高校、著名企业家等,每月举办一次以提升企业经营理念、管理能力、营销水平、市场开发、转型升级为主要内容的专题讲座。3月17日至18日,邀请北京大学教授林健安为全市近百名民营企业家进行"转型企业管理方略"专题讲座。先后开展"企业转型与传承""企业战略管理与创新"等讲座,培训企业家6000余人次。与会计师事务所联合,每周一次,分期分批为全市民营企业负责人和财会人员开展财税专业知识免费培训,印发培训通知2万份,帮助民营企业落实《小企业会计准则》。组织民营企业家参加苏州市个私协会举办的"企业家的全球视野及成功要素"讲坛,开展诚信自律道德讲堂,组织会员旁听侵犯商标专用权案庭审,受到会员企业的广泛好评。市中小企业局聘请清华大学和复旦大学专业培训机构,为全市企业量身定制专题培训计划,开展"规模经济VS实力经济""'十二五'经济增长新模式""国际金融动荡与中国经济发展"等专题培训讲座8期,累计培训企业家1500人次。联合省中小企业发展中心及相关专家举办"竞争力大讲堂"及"小企业基地巡诊行"活动。市中小企业服务中心通过整合社会资源,组织师资力量,为中小企业提供信息化、专利申请与保护等各类培训4期,培训人数300余人次。

【融资担保服务】 年内,市中小企业局组织融资性担保公司参加首次经营许可证年检,10家担保公司全部通过。根据《张家港市融资性担保公司风险补偿办法》文件要求,经自愿申报,市中小企业局及市财政局联合审核并经报市政府批准,金港担保、农业担保、信源诚泰、金茂担保4家担保公司共获得市风险补偿金653万元。组织推荐担保公司申报省级担保专项扶持资金,金港担保、农业担保及红金担保共获378万元扶持资金,金港担保、农业担保、信源诚泰共获266万元涉农担保扶持资金。指导组织符合条件的商业银行申报省级小企业贷款风险补偿资金项目,共有10家银行向省经信委提交申报材料,获得102万元的奖励扶持资金。红金担保获得免税资格。联合苏州银行及担保公司将对接活动送进区镇、村,全年共举办8个专场,共为50余家中小企业解决贷款2亿余元,其中为有困难的30余家小微企业投放5000余万元的贷款扶持。

"国际金融动荡与中国经济发展"专题培训讲座

(市经信委 供稿)

【对上争取服务】 年内,市中小企业局认真研究国家、省、苏州市相关产业政策,及时捕捉各类资金信息,准确把握中央、省资金投向,积极谋划筛选上报项目,积极寻找争取支持的切入点。爱迪尔医疗、华鹿毛纺等12家企业获得省级工业和信息产业转型升级专项引导资金303万元,比上年增40%,合丰机械、光学仪器两家企业各获工信部60万元的专项资金扶持,10家银行获得省级小企业贷款风险补偿资金102万元。东城科技创业园获省小企业创业示范基地称号,扬子江纺织工业园获省产业集聚示范区称号,华大离心机、华鹿毛纺及酿酒公司3家企业获省高成长型中小企业(重点培育企业)称号;新美星机械、艾迪尔医疗、固耐特围栏3家企业获省科技创新示范企业(重点培育企业)称号;张家港检验检疫局的木材材种鉴定与检测平台获江苏省中小企业公共技术服务示范平台称号,华芳纺织研究院获江苏省中小企业公共技术服务重点培育平台称号;东渡纺织、灿勤电子、国泰华荣获省五星级数字企业称号;固耐特围栏的高强度高安全防攀爬密纹网围栏、星A包装的含颗粒浓稠物料全自动高速灌装封盖机获省"专精特新"产品称号。

【政策咨询服务】 年内,市中小企业局全面梳理汇编2008年以来的保增长各项政策措施,继续执行并不断完善,设立中小企业提速发展、推广使用当地企业产品专项奖励资金各1000万元。加强与市金典软件公司的合作,在市中小企业局门户网站开通创业培训、政府服务、融资服务、企业信息化和市场合作等栏目,及时、快捷、全面地为中小企业提供政策咨询服务,引导企业了解政策,用好政策。

【产业集聚服务】 根据各区镇的产业特色,推动关联中小企业向特色产业基地集中。定期跟踪锦丰冶金产业集群、塘桥毛纺织产业集群和乐余洗涤设备产业集群3个省重点产业集群的运行情况。东城科技创业园获江苏省小企业创业示范基地称号、扬子江纺织工业园获江苏省产业集聚示范区称号。做好对经济一般村的厂房建设帮扶工作,严格规范市集体标准型厂房建设。全市区镇、村两级集体建造的标准型厂房总面积468万平方米,出租率97%以上,有效地提高村级经济收入和财力,为中小企业发展提供良好的载体平台。

(陆文朝 何建平)

【编辑 黄宏庆】

开放型经济

综　　述

2012年，受欧债危机持续蔓延的影响和深度冲击，经济形势严峻复杂。全市开放型经济坚持克难而上，创新突破，总体呈现平稳增长发展态势。全年完成进出口总额319.62亿美元，其中出口128.11亿美元；新增注册外资及港澳台资16.1亿美元，实际利用外资及港澳台资9.5亿美元；新签对外及对港澳台工程劳务合同额1.84亿美元，完成营业额2.43亿美元；新批对外及对港澳台投资项目24项，张家港投资方协议投资额2.53亿美元；完成服务外包接包合同额2.02亿美元，离岸执行额1.04亿美元。

对外及对港澳台贸易难中求进　全年完成进口总额191.5亿美元，比上年降10.26%；完成出口总额128.11亿美元，比上年增12.06%；贸易逆差63.39亿美元。一般贸易进出口仍占主导地位，为196.06亿美元，占全年进出口总额的61.34%，其中出口93.21亿美元，比上年增12.49%，占全市出口总额的72.76%。与上年相比，冶金、机电等出口主导产业均出现不同幅度增长，其中冶金行业增幅较大。规模企业和园区带动效应明显，国泰集团出口额21.95亿美元，张家港保税区、张家港经济技术开发区、扬子江国际冶金工业园出口额分别为28.41亿美元、49.11亿美元和23.57亿美元。

利用外资及港澳台资量质并举　全年到账外资及港澳台资9.5亿美元（经商务部确认数），比上年增5.5%，创历史新高。全年新批新能源、新材料、新装备等新兴产业项目44项，新增注册外资及港澳台资6.46亿美元（含增资），占全市制造业新增注册外资及港澳台资的62%。精心策划组织赴日本、欧洲、韩国、美国等地的招商和经贸交流活动。年内，举办“看港城巨变，谋合作发展”主题经贸活动、外资企业校企合作沙龙、“融入第二故乡、共创美好明天——千名外商看港城”系列活动、外资企业圣诞晚会，扩大了张家港市在海内外的知名度。

对外及对港澳台经济技术合作继续领先　年内，全市新批境外投资500万美元以上项目11项，投资总额2.64亿美元，分别占项目总数和投资总额的45.83%和90.72%。其中，3000万美元以上项目3项，投资总额1.83亿美元；增资项目5项，投资总额1亿美元；投资亚洲地区项目11项，投资总额1.52亿美元。埃塞俄比亚东方工业园项目进展顺利，至年末，入园企业11家，其中投产10家，实现销售额9098万美元，上缴埃塞俄比亚政府各项税收846万美元。对外及对港澳台承包工程、劳务合作发展势头持续走强，新签境外工程劳务合同额1.84亿美元，完成营业额2.43亿美元，外派劳务220人，境外投资总额2.91亿美元，其中张家港投资方协议投资额2.53亿美元。

开发区集聚度提升　张家港保税区、张家港经济技术开发区、扬子江国际冶金工业园“两区一园”规划布局日益完善，园区内资源整合和功能形态开发步伐加快，开放集聚度显著提升。8月，张家港保税港区、张家港经济技术开发区获批省知识产权试点园区。

商务部副部长高虎城考察埃塞东方工业园　　（市商务局　供稿）

11月，张家港经济技术开发区的江苏张家港精密机电产业园获批省级特色产业园。全年"两区一园"(含三个镇）实际利用外资及港澳台资7.56亿美元，占全市实际利用外资及港澳台资总额的81.5%；进出口总额274.22亿美元，其中出口总额101.1亿美元，分别占全市总量的85.79%和78.92%。

口岸开发步伐加快　年内，张家港口岸完成货物吞吐量突破2.5亿吨，集装箱运量达到150.2万标箱，分别比上年增13.4%和14.9%。外贸进出口运量5037.3万吨，居长江沿线各港之首。口岸集装箱运量连续三年超百万标箱，货物吞吐量连续三年超2亿吨，成为全国最大的内河口岸。

（张　玲）

对外及对港澳台贸易

【概况】 2012年，全市有出口实绩企业2189家。其中自营出口企业1792家，合计出口67.52亿美元(海关统计数，下同)，比上年增14.2%，占全市出口总额的52.7%；三资企业397家，合计出口38.64亿美元，比上年降8.2%，占全市出口总额的30.16%。江苏国泰国际集团全年出口21.95亿美元，比上年增6.6%，占全市出口总额的17.14%。全市全年完成进出口总额319.62亿美元，其中出口128.11亿美元，分别比上年降4.4%和增5.9%。

2012年张家港市十大出口企业出口情况

表31

企业名称	主要出口产品	出口总额（万美元）	比上年增减率(%)
江苏国泰国际集团有限公司	纺织、机电、化工产品等	219450	6.60
江苏沙钢集团有限公司	钢材	179915	42.01
江苏永钢集团有限公司	钢材	68863	153.88
江苏省中油泰富船舶燃料有限公司	成品油	24055	–14.10
南港(张家港保税区)橡胶工业有限公司	橡胶轮胎	21946	–26.14
江苏澳洋集团有限公司	纺织、化纤、金属、医药	21807	–22.80
张家港东华能源股份有限公司	能源仓储	20811	988.53
飞翔化工(张家港)有限公司	化工品	20681	–15.59
丰立集团有限公司	钢材	19490	–13.92
骏马化纤股份有限公司	化纤	17438	21.81

【小微企业出口信用保险获首笔赔款】 6月，市商务局联合中国出口信用保险有限公司搭建全市小微企业"信保易"平台，为小微企业提供全面的收汇风险保障，解决其"有单无力接""有单不敢接"和融资难问题，促进企业做大出口规模。"信保易"平台为企业提供的风险保障有：因客户企业或银行由于破产或无力偿付债务、拒收货物或拒绝兑付、拖欠货款、所在国发生政治风险等原因造成的风险，赔付比例高达70%，赔付上限5万美元；保单最高赔偿额为年度保险费的60倍，最低限额不低于5万美元。11月20日，2012年小微企业出口信用保险业务培训暨赔款发放仪式举行，一家小微外贸企业收到5万美元的保险赔款，成为全市首个小微企业出口信用保险赔付案例。

【商务局为企业争取扶持资金1.32亿元】 年内，市商务局积极组织企业申报各级各类外经贸扶持资金，至年末，争取各类扶持资金13211.45万元。具体有：兑现2011年度《关于全市外贸保增长促发展的若干意见》相关扶持政策，拨付外贸扶持资金1106.53万元；兑现2012年上半年度外贸普奖资金1645.12万元；兑现外贸稳增长资金1437.94万元；兑现"一业一策"资金655万元；拨付省级2011年度下半年国际市场开拓展会项目资金96.69万元；拨付2011年上半年省级出口信用保险补贴1408.17万元；拨付2010年度中小企业国际市场开拓资金项目18.29万元；帮助76家企业申报进口贴息资金，实际拨付932.8万元；拨付省级商务发展专项资金1432.92万元；拨付省级商务发展切块资金1805.23万元；3家企业获拨国家级服务外包扶持资金39.26万元；24家企业获拨张家港市级服务外包扶持资金2233.5万元；帮助5家企业申报省级服务外包扶持资金400万元。

利用外资及港澳台资

【概况】 年内，全市新批外商及港澳台商投资项目118项，新增注册外资及港澳台资16.1亿美元，到账外资及港澳台资9.5亿美元，比上年增5.5%。全年批办增资项目50项，新增注册外资及港澳台资4.48亿美元，占全市总额的27.8%；新批服务业项目45项，新增服务业注册外资及港澳台资5.68亿美元，到账外资及港澳台资1.39亿美元；新批投资总额超千万美元项目55项，注册外资及港澳台资15.2亿美元，占全市注册外资及港澳台资总额的94.2%。至年末，全市有开业三资企业1077家，其中世界500强投资企业55家。

【开发区招商引资】 年内，江苏省张家港保税区（含工业配套区江苏扬子江国际化学工业园）、江苏省张家港经济技术开发区、江苏扬子江国际冶金工业园共完成注册外资及港澳台资12.9亿美元，到账外资及港澳台资7.75亿美元。

江苏省张家港保税区　全年新批外资及港澳台资项目34项，完成注册外资及港澳台资6.43亿美元，到账外资及港澳台资3.67亿美元，分别占全市的40%和38.7%。其中新批投资总额超千万美元项目15项，新增注册外资及港澳台资3.37亿美元。全年增资项目20项，新增注册外资及港澳台资3.05亿

道康宁(张家港)有限公司 (保税区 供稿)

美元,道康宁、瓦克化学、银河锂业、泰柯棕化等世界知名企业纷纷增资扩股。

张家港经济技术开发区 全年新批外资及港澳台资项目33项,完成注册外资及港澳台资4.04亿美元,到账外资及港澳台资2.29亿美元。其中批办投资总额超千万美元项目18项,新增注册外资及港澳台资4.01亿美元。全年增资项目16项,新增注册外资及港澳台资4404万美元。年内,那智不二越、欧壁医药、现代海斯克、群欣光电科技、中康电力等一批新兴产业项目落户经开区。

江苏扬子江国际冶金工业园 全年新批外资及港澳台资项目16项,完成注册外资及港澳台资2.4亿美元,到账外资及港澳台资1.8亿美元。新批投资总额超千万美元项目10项,新增注册外资及港澳台资1.88亿美元。全年增资项目5项,新增注册外资及港澳台资5657万美元。年内,盛安新材料、富澜特环境科技、中铭钢铁贸易、金茂租赁等一批项目落户冶金工业园。

【镇(区)招商引资】 年内,塘桥镇、乐余镇、凤凰镇、南丰镇、大新镇、现代农业示范园区共完成注册外资及港澳台资3.2亿美元,到账外资及港澳台资1.76亿美元。其中,塘桥镇新批外资及港澳台资企业5家,注册外资及港澳台资6965万美元,到账外资及港澳台资3228万美元;乐余镇新批外资及港澳台资企业7家,注册外资及港澳台资5036万美元,实际利用外资及港澳台资2120万美元;凤凰镇新批外资及港澳台资企业10家,注册外资及港澳台资1.26亿美元,到账外资及港澳台资7698万美元;南丰镇新批外资及港澳台资企业5家,注册外资及港澳台资4721万美元,到账外资及港澳台资2997万美元;大新镇新批外资及港澳台资企业6家,注册外资及港澳台资2810万美元,到账外资及港澳台资1523万美元;现代农业示范园区新批外资及港澳台资企业2家,注册外资及港澳台资80.3万美元,到账外资及港澳台资30万美元。

【市领导赴海外招商】 6月7日至14日,市委书记徐美健率团赴美国、韩国招商。招商考察中,通过举办推介会、小分队拜访等多种形式,与美韩工商界进行广泛接触和交流,并与润英联集团、杜邦公司、SVTC工厂、韩国浦项制铁公司和SAC株式会社等一批知名企业商洽投资合作事宜。

【2家公司成为省首批跨国公司功能性机构】 8月,省商务厅下发《关于认定江苏省首批跨国公司地区总部和功能性机构的通知》,马尼托瓦克起重设备(中国)有限公司作为亚太区研发、售后服务中心,陶氏化学(张家港)有限公司作为大中华区采购中心被认定为全省首批跨国公司功能性机构。跨国公司地区总部和功能性机构是高端外资及高端服务业的重要组成部分,是产业链延伸、功能链拓展、价值链提升的关键节点,是信息、技术、人才、管理、市场等资源要素的集聚体和辐射源。根据省政府出台的《关于鼓励跨国公司在我省设立地区总部和功能性机构意见的通知》,获得认定的企业可享受便利化措施、资金补助和奖励等政策。

【首例跨境人民币直接投资项目获批】 10月19日,利富高(江苏)精密树脂制品有限公司增资项目获市商务局批准,利富高(香港)有限公司以跨境人民币对公司增资,成为全市批准的首例跨境人民币直接投资的外资及港澳台资项目。2011年10月12日商务部印发《关于跨境人民币直接投资有关问题的通知》,允许一定条件下的跨境人民币直接投资,使外商在进行投资时有了更灵活的币种选择,可以更好地规避汇率波动风险,节省时间及汇兑成本。

【招商引资实务研修班举办】 5月16日至23日,市人社局和市商务局联合组织各区镇和有关部门的20名招商一线干部赴香港进行现代服务业招商引资培训。培训邀请香港中华教育基金会、香港物流协会、国际宝峰金融集团、香港中文大学等机构的负责人和专家,就香港的社会概况、物流业的发展及前景、会展业概况、创新与科技进步等内容进行全方位阐述和解读,旨在增强全市招商队伍在现代服务业招商领域的理论水平和实务能力。培训期间,学员们还实地参观考察了香港贸易发展局、国际会展中心、天极影视、又一城综合体等现代服务业发展的代表场所。

2012年张家港市主要新批(含增资)外资及港澳台资项目情况

表32 单位:万美元

行业	项目(企业)名称	投资方	投资总额	注册资本	外资及港澳台资比例	注册外资及港澳台资	批准时间
服务业	道康宁(张家港)贸易有限公司(增资)	道康宁公司	28000	12000	100%	12000	11月
服务业	苏州中康电力开发有限公司	香港爱康电力国际控股有限公司	10000	3400	100%	3400	8月

续表 32

行业	项目(企业)名称	投资方	投资总额	注册资本	外资及港澳台资比例	注册外资及港澳台资	批准时间
冶　金	联峰钢铁(张家港)有限公司(增资)	思锐达(香港)集团有限公司	9800	9800	25%	2450	6月
化　工	道康宁(张家港)有限公司(增资)	道康宁有机硅氧烷(张家港)控股私营有限公司	9600	9600	100%	9600	4月
新能源	张家港乐嘉新能源科技有限公司	香港兴岳集团有限公司	9000	3000	100%	3000	10月
化　工	张家港盈鼎气体有限公司(增资)	盈德气体香港有限公司	7500	3000	100%	3000	1月
轻　工	欧璧医药包装科技(中国)有限公司	斯泰瓦纳托集团国际公司	6246	2498	100%	2498	8月
新能源	江苏纳新节能科技有限公司	王麒	6000	2000	70%	1400	7月
机　电	群欣光电科技(张家港)有限公司	群欣光电科技控股有限公司	5947	2000	100%	2000	9月
机　械	那智不二越(江苏)精密机械有限公司	株式会社不二越	6300	2100	100%	2100	3月
新材料	盛安新材料(江苏)有限公司	韩国盛安株式会社	4500	1500	100%	1500	2月
新能源	安逸达电解液技术(张家港)有限公司	高级电解液技术有限责任公司	4000	1600	100%	1600	6月
机　电	苏州现代海斯克钢材有限公司	现代海斯克（株)、(株)LG 商社、(株)大成 STEEL	3750	1250	100%	1250	6月
服务业	张家港保税区德辉珠宝金行有限公司	德诚投资有限公司	3500	1500	100%	1500	9月
服务业	张家港海力码头有限公司(增资)	华盛控股(香港)有限公司	3380	6152	25%	1538	8月
服务业	张家港普洛斯仓储设施有限公司	CHL(65)贸易公司	2980	1300	100%	1300	10月
服务业	张家港中铭钢铁贸易有限公司	LQY 焊管有限公司	2800	1769	100%	1769	5月
机　电	江苏富澜特环境科技有限公司	PRATECH 贸易公司	2800	1120	89%	1000	3月
机　电	凯比(张家港)制动系统有限公司	KBAUTOSYS 有限公司	2500	1000	100%	1000	6月
化　工	瓦克化学(张家港)有限公司(增资)	瓦克化学(中国)有限公司	1710	1710	100%	1710	9月

对外及对港澳台经济技术合作

【概况】 全年新签对外及对港澳台工程劳务合同额 1.84 亿美元,完成营业额 2.43 亿美元,外派劳务 220 人。新批对外及对港澳台投资企业（项目)24 家,对外及对港澳台投资总额 2.91 亿美元,其中张家港投资方协议投资额 2.53 亿美元。埃塞俄比亚东方工业园一期 2 平方公里基础设施建设基本实现“四通一平”,至年末,东方工业园完成实际投资 6122 万美元；完成基础设施投资 4715 万美元,带动出口 6198 万美元;入园企业 11 家,其中投产 10 家,实现销售额 9098 万美元，上缴埃塞俄比亚政府税收 846 万美元;东方工业园员工总数 2409 人，为东道国创造就业岗位 1960 个。9 月,经省商务厅确认,张家港香港城房地产开发有限公司投资 8500 万美元在澳大利亚设立港华房地产有限公司,经营房地产开发业务。

2012 年张家港市批设对外及对港澳台投资企业(项目)情况

表 33　　单位:万美元

投资企业(项目)	投资目的地	投资总额	张家港投资方出资	投资行业	投资主体
金陵纺织(纽约)有限公司	美国纽约	100	100	纺织	市金陵纺织有限公司
东方工业园有限公司增资 2000 万美元项目	埃塞俄比亚	2000	2000	经贸合作区、国际贸易、机电和建材	江苏永元投资有限公司
倍美昌源股份有限公司	美国	230	115	弹性纤维	市昌源氨纶制造有限公司
香港永联国际集团有限公司	中国香港	500	500	冶金	江苏永钢集团有限公司
苏州盛隆光电科技有限公司德国办事处	德国	100	100	光电	苏州盛隆光电科技有限公司
东方工业园有限公司增资 200 万美元项目	埃塞俄比亚	200	200	经贸合作区、国际贸易、机电和建材	江苏永元投资有限公司

续表 33

投资企业(项目)	投资目的地	投资总额	张家港投资方出资	投资行业	投资主体
东华能源(新加坡)国际贸易有限公司	新加坡	200	200	石化	东华能源股份有限公司
协鑫光电科技(张家港)有限公司台湾分公司	中国台湾	100	100	光电	协鑫光电科技(张家港)有限公司
沙钢世富蒙古有限责任公司	蒙古	900	900	机械设备及配件	江苏沙钢世富钢铁炉料有限责任公司
易阳(保加利亚)新能源科技有限公司	保加利亚	760	760	光伏电站建设	江苏易阳新能源科技有限公司
全球世纪科技股份有限公司	加拿大	150	75	太阳能产品	市永能光电有限公司
香港富瑞实业投资有限公司	中国香港	580	580	液化天然气装备	张家港富瑞特种装备股份有限公司
野马汽车制造有限公司	埃塞俄比亚	500	500	机动车	江苏其元集团有限公司
舒可太阳能光伏系统工程公司	德国	700	490	光伏电池	江苏永能光伏科技有限公司
华茂国际(香港)有限公司	中国香港	200	200	玻璃制品	江苏华尔润集团有限公司
辰佳有限公司	美国	300	300	报废汽车拆解及废金属回收	张家港保税区辰龙锦绣国际贸易有限公司
汉腾美国公司	美国	220	220	太阳能产品	江苏汉腾太阳能有限公司
丰立集团(新加坡)有限公司增资949万美元项目	新加坡	949	949	钢铁	丰立集团有限公司
汉腾新能源澳大利亚有限公司	澳大利亚	220	220	清洁能源发电装置	江苏汉腾太阳能有限公司
华晖国际(香港)有限公司增资1910万美元项目	中国香港	1910	1910	玻璃制品	华尔润玻璃产业股份有限公司
东华能源(新加坡)国际贸易有限公司增资4800万美元项目	新加坡	4800	4800	石化	东华能源股份有限公司
澳大利亚港华房地产有限公司	澳大利亚	8500	5100	房地产	张家港香港城房地产开发有限公司
振宇进出口有限公司	孟加拉	30	30	纺织	市振宇服装进出口有限公司
盛隆能源有限公司	中国香港	5000	5000	清洁能源发电装置	苏州盛隆光电科技有限公司

【沙钢荣膺中国企业海外投资50强】 6月23日在北京召开的第五届跨国公司领袖圆桌会议颁奖仪式上，江苏沙钢集团获中国企业海外投资50强荣誉，沙钢集团董事局主席沈文荣获中国国际投资战略家称号。跨国公司领袖圆桌会议是由中国国际跨国公司促进会发起，与联合国开发计划署、联合国贸易和发展会议等5个机构共同主办。中国企业海外投资50强是从商务部、国家统计局及国家外汇管理局《2010年度中国对外直接投资统计公报》“中国非金融类境外企业资产总额前50家公司”中产生。中国国际投资战略家由跨国公司领袖圆桌会议组委会推选。近年，沙钢集团积极向海外投资：2010年，集团投资3000万美元在新加坡注册成立沙钢国际(新加坡)有限公司；2011年，集团通过收购方式控股在澳大利亚证券交易所挂牌的上市公司格兰奇资源公司；2012年，江苏沙钢世富钢铁炉料有限责任公司投资900万美元注册成立沙钢世富蒙古有限责任公司。 (张 玲)

江苏国泰国际集团

【概况】 2012年，江苏国泰国际集团有限公司（又称江苏国泰国际集团，简称国泰集团）实现销售收入302.8亿元，比上年增16.02%，上缴各项税款4.68亿元，比上年增40.1%。在2012年公布的中国企业500强中，位列351位；在中国服务业企业500强中，位列107位。年内，集团获江苏省开放型经济先进企业、苏州市商务系统先进集体、苏州市外贸出口先进单位等荣誉。

【外贸主业】 国泰集团下辖专业进出口公司全年完成进出口总额27.3亿美元，比上年增13.75%，其中出口21.9亿美元。据中国纺织品出口商会统计，集团下属国贸股份公司、华盛公司、华联公司、国华公司、力天公司、亿达公司等6家公司进入2012年中国纺织品服装出口企业百强，分别位列10、29、30、41、61和68位。

【投资产业】 房地产方面，国泰集团下属华昇实业公司与江苏江南商贸集团共同投资开发的高档住宅项目国泰润园总投资16亿元，年内完成投入9亿元，土建工作量超85%,一、二期销售进度约70%,全年销售10亿元。江南府项目分两期报批建设，项目占地16.3万平方米，总建筑面积32万平方米，总用地面积33万平方米，总投资26亿元，年内完成一期桩基建设。5月31日，国泰金融广场在张家港国际商务区开工奠基，由2幢25层主楼和1幢12层附楼及部分裙房构成，占地2.46万平方米，地上部分建筑面积13.5万平方米，总投资8亿元，年内完成桩基、土方工程，完成投资（含土地）约1亿元。10月18日，由集团下属国泰房地产公司、华昇公司、华联公司、亿达公司投资兴建的国泰新世纪广场正式启用，该项目楼高25层，总占地1.59公顷，建筑面积6.7万平方米，总投资4.5亿元。年内，位于南京的国泰科创大厦落成启用，国泰智慧软件园和服装研发中心两个项目分别获批。新兴产业方面，集团下属国泰华荣化工公司继续加大对化工新材料的投入力度，围绕“成为锂电池材料综合供应商”目标，规划和建设适度超前，深化锂电池电解液、配套材料产能储备及建设，完善产业链配套，保持公司在该行业的优势地位。集团下属新点软件公司在电子招投标领域达到国内领先水平，运用“卓越绩效评价准则”理念提升管理，公司全年营业收入1.29亿元。集团下属国泰新能源科技有限公司实现销售收入1329万元，完成盱眙、盐城污水处理厂BOT（基础设施特许权）项目投资，总投资额7807万元，其中盱眙污水处理厂实现商业运营销售收入536万元。宾馆业方面，国贸酒店全年营业收入1.32亿元，实现综合效益3805万元，获评“苏州最佳星级酒店入围奖”“旅游标准化示范单位”等荣誉，顺利通过新版五星复审。南园宾馆完成总营业收入9308.77万元，其中餐饮收入5000.18万元、客房收入3460万元、其他收入848.24万元，营业毛利2486万元。投融资方面，11月7日，经中国银行间市场交易商协会核准，集团成功注册6亿元中期票据，期限3年，分两期发行。11月23日，首期资金3亿元到账，年利率5.51%,用于补充各子公司流动资金。12月10日，集团获批筹建江苏国泰财务有限公司。全年国泰小额贷款公司发放贷款296笔，共11亿元。同时，集团积极推动旗下盛泰投资、国泰投资和华鼎投资三家投资公司的运行，搭建好集团投融资平台。

国泰新世纪广场正式启用　　（国泰集团　供稿）

2012年江苏国泰国际集团主要下属专业外贸子公司经营情况

表34

公司名称	出口额（万美元）	进口额（万美元）
江苏国泰国际集团国贸股份有限公司	58446	5489
江苏国泰力天实业有限公司	32773	18059
江苏国泰国际集团华盛进出口有限公司	30412	1736
江苏国泰亿达实业有限公司	19690	1698
江苏国泰国际集团华泰进出口有限公司	17190	14703
江苏国泰国际集团华联实业有限公司	28003	412
江苏国泰国华实业有限公司	25062	1907
江苏国泰国际集团东方进出口有限公司	7	565
江苏国泰国际集团华诚进出口有限公司	7069	688
江苏国泰华博进出口有限公司	—	8567
江苏国泰国际集团上海进出口有限公司	1860	—

【国泰集团8亿元短期融资券发行】 6月中旬，经联合资信评估确认，国泰集团的资信等级从AA-升级为AA,评级提升提高了集团在银行间债券市场的知名度和认知度，降低了集团在银行间债务市场的融资成本，拓宽了集团可直接融资规模。7月19日，国泰集团4亿元短期融资券成功发行。12月18日，国泰集团又成功发行4亿元短期融资券。发行年利率5.21%。短期融资券的发行，有助于改善集团财务结构，使集团逐步摆脱主要依靠银行融资的局面，提高直接融资比例和优化融资结构，增加企业资金管理的灵活性，又使综合成本较同期人民币贷款基准利率下浮，节约了成本。

（戴丽兰）

【编辑　朱永平】

港口口岸

张家港港

【概况】 张家港港东距上海吴淞口146.5公里，西离南京港219.4公里，南与杭嘉湖地区相连，北通苏北各港。港口面江、傍河、通海，具有水水中转优势。可承接钢材、木材、化工品、粮油、煤炭、集装箱、件杂货等不同货种的中转储运。随着全省大交通格局的形成，港口陆路运输网络不断健全，自港口出发，1小时车程可覆盖苏州、无锡、常州、南通，2小时车程可到达上海、南京、杭州。港口岸线西起长山（与江阴交界），东至东沙（与常熟接界），全长80.4公里，其中主江岸线63.6公里、深水岸线约35.8公里。岸线顺通，-10米以下深水贴岸，不冻不淤，并有江心福姜沙作天然屏障，是得天独厚的避风良港。口岸年平均气温15.2℃，相对湿度76%，每秒风力3.8米，属亚热带海洋性气候。作为苏州、无锡、常州地区对外开放的重要门户，港口拥有富庶的经济腹地和区港一体的自然条件，是长江内河流域最早对外开放的国家一类口岸。

【港口码头】 年内，港口支持系统（执法基地）工程正式开工建设，并完成港池部分建设。段山港重件码头工程（10个泊位）、东沙作业区公用散杂码头工程（3个泊位）、东华能源5.4万吨LPG（液化石油气）码头复建工程（1个泊位）、海力2号码头改扩建工程（1个泊位）、奔辉码头改造工程（2个泊位）、孚宝内港池码头工程（A阶段）（2个泊位）等一批港口建设项目完成交工验收。11月，东华能源5.4万吨LPG（液化石油气）码头经省政府批准正式对外开放。至年末，张家港港有大新公用航道、东沙公用航道，张家港海轮锚地、通沙海轮锚地、危险品锚地、福中锚地4个锚地及临时停泊区5个。张家港口岸有25个码头单位的泊位122个，开放泊位73个；万吨级以上泊位69个，万吨级开放泊位61个。

【货物吞吐】 全年口岸完成货物吞吐量2.5亿吨，比上年增13.4%，其中煤炭及制品7635.9万吨、钢铁4683.8万吨、金属矿石5743.7万吨、化工原料及制品1269.2万吨、粮食386.4万吨、木材410.7万吨、石油天然气及制品76.5万吨、水泥303.4万吨。外贸运量5037.3万吨，比上年减3.8%，其中外贸进口3490.7万吨。进口海运木材和油脂重量列全国同类口岸第一，进口羊毛、棉花、大豆和化工品数量列江苏省口岸第一。集装箱运量150.2万标箱，比上年增14.9%。货物吞吐量连续三年超2亿吨，保持全省领先，居全国县域口岸首位，外贸货运量继续领跑长江沿线港口，集装箱运量连续三年超百万标箱。

【港口支持系统开工建设】 6月15日，国内建设规模最大的港口支持系统——张家港港口支持系统（执法基地）正式开工建设。工程投资估算3亿元，由市政府口岸办（港口局）牵头，张家港海事局、张家港边检站、长江航运公安局苏州分局、长江南京航道局等单位共同参建。工程占地总面积约18.07公顷，计划水域部分利用江滩约650米岸线，规划建设泊位21个，用于海事局、边检站、长航公安、南京航道局等单位公务船舶的停靠。码头后方布置海事局船舶防溢油应急设备库、市水陆两用消防站及相关业务用房及配套公共设施。至年末，完成港池部分建设工程。建成后，能有效缓解港口航道通航压力和管理压力，提升船舶突发事故应急能力、水上消防监管能力和水上执法能力，对长江干线张家港辖区水域和港口的政治、经济、治安稳定产生积极的社会效益。（余佳红）

【港务集团获评苏州市文明单位标兵称号】 张家港港务集团有限公司（简称港务集团）是苏州城市建设投资发展有限公司控股子公司，有员工近3000人。公司经营范围包括进出口货物的装卸、仓储、中转、驳运，保税物流业务，国际配送，国际中转，货物理货，货物配载，船舶、货运代理，船舶拖带服务，木材交易、木材加工，港口机械制造维修、电气设备维修安装，港湾疏浚、船舶供应，港口工程开发建设、混凝土连锁块制造，疏港车辆停放，物业管理以及港口信息业、租赁业务（国家有专业规定的办理审批手续后经营）。集团拥有万吨级泊位16个（含永嘉、苏润码头），江心浮筒12个；内河港池1座；起重、输送、航运等大型专用装卸设备470余台；库场面积155万平方米，化工储罐48个计14万立方米，可同时停靠万吨级船舶26艘，年吞吐能力6000万吨。2012年，完成货物吞吐量

6024万吨，其中外贸吞吐量1316.9万吨。集装箱完成147.4万标箱。实现营业收入7.2亿元。全年货运总量2355万吨,其中,木材自然吨292万立方米,煤炭自然吨1206.9万吨，矿石自然吨529.7万吨,PTA(对苯二甲酸)自然吨92万吨,袋装化肥、白云石等其他货种自然吨234.4万吨。完成1号、2号、9号泊位码头结构加固改造，全面开展18号泊位项目前期工作。年内,被江苏省认定为省级物流企业技术中心，被张家港市认定为市示范实训基地，牵头成立市木材行业协会。获第二届全国交通企(事)业法治先进单位、江苏省文明口岸先进单位、苏州市文明单位标兵、苏州市服务业标杆企业、张家港市开放码头规范化管理先进单位、张家港海关对外开放A类码头等荣誉，接受并顺利通过中国船级社质量认证公司的质量管理体系外部监督审核，继续保持ISO 9001:2008质量管理体系认证证书。（许咏梅）

【长江国际实施罐区扩建、码头加固等重点工程建设】 张家港保税区长江国际港务有限公司（简称长江国际）是张家港保税科技股份有限公司控股子公司,成立于2001年,有自营罐容48.33万立方米,主要经营乙二醇、二甘醇等散装液体化工品的码头装卸、保税仓储、分拨转运业务,同时为雪佛龙菲利普斯化工(中国)有限公司、张家港保税区凯伦化工仓储有限公司等区内仓储、生产企业提供码头中转和管道物流配送服务。2012年,码头共靠泊国际航行船舶523艘次,接卸货物总量242.97万吨,其中接卸乙二醇164.34万吨、二甘醇30.09万吨,两个品种的接卸量占公司自营总量的90.9%,已成为华东地区最具影响力的乙二醇、二甘醇集散中心。完成码头吞吐量262万吨,实现营业收入3.07亿元。年内,为扩大规模优势,优化资源配置,长江国际稳步推进重点工程建设,9号罐区10万立方米储罐扩建工程顺利投产,1号罐区10.1万立方米储罐改扩建工程进入招投标阶段。9月,长江国际1号、3号泊位码头结构加固改造工程开工建设,改造完成后能满足满载靠泊3万载重吨化学品船的要求。（钱淑贞）

【江海粮油被评为江苏省重点物流企业】 江苏省江海粮油贸易公司张家港储运部(简称江海粮油)创建于1984年,1988年开港运作。经过30余年的建设和发展，已建成为全国粮食系统最大的多功能码头之一。依托码头形成的粮油产业基地初具规模,码头占地近66.67公顷,拥有长江深水岸线830余米,建成万吨级泊位4个,有露天堆场20万平方米,中转库、储备库容30万吨,储油罐容30万吨,港口装卸设备设施配套齐全。江海粮油码头充分依托港口功能优势大力发展现代粮油物流业，一直担负着国家粮油专项储备职能，先后与30余个国家和地区建立货运关系,与国内20余个省、市建立中转业务关系。自开港至2012年年末，码头累计完成货物吞吐量6300余万吨，进口食用油脂接运量连续多年名列全国第一，填补长江流域中转进口小麦、大豆、大麦、毛豆油、牛羊油等多项空白,被国家发改委、国家粮食局誉为长江粮食流通走廊的“龙头”,被国家发改委和江苏省政府列为国家和全省“十二五”粮食物流规划的重要节点,为国家粮食宏观调控、平抑市场物价，确保江苏省粮食安全发挥了积极作用，取得良好的社会效益和经济效益。码头具有郑州交易所、大连交易所PTA、豆粕、菜油等的期货交割仓库。2012年，码头累计接卸外轮184艘次，完成吞吐量673万吨，其中粮食饲料233万吨、杂货227万吨、油脂213万吨。10月，被省经信委评定为江苏省重点物流企业。11月,经南京海关批准设立保税仓库。（陈国忠）

2012年年末张家港口岸码头泊位一览

表35

作业区	码头单位	码头泊位名称	泊位个数	主要用途	前沿水深(米) 设计水深	前沿水深(米) 实际水深	码头长度(米)	靠泊能力(吨级)	投产时间	对外开放时间
长山作业区	市久盛船业有限公司	久盛码头	2	船修	-8.50	-8.00	300.00	30000 50000	2008年12月	2009年8月
	上海振华重工(集团)张家港港机有限公司	港机厂码头	1	港机发运	-7.00	-7.50～-9.00	84.00	10000	1997年12月	1998年5月
	张家港锦隆重件码头有限公司	锦隆重件码头	4	件杂货	-6.90～-9.00	-6.90～-9.00	540.00	2个5000 1个1000 1个8000	2011年8月	—
张家港作业区	张家港港务集团有限公司	1号泊位	1	件杂货	-11.00	-11.00	185.00	13000	1994年7月	1983年5月
		2号泊位	1	件杂货	-11.00	-11.00	185.00	13000	1994年7月	1983年5月
		4号、5号泊位	2	件杂货	-11.85	-11.85	581.00	50000	2001年8月	1983年5月
		6号泊位	1	件杂货	-10.50	-10.50	180.00	10000	1985年12月	1985年12月
		7号泊位	1	件杂货	-10.50	-10.50	180.00	10000	1985年12月	1985年12月
		8号泊位	1	木材	-11.62	-11.62	203.00	25000	1993年8月	1994年12月
		9号泊位	1	散货	-11.62	-11.62	185.00	20000	1993年8月	1994年12月
		10号泊位	1	液体化工	-11.62	-11.62	196.00	25000	1993年8月	1994年12月

续表 35-1

作业区	码头单位	码头泊位名称	泊位个数	主要用途	前沿水深(米)		码头长度(米)	靠泊能力(吨级)	投产时间	对外开放时间
					设计水深	实际水深				
张家港作业区	张家港港务集团有限公司	13 号泊位	1	件杂货	−11.68	−11.68	180.00	10000	2002 年 6 月	1988 年 12 月
		14 号泊位	1	件杂货	−11.62	−11.62	195.00	13000	1992 年 10 月	1992 年 12 月
		15 号泊位	1	集装箱	−11.62	−11.62	255.00	25000	1992 年 10 月	1992 年 12 月
		16 号泊位	1	集装箱	−11.62	−11.62	250.00	25000	1997 年 10 月	—
		17 号泊位	1	件杂货	−11.90	−11.90	217.00	30000	2006 年 10 月	—
	江苏省江海粮油贸易公司张家港储运部	江海粮油 1 号泊位	1	粮油	−10.50	−9.80	180.00	10000	1987 年 10 月	1987 年 12 月
		江海粮油 2 号泊位	1	粮油	−11.00	−10.00	220.00	10000	1991 年 11 月	1991 年 11 月
		江海粮油 3 号泊位	1	粮油	−11.00	−10.00	210.00	35000	1996 年 9 月	1996 年 9 月
		江海粮油 4 号泊位	1	件杂货	−11.40	−13.10	200.00	30000	2006 年 12 月	2007 年 1 月
	苏润集装箱码头有限公司	苏润码头	2	集装箱 件杂货	−13.00	−13.00	432.00	30000 10000	2007 年 1 月	2007 年 7 月
化学工业园作业区	张家港保税区长江国际港务有限公司	长江国际 1 号泊位	1	化工	−14.45	−13.00	170.00	10000 (20000)	1993 年 4 月	1993 年 7 月
		长江国际 2 号泊位	1	化工	−14.45	−13.00	280.00	30000 (50000)	2002 年 9 月	2002 年 9 月
		长江国际 3 号泊位	1	化工	−13.45	−13.00	40.40	3000 (5000)	2006 年 2 月	2006 年 8 月
	中粮东海粮油工业(张家港)有限公司	东海粮油 1 号	1	粮油	−11.20	−11.00	284.00	35000	1996 年 12 月	1995 年 7 月
		东海粮油 2 号	1	粮油	−11.20	−11.00	96.00	5000	1998 年	1995 年 7 月
		东海粮油 5 万吨级扩建码头	1	粮油	−11.20	−11.00	290.00	50000 (100000)	2004 年 2 月	2004 年 9 月
		东海粮油 3 号泊位	1	粮油	−6.50	−7.50	120.00	3000 (10000)	2005 年 1 月	—
	陶氏化学(张家港)有限公司	陶氏化学码头	1	化工	−11.50	−14.00	244.25	25000	2002 年 7 月	2002 年 6 月
	张家港孚宝仓储有限公司	孚宝码头	2	液体化工	−12.50	−12.50	461.00	1 个 10000 1 个 30000 (50000)	2007 年 6 月	2008 年 1 月
		内港池	2	液体化工	−4.00	—	195.40	1000	2010 年 12 月	—
	张家港东华能源有限公司	东华能源码头	1	液化气	−12.35	−11.00～ −14.00	280.00	54000	1999 年 11 月	1999 年 11 月
		东华能源码头	1	液化气	−11.00～ −14.00	−11.00～ −14.00	217.50	20000	2010 年 12 月	2011 年 11 月
	双狮(张家港)物流有限公司	双狮物流液体化工泊位	1	液体化工	−14.80	−14.90	312.00	50000	2005 年 2 月	2005 年 6 月
		双狮物流散货泊位	1	散化	−14.78	−15.20	275.00	50000	2005 年 2 月	2005 年 6 月
		内港池	5	液体化工	−4.05	−4.05	403.60	500	2005 年 2 月	—
段山港作业区	张家港华达码头有限公司	华达码头	5	件杂货	−10.50	−10.50	908.00	3 个 20000 2 个 10000	2007 年 11 月	2008 年 7 月
	江苏省中油泰富石油集团有限公司	公用油品码头(1 号码头)	1	成品油	−9.00	−12.50	195.00	10000	2007 年 1 月	2007 年 12 月
		2 号码头	1	成品油	−9.00	−12.50	72.00	20000	1994 年 10 月	1995 年 2 月
	张家港永恒码头有限公司	永恒码头	2	散货	−10.30	−11.50	307.00	5000 5000	2003 年 7 月	2003 年 12 月
	迁产业重机(江苏)有限公司	迁产业码头	1	件杂货	−10.30	—	115.00	3000	2003 年 12 月	2004 年 5 月
		迁产业 2 号码头	1	原材料	−7.90	−7.90	46.00	3000	2005 年 11 月	2006 年 2 月
	张家港海螺水泥有限公司	海螺码头	1	散货	−6.30	−6.30	137.00	5000	2002 年 7 月	—
		海螺码头	1	散货	−11.00	−14.50	274.00	5000 (20000)	2005 年 10 月	2005 年 10 月

续表 35-2

作业区	码头单位	码头泊位名称	泊位个数	主要用途	前沿水深(米)		码头长度(米)	靠泊能力(吨级)	投产时间	对外开放时间
					设计水深	实际水深				
冶金工业园作业区	张家港浦项码头有限公司	浦项码头	3	废钢和成品钢	-14.00	-14.50	546.00	1个35000 2个10000	2006年9月	2006年12月
	沙钢集团(张家港海力码头有限公司)	浦沙码头	1	件杂货	-10.00	-11.50	144.50	5000	1998年7月	1998年7月
		海力0号码头	1	散货	-12.00	-12.50	289.00	50000	2007年	2009年10月
		海力1号码头	1	件杂货	-11.00	-14.20	234.00	50000	2003年4月	2003年12月
		海力2号码头	3	件杂货	-11.00	-11.20	237.00	5000 30000	1998年1月	1998年11月
							275.00	50000	2012年7月	—
		海力3号码头	1	钢铁辅料	-12.00	-12.00	238.00	30000	2003年	—
		海力4号码头	2	件杂货	-12.10	-12.00	450.00	30000 50000	1999年 2001年	2000年8月 2001年11月
		海力5号码头	2	钢板原料、散货	-12.10	-12.00	388.00	50000 5000	2004年10月	2005年6月
		海力6号码头	2	散货	-11.00	-11.00	453.50	50000 5000	1995年7月	2006年2月
		海力7号码头	2	散货	-12.00	-11.00	313.50	5000 10000	2003年4月	2004年8月
		海力8号码头	2	煤炭辅料	-12.00	-12.00	398.00	5000 50000	2005年5月	2009年10月
		海力9号码头	2	散货	-12.00	-13.00	640.00	40000	2006年12月	2007年
		宏源1号浮码头	2	重油	-5.00	-5.50	80.00	3000	1997年3月	—
		宏源2号浮码头	2	钢铁	-5.00	-5.50	96.00	3000	2000年4月	—
		宏源3号浮码头	2	钢铁	-5.00	-5.50	97.00	1000	2001年1月	—
		润忠三线码头	5	件杂货	-3.45	-3.45	258.00	1000	2001年2月	—
		海力九龙港池码头	14	散货	-2.50	-2.70	1600.00	1000	2001年	—
		奔辉码头	1	成品油	-12.50	-22.00	110.00	35000	1997年1月	2000年1月
	张家港沙洲电力有限公司	重件码头	1	件杂货	—	—	97.00	3000	—	—
		煤炭码头	1	煤炭	-13.50	-15.00	275.00	30000 (50000)	2005年12月	—
	张家港中东石化实业有限公司	中东石化码头	1	化工品	-11.20	-11.00	96.00	5000 (20000)	2003年2月	2003年8月
	张家港越洋实业有限公司	越洋A码头	1	石化	-18.00	-18.00	90.00	35000	1999年6月	1999年4月
		越洋B码头	1	石化	-14.00	-14.00	90.00	10000	1999年6月	1999年4月
		越洋C码头	1	石化	-9.00	-9.00	23.00	300	1999年6月	—
东沙作业区	张家港永泰码头有限公司	永泰码头	2	钢铁	-12.00	-13.00	356.00	20000	2005年10月	2006年8月
	张家港宏泰码头有限公司	宏泰通用码头	2	散货	-13.10	-13.60	464.00	35000	2009年1月	2009年8月
	张家港盛泰码头有限公司	盛泰通用码头	3	散杂货	-13.00	-13.00	808.00	40000 50000 50000	2012年10月	—

说明:对外开放时间为对外籍船舶开放时间,投产时间比对外开放时间晚的是重新改建的码头泊位,靠泊吨级带括号的为兼容级别。久盛船业码头建设时按2个泊位报批,开放时按3个泊位计算(3万吨泊位两边靠船)。

口 岸 管 理

【概况】 年内,市政府口岸办协同口岸各查验单位不断完善开放码头规范化管理考核机制,积极探索口岸船舶代理单位规范化管理新模式。2月,召开2012年张家港口岸工作会议。5月,对《关于优化外籍船员来港服务环境的意见》施行情况进行走访调研并上报周年报告。7月,开展开放码头规范化管理半年度回访检查。12月,开展2012年度开放码头规范化管理考核和2012年度船舶代理单位规范化管理考核评比,越洋码头、长江国际、东海粮油码头、永泰(宏泰)码头、港务集团、永恒码头、永嘉码头、孚宝码头等8

家码头单位被评为2012年度开放码头规范化管理先进单位，张家港外代、张家港中外运、海憓船代、海捷船代、锦源船代、联合船代等6家代理单位被评为2012年度国际航行船舶代理先进单位。

【港政管理】 年内，码头结构加固改造工作取得阶段性成果，港口37个加固改造泊位的设计方案全部通过审查，其中32个泊位通过施工图设计审查；15个泊位办理开工备案，其中6个泊位已完工，港务集团1号、2号泊位成为全省首批通过竣工验收的泊位。市港口管理局进一步健全和完善港口经营市场准入机制，强化港口经营主体资质审核，规范港口经营市场监管。年内，分两批组织开展港口经营许可证年检工作，新增港口经营企业5家，分别为张家港保税物流园区龙亿国际物流有限公司、张家港市友利船舶服务有限公司、张家港保税区汇浩船舶服务有限公司、张家港港鑫船舶安全设备检测有限公司、张家港海航船舶服务有限公司。至年末，全市有各类港口经营企业80家。会同张家港海事局、张家港边检站、长江航运公安局苏州分局、市水上派出所等单位联合开展长江“三无”船舶专项整治，维护长江水上通航安全和经营秩序。全年发出责令整改通知书4份、违法行为告知书1份，办理行政处罚案件1起。

【安全监督】 年内，市港口管理局推进“平安港口”建设，坚持“安全第一、预防为主、综合治理”的方针，及时调整港口安全管理领导小组和专家组，制定《2012年张家港港口安全工作目标管理考核办法》，与各港口企业签订安全生产责任书，进一步健全安全责任网络和目标考核体系。完成港区危化品储罐监管职责交接，开展港口危险货物储罐安全隐患排查专项行动，制定《关于明确港口危险货物安全管理有关事项的通知》，建立完善危险货物码头安全监管档案体系。建立健全港口安全生产检查及隐患排查治理监督管理制度，深入开展“安全生产年”“安全生产月”“平安港口”创建等系列活动。先后组织开展水运在建工程安全检查、危化品企业综合检查、安全管理台账资料专项检查、安全生产领域“打非治违”专项行动和隐患排查等6次安全生产大检查，发现、整改安全隐患140余个。严把危险货物港口作业申报审批关，审批危险货物港口作业15231批次。全年完成14个码头企业的危险货物港口作业资质年审工作和22个港口设施的保安符合证书年度核验工作，通过率100%。承办2012年江苏省第二期危险货物运输岸上从业人员培训班，95人参加。深化平安港口示范点创建工作，长江国际、永恒码头、东海粮油码头、越洋码头、永嘉码头等5家单位被苏州市交通运输局表彰为平安交通示范企业。全年未发生较大以上安全生产责任事故和有影响的港口设施保安事件。

【共建活动】 年内，市政府口岸办与口岸相关单位签订《张家港口岸文明共建工作责任状》，制订下发《张家港市共建“文明口岸”活动计划》，完善口岸查验单位“一把手”、分管领导和业务科长、口岸系统办公室主任三项例会制度。2月，市政府口岸办组织召开口岸共建工作座谈会。6月，张家港口岸在全省文明口岸评比中获第一，蝉联江苏省文明口岸称号，市政府口岸办获先进组织者称号，张家港海关、张家港检验检疫局、张家港海事局、张家港引航站、张家港边检站、长江航运公安局苏州分局、港务集团、长江国际、张家港外代等单位获先进单位称号。10月，张家港口岸“港务集团杯”体育运动会举行，口岸系统30支代表队共523名运动员参加羽毛球、乒乓球、篮球、游泳、拔河、自行车慢骑等6个项目的比赛。12月，市政府口岸办被评为2009～2011年度苏州市文明单位。

【张家港口岸成为首批世界卫生组织口岸核心能力达标口岸】 9月25日，由国家质量监督检验检疫总局、国家发改委、教育部、工业和信息化部、住房和城乡建设部以及交通运输部等15个部门联合主办的首届中国质量发展论坛在北京举行。会议公布了包括空港、水运、陆路口岸在内的61家首批世界卫生组织口岸核心能力达标口岸及单位名单，张家港港等15家首批世界卫生组织口岸核心能力达标单位代表接受现场授牌。口岸核心能力是世界卫生组织各成员国在机场、港口和陆路口岸预防、抵制、控制和应对公共卫生风险和突发事件的核心能力。张家港港一直致力于加强口岸应对公共卫生风险和突发事件的核心能力建设。市政府口岸办与张家港检验检疫局等口岸查验单位建立并完善了以口岸应急管理、口岸医学媒介控制、口岸综合环境整治和港口码头自身建设为内容的码头规范化考核管理机制，以此提升口岸综合管理水平和整体形象。

【张家港口岸对外开放30周年暨流量经济发展论坛召开】 10月28日，张家港口岸对外开放30周年暨流量经济发展论坛在华芳金陵国际酒店举行。论坛由市政府、中国物流与采购联合会以及上海海事大学联合主办，市政府口岸办与市服务业发展办公室承办。中国物流与采购联合会会长何黎明、上海海事大学校长黄有方、国家口岸办口岸处处长孙晓波、江苏省口岸办常务副主任徐斌、江苏省交通运输厅副厅长王昌保等出席论坛。与会的150余位领导和专家共同回顾张家港口岸对外开放30年以来的发展历程，并就如何进一步放大张家港口岸区位优势和区港联动发展优势，优化资源配置，拓展港口功能，加快口岸提档升级，做大做强流量经济，全面提升口岸对腹地经济发展的承载力和带动力等问题进行深入探讨。中国物流与采购联合会会长何黎明和上海海事大学校长黄有方分别作了《应对“中速增加阶段”挑战和机遇做强做大物流产业》和《全球港口发展趋势及启示》专题演讲。 （余佳红）

【电子口岸船舶管理系统启动】 7月，市政府口岸办（港口局）、张家港海关、张家港检验检疫局、张家港海事局、张家港边检站、张家港电子口岸有限公司等6个单位签订张家港电子口岸船舶管理系统上线备忘录，联合启动系统上线使用。备忘录规定，张家港口岸4家查验单位、所有船舶代理企业、船舶供应企业、船舶航修企业及码头企业,在办理船舶进出口岸相关业务时,一律通过张家港电子口岸船舶管理系统进行申报审批,涉及的各类申报单据由系统进行统一格式打印,各查验单位予以监督审核。该船舶管理系统功能涵盖了进出境船舶与海关、检验检疫、海事、边防等相关监管查验单位所涉及的各项业务申报及船舶信息统计,通过松耦合设计、灵活性配置、电子数据联网审核,将所有业务规范化、标准化、流程化,通过“一次录入、多次申报”“电子优先纸质随后”,为企业减少单证录入和传递的环节,提升口岸监管水平和服务效率。对于部分出于管理需要(非必须递交)而定制的纸质单据,在管理上由纸质现场审核改为电子数据联网审核,大大降低企业的申报负担。至年末,有联网企业68家,实现6类纸面单证电子化。 (周莉娜)

2012 年张家港口岸查验单位主要业务情况

表 36

单 位	项 目	单位	2012 年	2011 年	比上年增减率(%)
张家港海关	征收关税	亿元	40.03	36.47	9.76
	代征税款	亿元	198.67	200.22	–0.77
	截获走私、违规	起	105	111	–5.41
张家港检验检疫局	出入境货物检验检疫	万批次	8.40	10.10	–16.83
	出入境检验检疫货值	亿美元	128.80	142.70	–9.74
	截获动植物疫情数	种	780	790	–1.27
	检疫出入境船舶	艘次	4166	4238	–1.70
	检测体检出入境人员	人次	2148	2143	0.23
张家港海事局	办理船舶进出港签证	艘次	125761	154151	–18.42
	办理国际航行船舶进出口岸查验	艘次	7094	7969	–10.98
	审批船载危险货物进出港手续	份	20051	21750	–7.81
张家港引航站	引领船舶	艘次	11697	14109	–17.10
	其中:外轮	艘次	9979	10476	–4.74
	国轮	艘次	1718	3185	–46.06
张家港边检站	检查出入境(港)中外籍船舶	艘次	7123	7426	–4.08
	检查出入境旅客员工	人次	135020	140477	–3.88

海 关

【概况】 2012年,张家港海关、张家港保税港区海关共入库税款238.7亿元,比上年增0.85%。其中,关税40.03亿元,代征税198.67亿元。税收总量再创历史新高,占南京关区税收总量的16.15%,继续位居南京关区前列。全年共监管进出口货物5749.3万吨,货值307.44亿美元,分别比上年增3.45%和减6.38%;监管进出境船舶7443艘次,验放进出境人员14.31万人次;监管进出境集装箱29.50万标箱;处理报关单19.79万份。查处各类走私违规案件105起,其中违规案件96起,走私行为案件2起,走私犯罪案件7起,总案值1.43亿元;入库罚没收入380.1万元。办理加工贸易备案合同3717份,备案金额25.09亿美元,分别比上年增7.4%和5.73%。审批特定减免税480笔,审批金额9480万美元,减免税收1.05亿元。全年稽查企业28家。至年末有注册报关员319人,注册企业3058家。年内,张家港海关、张家港海关缉私分局被评为南京关区“四好”达标先进基层单位,2人立三等功,3人获南京海关先进个人称号,18人受嘉奖。张家港海关被评为苏州市2009～2011年度文明行业、2010～2012年度预防职务犯罪工作先进单位。

【查获特大城市垃圾走私案】 2月14日,张家港海关根据荷兰警方提供的情报,查获合肥某公司走私废物案件,并查出另外4起走私废物案件,成功粉碎3条境外走私城市垃圾的犯罪链条。6月1日,30个集装箱共763吨走私垃圾依法被退运回荷兰。这是中国、荷兰首次开展执法合作,促成成功退运,有力地维护国家利益和人民群众健康。这是在海关总署开展“国门之盾”行动统一部署下,近年来南京海关查获的江苏省口岸最大走私固体废物案。中央电视台、《人民日报》等40余家媒体对该案进行了报道,社会反响强烈。至年末,海关共查获城市垃圾走私案5起,查获走私进口城市垃圾4000余吨,抓获犯罪嫌疑人7人。

【统计监测预警信息获中央领导批示】 2012年,围绕地方外贸和口岸经济发展的热点、难点,张家港海关加强统计预警监测,放大海关统计数据优势。全年共报送统计监测预警信息445篇,其中被海关要情录用133篇,被国务院办公厅录用1篇。3篇次获中央领导批示,1篇获海关总署领导批示,5篇次获省领导批示。深化常态性的决策辅助制度,利用《海关工作专报》《海关统计月报》等载体,积极向市委、市政府建言献策,帮助用足用好政策,扩大政策的溢出效应。全年共编发《海关统计月报》12期。报送《海关工作专报》15期,其中有11期得到市委、市政府主要领导的批示肯定。

【巩固“一线工作法”服务品牌】 年内,张家港海关坚持巩固“一线工作法”服务品牌。海关班子成员对辖区重点码头、骨干企业、园区和乡镇等实施50余次调研和现场办公,重在解决企业急难问题。通过调研,对企业提出的诉求现场分类解决、事后跟踪督办,并熟悉进出口动态情况。落实加工贸易转型升级措施,举行政策宣传推介会6

次，全面落实促进内销便利化措施，帮助企业用好国际和国内两个市场。简化外发加工审批手续，针对华芳集团、国泰集团产业转移至内陆的需求，帮助其用好转型升级优惠政策，支持其开展外发加工。推动张家港保税港区与苏州地区其他特殊监管区域货物的快速流转。帮助陶氏公司等企业开通电子账册，提升加工贸易业务办理效率。进一步服务木材、葡萄酒、化工品等市场建设，配合做好保税区进口商品集采分销中心和玖隆物流园建设，做好前期项目配套，实施全过程跟踪服务。配合有关部门争取整车进口口岸和中国·张家港化工品指数推进工作。对沙钢集团、永钢集团、东海粮油公司等30家骨干企业实行“一对一”帮扶，帮助解决困难，紧盯进度，确保其进出口货物及时通关。加强与青岛、上海、连云港等口岸海关联系，积极推进“属地申报、口岸验放”便捷通关模式，优化转关手续，加快进出口货物结关速度。推行进出口分类通关，开展预归类和预审价试点，实施复核和报关单批量复审，优化通关作业流程，提升通关效率。落实诚信管理、风险管理，积极帮助符合条件的企业申请AA类、A类企业资格，辖区内有海关AA类企业5家、A类企业76家。推广税款电子支付等便捷措施，降低企业运营成本，减轻企业资金压力，全年税款网上支付102.98亿元，支付率43.14%。

（余 滢）

出入境检验检疫

【概况】 2012年，张家港出入境检验检疫局(简称张家港检验检疫局)共检验检疫出入境货物8.4万批，货值128.8亿美元。检疫出入境船舶4166艘次、出入境人员7.7万人次，完成传染病监测2148人次，查验出入境集装箱26.6万标箱。截获动物疫情74种1249种次，比上年分别增50%和24.9%，其中检疫性疫情6种211种次。截获植物疫情706种34516种次，比上年种类减4.9%、种次增21.2%，其中检疫性疫情62种4485种次，比上年分别增14.8%和42.8%。新截获植物疫情14种，国内首次截获脊间小蠹属等7种疫情；截获医学媒介生物6种、2402批次。检验进口木材294.9万立方米，比上年增5%；检验进口大豆242.3万吨，比上年增7.1%；检验进口油脂190.1万吨，比上年增35.2%；检验进口棉花50.4万吨，比上年增42.4%；检验出口机电产品价值3.4亿美元，比上年增6.4%；检验出口服装价值6亿美元，比上年增8.6%；检验出口纺织品价值2.4亿美元，比上年降17.8%；检验出口羊毛价值3.4亿美元，比上年降34.9%。签发各类优惠原产地证书2万份，货值19.4亿美元，为企业争取进口国关税减免6.1亿元，帮助企业对外索赔2亿元。进境动植物疫情检出率、医学媒介生物截获率和进口食品把关成效列全省系统第一。张家港检验检疫局蝉联全国文明单位，获全国检验检疫系统示范窗口、全国口岸卫生检疫为民服务示范岗先进集体、江苏省文明口岸先进集体、2009～2011年度苏州市文明行业、张家港市服务地方奖、文明机关等58项荣誉。

【“检港同行”服务发展行动计划发布会举行】 2月10日，张家港检验检疫局举办“检港同行”服务发展行动计划发布会，江苏检验检疫局副局长卢艳光等领导以及全市100余家企业代表出席发布会。会上，张家港检验检疫局发布《深化“检港同行”服务发展2012行动计划》，对全市2011年度十佳诚信出口企业和十佳行风监督员、报检员、产地证申报员、质量监督员进行表彰，为10家“绿色通道企业”授牌，与冶金工业园(锦丰镇)等4个单位签订合作协议，并向10名检验检疫局服务发展顾问颁发聘书。2012年，张家港检验检疫局全力服务地方经济转型升级。全年共为648家次企业、1896人次免费进行技术培训，为企业增效7.9亿元，减负4463.5万元，提速93万小时。帮助企业排查质量隐患60余个，解决质量问题30余个。编辑6期《国检视窗》及1期专刊，免费向政府、企业发放，宣传检验检疫法律法规。张家港口岸创成全省唯一的进口肉类检验检疫监管样板、全省首个进境粮食示范口岸、全省首批国门生物安全防御体系等6个样板。成为全省首个汽车整车进口口岸，形成进口木材、红酒、大豆、羊毛等大宗资源性商品集聚效应。

【市羊毛检测公共技术服务平台建立】 2月13日，澳大利亚羊毛检测局两位专家在张家港检验检疫局纺织实验室成功安装激光细度仪和有色纤维鉴别仪两套羊毛检测设备，其中有色纤维鉴别仪是中国境内首台。3月20日，张家港检验检疫局羊毛检测项目开验暨市羊毛检测公共技术服务平台揭牌仪式在张家港检验检疫局保税区办事处举行，中国羊毛商会会长纪前龙等领导以及20余家进出口羊毛企业的代表出席仪式。张家港是全国最大的羊毛进口、仓储、加工中心。平台的建立，使张家港地区进出口羊毛企业就近得到公正、客观、准确的权威羊毛检测数据，降低企业负担，促进了羊毛贸易的稳定发展。

【全国进口棉花检验监管及技术交流研讨会举行】 11月26日至29日，全国进口棉花检验监管及技术交流研讨会在市召开，全国进口棉花检验专家等近百人参加会议。与会代表就进口棉花检验监管及技术进行深入的交流和研讨，张家港检验检疫局就创新进口棉花监管模式、加强纺织实验室建设等内容作了交流。其间，与会代表参观了张家港检验检疫局进口棉花检验现场，在棉花实验室进行棉花目光的评级比对和技术交流，还参观葡萄酒实验室、粮油实验室、纺织原料实验室、木材实验室等。

【全省首家进口葡萄酒检测实验室建成】 12月11日，张家港检验检疫局葡萄酒检测实验室建成，国家质检总局食品局局长钱琎和江苏检验检疫局局长王伟共同揭牌。这是江苏省首家葡萄酒检测实验室。为促进进口红酒贸易，张家港检验检疫局与张家港保税区管委会共建葡萄酒检测实验室。张家港保税区管委会投资900万元完成进口葡萄酒检测设施设备。张家港检验检疫局加强实验室人员培养，提升检测能力，缩短检测周期。全

葡萄酒检测实验室揭牌　　　　（张家港检验检疫局　供稿）

年张家港葡萄酒进口商比上年增20余家，共45家，葡萄酒进口量比上年增2.5倍，突破100万升。

【国内首次截获脊间小蠹属有害生物】 7月，张家港检验检疫局在对一批来自马来西亚的大轮散装原木进行检疫时，截获多种有害生物，其中两种有害生物经鉴定为脊间小蠹属的Arixyleborus Puberulus和Arixyleborus Medius。这两种有害生物为国内首次截获。这批原木共5160立方米，运至张家港口岸后，检疫人员根据工作规范进行严格检疫。在检疫时发现这批原木部分材质较松的木材上携带有大量的蠹虫类钻蛀性有害生物，蛀出的木屑如面粉似的散布在木材表面。随后检疫人员进行取样鉴定。除两种国内首次截获的小蠹虫外，还截获到叉脊虎天牛、对粒材小蠹、长小蠹属非中国种、吉丁虫科、赤拟谷盗、六脊坚甲、锯谷盗、强生长小蠹、五棘长小蠹、拟象天牛属、小杯长小蠹、杯长小蠹、凹缘材小蠹等有害生物。检疫人员对这批木材进行了相应的检疫除害处理。　（施向军）

海　　事

【概况】 张家港海事局管辖水域范围为张家港市、如皋市和靖江市（大河港与螃蜞港连线至南通交界）所属长江行政水域，航道里程全长85.7千米；管辖陆域范围为民主沙全岛与南岸张家港市行政区划内及福姜沙全岛，负责沿江陆域岸线、码头、停泊点、装卸点等的安全监督管理工作。2012年，共办理船舶签证125761艘次，审批7094艘次国际航行船舶进出口岸，审批超大型船舶1794艘次；办理各类船舶登记133件，发放施工作业许可证41份，发布航行通告76期。协助江苏海事局对辖区3个涉水工程建设项目进行通航安全评估论证，对6座码头进行通航水域岸线安全使用许可初审，对41个涉水工程建设项目进行通航安全专项检查。办理危险货物申报手续20051艘次，散装危化品吞吐量1428万吨，辖区完成废钢船拆解13艘。张家港海事局全年巡航时间16413小时，巡航里程19.57万海里；纠正船舶违法违规行为3381次；接收船舶报告11.82万艘次，实施船舶跟踪12.21万艘次，船舶交通组织31451艘次。全年安全渡运12.29万航次、522.3万人次，保障188.9万辆车次安全过江。全年发生一般以上水上交通事故3起，死亡失踪5人，沉船2艘，直接经济损失480万元。避免水上险情124次，组织水上搜救62起，成功救助船舶63艘、遇险人员1160人，挽回经济损失近2亿元。张家港海事局荣获全国交通运输行业文明单位、全国海事系统先进集体和苏州市文明单位标兵称号，并在江苏海事系统年度综合考评中获第一名。

【3家海事部门签署《长江水域防治船舶污染合作备忘录》】 2月16日，张家港、常熟、太仓海事部门举行《长江水域防治船舶污染合作备忘录》签字仪式。为贯彻落实国家保护长江水域防治污染的总体要求，张家港、常熟、太仓海事部门达成共识，决定建立联动合作机制，携手建设和维护长江苏州段良好的水域环境。备忘录主要包括建立协调机制、实现信息共享、加强现场监管、提升应急能力、开展培训交流等五个方面内容，主要目的是建立和促进三地海事部门防治船舶污染工作的合作，加强协调配合，形成监管合力，构建信息共享、运作高效的跨单位互动合作机制。此次合作备忘录的签署，标志着长江苏州段水域防治船舶污染工作迈出了新步伐，有助于确保长江水域环境清洁和保障居民饮用水的安全。

【全国内河首家防治船舶污染水域志愿者队伍成立】 6月5日，张家港海事局在双狮码头举行张家港防治船舶污染水域志愿者服务队成立仪式。志愿者服务队是全国内河首家防治船舶污染水域志愿者队伍，以“宣传防治船舶污染安全常识，提高全民防治船舶污染素质，传播志愿服务理念，提升社会文明程度”为宗旨。志愿者服务队主要由全市沿江港航企业、船舶防污作业单位的热心环保与社会公益事业且具有一定防治船舶污染工作经验的一线管理人员构成，首批队员38人。志愿者服务队的成立，有助于调动和发挥社会各界及广大群众积极参与防治船舶污染工作，构建一道防治船舶污染的社会立体网络，更好地促进港口航运的安全健康发展，实现经济、社会、环境效益的协调统一。

【全国渡运安全监管现场会议在市召开】 9月25日至26日，全国渡运安全监管现场会在市召开。会议由江苏海事局承办、张家港海事局协办。交通运输部部长杨传堂向会议致信，勉励大家再接再厉，牢牢把握“稳中求进”总基调，坚决遏制重特大事故，降低大小事故发生率，使渡运科学发展、安全发展。交通运输部副部长徐祖远、江苏省副省长史和平等领导出席会议。湖北省恩施州政府，安徽省天长市政府，各省、自治区、直辖市、新疆生产建设兵团交通运输厅，天津市和上海市交通运输港口管理局，各省（市、区）地方海事局，新疆生产建设兵团海事局，交通运输部各直属海事局和交通运输部海事局相关部门领导参加会议。会议总结自2005年交通运输部和国家安全监管总局在全国开展渡口渡船安全管理专项整治活动以来，全国渡运安全监管工作取得的成效和经验，部署下一阶段渡运安全监管工作。参会代表现场观摩了张皋汽渡和通沙汽渡的渡运管理情况。湖北省恩施州政府、安徽省天长市政府、江苏省地方海事局、四川省地方海事局、浙江海事局和江苏海事局等6个单位作了经验交流发言。

【“党建桥·心港湾”创建经验报道获交通运输部领导批示】 12月25日，交通运输部副部长徐祖远在《中国交通报》题为《流动党员找到“新家”》一文上作出批示：“张家港海事局党委为服务船舶上的流动党员，创建‘党建桥·心港湾’品牌，让流动党员有‘离乡不离家、组织是我家’的感受，这对于沟通思想，凝聚人心，携手共创‘平安交通’有益，也是基层海事机构党组织服务管理相对人的新举措。望认真总结，坚持和发扬好。”近年来，张家港海事局党委为更好地服务水上流动船员中的党员群体，在市委组织部的关心指导下，充分发挥保障水上安全的职能优势和丰富的党建资源，创新构建“党建桥·心港湾”船员党员管理新模式，以党建为纽带，以服务为抓手，以活动为载体，形成了水陆联动、开放虚拟、双向管理的党建工作新格局，有效缓解船员党员“流出地组织管不到、流入地组织管不着、所在企业管不好”的“三不”难题，为新形势下的流动党员管理作出有益探索。 （王　洋）

长江引航

【概况】 2012年3月前，张家港引航站负责张家港港和靖江港的引航业务。3月1日，靖江引航站正式独立运营，至此，之前由张家港引航站代管的常州、江阴、靖江辖区引航业务全部归还所属引航站。张家港引航站仅负责张家港辖区的内外贸船舶引航服务。全年共引领中外籍船舶11697艘次，其中国际航线船舶9979艘次，国内航线船舶1718艘次，夜航船舶4354艘次，特种船舶914艘次，引航总吨位1.41亿吨，引航净吨7542万吨，引航业务量居长江沿线各港之首。6月27日，引领船长292米的“纽约”轮夜间靠泊海力码头，创造超大型船舶夜间靠泊新纪录。配合交通运输部长江南京以下12.5米深水航道整治工程建设，在科学论证的基础上，将福南水道船舶吃水放宽到11米。7月11日，引领吃水10.95米的巴拿马籍超大型船舶“坚毅”轮成功靠泊东海粮油码头，创造福南水道靠泊船舶吃水最大纪录。

【引航操作规范光碟推出】 4月11日，《船舶引航操作规范》光碟首映仪式举行，填补了国内相关空白。为进一步规范引航员操作行为，建立引航安全管理长效机制，确保安全形势持续稳定，张家港引航站依靠自身力量，通过近一年的筹备，自编、自导、自演，拍摄制作了长江上首部《船舶引航操作规范》光碟。光碟内容包括引航操作前的准备规范、引航员登轮前的准备规范、引航员登轮规范、靠离泊操作基本要求、离码头操作规范、靠码头操作规范、船舶航行规范、穿越航道操作规范、超大型船舶进出张家港特殊水道操作规范、引航注意事项等10个方面。光碟时长约45分钟，结构紧凑，内容丰富，可操作性强，既可作为引航员的引航操作指南，也可作为年轻引航员岗前教育的视频教材。

【为码头提供超常夜航服务】 年初，长江国际码头为满足企业长期发展需要，启动升等改造工程。码头改造期间，长江国际码头3个泊位仅1个泊位正常作业，企业不可避免地蒙受营运损失。为尽量减少企业营运损失，引航站最大限度提高单个泊位的生产效率，组织多方力量科学论证，在确保安全的前提下，为长江国际码头开通“绿色通道”，实行24小时码头不间断靠离泊作业，为企业带来巨大经济效益。张家港保税区长江国际港务有限公司专程送给张家港引航站一块题有“情系长江伸援手，服务企业显真情”的牌匾和一封感谢信。

（陈玉海）

边防检查

【概况】 2012年，张家港边防检查站（简称张家港边检站）共检查出入境（港）船舶7123艘次，员工135020人次，各类登轮登陆人员40余万人次。办理登轮许可证27305份，登陆许可证14172份，搭靠证975份。先后开通“绿色通道”21次，为企业批量换证57次，救助服务对象40余次，救助重症船员和遇险群众12人。查处违反边防法律法规案件27起36人次，行政处罚27起47人次，其中扰乱口岸秩序1起3人次，协助武汉海事法院扣押外轮2艘次。举办登外轮人员培训班5期，3200余人参加培训。举办边检协管员培训班2期，50余人参加培训。连续六年参与“爱满港城”社会募捐活动，累计捐款35万余元。建立扶贫帮困基金，与18名贫困学生结对助学，与20名空巢老人结对帮扶。张家港边检站连续五年被公安部表彰为提高边检服务水平成绩突出单位，连续第七次被苏州市政府、苏州军分区表彰为拥政爱民先进单位，并被授予“爱民固边模范边检站”称号。监护三中队被公安部表彰为全国优秀公安基层单位，并被苏州市委评为“双帮双比”先进党组织。

【全省边检机关服务管理“江苏模式”经验交流会召开】 5月17日至18日，全省边检机关深入贯彻公安部《关于进一步提高边检服务水平的意见》暨创新创优边检服务管理“江苏模式”经验交流会在张家港边检站召开。公安部边防管理局副局长、少将朱启明，省公安厅副厅长陈逸中，省边防总队总队长、少将姚鲁等领导及省边防总队相关处室负责人，全省边检站主要领导、分管业务领导、执勤业务科长以及总队“双十佳”代表共80余人参加会议。会上，张家港、南通、南京港、南京机场、江阴、泰州和镇江边检站围绕贯彻公安部《关于进一步提高边检服务水平的意见》，创新创优边检服务管理“江苏模式”、服务地方经济发展、长效机制建设、边检职业文化建设以及爱民固边模范创建等方面工作，分别介绍各自经验做法。与会领导宣读《关于表彰爱民固边模范码头（空港、园区、港区）的通报》，颁发了公安部、公安部边防局提高边检服务水平先进单位、个人以及爱民固边模范码头（空港、园区、港区）匾额。其间，与会代表实地参观了江阴边检站业务培训中心、勤务改革现场以及张家港边检站实战型指挥中心、职业文化建设硬件设施，现场观摩了泰州、南通边检站便民服务直通车勤务演示以及太仓边检站梅沙系统查验办证标准化演示，观看了部分边检服务管理“江苏模式”示范片。

【张家港边检站建站30周年庆祝活动举行】 8月2日，张家港边检站建站30周年暨第一个检查员日庆祝活动在市文化中心星海剧场举行。武警江苏总队原总队长、少将顾惠琪，省边防总队副政委高洪海，驻苏州边防部队领导，张家港市领导，部分曾在张家港边检站工作生活过的转业、退休干部和边检站官兵及家属代表、口岸查验单位、部分开放码头企业负责人等300余人观看了站庆专题片《30年，我们一起走过》及文艺汇报演出。活动期间，省边防总队、张家港市领导和曾在该站工作过的老领导、老战友实地参观2011年落成的指挥中心，并进行了集体签名活动。张家港边检站自主编排的检查员期刊《扬帆》首发，每月一期，宣传检查员先进事迹。

【边检32011艇进驻张家港水域】 9月4日，边检32011艇正式进驻张家港水域。张家港市、市口岸办及各口岸查验单位、长江航运公安局、引航站领导，省边防总队海警支队领导及张家港边检站官兵共100余人参加进驻仪式。该艇为218A型巡逻艇，艇长41米，艇宽6.2米，满载排水量130吨，最高航速29节，装备一门14.5毫米双联高射机枪，为张家港水域最大型的执法船艇。该艇的进驻，提升了长江张家港段的水上执法能力，为打击不法行为、维护良好口岸秩序提供强有力的治安保障。 （卢 成）

长航公安

【概况】 长江航运公安局苏州分局行使长江苏州、江阴段（上至江阴长山、下至太仓浏河）全长175公里水域的公安管理事权，下设政治处、纪检监察科（警务督察队）、办公室（指挥中心）、装备财务科、法制科等5个机关职能科室和国内安全保卫支队（出入境管理科）、治安管理支队（水上巡逻警察支队）、刑事侦查支队（经济犯罪侦查支队）、水上消防支队（消防监督科）等4个实战单位及张家港派出所、江阴派出所、常熟派出所、太仓派出所等4个基层派出机构，有民警89人。5月，太仓派出所65米趸船开工建设。11月，警备码头项目水工部分开工建设。年末，位于市区暨阳东路481号的新址正式投入使用，400吨级消防艇建设、水陆两用消防站进入设计阶段。2012年，坚持“和谐、发展、顽强、奉献”的工作理念，以党的十八大安保为主线，以基层基础工作为平台，以化解社会矛盾、创新社会管理、执法规范化建设为重点，公安业务、公安队伍和公安发展各项工作取得新的进展和明显成效，为长江航运和港口经济发展创造了和谐稳定的社会治安环境。

打击犯罪 6月，成立张家港、江阴、常熟、太仓四个派出所责任区刑警中队，广辟案件线索的来源。年内，通过情报线索相继破获“2·13”系列非法经营危化品甲醇案、“4·14”盗窃黄豆案、“9·24”系列职务侵占化肥案和“11·25”盗窃生铁案等70余起案件，维护了港航运输生产秩序稳定。为不断提升打击刑事犯罪水平，分局创新工作机制，将破案关键定位于“发现案件、主动打击”。加强与地方公安机关的联系沟通，学习先进的信息化技战术方法。以信息研判中心为龙头，一方面对收集的线索扎口管理，开展经营；另一方面在侦查案件过程中，组织开展数据分析、网上作战，为抓捕犯罪嫌疑人提供准确情报。2月13日，通过调取嫌疑人银行账单、话单、运输车辆轨迹等大量数据资料进行交叉分析研判，打掉一个犯罪团伙，破获系列案件8起，涉案价值300余万元。10月31日，通过技侦联勤、线索经营，破获一起职务侵占100余吨重油的特大案件，抓获犯罪嫌疑人7人，涉案价值40余万元。全年共破获各类刑事案件208起，涉案总价值1429万元，打掉犯罪团伙3个，抓获违法犯罪嫌疑人70余人，打击处理犯罪嫌疑人63人，抓获网上逃犯12人，追缴

长江张家港水陆消防、反恐综合演练

（长江航运公安局苏州分局 供稿）

赃款、赃物折款400余万元，打击处理数列长江航运公安局各分局前茅。

公安管理　年内，以“喜迎十八大、保安全、保稳定”专项工作为中心，先后开展“两会”安保、“三保一创”“打非治违”、安全生产年、安全生产月、“喜迎党的十八大再创安全新业绩”“治爆缉枪”等多个专项活动。共组织开展各类专项检查143次，督促整改安全隐患250起，查结行政案件2321起，查处违法人员2290人、单位35家。检查船舶1200余艘次，联合海事、水利等部门查处超载船舶41艘、涉砂船舶50艘、“三无”船舶182艘，取缔违规经营浮吊10艘。全年辖区内发生水上船舶火灾事故4起。开展消防专项检查152次，检查陆域重点单位268个、非重点单位48个、各类船舶506艘次，排查各类火灾隐患519处，责令当场改正509起，限期改正10起，消防设计工程审核验收5起，查处消防违法行为为68起，罚款25.7万元，消防培训17期676人次。

【应急队伍建设加强】　为提高港口突发性恐怖事件的应对处置水平和扑救船舶火灾的能力，检验长江航运公安局苏州分局快速反应应急队、张家港水上消防大队等应急队伍与地方各救援部门协同配合、联合实战效果，5月24日，长江航运公安局苏州分局与张家港市政府共同举办长江张家港水陆消防、反恐综合演练。演练的主要内容为港口码头、船舶恐怖事件应对处置，港口码头及水域船舶火灾事故扑救，船舶在事故发生后船员的疏散、救援。共有120人、3辆消防车、4艘消拖船、4艘公安巡逻艇、2艘海巡艇参与演练。此次演练是历年来苏州分局组织的最接近实战、综合性最强的一次演练，对苏州分局应急反应能力、指挥作战能力进行了综合检验，通过演练进一步完善了应急救援预案，加强了与沿江各单位部门的协调配合，强化了应急队伍建设。11月，长江航运公安局苏州分局参照在张家港建立专职水上消防大队的经验做法，在常熟建立由地方政府每年出资60万元建设的专职水上消防大队，弥补了常熟水域水上消防应急力量建设的空白。

（李　敏）

口 岸 服 务

【概况】　年末，张家港口岸有各类口岸、港口服务单位80余家，包括船舶代理、货运代理企业30余家，理货企业2家，船舶港口服务企业50余家。规模较大的代理企业主要有中国外运长江有限公司张家港分公司、中国张家港外轮代理有限公司、张家港保税区海捷国际船务代理有限公司、张家港联合国际船舶代理有限公司、张家港保税区中海船务代理有限公司、张家港远东国际船舶代理有限公司、江苏远东物流有限公司张家港分公司等。2家理货企业分别为张家港中理外轮理货有限公司和张家港中联理货有限公司。船舶物料、生活品供应企业主要有江苏省外轮供应公司张家港公司、张家港国际海员俱乐部、张家港市上源外轮船用物资供应有限公司。围油栏供应企业主要有张家港海丰水上技术服务有限公司。提供船舶污染物接收服务的企业主要有张家港市港口船舶服务有限公司、张家港市润海船务有限公司等。经营港口拖轮业务的企业主要有张家港港务集团有限公司船务分公司、张家港保税区港鑫船务有限公司等。船舶航修企业主要有江阴澄西船舶航修有限公司张家港分公司、江苏扬远船舶服务有限公司张家港分公司、张家港保税区远顺船舶航修工程有限公司等。　（佘佳红）

【电子口岸助推通关、物流、数据三大平台平稳发展】　年内，张家港电子口岸有限公司立足“一站式”智能监管，按照国务院办公厅《电子口岸发展“十二五”规划》指导意见，充分运用先进的网络通信技术和运营模式，优化产品，更新技术，助推通关、物流、数据三大平台平稳发展。升级张家港保税港区物流信息系统，解决智能数据交换瓶颈，卡口自动验放效率达到98%以上，验放时间由2分钟减为15秒。全面升级电子口岸船舶管理系统，参与张家港保税区大宗商品结算、红酒棉花交易市场、汽车整车进口口岸、废旧汽车拆解园等工程。化工品价格平台、冻肉食品管理等多个系统在江苏省得到推广。研发物流门户系统（“物流通365”），完成信息及时、对等的物流门户平台，后续整合保税区纺织原料市场、化工原料市场等，扩展为综合性贸易平台。组建专项技术架构和运维团队，组织专职人员研讨搭建EDI（电子数据交换）技术架构，解决事务与业务矛盾。引进国家大数据“千人计划”专家，共建国家千人计划工作站，实现电子口岸大数据平台的高端架构。重组口岸服务中心，做实做强一站式科技服务体系，联合张家港海关打造“E通先锋”争先创优优质服务品牌。加大对外输出力度，建立产品输出、咨询规划以及合作共建等多种市场模式，完成镇江电子口岸咨询规划工作，与镇江、南通、常熟、江阴等省内电子口岸进行广泛通关、业务合作。至年末，公司在线运行项目26项，其中15项获得软件产品著作权登记证书，7 项通过软件产品认定。公司会员单位1638家，响应各类故障19起，应用系统日点击量600次，门户日访问量突破5000次，累计申报数据300余万条，客服中心累计呼入量6000余次，组织内外部培训10次，召开技术讨论会45次。电子口岸平台服务被认定为“江苏省智慧口岸特色业务”，张家港电子口岸有限公司被认定为江苏省重点物流企业和江苏省中小企业创新能力建设示范单位。　（周莉娜）

【张家港中外运项目获全国交通企业管理现代化创新成果一等奖】　中国外运长江有限公司张家港分公司（简称张家港中外运）是中国外运长航集团在张家港的分支机构。下辖张家港船务代理有限公司、张家港保税物流园区中外运物流有限公司两家子公司，拥有营销中心、操作中心、物流中心、船务代理部、物流快运部、物流项目部等15个部门，并在张家港市区、保税区等地设有办事处和报关行。公司有员工280人，其中报关员35人、报检员33人、物流师32人。拥有先进的海运、仓储、物流信息、GPS车辆调度系统、OA办公管理系统，有1万平方米仓库和1.5万平方米集装箱堆场。公司保税区仓库被张家港保税港区海关评为“五星级保税仓储”，是张家港地区唯一一家获得海关AA类企业管理资质的代理企业。11月，公司申报的“以人文关怀为基础的员工快乐成长积分系统创建”项目被中国交通企业管理协会评为全国交通企业管理现代化创新成果一等奖。12月，公司被中国报关协会授予“全国优秀报关企业”称号。多年连续被市政府口岸办评选为口岸系统先进集体、年度口岸规范化管理工作先进单位。公司全年主营业务收入超过4亿元，完成海运集装箱85040标箱，报关32901票，报检9953票；海运散杂货代理159.41万吨；仓储业务完成装拆箱 8675 标箱，完成吞吐量26.73万吨；运输业务完成货运量11.64万吨，行驶里程45.87万公里，周转量698.84万吨公里；空运业务代理空运快件90613票，代理普货471.24吨；船代业务自揽船艘次827条，自揽船净吨403.3万吨，自揽船货吨230.8万吨。

（孙威峰）

【张家港外代投资建设苏州中远化工物流基地】 中国张家港外轮代理有限公司（简称张家港外代）隶属于中国远洋物流有限公司，是中国远洋运输（集团）总公司的下属企业。张家港外代积极拓展现代物流业务，2011年10月，投资建设苏州中远化工物流基地。公司经营范围包括代理从事国际客、货运输和科学考察、水上工程各类船舶在中国港口及有关水域的服务业务（含对船、货、集装箱、船员的服务），承揽进出口货物，办理订舱、租船、储运、代运、报关、旅游（专指船员）、海陆空国际多式联运和门到门运输业务，与180余个国家和地区的5000余家航运、商贸、金融、保险企业建有业务联系。公司还从事产品物流、工程物流、质押监管、化工仓储及灌装等业务。下属张家港外代报关行有限公司从事接收进出口货物经营单位和运输工具负责人以及其代理人的委托，办理进出口货物和进出境运输工具的报关、纳税等事宜。公司下设9个部门，有员工180人，拥有3400平方米办公大楼、3300平方米海关监管仓库、8000平方米集装箱堆场及配套的机械设备等硬件设施。2012年共代理船舶2980艘次，代理散杂货货运量712万吨，代理集装箱2.42万标箱。化工物流基地为江苏扬子江化学工业园及周边化工企业提供服务。在软件资质方面，TDI（甲苯二异氰酸酯）剧毒品仓库资质获批，获得海关保税库资质和检验检疫危化品定点取样、查验点资质。在硬件方面，为更合理利用堆场资源，开展堆存和查验业务，采购45吨正面吊；为提高存储能力，对仓库库位进行优化；为满足客户需求和提高灌装产品品质，对灌装车间加装正压装置和100目过滤网；为节能减排，加装15千瓦空压机以配合液氮储罐使用。化工物流基地全年共装拆箱1617标箱，灌装量21786.3吨，其中陶氏化学公司灌装量15250.2吨，完成营业收入754万元，实现利润50万元。

（吴　坚）

【中理理货营业收入首超3500万元】 张家港中理外轮理货有限公司（简称中理理货）主要经营国际、国内航线船舶货物及集装箱的理货、理箱，集装箱装、拆箱理货，货物计量、丈量，船舶水尺计量，监装、监卸，货损、箱损检验与鉴定，出具理货单证及理货报告，理货信息咨询等相关业务。公司下设8个部门、1个分公司及6个办事处，有员工180余人，办公大楼2200余平方米，有较先进的件杂货和集装箱业务管理信息系统，并与张家港电子口岸、南京海关物流监管平台联网。公司严格执行ISO 9001:2008质量体系标准。2012年，公司在业务发展、理货阵地、市场空间上取得新突破，受理船舶3014艘次，理货总量1380万吨，营业收入首次超过3500万元。

（黄春华）

【中联理货升格为党委企业】 张家港中联理货有限公司（简称中联理货）由中联理货有限公司控股、张家港港务集团参股组建成立。2月，经中联理货有限公司党委批复，张家港中联理货有限公司党支部升格为党委，下设机关党支部和操作部党支部，日常管理工作继续挂靠张家港市级机关工委。公司致力于为广大客户提供满意的理货、丈量、计量、监装监卸、货损检定等服务。公司积极推动口岸服务环境改善，自觉融入地方经济发展，努力提升理货科技含量。公司拥有技术先进的理货业务信息系统和操作设备，理货报告实现电子数据报送海关、检验检疫机构及相关客户。全年共受理船舶10623艘次，受理集装箱85万标箱。

（卢锦锋）

【张家港外供供应品种增至2350种】 江苏省外轮供应公司张家港公司（简称张家港外供）由1980年5月成立的江苏省远洋外轮供应公司张家港服务部演变而成。1988年，更名为江苏省外轮供应公司张家港分公司。1998年，再次更名为江苏省外轮供应公司张家港公司。公司可为中外国际航行船舶提供餐饮娱乐、物料、船舶备件、免税商品的供应等系列服务。随着港口码头建设的发展和开放，到港中外船舶日益增多，张家港外供的经营业务也不断拓展和扩大，供应品种增至2350种。公司设经理室、办公室、财务部、供船部、备件部、航修部、后勤部等7个部门，有职工15人，全年营业额321.16万元，比上年增10.3%。

（唐海涛）

【海员俱乐部年接待海员超3万人次】 张家港国际海员俱乐部（简称海员俱乐部）为涉外福利事业单位，隶属于省总工会。单位位于张家港市金港镇长江西路19号，下设酒吧、商店、桑拿和宾馆等娱乐服务设施。单位现有在职职工和退休职工共19人，设有接待科、办公室、财务科3个部门。年内，海员俱乐部认真履行为中外海员“友好、服务和宣传”的职能，利用酒吧、商店和船舶伙食供应等硬件，共接待中外海员3万余人次，组织海员参观游览28次，组织斯诺克台球比赛16次，全年登轮1300余次，免费为海员邮寄汇款200余次，送医送药100余次，购物娱乐用车2000余次，为外轮供应伙食物料58艘次，编写《国际海员活动简报》12份。

（苏　静）

【编辑　沈立平】

商 贸 服 务 业

综　　述

2012 年，全市积极实施服务业扶持政策及“三年行动计划（2010～2012）”,服务业实现较快健康发展。全市实现服务业增加值 847.54 亿元,比上年增 15.2%,占全市地区生产总值的比重为 41.3%,比上年提高 1.8 个百分点。服务业公共财政预算收入 62.18 亿元,比上年增 33.15%,占全市公共财政预算收入的 41.6%,比上年提高 8.8 个百分点。服务业入库税收 94.72 亿元，比上年增 8%，占全口径财政收入的 22.9%,比上年提高 1.7 个百分点。

有效投入不断加大　年内，全市服务业投入 289.58 亿元，比上年增 25.57%，占全市固定资产投资的 41.19%。其中生产经营性投入为 106.8 亿元,比上年增 30.91%,增幅在苏州市名列前茅。新批外资及港澳台资服务业项目 45 项,新增服务业注册外资及港澳台资 5.68 亿美元,到账外资及港澳台资 1.39 亿美元,分别占全市总额的 38.14%、35.28%和 14.63%。张家港名贵木材国际交易中心新增为苏州市服务业集聚区。

行业态势良好　年内,全市有 14 家服务业企业入选 2012 年全国服务业 500 强,比上年新增 7 家,入选企业总数居江苏省县市首位。丰立集团、张家港农商行、沙钢国贸、正大富通等 4 家服务业企业被评为苏州市优秀民营企业。全市实现物流业增加值 104.54 亿元,比上年增 12.41%,占服务业总量的 12.27%。新增全国 AAA 级以上物流企业 2 家,累计 26 家,居江苏省县级市前列。分离新设立服务业企业 40 家,累计 220 家,新增销售 700 亿元、地方财税 2.5 亿元,分离家数、分离成效继续位居全省县级市前列。张家港口岸完成货物吞吐量 2.5 亿吨，比上年增 13.4%；集装箱运量 150.2 万标箱,比上年增 14.9%。专业市场成交稳定,全市商品市场成交额 2045.64 亿元，其中生产资料市场成交额 1920.65 亿元，市商务局重点监测的 15 家市场成交额 1847 亿元。全市有成交额超 100 亿元的专业市场 3 家，其中玖隆物流园 1008.99 亿元，保税区化工品原料市场 435.33 亿元,保税区纺织原料市场 271.94 亿元。

消费市场日益繁荣　年内，全市实现社会消费品零售总额 370.73 亿元,比上年增 17.2%。其中,城镇零售总额 317.57 亿元、农村零售总额 53.16 亿元，分别比上年增 0.35%和 18.69%。社会消费品零售总额按行业分：批发业 25.58 亿元，比上年增 10.07%;零售业 295.17 亿元,比上年增 16.62%;住宿业 5.46 亿元,比上年增 18.18%;餐饮业 42.18 亿元,比上年增 18.85%。

【经开区举行现代服务业推介会】

10 月 29 日，张家港经济技术开发区在国贸酒店举行现代服务业推介会,印度驻沪总领事史耐恩、中国标准化研究院院长马林聪、南京理工大学副校长钱林方等出席活动。推介会上，张家港市人民政府与中国标准化研究院签订标准化战略合作框架协议,同时签订中标张家港标准化科研基地项

NIIT 张家港软件和服务外包学院启动　　（市服务业办　供稿）

目、南理工张家港工研院项目、中国网库江苏电商谷项目、绿城发展华东区总部项目4个重点项目。市委副书记、市长姚林荣为比茨信息技术有限公司中国区总部、NIIT张家港软件和服务外包学院按下启动球。推介会上,张家港经济技术开发区相关负责人介绍了现代服务业发展规划。(魏春兵)

商贸业

【概况】 2012年,各级政府继续落实扩大内需、促进增长的各项政策,城乡商贸市场繁荣有序。全市实现社会消费品零售总额370.73亿元,比上年增17.2%。其中,城镇零售总额317.57亿元,农村零售总额53.16亿元。1月1日,占地1.97公顷、建筑总面积3.6万平方米,总投资4.5亿元的杨舍老街开街。11月,全球商对商批发业领导者麦德龙在中国的第61家批发商场开业。12月,杨舍老街被苏州市政府命名为2012年度苏州市特色商业街。商贸经济活跃,商贸业呈现整体稳步上升态势,年内全市15家重点商贸企业实现零售额48.8亿元,比上年增8.69%;14家重点宾馆、饭店完成营业额5.4亿元,比上年增1.89%。8月,市新滨江假日酒店、皇家花园餐饮管理有限公司被评为江苏餐饮名店,全市江苏餐饮名店累计9家。15家重点监测市场成交额1847亿元。市第一人民商场有限责任公司(包括市新百信超市连锁经营有限公司)、市凯丽百货有限公司、市国际购物中心有限责任公司、市商业大厦有限责任公司四大骨干商场及青岛润泰事业有限公司张家港分公司(大润发大卖场)实现销售29.3亿元,比上年增14.45%。其中,四大骨干商场及其连锁店实现销售23.1亿元,比上年增19.69%;大润发大卖场实现销售6.2亿元,比上年减1.59%。"家电下乡"工程继续有序推进,全市有家电下乡销售网点111个,全年销售家电下乡产品122862台,销售额3.17亿元,全市累计销售家电下乡产品304119台,销售额7.8亿元。4月,张家港市被中国烹饪协会授予"中国刀鱼美食之乡"称号。11月,在长江三角洲城市市场信息协作网第十二次联席会议暨2012年长三角城市商业发展论坛上,张家港市入选"2011年长三角县域商业十强县市"。

【强化生猪定点屠宰监管】 2012年,市商务局围绕"确保全市人民吃上放心肉"目标,狠抓制度建设和肉品整治,严格执行生猪进场验收制度、屠宰同步检疫检验制度、出场审核制度、无害化处理制度等生猪屠宰操作规程,会同市农委、公安、工商等部门开展严厉打击食品非法添加和滥用食品添加剂专项整治行动,确保猪肉产品质量安全。与9家生猪屠宰场签订责任书,每月召开屠宰工作例会,组织外出参观学习,旁听病死猪案件的庭审,开展专项培训7场次,培训97人次,张贴公告、标语45份。加强生猪屠宰执法检查,会同有关部门组织执法检查123次,出动执法人员289人次,检查单位126户次,检查产品16批次。狠抓猪肉储备,提升市场保供能力,落实冻肉储备150吨、活体储备8000头,确保全市猪肉供应不断档、不脱销。全市全年各生猪定点屠宰场屠宰生猪42.26万头,比上年降3.9%。

【打造长江鲜美食品牌】 4月7日,2012年张家港长江鲜美食节在南丰镇永联村开幕。开幕式上,中国烹饪协会副会长高炳义为张家港市授"中国刀鱼美食之乡"牌匾。活动持续到5月5日,开展了全国江鲜烹饪技能大赛、永联江鲜美食文化论坛、张家港长江鲜美食节大师驻店、"沙洲风情"张家港地方菜系竞展活动等多项活动。4月21日,"永联杯"第四届全国江鲜烹饪技能大赛在南丰镇永联村开幕。此次活动是2012年张家港长江鲜美食节的重要组成部分,由中国烹饪协会和张家港市人民政府主办。大赛评选出"最佳特色菜奖"7名、"最佳招牌菜奖"7名、"最佳流行菜奖"7名、"最具推广价值奖"7名和"优质菜品奖"28名,另有团体特金奖和金奖若干名。

【麦德龙张家港批发商场开业】 11月21日,全球现代商对商批发业领导者麦德龙在中国的第61家现购自运批发商场在张家港开业。麦德龙张家港商场位于张家港经济技术开发区南区,占地7000余平方米,提供超过1.5万种商品,包括肉类、鱼类、乳制品、办公用品、厨房设备以及电子产品等。为方便专业客户采购,麦德龙张家港批发商场的营业时间从每日6点持续至22点。麦德龙现购自运有限公司是全球最大的零售和贸易公司之一麦德龙集团的销售分支。1996年,麦德龙在上海开设它在中国的第一家现购自运批发商场,为中国带来全新的商业理念。至年末,麦德龙现购自运有限公司在中国的43个城市开设商场61家,拥有8500余名员工及逾300万专业顾客。

麦德龙张家港商场盛大开业　　(市商务局　供稿)

【肉菜流通追溯体系建设有序推进】 7月，为更好落实“菜篮子”市长负责制，提高肉菜质量及保障水平，市政府出台《张家港市肉菜流通追溯体系建设实施方案》，决定在张家港市范围建设与苏州市互联互通的市（县）级追溯管理平台，包含生猪屠宰环节、肉菜批发环节、肉菜零售环节、消费环节和“产销对接”核心企业的5个流通节点追溯子系统和1个政府肉菜追溯联合监管辅助子系统，范围覆盖9家生猪屠宰厂（场）、1家猪肉交易场、32家农贸市场、5家大卖场（超市）、3家“产销对接”核心企业和500家团体消费单位（包括大型餐饮企业、机关院校和大型企业食堂、猪肉加工企业等）。年内，肉菜流通追溯体系建设有序推进，相继开展了项目可行性调研、考察学习成功地区经验、编制相关技术方案并通过专家评审、拟定服务外包结算方案等活动，与江苏智慧港城投资有限公司签订了建设合同。

（张　玲）

市农资配送中心　（市供销社　供稿）

供　　销

【概况】 市供销合作总社下辖18个基层单位，其中公司7家、工厂2家、学校1所、基层供销社8个，有在职职工343人（包括已转制企业的职工）。2012年，完成工商企业销售收入55.32亿元，消费品零售额16.45亿元，工商企业入库税费1964.06万元，市场成交额40.39亿元。年内，市供销合作总社被省供销社评为2012年度创新创优优胜单位、农产品市场建设优胜单位，被苏州市供销社评为2012年度目标考核综合奖先进单位、农药连锁配送先进单位、为农服务社建设先进单位，被张家港市委、市政府评为文明机关，下属5个基层单位被评为文明单位。

供销经济　加强系统企业的管理、服务和协调，狠抓企业管理，盘活存量资产，积极开拓市场，各项主要经济指标运行态势良好。年内，推进市惠农物资有限公司、市供商烟花爆竹有限公司的增资扩股重组，对市青草巷农副产品批发市场、市土产果品总公司实行合并运作，增强系统经济控制力。集体资产管理上，加强资源整合、改造和开发，在集体资产拆迁增多的情况下，全系统仍实现资产租赁收入519.97万元。市丰驰物资有限公司坚持以市场为导向，积极开拓钢材、有色金属、生铁、焦炭、废钢、化工原料、毛纱等经营业务，全年实现销售8.68亿元，实现利润1583.39万元，入库税费1510.73万元。

为农服务　市供销社坚持服务“三农”宗旨，不断完善为农服务网络建设，创新服务途径，提升服务能力。全年创建为农服务社11家，其中省级三星社5家，累计建办为农服务社153家，其中省级三星社81家；建办专业合作社4家，其中省级1家、苏州市级2家、张家港市级1家，累计建办专业合作社33家，其中省级10家、苏州市级8家。4月，市供销合作总社举办农产品经纪人培训班，全市从事农产品经营、种植养殖和农业工作的54名相关人员参加培训，均通过考试考核。农业生产资料供应，重点做好农药集中配送工作，完成农药集中配送4469.47万元，其中果蔬农药914.78万元，稻麦用药配送率93%，果蔬用药配送率82%。

【农药集中配送取得显著成效】 2012年是实施农药集中配送的第二年，为进一步扩大覆盖面、提高配送率，市供销总社牵头组织相关部门、企业，开展调查分析，加强协调沟通，规范经营秩序，提高服务质量。全年完成农药集中配送4469.47万元，其中果蔬农药914.78万元，稻麦用药配送率93%，蔬果用药配送率82%，高效低毒农药使用率超98%，其中生物农药使用率49.2%。此举作为创新创优工作在全省供销系统获得推广。年内小麦赤霉病大流行，市供销总社组织农资经营企业将防治药剂准时送到农民手里，全市防治1.6次，使大流行态势降到轻危害程度，为全市挽回小麦损失3万吨，折合7200余万元。水稻生长期间，受多次台风影响，褐稻虱、纵卷叶螟等害虫迁入量大，由于农药集中配送，防治药剂高度统一，加上防治及时，防治效果十分明显，为全市挽回稻谷损失10.2万吨，折合31620万元。

【市青草巷市场筑牢农产品质量安全防火墙】 市青草巷农副产品批发市场是全市农副产品重要流通平台，也是农产品质量检测监管的主要载体。年内，市场加大宣传教育力度，组织专家撰写了知识实用、通俗易懂的农产品质量安全宣传册《农副产品安全知识100问》2000余份，同时印制《中华人民共和国农产品质量安全法》《江苏省农产品质量安全条例》2000余份，发放给广大种植户、经营户和消费者，提高农产品质量安全意识。市场农副产品检测中心增加检测批次，扩大检测项目，在蔬菜用药高峰季节有针对性地开展检测，全年完成仪器检测51261批次，合格率

99.81%；速测46692批次，合格率99.9%。市农产品质量联合执法管理办公室牵头开展专项整治行动2次，联合执法20余次，销毁不合格农产品49批次，计7385千克。5月初，山东等地曝光“甲醛白菜”和“翻新土豆”后，市农产品质量联合执法管理办公室牵头市食品安全管理办公室、农委、工商、公安、城管等部门共同开展专项整治行动，历时近两周，其中突击整治3天，整治期间销毁不合格农产品1350千克。

【市青草巷市场启动易地新建】 为配合城北新区和农联新城开发建设，进一步优化农副产品批发市场设施条件，根据市委、市政府总体规划，市青草巷农副产品批发市场在年初开始筹备实施易地新建工程。市场新址位于锦丰镇洪桥村，占地20.47公顷，总建筑面积14万平方米，建设蔬菜、家禽、水产、粮油、南北货、水果、副食交易区以及体验式消费区、仓储式超市和冷链配送等配套设施，总投资6.28亿元。6月末，完成蔬菜交易区临时过渡搬迁。年内，先后完成项目立项、可行性研究、新建区域征地、拆迁、方案设计、施工招标等重要工作，完成投资6300万元，12月28日桩基施工启动，计划2013年末主交易区建成并交付使用，2014年6月市场全面竣工投入运行。（吴　永）

沙洲粮库全景　（张家港日报社　供稿）

粮　食

【概况】 年末，全市粮食系统有独立核算单位18个，在岗职工190人，市粮食局机关有干部职工25人，下设办公室、行业管理科（监督检查科）、人事监察科、财务审计科。2012年，市粮食部门针对“十二五”规划期间粮食工作的新形势和新任务，积极构建“供应稳定、储备充足、调控有力、运转高效”的粮食安全保障体系，认真抓好粮食收购、地方储备、仓储建设、放心粮油工作，全力打造“心系粮食，情牵百姓”服务品牌。年内，张家港市粮食局被评为苏州市粮食工作优胜奖、苏州市收购服务十佳单位、苏州市粮食政务信息工作一等奖、张家港市文明机关。市粮食购销总公司被评为省放心消费创建活动先进单位、省农民满意粮食收购企业、苏州市转型升级十佳企业、苏州市品牌建设十佳企业。市粮食局系统内10个单位被评为2012年度市文明单位。

粮食收购　2012年，市粮食局围绕服务“三农”主题，落实仓容7.5万吨，落实资金1.2亿元，合理确定收购开秤指导价，严格执行收购政策，坚持优质服务，加强市场监管。发挥国有粮食企业主渠道作用，坚持市粮食购销总公司统一扎口收购；发挥东海粮油工业（张家港）有限公司等大型粮食加工企业优势，坚持实施小麦订单收购。全年入库小麦7.98万吨，占苏州市收购总量的40.25%。针对全市地方粮食储备规模扩大、水稻实现特大丰收及依质论价办法全面实施等收购新形势，市粮食局将掌控粮源和化解市场风险作为秋粮收购两大重点，积极应对粮食市场变化，采用科学定价，加强与区镇沟通交流，明确收购事项，规范操作方法，做好水稻价外补贴签订工作。同时坚持开展“优质服务月”活动，为大户开展上门验粮、预约收购、预约烘干、延长收购时间、提供整晒场地等服务。全市共收购入库水稻7.68万吨，其中价外补贴收购7.25万吨，占收购总量的94.4%。

粮油工业　全市粮油工业列入统计的企业共12家，其中省级龙头企业1家、苏州市级龙头企业2家、外商投资企业3家，主要为东海粮油工业（张家港）有限公司、江海粮油工业有限公司、益江（张家港）粮油工业有限公司、市粮食购销总公司、市面粉食品有限公司、市恒泰面粉制品有限公司等。年内，全市粮油加工企业完成产品销售收入235.75亿元，实现现价工业总产值214.81亿元，完成利润总额1.25亿元。全年完成食用植物油总产量131.11万吨、大米产量5.37万吨、小麦粉产量31.67万吨、饲料产量20.31万吨。

【江南大学张家港粮食研究生工作站成立】 年内，市粮食局与江南大学联合建办粮食研究生工作站，以提高粮食产业的自主创新能力，提高行业专业技能和经营管理水平。3月工作站项目启动。10月，研究生工作站管理委员会成立。11月8日，江南大学—张家港粮食研究生工作站举行签约启动仪式，成为全省首家产学研结合的粮食专业研究生工作站。11月15日，江南大学研究生院选派1名博士生导师、1名硕士生导师及2名研究生进站工作。工作站实行双导师制，市粮食局同样选派2名理论水平高、实践经验丰富的人员作为导师，并选拔3名优秀工作人员一同参与研发。年内，2012～2013年度“粮食平房仓贮藏低温气调保鲜集成技术研发”课题开始实施运行。江南大学—张家港粮食研究生工作站项目被评为全省十佳粮食工作创优创新奖。

（严景阳　管金宇）

专营专卖

【烟草经营】 2012年，市烟草专卖局（分公司）围绕“卷烟上水平”战略，深入实践“与客户共创成功”服务理念，在营销服务、市场监管、内部管理等方面都取得优异成绩。全年实现销售收入12.8亿元，比上年增12.08%；实现利税3.8亿元，比上年增10.14%；国家烟草专卖局全国性重点骨干品牌销量比上年增17.81%，销量比重达到85.2%。继续严厉打击卷烟贩假售假行为，强化与市公安局、检察院、法院的联合打假力度，全年查获5万元以上案件18起，50万元以上案件2起。其中“10·19”非法经营卷烟案件当事人被判有期徒刑5年6个月、“5·17”销售假冒卷烟国际网络案件判刑2人、“5·03”非法经营案件判刑1人。市场净化率始终保持在98%以上。全年新办卷烟零售许可证619份、变更97份、延续752份、注销752份，年末卷烟零售许可证有效证件为5803户。深入开展内部监督管理，对卷烟经营活动实施全过程监管，以基层服务站“三创三先”（创业创新创优、争先领先率先）主题竞赛为契机，进一步推进基层服务站工作规范化、标准化、科学化。年内，市烟草专卖局（分公司）被评为2009~2011年苏州市文明行业、2012年张家港市消费维权先进集体等称号。 （封晓庆）

【盐业经营】 2012年，江苏省苏盐连锁有限公司张家港分公司（市盐务管理局）切实做好市场营销、食盐流通现代化建设等各项工作，被评为张家港市文明单位。全年实现盐销量28139吨，实现销售收入1.17亿元，首次突破亿元关。年内，市盐务管理局以食盐安全为首要责任，切实维护市场秩序，坚持依法行政，组织开展了“春雷”“烈火”“天安”等各项盐政执法专项行动，先后联合市公安、工商、食药监、卫生等部门开展22次联合执法行动，出动执法人员1200余人次，查获违法车辆2辆，查获盐业违法案件51起，查获违法盐产品40.48吨，没收违法盐产品39.53吨。监管凤凰镇天普化工厂、乐余镇清源污水处理厂和新盛新材料厂等三家工业副产盐企业生产、运输、销售再生盐8456吨，并对三家企业周边工厂、工地食堂、食品加工企业进行排查，严防工业副产盐流入食盐市场。年内，经综合考评，市创建消费放心城市指挥部办公室、市盐务局对第二批100家“食盐放心店”进行授牌，累计授牌200家。

（陈 伟）

【石油经营】 2012年，中国石油化工股份有限公司江苏苏州张家港石油分公司实现成品油销售25.24万吨，比上年增19.73%，非油品销售2421.7万元，比上年增42.81%。成品油销售中零售21.14万吨，比上年增15.02%；直分销3.85万吨，比上年增45.83%；润滑油2542吨，比上年增10.52%。张家港石油分公司零售网络建设稳步拓展，完成国泰南路绿岛加油点建设，4月营业；完成长安路、美食街非油品站外便利店改造，4月营业；完成凤凰站移建。年内，根据省环境保护厅实施“蓝天工程”改善大气环境的相关要求，张家港石油分公司完成5座加油站的油气回收改造工程，12月30日，完成车用汽油品质升级工作。年末，张家港石油分公司共有加油站34座，其中中石化壳牌（江苏）石油销售有限公司加油站14座。

（陆思睿）

社会服务业

【概况】 2012年，全市交通运输、仓储、邮政业，信息传输和计算机服务业，批发和零售业，住宿和餐饮业，金融保险业，房地产业，租赁和商务服务业等服务业行业发展状况良好，继续呈现健康、规范、有序的发展态势。

交通运输、仓储、邮政业 年末，全市有在册交通运输、仓储、邮政业企业（含个体工商户）3995家，比上年增3.44%；注册资金103.95亿元，比上年增18.76%；从业人员14605人，实现利税6.38亿元。

信息传输、计算机服务业 年末，全市有在册信息传输、计算机服务业企业1322家，比上年增2.88%；注册资金40.03亿元，比上年增1.93%；从业人员7938人，实现利税1.25亿元。

批发和零售业 年末，全市有在册批发和零售业企业（含个体工商户）37467家，比上年减2.82%；注册资金380.4亿元，比上年增45.81%；从业人员126038人，实现利税3.06亿元。

住宿和餐饮业 年末，全市有在册住宿和餐饮业企业（含个体工商户）3633家，比上年增57.07%；注册资金5.04亿元，比上年增38.14%；从业人员12713人，实现利税1.29亿元。

金融保险业 年末，全市有在册金融保险业企业（含个体工商户）401家，比上年增1.26%；注册资金92.24亿元，比上年增35.16%；从业人员915人，实现利税7.35亿元。

房地产业 年末，全市有在册房地产业企业（含个体工商户）136家，比上年增49.45%；注册资金71.89亿元，比上年增73.23%；从业人员4797人，实现利税33.78亿元。

租赁和商务服务业 年末，全市有在册租赁和商务服务业企业（含个体工商户）1446家，比上年减0.07%；注册资金274.75亿元，比上年增53.89%；从业人员12030人，实现利税6.14亿元。

其他服务业 年末，全市有其他服务业企业（含个体工商户）5910家，比上年增140.93%；注册资金26.89亿元，比上年增533.16%；从业人员31626人，实现利税79573万元。

【14家企业入选中国服务业企业500强】 9月，由中国企业联合会、中国企业家协会按国际通行方式，经专家委员会审定后排出的2012年中国服务业企业500强公布，全市有14家服务业企业入选，入选企业数量位居全省县级市第一。分别为：张家港保税区日祥贸易有限公司（第104位）、江苏国泰国际集团有限公司（第107位）、丰立集团有限公司（第124位）、玖隆钢铁物流有限公司（第156位）、张家港保税区荣德贸易有限公司（第223位）、张家港保税区鑫东鸣贸易有

限公司(第309位)、张家港保税区荣润贸易有限公司(第310位)、张家港保税区锦德贸易有限公司(第376位)、张家港福洛瑞物贸有限公司(第399位)、江苏张家港农村商业银行股份有限公司(第408位)、东华能源股份有限公司(第416位)、市嘉广天进出口贸易有限公司(第460位)、江苏鑫香山金属材料有限公司(第465位)和市第一人民商场有限责任公司(第499位)。其中张家港保税区日祥贸易有限公司、玖隆钢铁物流有限公司、张家港保税区荣德贸易有限公司、张家港保税区鑫东鸣贸易有限公司、张家港保税区荣润贸易有限公司、张家港福洛瑞物贸有限公司、江苏鑫香山金属材料有限公司和市第一人民商场有限责任公司等8家企业为新入选企业。 (魏春兵)

市　场

【概况】 2012年年末，全市有经张家港工商局核准登记的各类市场85家，其中消费品市场67家、生产资料市场14家、生产要素市场4家。全年成交额180.6亿元，消费品市场成交额超亿元的有18家，比上年增5家。有国家级农村文明集市(市场)1家，省级农村文明集市(市场)1家，苏州级农村文明集市(市场)4家。年内共举办市场负责人培训4场次；培育发展经纪人1351人，其中农民经纪人900人，一般经纪人451人；开展市场专项整治7次。

消费品市场 全市有消费品市场67家，占地总面积43.2万平方米，建筑总面积40.5万平方米，经营户6003户。全年成交额124.99亿元，其中农副产品综合市场成交额113.09亿元，工业品市场成交额11.9亿元。

生产资料市场 全市有生产资料市场14家，主要经营化工原料、废钢材、建筑装饰材料等，全年成交额55.61亿元(不含张家港保税区化工品原料交易市场成交额)。

生产要素市场 全市有人才市场、技术市场、人力资源市场、房地产市场等4家生产要素市场。其中：市人才市场全年举办固定人才集市85期，进场设摊单位4280个，提供就业岗位87450个，平均每期提供就业岗位1029个，达成应聘意向近110550人次，平均每期1300人次。全年接收人事档案8647份，新增人事代理单位289个，新增人事代理3061人。为237人提供学历认证服务，为93家企业派遣各类专业技术人才2409人，为32个单位提供人才猎头服务，引进各类紧缺、高层次人才58人，为6家企业培训各类人才1099人。“张家港人才网”年内新增网上会员单位2395个，累计3113个，发布招聘岗位73271个，平均每天流量7.8万人次，网站年流量2863.5万人次。年内，市技术市场加快培育，技术贸易合同认定管理进一步加强，全市新批建办企业技贸机构15家，累计183家，签订技术贸易合同81个，技术贸易合同额21967.79万元，比上年增8904.34万元、增长68.16%。市人力资源市场共登记用人单位919个，提供岗位66810个，求职登记20196人，推荐介绍20357人次，成功就业19773人次。全年举办劳动力交流洽谈会86期，组织1038个单位进场招聘，为求职者提供岗位46657个，进场求职16473人，达成意向11063人。张家港公共就业服务网站有单位会员2631个，访问量突破25万人次。多媒体自助求职系统发布各类招聘信息超过9000条，点击率超过22万人次，自助求职1677人。市华泰房地产交易市场有限公司全年完成各类房产权属登记发证22731处、涉及房屋面积1034.05万平方米，分别比上年减1.21%、增16.49%。办理增量房交易12439笔、建筑面积166.29万平方米、成交金额89.07亿元，分别比上年减6.59%、减0.04%、增12.96%；办理存量房交易4804笔、建筑面积109.29万平方米、成交金额52.51亿元，分别比上年减14.58%、减32.38%、增59.67%。完成各类贷款房产抵押交易14908笔、建筑面积1667.72万平方米、权利价值285.19亿元，分别比上年增1.33%、29.13%、36.42%。办理市区房屋租赁交易775笔、出租房屋面积38.83万平方米，分别比上年减5.37%、增76%。

(顾文娟　朱海婷
彭　程　周幸金)

2012年张家港市成交额超亿元消费品市场一览

表37

市场名称	主办单位(人)	地址	建办年份	投资额(万元)	固定经营户(户)	成交额(亿元)
市第一集贸市场	市第一集贸市场有限公司	杨舍镇梁丰路270号	1979	3600.00	334	19.60
金港粮油农副产品大市场有限公司	朱俊才、朱建飞、朱仪龙、朱进法	金港镇双龙南路	1983	480.00	217	2.66
市后塍综合市场有限公司	季叶清、周　清	金港镇后塍集镇西墩路	1985	800.00	160	1.29
市新天地市场管理有限公司	华建房地产开发有限公司	锦丰镇锦店路新天地2幢	2007	3000.00	308	3.77
市青草巷农副产品批发市场	市土产果品总公司	杨舍镇农联村	1995	3000.00	289	41.56
塘桥综合市场	塘桥镇资产经营公司	塘桥镇中路5至7号	1985	480.00	385	4.81
塘桥镇妙桥综合市场	塘桥镇资产经营公司	塘桥镇妙桥集镇	2005	380.00	110	1.16
西张农副产品综合市场	凤凰镇资产经营公司	凤凰镇西张金谷小区	2005	500.00	65	1.55
凤凰农副产品综合市场	凤凰镇资产经营公司	凤凰镇凤凰集镇	2005	420.00	45	1.27
港口农副产品综合市场	凤凰镇资产经营公司	凤凰镇港口集镇	2006	360.00	64	1.25

续表 37

市场名称	主办单位(人)	地址	建办年份	投资额(万元)	固定经营户(户)	成交额(亿元)
元丰菜场	黄劲松	金港镇德积集镇元丰小区	2005	3000.00	169	2.32
杨舍镇农贸市场有限公司东莱农贸市场	杨舍镇农贸市场有限公司	杨舍镇电厂路	2005	180.00	98	1.25
乐余农贸商城	乐余镇资产经营公司	乐余镇乐富路	2005	1300.00	130	2.06
塘市农贸市场	杨舍镇镇资产经营公司	杨舍镇塘市镇中路	2005	300.00	118	1.04
三兴农贸市场	锦丰镇资产经营公司	锦丰镇三兴集镇	2005	138.00	65	1.39
兆丰菜场	—	乐余镇兆丰集镇	—	350.00	100	1.16
南丰集贸市场	南丰镇资产经营公司	南丰镇	2005	110.00	150	1.21
南丰永联农贸市场	南丰镇资产经营公司	南丰镇永联村	2005	100.00	139	1.39

2012 年张家港市生产资料市场一览

表 38

市场名称	主办单位(人)	地址	建办年份	投资额(万元)	成交额(亿元)
市盐铁塘钢材交易市场	市恒泰港务有限责任公司	杨舍镇东二环路	2002	541.20	—
市化工原料交易市场	金港镇资产经营管理公司	金港镇香山北侧	2001	598.90	—
市木材市场	杨舍镇晨新村	杨舍镇晨新村	1997	19.00	0.71
市新世纪建筑装饰材料批发市场	市金泰建筑装饰材料贸易有限公司	凤凰镇港口恬庄村	2002	1280.00	1.02
张家港九洲家居装饰城市场	九洲家居装饰城(市场)有限公司	杨舍镇金港大道	2003	2030.00	9.42
江南建材商贸有限公司	金港镇滩上村工贸实业总公司、滩上村民委员会	金港镇后塍袁家桥村	2005	8500.00	8.33
鑫香山金属材料市场有限公司	江苏丰立集团有限公司、江苏鑫香山金属材料有限公司	金港镇南沙办事处	2006	5000.00	20.56
市金源世纪家居市场有限公司	陈礼水、林光贤、顾瑜洁、陈超	杨舍镇金港大道 633 号	2008	500.00	0.86
梁丰五金机电城市场	江苏梁丰集团置业发展有限公司	杨舍镇南二环路西路口	2008	7000.00	3.47
市安吉旧机动车交易市场有限公司	袁卫民、袁卫华、袁向华	杨舍镇范港村交警大队内	2007	200.00	3.04
绿园置业有限公司新红星家具建材市场	云南东成投资发展有限公司、江苏澳洋置业有限公司、张家港市新城置业有限公司、上海红星美凯龙企业管理有限公司、张家港宝利威金属材料有限公司	杨舍镇南二环路南侧	2010	50000.00	7.51
张家港隆胜宏钢材市场管理有限公司	陈基垒、何传强	锦丰镇锦绣路 3 号	2010	2000.00	5.16
张家港地方义乌小商品市场(香港城)	—	杨舍镇乘航西路北侧	2010	1000.00	7.47
市富城小商品市场有限公司	周铁、周立新	锦丰镇锦中路	2010	65.00	0.15

【农产品流动检测工作在全省率先推行】 年内,张家港工商局在江苏省率先推行农产品流动检测工作。5月开始制订检测工作方案,成立领导小组,配备流动检测车、流动检测设备。3名专业检测人员每周3次对全市10家农产品平价店内农产品进行检测。至年末,对全市平价店内农产品实施检测1513批次计13892千克。经检测不合格的25批次计386千克农产品全部销毁。此外,利用流动检测车内的电脑、无线上网设备,检测人员及时将检测结果上传到苏州市商品交易市场信用分类监管信息网上进行公开。对多次检测出不合格农产品或重复销售不合格农产品的,组织电视台、报社等媒体曝光,并开展消费点评,发布消费警示。全市平价店内农产品检测合格率98%。 (顾文娟)

玖隆钢铁物流园项目规划图　　（市服务业办　供稿）

【镇级人力资源市场实现全覆盖】 2012年，市人社局在已有凤凰、塘桥、金港、锦丰4家镇级人力资源市场的基础上，又建成杨舍、南丰、乐余、大新4家镇级人力资源市场，全市镇级人力资源市场实现全覆盖。其中：杨舍镇人力资源市场位于市区南环路50号，占地200平方米，投资53万元；南丰镇人力资源市场位于南丰镇金陵东路10号，占地250平方米，投资52.4万元；乐余镇人力资源市场位于乐余镇镇北路155号，占地350平方米，投资72万元；大新镇人力资源市场位于大新镇府前路196号，占地170平方米，投资41.8万元。至年末，全市镇级人力资源市场共举办招聘会47场，有687个单位进场招聘，达成就业意向7400人。

（朱海婷）

物　　流

【概况】 2012年，全市根据市"十二五"物流业发展规划，继续打造张家港保税港区（一期）、扬子江冶金物流中心、张家港经济开发区现代物流园三大物流园区以及保税物流板块、扬子江国际化学工业园物流板块、扬子江冶金工业物流园板块、国际纺织品物流板块、现代加工工业物流园板块、城市配送物流板块、城郊水上物流板块七大物流板块，加快将张家港市建设成为区域性物流枢纽城市。全市年销售收入500万元以上物流企业82家，其中张家港东华能源股份有限公司、江苏澳洋顺昌股份有限公司、张家港港务集团有限公司、沙钢虹达物流有限公司、江苏澳洋医药物流有限公司、张家港保税物流园区华芳物流有限公司等6家物流企业年营业收入超10亿元。高兴达（张家港）钢材加工有限公司、张家港保税区长江国际港务有限公司、江苏中外运有限公司张家港分公司、张家港市百禾医药有限公司、华友管业有限公司等5家物流企业年营业收入超3亿元。张家港港务集团有限公司入库税金超1亿元。张家港港务集团有限公司获省级企业物流技术中心称号；张家港众益物流有限公司、江苏澳洋医药物流有限公司获苏州级企业物流技术中心称号；张家港众益物流有限公司获省重点物流基地称号，省重点物流基地累计3家；张家港电子口岸有限公司、张家港江海粮油港务有限公司、张家港市百信超市物流配送有限公司获省重点物流企业称号，省重点物流企业累计11家；张家港宏泰码头有限公司、张家港市青草巷农副产品批发市场、张家港市金港物流中心有限公司获国家AAAA级物流企业称号，AAA级以上物流企业累计26家。张家港永恒码头有限公司、张家港永嘉集装箱码头有限公司、张家港保税区长江国际港务有限公司、张家港越洋实业有限公司、中粮东海粮油工业（张家港）有限公司获苏州市交通运输系统"平安交通示范点"称号。年内，全市物流业实现增加值104亿元，比上年增16.8%，占全市服务业增加值的12.2%。全市16个重点物流项目，当年完成投入工作量34.2亿元，其中总投资300亿元的沙钢玖隆钢铁物流园20万平方米的高标准仓库建成启用，50万平方米的商务区全面启动建设，配套的热轧、冷轧加工线启动建设，金融服务、期货交易及电子商务功能平台加快推进；张家港港新重装码头港务有限公司完成投入工作量超4亿元；成功引进总投资6亿元的苏州现代海斯克钢板物流项目；沙钢海力码头2号泊位改扩建工程、段山港重装码头工程（长江泊位）、东沙作业区盛泰通用码头工程（水工部分）等重点港口建设项目均按时完工。张家港保税港区完成进出区货运总量982.6万吨，货值118.7亿美元，海关征收税款62.7亿元，分别比上年增5.3%、减2.8%、增6.63%。张家港口岸完成货物吞吐量2.5亿吨，集装箱运量150.2万标箱，分别比上年增13.4%、14.9%；完成外贸进出口运量5037.3万吨，居长江沿线各港之首。口岸集装箱运量连续三年超百万标箱，货物吞吐量连续三年超2亿吨。进口棉花1600批50.4万吨、货值11.3亿美元，分别比上年增5.5%、42.4%和20.3%，进口量列江苏口岸第一。成功引进总投资3亿美元的新加坡普洛斯物流园项目，世纪康鑫橄榄油分拨基地、大连道氏硅业、巴士物流等一系列物流仓储项目顺利开竣工。纺织原料市场通过中国纺织工业协会审核，成为中国纺织原料进口分销中心。7月，进口消费品市场被省政府授牌"江苏进口商品集采分销中心"，并与商务部品牌管理中心合作，作为全球商品采购季的首发站。10月，在北京举办2012～2013年全球商品采购季活动。全年实现进口葡萄酒超120万升，张家港口岸成为江苏第二大葡萄酒进口口岸；以周大福为代表的钻石营运中心全年开票超30亿元。

（许文涛）

2012年张家港市重点物流企业一览

表 39

企业名称	地　址	建办年份	营业收入（万元）	比上年增减率(%)
张家港港务集团有限公司	金港镇长江中路 252 号	1968	107249	2.00
市金港物流中心有限公司	杨舍镇东二环路 1 号	2002	2204	-21.00
张家港保税区长江国际港务有限公司	保税物流园区西区南京路	2001	30773	28.20
丰立集团有限公司(物流)	大新镇	2004	7876	48.10
沙钢虹达物流有限公司	锦丰镇	2001	111071	58.10
张家港孚宝仓储有限公司	保税物流园区	2004	21869	16.10
中国外运长江有限公司张家港分公司	金港镇长江中路 45 号	2002	39705	2.60
张家港江海粮油港务有限公司	金港镇宝岛路 1 号	1990	4427	-83.10
江苏高兴达物流有限公司	锦丰镇创业路 8 号	2007	78936	-12.70
张家港保税区森源国际贸易有限公司	金港镇江海中路森源大厦	2008	25453	-1.40
江苏正大富通汽配连锁有限公司	杨舍镇西二环路长兴路西	2006	29381	-13.10
江苏澳洋医药物流有限公司	凤凰镇凤凰大道 19 号	2008	101365	35.80

【玖隆物流园推介会召开】 10月28日，张家港建县(市)50周年暨2012年中国(张家港)长江文化艺术节玖隆物流园推介会在国贸酒店举行。全国100余个钢铁贸易企业及相关单位代表出席。玖隆物流园相关负责人介绍园区整体运营、商务区规划、仓储区运营模式、物流加工企业入驻合作模式、玖隆对全市钢材市场的参与、产业集聚方面优惠政策等相关情况。部分银行代表介绍玖隆物流融资业务。玖隆冶金物流项目是沙钢集团为推动现代钢铁物流产业，实现节能降耗绿色经济，发展诚信规模物流而规划建设的现代化钢铁大物流项目，总投资250亿元至300亿元，分两期建设。2012年，园区有注册企业200家，注册资本25.4亿元，其中注册资本1000万元及以上的企业37家。实现开票交易额1005亿元，入库税金2.35亿元。　（徐　平）

【中国·张家港液体化工指数在北京正式发布】 8月28日，中国·张家港液体化工指数在北京正式发布。这是国内液体化工行业首次推出行业指数，标志着江苏化工品交易所成为中国液体化工指数发布基地、中国液体化工现货价格的“晴雨表”及市场行情走势的“风向标”。中国·张家港液体化工指数由江苏化工品交易所与中国石油和化学工业联合会共同编制，以国际上通用的指数模型作为参考依据，基于甲醇、乙二醇、甲苯和苯乙烯等13种产品进行指数测算，运用公式计算出小类、中类及综合类的液体化工指数，包括贸易环节、生产环节、消费环节。整个指数体系包括液体化工价格指数和液体化工景气指数两类，前者每周发布一次，后者每月发布一次。

【市金麦穗农产品配送中心建成】 11月，市金麦穗农产品配送中心(以下简称配送中心)建成使用。配送中心由张家港金麦穗果蔬农民专业合作社投资建设，位于杨舍镇李巷村金麦穗生态农业示范研发区，占地1公顷，投资总额1695万元，年配送规模8万吨，日配送最大能力220吨。配送中心的产品以基地自产及合作基地采购的绿色无公害蔬菜为主，包括叶菜类、茄果类、菌菇类，并以禽蛋产品、海鲜产品、粮油、进口水果、礼盒包装等作为配送产品的补充，配送品种一百种以上。配送中心在第一农贸市场设立直销摊位，在市区通运路、东环路、好邻暨阳东路店和今日家园等地设立农产品直销门店和专柜。至年末，配送中心配送系统以及“张家港配菜网”等网络配送平台全部进入试运营阶段，形成企事业机关食堂、中小学食堂、礼品福利配送等三大项客户群体，配送总量1500吨。

（许文涛）

【三家市场获评国家AAAA级物流企业】 7月，中国物流与采购联合会公布第十四批全国A级物流企业名单，张家港宏泰码头有限公司、张家港市青草巷农副产品批发市场、张家港市金港物流中心有限公司获国家AAAA级物流企业称号。其中，张家港宏泰码头有限公司、张家港市金港物流中心有限公司被评为国家AAAA级综合服务型物流企业，市青草巷农副产品批发市场被评为全国AAAA级仓储型物流企业。国家AAAA级物流企业评定由中国物流与采购联合会评估委员会组织，从企业资产总额、营业收入、设备设施、管理服务、人员素质和信息化水平等六个方面进行全面审核。2012年，张家港宏泰码头有限公司实现货物吞吐量695.9万吨；张家港市金港物流中心园区实现货运量300余万吨，营业收入16.8亿元；市青草巷农副产品批发市场实现农副产品成交量47.10万吨，成交额40.39亿元。

（许文涛　吴　永）

金麦穗农产品配送中心冷链物流专用配送车

（市经信委　供稿）

【编辑　朱永平　景力颖】

城乡建设

综述

2012年，城乡一体化加快推进。城乡发展规划、产业布局、基础设施、公共服务和就业社保"五个一体化"全面展开，新市镇、新街道、新社区建设扎实推进，农民集中居住安置房建设进程加快。全年完成城市建设总投资192.11亿元，其中市区188.34亿元。全市房屋施工面积1541.76万平方米，竣工面积898.08万平方米。市镇建成区面积169.97平方公里，城市化率63%，农民集中居住率达到57%。

规划布局超前　全年完成15项规划编制。完成《张家港市城市总体规划（2011~2030）》修编并获省政府批准，编制完成市慢行交通系统规划、一干河风景路详细规划、杨舍城区商业布局及业态指引规划，以及综合交通、地下空间开发利用等专项规划。完成《苏州双山岛旅游度假区总体策划及概念规划》《乐余片区滨江概念规划》。

拆迁安置加快　全市计划实施拆迁14406户、389.54万平方米。其中，市区4304户、111.92万平方米，区镇10102户、277.62万平方米。至年末，全市完成协议签订14446户、398.36万平方米，分别占年度计划的100.3%和102.3%，其中市区完成协议签订3364户、80.3万平方米。年内，全市安置房新开工366.3万平方米、22771套，竣工294.17万平方米、18088套。

工程推进顺利　沪通铁路、沿江城际铁路前期工作有序推进，疏港高速公路开工建设，苏虞张快速通道建成通车。小城河综合改造二期工程顺利竣工，谷渎港改造基本完工，中心城区核心商业区功能品位进一步提升。城市综合展示馆、儿童福利院、实验小学改造等工程竣工投用，高职园区、江帆小学等工程开工建设。

管理水平提升　推进"十大整治"工作、城管环卫重点工程建设、执法瓶颈突破，取得阶段性成效。数字化城管分中心建设全面完成。全国首家村级城管综合服务中心成立。生活垃圾分类管理试点扩面推进，垃圾焚烧发电厂二期工程加快设备安装，餐厨垃圾处理厂竣工试运行。公共自行车三期工程建成投用。完成出租车扩容80辆。全市新增机动车停车位1.5万个。金港污水处理厂建成投运，城乡供排水一体化实现市域全覆盖。天然气主管网实现"镇镇通"。

城乡规划

【概况】 2012年，市规划局紧扣城市转型主题，加快《张家港市城市总体规划（2011~2030）》编制进程，完成总体规划成果并获省政府批准。在总体规划的基础上，根据城乡规划法要求，完成《张家港城市近期建设规划》《张家港市市域综合交通规划》《张家港市城市地下空间利用规划》《杨舍城区商业业态规划研究》等专项规划，确保总体规划得以细化落实。完成《张家港市慢行交通系统规划》，倡导"生态张家港、健康慢生活"先进理念和生活方式。完成《一干河风景路详细规划》，为将一干河区域打造成为张家港市生态廊道和亲水走廊提供科学依据。按照"以水为脉，以绿为基，以文为魂"的标准，完成《苏州双山岛旅游度假区总体策划及概念规划》。开展双山岛过江隧道研究，确定隧道选址、线型比选、投资概算。按照打造"战略产业集成区，滨江休闲观光地"的目标定位，完成《乐余片区滨江概念规划》。完成《杨舍东街地区城市设计》《南门新村地区城市设计》《横河里地区城市设计》《赵庄地区城市设计》以及新风商场地块、博泽地块城市设计，为老城更新提供科学依据。《一干河风景路详细规划》获江苏省城乡建设系统优秀勘察设计二等奖，《张家港市慢行交通系统规划》获江苏省城乡建设系统优秀勘察设计三等奖，《苏州双山岛旅游度假区总体策划及概念规划》获"中国休闲创新奖"。市规划局获2009~2011年度江苏省住房建设系统精神文明建设先进单位、苏州市2012年度城乡规划行业先进单位、张家港市2012年度综合贡献奖，被评为张家港市文明机关。

【规划管理】 年内，市规划局严格执行"一书两证"制度、规划委员会制度、规划公示制度、技术论证制度等，出台《张家港市水体景观规划建设管理暂行办法》《关于加强住宅小区和商住楼通信配套建设的意见》，推进规划行政管理制度化、规范化和精细化。全年核发规划选址意见书983件、规划用地许可证537件、建设工程规划许可证391件，规划验线92个，规划核实125

个，审批建设项目方案155件，公示规划方案85个，召开技术论证会11次。加强在建工程不定期检查，开展全市范围34个在建房地产开发项目的建设情况大检查以及区镇商业房产工程项目、全市一级主干道两侧的建设项目外立面检查。全年查处违法违章建设案件151起，下达停工通知书63份，督促自行整改和实施帮助整改5起，有效规范全市开发建设行为。

【规划服务】 年内，市规划局进一步深化“智绘港城、塑造未来”规划服务品牌建设，积极服务全市重点项目建设和社会经济发展。坚持精品战略，做好张家港海事局、曼巴特商业广场、小城河二期工程等28个重要建设项目规划选址、方案审批、问题协调、跟踪检查等工作，提升重点项目建设档次。跟踪抓好湖东花苑、城北花苑、新航花苑等26个安置房项目的规划，做好建设方案的指导报批工作，保证安置小区建设顺利推进。深入一线服务企业发展，为鹿港科技、新芳纺织等重点骨干企业提供规划服务。做好永联钢村嘉园西扩、大新滨江新镇两个城乡一体示范点规划建设的指导工作。认真答复人民信件、电话咨询，全年处理市长、政府信箱27件，答复“12345”咨询31件，回复网站咨询1006件，办理人大代表建议9件，政协提案14件，满意率100%。

【城市测量】 年内，城市测量队按照“学习先进，精测精量绘蓝图；优质服务，技术争先创一流”的要求，开展5个项目管线规划监督测量，完成地形图修测项目319项、规划放样项目221项、建设工程竣工测量项目281项、控制测量项目13项，燃气、供电等地下管线竣工测量项目26项、规划验线测量项目61项。

【城市基础地理信息平台建立】 年内，市规划局启动城市地下管线更新普查和建库工程。完成现状资料收集、普查技术规程，管线数据格式标准制订、项目监理单位，普查外业公开招标、试验区外业探测以及杨舍城区2000公里地下管线的外业数据采集和数据入库等工作。加快基础地理信息共享平台建设。完成需求分析，方案优化，总体设计，实地需求调研，基础地形图、影像图的整合和建库以及地名地址数据库的采集和建库，实现系统的集成与试运行，初步建立起城市基础地理信息平台。

【《张家港市城市总体规划(2011~2030)》获省政府批准】 年内，《张家港市城市总体规划（2011～2030）》在总体规划纲要的基础上，结合纲要论证相关意见进一步优化完善规划内容，重点深化中心城区规划内容，并根据住房和城乡建设部新颁布实施的《城市用地分类与规划建设用地标准》，调整城市用地分类，完成总体规划成果。7月6日，城市总体规划成果通过江苏省住房和城乡建设厅组织的专家论证，8月31日，通过市十三届人大常委会第四次会议审议，10月26日，城市总体规划获省政府批准。新一轮城市总体规划明确张家港城市定位为“现代化滨江港口城市，高品质文明宜居城市”，中心城区布局为由杨舍主城、塘桥副城及黄泗浦文化生态园构成的“一主、一副、一园”空间形态。到2015年，中心城区规划人口规模为95万人，建设用地控制在119平方公里以内；到2020年，中心城区规划人口规模为118万人，建设用地控制在132平方公里以内；到2030年，中心城区规划人口规模148万人，建设用地控制在153平方公里以内。

【东城区发展论坛举办】 东城区作为联系杨舍、塘桥城区的纽带，是推动城市转型发展和提升城市能级的突破点。5月30日至31日，市政府组织召开东城区发展论坛，邀请中国地理学会城市地理专业委员会副主任、中国城市规划学会理事、南京大学教授崔功豪，美国伊利诺大学教授、清华大学、同济大学客座教授张庭伟，同济大学建筑与城市规划学院副院长、同济城市规划设计研究院院长周俭等9位知名专家、学者参加，探讨东城区规划。专家对东城区规划建设提出4种建议策略：优先构建大框架策略、局部开发策略、情景开发策略、滚动规划策略。优先构建大框架策略是遵循市总体规划的思路，将联系杨舍、塘桥片区的道路、生态绿地以及铁路枢纽站区作为启动东城区建设的切入点，逐步带动整体开发建设。局部开发策略是优先开发锡张高速公路以西地区，以西侧局部地区开发建设带动东城区开发建设。情景开发策略是按照城市大发展、中发展、小发展三种模拟情景分别规划三种不同方案以灵活应对东城区开发建设。滚动规划策略是结合实际发展情况，及时更新东城区发展规划，以后一轮规划覆盖前一轮规划的方式规避东城区开发的风险。

【同济大学研究生工作站设立】 6月21日，同济大学—张家港市建筑·规划·景观研究生工作站正式授牌成

同济大学研究生工作站授牌 （市规划局 供稿）

立。该站是市规划局与同济大学建筑与城市规划学院共同建设的研究生校外教学实践基地，也是全市首批设立的10个市级机关研究生工作站之一，将成为全市研究城市转型升级背景下城市规划、建筑设计、景观环境等方面相关理论、机制对策和培养高层次人才的重要载体平台。11月4日，市规划局开展专题研讨会，邀请同济大学建筑与城市规划学院院长周俭、副院长钱锋等对张家港市开展现场调研，研究确立科研课题及相关项目。

【“城市转型与规划调控”讲座举行】 7月7日，市规划局邀请中国城市规划设计研究院副院长杨保军作“城市转型与规划调控”专题讲座。杨保军从城市转型发展的大背景出发，列举德国鲁尔区等城市转型升级的成功实例，阐述城市转型的本质、内涵，强调规划调控的重要作用，明确调控的具体方法即面对错综复杂的国内外环境，将工业时代的发展理念转向生态绿色的发展理念，集约用地，紧凑发展，降低能耗，增加活力，保护不可再生资源，倡导绿色生活，促进城乡和谐统一。全市规划行业100余人参加。 （顾维雅）

中心城区建设

【概况】 2012年，市城投集团公司正式揭牌成立，公司上下积极创新求变，有序推进新城区开发、拆迁安置房建设、市政道路新建改造等各项任务，全年完成城建项目投资总额约62亿元。全年在建安置房项目总计23个，其中新开工项目7个，结转项目16个，建筑总面积295.66万平方米。8月，西庄花苑二期、城东花苑二期、中港花苑二期、通运新村、锦绣花苑二期小高层5个项目竣工，提前完成“年底确保竣工28.5万平方米”的目标。锦绣花苑三期西区、小菜巷、江帆花园北区一期3个项目于12月末竣工，全年累计竣工面积达到47.4万平方米。

【城西新区建设】 年内，城西新区西拓和北延工程进展顺利，北延区域完成全部民宅和部分商品房、企业的协议签订工作，剩余9户商品房和2家企业；西拓区域涉及拆迁2497户，完成评估2411户，签订协议1872户，其中重点拆迁区域百家桥村101户全部完成。开工建设七里庙小区三期、港新花苑等拆迁安置房项目，同步启动护城河周边的景观工程等市政配套设施建设。

改造后的谷渎港 （市园林局 供稿）

【城北科教新城建设】 城北科教新城以沙洲湖、沙洲湖科创园、沙洲湖大酒店为重点项目推进。年内，沙洲湖工程完成投资额4.5亿元，完成湖区土方开挖，市政配套、绿化景观、景观大桥等初现形态。8月，沙洲湖科创园开工建设，工程占地约12万平方米，总建筑面积约32万平方米，投资总额15亿元，年末多层封顶，高层完成部分地下工程建设，完成投资额约6.5亿元。11月，沙洲湖大酒店开工建设，按照精品商务酒店的标准，方案经过多次调整和优化。

【市政道路建设】 年内，市城投集团负责实施市政道路建设共计18项，道路建设里程总长约23.4公里，总投资约8.9亿元。其中结转道路项目10个，建设总里程约12.4公里，工程总投资约4.7亿元，年内全部竣工；新建项目8个，建设总里程约11公里，工程总投资约4.2亿元，城北路东延、一干河东路、一干河西路3个项目竣工，总里程约4.8公里，完成总投资约2.4亿元。

【小城河与谷渎港改造工程全面竣工】 小城河位于市区步行街南侧，东起谷渎港、西至港城大道，全长2200余米，其中约一半河道在20世纪90年代初开始被建筑物覆盖。2009年，市委、市政府决策，由市住建局牵头实施小城河综合改造工程，拆除覆盖河道的老建筑，恢复原有小城河和谷渎港水系，建设滨水公共休闲广场和城市亲水走廊，改造建设市政道路桥梁，改善老城区交通状况，配建地下停车设施，全面提升城市基础配套设施功能，优化老城区人居环境。整个工程包括小城河一期工程、小城河二期工程和谷渎港改造工程三个部分。2010年5月，一期工程建设启动，对苏果超市南侧至南门桥的东段河道进行改造，包括污水治理、驳岸加固、河道疏浚、景观建设、市政道路桥梁建设等多项建设内容，至2011年5月竣工。2011年2月，二期工程建设启动，对南环路至新风桥范围的谷渎港区域实施综合改造，工程内容包括拆除覆盖在谷渎港河道上方的停车场和附属设施，对河道进行清理疏浚，综合治理沿河雨污水排放，全面改善河道水质；建设沿河景观，构建谷渎港历史文化长廊；同时改造河东路、河西路，拆除重建新风桥、聚龙桥，调优道路网络结构，至2012年6月竣工。2012年1月，谷渎港改造工程启动，对东至河东路、西至河西路、南至新风桥以北、北至青龙桥北侧停车场范围的谷渎港地块实施综合改造，包括拆除覆盖河道上方的街心公园及北侧停车场、河道工程、景观工程、地下人行过街通道以及临河地下滨水商业设施建设等工程，至2012年年末竣工。小城河及谷渎港改造工程至2012年年末完成总投资约19亿元。

（龚健飞 顾维雅 韩 露）

镇村建设

【概况】 年内，各区镇共投入镇村建设资金114.18亿元，比上年增179.37%，新建各类建筑面积243.59

万平方米，新建沥青道路31.87万平方米，铺设供水管道41.46万米，铺设排水管道17.03万米，新安装路灯3021盏，整治桥梁103座。全市完成拆(搬)迁农户协议签订12326户计276万平方米，建设安置房389万平方米，竣工115万平方米，安置农户5400户，农民集中居住度57%。

【金港镇建设】 全镇有集镇5个，建成区面积21.97平方公里，其中中心镇区面积7.2平方公里。年内，全镇共投入镇村建设资金45.45亿元，其中，镇区投入建设资金36.65亿元，拆迁房屋3393户82.72万平方米。安置房建设工程有：投资7.4亿元的金都花苑二期工程，共建设安置房7782套116.67万平方米；投资7.1亿元的金成小区一期三、四标段工程；投资9.4亿元的金成小区二期工程；投资8.3亿元的金都花苑一期二、三、四标段工程；投资2.6亿元的德丰南扩二期工程；投资965万元建造过渡安置房244间7300平方米。商品房建设工程主要有：投资5.3亿元、建筑面积8万平方米的紫金国际工程，投资3.5亿元、建筑面积8.25万平方米的阳光绿城二期工程。城镇基础设施建设工程主要有：投资8750万元的重装园新乐路工程，投资860万元的化工园港丰公路辅道工程，投资600万元的邱家港路（镇山二期段）工程，投资2000万元的德积千禧路道路改造工程，投资630万元的黄泗浦桥东接线工程，投资125万元的袁塍路接线工程，投资245万元的塍东路改造工程，投资420万元的后塍银河西路、三新路及港华路至三新路改造工程，投资180万元的双朱路改造工程，投资200万元的通贸街道路改造工程，投资4700万元的保税区重庆路、上海路、福建路、南京路、天津路、台湾路、长江路的雨水管网改造以及上海路雨水泵房新建工程，投资1000万元的南沙工业集中区雨水管、双山路雨水管、团结新村排水工程，投资3500万元的金港区域污水管网工程。年内投资458.5万元，拆坝33条，建机耕桥13座，修桥3座，建涵洞20个。至年末，全镇完成公共建筑面积1.69万平方米，累计59.88万平方米；完成生产性建筑面积12.1万平方米，累计385.1万平方米。自来水普及率100%，有线电视入户率98.13%。排水管道覆盖率100%，污水处理率85%，垃圾无害处理率100%。

【锦丰镇建设】 全镇有集镇8个，建成区总面积28.64平方公里，其中中心镇区面积15平方公里。年内，全镇投资镇村建设资金17亿元。全年共有新城区建设、冶金园载体建设、果品批发市场等动迁项目7项，完成拆迁1675户建筑面积41.27万平方米，其中拆迁企业等48家，建筑面积3.85万平方米。新开工安置房3140套54万平方米，年内竣工2179套，面积47.8万平方米，新安置农户1080户。

沙洲新城区主要建设项目有：6月，投资4.91亿元、占地面积11公顷、建筑面积19万平方米的大南二村，投资4.6亿元、占地面积10.33公顷、建筑面积17.8万平方米大南三村，投资4.7亿元、占地10.13公顷、建筑面积17.6万平方米的大南五村开工建设；建筑面积15.8万平方米的书院五村、建筑面积5.4万平方米的大南花苑一村二期和建筑面积21.64万平方米的悦来花苑东区安置房工程先后竣工，华昌路南段、大南路、清源路（兴联路－书院路）、清屏沙路、合兴路、核心区环路等道路基本完成。10月，投资8000万元，占地2.13公顷，建筑面积2.2万平方米的合兴幼儿园竣工。总投资1.3亿元的占地面积8.5公顷的中央公园和占地面积11公顷的滨河公园，投资1500万元、占地面积0.4公顷的沙洲县抗日民主政府纪念馆建成开放。投资3000万元、建筑面积6000平方米的邻里中心菜场，投资1100万元的观光塔、建筑面积16.35万平方米的悦来花苑西区和一干河西拓工程正在施工中。沙洲粮库、华昌路南段道路工程分别于4月、7月结束，油车港支港、华昌路东侧河道疏浚于8月完工；书院二村、三村4号、5号泵站纳管工程于11月完成；合兴路污水管道工程于12月竣工。

锦丰集镇建设主要项目有：8月，总投资约3500万元，占地1.52公顷，建筑面积6500平方米的锦丰镇文体中心和占地面积4.14公顷，总投资5.5亿元，建筑面积6.3万平方米锦都中央广场开工建设。10月，总投资约1亿元、占地0.73公顷、建筑面积2万平方米冶金工业园商务大楼，总投资1800万元、占地0.93公顷、建筑面积4000平方米的物流服务中心（地税大楼）投入使用，投资1100万元、建筑面积2400平方米的锦丰警署东扩、重装工程投入使用。年内，锦阳河、锦绣路、南中心河等老镇区改造工程，除锦阳河完成沿河驳岸及部分绿化外，其他工程全部完成。建筑面积4.3万平方米的瞿成新村二期安置房和投资1800万元，建筑面积7500平方米的聚兴苑社区服务中心竣工。锦绣路改造、南中心河河道工程分别于4月、7月结束，创业路人行道改造、屠宰场污水管道工程于10月完成。锦绣路、南中心河路信号灯、标志标牌工程于11月竣工。投资1200万元的健康南路、人民路南段街面改造工程结束。投资187万元完成西锦线、郁桥路、育才路3条道路的大中修任务，合计里程4716米。投资76.2万元，完成合兴桥、悦来东桥、合兴套闸桥、锦钢桥4座桥梁的大中修任务。投资193万元，添置大小车辆51辆，垃圾收集点4个，户外灭蚊蝇灯40盏，控烟点18个。投资456万元，疏浚村组河道45条，长35.5公里，土方26.1万立方米。投资830万元，治理黑臭河道5条。投资393万元，建设一干河合兴横套东节制闸和油车港南节制闸。投资170万元，建农桥7座，投资167万元，拆坝建桥34座。投入62万元，整治二干河西岸北洪桥南段和沙印桥南岸坡300米。投资近12万元在主汛期前疏通华昌路、杨锦公路、204国道、锦绣路等主干道路的28座过路涵洞。处理违章建筑362户，面积3942.5平方米。新(扩)建过渡性平房197户8718平方米，309个村庄全面通过张家港市级和苏州市级考核验收，村庄环境整治达标率达100%，现代化指标100%完成。投资300余万元，南港村、建设村、鼎盛村农村生活污水有动力地埋式、接管、微动力的处理工程，收集户数260户。投入200万元，对330户农村居民生活污水进行处理。至年末，全镇有公共建筑面积41.02万平方米，生产性建筑面积426.38万平方米。自来水普及率100%，生活用燃气普及率100%，有线电视入户率100%。镇区道路铺设总面积188.8万平方米，排水管道覆盖率100%，污水处理率75%，垃圾无害化处理率100%。

【塘桥镇建设】 全镇有集镇7个，建成区面积21平方公里，其中中心镇区面积10平方公里。年内，投入镇村建设资金14.91亿元。拆(搬)迁农户760户，建成安置房16.38万平方米。其中，鹿东小区4幢小高层和4幢多层安置房，建筑面积4.76万平方米；胡同小区五期2幢多层安置房，建筑面积6000平方米；何桥小区四期7幢小高层、5幢多层安置房，建筑面积8.11万平方米；妙景小区一期Ⅱ标段4幢小高层，建筑面积2.91万平方米。新开工建设安置房21.73万平方米。其中，花园小区二期A区13幢多层安置房，建筑面积5.32万平方米；新城小区17幢小高层，建筑面积15万平方米；何桥小区社区服务用房，建筑面积7900平方米；妙景小区社区服务用房，建筑面积6200平方米。投资3300万元用于南京路立面改造，其中道路改造1200万元、街景立面改造1500万元、绿化景观改造200万元、文化创意400万元。投资1658万元用于人民路立面改造，其中道路改造360万元、街景立面改造1280万元、绿化18万元。投资1940万元用于妙桥中路立面改造，其中道路改造1000万元、街景立面改造800万元、新安装路灯140万元。投资2100万元用于金村古街改造，其中街景立面改造1400万元、道路改造700万元。投资768万元用于老塘桥片区2.75公里、鹿苑片区3.35公里生活污水收集支管网建设。同时完成巨桥北路、东水线、常横路、塘鹿线、商城路等公路大中修工程，改造戴家河桥、香花桥、奚浦桥、鹿苑立新桥等危桥。至年末，全镇新增公共建筑面积2.82万平方米，累计112.67万平方米；完成生产性建筑51.6万平方米，累计540.25万平方米；新铺道路2.55万平方米，累计305.3万平方米。自来水普及率100%，生活燃气普及率100%，有线电视入户率100%，排水管道覆盖率100%，污水处理率85%，垃圾无害化处理率100%。

【乐余镇建设】 全镇有集镇3个，建成区总面积8.3平方公里，其中中心镇区建成区面积5.8平方公里。年内，全镇共投入镇村建设资金6.59亿元，完成建筑面积9.94万平方米。其中乐余集镇建设投入资金3.68亿元，拆迁农户526户、建筑面积2.25万平方米。主要建设工程有：完成乐江花苑一期、常丰花苑二期、乐江花苑二期共计646套安置房建设任务，新开工建设乐江花苑一期、二期扩建、菜场南侧联体公寓，总计9.5万平方米；投资800万元，在乐兴路、乐余新街、乐余广场、乐余公园等重要场所加装景观灯；投资900万元，完成五棵松路东段、乐红路、兆丰人民路等8条主干道修缮，实施乐园路北延工程；投资650万元，疏浚镇级河道2条4.86公里、村组河道45条29.28公里（其中黑臭河道6条4.6公里），完成拆坝建桥58座（含农桥18座），新建排涝站1座，改造圩口闸3座、出港涵洞3座；投资950万元，完成六干河沿线水系配套工程升级改造，共新建改造排涝站6座、圩口闸2座、出港涵洞7座；投资3725万元，扩建改造乐余高中；投资1500万元，用于兆丰学校易地新建工程的道路、场地、绿化等配套工程；投资1500万元，扩建乐余社区图书馆，改造兆丰文体活动中心；投资15万元，完成长安寺回土工程；投资32万元，改造小区污水管353户；投资65万，增添交通安全设施建设工程违章停车抓拍系统5个，交通安全提示牌85块，减速块200米，皮卡车2辆；投资195.15万元，新建公厕3座、垃圾收集房12座、增添清运车辆2辆、电瓶保洁车11辆、道路清扫车2辆、5吨洒水车2辆、户外灭蚊灯40盏、控烟点38个；投入1900万元实施建筑立面出新、绿化修剪、河道疏浚、河坡平整等工程，整治改厕9471个。至年末，全镇新增公共建筑面积1.5万平方米，累计15.6万平方米；完成生产性建筑9.5万平方米，累计129.58万平方米；新铺道路0.54万平方米，累计228.17万平方米。自来水普及率100%，生活燃气普及率100%，有线电视入户率100%，排水管道覆盖率100%，镇区污水处理率90%，垃圾无害化处理率100%。

乐余社区图书馆 （乐余镇　供稿）

【凤凰镇建设】 全镇有集镇6个，建成区面积16.6平方公里。其中中心镇区面积7.37平方公里。年内，全镇投入镇村建设资金13亿元。拆迁农户935户、建筑面积22.44万平方米。安置拆迁户634户、844套、10.12万平方米。新建安置房63幢、1564套、25.3万平方米，其中：多层住宅57幢，小高层住宅9幢，累计安置房竣工面积40.4万平方米。投资1.33亿元完成凤恬路、西凤路道路建设。投资6800万元完成绿化、景观铺装。投资3270万元，完成凤凰湖湖体开挖，湖区水面积18.67公顷，挖掘土方80万立方米，并开始蓄水，湖边挡墙、观鹭亭、环湖路、桥梁配套设施到位。投资4080万元，新建湖滨路、映山路、望湖路1650米，凤凰大道东延1300米。投资204万元，安装西张、凤凰街道、西凤路、安置小区路灯420杆。投资330万元，完成凤凰大道、西凤路污水管网1480米和栏杆安置小区、程墩花园的生活污水处理工程。投资300万元完善凤星路、西凤路、西张街道交通设施，锦栏路沥青路面铺设。湖滨社区新建管理用房6000平方米于8月竣工，并交付使用，凤祥小区管理用房于10月竣工。投资1000万元，新建港口派出所大楼于11月完成主体工程。西张派出所完成燃气管道橱卫设施、电梯安装，11月交付使用。港口、凤凰办事处街景改造和港口龙潭小区改造结束。恬庄古街四期工程6月开工，开挖土方5000立方米，沿河驳石岸400余米，兴隆桥拓宽，道路改建300米，碑刻馆10月落成。新建公共活动场地3.8万平方米，停车位300余个。至年末，新增公共建筑面积1万平方米，新增生产性建筑面积30.5万平方米。新铺排水管道49公里、供水管道14.3公里。完成288个村庄环境整治任务。自来水普及率100%，生活燃气普及率96%，有线电视入户率99%，镇区排水管道覆盖率100%，污水处理率100%，垃圾无害化处理率100%。

【南丰镇建设】 全镇有集镇5个，建成区总面积8.96平方公里，其中中心镇区面积7.5平方公里。年内，全镇投入镇村建设资金10.85亿元，其中中心镇区投入8.02亿元。拆迁居民房331户、建筑面积6.19万平方米，企业34家、建筑面积3.18万平方米。其中南丰集镇区拆迁居民119户、建筑面积2.38万平方米，企业15家、建筑面积1.61万平方米。全年开竣工建房108.6万平方米，其中安置房5531套，建筑面积84.09万平方米；临时过渡安置房1435套，建筑面积22.1万平方米；9层至12层的商品房3幢，建筑面积2.45万平方米。其中南丰集镇区建房98.11万平方米。主要建设工程有：新联花园安置房一期工程12幢263套，建筑面积4万平方米；永联小镇西扩二期工程5幢18层公寓楼和1幢21层公寓楼，建筑面积7.15万平方米。聚成苑高层1186套，建筑面积17万平方米。泗兴佳苑一期工程多层364套，建筑面积6万平方米，泗兴佳苑二期工程14幢多层和小高层528套，建筑面积7.5万平方米。民丰五期工程12幢多层和小高层462套，建筑面积7.37万平方米。南丰幼儿园永联园区易地新建，建筑面积1.1万平方米。联峰雅园商品房一期工程3幢9层至12层，建筑面积2.45万平方米。新建临时安置房1435套，建筑面积22.1万平方米。投资1110万元对镇区振兴路、金陵路、南街实施立面及配套道路改造，投资350万元对南丰东路两侧隔离带和南丰广场进行景观改造。投资8350余万元新建南丰大道、丰园路、民生中心路，延伸海兴北路，路面总面积12.43万平方米。同时对双丰路、海丰路、长安路等进行维修和改造。投资1260余万元创建成苏州市乡村公路管养及安保工程示范镇。在妙丰公路(南丰段)、晨丰公路(南丰段)及海兴北路、新联花苑、建农村等安装路灯514盏。完成绿化203公顷，投入资金3000余万元。投资230万元疏浚镇村河道29条、长34.9公里，完成土方24.6万立方米。投资106万元拆坝建桥(涵洞)10座。铺设供水管道1360米；改造供水管道3100米。铺设排污水管道1880米。投资262万元在新德村、建农村新建地埋式微动力污水处理设施14套。全年公共建筑建筑面积1.57万平方米，累计56.07万平方米；新增生产性建筑面积5.3万平方米，累计52.79万平方米。永联小镇居民安装了天然气。全镇自来水普及率100%，生活燃气普及率99%，镇区排水管道覆盖率100%，垃圾无害化处理率100%。

【大新镇建设】 全镇有集镇3个，建成区总面积7.2平方公里，其中中心镇区建成区面积6.7平方公里。年内，全镇投入镇村建设资金4.66亿元。拆迁农户520户12.9万平方米，拆迁企业7家5400平方米。新建安置房31.89万平方米，其中新东社区安置房20万平方米、新南社区一期安置房11.19万平方米、阳光家园第五期安置房7000平方米。投资950万元的永凝路街景改造及延伸段道路改造工程5月启动，9月竣工；投资500余万元实施的园艺新村、滨江花园老住宅区改造工程4月开工，8月竣工。中心小学4000平方米教学楼、行政楼工程开工建设，便民服务中心、数字化城管工程8月投用。港城大道路灯工程于3月开工建设，8月竣工。海坝路南延、新湖中路建成通车，路灯、绿化等工程全面竣工。海坝路至港城大道污水管网接管工程完成建设。新湖工程开挖全面启动。新增生活垃圾中转站3个，环卫专用车4辆。疏浚镇、村、组三级河道18条，新增桥涵10座，改建排涝站1座。新添垃圾箱(桶)268个。至年末，全镇新增公共建筑面积1.35万平方米，累计53.2万平方米。新增生产性建筑面积1.2万平方米，累计134.2万平方米。自来水普及率100%，生活用燃气普及率100%，排水管道普及率100%，污水处理率88%，垃圾无害化处理率100%。

【现代农业示范园区建设】 全区有集镇1个，建成区总面积2.2平方公里。年内共投入建设资金1.12亿元。拆迁房屋170户5.97万平方米，新建房屋84套1.43万平方米。集镇建设完成建筑面积4.92万平方米。主要工程有：投资4000余万元的省级村庄整治试点工程于9月竣工，该工程共进行了常东东区、常东西区及常兴等3个村庄定位，涉及农户1402户。投资1230万元的红旗镇街景工程全面竣工。该工程共改造房屋31套，改造建筑外立面2.7万平方米，涉及门店178家，建筑立面增加夜景灯光31栋，绿化面积1.13公顷，用电、电信、广电等三线改造总长1.9公里。健康新村老住宅区综合治理工程全面完成。该工程包括建筑外立面改造、新装路灯、景观绿化及配套设施完善等内容，涉及健康新村11栋单元楼1.27万平方米，住户131户。禾丰佳苑三期工程竣工，建筑面积1.43万平方米，提供房源84套。投资1300余万元的公共文化体育中心用房于6月开工，该工程占地面积3640平方米，建筑面积3200平方米，主要有：剧场、图书阅览、特色文化展示、艺术培训、运动健身及多功能活动中心等。至年末，全区新增公共建筑面积9000平方米，累计为6.73万平方米。新增生产性建筑面积2.17万平方米，累计为36.91万平方米。新增供水管道0.7公里，总长度47.4公里；新增排水管道7公里，总长度28.97公里。新建柏油路2.15万平方米，新建水泥路3.2万平方米，镇区道路铺设总面积为12.85万平方米。新装路灯220杆。年度污水处理总量51.1吨,生活垃圾处理总量6075吨。自来水普及率100%,生活用燃气普及率99%,有线电视入户率98%。

【双山岛旅游度假区建设】 年内,全区有集镇1个,建成区总面积0.3平方公里。共投入建设资金6043万元,拆迁民房272户54007平方米,累计拆迁民房4003户56万平方米,拆迁企业2家6937平方米。主要建设工程有:投资400万元环岛自行车赛道改造工程,主要包括道路改造、桥梁、安全防护设施及公共卫生服务设施,10月交付使用;投资582万元用于规划设计,编制完成《苏州双山岛旅游度假区概念规划及整体策划》《张家港双山休闲农业园区整体规划》《张家港双山岛双山老街改造规划》和《张家港市双山环岛湿地公园大伯墩景区景观规划设计》;投入271万元,新建老年临时过渡房120间;投资1200万元双山高尔夫球场会所改造工程,改造面积3800平方米;投资700万元双山高尔夫酒店娱乐楼装饰工程,装饰面积1500平方米。新建排涝站13座、沟渠22.05公里,生产道路15.6公里。至年末,全区公共建筑面积2.4万平方米;生产性建筑面积3.8万平方米。自来水普及率100%,生活燃气普及率100%,有线电视入户率100%,排水管道覆盖率100%,垃圾无害化处理率100%。

公用事业

【概况】 2012年,全市继续推进以供电、供水、供气、污水处理等重点的基础设施建设。张家港电网完成大型基建工程11项,扩建投运500千伏张家港变3主变工程;新建220千伏晨港变输变电工程,新增35千伏及以上变电容量176.15万千伏安、35千伏及以上输电线路79.8公里,建成投运项目总投资4.8亿元。全年完成新建自来水管网138公里,改造管网148公里。新增天然气管道50余公里。

【供电】 年内,全市全社会用电量265.59亿千瓦小时,比上年增2.31%;日最高网供电量6892.35万千瓦小时(7月27日),比上年日最高网供电量增157.67万千瓦小时;最高用电负荷398.85万千瓦(8月17日13时35分),比上年最高用电负荷增加11.45万千瓦。年平均负荷率91.19%,比上年上升1.28个百分点;线损率3.26%,比上年降低0.47个百分点,城网、农网电压合格率分别为99.95%、99.82%,城市、农村供电可靠率分别为99.99%、99.97%。全市平均电价为每千千瓦小时735.55元,比上年上升29.61元,回收各类电费154.27亿元。全年完成业扩报装户数27955户,增加容量91.31万千伏安。至年末,全市拥有220千伏变电站13座,主变31台,容量600万千伏安;110千伏变电站36座,主变63台,容量342.3万千伏安;35千伏变电站14座,主变28台,容量51万千伏安。35千伏及以上线路212条,长度计1538.96公里;其中:220千伏线路48条,回路长度534.91公里,电缆长度0.77公里;110千伏线路88条,回路长度563.77公里,电缆长度24.26公里;35千伏线路76条,回路长度380.17公里,电缆长度35.09公里。10千伏变压器7411台,变电容量241.26万千伏安,线路613条,回路长度3198.54公里,电缆长度936.33公里;20千伏线路9条,回路长度16.22公里,电缆长度12.26公里;380伏线路5400公里,电缆610公里;220伏线路3620公里,电缆404公里。

【供水】 市给排水公司全年完成供水量1.56亿立方米,最高日供水量为50.29万立方米,供水水质综合合格率100%,水费回收率99.7%,自来水漏耗率为6.75%。全年完成新建管网138公里,改造管网148公里。对一干河东路直径800毫米至1400毫米浑水管道,清源路直径1200毫米管道,华昌路直径600毫米管道,晨港路直径800毫米管道和市区城北路等管道进行改造,同时完成各镇区严重老化的市政给水管网改造。

【供气】 全市拥有大型液化石油气中转站1家,管道燃气公司2家,民用液化石油气储罐场8家,工业液化石油气储罐场9家,工业和民用液化石油气瓶组站5家,汽车液化石油气加气站1家,LNG汽车加气站3家,工业用液化天然气站4家,瓶装液化石油气供应站点33家。全年新增天然气管道50余公里,新增投资1.75亿元,累计天然气管网长度800余公里;新增工商用户79户,居民配套用户1.2万余户,全市累计配套用户10万余户。全年天然气供应总量3.43亿立方米,比上年增加0.39亿立方米。全市天然气日均用气量95万立方米,日高峰用气量118.8万立方米。

【污水处理】 全市共有生活污水处理厂10家,日污水处理能力22.7万吨。其中,市区4座,分别为第一污水处

市液化石油气中转站 (市住建局 供稿)

理厂、第二污水处理厂、第三污水处理厂和城南污水处理厂，日污水处理能力为13.5万吨；区镇6座，分别为锦丰片区污水处理厂、金港片区污水处理厂、塘桥片区污水处理厂、乐余片区污水处理厂、常阴沙污水处理厂和双山岛污水处理厂，日污水处理能力为9.2万吨。

【市政养护和管理】 年内，市公用事业管理处共修复混凝土路面4000平方米，沥青路面5000平方米，人行道板1.5万平方米，大理石人行道板6000平方米，砌筑及加高窨井200座。办结占道挖掘申请215件、道口开设申请50件、管道接入申请50件、城市顶管申请18件。加强城市排水管理，全年共发放排水许可证68件。城市道路完好率达99%，市政雨污水管网畅通率100%。全年养护工程资金投入2200万元。组织实施陈家场弄和谷城巷南弄两条背街小巷改造工程、城区防汛能力提升二期工程。

【路灯管理】 2月，市路灯所由隶属市住建局管理调整为隶属市城管局管理。年内，市路灯所完成一干河东路、苏虞张南段等18项道路照明工程，小城河二期、金港大道等13项景观照明工程，以及万红一村、城建新村等20个小区路灯新、改建照明工程，共安装路灯2217杆，新增各类景观灯50329套，辖区主、次道路亮灯率达到99%以上，事故及时处理率100%。

【镇区生活污水治理工程竣工】 2010年4月开始，市住建局给排水公司启动实施镇区生活污水治理工程，计划建设6座生活污水处理厂及其配套设施。至2011年末，锦丰片区污水处理厂、塘桥片区污水处理厂、乐余片区污水处理厂、常阴沙污水处理厂和双山岛污水处理厂、配套泵站、主管网工程全面竣工。2012年，金港片区污水处理厂因区镇规划调整，改为全地下式污水处理厂，为省内第一座地下式污水处理厂，于年末竣工。6座生活污水处理厂及其配套设施总投资11.75亿元，总规模为日污水处理能力9.2万吨，全面提升区镇生活污水处理能力，改善市民生活环境。

【220千伏晨港输变电工程建成投运】 6月29日，苏州张家港220千伏晨港输变电工程建成投运。该工程位于张家港保税区内，该期建设2台240兆伏安主变，建设220千伏出线间隔4回、110千伏出线间隔12回，20千伏出线24回，建设220千伏线路2.4公里、110千伏线路17.7公里，工程总投资21058万元。220千伏晨港变电站是保税区内的第三座220千伏变电站，加强了区内其他2座220千伏变电站、12座110千伏变电站供电联络，同时直接配置20千伏出线间隔，有效解决保税区内及张家港港北部地区的用电负荷，提高了供电可靠性。

【500千伏张家港变电站扩建3号主变工程投运】 7月5日，500千伏张家港变电站扩建3号主变工程顺利投运。该工程是2012年省公司重点迎峰度夏项目，此次扩建1组1000兆伏安主变压器及中性点小电抗器，采用户外单相自耦无励磁调压，主变35千伏侧扩建2组60兆乏并联电容器和2组60兆乏并联电抗器，500千伏扩建主变间隔，采用户外HGIS设备，直接接入500千伏母线（II母）；220千伏扩建主变间隔，220千伏、35千伏采用户外瓷柱式断路器，户外敞开式布置；同时扩建相应保护测控装置。该工程的投运，对于加强苏南电网网络结构、满足张家港地区负荷增长要求、提高地区电网供电可靠性，具有十分重要的意义。

【25个村（社区）建成新农村电气化村】 11月26日，经开区（杨舍镇）福前村、西闸村、乘航村、蒋桥村、七里庙村、五新村、杨港村，大新镇桥头村、段山村、朝东圩港村、新凯村、大新村、新海坝村，凤凰镇双龙村、魏庄村、安庆村、莺山村、夏市村、高庄村、清水村、恬庄村、双塘村、凤凰社区、港口社区、西张社区，共25个村（社区）顺利通过张家港市新农村电气化建设领导小组及苏州供电公司专家组的检查验收，达到电气化标准，被命名为2012年度新农村电气化村。福前村等25个村（社区）严格按照国家电网公司《新农村电气化建设考评工作管理办法》和江苏省电力公司《关于做好新农村电气化建设考评验收工作的通知》的要求，组织实施新农村电气化建设，配网建设与改造按照统一规范、可靠适用、节能环保、维护方便的要求进行，积极运用非晶合金型节能变压器节能型供电方式，遵循中压近户，小容量、密布点的原则，低压采用三相和单相混合供电模式。通过新农村电气化村的创建，居民户通电率100%，25个村（社区）的农村供电网络更趋完善，提高了电压质量，确保了供电可靠性。

（龚健飞　李培青）

城乡管理

【概况】 2012年，市城管局推进“十大整治”工作、城管环卫重点工程建设，取得阶段性成效，执法瓶颈突破，执法管理水平和群众满意度不断提升。年内，市城管局获评2012年省级依法行政示范点，经开区（杨舍镇）金塘中路获评“江苏省市容管理示范路”，并率先在全国范围内实现公共自行车服务工程城区覆盖。数字化城管分中心实现城乡覆盖、垃圾分类试点扩面实现区镇覆盖，城市“洁化、亮化、美化、序化”水平持续提升。

【执法管理】 年内，市城管局围绕“全国文明城市”测评、建县（市）50周年保障等主题，巩固提升“百日会战”“百日提升”取得显著成效，持续推进“十大整治”“四大整治、四大提升”城乡环境整治活动。重点开展市容、“黑车”治理、经营性酒吧等专项整治。大力整治城北区域、田垛里跃进河两侧环境，整改店外经营164家，查处流动摊点173起，拆除不规范广告146个。全力突破法制瓶颈，组建渣土协会，出台渣土管理办法，督促渣土车辆改装、办证。探索违法建设治理新思路，打响两违治理攻坚战，制止、拆除新建违建435处、存量违建117处。开展停车满意度整治整改，全市新增车位数1.5万个。实施城警联动，推进市区市容、交通秩序整治，查处闯禁区电瓶三轮车2万余辆。全面深化依法行政，开展相对集中行政处罚领域内执法研讨，突出“创意”建队，鼓励全体执法人员出“金点子”“好创意”；扎实推进柔性执法、亲民执法，配强法制队伍，按照法律规程、程序执法。全年共查处一般程序案件3904起，简易程序19743起，未发生一起行政复议被撤销或行政败诉现象。

【城镇管理】 年内，市城管局在城市管理工作中，不断强化体制创新，充分发挥城管委统筹协调作用，每季召开城管委例会，制作PPT现场通报环境问题，细化梳理疑难问题，整体推动城乡环境综合治理工作。进一步延伸管理重心，在善港村成立全国首家村级城市管理综合服务中心，设立田垛里村、斜桥村城管办公室。邀请网民代表、企业家代表、小记者走进城管，通过万份知识读本进校园、建立少年城管教育基地、筹建城管主题宣传馆，放大城市管理宣传效应。不断强化科技创新，数字化城管9个乡镇分中心全部投入使用，实现城乡全覆盖；建设停车诱导系统；启用智慧城管综合平台，整合城管勤务系统、行政审批等10个子系统。全年数字化城管累计收到上报案卷3.2万余件，结率案99%。不断强化管理创新，市区行政审批、停车收费管理权下放辖区中队，各环卫所与辖区中队实施管理对接。推进执法责任区制度，加强与街道社区的联系，提升网格化管理水平；拓展338省道、新204国道一体化保洁范围，提高管理效能。结合区镇道路街景改造，提升户外广告、建筑立面、市政基础设施设置品位，打造一批市容管理精品路段，经开区(杨舍镇)金塘中路获评“江苏省市容管理示范路”，凤凰金谷路、南丰南路等8条道路创成苏州市“天堂杯”市容管理示范路。

【环卫管理】 年内，市城管局坚持把营造洁美文明环境放在重要位置，持续提升环境品味；进一步强化执法监督，督促门店、单位履行市容环卫责任，落实门前卫生保洁，规范经营秩序。持续提升保洁水平，推行“机扫人保”作业模式，实现主要街道保洁时间不低于16小时，一般街道保洁时间不低于10小时的工作要求。加强垃圾清运管理，确保城区重点路段垃圾随产随清，单位庭院垃圾定时清运，全年共清运垃圾13.38万吨，全市范围内累计处理垃圾31.61万吨，垃圾清运及时率、无害化处理率均达到100%。稳步推进环卫工程，以餐厨废弃物处理厂建设启用为契机，有计划、有步骤地将市区部分机关、学校食堂及饭店，纳入餐厨废弃物处理体系；垃圾焚烧发电厂二期工程加速推进，旺家庄垃圾填埋场封场竣工，东沙垃圾处理场接受国家验收。进一步扩大垃圾分类试点范围，向民办学校、居民小区、公司企业和区镇延伸。

查处违法收运餐厨垃圾　　（市城管局　供稿）

【增加1.5万个停车位提升全市停车满意度】 年内，市城管局会同住建、工商等部门及各区镇，从改造增设停车位、加强停车管理、引导车辆科学分流入手，挖掘停车资源潜力，通过科学规划、加大投入，因地制宜新建改建货运停车场；辟道开发、科学整绿，充分挖潜停车资源，鼓励厂企单位开放停车场地，在商业街区增设停车泊位；启用智慧城管综合平台，建设停车诱导系统，优化停车场点功能。全市计划增加停车位12606个，实际增加15007个，超出计划2401个，同期完成二环路附近货运停车场建设，强化公共自行车配套服务，缓解停车管理难题。

【公共自行车、数字化监督指挥中心实现全覆盖】 年内，公共自行车三期项目投入使用，总设服务网点182个、自行车3900辆，实现城区全覆盖；数字化监督指挥中心完成除保税区分中心、南丰分中心外的其余7个乡镇分中心建设，对原有的一级监督、二级指挥模式进行优化，升级系统平台软件，实行分中心上报、分中心受理的新型管理模式。至年末，所有乡镇分中心正常运行。

【市生活垃圾分类管理试点扩面推进工作启动】 7月30日，市生活垃圾分类管理试点工作总结表彰会暨扩面推进启动仪式在城西城市风景小区举行。自2011年7月试点工作启动以来，首批100余家党政机关、43所学校、8个居民小区的分类试点工作持续推进，分类收运处置系统逐步建立，相关制度保障不断完善和强化，广大市民参与分类积极性、知晓度和正确投放率明显提高。扩面后，分类范围覆盖市区所有党政机关、学校、银行、保险、通信等机构，以及16个市区居民小区和区镇、全部党政机关。扩面后累计回收可回收物约850吨，收运处置餐厨垃圾约1720吨，收运有毒有害垃圾约4吨，源头减量各类垃圾约2574吨。

【全国首家村级城市管理综合服务中心成立】 4月，善港村成立全国首家村级城市管理综合服务中心。综合服务中心配备城管、公安(村警务室民警)、保安、保洁等30余人，由村党总支1名副书记任主任，市城管行政执法大队1名副大队长和城西派出所1名民警任副主任。该中心以加强大环境长效管理为工作重点，具体包括拆除违章建筑、清理墙面“牛皮癣”和乱倒垃圾，刷新临街房屋外墙、清理河道，补种绿化，环境卫生保洁，管理乱停放车辆和无证摊贩、自建私房出租等，同时做好警务联防、社会管理综合治理、信访调解等工作。　（徐　霜）

【编辑　黄宏庆】

建筑业·房地产业

建筑业

【概况】 2012年,全市建筑行业紧抓“城乡一体化”纵深推进的有利形势,大力推进转型升级,不断巩固和拓展市场份额,各项经济指标再创新高,全市建筑业企业全年完成建筑业总产值200.91亿元、竣工产值133.2亿元;房屋施工面积累计1516.42万平方米,其中新开工房屋建筑面积635.10万平方米;共实现利税总额12.59亿元。江苏德丰建设集团有限公司、江苏金厦建设集团有限公司、江苏兴港建设集团有限公司形成了产值超16亿元的企业集群,另有5家企业产值超5亿元、4家企业产值超3亿元,施工产值超1亿元的企业达到33家,梯队竞发的良性格局逐步形成。市场规模持续扩大,新签合同额152亿元,比上年增25%。各成员单位的经济效益有所提高,税收增幅22%。

【建筑资质】 全年建筑业企业资质新办、增项、升级10批96家次,其中一级资质企业6家(含设计施工一体化1家),二级资质企业19家(含设计施工一体化8家)。至年末,全市建筑业资质企业总数达到330家,其中设计与施工一体化资质企业47家;施工总承包企业63家、专业承包企业166家、劳务分包企业54家,企业主、兼营(增项)设计专业40个。全市拥有建设工程勘察甲级资质企业1家;拥有建筑设计资质企业3家,其中甲级2家、乙级1家;拥有工程监理企业8家,包含甲级5家、乙级2家、丙级1家;拥有工程造价咨询企业8家,包含甲级1家、乙级7家;拥有招标代理企业5家,包含甲级1家、乙级3家、暂定级1家。全市建筑业从业人员5.46万人,其中技术经济人员7508人。有国家一级注册建造师371人、国家二级注册建造师1888人,有国家注册监理工程师172人、省注册监理工程师278人,有国家注册造价工程师156人,有国家一级注册结构师18人、一级注册建筑师9人、注册岩土工程师4人、注册设备工程师12人,全市具备招标代理上岗证的65人。

【建筑市场管理】 年内,市建设主管部门大力推行网上审批和并联审批,累计办结各类行政审批事项3127项,办结率和满意率均为100%;发放施工许可证391项,造价125.2亿元,建筑面积658.1万平方米。深入开展“进企进镇”活动,主动对接全市项目建设需求,为各区镇以及澳洋顺昌、海天机械、保定天威、如意通动漫等26家企业的39个项目进行主动上门服务,上门服务60余次。继续深化招投标监督,强化政府投资工程招投标过程监督和标后管理,推行资格后审,实施招标代理竞争性选择制度,有效制约招标人“明招暗定”和投标单位围标串标行为。在全省率先引入社会监督力量,参与招投标工作监督。12月4日,首批10名招投标社会义务监督员上岗。全年共完成项目报建304个,工程造价377.24亿元,建筑面积752.52万平方米,共完成项目发包标段658个,建筑面积632.98万平方米,合同金额131.39亿元。其中,招标发包标段366个,建筑面积319.32万平方米,中标金额69.49亿元;直接发包292个标段,建筑面积313.66万平方米,合同金额61.9亿元。招标工程平均造价下浮为8.6%。造价咨询企业业务范围拓宽,有36个国有投资项目实行全过程造价跟踪管理,建筑面积250万平方米;咨询机构全年共编制清单、标底及结算审核项目385项,投资额88.4亿元,其中结算审核项目126项,审定造价11.1亿元,核减额约1亿元,核减率9%。诚信体系建设进一步完善,信息平台建设取得新成果,项目从报建到竣工验收备案全过程以及从农民工到项目部企业管理人员信用信息两条主线实现全面贯通。在全省率先推行从业人员信息化管理。重新调整完善综合考评管理办法和项目经理管理办法,抓好覆盖全行业的综合考评,全面推开对挂靠、转包、违法分包,基桩工程等专项整治以及“中介不中”的专项治理,暂停施工企业9家、桩基企业2家、装饰企业2家,清出中介企业1家。执法与管理并举,重点监督与面上巡查相结合,群众举报、部门抄告与主动检查相结合,全年立案查处违法违规行为233起,涉及项目123个,建筑面积66.8万平方米,有力遏制了违法违规行为的发生。农民工投诉事件比上年下降36%,无一起重大越访群访事件发生。

【工程建设管理】 市建筑行业管理部门开展“安全月”“创优治劣”等活动,营造浓厚的质量安全氛围。开展教育培训,全年培训各类人员9700余人次。加强勘察设计管理,提高勘察设计质量。完成施工图审查项目840项、面积890.88万平方米,查纠违反强制性条文1618条、违反强制性标准4508条。创新实施隐蔽工程手机短信通知检查机制,将停建点监督改为随机抽查,强化动态监管,全年短信通知检查4392次。实施桩机编号备案制度,全面推行桩基检测远程监控。不断完善工程质量考评,质量评价渗透至每道工序,全年累计考评项目798个,建筑面积445万平方米。全年完成原材料检测159686组,合格数量158018组,合格率98.96%。继续实施住宅工程分户验收和公示制度,累计分户验收住宅工程512幢,建筑面积221万平方米,住宅分户验收率100%。全年质量监督项目2178项、面积1288万平方米,其中新受理质量监督项目1138项、面积601.3万平方米;共办理竣工验收备案569项,建筑面积262万平方米。共创中国安装工程“中国安装之星”优质奖1项,江苏省“扬子杯”优质工程4项、省安装工程“苏安杯”优质奖4项,苏州市“姑苏杯”优质工程30项、苏州市优质结构工程81项,创优数量再创历史新高。大力推进建筑节能,专题召开全市新墙材推广运用现场会,完成建筑节能“十二五”规划编制,经市政府批复开始实施。试点示范工作再结硕果,张家港市成功创建国家可再生能源建筑应用示范县市,获国家财政专项资金补助1400万元,成为2012年江苏唯一的示范县市,被列为省高强钢筋试点城市。年内,共组织申报省级建筑节能示范项目1项、省级太阳能光热应用项目2项、苏州市低碳示范建筑1个,并获省级建筑科技推广应用成果12项。狠抓安全监督,印发《关于开展全市建筑施工安全生产“打非治违”专项行动的通知》,召开“打非治违”专项行动动员会议,强化责任落实,加强日常巡查、督察,结合安全生产大执法活动,扎实推进“打非治违”专项行动及“打非治违”回头看专项行动深入开展。全面推行施工现场主要管理人员在岗考核(LBS),加大查处力度,强化企业安全生产主体责任落实监管。以深基坑、高支模、脚手架、建筑起重机械、施工消防等为重点,大力开展安全生产专项整治,累计签发隐患整改通知书38份,局部停工通知书22份,停工通知书19份,视情节分别给予通报批评、不良行为记录、诫勉谈话、行政处罚等,有效打击违法违规建设行为。充分运用经济杠杆,大力推行标准化管理,推动安全文明施工水平不断提高,累计创省级文明工地20个、苏州市级文明工地75个。

【建筑从业人员信息化管理推行】 市住建局积极探索建筑业从业人员管理与服务的新路径,制定出台《张家港市建筑业从业人员信息化管理服务实施意见》,依托信息化技术,搭建从业人员信息化管理服务平台。通过实名登记、进出工地刷卡考勤等方式,在全省率先对从业人员实行信息化管理,详细记录从业人员的从业过程,强化用工监管,打击恶意欠薪、诈工等现象,保障民工权益。同时,有利于提高企业管理水平,促进项目部管理人员到岗到位和职责履行,强化质量安全的基础管理,同步提升行业人员社会化管理水平。信息化工作于4月开展试点,7月1日起在全市新开工工地及主体未封顶项目全面推行,至年末,累计入库人员21845人,共发卡20614张,有考勤记录14744人。

【首批工程招投标义务监督员上岗】 12月4日,市建设工程招投标特邀社会义务监督员聘任仪式暨工作座谈会在建设大厦召开,市住建局、监察局相关负责人为张家港市首批10名社会义务监督员颁发了聘书,义务监督员现场签订履职承诺书。特邀监督员通过平面和网络媒体向社会公开招聘,从市人大代表、政协委员、民主党派人士和建筑等行业中选聘产生的有一定代表性的专业人士,其职责是学习和宣传招投标有关法律法规,了解收集有关招投标的情况,及时传递社会各界对招投标工作的意见、建议,并对招投标活动进行监督。

【张家港市获国家可再生能源建筑应用示范县(市)称号】 可再生能源建筑应用是生态城市、低碳城市建设的一项重要内容。近年来,张家港市制定一系列政策,全力推进可再生能源建筑应用,先后编制完成“十二五”建筑节能专项规划和可再生能源建筑应用规划,率先在全省县级市中设立规模为300万元的专项引导资金,并在政府投资工程中积极推进可再生能源技术应用,先后培育了张家港经济技术开发区办公大楼地源热泵、江苏宏宝太阳能光伏电站等一大批示范项目,累计建成投入运行的可再生能源建筑应用面积81.9万平方米。经申报,9月,张家港市正式获得住建部、财政部批准,成为年内江苏省申报成功的唯一一家示范县(市),并获财政补助资金1400万元。

2012年张家港市建筑工程获奖情况

表40

奖　项	工程名称	承建(参建、监理)单位	项目经理
中国安装工程“中国安装之星”优质奖	张家港购物公园污水源热泵空调系统工程	江苏兴安建设集团有限公司 江苏众信工程投资项目管理咨询有限公司	王建平

续表 40–1

奖　项	工程名称	承建(参建、监理)单位	项目经理
江苏省“扬子杯”优质工程奖	市文化中心大剧院工程	江苏金厦建设集团有限公司 江苏龙升幕墙工程有限公司 江苏众信工程投资项目管理咨询有限公司	蔡　芳
	暨阳湖酒店会所工程	市双山建筑工程有限公司 江苏兴安建设集团有限公司 江苏华通工程管理有限公司	赵晓忠
	中联皇冠 21 号房	江苏德丰建设集团有限公司 市华申建设监理咨询有限公司	沈玉奇
	市公共卫生中心疾控中心办公楼	江苏兴港建设集团有限公司 江苏兴安建设集团有限公司 江苏华通工程管理有限公司	黄全能
江苏省安装工程“苏安杯”优质奖	市文化中心大剧院安装工程	江苏兴安建设集团有限公司 江苏众信工程投资项目管理咨询有限公司	惠宜红
	中粮东海粮油工业(张家港)有限公司新建特油二期项目变配电房、空压机房、氮气房、消防泵房、蒸汽房配套设施工程	江苏顺力工业设备安装有限公司 包头北雷监理咨询有限公司	葛潘峰
	中粮东海粮油工业(张家港)有限公司新建 12 万吨油罐区工艺管线安装、管架钢结构及附属设施工程	江苏顺力工业设备安装有限公司 上海同济工程项目管理咨询有限公司	缪向君
	中粮东海粮油工业(张家港)有限公司每年 19 万吨有机硅聚硅氧烷项目二期消防工程	江苏省安发消防安装工程有限公司	吴辉煜
苏州市“姑苏杯”优质工程奖	中港花苑 8 号楼	市双山建筑工程有限公司 江苏顺力工业设备安装有限公司 江苏众信工程投资项目管理咨询有限公司	何建林
	帝景豪园 22 号楼	市双山建筑工程有限公司 江苏众信工程投资项目管理咨询有限公司	程卫东
	中联皇冠 32 号楼	市锦丰建筑安装工程有限公司 江苏华通工程管理有限公司	陆卫军
	帝景豪园 26 号楼	市南城建筑工程有限公司 江苏华通工程管理有限公司	沈志洪
	中港花苑 6 号楼	市建业建筑安装工程有限公司 江苏众信工程投资项目管理咨询有限公司	朱　伟
	中港花苑 7 号楼	市建业建筑安装工程有限公司 江苏众信工程投资项目管理咨询有限公司	朱　伟
	汇景豪苑二期工程 17 号楼	苏州建筑工程集团有限公司 江苏华通工程管理有限公司	魏　建
	皇家首座 B 区一标段 1 号楼	市兆丰城建有限公司 江苏众信工程投资项目管理咨询有限公司	梅正泉
	检察院业务用房	江苏德丰建设集团有限公司 江苏兴安建设集团有限公司 江苏华通工程管理有限公司	夏礼得
	东渡实验学校初中部及辅房	江苏德丰建设集团有限公司 江苏华通工程管理有限公司	贲五洲
	中联皇冠 21 号楼	江苏德丰建设集团有限公司 市华申建设监理咨询有限公司	沈玉奇
	市公共卫生中心疾控中心	江苏兴港建设集团有限公司 江苏兴安建设集团有限公司 江苏华通工程管理有限公司	黄全能
	市公共卫生中心办公大楼	江苏兴港建设集团有限公司 江苏兴安建设集团有限公司 江苏华通工程管理有限公司	黄全能

续表 40-2

奖　项	工程名称	承建(参建、监理)单位	项目经理
苏州市“姑苏杯”优质工程奖	市文化中心大剧院工程	江苏金厦建设集团有限公司 江苏兴安建设集团有限公司 江苏龙升幕墙工程有限公司 江苏众信工程投资项目管理咨询有限公司	蔡　芳
	市文化中心一期工程	江苏金厦建设集团有限公司 江苏众信工程投资项目管理咨询有限公司	包玉忠
	中港花苑 10 号楼	市双山建筑工程有限公司 江苏顺力工业设备安装工程有限公司 江苏众信工程投资项目管理咨询有限公司	何建林
	中港花苑 11 号楼	市双山建筑工程有限公司 江苏顺力工业设备安装工程有限公司 江苏众信工程投资项目管理咨询有限公司	何建林
	中港花苑 12 号楼	市双山建筑工程有限公司 江苏顺力工业设备安装工程有限公司 江苏众信工程投资项目管理咨询有限公司	何建林
	中港花苑 14 号楼	市双山建筑工程有限公司 江苏众信工程投资项目管理咨询有限公司	何建林
	锦绣花苑 4 号楼	市南城建筑工程有限公司 江苏顺力工业设备安装工程有限公司 江苏华通工程管理有限公司	周才兴
	市浦项学校食堂宿舍楼	市兴华建筑安装工程有限公司 江苏众信工程投资项目管理咨询有限公司	朱官平
	中港花苑 2 号楼	市建业建筑安装工程有限公司 江苏众信工程投资项目管理咨询有限公司	朱　伟
	汇景豪苑二期工程 19 号楼	苏州建筑工程集团有限公司 江苏华通工程管理有限公司	魏　建
	张家港经济开发区实业总公司职工集体宿舍蓝领公寓 6 号楼	市兆丰城建有限公司	张炳毫
	乐余商贸街 22 号楼	市兆丰城建有限公司 江苏众信工程投资项目管理咨询有限公司	蔡和平
	锦绣阳光小区 1 号楼	江苏德丰建设集团有限公司 江苏华通工程管理有限公司	谢建平
	甲江南二期一标段 20 号楼	江苏兴港建设集团有限公司	周　东
	市 0907 人防工程	江苏金厦建设集团有限公司	钱惠刚
	人民东路、人民西路、国泰路绿化修复改造工程	市园林建设工程有限公司	徐永兵
	市小城河综合改造(南侧驳岸及景观一期)工程	苏州工业园区景观绿化工程有限公司 江苏众信工程投资项目管理咨询有限公司	郭小光

(徐荣华)

装 潢 业

【概况】 2012 年,全市在工商部门登记注册的装潢企业 270 家。其中建筑装饰企业 50 家,全年完成施工产值约 15 亿元。市装修装饰行业协会(商会)共有会员 117 个,比上年增 5 个,其中集体会员 104 家,个人会员 13 人。会员单位中,装饰企业 73 家,材料生产、经销商 27 家,室内环境检测等单位 4 个,相关管理部门 13 家。会员企业中具有国家施工资质的有 39 家,其中一级施工资质的有 14 家,二级施工资质的有 14 家,三级施工资质的有 11 家。会员企业全年完成施工产值 7.28 亿元,其中建筑装饰企业施工产值超 1000 万元的有 30 家,家装企业施工产值 500 万元至 1000 万元的有 22 家。年末,协会被评为江苏省装修装饰行业优秀装饰协会、张家港市协会(商会)先进集体、张家港市消费维权工作先进集体,获张家港市“三星级学会”称号,并被苏州市民政局向省民政厅推荐为 AAAAA 社团组织,成为苏州五县市唯一被推荐为AAAAA社团组织的县级协会。4月,协会组织张家港市第六届"梁丰杯"装饰优质工程评比活动,有24个项目获"梁丰杯"装饰优质工程奖,其中:公装项目10个,幕墙项目1项,家装项目13项。参赛项目选送苏州市级以上参评,有1个项目获苏州市"天堂杯"优质工程,5个项目获苏州市家庭装饰示范工程奖。市同济建筑装饰工程有限公司、市大拇指装饰装潢有限公司被中国建筑装饰协会评为2011~2012年度全国住宅装饰装修行业百强企业。市同济装饰公司获2012年苏州市诚信守法先进企业称号,市大拇指装饰装潢有限公司等8家企业被评为2012年度苏州市零投诉企业,典石装饰公司等13家企业被评为2012年度苏州市消费者满意单位,蚂蚁之家装饰公司等17家企业被评为2012年度张家港市价格诚信单位,金兴港、保意建材、红星美凯龙、大拇指装饰公司获2012年度江苏省价格诚信单位称号。为激励先进,树立标杆,推动行业创先活动深入开展,在行业中开展十佳家装企业、十佳材料生产经销商、十佳设计师评选活动。

【首推家装设计合同与施工合同分签】 为整顿家装市场秩序,规范家装企业从业行为,保护消费者的合法权益,年内市装修装饰行业协会在家装行业中首次全面推行家装企业在承接家装工程业务时,与业主分别签订设计合同和施工合同。以前使用的"设计、施工两项业务内容合一的工程合同"在执行过程中有很多弊端。合同中没有明确装饰设计深度、质量、收费标准和事后服务,这样容易使施工方提供的设计文件深度不够,质量差,图纸不全,成为施工方在施工过程提供"合理"变更的理由,使工程决算价高于"合同"造价,成为业主投诉的重点。由于不规范、低质量的装饰设计图纸无需设计师付出很多工作量,没有给企业造成很大设计成本,装饰企业就常以免收设计费等广告用语欺骗客户,待客户被套住后,施工方再"步步进逼"侵害消费者权益。一些家装企业以"差、缺、不全"的设计成果作为设计师的"廉价报酬",导致企业内部形成一种"行业潜规则"——变相鼓励设计师无需精心设计而去索取"材料价回扣"补充个人报酬的不足。这种现象严重扰乱家装市场秩序,社会反响十分强烈。为改变现状,依据合同法,工商合同管理部门起草下发《张家港市住宅装饰装修工程设计合同》。经抽查,至年末,家装企业中有40%以上企业执行该规定。

2012年张家港市装修装饰工程获奖情况

表41

奖 项	承建单位	项目名称	项目负责人
苏州市"天堂杯"优质工程奖	江苏攀杰特装饰工程有限公司	张家港市行政中心大楼	严小龙
苏州市第十六届家庭装饰示范工程奖	市同济建筑装饰工程有限公司	暨阳湖一号5118室	顾祝勇
	市大拇指装饰装潢有限公司	蓝湖湾2幢1603室	鲍伍令
	市鲁班装饰工程有限公司	帝景豪苑7幢601室	倪 俊
	市大拇指装饰装潢有限公司	湖滨国际28幢1103室	李之文
	市蚂蚁之家装饰设计工程有限公司	帝景豪苑46幢1002室	方玉明
江苏省家庭装饰优质工程奖	市同济建筑装饰工程有限公司	暨阳湖一号5118室	顾祝勇
	市鲁班装饰工程有限公司	帝景豪苑7幢601室	倪 俊
	市大拇指装饰装潢有限公司	湖滨国际28幢1103室	李之文

(邹永高)

房 地 产 业

【概况】 2012年,市房管中心住房保障、产权产籍、物业管理等工作瞄准"苏州第一、省内一流、全国达标"的目标,较好地完成各项任务。全市惠民安居工程不断深入完善,保障性住房建设提前超额完成,开竣工面积居苏州县市之首。老住宅区整治步伐加快,居民生活环境持续改善。房地产市场稳定健康发展,房价保持平稳。物业管理水平进一步提升,5个小区创省优、市优,城市功能品位稳步提升。市房管中心被住建部表彰为全国房地产交易与权属登记规范化管理先进单位,被省住建厅表彰为省保障性安居工程工作先进集体,党总支被省住建厅党委表彰为省住建系统创先争优先进基层党组织。年末,全市共有房地产开发企业81家,其中一级资质企业2家,二级资质企业13家,三级资质企业12家,四级资质企业1家,暂定资质企业53家。全年完成房地产开发投资83.76亿元,比上年增11.8%。商品房施工面积494.85万平方米,竣工面积156.1万平方米。全年销售商品房面积89.44万平方米,其中现房销售面积26.51万平方米、期房销售面积62.93万平方米。实现销售额84.33亿元。其中现房销售额21.81亿元;期房销售额62.52亿元。另据房管部门统计,市区完成房地产开发投资102.37亿元,比上年增26.94%。商品房施工面积580.18万平方米,比上年增13.43%。新开工面积174.44万平方米,比上年减6.81%。竣工商品房面积114.76万平方米,比上年减19.97%。市区预销售面积63.62万平方米,比上年增13.36%。全市普通商品住房预售均价每平方米8334元,比上年增2.95%,其中,市区预售均价为每平方米1183元,比上年减3.49%。

2012年张家港市主要竣工楼盘情况

表42

名　称	地　址	开发面积（平方米）	开发公司	竣工日期
江南公寓1至5幢商住楼	金港镇	37932	张家港保税区长红房地产开发有限公司	1月6日
时代商务楼1幢、2幢	锦丰镇	7683	锦丰城镇投资建设有限公司	1月12日
港城华府1至10幢商住楼、A区及C区地下车位	杨舍镇	44158	海澜港城房地产有限公司	1月19日
锦绣花苑40至67幢动迁安置房	杨舍镇	113304	市城市投资发展有限公司	2月3日
小河坝新村74至77幢动迁安置房	杨舍镇	13470	市城市投资发展有限公司	2月28日
阳光绿城5幢、6幢、9至14幢、18至20幢商住楼及地下汽车位	金港镇	107364	市金厦房地产开发公司	4月18日
张家港购物公园派克酒店式公寓1幢及地下汽车位	杨舍镇	16182	市华建房地产开发有限公司	4月23日
景江花园二期	杨舍镇	15142	市万泰房地产开发有限公司	4月12日
乐余商贸花苑14至18幢、23幢商住楼及地下汽车位	乐余镇	23274	张家港豪达房地产开发有限公司	4月26日
秀水苑1至6幢住宅楼	塘桥镇	19383	市房建房产开发有限公司	5月17日
巨库钢材城1至3幢、5至12幢、15幢、16幢	凤凰镇	48209.09	张家港梧桐树房产开发有限公司	5月22日
金港湾二期15至22幢	金港镇	58664	长江润发(张家港)房地产有限公司	5月29日
玉水世家4至6幢商住楼	杨舍镇	13733	市绿港置业有限公司	6月9日
香蜜湖公馆住宅楼50至53幢、55至63幢、65至73幢、75至81幢	杨舍镇	41971	江苏澳洋置业有限公司	6月12日
福德庄园3幢、4幢、7至9幢、29至33幢、36幢住宅楼及乐富路29至41号、43至71号商业用房	乐余镇	30508	张家港福运置业有限公司	6月26日
杨舍老街	杨舍镇	22298	市新城置业有限公司	6月27日
东海华庭1至9幢商住楼、转角门面9A幢及地下汽车位	塘桥镇	60498	张家港东海置业有限公司	7月11日
滨江龙湖湾	大新镇	83616	江苏奥澜德置业有限公司	7月27日
西庄花苑26幢、28幢住宅楼及地下汽车位	杨舍镇	21849	市城市投资发展有限公司	8月7日
玲珑湾1至12幢住宅楼及地下车库	杨舍镇	109852	市南城房地产有限公司	8月13日
中联皇冠20幢、23幢、24幢、27至30幢住宅楼及G区地下汽车位	杨舍镇	55425	张家港中联置业有限公司	8月23日
未来城1至11幢商住楼及东区、西区地下室	杨舍镇	84756	市恒基置业有限公司	8月29日
向阳三村商住楼	锦丰镇	15535	江苏沙钢集团宏润房地产开发有限公司	8月30日
国泰新世纪广场商业用房及地下汽车位	杨舍镇	59124	江苏国泰国际集团房地产实业有限公司	9月21日
民丰苑	杨舍镇	30058	市城市投资发展有限公司	10月9日
中港花苑二期	杨舍镇	39352	市城市投资发展有限公司	10月16日
阳光绿城36幢、38幢	金港镇	28961	市金厦房地产开发公司	10月17日
紫竹庭院	金港镇	70741	市福明房地产开发有限公司	10月31日
锦绣花苑二期	杨舍镇	146943	市城市投资发展有限公司	11月2日
杨舍镇南二环路5号商业用房	杨舍镇	20502	市绿园置业有限公司	11月7日
暨阳湖一号1至6幢、56至98幢、102至116幢住宅楼	杨舍镇	64890	江苏沙钢集团宏润房地产开发有限公司	11月12日
育才新村1至5幢	乐余镇	4343	市兆丰房地产开发有限公司	11月28日
新泾公寓1幢、2幢商住楼	杨舍镇	23625	市悦丰投资开发建设有限公司	11月29日
玉水世家1至3幢商住楼	杨舍镇	23869	市绿港置业有限公司	12月5日
通运新村83至86幢动迁安置房	杨舍镇	28762	市城市投资发展有限公司	12月12日
程墩花苑	凤凰镇	5050	张家港兴港房地产开发有限公司	12月13日
福德庄园1幢、2幢、5幢、6幢、10至27幢、34幢、35幢	乐余镇	47220	张家港福运置业有限公司	12月18日
温泉逸墅9至12幢、18至20幢、26至28幢、34至39幢、41至46幢、48幢、49幢、51幢	凤凰镇	29292	苏州金宾士房地产开发有限公司	12月31日

【房政管理】 年内，市房管部门统筹规划，坚持规范化管理，权属登记服务成效凸显。全年完成各类房产权属登记发证 22731 处、面积 1034.05 万平方米。办理增量房交易登记 12439 件、建筑面积 166.29 万平方米、成交金额 89.07 亿元。其中，商品房住宅交易登记 4215 套、建筑面积 64.76 万平方米、成交金额 55.62 亿元，拆迁安置房登记 5210 套、建筑面积 56.91 万平方米、成交金额 9.1 亿元，经济适用房登记 236 套、面积 3.03 万平方米、成交金额 1.33 亿元。办理存量房交易登记 4804 件、建筑面积 109.29 万平方米、成交金额 52.51 亿元。其中，二手房住宅交易 3885 套、建筑面积 44.13 万平方米、成交金额 25.45 亿元。完成各类贷款房产抵押登记 14908 处、建筑面积 1667.72 万平方米、权利价值 285.19 亿元，分别比上年增 1.33%、29.13%、36.42%。办理市区房屋租赁登记备案 775 户、出租房屋面积 38.83 万平方米，分别比上年减 5.37%、增 76%。

【物业管理】 市房管部门围绕“物业服务诚信年”的总体要求，贯彻落实《关于加强全市住宅区物业管理工作的意见》精神，推动落实属地管理，规范业委会建设，扎实开展物业诚信服务，规范企业服务行为，提高物业服务质量，全市物业管理工作水平稳步提升。年内，新核准 8 家物业服务企业。至年末，全市有物业服务企业 71 家，其中二级资质的 15 家，三级资质（含三级暂定）的 56 家。新增物业服务项目 6 项、面积 121 万平方米。指导新成立及换届业主委员会 15 个。归集房屋专项维修资金 8271 万元，受理 116 起各类房屋维修申报，共核准使用维修资金 222 万元。明晰新建住宅区物业用房产权 23 个，面积 10503.24 平方米，均达到 7‰的规定比例以上。实施白蚁防治面积 210 万平方米，灭治 2343 平方米，全市新建房屋白蚁防治率 100%。全年举办上岗、保安、消防、安全员等培训，累计培训 630 余人次。3 月，邀请住建部物业处处长作关于《业主大会和业主委员会指导规则》及相关法律法规的解读，结合实际操作案例讲解街道社区在物业管理全过程中的指导监督作用及法律实务。严格落实错时上下班制度、立岗制度、登记查询制度、公示制度四项制度。确保小区安全、卫生、有序。对从业行为进行全方位动态监管。多次开展 83 个物业小区消防、绿化的专项检查，督促相关企业按要求限期整改。引导开展各类创优评比，推进标准化试点进程。10 月，完成苏州市级和江苏省级优秀考评组的考核。建设大厦、国税局大厦、中联皇冠、四季花园获评苏州市优秀物业小区，汇景豪苑获评江苏省优秀物业小区。12 月，市华建物业公司副总经理顾建清被评为全国住房建设系统劳动模范。年内，市房管部门为解决小区停车难问题，通过绿化与泊位相间相容等方式，对物业小区开展停车车位改造，挖掘小区停车资源，增加停车位 3200 余个。同时积极协调开发、物管、业主等各方利益主体，选择蓝波金典、南城花园、金地华城、世纪新城等小区作试点，对 7000 个地下停车位“租售并举”。

【保障性住房建设提前超额完成】 年内，市房管部门将工作目标调高调足，计划新开工保障房建筑面积 33.28 万平方米、5842 套（户），竣工保障房建筑面积 16.95 万平方米、2589 套（户）。其中，新开工公共租赁住房 31.3 万平方米，竣工 11.75 万平方米。新开工量和竣工量分别超省定指标的 116%和 118%。至年末，完成新开工保障性住房建筑面积 36.12 万平方米、5986 套（户），占年度目标任务的 108.5%；竣工 19.45 万平方米、2902 套（户），占年度目标任务的 131.8%。其中，公共租赁住房新开工 34.11 万平方米，占年度目标任务的 109%；竣工 14.25 万平方米，占年度目标任务的 121%。开竣工面积居苏州县市之首，获江苏省保障性安居工程工作先进集体。同时，严格准入门槛，强化后续管理，进一步规范保障性住房建设管理，对《张家港市城镇社会保障住房供应管理办法》进行重新修订，制定《张家港市经济适用住房管理办法（讨论稿）》。

【老住宅小区整治步伐加快】 2012 年，全市投入 6000 万元对市区花园浜南村、花园浜三村、向阳新村、城建新村等 10 个老住宅小区、135 幢房屋、38 万平方米进行综合整治。投入 9150 万元对区镇 17 个老住宅小区、172 幢房屋、30.28 万平方米进行综合整治。整治内容包括雨污分流、增加路面停车位、绿化整治、完善配套设施建设、外立面刷新、修复破损屋檐四线入地等方面。通过提前介入、部门联动、科学组织施工，分类实施，交叉有序推进，所有工程在 10 月末全部完成。同时，争取老住宅区扶持政策，指导向阳新村、花园南村、沙工新村、云盘三村年内实施封闭物业管理，推动老住宅小区整治后续管理，全面巩固老住宅小区综合整治成果，落实长效管理机制。

【房屋权属登记规范化管理通过全国验收】 2012年，市房管部门加快房地产信息基础平台建设，全面开发更新登记信息系统，增加不动产登记簿管理信息系统、GIS 地理信息系统、三维虚拟档案库房管理系统、金融防范系统，将所有业务系统整合在同一个平台，实现业务数据、档案数据和图形库数据相互关联与实时传递。建立商品房交易和存量房交易网上联机备案系统，实现网上签约、交易过户、产权登记的数据对接。对交易资金实施监管，开展房屋登记合同租赁备案。规范流程，加快办理，方便市民，由“点对点”服务向“点对面”服务延伸。深入开展市民服务中心“优质服务示范窗口”创建活动，通过示范引领，推进房管服务提速增效，提高服务质量和水平。进一步深化 ISO 质量管理体系导入，全面打造“住有所居、居有所安”的机关服务品牌，确保办证、发证三万本“零差错”。9 月，市房管中心顺利通过全国房地产交易与权属登记规范化管理先进单位验收。 （周幸金）

【编辑 张 洁】

生态环境建设·旅游

环境保护

【概况】 2012年，市环境保护局把握生态文明建设这条主线，推进污染减排工程，全面提升环境监管水平，着力服务经济社会发展，切实解决群众环境诉求。年内，全市环境质量综合指数97.8。全市环境空气质量综合污染指数较上年下降15.4%，空气污染指数（API）较上年下降11%，二氧化硫、二氧化氮、可吸入颗粒物（PM10）年均值达到《环境空气质量标准》二级标准。饮用水源地、备用水源地110项指标年均值达到《地表水环境质量标准》相应要求，7条主要河流水质综合污染指数为5.89，4条城区河道水质综合污染指数为4.19，比上年下降18.6%，水环境质量稳中有升。

【环境监测】 全年完成7个省控断面、10个基本现代化考核断面、13个小康考核断面、6个城市考核断面、3个重点流域水质断面、17个地表水环境功能区断面及10余条市域主要河流共计47个监测断面的例行监测，完成7个点位的功能区环境噪声、164个点位的区域环境噪声和36个点位的道路交通噪声监测工作。做好全市9个水质自动站和8个空气自动子站运行维护工作。获得手工监测数据6.56万个、自动监测数据55.36万个。

【环保执法】 环保部门全年共预审和审批工业建设项目1712项，劝退及拒批美泰乐科技氰化物、优耐德引发剂过硫酸盐等15个项目，总投资4.2亿元。分别完成危险废物转移审批405厂次，进口废物审批25家，辐射许可事项129项，出具土地挂拍预审意见112份；完成三产行业部门会办264家，拒批三产项目150项。全年共有173个建设项目通过环保“三同时”（建设项目中防治污染和其他公害的设施，必须与主体工程同时设计、同时施工、同时投产使用）验收。向150个项目出具试生产核准通知。新中环保、龙杰化纤等6家企业拿到省环保厅的上市环保核查意见。持续开展“打击违法排污企业，保障群众健康”环保专项行动，全年组织污染源现场监察8500余厂次，其中夜间检查1870余厂次，发出现场整改通知书1220份，实施环保行政处罚46件，对420家重点监控企业进行年度环境行为等级评定。全年共受理环境信访2477件，调处率100%、办结率95.5%。9件人大代表建议和12件政协提案全部办结，人大代表、政协委员满意、基本满意率100%。妥善解决5项苏州市级突出环境问题和22件挂牌督办重点环境信访案件。加强三产行业噪声、油烟扰民问题督察，对向阳新村、小河坝区域的饭店油烟噪声进行集中整治，取缔夜来香、梦露等9家无证无照酒吧。

【节能减排】 2012年，全市工业节能减排工作以提高资源能源综合利用效率为目标，以制度为保障，以环保为中心，以企业为重点，以技改为手段，扎实推进。年内，下发《张家港市2012年节能与发展循环经济工作意见》，成立淘汰落后产能工作领导小组，下发《张家港市2012年度淘汰落后腾笼换凤工作考核意见》。万元GDP能耗下降完成上级下达任务。全市430家企业划入淘汰落后类企业，盘活存量土地369.33公顷，可减少约15万吨标准煤的能源消耗。确定沙钢集团烧结机余热回收、永钢集团高炉煤气发电、新能能源公司更换DCS系统、余热利用综合节能改造等35个节能及循环经济项目，计划总投资10.59亿元，2012年计划完成投资7.2亿元，实际完成投资7.45亿元，形成节能能力20万吨标准煤；全市节能项目获上级财政奖励6721.9万元。全市工业主要产品单耗稳定下降率73.6%；重点用能企业主要工业产品单耗考核共节约能源43.47万吨标准煤，节能创经济效益5.65亿元。年内，68家企业及12家综合能耗3000吨标准煤以上未审计企业完成审计。落后产能、高能耗设备淘汰加快，从源头上提高能源利用效率和削减污染物的排放量。开展电力行业归并整治，关停小热电企业2家；关停“两高一低”企业98家；淘汰落后高耗能电动机、风机、水泵等设备496台套；拆除集中供热区范围内13家企业共计14台17.15蒸吨燃煤锅炉。认定省资源综合利用企业38家，1家电厂的2台机组被认定为资源综合利用电厂（机组）。江苏张家港酿酒有限公司、江苏东渡纺织集团有限公司被评为苏州市“能效之星”四星级企业；市胜达钢绳有限公司、江苏华程工业制管股份有限公司、市易华塑料有限公司、久泰能源（张家港）有限公司、市新港星科技有限公司、江苏鹿港科技股份有限公司、张家港宏国化学工业有限公司、江苏奔球制管有限公司、江苏华伟特种薄板有限公司、张家港永盛铸锻有限公司、市联泰科技有限公司等11家企业被评为苏州市“能效之星”三星级企业。沙钢集团获中国钢铁工业协会评定的全国冶金“清洁生产环境友好企业”称号，同时在全省冶金行业唯一获“江苏省清洁生产先进企业”称号，成为张家港市清洁生产“排头兵”。

（赵学芳）

【固体废物和辐射源管理】 年内，市环保部门完成污泥“三化”（减量化、规范化、集中化）限期治理企业14家，全市一般固废污泥“集中化、规范化、资源化”综合整治取得阶段性成效。7月10日，全市危险废物产处单位专项整治工作会议召开，推进危险废物专项整治，共检查企业700余家，进一步规范危险废物贮存场所、污染防治设施以及台账资料。对16家光伏企业、10家废塑料加工利用企业、17家进口废物单位等进行专项检查。开展核技术利用辐射安全综合检查，共计检查射线装置使用单位90个。联合公安、卫生、安监等部门开展放射源使用单位执法检查4次，共检查企业105家次。对8枚闲置放射源和16枚报废放射源以及沙钢、浦项等企业共660千克放射性物质进行收贮。

【张家港市通过国家环保模范城市复核】 市环保部门对照环保部模范城市复核验收的要求，制订《国家环境保护模范城市复核迎检工作方案》，于5月5日提请市政府办牵头召开国家环境保护模范城市复核迎检动员会，扎口做好模范城市复核迎检的各项准备和接待工作。5月22日，环保部复核验收专家组对创建工作进行现场检查。5月25日，在苏州召开的情况通报会上，专家组一致认为，张家港市的创模工作重过程、重实效、重惠民，有重点、有特色、有成效，创模档案资料基本齐全，数据基本可靠，26项指标达到或基本达到国家环境保护模范城市考核要求。6月初，针对复核通报中提出的存在问题，市环保部门制订详细的整改计划，报请市政府办下发相关部门和各区镇限期整改；6月末形成复核整改工作报告，编印复核整改工作支撑材料，以市政府的名义上报环保部。8月末，张家港市通过环保部委托华东督察中心进行的创模工作后督察。

【工业园区（集中区）环境保护三年行动计划推进】 4月，市政府下发《关于印发张家港市工业园区（集中区）环境保护三年（2012～2014年）行动计划的通知》，从全面落实环境规划和环境影响评价制度，着力优化园区产业结构，完善园区环境基础设施建设，深化工业污染治理，建立健全环境应急和监管体系等方面入手，提高工业园区的环境污染防治水平。5月12日，市环保部门组织召开市工业园区（集中区）环境保护三年行动推进工作会议，进一步细化落实任务。对109家企业淘汰燃煤锅炉（炉窑）、工业废水和生活污水接管的工作进行摸底调查；对东沙化工区、扬子江化工园、飞翔化工集中区3个化工区开展全方位整治，其中，东沙化工区企业整治基本完成，扬子江化工园完成整治企业60家，飞翔化工集中区完成整治企业6家。年内，部分区镇已开展规划环评。

（钱秋松）

环 境 建 设

【概况】 8月，《张家港市生态文明建设2012～2014年工作意见》制定出台。年内，完成公共自行车三期工程、金港污水处理厂等生态文明建设工程。深入推进整治违法排污企业，保障群众健康暨突出环境问题集中整治专项行动。对24家涉五类重金属企业实施专项治理，结合太湖流域电镀行业整治要求，对37家电镀企业下达限期治理决定；开展扬子江化工园、飞翔化工集中区的集中整治，66家企业完成治理任务；完成11家涉铅钢丝绳企业整治；完成28家水污染企业提标升级工作。修编《张家港市环境保护局突发环境事件应急预案》，保税区和经济技术开发区制定突发环境事件应急预案。开展环境安全百日大检查活动，对85家重点企业的环境应急工作进行督察，会同海事、港口等部门对8家沿江危化品仓储企业进行检查。组织参与集中式饮用水源地、危化品道路运输等突发环境安全事故应急救援综合演练。市环境监测站和城北小学2个细颗粒物（PM2.5）监测子站建成投运，并形成监测能力。对2个长江水质自动站进行扩建，配全监测指标，新增生物毒性自动监测。建成噪声定点功能区自动监测子站3个，新增GC-MS和数码罐系统、石油类自动监测仪、恶臭检测仪等设备，累计投入资金680万元。数字环保一期工程通过验收并正常投运。274套污染源在线监控设备，通过第三方运行。全市以畜禽养殖污染治理、化学农药减量使用推广、秸秆综合利用和太湖流域农业面源污染治理等四大活动为平台，大力改善农业生产环境，取得明显成效。完成7家规模养殖场整治，新建沼气池720立方米、堆粪场180平方米、沉尸井192立方米，无害化处理畜禽粪便18.8万吨，占比94%。实施“测报精准化、病虫防治专业化、农药集中零差价配送化”等“三化”工程，推进农药防治、物理防治、生物防治、保护和利用天敌等绿色防控技术应用，全年水稻病虫害发生面积24万公顷，低毒高效化学药剂防治6次，面积12万公顷，占发生面积的50%，机插稻秧田无纺布达到全覆盖，生物农药使用占农药使用总量的40%，农药使用总量比2008～2011年平均使用量下降6%，最终病虫损失率控制在1%以内，达到水稻绿色防控要求目标。综合利用农作物秸秆30.1万吨，综合利用率98.5%，其中夏熟秸秆综合利用12.24万吨，秋熟秸秆综合利用17.86万吨。全市生态化改造沟渠塘4.2万平方米，新建畜禽粪便处理厂房1.13万平方米，建设防虫网1万平方米，新建农村地埋式生活污水处理站6处，实现净化水质、美化环境、改善生态的目的。

【工业循环经济】 1月，市政府制定下发《张家港市2012年节能与发展循环经济工作意见》，对各区镇在清洁生产、循环经济等方面制订详细的量化指标。全市循环经济项目建设持续推进。沙钢集团的矿渣微粉、热闷渣，永钢集团的新钢渣处理工程，长江润发的污水处理与铁锈回收等5个项目全部开工建设，完成投入4.26亿元。年内，全市通过清洁生产审核企业50家，涉及冶金、纺织、化工、热电、机械、电镀等多个行业，累计投入资金9647.4万元，实施无、低费项目568项，中高费项目128项。通过开展清洁生产，实现年可节燃料22038吨标煤，节电1381万千瓦小时，节油691吨，节材2296吨，节约用水31.95万立方米，减少污水排放20.9万吨，减少化学需氧量排放6.4吨，减少二氧化硫排放7.25吨，减少固废排放398吨，减少烟尘排放16吨，年新增经济效益6290.4万元。（赵学芳）

【生态农业建设】 全市紧紧围绕省太湖流域农业面源污染治理的总体要求和张家港市生态农业建设各项目标任务，大力引导、鼓励和支持新（扩）建一批太湖水环境治理项目，通过农业废弃物的资源利用、农业面源污染的治理，取得了显著的经济、社会和生态效益。年内，全市面源氮磷流失生态拦截工程、乡村生活污水生态净化处理工程、畜禽粪便集中处理中心建设、循环农业建设工程、池塘循环水养殖工程等7个项目被列入2011年中央财政、太湖治理第五期省级专项资金支持项目，共争取资金757万元。7月，市农委召开2012年太湖流域水污染防治项目推进会，就加快工程进度、加强项目督察考核、规范资金使用管理等提出具体要求。同时全市为加大项目建设的监管力度，实行台账审核与现场检查相结合的方式，对查出的问题及时通报，敦促项目实施单位及时整改，措施落实到位，确保按照高要求推进工程质量建设。

【“生态文明建设意见”出台】 8月21日，市委、市政府下发《张家港市生态文明建设（2012～2014年）工作意见》，提出到2014年，基本形成节约能源资源和保护生态环境的产业结构、增长方式、消费模式，生态文明观念在全社会牢固树立，循环经济形成较大规模，可再生能源比重显著上升，主要污染物排放得到有效控制，生态环境质量明显改善，各项指标达到国家生态文明建设示范区创建要求，力争在全国率先建成生态文明城市。重点工作包括“六大行动”：生态意识提升行动、生态经济发展行动、生态环境保护行动、人居环境优化行动、生态示范创建行动、生态制度完善行动。“二十大工程”：生态文明宣传工程、生态文化教育工程、低碳生活倡导工程、新兴产业提速工程、传统产业转型工程、循环经济发展工程、生态农业培育工程、现代服务业体系推进工程、水环境综合整治工程、大气污染防治工程、工业园区环境整治工程、生态保护修复工程、饮用水源地保护工程、宜居城市打造工程、农村环境整治工程、城乡绿化工程、绿色系列创建工程、生态文明镇建设工程、生态绩效考核工程、绿色采购工程。

【生态文明高层研讨会举行】 8月31日，生态文明建设（张家港）高层研讨会在暨阳湖大酒店举行。研讨会以生态文明建设规划实施成效与评价为主题，结合张家港市生态文明建设规划的编制实施与成效、建设指标体系、考核办法，探讨如何进一步提高区域生态文明的规划与建设水平。研讨会由中国生态文明研究与促进会主办，张家港市人民政府承办，环境保护部自然生态保护司业务指导。全国政协副主席、农工民主党中央常务副主席、中国生态文明研究与促进会会长陈宗兴发来致辞。中国生态文明研究与促进会常务副会长、原国家环保总局副局长、党组副书记祝光耀主持会议。中国生态文明研究与促进会副会长、第十一届全国政协委员、水利部原副部长翟浩辉，环保部自然生态保护司司长庄国泰，江苏省环保厅副厅长赵挺，苏州市政府副市长王鸿生，张家港市委书记徐美健、市长姚林荣等出席会议。研讨会特邀中国工程院院士金鉴明、李文华、王如松等生态建设领域专家出席指导。其间，中国生态文明研究与促进会与张家港市人民政府签署《关于全面推进张家港市生态文明建设的合作协议》。

（钱秋松　张　赟）

【打击非法捕捞鳗鱼苗专项整治行动】 长江春汛生产季节，长江张家港段四干河至长沙河水域非法张网纳苗，严重破坏长江渔业资源，并影响长江通航安全。针对这一现象，市农业委员会及时制订《张家港市集中打击非法捕捞鳗苗专项整治行动方案》，组织渔政部门联合海事、水政、水警等水上执法部门联合执法，开展专项整治行动。2月22日至25日，市农委出动车、艇，逐港逐船向渔民发放《关于加强禁止在长江水域捕捞鳗鱼苗管理的通知》和相关法律法规等宣传资料，并签收回执；限期由渔民自行拆除捕捞网具，并驾船驶离张家港长江水域。2月27日至29日，市农委又出船出艇，开展宣传教育。3月5日至6日，市农委利用午间潮的有利时机，协调渔政、水政、

生态文明建设（张家港）高层研讨会　　（市环保局　供稿）

海事和水警等6艘船艇，组织渔政、水政、公安和海事、长航公安等执法人员及辅助人员48人，开展集中专项整治行动，共取缔非法捕鳗鱼苗定置网8口，驱赶非法捕捞鳗鱼苗船68艘次，其中靠帮12艘次，处罚4艘，有效打击了非法捕捞鳗鱼苗行为，保护长江渔业资源，维护了长江通航安全。

【绿肥种植面积扩大】 为鼓励和引导农民适度恢复绿肥种植，增加有机肥的来源，培肥耕地地力，控制和降低化肥用量，改善农业生态环境，提高农产品品质，年内，张家港市继续实施绿肥种植以奖代补项目，稳步推进绿肥种植。据各区镇绿肥种植补贴上报面积统计和核查结果，年内，全市种植绿肥面积680.36公顷，比上年增加7.14公顷，共分布于全市9个区镇，涉及139个村，1462个小组，6731户农户，圆满完成666.67公顷的建设任务。绿肥种植主要有露地种植、露地果园套种、大棚种植、大棚果园套种等方式。

【长江渔业资源增殖放流活动举行】 3月19日，市长江渔业资源增殖放流活动在张皋汽渡至七圩港长江水域渡轮举行。这是继2002年实施长江禁渔以来，张家港市第9次组织的放流活动。该活动以“呵护生命之河，共建和谐长江”为主题，由苏州市农委和张家港市农委主办，苏州市渔政站、张家港市渔政站和南丰镇永联村承办，得到张家港市大新镇政府、沙洲电力、沙钢集团等单位的支持。近1个小时的活动，共放流7900千克鲢、鳙、草、青四大家鱼和鲫鱼、黄颡鱼等鱼苗。江苏省海洋渔业局副局长沈毅，张家港市副市长丁学东，江苏省、苏州市相关部门领导和张家港市相关部门、各区镇分管领导，农业系统干部职工、沿江企业代表和全体渔政人员共150余人参加活动。 （毛 慧）

城乡绿化

【概况】 2012年，全市大力推进绿化建设。全年政府投入绿化资金4.12亿元，实施建县（市）50周年绿化献礼工程及其他多项重点绿化工程。新增各类林地绿地3549.7公顷，其中道路绿化138公顷、河道绿化61公顷、村庄绿化80.73公顷、林果经济林440.87公顷、生态片林2775公顷、城镇绿化54.13公顷。至年末，城市建成区绿地面积1923.36公顷，公园绿地面积532公顷，绿地率39.56%，绿化覆盖率43.64%，人均公园绿地13.12平方米，全市林木覆盖率19.07%。年内，张家港市获2003～2012年绿色江苏建设突出贡献奖、生态创建成就奖，2012年度绿色江苏建设“植树造林先进县（市、区）”称号。市园林局获“绿色苏州”建设先进集体、2009～2011年度苏州市文明单位称号。

【城区绿化】 年内，完成小城河二期、金港大道与张杨路（华昌路—锡张高速段）园艺化提升改造、一干河沿线、城北路东延、文化中心城展馆、儿童福利院等重点绿化工程，完成长安北路、振兴路、乌农路、乌沙路、海关路、振兴路西延等绿化完善工程，继续实施沙洲湖建设，实施建县（市）50周年绿化献礼工程。完成港城华府、玉水世家、玲珑湾、未来城、鑫福汇等8家居住小区绿化，新增绿地8.43公顷。张家港公园建成法治文化公园。沙洲公园投入近200万元完成供电系统改造，建成艺术文化长廊、游客服务中心，常年开展便民服务。

【镇区绿化】 年内，杨舍镇建成新泾东路北侧、金塘路等集镇道路绿化和中丹科技园等单位居住地绿化。锦丰镇以“两园十路”为重点加快实施沙洲新城建设，建成8.53公顷的中央公园、11公顷的滨河公园、5.33公顷的锦阳河公园、大南花苑一期、二期居住绿地。乐余镇完成斯坦福德小镇、乐江花园、常丰安置小区居住绿化。南丰镇完成馨正园、海丰北路小游园、永联小镇及商业街城镇绿化。大新镇完成大新福利中心、科文中心、浦项公寓、滨江龙湖湾等单位居住绿化。现代农业示范园区完成滨江会所、禾丰佳苑居住区、街心公园扩建、游客服务中心等绿化。金港镇建成崇真中学、金桥四期等绿化工程。凤凰镇建成安庆花园、程墩花园、双龙二期等居住绿地。至年末，各镇区的绿化覆盖分别为：经开区（杨舍镇）41.37%、塘桥镇42.32%、保税区（金港镇）43%、冶金园（锦丰镇）43.8%、乐余镇43.66%、凤凰镇45%、南丰镇41%、大新镇40.5%、现代农业示范园区44.6%。

【农村绿化】 生态片林建设取得重大突破，在现代农业示范园区九五圩建成140公顷大型竹柳生态林，在临近东沙化工园建成33.33公顷竹柳生态林，在常兴、常北、常东、常南、常西等社区建设生态片林；双山岛旅游度假区新增林地200余公顷；南丰镇新建民联、东红、永丰、东港、南丰等村生态片林，在永联村与东沙化工园间建成绿色屏障，其中东红村生态林增绿86.87公顷；塘桥镇青龙、周巷、欧桥、顾家、横泾等村建生态片林；杨舍镇在南新、河南、农联、福前、农义、百家桥等村建成10余处苗圃，建成澳洋农林李巷基地二期生态林，增绿33.33公顷；凤凰镇在安庆、夏市、程墩、恬庄、高庄等村建生态片林。全面推进美好城乡建设，以村庄绿化为抓手着力打造康居工程。锦丰镇协仁村谐和埭建成健身公园，成为省级示范点；金港镇建成永兴村生态园，新塍村陆家巷、小明沙村朝南埭、双丰村火通港、袁家桥村黄家巷、福民村福民小区等康居工程，形成“一村一品”的绿色村庄；塘桥镇建成金村村、韩山村特色绿化，花园村赵家宕村庄绿化；乐余镇建成12个星级绿化村庄，每个村庄至少建片林5336平方米、小游园1个、道路绿化1500米；大新镇建成新凯村日字圩埭、桥头村陈家埭、龙潭村朝东埭等康居村庄；凤凰镇建成金凤凰休闲农庄、金谷村朱家弄等特色村庄。全市建成苏州市级以上村庄绿化示范点38个，其中省级9个。高效果林稳步推进，双山岛旅游度假区种植枇杷等果林，建设广玉兰、桂花、枫树、榉树、合欢、石榴等高效苗木基地，在江堤、滩涂建设池杉林；乐余镇全面推进高效经济果林建设，在永利、扶海等村建成桃园、葡萄园，在登全、庙港等6个村建成规模苗木基地，使苗木之乡优势进一步放大；大新镇培育桥头村薄壳山核桃基地；双山岛百果园、锦丰镇枇杷、凤凰镇水蜜桃、现代农业示范园区晚秋黄梨等经济林有了长足发展，新增枇杷、葡萄、桃树、梨树等各类高效林果经济林452.2公顷。

【道路河道绿化】 完成张杨路东延至常熟交界、妙丰公路南延、晨丰公路（木排港—杨新公路）、福新路、苏虞张一级公路修复等重点绿化工程，实施晨丰公路（新204国道—妙丰公路）、一干河景观河道绿化，全长13.2公里的朝东圩港景观绿化工程完成可绿化地段植绿，增绿43.33公顷。各区镇推进镇村道路河道绿化，杨舍镇完成农联区域道路、农鹿路东侧、新丰路等道路绿化；锦丰镇在一干河东、油车港西、港丰公路北、沿江公路南区域建成生态林，增绿233.33公顷；金港镇建成晨丰路、晨港西路、镇山路（中华路—中兴段、）老套河等道路河道绿化，老套河增绿7.39公顷。南丰镇新建新204国道东侧、长安路等地生态片林。塘桥镇建设走马塘河道生态片林，增绿66.67公顷。

【绿化管护】 年内，市园林局直接负责管护的绿地2606公顷，其中市区598公顷、农村2008公顷，管护四季草花2.06公顷。对绿地养护每月检查考核，对查出问题的下发书面整改通知书，全年下发435份。实行考核通报和例会制度，以实名排名，每月通报点评考核得分并下发各区镇政府，实行考核结果与管护经费挂钩、末位淘汰。严格在建工程绿地移交，对不符标准的不予接收，全年接收在建工程养护绿地29块122公顷。实施城乡大环境整治，开展“百日会战”“百日提升”、线路保障活动，累计绿地补缺1.2公顷，补种行道树536株，清理垃圾45车。严把外来苗木的进场检验关，杜绝从病区、疫区调苗；建立2个省级监测点、9个区镇各1至2个镇级监测点的覆盖全市的美国白蛾监测网。加强病虫害的预测预报，全年编发病虫情报10期，采用物理、化学、科学施肥增力等措施控制刺蛾、樟巢螟、蚧壳虫、夜蛾等病虫害，推广无公害农药5吨，有效控制林业病虫害发生。在香山、凤凰山、沿江地区设点对候鸟活动进行监测，加强野生动物保护，打击设网、投药捕鸟毒鸟事件，销毁捕鸟网具26张，协同公安、工商联合执法，查处非法贩卖野生动物案件3起，收缴野生动物50余千克，放飞鸟类30余羽。健全森林防火体系建设，落实森林防火责任，加强防火基础设施和队伍建设，市、金港镇两级投入150余万元建成覆盖香山风景区的森林火警电子监控系统。办理行政许可190起（其中移伐树木84起、占用绿地96起、修剪树木6起、多部门联办4起），办理数字化城管823件、“12345”便民服务380件，市民回访满意度和数字化城管综合评价列市先进。办理新办绿化企业资质审核上报10家，审核单位、居住区绿地方案4件。开展第四届园林绿化优质建设工程、优质养护项目的“双优”评比，江苏吉达道路绿化工程有限公司的港城大道北延绿化修复工程、杭州萧山振大园林绿化有限公司的市区园艺化提升工程5标获2011年度张家港市园林绿化优质建设工程；市大自然景观工程有限公司的港城大道西桥堍绿地、苏州工业园区景观绿化工程有限公司的城北公园与府苑楼绿地、市亨通花木有限公司的白鹿广场绿地、市园林苗圃的东二环路金港物流北侧绿地获2012年度张家港市园林绿化优质养护项目。

【湿地保护】 5月，苏州市湿地保护管理工作会议下达张家港市新增一个苏州市级湿地公园、2012年湿地保护率20.5%的任务。年内，张家港市完成全市湿地资源、野生动植物种类及分布现状调查。全市共有各类湿地112块18529.3公顷，主要类型为草本沼泽湿地、永久性河流、水产养殖场。对沿江滩涂湿地进行现场踏勘、照片拍摄、GPS定点，申报暨阳湖湿地公园为苏州市级湿地公园。苏州市林业局组织的专家组对张家港市进行评审，确定张家港市湿地保护率预计为40%并通过湿地公园创建。基本完成常阴沙湿地公园的规划设计，公园位于现代农业示范园区的通洲沙西水道两侧，面积333.33余公顷，具有长江湿地、滨水景观、植物胜景、成片造林的特色，集观赏、游乐、科普功能于一体，是苏州地区首家长江湿地公园，计划于2013年施工建设。

【绿化园艺化覆盖城乡】 2012年，城区在完成园艺化改造的基础上，重点实现提升城区、覆盖全市的目标，着重应用开花、色叶、造型乔灌木、各式景石、木制藩篱、花箱等多种形式营造多彩的园艺景观，以花带、花镜、花坛、各种立体组合打造出丰富植物景观。投入1亿余元对金港大道、张杨路（华昌路—锡张高速段）实施园艺化提升改造。各区镇完成园艺化提升改造工程17个，新增园艺化修剪标段9处。南丰镇对南丰广场、南丰东路、南丰西路等重点区域实施园艺化改造，成为特色景观大道，金港镇建成中港南路，凤凰镇建成西凤路园艺化景观道路，其中西凤路带状公园占地17.67公顷。全面提升摆花设景水准，对园艺化景点实施精细化管护。对城区2万余平方米四季草花从品种、密度、色块等进行科学搭配、加强管理，在人民路、长安路、暨阳路等主要路段设置花箱并及时更换确保常年不断花。国庆前后，在梁丰生态园南部建造大型花景，摆设盆菊1.5万盆，在人民路沿线布景40余处，摆放各色菊花近6万盆，为建县（市）50周年营造喜庆氛围。绿化园艺化的拓展，为城市营造花团锦簇、一步一景的诗情画意。

【张家港市获绿色江苏建设三项大奖】 年内，张家港市分别荣获2012年绿色江苏建设“植树造林先进县（市、区）”称号，并获得2003～2012年绿色江苏建设突出贡献奖和生态创建成就奖。2003～2012年是张家港市园林绿化高速发展的时期。从2003年开始，市委、市政府连续多年召开规模宏大的全市性绿化工作动员会，下发《加快绿色张家港建设的决定》等一系列重要文件，确定建设内涵更为丰富、范围更为广大、层面更为深远的绿色张家港的宏伟目标。十年中，全市加大力度、加大投入，绿化建设始终在高平台上持续强劲发展，先后建成城西新区、城北科技城、梁丰生态园、苏虞张一级公路、新204国道、沙洲新城、小城河、“三山一苑”风景区等重点绿化工程，全市道路绿化、河道绿化、城镇绿化、公园景点绿化、农村及村庄绿化、单位居住区绿化等特色园林绿化精彩纷呈、亮点众多，全市生态环境得到极大提升。其间，张家港市大力实施国家生态园林城市创建，并于2007年被确定为全国创建试点城市。2012年，张家港市又大面积扩绿增绿，全年增加绿化面积3549.7公顷。十年中，张家港市累计植树造林8666.67公顷，超过过去40余年的总和，绿化面积及各项绿化指标得到大幅提升。（黄伟华）

景区建设

【概况】 年内，张家港市列入苏州市政府旅游考核的项目有7项，计划投资4.3亿元，实际投资3.05亿元。金凤凰生态农业园投资6000万元，完成名贵树木种植、河道修整和部分园区道路、水电管道工程。苏州江南农耕文化园三期的拓展训练区、农耕长廊延伸工程、瓜果长廊建设、作坊街、农耕园次入口扩建完工，完成投资3200万元，恒温水上游乐项目进行规划论证中。现代农业示范园区游客集散中心及河道、水电等基础设施改造基本结束，完成投资4500万元；总投资2000万元的“蛮好民宿”国际连锁常阴沙店已完成800万元投资，完成硬装潢和外围2幢小木屋外墙面装修。凤凰镇投资6700万元继续对恬庄古街进行改造，完成碑刻馆、南部区域玉带河和古桥建设；投资7200万元的凤凰水蜜桃科技研发中心已全部完工。乐余镇投资3000万元继续对老街进行改造。暨阳湖开发公司投资8000万元的欢乐世界一期已经完成，扩建工程已完成2000万元投资。投资1500万元的沙洲县抗日民主政府纪念馆建成开馆。香山风景区香山湖开挖及景观配套工程年内已经动工，湖体清淤开挖已完成。

【双山岛景区建设】 年内，双山岛成功创建成江苏省级旅游度假区，全年接待游客86.33万人次。根据市委、市政府三年规划一年实施的要求，双山岛旅游度假区管委会全面开展各项工作。至年末，房屋拆除率达到99%。管委会启动万顷良田建设工作，通过整理，初步形成一批集中连片、配套完善的高标准农田，还种植66.7公顷果树林，为双山岛生态旅游开发建设工作打下良好基础。同时，把双山岛打造成“国际公路自行车赛的重要赛场之一”，为保证赛道的完整性，完成北闸处修建桥梁、公共配套设施、完善道路等基础工程建设。年内，基本确定了双山岛旅游发展规划。

【凤凰山风景区建设】 年内，凤凰镇围绕打造成苏南旅游名镇的总体要求，瞄准2013年通过国家AAAA级旅游景区复审目标，强化资金投入，完善配套设施，加快产品开发，推出精品线路，有效推动全镇文化旅游产业持续快速发展。年内，完成《张家港市凤凰镇“两路一湖”景观规划》和《张家港市凤凰镇桃主题公园规划》编制工作。西凤路实现全面通车，凤恬路中、西段基本通车，凤凰湖形态初现。总投资3亿元的飞翔休闲农业园建设加快推进，已种植优质果树68.53公顷，防护林13.33公顷，搭建蔬菜大棚9.2公顷，建成垂钓中心1个，30.67公顷生态池塘开挖中。恬庄古街四期改造工程基本完工。引进专业团队，对恬庄古街保护开发规划进行整体提升，完善景区软、硬件建设，提升服务品质。至年末，凤凰山景区接待游客55万人次。

【香山风景区建设】 香山风景区的整体开发稳步推进，以创建国家AAAA级旅游景区为契机，完成景区内部硬件设施的维修，包括亭子修葺及道路翻建等。投资150万元的森林防火智能视频监控系统工程完工启用，沁香楼、荷花茶厅外立面调整及内装修完成，风景区入口景观设计方案已论证结束。至年末，香山风景区接待游客47.75万人次。承办由金港镇组织的“欢乐登香山，健康伴我行”等大型登山活动5次，并承办2012年度香山文化旅游艺术节。

【东渡苑景区建设】 年内，东渡苑景区投资200万元，提升改建占地面积800平方米的东渡苑广场，并完善广场周边绿化及灯光景观。利用景区复核的契机，对景区基础设施进行维修改善，共投入80万元对景区道路、引导标识、外墙等进行翻修，对河道清淤，提升景区整体形象。全年接待游客21.6万人次。

【暨阳湖生态园建设】 年内，暨阳湖公司如期完成市政府下达的“6月1日建成开放欢乐世界”的目标任务。位于暨阳湖北入口处的沙滩茶座工程建设启动。东临休闲体育公园，西面暨阳湖，南接南城区，环境优美，建筑面积2000平方米，建成后可进一步配套完善暨阳湖整体功能，提高暨阳湖整体档次和品位，计划2013年上半年投入使用。湿地休闲街规划设计完成。按照城市统一规划，暨阳湖公司对商贸街再次进行重新定位，并南移至湿

东渡苑东渡船 （张龙法 摄）

地段，以便最大限度地辐射经开区，实现资源共享、规模性开发。湿地休闲街根据暨阳湖生态园和湿地公园特色打造成集美食、休闲、娱乐、购物、文化旅游、商务活动于一体的特色商业街区。该项目预计2013年3月启动。至年末，在管湖区范围2平方公里内，主要经营项目有暨阳湖大酒店、欢乐世界等。湖区常规性管理已形成较完备的体系，并逐步向经营及旅游开发等领域拓展。5月，暨阳湖旅游物业管理有限公司更名为暨阳湖旅游发展有限公司，逐步向景区经营、管理、旅游业发展过渡，争取实现暨阳湖可持续发展。上半年，暨阳湖园区获“苏州市科普教育基地”称号，并已申报“全国中小学生环境教育社会实践基地”，不断提高暨阳湖生态园知名度，为旅游业发展做好铺垫。园区最大的自主经营项目是欢乐世界，其次还有对外承包租赁的水上游乐休闲项目、茶餐厅、体育休闲公园等项目，2012年实现营业收入800万元左右。暨阳湖大酒店实现营业收入3600万元，经营利润158万元，上缴税金201万元，酒店内外部环境不断进行优化，管理水平和档次品位也有大幅提高，成功举办多起大型团体活动。

【梁丰生态园建设】 年内，梁丰生态园投入约60万元对雾森林、木栈道、湖心喷泉水景进行改造提升，对休闲设施进行油漆翻新，落实维修中标单位对设施的平时突发损坏进行保养抢修，实现零星项目即坏即修，确保公园的景观效果和设施完好率在90%以上。为配合“国家慢性病综合防控示范区”创建，在环湖路建设健康步道，单程距离1800米计3000步，每隔300步设一标牌，共计10个标牌，标牌内容为健康知识，在北门转盘西侧路口设置慢性病防控专栏宣传橱窗并定期更换内容。投入10余万元建立党建文化长廊，在公园主干道环湖路设置20座灯箱宣传广告，呈半圆形分布，分别介绍党的一大至十八大情况、党的基本知识、张家港市著名优秀党员和道德模范事迹、中华文明格言警句。党建文化长廊不仅使广大游客在游玩中受到教育，创新了党建教育新形式，而且独特的构思和优美的造型成了新的亮点，丰富了公园景观效果。在公园西北部临近市气象局处，开工建设张家港国家气象观测站，占地3000平方米，计划总投资500万元，预计2013年建成。年内，由金厦房产公司投资建设的梁丰生态园接待中心开建，定位为生态园配套服务、商业休闲，地处东苑路东侧、生态园外围，占地11084平方米，建筑为地上二层地下一层，预计2013年建成。在服务管理上，延长开园时间，冬春季5点30分至21点30分、夏秋季5点至22点，方便市民晨晚锻炼。建立志愿服务站，分别在北门、南门设立办公场所，增添便民服务设施，重点加强节假日志愿人员，为游客提供多样化服务。强化服务外包单位的监督考核，对房屋场地承租方加强日常检查，对绿化保洁进行每月考核，对保安巡查落实定人定岗，重点加强安全责任的落实和安全设施的维护。全年接待游客、市民73批次150万人次。

【暨阳湖欢乐世界建成开放】 6月1日，暨阳湖欢乐世界建成开放。欢乐世界项目占地8公顷，是2011年市政府实事工程，2011年5月启动。园内共有12个游乐项目，总投资9000万元。欢乐世界是一个全新的、极富挑战性的项目，从规划设计到建成开园不足一年。在较短的时间内，暨阳湖公司克服困难、集中精力，统筹协调，完成大量土建、安装、景观、智能化、文化包装、宣传策划、组建机构、招聘培训人员等工作任务。年内，欢乐世界扩建工程启动。该项目占地5.33公顷，位于欢乐世界西侧，以低龄儿童游乐项目为主，引进更先进的设备和国际化理念，主要有摩天轮、六月坡、欢乐水世界、奇趣大自然等项目，与一期优势互补，形成更大规模、更高档次、内容涵盖更丰富的游乐园。项目计划投资8000万元，预计2013年6月1日建成开园。

（周文超　黄伟华　朱亚玲）

旅　　游

【概况】 2012年，市旅游局以推进项目建设为基础，以开拓地接市场为导向，以提升服务品质为核心，以便民利民惠民为宗旨，全力以赴推动张家港市旅游业加速发展。4月，2012年张家港旅游节暨河阳山歌节·凤凰桃花节举行，开展“桃气宝贝”选拔赛、恬庄古街“民俗风情系列展演”、“赏桃花、游古镇、泡温泉”主题自驾游活动等一系列文化、旅游、经贸类活动。4月至5月，以“吃江鲜，到永联”为主题的第二届张家港市长江鲜美食节在南丰镇永联村举行，其间举办全国江鲜烹饪技能大赛、永联旅游江鲜美食文化论坛、极限运动表演、3D先锋涂鸦展、江鲜主题人体彩绘以及民间手工技艺展等活动。10月18日至21日，2012年首届常阴沙金秋乡村欢乐游活动在市现代农业示范园区举行。其间举办经典旅游景点游览、怀旧电影放映等主题活动以及常阴沙垂钓活动、橘子采摘活动、DIY快乐之旅等亲子活动。11月15日，“2012张家港旅游推介会”在市华芳金陵国际酒店举行，全国相关客源城市旅游局领导、150余家旅行社代表参加此次活动。推介会现场，展出了分为“水韵、怡情、民风、美味”4个篇章的100幅“张家港旅游风光摄影”获奖作品，同时还有《河阳山歌》《东渡情怀》《这就是我们的张家港》《张家港之恋》《暨阳湖美似天堂》《江滨渔歌》等极具张家港地域文化特色的文艺表演。11月16日，2012张家港长江大闸蟹品鉴暨品牌推广会在永联村“江南农耕文化园”农家餐厅举行。中国水产科学研究院淡水渔业研究中心养殖室主任周鑫为嘉宾和游客介绍了长江大闸蟹的品质特点。评选出的“蟹王”和“蟹后”分别以2200元、2000元的价格成功竞拍，所得款项均以蟹主的名义无偿捐赠给“52爱心联盟”，用于爱心事业的发展。年内，全市接待游客543.15万人次，比上年增7.68%；旅游总收入93.86亿元，比上年增17.88%。

【星级饭店建设】 年内，市国贸酒店、华芳金陵国际酒店、江南花园酒店、兴滕苑宾馆分别通过五星、四星、三星级旅游饭店评定性复核。至年末，全市有星级旅游饭店14家，其中五星级3家、四星级3家、三星级6家、二星级2家。全年累计接待人数36.71万人次，比上年减7.65%，其中境外游客3.1万人次，比上年减24.39%；营业收入总额40043.83万元，比上年减24.42%；客房平均出租率58.21%，比上年减3.63%。10月，市旅游局联合市总工会举办全市旅游饭店服务技能大赛，71人参赛，32人获奖。12月12日至14日，由省旅游局主办、张家港市政府协办的江苏省旅游星级饭店工装展示大赛在馨苑度假村举行，全省共有85家五星级酒店参加大赛，市馨苑度假村获得金奖，国贸酒店与华芳金陵国际酒店获得银奖。

【旅行社建设】 年内，新开办红房子旅行社、环宇旅行社、春秋旅行社3家旅行社，至年末，全市有旅行社32家，其中国际社2家，国内社30家，全市在册导游151人。全年累计组团人数16.3万人次，比上年减9.8%；地接人数30355人次，比上年减12.95%；营业总收入2.81亿元，比上年增20.96%。市旅游局举办两期导游员年审培训班，重点解读导游的标准化服务和导游服务技能与技巧。2月23日至3月2日，组织开展2011年度全市金银牌导游评选活动，特别邀请国家特级导游肖雷，苏州市金牌导游顾凤娟、严巍，苏州市旅游局人事培训处处长吴敏作评委，评选出金牌导游员5人，银牌导游员5人。8月，张家港市3名选手参加苏州市“苏式导游”风采大赛，2人获中文组一等奖，1人获外语组三等奖。8月25日，苏州市旅游局在苏州市范围内推广华泰旅行社“5S”（整理seiri、整顿seiton、清扫seiso、清洁seiketusu、修养shitsukde）门店管理法，旅游标准化建设获上级部门高度评价。

2012年张家港市星级旅游饭店一览

表 43

单位名称	类　别	地　址	电　话	接待人数(人)
国贸酒店	五星级	市区人民中路 42 号	58817788	72902
馨苑度假村		市区长安南路 279 号	58818888	55808
华芳金陵国际酒店		市区长安路 388 号	58811888	37802
沙洲宾馆	四星级	市区暨阳中路 170 号	58810888	34654
江南花园酒店		金港镇长江中路 132 号	58709999	12369
长江大酒店		金港镇长江西路 99 号	56908588	30903
兴塍苑宾馆	三星级	金港镇后塍文星路 2 号	58771688	8981
华芳园大酒店		塘桥镇人民南路 1 号	58438186	10778
景海宾馆		市区海关路 2 号	58695777	22081
凯悦大酒店		金港镇江海北路 5 号	58336688	23919
锦港宾馆		市区长安中路 218-1 号	56968788	27023
机关宾馆		市区杨舍西街 165 号	58233877	23405
东方宾馆	二星级	市区暨阳中路 19 号	58815888	21684
西城假日宾馆		市区西门路 168 号	58150999	15215

2012年张家港市旅行社一览

表 44

单位名称	地　址	电　话	外联接待人数(人)
国泰国际旅行社	市区人民中路国泰时代广场底楼	58127222	20536
金港国内旅行社	金港镇天台北路 50 号	58339850	1930
佳安国内旅行社	市区华昌路 43、44 号	58699227	—
观光世界国内旅行社	市区龙潭路 259 号	58234062	16590
华泰国内旅行社	市区人民中路恒隆大厦	58683999	9586
山水假日国内旅行社	市区永安路 998 至 1002 号	58181820	10207
永安国内旅行社	市区人民中路 42 号(国贸酒店内)	58231100	15458
风光国内旅行社	市区龙潭路 241 号	58225613	2836
亚博国内旅行社	市区湾士岸一村一幢 4 号门面	58283665	4778
汇友国内旅行社	市区暨阳中路 265 号	58152260	1407
新华国内旅行社	市区暨阳东路 131 号	58156720	7372
东方国内旅行社	市区通运新村 59 幢 4 号	58911186	1858

续表44

单位名称	地　址	电　话	外联接待人数(人)
康辉国内旅行社	市区南环路115号	58159511	6334
康泰国内旅行社	市区暨阳中路13号	58156366	1501
中青旅国内旅行社	市区长安中路290号	58177581	7133
华夏国内旅行社	市区环城南路18号	58179960	13700
沙洲国内旅行社	市区暨阳东路205号	58791622	1212
梁丰国内旅行社	市区杨舍西街102号港发商场618室	56925005	846
中航假日国内旅行社	市区新市河路38号	56303060	2754
江南国内旅行社	市区梁丰路165-5号	58792558	2684
阳光假日会务旅行社	市区玉兰路186号	56356801	1699
长江润发旅行社	金港镇长江西路	56908998	75
永联旅行社	南丰镇永联村钢村嘉园	58906586	1130
园林旅行社	市区公园路160号	58177200	4800
天之缘旅行社	市区通运路10至12号门面	58698303	209
天天旅游集散旅行社	市区人民中路恒隆大厦	58675388	—
东渡旅行社	市区华昌南路3号	56901669	12241
港城旅行社	市区河西南路18号	58261950	7579
红房子旅行社	市区暨阳中路431号	58225866	—
光大旅行社	市区沙工新村70、71号门面	58118680	1197
环宇旅行社	市区皇家首座东环路59号	35007599	4271
春秋旅行社	市区河东南路31号	35005288	1080

【2012年张家港旅游节暨河阳山歌节·凤凰桃花节开幕】 4月8日，2012年张家港旅游节暨河阳山歌节·凤凰桃花节在桃花盛开的千亩桃园旁凤凰镇水蜜桃交易市场开幕。近万名上海、苏州以及张家港市的游客从四面八方齐聚凤凰镇，赏万亩桃花、听河阳山歌、看精彩演出、游千年古寺、逛恬庄古街。开幕式上，张家港艺术团、凤凰镇河阳山歌艺术团、常熟市古里镇白茆山歌艺术团等演出了河阳山歌、白茆山歌、童谣表演、诗歌吟咏和评弹说唱等节目。南京旅游职业学院、南京农业大学、苏州市纪委、苏州大学、省旅游局分别向凤凰镇授予“南京旅游职业学院教学科研基地”“南京农业大学研究生工作站”“江苏省廉政教育示范基地”“苏州大学研究生工作站”和“苏州大学社会发展研究院研究基地”“AAAA级国家旅游风景区”牌匾。省农委副主任张坚勇与张家港市委常委周伟共同为“江苏省现代农业技术培训基地”揭牌。省旅游局副局长袁丁，苏州市政协副主席、农委主任蒋来清，苏州大学党委书记王卓君，张家港市领导姚林荣、高建刚、邵军民、刘会荪等出席开幕式。

【“百村万人看港城”活动举行】 5月18日，“美好江苏欢乐游，百村万人看港城”活动启动仪式在暨阳湖畔举行。“百村万人看港城”活动以一日游的方式，路线安排主要以张家港市的景区景点，如凤凰山景区、江南农耕文化园、东渡苑景区、香山风景区、现代农业示范园区等，以及经济社会发展的亮点工程如暨阳湖景区、文化中心、城西新区、杨舍老街、小城河等为主。全市低保户和低保边缘户享受市政府全额费用补贴，其他村民在所在村自愿报名参加张家港公益一日游活动，享受所在村30%至60%的费用补贴。此次活动由市旅游局、市民政局精心策划、周密部署，旨在构建旅游公共服务的新体系，让更多的百姓出来走一走、看一看，体验改革开放后张家港市经济社会发展取得的巨大成就。仪式后，首批游客近300人从暨阳湖出发，开始一天的游程。至年末，有9000余名村民（以低保户和低保边缘户为主）参加参观游览活动。

【永联村获评“全国休闲农业与乡村旅游示范点”】 8月14日，永联村获得农业部、国家旅游局联合颁发的“全国休闲农业与乡村旅游示范点”牌号。近年来，永联村依托良好的资源优势和独特的区位优势，积极发展以农耕文化为主题的休闲观光游与以新农村建设为主题的新农村游；积极挖掘长江鲜美食资源，建立特种水产养殖场，每年4月举办张家港市长江鲜美食节；建立苏州江南农耕文化园、现代粮食基地、鲜切花基地，打造农家休闲度假胜地；打造“永联新农村一日游”“农耕温泉一日游”两条以休闲观光农业为主的旅游线路。年内，为提升休闲农业与乡村旅游的档次和水平，打响休闲农业与乡村旅游品牌，在苏州江南农耕文化园内投资1亿元，建设江南人家、后天主题馆、儿童游乐场三大项目，成为全国休闲农业与乡村旅游的典范。　　（周文超　毛　慧）

【编辑　张　洁】

交通·邮电·信息化

交通建设

【概况】 年内，全市共完成交通基础设施建设投资16.3亿元。重大项目前期工作进展顺利。疏港高速公路项目取得省发改委的工可批复，成立项目部，明确和落实了建设资金，完成工程施工图设计审查。项目于11月22日奠基开工，至年末，项目拆迁和管线迁移已完成50%的工作量。张家港复线船闸工程项目涉及拆迁于4月末全部完成。工程于12月27日正式通航运行。申张线（金港段）航道整治升级（由原5级航道升级为3级航道）工程同步启动。途经张家港市的沪通铁路（南通至上海安亭段）取得国家发改委批准立项，该项目方案同意在张家港市增设承担货运业务的张家港北站，将张家港站功能调整为办理客运的中间站。沿江城际铁路先行先试工作进展顺利，线路、线型、站点、资金分摊基本明确。在建重点工程按计划推进。苏虞张快速通道（苏州绕城高速北桥互通至张家港境内340省道交叉口）工程全线贯通，于6月末建成通车。沿江公路改造工程建成启用。金港大道、西二环公路路面改造、华昌路改造等9项庆祝建县（市）50周年工程于10月末全面建成。晨丰公路（妙丰公路至新204国道）、（木排港至杨新公路）、新泾路东延工程按计划推进。杨锦公路、振兴路和兴南路开工建设。年内共新建二级路网公路3条，总长度4.2公里。交通实事工程惠及民生。年内共新建农村公交候车亭200个、改建市区公交候车亭50个。新增和更新公交运力70辆，其中LNG（液化天然气）公交车20辆，气电混合动力公交车50辆，更新标准学生专用校车40辆。养护工程得到加强。全年完成道路养护资金投入7605.3万元，其中国省干线公路500万元，县道养护性投资1200万元、乡村道大中修投资5905.3万元。国省干线公路MQI（路况综合指数）为96.7，优良路率100%。县道MQI为94.1，优良路率98.6%。乡村道平均好路率为82.5%，比上年增2.2%。全年共完成13个农村公路安全隐患项目整改，实施航道岸坡维护100米，疏浚土方5.2万立方米，完成船闸中修工程1项，并对船闸引航道加固修复。

至年末，境内公路总里程1527.45公里、公路密度每平方公里1.98公里，其中国省干线公路122.37公里，县级公路251.96公里、镇级公路634.08公里，村级公路519.04公里；按技术等级分：高速公路36.14公里，一级公路210.46公里，二级公路544.83公里，三级公路161.66公里，四级公路574.37公里。另有村组道路约3732.3公里。全市57条航道总里程425.61公里，其中等级航道6条111.36公里，包括五级航道2条（申张线、锡十一圩线），六级航道2条（东横河、老锡十一圩线）、七级航道2条（虞十一圩线、四干河），其余51条均为等外级航道。有通航船闸1座（张家港复线船闸）。全市境内高速公路枢纽1处、互通立交5处，国省干线公路桥梁97座，农村公路桥梁628座，其中跨规划的八横八纵航道桥梁527座。全市有一级客运站1家（张家港汽车站），二级客运站1家（港城汽车站），公交场站45个（含租借用场站28个），公交候车亭1003个、公交站牌2275个。

【苏虞张公路快速通道北段工程建成通车】 6月25日，苏虞张公路快速通道北段工程通车，该项目以苏州市绕城高速北桥互通为起点，张家港市340省道交叉口为终点，全长约42公里，概算总投资约6.77亿元。在张家港市境内长13.8公里，涉及程墩路、凤码路、凤凰大道、安庆路、新泾路5个路口的改造，张家港市承担投资3.2亿元，工程于2010年10月开工。作为苏州地区第一条以主路加辅路形式，全线取消平交口的快速通道工程，采用主线上跨或支线下穿的方式改造原红绿灯平交道口，消除全线平交道口。通过增设两侧辅道，分流非机动车，提高通行速度，保证行车安全，方便沿线群众出行。项目的建成启用，进一步加强了苏州市区与张家港市、常熟市的联系，优化了苏州市的交通框架。

【张家港疏港高速公路开工建设】 11月22日，张家港疏港高速公路开工。该项目北起张家港保税港区，南接沿江高速公路，全长20.71公里，全线采用双向六车道高速公路标准，路基宽度34.5米，设计车速每小时120公里，沥青路面，桥梁设计荷载为公路–I级。全线共设保税区互通、晨阳互通、泗港西互通、张家港西互通和杨舍枢纽等互通式立交5处，并在保税区互通南侧设主线收费站1处。项目总投资概算为35.68亿元，张家港市承担13.23亿元，2012年11月奠基开工，计划2016年末建成启用。张家港疏港高速公路的开工建设，进一步完善区域干线公路网络，提升张家港核心港区集疏运条件，适应港口吞吐量快速增长的需求，对于张家港全面建设现代化亿吨强港，推动城乡一体化建设和沿江产业带发展具有重要意义。

【沪通铁路（南通至安亭段）工程可行性研究报告获批】 12月19日，沪通铁路（南通至安亭段）工程可行性研究报告获国家发改委正式批复，计划于2013年开工建设。沪通铁路由铁道部、上海市和江苏省共同投资建设，自宁启铁路平东站引出，沿九圩港西侧至南通捕鱼港附近跨越长江经张家港、常熟至太仓后，往南接入京沪铁路安亭站，正线全长137.28公里，按国铁Ⅰ级、设计速度每小时200公里建设。沪通铁路长江大桥按铁路四线、公路六车道建设，桥式按通航净高不小于62米，主跨为1092米斜拉桥。建设工期为5年6个月。沪通铁路是国家中长期铁路网规划、江苏省铁路“十二五”规划中的重要项目，也是连接苏中、苏北与上海的一条客货兼顾、以客为主的快速铁路，在张家港市境内长28.94公里，设有承担货运业务的张家港北站，办理客运的中间站张家港站。

【张家港复线船闸开闸通航】 12月27日，张家港复线船闸通航。船闸位于张家港保税区（金港镇）境内，是申张线航道的长江口门户，而申张线是江苏省干线航道网“两纵四横”中的重要组成部分，是苏南地区经长江通往上海的最重要水上进出口通道之一。张家港单线船闸1968年11月动工，1970年10月通航，按六级通航标准建设，设计年通过能力为450万吨，闸室长130米，宽13米，门槛水深2.5米，引航道长1.4公里，工程总投资343.9万元。近年来，随着张家港市和申张线沿线经济社会的快速发展，单线船闸每年通过的船舶总吨位有3000余万吨，单线船闸实际通过能力与水路运输的需求极不适应，严重制约苏南干线航道网作用的发挥。为全面提升申张线航道通航能力，2007年7月，张家港复线船闸工程按通航1000吨级船舶的三级通航标准建设，设计最大船舶吨位1000吨，每年单向船舶通过能力为6020万吨，货物通过能力3853万吨，闸室长230米，闸室宽23米，门槛水深4米，引航道长2.8公里，工程总投资9.27亿元。12月26日，张家港复线船闸通过交工验收。 （吴孙华　邱亚峰）

交通运输

【概况】 年内，全市共完成营业性公路、水路客运量8274.6万人次，客运周转量356557.3人公里，分别比上年增4%、15%；完成公路、水路货运量3168.3万吨，货运周转量308320.9万吨公里，分别比上年增14.88%、14.64%。张家港船闸全年开放闸次26137次，放行各类船舶73021艘次，通过量4182.44万吨，其中货运量2117.29万吨，通过量比上年增40%。

至年末，全市有客运企业15家，其中公交企业1家，长途客运企业2家，出租客运企业5家，水路客运企业2家。已开通长途客运省际班线81条，市际班线83条，县际班线14条。全市开通公交线路58条（均为无人售票线路），日发班次2711班，日接送旅客19.6万人次。市交通运输局坚持把“节能减排、绿色发展”作为加快运输结构调整的重要措施，积极引导运输企业发展新能源车辆。2012年共发展新能源运输车辆185辆，其中LNG货运车30辆，LNG长途客运班线车5辆，LNG公交车20辆，气电混合动力公交车50辆，油气混合动力出租汽车80辆。全年共新增、更新客运车辆319辆，其中新能源公交车辆70辆。累计有客运车辆1729辆，其中公交车776辆（含学生公交专线车121辆），出租车557辆，长途班车182辆，旅游客车175辆，县内包车117辆；有客运船舶7艘。全市共有道路货物运输业户8963家，其中个体运输业户6122家，专业运输企业755家（含集装箱运输业户102家、道路危险品运输业户44家）。有道路运输服务业（含代理、装卸、仓储等服务）户191家。有水路货物运输企业9家，水路运输服务业户68家，内河港口码头企业116家。全年共新增、更新货运车辆2879辆。全市共有各类货运车辆13985辆，其中集装箱车382辆、危险品运输车辆1398辆，有船舶49艘，载重吨位14305吨，其中液货运输船舶9艘，载重吨位5196吨。全市有机动车维修企业730家，其中一类维修企业42家（含品牌4S店23家、客车维修企业3家，危险品车辆维修企业4家）、二类维修企业123家（其中4S店8家）、三类维修业户565家，其中连锁维修经营业户14家。全行业年维修能力55万辆次，实现年产值14亿元。全市驾校有2家，有教练车323辆，教练员369人，全年共培训机动车驾驶员3.1万余人。

2012年张家港市全行业营业性客货运输量一览

表45

项　目	单　位	实　绩
一、客运量	万人次	8274.60
其中：水运	万人次	24.80
公路	万人次	8249.80
二、旅客周转量	万人公里	356557.30
其中：水运	万人公里	271.80
公路	万人公里	356285.50
三、货运量	万吨	3168.30
其中：水运	万吨	168.50
公路	万吨	299.80
四、货运周转量	万吨公里	308320.90
其中：水运	万吨公里	65382.90
公路	万吨公里	242938.00

"长鼻子"校车　　　　　　（市交通运输局　供稿）

【张家港船闸实行"一站式"服务】 为实现新老船闸顺利衔接，张家港船闸对船舶过闸流程进行调整优化，从10月14日19时起，调整上下游船舶运行调度模式，由"先售票后调度"改为"先调度后售票"。此前船舶过张家港船闸时，先要在外围登记处登记，然后到2公里外的收费处缴费，并把航行簿押在收费处，然后回到船上等候调度指令。这一传统过闸流程给船只带来诸多不便，特别是要来回跑上几公里，通行效率不高。在新的调度模式中，船只在完成登记后，直接调度至引航道，然后在收费处完成售票，无需押航行簿，直接过闸。下一步，张家港船闸计划从下游单向试运行推广到双向实行，并和海事部门联合，设立海事申报、过闸登记、过闸缴费3个服务窗口，实行"一站式"受理服务，进一步方便船户，提高运调能力。

【"长鼻子"校车正式启用】 9月，秋季新学年开始，张家港市采购的首批40辆按照国际标准设计生产的"长鼻子"新型校车正式启用。"长鼻子"新校车采用高强度鸟笼式车身、前置式发动机、前后围冲压技术等先进技术，可以最大限度地保护车厢内学生的安全。座椅均为软座且防火，座椅高度、间距、扶手等均按照小学生的身体标准设计。同时，停车指示牌、前后预备停车灯、前后停车灯、校车标志灯、补盲镜、急救箱、后围逃生安全门、车内外录像监视系统、辅助倒车系统、发动机舱自动灭火装置等一应俱全。新校车尾气排放达到国四标准，在安全性、舒适性、环保性等方面都达到最高标准。每辆新校车除了驾驶员，还配备2名随车照管人员，落实学生刷卡上车、车上定人定位等措施，最大限度地确保运行安全。（吴孙华）

交 通 管 理

【概况】 市交通运输局机关设科室8个，下辖公路管理处等事业单位17个。年内，市交通管理部门共办理各类交通行政许可1760件，办理"道路运输经营许可证"和"道路运输证"年审14961件，合计16621件，比上年减4.32%。继续实行交通行政执法网上公开透明运行，共查处和纠正各类交通运输违法、违章行为4.3万起。全年对6项重点项目实施行政指导，开展交通行政调解试点工作，全面推进说理式执法文书工作，张家港市交通运输局再次被苏州市建设法治政府工作领导小组确认为"2012～2013年度苏州市依法行政示范单位"。交通工程建设和管理部门，对8个市重点工程项目开展质量安全监管，对区镇实行89个项目质量监管，全年共进行专项检查4次，印发通报69份，其中要求整改的15份。开展安全督察8次，检查监理组8个、项目部9个，发现并当场指出各类安全隐患178条，下发督察通报8份。全年完成6个工地试验室验收和28个项目的交工检测。积极开展优质服务品牌建设，重点培育和建设"阳光e驾"服务品牌，全年培训学员4814人，该品牌被评为张家港市"十佳机关服务品牌"。继续深化"港城车大夫"服务品牌建设，实施"港城车大夫党建联盟"建设，全年共免费检测、诊断车辆故障1.7万辆次。

运政管理　市交通运输管理部门全年办理道路运输许可1568件、机动车维修许可43件。检查道路运输车辆2.21万辆次，查处各类违法运输行为1592起，其中客运违法行为1044起，城市客运违规行为25起、货运违法行为523起。查处一、二类维修企业违法经营案件9起，查处三类维修业户无证、超范围经营案件79起，营运车辆二级维护检测超期案件177起，检测营运车辆31658辆次。继续推进市场主体结构调整，在全面完成市际、县际班车公司化后，开展省级班线公司化改造，发展机动车维修连锁经营，全市有连锁维修经营业户14家。深化运输市场诚信体系建设，评选出水陆货运AAA级企业8家，机动车维修"规范服务竞赛"优胜企业10家。至年末，全市信誉维修企业占企业总数的30%。新增"江苏快货"2条。继续开展新增及更新道路运输车辆燃料消耗量检测和监督工作，共核查车辆1150辆，全部合格。

内河航道管理　市内河航道管理部门全年办理航道类许可19件，其中内河港口岸线许可18件。全年巡航里程1.65万公里，现场维护航标78座次，查处破坏航道、船舶违章9起，组织整治坍塌岸坡100米，清障扫床干线航道，疏浚土方5.2万立方米，干线航道通航保证率98%。实施内河码头规范化管理，内河码头持证率87%，开展内河港口港务费征收工作，落实安全监管责任，进一步健全内河码头规范化管理。船闸管理处开展船舶计费基数丈量复核活动，重点治理"船证不符""大船小证"等现象，过闸船舶入网准确率100%。

路政管理　市公路管理部门全年办理国、省道路行政许可9件，县、乡道路行政许可71件。全年共开展专项检查12次，共制发责令整改通知书25份，清除障碍物1612立方米，清除非标悬挂物1849块，清除摊点1869处。查处超限运输车辆1580辆，卸驳载货物1.52万吨。全面加强市域公路路域环境综合治理，完成国、省干线公路管理养护工作国家检查，实施绿色通道和安保工程，深化和巩固文明样板路创建工作，其中国、省干线公路全部建成部省级文明样板路，县道全部建成市级文明样本路。强化农村公路养护管理考

核，有序推进省级农村公路管养示范镇创建，凤凰镇建成张家港市唯一的省级农村公路管养及安保工程示范镇，南丰镇和现代农业示范园区创建成苏州市级农村公路管养示范镇。

内河交通安全管理　市地方海事管理部门实行“365全天候”服务制，全年上航3476艇次、1.03万人次，巡航时间6558小时，巡航里程4.5万公里，共检查船舶5.4万艘次，查处各类船舶违章运输行为1.51万余起，办理船舶签证6.13万艘次，其中签证危险货物船舶2990艘次。实施“110”处警及船舶报警104次，救助船舶36艘，救助船员18人，挽回各类经济损失251.21余万元。

【“阳光e驾”服务品牌推出】 年内，市交通运输局重点推出“阳光e驾”服务品牌。“阳光e驾”即预约点单式驾培服务。“阳光”是指过程透明，学员自主点单；“e驾”是指管理智能，教学质量可控。“阳光e驾”区别于传统驾培模式的核心变革就是先学后付、按时计价、学习满意才付费的计费方式，自选时间、自选教练、单人单车一对一教学的新模式，最大程度确保了学员的练车时间，赋予学员自主选择学车的权利，更能体现驾培消费的合理、公开和透明。全年共培训学员4814人，学员满意率98.7%，取得很好的社会效益，该品牌被评为张家港市“十佳服务品牌”，被誉为“驾培时代的江苏范本”，由交通运输部向全国推广。

【交通运输“打非治违”专项行动开展】 4月至9月，市交通运输局组织开展道路运输安全生产领域“打非治违”专项行动，严厉打击非法营运、无证运输等违规行为。专项行动共查处非法违规客运275起，疏导旅客1440余人次；查处无资质从事危险品运输车辆51辆次，擅自改装营运车辆145辆次；查处维修企业违法违规经营，以及无证、超范围经营案件36起；查处违法超限车辆928辆，卸驳载货物9236吨，确保了道路运输安全和稳定。

【凤凰镇成为省级乡村公路管养示范镇】 1月5日，凤凰镇创建乡村公路管养及安保工程示范镇顺利通过省级验收，成为张家港市唯一的乡村公路管养及安保工程示范乡镇，也是苏州市范围内两家省农路管养示范镇之一。近几年，凤凰镇不断加大财政投入和加强农村基础设施建设，加快实施农村公路通达工程。为推动农村公路长效管理和管养的规范化、制度化，出台一系列工作制度和政策文件，实行镇、村两级公路分级管理分路管养新模式，并将乡村公路管养成效同政府绩效考核相挂钩，实现了乡村公路、村组道路管理的全覆盖。

（吴孙华）

邮　　政

【概况】 市邮政局下设5个部室、6个专业公司、39个邮政支局（所），有从业人员554人。全市设有信筒（信箱）154处，其中城区35处、农村119处，信报箱43552个，报刊亭48个。全局有邮运汽车8辆，邮路12条，日均行驶里程1018公里，投递段道139条，投递总里程6327公里，其中农村里程5710公里。年内，市邮政局开展“坚持‘双轮’驱动，实施‘双芯’工程”形势教育活动，深入开展基层组织建设年活动，加强基层党组织建设。加快硬件设施建设，建成3个精品型网点和3个标准型网点，为客户提供良好的用邮环境。全市“苏邮惠民”连锁店发展至200家，5个投递网点完成标准化改造，为群众的生产生活提供了便利。修订实施《张家港市邮政局通信服务质量关键业绩指标（KPI）及考核办法》，开展“创岗位先锋、创满意窗品、创服务品牌”优质服务活动，组织“客户服务满意度工程”“树标杆、创品牌、满意在邮政”等窗口服务质量提升活动，提高窗口服务质量。开展“百岗助百人”“爱心包裹”捐赠等公益活动，发动员工立足岗位，帮扶社会弱势群体。经苏州市质量管理协会用户评价中心第三方用户满意度调查测评，综合评估得分89.21。年内，市邮政局荣获全国实施卓越绩效模式先进企业、全国实施用户满意工程先进单位、江苏省优秀质量管理小组等称号及全国质量奖、全省2012年度爱心包裹项目活动特别贡献奖。

【《中国现代音乐家》刘天华纪念邮票首发式举行】 4月15日，《中国现代音乐家》刘天华纪念邮票首发式在金港镇南沙香山广场举行，张家港市副市长黄尧和苏州邮政局局长黄一芳分别致辞。活动现场，为满足广大市民的收藏需求，张家港市邮政局专门设立临时邮局销售《中国现代音乐家》纪念邮票和相关邮品，并提供首发式活动纪念戳加盖等邮政服务。市有关领导、社会各界人士以及集邮爱好者和二胡爱好者共计400余人参加首发式，这是市邮政局与政府部门首次举办此类大规模的纪念邮票首发式。

【“爱心包裹”项目获特别贡献奖】 2012年，市邮政局联合市文明办、教育局、民政局、总工会、团市委、妇联、工商联等7家单位，发文号召在全市范围内开展爱心包裹捐赠活动。通过举行“爱心包裹”启动仪式，地方主流媒体的宣传报道，窗口宣传，设点劝募等方式，在全市掀起“爱心包裹”捐赠热。年内，共收寄“爱心包裹”学生型10130个、学校型105个、温暖型10个、音乐型24个，捐赠额114.4万元，荣获全省2012年度爱心包裹项目活动特别贡献奖。爱心包裹的捐赠量连续四年在全省位列前茅。

【“永联杯”少儿书信文化活动开展】 6月，由市教育局、团市委、少工委、邮政局联合开展的“放飞心愿，快乐成长”“永联杯”少儿书信文化活动正式启动。市邮政局统一设计印制活动专用邮资卡4.25万枚，免费派发给全市18余所幼儿园、中小学校。活动专用卡由心愿卡和收藏卡两部分组成，心愿卡提交评选，收藏卡留存纪念，学生们可以在心愿卡上以文字或绘画形式表达心愿和梦想，描绘家乡、地球和生活。活动评选出优秀作品奖和优秀组织奖，组委会制作一本获奖作品集赠送给获奖学生，并选送部分优秀作品参加第八届全省少年儿童书信文化活动和省“红领巾心愿”征集活动。此次活动推动了少儿书信文化活动的深入开展，营造积极健康向上的校园文化，弘扬了传统书信文化。

（徐玉华）

电　　信

【概况】 年内，各通信运营商完成业务总量18.54亿元。至年末，全市有电信电话用户35.26万户（含小灵通），宽带用户24.3万户。有移动电话用户173万户。

中国电信股份有限公司张家港分公司　公司下设办公室、市场部、政企客户部、公众客户部维护安装部5个部门及5个电信分局，员工总数400余人，营业网点30余个。年内，公司坚持以服务群众、服务政府、服务企业为己任，充分发挥信息化建设主力军作用，积极推进政务电子化、行业信息化、家庭信息化进程。至年末，公司拥有固定电话用户35.3万户（含小灵通），移动电话用户34.9万户，宽带上网用户23.2万户，运营收入6.54亿元，比上年增11.6%。年内，公司获苏州市放心消费基层典型示范企业、苏州市消费者满意单位、张家港市文明机关等多个称号，被评为张家港市廉洁文化示范点、2009～2010年度张家港市文明行业。

中国移动通信集团江苏有限公司张家港分公司　公司下设综合部、销售服务部、重要客户部和技术业务支撑中心4个部门及城北、金港、塘桥、锦丰、城南、乐余等6大营销中心，共有员工356名，营业网点超100个，缴费网点超过500个。公司秉承“正德厚生、臻于至善”的企业文化，积极响应上级号召，扎实开展“为民服务、创先争优”活动，努力成为优秀的企业公民。推出五大类20条服务举措，严格执行“八项服务承诺”，通过“一线流程穿越”“阳光走访”“总经理接待日”等活动，优化服务流程，提升服务质量；加大创新力度，为企业提供语音专线、集团移动网、企业一卡通等信息化业务，研发“掌上税务”“国检通”“社区（村委）政务平台”等物联网应用，提升部委办局信息化水平；筹办“移动党课进企业、闻明精神促发展”“传承经典文化 弘扬张闻明精神”“关爱职工、快乐心灵”等大型公益活动，积极参加“爱暖港城”慈善募捐，切实履行企业公民应尽的社会责任；用户数和运营收入稳定增长，移动电话用户数超110万户，运营收入超10亿元。年内，公司获中央企业团工委“首届中央企业金牌青年志愿服务项目提名奖”、江苏省用户满意服务明星企业、江苏省诚信单位、苏州市文明行业、苏州市消费维权标杆企业等荣誉称号。

中国联通张家港市分公司　公司下设综合部、营销部、集团客户部、客户服务部、建设与维护中心5个部门，共有员工170人，营业服务网点99个。主要经营范围包括：移动通信业务、固话业务、宽带业务、互联网专线、数据通信等综合电信业务。至年末，联通移动电话用户总计21万户，沃·3G用户总计8万户；宽带用户总计1.1万户。公司全年共实现综合业务收入1.7亿余元。年内，公司获江苏省放心消费示范单位、苏州市文明行业、苏州市零投诉企业和张家港市文明单位等称号。

【市互联网协会成立】 3月30日，中国电信股份有限公司张家港分公司作为牵头单位组建的张家港市互联网协会成立。协会旨在深入推进网络文化建设与管理，进一步净化网络文化环境，普及网络知识，为广大网民努力营造一个健康和谐、充满活力的网络文化环境，引导广大网民文明上网、健康上网、安全上网。更好地发挥互联网在社会经济建设和文化发展中的重要作用，协调行业与政府部门的沟通交流，推动互联网事业的健康发展。

【“网牵农村，服务百姓”活动普及互联网知识】 中国电信股份有限公司张家港分公司与各区镇、村委携手，从加大宣传、增强体验、拓展应用、加大投入、加强领导等几个方面着手，开展“网牵农村，服务百姓”——加快提升农村互联网普及专项活动，在各村镇电信服务点设立上网体验区、3G辅导站，进一步提升农村互联网普及水平，推进信息现代化建设。9月、10月，公司组织青年志愿者到各村委普及互联网知识100余场次，确保“每千人国际互联网用户数”这一指标顺利达标。

（陈　曦　刘　跃　夏　彬）

信息基础设施建设

【概况】 2012年，全市投入信息化基础设施建设资金3.39亿元，新增光缆9122皮长公里，累计3.23万皮长公里；新建各类基站367个，其中GSM基站88个，CDMA基站23个，3G基站256个。

电信网建设　中国电信股份有限公司张家港分公司投入网络基础建设资金8933万元，新敷设光缆线路7160皮长公里，累计23460皮长公里。新铺设管道120公里，累计1402公里。新建CDMA基站23个。至年末，全市固定电话交换机总容量49.7万门，宽带端口29.7万个，互联网出口带宽760G。

移动网建设　中国移动江苏公司张家港分公司加快高新技术应用，持续推进第三代TD-SCDMA、第四代TD-LTE网络建设以及2G/3G网络融合发展，全力推进“无线智慧城市”建设。新建GSM基站、TD-SCDMA（3G）基站200个，在网共址基站超过500个。新建通信管道95沟公里，累计850沟公里；新敷设光缆620皮长公里，累计3900皮长公里；新建PTN（分组传送网）站点90个、Wlan（无线局域网）无线热点150个。全年投入1500万元用于小区光缆建设，完成90%的住宅小区覆盖或FTTH光纤改造。

联通网建设　中国联通张家港市分公司投资5000余万元，新建基站站点80个，累计402个；开通GSM（2G）基站40个，累计357个；开通WCDMA（3G）基站100个，累计402个。宽带小区覆盖累计8.5万户；新建光缆400皮长公里，累计4900皮长公里，新建管道30孔公里，累计745孔公里。

广电网建设　年内，市文广新局广播中心投入300余万元改造的广播中心数字化播出机房投入使用，中波台整体搬迁项目进行环评手续。率先在县级市开通新闻生活类综合应用平台“无线张家港”；完成户外信息屏建设150块，实现全市主要小区户外信息屏建设全覆盖。传输中心扩容SDH

系统，投资近400万元改造扩建全市各数字电视营业厅，26个营业厅通过苏州市级验收。金港广电站(后塍业务部)新建用房完成土建；金港、凤凰广电站异地新建技术大楼进展顺利。年内，中心投入3300余万元加快实施城乡一体有线网络双向化改造和优化工程。新增光缆942缆公里、20066芯公里，新建地埋管道125公里、553孔公里，新建自立杆路75公里、2321根。全市新改造光点1628个，新增双向覆盖用户4.4万户，累计双向改造率95.7%、双向覆盖用户35.7万户。新装移动广电宽带用户1.5万户、在网活跃用户3万户，新装广电有线宽带5000户，新发展数据专线业务105条。

【3D立体电视频道开通】 年内，市文广新局在全国县级市中率先引进国内首个3D立体电视频道，并免费向所有高清电视用户开放。该3D频道由中央电视台牵头，联合北京电视台、上海电视台、江苏电视台等6家单位制作播出，频道内容包括动漫、体育、专题、影视、综艺等节目，以及重大活动的现场直播。至年末，市文广新局又引进11套新的高清频道，高清频道总数增至27套；基本频道也由60套扩充至70套，给用户提供更多的收视选择。全年新增数字电视用户个人7783户，集团用户350户、2008终端，新发展高清互动电视用户2.5万户，高清机顶盒出货比例69.47%。

（陈　曦　刘　跃　杨方勇
夏　彬　钱　凯）

信息产品生产

【概况】 年末，全市有信息产品生产企业57家，其中主要从事软件产品生产的企业19家。被列入张家港市百家规模企业的2家。全市信息产品生产企业从业人员11291人，固定资产原值44.67亿元，比上年增39.72%，其中固定资产原值超10亿元和超5亿元的各2家，超1亿元的4家，超3000万元的5家；实现产品销售收入76.41亿元，比上年减7.55%，销售收入超30亿元和超10亿元的各1家，超1亿元的7家，超1000万元的25家；实现利税总额5.1亿元，比上年增2.2%，利税总额超1亿元的2家，超1000万元的6家；出口创汇1.64亿美元，其中出口创汇超1000万美元的5家。

产品产量　网络终端机348591台，比上年减65.1%；电脑键盘30万台，比上年减82.35%；液晶显示器3213万台，比上年减4.3%；模块561万片，比上年增2.4%；触摸屏1512万片，比上年减5.15%；导光板60万片，比上年增11.11%；锂离子电池电解液5050吨，比上年增68.33%；微波介质滤波器等1200万只，比上年减20%；电源开关4.2亿只，比上年减25%；无线天线4000万套，是上年的13.8倍；银幕45.7万幅，比上年减15.1%；电视玻璃基板36万张，比上年增33.33%；数字电视机顶盒412万台，比上年增7%。年内新增电容引线56亿对，电子连接线5220万套，阴极铜468吨。

产品开发　全市投入8.6亿元扩大产品产能和进行产品升级、新品开发。年末，江苏银河电子股份有限公司累计投入资金2.9亿元的数字电视终端设备产业化技术改造项目和信息电子设备精密结构件技术改造项目基本完成，江苏红叶视听器材股份有限公司的3D巨型银幕技术改造项目竣工，弥补了国内立体电影放映银幕市场的空白。张家港市特恩驰电缆有限公司的数据通信电缆新增为苏州名牌产品，江苏港通电缆有限公司、苏州市南洋电缆制造有限公司的电缆电线和江苏国泰新点软件有限公司的软件开发复评为苏州名牌产品。张家港华捷电子有限公司、张家港华峰电接插元件有限公司2家企业的4个产品被认定为省高新技术产品。新增软件产品41个，累计218个。其中，江苏国泰新点软件有限公司的1个软件产品被认定为省高新技术产品。验收1个国家创新基金项目，新增2个省自主创新产品。

科技进步　年内，张家港华捷电子有限公司、江苏博强新能源科技有限公司、德朗能(张家港)动力电池有限公司获评苏州市工程技术研究中心。1月，国泰新点软件有限公司获江苏省认定软件企业技术中心称号；10月，获辽宁省建设工程招投标网上运行平台“2012年度住建部十大优秀软件奖”，并获国家级计算机信息系统集成二级资质。江苏红叶视听器材股份有限公司通过企业安全生产标准化三级认证，获苏州市影视器材工程研究中心的称号。张家港华捷电子有限公司、江苏天棚电源有限公司、张家港市特恩驰电缆有限公司被认定为省级高新技术企业，张家港保税区国信通信有限公司和江苏银河电子有限公司获苏州市优秀民营企业称号，国泰新点软件有限公司和江苏银河电子有限公司获苏州市创新先锋企业称号。新增省级软件企业4家，累计19家。引进姑苏创新创业领军人才计划和省高层次创新创业人才计划各1人，江苏博强新能源科技有限公司获姑苏人才企业称号。

【国泰软件成为省高新技术产品】 江苏国泰新点软件有限公司是省级高新技术企业，成立于1998年，专门从事计算机软件开发、计算机系统集成及建筑智能化工程的设计施工。5月，江苏国泰新点软件有限公司的网上评标系统软件V7.0申请为江苏省高新技术产品。该软件主要包括内部公务邮件、个人办公、公文管理、分类信息、网上交流、行政管理等模块。产品在国内30余个市、区级政府，10余个厅局单位，2000余家政府部门得到成功应用。

【银河家庭数字终端项目竣工】 江苏银河电子股份有限公司始创于1975年，是国家级重点高新技术企业，主要从事数字电视接收终端、信息电子设备结构件、电子仪表、电子零部件的研发、设计、生产与销售，是国内目前生产规模最大的数字电视接收终端专业厂家之一。9月，江苏银河电子股份有限公司家庭数字终端设备、结构件（二期）项目竣工。项目总投资2.05亿元，建筑面积2.5万平方米，购置高速贴片机、回流焊炉、全自动插件机、数控冲压、折弯机，自主研发，生产有线数字机顶盒，卫星数字机顶盒，地面及IPTV数字机顶盒，年新增200万台套，新增销售6.5亿元。

（何增丁）

信息技术应用

【概况】 全市共有政府网站105家。张家港政务网注册人数8416人次，点击率920万次，公务邮件收发394.8万份，公文交换收发5.3万份，发布新闻信息13691条、视频新闻1737期、政务内刊192期。会议分票系统发送会议票82场次。年内，"中国·张家港"门户网站相应栏目进行了完善和优化，完成政府信息公开统一平台建设，信息公开调整为以组配、主题、体裁分类，政务公开范围从市级层面延伸到各部门和各事业单位。全年发布新闻信息23193条、视频新闻365期，受理市长信箱信件1139件，部门信箱信件1969件，发布政务公开信息3338条。在全省县(市)政府门户网站测评中排名第14名，列苏州县(市)第一。

张家港人才网为千余家企业提供网上招聘12814次，网上在线简历投递303344份，网上人才市场访问量5085万人次，新增网上会员单位540个，累计3888个。全市金融系统新增自动取款机48台，累计565台；新增自动存款机37台，累计280台；新增自助银行16家，累计217家。各商业银行年内发放银行卡37.92万张。全市新增223个商场、宾馆、酒店刷卡结算单位，累计1108个；新增POS机333台，累计1510台。全年商业刷卡结算金额49.97亿元，比上年增6.12亿元。市便民服务网点击率139万次，网上咨询、求助2180人次。

【全国首个智能交通服务系统启动】 8月28日，由中国电信股份有限公司张家港分公司助力开发的张家港市智能交通服务系统正式启用。该系统整合全市现有的各类动态交通数据源，包括出租车GPS数据、公交车GPS数据、信号控制系统检测线圈数据、电子警察数据、交通视频监控信息，"110"事故接处警信息，公共停车场实时数据等，运用数据分析融合等信息研判技术进行信息处理，通过诱导屏、广播、微博、手机、平板电脑、车载一体机等多种发布途径第一时间为广大交通参与者提供视频看交通、出行咨询、违章查询、动态导航服务等综合交通信息服务，这在全国县级市中尚属首例。

【"无线张家港"打造城市名片】 5月，张家港广播电视台推出的"无线张家港"手机客户端开通，是国内第一家县级市的无线综合门户客户段平台。客户端整合张家港地区最为权威和内容丰富的图文、视频等各类资讯，轻松实现各种信息和服务在手机上的即时应用。全方位的公用信息与生活无缝对接。"无线张家港"手机客户端一期建设包括图文资讯、天气预报、市民爆料、便民信息、生活资讯等内容，全方位、多角度为手机用户提供一手的生活资讯与全新的使用体验。一期版本包括苹果(iphone)和安卓(android)两大主要手机操作系统。

【"一点通"农业信息服务平台建设项目通过省级验收】 7月3日，张家港市"一点通"农业信息服务平台建设项目通过省农委的验收。"一点通"农业信息服务平台建设项目是市农委申报的江苏省2011年度农业信息服务全覆盖工程，是全市农业信息技术现代化建设的一项重要内容。项目共建立51个"一点通"农业信息服务触摸屏，分别设置在市农委、各区镇农服中心(农副办)、相关村委会以及农业规模种养基地。各点位以触摸屏终端信息查询机作为基本配置，将网络、电视、电话等现代信息传播媒介进行充分整合，将信息服务、远程教育、电话咨询、视频互动等技术功能进行综合集成，初步创建了新型农村信息服务平台，为农民提供了便捷、快速、实用的信息服务。项目总投资100万元，包括省级资金60万元、市配套资金40万元，其中购置"一点通"设备37.9万元。 (陈曦 刘跃 钱凯 毛慧)

信息化管理

【概况】 年内，张家港市充分发挥信息技术在转变生产生活方式、创新城市管理模式、提高资源利用效率等方面的重要支撑带动作用，扎实推进经济社会各个方面信息化。3月，下发《关于印发2012年度政府信息化项目建设计划及资金安排的通知》，明确九大信息化项目的建设计划及资金安排。5月，江苏智慧港城投资发展有限公司成立，揭开推动"智慧港城"建设的序幕。7月，组织全市党政机关信息安全大检查，全年快速处理信息安全事件11件，保障全市的信息安全。8月，组织"网牵农村，服务百姓"加快提升农村互联网普及专项活动。10月，组织"农村信息化现代化指标冲刺专项活动"，提升农村互联网的普及。12月，下发《"中国张家港"政府门户网站内容保障工作考评暂行办法》，进一步加强政府门户网站的日常管理。全市大力推进企业"两化"融合工作，涌现出以江苏沙钢集团为代表的"两化"融合企业，年内新增国家"两化"融合示范企业1家，省"两化"融合研发设计示范企业1家，省"两化"融合试点企业7家，苏州市"两化"融合示范企业1家、试点企业5家。累计创建国家"两化"融合示范企业1家，省"两化"融合试验区1个，省"两化"融合示范企业1家、研发设计类示范企业1家、试点企业18家，苏州市"两化"融合示范企业3家、试点企业18家。国泰新点、银河电子、澳洋等3家企业获省级工业经济和转型升级软件产业发展专项资金415万元。

【永钢集团"两化"融合取得新进展】 9月，永钢集团自主开发的"误时统计管理系统软件"正式上线运行，永钢集团实施工业化和信息化"两化"融合发展战略取得新进展。"误时统计管理系统软件"的研发是永钢集团2012年实施ERP工程的重要自主创新项目，集团公司总调办与轧钢厂、炼钢厂、炼铁厂、烧结厂各分厂生产车间上线运行该系统软件，系统会根据各总厂、分厂、条线的误时情况自动进行统计汇总，从而提高集团公司把握生产节奏的准确度。 (姜文理)

【编辑 张 洁 钱永浩】

财 政·税 务

财　　政

【概况】 2012年,市财政局继续深化完善财政职能,全力支持和促进全市经济社会各项事业发展。全市完成全口径财政收入413.67亿元、一般预算收入(又称公共财政预算收入)149.61亿元,分别比上年增0.2%和5.1%,其中税收占比达到81.7%,比2011年提升1.7个百分点。11月,市财政局增设绩效评价科,配备工作人员3人,主要承担修订完善财政资金绩效管理政策、财政支出绩效评价指标体系和标准体系,负责市级财政支出绩效评价,组织和指导市、区镇两级财政资金绩效管理工作。年内,市财政局先后被评为苏州市文明单位标兵、全省法治财政建设先进单位。在市级机关年度绩效考评中,获"突出贡献奖"。

2012年张家港市公共财政预算收入情况

表46

项　目	实绩(万元)	比上年增减额(万元)	增减率(%)	项　目	实绩(万元)	比上年增减额(万元)	增减率(%)
国　税	441736	−13867	−3.04	财　政	274136	−10230	−3.60
其中:保税区	110784	10915	10.93	其中:保税区	20597	6220	43.26
地　税	780259	97040	14.20	合　计	1496131	72943	5.13
其中:保税区	87257	11505	15.19	其中:保税区	218638	28640	15.07

2012年张家港市公共财政预算支出情况

表47

项　目	实绩(万元)	比上年增减额(万元)	增减率(%)	项　目	实绩(万元)	比上年增减额(万元)	增减率(%)
一、一般公共服务	163049	13329	8.90	八、环境保护	55267	10718	24.06
二、公共安全	74185	9997	15.57	九、城乡社区事务	319670	415	0.13
三、教育	223602	27108	13.80	十、农林水事务	145333	23623	19.41
四、科学技术	71800	35248	96.43	十一、交通运输	46316	−60048	−56.46
五、文化体育与传媒	24323	9508	64.18	十二、工业商业金融等事务	105995	−2941	−2.70
六、社会保障和就业	113457	12065	11.90	十三、其他支出	15071	4774	46.36
七、医疗卫生	71094	22623	46.67	公共财政预算支出合计	1429162	101439	7.64

【财政监管】 市财政部门围绕政府重点项目建设,强化投资评审工作。全年通过对市级财政投资新建项目及"三算"的审核,共核减资金3.4亿元。实施镇财政就地就近监管试点,制定就地就近监管具体实施办法,建立以市财政局为主体,以镇财政所为基础,市、镇联动开展监管的运转机制,全市8个镇纳入监管资金总额31.6亿元,开展抽查巡查35次,形成镇财政资金"大监管"的工作格局。

【会计管理】 市财政部门抓好会计从业资格管理和对会计中介机构的监督,全年共办理会计从业证2178张,对2011年未进行信息采集的人员进行补采集,累计采集16969人,注销11家不符合条件的代理记账公司,全市累计代理记账公司36家。全面推行网络化会计继续教育,全市继续教育报名3.5万人,通过集中机考3.1万人。拓展会计培训模式，先后开办会计岗位实务操作培训班和市建设系统特色培训班，参训人员130人。

【政府采购】 市政府采购办推动政府采购监管向服务类项目延伸，再次把市级道路保洁纳入政府采购体系，面向社会公开招标。开展政府采购专项检查，完善政府采购相关制度，规范医疗设备采购国际招标程序，继续实施机关事业单位公务车辆定点维修制度。全年全市政府采购总额66.96亿元，其中货物和服务类采购金额4.92亿元、工程类62.04亿元。

【惠民政策】 市财政部门全年落实培育规模企业做大做强、总部经济、服务外包等各项市级扶持资金10.2亿元；积极对上争取，帮助企业用足用好各项政策，争取各项扶持资金10.8亿元。进一步扩大养老保险覆盖范围，安排近亿元推进2.8万名超龄人员农保转城保；安排居民医疗保险救助资金2106.34万元，做好2012年市困难群众物价上涨动态补贴工作，为城乡困难群众发放物价补贴1601万元。全面落实惠农强农政策，发放各项涉农补贴1.46亿元，受益农户11.9万户。推进“家电下乡”政策，累计拨付补贴10048.23万元，补贴兑付率100%。支持民生实事工程，安排公交补贴1.6亿元，支持公交运力改造，改善百姓出行条件。

【税收征管保障体系构建】 年内，全市构建起以“政府领导、财税主管、条块结合、部门配合、社会参与、信息支撑”为主要内容的税收征管保障体系。8月，市政府召开税收征管保障工作会议，研究出台《张家港市税收征管保障办法》，成立市税收征管保障领导小组办公室，市财政局会同国税、地税部门到税收征管保障体系成员单位调查摸清情况，协调完善软件功能，有效推进协税网络体系建设。积极推进“营改增”试点工作。市政府成立“营改增”试点工作领导小组；市财政局牵头协调国税、地税部门编制“营改增”工作简报，在财政网站设立“营改增”宣传专栏，通过报纸、电视、网站多种方式积极宣传政策、报道工作进展情况；积极开展调研和对上沟通工作，测算改革对张家港市财力和企业的影响，提出相应意见、建议；召开交通运输行业“营改增”协调会，探讨改革对流动税源的影响，共商对策。

财政局青年干部下基层服务 （市财政局 供稿）

【预算绩效管理改革推进】 2012年，全市深入推进预算绩效管理改革，把3000万元以上以及金额在3000万以下但政策性强、影响力大的专项资金纳入预算绩效管理试点范围。市财政局通过实行“事前论证、事中跟踪、事后评价”全过程绩效管理，促进行政部门强化“利用有限的财政资金，取得更大的工作实绩”的行政成本意识，促进财政资金效益和部门工作效能的进一步提升。年内共选取42个项目进行绩效评价，评审结果“同意通过”项目10项，“修改后通过”项目30项，“不通过”项目2项，通过预算绩效目标管理，财政部门和预算单位的绩效管理意识和水平大幅度提高。 （黄 超）

国 税

【概况】 2012年，市国税部门面对严峻复杂的经济形势，坚持“为国聚财、为民收税”宗旨，实现税收与经济的同步协调发展。全年组织国税收入159.76亿元，比上年减6.03%；完成一般预算收入33.1亿元，减6.97%。全市税源管理质量不断提高，依法治税环境有效改善，纳税人满意度持续上升，“营改增”试点顺利实施，国税部门党风廉政建设深入推进，干部队伍建设成果显著。年内，市国税局获全省国税系统先进集体、2009～2011年度苏州市文明行业、2009～2011年度苏州市文明单位等称号。市国税局及第三分局、第四分局、第五分局获全市首批“廉洁文化建设示范点”称号，第八分局再获全国税务系统青年文明号称号。

2012年张家港市国税入库税收情况

表48

税 种	金额(万元)	比上年增减率(%)
增值税	1188263	-5.21%
消费税	3025	-2.89%
企业所得税	356513	-9.84%
个人所得税(利息税)	71	-77.74%
车辆购置税	49684	4.55%
合 计	1597556	-6.03%

【税收征管】 市国税局建立完善收入质量评价体系，强化收入预测分析和结果运用，夯实征管基础，强化税源管理，努力挖潜增收，防范税款流失，有效压缩收入缺口。创新税源管理方式，组建税源专业化管理团队，完善协作机制，优化考核体系，强化绩效导向，整合管理资源，集中优势开展重大风险项目应对，提高风险应对质量。全年累计开展风险应对1134户，直接补征税款和滞纳金2.67亿元，比上年增191.63%；应对总成果3.42亿元，占直接收入的比重为3.59%，居苏州市前列。

【税收稽查】 市国税局狠抓大要案查处工作，依法查处“1·19”等虚开增值税专用发票案件，严厉打击虚开增值税专用发票等违法犯罪行为，全年查案318件，移送公安部门113件，130名涉案人员依法被追究刑事责任。深化“以查促管”，开展专项整治，规范行业税收管理秩序。全年累计查补税款5495万元，比上年增2640万元，增长92.47%。同时积极运用柔性执法手段，主动对731户次企业进行纳税提醒，提高了纳税人税法遵从度。

【税收服务】 年内，市国税局大力实施政策助推服务，落实税收优惠政策，全年兑现各项税收优惠81.64亿元，助推企业转型升级、外贸出口和民生保障。巩固“服务e站”品牌，依托办税服务厅、网上办税厅、“12366”服务载体，构建多元化办税服务格局。持续推进网上办税“无纸化”，降低纳税人办税成本。进一步落实窗口综合服务闭环运行和限时办结服务承诺，提高办事效率。加强对办税厅工作人员的人文关怀和业务培训，服务效能持续提升。完善政策解读机制，创新服务举措，努力满足纳税人个性化需求。以争创星级办税服务厅为抓手，改善服务环境，提升服务质量，延伸自助办税场所方便纳税人办税。开展侵权风险点排查，探索纳税人权益保护新机制，纳税人整体满意度达到99.02%。

【“营改增”试点平稳实施】 10月1日起，市交通运输业和部分现代服务业开始实施营业税改征增值税试点。市国税部门发挥部门合力，加强与地税、财政、交通等部门的沟通协作，统筹开展税负测算、税源排查、税户确认、系统升级、发票发售、培训辅导和风险防控等各项工作，顺利实现预期目标。全市2565户“营改增”试点纳税人减税面达到95.3%，实现了新旧税制的平稳过渡。

【自助办税实现全城覆盖】 为缓解纳税人办税压力，降低纳税人办税成本，年内，市国税局向办税服务厅、个体私营经济管理办、税务事务所等纳税人办税集中点新投入19台自助办税机，为纳税人办税提供便利。至年末，市国税局累计投入35台自助办税终端，在全市范围内设置15个自助办税延伸点，帮助纳税人实现自助认证、报税、查询等常用功能，实现自助办税全城覆盖。同时，通过加强对自助办税机管理员的日常操作和维护培训，及时开展对纳税人自助办税的辅导，为纳税人办税提供多元化的选择。

国税窗口办理日常税收业务　　（市国税局　供稿）

【车辆购置税收入再创新高】 2012年，市国税局全年办理车辆购置税手续35124辆次，比上年增5.48%，入库税款4.9亿元，增长4.8%。车辆购置税收入再创新高。为方便纳税人缴纳车购税，市国税局积极与汽车4S店、银行等部门沟通，采取双休日加班延时服务等措施，确保车辆购置税及时缴纳入库。　（戴昌龙）

地　　税

【概况】 2012年，市地税系统积极应对经济增速放缓、冶金等重点行业减收等多重因素的影响，以建设更高水平的“三个一流”工程（一流的服务水平、一流的工作业绩、一流的干部队伍）为主线，推动管理转型，工作取得显著成绩。全市地税系统累计组织各项收入148.62亿元，比上年增12.03%，其中税收收入108.25亿元，比上年增9.27%，张家港市成为全省第三家地税税收收入超百亿元的县级市；非税收入40.37亿元，比上年增20.2%；实现公共财政预算收入78.03亿元，比上年增14.2%，占全市公共财政预算收入的52.16%，占比比上年提高4.15个百分点，地税对全市公共财政预算收入的贡献继续增大（以上数据均含保税区地税局）。年内，张家港地税局获市委、市政府表彰为“服务地方奖”殊荣，并先后被评为2012～2013年苏州市级依法行政示范单位、省级依法行政示范点。

2012年张家港市地方税(费)收入情况

表49

税　种	金额(万元)	比上年增减率(%)
收入合计	1486194	12.03
一、地方税收收入	1082511	9.27
1.省级	81135	52.65
2.市(县)级	1001376	6.81
其中:营业税	257049	32.88
企业所得税	149439	-21.60
个人所得税	218756	-6.15
城市维护建设税	80682	2.83
契税	85613	45.79
耕地占用税	24051	-5.25
其他各税	185786	17.69
二、非税收入	403683	20.20
1.社会保险费	291669	20.12
2.教育费附加	44438	23.68
3.地方教育费附加	29600	38.82
4.文化事业建设费	597	-8.15
5.其他基金(费)	37379	6.41

【基础管理】 张家港地税局加强税源与征管质量监控，查找薄弱环节，加大考核力度，按月进行税源和征管状况监控分析情况通报，对差错信息跟踪问效，不断夯实征管基础，在2012年苏州地税系统税源和征管状况监控考核中，连续三个季度排名第一，房产税、土地税两税税源登记率、税种及时认定率等七项征管指标达到100%。推动税收征管保障体系建设，配合财政部门顺利上线税收征管保障平台，有21个部门先期入驻，通过与国土、住建、工商、房产等部门的配合协作，促进建筑业项目、股权转让、土地转让、印花税代征等事项的税收协作管理。建立并实施国、地税联席会议制度，对能够共同协作完善的登记、注销、个体税收管理、信息交换达成制度化协作。为优化征管资源配备，提高征管工作效能，确保税源管理分局有更多的精力从事税源管理工作，将档案管理、数据运行维护职能统一集中到局机关承担，全年维护省地税局审计推送数据1万余条，自行维护3.8万余条，录入数据2.8万余条，数据管理和案卷质量大幅提高。

【风险管理】 风险管理是地税专业化管理改革的核心。2012年是全面实施专业化管理改革的第一个整年，按照省地税局要求，张家港地税局率先将业务管理全部纳入风险管理范围，建立以风险管理联席会议制度为龙头的风险管理机制，致力于风险筛选、推送管理、绩效评价的实践与探索，逐步完善风险管理体系建设。将风险点按户归集下发，避免重复下户，并创新推出“风险提醒函”制度，“一户式”风险集中管理和“风险提醒函”制度得到上级的充分肯定。全年累计推送各类风险点18012个，其中上级推送风险点10866个、自行识别推送风险点7146个，风险评定 2083户，有问题率99.95%，通过风险应对入库税(费)及滞纳金5.7亿元，中等风险应对贡献率6.54%，在苏州地税系统名列前茅。

【纳税服务】 在原有纳税服务框架的基础上，为使税源管理分局有更多的精力进行风险应对，也使税收服务更为规范，纳税服务局声讯中心全面负责以前由税源管理分局承担的催报催缴、涉税提醒和简单税收风险的应对工作，为纳税人提供标准化、规范化、专业化、快速化的语音服务。7名工作人员每月呼出4000余个电话，促进了纳税人遵从度的提升，纳税人准期申报率和入库率保持在99.64%和99.02%，位列苏州市前茅。办税大厅全年办理服务26.25万件，每件平均办理时间2分18秒，纳税人非常满意率98.03%。全年新办纳税人7900户，其中企业2452户、个体5448户，至年末全市地税有纳税人50116户。纳税人学校结合纳税人的不同需求，分别举办新办企业“启蒙班”、重点行业“专题班”、疑难业务“提高班”，全年举办各类培训班40期，培训学员6153人次。举办“纳税人之家”活动6场，参与人数314人次；举办“税企沙龙”活动7场，参与人数155人次，受理处置投诉业务32起。在苏州地税系统“纳税人之家”“纳税人学校”活动评比中，张家港分获一等奖、二等奖。税收宣传月期间，先后组织开展扶持小型微利企业“春风行动”、书画影大赛、“十佳办税员”评比、微博征集比赛等系列活动，创作选送的税收动漫片《如意兔之开心农场——〈巨无霸宇宙连锁超市〉》在国家税务总局第八届动漫大赛中获二等奖。按照助推经济转型升级、集聚动力的定位，全年为1282户次减免地方各税4.12亿元，落实个人所得税起征点提高的税收新政，全年直接减税4.9亿元。

【税务稽查】 年内，按照上级统一部署，结合自身实际，张家港地税局重点对建筑行业、银行、非银行金融行业、医卫行业等行业进行专项检查，查补税款、滞纳金及罚款10771万元，其中，自查入库、约谈确认10077万元。继续加大发票“买方市场”专项整治，直接查处或协查发票违法案件9件，追缴税款161万元。立案查处举报案件2起，涉及税款

160.34万元，案件回复率100%。全年稽查选案准确率、查补收入入库率、风险应对覆盖面、督办和协查案件按期回复率等四项指标达到100%，结案率98.4%，处罚率44.53%，在苏州地税系统名列前茅。

【“两个素质”教育出硕果】 年内，张家港地税局强化干部“两个素质”（政治素质、业务素质）教育，坚持以党支部为单位的政治学习制度，坚持周六练兵、业务培训，发挥“道德讲堂”的作用，举办道德讲堂模范故事会活动暨苏州市道德讲堂示范活动基地揭牌仪式，倡导先进典型的引领作用。全系统35周岁以下干部全部报考“三师”（注册税务师、注册会计师、律师）资格考试，年末有相关资格人员41人，占总人数的19.34%，位列苏州地税系统第二。第三税务分局被评为江苏省群众满意基层站所示范单位，分局长李国乾被评为苏州市劳动模范和苏州地税系统“我身边的十佳好税官”。全局上下开展以人为镜、以案为戒的廉政主题教育活动，把个别干部违纪的坏事变成促进廉政建设的契机，通过每月“巡察”，每季“考廉”，重点节日廉政提醒，使每个干部有所触动、每个领导有所反思、每个单位有所改进，廉政建设呈现新气象。全局全年上缴礼金、礼券14万元。有序推进“基层组织建设年”活动，深化规范化党支部建设，创新推出“铭记入党那一刻”党建主题活动，张家港地税局机关党委被评为市创先争优先进基层党组织，牵头的市第三区域联合党委通过“三星级”评定。此外，机关团委、妇委会、工会等部门也结合各自职能开展形式多样的活动，张家港地税局被评为“江苏省模范职工小家”，张家港地税局团委被评为“苏州市五四红旗团委”。

【“掌上税务”顺利上线】 3月，张家港地税局自主开发的“掌上税务”系统正式上线。“掌上税务”系统使用“云计算＋移动通信”技术，运用成熟的ExMobi移动应用中间件软件，通过APN加密信道、专用防火墙、128位高强度加密存储、设备三重绑定认证、登陆强制密码验证、超时限制、后台控制等多重安全保障措施，确保通信安全、网络安全、存储安全和应用安全的前提下，在手机等移动载体上实现公文处理、决策分析、税源管理、征管监控、政策查询和纳税服务等功能的全天候远程处理，满足不受空间和时间限制的“移动办公”需求，提升税务系统的服务水平和管理能力，成为地税干部的“贴身秘书”。

【依法行政获省示范点殊荣】 近年来，张家港地税局围绕依法行政工作主题，加强依法治税建设，深化涉税审批改革，加强执法行为的规范和监督，全面梳理和建立税收执法标准库，对执法岗位、流程时限、执法要点、标准样板、参考规章、执法风险予以明确，开发应用税收执法标准与风险防控平台，实现执法检查和督察内审的日常化、信息化，有效预防和控制税收执法风险。2012年4月，苏州市张家港地方税务局被苏州市建设法治政府工作领导小组确认为2012～2013年苏州市级依法行政示范单位。6月14日，被江苏省全面推进依法行政工作领导小组确定为2012～2013年省级依法行政示范点，这是该局依法行政工作继2010年1月江苏地税系统首批“依法治税示范单位”后获得的又一更高荣誉。

【地税干部邵丽娅荣登中国好人榜】 在中央文明办主办的“我推荐、我评议身边好人”活动中，张家港地税局干部邵丽娅以“在爱的奉献中绽放美丽”的感人事迹从全国614名候选人中脱颖而出，最终获“中国好人榜”7月份“助人为乐好人”。从2006年开始，邵丽娅与四川省内江市两名家庭贫困品学兼优的学生结为帮扶对子，定期为她俩寄去学费，2011年高考时，其中一名学生以优异的成绩被清华大学临床医学专业录取，“本硕博”8年连读，另一名学生也被四川农业大学土地资源管理专业录取。她还动员亲朋好友为凤凰镇凤凰村身患疾病、家庭困难的村民王关林捐款10万元，并帮其办理了低保户手续。在中国扶贫基金会开展的“爱心包裹”关爱行动中，一次捐赠5份爱心包裹。她还是中华骨髓库捐献造血干细胞志愿者。每逢节日，她都会到凤凰镇敬老院和市儿童福利院，慰问看望孤寡老人和孤残儿童，送去生活用品，先后为贫困学生、敬老院、地震灾区等社会公益活动累计捐款捐物6万余元。年内，她被张家港市政府授予“最具爱心慈善行为楷模”，当选张家港市“身边好人”。

（范永刚）

地税局在办税大厅推行“导税”服务　　（张家港地税局　供稿）

【编辑　汪丽菁】

金　融

金 融 监 管

【概况】 全市有市人民政府金融工作办公室、中国人民银行张家港市支行、中国银行业监督管理委员会苏州监管分局张家港监管办事处、国家外汇管理局张家港市支局等4家金融监管机构，共有从业人员54人，其中市金融办11人、市人民银行39人（含市外汇管理局）、市银监办4人。

市金融办　2012年，市金融办发挥地方政府与金融机构、广大企业之间的桥梁纽带作用，强化沟通协调，加强有效监管，创新管理服务，促进全市金融工作高效平稳运行。在推进信贷投放方面，会同市人民银行、市银监办完善全市金融系统绩效考核办法，将银行、保险、小额贷款公司纳入考核体系，年初向各金融机构下达考核指标，每月对其完成情况进行跟踪，及时督促投放滞后的银行加大对上争取力度，发掘信贷潜力。至年末，全市银行业金融机构本外币贷款余额1789亿元，比上年新增270亿元。会同有关部门举行2012年张家港（苏州）融资项目汇报会，现场签约165亿元。在金融机构发展方面，全年引进银行业金融机构2家、创业（风险）投资公司2家，筹建开业农村小额贷款公司2家和科技小额贷款公司1家。在金融创新方面，制订出台一系列配套办法，综合运用各种金融工具扶持科技企业发展，办理领军人才融资申请12件，为领军人才企业解决融资4700万元。全市首单中小企业集合票据成功发行，全年全市直接债务融资240.38亿元，新增融资量135.18亿元，直接债务融资总量和增量继续在苏州各县市排名第一。推动成长型企业参与"区域集优"集合票据融资，首批2家企业已通过中债信用增进投资股份有限公司初审。争取国家开发银行苏州分行政策性授信，在苏州县级市中首家开展中小企业统贷平台业务，首期授信规模5亿元。5月，南京大学—张家港市金融学研究生工作站挂牌成立，围绕全市构建新兴战略产业投融资体系和转型升级的金融支持策略两个课题进行研究，第一个课题已形成初步研究成果。在小贷公司监管方面，倡导小额贷款公司以其注册资本的5%面向全市小微企业发放优惠利率贷款（年利率不超过10%），市财政给予2.5%至5%的利息奖励，至年末，全市各小贷公司全部完成5%的发放额度，累计发放1.79亿元；全年11家小额贷款公司发放各类贷款余额38.41亿元，累计发放124.16亿元；8月，对全市已开业的农村小额贷款公司进行全面现场检查，针对问题要求整改；配合省、苏州市金融办，客观公正开展小贷评级工作，11月，在省金融办预评级结果中，市昌盛小贷公司被评为AAA级单位，广大、国泰、华芳、锦泰等小贷公司被评为A级单位。

市人民银行　年内，市人民银行指导全市符合条件的大型企业通过直接融资方式筹措资金，全年新增直接融资总量135.18亿元，继续在苏州五县（市、区）中排名第一。至年末，全市新增贷款270亿元，其中被考核的18家银行机构完成贷款256.14亿元，超额完成政府年初下达的考核指标。开展"中小企业金融服务机制建设年"活动，依托金桥中小企业融资服务中心，联合市个私协会、苏州银行、汇丰银行、花旗银行等单位举办中小企业专场融资对接活动10场，参会企业500余家，达成意向融资逾6亿元。在全市162个行政村设置村级银行网点95个，设置ATM机等自助设备227台，设置助农取款服务点89个，提前实现全市银行卡助农取款"村村通"目标。依托市金融学会，高质量编纂2012年《张家港市金融运行报告》（共四期）和内刊《张家港金融》（共一期）。11月，组织全市20家银行业金融机构，整理和汇编近200个融资、担保、理财和租赁等金融产品，推出2012版《张家港金融产品集》。全年办理贷款卡1077张，为5713家企业办理贷款卡年审手续。共查询个人信用报告4780份，查询企业信用报告207份。举办反假货币培训班19期，考核培训1286人次，向中国人民银行苏州市中心支行上缴假人民币6202张，计55.42万元。市人民银行顺利通过江苏省档案局五星级档案工作考核验收。

市银监办　年内，市银监办贯彻落实《中国银监会关于整治银行业金融机构不规范经营的通知》精神，全面推进银行业金融机构不规范经营专项整治工作，督促银行业金融机构严格执行"七不准""四公开"规定，重点对信贷管理、贷款定价及金融服务收费工作进行专项治理。配合市政府和相关部门做好钢贸市场和光伏等重点行业的风险防范、化解和维稳工作,稳妥处置江苏永大重机等3家企业资金链断裂、生产经营困难等事件,协调各家银行达成共识,在风险可控、增加有效担保的基础上解决企业资金缺口,帮助企业渡过难关,切实保障银行信贷资金的安全。加强窗口指导,增加有效信贷投放,年内新增本外币贷款270亿元。先后参加江苏省银监局和苏州银监分局组织的对多家银行26个项目的现场检查、核查和调研。对新引进的汇丰、恒丰2家银行进行审核,对辖内银行的10家支行进行开业前验收,对张家港农商行高管人员任职资格谈话、考察9人次。组织银行业金融机构开展预防和打击非法集资集中宣传活动,继续做好案件防控工作,防范民间借贷风险向银行蔓延。组织银行业金融机构开展为期5个多月的行风评议活动,通过自查、暗访和民主评议等环节,查找金融服务中存在的不足,采取有效措施整改,并向社会公示和承诺。妥善处理群众投诉6起,维护消费者权益和银行声誉。

市外汇管理局　2012年,市外汇管理局准确把握外汇管理发展方向,贯彻落实货物贸易外汇管理改革、资本项目简政放权等各项改革措施,加强非现场主体监测。全年累计非现场核查企业749家,经非现场核查恢复正常企业348家,列入现场核查企业270家,其中确定为B类企业34家,注销名录企业4家。全年共核查单位基本情况表606笔,间接申报数据3490笔。为1家银行办理即期结售汇业务准入备案、1家银行办理远期结售汇业务准入备案、1家外币代兑机构办理准入备案,办理特殊机构赋码8家。全年共有941家企业参加外商投资企业联合年检,参检率100%。62家企业参加境外投资联合年检,参检率100%。办理验资询证313笔、金额6.75亿美元,办理新设外商投资企业外汇登记71家、金额9.09亿美元,办理外汇登记变更153笔,核准外方转股购付汇10笔、金额409.03万美元,核准清算购付汇6笔、金额651.79万美元,办理外债登记94笔、金额9.18亿美元,提款登记132笔、金额9.73亿美元,还本付息545笔、金额4.22亿美元,核准外债结汇237笔、金额2.51亿美元。全年核查资本项下各类异常数据(线索)50余笔(条),完成监测报告12篇。成功办理并报批丰立集团有限公司对外担保业务。6月,为中信银行张家港支行进行外汇管理政策专题培训。为张家港农商行争取融资性对外担保指标2047万美元,实现该行融资性对外担保指标"零"的突破。10月,为全市149家进出口企业进行"货物贸易外汇管理"培训,推动货物贸易外汇管理改革的实施。12月,召集辖内8家外汇指定银行相关负责人召开专题座谈会,对海关特殊监管区域内的业务过程进行深度剖析,促进企业保税货物贸易顺畅发展。依法加强行政监管,对辖内4家外汇指定银行进行国际收支现场核查,对全市所有一级外汇指定银行进行外汇业务合规性现场检查。全年对辖内3家涉外企业4项外汇违规行为进行行政处罚,共收缴罚款26万元。

【完善科技金融服务体系的配套办法出台】　年内,《张家港市领军人才投融资扶持办法》《张家港市领军人才项目融资担保和信贷补偿办法》《中小科技企业产业化项目信贷风险补偿专项资金管理办法》等一系列配套办法先后出台,科技金融服务体系不断完善。7月,全市首家科技小贷公司金生科技小额贷款公司开业,注册资金4亿元。11月,全市首家科技担保服务机构金港担保公司科创分公司成立,注册资本1亿元,用于科技型企业融资担保。12月,全市首家融资租赁公司江苏金茂融资租赁有限公司成立,注册资本 2.6亿元。

【保险业参与支持社会管理工作全面启动】　7月,《张家港市保险业参与支持社会管理创新工作意见》出台,政府运用市场化手段,在社会公众责任、高效农业、小微企业小额贷款信用保证、特殊群体、科技文化等领域内引入保险机制,创新保险品种。探索开展政策性惠民险种,其中农产品价格指数险、新市民意外险、计生特扶人员住院护工补贴保险等3项险种列入2013年政府实事工程。

(李永娟　沈　阳
杨金东　徐　伟)

银　　行

【概况】　全市累计有银行21家(含市人民银行),其中,有二级分行4家,比上年增加中国建设银行股份有限公司张家港分行;一级支行54家,比上年减少中国建设银行股份有限公司张家港支行;有二级支行124家,比上年增加中国工商银行股份有限公司张家港凤凰支行、青草巷支行、德积支行、北城支行、财税大厦支行、城南支行,中国银行股份有限公司张家港金港支行,中国建设银行股份有限公司张家港塘市支行、德积支行,中国邮政储蓄银行股份有限公司张家港市支行营业部,苏州银行张家港锦丰支行、苏

股权融资专题讲座　　(市金融办　供稿)

州银行张家港金港支行，减少中国邮政储蓄银行股份有限公司张家港市西门路支行、西张支行；有分理处81家，比上年减少中国工商银行股份有限公司张家港财税大厦分理处、城南分理处，中国建设银行股份有限公司张家港前溪储蓄所；有储蓄机构20家，比上年增加中国邮政储蓄银行股份有限公司张家港市西门路营业所、西张营业所。新增从业人员375人，累计4015人。全市银行业金融机构实现利润62.85亿元，比上年增12.65%。2月，汇丰银行(中国)有限公司张家港支行开业。

存贷业务　全市银行业金融机构对公存款、储蓄存款继续保持稳步增长态势。至年末，全市银行业金融机构本外币各项存款余额2162.27亿元，比上年增12.12%。其中人民币各项存款余额2066.22亿元，比上年增11.22%；外币各项存款余额15.28亿美元，比上年增36.19%。在存款余额中，城乡居民人民币储蓄余额746.97亿元，比上年增12.21%，占全年人民币存款的36.15%；外币储蓄存款6674万美元，比上年增15.61%。全市银行业金融机构本外币贷款余额1789亿元，比上年增17.78%。其中人民币各项贷款余额1500.53亿元，比上年增14.62%；外币各项贷款余额45.89亿美元，比上年增37.77%。

货币投放　全市现金收支轧差呈净投放态势，货币投放保持正常状态。全市现金投放198.5亿元，比上年增13.26%；回笼现金89.91亿元，比上年增49.01%。

2012年张家港市银行机构网点一览

表50

单位＼类别	二级分行(家)	一级支行(家)	二级支行(家)	分理处(家)	储蓄机构(家)	合计(家)	从业人员(人)
农业发展银行	—	1	—	—	—	1	18
工商银行	—	1	23	2	—	26	299
农业银行	1	—	28	13	—	42	625
中国银行	1	—	26	—	—	27	516
建设银行	1	—	13	12	2	29	504
交通银行	1	—	9	—	—	10	156
农村商业银行	—	37	—	54	—	91	1145
江苏银行	—	1	3	—	—	4	53
中信银行	—	2	—	—	—	2	58
民生银行	—	1	—	—	—	1	54
浦发银行	—	1	1	—	—	2	46
招商银行	—	1	—	—	—	1	33
邮储银行	—	1	19	—	18	38	299
光大银行	—	1	—	—	—	1	34
华夏银行	—	1	—	—	—	1	38
苏州银行	—	1	2	—	—	3	52
兴业银行	—	1	—	—	—	1	29
渝农商村镇银行	—	1	—	—	—	1	38
友利银行	—	1	—	—	—	1	12
汇丰银行	—	1	—	—	—	1	6
小　计	4	54	124	81	20	283	4015

2012年年末张家港市银行机构本外币存贷款和经营利润情况(一)

表51

	项目＼单位	农发行市支行	工行张家港支行	农行张家港分行	中行张家港分行	建行张家港分行	建行港城支行	交行张家港分行	张家港农商行	江苏银行张家港支行	中信银行张家港支行	中信银行金港支行
人民币业务(万元)	各项存款余额	31396.64	2054353.16	5290358.00	2216309.00	1246248.82	945010.39	1213152.00	4266215.00	340182.00	361955.00	76065.00
	比上年增减率(%)	-27.00	15.28	8.83	1.53	2.62	13.60	16.73	2.23	7.01	14.68	62.05
	其中:储蓄存款	—	706830.15	2307706.00	819193.00	539301.53	252335.91	293541.00	1871545.00	28992.00	48279.00	13532.00
	比上年增减率(%)	—	14.77	12.00	13.80	10.06	12.55	10.24	6.80	0.68	19.39	38.52
	各项贷款余额	141904.39	1778197.14	3619404.00	2087795.00	718140.60	634145.06	931775.00	2983622.00	312839.00	398217.00	-181.00
	比上年增减率(%)	18.00	21.87	6.13	8.91	16.53	24.38	12.01	14.53	-1.00	5.30	-0.30
	其中:短期贷款	92904.39	921268.44	1707899.00	2178332.00	442124.57	334188.40	524094.00	2124218.00	225624.00	197882.00	41580.00
	中长期贷款	49000.00	856928.70	1207871.00	670872.00	276016.03	677.74	333238.00	637459.00	87215.00	54700.00	14119.00

续表 51

	项目 \ 单位	农发行市支行	工行张家港支行	农行张家港分行	中行张家港分行	建行张家港分行	建行港城支行	交行张家港分行	张家港农商行	江苏银行张家港支行	中信银行张家港支行	中信银行金港支行
外币业务(万美元)	各项存款余额	—	12963.38	32841.00	40252.00	21480.82	23318.18	4704.00	7176.00	1138.00	1233.00	76.00
	比上年增减率(%)	—	83.40	14.25	13.99	65.46	79.83	4.65	-28.58	2.33	4.40	-78.16
	其中:储蓄存款余额	—	682.67	896.00	4082.00	331.43	59.64	455.00	259.00	52.38	78.00	14.00
	比上年增减率(%)	—	10.58	10.63	22.58	-31.17	135.00	184.38	9.28	71.00	50.00	-12.50
	各项贷款余额	—	61997.04	130804.00	139033.00	22637.56	41951.92	22118.00	4745.00	1427.43	4646.00	—
	比上年增减率(%)	—	3.90	68.14	-1.79	49.06	122.00	574.74	-7.98	645.00	90.88.00	—
总计(万元)	各项本外币存款余额	31396.64	2135160.40	5496783.00	2469478.00	1380063.60	1090270.96	1241376.00	4311318.00	347273.00	372358.00	76546.00
	比上年增减率(%)	-27.00	16.92	9.98	2.68	6.47	19.35	16.42	1.77	6.92	15.23	55.76
	其中:储蓄存款余额	—	711085.60	2313336.00	844867.00	541366.19	252707.44	296271	1873174.00	29318.00	48885.00	13621.00
	比上年增减率(%)	—	14.75	12.00	14.05	9.80	12.64	10.87	6.81	1.00	19.66	37.98
	各项本外币贷款余额	141904.39	2164655.67	4441575.00	2962257.00	859161.28	895484.57	1064483.00	3013447.00	321733.00	427818.00	55699.00
	比上年增减率(%)	18.00	18.23	13.87	5.51	20.69	42.44	25.01	14.25	1.38	8.40	-0.30
	全年经营利润	3126.00	86409.00	147961.00	82918.00	33412.82	27222.00	42769.16	111676.00	15142.00	17409.00	2362.00

注:因人民银行统计口径与各条线统计口径不一,故表中数据与文中数据有所不同。

2012年年末张家港市银行机构本外币存贷款和经营利润情况(二)

表 52

	项目 \ 单位	民生银行张家港支行	浦发银行张家港支行	招商银行张家港支行	邮储银行市支行	光大银行张家港支行	华夏银行张家港支行	苏州银行张家港支行	兴业银行张家港支行	张家港渝农商村镇银行	友利银行张家港支行	汇丰银行张家港支行
人民币业务(万元)	各项存款余额	401624.00	466164.00	289811.00	605600.00	217249.00	216998.00	227145.00	182085.00	37677.07	13556.58	1890.12
	比上年增减率(%)	16.92	24.50	59.00	10.30	27.80	14.06	149.14	88.31	33.38	242.00	—
	其中:储蓄存款	68536.00	49277.00	24832.00	544600.00	46909.00	25628.00	15869.00	27012.00	1741.80	2129.65	1890.12
	比上年增减率(%)	34.50	46.92	-3.00	12.20	44.20	51.05	181.22	30.12	-32.68	166.95	—
	各项贷款余额	255650.00	365416.00	277088.00	36153.00	119724.00	142878.00	159700.00	164797.00	51319.52	15630.53	82173.71
	比上年增减率(%)	-4.23	26.04	19.00	14.34	87.40	84.91	174.87	1140.60	41.25	—	—
	其中:短期贷款	204820.00	214818.00	152112.00	484.00	59760.00	81113.00	132700.00	70826.00	49786.43	40.00	82173.71
	中长期贷款	50830.00	131074.00	124976.00	35669.00	20000.00	69885.00	27000.00	93971.00	1533.09	—	—
外币业务(万美元)	各项存款余额	491.00	2164.00	1411.00	8.75	62.50	3119.00	—	—	—	74.30	528.54
	比上年增减率(%)	2034.78	39.34	-66.00	112.80	105.00	986.75	—	—	—	—	—
	其中:储蓄存款余额	29.00	1.00	57.00	7.89	33.80	2.00	—	—	—	0.12	528.54
	比上年增减率(%)	45.00	—	50.00	108.64	133.00	—	—	—	—	—	—
	各项贷款余额	—	13534.00	14307.00	—	—	1313.00	—	—	—	—	847.93
	比上年增减率(%)	—	144.30	385.00	—	—	483.55	—	—	—	—	—
总计(万元)	各项本外币存款余额	404713.00	479766.00	298600.00	605608.75	217643.00	236429.00	227145.00	182085.00	37677.07	14023.59	5212.27
	比上年增减率(%)	17.77	24.87	43.00	10.39	28.00	23.11	149.14	88.31	33.38	253.78	—
	其中:储蓄存款余额	68716.00	49283.00	25185.00	116555.00	47122.00	25644.00	15869.00	27012.00	1741.80	2130.38	5212.27
	比上年增减率(%)	34.52	46.93	-2.50	23.83	44.50	51.04	181.22	30.12	-32.68	167.04	—
	各项本外币贷款余额	255650.00	450484.00	366227.00	36153.00	119724.00	151060.00	159700.00	164797.00	51319.52	15630.53	87503.40
	比上年增减率(%)	-4.23	38.68	46.00	14.34	87.40	91.98	174.87	1140.60	41.25	—	—
	全年经营利润	11909.00	14871.00	10184.00	3100.00	3529.00	5635.00	4433.36	3636.00	2408.51	-486.80	872.87

【中国农业发展银行张家港市支行】 2012年，中国农业发展银行张家港市支行（简称农发行市支行）履行农业政策性银行职责，全力支持粮棉油购销、地储粮计划实施，保障农业产业化龙头企业经营发展，支持全市提高粮食生产能力综合配套项目建设，强化资金管理，防范信贷风险。至年末，该行本外币各项存款余额3.14亿元，比上年减27%。年度投放支农贷款11.4亿元，其中新增市县储备化肥贷款1.2亿元，贷款总额14.2亿元，比上年增18%。国际业务结算量10040万美元，比上年增90%。全年实现中间业务收入56.9万

元，比上年减29%。全年实现利润3126万元，比上年减31%。年内，市农发行被评为省级“工人先锋号”，在省农发行国际业务考评中获第一名。（侯新亚）

【中国工商银行股份有限公司张家港支行】 2012年，中国工商银行股份有限公司张家港支行（简称工行张家港支行）做强资产业务，重点支持全市规模企业集团、政府基础设施建设和广大中小企业实体经济，年末全口径融资余额379.99亿元，比上年增44.79亿元。支持农业经济发展，投入价值6万元的机具设备，在全市19个无金融机构的村设立助农取款点。推广惠农主题借记卡，为农村居民及外来务工人员提供每年10笔的行内汇款优惠，至年末共发放福农卡1.4万张。全年开展“打造卓越金融服务、建设客户满意银行”“投百亿访万户、金融知识送上门”“普及金融知识万里行”等主题活动100余场，将金融产品和知识送到企业、社区。推进平安金融创建，投入十余万元为自助银行安装防护舱；采取有效措施宣传反诈骗知识，成功阻止诈骗事件，为客户挽回经济损失。至年末，该行本外币各项存款余额213.52亿元，比上年增16.92%。本外币各项贷款余额216.47亿元，比上年增18.23%。全年国际业务结算量149.75亿美元，比上年增24.5%。外汇交易量36.23亿美元，比上年减4.61%。年内新增CDM存取款机31台、累计72台，新增ATM取款机6台、累计45台，新增自助终端28台、累计52台。发放各类银行卡116050张。代理保险销售10583万元，基金销售124341万元。全年实现中间业务收入35395.2万元，比上年增15.8%。全年实现利润86409万元，比上年增18.87%。年内，工行张家港支行被评为中国工商银行江苏省分行精品支行、中国工商银行江苏省分行十佳县（市）支行。（庞玉娟）

【中国农业银行股份有限公司张家港分行】 2012年，中国农业银行股份有限公司张家港分行（简称农行张家港分行）提升融资效率，主动对接新开工重大投资项目，积极对上争取，在客户评级、授权授信、产品创新等方面实施“绿色通道”。全年共上报项目20项，其中城乡一体化建设项目8项。申请融资金额102亿元，获批金额52.59亿元，年内已投放44.97亿元。拓展融资渠道，通过旧城改造业务和固定资产支持融资等创新产品支持城乡一体化建设，通过组建内部银团等方式支持全市转型升级。在保障大客户和重点行业融资需求的同时，突出保障中小企业融资。全年中小企业投放户数734户，贷款余额195.12亿元，占全行各项贷款余额的43.93%。至年末，该行本外币各项存款余额549.68亿元，比上年增9.98%。本外币各项贷款余额444.16亿元，比上年增13.87%。国际业务结算量177亿美元。市场份额连续九年保持全市同行业第一。年内新增存取款一体机15台、累计124台，新增ATM取款机8台、累计81台，新增自助终端29台、累计76台。发放各类银行卡20.92万张，累计发卡115.54万张，代理保险销售2.32亿元，基金销售15.4亿元。实现中间业务收入5.85亿元，比上年增3.36%。全年实现利润14.8亿元，比上年减11.43%。年内，农行张家港分行被评为中国农业银行服务“三农”先进集体。（汪少波）

【中国银行股份有限公司张家港分行】 2012年，中国银行股份有限公司张家港分行（简称中行张家港分行）推进负债业务，为张家港经济技术开发区发行企业债10亿元，为沙钢集团发行中期票据近10亿元。推进资产业务，成功办理辖内首笔“中银集富”委托债权投资模式理财业务；通过精细化管理，保持重点客户、集团客户、中型客户、中小企业客户共同增长。推进中间业务，实现国际结算量超百亿美元、人民币跨境结算量超百亿元、表内外贸易融资实际投放余额超百亿元、贸易金融派生存款超百亿元的“四超百亿工程”。至年末，该行本外币各项存款余额320.94亿元，比上年增7.06%。本外币各项贷款余额296.17亿元，比上年增5.51%。全年国际业务结算量147.38亿美元，比上年增13.13%。外汇交易量40.75亿美元，比上年增12%。新增CRS存取款机5台、累计53台，新增ATM取款机12台、累计68台，新增自助终端8台、累计45台。发放各类银行卡27649张，累计发放116046张。代理保险销售1.32亿元，基金销售9.3亿元。全年实现中间业务收入3.92亿元，比上年增16.07%。年内，中行张家港分行获全国金融系统职工代表大会制度建设示范单位、中国银行总行职工代表大会制度建设示范单位等荣誉称号。（周丽娜）

【中国建设银行股份有限公司张家港分行】 2月，中国建设银行股份有限公司张家港支行升格为二级分行（简称建行张家港分行），隶属苏州分行。8月，启动与市政府的战略合作协议，计划在此后2年至3年内在重大项目、民生领域、中小企业等方面新增信贷投入230亿元。至年末，该行本外币各项存款余额141.55亿元，比上年增22.17%。本外币各项贷款余额86.92亿元，比上年增27.69%。全年国际业务结算量18.26亿美元，比上年增15.78%，外汇交易量8.43亿美元，比上年增38.45%。年内新增自助银行设备10台、累计103台，新增ATM取款机6台、累计63台，新增自助终端4台、累计40台。发放各类银行卡21303张，累计发放203124张。代理保险、基金、黄金等销售305亿元。实现中间业务收入2.11亿元，比上年增5%。全年实现利润3.4亿元，比上年增3%。年内，银行被认定为2012年度江苏省工程造价星级造价单位。（臧智军）

【中国建设银行股份有限公司张家港港城支行】 2012年，中国建设银行股份有限公司张家港港城支行（简称建行港城支行）助力城乡一体化建设，为镇级城乡一体化建设项目主体提供融资服务，发放“城乡合”新农村建设贷款，配套“城乡合”投行系列产品。至年末，与建行港城支行开展“城乡合”金融合作的乡镇有4个，“城乡合”新农村建设贷款产品授信金额超14亿元。创新企业服务模式和产品,通过国内保理、银链通等产品,帮助小企业客户解决融资难题。下半年,在各银行贴现规模紧张的情况下,推出票据理财业务,方便企业资金融通,降低企业财务成本,为当地企业解决贴现需求超10亿元。推进国际贸易融资业务,先后推出“欧贷通”“贸贷通”“银票质押出口代付”产品等委托付款产品,全年累计为客户节约成本3000多万元。推出“收汇通”国际结算产品,为客户在境外以更优惠的价格收付汇。年内,新开设德积支行,港区支行设为公积金提取点,提高服务的覆盖度。至年末,该行本外币各项存款余额109.03亿元,比上年增19.35%,本外币各项贷款余额89.55亿元,比上年增42.44%。全年国际业务结算量40.84亿美元,比上年增3.81%。外汇交易量15.98亿美元,比上年增16.32%。年内新增CDS存取款机7台、累计16台,新增自助终端2台、累计13台,有ATM取款机20台。发放各类银行卡2.57万张,网上银行交易额1082.9亿元。代理保险销售9423万元,基金销售34825万元。实现中间业务收入1.93亿元,比上年增18.31%。全年实现利润2.72亿元,比上年增1.87%。 (陈 霜)

【交通银行股份有限公司张家港分行】 2012年,交通银行股份有限公司张家港分行(简称交行张家港分行)创新推出信贷产品,3月,联合交银金融租赁有限公司为市给排水公司投放3.5亿元融资租赁项目。10月,完成全市首笔商标专用权质押业务。11月,成功为金港镇“万顷粮田”生态农业投资发展有限公司3亿元资金项目对接总行资产池,该项目成为交通银行系统内首单成功投放的“万顷粮田”项目。12月,与澳洋医院签署“银卫安康”医疗金融全面合作协议。新开办出口订单融资业务。5月,成功办理江苏沙钢国际贸易有限公司9500万元出口订单融资业务,在交通银行苏州分行范围内首发。至年末,该行本外币各项存款余额124.14亿元,比上年增16.28%。本外币各项贷款余额106.45亿元,比上年增24.86%。全年国际结算量41.89亿美元,比上年增14.3%。新开各类外汇账户109户,跨境人民币业务38.33亿元,全年外汇交易量9.09亿美元,比上年减29.86%。拥有ATM取款机36台,CRS存取款一体机16台,自助终端13台。发放各类银行卡2.63万张,累计发放24.58万张。新开办个人黄金延期交易业务。代理销售贵金属、理财产品、国债、基金、保险等22.61亿元。开展“5折美食风暴”、钻石鉴赏会、理财沙龙、私人银行读书俱乐部等活动,提升“交银理财”“沃德财富”个人理财品牌。全年实现中间业务收入1.04亿元,比上年增2.76%。全年实现利润4.28亿元,比上年增16.62%。年内,交行张家港分行获交通银行总行级创先争优基层先进党组织、全国热爱儿童爱心单位等荣誉称号。 (赵 洁)

【江苏张家港农村商业银行股份有限公司】 2012年,江苏张家港农村商业银行股份有限公司(简称张家港农商行)下辖1家营业部、36家支行、54家分理处,机构网点总数91家,员工1145人。年内,开展“卓越服务提升年”活动,制定并颁布执行卓越服务“六项制度”,建立种子教官、联络人队伍;举办支行行长研讨营、种子教官培训营、联络人培训班;每季度一次现场检查、神秘人检查,不定期的视频抽查、领导小组成员巡检以及每月一次卓越服务通报;举行卓越服务PK总决赛,成功举办为期近一个半月的首届文化艺术节,创办《卓越服务》期刊。至年末,该行本外币各项存款余额431.13亿元,比上年减0.08%。本外币各项贷款余额301.34亿元,比上年增14.25%,其中小微型企业贷款余额171.29亿元,比上年增16.58%。新增存取款一体机11台、累计78台,新增ATM取款机32台、累计80台。发放银行卡11.19万张,累计发卡60.25万张。全年资产总额702.76亿元,五级分类不良贷款率1.02%,拨备覆盖率304.85%,资本充足率、核心资本充足率分别为13.96%、13.55%,全年综合收息率99.07%,实现利润总额111676万元,税后利润94294万元,资产利润率、资本利润率分别为1.35%、20.16%,每股税后利润0.81元。在英国《银行家》杂志公布的按照银行一级资本规模排序的“2012年度全球1000家大银行排名”榜中,位居全球银行业第709位,比上年度排名上升39位,并再次入围中国企业联合会和中国企业家协会评定的“2012中国服务业500强”,成为江苏省唯一入选的地方性法人金融机构。年内,张家港农商行被评为江苏省精神文明建设工作先进单位,营业部被中国银行业协会评为中国银行业“文明规范服务千家示范单位”。

(潘立强)

【江苏银行股份有限公司张家港支行】 2012年,江苏银行股份有限公司张家港支行(简称江苏银行张家港支行)积极支持城乡建设,先后为市城投公司发放贷款1亿元,为塘桥镇新城投资发展有限公司发放流动资金贷款2500万元,为凤凰镇授信5000万元、乐余镇授信6000万元、大新镇授信2000万元。着力发展信用卡业务,在市财税大厦、市公安局、锦丰镇人民医院等地先后举办“融你我、融无限,金融服务送上门”活动,全方位营销包含信用卡、基金、理财、保险及个人网银在内的零售产品。其中办理信用卡120张。至年末,该行本外币各项存款余额34.73亿元,比上年增3.8%。本外币各项贷款余额32.17亿元,比上年增1.35%。全年国际业务结算量6.08亿美元,比上年增5.37%。发放各类银行卡3649张,累计发放1.88万张。代理理财产品销售2.1亿元,代理保险销售202.16万元。实现中间业务收入1411.36万元,比上年减2.83%。全年实现利润1.51亿元,比上年增48.04%。 (唐佳卉)

【中信银行股份有限公司张家港支行】 2012年,中信银行股份有限公司张家港支行(简称中信银行张家港支行)持续开发新客户,通过行业协会、商会等平台,选择全市优质企业、新兴产业加强合作。对全市已上市、准上市公司开展募投账户开户和募集资金的营销,建立良好的合作关系。开发小企业业务，年内新增小企业授信客户 73 户，总数 143 户。进一步拓宽融资渠道，累计发行企业短期融资券 10.5 亿元，中期票据 3 亿元，新增政府平台融资 2 亿元。创新开发北京金融资产交易所业务，为企业引进低成本资金 6.6 亿元。办理该行首笔小企业人民币贷款项下利率互换业务，为集团大客户节约融资成本。至年末，该行本外币各项存款余额 37.24 亿元，比上年增 15.23%。本外币各项贷款余额 42.78 亿元，比上年增 8.4%。全年国际业务结算量 63935.81 万美元，外汇交易量 30484 万美元。年内新增 CRS 存取款机 1 台、累计 2 台，新增 ATM 取款机 1 台、累计 6 台，新增自助终端 1 台、累计 2 台。发放各类银行卡 4560 张。代理保险、基金销售 5004 万元。实现中间业务收入 3396 万元，比上年增 43.41%。全年实现税前利润 17409 万元，比上年增 5.9%。（王　斐）

【中信银行股份有限公司张家港金港支行】 2012 年，中信银行股份有限公司张家港金港支行（简称中信银行金港支行）成功营销张家港保税区外资企业梅赛尔气体资本金账户 1800 万美元，结汇 1450 万美元，完成市外汇管理局首笔归还委托贷款资本金结汇。面向金港片区设立各类银行卡业务，为滨江新城建设募集 5.8 亿元规模的二期信托融资产品。开设丰立集团 2000 万美元内保外贷海外融资产品，实现保证金存款 1.29 亿元。创新开发港口金融—进口信用证交款赎单模式供应链产品，伊永颜兰国际贸易有限公司成为首家受益企业获批 7000 万元授信额度。至年末，该行本外币各项存款余额 76546 万元，比上年增 55.76%。本外币各项贷款余额 55699 万元，比上年减 0.3%。全年国际业务结算量 24682.21 万美元，外汇交易量 17626.83 万美元。全行拥有存取款一体机 2 台，ATM 取款机 1 台，自助终端 1 台。发放各类银行卡 1420 张，累计发放 3170 张。代理保险销售 10 万元，基金销售 111 万元。实现中间业务收入 298 万元，比上年增 99.3%。全年实现利润 2410 万元，比上年增 23.65%。（吴少娜）

【中国民生银行股份有限公司张家港支行】 2012 年，中国民生银行股份有限公司张家港支行（简称民生银行张家港支行）创新方式为当地企业提供融资途径，成功发行苏州地区首单中小企业集合票据、张家港市首单中小企业私募债，成立张家港沿江区域小微互助合作基金。转变传统贷款经营思路，发展理财项目基础资产业务，成功为市金城投资发展有限公司发行 8 亿元信托理财计划，募集资金已分两批到账。结合产业实际创新融资产品，对德积氨纶纱行业的优质客户批量开发，至年末累计开发当地氨纶纱企业 60 余户，授信额度超 3 亿元，贷款提用率超 90%。支持民营企业发展，为澳洋集团设计股票收益型信托计划方案。方案以澳洋顺昌、沙钢股份、彩虹股份三只股票作质押，获取发行金额 2.5 亿元，期限不超过 12 个月，为当地民营企业解决融资难题。至年末，该行本外币各项存款余额 40.47 亿元，比上年增 17.78%。本外币各项贷款余额 25.57 亿元，比上年减 4.23%。全年国际业务结算量 12957 万美元，外汇交易量 18018 万美元。年内新增 ATM 取款机 1 台、累计 4 台，拥有存款机 3 台，自助终端 3 台。发放各类银行卡 3073 张，累计发放 27268 张。代理保险、基金销售 12.5 亿元。实现中间业务收入 1014 万元，比上年增 22.8%。全年实现利润 11909 万元，比上年增 20.82%。（戚飞燕）

【上海浦东发展银行股份有限公司张家港支行】 2012 年，上海浦东发展银行股份有限公司张家港支行（简称浦发银行张家港支行）首次成功办理短期融资券业务，8 月为沙钢集团发行 8.5 亿元短期融资券，11 月再次发行 8.5 亿元，合计 17 亿元。创新发展 IFC 能效贷款，为永钢集团发放 1 亿元固定资产贷款。至年末，该行本外币各项存款余额 50.52 亿元，比上年增 26.36%。本外币各项贷款余额 44.97 亿元，比上年增 38.45%。存贷款总量列全市同类股份制商业银行之首。全年国际业务结算量 16.56 亿美元。年内新增 CRS 存取款机 2 台、累计 8 台，新增 ATM 取款机 1 台，累计 5 台。发放各类银行卡 2542 张，累计发放 13778 张。理财产品销售 11.27 亿元，代理保险、基金、黄金销售分别为 160 万元、244 万元、566 万元。实现中间业务收入 2457 万元，比上年增 20.44%。全年实现利润 14871 万元，比上年增 75.2%。（齐　静）

【中国邮政储蓄银行江苏省张家港市支行】 2012 年，中国邮政储蓄银行江苏省张家港市支行（简称邮储银行市支行）以服务中小企业、服务“三农”，弥补城乡居民金融服务缺失为重点，加快金融转型，全年累计引入总行资金 37.89 亿元投放张家港市。通过自主经营，为全市 900 余户小微企业、农户、个体工商户等发放贷款总

浦发银行张家港支行服务大厅　　（浦发银行张家港支行　供稿）

量近4亿元，结存3.7亿元，涉及五金、机械、纺织、化工、服装加工、三产服务业等20个行业，受惠约3万人。至年末，该行本外币各项存款余额60.56亿元，比上年增10.3%。本外币各项贷款余额3.6亿元，比上年增14.34%。全年国际业务结算量2749.28万美元，比上年增2875%。外汇交易量197.32万美元，比上年增8.38%。外汇结算列同行全国县（市）级支行首位。年内新增自助终端1台，拥有CRS存取款机16台，ATM取款机36台。发放各类银行卡85426张，累计发放502417张。代理保险、基金销售120400万元。全年实现中间业务收入1485万元，比上年增23%。全年实现利润3100万元，比上年增63%。 （夏 云）

【招商银行股份有限公司张家港支行】 2012年，招商银行股份有限公司张家港支行（简称招商银行张家港支行）通过金融创新，以直接债务融资方式为市政府一平台发行信托产品，为企业融资4.5亿元；通过委托债权向企业发放贷款3亿元；通过国内信用证为企业解决资金需求5.7亿元。至年末，该行本外币各项存款余额29.86亿元，比上年增43%。本外币各项贷款余额36.62亿元，比上年增46%。全年国际结算量8.7亿美元，比上年增66%。外汇交易量2.44亿美元，比上年增54%。年内新增ATM取款机3台、累计4台，拥有CRS存取款机7台，自助终端1台。发放各类银行卡5362张，累计发放30030张。代理保险销售2050万元、基金销售4550万元。实现中间业务收入915万元，比上年减36%。全年实现利润10184万元，比上年增35%。

（杨福男）

【中国光大银行股份有限公司张家港支行】 2012年，中国光大银行股份有限公司张家港支行（简称光大银行张家港支行）加快模式化经营的业务创新，全力扶持“三农”建设，加大农业信贷扶持力度，为全市多家经济合作社提供农业贷款2.06亿元。拓展新的业务领域，通过高信用资质机构直接融资对接理财产品，为市城投公司直接融资5亿元信贷资金。至年末，该行本外币各项存款余额21.86亿元，比上年增29%。本外币各项贷款余额11.97亿元，比上年增67%。年内新增CRS存取款机1台、累计3台，新增ATM取款机2台、累计3台。发放各类银行卡1526张，累计发放18096张。代理保险、基金销售1273万元，理财产品（含信托）销售38850万元。全年实现中间业务收入1846万元，比上年增79%。全年实现利润3529万元，比上年增498%。

（袁 强）

【江苏张家港渝农商村镇银行股份有限公司】 11月，江苏张家港华信村镇银行股份有限公司更名为江苏张家港渝农商村镇银行股份有限公司（简称张家港渝农商村镇银行）。至年末，该行本外币各项存款余额37677.07万元，比上年增33.38%。本外币各项贷款余额51319.52万元，比上年增41.25%。继续支持“三农”，年末涉农贷款余额比年初增长2.55亿元。支持全市中小企业发展，年内新增信贷支持的小微企业60户、贷款金额2.54亿元。代理销售理财产品7320万元。全年实现利润2408.51万元，比上年增286%。 （刘禹娟）

【华夏银行股份有限公司张家港支行】 2012年，华夏银行股份有限公司张家港支行（简称华夏银行张家港支行）推进进口开证业务、税费担保业务等业务办理，实现总行、江苏省、苏州分行等范围内五项第一。推进资金支付管理系统，12月，江苏沙钢集团玖隆钢铁物流有限公司资金支付管理系统上线业务顺利完成。至年末，该行本外币各项存款余额23.64亿元，比上年增13.13%。本外币各项贷款余额15.11亿元，比上年增91.99%。全年国际结算量8.37亿美元，比上年增50.81%。年内新增NCR存取款机1台、累计2台，新增ATM取款机1台、累计3台。发放各类银行卡4728张，累计发放8496张。实现中间业务收入2154.97万元，比上年增414.55%。全年实现利润5635万元。年内，该行获华夏银行2010~2012年创先争优先进基层党组织、2011年度财富管理先进支行、2012年度“龙盈理财”卓越营销支行等三项总行级荣誉称号。 （赵晓娟）

【苏州银行股份有限公司张家港支行】 2012年，苏州银行股份有限公司张家港支行（简称苏州银行张家港支行）围绕服务中小企业、服务“三农”、服务市民的目标，加快产品服务创新，提供多层次、全方位的金融服务。年内，联合市中小企业局、市人民银行、市金桥中小企业融资服务中心等部门，在经开区、金港镇、塘桥镇、锦丰镇、农联村、滩里村、双龙村等地举办11场中小企业融资交流洽谈会，新增中小企业授信户74户，信贷投放8亿元。重视“三农”业务营销，争取总行专项信贷资源，拓宽营销渠道，发展村级财力和股份合作社合作关系，完成“三农”贷款户6户，累计贷款金额9680万元。开设保函、信用证、内保外贷等业务，办理苏州银行总行范围内首单跨境保函业务、首笔内保外贷业务。8月，联合东吴证券发行中锐教投私募债5000万元，开创中小企业私募债融资新渠道。利用票据直贴业务优势，加大票据直贴业务，全年实现票据贴现32.5亿元。至年末，该行本外币各项存款余额22.71亿元，比上年增149.14%。本外币各项贷款余额15.97亿元，比上年增174.87%。全年国际结算量5亿美元。拥有自动存取款机3台，ATM自动取款机5台。年内发放各类银行卡6102张，累计发放7512张。代理保险销售591万元。实现中间业务收入743.69万元，比上年增1363.09%。全年实现利润4433.36万元，比上年增593.8%。（王 坤）

【兴业银行股份有限公司张家港支行】 2012年，兴业银行股份有限公司张家港支行（简称兴业银行张家港支行）创新金融产品，成功代理发行市城投公司信托理财3.25亿元。助力公共交通事业发展，成功为市交通控股有限公司投放2.8亿元股权并购贷款。为江苏赛富隆重工有限公司发放5000万元供应链金融贷款资金，成为兴业银行省辖内县域支行首个成功操作的订单融资业务。至年末，该行本外币各项存款余额18.21亿元，比上年增88.31%。本外币各项贷款余额16.5亿元，比上年增1140.6%。全年国际业务结算量1318万美元。年内新增ATM取款机1台、累计2台，新增CDS存取款机1台、累计3台。发放各类银行卡2320张，累计发放4356张。代理基金销售3万元。实现中间业务收入651.18万元，比上年减21.27%。全年实现利润3636.05万元。（徐　岑）

【友利银行（中国）有限公司张家港支行】 2012年，友利银行（中国）有限公司张家港支行（简称友利银行张家港支行）本外币各项存款余额14023万元，年内重点开展贷款业务，10月发放成立以来首笔贷款，贷款业务以银行承兑汇票贴现为主，年末贷款余额15630万元。全年国际业务结算量2179万美元，外汇交易量1431万美元。全行拥有存取款一体机2台，年内发放借记卡1718张，累计发放1966张。推出金友财富系列理财产品。实现中间业务收入35万元。

（刘　瑶）

【汇丰银行（中国）有限公司张家港支行开业】 2月8日，汇丰银行（中国）有限公司张家港支行（简称汇丰银行张家港支行）正式营业，营业地址设在市人民东路11号华昌东方广场B座105室。张家港支行是汇丰银行在中国的第113个网点，也是第二家县域支行。该支行侧重于对公业务，为张家港地区的中外资企业提供专业的外汇金融服务。8月7日，完成首笔跨境贸易人民币结算，金额1500余万元，此后陆续完成3笔跨境人民币业务，每笔金额均超1000万元。至年末，该行人民币各项存款余额1890.12万元、贷款余额82173.71万元，外币各项存款余额528.54万美元、贷款余额847.93万美元。全年国际结算量超1亿美元。（封　雨）

【中行为经开区发行10亿元企业债券】 年内，中行张家港分行帮助企业拓展融资渠道，在不占用授信规模的情况下，为张家港经济技术开发区募集10亿元企业债券。企业债券具有期限较长、综合成本较低的优点，适合企业的中长期资金需求，能够改善企业的负债结构和提高企业的抗风险能力。11月23日，10亿元企业债券发债成功，资金进入中行张家港分行资金监管专项账户，该账户专门用于募集资金的接收、存储及划转，保证募集资金的专款专用。

【中行投放使用全市首台硬币兑换机】 6月，中行张家港分行营业部投放使用全市首台硬币兑换机。兑换机中装载的硬币包括1元、5角和1角三种面额，用户插入中国银行的银联卡即可进行硬币兑换业务。硬币兑换机的投放使用是中行张家港分行实施人民币流通满意工程的一项举措，也是对小面额现金非柜面兑换途径的创新，有效节约了用户在柜台排队办理零币兑换的时间。

【中行成功发放永联金融IC联名卡】 年内，中行张家港分行拓展中高端客户代发薪业务，成功为江苏永钢集团发放金融IC联名卡。该卡具备较强的品牌示范效应，有利于永钢集团联峰品牌的推广，同时具有借记卡的金融功能和企业员工卡功能。至2013年1月，11639张IC卡成功开卡，吸收储蓄存款2830万元。

【交行发放全市首笔商标专用权质押贷款】 10月18日，交行张家港分行与省级高新技术企业江苏合丰机械制造有限公司签署商标专用权质押贷款协议，成功发放贷款1500万元，完成全市首笔商标专用权质押，此举开创全市中小企业知识产权质押融资先河。至年末，交行张家港分行中小企业科技金融品牌“金伯乐”累计向全市87家科技型中小企业发放科技贷款9.23亿元。

【农商行组建小微企业信贷中心】 2月，张家港农商行组建的小微企业信贷专营机构——小微企业信贷中心对外营业，此后成立丹阳支行、通州支行信贷分中心。与德仕金融公司合作，在全行范围内组建8支小微企业专业化营销团队，打造“信贷工厂”管理模式。借助电子产品及网络平台，推出的“电子营销服务”被省联社评为服务创新奖。结合“三大工程”建设（富民惠农金融创新工程、金融服务进村入社区工程、阳光信贷工程），共收集户籍信息22.69万条，建立家庭金融档案18.32万户；对家庭户阳光信贷授信1907户，授信总额4.4亿元，网点覆盖率100%，行政村覆盖率97%。联合市个私协会，在全省率先建立以个私协会为平台的阳光评议机制，为全市4万多会员提供阳光信贷服务。

【农商行多渠道开发新兴业务】 年内，张家港农商行加强与国家开发银行统贷平台贷款的业务合作，成为张家港市独家委托贷款行和结算行。与金港担保科创分公司合作，成为该公司合作银行之一；与金茂设备租赁公司开展融资租赁保理业务合作；与第三方监管公司开展动产质押现场监管业务，12月，联合市人民银行、江苏安信投资有限公司、苏州新银通资产监管有限公司等单位开展“动产融资推进月”宣传活动暨合作签约仪式，缓解全市小企业资金困难的局面。

【农商行新资本协议项目有序推进】 年内，张家港农商行完成巴塞尔新资本协议实施规划与路线图设计，与苏南8家农商行签订了《巴塞尔新资本协议建设战略合作框架协议》，启动苏南农商行新资本协议项目的联合建设，并被列入中国银监会重点项目。4月，参与江苏省、苏州市两级银行业监管部门及苏南八家农商行联合建设的机构设置。5月，中国银监会农村银行机构第四次新资本协议试点行联席会议在市召开。7月，安永、普华永道两家咨询公司中标新资本协议规划项目。

【苏州市首笔IFC能效贷款成功发放】 上海浦东发展银行股份有限公司根据中国经济向绿色和可持续发展转型的趋势，发展绿色信贷产品体系，产品包括IFC（国际金融公司）能效贷款、AFD（法国开发署）绿色中间信贷、ADB(亚洲开发银行)建筑节能贷款等十类。6月11日,上海浦东发展银行股份有限公司苏州分行与江苏永钢集团有限公司签署IFC能效贷款协议,由张家港支行为永钢集团(联峰钢铁)提供总金额1亿元的固定资产贷款,用于其高炉煤气发电项目建设。该笔贷款中4000万元加入IFC能效贷款组合,由IFC分担50%的风险,这是苏州市首笔IFC能效贷款,开创了节能减排项目与国际金融公司合作的先河。

【华夏银行张家港支行业务办理实现五项第一】 2012年,华夏银行张家港支行为保税区大宗商品交易结算中心有限公司办理进口开证业务、为江苏海顺捷运国际货运代理有限公司办理2000万元人民币税费担保业务,分别成为华夏银行总行范围内第一笔保税货物项下未来货权抵押开证业务、第一笔税费担保业务。为张家港保税区佳运国际贸易有限公司办理保税货物抵押贷款业务,成为江苏省范围内第一笔保税货物抵押贷款业务。为江苏安信达贸易有限公司办理新银关通税费支付业务、为江苏国泰华博进出口有限公司办理351万美元供应链回购业务,分别成为华夏银行苏州分行范围内第一笔外汇掉期业务、第一笔供应链回购业务。

【苏州首单中小企业集合票据发行】 年内,在贷款规模受限的情况下,由市金融办组织协调,中国人民银行苏州市中心支行指导,中国民生银行股份有限公司张家港支行作为主承销商,为张家港圣汇气体化工装备有限公司、江苏七洲绿色化工股份有限公司两家企业联合发行张家港市中小企业集合票据,注册金额1.8亿元,使用期限3年,资金于5月8日到账。这是张家港乃至苏州地区注册的首单中小企业集合票据,它的发行为当地中小企业在信贷紧缩期间解决融资难题开拓了新的融资渠道。

【全市首单中小企业私募债成功发行】 年内,中国民生银行股份有限公司张家港支行试点开展“中小企业私募债”业务,为保定天威集团(江苏)五洲变压器有限公司2012年中小企业私募债在上海证券交易所成功备案,共募集资金8000万元,发行期限3年,8月3日全部到账。这是张家港地区发行的首单中小企业私募债,它有效缓解了中小企业直接融资周期长、成本高、担保方式难落实等难题。

【张家港沿江区域小微互助合作基金成立】 12月15日,由中国民生银行股份有限公司张家港支行与市工商联联合举办的张家港沿江区域小微互助合作基金成立大会召开,标志着中国民生银行股份有限公司张家港支行城市商业合作社业务正式启动。大会确立由保税区(金港镇)、冶金工业园(锦丰镇)、南丰镇、大新镇等区镇的51名企业家共同组成张家港沿江区域合作社,并在合作社基础上首创成立小微企业合作社互助基金。该互助基金采取小微企业抱团发展、抵御风险的方式,通过批量开发的形式,有效缓解小微企业融资难题。至年末,合作社已审批并投放贷款6700万元。

(齐 静 周丽娜 赵 洁 赵晓娟 戚飞燕 潘立强)

保 险

【概况】 2012年,全市有保险公司39家,保险经纪公司1家、保险代理公司1家。全年完成保费收入25.98亿元,其中财险收入10.63亿元、寿险收入15.35亿元。全年理赔支出7.08亿元,其中财险支出5.7亿元、寿险支出1.38亿元。

2012年张家港市主要保险机构经营情况

表53

项目 财险公司	保费收入(万元)	比上年增减率(%)	理赔支出(万元)	比上年增减率(%)	项目 寿险公司	保费收入(万元)	比上年增减率(%)	理赔支出(万元)	比上年增减率(%)
中国人民保险公司	46792.00	11.70	24730.00	22.83	中国人寿保险公司	65560.11	0.30	882.95	-10.36
太平洋财产险公司	28623.00	14.50	16091.00	12.08	太平洋人寿险公司	30590	2.40	928	-78.94
平安财产保险公司	22652.00	21.00	13231.00	35.90	平安人寿保险公司	33862.17	12.40	—	—
太平财产保险公司	653.39	20.40	—	—	太平人寿保险公司	7290.05	1.90	—	—
紫金财产保险公司	4214.00	11.35	1684.95	110.79	中国人民人寿保险公司	4885.69	-32.70	—	—
大众保险公司	58.24	-48.59	—	—	新华人寿保险公司	5098.15	-19.60	—	—
阳光财险公司	566.63	-10.91	—	—	美国友邦保险公司	1082.90	14.40	—	—
中华联合保险公司	2182.84	27.00	—	—	华泰人寿保险公司	831.23	-35.60	—	—
永安财产保险公司	874.73	77.69	—	—	泰康人寿保险公司	419.50	28.50	—	—

【中国人民财产保险股份有限公司张家港中心支公司】 3月,公司升格为中心支公司,成为张家港保险行业中首家中心支公司。年内,中国人民财产保险股份有限公司张家港中心支公司下设综合部、销售管理部(客户服务部)、出单分中心、理赔分中心、农险部(三农保险部)、中介业务部、财险部(开发部)等7个职能部门,乐余营业部、锦丰营业部等7个营业部和26个营销服务部,从业人员400余人。公司共设立险种10大

类200余个。全年完成保费收入4.68亿元,比上年增11.7%。其中车险收入3.33亿元、非车险收入1.22亿元。保费收入中,车险占比最大,为71.15%。累计处理赔案50547件,理赔支出2.47亿元,赔付率68%,其中车险理赔支出1.93亿元,非车险理赔支出4933万元。理赔支出中,车险占比最大,为78.46%。实现利润3947万元,比上年增22.92%。年内,公司获PICC全国县支公司标杆团队、PICC全省系统创先争优先进集体、PICC全省系统企业文化建设先行示范单位等称号。（陈　科）

【中国人寿保险股份有限公司张家港支公司】 2012年,中国人寿保险股份有限公司张家港支公司下设综合部、客户服务中心、个险销售部、团体业务部及银行保险部,下辖塘桥、乐余、金港、杨舍等4个营业部和7个营销服务部。有从业人员389人,比上年增4人。年内新增险种2个,分别为国泰鑫泰两全保险(分红型)、国寿福禄鑫尊两全保险(分红型)。累计共设险种两大类319种。全年完成保费收入65560.11万元,与上年基本持平。处理赔案5279件,比上年增3.5%,理赔支出882.95万元,比上年减10.36%,综合赔付率41.7%。理赔支出中,长险支出263万元,短险支出619.95万元,短险中健康险支出占比最大,为56%。（聂民荣）

【中国太平洋财产保险股份有限公司张家港支公司】 2012年,中国太平洋财产保险股份有限公司张家港支公司下设总经理室、综管部、销管部、客服部、业务部等部门,下辖4个营销服务部。有从业人员229人,比上年新增18人。年内推出重大客户专人服务、新车续保团队化服务等新举措。全年完成保费收入2.86亿元,比上年增14.5%。其中非水险收入5979.18万元,机动车辆险收入19677.28万元,水险收入1049.02万元,意外健康险收入1917.68万元。累计处理赔案38142件,比上年增23.62%;理赔支出16091万元,比上年增12.08%,赔付率56.22%。理赔支出中,非水险支出2265万元,机动车辆险支出11524万元,水险支出1152万元,意外健康险支出1150万元。实现利润3217万元,比上年增20.04%。市场占有率25.6%。（许　静）

【中国太平洋人寿保险股份有限公司张家港支公司】 2012年,中国太平洋人寿保险股份有限公司张家港支公司下设市区营业部和金港、塘桥、凤凰、乐余、锦丰等5个营销服务部。有从业人员570人,比上年新增180人。年内,公司完善服务网络,开展社区服务项目,为社区居民提供保险咨询、理赔、办理业务等服务。全年完成保费收入30590万元,比上年增2.4%。其中个险期缴5367万元,意外险1165万元,银邮期缴989万元,银邮趸缴4644万元,续期14940万元。保费收入中,续期占比最大,为48.8%。累计处理赔案3012件,理赔支出928万元,赔付率29%。其中意外险理赔支出282万元,健康险理赔支出383万元,个人寿险理赔支出263万元。理赔支出中,健康险理赔占比最大,为41%。（魏　娟）

【中国平安财产保险股份有限公司张家港支公司】 2012年,中国平安财产保险股份有限公司张家港支公司下设总经理室、人事行政部、企划财务部、业务管理部、客服理赔部等部门,从业人员125人,比上年增3人。全年完成保费收入22652万元,比上年增21%,计划达成率99.8%。其中车险收入19606万元,比上年增23%;财产险收入2551万元,比上年增12.7%;意健险(意外险、健康险)收入495万元,比上年减5%。市场占有率19.7%,居全市同业第三位。公司理赔服务实现从总公司到支公司"平安车险,全国免费道路救援,让您车途无忧"的社会承诺,成为首家开通网上投保业务的保险公司。为提升全案赔付时效,推出"一袋式"揽收服务新模式。为加快理赔到账时间,推出"时效终结者"服务,使客户享受到更便捷更优质的服务。电话车险销售渠道、车行业务销售渠道、综合开拓销售渠道得到快速发展。全年理赔支出13231万元,比上年增35.9%。（陆凯萍）

【紫金财产保险股份有限公司张家港支公司】 年内,紫金财产保险股份有限公司张家港支公司设总经理室、综合管理部、业管部、客服部、业务部以及车行业务部。有从业人员46人,比上年增5人。全年完成保费收入4214万元。其中车险收入2188.9万元,财产险收入1587.4万元,意健险(意外险、健康险)收入437.7万元。保费收入中,车险占比最大,为51.9%。全年累计处理赔案4515件,理赔支出1684.95万元。全年道路救助基金共垫付费用42笔,垫付金额119.73万元。（陆　巍）

证券·期货

【概况】 2012年,全市共有证券营业部6个,其中东吴证券股份有限公司张家港分公司有杨舍、金港、锦丰3个证券营业部,华泰证券股份有限公司有杨舍东街、金港镇长江中路2个证券营业部。有期货营业部3个,分别为东华期货、东吴期货、中粮期货。

【东吴证券股份有限公司张家港分公司】 2012年,东吴证券股份有限公司张家港分公司下设总经理室、综合部、财务部、信息技术部、业务管理部、财富管理中心等6个部门,下辖杨舍、金港、锦丰3个证券营业部。有从业人员60人。分公司提供IPO、中小企业私募债、财务顾问等综合金融业务。各营业部开设沪深A股、B股、权证、期货、国债、企业债券、国债回购、封闭式基金等交易品种,提供现场交易、电话委托交易、网上交易、手机炒股等交易方式,并与中国银行、农业银行、工商银行、建设银行、交通银行等13家银行建立客户保证金三方存管业务。营业部客服中心实行客户经理制,为客户提供一对一服务,并提供电话咨询、在线咨询、短信、盘中提醒等多种咨询服务。2012年,共完成交易额333.09亿元,实现利润2852万元。（肖　贝）

【华泰证券股份有限公司张家港杨舍东街证券营业部】 2012年,华泰证券股份有限公司张家港杨舍东街证券营业部有员工33人。开设A股、B股、债券、基金、权证、三板、H股、融资融券、IB业务等交易品种,提供网上交易、电话委托、磁卡委托、手机炒股、网上页面委托等交易方式,与工商银行、农业银行、中国银行、建设银行、交通银行、浦发银行、招商银行、中信银行、农商行等多家银行建立三方存管业务。该营业部是张家港地区唯一具有开办融资融券业务资格的营业部,年内融资融券共开户509户,有效户107户。同时依托公司的研究平台,在张家港地区推行华泰客户尊享积分俱乐部服务及紫金理财服务体系。营业部在"涨乐理财"服务体系的基础上推出升级版"涨乐宝"等综合理财服务,并逐渐成为客户所接受的移动随身理财工具。全年实现交易额299.74亿元,比上年减28.58%,累计实现开放式基金销售3076.53万元。全年实现利润3049万元,比上年减33.32%。 (夏良亮)

【南京证券股份有限公司张家港步行街证券营业部】 2012年,南京证券股份有限公司张家港步行街证券营业部设有散户区、中户区、大户区及贵宾区,有从业人员9人。营业部开设沪深A股、B股、债券、基金、权证、三板及债券回购等交易品种,年内新增融资融券业务。营业部提供现场交易、电话委托交易、网上交易、手机委托交易等交易方式,与工商银行、农业银行、中国银行、建设银行、交通银行、招商银行、民生银行、浦发银行、光大银行、华夏银行等先后建立三方存管转账业务。营业部设有期货交易专区。全年完成交易额201.73亿元,比上年减39%,其中手续费收入1030.73万元。实现利润503.16万元,比上年减43.65%。 (钱文娟)

【江苏东华期货经纪有限公司张家港营业部】 2012年,江苏东华期货经纪有限公司张家港营业部设有经理室、技术信息部、业务部、交易部、财务部等部门,有从业人员8人,均持有期货从业资格证书。公司配备文华、澎博、富远、天狼、汇点五套行情系统,金仕达、易盛两套交易系统,交易方式采用网上交易、电话报单、临柜书面委托、手机下单等多种形式。至年末,拥有固定客户756人,成交额120亿元,实现客户保证金收入8600万元。

(陆丽华)

其他金融机构

【概况】 全市有农村小额贷款公司10家、科技小额贷款公司1家,全市小额贷款公司全年累计发放贷款124.16亿元,年末贷款余额38.41亿元。有融资性担保机构9家,注册资本累计16.1亿元,全年为1516户中小企业提供2078笔担保业务,担保金额83.56亿元,年末在保余额60.28亿元,全年实现担保费收入1亿元。有典当机构9家,分别为张家港市锦泰典当有限公司、苏州广聚源典当有限公司、张家港市鸿笙典当有限公司、张家港市金生典当有限公司、张家港保税区宝盛典当有限公司、张家港市盈祥典当行有限公司、苏州鼎丰典当有限公司、苏州东鑫典当有限公司、张家港市永盛典当有限公司,年末累计典当余额12177.5万元,净资产21043.8万元。有主要拍卖机构6家,分别为苏州天润拍卖有限公司、江苏广聚源拍卖有限公司、苏州富城拍卖有限公司、苏州泓泰拍卖有限公司、江苏康力拍卖有限公司 、苏州正泰拍卖有限公司,年内共举办拍卖会100场,成交额49047.69万元。另有融资租赁公司1家、财务公司1家、创业(风险)投资公司21家。

【市金港投资担保有限公司】 张家港市金港投资担保有限公司成立于2002年7月,是由市政府组建的国有全资担保机构。公司以服务为主,盈利为辅,把拓宽融资渠道、帮助中小企业解困、确保经济平稳发展作为首要任务,建有一整套简捷、高效的组织结构体系,并按规范的现代企业管理理念实施运作。2012年注册资本增资1亿元,达到4.5亿元。公司设办公室、业务部、风控部3个部门和1个担保审查委员会,有员工18人、兼职法律顾问2人,与12家银行开展业务合作,为中小企业提供流动资金贷款、银行票据、银行保函、贸易融资等业务的融资担保,同时开办现代农业和个人创业两个特色融资担保项目。12月,成立科创分公司,重点为全市科技创新型中小企业提供更优质的融资担保服务。至年末,公司在保客户386家,担保余额24亿元,累计担保余额154亿元。 (徐 红)

【江苏广聚源典当有限公司】 江苏广聚源典当有限公司是国家商务部批准设立的特殊工商企业,是中国典当协会委员单位、江苏省典当协会委员单位、江苏省典当协会常务理事单位、苏州市典当拍卖投资常务理事单位、江苏省典当协会评定的十家"江苏省典当诚信经营示范企业"之一。2012年,公司拥有员工15人,其中中国贵金属首饰鉴定师、中国宝玉石鉴定师、中国钻石鉴定师2人,中国注册旧机动车高级鉴定估价师2人,中国注册房地产估价师3人,经济师2人,会计师1人。公司主要经营质押典当业务、房地产抵押典当业务、限额内绝当物品的变卖、鉴定评估及咨询服务、国家商务部依法批准的其他业务。全年共办理典当业务9403笔,累计发放贷款10942.9万元,比上年增85.55%。

(王国星)

【苏州市富城拍卖有限公司】 苏州市富城拍卖有限公司是中国拍卖行业协会会员单位、中国拍卖AA级企业、江苏省拍卖行业协会会员单位、江苏省拍卖行业诚信经营示范单位、苏州市工商联典当投资与拍卖业商会理事单位、张家港市青商会会员单位。2012年,公司有员工12人,其中国家注册拍卖师2人,注册土地评估师2人(兼职),中级职称8人。该公司提供法律咨询、营销策划、信息发布、对外招商等系列服务,主要经营国家法律法规和政策允许的物品拍卖、拍租业务,全年举办拍卖会18场,成交额2.08亿元。 (徐 芳)

【编辑 陆文琰】

综合经济管理

发展计划管理

【概况】 2012年,市发展和改革委员会把握产业现代化这一经济发展重点,全面推行项目化、品牌化工作机制,强化产业发展研究,突出规划政策导向,坚持项目引领,创新开展“拼抢五个月”实践活动,全市主要经济指标在攻坚克难中实现整体平稳增长。全年完成地区生产总值2050.58亿元,比上年增10.9%,人均地区生产总值2.62万美元。全社会固定资产投资702.98亿元,比上年增20.62%。其中工业投资412.65亿元,比上年增17.76%,继续居苏州县市之首;房地产投资83.76亿元,比上年增11.75%。累计新批外地资本项目1853项,注册资本103.98亿元,比上年增23%,完成外地资本投入工作量123.38亿元,比上年增33.05%。至年末,外地资本逐年累计完成投入工作量669亿元。完成服务业增加值847.54亿元,比上年增15.2%,占GDP比重达到41.6%,比上年提高2.1个百分点。全市全社会用电量265.59亿千瓦小时,比上年增2.31%,其中工业用电246.75亿千瓦小时,比上年增1.49%。年内,市发改委党组被评为苏州市2010~2012年创先争优·科学发展争一流先进基层党组织,市发改委获张家港市综合贡献奖荣誉。

规划编制 年内,市发改委积极协调落实“十二五”期间重大项目和重点工程,推进9个区域规划、20个专项规划的编制工作,形成全方位、多层次的“十二五”规划体系。围绕产业发展重点领域、重点区域和重点环节,编制完成锂电等产业规划以及港口功能定位及临港产业布局概念性规划。通过争取,石化期货交易所、汽车整车进口、玖隆物流、沙洲电厂二期、华兴电厂二期等重大项目建设,以及玖隆物流封闭运作财税优惠、农商行上市、苏州港享受海港待遇等政策扶持建议,均列入省政府《苏南现代化建设示范区规划》。从2011年四季度起,面对严峻复杂的经济形势,市发改委密切跟踪新情况、新动向,注重发现苗头性、倾向性问题,组织开展“一月两报”经济运行月度分析,月中和月底分别提交上月经济运行详报和当月经济运行快报,就经济运行的阶段性特点、可预见走势和相应对策措施向市委、市政府提供情况和建议。起草《关于调整2012年部分经济指标预期目标的说明》报市政府,建议对部分指标年度目标进行调整,经市政府专题通报,市人大常委会批准目标调整建议。四季度,向市人大递交《关于张家港市2012年国民经济和社会发展计划执行情况与2013年国民经济和社会发展计划草案的报告》,提出2013年经济工作建议,若干可行性意见在市委全委会和市政府年度工作报告中得到充分采纳。

政策研究 年内,市发改委积极推动服务业、重大项目、电力保障、民生实事等专题研究,完成各类专题工作简报60余期。研究出台《鼓励太阳能光伏发电示范工程建设工作意见》《扶持光伏产业发展有关意见》,以应对光伏产业发展面临的困境。全市完成新兴产业投入166.8亿元,比上年增17%,总量居苏州县市第一。研究出台《张家港市领军人才投融资扶持办法》《张家港市领军人才项目融资担保和信贷补偿办法》和《中小科技企业产业化项目信贷风险补偿专项资金管理办法》等配套办法,建立完善领军人才项目投融资扶持体系,综合办理12个领军型人才项目融资需求,解决融资4700万元。研究出台并实施《张家港市保险业参与支持社会创新管理的实施意见》,通过设立保险业参与创新社会管理专项资金,推动社会管理创新发展,其中农产品价格指数险(全省首创)、新市民意外险和计生特扶人员住院护工补贴保险3项险种,列入2013年政府实事工程。创建省金融生态优秀市,年内通过现场考核。与国家开发银行苏州分行签署中小企业统贷平台合作协议,在苏州各县市中首家开展中小企业统贷平台业务。承办2012年张家港经济发展多元化融资合作高峰会,举行2012年张家港(苏州)融资项目汇报会,当场签约165亿元。推动直接债务工具创新发展,首单8000万元中小企业私募债在上海证券交易所备案发行,首单1.8亿元中小企业集合票据成功发行,并积极推动成长型企业参与“区域集优”集合票据融资。引导、推动发展前景较好的企业引进战略投资者,9家成长期企业引进私募资金5.35亿元。4家上市公司完成再融资,募集资金20.1亿元。新增上报首发申请材料企业3家,累计4家；新增辅导企业4家，累计8家；新增完成股改企业10家；新增拟上市企业9家，累计26家。张家港市获评苏州市推进企业上市优秀地区。积极实施十二大类23项改革重点工作任务，全面落实国家出口退税、“营改增”试点等结构性减税政策，市财政累计兑付政策性扶持资金10.2亿元，为企业减免各项收费6586万元。年内，落实兑现服务业扶持引导资金、上市补贴资金近1.36亿元，惠及160余家企业。紧扣政策规划项目，推进重大产业项目建设。列入苏州市级以上总投资643亿元的25个重点项目进展顺利，全年完成投入223.75亿元；张家港市级重点推进的总投资1746亿元的50个重大产业项目，完成投入200.6亿元。永钢集团“百亿项目、千亿企业”工程启动，康得新光学薄膜、沙钢冷轧、扬子江石化等项目加快建设，银河锂业、西马克冶金装备、浦项产品结构调整等项目竣工投运。全年完成载体建设投入100亿元，新增创新创业载体面积30万平方米。涉及社会关爱、便民服务、教育文化卫生、“菜篮子”和城镇设施改造等五大类26项实事工程项目，完成投入12.6亿元，除2项跨年度工程外，绝大部分项目提前完成并交付使用。

项目审核报批　产业项目方面：市发改委组织通过省发改委审批项目10项，其中3个点供项目申请用地指标240公顷。总投资6.73亿元的华尔润玻璃产业结构调整和技术升级改造项目获省发改委审核并转报至国家发改委受理。富瑞特种装备汽车发动机再制造油改气产业化项目、南源光电科技太阳能光伏电缆项目、苏州双象光学材料年产8万吨聚甲丙烯酸甲酯树脂项目等3个点供项目获得备案。联合铜业再生综合利用废杂铜年产24万吨阳极铜及延伸加工10万吨阴极铜项目、胜海变压器项目等2个点供项目获得延期。华尔润集团在香港设立投资贸易平台项目、鹿港科技公司在香港设立贸易平台项目、东华能源公司增资东华能源(新加坡)国际贸易有限公司项目、东渡纺织集团在柬埔寨独资建设服装生产项目等4个境外投资项目获得核准。能源电力项目方面：沙洲电厂二期“上大压小”扩建项目取得国家能源局“路条”，永兴热电背压机组替代改造项目获省发改委核准，新能源产业园20兆瓦金太阳示范项目列入2012年度国家“金太阳”示范项目名录，宏宝光伏电站、中广核农业光伏电站列入省2012年度光伏发电扶持政策项目。基础设施项目方面：疏港高速工程项目、西水道整治工程二期获省发改委初步设计批复，圣汇重装码头项目获省发改委核准。同时，注重转型导向，优化审批流程，全年市发改委窗口受理项目1550件，均在市行政服务中心平台上运行，提前率、办结率均为100%。

【资金与指标争取】　市发改委继续抓好各级扶持资金、专项资金的争取落实，对上争取项目数、资金量名列全省前茅。全年争取太湖流域水环境治理第五期、第六期(第一批)省级专项资金1.39亿元，争取2012年城镇环境治理中央预算内投资3000万元、水利专项资金750万元、沼气专项资金95万元、畜禽养殖专项资金200万元(其中奶牛项目170万元、生猪项目30万元)、农技推广专项资金72万元、乡镇畜牧兽医站建设专项资金40万元。新美星包装机械公司超轻量PET瓶饮料高速吹灌旋一体化成套装备制造项目被批准列入2012年产业结构调整专项，获得中央预算内资金2026万元。联冠新材料公司年产22万米钢丝网骨架超高分子量聚乙烯复合中压管项目被批准列入2012年工业中小企业技术改造专项，获得国家专项资金190万元。落实省级以上服务业扶持资金项目5项共1300万元，其中玖隆物流获国债扶持450万元，众益物流获国家服务业引导资金扶持220万元，保税区金融中心、众捷新能源物流获省级服务业引导资金530万元，澳洋高档健康中心获省服务业贷款贴息99万元。鹿港科技公司多品种纤维高品质纱线纺纱项目申办进口设备免税通过国家发改委确认，涉及用汇2120.2万美元。积极争取农产品配额，年内共为46家企业申请农产品进口配额，先后4批32家企业获批农产品进口配额15.74万吨，其中棉花13.69万吨、小麦5500吨、玉米1.5万吨。　　（邓立新）

国有资产经营管理

【概况】　2012年，市国有资产管理办公室继续深化国有资产管理改革，利用资源整合、股份改革等多种手段，会同相关单位做好暨阳湖旅游发展有限公司等多个单位国有股权变更、调整和转让工作。规范市属国有资产基础管理。完善市属国有资产公司“十二五”规划，细化市属国有资产公司年度重点工作、目标任务。完成2011年度纳入监管范围的12家国有企业资产统计报表的编制上报工作。做好国有资产经营公司国有资本收益收缴工作，收缴国有资本收益3883.31万元。强化行政事业单位国有资产监管，组织开展市级机关事业单位非自用房产拍租工作，签订租赁合同金额374万元。做好市体育馆、市游泳馆等单位整体资产注入市国有资产直属公司相关工作，妥善处理沙洲职业工学院搬迁至高职园区的部分资产分类处置事宜，组建高职园区项目公司。

（黄　超）

【市城市投资发展集团有限公司】

为增强市城市投资发展有限公司可持续发展能力，实现跨越式发展战略目标，7月20日，经十届市委第21次常委会研究决定，正式组建成立市城市投资发展集团有限公司（简称市城投集团）。年内，市城投集团完成了5家子公司的职能定位、机构设置和人员配备，各子公司均开始独立开展工作，全面实现集团化管理。集团围绕年度城建工作计划，重点攻关，加速突破，新城区建设、拆迁安置房建设、市政道路配套建设等各项工作稳步推进，全年完成城建项目投资总额约62亿元。全力推进新城区建设。城北科教新城以沙洲湖、沙洲湖科创园、沙洲湖大酒店为重点项目推进。沙洲湖工程年内完成投资额4.5亿元，湖区土方开挖完成，市政配套、绿化景观、景观大桥等初现形态。沙洲湖科创园工程占地约12万平方米，总建筑面积约

32万平方米，投资总额15亿元，8月开工建设，年末多层封顶，高层完成部分地下室建设，完成投资额约6.5亿元。沙洲湖大酒店按照精品商务酒店标准，经多次方案调整和优化，11月开工建设。城西新区西拓和北延工程进展顺利，北延区域完成全部民宅和部分商品房、企业的协议签订工作；西拓区域涉及拆迁户2497户，完成评估2411户，签订协议1872户，其中重点拆迁区域百家桥村101户全部完成。七里庙小区三期、港新花苑等拆迁安置房项目开工建设，护城河周边景观工程等市政配套设施建设同步启动。东城区域完成开发前期准备工作，完成《东城中央景观区规划》，同步启动新航华苑和丽新花苑两个安置房建设项目。全年实施市政道路项目18项，道路建设总里程约23.4公里，总投资8.9亿元。其中结转道路项目10项，建设里程约12.4公里，工程总投资4.7亿元，年内全部竣工。新建项目8项，建设里程约11公里，工程投资4.2亿元，城北路东延、一干河东路、一干河西路3个项目竣工，总里程约4.8公里，完成总投资2.4亿元。安置房建设中，围绕“把安置房工程建成质量过硬、群众满意的惠民工程”目标，不断强化工程监管，年初出台《工程建设管理规程》《工程施工考核办法》《工程监理考核办法》等创新制度，加大项目的管理力度，提升建设水平。年内有在建安置房项目23项，其中新开工项目7项，结转项目16项，建筑总面积295.66万平方米。8月末前西庄花苑二期、城东花苑二期、中港花苑二期、通运新村、锦绣花苑二期小高层5个项目竣工，提前实现“年底确保竣工28.5万平方米”的目标。锦绣花苑三期西区、小莱巷、江帆花园北区一期3个项目年末竣工。全年竣工面积47.4万平方米。（韩　露）

【市金茂投资发展有限公司】

2012年，市金茂投资发展有限公司（简称市金茂公司）倡导拼抢意识，在加大有效投入、加快创新国有企业发展模式、优化投融资服务环境等方面狠下功夫，全年实现各项经营收入6826万元。至年末，公司总资产38.77亿元，净资产12.77亿元。积极打造融资新平台。5月，市金茂公司出资1.5亿元合资成立苏州金茂设备租赁有限公司。9月，苏州金茂设备租赁有限公司获批融资资格并完成外资引进，同时更名为江苏金茂融资租赁有限公司，12月11日举行开业典礼，为全市首家融资租赁公司。加大市场营销力度，围绕直租和回租模式，积极寻求合作客户，与富瑞特装、华东锅炉、浩然纺织、澳洋集团、中捷机电、海狮集团、其元集团等公司有业务往来，业务金额2.5亿元。发挥杠杆效应，做大融资租赁业务，与4家银行签订合作协议，授信总金额超过10亿元，实际融资9000万元。拓展创投新领域。下属创投公司实施华菱化机、广大锻造、智慧港城、同冠微电子等投资项目4项，总金额9500万元。签订投资协议或投资意向项目5项，分别为江苏沃王海工装备制造股份有限公司1.5亿元、江苏多维科技有限公司2000万元、苏州矩阵光电有限公司1500万元、江苏德一新型建筑材料科技有限公司3000万元、张家港丽恒光微电子科技有限公司1000万元的股权投资。拓宽项目资源收集渠道，全年考察新装备、新能源、新材料、生物医药等产业项目81项，考察人才项目36项。做好股权退出工作，对彩虹光伏、迈泰生物、苏闽金属3家企业实施股权退出，总金额9600万元。继续做好引导基金参与设立创投基金，对引导基金参股的合作基金运作模式进行探索和创新。引导基金参与设立上海起乾点坤创投基金，基金规模2亿元，其中引导基金出资1000万元。引导基金历年累计参与设立创投基金7只，总规模17.3亿元，引导基金承诺出资1.5亿元，实际出资1.37亿元，2012年收益1720万元，累计收益2795万元。金茂大厦工程推进顺利，新组建金茂物业管理有限公司，成立大厦建设推进工作领导小组，年内投入资金2亿元，大厦主楼结构完成超过20层。狠抓租赁管理和应收款回收工作，做好金鸿顺公司资产转让的评估、审查、结算等各项工作，回收资金1845万元。此外，稳妥推进牡丹集团资产处理等相关事宜，全力确保平稳过渡。（邱月花）

【市金城投资发展有限公司】

2012年，市金城投资发展有限公司（简称金城公司）围绕“做大做强”工作主线，扎实推进创新举措，新增股权投（扩）资9.35亿元，上缴国有资本收益674.72万元，实现收益5995.76万元。至年末，公司总资产86.5亿元，比上年增32.38%，净资产27.8亿元。股权管理取得突破。北京三吉利能源股份有限公司河南分公司资产实施重组，沙州电力有限公司二期2台100兆瓦“上大压小”（上大发电机组，关停小发电机组）扩建工程获批并奠基开工，常熟发电有限公司二期2台100兆瓦“上大压小”扩建工程通过核准。重大项目得到落实。金城中银大厦提前开工，大厦建筑面积约6万平方米，总投资约4.3亿元，计划2014年10月前竣工。沙洲湖金城大厦项目前期工作启动，预计总投资4.5亿元。江苏科技大学苏州理工学院挂牌，其中金城公司出资9.2亿元，与江苏科技大学共同办学。双山岛开发投资搭建融资平台，理顺产权关系。出资注册组建绿化、农业、建设、旅游发展等4家公司，收并双山岛原有4家公司股权、债权计23040.7万元。完成双山休闲运动俱乐部民营资本退出及岛内公有资产划转、归并工作。加强融资运作与资金管理，整合岛内村级闲置资金2000万元，以“万顷良田工程项目”及子公司平台向银行融资10.51亿元。落实拆迁安置费、“下征上不征”结算、高尔夫酒店2.79公顷商业用地挂牌出让、老街改造和农业、绿化工程等款项9.35亿元。完善高尔夫球场及其配套设施，在原有27洞球场基础上，拟扩建9洞灯光球场，年内完成施工设计方案。完成高尔夫会所的翻新装修工程，启动娱乐楼装修施工。启动江堤外36洞高尔夫球场及会所的规划、设计及江堤围垦可行性研究等前期工作，启动建造市区高尔夫练习场及配套会所的选址、调研等前期工作。有序推进双山岛基础设施改造及建设，研究确定双山岛南北码头改造方案、江岛三号设计方案，启动蟠江路改造前期可行性方案研究，启动过江隧道设计方案（意向采用BT模式建造），启动建造简易货运码头、堆放场及配套设施的前期工

金城中银大厦开工奠基　　　　（市金城公司　供稿）

作。天然气及LNG(液化天然气)应用推广工程展现新形象。港华燃气公司增速发展,凤凰门站迁建工程竣工。全市基本实现天然气主管网“镇镇通”,全年新增天然气管道100千米,累计约844千米;新增工商业用户100户,累计424户;新增民用配套用户(含老城区改造用户)2.5万户,累计11万户。全年实现天然气供应3.46亿立方米。组建江苏金宏华新能源有限公司,规划3年投资建设LNG(液化天然气)、CNG(压缩天然气)加气站8座,年内开工建设1座。组建市金城港华天然气利用有限公司。启动LNG液化储备调峰项目,预计总投资5000万元。融资工作取得新成果。启动并推进金城二期18亿元企业债发行工作。配合财政做好企业债券、信托产品、理财产品的发行工作。年内新增融资担保32.88亿元,至年末贷款余额37.38亿元,担保余额62.64亿元。

（吴瑕瑕）

国土资源管理

【概况】 2012年,市国土资源管理部门积极对上争取,保障用地需求,严格土地执法监察,强化国土资源基础管理,切实保护耕地红线。5月6日,中国国土资源报社基层联系点揭牌仪式在市国土资源局举行,张家港市成为《中国国土资源报》联系点。年末,市国土资源局被市委、市政府授予突出贡献奖。

土地利用管理　年内,全力做好全市实事工程、重点工程和重大工业项目用地保障工作。对急需动工建设的重点工程,通过争取点供和独立选址用地指标等办法,办理农用地转用征收和供地手续。全年经批准农用地转征用地894.11公顷,其中新增建设用地605.1公顷。增加单独选址和工业点供项目用地391.65公顷,完成各类项目供地244宗、873.25公顷,工业用地公开交易129宗、494.34公顷,成交总价17.13亿元。盘活存量建设用地228宗、392.33公顷。为维护被征地农民和农村集体经济组织的合法权益,制定出台《关于调整征地补偿标准和安置办法的通知》,加快推进历年遗留的征地安置处置的扫尾工作,累计涉及安置人员8057人,遗留安置问题基本得到解决。年内,张家港市以全省前十名的成绩被评为省高标准厂房建设与使用先进地区。

土地规划管理　年内,根据各用地项目的轻重缓急,对各区镇的允许建设区进行调整,并通过省国土资源厅批准,调整面积128.47公顷。以万顷良田建设工程为龙头,完成农业用地区土地复垦346.73公顷(含金港镇、现代农业示范园区万顷良田复垦99.2公顷)。积极开展土地开发整理和易地占补平衡工作,全年上报列入省补充耕地项目库土地开发整理项目4项,新增耕地面积329.16公顷,其中通洲沙西水道一期工程新增耕地317.24公顷。做好建设项目用地预审工作,全年办理各类建设项目用地预审27件,其中张家港市预审22件、报省国土资源厅预审4件、报国土资源部预审1件,预审总面积322.91公顷。积极向省国土资源厅争取独立选址及点供项目建设用地计划,9个项目获得独立选址用地计划,新增建设用地计划190.54公顷;共向省国土资源厅上报10个点供项目,用地总面积179.89公顷。

地政地籍管理　认真开展集体土地所有权发证工作。积极开展变更城镇地籍调查工作,同时对城镇地籍信息系统内的宗地进行整合,对废宗地进行梳理、删除。进一步规范土地登记发证工作,全年发放土地使用证24256本,办理房产开发商分割宗地439宗,发放分割转让许可证书20582本,比上年增31.2%;办理抵押登记1427份,抵押总面积2520.2公顷,抵押总金额178.09亿元。

土地执法监察　积极开展创建省土地执法模范县市工作,年末,张家港市被评为江苏省土地执法模范创建工作先进市。重视土地执法监察工作,制定出台《张家港市土地执法监管共同责任制实施办法》,从责任主体、适用范围、工作机制、职责分工、司法协助、追责问责等六方面作出详细规定。依托GPS国土资源监察信息管理系统,严格落实“早发现、早报告、早制止”制度,切实降低土地违法案件发案率,遏制新增违法用地。对年内新增违法用地,均在第一时间赶至现场进行制止,并逐宗落实整改措施。加强与建设、规划、纪检、公安等部门的协作配合,实行联合执法,发现问题,随时解决。

【土地储备交易】 市土地储备中心坚持科学经营城市理念,在收购储备、拆迁安置、土地出让、资金运作等四方面积极开展工作。全年储备土地313宗,总面积532.27公顷,储备总成本47.93亿元。其中经营性用地232宗,面积334.53公顷,比上年增15.42

公顷，储备成本42.05亿元；工业用地81宗，面积197.73公顷，储备成本5.88亿元。经营性用地按收储区域划分：市区137宗，面积94.8公顷，储备成本27.78亿元；镇区95宗，面积239.73公顷，储备成本14.27亿元。年内市区共与754户拆迁户签订安置补偿协议，完成国泰华荣公司等12个地块约10.21万平方米的旧房屋拆除招标工作，回收房屋残值484.52万元。委托市城投集团代建范庄花苑、前溪锦苑等5个安置房项目，在建总面积89.44万平方米。完成中港二期、民丰苑东区2个地块208户、271套安置房分房工作。全年出让经营性用地73宗，总面积208.73公顷，比上年增90.53%，成交总价102.25亿元，比上年增61.69%。其中，市区出让20宗，面积91.59公顷，成交价68.2亿元；镇区出让53宗，面积117.15公顷，成交价34.05亿元。另通过公开挂牌、拍卖的方式出让工业用地136宗，面积580.2公顷，成交总价20.12亿元。

【成功争取省级土地复垦专项资金】 全市高度重视城乡建设用地增减挂钩工作，2012年共完成城乡建设用地增减挂钩土地复垦面积287.93公顷，并通过苏州市级验收及省国土资源厅抽查。城乡建设用地增减挂钩(第二批)实施规划编制完成并获得省国土资源厅批准，批准建新区用地面积162.33公顷，其中新增建设用地119.13公顷。12月20日，省财政厅、省国土资源厅下发文件，下达全省2012年城乡建设用地增减挂钩土地整理项目预算指标，张家港市连续第三年成功争取到该项目专项资金，获批预算资金669万元。

（黄　喆　王翠翠）

工商行政管理

【概况】 2012年，张家港工商局围绕苏州工商局“规范建设年”，张家港市委、市政府“民生水平提升年”主题和效能建设工作主线，以创建四个“示范岗”(红盾服务创业示范岗、红盾消费维权示范岗、红盾品牌培育示范岗、红盾强农惠农示范岗)为载体，规范建设提效能，创新创优促发展，履职尽责惠民生。张家港工商局被省工商局评为创建“红盾品牌培育示范岗”先进集体，被苏州工商局评为“先进县级局”，被市纪委评为廉政文化建设示范单位。局党组被市委命名为基层组织建设年、创建服务型基层党组织。在苏州工商局年终考评中，食品流通管理、消费者权益保护、个体劳动者和私营企业协会3个条线位列第一，15个条线获得通报表彰。

企业登记管理 年内，全市登记新设各类内资市场主体11188家。其中，新登记内资企业131家，注册资本34.62亿元；新登记私营企业2274家，注册资本78.13亿元；新登记个体工商户8635户，注册资本7.92亿元；新登记农民专业合作社149家，资金数额1.64亿元。至年末，全市有内资企业2023家，注册资本488.04亿元；私营企业19218家，注册资本644.23亿元；个体工商户49953户，注册资本30.01亿元；农民专业合作社549家，资金总额10.62亿元。新登记外商投资企业49家，投资总额7.1亿美元，注册资本3.22亿美元，其中外方认缴2.75亿美元。有38家外资企业办理增资手续，共增加投资6.13亿美元，注册资本3.45亿美元，其中外方认缴1.93亿美元；有21家外资企业办理减资手续，共减少投资8200万美元，注册资本4300万美元，其中外方认缴3400万美元；有1家外商投资企业办理注销登记手续。至年末，全市共有外商投资企业710家，其中合资企业327家、合作企业7家、独资企业376家，投资总额107.48亿美元，注册资本54.95亿美元，其中外方认缴39.72亿美元。

合同管理 年内，张家港工商局共办理动产抵押登记312件，帮助企业融资56.23亿元。累计建立农村合同帮农指导站148个，合同助企32家。组织各类合同培训6场，培训企业771家。监管拍卖企业行为44场次。办理合同案件112件。落实6个行业合同格式条款，备案合同文本49份，新发展苏州市级重合同、守信用企业25家，新发展张家港市级重合同、守信用企业627家。

商标和广告管理 年内，全市新增商标申请量2685件，新增驰名商标5件、省著名商标11件。至年末，全市累计有效注册商标16921件，在全省率先实现“一企一标”；其中经行政认定中国驰名商标11件，江苏省著名商标123件，苏州市知名商标95件，位居全省前列。新增“常阴沙”大米地理标志1件，累计2件。全市自主品牌企业完成的增加值占地区生产总值的比重达到26%，位居全省第一。在苏州地区率先全面推行“户外广告示范街”创建工作，加大对媒体广告的监测和后续监管力度，加强对出租车、LED显示屏、特供、专供、贷款类广告的监

开展食品广告专项检查，集中治理虚假广告　（张家港工商局　供稿）

管。全年监测媒体广告14.5万余条，检查网络广告5086条，查处违法广告案件86件。

执法和维权　年内，张家港工商局不断完善执法交流合作体系，与公安、检察等部门建立执法办案联动协作机制，深化与法院、检察院等部门间的服务品牌经济协作共建机制，实现多方优势互补、信息互通、资源共享。全年查办各类违法案件417件。组织开展证照管理“联查共检互评”活动，共取缔疏导无证无照经营户1575户；多次开展百人以上的专项整治行动，妥善处理无证经营、车库非正常使用、黑网吧及噪声扰民等投诉90余件。深入开展“双打”行动(打击侵犯知识产权和制售假冒伪劣商品专项行动)，查处商标假冒侵权案件37件，移送司法机关处理案件2件。加强流通领域食品监管，检测食品2900余批次，办理案件111件。积极探索监管新举措，推行行政约谈、食品案件申(投)诉研判机制，成立食品流通行业协会和“道德讲堂”。不断细化监管领域，加大临界到期食品管理力度，全市大型商场、超市全部建立临界食品专柜。全年接受消费者咨询10539人次，受理消费者投诉238件，处结率100%，为消费者挽回经济损失112.95万元。

【LED广告监管效能提升】 LED电子显示屏广告具有随时发布、随时调整的特性，且广告画面不断滚动，按照现有手段对LED电子显示屏播放的广告进行无缝监管具有较高的难度。尤其是发现违法广告时，难以取证。为解决这一难题，张家港工商局通过安装利用大屏播控系统软件，随时将企业上报的视频材料与企业LED电子显示屏实际播放内容进行比对，真正做到远程监管、实时监控、证据保全，促使企业进一步做好备案登记、内容把关等工作。同时，不断加大执法力度，对严重违法、多次劝导警示无效的广告经营单位进行严厉查处，有效增强对LED电子显示屏广告监管的威慑力。

【新增5件中国驰名商标】 年内，张家港市共有“联冠及图”“浩波HOPE”“港星”“捷星”和“沙洲优黄”等5件商标被行政认定为中国驰名商标，占苏州市新增中国驰名商标总量的三分之一。同时，“声达”“金冠”等11件商标被认定为省著名商标。2012年，张家港工商局深入推进“一企一标”工程，切实加强分类指导，不断挖掘商标发展潜力，全年新申请注册商标2685件，连续八年每年新增注册商标数超1500件，至年末全市基本实现“一企一标”。做大做强品牌集群新优势，全市形成了以中国驰名商标为龙头、省著名商标为中坚、苏州知名商标为储备的品牌群体，对转变发展方式、增强区域经济竞争力的拉动作用不断显现，省级以上品牌企业产值占到全市规模以上工业产值的60%以上，全市自主品牌经济增加值占地区生产总值的比重达到26%，位居全省第一。

【“阳光信贷”融资工程服务小微企业】 为进一步拓宽企业融资渠道，8月27日，张家港工商局、市个私协会与张家港农村商业银行签订合作协议，联合推行“阳光信贷”融资工程，实现企业“好贷款”与银行“贷好款”的“双赢”，全市将有近6万家小微型企业及个体工商户从中受益。张家港工商局、市个私协会联合银行推行“阳光信贷”，在全省属于首次。该工程是中国银监会推行金融服务进村入社的“三大金融创新工程”之一，以服务企业融资为目的，通过外部评议、集中授信、随用随贷、阳光办贷的模式，满足企业的融资需求，具有覆盖广、手续简、速度快、成本低等优点。张家港工商局、市个私协会将把所属10个分局、26个个协分会、10个私协分会的信息进行整合，促进“阳光信贷”的推广。　(顾文娟)

物价管理

【概况】 2012年，按照年初市政府下达的4%左右的消费价格涨幅调控目标，全市成立以市长为组长、各价格调控责任部门及区镇主要负责人为组员的价格调控领导小组。新建11家农产品平价商店，发放一次性补贴23万元。建成“相知价格”服务平台，使用重要民生商品价格监测公布预警系统，强化价格监测预警。完善价格调节基金制度，在生猪冻肉储备等方面使用价格调节基金318万元。严格落实价格补贴机制，为困难群众发放价格补贴597.19万元、节日红包347.81万元。全年居民消费价格指数累计比为102.1，完成价格调控任务。年内，张家港市物价局被评为2012年度全省价格工作先进单位、全省价格政务信息工作先进集体、2009～2011年度苏州市文明单位。

价格管理　年内，调整各类价格收费标准45项。7月1日起实行居民阶梯式电价管理。实行“一户一表”的城乡居民用电户，月用电量分为3个档次，第一档为230度及以内，维持原电价标准；第二档为231度至400度，在第一档电价基础上，每度加价0.05元；第三档为高于400度部分，在第一档电价的基础上，每度加价0.3元。及时公布调整7批次1856个品种2572个剂型规格药品价格。在药店推行明码实价，逐步推进中药材价格明码实价。商品房价格继续执行涨幅目标管理、销售“一价清”、价格备案、明码标价管理，科学制定经济适用住房价格水平和人才公寓租金标准。全年商品房(不包括别墅)价格备案21批次，备案面积80.53万平方米，比上年降12%。据市房管部门数据，销售均价为每平方米8334元，比上年增2.95%。

收费管理　对全市354个持有收费许可证的行政事业单位开展年审工作，年审率100%，变更换发收费许可证337本，注销17本。贯彻落实上级清费减负政策，取消、降低、免收行政事业性收费10项，全年减轻企业负担2000万元。出台《关于暂缓、降低部分涉企收费项目的通知》，暂缓、降低25项政府性基金、行政事业及经营服务收费标准，减轻企业负担4300万元。建立企业付费登记监督卡制度，设立100个企业付费监测点，定点、定人、定期记录收费情况，全面监督收费行为。开展规范收费示范单位创建活动，410个实行收费许可证管理的单位申报创建，参与率100%。加强行政事业性收费公示，公示率100%。落实"一般诊疗费"政策，将挂号费、门诊病历手册等20余项收费项目合并为"一般诊疗费"，纳入基本医疗基金支付范围，减轻市民看病负担。8月，举办第三期物价(收费)员培训班，149人参加培训，经考试和审核，147人获得物价(收费)员证。

成本监审　坚持逢调必审原则，完成成本监审4项，成本调查27项，审核成本1598.22万元，核减185.04万元，核减率11.58%。完成各项农产品常规调查和专项调查，以水蜜桃、油桃等作为优势农产品开展成本收益调查。在百信源蔬菜基地的基础上，新建1个蔬菜成本调查点（普盛天成蔬菜基地)，为政府提供详实的农产品成本收益情况。

价格检查　年内，开展涉农价格、治理规范涉企收费政策落实情况、进出口环节收费、医药卫生、零售等五个领域价格和商业银行明码标价等专项价格检查，立案查处违法行为1件，实行经济制裁4.37万元。严格落实专人值守"12358"价格举报电话、网上咨询举报限时办结、举报投诉回访等制度，逐步完善市、镇、村(社区)三级价格争议调解制度。市物价局全年受理各类价格举报64件、咨询44件，办结率97.22%，退还消费者1.25万元。

价格服务　年内，完成各类价格鉴证、价格认证2429件，鉴证金额8.49亿元，无一例差错和诉讼。其中，刑事涉案1534件、鉴证金额4129万元(含涉纪财物价格鉴证5件、鉴证金额12.78万元)，民事涉案47件、鉴证金额5387万元，认证价格鉴证764件、鉴证金额3.68亿元(含道路交通事故车物损失价值认证683件、认证金额586万元)，行政涉案价格鉴证81件、鉴证金额3.86亿元（含涉税住宅存量房争议认证37套、认证金额5308万元)，价格争议调解3件、调解金额3.16万元。完成各区镇192个小区3174幢存量房涉税价格认证，为政府调增各项税额2136万元。

2012年度张家港市居民消费价格指数一览

表54

月　份	居民消费价格指数	月　份	居民消费价格指数
1月	103.5	8月	101.7
2月	103.0	9月	101.2
3月	103.1	10月	100.9
4月	102.9	11月	101.1
5月	102.6	12月	101.7
6月	101.6	全年累计比	102.1
7月	101.6		

【"相知价格"品牌服务市民】　年内，市物价局推出"相知价格"服务品牌，实行"今日菜篮子价格"日报制度、农副产品比价日报制度、重要民生商品价格周报制度和重要农副产品专报制度，为社会提供各类价格信息21万余条。通过650块遍布农贸市场、物业小区、人流集中场所的显示屏，主流网站，党建QQ群等渠道发布《重要民生商品价格采集公布简报》51期，累计公示月饼、热水器、常用药品等41大类2702项专项民生商品服务价格；粮油、肉禽蛋、水产、蔬菜、水果等6大类54个品种5176频次的主副食品价格。发布农副产品价格动态50期、部分农贸市场农副产品平均价格449期、"今日菜篮子价格"178期，上报重要农副产品价格专报37期，市民价格知情权得到明显提升。

【价格诚信城市创建】　3月1日，市政府召开全市创建价格诚信城市推进工作会议，将价格诚信城市创建列入区镇千分考核。各区镇、各创建成员单位成立领导小组，四个率先试点的区镇先后召开创建动员会。全市通过建立测评制度、创建工作制度、创建宣传制度等机制，推进创建进程，初步取得市场公平竞争环境得到优化、收费行为更加规范、市民价格知情权明显提升的成效。9月5日，张家港市作为唯一的县级市代表，在全国价格诚信建设经验交流会上作《张家港市创建价格诚信城市探索之路》专题发言。12月7日，国家发改委价格监督检查与反垄断局局长许昆林到市调研价格诚信城市创建工作，对创建工作给予肯定。全市创建工作引起中央人民广播电台、《新华日报》等多家媒体关注，"江苏张家港——全国首个价格诚信城市"在全国叫响。

（张亚蓉）

审　计

【概况】　2012年，市审计局完成部门、区镇财政审计8项，专项审计调查6项，国资企业审计13项，领导干部经济责任审计19项，其中"三责联审"(由组织部门、编制部门、审计部门联合对党政领导干部开展"用人责任审查、编制责任审核、经济责任审计")5项。基建工程项目造价审核定案343个，送审造价216994万元，净核减15478万元。审计发现问题126个，查出不规范资金37126万元、违规资金661万元，提出审计建议125条。

财政审计　年内，财政审计逐步由传统财政财务收支审计向更多关注绩效、实施绩效审计转变，由查账核实向规范行为转变，由揭露问题向既揭露问题又找准症结，推动完善体制机制转变。实现了张家港保税区、张家港经济技术开发区、扬子江国际冶金工业园审计全覆盖，13家国资公司专项调查全覆盖。重点关注非税收入的全面性、完整性，部门政府采购的计划性、规范性。采取绩效审计法，用资产保值增值率、资产负债率、投资收益率等数据，对13家国资公司的发展速度、运行质态、经营风险、投资项目收益状况等作综合分析研判。市委主要领导作出批示，市委、市政府多次召开工作会议，根据审计建议完善对国资企业的考核制度，实行业绩与薪酬挂钩,并督促企业量身定制,进一步细化五年规划,规范国企规章制度,优化、深化国企各项改革。

经济责任审计　年内，经济责任审计着重在一些重点领域、重点资金、重点行业的主管部门抽取若干二级、三级单位进行延伸审计。审计发现,区镇财政和资产经营公司每年年终在慰问辖区内站所时直接用现金支付的现象普遍发生。市审计局及时向市委、市政府反映后，市政府主要领导要求常务副市长“召集财政、审计等相关负责人商议,严肃财经纪律”。常务副市长与纪委书记召集相关部门专门商量细化管理的工作措施，责成市财政局具体落实。9月,市审计局拟订并联合市委组织部、市监察局出台《关于对市级机关部门领导干部经济责任审计项目进行分类管理的实施意见》，对市级机关部门领导干部经济责任审计项目分三类差别化管理,通过梳理,确定A类部门18家、B类部门24家、C类部门33家。

工程审计　为优化流程再造,提高核减质量,年内修订基建审核中心的部门设置方案、基建审计操作规程、造价审核质量复核办法。对工作人员业绩薪酬考核办法进行调整、充实,既考评工作总量,更突出审核质量与水平。对市第一人民医院投资7亿余元的易地新建工程建成运行后的情况实施绩效审计,既审核工程造价和财务情况，又对信息管理系统(HIS系统)业务数据进行比对分析,梳理出工程管理、收费管理、医疗管理、医疗服务、与某眼镜店合作经营、财务状况和内控制度等各类问题10余个。相关审计专报得到市委、市政府主要领导批示,要求卫生主管部门督促落实整改。

专项审计　根据国家审计署年度工作计划和省审计厅、苏州市审计局部署,组织实施社保审计等条线项目。审计组运用计算机审计,将低保数据与住房公积金、房产、车辆数据比对，发现低保政策实施过程中,由于信息不共享，导致民政部门审核难,享受人员中存在不符合低保条件的现象。市政府主要领导作出批示,分管副市长召集会议听取审计部门意见，并要求民政部门拟订整改方案。民政部门组织调研,并外出对口考察，形成部门联动的信息共享办法,提高享受对象的确认水平,提升低保政策执行的公平公正度。年内,市委、市政府批准市民政局设立市居民家庭经济核对中心,这在全省县区为首家。上报的社保审计综合分析材料得到市政府主要领导重视,市政府分管领导根据批示要求,召开由市人社、财政、民政等部门参加的会议,专门听取审计部门意见，逐条研究,拟订相关措施,并提交市政府讨论出台文件。

【首次对大项目实施重要节点跟踪审计】　通洲沙西水道综合整治工程是市级重大投资工程。年内，市审计部门对该工程重要节点实施跟踪审计。这是全市首次对市级重大投资项目实施重要节点跟踪审计。审计部门注重事前预防、事中跟进、事后监督的有机结合,逐步形成“事前审标底、事中抓监督、事后促效益”三位一体的投资审计新模式。该工程跟踪审计金额6.34亿元,2012年累计核减进度款5572万元,在工程设计、管理、质量、造价等方面提出审计建议28条,减少工程投资1384万元。(陆　维)

统　　计

【概况】　2012年,市统计部门在统计监测分析、“企业一套表”改革、统计规范化建设、人才队伍培养以及统计服务品牌创建等方面提速快进,成效明显。市统计局获评江苏省县级统计规范化创建示范单位，被市委、市政府授予综合贡献奖,并获创建全国文明城市“三连冠”工作先进集体称号。

统计法制　配合“企业一套表”(指统一调查制度、统一业务流程、统一认定调查单位、统一数据处理软件、统一实施联网直报模式)改革,年初向相关企业发出统计法律事务告知书2000余份。3月,对“企业一套表”填报人员约3200人次分批进行业务培训和法律义务告知。5月，邀请苏州市统计局专家为市、镇二级统计人员开展统计法相关知识和执法技能培训，选拔30名统计骨干赴华东师范大学金融与统计学院进修。6月，组织72名统计执法检查员参加苏州市统计局举办的统计法轮训和行政执法考试，在汇景社区开展党员志愿者进社区法制宣传活动,向市民发放《中华人民共和国统计法》《苏州市统计管理办法》等宣传资料200余份。7月至8月,分批对1075名统计人员开展统计继续教育并组织普法考试，对812人开展统计从业资格考前培训，其中566人经考试合格取得统计从业资格。8月22日,市政府印发《关于进一步加强和改进统计工作的意见》。11月,在沙钢立交桥边投放“全面贯彻执行统计法,切实开创依法统计新局面”户外大型宣传牌。12月8日,参加多部门在步行街王府广场开展的“12·4法律人在行动”大型广场法律咨询服务活动。年内，对200余个基层调查单位开展行政指导,对1984家联网直报企业开展专项统计执法检查，对73个单位开展有重点检查，发现26个单位存在程度不同的统计违法行为,对其中12个单位立案查处,给予警告和罚款的行政处罚,责令另外14个单位限期整改。

统计调查　2012年起,全市“三上”企业(指规模以上工业、限额以上批发零售业和住宿餐饮业、资质内建筑业和房地产开发业企业)均采用“企业一套表”模式,市统计局印发实施方案,加强宣传发动,进行业务培训,开展分级督导,确保新旧制度平稳过渡。为探索“企业一套表”制度下数据质量控制办法，率先在工业企业推行电子台账制度。全市2721家“三上”企业按时上报率、一次上报准确率、验收通过率等报表质量主要考核指标均达100%。按照国家统计局统一部署,将城镇住户调查、农村住户调查合并为城乡一体化住户调查，市统计部门深入推进城乡一体化住户调查，确保全市城乡居民收支状况得以客观反映，解决了以往两项调查制度因指标、口径、范围、标准、方法不同而造成的城乡居民收支水平和结构等统计数据不完全可比的难题。年内，市统计局联合市现代化推进办公室印发《张家港市基本实现现代化监测统计报表制度》，指导现代化指标的采集，负责各项指标的汇总、审核、监测分析和向上衔接等工作。组织开展3次现代化建设成果满意度抽样调查，形成的调查报告和针对性建议，得到市委主要领导肯定。年内还完成了党风廉政调查、作风效能调查、依法行政调查、组织工作满意度调查、大中型企业生产情况调查、重点企业成本费用调查、企业用工状况调查等20余项调查。全年撰写各类统计分析、专题材料、信息动态292篇，为社会各界提供统计咨询和论证930余次。

【规范化建设获省表彰】 按照省统一部署，开展县级统计机构规范化建设，制定《张家港市县级统计机构规范化建设争优创先活动实施意见》，形成统计管理、业务流程、任务落实、统计调查、统计技能、统计手段等50余项制度和规范并分步落实，累积各类工作记录和照片800余页(张)，11月通过苏州市级和省级验收，获评全省县级统计机构规范化建设示范单位。继续推进区镇统计站和“三上”企业统计工作规范化提档升级，以经开区(杨舍镇)统计站、市龙杰特种化纤有限公司等单位为示范，组织相关区镇、企业现场观摩学习。加强督促检查，采取市统计局督促区镇和百家骨干企业，区镇督促辖区内重点企业的办法，及时掌握规范化建设进程，解决相应问题。年内，9个区镇统计站和2150余家“三上”企业均达到规范化要求，其中经开区(杨舍镇)被省统计局命名为全省基层统计规范化建设达标示范乡镇，保税区经济发展局统计科、冶金工业园(锦丰镇)统计站、南丰镇统计站被苏州市统计局命名为苏州市统计基层基础工作规范化建设先进单位，张家港市创基机械设备制造有限公司等一批企业被命名为苏州市统计基层基础工作规范化建设示范单位。

【全国城市文明指数测评会议在市召开】 12月1日，国家统计局在张家港市召开全国城市文明程度指数测评工作总结会，国家统计局城市社会经济调查司司长庞晓林出席会议。市委常委、副市长徐仲高出席总结会并致辞。庞晓林表示，张家港作为唯一一个获得全国文明城市“三连冠”的县级市，在城市管理建设、城乡一体发展等方面有许多值得同类城市学习借鉴的好经验和好做法，是全国城市文明程度指数测评工作的一把标尺。

(孙浩龙)

质量技术监督

【概况】 2012年，苏州市张家港质量技术监督局(简称张家港质监局)贯彻落实“抓质量、保安全、促发展、强质检”工作方针，进一步彰显转型发展的促进效应、质量安全的保障效应、惠企利民的增进效应、履职尽心的推动效应，各项工作稳步推进。

质量监督　年内，新检验检测收发大厅投入使用，市标准化信息服务平台、省五金质检中心和市特种设备作业人员培训基地投入运行。在全国首家获得中国特检院ASME(美国机械工程师协会)检验业务授权，为全市27家相关出口企业节约了时间和成本。构建食品质量安全联查共防体系，开展食品生产加工领域“天安行动”，成立食品生产企业行业协会，初步完成食品质量安全监控平台建设，建成全省首家食品添加剂实物样品库，对全市食品生产企业使用的添加剂实行动态备案管理，此举在3月召开的全省食品安全工作会议上得到副省长何权等领导的充分肯定。全市食品生产企业无重大食品质量安全事故。全年国家、省、苏州市三级监督抽查347批次，合格338批次，合格率97.41%；完成产品质量检验26104批次，其中食品检验6806批次，对29家质量违法行为企业实施通告整改，不合格产品整改率和安全隐患整治率均为100%。开展精纺呢绒和五金工具等产品质量提升活动，推进全市250余家企业进行质量信用评价。深入开展打假治劣活动，立案查处案件83起，查获假冒伪劣货值386万元，取缔制假窝点5个，移交司法部门处理10件。

质量管理　实施质量强市工程。5月31日，全市质量强市工作推进会召开，是月，市政府印发《关于开展质量强市活动的实施意见》。开展首届张家港市长质量奖评比，沙钢集团、市第一人民商场等4家企业通过现场评审。年内，深入开展“质量帮扶千企行”活动，26家企业的32种产品获得省名牌产品称号，79家企业的85种产品获得苏州市名牌产品称号。市第一人民商场获江苏省质量奖，东渡纺织、华昌化工、新港星、联冠科技等4家企业获苏州市质量奖。精纺呢绒优质产品示范区通过省级验收，五金工具、离心机(待确定文件)生产示范区通过苏州市级验收。

标准化工作　深入推进《张家港市技术标准战略三年行动计划(2011～2013)》，66家技术标准战略优秀企业受到市政府奖励。全市企业参与制修订国家标准、行业标准、地方标准45项，完成采标50项。年内，张家港广大机械铁路机车用齿轮齿圈项目获批省高新技术标准化试点项目。全国焊接标准化技术委员会焊接材料分技术委员会工作组落户市亨昌焊材有限公司，凤凰水蜜桃农业示范区提前一年高分通过国家农业标准化示范区验收。张家港质监部门组织对清水湾等5个小区开展物业管理服务标准化试点评价，示范带动效应明显。

计量工作　年内，帮助沙钢集团、长源热电等93家重点耗能企业开展节能减排工作。全年检定计量器具17万台件，90家企业通过计量合格确认，20家企业通过计量保证确认，新增“C”标志企业1家。全市创建成6个省级、4个苏州级计量诚信示范单位，长源热电公司被评为省级能源计量示范单位。定期开展“质监惠民服务民生”主题活动，“两免费”(集贸市场计量器具免费检定和农村医疗机构医用计量器具免费检定)共检定血压计、计价秤等6000余台件。全市58家农贸市场3728台计量器具实现“四统一”(统一配置、统一管理、统一检定、统一轮换)，并高分通过苏州验收。音速喷嘴气体流量标准装置获批筹建。

特种设备安全监察　组织开展全市特种设备安全大检查,检查设备4434台,帮助企业整改、消除安全隐患100余条。在全省率先研发使用大型起重机械“黑匣子”。全市3450家特种设备使用企业推行标准化管理,4313家企业完成分类分级,37937台设备完成分等。“一瓶一码”工作顺利推进,全年23.5万只钢瓶安装登记条码。组织对全市50台老旧住宅电梯及故障多发电梯进行可靠性诊断评价。特种设备定期检验16623台,压力管道安装监督检验150千米,培训特种设备作业人员14455人次。年内全市未发生重特大特种设备安全事故。

2012年张家港市获江苏省名牌产品情况

表55

企业名称	产品名称	品　牌	行　业
江苏银河电子股份有限公司	数字电视机顶盒	银河牌	电　子
江苏东渡纺织集团有限公司	服装	伊思贝得牌	纺　织
市金陵纺织有限公司	色织面料	金陵牌	纺　织
江苏鹿港科技股份有限公司	精梳毛针织绒线	鹿港牌	纺　织
张家港保税区澳丰毛纺有限公司	羊毛条	澳丰牌	纺　织
市普坤纺织实业有限公司	精梳毛织品	普坤牌	纺　织
市华鹿毛纺有限公司	精梳毛织品	东鹿牌	纺　织
江苏华昌化工股份有限公司	复混(合)肥、工业碳酸钠、尿素、氯化铵	金、金字牌	化　工
张家港锦亿化纤有限公司	海岛型涤纶低弹丝	天欣牌	化　工
市国泰华荣化工新材料有限公司	锂离子电池电解液	SHINESTAR牌	化　工
苏州浩波科技股份有限公司	食品添加剂乙酰磺胺酸钾	浩波牌	化　工
安固(张家港)橡胶工业有限公司	丁基内胎	安固牌	轻　工
张家港贝顺橡胶制品有限公司	普通运动鞋	贝贝牌	轻　工
张家港爱丽塑料有限公司	PVC塑料地砖	Eletile牌	轻　工
张家港浦项不锈钢有限公司	铬及铬镍不锈钢板、薄板和钢带	ZPSS牌	冶　金
张家港海陆环形锻件有限公司	风电机组用环形件	海陆环锻牌	冶　金
江苏新中环保股份有限公司	袋式除尘器	新中牌	机　械
张家港中集圣达因低温装备有限公司	低温液体贮罐、低温液体运输车、罐式集装箱	圣达因(sanctum)牌	机　械
市AAA轴承有限公司	轴承	AAA牌	机　械
江苏新美星包装机械股份有限公司	饮料灌装生产线	新美星牌	机　械
江苏海狮机械集团有限公司	全自动工业洗衣机	海狮牌	机　械
江苏联冠科技发展有限公司	塑料混料设备	联冠牌	机　械
江苏宏宝五金股份有限公司	手工具	宏宝牌	机　械
江苏张家港酿酒有限公司	黄酒	沙洲牌、沙洲优黄牌	食　品
江苏沙钢国际贸易有限公司	—	—	服务业
江苏化工品交易所	—	—	服务业

【“质企互联”服务品牌创建】　年内,《张家港质监局支持城乡一体化建设和服务实体经济发展十条举措》出台并实施。张家港质监部门和全市51个重大项目实施对接,组织召开全市装备制造用钢产需恳谈会和第八届全国压力容器设计学术会议。积极推广“沙钢模式”,将该服务扩大到振华港机等25家企业。在张化机等56家特种设备制造企业推广质量辅导员制度,有30余名技术人员实行终年全天候驻厂服务。履行“工作零差错、服务零拒绝”工作承诺,倡导“莲心立质监,节己生质量”廉洁理念,实行纪检监察介入交叉办案,条线接待工作实行项目策划审批,502个行政权力项目上网公开。2012年,张家港质监局被评为苏州市廉洁文化示范点,局党总支被评为张家港市优秀党总支,作风和效能水平明显提升。

【省五金工具产品质量监督检验中心运行】　9月26日,省质量技术监督局批准成立江苏省五金工具产品质量监督检验中心。该中心2010年5月获批筹建,2012年3月顺利通过省资质认定,8月完成筹建工作验收。中心有实验室面积近1000平方米,工作人员15人,设备总价值1200余万元,具备84种产品、49个参数的检验检测能力。中心集研发、培训、检验、监督等多项职能为一体,将成为提升张家港市乃至全省五金工具产业核心竞争力的重要支撑平台和服务平台。

【全国压力容器设计学术会在市召开】 10月25至27日,第八届全国压力容器设计学术会议在张家港市召开,全国160余名专家、学者参加会议。会上,全国锅炉压力容器标准化技术委员会、合肥通用机械研究院、浙江大学等单位的专家就基于失效的压力容器设计方法、无损检测技术、应变强化技术、第Ⅲ类压力容器风险评估等议题作专题报告。参会人员还参观了江苏普格机械有限公司,并在该公司设立分会场,就国内外压力容器设计标准与规范的最新进展、压力容器无损检测与密封技术等热点问题开展技术交流与讨论。此次学会会议的成功举办,为张家港市石化装备和化工设备等企业提供了交流合作的平台,对全市打造装备制造业优质产品生产基地和出口集聚区起了推动作用。

(李　昊)

安全生产监督管理

【概况】 2012年,市安全生产监督管理部门立足和服务于安全稳定大局,扎实开展以"科学发展、安全发展"为主题的"安全生产年"活动,贯彻落实国发〔2011〕40号文件精神,不断夯实安全基础,全力压降和控制各类安全生产事故,全市安全生产形势持续稳定向好。年内,市安监局获得省冶金等工贸行业安全生产先进集体、省安全生产宣传工作先进单位、张家港市综合贡献奖、张家港市学习型组织等多项荣誉。局党组获苏州市机关党组织结对非公企业"双帮双比"活动先进党组织称号。

安全监察　年内,发放签订企业安全生产告知承诺书7216份,将384家隐患整改不力、安全管理不到位的企业列入暂缓年检名单,及时抄告工商部门。按季度对天然气使用单位、液氯液氨使用单位、带储存设施危化品经营单位、机械、棉纺织等14个行业1236家企业开展集中整治,关停企业75家。强化日常安全执法检查,监察企业6661家次,排查和督促整改隐患7011条,实施行政处罚168起,采取行政强制措施69起。加强"两重点一重大"(安监部门重点监管的危险化工工艺、重点监管的危险化学品和重大危险源)化工企业安全监管,指导企业完善台账,提升自动化监控水平,全市危化品生产、使用和储存企业全部完成可视化创建工作。制订《危化品道路运输安全综合整治方案》,启动整治工作。对电子、木制家具、皮革箱包、装备制造类重点企业开展职业卫生专项整治行动,关停企业12家,完成职业病危害项目申报701家,职业病防治工作受到国家安监总局检查组肯定。对冶金机械行业开展安全生产大检查,突出煤气系统、高温液态金属、重大危险源、检修作业等重点环节。联合公安等部门查处烟花爆竹非法储存点44个,收缴非法烟花爆竹2119箱。

宣传教育　扩大教育培训范围,在重点强化高危行业和中小企业一线员工安全培训基础上,新增高处作业、高危工艺、煤气作业等培训。通过举办培训班、组织宣讲服务队、开展送教下乡、免费发放教育光盘和专题教材等,不断深化培训服务工作,全年组织各类培训250期,受教5万余人。打造安全文化精品,在市电视台创新开播"安全生产"电视宣教栏目,宣传各阶段的安全生产重点、热点工作,每周一播出。在《张家港日报》开设"安全与生产"每月专版,全面介绍安全生产工作。在市电台开辟安全专栏,经常性播出安全生产信息与知识。利用全市各类场所的66块电子显示屏,播放安全公益广告,传播安全价值理念,编印《生产安全事故案例选编》3000册、《市民安全知识手册》1万余本、《呼唤与警示》光盘300余张,免费向企业、社区、行政村和市民发放。"安全生产月"期间,举办了专场文艺晚会、生命之歌"诗·歌"大赛、反违章事故警示图片巡回展、征文比赛等活动,社会化宣传教育超50万人次。

应急救援　完成全市危化品生产企业、规模以上重点企业、重大危险源企业(含加油站)共378个单位的应急资源数据录入,完成全市突发事件总体预案修订,编制市"十二五"应急体系建设规划。建立每季度开展市级综合演练制度,协调开展了危化品道路运输事故、长江张家港水陆消防反恐、人员密集场所突发事件、高层建筑居民逃生等大型演练活动。督促指导各区镇、企业开展有针对性的实战演练731次,提高突发情况应急救援能力。与相关部门配合,成功处置危化品运输车侧翻等突发险情,及时化解了危机。

【安全生产标准化建设全省领先】 2012年,市安监局将企业安全生产标准建设列为年度工作重点,通过广泛开展互查互评、专题讲座、咨询服务和免费发放指导范本等活动,指导化工、冶金、机械等行业开展安全生产标准化建设,企业现场管理得到加强,本质安全水平得到提升,安全监管效能增强。全市危化企业全部完成安全生产标准化建设,其中14家通过省安全生产标准化二级评审。426家规模型非化工企业通过标准化三级评审,超额完成苏州市下达的240家达标创建任务。江苏沙钢集团有限公司、江苏永钢集团有限公司、张家港联合铜业有限公司等5家非化工企业通过标准化二级评审,张家港华兴电力有限公司成为全市首家通过一级达标评审的企业,烟花爆竹批发企业、燃气企业均完成安全生产标准化创建。

【"打非治违"强力推进】 根据国务院、省、苏州市关于安全生产"打非治违"专项行动的统一部署,4月至12月,依托市安全生产委员会工作平台,协调组织各区镇、各相关部门和单位对全市道路交通、人员密集场所、建筑施工、民用住宅电梯、危险化学品、企业职业危害、水上安全、冶金机械行业、水利工程、旅游行业等十个重点领域开展安全生产“打非治违”专项行动和“回头看”活动，集中严厉打击各类非法、违法生产经营建设行为，及时整改和消除一批安全隐患，安全事故得到有效压降，全市安全生产形势持续稳定向好。“打非治违”专项行动中，全市共组织检查组2709个，出动26195人次，检查各类企业和单位15057家次，责令停产、停业、停止建设150家，办理行政拘留19起，移送追究刑事责任12人(不包含市交巡警大队处理的各类违章)。

【隐患排查治理不断强化】 年内，贯彻落实维护社会稳定和开展“四项排查”工作要求，在全面发动、深入排查基础上，高标准推进挂牌督办工作，按照“拼抢五个月，加速现代化，献礼五十年”行动计划，按照“能快则快、能早则早”原则，在确保质量和安全前提下，9月末(提前一季度)前全部完成整改，共投入整改资金1.24亿元。作为省级试点市，参与建设江苏省安全生产隐患排查系统，11月28日建成并通过省级验收，全市规模以上企业全部录入系统并运行，试点的南丰镇所有企业均入网运行。制定《张家港市安全生产事故隐患排查治理暂行办法》，经市政府第六次常务会议审议通过，11月1日起实施。该办法细化了工作要求和具体激励机制，进一步明确工作责任，对建立排查治理长效机制提供了有力保障。

【“安全到家”品牌培育】 为积极改进监管方式，更好服务发展、服务企业、服务群众，市安监局培育了“安全到家”服务品牌。在品牌理念指引下，所有安监干部一对一帮扶企业，开展挂钩联系、上门培训、跟踪指导、“诊断式”检查等活动，服务企业320家，主动为企业提供咨询，排查隐患，解决实际困难。在此基础上，将“安全到家”服务理念融入到安全预警、安全宣传、重大项目安全辅导、教育培训以及标准化建设等日常工作中，加强服务引导，注重柔性执法，以制度保障、规范运作的方式，以勤奋务实、永不松懈的态度，践行“以人为本、贴心服务、安全关怀”的服务宗旨，有效提升品牌影响力。年内，《中国安全生产报》就“安全到家”服务品牌进行了专题报道。

(丁　玲)

住房公积金管理

【概况】 2012年，苏州市住房公积金管理中心张家港分中心全力放大“公积金·惠万家”品牌的社会效应，持续提增在全市民生建设中的贡献份额。开通了公积金业务系统与银行系统直连功能，实现委托收款、网上单位业务等电子方式汇缴公积金，使市民足不出户即可办理业务，并通过个人公积金账户与银行卡直连，实时划转提取资金。首创服务新模式，住房公积金走进大型企业，在1万人以上大型规模企业沙钢集团、永钢集团设置自主查询终端，率先在苏州地区实行中心镇服务网点全覆盖。年内，分中心支部被苏州市委评为2010~2012年创先争优·争创群众满意的窗口服务单位先进基层党组织；分中心被省住建厅评为全省住房公积金管理工作先进分中心，被苏州市文明委表彰为2009~2011年度苏州市文明单位，荣获张家港市委、市政府颁发的2012年度服务地方奖；服务大厅被省住建厅、团省委表彰为2010~2011年度省级青年文明号。

公积金归集　全市新增缴存公积金职工3.01万人，月正常在缴人数20.5万人，比上年末净增14093人。全年实现归集公积金17.3亿元，比上年增3亿元，增幅23.4%，再创历年新高；历年累计归集88.7亿元，归集余额44.57亿元。月归集额1.4亿元。

公积金发放　年内，发放公积金贷款3292户、9.86亿元，分别比上年增48.62%和74.2%。全市累计发放公积金贷款28595户、55亿元，贷款余额31.9亿元。当月公积金贷款逾期率控制在1%以内，两个月及以上逾期率始终保持为“0”(央行规定为六个月)，公积金运营率为71.72%。全年职工提取公积金9.58亿元，比上年增33.06%。历年累计提取44.2亿元。全年为全市职工家庭住房消费注入资金17.6亿元以上。与此同时，从公积金增值收益中计提882万元用于廉租房建设，历年累计提供7911万元。

【住房公积金政策调整】 年内，根据国家房地产调控政策要求，公积金相关政策随之进行调整。2月20日起，只要公积金贷款借款人正常还款两年以上且申请调整月还款额度时贷款账户无逾期，可在借款合同约定的借款期限内，根据个人意愿调整月还款额度，每年可申请调整一次。即可以通过缩短剩余借款期限来调高月还款额度，对于已办过缩短借款期限的贷款，仍可通过延长剩余借款期限来调低月还款额度，但组合贷款中商业住房贷款的月还款额度调整须按贷款银行规定办理。7月上旬，全市住房公积金缴存基数调整和单位年检工作启动，2012年度缴存基数7月起执行。缴存基数调整按职工本人2011年度月平均工资收入(工资总额)按实核定，最低不低于苏州市人力资源和社会保障局公布的最低月工资标准1370元，最高不超过苏州市2011年度职工月平均工资的3倍，即1.36万元。企业缴存比例仍为单位和职工各8%至12%，不到各12%的可继续上调。对7月至调整当月之间少缴部分的住房公积金，单位在调整汇缴时做一次性补缴。2010年末之前办理住房公积金缴存登记(开户)的单位，在调整工作中办理年检手续。9月1日起，对职工家庭购买首套普通住房，套型建筑面积在90平方米以内(含90平方米)，且住房总价(含购房合同载明的装修款)不超过100万元的，公积金贷款额度最高可计算到住房总价的80%；存量成套住房和自(翻)建住房的贷款最高额度、贷款最长年限和首付款比例的规定，调整为与新建普通住房贷款规定一致，但贷款年限不得超过所购住房的剩余使用年限。10月1日起，原纳入住房公积金专户管理的4%职工住房补贴随工资逐月发放，不再纳入公积金专户。　(贺　斌)

【编辑　朱永平】

科学技术

科技管理

【概况】 2012年，全市财政科技投入42318万元，比上年增加5766万元，增15.8%，占本级公共财政预算支出的5.78%。完成322家企业研发投入税前加计抵扣备案，全社会研发投入占地区生产总值的比重提高到2.4%。高新技术产业产值占规模以上工业总产值的36.04%，新增高新技术产品291种，新增高新技术企业54家，新增苏州市级以上科技基础设施155家，获苏州市级以上科学技术奖励26项，万人发明专利拥有量达到9.76件。年内，制定实施《张家港市科技创新载体建设三年行动计划（2012～2014年）》《张家港市中小企业科技产业化项目信贷风险补偿专项资金管理办法》。

科技合作　年内，新建产学研合作办公室1家，累计23家；苏州大学张家港工业技术研究院被列入省产学研联合创新项目；新增省国际科技合作计划3项，累计10项，新增苏州市国际科技合作项目5项；新增产学研合作项目180项，累计有584家企业与236家高校院所建立科技合作关系；“科技镇长团”促成市校、镇校合作3项，签订校企合作协议106项，合同金额28240万元。

科技兴农　年内，张家港福临门大家庭食品有限公司申报的“小麦生物发酵食品精深加工关键技术研究与产业化”项目被列入省重大农业科技支撑计划项目，获经费50万元，省科技支撑计划（农业）项目累计4项；新增国家星火计划项目12项，累计63项；新增苏州市科技支撑计划（农业）项目4项；实施张家港市农业科技支撑计划17项，下达经费195万元；新增张家港市农业科技型企业1家，累计19家；新增张家港市科技型农民专业合作社2家，累计10家。

科技惠民　年内，全市新增省自然科学基金青年基金1个，省自然基金项目累计6个；新增省科技支撑计划（社会发展）项目2项，累计10项；新增苏州市科技支撑计划（社会发展—医疗器械专项）项目1项，新增苏州市社会发展（应用基础研究）计划项目12项；实施张家港市社会发展科技支撑计划项目25项、软科学计划项目3项，下达经费184万元。

【市第六届科技节举行】 7月8日至10日，张家港市举办第六届科技节。中国工程院院士陈克复，清华大学、浙江大学、中科院化学所等国内44所高校、院所及相关单位领导、专家190余人应邀出席科技节开幕式，市四套班子（保税区）领导、各区镇、各部门相关负责人和350家骨干企业主要负责人参加科技节活动。科技节期间，紧扣“科技创新，人才引领”主题，举行海智基地揭牌仪式、苏州大学张家港工业技术研究院入驻仪式，组织海外高层次人才项目洽谈会、“千人计划”与“特聘教授”乡镇行等活动。共有90个项目达成合作意向，现场签约项目19项，总投资16.8亿元。

【“科技镇长团”添员增效】 8月，第四批“科技镇长团”14名成员挂职结束。第四批“科技镇长团”挂职期间，累计走访张家港市企业1167家次，促成市校、镇校合作3项，促成校企意向合作130项，其中签订合同60项，合同金额2.2亿元。9月，第五批“科技镇长团”13名成员到市挂职，至12月末，走访企业462家次，举办专题报告或讲座12场，帮助达成校企产学研合作意向80项，完成项目签约66项，合同金额6225万元。

（赵　斌）

科技载体

【概况】 年内，张家港市被省科技厅确定为省创新型试点城市，凤凰镇被确定为创新型试点乡镇。塘桥东城科技创业园、南丰科技创新园获批省级高新技术创业服务中心，省级高新技术创业服务中心累计6家。江苏科技大学张家港产业技术综合研究院、飞翔苏州新材料研究院揭牌成立；江苏省张家港锂电池及材料科技产业园获批省级科技产业园，省级科技产业园累计3家。张家港市在苏州各县市中率先实现大中型工业企业及规模以上高新技术企业研发机构全覆盖。全市新增省科技公共服务平台1家，累计4家；新增苏州市公共技术服务平台3家，累计11家；新增张家港市公共技术服务平台2家，累计7家。新增省工程技术研究中心12家，累计49家；新增苏州市工程技术研究中心86家，累计166家；新增张家港市工程技术研究中心30家，累计123家。新增苏州市内外资研发机构12家，累计66家。新增苏州市企业研究院2家，累计2家；新增张家港市企业研究院2家，累计4家。新增苏州市企业院士工作站2家，累计7家；新增省企业研究生工作站36家，累计104家。

【市高新技术创业服务中心成为省四星级公共服务平台】 2012年，市高新技术创业服务中心引进高科技企业19家，新增就业岗位150个，吸纳本科以上科技人员125人，其中硕士15人、博士20人。有6个项目入围省级以上科技计划，其中获评国家科技型中小企业技术创新基金项目1项，获评省科技型中小企业技术创新资金项目4项，获评省科技支撑计划(工业)项目1项；开发软件新产品15种，获评省高新技术产品12种，申请专利132件。新增国家“千人计划”2人，姑苏创新创业领军人才2人，张家港市领军型创新创业人才7人。中心累计孵化企业192家，毕业企业82家。在孵企业有102家，其中留学生企业44家。2012年，在孵企业实现技工贸收入3亿元。中心荣获江苏省知识产权试点园区、江苏省中小企业四星级公共服务平台等称号。

【省企业研究生工作站超百家】 年内，江苏爱康实业有限责任公司、江苏长顺高分子材料研究院有限公司等36家企业获准设立江苏省企业研究生工作站，全市省企业研究生工作站累计达到104家，总量连续4年在全省各县市中居首位。至2012年年末，全市在建省企业研究生工作站累计进站研究生500余人，开展课题近百项，项目累计投资近4亿元，申报专利100余件，发表论文30余篇。

(赵　斌)

科技人才

【概况】 年内，市科技局组织4批市领军型创新创业人才项目评审，确定引进人才项目74项，累计172项；朱廷刚、薛松生入选第七批国家“千人计划”，周炳入选第八批国家“千人计划”，江苏飞翔化工股份有限公司引进的凌赫斯入选国家“外专千人计划”，成为全市首位“外专千人计划”专家，实现苏州地区零的突破。累计入选国家“千人计划”5人。新增省高层次创新创业人才引进计划12人，累计34人；薛松生团队入选省科技创新团队，实现全市省科技创新团队零的突破。新增姑苏创新创业领军人才计划21人，累计37人；新增省企业博士集聚计划4人，累计19人；评选表彰“人才引领转型升级示范企业”11家；组织教授博士柔性进企业，32家企业与67名教授博士成功对接；入选省科技型企业家2人，省产业教授9人，累计14人。

2012年张家港市新增苏州市级以上高层次人才一览

表56

类　别	姓　名	引才(或创办)企业
国家“千人计划”	薛松生	江苏多维科技有限公司
	朱廷刚	江苏能华微电子科技发展有限公司
	周　炳	张家港意发功率半导体有限公司
	凌赫斯	江苏飞翔化工股份有限公司(“外专千人计划”)
省高层次创新创业人才计划	王浪平	苏州格科特真空设备有限公司(创业类)
	王　麒	张家港新智玻璃有限公司(创业类)
	赵春贵	江苏启蓝新材料有限公司(创业类)
	张宝印	江苏太奇通软件有限公司(创业类)
	周榴明	江苏梁丰食品有限公司(创新类)
	张贵新	张家港智电电工高技术研究所有限公司(创业类)
	姜齐荣	张家港智电电力电子研究所有限公司(创业类)
	樊希安	苏州赛格瑞新材料有限公司(创业类)
	徐颖键	苏州环科新材料有限公司(创业类)
	张立勋	市永发机器人科技有限公司(创业类)
	唐德明	丽恒光微(张家港)电子科技有限公司(创业类)
	彭　程	苏州聚晟太阳能有限公司(创业类)
姑苏创新创业领军人才计划	闫勇义	江苏斯威森生物医药研究中心有限公司(创业类)
	曹　群	江苏水木天蓬科技有限公司(创业类)
	王　鉉	江苏启能新能源材料有限公司(创业类)
	黄　驰	张家港楚人新材料科技有限公司(创业类)

续表 56

类　别	姓　名	引才(或创办)企业
姑苏创新创业领军人才计划	赵春贵	江苏启蓝新材料有限公司(创业类)
	关士友	张家港保税区超威电化技术服务有限公司(创业类)
	徐　坚	苏州美维生物科技有限公司(创业类)
	刘建政	张家港智电柔性输配电技术研究所有限公司(创业类)
	刘河洲	苏州乐华新材料有限公司(创业类)
	袁怡宝	张家港海太精密量仪科技有限公司(创业类)
	韩竞科	江苏博强新能源科技有限公司(创业类)
	徐颖键	苏州环科新材料有限公司(创业类)
	陈恒龙	苏州益茂电动客车有限公司(创业类)
	Uwe Steffan	江苏飞翔化工股份有限公司(创新类)
	唐德明	张家港丽恒光微电子科技有限公司(创业类)
	彭　程	苏州聚晟太阳能有限公司(创业类)
	王连东	张家港合瑞车桥有限公司(创业类)
	肖　岩	江苏明岩竹科技有限公司(创业类)
	肖　冰	江苏恒优机电科技有限公司(创业类)
	柳岸敏	市和昊激光科技有限公司(创业类)
	刘文斌	江苏华寅水产科技有限公司(创业类)
省企业博士集聚计划	张　肃	江苏斯威森生物医药工程研究中心有限公司(企业创新类)
	陈　廷	江苏新芳纺织集团有限公司(企业创新类)
	张　旭	江苏七洲绿色化工股份有限公司(企业博士后类)
	金大勇	苏州维因生物科技有限公司(企业创业类)
省科技型企业家	吴江峰	德朗能(张家港)动力电池有限公司
	李　季	江苏飞翔化工股份有限公司
省产业教授	薛松生	江苏多维科技有限公司
	朱田中	张家港保税区灿勤科技有限公司
	黄胜良	市金陵纺织有限公司
	曹　群	江苏水木天蓬科技有限公司
	陶军华	苏州迈泰生物技术有限公司
	周　炳	张家港意发功率半导体有限公司
	吴江峰	德朗能(张家港)动力电池有限公司
	吴建明	江苏银河电子股份有限公司
	张刘瑜	江苏永钢集团有限公司
省科技创新团队	薛松生团队	江苏多维科技有限公司

【“省科技创新团队”实现零突破】 年内，薛松生团队以科技类第一名的成绩入选2012年度“江苏省科技创新团队”，实现了全市省科技创新团队零的突破。薛松生团队由海归博士薛松生、美国普渡大学博士 James G. Deak、清华大学博士雷啸锋、美国加州大学(尔湾分校)博士刘劲锋、美国卡内基梅隆大学博士庄在龙等专业互补、合作稳定的磁传感产业领域海内外高端人才组成。团队核心成员薛松生曾就职于美国霍尼韦尔、希捷等国际知名公司，拥有丰富的半导体行业技术研发、生产制造经验，拥有授权美国专利38项，入选第七批国家“千人计划”、2011年省“双创”计划、2010年姑苏创新创业领军人才计划。团队成员首席技术官 James G.Deak，曾任美国 IBM 公司首席研究员、NVE 公司首席科学家和镁光科技公司首席技术官，在磁学相关领域拥有60余项美国专利。（赵　斌　葛彩琴）

高新技术产业

【概况】 年内，全市新增高新技术产品291种，累计1352种；新增国家火炬计划重点高新技术企业7家，累计17家；新增市恒久玻璃机械有限公司、苏州永生自动化科技有限公司、张家港韩中深冷科技有限公司、江苏百得医疗器械有限公司等高新技术企业54家，复评取消资格5家，累计193家；江苏金帆电源科技有限公司等14家企业入库省科技企业上市培育计划；新增省民营科技企业87家，累计570家；新增技术先进型服务企业1家，累计6家；新增苏州市创新先锋企业6家，累计9家；高新技术产业产值占规模以上工业总产值比重为36.04%。

2012年张家港市新增省级高新技术企业一览

表57

序号	企业名称	序号	企业名称
1	市恒久玻璃机械有限公司	28	张家港长泰汽车饰件材料有限公司
2	苏州永生自动化科技有限公司	29	市恒强冷却设备有限公司
3	张家港韩中深冷科技有限公司	30	江苏天鹏电源有限公司
4	江苏百得医疗器械有限公司	31	张家港特恩驰电缆有限公司
5	市海星集装箱制造有限公司	32	张家港市锦明机械有限公司
6	苏闽（张家港）新型金属材料科技有限公司	33	张家港力勤机械有限公司
7	市泓溢电源科技有限公司	34	江苏欧邦塑胶有限公司
8	市艾克沃环境能源技术有限公司	35	市杰达机械制造有限公司
9	市友成高新材料有限公司	36	江苏德一新型建筑材料科技有限公司
10	江苏澳洋纺织实业有限公司	37	江苏中捷机电科技有限公司
11	市盛港绿色防火建材有限公司	38	张家港友诚科技机电有限公司
12	市玉同电子科技有限公司	39	江苏联宏纺织有限公司
13	江苏永能光伏科技有限公司	40	张家港凯航通力船用设备有限公司
14	江苏如意通动漫产业有限公司	41	市瑞腾科技有限公司
15	市金邦铝业有限公司	42	市益成机械有限公司
16	张家港格林沙洲锅炉有限公司	43	苏州中塑再生机械有限公司
17	江苏中港冶金设备科技有限公司	44	苏州赤诚洗净科技有限公司
18	江苏凤凰船舶装备制造有限公司	45	江苏阿尔特空调实业有限责任公司
19	江苏斯威森生物医药工程研究中心有限公司	46	江苏德旺化工工业有限公司
20	市欧思瑞科技有限公司	47	市亨昌焊材有限公司
21	张家港大塚化学有限公司	48	江苏永发医用设备有限公司
22	张家港保税区恒隆钢管有限公司	49	江苏富丽华通用设备有限公司
23	江苏双腾管业有限公司	50	市大伟助剂有限公司
24	江苏中核利柏特股份有限公司	51	市江南汽车制造有限公司
25	张家港电子口岸有限公司	52	张家港海锅重型锻件有限公司
26	贝内克—长顺汽车内饰材料（张家港）有限公司	53	张家港宇新羊毛工业有限公司
27	张家港汉龙新能源科技有限公司	54	江苏宏宝锻造有限公司

【龙杰化纤高新产品通过国家鉴定】 3月19日，中国纺织工业联合会组织有关专家，对苏州龙杰特种纤维股份有限公司（简称龙杰化纤）自行研发的“易染型PTT海岛牵伸丝”和“涤纶高强度工业母丝”两项高新技术产品进行鉴定。专家们一致认为，这两项产品属国内首创，达到国际领先水平，同意通过鉴定。“易染型PTT海岛牵伸丝”主要优点是染色性能优良，能形成广泛的色系，同时可减少废水排放，节约资源，实现环保，主要用于女装、沙发面料、高端窗帘、装饰材料以及高端电器洁净材料等方面。“涤纶高强度工业母丝”将普通涤纶工业丝从工业领域延扩至民用领域，主要用于全毛服装，或与棉混纺后用于制服骨架材料以及席梦思床垫等。这两项高新技术产品的投产，为龙杰化纤每年新增销售收入8000万元。

（赵　斌　缪时政）

科 技 项 目

【概况】 年内，全市有60个项目列入省级以上科技计划，争取上级经费6953万元。其中：国家863计划1项，累计7项；国家科技支撑计划1项，获经费1351万元；国家科技重大专项2项，获经费359.26万元；国家重点新产品计划项目1项，累计99项；国家科技型中小企业技术创新资金项目7项，获经费470万元，累计57项；国家火炬计划13项，累计161项；国家星火计划12项；省科技型中小企业技术创新资金项目5项，累计19项；省科技支撑计划（工业类）项目3项，获经费240万元，累计24项；其他省级科技项目15项。组织实施张家港市科技计划项目131项，下达经费1984万元。

2012年张家港市新增国家级科技计划项目一览

表58

类　别	项目名称	承担单位
国家高技术研究发展计划(863计划)	基于生物质可再生资源的化工多元醇生物炼制技术	长春大成新资源集团有限公司(市景荣化学工业有限公司)
国家科技支撑计划	高品质特殊钢新型短流程生产线技术开发与应用示范	江苏沙钢集团有限公司
国家科技重大专项	手机终端的多模、多频段的多天线技术	张家港保税区国信通讯有限公司
	TD-LTE-Advanced 无线中继试验设备开发	张家港保税区国信通讯有限公司
国家重点新产品计划	6米节能环保型固定站式捣固焦炉成套装备	张家港长力机械有限公司
国家科技型中小企业技术创新资金项目	4G 通信用 TM 介质谐振器	张家港保税区灿勤科技有限公司
	1050 型大口径连续高速过滤分离设备	江苏牡丹离心机制造有限公司
	智能化双头多层高精度复杂3D管件弯管机	市明华机械制造有限公司
	全自动高精度金属圆锯切断机	张家港和升数控机床制造有限公司
	抗血栓药物疗效监测试剂盒	苏州良辰生物医药科技有限公司
	耐烧灼耐高温(1000摄氏度)输送带	市华申工业橡塑制品有限公司
	—	苏州永生自动化科技有限公司(创投类)
国家火炬计划	语音导盲机顶盒	江苏银河电子股份有限公司
	电渣液态浇铸大型合金铸锻件技术及产业化	市广大机械锻造有限公司
	重型港口机械吊装专用钢丝绳	泰博制钢股份有限公司
	脱酮型乙烯基三异丙烯氧基硅烷偶联剂	市华盛化学有限公司
	液体水溶液聚合物浓缩液(CAPC)项目	江苏富森科技股份有限公司
	隧道式连续大型洗涤机组	江苏海狮机械集团有限公司
	每小时4万瓶饮用水吹灌装一体机	江苏新美星包装机械有限公司
	基于物联网的 PVC 配混智能控制系统及产业	市繁昌机械有限公司
	再制造油改气汽车发动机	张家港富瑞特种装备股份有限公司
	电子计量式双流速抑沫灌装机	江苏星A包装机械集团有限公司
	医用双阀易折瓶盖多腔热流道注塑模具	市天江精密模具制造有限公司
	年产1万吨锂离子储能电池电解液	市国泰华荣化工新材料有限公司
	JNQ6100BEV 型纯电动城市客车	市江南汽车制造有限公司
国家星火计划	双山岛万项良田水稻原生态栽培技术集成	市金洲农业科技发展有限公司
	青脆枝的良种繁育和种植示范基地的建设	江苏斯威森生物医药工程研究中心有限公司
	切花百合气雾栽培新模式的建立及产业化推广	江苏骏马农林科技股份有限公司
	规模化养猪场沼液集成处理技术研究与应用	张家港枫华投资管理有限公司
	淡水珍珠生态养殖及水溶珍珠粉产业化开发	市永仁药业有限公司
	青虾河蟹生态高效混养技术研究与推广	市仓基水产养殖农民专业合作社
	池塘高效主养青鱼技术研究与推广	市渡口长江特种水产养殖专业合作社
	千亩订单式标准化果蔬基地产业化生产项目	张家港金麦穗果蔬农民专业合作社
	千亩优良观花林木种苗基地建设	江苏澳洋生态农林发展有限公司
	张家港市40万盆高档盆花标准化生产及产业化开发	江苏绿怡园艺有限公司
	液体菌种立体栽培灵芝技术研究与产业化	张家港科灵灵芝专业合作社
	苏南地区桃高效安全生产技术的集成研究与产业化开发	市佳园农业科技有限公司

2012 年张家港市新增省级科技计划项目一览

表 59

类　别	项目名称	承担单位
省科技型中小企业技术创新资金	生物催化合成氧化型辅酶 II	苏州汉酶生物技术有限公司
	基于 SCADA 技术的企业能耗信息网格化管理系统	苏州港能信息技术有限公司
	1200V–75A　IGBT 功率器件	张家港意发功率半导体有限公司
	应用于智能电网的实时数据分析、预测与决策支持系统	汉科信息科技(张家港)有限公司
	锂离子动力电池用新型氟磺酰亚胺锂盐电解质材料的研制	苏州氟特电池材料有限公司
省科技支撑计划(工业类)	LLW1000 矿用大型卧式螺旋卸料过滤离心机的研发	江苏华大离心机制造有限公司
	有色湿法冶金绿色工艺的高效加压反应釜技术的研发	江苏申港锅炉有限公司
	新一代纯银内电极多层压电陶瓷基复合材料及超薄扬声器研制	市玉同电子科技有限公司
省科技支撑计划(社会发展类)	水陆两用式苇草机械化收获技术研究及装备开发	市飞驰机械制造有限公司
	多功能智能助力助行机器人的研究与产业化	江苏永发医用设备有限公司
省科技支撑计划(农业类)	小麦生物发酵食品精深加工关键技术研究与产业化	张家港福临门大家庭食品有限公司
省科技支撑计划(科技企业上市培育项目)	液压机械用高精度、高性能镜面无缝钢管的研发	江苏华程工业制管股份有限公司
	高效放电回馈式化成充放电电源的研制	江苏金帆电源科技有限公司
	高效低毒戊唑醇农药降耗减排技术研发	江苏七洲绿色化工股份有限公司
	易染型海岛 PTT 牵伸丝的研制	苏州龙杰特种纤维股份有限公司
	体育器材高端设施的研发	江苏金陵体育器材股份有限公司
省自然科学基金	直驱永磁同步风力发电机系统无速度传感器	张家港智电柔性输配电技术研究所有限公司
省重大科技成果转化项目	高灵敏度、低功耗 TMR 磁传感器芯片的研发及产业化	江苏多维科技有限公司
省科技支撑项目(国际合作)	金陵纺织(美国)研发中心	市金陵纺织有限公司
	葡萄新品种育种及高效栽培技术研究	市神园葡萄科技有限公司
	新型益生元—交替糖生产关键技术的合作开发	江苏梁丰食品集团有限公司
省科技支撑项目(产学研联合创新)	苏州大学张家港工业技术研究院建设	苏州大学张家港工业技术研究院
省科技创新与成果转化项目(科技服务平台)	智慧口岸科技服务业务建设	张家港电子口岸有限公司

(赵　斌)

科 技 成 果

【概况】 2012 年,全市新增国家科技进步奖 1 项,累计 13 项;新增省科技进步奖 6 项,累计 92 项;新增苏州市科学技术奖励 19 项,其中技术发明奖 1 项、科技进步奖 18 项。全年评定张家港市科学技术奖励 48 项,其中科技创新创业市长奖 5 项、科技合作贡献奖 2 项、技术发明奖 2 项、科技进步奖 39 项。张家港市科技进步奖中,一等奖 8 项、二等奖 15 项、三等奖 16 项。中国工程院院士陈克复、张家港保税区国信通信有限公司董事长商翠云获 2012 年度张家港市科技合作贡献奖。

2012 年张家港市获苏州市级以上科学技术奖项目一览

表 60

项目名称	申报(参与)单位	获奖类别	等级	授奖部门
现代轧制技术、装备和产品研发创新平台	江苏沙钢集团有限公司	国家科技进步奖	二等奖	国务院
菊花优异基因资源发掘与创新利用	江苏骏马农林科技股份有限公司	科技进步奖	一等奖	江苏省政府
高性能低成本锂离子电池电解液	市国泰华荣化工新材料有限公司	科技进步奖	三等奖	江苏省政府

续表 60

项目名称	申报(参与)单位	获奖类别	等级	授奖部门
锂离子动力电池防爆溶剂氟代碳酸乙烯酯	市华盛化学有限公司	科技进步奖	三等奖	江苏省政府
轻量瓶高速节能型旋转式全自动吹瓶机	江苏新美星包装机械有限公司	科技进步奖	三等奖	江苏省政府
低成本高品质合金高碳钢系列线材的研发和产业化	江苏沙钢集团有限公司	科技进步奖	三等奖	江苏省政府
密实土壤水稻节水灌溉技术	市水利局	科技进步奖	三等奖	江苏省政府
基于电渣液态浇铸与合金车屑废料循环利用制造超大直径圆坯技术	市广大机械锻造有限公司	技术发明奖	二等奖	苏州市政府
低成本高品质合金高碳钢系列线材的研发和产业化	江苏沙钢集团有限公司	科技进步奖	一等奖	苏州市政府
轻量瓶高速节能型旋转式全自动吹瓶机	江苏新美星包装机械股份有限公司	科技进步奖	一等奖	苏州市政府
高性能焊丝钢开发及工业应用	江苏沙钢集团有限公司	科技进步奖	二等奖	苏州市政府
高性能低成本锂离子电池电解液	市国泰华荣化工新材料有限公司	科技进步奖	二等奖	苏州市政府
超宽高强度船板钢的开发及制造技术集成	江苏沙钢集团有限公司	科技进步奖	二等奖	苏州市政府
撬装式液化天然气(LNG)加气站成套装备关键设计与制造技术	张家港富瑞特种装备股份有限公司	科技进步奖	二等奖	苏州市政府
高强(高性能)铝镁、铝钪、铝合金及其复合材料CASTEX成形技术	江苏盛天实业有限公司	科技进步奖	三等奖	苏州市政府
木材材种鉴定与林木有害生物检疫关键技术研究与应用	张家港出入境检验检疫局	科技进步奖	三等奖	苏州市政府
机插水稻高产增效标准化栽培技术集成与示范	市作物栽培指导站	科技进步奖	三等奖	苏州市政府
LWFX420AN 密闭防爆型卧式螺旋卸料沉降离心机	江苏华大离心机制造有限公司	科技进步奖	三等奖	苏州市政府
大容积防漏真空硅橡胶捏合机	市兰航机械有限公司	科技进步奖	三等奖	苏州市政府
集箱式电加热蒸汽发生器	市威孚热能科技有限公司	科技进步奖	三等奖	苏州市政府
新型电气电路密封胶粘剂苯基三异丙烯氧基硅烷的产业化	江苏华盛精化工股份有限公司	科技进步奖	三等奖	苏州市政府
新型环保肥料——高效脲铵氮肥产业化项目	江苏华昌化工股份有限公司	科技进步奖	三等奖	苏州市政府
500 兆帕级细晶钢筋低温控轧控冷工艺的研发	江苏永钢集团有限公司、钢铁研究总院	科技进步奖	三等奖	苏州市政府
超大型复杂环件近净型轧制关键技术开发	张家港海陆环形锻件有限公司	科技进步奖	三等奖	苏州市政府
有色余热锅炉研制及其产业化	苏州海陆重工股份有限公司	科技进步奖	三等奖	苏州市政府
6 米节能环保型固定站式捣固焦炉成套装备的研发	张家港长力机械有限公司	科技进步奖	三等奖	苏州市政府

知识产权保护

【概况】 2012 年,市科技局、市知识产权局积极推进国家知识产权示范城市建设工作,调整出台《关于张家港市 2012 年专利资助操作办法》,发明专利授权创历年新高,万人授权发明专利拥有量提升至 9.76 件。全市申请专利 9196 件,其中申请发明专利 2127 件;专利授权 8469 件,其中发明专利授权 656 件;申请国外专利(PCT 专利)20 件,14 件 PCT 专利获国家和省级 PCT 专项资助 66.39 万元。江苏骏马集团有限责任公司被列入省知识产权战略推进计划,获 30 万元经费支持。新增省百件优质专利 2 件;新增中国专利优秀奖 1 项;新增苏州市优秀专利奖 1 项。组织 3 家企业参加第七届国际发明展,获金奖 2 项、银奖 2 项、铜奖 4 项。14 家企业被列入省企业知识产权标准化示范创建单位,累计 25 家;澳洋集团有限公司、江苏骏马集团有限责任公司、江苏金陵体育器材股份有限公司 3 家企业被评为省知识产权贯标合格企业。江苏合丰机械制造有限公司被评为苏州市知识产权密集型企业。新增苏州市知识产权战略推进计划企业 2 家,累计 10 家;新增苏州市重大专利技术推广应用指导性项目 2 项,累计 7 项;实施张家港市企业知识产权战略推进计划 3 项,累计 32 项;新批张家港市专利实施计划 5 项。开展“4·26”世界知识产权日系列活动,建立企业专利数据库 25 家,组织知识产权培训及讲座 8 期,培训 1000 人次。

2012 年张家港市各区镇专利申请、授权情况

表 61　　单位:件

区镇名	申请情况		授权情况	
	专利申请	发明申请	专利授权	发明授权
江苏省张家港保税区(金港镇)	1759	379	1686	108
江苏省张家港经济技术开发区(杨舍镇)	3344	655	2635	237
江苏扬子江国际冶金工业园(锦丰镇)	898	222	709	61
塘桥镇	942	218	1090	95
乐余镇	632	171	408	57
凤凰镇	516	137	684	56
南丰镇	657	230	658	21
大新镇	344	81	442	15
现代农业示范园区	104	34	157	6
合计	9196	2127	8469	656

【中国专利优秀奖实现零突破】 年内，张家港市联冠新材料有限公司“超高分子量聚乙烯近熔点挤出方法”发明专利获评中国专利优秀奖，实现张家港市在中国专利优秀奖上零的突破。该专利技术主要用于生产特种超高分子量聚乙烯管材、板材以及型材，主要产品包括:高耐磨、高耐腐油井专用内衬管材，阻燃、抗静电超高分子量聚乙烯管材，大口径特种输送管材，中高压战备输油管，钢丝网骨架增强复合管。其中，高耐磨、高耐腐油井专用内衬管材已在大庆油田、吉林油田、辽河油田、新疆油田、江苏油田等单位批量使用。　　（赵　斌）

科 协 工 作

【概况】 年末，全市有区镇科协9个、街道科协9个、村(社区)科协233个、市级学会25个、企业科协40个、高校科协1个、科学教育特色学校22家、科普教育基地34个，有科普活动场所102处，有科普志愿者3947人。行政村科协实现全覆盖。

科普宣传　年内，市科协先后组织科普宣传周、全国科普日、科协会员日等主题科普宣传活动。继续在市电台开设《科普之家》节目，在市电视台开设《科普大篷车》栏目，全年播出50期。建成城乡三级联动科普惠民服务网络，全年举办各类菜单式科普讲座380场，开展集市式科普服务300场，举行门诊式科普咨询服务15万人次，200名专家教授参加活动，发展科普中心户1252户。“科普惠民服务站”被纳入苏州科普益民行动重点工程，全面推广。命名表彰34家科普惠民服务站，实现张家港市级文明标兵社区和苏州市级以上和谐社区科普惠民服务建站率100%。杨舍镇东湖苑社区获国家级科普示范社区称号，杨舍镇南湖苑社区、塘桥镇韩山社区、大新镇大新村3个村(社区)科普惠民服务站获苏州市社区科普惠民服务站称号。开展科普新干线“进社区、进园区、进街区、进营区”，在全市30所学校巡展100余场，在社区、园区、街区、营区巡展60余场，受众100余万人次。年内，凤凰桃博馆、三兴地震科普馆开馆，金塘社区民生科普馆开工建设。至年末，全市共有安全科普馆、气象科普馆、人口文化科普馆、职业安全卫生科普馆、科技馆、城市规划馆、镜湖生态馆等45座社区科普馆。市科协会同市委组织部在农村党员基层干部中开展科技素质培训每月一次的网上服务日活动，培训5万人次。在社区开展千场优秀科普电影进社区活动。9月15日，市第十一届全国科普日活动启动仪式暨科普报告会在倾国倾城演艺大舞台举行。科普日以“食品安全与公众健康”为主题，开展科普服务广场、科技咨询、为民义诊等活动100余项，组织“融入发展大局、提升民生品质”科协系统成果展、苏州市八大新兴产业大型巡展、首届“科普让港城更美好”征文等活动。年内，承办全国驾驭未来车模赛，江苏省七巧板比赛、电子技师赛、火箭模型赛和苏州市“我爱祖国海疆”海模赛，组织张家港市科技运动会、头脑风暴比赛、科普剧汇演等科技活动，全年参与活动的中小学生超7000人次。刘烨、黄河源、眭翔3名同学获第四届市青少年科技创新市长奖。苏家阳的“电动车自动上锁解锁装置”项目获首届苏州市青少年科技创新市长奖。

学术交流　年内，先后举办“加快拼抢、勇于创新、建设现代化”为主题的学术年会、第二届中国医疗设备自主创新研讨会(骨科)、中华预防医学会公共卫生管理分会全国县级疾病预防控制机构一届三次学术会议等学术活动112次。邀请国内外知名专家60余人次，参加交流8260人次。中国科协主席韩启德到市参加第二届中国医疗设备自主创新研讨会(骨科)，张家港籍中国科学院院士薛永祺到市作科普学术交流。组织2010～2011年度张家港市自然科学优秀学术论文评审工作，共征集论文593篇，获奖200篇。组织参加2010～2011年度苏州市自然科学优秀学术论文评审，有12篇论文获奖，张家港市科协获优秀组织奖。

科技服务　年内，下发《张家港市科技工作者之家开展科技文献信息服务的通知》，科技查新服务扩展到全市

企事业单位，完成查新项目117项。“市科技工作者之家”网站及时发布各类培训讲座信息，全市六大传统主导产业、四大新兴产业的动态信息更新8000余条。会同市经信委、市人社局开展张家港市“双杯奖”（攻关杯、献技杯）项目评审，江苏华大离心机制造有限公司的“PLD1250N平板式大翻盖拉袋卸料离心机”等8个项目获奖。南港蔬菜协会的金南港设施蔬菜新装备新技术集成与示范项目被评为江苏省万名科技专家兴农富民工程优秀示范项目，市畜牧兽医学会钱益新被评为省级优秀科技专家，神园葡萄协会徐卫东获评江苏省农村科普带头人称号。长江润发集团有限公司总裁郁霞秋被评为2011～2012年度全国“讲理想、比贡献”活动优秀组织者。江苏多维科技有限公司首席执行官薛松生被评为江苏省优秀科技工作者。江苏海狮机械集团有限公司的“全自动成衣染色机”等9个项目获苏州市“双杯奖”，陆亚琳等2名优秀科技人员获苏州市杰出工程师称号。

【第24届科普宣传周举行】 6月15日，以“携手创建创新型城市，决战基本实现现代化”为主题的第24届科普宣传周开幕式在市文化中心星海剧场举行。开幕式上，先后举行“融入发展大局，提升民生品质”大型科普图片展启动仪式，张家港市第六批科普教育基地授牌仪式，并在文化广场举行大型科普集市，数十名科普志愿者向市民介绍用电、种植、通讯、医疗卫生等方面的科技知识，并接受咨询。科普宣传周期间，以推进“民生科普、产业科普、手段科普、数字科普”为主要内容，全市共举办各类科普活动272项，制作图板300余块，编印发放科普宣传资料、科普挂图7万余份，受众40余万人次。

【“海智计划”取得阶段性进展】 7月9日，在市第六届科技节上，中国科协副主席冯长根与市委书记徐美健共同为全国首家县级市海智基地——中国科协“海智计划”江苏（张家港）工作基地揭牌。是日，张家港市海外高层次人才项目洽谈会暨首届海智洽谈会举行。洽谈会共收到中国留学生创业协会等海外科技团体推荐的项目268项，经人才办筛选下发区镇对接150项，其中59项参加海智洽谈会，有12项签约。由在日汽车工程师协会推荐的工业用节能热泵技术项目落户保税区，王守国在江苏永能光伏科技有限公司设立千人计划工作站。中国科协海智专家张少先、高继明等先后多次到市访问，与江苏永钢集团、江苏华尔润集团、长江润发集团、安远钢结构有限公司等企业洽谈合作，为荷兰北布拉邦省高科技装备研发企业集群对接市装备制造企业牵线搭桥。

（黄晓琼）

气 象 科 技

【概况】 年内，市气象局坚持以做好气象服务为核心，着力提高气象预报准确率和科技服务水平，积极推动“十二五”期间建设项目，稳妥推进观测站迁建工作，严格依法行政，加强社会防雷监管，持续推动气象科普宣传。在“3·23”世界气象日，组织气象科普进社区、气象知识有奖竞答、气象专题电影进社区等活动，参加活动500余人，共发放宣传册300余份，收到调查问卷100份。11月，投资184万元的气象科普体验馆建成，包括3D影院、“小球大世界”及“台风体验”等科普互动、展示项目。年末，市气象局获2009～2011年度苏州市文明行业称号，在苏州气象系统年度目标考核评比中名列第一。

气象监测　根据上级业务部门要求，1月1日起停止自记降水观测，4月1日起取消气压、气温、湿度、风向、风速自记仪器的观测，4月1日起地面气象测报业务软件升级到OSSMO 2004（V4.0.1）版，并取消编发天气加密报。5月10日，总投资50.7万元的张家港霾监测子站建成运行，开展PM10、PM2.5项目监测。10月，市气象观测场东迁梁丰生态园工程开工。年内，完成测报基数17881.5个，编发重要天气报293份，天气加密报360份，编制报表13份，全年测报出现1个错情，总错比0.06‰，报表无错情。

气象预报　全年24小时电视天气降水预报正确率94%，与上年持平；预报评分TS为88%，SS1为85.2%，SS2为73.8%。年内，共为地方政府发布天气信息36份，重要天气公报5份，气象专题服务107份，发布气象灾害预警信号51次，其中蓝色预警信号16次、黄色预警信号22次、橙色预警信号13次。利用气象短信平台，为全市各级党政领导、农村气象信息员、各类种植大户及森林防火、地质灾害责任人等3466人提供及时准确的气象信息服务，发送气象预警短信91次，气象预警短信的受众31.5万人次。

防雷减灾　对全市易燃易爆场所、危险化学品企业、加油加气站、棉纺织企业等重点行业、企业以及危险品场所和人员密集性场所进行防雷设施的安全检测。年内共检测各类企业574家，发出整改通知书87份，整改关闭率100%。受理防雷设计审核374件，竣工验收371件；受理气球施放审核162件。7月起，市气象局对大型项目开展“雷电风险评估”工作，全年完成评估项目29项。

【气象预警信息实现“村村通”】 年内，市气象局本着公共气象融入式发展的理念，组织实施市政府实事工程气象预警信息“村村通”工程。工程总投资350万元，在全市各村（社区）布设室内屏310块和室外屏2块。经过前期集成方案设计、发布平台开发、选点选型、招标采购等一系列工作，最终选定被称为“第五媒体”的高清数字标牌内置机顶盒，以竖屏显示的形式实施“村村通”工程。整套设备使用55寸立式高清液晶LED数字标牌作为显示屏，采用3G无线网络数据传输，通过图像、视频、声音等多种方式，显示各类气象和公共信息，包括当地及周边城市天气预报、气象生活指数、公共服务信息，同时实时显示当地气温、湿度、雨量、风向、空气质量和能见度等实况信息。11月28日，在南丰镇开始安装调试。至12月末，完成布设工作，实现全市村级气象预报、预警信息全覆盖，使居民在家门口就能及时获取最新、最全面、最权威的气象信息。

（丁和平）

防 震 减 灾

【概况】 年末，市域有地震微观监测站3个、宏观监测站10个、数字地震台1个、强震台4个，其中省属强震台1个。2012年，市地震局荣获全省防震减灾先进单位、全省强震观测技术创新奖、全省强震运行维护奖、强震动观测记录奖，获评苏州市应急救援、震害防御工作先进集体。

地震监测 华昌地震观测站电磁波观测项目完成远程数据传输建设。重新埋设南丰二氧化碳观测项目地下导气管，观测井安装不锈钢保护壳。及时处理各台站故障，监测数据完整连续。排除民用井自动冒水冒气地震异常1次。全市18个地震监测台站均挂牌运行。7月20日20时11分，扬州市高邮市、宝应县交界地区发生4.9级地震（北纬33.9度，东经119.6度），震源深度5公里。全省大部分地区有震感，张家港市全境有震感，有100余名市民先后向市地震局咨询震情。震后，市地震局通过网络、电台、电视台，公布震情，开展科普宣传活动，并做好震后安抚和引导工作。

地震应急 年内，全市20个单位修编地震应急预案，地震应急预案实现全市各区镇、各行业全覆盖。市地震局组织全市140所中小学、幼儿园开展应急演练活动。塘桥镇青龙社区、金港镇德丰社区成功创建为省级地震安全示范社区，锦丰镇永新社区通过苏州市地震安全示范社区创建验收。市地震局采购货架、发电机、移动厕所、移动淋浴房等物资，充实到避难场所仓库，梁丰生态园避难场所建设通过省联合专家组现场考核验收。组建防震减灾骨干志愿者队伍，明确队伍的服务宗旨、管理模式和队员的权利、义务等，为志愿者配备应急救援包、应急帐篷、手持GPS等共计价值10余万元的应急物资。为提高志愿者综合素质，坚持应急综合训练常态化。高质量完成应急数据库资料收集工作。该工作是中国地震局年度重大项目，需要收集人口、经济、重要建筑、重要目标、大中型企业、次生灾害源等40余个方面的内容，张家港市数据收集对象涉及近500个单位。

震害防御 3月，市政府建立防震减灾工作联席会议制度，由市政府分管副市长及市政府办公室、市人武部、市地震局等33个部门负责人组成，负责统一领导和统筹管理、组织协调全市防震减灾工作。启动城市抗震防灾规划编制工作，经过3批资料的收集及室内工作，年末完成规划文本的编制。年内，对保税区金科·廊桥印象项目、澳洋广场、步行街东南双子楼项目等开展地震安全性评价工作。全年近4万名师生到国家级科普基地参观学习训练。5月中旬，利用10天时间，在全市600辆公交车上循环播放防震减灾科普宣传片，每天单车播放超4小时。在“5·12”汶川地震纪念日，在中小学开展地震科普教育活动，并为各校配发防震减灾科普电子版宣传片。与市红十字会开展防灾科普竞赛活动，1万余市民参加竞赛。年内，由市地震局、市气象局、市科协等4个单位共建的金塘社区民生科普馆开工建设。

【首个校园地震科普馆建成】 12月，由市地震局和锦丰镇政府共同投资40万元建设的三兴中学地震科普馆竣工投运。该馆是张家港市校园内首个地震科普馆，建筑面积约150平方米，设有张衡地动仪、全球地震带分布模型、地震地质模型、地震应急救援用品等，并有地震过程体验、地震多媒体教学、地震知识虚拟翻书、防震避险多媒体、建筑结构抗震体验等内容。展馆采用灯箱图板、实物及模型、互动装置、多媒体声光电等寓教于乐的形式，全面介绍地震成因及分布特征、监测预报、震灾防御、地震应急等知识，让枯燥的知识变得直观而有趣，便于学生及公众更好地了解地震知识。

【一起民用井异常事件被排除】 10月中旬，乐余镇东林村11组43号、45号两户居民家中的水井在同一天开始自动冒水，出水量和手摇抽水时相当。水井自动冒水时还伴有气泡和响声，气量大于普通家用天然气，村民用火一点即着，火焰窜高有40厘米。村民在井台架设灶台，可煮饭炒菜。11月8日，市地震局工作人员赴东林村排查民用井异常事件。两井相距约30米，井深约20米，均开凿于3月。经现场查看，周围无自来水水管破裂等异常诱因。结合史料，当地曾是河滩，易生成天然沼气。水井所冒气体燃烧时，火焰摆动，有红黄色闪光并有黑烟，没有蓝绿色的内焰，带有臭味。这与沼气燃烧特点一致。在相同土地背景的南丰、乐余一带，有多个地方发现天然沼气村庄。两井自动冒水冒气为地下天然沼气引起，排除地震异常原因，消除了居民的疑惑。 （向家林）

三兴中学地震科普馆 （市地震局 供稿）

【编辑 陆正芳】

教　育

综　述

2012 年，全市教育经费总支出 27.19 亿元，其中预算内教育经费投入 22.36 亿元。年末，全市有各级各类学校 116 所，其中幼儿园 37 所、小学 31 所、初中 28 所、高中 9 所（含完中 2 所）、职业院校 6 所、高等院校 3 所、特殊教育学校 1 所、国际学校 1 所，另有民办新市民子女学校 9 所。招收新生 43297 人，毕业学生 28801 人，吸纳新市民子女 6.04 万人。年末在校学生 15.7 万人。年内，张家港市被评为全国“两基”工作先进地区、全国数字化学习先进区，市教育局被评为江苏省教育宣传工作先进单位、江苏省教育技术装备管理先进单位、江苏省教育人才工作先进单位。

教育优质均衡发展水平不断提升　年内，市教育部门实施向农村学校倾斜的教育投入政策，推动农村薄弱学校办学条件提档升级，兆丰学校、塘市初中、塘市小学、兆丰幼儿园、塘市幼儿园等农村学校新建完成并投入使用。加快推进同城化教育步伐，在保证所有新市民子女“有学上”的基础上，率先实施新市民子女积分入学制度，全市义务教育阶段公办学校吸纳新市民子女的比例为 75.2%。按照公办学校标准向民办新市民子女学校下拨公用经费，修订完善《张家港市新市民子女学校办学水平考评办法》，旭东学校、金城学校的附属幼儿园通过苏州市优质园验收。根据《校车安全管理条例》新要求，继续推动学生校车公交化工程，投入 1900 万购买 40 辆国标校车。全市中小学、幼儿园共新增微机 7081 台，学生可用微机比例为 7∶1（百人拥有 14.3 台），教师可用微机比例为 1∶1。全市学校新增图书 14.3 万册，生均图书经费投入 25 元。全市中小学教育技术装备投入总额 7500 万元，全市中小学教育技术装备均达省Ⅱ类标准。

多元办学体制机制不断完善　年内，市教育部门推动办学模式多元化、交流合作国际化、学校管理现代化，着力构建立体式办学新格局。在民办教育发展方面，引进高端教育品牌，建办新纽顿百桥幼儿园、锦丰镇德美幼儿园等；通过“公办民助”“民办公助”“股份制”等形式，发展普惠性民办幼儿园，先后批办张家港天才宝贝、大新镇童星幼儿园等 12 所民办幼教机构。在教育交流与合作方面，张家港新加坡外国语学校正式运行，引进 IB 国际课程，美国、韩国、澳大利亚等国的 150 名学生在该校学习；江苏科技大学与韩国浦项工业大学签订合作办学项目，江苏科技大学苏州理工学院正式对外招生；沙洲职业工学院与印度国家软件学院联合举办的 NIIT 张家港软件和服务外包学院成功签约并顺利运行，与美国荷晶大学合作举办的“国际经济与贸易”和“计算机网络技术”专业获省教育厅批准。全市 20 余所学校与境外、海外学校建立课程、教学等方面的协作关系。

素质教育特色品牌不断形成　年内，市教育系统注重学校文化建设，不断形成具有张家港特色的教育品牌。深化“333 大课间模式”，保证学生每天运动一小时，推动各学校特色活动项目建设，形成合兴小学少年乒乓、西张小学贝贝足球、乐余小学国际象棋、南沙中学举重等内涵丰富的特色品牌。在实现“学校少年宫”“新市民子女学校少年宫”和镇“中心少年宫”三个全覆盖的基础上，各校面向全体学生设计每天一小时的非学科类活动课程，发展学生个性特长。组织特长教师培训班，全市共有 485 名志愿者担任乡村少年宫辅导员，整体提升“少年宫”活动成效。成功举办第三届苏派名师暨第 14 届课堂教学展示月活动，形成“生态课堂”品牌。投入 3500 万元建设青少年社会实践基地二期工程。举办 2012 年张家港市校园经典诵读大赛，全市共 83 所中小学、幼儿园参加，共评选出 8 个一等奖和 17 个二等奖。

教师队伍整体素质不断优化　年内，市教育部门制定出台《张家港市中小学副校长管理办法（试行）》，试行副校长聘任制和淘汰制。优化特级教师等骨干教师培养机制，3 名教师跻身省特级教师行列。深化教师招录工作改革，引进 1 名领军型教育人才，招录 9 名“985”高校优秀本科及硕士毕业生。制定出台《关于张家港市中小学、幼儿园教师小区域流动的实施意见（试行）》，推行教师小区域流动，254 名教师参加流动。扩大组团支教范围，组团支教的学校增加到 29 对 59 所，有序推进城乡师资队伍的合理流动，促进城乡教育优质均衡发展。制定下发《关于明确全市义务教育学校、幼儿园教师工作量标准的通知》,重新核定教师工作量标准、优化奖励考核方案、设立促进教育改革发展专项资金,多措施平衡和提高教师待遇。

教育服务形象不断提升　年内,全面启动"践行行业精神,提升教育形象"主题实践活动。开展"万名教师访万家、万名群众评教育"活动,江苏省教育厅以简报形式向全省推广。深化"小手拉大手"活动内涵和形式,提升文明行动聚合力。开展"少儿驿站"和"校园爱心驿站"工作,拓展教育服务内容和形式。开展"学校展风采优服务""党员践宗旨当先锋""教师强师德争模范""学生倡文明促和谐"等活动,塑树教育创先争优良好形象。

基础教育

【概况】 全市有基础教育类学校111所,含特殊教育学校1所。累计创建成国家级绿色学校(幼儿园)1所,江苏省绿色学校42所,江苏省和谐校园5所,江苏省平安学校31所,江苏省语言文字规范化示范学校1所,江苏省中华经典诵读基地学校1所,江苏省规范汉字书写教育特色学校1所,江苏省优质幼儿园34所,江苏省科技教育特色学校3所,江苏省体育传统项目学校1所,江苏省艺术特色学校1所,江苏省健康促进学校银奖学校3所、铜奖学校67所,苏州市艺术特色学校3所,苏州市体育传统项目学校16所,苏州市科技教育特色学校5所,苏州市德育先进学校59所,苏州市合格心理咨询室71所,苏州市优质幼儿园39所(含南丰幼儿园永联园区),苏州市农村合格幼儿园12所,苏州市绿色学校107所,苏州市语言文字规范化示范学校20所,苏州市中华经典诵读基地学校1所,苏州市规范汉字书写教育特色学校3所。

学前教育　全市有市、镇幼儿园37所,在园幼儿35238人,比上年增764人。其中,0周岁至3周岁婴幼儿入园(所)人数902人,入托率30%以上;3周岁至5周岁儿童入园率100%。年内,创建成江苏省优质幼儿园1所。省优质园和苏州市优质园的比例分别为92%和100%。

小学教育　全市有小学31所,其中中心小学、市镇小学30所,村校1所。在校学生70143人(含新市民子女32976人),比上年增1172人。小学适龄儿童入学率、巩固率、跟踪毕业率、升学率均为100%。年内,创建成江苏省科技教育特色学校1所,苏州市德育先进学校5所、苏州市语言文字规范化示范学校3所。

中学教育　全市有中学37所,其中初中28所、普通高中9所(含完中2所)。在校学生37584人,其中初中生26307人、高中生11277人。初中生年度巩固率、毕业率、升学率分别为100%、99%和99%以上,残疾儿童入学率99%,新市民子女进入义务教育阶段公办学校就读比例超70%。全市普通高考报名人数4332人,录取人数4233人,录取率97.71%。其中本科录取人数3505人,录取率80.91%。适龄人口高等教育毛入学率70.74%。梁丰高中"电子技术与高中物理拓展创新课程基地"入选江苏省"2012年普通高中课程基地建设项目",该校5名学生分别被北京大学、清华大学、复旦大学等高校提前保送录取。外国语学校1名学生获2012年江苏省高考文科第一名,获"李政道奖学金"。

教师进行家访　　（市教育局　供稿）

【兆丰学校学生发明作品获国际金奖】 11月9日至12日,第七届国际发明展览会暨国际教学新仪器和新设备展览会在昆山举行。张家港市6所学校选送多件学生创新作品参展,其中兆丰学校学生祁一文发明的"一种带路牌号和起讫站名、可防雾去湿的汽车反光镜"在展览会上获金奖,这是张家港市中小学生在国际发明展览会上首次获金奖。该作品已申请国家专利,并在第二十三届江苏省科技创新大赛中获二等奖,在第八届"宋庆龄少年儿童发明奖"终评中获铜奖。同时,该校学生徐思源发明的"单手残疾人被套"在展览会上获铜奖。

【2所学校获全国中小学阳光体育运动案例优秀奖】 11月,教育部体卫艺司组织开展全国中小学阳光体育运动优秀案例征集评选活动,全国30个省(市、区)中小学校报送案例904个,评选出优秀案例100个和入围案例100个,江苏省4个案例获优秀奖,其中张家港市实验小学案例《学校阳光大课间组织与实施》、大新中学案例《大课间》获优秀奖。大新中学校长作为全国4所学校校长代表之一,在大会上作题为《全员推进阳光体育,积极构建长效机制》的交流发言。

【"万名教师进万家"集中家访活动】 3月10日,市教育局下发《关于开展万名教师进万家集中家访活动的通知》,要求全市所有中小学组织教师开展家访活动。各校均全面部署并制订实施方案,明确家访交流制度,印制家访记录表、班级家访计划表、班级家访安排表、家访日记撰写表等资料,并开展访前培训。家访活动期间,各校通过发放家访情况反馈调查表、随机电话访问等形式了解家访的到位率、满意率,根据群众意见和建议制订整改措施,并进行有重点的回访。江苏省教育厅以简报形式向全省推广介绍该项工作的做法和经验。全市共76名教师被评为苏州市"'走进家庭,走近学生'集中家访月"活动先进个人。

职业教育

【概况】 2012年,全市共有公办职业院校5所、民办1所。年内,全市职业院校招收新生83个班总计3357人,普职比1∶1。其中招收五年一贯制高职新生850人,占招生总量的25.3%;招收中高职衔接("3+2"、"3+4")学生265人,占招生总量的7.9%。全市职业院校在校生13460人,其中五年一贯制高职在校生5816人,技工(中级、高级、技师)在校生1024人,中职在校生6119人,普通专科501人。年内,中职毕业生2321人,五年一贯制高职毕业生1026人,普通专科毕业生265人。另有819名中职学生参加2012年省普通高校对口单招考试,本科达线人数515人,达线率为61.4%。本科达线人数占苏州市的57.4%。本科达线人数、本科达线率、本科达线人数占比、专科达线人数等主要指标均名列苏州市第一。

【江苏广播电视大学张家港学院】 江苏广播电视大学张家港学院(简称张家港电大)和江苏城市职业学院张家港办学点(2006年设立,与电大实行"两块牌子、一套班子"的管理体制)开设31个专业,比上年减7个,有各类学历教育班193个,比上年增23个,其中全日制专科班60个,比上年减7个。年内招生4593人,比上年增2774人,其中全日制新生328人,比上年减372人。毕业学生2034人,比上年增426人,其中全日制毕业生721人,比上年减43人。年末有在校生9154人,比上年增2937人。有学生社团21个,其中年内新设2个,减少1个。有教职员工204人,其中专任教师153人,有134人具有中高级职称。内设中层机构13个,其中财经系、商贸系撤销后合并组建经贸系。年内开展全市在职职工学历提升工程,举办社区教育专职教师和管理员培训班,全年社会培训超3万人次。3月,开展"平安校园"创建活动,组织学生进行守法承诺宣誓。4月,学生团队参加全国大学生POCIB外贸从业能力大赛并获二等奖。5月,省电大专家组对学校三年制高职办学情况评估调研,举办校第五届文化艺术节。10月,召开大学生田径运动会。11月,举办第一届宿舍文化节和"心有慈孝,快乐成长"主题感恩签名活动。12月,举办校园十佳歌手大赛,开展社团成果展示活动。上半年,举办校第四届大学生技能竞赛,有712名学生参与,96人获奖。下半年,组织16名学生参加省城职院技能比赛,1人获一等奖,4人获二等奖,1人获三等奖;组织71名师生参加市永钢杯技能大赛。全年组织249名学生参加电工电子中级考试2次、高级考试4次,数控中级考试2次,通过率95%。年内,组织开展"我心目中的现代化"大讨论、党的十八大专题学习、创先争优等系列活动,组织党员外出参观学习,组织在职党员进社区活动,各支部开展争创"五好"基层党组织和"先锋团队"活动,举办2期入党积极分子培训班。全年共募集党员关爱基金2.79万元,爱心包裹86个。提供勤工俭学岗位134个,补助金额11万元。为五年制学生发放中职助学金58.5万元,春节慰问金20万元,阳光午餐补助9750元,关爱基金1万元。为普通专科班学生发放国家励志奖学金22.5万元,国家助学金34.05万元。年内,学校被评为省城职院"就业工作先进集体"、全省电大"一村一名大学生试点工作先进集体"。

【市职业教育联合会成立】 12月26日,张家港市职业教育联合会成立大会在市职教中心校举行。联合会由52家骨干企业、13名部委办局个人会员和7所职业院校组成,会议选举产生联合会顾问、名誉理事长、理事长等。联合会的成立,对进一步深化职业教育教学改革,构建政产学研信息沟通、资源共享、合作交流的平台,建立适应经济发展方式转变的校企深度合作模式,形成人才培养共同体等方面具有推动作用。

【技能竞赛成绩在全省和全国实现"五连冠"】 年内,市职业院校师生组队参加省职业院校师生技能竞赛,获一等奖9个、二等奖11个、三等奖17个;参加全国职业学校技能竞赛,获金牌4枚,分别为市职教中心校参赛的制冷与空调设备组装与调试、机电一体化设备组装与调试、品牌服装CAD模版制作、放码与样衣试制项目;银牌2枚,分别为市职教中心校参赛的电子产品装配与调试、单片机控制装置安装与调试项目。在全省和全国职业院校技能竞赛的成绩连续五年名列苏州市第一,实现双料"五连冠"。8月,市职教中心校机电专业应届毕业生秦鑫在省首届技能状元大赛中获数控车项目第一名,获省技能状元称号,并被破格认定为高级技师,享受省劳模待遇。

【全国重点职校走进"文明张家港"活动举办】 4月11日至13日,由教育部职业教育与成人教育司、张家港市主办,市教育局、市人社局等部门联合承办的"全国重点职业学校走进'文明张家港'暨2012年东西部联合招生合作办学洽谈会"在馨苑度假村举行。全国28个省(区、市)350余所中等职业学校代表参加活动,张家港市128家企业和行业商会的代表参加校企合作洽谈。通过洽谈,张家港市学校和企业与全国110所学校签订9000余人的合作培养和技能人才输送协议,较好地缓解了张家港市技能型人才严重不足的实际情况。

【中高职衔接办学试验开展】 年内,经省教育厅批准,市职教中心校、张家港电大与沙洲职业工学院首次开展五年一贯制办学试验,招收850名新生。市职教中心校、市二职中、市工贸学校、市三职中与沙洲职业工学院开展会计、机械制造专业"3+2"中高职衔接办学试验,招收225名新生。市职教中心校首次与常熟理工学院开展汽修专业"3+4"中职本科衔接办学试验,招收40名新生。

【电大组队参加首届全国大学生外贸从业能力大赛获奖】 首届全国大学生外贸从业能力大赛共分五站，每站赛事历时一个月。4月，张家港电大组队参加第四站比赛，与石家庄学院、江苏技术师范学院、南宁职业技术学院等32家本科类或高职类院校选手同台竞技。比赛内容涉及国际贸易买卖合同的磋商过程、函电写作、成本控制和扩大利润等方面的技巧运用。每个参赛院校的团体总分由该院校所有30名参赛选手得分相加而得，电大名列第六，获得团体二等奖和年度二等奖，28名学生在比赛中分别获得一等奖1个、二等奖14个、三等奖13个。

【电大中职班助力职工继续教育工程】 4月起，根据市政府办下发的《关于加强主要劳动年龄人口继续教育的实施意见》要求，张家港电大与各镇成人教育中心校联系，主动承担全市在职职工中专学历培训工作，挑选33名中高级职称专任教师负责培训，定期组织碰头会，落实教学计划、教学进度。针对培训学员文化基础薄弱，与文凭发放高校沟通，在课程设置与教学内容方面注重针对性、实用性。培训形式采取“两个结合”，即集中面授与分散自学相结合，以分散自学为主；理论学习与实践操作相结合，以实践操作为主。至年末，电大共承担杨舍、南丰、凤凰3个镇的机电技术应用、数控技术应用、机械制造技术、计算机应用、电工基础等5个专业的中职培训任务，参训职工2614人，其中杨舍镇16个班895人，南丰镇4个班702人，凤凰镇12个班1017人。（刘凤 叶虹）

高等教育

【概况】 2012年，全市有沙洲职业工学院、江苏科技大学张家港校区、江苏科技大学苏州理工学院3所高等学校。在校学生9286人，年内毕业学生2603人。

沙洲职业工学院　沙洲职业工学院（简称沙工）设有建筑工程、纺织工程、电子信息工程、机电工程、机械动力工程、经济管理和基础科学7个系23个专业。有教职工312人，其中专任教师215人。专任教师中，拥有高级职称的94人，具有博士、硕士学位的占54.37%，具有“双师”素质的占75%。拥有江苏省“333工程”高层次人才培养对象2人，江苏省“青蓝工程”培养对象9人，院专业带头人17人，院优秀青年骨干教师24人。有在校生3872人，比上年增169人。2012年统招计划1500名新生，实际录取1499人，报到1424人，报到率95%。年内毕业学生1102人，毕业生初次就业率96.69%。累计毕业学生18635人。年内，学院秉承首任名誉院长钱伟长“拆除学校与社会之墙”的开放办学理念，凝练“双元双证四开放”人才培养模式。机械制造与自动化、现代纺织技术、国际经济与贸易3个专业被确定为省“十二五”高等学校重点专业。经省教育厅批准，学院与美国荷晶大学合作开设的国际贸易、计算机网络2个专业获2013年招生资格。“江苏省张家港光机电一体化技术服务中心”通过省级验收，“电子信息与智能控制技术实训基地”成为省级高等职业教育实训基地建设点。至年末，学院已与全市近40家百强企业及部分行业企业代表签订校企合作协议，建立校外实习就业基地80余个。学院就业工作被省教育厅评为“优秀”等次。学院被省商务厅、省财政厅联合认定为江苏省国际服务外包人才培训基地，成为全市首家获此认定的单位。年内，《张家港日报》、张家港电视台和电台先后40余次宣传报道学院办学情况，其中《张家港日报》5次在头版宣传报道学院办学成果。学院校园网访问者遍布58个国家和国内外581个城市，年访问量13万次。11月19日至21日，教育部人才培养工作评估专家组对学院进行人才培养工作现场实地考察评估，通过听取汇报、实地考察、查阅资料、个别访谈等程序，对学院人才培养工作表示肯定，并对学院管理体系架构、专业课程与教材改革、实训基地建设、校园文化建设等方面提出指导性建议。

江苏科技大学张家港校区　年内，校区有5个二级学院、1个基础教学部，有18个本科专业。2011年面向省内招生，理科录取最低分324分，比省二本投档分数线高12分；文科录取最低分330分，比省二本投档分数线高19分。当年录取本科新生707人，实际报到701人，实际报到率99.15%。年末在校学生5414人（含苏理工1453人），其中学生党员451人。另外，2012年录取冶金工程专业硕士研究生6人。年内毕业学生1501人，毕业率95.8%，学位率95.6%，毕业生协议就业率70%、灵活就业率93.6%。组建70支社会实践团队，开展服务老区、走进工厂社区等6个方面的活动。校区团委有正式注册的青年志愿者组织6个，注册志愿者1500余人。加强师资队伍建设，引进4名博士、3名硕士，其中3名博士首次入选张家港市港城英才计划。年末有教职员工202人，其中专任教师139人。教师在各类期刊发表学术论文196篇，三大检索SCI、EI、ISTP收录论文20篇。电气与信息工程学院成功举办校区首次对外培训，并与国泰新点软件公司达成计算机专业共建意向和产学研基地创建意向。校区与永钢集团合作的冶金工程专升本班完成招生考试等工作，与张家港爱康科技有限公司合作的中等学历教育班开班。推进中外合作交流与办学，校区与韩国浦项工业大学等高校签订合作交流与办学协议。校区与海陆重工集团等16家公司签订合作框架协议。校区与海陆重工集团共同创建江苏省工程技术中心，与海陆重工集团、同大机械公司合作的张家港市知识产权战略推进计划获批，在市科技局支持下与江苏久盛重工集团有限公司、张家港和乔电子有限公司等8家企业联合申报苏州市工程技术中心，并全部获批。围绕学风建设工作，开展“学风建设月活动”“学风督察活动”“学业预警制度”“学业生涯规划”“优良学风班创建申报”“省级先进评选表彰”“考研动员与表彰”等活动。2012年有1个班级被表彰为省级优良学风班、3人分别被表彰为省级优秀学生干部、三好学生，120余人在省级以上科技与学科竞赛中获奖。年内，校区共有174名学生考取研究生，占应届毕业生的12.68%。考研成绩400分以上的有8人，考取“985”高校的有

24 人、考取“211”高校的有 37 人。2010 级大学英语四级平均通过率 93%，2011 级大学英语四级平均通过率 87.37%，2011 级 VC++ 语言首次考试通过率 50.36%。2012 年本科生创新计划资助立项项目 27 项，省教育厅大学生创新实践项目立项 6 项。在江苏省高等学校大学生实践创新训练计划推荐项目评比中，校区有 5 个项目被评为省级重点项目，2 个项目被评为省级指导项目。审核发放各类资助和奖励 411.79 万元（不含生源地贷款）。校区及苏理工新生共有 11 人获国家奖学金、161 人获国家励志奖学金、863 人获国家助学金、72 人获学费减免、60 人获校长奖学金。

江苏科技大学苏州理工学院　6 月 10 日和 18 日，教育部和省教育厅先后发文同意江苏科技大学南徐学院更名为江苏科技大学苏州理工学院（简称苏理工），迁至张家港市长兴中路 8 号。按照教育部《独立学院设置与管理办法》的要求，学院在规范办学体制机制、改善办学条件等方面逐步推进 7 个独立建设，即独立的校园和办学设施，实施独立的组织管理，独立进行招生，独立进行财务核算，有独立的法人资格，独立承担民事责任，独立颁发毕业证和学位证书，稳妥推进独立学院的规范过渡。6 月 27 日，苏州理工学院暨江苏科技大学张家港产业技术研究院揭牌成立。江苏永钢集团为苏州理工学院本二阶段设立 400 万元“永钢奖学金”。学院有镇江和张家港 2 个校区，镇江校区有 3 届学生，张家港校区于 9 月招收首批新生，计划省内招生 1500 人，实际报到学生 1453 人，新生报到率 97%。同时，获江苏省教育厅批准，学院在本二批次新增招生指标 200 人，成为继南京大学金陵学院、东南大学成贤学院之后，省内第三个能在本二批次招生的独立学院，共招收轮机工程、信息管理与信息系统、环境工程 3 个专业的本二批次新生 200 人，录取平均分数线高于江苏省本二分数线 12 分。学院的决策机构是江苏科技大学苏州理工学院董事会，9 月 11 日，学院首届董事会召开，确定院长推荐人选，审议并通过学院 2011～2014 年过渡期管理架构及团队组成方案的提案。学院党团组织建设健全，下设党政办公室、教务处、科技发展与产业合作处、研究生处（与科技发展与产业合作处合署）、学生工作处（部）、财务处、综合保障处、工会、团委和船舶与建筑工程学院、机电与动力工程学院、电气与信息工程学院、冶金与材料工程学院、商学院、公共教育学院，镇江校区工作部等二级管理部门与教学机构。学院党委下设镇江校区和张家港校区 2 个党总支。10 月，学院两校区就教学管理、学生管理等方面的工作全面对接，理顺两校区之间，以及与省教育厅和学校各对口部门之间的管理运行模式与工作流程，形成《苏州理工学院教学工作相关事宜的协调会议纪要》和《苏州理工学院学生管理有关事项协调会议纪要》，明确各相关方的责、权、利与职责界定。

【沙工与印度国家信息技术学院合作办学】 4 月 27 日，沙工与印度国家信息技术学院（NIIT）软件外包及合作办学签约仪式在国贸酒店举行。此次合作是苏州市首次与印度知名 IT 人才培养机构全面合作，也是 NIIT 在苏州设立的第一家服务外包培训学院。合作培训内容涉及 IT 领域的课程建设、软件开发、人才培训、项目运行、服务外包等多个方面，对于张家港市培训大量实用软件人才、引进国内外高端软件企业、提升产业层次以及深化和拓展高职教育国际化合作，起到重要的推动作用。年内，NIIT 张家港软件和服务外包学院已对 200 名在校生进行嵌入式课程教育，同时招收 200 名社会人员开展培训，计划未来 5 年为张家港市培养 3000 至 5000 名软件和信息服务外包人才。

【沙工“沙钢班”开班】 年内，根据沙工与沙钢集团开展的校企战略合作框架协议，本着“依托沙钢，办好沙工；办好沙工，服务沙钢”的原则，双方决定在沙工机电工程系开设冶金专业，组建“沙钢班”。“沙钢班”实施“双主体教学，准员工培养”的教学模式，学生自愿报考该专业，并签订协议，毕业后直接到沙钢集团就业。学习期间可享受沙钢奖助学金。9 月 13 日，沙工“沙钢班”开班仪式暨奖助学金发放仪式举行，沙钢集团向“沙钢班”捐赠奖助学金 12.42 万元。首批沙钢班学生 30 人。

【江科大张家港校区产学研出成果】 年内，江科大张家港校区科研水平、科研项目的承接及科研经费到款额有较大提高。签署横向课题项目 11 个，签署国家级青年基金项目 2 个、省产学研联合创新基金项目 1 个、省高校自然基金项目 2 个，申请专利 7 项。完成申报国家自然科学基金 22 项、国家社科基金 1 项、省自然科学基金 14 项、省高校自然科学基金 10 项、省高校社科基金 3 项，联合申报省级工程技术中心 1 项、省级研究生工作站 3 项、市级科技进步奖 2 项，申报市科技计划项目 4 项。由徐玉松、金云学两名教授主持的“火箭发电机用大尺寸铜合金锻饼及其应用”及“超超临界大容量汽轮发电机槽楔铜合金研发与应用”2 个项目通过省部级鉴定，后一个项目获 2011 年度中国产学研合作创新成果奖及镇江市科技进步奖。

【江苏科技大学苏州理工学院成立】 6 月 27 日，江苏科技大学苏州理工学院揭牌成立。江苏科技大学苏州理工学院和江苏科技大学张家港校区实行统筹管理，即两块牌子、一套班子。下半年，围绕两校的 24 个招生专业的定位、分类建设和教学，推进江科大张家港校区、苏理工与江苏科技大学各相关学院的对接，启动专业分类定位及建设规划的制定，探索适合校区和苏理工人才培养的专业建设规划和教学管理体系。11 月，按照“总量控制、简化管理、分类核编、明确身份、统筹聘用、统一待遇”的原则，基本确定两校的人事管理框架与运行模式。12 月，基本确定两校未来的经济运行与财务工作的管理体制与运行模式。

（陈　琛　　孙　杰）

社会教育

【概况】 2012 年，全市社会教育以构建完善的终身教育体系、建设学习型社会为目标,以创建"全国社区教育示范区"为重点,坚持城乡统筹、因地制宜,社会教育事业呈现蓬勃发展的良好态势。

社区教育　年内,全市社区教育"四大工程"专项培训稳步推进,全市受教育人数78万人次。市财政按常住人口年人均2元的社区教育培训经费逐步落实到位,全年以奖代补经费250万元,各镇财政相应配套人均不低于1元的社区教育专项经费,专款专用,社区教育经费得到保障。全年社区教育共培训83万人次,社区教育覆盖率45%以上。各区镇有组织的社区居民学习参与率占常住人口的60%以上,残疾人、外来务工人员接受教育比例为60%以上。社区成员对社区教育服务的知晓度、认同度为80%以上,对社区教育服务的满意率为85%以上。健全完善市(社教办、社区培训学院、老年大学)、区镇社区教育中心、社区(村)市民学校三级社区教育网络阵地建设。年内,凤凰镇、大新镇创建成为苏州市社区教育示范乡镇,乐余镇社区教育中心创建成省级标准化社区教育中心,杨舍镇创建成全国社区教育示范乡镇。全市创建成张家港市示范市民学校20个、苏州市教育现代化市民学校10个、江苏省标准化居民学校7个,评选并表彰张家港市社区教育先进工作者161人、张家港市数字化学习模范市民100人、张家港市社区教育工作先进学校30所。

老年教育　2012年,市老年大学开设书画摄影、舞蹈体操、音乐戏曲、医学保健、文学语言、综合运用6大类27个专业46个班级,在校学员超1800人次。年内,市老年大学先后创建成张家港市敬老文明号、苏州市敬老文明号、苏州市现代化老年大学,南丰镇老年大学、锦丰镇老年大学创建成为苏州市教育现代化乡镇老年大学。

成人高考　全市共有6869人参加全国成人高校招生报名,其中免试764人,占报名总人数的11.12%;专科起点升本科3391人,占49.37%;高中起点升本科242人,占3.52%;高中起点升专科3236人,占47.11%。全市共设211个考场。实际参加考试4886人,参考率80.03%。录取4295人,录取率62.53%,其中专科起点升本科录取2283人,高中起点升本科录取77人,高中起点升专科录取1935人。

自学考试　全年共有14583人报名参加江苏省自学考试,全年毕业人数257人,其中专科毕业人数165人,本科毕业人数92人。全市有7525人参加各类证书考试。

校外教育　市教育主管部门以监管、培育、查处三结合的方式规范管理民办非学历教育机构。4月,依法对各民办非学历教育机构的年检报告资料和年度财务审计报告进行审核。8月至9月,对审批建办的52家民办非学历教育机构办学情况进行摸底排查,对未取得办学许可的机构,联合公安、城管等部门依法整治。至年末,全市共有民办非学历教育机构66家,开展文化、舞蹈、书画、棋类、益智、素质拓展等项目的培训,年培训约7万人次。11月,组织开展全市第三批星级评估,评选出四星级民办非学历教育机构1家、三星级10家、二星级4家。市少年宫全年开展器乐、舞蹈、语言表演、声乐、美术、科技、运动等40余个项目的培训,年培训2.87万人次。组织学员参加中央音乐学院音乐考级957人,通过772人;参加中央音乐学院音乐基础知识考级315人,通过217人;参加中国舞蹈家协会舞蹈考级486人,全部通过。

张家港市三星级以上民办非学历教育机构一览

表62

序号	机构名称	地　址	创办年月	星级
1	市英之辅语言培训中心	人民东路11号华昌东方广场B401	2002年4月	四星级
2	市新世纪教育培训学校	东环路116号	2001年5月	三星级
3	市图书馆教育培训中心	长安中路54号	2002年5月	三星级
4	市长三角教育培训中心	小河坝路卫校弄市卫生进修学校内	2008年5月	三星级
5	市爱普惠教育培训中心	长安北路10号锦绣花园内	2008年10月	三星级
6	市舞蹈学校培训中心	人民西路88号	2009年5月	三星级
7	市金点教育培训中心	百桥路汇景豪苑25幢315、316号	2009年6月	三星级
8	市金宝宝早教中心	花园浜一村花园社区广场	2009年8月	三星级
9	市文化艺术教育培训中心	人民东路5号文化中心内	2009年9月	三星级
10	市优博特教育培训中心	南环路67号	2011年10月	三星级
11	市凤凰教育培训中心	陈家场弄41号	2011年10月	三星级

【"千名教师进社区"活动成效显著】 2011年5月,市教育局下发《关于开展"千名教师进社区"活动的通知》,要求各校在教师自愿报名的基础上,按条件推荐兼职社区教师,利用双休日、寒暑假等业余时间进入社区(村)市民学校,指导、协助开展社区教育活动。兼职教师每月至少进社区工作一次,寒暑假期间进社区工作至少满一个工作日,学年末,兼职时间可抵教师继续教育职位培训学时。6月末,兼职教师分配到位,每轮兼职教师工作时间不少于6个月。2012年7月,全市开展新一轮社区教师遴选工作,社区教育中心负责进社区教师的安排、对接工作及工作情况考评。至年末,全市已有989名教师走进社区,参与中小学生暑期教育、各类专题讲座、

主题教育等活动，充分发挥教育系统人力资源的优势，促进学校教育、家庭教育和社会教育的有机结合。

【全市首家农村社区老年大学成立】 4月10日，全市首家农村社区老年大学——市老年大学永合分校在南丰镇永合社区成立。农村社区老年大学的成立，为农村老年人提供了更加便捷的学习载体，对推动新时期社区老龄工作具有重要意义。市老年大学永合分校成立后，从健全制度、探索教育方式、培育特色3个方面把学校办成富有内涵的社区学校。至年末，永和分校共开设烹任、计算机、舞蹈、书画、民族器乐团等课程，有学员130人。

【全市主要劳动年龄人口继续教育工程启动】 4月28日，市政府下发《关于加强主要劳动年龄人口继续教育的实施意见》，提出"主要劳动年龄人口中，每年有1万名左右初中及以下学历在职职工参加职业高中学历教育；每年有2万名左右高中学历在职职工通过成人高考或自学考试等途径，参加大专以上学历教育；每年1.5万名在职职工获得各级各类职业资格证书"的目标任务。根据意见要求，全市100余家规模型骨干企业开设在职职工"学历＋技能"中职学历培训班219个，涉及机电技术应用、机械加工技术、模具制造、纺织技术及营销、计算机应用等17个专业，共有10761名在职职工参与学习；有21180人报名参加高等学历教育；有1253人报名参加电大远程、开放教育。至年末，全市主要劳动年龄人口平均受教育年限达到11年。

【市少年宫活动丰富多彩】 5月31日，市少年宫承办市青少年书画协会会员作品展。8月2日，市少年宫与德国JSO青年交响乐团在保利大剧院联合举行中德青年文化交流活动专场音乐会。11月17日，参加"和筑杯"张家港市中小学生书法大赛作品展暨开幕仪式。12月9日，市少年宫民乐团参加在如皋举行的第八届"长三角"地区民族乐团展演，由53名学员演奏的《火车来了》《这就是我们张家港》获优秀奖。12月21日，市民乐协会在市少年宫成立。21日至31日，市少年宫举行第二届社团艺术节，民乐团、舞蹈团、声乐团、西乐团、书画社团、科技社团、语言表演社团、古筝社团等社团通过专场节目汇演、优秀作品展览等形式展示社团风采。

教师队伍

【概况】 2012年，全市共有教职员工9175人，其中专任教师8948人。专任教师中，高校教师115人(不含沙工)，普通高中教师1401人，职业高中教师767人，初中教师2238人，小学教师3327人，幼儿园教师928人，特殊教育学校教师28人，教研室等直属单位教师144人。全市幼儿园教师本科学历比例70.2%、大专及以上学历比例99.3%；小学教师本科学历比例68.4%、大专及以上学历比例94.5%；全市初中教师本科及以上学历比例92.7%；普通高中教师本科及以上学历比例97.5%，其中具有研究生学历、教育硕士学位教师(含在读)比例20.8%；职业高中教师本科及以上学历比例97.9%，其中具有研究生学历、教育硕士学位教师(含在读)比例19%。全市有江苏省级名教师1人，正教授级高级教师6人，江苏省人民教育家培养对象3人，省特级教师15人；苏州市名校长、名教师22人，苏州市学科、学术教改带头人91人；张家港市学科、学术带头人208人，教学能手841人，教坛新秀659人，张家港市级以上骨干教师占教师总数的22%。全年教师在省级以上刊物发表论文3500篇，另有2000余篇在省级以上论文评奖中获奖。

【教育系统74人取得社会工作者资格】 年内，市教育系统共36人通过全国社会工作者职业水平考试，占全市通过总人数的11.32%，合格人数居全市9个社工队伍建设试点单位前列。自2008年全国社会工作者职业水平考试开考以来，市教育系统先后有74名教师取得社会工作者资格，基本实现"一校一社工"全覆盖，部分学校实现"一校二社工""一校三社工"。社工通过个案社会工作、小组社会工作和社区社会工作对学生进行专业服务，促进学校、家庭、社区建立良好的互动关系，形成教育的合力。

【市级骨干教师评选条例修订】 11月，市教育局修订市级骨干教师评选条例，出台《张家港市中小学、幼儿园"教坛(德育)新秀""教学(德育)能手""学科教改(学术、德育)带头人"评选条例》。新条例将教坛新秀、教学能手、学科教改(学术)带头人评选和德育新秀、德育能手、德育带头人评选进行整合，同步考核评选；取消以往教坛新秀、教学能手、学科带头人逐级层递评选的限制；教坛新秀评选由教育局统一组织改为各校组织；学科带头人评选年龄从45周岁放宽至50周岁。同时，明确要求城区无农村工作经历的教师获得骨干称号后5年内必须到农村学校支教至少2年，并在村校带徒。年内，全市共1611名教师申报市级骨干教师，经评审，541人获骨干教师称号。 (刘　凤)

资料链接

"双元双证四开放"：双元即校企合作，实施学校教育与企事业用人单位职业岗位培训"双元"培养高端技能型专门人才。双证即学生学历证书、高等级技能证书或职业资格证书"双证"齐全方能毕业。四开放即人才培养过程开放，企事业用人单位全程参与人才培养过程，做到专业共建、人才共育；师资队伍开放，聘请企事业单位经营管理专家、能工巧匠担任兼职教师，建设专兼结合的双师结构专业教学团队；实验实训基地开放，校企合作共建校内生产性实训基地及校外顶岗实习基地，实现教学过程与生产过程对接；质量评价开放，建立健全企业代表、学生家长代表、毕业生代表和社会评价等共同参与的人才培养质量评价体系，确保评价结果客观公正，准确引导教育教学改革。

【编辑　陆文琰】

文化·新闻

文 化 事 业

【概况】 年内，市文化系统围绕提升公共文化服务水平、完善文化设施网络体系、丰富文化民生品牌活动、促进艺术生产繁荣发展、加强文化遗产保护传承等工作，全面推进各项文化事业建设。网格化公共文化服务模式受到各级领导和社会各界的充分肯定和高度评价。在全国首创书香城市建设指标体系，在江苏省乃至全国得到宣传推广。张家港市文广新局被评为全国文物系统先进集体、国家文物局田野考古奖、全民阅读先进单位。

文化设施 年内，启动市艺术中心建设，7月开工，年末封顶。博物馆整体改造布馆工作顺利进行，长江文化艺术馆、张家港通史展厅等十余个展厅全面提升服务水平。启动新一轮区镇街道办事处文化设施建设标准化工程，对杨舍、锦丰、乐余、南丰、大新、现代农业示范园区等区镇办事处级文化中心进行督察验收。全市新增公共文化设施面积近11万平方米，人均公益性文化设施面积0.37平方米。

艺术生产 年内，市文化馆、艺术中心共创作文艺作品210件，涵盖戏剧、曲艺、音乐、舞蹈、美术等门类，其中150件获苏州市级以上荣誉。艺术中心季静娟获第七届中国曲艺“牡丹奖”表演奖。文化馆倪夏宇获“牡丹奖”新人提名奖、第六届中央电视台相声大赛职业组优秀奖。锡剧大戏《一盅缘》入选江苏省舞台艺术精品工程重点资助剧目，主演董红获第22届上海“白玉兰”戏剧表演艺术奖主角奖。小戏《开心天堂路》获江苏省第七届小戏小品大赛优秀剧目奖一等奖、优秀导演奖等7个奖项。在江苏省第十届“五星工程奖”评选中，全市共获13项大奖，金奖、大奖数量位居全省县（市、区）第一。在江苏省第八届“五个一工程”奖评选中，《永远和人民在一起》和《中国兔子德国草》分获歌曲类和广播剧类入选作品奖。在苏州市第九届“五个一工程”奖评选中，全市共获9个奖项，在苏州县（市、区）位居首位。文化馆辅导的男声小组唱《游击队之歌》、二胡独奏《战马奔腾》分获江苏省文化站长技能大赛银奖、铜奖。年末，全市拥有艺术中心艺术团、文化馆东方艺术团2个专业艺术团体，有成员111人，其中国家一级演员4人，国家二级演（奏）员6人，二级编剧1人，二级作曲1人，具有中级以上职称36人，全年演出2725场，观众300余万人次。

群众文化 年内，全市共举办各类群众文化活动超过1万场，参与群众500万人次。组织开展2012年中国（张家港）长江文化艺术节——中国剧协梅花奖艺术团、江苏省梅花奖艺术团专场演出，第五届（张家港）长江流域戏剧艺术节、精品小戏进社区、长江流域群众文化学会研讨会等活动。推出“幸福港城”网格文化系列活动17项。杨舍镇“戏曲大巡演”、金港镇香山文化节、锦丰镇沙上文明风“村村演”、凤凰镇河阳山歌节等活动不断强化地方文化特色。市文化馆举办各类演出活动321场，市艺术团举办各类演出活动1461场，市巨星影演文化有限公司承办各类专场演出228场次，各区镇举办各类群众性文化活动1980场。至年末，全市有专职工作人员150余人，业务创作骨干183人，业余演出骨干300余人，群众文艺团队430支共1.7万人。全年开展文明欢乐行“村村演”255场，广场文艺“周周演”109场，千场电影进社区“月月映”4097场，文明书场“天天说”2361场，全民阅读活动40大项356小项。

【“幸福港城”网格文化系列活动开展】 4月16日，市委宣传部、市文广新局联合出台《2012年张家港市“幸福港城”网格化公共文化服务活动实施方案》，组织策划17项文化活动，包括传统的群众广场文艺演出、新人新作展、全民达人秀、艺术讲堂等，还增加“芬芳港城·美化生活”插花盆景比赛、“魅力港城”微视频比赛、“俏夕阳·展风采”中老年才艺大赛等新的活动样式。活动对象包括各个年龄层，活动内容涵盖舞蹈、歌唱、戏曲、摄影摄像等多种艺术类别，17项活动贯穿全年，覆盖城乡，从文化网格开始四级联动，实现网格化公共文化服务的“全民共建、全民共享”。12月28日，“幸福网格乐翻天”才艺PK赛总决赛在广电大厦演播厅举行，2012年“幸福港城”网格文化系列活动圆满结束。

【“梦想之约”第二届文艺招贤赛举行】 2月至5月，由市政府主办，市委宣传部、市文广新局、市人社局、市人才办、各区镇政府共同承办的"梦想之约"第二届全国文艺招贤赛举行。比赛在南京、沈阳、长春等10余个城市进行海选，共有1300余名选手报名，选拔出编剧、编导等门类共122名选手到市参加复赛、决赛。市文广新局从中录用事业编制工作人员17人。

【季静娟获"牡丹奖"表演奖】 参见第364页〖季静娟〗。

【大戏《一盅缘》入选省舞台艺术精品工程重点资助剧目】 《一盅缘》是张家港市精心打磨的大型新编锡剧。4月24日，在2012年全省艺术工作会议上，市艺术中心与省舞台艺术精品工程领导小组签署《江苏省舞台艺术精品工程剧目创作生产责任合同书》。之后，省财政厅投入专项资金20万元资助，苏州市也配套进行资助，用于该剧的进一步修改打磨。9月1日，文化部艺术司司长董伟，中国戏剧家协会分党组书记、驻会副主席季国平一行在省文化厅副厅长裴旭、省剧协主席汪人元、苏州市文广新局局长陈嵘等陪同下到市审看《一盅缘》并提出修改意见。11月22日，2011~2012年度江苏省舞台艺术精品工程终评工作结束，大戏《一盅缘》以全省第二名的成绩入选江苏省舞台艺术精品工程重点资助剧目。

2012年张家港市文学艺术创作主要成果一览

表63

	作品名称	形式	主创人员	出版、入选、展出、获奖情况
文学	《神秘拾金岛》	长篇小说	徐　玲	希望出版社出版
	《惊险食人谷》	长篇小说	徐　玲	希望出版社出版
	《宇宙流浪汉》	长篇小说	徐　玲	希望出版社出版
	《我会好好爱你》	长篇小说	徐　玲	中国少年儿童出版社出版
	《我的红狐狸妹妹》	长篇小说	徐　玲	希望出版社出版
	《我的狼妈妈》	长篇小说	徐　玲	希望出版社出版
	《天下无妖之唐僧的私密日记》	长篇小说	徐　玲	希望出版社出版
	《将来我要做本地人》	长篇小说	徐　玲	新世纪出版社出版
	《小山羊和小灰兔》	寓言集	钱欣葆	北方妇女儿童出版社出版
	《奇妙的拐棍》	科学童话集	钱欣葆	湖北少年儿童出版社出版
	《金丝猴改衣服》	童话	钱欣葆	湖北美术出版社出版
	《老虎治尾巴》	童话	钱欣葆	湖北美术出版社出版
	《猴子的教训》	童话	钱欣葆	湖北美术出版社出版
	《爱吹牛的灰兔》	童话	钱欣葆	湖北美术出版社出版
	《聪明的羊弟弟》	童话	钱欣葆	湖北美术出版社出版
	《缺乏恒心的狗熊》	童话	钱欣葆	湖北美术出版社出版
	《小象的长鼻子》	童话	钱欣葆	湖北美术出版社出版
	《猴子灭火》	童话	钱欣葆	湖北美术出版社出版
	《小鳄鱼学游泳》	童话	钱欣葆	湖北美术出版社出版
	《两只小袋鼠》	童话	钱欣葆	湖北美术出版社出版
	《渔夫织网》	童话	钱欣葆	湖北美术出版社出版
	《老虎发怒》	童话	钱欣葆	湖北美术出版社出版
	《犀牛认错》	童话	钱欣葆	湖北美术出版社出版
	《大家抢摆渡》	童话	钱欣葆	湖北美术出版社出版
	《红狐狸请跳舞》	童话	钱欣葆	湖北美术出版社出版
	《穿山甲打洞》	童话	钱欣葆	湖北美术出版社出版
	《聪明的灰兔》	童话	钱欣葆	湖北美术出版社出版
	《挖人参》	童话	钱欣葆	湖北美术出版社出版
	《美丽的家园》	童话	钱欣葆	湖北美术出版社出版
	《池塘中的"怪物"》	童话	钱欣葆	湖北美术出版社出版
	《零点零二》	诗歌集	中　海	戏剧出版社出版

续表 63-1

	作品名称	形式	主创人员	出版、入选、展出、获奖情况
文学	《烩历史》	杂文集	杜宏娟	新世界出版社出版
	《乡风满怀》	散文集	缪　克	文汇出版社出版
	《激荡今生》	传记	缪　克	文汇出版社出版
	《那晚的雨》	诗歌	谢建标	中国文联出版社出版
	《雏鹰展翅》	长篇小说	谢凤娇	中国戏剧出版社出版
	《桑桃的村庄》	长篇小说	徐　玲	被评为江苏省作协第七批重点扶持工程项目
	《我会好好爱你》	长篇小说	徐　玲	获冰心儿童图书奖
	《我会好好爱你》	长篇小说	徐　玲	被《中国图书商报》评为2012年上半年"全国十本好书"
	《千里马等待伯乐》	短篇小说	徐　玲	被评为"周庄杯"全国短篇儿童小说大赛三等奖
	《春天的声音》	诗歌	孙丽萍	被评为"全国十大魅力诗歌"
	《花的照相馆》	童话	孙丽萍	发表于《儿童文学》
	《廉石组歌》	诗歌	安昌礼	获"鹿城清风"全国廉政诗歌大赛优秀奖
	《闪光的足迹》组诗	诗歌	安昌礼	获"道德的力量"主题诗歌全国大赛优秀奖
	《写给初生的儿子》	诗歌	徐小华	发表于《诗刊》
	《终剧场》	诗歌	中　海	被评为江苏省作协第七批重点扶持工程入围项目
	《长大有点慢吞吞》	长篇小说	徐　玲	获苏州市第九届"五个一工程"奖
	《一个女孩和一个家的故事》	评论	刘新球	发表于《文艺报》
	《出走》	小说	徐　玲	发表于《儿童文学》
	《美好的启蒙》	儿童文学	徐　玲	发表于《儿童文学》
	《大熊来电话》	小说	徐　玲	发表于《文艺报》
	《一个人睡》	小说	徐　玲	发表于《儿童文学》
	《穿越与抵达》	诗歌	中　海	发表于《诗刊》
	《华翔瘦》	诗歌	任文浩	发表于《北京青年周末》12期
	《唐代鞍马艺术的特色》	艺术论文	李素艳	发表于《群文天地》第2期(总第242期)
	《王峰三上门》	琴书	任忠国	发表于《曲艺》5期
	《加强特色文化建设，打造苏州江南农耕文化品牌》	论文	任忠国	入选江苏省群众文化协会第23届苏锡常通群众文化信息交流暨理论研讨会，获"村级文化建设与公共文化服务体系构建"群众文化理论研究成果评奖三等奖
书法	对联	隶书	刘开华	入展全国第三届隶书大展
	册页	行书	张志开	入展全国第二届册页书法作品展
	条幅	草书	季雪忠	入展全国第三届隶书大展
	《陶文印篆对联》	隶书	高卫平	入展"江苏·四川书法交流展"
	《元结右溪记横批》等四件	隶书	高卫平	入展"对话园林"当代书法名家邀请展
	《庆集春融中堂》	隶书	高卫平	入展无锡双圣艺术节全国名家作品邀请展
	《竹疏梅瘦联》	隶书	高卫平	入展"魅力沭阳"全国书法名家邀请展
	四条屏	行书	陈　宇	入展"中国(芮城)永乐宫第四届国际书画艺术节书法展"
	条幅	小楷	叶效良	入展"第二届中国千字文书法大展"
	条幅	小楷	赵怡平	入展省第八届新人书法篆刻作品展
	条幅	楷书	丁　平	入展省第八届新人书法篆刻作品展
	条幅	草书	张愫阳	入展省第八届新人书法篆刻作品展
	条幅	隶书	杨　芳	入展省第八届新人书法篆刻作品展

续表 63-2

	作品名称	形式	主创人员	出版、入选、展出、获奖情况
书法	条幅	篆书	张　平	入展省第八届新人书法篆刻作品展
	四条屏	楷书	程东风	入展省第八届新人书法篆刻作品展
	条幅	隶书	钱新震	入展省第八届新人书法篆刻作品展
	条幅	小楷	董　艳	入展省第八届新人书法篆刻作品展
	条幅	篆书	陈棉东	入展省第八届新人书法篆刻作品展
	对联	篆书	温宇军	入展省第八届新人书法篆刻作品展
	条幅	隶书	包丽丽	入展省第八届新人书法篆刻作品展
	对联	隶书	钱惠虹	入展省第八届新人书法篆刻作品展
	对联	篆书	黄　侃	入展省第八届新人书法篆刻作品展
	条幅	隶书	翟建平	入展省第八届新人书法篆刻作品展
	条幅	行书	钱俊荣	入展省第八届新人书法篆刻作品展
	条幅	小楷	刘　胜	入展省第八届新人书法篆刻作品展
	条幅	行书	陆洪才	入展省第八届新人书法篆刻作品展
	对联	隶书	陈亚光	入展省第八届新人书法篆刻作品展
	条幅	隶书	徐国忠	入展省第八届新人书法篆刻作品展
	条幅	草书	奚训达	获江苏省第十届“五星工程奖”金奖
	条幅	草书	奚训达	获“群星璀璨”全国群众美术书法摄影优秀作品展铜奖
美术	《旭日初照征程》	山水	徐华翔	入展“神奇的鄂尔多斯”全国中国画名家作品邀请展
	《浴火·微笑》	人物	陈三石	获吴冠中艺术馆开馆暨全国中国画作品展优秀奖
	《太空玫瑰》	人物	陈三石	入展“翰墨新象”全国中国画作品展
	《童年忆趣》	人物	李素艳	入展“翰墨新象”全国中国画作品展
	《趣孩图》	工笔	闫　珺	入展江苏省工笔画大展
	《大观 物语》	中国画	侯晓云	入展 2012 年全国中国画作品展
	《逸气横生韵神和》	中国画	刘振新	入展全国中青年作品展
	《生锈的机器》	油画	蒋　勇	获江苏省第四届新人美术作品展新人奖
	《绿荫》	山水	徐华翔	发表于《美术报》
	《老街》	水彩	安昌礼	发表于《美术报》
	花鸟	花鸟画	丁建中	发表于《美术报》
	《大观 物语》	中国画	侯晓云	发表于《美术报》
	《永联新农村图》	中国画	刘振新	发表于《人民日报》
	《热血男儿》	中国画	陈治平	发表于《人民日报》
	《夏日阳光》	油画	苏　洁	发表于《人民日报》
	《童年忆趣》	中国画	李素艳	入展“翰墨新象”全国中国画作品展
	《收获》	中国画	李素艳	获第二届全国群众文化美术书法大展优秀奖，并入选山东美术出版社出版的《全国群众文化美术书法大展作品集》
	《扭动的花瓶》	儿童画	李忆杭 （李素艳辅导）	获江苏省第十届“五星工程奖”美术书法摄影类银奖
摄影	《吴钦河阳》	摄影	陈洪标	获“今日张家港·印象凤凰镇”全国摄影大赛金奖
	《少儿模特》	摄影	朱德明	获 2012 年环太湖摄影拉力赛总冠军
	《奇峰神韵》	摄影	肖顺清	被评为大美黄山(国际)摄影大展优秀作品
	《古镇小巷》	摄影	肖顺清	获“今日张家港·印象凤凰镇”全国摄影大展优秀奖
	《月映河阳》	摄影	肖顺清	获“今日张家港·印象凤凰镇”全国摄影大展优秀奖
	《苍松》	摄影	陈晔华	被评为大美黄山(国际)摄影大展优秀作品

续表 63-3

	作品名称	形式	主创人员	出版、入选、展出、获奖情况
摄影	《乐活》	摄影	陈晔华	获“今日张家港·印象凤凰镇”全国摄影大展优秀奖
	《宏村之晨》	摄影	陈晔华	被评为“西递·宏村杯”中国黟县摄影大展优秀作品
	《宏村小景》	摄影	徐　燕	被评为“西递·宏村杯”中国黟县摄影大展优秀作品
	《宏村之晨》	摄影	徐　燕	被评为“西递·宏村杯”中国黟县摄影大展优秀作品
	《都是交响曲》	摄影	徐　燕	被评为第三届“花都水城，浪漫武进”摄影大展优秀作品
	《古街掠影》	摄影	徐　燕	获“今日张家港·印象凤凰镇”全国摄影大展优秀奖
	《迎亲》	摄影	朱德明	获“今日张家港·印象凤凰镇”全国摄影大展优秀奖
	《贝贝之乡》	摄影	朱德明	获“今日张家港·印象凤凰镇”全国摄影大展优秀奖
	《农民书场》	摄影	朱德明	获“今日张家港·印象凤凰镇”全国摄影大展优秀奖
	《渔歌》	摄影	朱德明	被评为第三届“花都水城，浪漫武进”摄影大展优秀作品
	《宁静的早晨》	摄影	缪一喜	获“今日张家港·印象凤凰镇”全国摄影大赛铜奖
	《大地铺金美夕阳》	摄影	缪一喜	获“今日张家港·印象凤凰镇”全国摄影大赛优秀奖
	《古镇夕阳春意浓》	摄影	缪一喜	获“今日张家港·印象凤凰镇”全国摄影大赛优秀奖
	《桃花深处有人家》	摄影	俞　磊	获“今日张家港·印象凤凰镇”全国摄影大赛优秀奖
	《田园晨曦》	摄影	胡　明	获“今日张家港·印象凤凰镇”全国摄影大赛优秀奖
	《凤凰之夜》	摄影	胡　明	获“今日张家港·印象凤凰镇”全国摄影大赛优秀奖
	《农家小院》	摄影	王建龙	获“今日张家港·印象凤凰镇”全国摄影大赛优秀奖
	《世外桃源》	摄影	王建龙	获“今日张家港·印象凤凰镇”全国摄影大赛优秀奖
	《古镇暮色》	摄影	范品才	获“今日张家港·印象凤凰镇”全国摄影大赛优秀奖
	《千亩桃园》	摄影	范品才	获“今日张家港·印象凤凰镇”全国摄影大赛优秀奖
	《夕阳幻影凤凰山》	摄影	范品才	获“今日张家港·印象凤凰镇”全国摄影大赛优秀奖
	《作坊工人》	摄影	范品才	获江苏省第十届“五星工程奖”美术书法摄影类银奖
	《又是丰收年》	摄影	严子洋	获江苏省第十届“五星工程奖”美术书法摄影类银奖
曲艺	《良心》	短篇弹词	季静娟	获第七届中国曲艺牡丹奖表演奖
	《一盅缘》	锡剧	董　红、朱宝根、谢志刚、夏敏莹	被评为 2011~2012 年度江苏省舞台艺术精品工程重点资助剧目，主演董红获第 22 届上海戏剧表演艺术“白玉兰”奖主角奖
	《港城大义》	短篇弹词	季静娟	获第五届中国苏州评弹艺术节优秀表演奖
	《公交大世界》	相声	倪夏宇	获第七届江苏省曲艺节表演奖
	《一场没说完的相声》	相声	倪夏宇	获第六届中央电视台电视相声大赛职业组优秀奖
	《求职记》	相声	倪夏宇	获第六届全国“牡丹奖”曲艺大赛新人奖提名 获第十届江苏省“五星工程奖”表演艺术类铜奖
	《我要买房》	相声	倪夏宇	获“南开杯”第二届全国相声新作品大赛表演二等奖
	《快乐时光》	相声	倪夏宇	获“泰州杯”第五届全国少儿曲艺大赛二等奖
	《喇叭声咽》	小品	苗　壮、于天泊	获江苏省第十届“五星工程奖”表演艺术类金奖
	《回家过年》	小品	于天泊	获 2012 年中国(张家港)长江文化艺术节暨第五届(张家港)长江流域戏剧艺术节展演优秀剧目奖
	《苦谏》	短篇弹词	王智雄	获第五届中国苏州评弹艺术节优秀短篇创作(改编)奖
	《东渡·庆安往事》	短篇弹词	徐　辉、叶　桦、殷　琴、戴　芳	获第七届江苏省曲艺节节目奖、创作奖
	《丫丫考 0 分》	小锡剧	董　红、朱宝根	获江苏省第十届“五星工程奖”金奖第一名
	《开心天堂路》	小锡剧	朱宝根、朱燕君、惠　鸽	获江苏省第七届小戏小品大赛优秀剧目一等奖、优秀导演奖、优秀编剧奖、音乐奖，主演朱宝根、朱燕君获优秀表演奖、惠鸽获表演奖

续表 63-4

	作品名称	形式	主创人员	出版、入选、展出、获奖情况
音乐	《亮亮高 板板桥》	歌曲	词曲:庞 曦、蒋燕军 创排:李 崇	获江苏省第十届"五星工程奖"金奖
	《沙洲神话》	歌词	支坤兴	发表于《词刊》
	《鉴真东渡的地方》	歌词	支坤兴	发表于《词刊》
	《多情江南》	歌词	支坤兴	发表于《词刊》
	《莳秧歌》	歌曲	徐新元	获江苏省第十届"五星工程奖"表演艺术类金奖,并发表于《神州歌海》
	《南京》	歌曲	徐新元	获中国群众创作歌曲(北京)展评(作曲)金奖
	《桃花园里观桃花》	歌曲	徐新元	获中国群众创作歌曲(北京)展评(词曲)银奖
	《乡音不断肠》	歌曲	徐新元	发表于《神州歌海》
	《孝道歌》	歌曲	徐新元	发表于《神州歌海》
	《山歌代代唱不完》	广场舞	周 静	获江苏省第十届"五星工程奖"表演艺术类金奖

(杨方勇 刘玉梅)

图书·文博

【张家港图书馆】 至年末,全市有市级公共图书馆1个、市少年儿童图书馆1个、镇级分馆9个、村(社区)图书馆(室)232个。2012年,市、镇、村公共图书馆"通借通还"工程列入市政府实事工程,市图书馆对全市基层镇、村图书馆藏书回溯建库,实际回溯建库图书26.93万册,至年末,全市可与市图书馆实现"一卡通"通借通还的分馆、服务点共140个。市、镇、村(社区)三级公共图书馆业务用房4.74万平方米;年内新购图书33.6万册,藏书总量177.37万册,全市人均(按常住人口计算)藏书量1.42册。市图书馆(含市少儿图书馆)共有藏书141万册(含报刊合订本),比上年增50万册。有电子读物2.78万盘,新增2400盘;订阅报刊2500种,新增290种;有持证读者8.2万人,新增1.09万人;设有服务窗口35个,其中少儿馆窗口12个;新设市阅读指导中心。全年接待读者172.38人次,征集地方文献76种174册。年内,张家港图书馆开展各类读书活动420余次,举办公益性讲座、报告会52场,举办展览31个,举办各类培训班362个,编辑出刊《决策参考》24期、《港城读书》6期,开展图书流动车进村(社区)、学校巡回服务120次,送书17万余册。南沙办事处图书分馆、后塍办事处图书分馆、锦丰镇文化中心图书分馆等列入建设项目。全市村级"五位一体"即文化信息资源共享工程、党员远程教育、村图书馆、农家书屋、公共电子阅览室农村基层综合信息服务站不断完善,党员学习平台累计访问量3万余人次,年内新增VOD视频讲座资源220个。全市科技工作者的科技信息服务中心平台累计浏览访问量近6万人次,使用平台查询检索文献约2万次,下载文献量约5.5万页,配合完成科技创新项目117项。张家港图书馆被中国图书馆学会评为全民阅读推广先进单位、"绘出心中的童谣"大赛优秀组织奖。南丰镇永联农家书屋获"全国示范农家书屋"称号;金港图书分馆吴虹被评为"全国文化共享之星",是江苏地区唯一获此殊荣的管理员。

【张家港博物馆】 年内,张家港博物馆整体改造布馆工程启动,市级文物保护单位钱昌照故居抢救保护工程竣工,黄泗浦遗址考古队在骏马集团农林公司开展考古发掘,面积800平方米。馆藏藏品11107余件。2012年,张家港博物馆引进和举办"小贝壳大世界"——中外珍奇海贝展、"云锦华章,皇家风范"南京云锦艺术展、丁浩清风筝作品展、"悠然神清"2012年金陵五画家水墨画精品展、"远古的记忆"——东海水晶精品展、"崧泽之光"——东山村遗址考古成果展、"园林意境"——陈国中书法精品展、海洋生物展等8个临时性展览。开展"荣耀港城"——张家港市考古成果展进社区、进学校活动6次,举办巧手争霸赛学剪纸、传承老艺人学碑拓、迎春纳福送春联、"做只蛟龙飞上天"学做风筝未成年人教育活动4次。编印《张家港博物馆文物菁华》1本,出刊《张家港文博》2期,全年共接待参观者10万人次。7月,市文物局被人力资源和社会保障部、国家文物局联合授予"全国文物系统先进集体"称号。东山村遗址考古发掘获国家文物局2009~2010年度田野考古奖三等奖。姜理新(摸壁鬼)、黄庭明(后塍黄酒)、陆义进(陆氏中医儿科)、邹正岳(金村庙会)等四人入选苏州市第三批非物质文化遗产代表性传承人,沈彩林(沙洲哨口板式类风筝制作技艺)获"苏州市非物质文化遗产优秀传承人"称号,《中国·沙上宝卷集》《鸿蒙灵焕——张家港考古发现撷英》《张家港市非物质文化遗产要览》《暨阳古韵》等四本专著获苏州市第三届文化遗产抢救整理研究类优秀成果奖。

【市新华书店】 2012年,市新华书店完成图书销售10746万元,比上年增13%;发行图书1158万册,比上年增29.36万册。年内,市新华书店做好各种政治理论读物的发行工作,全年共发行十八大单行本、十八大文件辅导读本、《第一资源》以及《做最好的共产党员》等各类政治读物13.73万册，销售金额123.85万元。完成全市九年制义务教育阶段中、小学生的免费教材和作业本的发行任务，连续35年确保“课前到书，人手一册”。在全社会倡导家庭阅读和亲子共读的良好氛围，成立家庭阅读推广的公益服务机构“快乐父母工作室”。至年末，工作室共举办读书沙龙41次、开展公益讲座6次、接受广大家长网络及电话咨询1500余例，面对面接受咨询超过100余人次，免费向市民发放家庭教育咨询宣传单3000余份。配合书香校园建设，开展“校园人文行”活动，先后邀请儿童文学作家梅子涵、秦文君到凤凰、乘航、乐余等小学举办5场“开心阅读，快乐写作”的专题讲座。同时，邀请全国著名教育专家、儿童阅读推广人祁智为全市年轻教师和部分学生家长作2场“仰望幸福”的专题讲座。年内，市新华书店被评为2009～2011年度苏州市文明单位、张家港市文明单位标兵。

【中国文明起源与形成学术研讨会在市召开】 5月21日至22日，由中国社会科学院考古研究所、北京大学考古文博学院、南京博物院、张家港市人民政府主办，中国社会科学院古代文明研究中心、张家港市文广新局承办的中国文明起源与形成学术研讨会在市馨苑度假村召开。全国各省市的考古、文博专家学者、媒体记者等130余人出席开幕式。研讨会为期两天，专家学者交流阐述中华文明探源工程项目子课题的进展和成果，并对中国文明起源与形成进行理论探讨。东山村遗址作为良渚文化的源头，对中华文明起源和文明进展的过程提供全新的考古学资料。此次研讨会对于全面认识东山村遗址价值，确立遗址品牌、促进保护利用，提升、深化城市内涵和形象等方面起到促进作用。

（杨方勇　田亚明）

文化市场

【概况】 年内，全市新增文化经营单位52个，其中，音像、书报刊等出版物经营单位19个，歌舞娱乐场所12个，游艺场所7个，印刷复制等其他经营单位14个。至年末，经市文广新局许可或备案登记的文化（新闻出版）经营单位共1000个，其中书报刊经营单位249个、印刷企业（含打字复印）393家、歌舞娱乐经营单位118个、网吧95个、游戏厅59个、影演单位52个、音像经营单位33个、出版社1家。市文化市场行业协会下辖印刷、出版物、网吧、歌舞娱乐、电影演艺、音像6个分会，团体会员超过900家，经营单位入会率90%。

【文化产业】 年内，全市新办歌舞娱乐经营单位12个，总投资2840万元；新办游艺娱乐场所7个，总投资750万元。全市95个单体网吧全部加盟连锁网吧。市文化馆东方礼仪演艺中心完成各类大中型礼仪活动175场次，营业收入303.88万元。张家港图书馆利用馆舍资源定期举办大中型展览和专家讲座，创收237万元。张家港博物馆积极拓展文化环境布置、户外广告工程等领域，创收65万元。市艺术中心深入城乡开展大戏演出和各类服务性演出1626场，演出收入242.8万元。市巨星影演文化有限公司承办大型演出活动1场，各类小型室内演出、广场文艺演出224场，演出收入950万元，巨星、环球电影城放映1.4万场次，票房收入1983万元。2012年，全市文化产业增加值123.15亿元。全市原创动画片共有8部4540分钟，江苏如意通动漫产业有限公司出品的《中华美德少年》《如意酷宝之七彩蛇》《如意兔之开心农场》第四、五季，苏州市磐石卡通制作有限公司出品的《快乐椭魔塔》等动漫片全部取得发行许可证。张家港软件（动漫）产业园、如意通动漫总部大厦、京海明悦时尚产业创意中心、张家港保利大剧院等7个项目被评为2012年度苏州市文化产业重点项目。张家港市广电信息网络有限公司、苏州江南农耕文化园有限公司等8家企业被认定为苏州市首批重点文化企业。

【市场管理】 年内，市文化部门在全国县（市）率先制定《公共视听载体播放活动管理办法》及《张家港市集场庙会管理办法》等规范性文件，对户外大屏幕的播放活动和集场庙会的管理进行规定。出台《张家港市“扫黄打非”镇区工作量化考核办法》《张家港市“扫黄打非”基层“八个一”工作机制》等制度。市文化行政综合执法大队全面启用全国文化综合办公系统和张家港市网上权力公开运行办公系统，行政执法案件和数据全部在网上流转，全年共受理行政审批108起，行政处罚案件135起。完成“净网先锋”与公安部门网络视频监控的对接，对非法信息进行有效封堵，实现对全市所有网吧动态远程监控，删除、屏蔽互联网和手机媒体传播的各类有害信息3万余条。全年取缔“黑网吧”66家、无证游戏厅38家，暂扣电脑近300台，收缴游戏机146台、大型赌博机68台。11月，联合市法院、行业协会等部门，成功调解张家港市首例KTV歌曲侵权系列案件。

【版权工作】 年内，市版权管理部门发挥政府主导作用，将版权宣传教育与法治城市、文明城市建设等有机结合起来，实施版权宣传“五进”（进机关、进企业、进社区、进农村、进学校）活动，针对党员干部、企业职工、青少年、新张家港人等不同群体需求，加强分类指导，做好宣传教育和知识普及工作。在全省县级市率先完成市、镇两级政府机关软件正版化，建立“政府资助、服务商优惠、企业自筹”相结合的新模式。组织企业软件正版化培训5次，参加企业150余家。全市1000余家规模以上企业70%以上实现软件正版化，全市企业每年用于软件正版化的投入3亿元，每年持续投入的递增率超过15%。版权管理和服务职能向基层延伸，全市9个区镇全部建成版权工作站并聘请1至2名专职版权协管员。2012年，全市共开展版权联合执法行动28次，出动执法人员1540人次，收缴各类盗版软件和音像制品5.3万余张，收缴各类侵权盗版出版物6000余件，查处网上侵权盗版案件2起。张家港市被省版权局评为江苏省版权示范市。

【张家港软件(动漫)产业园成为国家影视网络动漫实验园】 6月6日,国家广电总局下发《广电总局关于批准张家港软件(动漫)产业园为国家影视网络动漫实验园的批复》,张家港软件(动漫)产业园成为国家影视网络动漫实验园。张家港软件(动漫)产业园是张家港市第一家国家级文化产业园区,也是全国第五家、江苏省第二家获批国家影视网络动漫实验园的园区。2012年,该园区拥有各类软件、动漫、影视、文化创意企业40余家,4家企业年销售超1000万元,其中江苏国泰新点软件有限公司销售收入超1亿元。 (杨方勇)

中国(张家港)长江文化艺术节

【概况】 10月23日至11月20日,2012年中国(张家港)长江文化艺术节举行。艺术节由文化部公共文化司、中国文联、中国作家协会、中国戏剧家协会、中国群众文化学会、江苏省委宣传部、江苏省文化厅、江苏省作协、江苏省剧协、张家港市人民政府等共同主办,主要活动包括:2012年中国(张家港)长江文化艺术节开幕式暨庆祝张家港建县(市)50周年、张家港保税区建区20周年文艺晚会、"长江城·长江人"全国微视频大赛颁奖典礼、第五届(张家港)长江流域戏剧艺术节、"沙洲的崛起,张家港的辉煌"——张家港建县(市)50周年成就展、长江流域群众文化学会研讨会、第三届"长江杯"江苏文学评论奖颁奖典礼、2012年环太湖国际公路自行车赛张家港双山岛绕圈赛、第四届沙上文化艺术节开幕式暨沙洲县抗日民主政府纪念馆开馆仪式等。《中国文化报》、人民网、光明网、新华网等多家媒体对活动进行报道。全国政协副主席、九三学社中央副主席王志珍出席长江文化艺术节开幕式。

【"长江城·长江人"全国微视频大赛举行】 "长江城·长江人"全国微视频大赛是在中国电视艺术家协会和沿江各省(市)电视艺术家协会的支持下,由张家港市与新浪网合作举办的创新大赛。大赛面向全国有奖征集微视频作品,借助互联网和主流网络媒体平台,用光影、镜头的形式充分展现绚丽多彩的长江文化,推动长江文化的保护与发展,提升张家港长江文化品牌的传播力和影响力。大赛于7月启动征集,共收到各类参赛作品200余件。10月27日,颁奖典礼在市电视台演播大厅举行。大赛共颁出金奖2件、银奖3件、铜奖5件。由丁海滨主创的《照田财》、黄莉主创的《硬币》获得金奖。

【第五届(张家港)长江流域戏剧艺术节举行】 10月28日,由中国戏剧家协会、张家港市人民政府主办,江苏省戏剧家协会、中共张家港市委宣传部、张家港市文化广电新闻出版局、张家港市文学艺术界联合会承办的第五届(张家港)长江流域戏剧艺术节开幕式暨中国剧协梅花奖艺术团专场演出在张家港保利大剧院举行。10月30日至11月9日,上海、江苏、安徽、江西、湖南、重庆、云南等7个省市的地方剧团进行戏剧展演,包括越剧《家》,滇剧《水莽草》,锡剧《一盅缘》《状元打更》,湘剧《李贞回乡》,采茶戏《临川四梦》,苏剧《红豆祭》,川剧《鸣凤》,黄梅戏《寸草心》等。

【长江流域群众文化研讨会举行】 10月29日,由中国群众文化学会、江苏省文化厅和张家港市人民政府联合举办的长江流域群众文化研讨会在市沙洲宾馆举行。研讨会上,中国群众文化学会副会长孙若风就"群众文化与文化强国"主题作专题讲座,与会专家学者交流各地发展群众文化的新经验和新思路,沿江十二省市(区)群众文化学会负责人还围绕"创建长江流域群众文化品牌——探索与实践""在构建城乡一体化进程中如何保护民族民间文化"等主题广泛交流。 (杨方勇)

【第三届"长江杯"江苏文学评论奖颁奖典礼举行】 11月20日,第三届"长江杯"江苏文学评论奖颁奖典礼在市馨苑度假村举行,活动由江苏省委宣传部、江苏省作协、张家港市人民政府共同主办,张家港市委宣传部、张家港市文联承办。活动共收到参评作品30余部(篇),获奖作品12部(篇),黄发有的《文学与年龄:从"60后"到"90后"》获一等奖,李章斌的《瘸腿的诗学——关于当代新诗批评的音乐维度的一些思考》等3部(篇)获二等奖,子川的《穿越生死边界的一脉香火》等8部(篇)获三等奖。此届文学评论奖增设"特别奖",以奖励省外以江苏文学为评论对象的优秀成果,吴义勤、张学昕获"特别奖"。 (刘玉梅)

第五届(张家港)长江流域戏剧艺术节开幕式暨中国剧协梅花奖艺术团专场演出
(市文广新局 供稿)

文联工作

【概况】 市文学艺术界联合会(以下简称市文联)下设作家协会、书法家协会、摄影家协会、美术家协会、戏剧家协会、音乐家协会、舞蹈家协会、影视家协会、曲艺家协会、民间文艺家协会、国标舞工作者协会11个专业协会,1个艺术指导委员会,1个事业单位(张家港市书画院)。5月,南丰镇文联成立,下设书画影协会、文学协会、音乐协会、舞蹈协会、艺术品鉴赏协会5个协会,是全市第四家乡镇文联。6月,市书画研究会撤销。12月,市戏剧家协会成立,董红当选为主席,夏敏莹当选常务副主席兼法定代表人,有会员62人。至年末,市文联共有会员873人,比上年增23人。其中,国家级会员52人,比上年增7人。苏险峰、陈宇当选苏州市书法家协会理事。年内,市文联获"苏州市文联系统'四项工程建设'(三项)先进集体"称号,庞曦获"2011~2012年度江苏省市、县(市、区)产业(行业)文联先进个人"称号。

【文艺活动】 年内,市文联组织开展各类大赛、展览、展示等文艺活动80余项。

书画类 1月,市书画院联合市总工会、市人社局、市司法局等单位,开展21场次送春联活动,送出春联8000余对;举行"三人行"丁建中、邹四青、侯晓云瓷板画作品展,展出作品30件;举行市书画院新春书画小品展,展出作品35件。2月,举行江苏省第八届新人书法篆刻作品展书法作品点评会,江苏省书法家协会副主席李大鹏、秘书长李啸等参加会议进行点评。3月,江苏省第八届新人书法篆刻作品展评比揭晓,全市1人获奖17人入展;与市委宣传部、机关工委、团市委等单位联办"笔书华章·精彩在沃"全市机关干部硬笔书法展览,展出作品140余件;3月至4月,"劳动最光荣"全市职工书画大赛155件优秀作品在市文化中心美术馆展出,展期一周。4月,由深圳市文联、深圳市美协、张家港市委宣传部、市文联等单位联办的"徐华翔水墨艺术展",在深圳关山月美术馆开幕,展出徐华翔水墨近作62幅;画家徐惠泉受邀到市讲座,40余名美协会员参加活动;与市文广新局联办"走近自然"赵忠仁、顾大明作品展,展出作品近百件。5月,江苏省第八届新人书法篆刻作品展在市美术馆举行;"精彩港城·和谐税收"书画影征集活动评比揭晓,在187件参赛作品中,产生一等奖6件、二等奖12件、三等奖18件。6月,丁建中花鸟画作品展在常州武进书画院举行,展出作品50件;与市委宣传部、民盟张家港市委等单位联办的"新水墨——当代中国画名家五十人邀请展"在市新水墨艺术中心举行;"文明港城·生态家园"书画影征集活动评比揭晓,在356件参赛作品中,产生一等奖3件、二等奖9件、三等奖15件。7月,"砚池游心"丁建中花鸟画作品展在苏州美术家画廊展出。8月,市书画院承办"雪佛兰杯"第二届少儿绘画大赛,50件作品获奖;8月至10月,完成"香山十八景"主题性美术创作活动。10月,与市委宣传部、《现代快报》联办"墨彩飞扬"首届江苏书画名家精品全省巡展张家港站展览,展出喻继高、赵绪成、言恭达等著名书画家作品数十件;举行庆祝张家港保税区成立20周年书画影展赛活动;与市司法局联办"与法同行"书画影作品征集活动,39件作品获奖。11月,与市教育局等单位联办"和筑杯"全市中小学生书法大赛,评出54件获奖作品、64件入展作品,在市美术馆举行展览开幕式并展出;市书法家协会、美术家协会组织20余名会员至塘桥镇开展书画笔会活动,现场创作书画作品50余件。

摄影类 3月,中国摄影家协会会员、中国商业摄影委员会会员、江苏省数码摄影协会理事、苏州市摄影家协会艺术创作部部长孙凤初受邀到张家港市开展"寻找摄影的快乐"专题摄影讲座,200余位会员参与活动;中国摄影家协会会员、中国艺术摄影学会会员、苏州市摄影家协会副秘书长、苏州市文化馆副研究馆员吴万一到张家港市开展"苏州味道"摄影讲座,"苏州味道"摄影展同时在市文化中心城市展示馆展出。3月至12月,市摄影家协会组织会员参加"环太湖"摄影拉力赛,在1.8万余幅摄影作品中,10人25件作品入选,其中,一等奖3件、二等奖1件、三等奖3件,朱德明作品《少儿模特》获得总冠军。6月,"今日张家港·印象凤凰镇"全国摄影大展评比揭晓,市摄影家协会会员陈洪标作品《吴软河阳》获金质收藏奖。8月,在文化中心城展馆举办杨振华"扬帆"摄影个人展,展出摄影作品120余件。5月至10月,市摄影家协会组织近30位摄影志愿者参与"感受变迁·分享幸福"寻找港城金婚夫妇行动,拍摄200余对夫妇。7月,承办佳能"感动课堂"活动,摄影家闵强举办摄影讲座,500余人参与活动。

文学类 4月,市作家协会、市舞蹈家协会承办"我们的节日——清明"2012年张家港市清明大型红色诗歌朗诵会;举办第四届"桃花诗会",《姑苏晚报》《张家港日报》《常熟田》《沧江文学》记者编辑共25人参加活动,同时举行诗歌创作交流会;市作家协会参与主办"2012东渡·樱花诗会",60余人参加活动。5月,苏州市作协副主席叶弥、朱文颖、涂海燕、丁晓原等一行7人到张家港市召开座谈会,调研全市青年作家队伍建设情况。11月,《张家港作家》创刊。

其他类 1月,市文联召开五届五次全委(扩大)会议,各协会、镇文联负责人、创作骨干代表百余人出席;市歌唱协会新年音乐会在永联戏楼举行,同时成立市文联合唱团;1月至5月,组织吕大安、缪自强、杨子才等民间文艺工作者,完成小城河文化景观打造工程方案。2月,与市文广新局举办全市文学艺术类版权工作推进座谈会。5月,由市文联主办、市舞蹈家协会承办的首届中国舞考级师资培训班开班;市美术家协会召开第六次会员代表大会,选举徐华翔为六届理事会主席,丁建中等6人为副主席,丁建中为常务副主席兼法定代表人。6月,董红参加第22期江苏省知名演员读书班。7月,市曲艺家协会参与承办"2012江苏省百名艺术家百场惠民演出暨江苏曲艺名家送欢笑走进骏马"大型综艺晚会。9月,市音乐家协会召开第六次会员代表大会,选举瞿维娜为主席,李刚等4人为副主席;市书法家协会启动“情系西部,翰墨沁香”爱心助学行动,第一笔爱心助学款5万元汇到甘肃省通渭县爱心教育协会。10月,市舞蹈家协会完成“中国舞蹈家协会少儿考级”工作,426人参加考级,通过率100%。11月至12月,组织实施举行江苏省文联书画等级考核,考级人数2100余人。12月,在市电视台演播大厅举行“美丽港城”2013年张家港市舞蹈家协会迎新年舞蹈专场;市民乐协会召开成立会议,选举叶明予为主席,有会员33人,并举行“琴歌弦舞”专场文艺演出;曲艺家协会开展“文艺进万家”活动,季静娟、陈晓忠等协会骨干至南丰镇敬老院南山公寓,举行“曲艺雅韵惠民情”演出。

【文艺创作与交流】 年内,全市出版各类文艺图书36部,累计600余万字,发行量30余万册,在市级以上各类报刊发表文艺作品1200余篇(件),73件作品在省级以上条线中获奖、入展(选)、演出。24首音乐作品刊登在《词刊》《歌曲》杂志。徐玲小说《桑桃的村庄》获江苏省作协重点扶持项目、中海诗歌《终剧场》获入围资助,图书《我会好好爱你》获冰心儿童图书奖。孙丽萍当选儿童文学杂志社主办的“2011年全国十大魅力诗人”。张志开、季雪忠、刘开华作品入展全国性书法展览。30余件摄影作品在全国性展赛中入展、获奖。陈三石、侯晓云、李素艳3人5件作品入展全国性展览。全年开展培训、讲座、采风、交流等活动30余次。1月至5月,继续承办“全市领导干部书法研修班”,结业作品展5月在市美术馆展出,展出作品60余件。5月,市文联主席庞曦参加在北京举办的全国基层文联负责人研修班,在培训班上作经验交流;接待“长江潮歌”知名音乐家采风团。7月,市书法家协会分批组织会员至宜兴、江西两地采风交流,创作书法作品50余件;组织《沧江文学》编委会部分人员,赴山东日照参加“日照雅集”暨悦读天下文学论坛创建一周年活动。8月,市美术家协会组织20余位书画家赴苏州西山采风,创作产生采风作品30余件。市作协全年共开展我们的节日、沙上诗风、凤凰踏青、走进永联、“环卫一日”等笔会采风活动17次。

(刘玉梅)

【江苏省第八届新人书法篆刻作品展开幕】 5月28日,江苏省第八届新人书法篆刻作品展在张家港美术馆开幕,活动由市委宣传部、市文联与江苏省书法家协会联合主办,共收到全省18岁以上非省书协会员的书法篆刻作者3400余件投稿作品。经评审,评选出新人奖作品20件,入展作品432件。获奖、入展作品包括正、草、隶、篆诸体,风格多样,书风纯正。其中,张家港市有1件作品获奖、17件作品入展,创下全市历届省新人展最好成绩。

【“长江潮歌”采风团到市采风创作】 5月9日至14日,《词刊》编辑部赵薇薇,著名作曲家冯世全,词曲作家解华,词作家张景坤、曹家为、张海宁等13人组成“长江潮歌”知名音乐家采风团到张家港市采风。5天的采风时间里,采风团先后参观了市文化中心、暨阳湖,凤凰镇河阳山歌馆、恬庄古街等地。至11月,24首采风期间创作的词曲发表在《词刊》《歌曲》杂志。张家港市文联副主席支坤兴创作的歌词《沙洲神话》《鉴真东渡的地方》《多情江南》在《词刊》发表。

【“香山十八景”大型主题创作活动举办】 “香山十八景”大型主题创作活动由市文联、保税区(金港镇)举办、市书画院承办。8月,活动在市书画院主持召开创作动员会议,丁建中、刘振新、陈三石、侯晓云、邹四青、安昌礼、浦宏观、陈金学、张新华等9位美术工作者作为主要创作人员参加会议,正式启动“香山十八景”主题创作。10月下旬,完成以钓鱼台、采香径、梅花堂、洗砚池、石虎门、圣过潭、观音殿、荷花厅、圆寂塔、听松吟、桃花涧、圣清池、毗陵井、巫子门、天台石、归云洞、烽火墩、藏军洞等香山十八景为创作内容的主题性创作。18幅美术作品,历史性和主题性突出,较好反映了保税区(金港镇)境内香山文化的底蕴和内涵。

社科联工作

【概况】 市哲学社会科学界联合会(以下简称市社科联)下辖社科群众学术团体37个,涵盖政治、经济、教育、文化、哲学、法律、金融、工商、财税等各个领域。2012年,全市确立哲学社会科学研究课题22项,其中重点立项课题3项,有2项社科研究课题被列为苏州市社科联立项课题。年内,编印内部刊物《暨阳论丛》3期,印数约5000余册,免费向全市机关、学校、社区、街道发放。9月15日至21日,市委宣传部、市社科联联合举办张家港市第七届社会科学普及宣传周,以“推进现代化、迎接十八大”为主题,举行人文社科讲座进社区、社科广场咨询、社科图书展销、优秀社科影片展播等系列宣传活动39项。6月,市委理论宣讲团获江苏省理论宣讲先进集体称号。

【第七届张家港论坛举办】 11月,市社科联举办第七届张家港论坛。邀请高层领导、国内著名专家举办各类政策性理论讲座,举办市委中心组专题学习报告会20余场。以市、镇两级宣讲团为基础开展各类指导性宣讲活动。年内深入机关、区镇、村(社区)、学校、企业开展主题宣讲482场。年初,结合全市学习型党组织建设工作,编纂“市党员干部理论学习读本”——《张家港论坛名家讲座精品选》向全市各级党组织以及党员干部免费发放。以“社科助推现代化”为主题,开展理论研讨,评出一等奖3项,分别是张家港经济技术开发区管委会袁驾云的《关于加强和创新区镇社会管理工作的粗浅思考》、市公安局赵金龙的《关于公安机关服务率先基本实现现代化建设的思考》、市委党校杨敏的《张家港市社科事业助推现代化的经济学分析——基于创新的视角》,二等奖5项,三等奖10项,优秀奖15项。

【全民读书节举办】 4月23日,以“阅读,让城市更文明”为主题的2012年张家港全民读书节启动。全年共举行大型读书活动43项、小型读书

2012 年张家港市全民阅读活动启动仪式　　（市委宣传部　供稿）

活动 109 项。在全市副局级以上领导干部中开展“决战现代化”主题读书活动，在全市机关干部中开展“品读好书、争当先锋”主题读书活动，在企业中开展“阅读、成才——实现体面劳动”职工主题读书活动。举办“辉煌 50 年”纪念建县(市)50 周年系列读书活动、网格居民“知礼明德”系列读书活动、“悦读经典”青少年读书活动。在全市组织评选年度十佳阅读项目、十佳民间阅读组织、十佳阅读推广人、十佳“书香企业”、十佳“书香机关”、十佳“书香校园”、十佳“书香人家”和 60 个“星级农家书屋(社区图书室)，推介、发布“我最喜爱的一本书”年度好书榜，加强民间阅读组织、阅读推广人的培育孵化，强化全民阅读示范点位建设。

【组团参加全国智慧思维学术研讨会】 12 月 8 日至 10 日，第四届智慧思维学术研讨会暨学校与创新人才高峰论坛在北京举行。会议由中国智慧工程研究会主办，中国自然辩证法研究会、中国思维科学研究所筹备组、美国中华智慧学学会智慧科技基金管理委员会、北京师范大学生命教育研究中心、张家港市社科联、张家港市教育局、张家港市智慧学研究会、张家港市思维研究所等多家单位协办，全国各地近 200 名专家、学者及教育工作者参加会议。张家港市教育局副局长陈国华、张家港市思维研究所所长顾秉钧、张家港市智慧研究会副会长杨福祥等 21 人组团参加会议。张家港市为大会提供智慧思维理论研究和教育研究的专著 26 种 1982 册，选送论文 170 篇，提供展板 20 幅。会上，张家港市教育局被授予“智慧教育基地”牌匾。　　（李云雷　盛新生）

档 案 工 作

【概况】 年末，全市有综合档案馆 1 个，馆藏档案 241887 卷、40095 件，资料 12733 册；有城建档案馆 1 个，馆藏档案 86525 卷，资料 5317 册；有区镇级档案馆 1 个，馆藏档案 14088 卷 123137 件；有村级档案馆 1 个，馆藏档案 51926 卷 86813 件，底图档案 5358 套，资料 905 册；有政务公开信息查阅中心 1 个，共保存 94 个单位的纸质政务公开信息 26803 件；有图片中心 1 个，共存贮各类图片 119848 张。全市机关企事业单位中，档案工作达省星级标准的有 549 家，其中省五星级 16 家、省四星级 3 家、省三星级 80 家、省二星级 189 家、省一星级 261 家。全市有档案研究馆员 1 人、副研究馆员 7 人、馆员 54 人。

【宣传教育】 市档案局、市档案学会全年共举办各类档案业务培训 25 期，培训人数 1425 人。编印《张家港档案信息》6 期，向各类媒体和上级业务部门报送档案宣传稿件 143 篇。开展“民生档案进社区”系列活动，累计发放《档案便民服务手册》2100 份，举办民生档案展览 1 期。3 月，与市委宣传部、市级机关工委等部门联合举办“辉煌五十年·决胜现代化”主题知识竞赛。4 月，市档案局在新浪网开通官方微博——“张家港档案”。9 月，全市 5884 人参加“飞狐灵通杯”全国档案法制知识竞赛。5 月，市档案学会召开第六次会员代表大会暨档案学术论文研讨会，交流论文 39 篇，其中有 12 篇被江苏省、苏州市档案学会录用。市档案局获 2012 年度江苏省档案宣传工作先进集体特等奖。

【保管利用】 年内，市档案馆完成 2011 年度机构改革中已撤销单位的接收工作，共接收文书、退役军人等各类纸质档案 399 卷 4966 件，光盘档案 35 张，照片档案 4358 张，奖牌、证书、印章等实物档案 121 件，史志图书等资料 238 册。全年接收 94 家单位形成的政务公开信息纸质文件 1881 件。开展档案的划控开放工作，对 131 个全宗满 30 年的 10137 卷档案进行划控，经鉴定，其中 7434 卷档案向社会开放；对未满 30 年的 1188 卷档案进行提前划控，其中 1147 卷档案向社会开放。按照档案保护“八防”要求，安装电视监控系统 1 套，定期对门禁系统、消防报警系统、温湿度系统等安全防护系统进行检测，确保档案实体安全。对馆藏档案保管状况开展普查，共修复档案 281 卷，家谱和老照片 63 件。继续推行查档“专家会诊制”，开展信函、电话、网上查档、节假日预约查档等多种服务，全年共为社会各界提供档案利用 12239 人次，提供档案资料 13209 卷(件)次。

【征集编研】 4 月，市档案局调整、扩大档案征集顾问队伍，由 43 名文史爱好者、离退休干部教师、摄影工作者和重点部门档案员等构成，年内召开档案征集顾问会议 3 次，举行档案捐赠仪式 1 次。围绕社会记忆工程建设，共征集奖牌证书、公务礼品、家谱族谱、古籍、史志、书法作品、长江文化艺术节等档案资料 493 件（册)，照片 6039 张。10 月，完成“文明张家港——张家港建县（市）50周年成就展”所需图片档案资料的收集工作，提供历史图片1043张、文书档案复制件43页、国家级媒体报道资料200页。12月，配合市委宣传部完成《精神的力量——张家港建县（市）五十周年纪念画册》的编纂工作。配合苏州市档案局完成《馆藏苏州名人相册》的出版工作。全年编写《张家港大事记》12期，编发《张家港报刊文摘》24期。

【监督指导】 2012年，市档案局修订出台部门法规性文件《张家港市重大工程建设项目档案管理办法》，年内共完成21项投资总额1亿元以上重大建设项目的登记备案，完成3家省重点建设项目和3家苏州市重点工程项目的登记备案，其中沙钢集团资源综合利用热电厂7号、8号机组项目通过省级专项验收。全市国有（集体）转改制企业档案通过苏州市执法检查组的专项执法检查。市档案局依法对90个机关事业单位的档案工作开展监督检查。9月，市档案局援疆档案工作指导组赴新疆巩留县指导援建档案管理工作。全年，市档案局重点指导58个行政村、20个社区、10家规模型企业开展档案规范化管理工作。年内，全市共有139个单位的档案工作通过省星级规范测评和复查，其中市供电公司、市人民银行、市公路管理处通过档案工作省五星级规范测评，张家港保税区管委会、张家港保税区国税局、冶金工业园（锦丰镇）通过档案工作省五星级规范复查。

市档案馆工作人员热情为市民提供查档服务

（市档案局 供稿）

【信息化建设】 3月，市档案局印发《张家港市档案数字化实施细则》和《张家港市档案目录数据库结构与交换格式》2个指导性文件。全年有48个单位新安装档案管理软件，累计698个。开展档案信息化指导与服务510次，市进馆单位档案数据库与市档案馆数据库实现正常衔接。市档案馆馆藏档案数字化工作继续推进，全年共扫描档案402万页，累计扫描1000万页，完成图像核对887万页，数据挂接806万页，录入条目179万条。逐月更新张家港档案信息网内容，全年更新内容244条，网站访问量21.97万人次。市电子文件中心共发布电子文件132053份，其中完全公开78248份，局部公开11497份，点击率78845人次，是张家港市门户网站“政务公开—文件库”栏目数据的主要来源。

【市图片中心建成开放】 2月，市档案局全面启动市图片中心的筹建工作，印发征集图片资料的有关文件和宣传材料，编制图片分类方案，购置图片管理软件和数据存贮设备。11月21日，市图片中心正式启用。市图片中心共存储1928年以来张家港境内形成的各类图片11.98万张，内容涵盖古迹遗存、民风民俗、政权更迭、行政建制、经济发展、文化建设、社会事业等各个方面。至年末，市图片中心共为社会各界提供图片1102张。

【“张家港精神”全宗建立】 2月，市委宣传部、市档案局联合印发《关于征集“张家港精神”档案资料的通知》。市、区镇机关和有关老干部、专家学者向市档案馆移交领导视察张家港形成的照片、录像、题词（手迹）和专著等重要档案资料，其中市委原书记秦振华向市档案馆提供档案资料848件。12月，市档案馆完成“张家港精神”全宗的建立工作。“张家港精神”全宗档案资料分领导视察、会议、媒体报道、荣誉成果、宣传贯彻、秦振华个人档案六大门类，共计3604件，影像3448分钟，是市档案馆馆藏档案中富有张家港特色的珍贵史料。

【“大档案·心服务”机关服务品牌创建】 年内，市档案局围绕“大档案·心服务”机关服务品牌创建工作，设立“馆长接待日”，推行“首问负责制”，在全省档案系统建立首家图片中心，有效建立农村村民建房、土地证、婚姻档案等11个领域的民生档案资源体系，扩大免费查档群体。建立全市档案工作评估考核体系和档案信息化工作标准，全市档案工作星级规范化率80%。开设道德讲堂，组织杨舍镇西门社区、庆丰社区老党员、社区志愿者和中小学生参观档案馆爱国主义教育基地。市档案局“大档案·心服务”品牌获评2012年张家港市“十佳机关服务品牌”。 （陶忠华）

史志工作

【概况】 2012年，市委党史地方志办公室（以下简称市委史志办）强化“文化强市、史志争先”品牌服务意识，以《中国共产党张家港（沙州）历史（1949～1978）》（以下简称党史二卷本）《张家港市志（1986～2005）》《张家港年鉴（2012）》三本史志书籍的编纂工作为重点，做好史志编纂、史志宣传、史志研究等工作。完成《中华人民共和国年鉴》《江苏年鉴》《苏州纪事》等书籍中张家港市相关内容的编写工作。《张家港年鉴（2011）》再次荣获全国年鉴编校质量评比特等奖。2月至4月，指导市民政局修缮革命烈士陵园和纪念馆。在革命烈士纪念馆布馆阶段，提供大量党史资料、烈士资料和文字材料，核对纠正设计稿中文字和图片内容的史实错误。4月至10月，配合建县（市）50周年庆典活动的开展，完成“张家港建县（市）50周年成就展”的布馆文案设计工作，负责对布展全程跟踪修改，并为市图片中心提供

“辉煌的历程——中共一大至十七大”图片展开幕（市委史志办　供稿）

近 3 万张珍贵史料图片。5 月至 10 月，协助锦丰镇完成沙洲县抗日民主政府纪念馆布馆实物征集、文案设计和内部布馆工作。10 月 30 日正式开馆。

【党史工作】 党史二卷本编纂工作顺利推进。年初，根据编纂人员的实际情况，制订党史二卷本编纂进度表，将全年的编纂目标、任务按月分解，明确各编目的修改、分纂、总纂、审稿等步骤的完成时间，明确责任人和审稿人，使编纂工作有章可循。在编纂工作中，编纂人员每月召开 1 次研讨会，针对初稿修改、交互审稿中发现的问题及时进行研讨，针对无题序的写作方法和计量单位等内容进行统一，为总纂打好基础。在初稿完成后，邀请党史专家、老领导、老干部、各区镇史志人员等专门召开审稿会，广泛征求意见建议。根据各方面修改意见，继续查找档案、采访老同志，对初稿进行修改。至年末，党史二卷本完成 4 轮修改，全书共分 4 编、21 章，约 20 万字。

【地方志工作】《张家港市志（1986～2005）》编纂加快推进。4 月，《张家港市志（1986～2005）》提交苏州市地方志办公室评审。6 月 18 日至 19 日，苏州市地方志办公室组织召开《张家港市志（1986～2005）》评审会，苏州市地方办公室和各市（区）的专家和修志同仁对《张家港市志》提出意见和建议。会后，市委史志办根据评审会意见作全面汇总分析，各责任编辑按照要求完成修改工作，并提交总纂班子审核验收。验收合格的志稿再由主编统改，同时开展交互审稿。至 10 月底，完成修改，志稿送印刷厂排版，11 月送交苏州市地方志办验收。年内，完成《苏州老桥志》的修改补充工作，组织参加苏州市喜迎十八大书法、摄影、美文大赛，并获优秀组织奖，完成《江苏省志·市县概况》和《苏州市志》中张家港部分的修改补充和审核工作。

【史志宣传】 年内，先后与中联理货公司、包基村、惠丰社区、市新市民事务中心、市旭东学校等开展史志成果进企业、进社区、进农村、进学校、进图书室、进新市民的“六进工程”活动。3 月和 9 月，分别在包基村、旭东学校等地举办地情讲坛，宣传张家港的地情历史。办好三大史志宣传阵地，在《张家港日报》上设立“史志新天地”专版，刊出 10 期 12 个版面，刊发文章 20 余篇，约 4 万字。及时更新张家港史志网信息 40 余篇。向上级史志部门和市新闻媒体报送工作信息 20 余条（次），录用 10 条（次）。编辑《张家港史志》简报 5 期，并办好张家港史志鉴资料中心。

【“辉煌的历程——中共一大至十七大”图片展开展】 9 月 28 日，由市委史志办与市委宣传部、市文化中心联合举办的“辉煌的历程——中共一大至十七大”图片展正式开幕。图片展以中国共产党的历次代表大会为主要内容，共展出各类珍贵图片 272 幅，全面展示了中共一大至十七大召开的时代背景、主题内容、主要成果和历史地位等党史知识。展出时间为 9 月 20 日至 10 月 20 日，参观人数 1.5 万人次。

【组织史第四卷出版】《中国共产党江苏省张家港市组织史资料（第四卷）》（以下简称组织史第四卷）由市委组织部主编，市委史志办具体负责业务指导。2011 年 10 月编纂工作启动后，通过业务培训、征集资料等步骤，2012 年年初进入编纂过程。市委史志办参与编纂、修改、审看、校对等工作，至 5 月末，形成送审稿，呈送中共党史出版社、中共苏州市委组织部审核，并分发至各相关单位复审。6 月 5 日，召开由市委办、市政府办、市委宣传部、市编办等 12 个单位参加的审稿会议，8 月 10 日定稿。全书共计 47 万字，收录全市辖区内党组织 232 个，党政领导机构、工作机构及企、事业单位 353 个，相关领导干部 5963 人次。9 月 18 日，举行组织史第四卷首发式。至年末，发行组织史四卷本 1200 余册。

【6 部志书出版】 全年出版《鹿苑镇志》《乐余镇志》《合兴镇志》《三兴镇志》4 部镇志、《张家港市水利志》《张家港政协志》2 部部门志。1 月，《张家港市水利志》出版发行，全书 40 万字，是张家港市二轮修志以来出版发行的第一部专业志。6 月，《鹿苑镇志》出版，全书 43 万字。10 月，《乐余镇志》出版，全书 50.9 万字，省委常委、苏州市委书记蒋宏坤为《乐余镇志》题写书名；是月，《合兴镇志》《三兴镇志》出版，《合兴镇志》全书 54 万字、《三兴镇志》60 万字。11 月，《张家港政协志》出版，全书 50 万字，该书是张家港市政协成立 30 周年的献礼工程。（史　志）

文化中心工作

【概况】 2012 年，市文化中心紧扣率先基本实现现代化核心任务，提升公共文化服务水平，创新举办文化品牌活动。年内，科技馆加入江苏省科普场馆协会，美术馆加入长三角美术馆协作机制并成为苏州美术馆协会会员单位，城市展示馆加入被誉为国内“规划展示之家”的中国规划展示专业委员会，成为该组织首家县（市）级会员单位。10月，综合展示馆正式投入使用。

接待服务　年内，先后接待全国人大常委会副委员长韩启德、文化部公共文化司司长于群、江苏省委书记罗志军等1073批党政领导和考察团，配合保障张家港建县（市）50周年纪念大会、2012年中国（张家港）长江文化艺术节、2012年党风廉政建设会议等9场市级及以上重大活动，保障全市机关、企事业单位举办的演出、启动仪式、比赛、讲座培训等各类活动94场以及“广场文艺周周演”活动116场。文化中心（含图书馆、文化馆）全年接待各类读者、观众、游客、参观团队超过100万人次，比上年增40.84%。

特色活动　年内，文化中心品牌活动数量实现翻一番，相继举办第三届少儿科技节、“科技馆活动”进校园、进社区、“行走中·美的力量，爱的关怀”系列公益活动、万名学生走进文化中心、千名外商看港城、市民音乐会、“保利文化月票”等10项品牌活动，其中7项为创新开展活动。实施居民素质提升工程，完善区域共建工作机制，为社区居民送节日祝福、送社会温暖、送文化活动。与市实验小学、云盘小学等11所小学及沙洲职业工学院深化馆校共建合作，发挥公共文化机构的服务功能。

展览展示　年内，举办“迎新春——第二届全国中青年中国画邀请展”“墨彩飞扬——首届江苏书画名家精品全省巡展暨江苏实力书法提名展”等美术、书法展览17场，引进“文明，辉映现代化征程——圆明园国宝暨南北朝石刻佛像精品展”“苏州市八大新兴产业巡回展”“海洋生物科普展”“吴万一摄影作品展”等其他文物、科普、摄影展览10场。大剧院全年引进李玉刚演唱会、大型舞剧《孔雀》、音乐剧《钢的琴》等各类精品剧目91场，其中自营演出59场、租场演出18场、政府用场14场，年平均上座率为88%。

美术创作　年内，先后有90件（累计161件）美术作品和论文在全国、省、市级展览和刊物上展出、发表。美术馆馆长徐华翔在深圳关山月美术馆举办“徐华翔水墨艺术展”个人展，出版个人画册《徐华翔风景写生》，并有多件作品入选2012年首届“重塑东方美”画展、第五届“四季水墨”中国画提名展；美术馆副馆长陈三石创作的3件作品入选国家级美术展览；美术馆其他创作人员作品也多次入选江苏省工笔画大展、交融·绽放——长三角地区美术作品学术提名展等展览。

【圆明园国宝暨南北朝石刻佛像精品展开展】 7月14日至22日，由张家港市人民政府、中国保利集团公司联合主办的“文明，辉映现代化进程——圆明园国宝暨南北朝石刻佛像精品展”在文化中心美术馆开展，展出牛、虎、猪、猴4尊青铜兽首及14座南北朝佛像，是张家港历史上规模最大、品级最高的公益性国宝展，超过2.5万人次观展。

【张家港建县（市）50周年成就展开展】 10月27日，由市委、市政府联合主办的“沙洲的崛起，张家港的辉煌”——张家港建县（市）50周年成就展在文化中心综合展示馆开展。展览由主题形象墙、亲切关怀、城市记忆、崛起之路、辉煌成就、港城荣耀、百姓见证、走向未来等八大部分组成，利用图片、影像和声光科技手段，生动展现了张家港50年来的发展历程以及在各个领域所取得的卓越成就。至年末，共接待各类游客、参观团队56500人次。 （刘　丽）

民间收藏

【概况】 市集邮协会1985年5月成立，至2012年年末有分会28个，会员2500人。会刊《张家港邮苑》1989年创办，为双月刊，至2012年末共出版144期，该刊是市集邮协会与悉尼华人集邮协会信息交流的重要纽带。4月15日，《中国现代音乐家》刘天华纪念邮票首发式在金港镇南沙香山广场举行，市集邮协会协助设计刘天华明信片、纪念封和纪念戳。6月16日，组织会员参加省集邮公司成立30周年纪念活动，并制作《江苏集邮30年参展纪念》戳。8月17日，与港务集团公司集邮分会共同举办集邮活动日，并制作《张家港港务集团集邮活动日》纪念邮戳。10月7日至9日，市集邮协会配合第43届世界邮政日的宣传活动，在杨舍西街营业大厅举办“喜迎十八大，红色文化年集邮展览”。11月16日，老园丁集邮分会组织赴昆山城北小学，与该市退教协会开展

圆明园国宝暨南北朝石刻佛像精品展开幕式 （市文化中心　供稿）

集邮联谊活动。为宣传2012年的生肖集邮文化，市集邮协会专门刻制龙潭和青龙桥临时邮政日戳和生肖首尾纪念日戳。市集邮协会全年共刻制纪念、临时邮戳8枚。

市钱币古玩收藏家协会2009年7月成立，至2012年年末有会员近400人。协会全年举办12期钱币茶座和5次展示交流会。1月，举办第三届会员藏品展，11名会员收藏的300余件钱币、古玩精品参加展示，周边各市和张家港市爱好者千余人次参观。同月，协会理事惠建民、高晓新、高建新、郭飞、黄剑英、赵冠群等人在张家港电视台分别做玉器、瓷器、书画、铜器、金银币和纪念币，中外纸币的收藏知识讲座，每期讲座连播一周。12月，协会与深圳市收藏家协会联合举办“一笔金鸡——周昭平国画展”，省内外500多人次参观。2012年，市钱币古玩收藏家协会在杨舍镇、金港镇和塘桥镇陆续筹建5个活动基地，并向协会的十余个省、市级友好协会和全国收藏界开放。

【长三角收藏品内部交流沙龙成立】 2月15日，市钱币古玩收藏家协会牵头苏州、常熟、昆山和靖江四市(县)收藏组织会商成立长三角收藏品内部交流沙龙。6月10日，市钱币古玩收藏家协会举办首届交流会，浙江、山西、苏州、昆山、常熟等地的收藏爱好者100余人参加，成交藏品60余件。10月，吴江、南通两市的收藏组织加入沙龙。10月21日，沙龙在苏州举办第二届交流会，150余名收藏爱好者参加，成交藏品300余件，成交额200余万元。（曹企新　沈　阳）

广播·电影·电视

【广播】 年内，广播中心策划推出大型主题报道《拼抢五个月、加速现代化、献礼五十年》、系列报道《十二五:“百舸争流”喜开局》、张广特别报道《喜迎十八大，献礼五十年》《创先争优看基层》，以及文明创建八大系列《共建文明城市、共享文明成果》等20余个挂牌专栏。广播中心新闻整点资讯——《新闻快报》由上年的6个滚动新闻节点增至8个，实现新闻全天滚动播出。9月12日，中央人民广播电台《新闻和报纸摘要》节目头条播出喜迎党的十八大召开大型主题采访报道《万里欢歌》开篇新闻《走现代化发展之路，看江苏张家港老树开新花》，报道张家港市在推进现代化进程中的理念、优势和成效。“政风行风热线”与“12345”联动，改版为“12345·政风行风热线”。年内，广播中心先后策划承办2012年张家港市首届“七夕”婚庆文化节、2012年“关爱职工·快乐心灵”大型公益行动、“我们的节日——重阳”2012年张家港市首届“重阳”健康养生节、张家港市首届家庭人口文化节“幸福家庭之旅”——孕妈妈达人盛典、2012年张家港市“生命之歌”“诗·歌”大赛等近10个主题活动。广播作品被中央级录用42篇，省级录用152篇，广播栏目《向快乐出发》获2011~2012年度苏州市广播电视创新创优栏目，市广播电视台被评为2012年度全省广播电视新闻报道先进单位(广播)。

【电影】 张家港市巨星影演文化有限公司是张家港市唯一从事电影放映、大型演出、礼仪活动、演艺策划、广告制作的专业公司，下设步行街巨星电影城、购物公园环球电影城和张家港大戏院。巨星电影城和环球电影城是北京世纪环球电影院线加盟影院。年内，巨星影演文化有限公司投资近500万元，对巨星电影城进行全面改造，增设4D动感电影厅1个，改造后的巨星电影城设6个电影厅、829个高档软座，采用国际最先进的高保真数字还音系统、超大银幕，硬件设施达到国内一流标准。全年全市实现院线电影票房收入1982万元，放映13836场次，电影观众513342人次。放映影片143部，其中国产片占票房收入的46%，进口大片占票房收入的54%。

【电视】 年内，电视中心开设新闻综合、社会生活、电视剧、电影、娱乐资讯、城市6个自办专业频道和11档自办栏目，每周播出电视节目时间728小时，其中自办节目580分钟。各频道全年组织播出电视剧61部2048集，少儿片365集、电影780余部。电视中心推出大容量版块式电视新闻栏目《张家港新闻》《第一视线》《新闻第三眼》《新闻连连看》，总时长2小时45分钟。年内，电视中心策划举办“春满港城”2012年春节电视文艺晚会、“桃气宝贝”凤凰旅游小代言人选拔赛、2012年张家港“宝骏汽车杯”长江之星超级模特电视大赛、2012年少儿达人秀、2012年张家港市住宅产业博览会、少儿才艺精英赛等大型活动。电视中心摄制播出《绩效比拼专题片》《张家港市创建国家生态可持续发展示范区申报片》《小城河改造汇报片》《沙洲的崛起，张家港的辉煌——纪念张家港建县（市)50周年纪录片》《2012年张家港市政府招商片》《网格化公共文化服务全国现场会宣传片》《创建全国国土管理先进县市汇报片》等宣传片、汇报片33部580分钟。对2012年“两会”、全国斯诺克巡回赛(张家港站)、张家港建县(市)50周年纪念大会、长江文化艺术节开幕式文艺晚会、“网格乐翻天”总决赛等新闻和大型活动进行现场直播18次，出动电视转播车80余次、技术人员900余人次，电视直播时间和数量创历年之最。电视作品被中央台录用新闻24条(其中新闻联播2条)，省台录用新闻415条(次)，被省台、海外台录用专题节目46部(次)。电视栏目《第一视线》获2011~2012年度苏州市广播电视创新创优栏目。电视中心获优秀通联编辑奖和江苏电视新闻繁荣奖。

【广播电视行业管理】 市广播电视台全年编印节目评议内刊《监评互通》6期，汇总评议意见建议801条，约7万余字。组织开展2012年度广播电视“首席记者、主持人和工程师”评选活动，16名广播电视一线新闻工作者和工程技术人员被评为“首席记者、主持人和工程师”。对涉嫌低俗的节目和不良广告继续进行清理和整改，净化荧屏声频环境。开展“贴心服务，满意100——真情365”优质服务品牌创建工作，落实数字电视维修十项服务承诺和十项便民措施。“96296”客服热线年内接听报修电话4.8万个，及时处理率99.8%以上。开发“同城通办”项目，全市任何一个数字电视营业厅均可受理全市范围内的业务；开展苏州市广电星级营业厅创建全覆盖工作，全市26个营业厅通过验收。开展卫星地面接收设施专项整治行动，共拆除非法安装的卫星地面接收设施1130余只，其中劝拆600只。

【电视新闻改版】 年内，市广播电视台进一步实施电视新闻节目改版。10月29日，推出四档总时长2小时45分钟的版块式新闻节目。其中，《张家港新闻》以时政新闻为主，突出服务市委、市政府中心工作和全市“三个文明”建设，每周七档，每档20分钟，内设《关注》《民声论道》《深度追踪》等子栏目；《第一视线》以民生新闻、当地和外埠新闻为主，突出帮忙类和公益类节目，注重现场点评、观点评述，每周七档，每档60分钟，内设《第一现场》《好人帮》《主播观点》《新闻冲冲冲》《百姓声音》等子栏目；《新闻第三眼》为新闻脱口秀栏目，以张家港方言为节目主持语言，强调主持的个性、视角的独特、评论的客观，每周七档，每档40分钟；《新闻连连看》运用多媒体技术，精编当日时政要闻，自采民生新闻，兼有热点追踪、新闻故事、网络新闻等，每周七档，每档45分钟，内设《城市速递》《网罗天下》《“微”观世界》等子栏目。

【网络媒体】 年内，“张家港在线”对网站首页进行持续的改版。汽车频道升级为张家港车网。陆续开通“张家港在线zjgonline”“张家港在线美食频道”“张家港车网”等多个官方微博。年内，网站承办和协办2012年我是大明星网络视频秀、“随手拍——春天里的港城”、寻找港城金婚夫妇大型公益行动、“长江城·长江人”全国微视频大赛、“3·15”港城汽车巡展、首届婚庆文化节、首届少儿达人秀、秋天的童话摄影大赛、首届网络文化节等一系列活动。网络直播高质量、常态化。成功进行27场网络视频直播，其中有15场由网站独立摄制，另外12场转播电视直播车信号或电视信号。10月28日晚，2012年中国(张家港)长江文化艺术节开幕式晚会网络直播，创下4396次直播页面总点击和1338人同时在线的最高纪录。“无线张家港”手机客户端初具规模，基本框架包括热点、港城要闻、视频、广播电视直播等新闻资讯类内容，以及爆料台、生活、公共自行车、便民信息、微博圈、天气等互动服务类内容，苹果系统和安卓客户端的下载量总计超过5200人次，苹果和安卓用户活跃度分别为61.8%和41.5%。

2012年张家港市广播电视作品获苏州市级以上奖项一览

表64

作品名称	主创部门	主创人员	获奖情况
文学专题《唯见长江诗意浓》	广播中心	陈永泽、吴潇芳、钱俭	中国广播电视协会二等奖
音乐节目《长江水 山花情——第四届(张家港)长江流域民族民间艺术节“长江水 山花情”山歌会赏析》		非凡、陈永泽	中国广播电视协会三等奖
宣传片《印象张家港》		侯一华、徐学渊等	中国电视艺术家协会“三门峡杯”最佳作品奖
广播剧《中国兔子德国草》		钱俭、陈永泽、吕卉、王玮、董平、吴潇芳	2011年度江苏省优秀广播电视节目政府奖一等奖
对外广播节目—文艺节目《文学专题：碧水东流情不尽——“长江颂”全国诗歌精品集赏析》		吴潇芳、陈永泽、钱俭、张鹏	2011年度江苏省优秀广播电视节目政府奖广播电视“彩虹”奖二等奖
广播播音《文史节目：清末民初沙洲围垦的壮举》		庞玲	2011年度江苏省优秀广播电视节目政府奖广播电视播音与主持作品奖三等奖
广播播音《漫游的心，明亮，辽阔，疼痛——徐小华诗歌赏析》		单炜炜	2011年度江苏省优秀广播电视节目政府奖广播电视播音与主持作品奖三等奖
广播主持《音乐我最红》特别策划——是广告，更是音乐		吴昊	2011年度江苏省优秀广播电视节目政府奖广播电视播音与主持作品奖三等奖
广播剧《中国兔子德国草》		钱俭、陈永泽、吕卉、王玮、董平、吴潇芳	江苏省第八届精神文明建设“五个一工程”入选作品奖
语言：文艺专题《我和我春天的城市》		高建峰、费向阳、陶利国、陈梅红	2011年度江苏省广播节目技术制作质量奖一等奖
片花广告：公益广告《唱红歌》		陶利国、费向阳、高建峰、陈梅红	2011年度江苏省广播节目技术制作质量奖二等奖

续表 64-1

作品名称	主创部门	主创人员	获奖情况
音乐:童声合唱《拥抱春天》	广播中心	费向阳、高建峰、陶利国、陈梅红	2011 年度江苏省广播节目技术制作质量奖二等奖
艺术片《张家港,一直有爱》		徐学渊、虞　创、郭　昊、黄琳琪	2011 年度江苏省优秀广播电视节目政府奖电视文艺奖二等奖
综艺节目《“中华诵”2011 中小学生夏令营闭营晚会》		曹　嵘、李立群、陈　静、张　璇、郭　昊、庞晓丹、张　贤、黄琳琪	2011 年度江苏省优秀广播电视节目政府奖电视文艺奖二等奖
歌舞节目《“长江水·山花情”山歌会》		李立群、张　贤、陈　静、庞晓丹、赵　剑、杜冬松、朱晋原、周啸宇	2011 年度江苏省优秀广播电视节目政府奖电视文艺奖二等奖
《向快乐出发》栏目		刘　玲	2011~2012 年度苏州市广播电视创新创优栏目
对外广播节目——文艺节目《碧水东流情不尽——“长江颂”全国诗歌精品集赏析》		吴潇芳、陈永泽、钱　俭、张　鹏、姜　阳	2011 年度苏州市优秀广播电视节目政府奖广播电视“彩虹”奖一等奖
对外广播节目——专题《一位荷兰艺术家的中国情结——访荷兰作家、纪录片导演卢福阳》		刘　胜、常红文	2011 年度苏州市优秀广播电视节目政府奖广播电视“彩虹”奖三等奖
对港澳台节目——消息《两岸绿能产业合作有望在张家港“破题”》		周锁峰、吴　克	2011 年度苏州市优秀广播电视节目政府奖广播电视“彩虹”奖三等奖
对港澳台节目——专题《回家》		董　平、庞　玲、忠　超	2011 年度苏州市优秀广播电视节目政府奖广播电视“彩虹”奖三等奖
长消息《“网上村委会”张家港市农村社会管理一“网”通达》		常红文、陈　惠	2011 年度苏州市优秀广播电视节目政府奖广播新闻奖一等奖
优秀栏目《张广新闻纵横》		徐若兰、陈　惠、刘　胜、胡　泊、庞　玲、忠　超	2011 年度苏州市优秀广播电视节目政府奖广播新闻奖一等奖
专题《“小手”妈妈曹建苏》		徐若兰、常红文、陈永泽	2011 年度苏州市优秀广播电视节目政府奖广播新闻奖二等奖
访谈节目《“张闻明”和一座城市的故事》		庞　玲、陈永泽	2011 年度苏州市优秀广播电视节目政府奖广播新闻奖二等奖
短消息《张家港市迈入“全城保”时代》		常红文、周锁峰	2011 年度苏州市优秀广播电视节目政府奖广播新闻奖三等奖
长消息《张家港:实行农药集中配送从源头上保证农产品质量安全》		房　吉、吴　克	2011 年度苏州市优秀广播电视节目政府奖广播新闻奖三等奖
现场直播《庆祝建党 90 周年特别节目〈她为人民谋幸福〉》		吴潇芳、董　平	2011 年度苏州市优秀广播电视节目政府奖广播新闻奖三等奖
特别节目《寻找身边的快乐心灵》		单炜炜、吴　昊	2011 年度苏州市优秀广播电视节目政府奖广播社教奖一等奖
对象性节目《少儿节目:爱在发芽——菲菲的暑假故事》		刘　玲、张彧波	2011 年度苏州市优秀广播电视节目政府奖广播社教奖二等奖
知识性节目《奇妙的有机硅》		刘　玲、周丽芳、郑雪皓	2011 年度苏州市优秀广播电视节目政府奖广播社教奖二等奖
对象性节目《对农节目:新农村典范看永联》		陈　惠、周丽芳、吴潇芳、吴　昊	2011 年度苏州市优秀广播电视节目政府奖广播社教奖三等奖

续表 64-2

作品名称	主创部门	主创人员	获奖情况
公众性节目《张家港的文化“大智慧”》	广播中心	庞　玲、严小娟、陈永泽、刘　涛、尤　其	2011 年度苏州市优秀广播电视节目政府奖广播社教奖三等奖
广播剧《中国兔子德国草》		陈永泽、钱　俭、吕　卉、王　玮、董　平、吴潇芳	2011 年度苏州市优秀广播电视节目政府奖广播剧奖一等奖
音乐节目《长江水 山花情——第四届(张家港)长江流域民族民间艺术节“长江水·山花情”山歌会赏析》		非　凡、陈永泽	2011 年度苏州市优秀广播电视节目政府奖广播文艺奖一等奖
戏曲、曲艺节目《戏曲故事〈一盅缘〉》		吴潇芳、陈永泽、钱　俭	2011 年度苏州市优秀广播电视节目政府奖广播文艺奖二等奖
文学节目《传承中国式读书方式——吟诵经典》		刘　玲、周丽芳、陈彦妃	2011 年度苏州市优秀广播电视节目政府奖广播文艺奖三等奖
广播播音《社教:文史节目—清末民初沙洲围垦的壮举》		庞　玲	2011 年度苏州市优秀广播电视节目政府奖广播电视播音与主持作品奖一等奖
广播播音《文艺:漫游的心,明亮,辽阔,疼痛——徐小华诗歌赏析》		单炜炜	2011 年度苏州市优秀广播电视节目政府奖广播电视播音与主持作品奖二等奖
广播主持《文艺:〈音乐我最红〉特别策划——“是广告,更是音乐”》		吴　昊	2011 年度苏州市优秀广播电视节目政府奖广播电视播音与主持作品奖二等奖
广播播音《新闻:张广晚间新闻》		周宇卓、胡　泊	2011 年度苏州市优秀广播电视节目政府奖广播电视播音与主持作品奖三等奖
广播主持《社教:与你同行——防雾灯,您会使用吗?》		周宇卓、张彧波	2011 年度苏州市优秀广播电视节目政府奖广播电视播音与主持作品奖三等奖
应用理论《“微时代”的公共事件与主流媒体》		吴潇芳、张　丹	2011 年度苏州市优秀广播电视节目政府奖广播电视论文奖二等奖
访谈节目《“张闻明”和一座城市的故事》		庞　玲、陈永泽	苏州新闻奖三等奖
专题《“小手”妈妈曹建苏》		徐若兰、常红文、陈永泽	苏州新闻奖三等奖
论文《广播心理节目主持人的专业素养》		单炜炜	苏州市新闻传播理论作品奖三等奖
论文《借力微博 警惕微博》		吴潇芳	苏州市新闻传播理论作品奖三等奖
广播剧《中国兔子德国草》		钱　俭、陈永泽、吕　卉、王　玮、董　平、	苏州市第九届精神文明建设“五个一工程”荣誉奖
语言:文艺专题《我和我春天的城市》		高建峰、费向阳、陶利国、陈梅红	2011 年度苏州市广播节目技术制作质量奖一等奖
音乐:童声合唱《拥抱春天》		费向阳、高建峰、陶利国、陈梅红	2011 年度苏州市广播节目技术制作质量奖一等奖
片花广告:公益广告《唱红歌》		陶利国、费向阳、高建峰、陈梅红	2011 年度苏州市广播节目技术制作质量奖三等奖
戏曲类:锡剧《梁祝游港城》		陈梅红、高建峰、费向阳、陶利国	2011 年度苏州市广播节目技术制作质量奖三等奖
改变程序,电台节目传输实现格式兼容		陈梅红	2011 年度苏州市广播电视科技创新奖三等奖

续表 64-3

作品名称	主创部门	主创人员	获奖情况
电视主持《“春满港城”张家港市2011年春节电视文艺晚会》	电视中心	张　璇	2011年度江苏省优秀广播电视节目政府奖广播电视播音与主持作品奖二等奖
长纪录片《家》		徐　慧、夏宏伟、虞东平	2011年度江苏省优秀广播电视节目政府奖电视社教奖三等奖
专题《城里孩子大山行》		刘　征、陈登耀、陆伟栋	2010～2011年度江苏省优秀原创少儿电视节目二等奖
新闻《张家港新闻》		邵晓春、伍　洲、宋亚平、刘　琳	2011年度江苏省电视节目技术制作质量奖二等奖
专题《城市方圆—厨师》		张　平、伍　洲、张志坚、王宇春	2011年度江苏省电视节目技术制作质量奖二等奖
视频片头《张家港房产片头》		宋亚平、张　平、张志刚	2011年度江苏省电视节目技术制作质量奖二等奖
综合文体《2011世界中学生篮球锦标赛开幕式》		邵晓春、宋亚平、张　平、张志坚、张　贤、刘　蒙	2011年度江苏省电视节目技术制作质量奖三等奖
张家港电视台播出机房智能监控系统		张永佳、张　晟、沈立力、季海新、秦志强、罗　涛、张　达、徐　瑶	2011年度江苏省广播电视科技创新奖二等奖
《第一视线》栏目		《第一视线》栏目组	2011～2012年度苏州市广播电视创新创优栏目
对外电视节目—消息《公祭鉴真搭起中日文化桥》		杨　溢、陆伟栋	2011年度苏州市优秀广播电视节目政府奖广播电视“彩虹”奖二等奖
对外电视节目—专题《我爱跑步》		王宇春、岳晓东	2011年度苏州市优秀广播电视节目政府奖广播电视“彩虹”奖二等奖
对外电视节目—评论《城乡一体共享文明》		朱晓敏、赵　科、陈登耀	2011年度苏州市优秀广播电视节目政府奖广播电视“彩虹”奖三等奖
优秀栏目《张家港新闻》		常　健、刘　征、蒋晓峰、朱晓敏、史　静、刘　琳	2011年度苏州市优秀广播电视节目政府奖电视新闻奖一等奖
访谈节目《我是治安中心户》		徐泽林、李　祥、高　凯、花　飞、钱莫畏、彭　琳	2011年度苏州市优秀广播电视节目政府奖电视新闻奖一等奖
长消息《张家港市实现网上村委会全覆盖》		蒋晓峰、刘　帝	2011年度苏州市优秀广播电视节目政府奖电视新闻奖二等奖
连续(系列)报道《三百元、十九年》		陆　健、邢　冬、刘必晟、陶正超	2011年度苏州市优秀广播电视节目政府奖电视新闻奖二等奖
评论《小城市也可以有大文化》		常　健、刘　征、杨　溢、刘　帝	2011年度苏州市优秀广播电视节目政府奖电视新闻奖二等奖
短消息《张家港实现零差价农药配送》		朱晓敏、陆伟栋	2011年度苏州市优秀广播电视节目政府奖电视新闻奖三等奖
连续(系列)报道《丰碑》		刘　征、赵　科、朱晓敏、徐　群	2011年度苏州市优秀广播电视节目政府奖电视新闻奖三等奖
专题《党员搬家队》		徐泽林、盛　曼、常建伟、钱莫畏	2011年度苏州市优秀广播电视节目政府奖电视新闻奖三等奖
短纪录片《“大娘”程莲娣》		虞东平、岳晓东、王宇春	2011年度苏州市优秀广播电视节目政府奖电视社教奖一等奖
长纪录片《家》		虞东平、徐　慧、夏宏伟	2011年度苏州市优秀广播电视节目政府奖电视社教奖一等奖
专题片《茶缘》		徐　慧、夏宏伟	2011年度苏州市优秀广播电视节目政府奖电视社教奖一等奖

续表 64-4

作品名称	主创部门	主创人员	获奖情况
电视广告《生命的关怀》	电视中心	吴春林、张志刚、姜　坤、陆海芹	2011 年度苏州市优秀广播电视节目政府奖电视社教奖二等奖
系列片《收藏故事》		虞东平、岳晓东、王宇春、徐慧、夏宏伟	2011 年度苏州市优秀广播电视节目政府奖电视社教奖三等奖
科普节目《科学养殖"长江三鲜"》		刘　征、赵　科、朱晓敏、陆伟栋	2011 年度苏州市优秀广播电视节目政府奖电视社教奖三等奖
特别节目《"道德传承 文明之光"全国道德模范与身边好人（江苏张家港）现场交流活动》		常　健、曹　嵘、李立群、虞东平、杜冬松、陈　静	2011 年度苏州市优秀广播电视节目政府奖电视社教奖三等奖
少儿节目《小石头的夏天》		徐　慧、夏宏伟、虞东平	2011 年度苏州市优秀广播电视节目政府奖电视社教奖三等奖
歌舞节目《"长江水·山花情" 山歌会》		李立群、张　贤、陈　静、庞晓丹、赵　剑、杜冬松、朱晋原、周啸宇	2011 年度苏州市优秀广播电视节目政府奖电视文艺奖一等奖
综艺节目《"中华诵"2011 中小学生夏令营闭营晚会》		曹　嵘、李立群、陈　静、张　璇、郭　昊、庞晓丹、张　贤、黄琳琪	2011 年度苏州市优秀广播电视节目政府奖电视文艺奖二等奖
艺术片《张家港，一直有爱》		徐学渊、虞　创、郭　昊、黄琳琪	2011 年度苏州市优秀广播电视节目政府奖电视文艺奖二等奖
综艺节目《2011 中国张家港长江文化艺术节开幕式》		曹　嵘、庞晓丹、陈　静、黄琳琪、郭　昊、朱晋原、周啸宇、张　贤	2011 年度苏州市优秀广播电视节目政府奖电视文艺奖三等奖
戏曲节目《二叔快跑》		李立群、苗　壮、张　贤、杜冬松、周啸宇、朱晋原	2011 年度苏州市优秀广播电视节目政府奖电视文艺奖三等奖
电视主持《文艺："春满港城"春节联欢晚会》		张　璇	2011 年度苏州市优秀广播电视节目政府奖广播电视播音与主持作品奖一等奖
电视播音《新闻：张家港新闻》		王　伟	2011 年度苏州市优秀广播电视节目政府奖广播电视播音与主持作品奖三等奖
应用理论《电视新闻标题要知性》		蒋晓峰	2011 年度苏州市优秀广播电视节目政府奖广播电视论文奖三等奖
应用理论《浅谈新闻报道要注重关怀人文价值》		周志扬、黄红英	2011 年度苏州市优秀广播电视节目政府奖广播电视论文奖三等奖
访谈节目《我是治安中心户》		徐泽林、李　祥、高　凯、花　飞、钱莫畏、彭　琳	苏州新闻奖二等奖
长消息《张家港市实现网上村委会全覆盖》		蒋晓峰、刘　帝	苏州新闻奖三等奖
评论《小城市也可以有大文化》		常　健、刘　征、杨　溢、刘　帝	苏州新闻奖三等奖
连续（系列）报道《三百元、十九年》		陆　健、邢　冬、刘必晟、陶正超	苏州新闻奖三等奖
创新项目《张家港电视台播出机房智能监控系统》		张永佳、张　晟、沈立力、季海新、秦志强、罗　涛、张　达、徐　瑶	2011 年度苏州市广播电视科技创新奖二等奖
新闻《张家港新闻》		邵晓春、伍　洲、宋亚平、刘琳	2011 年度苏州市电视节目技术制作质量奖一等奖

续表 64-5

作品名称	主创部门	主创人员	获奖情况
视频片头《张家港房产片头》	电视中心	宋亚平、张　平、张志刚	2011 年度苏州市电视节目技术制作质量奖一等奖
专题《城市方圆—厨师》		张　平、伍　洲、张志坚、王宇春	2011 年度苏州市电视节目技术制作质量奖二等奖
综合文体《2011 世界中学生篮球锦标赛开幕式》		邵晓春、宋亚平、张　平、张志坚、张　贤、刘　蒙	2011 年度苏州市电视节目技术制作质量奖二等奖
张家港电视台播出机房智能监控系统		张永佳、张　晟、沈立力、季海新、秦志强、罗　涛、张　达、徐　瑶	2011 年度苏州市广播电视科技创新奖二等奖
有线电视信息系统在张家港市网络建设和运维管理中的成功应用		陈建国、黄忠伟	2011 年度江苏省广播电视科技创新奖二等奖
张家港广电 NGB 骨干波分城域网项目建设应用		汪伟斌、王伟峰、穆志强、唐　浩、樊颍浩、张兴安	2011 年度江苏省广播电视科技创新奖三等奖
有线电视信息系统在张家港市网络建设和运维管理中的成功应用	传播中心	陈建国、黄忠伟	2011 年度苏州市广播电视科技创新奖一等奖
张家港广电 NGB 骨干波分城域网项目建设应用		汪伟斌、王伟峰、穆志强、唐　浩、樊颍浩、张兴安	2011 年度苏州市广播电视科技创新奖二等奖
结合老区改造实现管线入地及双向网优化创新改造		俞　蕾、季　冰、杨小泉	2011 年度苏州市广播电视科技创新奖三等奖

（杨方勇）

报　　纸

【概况】 2012 年,《张家港日报》在增强宣传报道的针对性、提高可读性、巩固服务性上下功夫,做到在重大问题上不缺位,在关键时刻不失语,有力配合全市各项工作的开展。《张家港日报》每周出报 6 期,为对开彩报,其中周一至周五 12 版,周六 4 版,日发行 4 万份。年内,张家港日报社充分利用舆论优势,有效服务人民群众,通过新闻“110”热线、张家港新闻网·记者在线栏目,处理百姓各类求助近万件,为弱势群体募集爱心资金 50 余万元。免费组织 25 批《张家港日报》驻校小记者参加实地采访锻炼活动,共举办 20 期小记者新闻讲座,共有 800 余名小记者参加。建立《张家港日报》网上订阅系统,将张家港新闻网与《张家港日报》多媒体数字报进行有效整合,方便网上读者阅读。利用手机报用户平台,优化手机报内容,加强与受众的互动,手机报用户稳定在 12 万户左右。

【张家港凤凰文化发展有限公司 17 本图书出版】 2012 年,张家港凤凰文化发展有限公司出版 11 种计 17 本图书。分别是:4 月,《奋进的声音——吴栋材同志工作报告摘要》计 20 万字,《小荷——小记者作品选》计 60 万字;5 月,《2010 年度张家港文艺作品精选》计 40 万字;8 月,《医踪侠影》计 40 万字;9 月,《网格化公共文化服务张家港经验》计 36 万字;10 月,《乐余镇志》计 55 万字,《张家港市步行街区》计 12 万字;11 月,《思维丛书》一套 7 本计 50 万字,《花儿在开放》计 3 万字,《我在乡镇工作 36 年》计 20 万字;12 月,《杨沂孙杨泗孙年谱》计 12 万字。

【舆论宣传】 年内,围绕现代化决战年、民生水平提升年、基层组织建设年、全国城市文明程度指数测评、建县(市)50 周年、党的十八大等各阶段重点工作,在头版开设“决战 2012,在全省第一批基本实现现代化”“拼抢五个月、加速现代化、献礼 50 年”“锤炼作风、保障现代化建设”“2012 年民生记事”“强组织、增活力、创辉煌”“学习贯彻十八大、创造发展新业绩”等 24 个主题专栏,共刊发各类稿件、图片 1500 余篇(幅),系列评论员文章 18 篇。以专题、专版、特刊的形式,围绕时间节点策划、围绕重大事件策划、围绕重要活动策划,2012 年,张家港日报社策划《双拥赞歌》特刊、《港城雷锋》特刊、《怀念英雄——清明》特刊、《慈善港城》特刊等 9 份特刊。在国家、省、苏州市报纸好新闻作品评选中,《张家港日报》有 52 篇作品获奖,其中 2 篇作品获省报纸优秀作品二等奖,1 篇作品获江苏省县市报新闻奖荣誉奖,3 篇作品获中国县市区域报新闻奖一等奖,1 篇作品获全国报纸副刊好作品铜奖。

2012年《张家港日报》获省级以上新闻奖作品一览

表65

作品标题	作者	体裁	获奖情况
《港城彻底告别城乡二元养老保险制》	徐卫峰	消息	江苏省报纸优秀作品奖二等奖 中国县市区域报新闻奖二等奖 江苏省县市报新闻奖荣誉奖
《被CPI“绑架”的猪》	丁科娟	漫画	江苏省报纸优秀作品奖二等奖
《我市在全国首推“零差价”农药集中配送》	王会信	消息	江苏省报纸优秀作品奖三等奖 中国县市区域报新闻奖一等奖 江苏省县市报新闻奖一等奖
《我和妈妈一起做义工》	任星海、钱超新	通讯	江苏省报纸优秀作品奖三等奖 中国县市区域报新闻奖二等奖 江苏省县市报新闻奖二等奖 江苏省报纸副刊好作品二等奖
《张家港日报》10月1日第3版	龙凤清、朱茂华	版面	江苏省报纸优秀作品奖三等奖 江苏省县市报新闻奖好版面
《张书记,我们舍不得你走》	高　燕、褚新意	通讯	中国县市区域报新闻奖一等奖 江苏省县市报新闻奖二等奖
《同城同乐》	庞瑞和	摄影	中国县市区域报新闻奖一等奖
《精心种出放心菜》	严子洋	摄影	中国县市区域报新闻奖二等奖
《一位台胞船长的62年寻根之旅》	庞瑞和	摄影	中国县市区域报新闻奖二等奖
《郭秦:“学雷锋做好事”捐出12万》等	魏新阳、高　燕	专栏	中国县市区域报新闻奖二等奖 江苏省县市报新闻奖三等奖
《彰显善誉,勿止步于围观》	陈爱文	言论	中国县市区域报新闻奖二等奖 江苏省县市报新闻奖三等奖
《张家港的新探索,用信息技术防止“医保卡”变身“购物卡”》	余继峰	消息	中国县市区域报新闻奖三等奖 江苏省县市报新闻奖三等奖
《你讲精神文明,我给物质奖励——十几项村规成了永联人的“幸福民约”》	魏新阳、赵晓娟、韦秀康	消息	中国县市区域报新闻奖三等奖 江苏省县市报新闻奖二等奖
《沙钢集团年销售收入突破2000亿》	钱　萍、余继峰	消息	中国县市区域报新闻奖三等奖
《与小姑相伴到老》	周晓艳	通讯	中国县市区域报新闻奖三等奖
《六载无声大爱》	李　敏	通讯	中国县市区域报新闻奖三等奖 江苏省县市报新闻奖二等奖
《全会精神入农家》	肖　湘	摄影	中国县市区域报新闻奖三等奖
《文明花开映山红(组照)》	庞瑞和	摄影	中国县市区域报新闻奖三等奖
《亲情进高墙》	庞瑞和	摄影	江苏省县市报新闻奖二等奖
《“85后”弱女子扛起一个家》	赵一蓉	通讯	江苏省县市报新闻奖三等奖
《暴雨袭港城 战士排除忧患》	严子洋	摄影	江苏省县市报新闻奖三等奖
《毛忠华:一等残疾军人的幸福生活》	钱超新、陈　璐	通讯	全国报纸副刊作品铜奖
《43年的亲情守望》	钱超新、杨宇飞	通讯	江苏省报纸副刊好作品三等奖
《8年,割舍不断的牵挂》	杨宇飞	通讯	江苏省报纸副刊好作品三等奖
《亲历日本大地震》	钱超新、徐琳瑶、杨宇飞、浦　江、陈　璐等	版面	江苏省报纸副刊好作品好版面

（杨　洁）

【编辑　景力颖】

卫　生

综　　述

2012年，全市卫生事业保持良好发展态势，医药卫生体制改革稳步推进，医疗服务体系不断完善，医疗服务水平快速提升，公共卫生安全屏障日益牢固，群众健康水平进一步提高。

卫生基本建设加快推进　2012年，全市卫生基本建设总投入6500万元。总投资1.3亿元，总建筑面积19118平方米的市中医医院新扩建工程全面推进，年内体检中心大楼竣工启用，综合大楼实现封顶，完成投资4000万元；总投资1.96亿元，建筑面积40430平方米的市第一人民医院妇儿大楼开工建设，年内完成地下室建设，主体建筑建设至三层，完成投资2500万元。

医药卫生体制改革稳妥推进　年内，《张家港市卫生事业发展“十二五”规划》制定出台。在苏州市范围内率先确定完善公立医院财政保障政策，为公立医院的持续健康发展提供保障。完善民办综合医疗机构百分综合考核奖励政策，全面实施民办综合医院基本医疗服务补助和改制医院保留事业身份人员提前退休政策，全市累计安排民办医疗机构专项扶持资金1862.3万元，形成扶持民营医院发展的良好政策氛围。全市所有社区卫生服务中心（站）全面实施基本药物制度，实行药品零差率销售，减少群众医药费用支出1200余万元。

医疗服务质量明显提升　年内，全市卫生系统深入开展“医院管理质量提升年”活动。先后出台《关于进一步推进全市中医药事业发展的意见》《张家港市建立公立医院与基层医疗机构之间上下联动分工协作机制的意见》和《医院专业质量评价标准（2012版）》。市中医医院通过国家中医药管理局组织的三级乙等中医医院复评，澳洋医院、乐余镇人民医院、锦丰镇人民医院创建成二级综合医院，凤凰镇医院创建成江苏省乡镇卫生院示范中医科，东莱医院、鹿苑医院等12家医院通过一级医院评审。10家一级医院完成消毒内镜硬件达标建设。市危重孕产妇救治中心成立，二级以上医院病区全部开展优质护理服务。全市二级以上医院全部设立医院警务室，组织开展“预防化解医疗纠纷维护社会和谐稳定”专项行动，全年受理各类医疗纠纷处理申请49起，有责任纠纷数较上年下降20%，妥善处置率100%。

公共卫生服务工作持续领先　积极开展“国家慢性病综合防控示范区”和“江苏省妇幼卫生先进市”创建工作。规范开展十大类41项基本公共卫生服务项目，人均基本公共卫生服务经费提升至38元，基本公共卫生服务项目专项督导检查得分位居苏州各县市第一。顺利推进“健康礼包进万家”工程，向全市34.1万户家庭免费发放健康大礼包。实施“儿童健康保障工程”，建立张家港市儿童功能检测中心和复旦大学附属儿科医院张家港儿童康复基地。继续实施重性精神性疾病患者免费服药和服药后安全检测项目，救助幅度提高到每人1200元，全年向3890人发放免费服药，免费服药和服药后安全检测率达到91.37%。完成第三轮第二批老年人免费体检工作，完成体检70920人次，体检率90.39%。实施高血压、糖尿病等5种慢病的网络化管理，其中高血压规范化管理13.2万人，糖尿病规范化管理2.9万人，高血压、糖尿病患者管理人数比上年增长90.1%。杨舍等5个镇“健康自助体检屋”建成运行。创新开展心理健康进社区活动，“心语桥”工作室实现区镇全覆盖。在全省县级市中率先建成免疫规划智能化管理系统和血液核酸筛查检测实验室。

社区卫生服务内涵不断深化　年内，大新、塘桥、杨舍、乐余、凤凰及南丰等镇社区卫生服务中心建成数字化儿童保健门诊。全市托幼机构卫生保健合格率100%，95%的幼儿园完成萌芽保健室创建工作。全年新建、改建社区卫生服务站11家，新增苏州市级示范社区卫生服务中心1家，示范社区卫生服务站12家，社区卫生服务站的示范比例达到46.5%。23家社区卫生服务站创建成张家港市中医药服务示范社区卫生服务站。推进全科团队服务和家庭医生制度，组建全科服务团队43个，家庭服务合约签约率达到75.96%。

“科教兴卫”战略全面实施　年内，修订《张家港市临床医学重点专科评审标准》，评选出新一轮重点专科30个。开展新一轮民办综合医院特色专科评选，评选出A级特色专科2个、B级特色专科3个、C级特色专科2个。市中医医院耳鼻喉科和肾病科分别被列为国家级和省级重点专科建设项目，实现全市省级以上重点专科零的突破。市第一人民医院、市中医医院、市疾病预防控制中心建立研究生工作站，市卫生局与南京医科大学等知名高校举办硕士以上研究生专场选聘会，选聘硕士研究生55人。市第一人民医院、市中医医院聘请2名教授任科技副院长。对12名市级名（中）医、30名学科带头人实施跟踪培养，6名医师被授予江苏省农村优秀中医临床人才称号。新录取省级定向委培社区医生39人，参加苏州大学医学院在职就读研究生89人。全市卫技人员发表学术论文364篇，其中核心期刊164篇，举办市级学术活动80次。

卫生信息化建设加速推进　建立区域卫生信息平台，21套业务信息系统建成并投入使用；动态居民电子健康档案建档率95.67%。完成区域影像、心电共享会诊中心部署。市民网上健康服务平台全面建成，全年预约挂号诊疗人次19372人，网上预约挂号系统9月末实现和"12345"便民热线系统对接。慢病、老年人、妇幼管理等信息系统先后投入使用，至年末，完成19万慢病患者、13万老年人和18万妇幼人员信息输入。卫生信息化工作在2012年中华信息网络大会暨第五届中美信息化论坛会议和中国卫生信息交换标准(HL7在中国)高级论坛上进行经验交流。张家港市成为首批江苏省卫生信息化工作先进市。

卫生行风建设持续深化　创新提炼"敬重生命、厚德精业、诚信和谐、创新争先"张家港卫生精神，创作张家港卫生之歌，举办第二届卫生文化节，开展服务礼仪规范表演、医患沟通情景剧比赛等主题活动近20场。完善药械采购管理办法，在市级医院推广安装防统方软件，推行领导干部公开选拔和重点岗位人员交流轮岗，廉政风险防控管理机制获得全市纪检监察工作创新奖。评比表彰"五十佳"等先进典型，22名医务人员入选《张家港日报》"身边好人张闻明"，1名医务人员入选"中国好人榜"。编印《港城天使风采》医德医风读本；实施"十大便民惠民举措"，推出"家访慰问出院患者""分娩前免费住院""温馨早点"等95项温馨惠民举措。群众医疗服务投诉数量比上年下降8%。市第一人民医院等8家医院实施第三方满意度调查，出院病人平均满意率92.24%；市疾病预防控制中心等4家市直卫生单位平均满意度99.63%。

【"健康礼包进万家"】　"健康礼包进万家"是2012年市政府实事工程之一。年内，市财政投入915.84万元，向全市34.1万户张家港市籍居民每户免费发放健康礼包1份。每份健康礼包包括《健康之路》1册、腋下体温计1支、健康腰围尺1把、计步器1只、控盐勺和限量盐罐1套、控油壶1个、自动计数跳绳1根、家庭保健箱1个等8件健康支持工具和健康宣教资料。"健康礼包进万家"工程的实施，提高了全市居民健康意识和健康素养，进一步推动了居民健康行为的形成。

【"心语桥"工作室实现区镇全覆盖】　年内，为进一步提高社区居民心理健康水平，预防和减少精神障碍的发生，市卫生局依托社区卫生服务中心平台，组织开展了心理健康进社区活动，在全市八镇一区建立9个"心语桥"工作室。市精神卫生中心组织一批富有实践经验的国家职业心理咨询师和临床心理医师，为社区居民提供心理咨询、心理测试、员工心理援助(EAP)、心理培训等服务。5月5日，全市首家"心语桥"工作室在杨舍镇城东街道启用。至年末，各区镇均建立"心语桥"工作室。所有"心语桥"工作室统一标志、统一规格，并按照布局合理，色调温馨，面积不少于30平方米，办公桌椅、沙发、候诊椅、网络接口等心理咨询设施配备齐全的标准进行建设。为使"心语桥"工作室发挥最大作用，市精神卫生中心开通了心理咨询热线电话。心理专家组根据预约情况，定期到"心语桥"工作室坐诊，为社区居民提供面对面的心理服务。全年开展活动55次，直接受益群众3050人次。　（范彩霞）

医　疗

【概况】　年末，全市有医疗卫生机构410个，其中卫生单位5个，医院35个(其中公立医院7个、民营医院28个，三级医院2个、二级医院6个、二级创建医院1个)，社区卫生服务中心9个，社区卫生服务站及村卫生室225个，企事业单位卫生所(室)69个，个体诊所64个，门诊部2个，护理院1个。全市医院全年门急诊总诊疗数567.9万人次，比上年增13.2%；出院病人21.4万人次，比上年增22.3%；床位使用率97.78%；平均门诊人次费用156.4元，平均住院人次费用6872元；"120"急救体系全年接警出车25665车次，接诊各类患者18237人次，其中危重病人988人次，成功抢救870人次。

医疗设施　年末，全市一级以上医疗机构开放床位6013张，每千人拥有床位数4.84张。全年引进价值万元以上医疗设备503台，累计拥有价值万元以上医疗设备4272台，其中价值50万元以上设备255台。多数医院拥有彩色B超、全自动生化分析仪、心电监护仪等医疗设备。

医疗技术　年内，市第一人民医院的"改良Miccoli式腔镜技术在甲状腺癌手术中的应用"获省卫生厅医学新技术引进奖二等奖，市中医医院的"首乌僵芪汤对胰岛素抵抗的多囊卵巢综合征大鼠胰岛素受体底物-1及磷脂酰肌醇-3激酶p85a亚基表达的影响"获省中医药管理局科研立项。全系统获市级以上科技奖项9项次，申报各类科研项目44项，立项30项。至年末，全市有市(县)级以上重点专科36个，其中国家级重点专科建设项目1项（市中医医院耳鼻喉科)、省级重点专科建设项目1项(市中医医院肾病科)、苏州市级重点专科4个(市第一人民医院骨科、妇科、肿瘤科、神经外科)、张家港市级重点专科30个。

医疗队伍　年末，全市卫生系统共有职工8909人，其中卫生技术人员7440人。卫生技术人员中，医疗人员3062人、护理人员2729人、药剂人员426人、医技人员354人。有高级职称464人、中级职称1774人，有社区医生758人、个体从业人员88人。全年引进实用型技术人员837人，其中研究生以上学历和副高以上职称66人。

卫技人员继续医学教育覆盖率100%,7名社区卫生服务机构的医生参加省级全科医师转岗培训,6名乡镇卫生院医生参加务实进修,664名社区医生参加市级全科医学知识培训,134名院前急救医务人员进行市级急救知识和技能培训,市第三人民医院建成江苏省住院医院规范化培训基地。积极开展卫生应急大练兵大比武活动和"苏州农村地区急诊医疗服务体系优化及适宜急救技术示范工程",共培训医务人员1400余人,组织和参与各类卫生应急演练4次。

【市级医疗专家医疗服务村村行】 "市级医疗专家医疗服务村村行"活动是市卫生局自2011年7月起开展的一项惠民工程,计划用两年半的时间深入全市182个行政村和社区,为居民提供义诊、健康咨询、健康讲座、康复指导、药品发放等服务。2012年,共开展活动 70场次,义诊咨询12813人次,提供上门服务 151人次,血糖测试7117人次,心电图检测2534人次,眼病筛查390人次,开展健康讲座63场次,提供医学健康知识培训7433人次,发放健康知识宣传画册30404份,免费发放药品价值约8.61万元,深受农村居民的欢迎。

【市中医医院耳鼻喉科入选国家级重点专科建设项目】 年内,市中医医院耳鼻喉科入选国家中医药管理局"十二五"期间临床重点专科建设项目。该科组建于1986年,1995年被评为首批苏州市重点中医专科,2007年被确定为江苏省农村中医特色专科。科室有高级职称3人,副院长王耀华是江苏省中医药学会耳鼻喉科专业委员会副主任委员、张家港市名中医、张家港市医学会耳鼻喉科学组组长、学科带头人。科室年门急诊量近4万人次,住院患者1400余人次,手术700余台次。科室坚持中西医并重、全面发展的理念,设有过敏性鼻炎、鼻窦炎、鼾症、咽喉病、小儿耳鼻喉科五个特色专科门诊,有鼻内窥镜、动态喉镜和电子鼻咽喉镜、耳内窥镜、多导呼吸睡眠监测仪、耳科手术显微镜、电测听及阻抗仪、鼻阻力、鼻科耳科手术动力系统、低温等离子治疗仪等先进诊疗设备,在全市率先开展鼾症手术、喉纤维及喉切除术、下咽癌的手术切除及修复、巨大咽旁间隙肿瘤切除等头颈部各种肿瘤切除及淋巴清扫等高难度手术。科室自主研发的制剂"鼻炎康颗粒""健儿颗粒""双百颗粒"及创新开展的喉科吹药、热熨、冬病夏治、冬令膏方、烙法等传统中医项目疗效确切。年内,承接吴中马氏喉科临床经验的传承研究工作,多项科研成果获张家港市科技奖,2项科研获省中医药管理局科研立项。

【市中医医院肾病科入选省中医重点专科建设项目】 年内,市中医医院肾病科入选江苏省中医重点专科建设项目。该科组建于1998年,1999年被评为张家港市中医临床重点专科,2006年被评为苏州市中医临床重点专科。科室有江苏省名中医1人,科主任冯春俭是张家港市名中医。科室年门诊量1.65万人次,年出院病人900人次。科室设有肾病实验室、血液透析室和腹膜透析室。其中,血液透析中心有透析机30台,连续不间断血液滤过机3台,年透析1.5万人次,常年开展血液透析、滤过、血浆置换、CRRT(连续肾脏替代疗法)等项目。肾病实验室开展各项肾脏病检验如24小时尿蛋白定量、肾小管系列、尿蛋白谱等。腹膜透析中心在全市率先开展腹膜透析置管术,对腹透病人的日常管理质量亦处于全市领先水平。肾病科运用中西医结合治疗不同类型的慢性肾小球肾炎有独特疗效,并能有效延缓慢性肾功能不全的进展。自行研制的护肾1号、护肾2号、护肾3号、二黄益肾胶囊等制剂有效治疗血尿、蛋白尿症,深受患者好评。 (范彩霞)

市中医医院承办全国耳鼻咽喉科疾病中医治疗优势病种学习班
(市卫生局 供稿)

预防保健

【概况】 2012年,全市人均期望寿命为81.64岁,全市未发生重大传染病疫情,未有不明原因肺炎病例报告。张家港市成功创建成国家慢性病综合防控示范区和江苏省妇幼卫生先进市,市疾病预防控制中心通过中国合格评定国家实验室认可委员会和江苏省技术监督局组织的实验室认可、计量认证及食品检测机构资质认定"三合一"评审。

疾病预防控制　全年共报告法定传染病4716例,其中甲类传染病未有报告,乙类传染病10种1859例,丙类传染病4种2857例(手足口病2547例)。累计发现活动性肺结核513例,其中流动人口涂阳肺结核110例。全年报告伤害监测病例25364人,慢病25636例,肿瘤5833例。稳步推进儿童预防接种信息化建设,全市预防接种门诊规范化率100%,完成扩大免疫规划疫苗接种349798人次,"四苗"覆盖率和乙肝疫苗合格接种率均在95%以上。完成重点整治企业及申报企业的作业场所危害因素监测408家次，完成职业健康监护30084人次。完成食品污染物监测8类1360批次，合格率为97.94%。规范开展全市区域供水采样监测，水源水、出厂水合格率100%，管网末梢水合格率为94.2%；全面完成江苏省农村饮用水监测点项目工作。开展餐饮具消毒质量监测，共监测各类餐饮具3822份，合格率为89.1%。完成35家医疗机构、49家托幼机构的消毒效果监测，合格率分别为91.54%、98.49%。开展学生防病工作，指导10所学校成功创建“健康促进学校”，重点开展学生近视眼、肠道寄生虫、龋齿等常见病防治，开展小学生防龋2.1万人次；继续开展学生因病缺课监测，共监测学生122293人。在全省率先启动“免疫规划信息化管理系统”建设工程，开展冷链温度监控系统、现场视频监控系统、预约短信通知管理软件、疫苗冷库智能化建设，进一步提升免疫规划管理水平。6月和9月，张家港市高标准通过省级和国家级慢性病综合防控示范区创建评估验收，成为全省第一批创建成为国家级慢性病综合防控示范区的县级市。

妇幼保健　全市妇幼卫生主要指标继续保持苏州市领先水平，常住人口孕产妇死亡率每10万0例，婴儿死亡率3.12‰，5岁以下儿童死亡率4.97‰，围产儿死亡率4.43‰，婚前医学检查率继续稳定在98%以上。引进儿童超早期脑瘫筛查GMS技术，开展孕前优生健康检测及胎儿四维超声检查，产前筛查率98.14%，出生缺陷率3.25‰，新生儿疾病筛查率98.71%。开展0周岁～3周岁散居儿童和4周岁～6周岁集体儿童的保健管理，全市0周岁～6周岁儿童视力筛查率82.56%，集体儿童氟离子导入防龋率70.1%。全年免费发放叶酸6377人，孕产妇住院分娩补助6022人。妇女病普查率93.05%，完成妇女乳腺癌、宫颈癌检查5.53万人，确诊宫颈癌35例、乳腺癌11例，癌前病变99例。开展预防艾滋病、梅毒、乙肝母婴传播工作，全年免费检测14185人，实施艾滋病母婴阻断2人，梅毒母婴阻断9人，新生儿免费注射乙肝免疫球蛋白589人。继续实施妇儿健康工程，全年发放《妇儿健康服务手册》8998份，提供妇幼保健服务57.14万人次，累计投入资金3135.57万元。12月，张家港市高标准通过江苏省妇幼卫生先进市评审组的现场考核评估，成为全省首批创建成为江苏省妇幼卫生先进市的县级市。

【居民平均期望寿命提升至81.64岁】　居民平均期望寿命是评价社会经济发展水平和居民健康状况的重要指标。2012年，全市居民平均期望寿命为81.64岁，其中男性78.88岁、女性84.47岁，处于全省第一方阵，比2011年平均期望寿命增长0.3岁，呈逐年上升状态。前十位死因依次为恶性肿瘤、脑血管病、损伤和中毒、呼吸系统疾病、心脏病、内分泌营养代谢疾病、精神障碍疾病、消化系统疾病、其他疾病、神经系统疾病，共占全部死因的95.76%。男女稍有差别，男性前三位死因是恶性肿瘤、脑血管病和呼吸系统疾病，女性前三位死因是脑血管病、恶性肿瘤、损伤和中毒。改革开放以后，张家港市在经济文化、卫生文明等综合实力不断提升的同时，根据城市老龄化日趋明显的状况，加大老年人健康保健、慢性病规范化管理、电子健康档案等公共卫生工作的力度，提高人民群众的健康意识和健康素养，居民平均期望寿命随着生活质量的日益提高而稳步提升。

（范彩霞　俞晓红　查建梅）

卫生监督

【概况】　2012年，全市共发放各类许可证3990张，办理从业人员健康体检、培训合格证明57345人次。组织开展40次各类执法检查或督察，实施健康相关产品卫生监督抽检17次、共采集样品1242份；出动卫生监督执法人员12916人次，监督31823户次；实施各类卫生行政处罚369户次，罚没款1589766元。3月，锦丰镇完成以卫生监督分所与社区卫生服务中心卫生基础管理科整合为主要内容的镇级卫生监管体制改革，被苏州市卫生局作为医改成果上报卫生部。6月，江苏省卫生监督综合管理信息系统启用。市卫生监督所被江苏省卫生监督所授予全省卫生监督工作先进单位。

餐饮服务监管　深化餐饮服务食品安全监督信息公示工作，全市餐饮服务单位100%实施量化分级管理。8月起，全市开展食品安全治理整顿“天安行动”，打击违法添加非食用物质和滥用食品添加剂、地沟油、鲜肉和肉制品等整治工作，完成熟食卤菜加工厂专项整治，共出动执法人员3350人次，检查单位8330户次，立案查处19起，罚没款14.7万余元。全面落实民间厨师免费体检培训工作和农村家宴审查备案管理制度，全市971名民间厨师全部接受免费体检培训，实施农村家宴备案6122起，上门指导1408户次。组织开展以“关注饮水卫生，共享健康生活”为主题的饮用水卫生宣传活动，并对全市供水单位和38家涉水产品生产企业、12个涉水产品经营单位开展专项检查，确保广大市民饮用水安全。开展以“文明诚信经营、绿色节约消费”为主题的文明餐桌行动，发放文明餐桌三角牌2000个，发放文明餐桌宣传材料4000余份，共有1400余个餐饮单位参与行动。张家港市成功创建成为江苏省餐饮服务食品安全示范市。

医疗服务市场监督　3月，全省基层卫生监督机构医疗服务监督哨点工作现场会暨2012基层卫生监督机构医疗服务监督工作推进年部署会在张家港市召开。全面推进非法行医监测示范哨点创建，开展打击无证非法行医专项行动，全年共取缔无证行医点118个，没收药品242箱、器械313件，价值21.5万元，立案查处106起，罚没款63.5万元，移送涉嫌非法行医案件2起。加强对医疗机构的监督指导，共查处医疗机构18户次，罚没款13.1万元，对被处罚的15个单位均进行了不良执业行为记分。强化医疗广告监测，全年共监测发现违规医疗广告956条次，其中电视台发布899条次；对违法散发低俗期刊的11个单位进行行政处罚并执行不良执业行为记分，同时配合工商部门对部分医疗机构违规发布医疗广告的行为进行调查处理。制订全市口腔诊所医院感染管理标准操作规程(SOP)，对试点诊所进行分类指导，并在此基础上全面推广。全市5家A级口腔诊所制定和实施SOP的覆盖率达到100%,26家B级口腔诊所的覆盖率为80%,个体口腔诊所医院感染管理规范程度明显提高。加强对职业健康体检服务机构的监督检查和医用放射诊疗单位的监督指导，开展对全市医用放射诊疗管理的调查研究，督促医疗机构规范开展放射装置状态检测工作。

公共场所卫生监督 根据省卫生厅《关于公布江苏省公共场所卫生监督具体范围的通知》精神,将足浴场所纳入公共场所监管，开展足浴场所卫生监督专项整治。通过调查摸底,建立档案,制订下发卫生标准,逐户上门督改,并组织召开现场推进会,全市196个单位整改发证工作基本完成，足浴场所整体卫生水平全面提升。开展公共场所集中空调通风系统卫生监管工作,全市49个集中式中央空调使用单位全部完成清洗或签订协议。出台《全市公共场所单位实施卫生监督量化分级管理工作暂行规定》,将公共场所量化分级拓展至住宿业、游泳场所、生活美容场所和提供30张以上休息床位的大中型洗浴场所等行业。

【"五小"行业三年专项整治完成】 2010年起,全市开展"五小"行业(小饮食店、小理发店、小浴室、小旅店、小歌舞厅）三年专项整治行动。2012年,全市以城乡大环境整治"百日提升"、村庄大环境整治和城市公共文明指数测评等活动为契机，集中力量整治薄弱区域和薄弱单位,开展"五小"行业专项整治收官战。全年共开展培训18场次,培训3186人次,出动卫生监督员3350人次。至年末，全市3578个"五小"行业单位,达标3568个,达标率99.7%;其中达标示范单位852个,示范率23.9%,"五小"行业整体卫生水平显著提升。

【中澳卫生与艾滋病试点项目完成】 2011年11月,卫生部卫生监督中心中澳卫生与艾滋病项目"中国农村食品安全监管队伍培训模式探索项目——网络培训模式并开展面授培训模式试点"在张家港市启动。张家港市是全国仅有的两个合作成员单位之一。中澳卫生与艾滋病项目是中国和澳大利亚两国的双边合作项目，是由澳大利亚政府资助以促进中国卫生事业发展的五年项目,2007年正式启动,以提高中国卫生系统能力建设、保护人群抵御新(再)发传染病的危害以及艾滋病的预防和关怀为目标。开展中国农村食品安全监管队伍网络培训模式探索并进行面授培训模式试点,是在卫生部卫生监督中心"中国农村食品安全监管队伍培训模式和食品安全宣传工作机制探索项目"基础上的进一步探索和扩展。市卫生监督所先后组织全市相关食品安全监管部门的10名师资赴北京参加培训,召开由各区镇、各环节的食品安全监管人员和部分村级食品安全信息员共80余人参加的面授培训会,组织50余名基层食品安全监管人员开展电子多媒体培训,并参与《农村食品安全监管人员培训手册》的编写和食品安全知识情景剧的制作。8月,试点工作完成。通过试点，探索农村食品安全监管队伍网络培训模式和面授培训模式，有效提升基层食品安全监管人员的能力,为加强全国食品安全监管能力建设提供借鉴。 （范彩霞 范卫东）

中澳卫生与艾滋病项目电子多媒体课件培训会 （市卫生局 供稿）

爱国卫生

【概况】 2012年是爱国卫生运动开展60周年,也是张家港市创建全国卫生城市20周年。全市爱卫条线深入贯彻落实市委、市政府"拼抢五个月、加速现代化、献礼五十年"的重要决策部署,大力开展"拼抢五个月、爱卫争先行"专项活动,各项目标任务顺利推进。深入开展城乡大环境综合整治"百日会战""百日提升""十大整治""双月行动"等专项活动,全面完成村庄环境整治任务。深化"结对共建文明卫生社区(村)"活动,组织市区56个同创共建牵头单位的党员干部、500余个共建单位、临街门店人员上路、进社区开展同创共建活动。率先在农村开展"爱卫工作站"建设,提高环卫保洁工作的服务能力和服务质量。11月，张家港市代表江苏省高标准通过全国城乡环境卫生整洁行动终期督导评估。12月,南丰镇高标准通过全国爱卫办国家卫生镇复审检查。年内,村庄环境整治工作在苏州全部七轮评比公示中始终保持第一，张家港市成为第一批江苏省村庄环境整治工作示范市。市城乡环境卫生指导中心被评为全国爱国卫生先进集体。

【城乡环境卫生整治】 年内,市城乡环境卫生指导中心会同相关职能部门，抓好镇区、办事处环境卫生整治,加大对农村"四户"(废品废物收集户、家禽家畜养殖户、农村的房屋出租户、专业种植大户)等重点区域的环境卫生管理力度。对群众最关注的、反映意见最大的重难点问题，实施重点环境卫生问题挂牌市督办等制度。积极协调开展饮用水监测，建立监测数据的审核检查制度，及时掌握全市农村饮用水水质现状，保障供水安全，生活饮用水水质合格率100%。推行信用分类监管的集贸市场比例达到100%。城市生活污水收集处理率为97.5%，镇区生活污水处理实现全覆盖，开展农村生活污水处理的行政村比例达到91.2%。农村卫生户厕普及率100%。11月14日，张家港市高标准通过全国城乡环境卫生整洁行动终期督导考核评估。

【病媒生物防制】 全年利用报纸、电台、电视台等媒体，加大病媒生物防制知识宣传。7月3日，举办2012年病媒生物防制技术培训班，邀请苏州市疾病预防控制中心专家陈学良主任医师对全市400余名专兼职消杀员进行培训。7月12日，启动实施张家港市统一灭蟑行动，发放"灭蟑套餐"1万份，灭蟑知识小折页1万余份，试行"五小行业"免费上门指导机制。8月11日，开展"创卫20年，决胜现代化——病媒生物防制科普咨询及建设健康城市知识巡展进社区"活动，发放"病媒生物防制套餐"2000份，宣传资料2000份。注重加强病媒生物防制基础设施建设和孳生地治理，对市区老居民小区2000余座毒饵站进行清理、修缮，并补建、新建毒饵站1000余座，编号入册，指定专人实施规范管理，全市城乡清理各类孳生地共计200余处。开展以灭鼠、灭蝇、灭蟑、灭蚊等病媒生物为重点季节消杀活动，全市城乡共布置捕蝇笼1万余个，捕鼠笼（夹）5000余个，粘鼠板2万余张，投放第二代抗凝血灭鼠药8吨，各类灭蚊灭蝇消杀药物2吨。据市疾控中心病媒生物防制密度监测数据显示，全市鼠密度粉块阳性率为1.92%，蝇密度平均每笼1.99只，蟑螂密度阳性房率为0.74%，卵荚房间率为1.49%，各项密度均达到全国爱卫办的标准。

【村庄环境整治完成】 2011年12月8日，全市启动村庄环境整治工作。2012年2月18日，市政府召开专题大会，部署村庄环境整治任务。各区镇按照"农村更像农村"的理念，根据村庄资源禀赋、发展水平，因地制宜编制整治规划。市村庄环境整治推进工作领导小组举办全市村庄环境整治业务培训班，对市、镇、村三级负责村庄整治的工作人员进行培训。出台《张家港市村庄环境整治考核验收办法》，修订完善《全市城乡环境卫生长效管理工作考核实施意见》，每月对各区镇村庄整治进展情况组织进行督导检查，检验村庄整治成效，构建整治与长效管理并重的工作体系。市政府办公室出台《关于推进农村大环境卫生长效管理机制改革的指导意见》，以政府购买公共服务的形式，逐步将环卫保洁工作推向市场，推动村庄整治持续向纵深推进。至2012年9月末，全市所有村庄环境整治任务率先完成，村庄环境整治工作在苏州全部七轮评比公示中始终保持第一，张家港市被评为第一批江苏省村庄环境整治工作示范市。全市共有需整治自然村庄2084个，整治后达到省三星级康居乡村标准的有23个，达到二星级标准的有11个，达到一星级标准的有79个，达到一般环境整洁村庄标准的有1971个。

【办事处环境卫生质量全面提升】 年内，针对办事处卫生基础设施配套相对滞后的状况，市城乡环境卫生指导中心牵头组织实施办事处环境卫生质量提升工程。市、镇两级共投入1676万元，对办事处环境卫生和病媒生物防制基础设施进行提档升级。至6月末，工程全面完成，共新建二类及以上公厕17座、新型敞开式垃圾收集点70座，配备户外灭蚊灯340盏、公交站点控烟点222个，采购电瓶保洁车118辆、封闭型自装自卸垃圾清运车20辆、中型道路清扫车14辆、小型道路清扫车3辆、5吨洒水车13辆，全面提高了办事处基础设施配套和环卫保洁机械化水平。

【"创卫20年"系列活动有声有色】 2012年是张家港市创建成全国卫生城市20周年。以"创卫20年，决胜现代化"为主题，市城乡环境卫生指导中心组织评选"创卫20年"最具影响力的十件大事、最难忘的十位基层先进人物、最成功的十类创卫典型，评选出"1992年创建成全国卫生城市"等十件最具影响力的大事，常仲炎等十位最难忘的基层先进人物，"五小行业"卫生达标建设专项活动等十类最成功的创卫典型。同时，在全市范围内开展"创卫20年"故事与图片征集活动，对在爱国卫生和健康城市建设工作中涌现的典型人物和事迹进行广泛的宣传报道。4月1日，举行"创卫20年，决胜现代化"专场文艺汇演暨2012年爱国卫生月活动启动仪式，全市基层一线的200余名环卫工人代表和市爱卫会、市建设健康城市领导小组成员单位、各区镇分管领导参加活动。4月7日，召开谈爱卫、议爱卫、评爱卫座谈会，全市爱卫条线退休老同志、部分人大代表、政协委员，机关部门、新闻媒体、教育条线、爱卫环卫条线工作人员和村（社区）群众代表参加了座谈会。

【环卫工人关爱工程——"爱卫工作站"建设启动】 年内，为改善农村一线环卫工人的工作环境，进一步提高环卫保洁工作的服务能力和服务质量，张家港市启动实施环卫工人关爱工程——"爱卫工作站"建设。市爱卫会出台《张家港市"爱卫工作站"分类建设标准》，逐步在一定规模的集中居住小区、重点路段沿线、学校设置"爱卫工作站"。"爱卫工作站"分为Ⅰ类和Ⅱ类标准，建设面积和设置数量以作业区域的大小和环境卫生工人的数量为标准。建筑面积Ⅰ类标准不低于30平方米，Ⅱ类标准不低于15平方米，设置明显的"爱卫工作站"标志，为环卫工人提供必需的工作、学习、休息场所。8月，工程正式实施。至年末，各区镇分别建设"爱卫工作站"1个。

（李芳芳）

食品药品监督管理

【概况】 2012年，市食品药品监督管理局把国家药品安全示范市和省餐饮服务食品安全示范市创建工作确定为特色亮点工作，以确保人民群众饮食用药安全为中心任务，努力实现高效监管、优质服务，有效地规范了全市食品药品市场秩序，保障了人民群众的饮食用药安全，全市全年未发生重大食品药品安全事故。

餐饮食品、保健品、化妆品安全监管　年内,在餐饮行业内推行“五常、六T法”(常组织、常整顿、常清洁、常规范、常自律,天天处理、天天整合、天天清扫、天天规范、天天检查、天天改进)管理,开展“天安行动”等多项专项整治,全年累计检查餐饮单位23803户次,实施行政处罚72起,罚款金额53.6万元,没收销毁不合格食品274千克,处理举报投诉119起。开展多项保健品、化妆品专项整治,出动执法人员421人次,检查监管企业805家次,完成10家保健品、化妆品生产企业和2113家经营企业的建档工作,完成保健食品化妆品抽样43批次。5月,张家港市通过省食品药品监督管理局的考核验收,成为省餐饮服务食品安全示范市。6月,张家港市被省食品药品监督管理局作为全省3个创建国家餐饮服务食品安全示范市之一上报国家食品药品监督管理局。

药品医疗器械稽查执法　年内,开展药品生产流通领域集中专项整治、药品经营企业专项检查、“问题胶囊”专项检查等药品专项检查,累计出动稽查人员1400余人次,检查涉药单位470家次,共立案38起,罚没款114.91万元,没收物资114.23万元,同时取缔无证经营药品窝点2个,移送公安案件2起,受理群众投诉举报43起。完成药品抽样224批,评价性抽样78批。配合苏州市食品药品监督管理局完成114批药品快检工作,对张家港市医疗器械产品进行抽检,共完成8家企业14批抽样。开展药品广告监测,共移交违法广告39起。多次参与联合执法,取缔违法经营保健食品窝点与宣传场所。

药品医疗器械安全监管　全年办理药品经营许可证变更205家次,受理药师注册246人次,开展GSP(药品经营质量管理规范)检查124家次,配合上级完成医疗器械经营企业许可证受理审查13家,完成医疗器械生产许可证现场检查5家、体系考核3家、GMP(药品生产质量管理规范)认证检查4家、一类医疗器械注册证现场核查3家。强化特殊药品日常监管工作,向零售药店下发行政提示书175份。推进新版药品GMP的宣传落实,指导企业调整适应新版GMP要求。推进药品安全信用等级评定工作,对全市涉药单位实行星级化管理。对全市药品生产、批发企业共检查53家次,零售药店远程监管网上巡查400余家次,规范药房、合格药房检查268家次。年内共上报药品不良反应689例。

【张家港市成为全省首个国家药品安全示范市】 年内,市食品药品监督管理局通过构建药品安全基础保障、药品安全责任管理、药品安全诚信评价、药品安全应急处置“四大体系”,健全三级联创、多元考评、专项整治“三大机制”,构建数字药监信息、医药产业载体“两大平台”,全力打造“安全保障的示范区、科学监管的特色区、服务发展的创新区”的药品安全示范市。3月,在南丰镇召开国家药品示范市、省餐饮安全示范市现场推进会。5月,市药品安全委员会成立,成员由市委宣传部、市监察局、市卫生局等16个部门和各区镇组成,办公室设在市食品药品监督管理局。各成员单位根据分工,各司其职,加强协作,确保药品安全监管不留死角。9月,市食品药品监督管理局组织开展创建“国家药品安全示范市”药品安全专题知识竞赛,普及药品安全知识。10月,全市各区镇全部通过药品安全示范镇创建验收。11月,张家港市通过省食品药品监督管理局的现场验收,成为全省国家药品安全示范市。　(倪　佳)

红十字会工作

【概况】 2012年,全市新增基层红十字会组织2个,累计118个,有会员3.11万人。4月25日,市红十字会四届二次理事会召开,递补调整红十字会会长、秘书长,健全红十字会理事。锦丰镇人民医院通过省红十字会组织的冠名医疗机构管理检查评估。全年共发放各类救助金和慰问物资价值48.5万元,募集各类捐款和物资价值42.78万元。其中,组织志愿者节日期间走访慰问贫困家庭343户次、667人次,发放慰问物资价值10.29万元;救助白血病、肿瘤等大病患者12人,发放救助款4.89万元;资助张家港市及四川威远县贫困学生共155人,发放助学款15.98万元;向南丰镇的贫困家庭发放价值6万元的衣服;向血站捐赠办公家具及速冻冰箱,价值10.54万元;向云南地震灾区捐款8000元。实施公益性应急救护百万培训项目,培训初级救护员3275人,开展群众性普及培训11482人。积极推动无偿献血和造血干细胞、遗体、器官捐献工作,全年无偿献血18225人次,采集造血干细胞血样70份,累计采样1500份。有23名入库志愿者与患者初配相合,5人实施高分辨检测。接受遗体捐献登记14人,累计56人,实现捐献4人。接受眼角膜捐献登记12人,累计登记34人,实现捐献3人。6人签订人体器官捐献志愿书。开展“红十字博爱月”系列活动和“世界急救日”主题宣传活动,向社区居民普及捐献遗体、捐献造血干细胞、避险逃生知识,开展应急救护知识培训、救护技能演示,提供义诊服务,发放各种宣传资料5000余份。

【公益性应急救护百万培训项目实施】 年内,为提高民众自救互救能力,减少灾害和突发事件对人身造成的伤害,避免造成重大损失,市红十字会组织实施了公益性应急救护百万培训项目。该项目是2012年省政府为民办实事工程之一。5月起,市红十字会组织22位专业救护培训师,先后对公交车司机、公安干警、城管队员、建设系统一线工人、教师等开展初级救护员培训,并在社区居民、中学学生、企业职工、机关干部等群体中开展应急救护知识群众性普及培训。培训重点讲解心肺复苏操作技术,止血、包扎、骨折固定、搬运基本常识,烫伤、溺水、煤气中毒、触电、火灾逃生、气道异物阻塞等意外伤害的现场救护。至年末,培训初级救护员3275人,完成省培训计划的117.64%;开展群众性普及培训11482人,完成省培训计划的102.44%。　(张亚娟)

【编辑　陆正芳】

市便民服务中心

2012年，市便民服务中心紧紧围绕“民生水平提升年”的总体要求，依靠各联动单位，以打造全国一流的政府公共服务平台为目标，以品牌建设为主线，坚持“巩固、深化、创新、发展”，在增强服务功能、提高服务质量、提升服务水平、发挥服务效能等方面锐意进取、主动作为、开拓创新、创先争优，各项工作取得新的进步和成效。

全年共帮助市民解决各类咨询、生活求助1402901件，协调各部门、各单位处理群众投诉建议27857件，办结率100%，综合回访满意率99.9%，市民满意度99%以上。“12345”热线与政风行风热线有机整合，开通“12345政风行风热线”，形成政舆互动机制。年内，举办“12345，服务你我他”便民服务周活动，开展“福临门”关爱烈士子女志愿服务、法律服务周、“温暖童心、快乐六一”走进语言康复中心等活动。成立市家庭服务业协会，结合全市家政服务企业发展现状，出台“12345”服务商星级（信用）评定标准，创新服务推荐机制，规范服务标准。市便民服务中心被市委、市政府授予综合贡献奖、文明单位标兵等荣誉称号。

1 省纪委、省财政厅领导到中心参观指导
2 省监察厅副厅长雷根娣到中心参观指导
3 副市长丁学东在“12345”热线倾听百姓诉求
4 “关爱空巢老人一户一站结对帮困”活动
5 “温暖童心、快乐六一”走进语言康复中心活动

市档案局

大档案 心服务
张家港市档案局(馆)
ZHANGJIAGANG CITY ARCHIVES(MUSEUM)

2012年，市档案局（馆）紧扣市委、市政府中心工作，秉持“为党管档、为国守史、服务为先”的理念，大力弘扬“样样工作争第一”的张家港精神，围绕“大档案，心服务”机关品牌创建工作，积极融入港城经济、社会发展热点，谱写了档案工作助推全市经济、社会发展的新篇章。

这一年，市档案局（馆）以“真情、便捷”的理念，通过设立“馆长接待日”、深入推行查档“专家会诊制”、进一步扩大免费查档群体、加快推进馆藏档案数字化进程等举措，向全市社会各界提供优质档案服务12239人次，累计发布公开电子文件78248份，为全市中心工作和维护广大人民群众的切身利益做出了新贡献。

这一年，市档案局（馆）以“创新、争优”的理念，着力推进社会记忆工程建设，在全省档案系统中高标准建成首家图片中心，共存贮各类图片12万张，成为全市最专业的图片服务平台。高水平推进“张家港精神”档案全宗建设，为港城核心历史文化的传承发挥积极作用，并全程参与“张家港建县（市）50周年”大型展览、知识竞赛等庆典活动。

这一年，市档案局（馆）以“全面、深入”的理念，将档案工作延伸至全市经济、社会发展的各个领域，全面提升全市机关、企事业、农业农村的档案科学化管理水平，整体推进重点建设项目档案管理工作，全市有698个单位实现了档案信息化管理，年内共有139家单位的档案工作“提档升级”，全市立档单位省星级规范达标率达80%，继续在全省保持领先地位。

年末，“大档案，心服务”品牌荣获2012年度全市“十佳机关服务品牌”。市档案局（馆）获江苏省档案宣传工作先进集体特等奖等荣誉。

1 省档案局局长谢波和张家港市委副书记、市长姚林荣为市图片中心揭牌

2 省档案局局长谢波考察市档案局数字化加工中心

3 市委副书记、市长姚林荣考察市档案局

4 副市长华红到市档案局调研指导

5 市档案局采集秦振华口述历史档案

6 市档案局局长黄惠珍为“辉煌五十年，决胜现代化”主题知识竞赛获奖者抽奖

7 市档案局开展“民生档案进社区进基层”活动

8 市档案局局长黄惠珍在“馆长接待日”接待查档群众

9 市档案局召开档案征集顾问会议暨捐赠仪式

10 苏州市国有（集体）转改制企业档案执法检查组到张家港市检查

11 江苏沙钢集团有限公司项目档案通过专项验收

12 市公路管理处档案工作通过省五星级测评

市园林绿化管理局

2012年，全市围绕在全省率先基本实现现代化目标，强势推进绿化建设，绿化事业迸发持续高潮。全年投入政府绿化资金4.12亿元，实施建县（市）50周年绿化献礼工程、张杨路和金港大道园艺化景观提升工程和其他多项重点绿化工程。建成张杨公路（华昌路—锡张高速段）、金港大道、市文化中心城展馆、小城河二期、城北路东延、妙丰公路南延、苏虞张一级公路修复、城北新区等重点绿化工程，实施了一干河、晨丰路、沙洲新城等重点在建工程。建成苏州市级以上村庄绿化示范点38个，其中省级9个。全市新增各类林地、绿地3546.67公顷。至年末，城市建成区绿地率39.56%，绿化覆盖率43.64%，人均公园绿地13.12平方米，全市林木覆盖率19.07%。年内，市园林局获评2012年度绿色苏州建设先进集体、2009～2011年度苏州市文明单位；张家港市获2003～2012年绿色江苏建设突出贡献奖、生态创建成就奖，被评为2012年度绿色江苏建设植树造林先进县（市、区）。

1 3月12日，市委书记徐美健，市委副书记、市长姚林荣率市直机关干部在晨丰路义务植树
2 金港大道园艺化改造工程工地
3 在城南街道举办插花技艺培训
4 市文化中心城展馆外围绿化
5 扬州大学教授熊作明作草坪建植与养护讲座

市城市管理局

2012年，市城管局围绕“全国文明城市”测评、建县（市）50周年保障等主题，巩固提升“百日会战”“百日提升”取得显著成效，持续推进“十大整治”“四大整治、四大提升”城乡环境整治活动，重点开展市容、“黑车”治理、经营性酒吧等专项整治，坚持把营造洁美文明环境放在重要位置，持续提升环境品味，进一步强化执法监督，督促门店、单位履行市容环卫责任，落实门前卫生保洁，规范经营秩序，执法管理水平和群众满意度不断提升。年内，市城管局获评2012年省级依法行政示范点，经开区（杨舍镇）金塘中路获评“江苏省市容管理示范路”，并率先在全国范围内实现公共自行车服务工程城区覆盖。数字化城管分中心实现城乡覆盖、垃圾分类试点扩面实现区镇覆盖，城市“洁化、亮化、美化、序化”水平持续提升。

1 市委书记徐美健调研城管工作
2 城乡环境“四大整治、四大提升”推进会
3 垃圾分类扩面启动仪式
4 城管女子特勤中队
5 城管与交警联动整治交通秩序
6 路灯维护

1

2

3

4

5

6

市民族宗教事务局

2012年，市民族宗教事务局紧紧围绕全市发展大局，一心一意保稳定、谋创新、抓提速、促发展，为全市率先基本实现现代化建设做贡献。

网格管理全面覆盖。以“以块为主、条块结合、各司其职、密切配合”为原则，以“组织单元最小化、服务管理最优化”为目标，在全市建立市、区镇、村（社区）、村（居）民小组管理网格2300余个，明确网格员2565人，实现了区间、环节、对象的全覆盖。

宣传教育不断深化。先后邀请省、苏州市部门领导和张家港市业务专家为全市各级民族宗教工作人员作相关政策法规培训10余次，印发材料1000余份，直接受教育2000余人次。

服务基层更加务实。扶持大新毛纺有限公司为全国民族特需商品定点生产企业，筹备设立民族团结进步主题教育馆，指导“市少数民族联谊会”换届并更名为“市民族团结进步促进会”。推动全市宗教场所合理布局，塘桥基督教堂新建落成，杨舍天主教堂易地新建主体工程基本竣工，杨舍基督教堂易地新建列入日程，辟尘道院得到恢复，多处宗教场所软、硬件设施不同程度改善。

和谐创建巩固创新。在全省范围内首创“星级寺观教堂”创评工作，按照宗教场所主动申报、宗教团体审核推荐、民宗部门评审定星的程序，实行动态跟踪管理，持续巩固、发展和谐创建活动成果。

教风建设成效明显。以“教风建设年”为主题，组织宗教界开展“内强素质，外塑形象”教育活动、讲经交流、宗教法规知识竞赛、“文化苑”展示、“大讲堂”大家讲等形式的教育活动，促进教职人员队伍素质提升。引导各佛教场所实施“文明进香”，改善场所环境和烧香秩序。引导宗教界弘扬扶危济困的优良传统，积极投身敬老爱老、助学、扶贫等慈善公益活动。

1 副市长华红考察宗教场所安全工作

2 组织全市宗教干部学习宗教政策法规

3 开展市第七届少数民族体育比赛

4 塘桥基督教堂新堂落成

5 组织宗教界人士开展消防演练

市城乡环境卫生指导中心

2012年，是爱国卫生运动开展60周年，也是张家港市创建国家卫生城市20周年。全市爱卫条线紧紧围绕率先基本实现现代化和“民生水平提升年”的总体部署，以“爱卫争先行”活动为载体，全力拼抢，勇争一流。爱国卫生工作继续保持全国领先地位。办事处环境卫生设施率先实现提档升级，在农村首推建设“爱卫工作站”10个。11月，张家港市代表江苏省高标准通过全国城乡环境卫生整洁行动终期督导评估。12月，南丰镇高标准通过国家卫生镇复审。健康城市建设稳步推进。健康公平、健康服务体系建设、道路安全3个项目获世界卫生组织健康城市创新发展奖和最佳实践奖3个国际大奖。杨舍镇城东村等10个村被评为苏州市建设健康城市先进村，杨舍镇章卿村等10个村被评为“亿万农民健康促进行动”苏州市先进村。村庄环境整治率先完成。10月，全市2084个自然村庄全面完成整治任务，现代化指标“村庄环境整治达标率”苏州市级确认率达100%，培育成塘桥镇金村村等23个省三星级康居乡村。张家港市被评为第一批江苏省村庄环境整治工作示范市，市城乡环境卫生指导中心被评为全国爱国卫生先进集体。

1 5月4日，副省长何权到张家港市考察村庄环境整治工作

2 张家港市代表全省接受全国城乡环境卫生整洁行动终期督导考核评估

3 2012年度爱国卫生和健康城市建设工作座谈会

4 2012年办事处环境卫生实事工程竣工仪式暨健康知识巡展活动启动仪式

市房产管理中心

2012年，市房管中心围绕市委“三个主攻、三个全力”和“民生水平提升年”的要求，锁定全年目标任务，全力拼抢、克难奋进、创新突破，较好地完成了各项工作。保障性住房建设提前超额完成，开竣工面积占苏州县市之首，继续荣膺江苏省住房保障工作先进单位称号；物业管理水平进一步提升，5个小区获评江苏省、苏州市物业管理优秀项目，城市功能品位稳步提升；老住宅区整治不断深入，居民生活环境持续改善；房屋权属登记服务成效凸显，获全国房地产交易与登记规范化管理先进单位称号；房地产市场稳定健康发展，房价保持平稳；队伍建设全面加强，党总支获省住建系统深入开展创先争优活动先进基层党组织称号。

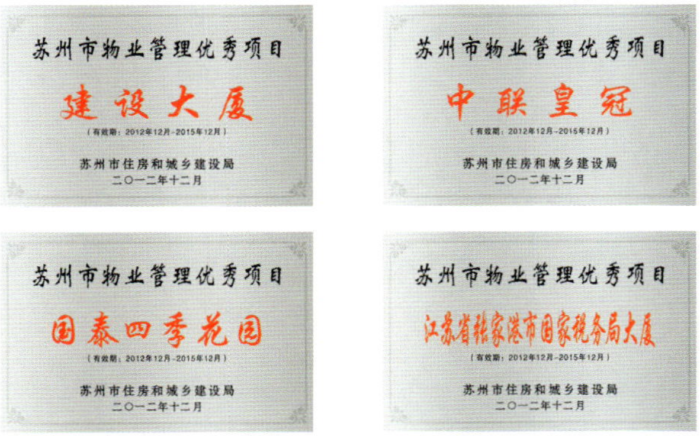

1 副市长黄尧考察全市楼盘
2 房地产市场分析座谈会
3 经济适用住房农联花园实景图
4 物业服务企业经理会议
5 公租房彩虹苑蓝领公寓实景图
6 公租房妙新社区实景图
7 经济适用住房南桥花苑鸟瞰图

苏州市住房公积金管理中心张家港分中心

1

2

3

4

2012年，苏州市住房公积金管理中心张家港分中心以苏州住房公积金制度实施20周年为契机，紧扣市委、市政府“民生水平提升年”的总目标，结合“拼抢五个月、加速现代化、献礼五十年”的活动部署，按照“能力提升、行政提速、服务提质、争创一流”的工作要求，全力放大“公积金，惠万家”品牌的社会效应，主要业务指标大幅攀升，资金运行量质并举，持续提增在全市民生建设中的贡献份额，全力保障推进现代化新家园建设。全市新增缴存职工3.01万人，完成年度目标任务的120%，各区镇实现“满堂红”。归集公积金17亿元，比上年增23%，再创历年新高，居苏州各县市第二。全年发放公积金贷款9.9亿元，3292户家庭圆了住房梦，分别比上年增75%和49%，户均达30万元；职工提取公积金9.58亿元，比上年增33%；两项指标均创历史最高。全年为全市职工家庭住房消费注入资金17.6亿元，比上年增45%。全市历年累计发放贷款55亿元，2.9万户家庭得到公积金优惠政策的支持，促进了全市房地产市场的稳定发展；历年累计提取44亿元，为城乡一体化建设发挥了住房保障作用。历年上缴廉租房建设资金7911万元。实现经济效益和社会效益的“双赢”。

张家港分中心始终以强化缴存扩面为基础，以客户为中心，打造“公积金，惠万家”民生服务品牌。用信息化引领服务创新升级，开通公积金业务系统与银行系统直连功能，实现委托收款、网上单位业务等电子方式汇缴公积金，足不出户轻点鼠标即办业务。并通过个人公积金账户与银行卡直连，实时划转提取资金，优化了办事流程；首创服务新模式，简化大型企业租住集宿楼职工提取公积金；畅通自办网站、“12345”、QQ群、市民卡公积金查询等专线平台；住房公积金走进大型企业，在万人以上大型规模企业沙钢、永钢集团设置自主查询终端，进一步提高职工对公积金知晓率；率先在苏州地区实行中心镇服务网点全覆盖，职工办理业务更加便捷，不断提高便民惠民服务效率。整合大厅银行窗口，再造排队叫号系统，流程更趋科学有序。在服务大厅人员中开展“五星”服务比拼竞赛，使服务人员在现场服务中执行国际化的标准礼仪规范。每天晨会“鼓干劲、亮品牌、展风采、为民生”已成为市民服务中心一道靓丽风景线。通过“三解三促”活动以及电视宣传片和千人专场晚会，持续强化政策宣传，群众对公积金的关注度、认知度、满意度持续增强。分中心党支部被苏州市委评为2010～2012年苏州市创先争优先进基层党组织（争创群众满意的窗口服务单位）；分中心被省住建厅评为全省住房公积金管理工作先进分中心、被苏州市文明委表彰为2009～2011年度苏州市文明单位。服务大厅被省住建厅、团省委表彰为2010～2011年度省级青年文明号。

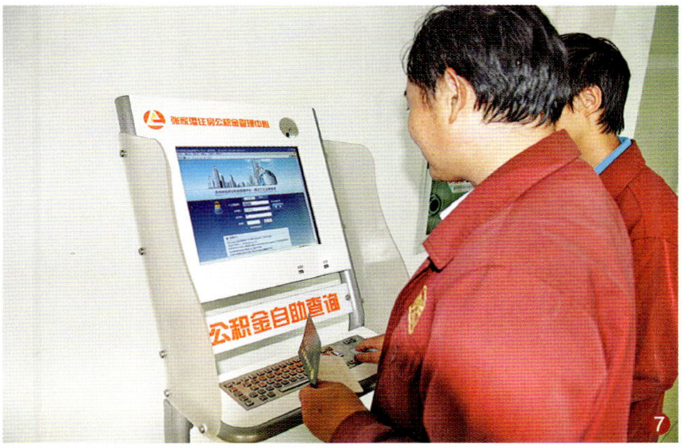

1 全市住房公积金扩面工作会议召开，持续推进公积金扩面

2 公积金缴存获苏州市表彰

3 召开公积金委托业务座谈会，讲解和部署业务政策调整

4 开设“道德讲堂”，深化职工思想教育

5 住房公积金服务大厅

6 深入大型规模企业开展政策宣传

7 在大型企业设置公积金自助终端查询机方便企业职工

8 举办“公积金，惠万家”庆祝公积金制度实施20周年暨建党91周年专场文艺晚会

市人民政府口岸办公室、市港口管理局

张家港港于1968年建港，1982年11月经全国五届人大常委会议批准对外国籍船舶开放，是长江内河流域第一批对外开放的国家一类口岸。1983年，苏州市成立口岸委（办公机构设在张家港）。1987年2月，成立张家港市口岸管理委员会。2004年5月，顺应《中华人民共和国港口法》的颁布实施，张家港市港口管理局成立，与市口岸管理委员会合署办公，口岸综合协调和港口行政管理相辅相成。2010年1月，市口岸管理委员会更名为市人民政府口岸办公室，挂市港口管理局牌子。

2012年，是张家港口岸对外开放30周年的喜庆之年，张家港市人民政府口岸办公室（港口管理局）在市委、市政府的领导下，立足“亿吨强港”的发展主题，紧紧围绕张家港市在全省第一批基本实现现代化的战略目标，坚定信心、加压奋进，各项工作稳步推进。张家港港全年完成货物吞吐量2.5亿吨，连续三年超2亿吨，保持全省领先，居全国县域口岸首位；外贸进出口量5037.2万吨，继续领跑长江沿线港口；集装箱运量150.2万标箱，连续三年超百万标箱。口岸开放规模不断扩大，规范化管理机制持续完善，对外开放水平持续提升。港口基础设施建设加快推进，码头结构加固改造取得阶段性成果，口岸综合承载能力进一步增强。港政管理机制逐步完善，港口发展环境不断优化。港口信息化建设成效显著，电子口岸发展实践获充分肯定；文明共建机制日趋完善，共建活动更加优质，协作服务水平进一步提升。张家港口岸成为首批世界卫生组织口岸核心能力达标口岸，在全省文明口岸评比中蝉联江苏省文明口岸称号。市政府口岸办被评为江苏省共建文明口岸活动先进组织者，获2009～2011年度苏州市文明单位称号。市港口管理局被评为2011年度江苏省港口管理工作综合先进单位。

1 市委副书记、市长姚林荣考察港口支持系统（执法基地）
2 2012年张家港口岸工作会议
3 港口支持系统（执法基地）工程港池部分开工典礼
4 张家港口岸开放30周年暨流量经济发展论坛
5 2012年张家港口岸“港务集团杯”体育运动会开幕式

长江引航中心张家港引航站

2012年，张家港引航站以“遵章守纪规范操作年”为主线，以“服务优先、安全引航”为工作宗旨，全方位兑现“引航八项服务承诺”，全面提升夜航服务能力，全力满足港航企业和地方经济发展需要，不断克服雾霾、强风、暴雨等恶劣天气的不利影响，实现了引航申请受理率100%、船舶按时开航率100%，船舶压船压港为零的目标。全年共引领中外籍船舶11697艘次，引航总吨位1.41亿吨，引航净吨7542万吨。其中国际航线船舶9979艘次，国内航线船舶1718艘次，夜航4354艘次，引航业务量继续位居长江沿线各港第一。

1 交通运输部长江航务管理局局长唐冠军到张家港引航站慰问检查

2 副市长邵军民到张家港引航站走访调研

3 张家港引航站领导慰问高温酷暑下坚守岗位的引航员

4 港航企业联席会召开

5 长江国际公司送牌匾感谢引航优质服务

6 引领船长260米、吃水10.7米的“劳拉”轮靠泊宏泰码头

张家港海事局

1

2

3

4

中华人民共和国张家港海事局隶属于中华人民共和国江苏海事局，实行垂直管理体制，根据法律、法规的授权，负责行使辖区水上安全监督、防止船舶污染、口岸开放监管和行政执法等职能。自1981年的张家港航政站，到1988年的港航监督局，再到2000年更名为海事局，张家港海事局已走过32年的风雨历程。32年中，张家港海事局紧跟国家改革开放的步伐，与长江黄金水道安全畅通休戚与共，和沿江航运经济加速发展共生共荣，为苏州、无锡、泰州、南通四地经济社会发展做贡献。

张家港海事局机关内设办公室、党工部、纪检监察室、财务处、装备与信息处（口岸开放管理处）、监管处、督察处、指挥中心、政务中心、基建办、规费征稽办公室等11个部门，下设港区海事处、锦丰海事处、保税区海事处、南丰海事处等4个静态派出机构和动态派出机构执法支队，以及10个水上执法基地（应急待命点）。市水上搜救中心办公室设在张家港海事局，承担市水上搜救中心的日常管理和协调工作。2012年，张家港辖区船舶进出港24万艘次，其中超大型船舶1794艘次，港口货物吞吐量2.5亿吨，集装箱运量150.2万标箱，进出口岸国际航行船舶7094艘次，外贸货物吞吐量5037.2万吨，散装化学品运量1428万吨。

32年来，张家港海事局监管岸线从5.5公里扩展到98.07公里，监管水域从17.7公里的福南水道扩展到包

5

含6条水道、总通航里程104.3公里的长江水域。尤其是2000年起，张家港海事局在江苏海事局的领导下，紧紧依靠地方党委、政府，切实履行“保障水上安全、保护水域环境、保护船员权益、维护国家主权”的职能，着力推动软硬实力共同提高，基本建设、执法装备和信息化得到较大改善，海事文化建设有了长足进步，监管服务能力有效提升，辖区安全形势保持稳定，初步实现“监管立体化、反应快速化、执法规范化、管理信息化”发展目标。自1986年起连续11届24年被评为江苏省文明单位（文明行业），是全国海事系统最早的“全国创建文明行业先进单位”，近年来社会满意度年均在95%以上，先后被评为江苏海事局创建“安全畅通文明”航区先进单位，苏州市文明单位标兵，张家港市优秀机关、标兵机关。各窗口先后获得全国青年文明号，省级机关青年文明号，苏州市、张家港市青年文明号，省级巾帼示范岗等称号。2012年，张家港海事局荣获全国交通运输行业文明单位，张家港海事局党委荣获直属海事系统创先争优活动先进基层党组织。

张家港海事局在市委、市政府和江苏海事局的领导支持下，与时俱进弘扬张家港精神，大力弘扬“创新争先”的张家港海事文化，切实提高监管服务工作水平，用忠诚和汗水谱写维护国家主权、保障水上交通安全和促进张家港现代化建设的新篇章。

6

7

8

9

1 交通运输部副部长徐祖远在交通运输部海事局常务副局长陈爱平陪同下考察张家港海事局

2 市委书记徐美健，市委副书记、市长姚林荣到张家港海事局考察调研

3 “中国航海日”活动期间，海事人员面向国旗庄严宣誓

4 海事人员检查船厂待修船靠泊情况

5 海巡艇服务超大型船舶进出港

6 海事人员服务码头加固改造工程

7 海事人员将受伤船员接上海巡艇

8 船员在“党建桥 · 心港湾”活动室内娱乐休闲

9 海巡艇维护客运汽渡

市城市投资发展集团有限公司

1

2

3

4

2012年，市城投集团紧紧围绕年度城建工作计划，重点攻关、加速突破，新城区建设、拆迁安置房建设、市政道路配套建设等各项工作稳步推进。

集团成立谱写发展新篇章。为增强公司可持续发展能力，实现跨越式发展的战略目标，经十届市委第21次常委会研究决定，9月，张家港市城市投资发展集团有限公司组建成立。年内，市城投集团完成了各子公司的职能定位、机构设置和人员配备，下属5家子公司均开始独立开展工作，全面实现集团化管理。

高标准、高品位推进新城区建设。围绕“经济社会协调发展、人与自然和谐相处”的城市发展目标，全力推进新城区建设。城北科教新城以沙洲湖、沙洲湖科创园、沙洲湖大酒店为重点项目。沙洲湖工程年内完成投资额4.5亿元，湖区土方开挖完成，市政配套、绿化景观、景观大桥等初现形态。沙洲湖科创园8月开工建设，年前多层建筑封顶，高层完成部分地下室建设，完成投资额6.5亿元。沙洲湖大酒店按照精品商务酒店的标准，11月开工建设。城西新区西拓和北延工程进展顺利，北延区域完成全部民宅和部分商品房、企业的协议签订工作；西拓区域涉及拆迁2497户，年内评估2411户，签订协议1872户，其中重点拆迁区域百家桥村101户全部完成。开工建设七里庙小区三期、港新花苑等拆迁安置房项目，同步启动护城河周边的景观工程等市政配套设施建设。东城区域做好前期开发的准备工作，完成《东城中央景观区规划》，同步启动新航华苑和丽新花苑两个安置房建设项目。

创新管理提升安置房建设水平。年内在建安置房项目23项，建筑总面积295.7万平方米。8月前竣工5个项目，提前完成“年底确保竣工28.5万平方米”的目标，全年竣工面积47.4万平方米。安置房建设中，围绕“把安置房工程建成质量过硬、群众满意的惠民工程”这一目标，不断强化对工程的监管，年初出台《工程建设管理规程》《工程施工考核办法》《工程监理考核办法》等创新制度，有效加大对项目的管理力度，提升安置房建设水平。

道路配套建设提速。根据市委、市政府确定的年度城建计划目标任务，年内实施市政道路项目18项，道路建设总里程23.4公里，总投资8.9亿元。其中结转道路项目10项，建设总里程12.4公里，工程总投资4.7亿元，年内全部竣工。新建项目8项，建设总里程11公里，工程总投资4.2亿元，年内竣工城北路东延、一干河东路、一干河西路3个项目，总里程4.8公里，完成总投资2.4亿元。

1 市委书记徐美健为市城市投资发展集团有限公司成立揭牌

2 市委书记徐美健，市委副书记、市长姚林荣，市人大常委会主任高建刚，市政协主席单玉珍参加锦绣花苑安置小区竣工仪式

3 市委书记徐美健，市委副书记、市长姚林荣为沙洲湖科创园项目培土奠基

4 市检察院驻市城投集团“预防职务犯罪联络处”成立揭牌

5 沙洲湖大酒店效果图

6 锦绣花苑安置房

7 沙洲湖科创园效果图

8 城北路东延工程

市公证处

市公证处成立于1981年3月，时为司法局的直属行政机构。2002年9月改制为全民事业单位，隶属于市司法局领导，经费实行自收自支，有公证员及公证辅助人员共20人。下设国内经济公证部、国内民事公证部、涉外公证部等部门，拥有一支高素质的公证队伍，所有公证员均具有大学本科学历，法律知识功底过硬，工作经验丰富。市公证处的主要职能是：宣传公证制度，行使国家法律证明权，为国内外自然人、法人或者其他组织办理经济、民事公证，提供法律咨询。市公证处为自然人、法人或者其他组织在国际、国内的经济与民事活动提供了大量优质、高效的公证法律服务，并在社会主义市场经济形势下不断拓展新的服务领域，赢得了全社会的广泛的关注和信赖。2011年，被中国公证协会评为全国优秀公证处。

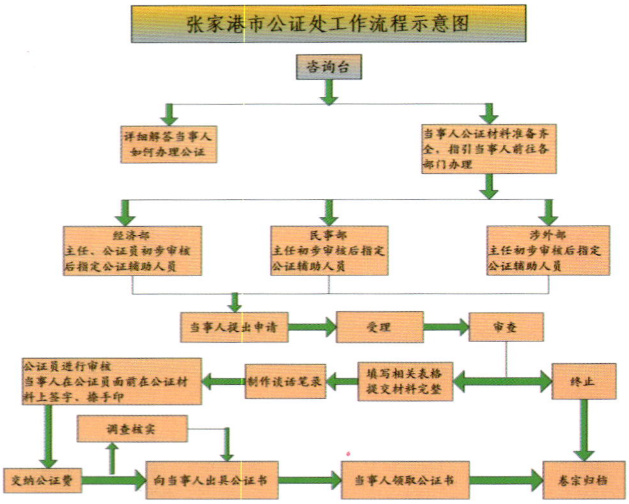

1 办证大厅
2 办证现场
3 保全证据现场
4 为抽签分房提供公证服务

5 接待咨询
6 下乡为群众讲解法律知识
7 8 公证下乡
9 上街为群众答疑解惑
10 上门服务
11 向小学生送法

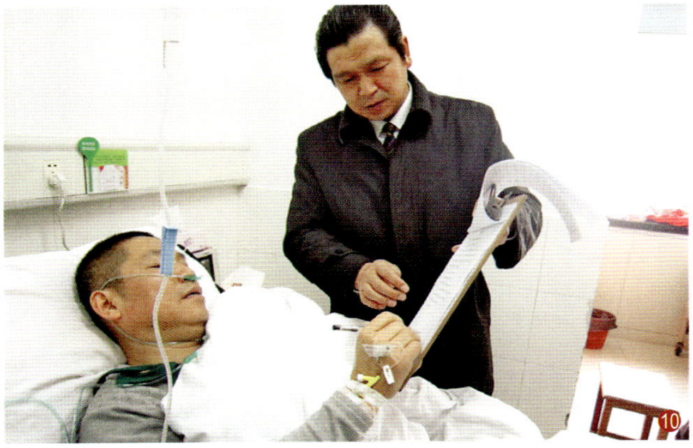

紫金财产保险股份有限公司张家港支公司

紫金财产保险公司是由江苏省国信资产管理集团有限公司、江苏国泰国际集团等13家公司共同发起成立的，是全国首家总部设在江苏省的全国性财产保险公司，是江苏人自己的保险公司，与江苏银行、华泰证券共同构成江苏地方金融法人机构的“三驾马车”。公司注册资本金25亿元，股东总资产超过1000亿元，所有股东连续三年实现赢利。紫金财产保险张家港支公司成立于2010年8月，2012年实现保费收入4214万元，非车险占50%，连续3年市场份额排名第四。作为江苏省道路救助基金的唯一管理人，紫金财产保险张家港支公司自成立后已经救助62笔，2012年已经发放救助款36笔共102万元，解决了许多困难家庭的燃眉之急。公司始终遵循“始于责任，成于精细”的核心价值观，在稳步拓展业务的同时坚持科学发展，不断提高和增强公司的核心竞争力。

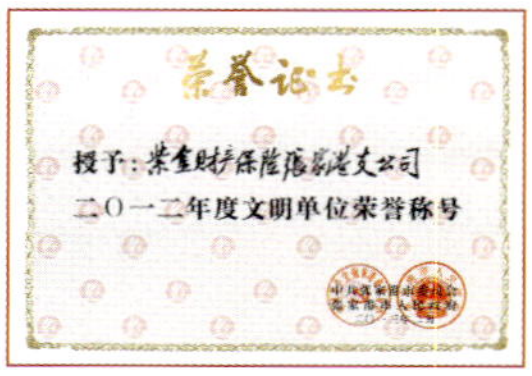

1 开业庆典
2 公司外景
3 公司营业大厅
4 现场查勘

公司下设综合部、销售服务部、重要客户部和技术业务支撑中心4个部门及城北、金港、塘桥、锦丰、城南、乐余6大营销中心，共有员工348人，营业网点超100个，缴费网点超500个。公司加速高新技术应用，完成全市首个4G体验网络，全力推进张家港市“无线智慧城市”建设。公司秉承“正德厚生、臻于至善”的企业文化，积极响应上级号召，扎实开展“为民服务、创先争优”活动，努力成为优秀的企业公民。推出五大类20条服务举措，严格执行“八项服务承诺”，通过“一线流程穿越”“阳光走访”“总经理接待日”等活动，优化服务流程，提升服务质量。加大创新力度，为企业提供语音专线、集团移动网、企业一卡通等信息化业务，研发“掌上税务”“国检通”“社区（村委）政务平台”等物联网应用，提升部委办局信息化水平。筹办“移动党课进企业、闻明精神促发展”“传承经典文化，弘扬张闻明精神”“关爱职工、快乐心灵”等大型公益活动，切实履行企业公民应尽的社会责任。用户数和运营收入稳定增长，移动电话用户数超110万户，运营收入超10亿元。年内，公司获中央企业团工委首届“中央企业金牌青年志愿服务项目提名奖”、江苏省用户满意服务明星企业、江苏省诚信单位、苏州市文明行业等荣誉称号，张家港市被评为中国移动通信集团江苏有限公司企业文化示范县。

1 总经理接待日
2 移动党课进企业
3 方言培训与演讲比赛
4 “张闻明”超市采购
5 雪天服务暖人心
6 店长俱乐部

江苏广播电视大学张家港学院

2012年，江苏广播电视大学张家港学院和江苏城市职业学院张家港办学点共开设31个专业，有各类学历教育班193个，其中全日制专科班60个。年内招生4593人，其中全日制新生328人。毕业学生2034人，其中全日制毕业生721人。年末有在校生9154人。有教职员工204人，其中专任教师153人，有134人具有中高级职称。年内，学校被评为全省电大“就业工作先进集体”、全省电大“一村一名大学生试点工作先进集体”。

1 中央电大领导到学校考察
2 校第四届教代会
3 校第四届大学生技能竞赛电子类比赛现场
4 第五届校运会开幕式
5 组织学生干部参加拓展训练

市塘桥初级中学

学校始创于1913年，前身为塘桥中学。占地面积2.78万平方米，校舍总面积1.58万平方米，学校设施优良。2012年年末，有教学班级23个、学生973人，有教职工82人，其中专任教师76人，中高级职称占85.53%，市级以上骨干教师占22.37%。学校坚持“走内涵发展之路，办人民满意教育”的办学宗旨，践行“以人为本，以德为先，和谐发展”的办学理念，以优质的教育质量，牢固确立了在全市农村初级中学中的领先地位。学校以“教师‘十种态度’的培育”为载体，以专题阅读、叙事研究、案例共享、专家引领为抓手，扎实推进教师基础道德修养建设，彰显和谐教育的魅力。学校以学生“十个好”为切入口，引领学生从“把路走好、把饭吃好、把地扫好”等日常生活小事做起，养成良好习惯，传承和创新学校的生活化德育，为学生健康成长创设良好的环境与氛围。2009年5月18日的《德育报》在头版头条宣传推介学校的特色做法和成效。自1999年创建成为江苏省首批示范初中后，学校以和谐促发展，以质量铸品牌，在张家港市教育质量综合评估中蝉联二等奖以上荣誉，其中6次获一等奖，6次获二等奖，并获江苏省德育工作先进学校、江苏省绿色学校等100余项荣誉。

1 2011年5月26日，中国人民解放军总参谋部原副总参谋长、上将吴铨叙回母校参观

2 2012年10月31日，新华社原副社长庞炳庵回母校参观

3 校长瞿国良

4 现场心理辅导课

5 学校大课间活动

市乐余中心小学

市乐余中心小学创建于1935年，2006年易地新建。2012年年末，学校占地面积3.7万平方米，建筑面积12906平方米，拥有国际象棋室、科学实验室、音乐室等专用教室25个；有38个教学班，学生1781人，专任教师113人，中级以上职称教师83人，张家港市级以上骨干教师29人。

学校秉承“乐学向善”之校训，坚持“乐”字教育理念，着力构建“快乐教育”新体系，努力让每位学生快乐成长。

——乐在“棋”中。2004年创建全市第一个国际象棋队，坚持开发校本课程，师生家长共同参与。学校承办了华东协作区第八届国际象棋少儿冠军赛，并成为“全国中小学棋类教育教学研究课题实验学校”。

——快乐阅读。开展经典阅读，构建班级、学校、家庭三级读书网络，开设晨诵、午读、暮省课程，引领全体师生在阅读中成长。学校被教育部命名为“经典诵读试点学校”。

——快乐课堂。倡导“乐学、乐教”，改进教学方式，围绕“一个核心、两个着力点、三个改变”打造生态课堂，实现教学相长。

——快乐活动。阳光大课间活动曾在“迎奥运全国亿万学生阳光体育运动推进会”上现场展示。“乐乐少年宫”给学生搭建了个性发展与展示的舞台，2011年曾为中央文明办举办的乡村学校少年宫项目培训班提供观摩现场。

——快乐创造。鼓励学生动手动脑，大胆实践创新，科技活动丰富多彩。学校被评为省科技教育先进学校。

1 校长祁仁东

2 学生黄河源（左一）获张家港市青少年科技创新市长奖

3 学校班子理论学习

4 承办苏州市第十三届体育运动会中小学生国际象棋比赛

5 乐余中心小学外景

市青龙小学

市青龙小学位于塘桥镇，建办于2002年，是一所为新市民子女提供优质义务教育的公办市镇小学。学校占地面积1.57万平方米，建筑面积6617平方米。2012年年末，有教学班22个、学生1026人，其中99.7%是新市民子女；有专任教师57人，中级以上职称占59.6%。针对学生来自全国各地的现实，学校秉承“育四海花朵，享教育公平”的办学理念，围绕“实施平等教育，精心上好每一堂课，认真做好每一件事，努力教好每一个学生，保证对得起每一个家庭”的核心，大力加强教师队伍建设。通过按低、中、高三个年级段分别制定养成教育实施细则，开展“三别”（向脏话告别，向陋习告别，向坏事告别）、“四带”（把礼貌带进学校，把微笑带给同学，把谦让带给他人，把诚信带给社会）、“一突破”（以广播操为突破口，训练学生集队快、静、齐）活动，全面培养学生爱学习、讲卫生、会合作、懂礼貌、守秩序、善交往的良好习惯与品质，促进学生和谐发展、健康成长。学校先后获得苏州市教育现代化合格学校、江苏省健康教育促进学校、江苏省陶行知研究会实验学校等20余项省市级荣誉称号。

1 校长陈伟龙
2 校园一角
3 同享阳光，快乐成长
4 教师研讨活动
5 大课间中的沙瓶操

锦丰人民医院

锦丰人民医院位于全国首家省级特色工业园区——江苏扬子江国际冶金工业园（锦丰镇）中心区域，于1958年8月成立，为锦丰地区120急救中心。负责辖区内30.9万人口的常见病、多发病的诊治任务及突发公共卫生事件的救治任务，服务于1400余家大中型企业，包括韩国浦项、江苏沙钢集团等6家世界500强企业。医院现已发展为学科配套、设备完善、技术力量雄厚，集医疗、康复、教学、科研于一体的二级综合性医院。

医院有在职职工285人，其中高级职称37人、中级职称70余人，开放床位250张，占地面积2.33公顷，建筑面积1.86万平方米，年门急诊23万人次，住院1万余人次，手术1800余人次。建有高效的现代化信息网络，在张家港市率先实行移动查房系统。医院拥有核磁共振（MRI）、16排螺旋CT、DR摄片系统、数字减影胃肠系统、纤维支气管镜、电子胃肠镜、彩色多谱勒、全自动生化仪、腹腔镜、超声刀等大中型医疗设备。住院病房按现代化标准医院配置，设有呼吸内科、神经内科、心血管内科、消化内科、普外科、脑外、骨科、妇科、产科、儿科、重症监护病房（ICU）、综合科等十二大病区，及能同时进行五台手术的规范化手术室。神经外科先后自主开展复合性脑外伤、颅脑损伤、颅内血肿清除等手术；骨科自主完成脊柱内固定、经皮球囊扩张椎体后凸成形术（PKP）、后路椎间融合术（PLIF）、滑脱复位固定术、全髋置换手术、人工髋关节置换、人工股骨头置换等手术，在张家港地区同级医院处于领先地位；外科独立开展腹腔镜治疗胆囊结石、阑尾手术、胰头癌根治术、胆囊癌根治术、肝叶切除术、肾切除术、右半结肠切除术。有10余项技术达三级医院标准。医院先后荣获张家港市文明单位、市卫生系统公立医院质量管理优胜奖、诚信服务单位、院务公开工作示范点等荣誉称号。

1 院长孙锋
2 副市长华红到院调研
3 医院一站式服务中心启用
4 医院外景
5 与漯河高等医专签署实习就业基地协议
6 举办苏州市级继续教育项目“急性冠脉综合症治疗新进展”学术会议
7 全市急诊专业2012年第四次学术会议在院召开
8 通过二级综合性医院评审
9 青年志愿者服务队成立
10 11 主要医疗设备

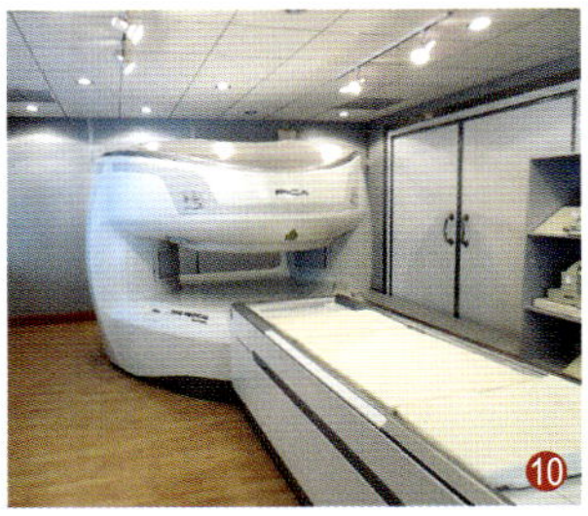

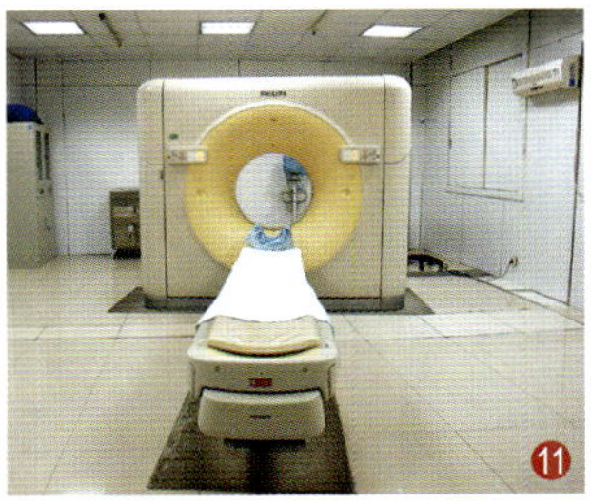

江苏沙钢集团

沙钢集团是1975年靠45万元自筹资金创办起来的钢铁企业。改革开放30多年来，特别是“十五”期间以来，在科学发展观的引领下，沙钢集团坚持科技领航，自主创新，加快结构调整，深化节能减排，实现了持续高效发展。2012年，沙钢集团拥有总资产1463亿元，职工4万余人，年产铁、钢、材能力分别达到3050万吨、3780万吨和3660万吨，形成钢铁主业、资源能源、延伸加工、物流贸易、风险投资、金融和房地产等七大板块，是一家生产型、贸易型、金融型、物流型等企业并存，跨行业、跨地区和跨国界的国家特大型工业企业、国家创新型企业、全国最大的民营钢铁企业。沙钢主导产品有热轧板卷、特宽厚板、高速线材、热轧带肋钢筋、热轧和冷轧不锈钢薄板、连铸大圆坯等六大系列。7月，美国《财富》杂志公布2012年世界500强企业排名，沙钢集团以营业收入320.97亿美元、利润4.84亿美元位居世界500强企业第346位，较上年366位上升20位，为连续四年成功入围世界500强的中国民营钢铁企业。是年，沙钢集团董事局主席沈文荣荣膺“袁宝华企业管理金奖”，是全国冶金行业唯一获此殊荣的民营企业家。

1 省委书记罗志军到沙钢集团考察调研
2 张家港玖隆物流园商务区项目开工庆典
3 沙钢集团董事局主席沈文荣在2012年第四届中国钢铁制造及物流研讨会上接受媒体采访
4 沙钢集团科技进步、管理创新先进表彰大会
5 沙钢集团建厂37周年“放歌沙钢”厂庆文艺巡演

丰立集团有限公司

丰立集团总部位于江苏省张家港保税区，是张家港市十大骨干企业之一。各子公司分布于长江流域的上海、徐州、张家港、靖江等地。海外投资已经进入到日本、澳大利亚、新加坡等国家和中国香港地区，拥有各类员工3000余人。自1983年始，丰立集团由一家小的废钢回收企业逐步发展壮大，经过30年努力，成长为大型企业集团，自2009年开始连续4年跻身中国企业500强。集团传统废钢回收、加工产业，已经发展成为全国最大的废钢铁回收、加工基地。在集团多元化发展战略的推动下，通过企业扩张、并购等手段，已经涉足矿产资源开发、钢铁国际贸易、煤炭贸易、精密钢管制造、金属材料批发、废钢购销加工、板材轧制、港务码头装卸、物流运输配送、保税仓储、远洋运输，海外投资及船舶制造等众多产业。形成了以港口物流及航运为平台，废钢、煤炭、矿砂等炼钢原料贸易为主营，制造及加工产业为新的经济增长点的大型综合物流企业。丰立集团一直遵循“诚信、稳健、创新、求精”的企业精神，致力于国家资源再生产业的发展，为国家循环经济发展做出巨大贡献，被评选为“2012中国再生资源年度最具影响力企业”。集团公司还积极参与地方经济建设和各项社会公益事业，履行企业的社会责任，为地方发展做出贡献。

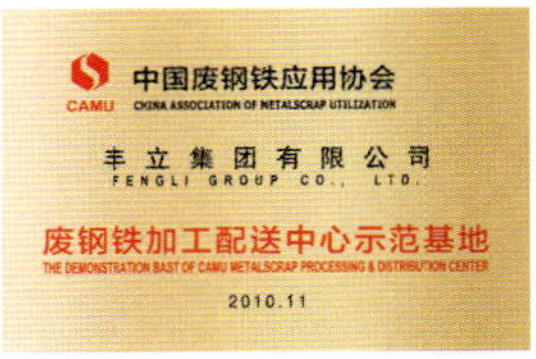

1 丰立集团YASA系列首制船下水仪式

2 集团公司下属永恒专用码头

3 丰立集团配备美国产大型废钢粉碎机

4 丰立8号远洋货轮

江苏海狮机械集团有限公司

江苏海狮机械集团有限公司始建于1969年，位于新204国道东侧、乐红公路南侧。集团占地9.5万平方米，建筑面积6.9万平方米，拥有固定资产2.8亿元，是中国最早的商用洗涤机械生产企业。“海狮”牌洗涤机械产品已有八大系列、十八个品种、八十余种规格。集团是国内最大、品种最全的洗涤机械专业生产企业，年生产能力1.2万台套，年销售额3.8亿元，年出口1000万美元。

集团坚持以“诚信”为核心的企业文化，遵循“振兴民族工业、攀登世界高峰”的宗旨，推崇“质量、人才、创新、管理”的理念，传承“团结、敬业、求实、拼搏”的精神，使企业拥有占全员70%以上的专业技术人才和精干高效的管理队伍、先进的工艺装备和现代化加工设备、完美的产品质量和众多的荣誉。产品先后被评为省优、部优、国优产品和国家重点新产品、国家精品、省名牌产品，商标获省著名商标和中国洗涤机械唯一的驰名商标称号，并荣获138项专利，其中22项发明专利。

1

2

3

4

5

1 省委常委、苏州市委书记蒋宏坤考察海狮集团

2 集团董事长陈宏领导产品核心技术攻关

3 江苏海狮机械集团办公大楼

4 江苏海狮机械集团一车间

5 海狮集团职工篮球赛

市鹿苑建筑工程有限公司

张家港市鹿苑建筑工程有限公司成立于1985年，持有国家房屋建筑工程施工总承包二级、市政公用工程施工总承包三级和起重设备安装工程专业承包、机电设备安装工程专业承包三级资质，2005年6月通过建筑业ISO 9001:2000质量管理体系认证。公司注册资本5280万元，资产总额2.8亿元，净资产1.5亿元。有各类技术、经济管理人员238人，其中工程类高级职称6人、中级职称30人，一级注册建造师12人、二级注册建造师22人，中专以上学历95人。公司拥有各种机械设备150余台套，具有独立承担高层及难度较大、较复杂的工业与民用建筑的施工能力。近三年，公司每年施工房屋面积均超过40万平方米，完成施工产值6亿余元。竣工项目质量评定一直名列前茅，有多个项目被评定为苏州市文明工地、省级文明工地并获得“姑苏杯”“扬子杯”奖项。公司连年受到上级行政主管部门的嘉奖，2005～2012年连续被评为江苏省建筑业优秀企业和苏州市建筑业最佳企业，并多次被评为苏州市质量、安全管理先进单位和张家港市建筑业质量管理、安全生产先进集体。公司一如既往，精心施工，坚持信誉第一、超越自我、勇创一流，以更严密的管理，创造更大的成效，为地方建设做贡献。

1 公司总经理许建标

2 公司承建的总面积12万平方米的塘桥何桥安置小区

3 公司承建的九洲国际商业广场一期工程（25层，总面积7.5万平方米）

4 公司承建的塘桥虹桥新村商住楼（19层，总面积2.5万平方米）

5 公司承建的鹿港生产车间及研发楼（5至8层，总面积16万平方米）

张家港中联理货有限公司

中联理货有限公司（CHINA TALLY）是按国务院关于深化港口体制改革的要求，经交通部批准，于2003年3月，由中国远洋(集团)总公司、中国对外贸易运输(集团)总公司、中国海运(集团)总公司合资组建成立的全国性理货机构，总部设立于北京。中联理货的成立遵循了世界贸易组织国际贸易规则，理顺了理货业务关系，破除了垄断格局，引入了竞争机制，促进了理货行业的健康发展，推动了港口服务质量的持续提升。中联理货已在全国29个口岸设立分支机构。

张家港中联理货有限公司是由中联理货有限公司控股、张家港港务集团参股，于2004年5月组建成立。经营范围包括：国际、国内航线船舶的理货业务，国际、国内集装箱理箱业务，集装箱装、拆箱理货业务，货物的计量、丈量业务，监装、监卸业务，货损、箱损检定等业务。公司下设4个部门，外设办事处6个。公司拥有一支专业、敬业的理货员队伍，拥有技术先进的理货业务信息系统和操作设备。

张家港中联理货有限公司遵循“客户为根、以人为本、技术为基、创新为础”的经营宗旨，秉承“精诚服务、客户满意”的服务理念，以现代科技为手段，积极参与张家港电子口岸的建设，全面主导理货需求的设计，引领集装箱理货信息系统规则的制订；以提升理货服务水准、优化口岸服务功能为己任，致力于为船方、码头、货主各方客户提供精准、高效、周到的高品位理货服务，为张家港口岸地区外贸运输业的发展做贡献。2012年，公司共受理船舶10623艘次，受理集装箱85万标箱。

1 中联理货总部对公司领导班子考评
2 中国理货协会领导到公司指导工作
3 连云港中联理货到公司开展业务交流
4 市级机关工委到公司指导党建工作
5 公司董事会会议
6 学习贯彻党的十八大会议精神
7 与张家港中海船务公司开展联建活动
8 到市文化中心参观学习
9 在宏泰码头作业

China Tally
中联理货
4

张家港中联理货有限公司第三届董事会第三次会
5

张家港公司学习贯彻
"十八大"会议精神
6

张家港中海船务
张家港中联理货
庆"七·一"暨推进"双一流"主题联建活动
7

8

251
9

市金邦铝业有限公司

市金邦铝业有限公司是一家专业从事工业用铝合金型材生产企业，成立于1999年10月，注册资金588万元，总投资约为8000万元，拥有2个生产厂区，总建筑面积约6万平方米。公司有员工300余人，中高层管理人员60余人，其中留学归国高学历人才2人，大专以上学历科技人才30人，拥有独立的产品研发部门，具备独立的产品开发能力。近年来，公司独立组织完成13个项目的研发，获得15项科技成果，14项产品专利，其中高性能汽车车轴铝型材、高性能汽车天窗铝型材、高速流水线铝型材获江苏省高新技术产品认定。2012年10月，公司被认定为江苏省高新技术企业。公司年生产各类工业铝型材1.2万吨，销售额1.5亿元。公司强化内部管理，于2012年获得ISO 9001:2008管理认证、GMC认证，产品经SGS、CTI检测合格。公司具备自主出口权，企业产品畅销全国并出口至日本、韩国、欧美等国家和地区，是许多世界知名大公司的铝材配套供应基地。

1 公司外景
2 公司挤压车间
3 公司化验室
4 产品生产流程氧化电泳
5 系列产品

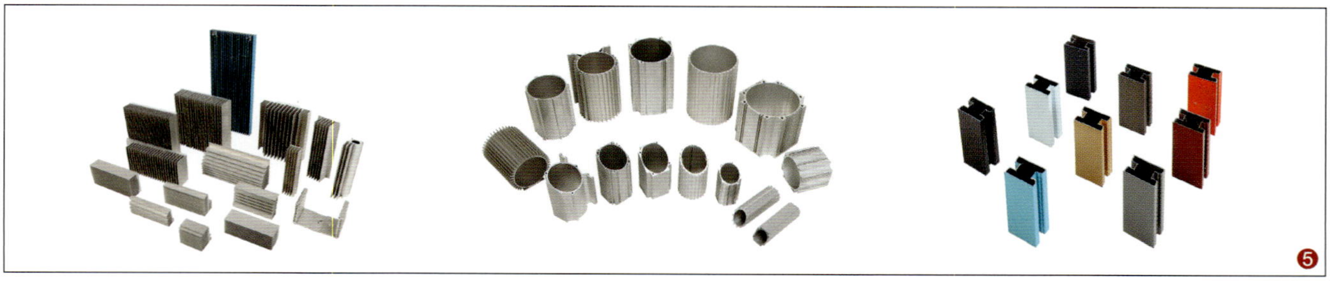

市逸洋制管有限公司

市逸洋制管有限公司位于塘桥镇，紧邻204国道和苏虞张一级公路。公司成立于2000年，占地面积26万平方米，有标准化厂房14万平方米，员工1300余人，是一家专业生产冷拔、冷轧无缝钢管的民营企业。2012年，公司总注册资金2.68亿元，拥有固定资产2.45亿元，年生产能力达到12万吨，年销售总额达到10亿元。公司下属有张家港市逸洋制管有限公司、张家港逸臣钢管有限公司、张家港市逸洋精密轴承有限公司、洪泽逸洋钢管有限公司4家实体企业和张家港市逸洋进出口贸易有限公司、张家港市逸洋制管销售有限公司2家贸易公司。公司可按相应标准和客户协议专业生产各类轴承钢管，同时生产经营碳钢钢管、合金钢无缝钢管、柴油机用高压无缝钢管、结构用无缝钢管、流体用无缝钢管、冷拔精密无缝钢管、高压锅炉钢管等产品。为保证产品质量，公司先后投入几百万元建立质量检测中心，进行化学分析、力学性能检验、金相检测、直读光谱分析、超声波探伤、涡流探伤及冲击试验等检测，产品远销美国、印度、马来西亚、捷克、荷兰等20余个国家和地区。

1

2

1 公司董事长曹向兵
2 公司外景
3 冷拔车间
4 原料仓场
5 外商到公司考察
6 冷轧车间

5

3

6

4

吴越春秋影视创作工作室

吴越春秋影视创作工作室是一家专门摄制企业电视广告及宣传片的企业。拥有100余万元的高清数字摄制设备，包括4套高清、标清数字非编系统，同时拥有影视照明系统、摄影棚以及3.5米至12米大小摇臂、轨道、超广角增倍镜等高端辅助器材，并提供电影胶片广告以及专业航拍服务。公司有创意、策划、摄像、三维制作、后期包装等技术人才12人。公司以微电影拍摄制作，影视广告片、企事业专题片、产品演示片、教育培训片、电视频道栏目包装、多媒体制作、电视剧剪辑包装、影音编辑、MV拍摄制作、视频媒体广告制作投放、光盘批量压制、各类活动晚会多机位切换录制、动画设计制作为主营，并代理张家港电视台、网络电视台及户外LED大屏幕的广告投放业务。吴越春秋影视汲取现代商业的最先进经营理念和影视制作语言手段，以坚实的专业素养、丰富的实战经验、多元的创意途径、前瞻的时代触觉，全方位保障作品品质，赢得更多客户青睐。

1 吴越春秋影视创作工作室总监赵斌
2 作品创作工作室
3 公司形象标识
4 公司部分影视设备
5 为企业制作的宣传片展示

企业宣传片

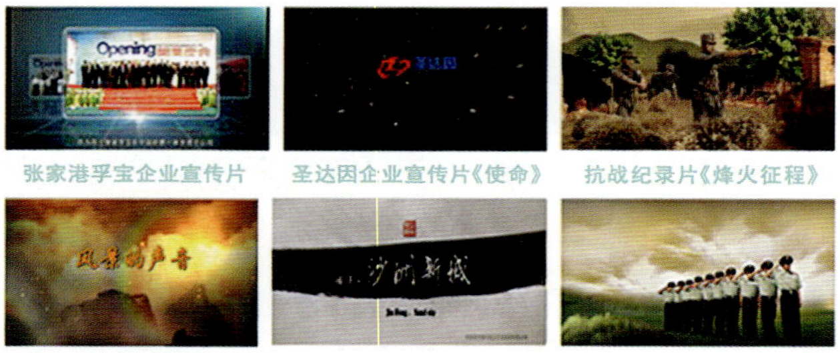

张家港孚宝企业宣传片　圣达因企业宣传片《使命》　抗战纪录片《烽火征程》
凤凰镇微电影《风景的声音》　沙洲新城三维展示片　江苏边检总站长效机制宣传片

市对口扶贫协作领导小组办公室

2012年，张家港市继续对江苏省宿迁市宿豫区、陕西省子洲县、重庆市云阳县等地区实施对口扶贫协作，与西藏自治区林周县、新疆维吾尔自治区巩留县建立对口支援关系，与江苏省丰县、湖北省秭归县、陕西省汉阴县、四川省白玉县和马边彝族自治县保持友好合作关系。全年对上述地区实施对口帮扶项目28项，提供援助资金2181万元。

在张家港市的对口支援和帮扶下，总投资3.38亿元（其中省财政统筹援疆资金6264万元）的5大类10个援疆项目全部完成年度建设任务；宿豫区老年大学和老干部活动中心、雨露小区社区服务中心等项目全部建成并投入使用，张家港宿豫工业园区建设稳步推进，总投资4亿美元的百威英博（宿迁）啤酒有限公司于6月开工建设，总建筑面积6.5万平方米的张家港大厦设计方案通过审批，共建园区被省苏北发展协调小组表彰为江苏省共建园区先进单位。年内，张家港市被江苏省扶贫工作领导小组表彰为2010～2011年度全省脱贫攻坚工作先进单位。

1 巩留县人民医院落成启用仪式
2 张家港·宿豫南北挂钩合作交流会暨合作协议签字仪式
3 张家港宿豫工业园区张家港大厦奠基
4 张家港市对口支援巩留县民生和产业项目开工仪式
5 新疆巩留学生在梁丰初中

市委党史地方志办公室

沙洲县抗日民主政府纪念馆
SHAZHOUXIAN KANGRIMINZHU ZHENGFU JINIANGUAN
1941.2.2
1

2

暨《三兴镇志》《合兴镇志》
2012年10月30日
3

《张家港市志(1986~2005)》验收会议
4

《中共张家港(沙洲)地方史(第二卷)》苏州评审会
5

《张家港市志》编纂委员会终审会
6

2012年，市委党史地方志办公室以《中国共产党张家港（沙洲）历史（1949～1978）》《张家港市志》《张家港年鉴》三本史志书籍的编纂工作为重点，做好史志编纂、史志宣传、史志研究等工作，全年编纂《张家港年鉴》2012卷、《中国共产党江苏省张家港市组织史资料（第四卷）》2部史志书籍147.6万字。完成《中华人民共和国年鉴》《江苏年鉴》《江苏省志·市县概况》《苏州市志》《苏州纪事》等书籍中张家港市相关内容的编写工作。6月，苏州市地方志办公室组织召开《张家港市志》评审会。8月，《张家港年鉴》（2011卷）再次荣获全国年鉴编校质量评比特等奖。至年末，党史二卷本完成4轮修改，全书共分4编、22章，约24万字。《张家港市志》根据评审意见修改完成，并完成两轮互校，制订彩页设计方案。年内，先后与中联理货公司、包基村、惠丰社区、市新市民事务中心、市旭东学校等开展史志成果进企业、进社区、进农村、进学校、进图书室、进新市民的“六进工程”活动。

1 沙洲县抗日民主政府纪念馆揭牌
2 举办“辉煌的历程——中共一大至十七大”图片展
3 《三兴镇志》《合兴镇志》首发
4 《张家港市志（1986 ～ 2005）》验收会议召开
5 党史二卷本苏州评审会召开
6 《张家港市志》编纂委员会终审会召开
7 《张家港年鉴（2013）》编纂工作会议召开
8 “学党史 · 知地情”志愿者讲坛暨移动城市展示馆巡展活动启动仪式
9 镇志终审会议召开
10 苏州市地方志办公室主任会议在张家港市召开
11 乡镇志编纂研讨会召开

市委党史地方志办公室

存史 · 资政 · 育人

1 党支部迎“七一”道德讲堂

2 现场踏勘塘桥镇1926年金村党支部遗址

3 与江苏银行张家港支行结对共建

4 与保税区（金港镇）开展党建活动

出版及指导审核出版的部分史志成果

体　育

体 育 管 理

【概况】 2012年，全市体育系统以实施《全民健身条例》《全民健身计划(2011～2015年)》和率先基本实现现代化为重点，突出民生体育主旨、体育现代化主线、全民健身主题，开展群众体育运动，促进群众体育、竞技体育全面发展。2月，全市体育工作会议召开，通报2011年度获上级表彰的先进，部署下阶段工作，市委市级机关工委、杨舍镇、凤凰镇、市篮球协会作交流发言。5月28日至29日，全省体育宣传信息工作会议在馨苑度假村召开，全省体育系统代表参会，南师大新闻传播学院副教授骆正林、省委办公厅副巡视员王兴亚为当前信息工作面临的新形势作解读，徐州、常州、苏州、张家港等单位在会上作交流发言。12月，市政府下发《关于印发张家港市完善城区5分钟、中心镇区10分钟体育健身圈建设实施意见的通知》，提出坚持以人为本、城乡联动的原则，做好场馆设施转型升级、组织服务健全优化、品牌项目做大做优等重点工作，至2013年末，完成全市"城区5分钟、中心镇区10分钟体育健身圈"建设，优化体育公共服务能力，满足群众健身需求。年内，张家港市获评"2012年第三届环太湖国际公路自行车赛城市贡献奖""第六届江苏省全民健身运动会优秀组织奖"。市体育局被评为苏州市第十三届体育运动会群众体育先进集体、江苏省县级体育工作先进单位，并以考核满分的成绩获评江苏省全民健身工作先进单位。

体育设施　全年更新全民健身路径140套、新增10套。至年末，全市建有公共体育健身场地设施1963个，其中以健身路径为主的全民健身工程596个、全民健身活动站点801个、社区体育健身俱乐部273家，所有社区和行政村都拥有一套以上的健身路径，全民健身场地设施覆盖镇、村和城镇社区，覆盖率100%。体育设施万人拥有量21.6个，人均占有体育场地面积3.37平方米。

训练工作　全市体育业余训练格局由市少年业余体校、体育特色项目学校、传统项目学校、训练基地学校组成。至年末，全市共有苏州市级传统体育项目学校16所、张家港市级体育传统项目学校23所，有特色体育项目学校4所、单项业余训练基地8个，有苏州市手球学校5所、苏州市足球学校5所。全市业余训练项目为田径、篮球、足球、排球、乒乓球、棋类、举重、游泳、武术、航模、羽毛球、自行车、跆拳道。年内，市少年业余体校全年在训学生212人，教练员11人。

队伍建设　市少年业余体校招生88人，涉及田径、游泳、武术、羽毛球、乒乓球、跆拳道等项目。年内，选派人员参加主管部门组织的等级裁判员培训班，有5人被批准为国家一级裁判员，涉及田径、足球、国际象棋、网球4个项目。同时，推荐2人参加国家级裁判员学习班。至年末，全市累计有国家级裁判员2人，一级裁判员55人次，二级裁判员378人次。

人才输出　年内，全市向国家训练单位输送运动员2人，分别为陆浩杰(举重)、谢伟(举重)。向江苏省级训练单位输送12人，其中省体工队8人，分别为袁琦琦(田径)、樊亮(举重)、李明杰(田径)、夏振坤(田径)、陈潇(柔道)、邓帆(手球)、张金杰(田径)、孙海涛(赛艇)；省体校4人，分别为潘观阳(举重)、郭泰(田径)、陆云菲(田径)、邵心鱼(排球)。向苏州市级体校输送16人，其中田径8人、跆拳道3人、击剑3人、摔跤2人。

【市民卡医保健身一卡通功能开通】 3月28日，市民卡医保健身一卡通功能开通仪式在市体育馆举行。该功能开通后，市民卡中新加载了体育健身消费功能，即凡在全市统筹范围内参加城镇职工医疗保险、且医保个人往年账户结余金额超过4000元的市民，可持卡到市体育中心下属的游泳馆、体育馆、综合馆、东城体育公园、西城体育公园等健身场所消费，刷卡享受九折优惠，并可通过终端查询健身次数、金额、单项消费等情况。

学 校 体 育

【概况】 2012年，全市中小学继续围绕两个"百分之百"的目标(百分之百的中小学生实施国家学生体质健康标准，百分之百的中小学生每天锻炼一小时)开展体育活动。所有中小学均施行《国家学生体质健康标准》，适龄学生达标率85.75%。各校充分利用课间操(跑)时间，结合大课间活动和课外文体活动时间开展阳光体育活动。全市报考高中学段学校(普高和中等职业类学校)的应、往届初中毕业生共7005人参加升学体育考试，其中6045人得到满分(30分),占总人数的86.3%。7月25日至28日,承办第十七届“驾驭未来”全国青少年车辆模型教育竞赛(张家港分区赛)暨全国模型运动公开赛(张家港分站赛)。4月至11月,组织24支体育代表队、976名运动员参加苏州市第十三届体育运动会学生组田径、游泳、跆拳道、羽毛球、武术套路等17项比赛,获个人金牌102枚、银牌107枚、铜牌86枚,游泳、田径、篮球、足球、武术套路等8个项目均获团体总分第一名,张家港市代表团被授予“体育道德风尚奖”,获“人才输送奖”县市组第二名和“突出贡献奖”县市组第一名。

【参加省青少年田径锦标赛获佳绩】 4月26日至5月1日，由省体育局、教育厅主办的2012年江苏省青少年田径锦标赛暨县组田径赛（第一赛区)在宿迁沭阳举行。此次比赛是2012年江苏省青少年阳光体育运动联赛的组成部分,为年度省青少年田径最高水平赛事。由市少年业余体校组成的张家港代表队共16名选手参加32项比赛,以金牌6枚、总分166分的成绩获高中组团体总分第一、金牌数第六、混合团体总分第四名。张家港代表队被评为“体育道德风尚奖运动队”,参赛选手祝勇、钱海东被评为“体育道德风尚奖运动员”。

【南沙举重馆落成】 张家港市南沙举重馆于2010年11月开工建设,位于南沙举重学校内,投资近1800万元,建筑面积近4000平方米。举重馆中间底层为600平方米的举重训练场馆,拥有14个标准训练位、1个标准比赛赛台和配套举重器材,具备承办省、市级举重比赛的能力；中间二层为羽毛球及综合活动场馆。2012年10月14日,南沙举重馆落成仪式举行，南沙中学被国家体育总局举摔柔运动管理中心授予“举重国家级体育后备人才基地”,被省举重管理运动中心授予“江苏省举重训练基地”。张家港市举重协会同时揭牌成立,省体育局举重管理中心主任王国新被聘为名誉会长。

南沙举重馆　　　　（市体育局　供稿）

群众体育

【概况】 全年举办三级社会体育指导员培训班9期,审批三级社会体育指导员400人,送训二级社会体育指导员357人、一级28人、国家级12人。全市累计有社会体育指导员3900人，其中二级以上1349人、国家级17人。万人拥有量43人。全市各区镇均有1000人以上参加国民体质测试，测试数据均录入监测系统。9月,继续与苏州大学体育学院合作开展市级机关工作人员体质测试活动，参加人数2000人。加强市级社团建设与管理,出台《关于进一步加强市级体育社团资金扶持的实施意见》,推进社团“三化五有”建设。全市有市级体育协会22个，市级体育类民办非企业单位21个。开展A级体育社团评估工作,12家社团获得等级称号,其中AAAA级1个,AAA级2个。启动新一轮乡镇体育中心建设,南丰、锦丰两个乡镇体育中心建成开放。推进街道办事处体育设施建设,塘市、东莱、后塍、德积4个街道办事处健身中心建成开放。完善“10分钟体育健身圈”建设,对村(社区)健身场地设施建设进行电子地图标注。2月21日,承办全省群众体育工作会议暨城市社区“10分钟体育健身圈”建设推进会。9月25日至26日,承办全国全民健身活动中心管理运营培训班。6月10日至8月15日,举办2012年“全民健身节”活动,共开展市级活动78项,在各镇区组织开展活动293项。6月至10月,举办市第二届全民健身大联赛,开设足球、篮球、网球、羽毛球、乒乓球五项比赛,参赛俱乐部100支。组织开展“快乐中秋喜迎国庆”大型假日体育活动暨家庭体育健身运动会、“迎新年、争率先”万人健步行活动、村(社区)篮球赛及乒乓赛、第九套广播体操比赛、科学健身大讲堂等各级各类活动近600项次。组队参加全国腰鼓、秧歌比赛,省第九套广播体操比赛暨全国通讯赛，省县级门球赛等赛事。年内,南丰镇被评为全国乡镇体育健身工程先进镇和全国亿万农民健身活动乡镇。

【春节全民健身志愿服务活动开展】 根据国家体育总局在2012年春节期间开展“红红火火过大年”全民健身志愿服务活动的通知,1月20日至2月6日,市级较大规模的活动有“红红火火过大年”全民健身志愿服务活动启动仪式、登香山、暨阳湖冬泳、老年人太极拳等9项。各区镇活动均在3项以上,塘桥镇开展趣味运动会、少儿围棋赛、春韵舞蹈对对碰等活动,大新镇组织秧歌培训、滚铁环赛等活动,保税区(金港镇)组织送春联、台球精英赛等活动,经开区(杨舍镇)组织文体活动展演、健身指导、体育科普讲座等活动。

【承办第六届省全民健身运动会气排球赛】 5月21日至23日,第六届省全民健身运动会“开发区(杨舍镇)杯”气排球赛在张家港市举行。比赛设男子、女子两个组,全省12支队伍、近200名运动员参加。在22日举行的女子组决赛中，苏州队以2∶1胜镇江队获冠军,徐州队以2∶0胜连云港队获第三名。在23日举行的男子组决赛中,南京队以2∶0胜镇江队获冠军,扬州队以2∶1胜苏州队获第三名。常州、苏州、如皋、省级机关代表队获“体育道德风尚奖”。

【承办2012中国业余网球公开赛张家港白金赛】 6月16日至17日，2012年中国业余网球公开赛(CTA-OPEN)“港华燃气杯”张家港白金赛在市体育中心举行。活动由中国网球协会、江苏省体育局、张家港市人民政府主办，由市体育局、市体育总会承办。国内近150名网球业余选手参赛，其中张家港选手40余人。比赛设置男单、女单、青年女双、青年男双、青年混合双打和常青组（40周岁以上）混双、男双、女双8个组别。最终决出男单冠军李翔宇，女单冠军王芳，青年女双冠军王芳、朱金燕，青年男双冠军姜子鸣、庞倪恺，青年混双冠军彭飒、金华辉，常青男双冠军肖兴贵、崔文华，常青女双冠军张淑娟、陈玲，常青混双冠军崔文华、张淑娟。

【承办中日群体交流活动羽毛球比赛（张家港）大会】 6月28日，2012年中日群体交流活动羽毛球比赛（张家港）大会在市体育馆举行。活动由国家体育总局举办，江苏省体育局和张家港市承办。此项活动始于2007年，每年在两国轮流举行。此次由江苏省代表中国与日本爱媛县进行对口交流。比赛中，中国代表队以3：2战胜日本代表队。在市期间，日本代表团还参观了永联村、江南农耕文化园、东渡苑等地。

【体育器材对口援疆】 年初，市体育局与新疆伊犁哈萨克自治州巩留县联系，针对需求，从市级体育彩票公益金中安排专项资金19万元，用于对巩留县全民健身的器材援助。8月，40余件配套器材运至巩留并安装到位，健身路径器材、篮球架、室外乒乓球台分布在巩留镇库尔旦社区健身广场等地，受到当地群众欢迎。

竞技体育

【概况】 2012年，全市承办国际级比赛4项，国家级比赛5项，省级比赛1项，苏州市级比赛4项，举办张家港市级比赛9项。4月11日，张家港籍举重运动员陆浩杰在2012年全国男子举重锦标赛暨伦敦奥运选拔赛77公斤级比赛中，以抓举175公斤、总成绩375公斤获2枚金牌，其中抓举打破全国纪录、超世界纪录。5月，袁琦琦在2012年全国田径大奖赛（淄博站）获女子100米、200米冠军。7月，袁琦琦在2012年全国少年田径锦标赛获女子100米、200米和4×100米接力冠军，其中100米11秒55的成绩排名2012年成年组第三名。8月，袁琦琦在第20届中日韩青少年运动会获女子100米和4×100米接力2枚金牌。8月，陆浩杰在伦敦奥运会男子举重77公斤级比赛中，以抓举170公斤、挺举190公斤、总成绩360公斤获银牌。9月，在2012年全国田径锦标赛上，沈浩获十项全能第六名、李明杰获十项全能第十一名、袁琦琦获女子100米第二名、200米第三名、4×100米第二名。5月10日至13日，2012年国际网联二级裁判员培训班暨国际白牌裁判考试在市举行，世界各地的20余名裁判员参加培训。12月3日至4日，第七届全国网球训练工作会议在市召开，全国24个省市共56家单位的130余名代表参会。年内，市体育局获国家体育总局颁发的2012年全国乒乓球比赛最佳赛区、2012年全国网球比赛最佳赛区、国台酒2012年CBSA世界斯诺克球员巡回赛最佳赛区等称号。

【陆浩杰获伦敦奥运会银牌】 参见第363页〖陆浩杰〗。

【承办全国女子武术散打锦标赛】 4月25日至29日，2012年“特步杯”全国女子武术散打锦标赛在市体育馆举行。比赛由国家体育总局武术运动管理中心主办、省体育局与张家港市政府承办，全国各省、直辖市、自治区及新疆生产建设兵团、总参、武警等32支代表队136名运动员参赛，参赛选手年龄为18周岁至35周岁。比赛设置团体、个人赛，有48公斤、52公斤、56公斤、60公斤、65公斤、70公斤、75公斤七个级别，获冠军的选手按级别从小到大依次为安徽队王琳琳、江苏队邱挑、河北队陈雪洁、上海队蔡颖颖、江苏队袁雪涛、上海队苗玉杰、河南队吴彦青。江苏队、安徽队、河南队、上海队、河北队、郑大体院队获团体前六名。获各级别前12名的选手获得年度全国武术散打冠军赛参赛资格。

【承办国际网联男子巡回赛】 5月12日，2012年国际网联男子巡回赛（张家港站）在市体育中心网球馆举行，比赛共有62名职业选手参赛，分别来自中国、韩国、日本、新西兰以及中国台湾，其中中国国家队有李喆、吴迪、常雨、柏衍、马亚楠5名选手参赛。12日至14日进行单打预选赛，17日至18日进行双打半决赛与决赛，19日至20日进行单打半决赛与决赛。中国国家队选手柏衍分别以7：5、7：6战胜常雨获得单打比赛冠军。

【承办世界斯诺克球员巡回赛张家港公开赛】 6月18日至22日，2012年世界斯诺克球员巡回赛张家港公开赛在市体育馆举行。此次比赛正式引用国际职业斯诺克积分，共120余名球员参加，其中有外籍球员威廉姆斯、马奎尔、斯蒂芬·李、斯图亚特·宾汉姆、马克·戴维斯、彼得·艾伯顿及中国球员丁俊晖、傅家俊等。比赛设立128个席位，均为7局4胜制单败淘汰赛，2012年世界排名前96位和中巡赛排名前32位的选手为种子选手，其他选手抽签进行附加赛。6月22日进行决赛，斯图亚特·宾汉姆以4：3战胜斯蒂芬·李获冠军。

【承办中德国际男子手球对抗赛】 7月25日，中德国际男子手球对抗赛在市体育馆进行。比赛由国家体育总局手曲棒垒球中心、中国手球协会、张家港市人民政府联合主办。赛事由中德两国民间发起、官方主办，是体育文化交流模式的尝试与突破，并以手球为平台，开展经济交流活动。共举行3场，依次在江苏丹阳、张家港和北京市进行。中国队以19：36负于德国队。

【承办“塘桥杯”全国乒乓球锦标赛】 10月，2012年“塘桥杯”全国乒乓球锦标赛（决赛）在市体育馆举行。此次赛事是2013年全运会的资格赛，由国家体育总局乒羽运动管理中心、省体育局主办，张家港市人民政府承办，同时也是张家港市继2008年、2010年、2011年之后，第四年承办决赛阶段赛事。全国共31支省市队的307名选手参赛。10月6日至9日进行团体赛，10日至14日进行单项赛，设有男女团体、男女单打、男女双打和混合双打7个项目。

14日依次产生女双、男双、女单和男单4个单项赛冠军。解放军队曹臻、木子获女双冠军，上海队王励勤、许昕获男双冠军，解放军队周雨、曹臻分获男单、女单冠军，北京队马龙、丁宁获混合双打冠军。

【承办环太湖国际公路自行车赛双山岛绕圈赛】 2012年第三届环太湖国际公路自行车赛设8个分站赛段，全长1500公里，总奖金20万美元，17个国家和地区的22支参赛车队、132名职业运动员参赛。在张家港举行的环双山岛绕圈赛是系列赛事的第二站，同时也是2012年中国（张家港）长江文化艺术节的系列活动之一。11月2日上午10时，2012年第三届环太湖国际公路自行车赛"双山岛旅游度假区"张家港双山岛绕圈赛启动，赛段全长129公里，沿双山岛外围江堤骑行8圈。捷克选手阿洛伊斯以2小时50分16秒获冠军，土耳其选手尤里获亚军，美国选手亚历山大获季军。捷克选手米兰获"冲刺王"绿衫，并以个人总成绩第一获橙色领骑衫。中国香港选手蔡其皓获"青年最佳"蓝衫和"大中华最佳"红衫。

2012年张家港市承办地市级以上赛事一览

表66

比赛时间	比赛名称	地点	级别
5月12日至20日	2012年国际网联男子巡回赛(张家港站)	市体育中心	国际级
6月18日至22日	2012年世界斯诺克球员巡回赛张家港公开赛	市体育馆	国际级
7月25日	中德国际男子手球对抗赛	市体育馆	国际级
11月2日	2012年环太湖国际公路自行车赛(张家港双山岛绕圈赛)	市双山岛	国际级
4月25日至29日	2012年全国女子武术散打锦标赛	市体育馆	国家级
6月16日至17日	2012年中国业余网球公开赛(CTA-OPEN)"港华燃气杯"张家港白金赛	市体育中心	国家级
6月26日至28日	中日群体交流活动——羽毛球赛	市体育馆	国家级
7月25日至28日	第十七届"驾驭未来"全国青少年车辆模型教育竞赛	东渡实验学校	国家级
10月6日至14日	2012年全国乒乓球锦标赛(决赛)	市体育馆	国家级
5月21日至23日	2012年江苏省全民健身运动会气排球比赛	市体育馆	省　级
4月28日至30日	苏州市第十三届体育运动会中小学生国际象棋比赛	市乐余小学	苏州市级
7月19日至21日	苏州市第十三届体育运动会中小学生跆拳道比赛	市体育中心	苏州市级
7月22日至28日	苏州市第十三届体育运动会小学生足球比赛	市体育中心	苏州市级
9月22日至23日	全国肯德基青少年三人制篮球冠军挑战赛(苏州张家港站)	西城体育公园	苏州市级

体育产业

【概况】 全市共有体育彩票销售网点236家，其中传统销售网点203家、竞彩专营店33家。5月21日，体育彩票当年销售突破亿元，至12月31日，全市体育彩票销售收入3.29亿元，比上年增2.73%，其中电脑型彩票销售收入8434万元，"11选5"型彩票销量收入1.32亿元，即开型彩票销售收入3842万元，竞彩型彩票销售收入7463万元。市体育中心场馆全年接待150万人次，其中无偿服务群众50余万人次。市体育中心与社会培训机构合作，举办"小铁人"夏令营、成人技能培训班等活动。全年培训总人数8800余人，其中游泳培训6500余人。全市新开办体育经营项目单位14个，累计备案84个。先后组织22名游泳教员和33名游泳救生员参加年审复训，9名水质监测员进行上岗培训，并补充培训7名游泳教员及11名救生员，全市游泳场所实现救生员从业资格全覆盖。8月30日，市第二届救生技能展示和选拔赛在市游泳馆举行，设20米潜水、50米假人救生、200米自由泳障碍3个项目，全市8家游泳场所31名救生员参赛。此后组队参加苏州市救生技能展示和选拔赛，获团体总分第一名。6月6日，中央电视台足球评论员徐阳到市与球迷和彩民见面交流。年内，市体育局被省体育局评为体育及相关产业专项调查工作先进单位、获苏州市体育局颁发的2012年度体育彩票销量贡献奖，市体育彩票管理中心获江苏省体彩销量贡献奖、苏州市体彩销量贡献奖、苏州市体彩工作先进单位等称号。江苏金陵体育器材股份有限公司的"大型体育器材表面自动化喷涂项目"和市双山旅游度假开发有限公司的"双山岛自行车嘉年华开发项目"被列为省体育产业引导资金资助项目，分获引导资金80万元与50万元。

【东城游泳馆对外营业】 7月21日，东城游泳馆正式对外营业。该游泳馆位于市区东城君临新城住宅区，由市体育局与新城置业有限公司联合建设管理，总投资5600万元，占地面积2500平方米，建筑面积5900平方米，内设长50米、宽26米的标准综合池1个，设有深水区和浅水区。

【体育彩票两次开出500万元大奖】 2月15日，体彩超级大乐透12017期开奖号码为06、11、22、29、34、03、12，乘航05728体彩投注站中出一注一等奖，奖金500万元。9月11日，江苏体彩七位数12142期开奖号码为3、9、1、5、7、0、4，杨舍镇西门北村55728体彩投注站产生全省唯一一注特等奖，奖金500万元。（倪志国）

【编辑　陆文琰】

社会生活

居民生活水平

【概况】 2012年，全市城镇在岗职工年平均工资为56591元，比上年增13.1%；农村居民人均纯收入为19460元，比上年增 12.8%；城镇居民人均可支配收入为39695元，比上年增13%。年末，城乡居民储蓄存款（本外币）751.17亿元，比上年增12.2%，居民人均储蓄存款（本外币）8.25万元，比上年增11.9%。全市实现社会消费品零售总额370.73亿元，比上年增17.2%。住房、汽车、通信为消费热点，全年销售商品房 89.43万平方米，比上年增27.7%。年末农村居民人均住房面积67.4平方米、城镇居民39.87平方米。新增私家车3万辆，年末私家车保有量17.01万辆，按户籍人口计算每百人拥有量18.7辆。

【居民经济收入】 据百户调查显示，2012年农村居民人均总收入23936.75元，比上年增15.57%；人均纯收入19459.99元，比上年增12.8%。总收入中：工资性收入13145.95元，比上年增8.47%；家庭经营收入7668.73元，比上年增26.46%；财产性收入1508.3元，比上年增23.86%；转移性收入1613.78元，比上年增23.16%。

城镇居民家庭人均总收入45175.36元，比上年增12.92%；人均可支配收入39695.19元，比上年增13%。总收入中：工资薪金收入30847.43元，比上年增15.01%；经营净收入5631.73元，比上年增12.47%；财产性收入2320.17元，比上年增4.61%；转移性收入6376.03元，比上年增6.99%。

【居民消费支出】 据调查显示，2012年全市农村居民人均生活消费支出15128.51元，比上年增16.58%。其中：食品消费4599.22元，比上年增15.51%，占生活消费支出的30.4%；衣着消费995.96元，比上年增16.53%，占生活消费支出的6.58%；居住消费1799.59元，比上年增7.11%，占生活消费支出的11.9%；家庭设备用品及服务消费993.09元，比上年增76.93%，占生活消费支出的6.56%；教育文化、娱乐用品及服务消费 2794.47元，比上年增17.9%，占生活消费支出的18.47%；医疗保健消费706.4元，比上年增22.25%，占生活消费支出的4.67%；交通和通信消费3027.29元，比上年增10.51%，占生活消费支出的20.01%；其他消费 212.48元，比上年增0.25%，占生活消费支出的1.4%。

城镇居民人均生活消费支出27695.17元，比上年增16.23%。其中：食品消费8177.16元，比上年增14.77%，占生活消费支出的29.53%；衣着消费3190.05元，比上年增5.93%，占生活消费支出的11.52%；居住消费2124.78元，比上年增12.26%，占生活消费支出7.67%；家庭设备用品及服务消费1552.56元，比上年增4.72%，占生活消费支出的5.61%；教育文化、娱乐用品及服务消费5129.35元，比上年增19.3%，占生活消费支出的18.52%；医疗保健消费1078.38元，比上年增23.21%，占生活消费支出的3.89%；交通和通信消费5032.33元，比上年增19.01%，占生活消费支出的18.17%；其他消费1410.55元，比上年增54.35%，占生活消费支出的5.09%。

【居民耐用消费品拥有量】 据调查显示，2012年每百户农民家庭拥有耐用消费品：家用汽车22辆，摩托车41 辆，洗衣机92 台，电冰箱94台，彩色电视机177台，影碟机19台，摄像机4台，空调机170台，照相机31架，微波炉 73台，普通电话85部，移动电话 240部，热水器94台，电脑68台，抽油烟机62台，吸尘器12台，自行车184辆。

每百户城镇居民家庭拥有的耐用消费品：家用汽车69辆，助力车101辆，洗衣机108台，电冰箱110台，彩色电视机207台，空调器270台，摄像机15台，照相机75架，微波炉99台，消毒碗柜22台，普通电话105部，移动电话242部，淋浴热水器111台，电脑117台，组合音像32套，钢琴4架，其他高档乐器9件。 （瞿海丰）

劳动就业

【概况】 2012年，全市通过积极推进就业援助工程，实现城乡劳动力就业更加充分。张家港市户籍劳动力就业、再就业8.24万人，其中初次就业2.2万人；帮助就业困难人员实现就业 8329 人；城镇登记失业率2.21%，社会登记失业率2.52%。

【就业援助新政出台】 5月21日,市政府印发《关于加强就业援助岗位开发管理的意见》,加大全市就业援助工作力度。意见在原八类就业困难人员的基础上,将超过劳动年龄的农村集中居住区生活困难人员和高校毕业生中的就业困难人员纳入了就业援助对象。大力开发公益性岗位吸纳就业援助对象就业,对全日制公益性岗位吸纳就业困难人员的单位,给予全额社保补贴和每月600元的岗位补贴;对非全日制公益性岗位吸纳就业困难人员且月劳动报酬600元以上的单位,给予每月300元的岗位补贴;对吸纳超过劳动年龄的农村集中居住区生活困难人员的单位,按单位每月实际发放给生活困难人员工资总额的50%,给予不超过每月500元的岗位补贴。该意见出台至年末,全市共建立就业援助志愿单位232个,开发就业援助岗位1.22万个,帮助4516名就业援助对象实现就业。

【重点帮扶对象就业率突破99.5%】 年内,全市继续做好张家港市籍高校毕业生及特困劳动力就业帮扶工作。在高校毕业生就业方面,深入开展高校毕业生就业百日服务行动,组织毕业生就业专场12场,提供毕业生就业岗位2.08万个,达成意向1.03万人次。市人社局举办高校毕业生就业指导专题讲座10场,成立市毕业生职业生涯规划设计咨询室,由专家老师一对一进行服务。对于特困家庭毕业生进行托底安置,确保全部实现就业。至年末,全市6515名张家港市籍高校毕业生初次就业率为99.6%,特困家庭高校毕业生就业率为100%。在特困家庭劳动力方面,组织劳动保障专管员对全市特困家庭进行调查走访,建立特困家庭电子信息档案,通过一对一帮扶,开展免费职业技能培训,公益性岗位托底安置等措施帮扶就业,全市登记的2252名特困家庭劳动力就业率为99.7%。

【企业用工就业失业动态预警机制建立】 年内,全市建立企业用工就业失业动态监测预警机制。通过人力资源信息网络,及时了解全市劳动力资源市场供求状况,密切关注企业转型升级、居民集中居住、土地集中经营对就业造成的影响,提高就业失业调控水平。选择300家重点企业作为就业失业状况固定监测点,主动掌握企业用工数量、时间、要求、待遇及招工进度,为科学决策和制定政策提供可靠依据。安装使用就业失业动态监测软件,对监测数据信息进行科学系统的处理分析,形成完备详实的监测数据库,按月形成动态监测报告。定期组织人力资源供求信息评估会,广泛吸纳高校、发改、统计、经贸等相关部门专家参与就业失业状况分析,加强对就业和失业形势与对策的研究。

【劳资纠纷调解机制得到完善】 年内,全市致力于完善劳资纠纷调解机制。在市司法局建立张家港市人民调解委员会驻市劳动人事仲裁委员会人民调解工作室;在市总工会设立劳动人事争议总工会仲裁庭;在市人民法院劳动争议仲裁院设立劳动人事争议"巡回法庭",实行"调、裁、审"一体办案,实现劳动人事争议调处的快速便捷、公正公平。市人社局建立劳动人事争议案前调解机制,对于符合案件受理条件的,征询当事人意愿,在未正式立案前主动引导申诉人到企业所在地劳动争议仲裁庭进入案前调解,基层调解员会同企业工会调解员,通过对个案的分析、政策的宣传和解析,简化处理程序,快速实施调解,通过劳资双方的进一步沟通,达成和解协议,实现劳资双赢。全年立案处理劳动争议案件1812件,劳动争议结案率达99.45%,总调解率70%以上。同时,依托劳动监察三级网格,积极调解劳资纠纷,三级劳动监察网格内调解简单劳资纠纷1020件。

【打造"双十"示范培训基地】 年内,市人社局积极推进示范实训基地及示范培训基地建设,下发《张家港市示范实训基地和示范培训基地认定办法》,在全市骨干企业中建立10家示范实训基地,在全市职业院校和培训机构中建立10家示范培训基地。11月,江苏银河电子股份有限公司、江苏永钢集团有限公司、江苏沙钢集团有限公司、张家港港务集团有限公司、江苏港城汽车运输集团有限公司、张家港浦项不锈钢有限公司、江苏正大富通汽配连锁有限公司、江苏澳洋集团有限公司、张家港长力机械有限公司、江苏华昌化工股份有限公司被评为示范实训基地;沙洲职业工学院、江苏广播电视大学张家港学院、江苏省张家港市职业教育中心校、张家港市第二职业高级中学、张家港市第三职业高级中学、张家港市技工职业技能培训中心、张家港市建筑教育培训中心、张家港市神通工业技术培训学校、张家港市富佳职业技术培训中心、张家港市标准化信息技术培训中心被评为示范培训基地。示范实训基地及示范培训基地建成后,将根据全市产业升级、技术创新和实现科技成果要求,培养急需的技能型人才。同时,为各类技能大赛提供优质平台,努力成为输送优秀技能人才、助推产业转型升级的孵化器。 (朱海婷)

社 会 保 障

【概况】 年内,全市积极推进城乡社会保险一体化进程,全市城镇职工养老、医疗、工伤、生育、失业五大社会保险及居民医疗保险参保覆盖率均在99.6%以上。调整企业退休人员养老金,共涉及12.3万名参保人员,人均每月增资158元。调整农保退休人员、征地保养金及老年农居民社会养老补贴,农保退休人员人均每月增资21元,增资后平均水平为每月187元;征地保养金从原来的每月260元提高到290元;老年农居民社会养老补贴提高到每月120元至150元。10月,按照社会管理创新的要求,市人社局进一步扩大养老人员社会化管理服务范围,将全市5万名老年农(居)民纳入,纳入社会化管理的养老人员达到24.3万人。全年慰问城乡养老人员23.5万人次,组织近4000人次养老人员参加各类文体活动。市儿童统筹医疗参加单位有169个,参加人数5133人。全年发生医疗费用380.53万元,个人自付99.96万元,统筹基金支付280.57万元。财政补贴儿童统筹医疗费用200万元。

2012年张家港市参加社会保险情况

表67

项目		参保单位数(个)	比上年增长率(%)	参保人数(人)	比上年增长率(%)	人员参保率(%)	比上年增减率(%)	基金收缴率(%)	比上年增长率(%)	支付情况(万元)	比上年增长率(%)
城镇养老保险	机关事业	316	10.49	11062	1.45	100.00	—	100.00	—	7465	5.20
	城镇企业	20774	17.97	589158	6.73	99.61	–0.04	99.01	—	212489	31.47
医疗保险		20829	17.95	630620	5.95	100.00	0.20	100.00	—	127094	50.18
失业保险		20782	18.01	512363	9.65	100.00	0.30	100.00	—	17308	26.40
生育保险		20806	17.94	632121	6.22	100.00	—	100.00	—	6672	43.24
工伤保险		20812	18.20	519822	13.47	100.00	—	100.00	—	17465	69.23

【社保扩面2.81万超龄人员】 4月11日，市人社局下发《关于解决未参保城镇集体企业退休人员社会保障等遗留问题的通知》，通知规定，凡张家港市户籍，2011年12月31日前男年满60周岁、女年满50周岁，未参加企业职工基本养老保险的城镇集体企业超龄人员可通过一次性补缴的方式纳入城镇养老保险体系，补缴时间至2012年6月30日止。文件下发后，市人社局积极开展政策宣传，全市共有2.81万名超龄人员进入城镇养老保险体系。

【社会基本医疗实时救助办法出台】 5月28日，市政府印发《张家港市社会基本医疗保险实时救助办法》，对全市享受社会基本医疗保险实时救助的对象、救助标准等都作了调整和提高。救助办法整合了职工基本医疗保险(简称职工医保)和居民基本医疗保险（简称居民医保）的实时救助办法，与原先各自独立的救助办法相比，新办法实现了职工医保和居民医保救助对象的完全一致。明确享受实时救助待遇的对象，将参加居民医保的特定重残对象纳入实时救助范围。提高门诊救助标准。职工医保由原来的符合政策范围内的医疗费用，自负部分在2000元内救助80%提高到85%；居民医保由原来的符合政策范围内的医疗费用，自负部分在600元内救助60%提高到1000元内救助85%。调整住院医疗费用的救助标准。住院起付线费用全额补助，符合政策范围内的医疗费用，自负部分给予85%的医疗救助。

【困难家庭大额医疗费用救助办法出台】 5月22日，市政府印发《张家港市困难家庭大额医疗费用救助实施办法》，医疗费用资助坚持向重病、大病倾斜的原则，进一步加大对年度内大额医疗费用对象的救助力度。统一职工医保和居民医保的救助办法，实行分段按比例救助、累计结算、最高封顶的办法给予救助。降低救助门槛，在参保年度内，参保人员个人自负医疗费用达到2万元以上，且超过上年家庭收入的，以及“五保”“低保”“低保边缘”、特困职工、特定重残人员、优抚对象、孤儿等特定困难人群，个人自负医疗费用超过5000元的，均可享受大额医疗费用的救助。提高救助标准和救助限额，救助比例由原来的65%、70%、80%和85%提高到70%、80%、90%和95%，且每人每年救助限额由20万提高到30万元。

【居民医疗保险政策调整】 7月4日，市政府印发《张家港市2012年度居民医保调整意见》，主要内容包括参保对象及保险期限、基金标准和来源、保险待遇等。调整四方面内容：一是参保对象增加。纳入新市民积分管理符合参保条件的新市民子女，同时明确户口迁入人员可中途参保。二是结算年度时间调整。和职工医保一致，即从2012年7月1日至2013年6月30日。三是基金标准调整。2012年度为每人600元，其中个人出资150元，市、镇两级财政补助450元。四是保险待遇增加。普通门诊年度补偿限额由原来的每人400元提高至500元。门诊特定项目与职工医保一致。住院起付线标准、诊疗服务项目、药品目录与职工医保一致，最高封顶线35万元保持不变，并调整分段结报比例。住院起付线张家港市辖区内一级医院300元、二级医院600元、三级医院800元；转市外医院1000元。第二次住院起付标准为该院首次起付标准的50%，第三次及以上住院起付标准统一为100元。起付线至4万元的，补偿65%；40001元至10万元的，补偿70%；100001元至20万元的，补偿80%；200001元至35万元的，补偿90%。2011年住院起付线张家港市辖区内一级医院300元、二级医院600元、三级医院900元，转上海及江苏省指定医院1000元；起付线每次递减20%，最低不得低于原标准的50%。起付线至5000元的，补偿60%；5001元至3万元的，补偿70%；30001元至5万元的，补偿75%；50001元至35万元的，补偿90%。妇女计划内生育定额补助标准正常分娩由每人800元提高至1600元，剖腹产分娩由每人1000元提高至2000元。至2012年年末，居民医保参保人数为404089人，参保率99.6%。全年居民医保补偿人次为275.4万人次，补偿金额24875万元。困难人群实时医疗救助17.3万人次，救助金额1839.5万元。

【城乡医保衔接机制建立】 6月，全市建立城乡医保衔接通道，鼓励参保人员由居民基本医疗保险转为职工基本医疗保险，提高医疗保障层次和待遇水平，适用对象为张家港市户籍劳动年龄段内人员和超龄人员。张家港市户籍劳动年龄段的灵活就业人员，可以单险种参加职工基本医疗保险，并按照相关规定享受社会保险补贴。超龄人员(男60周岁以上、女50周岁以上),一次性补缴(缴纳)职工基本医疗保险费后纳入职工基本医疗保险体系。其中享受城镇职工养老保险待遇的人员(包括农保转城保人员),按男30年、女25年职工基本医疗保险最低缴费年限,扣除其在职时职工基本医疗保险缴费年限(视同缴费年限和实际缴费年限之和),确定应补缴年限后一次性补缴职工基本医疗保险费;其中不享受城镇职工养老保险待遇的人员,按男30年、女25年职工基本医疗保险最低缴费年限,一次性缴纳职工基本医疗保险费。全市有1.66万名超龄人员参加城镇职工医疗保险。 (朱海婷)

民政事务

【概况】 年内,市民政局全面落实民生水平提升年总体目标,加快推进民生现代化建设。全年处理信访函71件。市慈善总会、市慈善基金会募集款物10705.03万元,其中“爱满港城”慈善募捐活动接收各类善款10074万元,衣被8080件,折合人民币24万元;捐出资金9405.54万元。张家港市获全国七星级慈善城市称号,市民政局先后获全国殡葬改革示范单位、全国养老服务示范单位等国家级荣誉,被省人社厅、民政厅授予江苏省民政系统先进集体称号,年末获江苏省民政工作创优奖,市社会福利服务中心获全省民政系统创先争优先进集体、省级民政系统行风建设示范单位等荣誉。

社会救助 市民政局全年为市困难群众、享受国家抚恤补贴的优抚对象发放物价补贴597.19万元。分别为3316名重残人员和186名特殊残疾人发放生活补助金1711.15万元和63.7万元。为17名散居孤儿发放生活补助金16.82万元。为2585名贫困学生发放助学金761.15万元。进入汛期后,7月6日乐余片区遭受龙卷风袭击,此后又受10号台风“达维”和11号台风“海葵”影响,全市范围内出现多次区域性暴雨到大暴雨,并伴有7级至11级大风,给人民群众生命财产造成一定损失,共造成1308人受灾,紧急转移安置650人,农作物受灾面积210公顷,直接经济损失1327.9万元。其中:7月6日,龙卷风造成223户居民房屋受损,民生保险赔付13.35万元;8月,台风造成188户居民房屋受损,民生保险赔付7.8万元。6月7日,民生保险完成2012~2013年度自然灾害民生保险签约,新一轮的民生保险保费总额840万元,为历年之最,同时保险责任大幅增加、理赔标准大幅提高,最高赔付额可达到52万元。全年赔付729起,因遭暴雨、雷击、龙卷风等自然灾害和火灾造成人身伤亡和房屋损毁的743户家庭得到理赔522.21万元。春节前,市、镇、村和企业走访慰问各类困难对象11.56万户,发放慰问款物1.5亿元。

优抚安置 全市享受抚恤补助的优抚对象有3303人、在乡复员军人遗属616人,发放重点优抚对象优待、抚恤、补助等经费3100万余元,发放物价补助94.4万元、节日慰问金320万元。年内共接收安置2011年冬季退役士兵387人、转业士官2人,发放安置补偿金1917.25万元。组织开展退役士兵技能培训,有111人参加退役士兵职业技能培训。增强军休服务管理水平。投资150万元对军休所办公楼进行装修,于6月末全面竣工投入使用,为创建“和谐军休家园”奠定基础。

婚姻收养登记 市民政局婚姻登记处全年办理结婚登记9430对、离婚登记1903对,补发婚姻证1031对(其中补结婚证974份,补离婚证57份),累计办理婚姻登记12364对。出具婚姻登记记录证明2377份;婚姻档案利用1563人次;整理婚姻档案12364卷。全年办理收养登记132例,解除收养1人。其中:收养儿童福利院抚养的弃婴131人、三代以内旁系血亲1人。无违法登记事件发生,无有效投诉,登记合格率100%。

殡葬管理 市民政局进一步推进安息堂建设,新建、扩建2座安息堂并投入使用(塘桥镇在妙桥新建憩园,可存放1.5万穴;杨舍镇泗港扩建孝府园,可存放2.5万穴),全市有安息堂17座、埋葬地14处,自2007年始至2012年年末,已整治散坟21.6万余穴。高峰公墓和凤凰公墓在苏州市第三轮经营性墓地等级评定中继续获评特级和一级。年内共计免除6284具遗体基本殡葬费用850万元。

烈士陵园管理 年内新搜集、整理、陈列烈士生前有关史料12份,接待瞻仰团体78个7000人次、烈士生前亲属及战友125批1000人次、个体和游客1.2万余人次。至年末,纪念馆内陈列展示460名革命烈士英雄事迹,其中大革命和土地革命战争中牺牲42人、抗日战争中牺牲115人、解放战争中牺牲95人、社会主义建设时期牺牲208人。

【双拥活动】 2月27日,张家港市再次被评为全国双拥模范城,实现全国双拥模范城“五连冠”。4月20日,市双拥工作领导小组会议在市老年公寓召开,市双拥工作领导小组成员单位和驻军部队的领导参加会议,副市长华红出席并讲话。会议传达全国、全省双拥工作会议精神,回顾总结全市双拥创建情况,就之后一段时期双拥工作提出了意见。年内,市委、市政府积极开展双拥活动,春节、八一期间走访慰问16个驻地和周边部队,赠送慰问金198万元;慰问全市60岁以上参战涉核人员和军队离退休老干部,赠送慰问金58.8万元。支持部队工程建设,为改善省军区官兵娱乐硬件设施,投入60万元装修省军区俱乐部。驻军各部队积极开展植树造林、义务献血、爱心捐赠等活动,张家港边防检查站、市消防大队等单位勇于承担抢险救灾任务,妥善处置突发事件,大力开展军警民联防联治活动,维护社会稳定。张家港边防检查站、市人武部、市消防大队被苏州市政府、苏州军分区命名为拥政爱民先进单位,张家港边防检查站被苏州市政府命名为爱民固边模范检查站。

【社会福利】 全市有农村“五保”对象625人,其中集中供养对象600人、分散供养对象25人,集中供养率为96%。自7月1日起,集中供养和分散供养“五保”对象分别由原来的每人每月700元统一提高到840元。有敬老院11所,设床位2406张,工作人员201人，收养老人866人，其中社会寄养老人266人。市老年公寓(社会福利服务中心)有床位650张，工作人员227人，入住老人351人。家庭养老院6所，有床位170张，工作人员33人，收养老人140人。市儿童福利院有工作人员49人，在院孤残儿童76人。社会福利企业91家，比上年减5家，实现销售额77.11亿元，安置残疾职工4189人。全市福利彩票投注机232台，比上年增18台，年销售福利彩票38171万元，超额完成苏州市下达任务数，比上年增7.5%，募得张家港市级福利彩票公益金3500余万元，销量位居全省第三、苏州市第二，市场占有率继续保持领先。“共享阳光”慈善助学项目再次扩大资助范围，资助对象从家庭收入在低保收入1.5倍以内扩大到2倍以内，首次将贫困研究生纳入资助范围，全年为2585名贫困学生发放助学金761.15万元。“阳光午餐”工程列入市政府实事工程，为全市所有贫困家庭及特殊学校的学生提供免费午餐，资助对象涵盖新市民子女。春、秋两个学期，全市共出资158.26万元，受益学生2452人次。

【地名勘界】 年内印制《张家港市地名行政审批服务指南》，服务和引导全市地名规范申报和使用。全年完成道路命名32条，更名2条，调整3条；小区命名26个，调整4个；广场命名1个；桥梁命名4座。纠正不规范的路牌42块，增补路街巷牌51块。完成《中华人民共和国政区大典》江苏分卷张家港篇编纂工作，通过省、苏州市对《第二次全国地名普查》工作资料的验收。完成苏通线市界第二次联查任务。

【社工队伍建设】 年内全市共有1362人报名参加全国社会工作者职业水平考试，通过318人，居苏州各县市第一，顺利实现“每万人拥有社会工作者4人”的现代化特色指标，达到每万人拥有社会工作者6.2人。至年末，全市社会工作者总数784人，其中社会工作师197人、助理社会工作师587人。6月，市民政局与复旦大学合作共建社会工作研究生工作站，成为张家港市首批10个研究生工作站之一，也是苏州市首家成立的社会工作研究生工作站。10月上旬，参加民政部在山东省济南市举行的东部地区社会工作座谈会，交流张家港市贯彻落实《关于加强社会工作专业人才队伍建设的意见》和《社会工作专业人才队伍建设中长期规划(2011～2020年)》情况。10月下旬，在中组部委托民政部举办的2012年全国地方党政领导干部社会工作专题研究班上，副市长华红受邀介绍张家港市社会工作专业人才队伍建设的经验。

【社会组织管理】 年内，全市新注册登记社会团体18个，新注册登记民办非企业单位36个，注销社会组织6个。至年末，有各类依法登记的社会组织436个，其中：社会团体212个(行业性社团48个、专业性社团107个、学术性社团43个、联合性社团14个)，民办非企业单位211个(教育类80个、卫生类7个、文化类1个、科技类6个、体育类22个、劳动类16个、社区服务类61个、其他类18个)，基金会13个(公募基金4个、非公募基金会9个)。启动2012年度社区社会组织集中备案工作，至年末，全市有各类备案社区社会组织1488个，其中文体活动类449个、社会事务类345个、社区服务类304个、公益慈善类248个、社区维权类142个。登记和备案社会组织1924个，顺利实现张家港市“每万人拥有社会组织12个”的现代化特色指标，达到每万人拥有社会组织15.2个。对188家社会团体和158家民办非企业单位进行年度检查，年检合格分别为91.4%和90.5%。全年有40个社团先后完成换届和办理变更登记，有38个民办非企业单位完成变更登记。7月，启动社会组织评估工作，共有30家社会组织获评等级。AAAA等级社会组织3家(由苏州市社会组织评估委员会审核)，AAA等级社会组织14家，AA等级社会组织10家，A等级社会组织3家。开展“十佳百优”社区社会组织评选活动，评出“十佳”社区社会组织10个、“百优”社区社会组织100个。

2012年张家港市新核准登记社会团体一览

表68

社会团体名称	法定代表人	业务主管部门	登记日期
市玻璃行业协会	曹　鹤	市经信委	2011年12月31日
市行政管理学会	应　梓	市政府办公室	2012年1月4日
市大新镇商会	黄和芳	市工商联	2012年1月6日
市常阴沙大米产业协会	史建军	市农业委员会	2012年2月1日
张家港保税区建设工程承包商协会	陆正其	保税区规划建设局	2012年3月18日
市互联网协会	王少波	市委宣传部	2012年3月30日
市家庭服务业协会	季　珍	市便民服务中心	2012年4月20日
市百姓公益义工协会	曹建苏	市民政局	2012年5月15日
市能源协会	彭永发	市经信委	2012年5月26日
市渣土处置行业协会	姚惠新	市城管局	2012年5月30日
市足球协会	陈晓东	市体育局	2012年7月20日
市商品(食品)流通行业协会	施广建	市工商局	2012年8月28日
市食品生产加工行业协会	徐新平	市质监局	2012年9月7日

续表 68

社会团体名称	法定代表人	业务主管部门	登记日期
市餐饮行业协会	邢锦石	市商务局	2012 年 9 月 22 日
市老年协会	张荣祖	市民政局	2012 年 10 月 17 日
市殡葬协会	张建新	市民政局	2012 年 10 月 26 日
市家庭教育协会	徐　玲	市妇联	2012 年 11 月 14 日
市木材行业协会	赵建华	张家港出入境检验检疫局	2012 年 11 月 22 日

2012 年张家港市新核准登记民办非企业单位一览

表 69

单位名称	法定代表人	业务主管部门	登记日期
市金钥匙教育培训中心	吉　辉	市教育局	3 月 13 日
市剑桥英语培训中心	宋琼玉	市教育局	3 月 23 日
市锦艺阳光教育培训中心	陈　磊	市教育局	6 月 13 日
市蓝精灵教育培训中心	王绪芬	市教育局	6 月 18 日
市天才宝贝教育培训中心	许妙红	市教育局	6 月 18 日
市能级外语教育培训中心	唐杏珍	市教育局	7 月 18 日
张家港新加坡外国语学校	吴天仁	市教育局	7 月 31 日
市鸿为教育培训中心	陈文瑾	市教育局	9 月 13 日
市德美幼儿园	陈维亚	市教育局	9 月 18 日
市世纪阳光教育培训中心	曹向红	市教育局	10 月 12 日
市艾艾迪软件和服务外包培训中心	夏　怡	市教育局	10 月 12 日
张家港金苹果早教中心	陶海霞	市教育局	10 月 31 日
市精武教育培训中心	惠　霞	市教育局	11 月 15 日
市菲德人才培训中心	刘军浩	市教育局	11 月 15 日
市沃尔德教育培训中心	顾惠金	市教育局	11 月 23 日
市晨光教育培训中心	陈扣祥	市教育局	11 月 23 日
市鸿宇教育培训中心	付冬雪	市教育局	11 月 23 日
市三韵教育培训中心	沈　敏	市教育局	11 月 26 日
市绿丰学校	陈婷娴	市教育局	12 月 10 日
市万东肛肠专科医院	游　泳	市卫生局	11 月 16 日
杨舍镇塘市篮球俱乐部	蒋春蕾	市体育局	7 月 10 日
市乐乐国际象棋俱乐部	朱建荣	市体育局	11 月 16 日
市正大富通职业培训学校	陈建平	市人社局	3 月 20 日
市君信职业培训学校	陆云霞	市人社局	8 月 1 日
市暨阳青少年发展事务所	杨　玭	市民政局	3 月 23 日
锦丰镇三兴社区居家养老服务站	朱　毅	市民政局	5 月 7 日
锦丰镇登瀛社区居家养老服务站	陈发根	市民政局	5 月 7 日
锦丰镇洪福社区居家养老服务站	奚　健	市民政局	5 月 7 日
锦丰镇悦来社区居家养老服务站	丁金石	市民政局	5 月 7 日
锦丰镇滨江社区居家养老服务站	沈晓燕	市民政局	5 月 21 日
锦丰镇永新社区居家养老服务站	沈连明	市民政局	5 月 21 日
锦丰镇合兴社区居家养老服务站	陈永祥	市民政局	5 月 21 日
市合兴老年公寓	聂春平	市民政局	6 月 25 日
市塘桥镇韩山老年公寓	刘建江	市民政局	10 月 15 日
市亲情虚拟养老院	徐志斌	市民政局	11 月 5 日
市残疾人辅助器具服务站	钱亚红	市残联	9 月 29 日

2012 年张家港市注销社会组织一览

表 70

社会组织名称	业务主管部门	注销日期	类型
市少先队工作学会	团市委	7 月 4 日	社会团体
市书画研究会	市文联	7 月 4 日	社会团体
市青年工作研究会	团市委	7 月 4 日	社会团体
杨舍镇巾帼业主联谊会	杨舍镇人民政府	7 月 9 日	社会团体
杨舍镇泗港街道社区服务中心	杨舍镇人民政府	7 月 17 日	民办非企业单位
市海狮机械集团培训中心	市人社局	7 月 31 日	民办非企业单位

【公益组织培育获新发展】 市民政局创新社会组织登记注册方式，继续探索一体化管理模式，市暨阳青少年发展事务所、锦丰镇合兴社区居家养老服务站等 8 家社会组织获得直接登记。加强公益组织培育力度，市“52”爱心联盟、暨阳青少年发展事务所、百姓公益义工协会等 3 家机构经评审后签约入驻市公益组织培育中心，中心培育的机构共有 7 家。指导公益组织参加苏州市首届公益创投活动，共有 6 家机构申报 7 个公益项目，其中暨阳青少年发展事务所申报的“暖巢‘5+2’困难家庭子女晚托及双休托管援助计划”“‘我是城市小主人’新市民子女亲近城市计划”入选。

【救助网络实现全覆盖】 3 月，为完善全市救助网络体系，实现救助工作全覆盖，在 9 个区镇成立救助指导站。确保街面所有生活无着落的流浪乞讨人员得到就近、快速救助。全市救助网络体系总计有固定救助床位 100 张，突发状况下能为 320 人提供应急安置场所。10 月，市救助管理站新站改造完成投入使用，建筑面积 2000 平方米，设有救助人员床位 50 张，紧急情况下最大可容纳 90 人临时安置。站内设立未成年人保护中心和妇幼避救中心，引进心理治疗沙盘及智能催眠放松系统，为存在心理问题的受助人员提供心理治疗；受助人员生活区实行宾馆式管理，为入站的求助人员提供良好的生活条件。

【1.1 万人享受居民最低生活保障待遇】 7 月 1 日起，全市城乡低保标准由原来的每月 500 元提高到 600 元，全年新增低保对象（含低保边缘）725 户、1071 人，退保 1653 户、3247 人。全市共有低保对象 4613 户、7760 人（其中城镇 1646 户、2501 人，农村 2967 户、5259 人），低保边缘对象 1212 户、1235 人（其中城镇 346 户、358 人，农村 866 户、877 人）。全年发放低保（低保边缘）补助金 4481.39 万元，其中市财政负担 2866.98 万元、区镇财政负担 1614.41 万元。

（民政局）

基层民主自治与社区建设

【概况】 年末，全市有村委会 165 个，比上年减少 10 个；有社区居委会 92 个（另有村居合一的 24 个），比上年增加 3 个。年内杨舍镇杨港村、五新村、严家埭村并入善港村，西新村并入章卿村，老宅村并入蒋桥村，勤星村并入民丰村，乘航村并入庆安村，陈东庄村、范港村并入田垛里村，河头村并入李巷村，撤销杨港、五新、严家埭、西新、老宅、勤星、乘航、陈东庄、范港、河头等 10 个村的村名和村民委员会。新成立凤凰镇湖滨社区、杨舍镇江南社区、双山岛旅游度假区渡口社区。社区基础设施不断完善。8 月，市政府下发抄告单明确社区居委会用房的规划设置实行多部门联合会审，规划、住建等部门严把规划设计、建设审批和工程验收等关口，民政部门和所在区镇全程参与社区用房的规划、建设和验收，社区用房保障机制实现规范化。社区服务不断健全。城乡社区普遍建立一站式服务大厅，实现社区事务“一门式”办结，推行错时工作制和假日值班制度，保证居民随时能办事。参加苏州市首届“姑苏村官大讲堂”，城南村《坚持村务公开实行民主管理，促进农村经济社会协调发展》获评优秀案例，农联村《高点定位谋发展，凝心聚力促跨越》、元丰社区《六支特色队伍创出社区管理新模式》获评优胜案例。开展“加强和创新社区管理与服务——苏州市实践与探索”征文活动，有 6 篇文章编入书目。组织参赛队参加第二届苏州市社区工作者才智大比拼活动，获社区实务 PK 亚军、演讲比赛季军 2 个单项奖。3 月，市政府副市长华红在吉林省长春市召开的全国村务公开民主管理示范单位经验交流会上作交流发言。7 月，张家港市获评全国村务公开民主管理示范单位。年内，张家港市还被评为江苏省和谐社区建设示范市，锦丰镇、南丰镇、金港镇获评江苏省和谐社区建设示范镇，杨舍镇花园社区等 18 个社区（村）获评江苏省和谐社区建设示范社区（村）。南丰镇永联村获评全国民主法治示范村，杨舍镇汇景社区等 16 个社区获评张家港市民主法治示范社区。

【和谐社区建设通过省考评】 城乡和谐社区建设达标率是现代化考核重要指标之一，市民政局围绕指标创建，重点加强督察指导。年内，创新社区管理体制机制，“一委一居一站一办”[“一委”即社区党组织，“一居”即居（村）委会，“一站”即社区服务站，“一办”即综治办]有序推进，社区服务站工作制度明晰、岗位设置明确、人员分工合理，突出社区党组织领导作用，强化社区居（村）委会的职责,提高社区综合服务的水平。统筹推进网格化,市组织、民政等部门召开统筹推进全市网格化管理工作座谈会,明确网格划分、网格责任人配备、工作职责及待遇保障,整合网格工作内容,形成管理合力。服务内容更加贴心,通过民生保险、社会救助、提供“阳光午餐”、增设社区公益性岗位等形式帮扶困难群众,推进“旅游进社区”,5月启动“百村万人看港城”张家港一日游活动,全市低保户、低保边缘户、重点优抚对象等人员的费用由政府全额补助。加强基层队伍建设,举办2012年度全市村(居)委会主任培训班,采用菜单式、小班化方式进行,邀请专家进行集中授课,并设计和谐社区建设、创新社会管理、“三社联动”实践3个专题班,分批赴南京、杭州、嘉兴等地实地参观学习。动迁安置社区管理得到加强,4月配合市政协开展农村居民集中居住区建设管理情况调研,形成《关于全市农村居民集中居住区建设与管理情况的调研报告》。7月,市政府副市长华红带队赴杭州、苏州等地考察学习,市社区办多次到镇、社区(村)实地调研,探索将动迁村、动迁安置社区功能分开,逐步理顺动迁安置社区管理关系。和谐社区建设深入发展,6月,组成检查组逐个村(社区)开展和谐社区建设普查。10月,全市城乡社区建设工作会议召开,全方位部署推进和谐社区达标创建工作,促进指标按期完成。年末,省考评组随机抽取杨舍镇西门社区、城东村和塘桥镇巨桥村、金港镇学田村进行考评,对张家港市社区建设给予肯定,全市顺利通过和谐社区现代化指标考核。

【“政社互动”创新试点】 年内,全市力推“政社互动”社会管理创新工作,准备在凤凰、南丰两镇先行试点取得经验的基础上,适时全面推开。试点工作按照动员部署、签订协议、组织实施、验收评估等4个阶段有序推进。11月,市政府出台《张家港市“政社互动”试点工作方案》,明确由市社会建设领导小组总牵头,社区建设专项工作组、社会组织建设专项工作组、社会保障建设专项工作组、政策法规专项工作组所属成员单位各司其职、各负其责。年末,市政府办公室出台《关于印发〈基层群众自治组织协助政府工作事项〉和〈基层群众自治组织依法履行职责事项〉的通知》,试点镇梳理了两份相关事项清单,下一步将组织签订协议,开展委托管理和多元评估,不断提升基层民主自治建设水平。

(民政局)

人口和计划生育工作

【概况】 2012年,全市人口计生工作启动免费孕前优生健康检查、开展青少年健康人格教育、拓展科学育儿项目、推进新市民计生公共服务均等化、深化计生家庭养老帮扶“五大工程”,开展服务型党组织、廉洁文化、阳光计生示范单位“三大创建”,进一步创新思维,优化作风效能,有力推动了“十二五”期间省人口协调发展先进市创建的深入。坚持计划生育“一票否决制度”,全年经市人口计生部门审核把关的先进评比36批,审核89人次、单位32个,对2例有违法生育的单位给予否决意见。全年全市户籍出生人口8154人,自然增长率1.88‰,政策符合率99.94%;流动人口在张家港市出生6043人,政策符合率93.17%。户籍和流动人口的出生男女性别比分别为109.4∶100和118.79∶100。完成孕前优生健康检查6044人,项目覆盖率94.4%,0岁至3岁科学育儿覆盖率为92.98%,依法行政规范落实率100%,流动人口均等化服务率98%,信息化网上应用率100%。

【“助您好孕”机关服务品牌形成】 3月,市人口计生委联合市卫生、民政、财政等部门出台《在全市开展免费孕前优生健康检查、完善人口出生缺陷社会化干预工程的实施意见》,形成全市免费婚检与孕前优生健康有机结合的特色机制。免费孕前优生健康检查服务对象为张家港市户籍的符合生育政策并计划怀孕的夫妇或持暂住证在市居住半年以上,并符合生育政策、计划怀孕的流动人口夫妇。孕前优生健康检查以群众自愿参加为前提,可以到10个孕前优生健康定点医疗机构参加检查服务。服务内容包括基本服务和医学检查两部分。基本服务包括优生健康教育、体格检查、风险评估、咨询指导、早孕和妊娠结局跟踪随访。医学检查共14项,包括血常规、尿常规、阴道分泌物检查、血型、血糖、肝功能、乙型肝炎血清学5项检测、肾功能、甲状腺功能检查、风疹病毒、巨细胞病毒、弓形体、梅毒螺旋体筛查及妇科B超检查。至年末,全市完成孕前优生健康检查6044人,目标人群覆盖率为94.4%,超额完成国家项目点和苏州市年度制定的覆盖率85%目标。“助您好孕”品牌获2012年度全市“十佳机关服务品牌”。

【养老帮扶“五个一”模式继续深化】 2012年,市人口计生委继续抓好上年“五个一”(设立基金、提供补贴、加大优惠、减免收费、形成帮扶机制)的政策落实。6月,对全市“失独”家庭进行了一次爱心大走访,完成计生家庭帮扶需求调研。市委、市政府推出一系列新举措,按月对市区二环路以内60岁以上的计生特扶家庭老人发放200元养老服务补贴。为计生特扶对象团购住院护工补贴保险。开发计生家庭“养老帮扶”软件管理系统,对特扶人员基本情况和养老帮扶工作进行系统管理。将计生特扶家庭纳入全市春节走访慰问体系,共走访慰问589户。各镇连心家园计生家庭联谊组织和社会儿女志愿帮扶活动开展得有声有色。9月,国家人口计生委国际合作司及中国联合国人口基金第七周期项目专家组一行调研市计划生育家庭养老帮扶工作,计划生育家庭养老帮扶“张家港模式”得到国家及省人口计生委的一致肯定。在省人大代表建议督办会上,张家港市作了经验介绍。

【首创幸福家庭ABC管理平台】 为保障科学育儿、青少年健康健康工程、养老帮扶工作的有序开展,围绕“世代服务、幸福家庭”的工作要求,全市首创幸福家庭ABC软件管理系统。A篇是指"计生关怀·幸福老年"。包含信息检索、补贴发放、住院保险、走访慰问、志愿帮扶等功能。通过录入计生特别扶助家庭收入、参保、健康等基本信息,记录各种帮扶政策落实和志愿服务开展情况,实时共享"12345"便民服务中心记录的特扶家庭老人接受"居家福"养老服务的情况。B篇是指"科学育儿·幸福成长"。信息平台上有大量育儿科学知识,方便家长浏览学习,提高幼儿父母科学育儿的意识和能力,增强幼儿父母在科学育儿上的融入感和责任感。平台具备预约课程功能,家长可在平台上对25家科学育儿机构进行课程预约。C篇是指"健康人格·幸福青春"。青苹果模块包括性生理知识、人际交往知识、婚姻与家庭知识,可以帮助青少年学习青春健康知识,并与"青苹果之家"紧密联合,寓教于乐,在潜移默化中培养健康人格。

【首家人口家庭发展研究生工作站成立】 9月,在全国人口计生系统率先创建"南京大学、张家港市人口计生委—人口和家庭研究生工作站",较好地实现了"产学研"的有效结合,提升人口计生职能工作内涵和服务水平,逐步实现中长期人口发展规划与人口计生事业发展规划的衔接与统一。人口家庭研究生工作站由南京大学派驻1名教授和3名博士研究生组成,以其丰富的人才智力资源为支撑,以"破解发展难题、创新工作思路"的目标,实现理论与实践的有机结合。7月,工作站专门邀请南京大学有关专家教授,结合张家港市经济社会发展和人口计生工作实际,就人口发展战略实证性研究进行商讨;8月,赴南大再次深入研究,基本形成"适度人口规模与之相适应的人口迁移政策"课题计划。11月,又专门组织一次开题论证会,开拓研究思路,使项目课题在"新市民享有同城化待遇""增强家庭人口发展能力"等问题上又有了延伸,形成人口研究标准化文本,使人口发展战略研究工作更加完整充实。

【"强基提质"新三年工程助推流动人口计生服务水平】 2012年,全市"强基提质"新三年工程取得明显实效,流动人口计生服务走上"快车道",初步实现流动人口公共服务全面覆盖、生育秩序明显好转、信息化建设支撑有力、示范创建引领带动的目标任务。年内,杨舍、塘桥、乐余三镇获苏州市流动人口计划生育工作示范镇,累计4个镇(含锦丰镇)。全市持非户籍人口计生管理服务卡的人员有166312人,持卡率达95.99%。基本服务全面到位,为流动人口提供孕环情检查220347人次,四项手术839人次;为流动人口提供生殖健康检查21003人次,科学育儿免费体验2355人次。5月,《关于在张家港市新市民积分管理中出具计划生育审核评分意见的办法》出台,全市接受新市民积分咨询8.8万人次,领取积分申请表7.8万份,为37418名新市民出具计划生育审核评分意见表。申报的"新市民积分管理制度促进流动人口社会融合"项目获第三届省人口计生综合改革创新奖。

【人口文化亮点纷呈】 年内,市、镇两级纷纷开展多渠道、全方位、立体化的宣传工作,以"新农村新家庭计划"为切入点,积极推进宣传教育进家园、生殖健康进家园、奖励优惠进家园、关爱行动进家园、村居自治进家园"五进"活动,举办"构建幸福家庭,传播人口文化"专题电影宣传放映活动。9月,举办首届家庭人口文化节"幸福家庭之旅"——孕妈妈达人盛典活动。与杨舍镇计生办联手推出"暨阳人家·幸福家庭故事选"系列活动,在全社会营造浓厚的和谐家庭人口文化氛围。进一步加大人口文化阵地建设的力度,全市新增人口文化阵地1家,累计229家。着力推进区域性青少年健康教育推进青少年健康人格工程教育示范基地——"青苹果之家"的载体建设,为全市广大青少年儿童提供有针对性的教育引导与咨询服务,加强对青少年儿童的心理疏导、行为养成、性健康教育和人格塑造。

【"三大创建"创服务品牌】 市人口计生委以决战现代化为动力,扎实推进服务型党组织创建、廉洁文化进机关、阳光计生行动"三大创建"活动。6月,开展业务知识培训和岗位大练兵。坚持将品牌服务作为机关效能建设的切入点,重点通过开展"助您好孕""健康同行""乐在港城""幸福老年"四大主题服务,形成从"孕育"到"老年"的全程服务。牢固树立广大党员的服务意识。坚持将组织建设、阵地建设和制度建设作为机关效能建设的根本保障,着力改造党员活动室、政务公开栏,力求设施齐备、功能完善。坚持把服务型党组织创建和阳光党建作为机关效能提升的重要契机,开通"12356"计生服务热线,开展"请农民兄弟姐妹评计生、流动人口评计生"的"双评"活动。年内,市人口计生委获江苏省"阳光计生行动"示范单位、江苏省人口计生系统窗口服务示范单位、苏州市文明单位和张家港市争创服务型党组织先进单位称号。市计生指导站获全省基层满意示范窗口、苏州市青年文明号、巾帼示范岗和张家港市级党员先锋团队标兵称号。 (陈妍青)

便民服务

【概况】 市便民服务中心暨"12345"便民服务热线全年帮助市民解决各类咨询、生活求助1402901件,协调各部门、各单位处理群众投诉建议27857件,办结率为100%,综合回访满意率99.9%,市民满意度99%以上。编辑《12345便民服务热线简报》12期,《12345便民服务热线工作周报》21期。有4期简报和5期周报被市委主要领导批示,推动了热点、难点问题的落实。年内,中心被市委、市政府授予综合贡献奖、文明单位标兵、信访调解工作先进集体、计划生育工作先进集体、社会管理先进单位、城管工作先进集体、三八红旗集体等称号。中心呼叫大厅信息处理员许琳被表彰为2012年度"机关服务标兵",实现中心员工对此项荣誉的四连冠。

【便民热线受理电话 143 万个】 年内，“12345”便民服务热线共接到电话（含网络邮件）1498018 个，平均每天 4093 个，正式受理 1430758 个，其余为重复和骚扰电话。受理电话中，咨询类 655526 个，占 45.82%，主要为住房公积金政策、市民卡应用、公共服务信息、行政许可办理和其他相关政策等方面的咨询；生活求助类 747375 个，占 52.24%，主要为家庭生活服务、出租车电召、居家养老、订餐订票等方面的求助；监督投诉类 26158 个，占 1.83%，主要为拆迁、征地补偿、环境污染、物业管理、劳资纠纷、公共设施维修、违章搭建等方面的意见和投诉；其他建议类 1699 个，占 0.11%，主要为一些个人纠纷及对公共服务单位提出的相关建议。至年末，电话求助事项办结 1430758 件，办结率 100%，回访综合满意率 99.9%。

【“12345”与“政风行风热线”并轨运行】 2 月，“12345”热线与“政风行风热线”有机整合，开通“12345 政风行风热线”，形成政舆互动机制。市便民服务中心将群众关注的热点和难点问题通过热线栏目现场解答和处办，加强群众、栏目、热线间的沟通互动，及时发布民情提示。针对相关热点难点问题，记者实行追踪采访，提高政风行风热线的实效性，又好又快地解决群众各类诉求。年内有 31 个部门参与直播活动，累计接处电话 141 个，发布“民情提示”10 期。

【省“12345”政府公共服务平台会议在市召开】 4 月 9 日，全省“12345”政府公共服务平台建设推进会在市召开。省委常委、省纪委书记弘强，省政府秘书长毛伟明，省纪委副书记、省监察厅厅长江里程，苏州市委副书记、代市长周乃翔等出席推进会。省发改委、经信委、监察厅、财政厅、广电局、法制办、信访局等有关部门分管负责人，各市、县（市）人民政府分管负责人，苏州市监察局局长，市、县（市）分管部门主要负责人等共约 200 人参会。会议总结了近年来各地“12345”政府公共服务平台建设工作经验，部署 2012 年和今后一个时期建设任务，确保在年底前实现“12345”政府公共服务平台市、县两级全覆盖。张家港市委副书记、市长姚林荣代表张家港市在会上作交流发言。会前，省委常委、省纪委书记弘强，省政府秘书长毛伟明，省纪委副书记、省监察厅厅长江里程等与会人员在市领导姚林荣、顾月华、华红的陪同下参观了市暨阳湖生态园、城西新区及行政服务中心、“12345”便民服务中心。

【便民服务周活动举办】 5 月 28 日至 6 月 1 日，市便民服务中心举办“12345 服务你我他”——便民服务周活动。5 月 28 日晚，在市区园林广场举办启动仪式暨中心成立三周年文艺晚会，市委、市政府领导和各区镇、各部门分管领导及社区代表共 200 余人参加。5 月 29 日，由市便民服务中心主办，市交通局、人社局、公安局、环保局、城管局、卫生局、食药监局、公积金管理中心、市民卡管理中心、房产交易中心及 20 余家加盟服务商参与的便民服务现场活动在市区花园社区广场举行，提供便民政策咨询、办事流程咨询、电脑维修、配钥匙、月嫂咨询等现场服务，受到市民欢迎。一周内，中心开展了“福临门”关爱烈士子女志愿服务、法律服务周、“温暖童心、快乐六一”——迎“六一”走进语言康复中心等活动。活动的开展，进一步密切了政府与群众的联系，强化了政府部门为民服务、服务民生的共识。

【市家庭服务业协会成立】 市便民服务中心整合市场资源，培育服务产业，规范服务市场。4 月 23 日，市家庭服务业协会（简称市家协）正式挂牌成立。当日，在市便民服务中心召开市家庭服务业协会成立大会暨第一届全体会员大会，通过协会章程，选举产生协会会长、副会长、秘书长、理事和名誉顾问。市家协有会员单位 37 个，分布于全市家庭服务业的各个条线。5 月，市家协结合市家政服务企业发展现状，出台“12345”服务商星级（信用）评定标准，创新服务商星级评选和服务推荐机制，逐步统一全市从事家庭服务业的企业服务形象，规范服务标准。6 月 11 日至 15 日，对从事家庭服务业的单位进行星级评定，评选出 13 家星级企业。7 月，开展“巨星杯”开锁行业比武竞赛、锁业经验交流会，联合具有经营资质的 10 家开锁企业，共同制定行业标准和收费标准，规范锁具服务市场。9 月，与中国人保财险（张家港）有限公司合作推出“家电意外保险鉴定”项目，即遭受雷击、洪水、地震等自然灾害造成的家电损坏，由市家协组织有资质的专业鉴定队伍对受损家用电器进行鉴定，并得出结论，中国人保根据鉴定结论对市民进行理赔。至年末，鉴定 30 起，无一起纠纷。市家协的成立，对推动全市现代服务业良性发展、提高市民生活质量起到了积极作用。

【开展关爱烈士子女志愿服务】 市便民服务中心联合市文明办开展“福临门”关爱烈士子女志愿服务项目，依托市家庭服务业协会，每季度安排一次由 1 名咨询师和 4 名维修师傅组成的服务小组，免费为全市 36 家 60 周岁以上的烈士子女提供管道疏通、水电家电维修、锁具维修、精神慰藉等志愿服务，解决其日常所需，促进全社会对革命先烈子女生活的关心。活动得到烈士子女家庭的欢迎，全年共服务 230 余次，其中 6 月、9 月、12 月为集中服务月。 （王 洁）

新市民服务

【概况】 1 月，市流动人口服务中心更名为市新市民事务中心，新增新市民积分管理职责。各区镇机构也相应更名。至年末，全市共登记流动人口 63.43 万人，发放居住证 48.76 万张，新增登记人数 19.8 万人，年审 35.97 万人，比上年增 50%。其中就业人数 46.47 万人，流动党员 1116 人。全市有新市民法制学校 214 所。查验婚育证明 14.27 万人，协助处理计划外怀孕 1278 人，接待处理信访 1427 件。协管员提供线索破获治安案件 57 件、刑事案件 95 件，协助抓获治安处罚对象 149 人，协助抓获刑事处罚对象 167 人，协助抓获逮捕对象7人，协助抓获网上逃犯67人，提供线索打击“四黑四害”案件54起，协助打击非法行医41起，协助打击黑网吧39起。协助破获省厅督办的“5·30”制售假药案件，缴获各类名贵中药材残渣14.7吨，抓获犯罪嫌疑人10人；协助破获公安部督办的“8·14”塘桥生产地沟油案件，抓获犯罪嫌疑人12人。12月19日上午，协管员在锦丰镇合兴辖区发现并协助破获安徽籍流动人口裴某生产伪劣白酒案。在其租住的车库内当场查获灌装的假冒茅台、五粮液、天之蓝等名酒共103瓶，空瓶183瓶、外包装盒967个、假商标120件。在联合社保部门举办的春风行动中，共配合全市833个单位，提供工作岗位4.06万个，有1.51万人报名，达成就业意向1.01万人。全年救助特困新市民38人，救助金额11.4万元。3月开始，市新市民事务中心在全市新市民中开展“我心目中的现代化”征文比赛。各区镇新市民积极参与，为决战现代化献计献策。共有105篇征文进入评选，评出一等奖1篇、二等奖2篇、三等奖3篇和鼓励奖10篇。12月，组织新市民代表参观“沙洲的崛起，张家港的辉煌”——张家港建县（市）50周年成就展，提高新市民对港城的家园意识、热爱意识和奉献意识。市新市民事务中心被市委、市政府授予“综合贡献奖”，并被评为市计划生育工作先进集体、社会管理先进单位、法制宣传教育工作先进集体。10月15日，市委书记徐美健到市新市民事务中心调研新市民积分管理工作，肯定新市民事务中心“融服务于管理之中，根据新市民的变化和特点，根据经济社会发展的需要，不断创新工作思路，为新市民积极融入港城、扎根港城做出了贡献。”

2012年张家港市流动人口分布情况

表71　　单位：人

镇(区)名	流动人口登记数	男性劳动力登记数	女性劳动力登记数	未满16周岁人数	就业总人数	第一产业人数	第二产业人数	投资经商人数	无业人员数
杨舍镇	233647	113404	89515	30728	169065	1089	113056	11741	31982
金港镇	120498	60816	44092	15590	82048	495	60187	5950	22514
塘桥镇	96289	41208	42306	12775	73677	1100	61243	1829	9615
锦丰镇	54830	30775	16886	7169	41206	1025	33395	2505	6455
凤凰镇	52655	24948	20953	6754	41848	555	36892	1790	3977
大新镇	31613	16211	11049	4353	23223	255	20464	1230	3787
乐余镇	17640	9409	5603	2628	13102	432	10081	157	1910
南丰镇	23167	13304	6527	3336	17341	417	13585	484	2454
现代农业示范园区	3993	2168	1339	486	3231	105	2544	98	276
合计	634332	312243	238270	83819	464741	5473	351447	25225	82970

【新市民实施积分管理】 4月18日，市委、市政府下发《关于加快新市民同城化待遇步伐的实施意见》和《关于印发张家港市新市民积分管理暂行办法的通知》。5月3日，市委宣传部、市政府新闻办公室在市政府会议室联合召开新市民积分管理新闻发布会，人民日报社、新华社、中央人民广播电台、江苏电视台等24家媒体记者参加。5月9日，新市民积分管理工作启动仪式在市沙洲宾馆举行。市委副书记、市长姚林荣宣布新市民积分管理工作正式启动。新市民积分管理涵盖入医、入学、入户3个方面。据统计，全年共接受各类咨询8.8万人次，领取登记表7.8万人次。申请入医40204人，其中符合申请条件的对象15845人；申请入学14672人，其中符合申请条件的对象10407人；申请入户745人。8月末，1万名新市民子女凭积分加入居民基本医疗保险。9月初，7898名新市民子女凭积分进入公办学校就读，其余2509名未能成功申请积分入学的学龄新市民子女顺利就读民工子弟学校。12月末，571名新市民成功获得积分入户准入资格。《人民日报》《法制日报》等国内主流媒体对新市民积分管理工作进行追踪报道和深度采访，并给予高度评价：“积分管理科学发展、成就辉煌”“是可复制的善政”“使百姓幸福指数一路上扬，形成了民生普惠的好经验”“完成了理念重塑，让社会管理于无声处，成为服务群众、温暖人心、凝聚民心的事业”。

【“我的青春我做主”关爱新市民子女就业成才活动开展】 3月至12月末，市新市民事务中心在全市5所民工子弟学校中开展“我的青春我做主”主题就业成才活动。市新市民事务中心走访调研1524名即将毕业的初三学生及家长，了解他们的家庭情况、思想动态和自我规划，掌握他们选择继续升学、就业的人员比例，并针对其知识结构和身心特点，帮助联系相关技能培训单位，提升新市民子女就业、创业本领。据统计，共有209名新市民子女参加技能培训，163人获得劳动技能培训合格证书。该活动被市精神文明建设委员会办公室评为“2012年度张家港市未成年人思想道德建设工作创新案例”二等奖。

【"知我文明港城,爱我第二故乡"演讲比赛举办】 5月25日，市新市民事务中心在市文化中心星海剧场举办"知我文明港城、爱我第二故乡"新市民子女演讲比赛，全市八镇一区的24名新市民学生参加角逐。市新市民事务中心有关领导、各区镇新市民事务中心主任、各民工子女学校负责人以及新市民子女代表共300余人观看比赛。金港镇白云学校孟小琴演讲的《异乡暖流》获一等奖；锦丰镇合兴小学丁晴演讲的《扬帆，在第二故乡》、南丰镇南丰中学房夏秋演讲的《我爱我的第二故乡——张家港》、乐余镇乐余中心小学陈舒雅演讲的《美丽的港城，我爱你》获二等奖；杨舍镇乘航小学钱孟娇演讲的《一路欢笑一路歌》、塘桥镇妙桥小学杨一恬演讲的《爱，在这里起航》、金港镇蓝天学校朱莹莹演讲的《播撒希望的人》、杨舍镇城西小学陶平平演讲的《牵手的幸福》、凤凰镇恬庄小学罗清清演讲的《我爱第二故乡——张家港》、杨舍镇东莱小学刘帅演讲的《爱满港城》获三等奖。

【第四届新市民体育运动会举行】 10月20日，市新市民事务中心联合市人口计生委、市人社局、市总工会、市城乡环境卫生指导中心、市体育局等5个单位，在市体育中心举办第四届新市民体育运动会。运动会设置乒乓、拔河、象棋、体能、田径5大类15个项目，全市八镇一区的9支代表队共541名新市民运动员参加比赛。市长助理、市公局局长赵金龙出席开幕式并致词。杨舍镇、锦丰镇、凤凰镇代表队获女子拔河前三名，杨舍镇、塘桥镇、南丰镇代表队获男子拔河前三名，杨舍镇、锦丰镇、凤凰镇代表队获女子跳长绳前三名。赵静璇、刘凤梅、李娜获女子乒乓球前三名，郑小平、朱国杰、李高陆获男子乒乓球前三名，钱猛、于涛、郑福杰获男子引体向上前三名，秦剑虹、王亚楠、冯蕾获女子跳远前三名，郑玉海、陆卫兵、周友成获男子跳远前三名，冉念春、李红芬、王香获女子100米前三名，瞿国华、叶科、马红伟获男子100米前三名，张黎黎、孟娇荣、王香获女子铅球前三名，张延奎、黄海堂、徐涛获男子铅球前三名，李红芬、孟娇荣、王婷获女子800米前三名，马红伟、于涛、栗小兵获男子1500米前三名，吕宜飞、张友平、王凤桥获男子象棋前三名。杨舍镇、锦丰镇和乐余镇获团体总分前三名。

【协会参与社会管理出成效】 市新市民共进协会和市住房出租管理协会(又称房东协会)成立后，两大协会不断拓面分会，优化服务，成为社会力量积极参与社会管理创新的有效抓手，逐渐取得新老市民的信任。至2012年年末，已在全市267个行政村(社区)建立分会200家(新市民较少的村合并成立)，有会员7.1万人，实现分会全覆盖，房东参会率95.9%。全市5000人以上的村(社区)全部成立新市民共进协会分会，共有分会39家，会员5435人。年内，新市民共进协会配合市卫生部门开展艾滋病高危行为干预工作，举办讲座义诊，送健康送幸福；积极参加全市首届公益广场宣传活动、金秋助学帮扶活动，组织开展新市民子女夏令营活动，推出月子保姆免费培训和民间艺人志愿者招募等项目。房东协会积极配合积分管理工作，共为租户发放6.83万份宣传手册。房东协会会员还主动提供线索，协助破获各类刑事治安案件43起，协助抓获违法犯罪嫌疑人81人，提供线索打击非法行医21所、黑网吧10家、黄赌毒黑窝点8处，为全市营造平安稳定的治安环境。年末，有200名房东被评为优秀房东。

(王　依)

社会调解

【概况】 2012年，市调解中心以建设"平安张家港"为目标，以《中华人民共和国人民调解法》为依据，在维护社会和谐稳定上狠下功夫，以领导接访为抓手，实行多向互动，及时有效化解矛盾纠纷，推进调解工作再上新台阶。年内接待群众到访365批1108人次。登记受理193批754人次。包括个访176批442人次，集体上访17批312人次；当面回复98批180人次，交办12批13人次，自办83批561人次。其中司法调处83起561人次，涉及金额936.46万元。另医患纠纷办公室调处43批299人次，涉及金额496.18万元。矛盾纠纷调处率100%，调处成功率88.7%。

【领导接访】 根据中央联席会议的统一部署和安排，市委、市政府组织开展市党政领导"接访"活动。全年市级党政领导接访、下访82人次，接待群众107批149人次。市委书记徐美健和市委副书记、市长姚林荣率先示范，接访、约访15人次。党政领导的接访时间为每周星期五，形式是随机接访。在党的十八大召开期间，党政领导干部天天到接访中心进行随机接访和约访，做到面对面接待上访群众，直接听取群众诉求。对上访群众提出的诉求，能当场解决的当场解决，不能当场解决的，提出解决和化解的时限，属依法依规不能解决的，讲清道理，深入做好教育疏导工作。对群众普遍关心的热点、难点问题，进行入情入理的分析解释，帮助群众理顺情绪、化解矛盾、协调关系。3月2日、15日，11月5日、12日，市委书记徐美健和市委副书记、市长姚林荣接待金港、锦丰、乐余、杨舍镇的村民，认真听取了他们反映的房屋拆迁、生活困难、环境污染等方面问题，一方面就全市的政策进行宣传、解释，一方面要求市、镇两级联合调查研究，妥善调处。通过市政领导干部接访、约访，进一步畅通了群众诉求的渠道，切实解决了一批群众最关心、最直接、最现实的利益问题。

【快速调处农民工工资纠纷】 9月25日，市社会调解服务中心成功调处一起持续近两个月的农民工工资纠纷，避免了可能引发的群体性上访。7月，市宏达货运有限公司承包市海螺水泥厂运输水泥任务，公司又把部分转包给个体户孙晓华，孙晓华自备车辆雇用姜永学、卞雷波、周绍合等10人为其装运水泥，3个月后孙晓华无力支付姜永学等人工资共计11万余元。经大新镇社保所、大新镇司法所协调，孙晓华同意在市宏达货运有限公司所结欠的运输费中扣除，但之后孙晓华又反悔，姜永学等人工资无着落。9月20日向市社会调解服务中心申请调解。调解工作由市调解中心调处科负责。调处科的工作人员首先稳定农民工情绪，接着听取双方当事人的陈述及意见，找到矛盾焦点。焦点在于孙晓华按照每人每月6300元的工资给付，但应当确保完成一定的工程量，而姜永学等人并没有按照约定的工程量完成运输作业，造成孙晓华严重亏损，因此引发矛盾。调解中心在多次电话沟通征求各方意见后，会同大新镇社保所、人社局锦丰中队、大新司法所进行调解，调解员经过多次疏导和劝解，最终各方同意完成约定的运输任务，按照实际工程量结算，共计84043元，款项由市宏达货运有限公司垫付。劳资纠纷圆满解决。　（薛向红）

民族宗教工作

【概况】 年末，全市有常住少数民族人口2887人，比上年增174人，有少数民族成分37个；有暂住少数民族人口9866人，比上年减130人，有少数民族成分41个。有宗教活动场所24处，其中佛教13处、道教1处、天主教3处、基督教7处，有宗教教职人员91人，比上年增1人。10月，市民族宗教事务局（简称市民宗局）被苏州市政府评为苏州市第十三届运动会群众体育工作先进集体。

【民族工作】 3月，市民宗局在花园社区文化苑广场开展民族政策法规宣传，现场就群众提出问题进行解答，发放宣传材料200余份。继续开展民族团结进步示范创建，深入永钢集团等少数民族员工较多的企业调研，指导做好企业民族工作。城北街道东渡社区被评为江苏省民族工作示范社区，张家港保税区（金港镇）被评为江苏省民族团结宣传教育示范单位。5月13日，市民宗局联合市少数民族联谊会、东城第三区域联合党委举办市第七届少数民族体育比赛，各区镇、相关单位和外来少数民族流动经商人员派出13支代表队、69名少数民族运动员参加比赛。比赛设乒乓球、跳绳、象棋、台球和俯卧撑5个项目。经过角逐，男、女乒乓球冠军分别被乐余镇的黄克红（彝族）、东城第三区域联合党委的关颖（满族）夺得；男、女跳绳冠军分别被东城第三区域联合党委的周辉（土族）、张家港保税区（金港镇）的高嘉雯（满族）夺得；象棋冠军被大新镇的陈金永（佤族）夺得；台球冠军被城北街道的李光林（朝鲜族）夺得；俯卧撑冠军被张家港开发区（杨舍镇）的佟晶（满族）夺得。9月至10月，全市举办第九个民族团结进步宣传月活动，组织各区镇以悬挂横幅、举办板报联展、张贴发放宣传资料、播放电子流动字幕、组织座谈会、举办法律早市等形式，广泛开展民族政策、法规、典型人物等内容的宣传。11月，投入45万元在市青少年社会实践基地建设市民族团结进步主题教育馆。指导市民族团结进步促进会与常熟少数民族联谊会开展联谊活动。全年共为78名参加中、高考和对口单招少数民族考生审核民族成分，为20名少数民族群众子女办理变更民族成分初审手续，协调解决23名暂住少数民族群众子女入托、入学问题。年内配合做好两批192名（第一批15名、第二批177名）新疆籍学员到市学习、培训工作。走访慰问少数民族困难家庭48户，发放慰问金4.8万元。继续做好对新疆伊犁哈萨克自治州巩留县民宗局的支援工作。

【宗教工作】 1月，市民宗局组织相关区镇民宗助理、宗教团体负责人组成考核小组对全市15处宗教活动场所管理组成员中的19人进行考核，被考人员综合评价都达到称职以上，其中6人达到优秀。春节前，市政府办牵头组织召开全市佛教场所春节期间安全工作专题会议，提出安全工作要求，建立节日期间佛教场所安全工作网络。除夕夜，各相关区镇、单位组织人员分赴佛教场所进行现场指导，确保13个佛教场所、约8万信众烧香活动安全有序。3月，“和谐寺观教堂”创建第二批申报达标的8处宗教活动场所通过苏州市民宗局考核验收。为巩固创建成果，在“和谐寺观教堂”创建达标的宗教活动场所中，开展星级寺观教堂评定活动，下发《张家港市星级宗教活动场所考评细则（试行）》，明确评比将按照主动申报、审核推荐、评审定星的程序进行，并实行动态跟踪管理。在宗教活动场所中开展宗教“安全年”主题活动，向各区镇、宗教团体、宗教活动场所下发《关于2012年开展“安全年”主题创建活动的通知》。开展专项治理乱建寺庙“回头看”工作，指导区镇对辖区范围内乱建寺庙、私设烧香点、假僧假道及基督教私设聚会点等情况进行全面治理，共拆除烧香点3处，劝散制止基督教私设聚会点2处。4月，会同市住建局、消防大队和相关区镇对全市宗教活动场所在建工程进行安全检查。将5月定为“宗教政策法规学习月”，向各区镇、宗教团体、宗教活动场所下发《关于开展“宗教政策法规学习月”活动的通知》，汇编印发《宗教政策法规》学习材料，组织开展宗教政策法规知识竞赛，在《张家港日报》刊发宗教政策法规知识专版。邀请苏州市民宗局政策法规处处长韦佳对宗教活动场所管理组成员、教职人员进行宗教政策法规培训。8月，组织各宗教团体、宗教活动场所负责人，宗教活动场所义务消防员和部分教职人员参加食品卫生和消防安全知识培训，现场签订《张家港市宗教活动场所食品卫生和消防安全责任书》。9月17日至23日，在宗教活动场所开展“宗教慈善周”活动，共得善款11.55万元，用于敬老爱老、助学、扶贫、救灾等慈善事业。开展“文明进香”活动，在永庆寺、韩山寺试点基础上总结经验并召开现场会，从10月起，在全市佛教场所内推行文明进香。圣诞节期间，市民宗局、公安局等部门及相关区镇合力指导、监管，全市10个宗教活动场所近1.5万人次信教群众的宗教活动健康、安全、有序。年内，市民宗局先后指导乐余、塘桥等镇做好长安寺、金村庙会、东渡寺钟鼓楼上梁法会和塘桥基督教堂新堂落成典礼等大型宗教活动。

【民宗事务实施网格化管理】 2月，市委办、市政府办联合转发《关于在全市开展民族宗教事务网格化管理工作的意见》，按照"以块为主、条块结合、各司其职、密切配合"的工作原则，在全市建立市、区镇、村（社区）、村（居）民小组四级管理网络。市、各区镇相继调整充实民族宗教工作领导小组。各区镇主动加强民族宗教工作组织领导，推进区镇、村（社区）、村（居）民小组管理网络建设，明确各级职责，加强对民族宗教事务的依法管理。全市建立市、区镇、村（社区）、村（居）民小组共2300余个管理网格，明确2565名网格员。5月17日，市民宗局邀请江苏省民委（宗教局）政策法规处处长周平对市、区镇民族宗教工作领导小组成员150余人进行民族宗教政策法规培训，并发放《基层民族宗教工作问答》一书。6月15日，为冶金工业园（锦丰镇）100余名村（社区）民族宗教工作联络员作题为《重视民族宗教问题，做好基层民宗工作》的专题培训讲座。7月28日、10月18日，又先后邀请周平为经开区（杨舍镇）、塘桥镇作民族宗教政策法规专题培训。12月，对各区镇年度民族宗教工作情况进行考核，组织召开全市民族宗教工作座谈（总结）会，与区镇签订《2013年度民族宗教工作目标管理责任书》。

【大新毛纺有限公司被确定为全国民族特需商品定点生产企业】 市大新毛纺有限公司是一家生产卡丹绒等民族特需商品的股份制企业，产品主要销往四川、宁夏、吉林、新疆等少数民族地区，民族特需商品年销售额达到15840万元，占企业总销售额的50.8%。该企业有少数民族员工60余人，占员工总数的10%左右。在经营中，该公司一方面积极招聘外来少数民族员工，另一方面重视选拔少数民族员工充实到公司管理层，为外来少数民族群众在张家港市就业和为少数民族地区提供优质的民族特需商品作贡献。根据国家民委关于"十二五"期间进一步落实扶持民族贸易和民族特需商品定点生产企业优惠政策精神，市民宗局对该企业进行重点指导、培育，帮助企业申报全国民族特需商品定点生产企业，申请贷款优惠政策。12月5日，国家民委、财政部、中国人民银行联合发文，将市大新毛纺有限公司确定为"十二五"期间全国民族特需商品定点生产企业，并确定目录商品（少数民族针纺织）。

【市民族团结进步促进会代表大会召开】 9月26日下午，市民族团结进步促进会第四届代表大会在市沙洲宾馆会议中心召开，大会审议通过《张家港市少数民族联谊会第三届理事会工作报告》，决定将"市少数民族联谊会"更名为"市民族团结进步促进会"。大会选举产生理事35人，常务理事19人，理事单位4家。选举格桑曲宗（女、藏族）为会长，马毅（回族）、杨革（回族）、黄和芳（汉族）、施建东（汉族）、孙丽华（女、满族）为副会长，吴广宇（汉族）为秘书长。大会聘任市民宗局主任科员王永清（汉族）为名誉会长，杨世峰（回族）为名誉顾问。

【塘桥基督教堂落成】 塘桥基督教堂于2000年7月经批准设立，先后借用塘桥镇镇中路一信徒家、中心社区作为活动场所。2009年9月，市政府划拨一块面积为2276.7平方米的宗教用地给教堂使用，2010年10月完成建设招标工作，11月23日举行奠基仪式。2012年4月新堂竣工，5月26日举行新堂落成感恩礼拜。教堂总投资550万元，其中市政府出资90万元、镇政府出资80万元，建筑面积1800余平方米，可一次容纳1200人聚会。 （马为军）

老龄工作

【概况】 2012年年初，全市有百岁老人119人（虚百岁），比上年增12人，为历史最多。至年末，60周岁以上老年人20.52万人，比上年增9732人，占全市户籍总人口的22.55%。其中，60至69周岁老年人115529人，比上年增7690人，占市老年人口的56.3%；70周岁以上老年人89682人，比上年增2042人，占市老年人口的43.7%；90周岁以上老年人3441人，比上年增57人，占市老年人口的1.68%。年内，全市努力构建多元化社会养老服务体系，4月出台《张家港市老年护理院管理办法》，健全养老护理机构的扶持政策，加快养老项目建设，完善养老服务平台，居家养老"一键通"获市第二批"文明服务品牌"称号。全市有养老机构36家，养老床位数7432张，达省评估AAA级标准的居家养老服务中心（站）5家，达AA级标准的居家养老服务中心（站）88家；达苏州市标准的日间照料中心6家、老年人助餐点12家，办理老年证11696张。"三项涉老"保险共赔付32.52万元，其中：全市70周岁以上老人团体意外伤害险共接报案130件，结案109件，总赔付金额278669.52元；养老机构综合责任险共接报案5件，结案4件，撤案1件，赔付46564.31元。市老龄办获2012年度省老龄宣传工作先进单位称号。

【敬老月老年活动】 10月，全市广泛开展走访慰问送温暖、老年维权优待、为老志愿服务、老年文化体育等五大主题为内容的"敬老月"活动。市老龄办举办全市庆祝第25个老年节文艺汇演、全市老年人书画摄影作品展、老年人乒乓球比赛、2012年"敬老杯"广场舞大展演、健身达人秀等活动。与市委宣传部、市文明办等单位联合开展大型系列活动"我们的节日——重阳"，包括"九九重阳、关爱健康"——大型义诊活动、"秋天的童话"摄影大赛和摄影展、幸福重阳文艺节目汇演等主题活动。结合张家港建县（市）50周年活动，与市委宣传部、市文明办、市文广新局联合举办"金婚庆典"活动。市人社局举办"辉煌五十年，社保进万家"——全市企业退休人员庆祝建县（市）50周年文艺汇演。杨舍镇举办"幸福晚霞耀港城"文艺汇演、"庆重阳"书画作品展示活动、"走进敬老院，送戏老年人"慰问演出和"敬老爱老、共建共享"我们的节日——重阳节戏曲专场。金港镇举办"金秋迎佳节·银发展风采"系列活动。塘桥镇、锦丰镇举办"欢度九九重阳展示老年风采""敬老爱老，扬文明新风，共建共享，建和谐滨江"迎重阳文艺晚会、"九九重阳”老年人运动会等，凤凰镇特邀常熟市评弹团全国著名演员夏云泉、沈伟英弹唱《上海大亨》等。乐余镇、南丰镇开展2012年老年节棋牌比赛活动。大新镇组织老年人进行“老有所乐享晚年”社区棋牌比赛、“重阳佳节人人敬老，舞动夕阳老当益壮”老年人才艺展示赛，“敬老爱老”送戏入村等系列活动。全市全年发放80周岁以上老年人尊老金及老年节百岁老人敬老金等共计2369.13万元。据不完全统计，老年节期间，市、各区镇走访慰问投入金额925.28万元，惠及8.96万名老人；市退休人员管理中心对年内逢70、80、90周岁及100周岁以上退休人员发放慰问金。锦丰镇开展“情暖锦丰”送温暖活动，走访慰问全镇1.33万70周岁以上老年人，累计发放慰问品49.2万元。塘桥镇、杨舍镇、金港镇、凤凰镇、南丰镇、大新镇、现代农业示范园区等都走访慰问了百岁老人和敬老院老人。市慈善总会义工在市老年公寓开展“义工情怀暖夕阳”重阳节专题服务活动，内容有专业心理咨询、养生保健、针灸推拿、法律咨询；市曲艺家协会惠民演出走进凤凰、塘桥敬老院；浦项不锈钢集团慰问大新镇敬老院；塘桥镇花园村的志愿者开展“情系福沁苑，爱洒夕阳红”庆重阳慰问演出。凤凰镇开展第四届“九九重阳，欢唱久久”大型慈善嘉年华活动，进行义卖、义诊等，共筹到7.68万元善款。南丰镇举行“金手杖”关爱老人公益行动启动仪式，有生活照料、心理慰藉、法律援助、医疗服务、文化生活五块内容，每块内容都有专门团队，实现对老人的“5+1”组团式服务，对年老、行动不便的老年弱势群体进行帮扶。现代农业示范园区举办“重阳敬老送健康”志愿者行动暖人心活动，开展以“送爱心、送温暖、送健康”为主题的“三送”志愿者敬老行动。

【“敬老文明号”创建】 年内，按照全国、省老龄委开展“敬老文明号”创建活动的工作安排，全市成立市“敬老文明号”创建活动领导小组和创建办公室，制定《张家港市“敬老文明号”实施方案》《张家港市“敬老文明号”创建和管理办法》《张家港市“敬老文明号”创建活动考核标准》等文件，在各涉老部门、公共服务窗口行业、为老服务组织中开展以“关爱老人、构建和谐”为主题，弘扬尊老敬老传统美德、落实各项老年优待政策、创新为老服务方式、提高为老服务质量、推动精神文明建设为内容的“敬老文明号”创建活动，通过明确创建目标、拓展服务内容、制定服务标准、完善服务制度等方式使全市为老服务水平得到提高，形成了全社会尊老敬老的良好风尚。10月16日，在市创建领导小组办公室评选、考核、评估的基础上，率先表彰市老龄办、市社会福利服务中心、市港城公共交通有限公司等首批39个张家港市“敬老文明号”单位。

【张家港市获全国养老服务示范活动示范单位称号】 近年来，全市老龄工作不断强化养老政策、资金投入、保障水平，创新居家养老服务、机构管理方式和文化供给机制，社会力量广泛支持，建立健全与人口老龄化进程相适应、与经济社会发展相协调，以居家养老服务为基础，社区服务为依托，机构养老为骨干，服务方式多样化、投资主体多元化、服务队伍专业化，覆盖城乡全体老年人的具有张家港特色的多元化社会养老服务体系。3月，张家港市被民政部授予全国养老服务示范活动示范单位称号。2012年全市共新增养老床位2717张，超额完成现代化指标任务。完成省下达的3家省级示范性社区居家养老服务中心、2家城市社区小型托老所、4家农村“老年关爱之家”和13家AA级居家养老服务中心（站）的建设任务。完成苏州市下达的4家老年人日间照料中心和8家老年助餐点的养老服务设施建设任务，分别是金港镇日间照料中心、塘桥镇韩山社区日间照料中心、大新镇日间照料中心、南丰镇永合社区日间照料中心，金港镇南沙社区老年助餐点、金港镇海港社区老年助餐点、塘桥镇居家养老服务中心助餐点、塘桥镇韩山社区老年助餐点、锦丰镇滨江社区老年助餐点、乐余镇永利村居家养老服务站老年助餐点、南丰镇永合社区老年助餐点、大新镇长丰社区老年助餐点。

【市亲情虚拟养老院成立】 10月16日，依托市便民服务中心公共信息服务平台和“一键通”应急呼叫系统，市亲情虚拟养老院成立。它具有港城特色，集养老服务信息管理系统、老年人居家呼叫服务系统和应急救援服务网络于一体，为居住在杨舍镇城区二环路以内4个街道60周岁及以上居家老人试点开展家政便民、医疗保健、物业维修、人文关怀、娱乐学习、应急救助等日常生活照料服务。至年末，亲情虚拟养老院制定了运作流程、居家养老服务项目等，对77个政府援助对象开展审核、信息采集、服务协议签订、信息汇总和录入等工作。

10月16日，市亲情虚拟养老院成立　　（市老龄委　供稿）

【市老年协会成立】 10 月 17 日，市老年协会成立。这是由全市老年工作的相关单位、社会组织及热心老年事业的人士自愿组成的地方性、联合性、非营利性的社会团体法人组织，开展面向老年人和老年事业的各种为老服务活动。至年末，协会有会员 68 人，由市老龄委成员单位负责人、各镇老龄办分管领导和涉老单位、养老机构负责人等组成。

【首家规模型民办养老机构开业】 6 月 28 日，市首家上规模的民办养老机构合兴老年公寓开业。公寓占地 0.13 公顷，建筑面积 6000 平方米，一期投入 500 万元，设计床位 250 张。至年末，入住老人 61 人。这是全市养老服务体系建设的一个新突破，是转变社会养老方式、解决"空巢"老人的赡养问题、化解老龄化带来的社会压力的新举措。 （白　玲）

关心下一代工作

【概况】 2012 年是市关心下一代工作委员会（简称市关工委）成立 20 周年。年内，市关工委深入开展"学雷锋、知党恩、讲道德、见行动"主题教育活动；继续开展"五有五好"先进村（社区）关工委创建活动。加强城乡校外教育辅导站建设，配合有关部门开展"三帮"工作，为青少年弱势群体做好事、办实事、解难事。3 月 14 日，苏州市关工委副主任王溢、办公室主任缪岳坤到市调研江苏培达塑料有限公司关工委工作开展情况；4 月 10 日，江苏培达塑料有限公司关工委副主任包勤雅参加中国关工委在江阴市召开的全国部分民企关工委工作座谈会，并提交《用心做好青年员工关爱工作是推进企业健康发展的重要保证》报告。6 月 12 日，市关工委被表彰为省关心下一代宣传工作先进集体。

2012 年张家港市关工委组织及工作情况

表 72

单位	关工委组织						学雷锋、见行动主题教育活动情况					法制教育			结对帮教失足青年			校外教育辅导站情况				参加关心下一代工作的"五老"志愿者总人数	网吧义务监督员人数
							宣讲情况																
	总数	市直机关数	镇、办事处数	村、社区数	学校数	非公经济组织数	宣讲员人数	编写材料篇数	听讲青少年（万人）	参加征文活动青少年（人）	图片展览文艺演出演讲比赛参加人数（万人）	报告员人数	报告场次	受教育青少年（万人）	帮教小组个数	参加"五老"人数	帮教对象（人）	辅导站总数	参加"五老"总人数	辅导学生人数（万人）	已建成电子阅览室的站数		
杨舍镇	125		10	95	20	–	503	70	2.50	1876	2.50	432	315	1.60	65	326	15	227	923	3.60	123	1554	34
塘桥镇	29		3	18	8	–	72	25	1.85	1202	2.10	50	58	0.50	8	32	8	71	895	1.90	19	894	14
金港镇	56		4	39	13	–	115	52	2.30	1800	1.80	25	32	1.20	68	130	92	69	350	4.80	39	1180	26
锦丰镇	42		3	31	8	–	126	50	0.86	1230	0.75	30	30	0.87	3	16	3	62	181	1.08	28	750	18
乐余镇	31		3	24	4	–	20	20	1.20	1300	0.90	6	28	1.20	3	36	18	38	150	1.30	24	670	16
凤凰镇	28		3	19	6	–	180	92	0.63	1600	0.95	80	20	0.81	28	56	28	36	136	0.75	18	580	26
南丰镇	14		1	11	2	–	32	5	0.41	350	0.31	6	15	0.76	10	23	10	20	95	0.65	5	436	5
大新镇	15		1	11	3	–	38	35	0.37	220	0.26	28	33	1.10	41	20	38	17	85	0.56	9	385	5
现代农业示范园区	9		1	8	–	–	6	6	1.20	256	0.35	2	3	0.70	3	6	3	11	46	0.43	7	86	2
市直机关	717	73	–	–	12	632	1120	38	4.60	1360	0.81	70	83	4.58	2	7	4	–	1130	–	–	781	35
合计	1066	73	29	256	76	632	2212	393	15.90	11194	10.73	729	617	13.30	231	651	219	551	3991	15.70	272	7316	181

【市关工委成立 20 周年纪念大会召开】 为总结市关工委成立 20 周年工作经验，表彰关心下一代工作中的先进集体和先进工作者，9 月 17 日，全市召开纪念市关工委成立 20 周年暨关心下一代工作表彰大会。省关工委常务副主任、苏州市关工委名誉主任王敏生，苏州市关工委副主任王溢，张家港市委书记徐美健、市长姚林荣、人大常委会主任高建刚、政协主席单玉珍、市委组织部部长方培华出席会议，各区镇、办事处、市直机关各部门、企事业单位关工委主任和常务副主任及先进集体、先进个人代表共 250 人出席会议。会上，王敏生、徐美健作重要讲话，高度赞扬张家港市各级关工委为促进青少年健康成长，促进社会和谐，促进全市经济社

会发展作出的积极贡献。市关工委主任钱根祥在大会上作《求真务实,勇于探索,努力开创关心下一代工作新局面》的工作报告。大会表彰杨舍镇关工委等53个关心下一代工作先进集体,授予缪珊红等102人关心下一代工作先进工作者称号。

【开展"学雷锋、知党恩、讲道德、见行动"主题活动】 年内,按照中国关工委开展学雷锋活动的通知要求,市关工委在青少年中开展"学雷锋、知党恩、讲道德、见行动"为主题的社会主义核心价值体系教育活动,通过形式多样、内容丰富的系列活动,引导广大青少年学习雷锋精神。3月8日,市关工委召开市、镇关工委常务副主任会议作出部署,各级关工委组织"五老"编写宣讲稿,进社区(村)、学校、民营企业向青少年、青年员工宣讲雷锋事迹和精神,结合当地革命英烈、道德模范、劳动模范的先进事迹,广泛开展宣传教育活动。市关工委指导员汤汉民在杨舍镇庆丰社区和学校作《学习雷锋精神,献礼建县(市)50周年》报告,先后作专题讲座10场次。电大退休教师、市关工委指导员谢步时到塘桥、妙桥、鹿苑等地作《缅怀革命先烈,坚定理想信念》的报告,青少年深受教育。此外,全市以喜迎、庆祝党的十八大胜利召开为契机,普遍开展学习宣传党史、十八大文件精神和学习十八大报告知识竞答等活动。有2212名"五老"宣讲员在主题教育活动中发挥重要作用,受教育青少年15万人次以上,参加征文活动的有1.1万人。各级关工委配合参与组织图片展、文艺演出、演讲比赛446场次,参加的青少年有10.7万人。市政法系统的老同志配合政法系统驻各学校的法制副校长开展法制教育,全市参加法制教育的报告员有729人,分别到学校、社区、村作报告617场次,听讲青少年13.3万人次。市公安局关工委在中小学校作交通安全讲座11场、毒品预防教育讲座16场,发送宣传资料11243份,致学生家长公开信400份,受教育学生24243人。

【551个校外教育辅导站建成】 年内,市关工委加紧推进校外辅导站建设,全市校外教育辅导站实现全覆盖。2月15日,市关工委、市文明办、市教育局联合召开全市优秀校外教育辅导站表彰暨关心下一代工作会议,表彰50个优秀校外教育辅导站及32个"五有五好"先进村(社区)关工委。上半年,市关工委在各镇、办事处、社区开展辅导站优秀活动案例的征集、选送、评比工作。经过评选,评出一等奖2篇、二等奖3篇、三等奖5篇、优胜奖14篇。其中凤凰镇关工委上报的案例获省文明办、省关工委优秀奖。6月27日至29日,市关工委秘书长丁仁兴参加省关工委在南京举办的全省校外教育辅导站骨干培训班学习,贯彻省关工委举办校外教育辅导站骨干培训班精神。暑假期间,市关工委到杨舍镇七里庙村、塘桥镇妙桥办事处、杨舍镇塘市办事处村、社区校外教育辅导站实地调研建设运行情况,召开座谈会,对辅导站的工作作具体指导。7月19日,省关工委常务副主任、苏州市关工委名誉主任王敏生,苏州市关工委主任谢慧新、常务副主任周德明、副主任张小鹰等7人专程到市调研校外教育辅导站建设情况,参观调研杨舍镇百家桥村白鹿社区校外教育辅导站、南丰镇科文中心镇校外教育辅导总站,杨舍镇、南丰镇党委领导汇报辅导站建站的情况,得到了苏州市关工委领导的充分肯定。11月22日至23日,市关工委驻委人员考察南通市崇川区虹桥街道"孙爷爷谈心屋"校外教育辅导站、海门市天补镇彦英村"清澄书屋"校外教育辅导站,学习先进校外辅导站建设经验。至年末,全市有校外教育辅导站(含家庭辅导站)551个,其中配备电脑的辅导站、点264个,包括已建成电子阅览室的189个,配备电脑1194台。参加校外教育辅导站工作的"五老"有3991人,比上年增2125人。

【"五有五好"创建全面完成】 2012年是全市开展基层关工委创优争先活动的第六年。市关工委对最后一批14个村、6个社区关工委创优争先工作进行考核验收,20个单位全部通过考核验收。6年内,全市已有155个村、77个社区关工委达到或基本达到"五有五好"标准要求。各村、社区关工委在开展创建"五有五好"活动的同时,紧密配合市相关部门组织创建未成年人"零犯罪"村(社区)。村(社区)是否实现未成年人"零犯罪",是当年验收通过"五有五好"先进村(社区)关工委的先决条件。对验收合格的村、社区关工委,由市关工委统一发牌、表彰奖励。村(社区)基层关工委经过创优争先活动,基层组织建设进一步加强,网络队伍进一步壮大,各项制度进一步完善,阵地建设进一步扩大。至年末,全市关工委组织有1066个,比上年增110个。其中市直机关、企事业单位73个,区镇街道办事处29个,村、社区256个,学校76个,民营企业632个。

【关爱青少年弱势群体】 年内,全市各级关工委组织"五老"深入调查青少年中弱势群体,建立调查台账资料,配合政府相关部门开展"送温暖献爱心""手拉手结对社会妈妈""希望之光工程""爱心点亮希望,文明辉映港城"等关爱活动。各级关工委积极配合有关部门,筹集帮困资金852万元,帮助4264名学生解决上学、生活困难问题,帮助孤残青少年儿童388人。沙洲职业工学院关工委通过工学院慈善分会,重点资助205名贫困大学生,还为200余名大学生提供校内勤工俭学岗位,推荐100余名大学生在校外勤工俭学,解决学习生活困难。乐余镇退休教师顾美芳发动"社会妈妈"集体坚持10余年结对帮困助学36名学生,受到市文明办表彰。沙洲职业工学院退休副教授、市关工委指导员茹逸樵,近年来先后为8名困难学生资助3.2万元。市工商局民营企业关工委为省关心下一代基金会苏州分会捐款60万元,并为旭东学校赠订《关心下一代周报》和《中国火炬》杂志。江苏国泰国际集团关工委配合公司组织"希望之光"爱心助学工程活动,7年中有2000余名国泰员工慷慨解囊,共筹集善款345万元,已发放爱心助学金157万元,资助市贫困学生1385人,并在

19 所学校设立爱心奖学金，为下一代创造健康成长的“社会摇篮”。各级关工委还发动“五老”积极参与各镇、社区和司法所、综治办帮教失足和问题青少年。全市成立帮教小组 231 个，有 651 名“五老”结对帮教 219 名失足、问题青少年。在全社会的共同关爱下有 206 名得到转变。为净化学校周边环境，有 157 名网吧义务监督员积极配合市文化市场对网吧和游戏机房进行巡查，确保未成年人不进入网吧、游戏机房。6 月 3 日至 5 日，省关工委、省文化厅召开全省优秀网吧义务监督员表彰大会，市关工委获江苏省“五老”网吧义务监督工作组织奖，茹逸樵、邵美英、周洪保、钱永祥被表彰为省优秀“五老”网吧义务监督员，茹逸樵在大会上作《牢记责任、坚持十年网吧义务监督》的交流发言。11 月 30 日，苏州市关工委、文广新局召开优秀“五老”网吧义务监督员表彰会，黄长法等 12 人受表彰。12 月 8 日，市文广新局、市关工委召开全市文化市场义务监督员表彰会，孙振芳等 15 人被评为优秀义务监督员。

（许永怀）

残疾人工作

【概况】 2012 年，全市共有持证残疾人 18555 人，其中视力残疾 2108 人、听力残疾 1507 人、言语残疾 136 人、肢体残疾 9986 人、智力残疾 2466 人、精神残疾 1686 人、多重残疾 666 人。9 月 25 日上午，省委书记罗志军到市残联考察，先后考察市聋儿语训康复中心和市残疾人肢体康复中心。罗志军要求康复中心要不遗余力地为更多的残疾人提供全方位、精细化、个性化和专业化的服务。11 月 7 日，省残联对全市残疾人“人人享有康复服务”进行验收评审，给予高度评价。

【惠残新政出台】 2 月，市政府出台《张家港市重性精神病患者免费服药和服药后安全监测项目实施方案》，使精神病患者免费服药和服药后安全检测费用由原来的每人每年 600 元提高标准至 1200 元。制定《张家港市残疾学生教育保障与救助的实施意见》，使残疾学生义务教育、高中、普通高等教育由原来的每人每学年资助 400 元、600 元、800 元提升至 500 元、1500 元、2000 元。转发《苏州市关于将残疾人辅助器具、0 岁至 6 岁残疾儿童康复项目纳入基本医疗保障范围的实施办法的通知》，将残疾人辅助器具、0 岁至 6 岁残疾儿童康复项目纳入基本医疗保障范围。印发《关于调整全市社会救助（补助）标准的通知》，四类重残人员救助、一户多残及以老养残的残疾人、精神（智力）三、四级残疾人救助标准从 7 月 1 日起均提高 20%。

【儿童功能检测中心投入使用】 6 月，作为市实事工程的市儿童功能检测中心和复旦大学附属儿科医院张家港儿童康复基地建成使用。张家港市对符合生育政策的新生儿童，凭《张家港市儿童健康保障工程服务卡》就能在市儿童功能检测中心免费进行听力、视力、髋关节、脑发育筛查和检测。全市共免费开展儿童功能检测 1.6 万人次，其中脑发育初步与进一步筛查 3450 人次、视力筛查 2342 人次、听力筛查 8025 人次、髋关节筛查 2182 人次，发现脑发育落后儿童 145 人，运动发育轻度迟缓 83 人，功能异常儿童 18 人（其中脑发育异常儿童 4 人、视觉异常 10 人、听力异常 3 人、髋关节功能异常 1 人）。62 名脑发育落后和异常的儿童在张家港儿童康复基地康复训练治疗，181 名儿童在医生指导下进行家庭训练，3 名听力异常儿童转介到听力康复机构，已有 178 名儿童达到正常水平。

【市“健康公平”项目获健康城市创新发展奖】 张家港市始终把残疾人状况作为衡量社会文明与进步的重要指标，不断优化残疾人事业发展环境，围绕维护残疾人生存权、保障权、发展权，积极开展构建残疾人士社会保障体系和服务体系实践活动，让残疾人士公平共享发展成果，为疑似残疾人士提供在机构的功能恢复性康复服务，为残疾人士提供在社区或家庭的功能保持性康复服务。全面保障残疾人士均等享受基本生活、基本医疗、基本养老等社会公共服务，为残疾人士的教育、就业、文化体育等社会活动提供资金、政策、维权和心理调适、无障碍的社会环境等帮助。10 月 25 日，在澳大利亚布里斯班举办的第五届世界健康城市联盟大会上，市残疾人联合会申报的“让残障老人公平共享发展成果”项目（简称“健康公平”项目）被世界卫生组织授予“健康城市创新发展奖”，这是张家港市继 2007 年 10 月在日本市川市召开的第三届世界健康城市联盟大会上获得的健康城市社会参与创新奖项目——“关爱白内障患者——用爱擦亮‘心灵之窗’”之后，再次获此殊荣。

（程　昊）

资料链接

公益创投： 公益创投（Venture Philanthropy）是一种新型的公益伙伴关系和慈善投资模式，资助者与公益组织合作的长期性和参与性是“公益创投”的重要特征，它强调资助方与受资助方不再是简单的捐赠关系，更重要的是与被投资人建立长期的、深入参与的合作伙伴关系。这种合作伙伴关系带来的是双方的共赢：合作伙伴能够更快地成长，则资助者就更为有效率地达到了最初设定的社会目标。公益创投活动旨在通过创意投标、项目运作、第三方评估等，培育和发展公益性社会组织，促进其规范治理、提升专业服务能力，推进社会发育和成长；创新、延伸“福彩公益金”使用方式，提高使用效率，扩大社会影响力，提升“福彩”公益形象；在社区实施以人为本、助人自助的公益服务项目，满足社区和居民群众多样化、个性化的服务需求，促进社会和谐；利用“福彩公益金”作为种子基金，通过公益创投，推动政府购买公共服务理念的提升，建立政府和社会组织合作共赢的新机制，创新社会管理。

【编辑　汪丽菁】

区 镇 概 况

张家港保税区
（金港镇）

【概况】 张家港保税区（金港镇）位于张家港市西部，有长江江堤岸线31公里，是张家港港和张家港保税港区所在地。全区（镇）总面积111.62平方公里，耕地面积3268公顷，辖3个办事处、26个行政村、20个社区居委会（其中8个兼挂行政村牌子）。全区（镇）总户数70100户，户籍人口166193人，另有外来暂住人口120498人。全年实现地区生产总值553.82亿元，比上年增10.26%；进出口总额143.82亿美元；完成全口径财政收入71.39亿元，其中公共财政预算收入32.02亿元，比上年增12.4%。完成全社会固定资产投资151.36亿元，比上年增16.96%。入库税收68.7亿元，比上年增6.6%。年内获江苏省新型工业化产业示范基地、全省和谐社区建设示范乡镇等称号。

经济建设与发展　年内，全区（镇）完成经济总收入3527亿元。年末有企业11053家，其中工业企业1977家，完成工业产品销售收入1267.47亿元，工业利税63.08亿元。区（镇）35家规模培育企业完成工业总产值850.47亿元，占全区（镇）的59.75%；工业开票销售收入842.12亿元，占全区（镇）的66.44%；入库税收23.03亿元，占全区（镇）的33.52%。工业产品销售收入超10亿元的企业有25家，其中超30亿元的企业7家。20个规模型经济村、成长型经济村产品销售收入达到195.32亿元，长山村、长江村、福民村等14个村的产品销售收入超5亿元，其中长山村、长江村、福民村、双丰村、小明沙村5个村的产品销售收入超10亿元。区（镇）工业投资106.01亿元，比上年增12.6%。其中新兴产业投资101.2亿元，占工业投资总量的95.46%，新兴产业产值558.2亿元，占工业产值的39.22%。服务业投资45.32亿元，比上年增29.1%；服务业增加值247.6亿元，比上年增14.9%。金港大润发超市开业运行。区（镇）获批全国第十一家、江苏省首家汽车整车进口口岸，获批江苏进口商品集采分销中心，省内率先启动保税仓储货物抵押试点工作，省内首家红酒检测实验室投运，大宗商品交易结算中心启动运行，港口支持系统正式开工建设。新增私营企业1034家，累计8146家；新增注册资金26.99亿元，累计277.58亿元。新增个体工商户1342户，累计8277户；新增注册资金1.34亿元，累计6.37亿元。新增外地资本企业698家，累计3727家。注册外地资本34亿元，比上年增16.6%，累计154.08亿元。外地资本投入30.76亿元，比上年增103.4%。新批外资及港澳台资企业33家，累计410家。注册外资及港澳台资6.43亿美元，累计41.4亿美元。到账外资及港澳台资3.67亿美元，累计35.31亿美元。总投资4亿美元的润英联添加剂项目、总投资10亿美元的霍尼韦尔特性材料项目成功签约。全球最大的物流地产商普洛斯、全国最大的橄榄油分拨基地世纪康鑫、国内粮油企业龙头北大荒江苏总部等一批重点服务业项目相继落户保税区。进出区货运量1200万吨，货值170亿美元，海关征收税款80亿元。年内区（镇）引进“千人计划”人才5人，累计7人；获评省“双创”人才3人，累计9人；姑苏人才6人，累计7人，市级以上“双创”人才累计42人。3个项目列入国家863计划，累计5个。获评全市唯一的“省创新团队”和“省重大科技成果转化项目”。新增国家级科技项目13个、省级科技项目21个，新增省高新技术企业13家，累计47家。获批点供项目及独立选址项目指标111.97公顷，实现腾龙换凤土地87.53公顷，土地复垦135.53公顷。完成滨江大厦地上二层建设，金科地产高档商住小区展示区正式开放，投资9.22亿元的13条道路顺利推进，启动香山“一湖两路”工程，确定东山村遗址博物馆概念性规划方案，滨江新城和香山开发雏形初显。投资1281.97万元改造农村公路，先后完成暨阳西路西延（新塍社区道路）、塍东路、龙轴线（三新路）、泗后线以及三南线、中港路、江海路等农村公路修改造工程，改造面积28138.31平方米，农村公路好路率82.5%，同时投资17.2万元维修、扶正、加固各类公路附属设施，完成晨德线部分沿河险要路段护栏设施安装工程。区（镇）实现农业总产值6.15亿元，小麦和水稻单产分别为每公顷5313千克和8974.5

千克。完成126.93公顷标准化农田建设。新增高效农业面积182.87公顷，大棚设施栽培种植105.33公顷。新建土地股份合作社1家，累计18家。土地规模经营面积扩大到2013.23公顷。村均可用财力920万元。年末有无公害农产品10种，绿色食品15种，苏州市级以上名牌农产品5种。农业基地认定总面积2810.1公顷。

社会事业发展　年末，有中小学校11所，教师总数990人，在校学生13400人。先后投入2.35亿元，用于南沙中学举重馆、后塍高级中学易地新建、南沙幼儿园易地新建以及学校暑期维修等教育实事工程建设。南沙中学被认定为举重国家级后备人才训练基地。各村、社区有篮球场39个，合计2.5万平方米，有健身房30个。有38个村和社区通过市级社区文化设施建设和社区功能建设考核验收。整体转换数字电视61683户，整转率99.8%，发放机顶盒83396台。年内举办新春文化月、全民健身月、清明大型红色诗歌朗诵会、文明聚力现代化、建区20周年暨区(镇)第九届香山文化旅游艺术节等活动。投资1400万元完成保税区(金港镇)公共卫生中心工程。区(镇)有医院5家，社区卫生服务站36个。所有社区卫生服务站都创建成张家港市慢性病防治社区卫生服务站，其中18家社区卫生服务站创建成苏州市示范社区卫生服务站。门诊结报人数50.43万人。年内为村干部、镇机关干部和60岁以上的老年人进行体检，并建立个人健康档案。

富民工程实施　全区(镇)农民人均纯收入22686元，比上年增23.97%。先后投入3.65亿元，用于改造老住宅小区、集镇区街景建设工程和道路、桥梁、河道疏浚、管网维修工程以及教育、民政公益事业等政府实事工程。帮助1300名失地农民、剩余劳动力、农村富余劳动力、城镇失业人员就业。16120名老年人享受老年农（居)补贴，住房公积金扩面6373人。市镇两级全年财政补贴5001.66万元，年末参加基本医疗保险人数为81005人。为1065户、2002名低保人员以及308名低保边缘对象等困难群众发放财政补贴1127.71万元，保障基本生活。全年为29户贫困户新建和修理房屋61间，市镇补贴118万元。为3户拆迁安置困难户发放补助金12.88万元。发放临时救济金161.04万元。市镇两级慈善助学491人，发放助学补助金144.25万元。

2012年张家港保税区(金港镇)办事处基本情况

表73

名　称	所在集镇面积(平方公里)	党工委书记、主任	党工委副书记	副主任
南沙办事处	2.05	何　萍(女)	姚金荣	张建文(1月免)　柳志兵(10月任)　王海荣(10月任)
后塍办事处	3.80	孙永华	李杏珍(女,1月任)	孟　伟　卢玉秀(女)
德积办事处	1.98	朱建兴	施芬琴(女)	王　湞(女,10月任)　丁向阳(10月任)

2012年张家港保税区(金港镇)各村(社区)基本情况

表74

村(社区)名	面积(平方公里)	户数(户)	户籍人口(人)	经济总收入(万元)	人均纯收入(元)	村(社区)党委(总支、支部)书记	村(社区)主任
长江村	5.20	1322	3236	322845	25799	郁全和	黄忠和
巫山村	2.62	986	2982	115392	24717	李跃进	张建芬(女)
张家港村	1.53	1496	2969	51142	22618	向　一	施忠法
滩上村	4.15	841	2628	41092	23789	戴丽君	郁　兴
长山村	6.90	2015	7493	401535	25667	郁江清	陈　强
山北村	5.80	1761	6313	147381	24236	庞建华	冯建明
柏林村	4.70	2080	7080	71565	23460	殷品龙	谢建兴
东山村	3.21	926	3079	45467	22751	刘荣华	邬剑锋
港西村	2.60	1111	3374	65939	22562	顾永仁	许国平
占文村	2.41	1100	3775	45393	23030	顾建民	何国富
朱家宕村	2.36	1148	3164	71723	22886	黄兴岳(至2月) 刘荷英(女,3月任)	陆少东(至6月)
高桥村	4.80	1826	5801	99733	24296	李杏珍(女)	张阿堂
新塍村	3.01	1432	4308	93752	23607	陆建新	李永娟(女)
袁家桥村	3.50	1145	4355	65222	22289	孙跃进	赵品泉

续表 74

村(社区)名	面积（平方公里）	户数（户）	户籍人口（人）	经济总收入（万元）	人均纯收入（元）	村(社区)党委（总支、支部)书记	村(社区）主任
封庄村	4.30	625	1868	48124	22541	朱启彦	朱国兴
三角滩村	4.50	1120	3128	15378	22951	陆　剑(7 月免） 尤正良(7 月任总支副书记,主持工作)	唐献忠
学田村	3.57	1265	3782	46121	22403	黄耀才	茅仁元
小明沙村	4.50	1323	5335	43569	23352	朱兴荣	蔡松清
朝南村	5.64	1749	4736	86800	22577	樊少峰	黄剑锋
新套村	3.06	902	3133	36571	22368	朱松山	李云才
德积村	3.24	1031	3672	20165	22511	陈春芬(女)	李兴华
福民村	5.24	1628	4610	241585	23737	陈兰清	张亚华
永兴村	2.90	1168	3424	67221	22911	黄学贤	王照平
双丰村	2.92	1293	3923	73400	22939	陈永法	王巧芬(女)
北荫村	2.18	1925	5920	58328	22868	陈　娟(女)	朱卫国
晨阳村	8.54	2581	9007	94658	22830	袁达新	顾东良
中兴社区	0.05	632	1978	4699	21092	顾永建	卢友良
安定社区	0.08	1059	3818	7677	21823	凌国良	高燕晓
中圩社区	0.09	570	1705	36540	21507	朱建良	孙　清
中南社区	0.15	1750	5250	21815	21390	李增宝	李增宝
中港社区	0.42	1290	3344	19927	21450	李国柱	顾国平
中德社区	0.18	1670	4595	41075	21038	孙品元	黄秀娟(女)
中苑社区	2.55	2092	4018	12268	21560	王正龙	陈校丰
后塍中心社区	4.00	960	1880	44977	22665	唐忠平	唐忠平
元丰社区	0.13	586	1840	4166	22853	陈勤才	陈勤才
德丰社区	0.33	4033	12000	—	—	丁萍芬(女)	丁萍芬(女)
南沙社区	0.80	1107	3160	—	—	张丽琴(女)	张丽琴(女)
海港社区	0.06	1026	2659	—	—	徐相兰(女)	徐相兰(女)

2012 年张家港保税区(金港镇)主要开工项目情况

表 75

投资企业名称	项目名称	主要产品	投资金额（万元）
张家港扬子江石化有限公司	年产 120 万吨丙烯项目	丙烷脱氢制丙烯	301213
张家港康得新光学材料有限公司	年产 2 亿平方米光学薄膜项目	光学薄膜	251792
苏州双象光学材料有限公司	年产 8 万吨光学材料 PMMA 项目	PMMA	78445
凯凌化工(张家港)有限公司	年产 14 万吨氢化学品项目	氢化学品	45081
梅塞尔气体产品(张家港)有限公司	年产 29 万吨空分装置项目	空分装置	31450
张家港化工机械股份有限公司	年产航天粉煤气化炉 150 台项目	航天粉煤气化炉	20000
江苏攀华集团有限公司	年产 30 万吨高档家电板项目	高档家电板	18800
斯泰隆丁苯胶乳(张家港)有限公司	年产 3.6 万吨丁苯胶乳、1.4 万吨苯丙乳胶项目	丁苯胶乳、苯丙乳胶	15745
安逸达电解液技术(张家港)有限公司	年产 5000 吨锂电池电解液项目	锂电池电解液	15705

【张家港保税区建区20周年庆典举行】 11月12日，张家港保税区建区20周年庆典暨第九届香山文化旅游艺术节开幕。开幕式分东山寻梦、香山问雨、金港听潮3个篇章11个节目，以舞蹈、小品、朗诵、快板等形式展现区（镇）的古老历史、精神传承以及辉煌成就。艺术节历时2个月，分“这一方热土如此辉煌”开幕式以及“我的金港，我的家”新市民才艺大赛、“拥抱自然，结缘香山”区(镇)大型香山游览观光、张家港市“穿越历史，歌吟古今”三地山歌邀请赛、“20年征程，20年辉煌”书画摄影展、“礼赞大金港，谱写新诗篇”诗歌创作大赛、“舞动金港，感动你我”舞蹈大赛、“礼赞辉煌，放飞激情”区(镇)员工才艺大赛、编纂出版《畅想》《香山景区旅游画册》等十大类活动。其中，“我的金港，我的家”新市民才艺大赛设一等奖1个、二等奖2个、三等奖3个，重庆忠县陈小平演唱的歌曲《你是我的眼》获一等奖。“舞动金港，感动你我”舞蹈大赛设优秀奖3个，优胜奖4个，新塍社区、长江村、北荫村、德丰社区获优胜奖。张家港市“穿越历史，歌吟古今”三地山歌邀请赛设优秀表演奖5个，最佳表演奖5个，金港镇的《长江渔歌》《种田人听好》(叹五更小调)和大新镇的《车水号子》、锦丰镇的《小方卿》、凤凰镇的《盘歌》等5首山歌获最佳表演奖。参赛、参演总人数超过1.5万人。

张家港保税区建区20周年庆典暨第九届香山文化旅游艺术节开幕式

（保税区　供稿）

【康得新光学膜产业集群项目举行开工典礼】 4月26日，康得新2亿平方米光学膜产业集群项目举行开工奠基典礼。全国工商联副主席李路，工业和信息化部电子信息司副司长刁石京，苏州市委副书记、代市长周乃翔以及张家港市有关领导出席仪式并为项目培土奠基。该项目一期总投资45亿元，包括年产2亿平方米光学膜、年产6000吨UV树脂、1万吨光学保护膜和5万吨光学PET，计划于2013年第二季度投产，建成后将成为全球规模最大、集中度最高、产业链最完整、年均规模达到100亿元的光学膜产业集群。

【省第十九届青少年科技模型竞赛在保税区(金港镇)举办】 5月12日，由省教育厅、省科协主办，张家港市教育局、张家港市科协承办，金港中心小学协办的省第十九届青少年科技模型竞赛在保税区（金港镇)举行，省内68所中小学的1760名学生参加竞赛。比赛设七巧科技、电动遥控赛车和电动遥控直升机3个项目。经过决赛，张家港市东莱小学、张家港市新塍初级中学、海门市德胜中心小学、张家港市梁丰初级中学获优秀组织奖。张家港市金港中心小学、海门市货隆中心小学、张家港市暨阳实验小学、张家港市云盘小学获七巧科技(小学组)团体一等奖，常州市新北区百丈中心小学获遥控赛车（小学组)团体一等奖。

【张家港保税港区成为江苏省知识产权试点园区】 8月1日，张家港保税港区被江苏省商务厅和江苏省知识产权局授予“江苏省知识产权试点园区”。近年来，张家港保税港区在大力发展经济的同时，高度重视知识产权工作，积极实施知识产权战略，建立较为完善的知识产权管理体系，企业自主创新能力不断增强。年末，全区研发共投入9.2亿元，占地区生产总值的2.8%；区内拥有有效专利1686件，其中发明专利177件；驰名商标5件，计算机软件著作权19件；拥有企业研发机构及创新载体110家，省级高新技术企业47家，省级以上高新技术产品226种，1人入选国家“千人计划”。

【千禧南路通车】 4月19日，位于区(镇)德积片区的千禧南路通车。千禧南路是德积片区路网的重要组成道路，南起天霸路，北至长江东路，全长近1.5公里。近年来，由于该道路周边交通量迅速增加，尤其是重型货车数量较多，致使路面出现大面积破碎、裂缝、沉陷等，严重影响附近居民的出行安全。2011年7月，区(镇)投资2000万元对道路进行路面改造，并重新铺设雨水管道及新铺设污水管道，道路设计采用“白改黑”原则，挖除原老路水泥混凝土板块，重新铺筑水稳基层后加铺沥青混凝土，改造横断面宽度为18米～26米。

【投资5000万元拓宽改造严子港】 2月20日，区(镇)投资最大的水利工程严子港拓宽改造工程开工建设。工程总投资5000万元，计划于2013年6月竣工。主要包括新建一座排涝流量为每秒20立方米的严子港排涝泵站，拓浚河道4350米，开挖2万平方米蓄水湖，新建河道护坡5000米，新建桥梁4座，新建闸门1座。严子港排涝泵站采用6台36吋轴流泵，单台流量可达到每秒3.4立方米，扬程6.8米。建成后，将提高保税物流园区、德积片区等北部区域的防洪排涝能力。

（邱亚峰　许　涛）

张家港经济技术开发区（杨舍镇）

【概况】张家港经济技术开发区（杨舍镇）位于张家港市域西南部，是市委、市政府所在地，全市政治、经济、文化、交通中心。全区（镇）总面积153.09平方公里，其中城区面积32.8平方公里，耕地面积3756公顷。辖城郊5个办事处、城区4个街道办事处、39个行政村、56个社区居委会。2月21日，新增设（乘航办事处）江南社区居委会。4月13日，善港、五新、杨港、严家埭4村合并为善港村，章卿、西新2村合并为章卿村，蒋桥、老宅2村合并为蒋桥村，民丰、勤星2村合并为民丰村，庆安、乘航2村合并为庆安村，田垛里、范港、陈东庄3村合并为田垛里村，李巷、河头2村合并为李巷村。7月，根据苏州市机构编制委员会关于印发《张家港经济技术开发区党工委管委会主要职责、内设机构和人员编制规定》的通知精神，市政府发文对张家港经济技术开发区（杨舍镇）内设机构实行“一体化”调整，设十局三室一中心，即招商局、商贸局、发展改革局、科技人才局、经济服务局、建设局、财政局、组织人事局、社会事业局、农村工作局、党政办公室（宣传文明办公室）、政法和社会管理办公室、监察室、行政服务中心（招投标中心）。10月11日，市委批准建立中共杨舍镇民丰村委员会和中共杨舍镇庆安村委员会。年末，全区（镇）总户数98375户，户籍人口276598人，其中非农人口176021人，另有外来暂住人口176140人。全年实现地区生产总值579.89亿元，比上年增12.35%。一、二、三产业增加值分别为4.47亿元、220.88亿元和354.54亿元。按户籍人口计算，人均生产总值209651元。完成全口径财政收入73.59亿元，比上年增13.06%。其中公共财政预算收入31.85亿元。完成全社会固定资产投资177.08亿元，比上年增24.47%。年内获全国社会主义新农村建设示范镇、江苏省农产品质量监管示范镇、苏州市文明镇、苏州市双拥模范镇、苏州市社会治安安全镇、苏州市农业机械化示范镇等称号。

经济建设与发展　全年完成经济总收入956.38亿元。三次产业的比重为0.8∶37.8∶61.4。实现工业产品销售收入926.64亿元，比上年增1.08%，其中区（镇）实现工业产品销售收入763.64亿元，比上年降0.5%；工业利税41.79亿元，比上年降5.1%；利润26.39亿元，比上年降11.38%。规模型、成长型企业完成工业产品销售收入329.29亿元、利税20.09亿元、利润14.01亿元，分别占区（镇）工业经济总量的43.12%、48.07%和53.09%。年末，有工业企业3345家，其中83家销售收入超1亿元（其中，2家超80亿元、8家超10亿元、9家超5亿元）。拥有全市百强企业22家，十强企业2家。澳洋集团、骏马集团分别入围2012年民营制造业企业500强和中国企业500强。华灿光电（苏州）有限公司的LED外延芯片，苏州现代海斯克钢材有限公司的汽配生产加工及物流配送，那智不二越（江苏）精密机械有限公司的汽车用液压泵、液压阀、液压马达及机器人，苏州同冠微电子有限公司的低能耗半导体功率器件等新兴产业项目落户开发区。年内引进投资超3000万元的工业项目101项，其中超1亿元的34项，超10亿元的5项。工业技改投入100.15亿元，比上年增19.28%。北京大学科技成果转移中心落户科技创业园，南京理工大学张家港工业技术研究院入驻沙洲湖科技创业园。科技创业园获批省中小企业四星级公共服务平台，生物医药平台获省新型工业化示范基地公共服务平台专项资助。苏州大学张家港工业技术研究院落成投运，国家“千人计划”创新中心成立，全市首家博士后创新实践区域性总站建成。新增产学研合作项目41项，新增省高新技术企业16家、省级研发机构18家、苏州市级研发机构13家、张家港市级研发机构11家，新增各类研发人员1896人。全年支出研发经费7.1亿元，比上年增41.4%。引进行业创新创业领军人才33人，其中入选国家“千人计划”2人，累计3人。新增省“双创”人才4人，累计14人。新增姑苏领军人才4人，累计12人。新增张家港市级领军人才23人，其中3人获创新创业市长奖。引进国家“千人计划”人才4人、重点产业紧缺高层次人才26人；引进以高校教授、博士为主体的高层次柔性人才14人；引进嫁接型领军人才创业项目5项。发挥科技镇长团、各办事处（街道）科技网络功能，共组织申报省级以上科技项目76项，其中，获批国家科技项目14项（国家火炬计划4项、国家星火计划8项、国家中小企业创新基金项目2项），省级科技项目15项（省科技支撑项目6项、省科技型企业技术创新资金项目4项、自然科学基金项目1项、国际科技合作项目2项、省产学研联合重大创新载体项目1项、省知识产权战略推进计划1项）。完成专利申请3232件，其中发明专利597件、授权250件。申报中国驰名商标4件，省名牌商标4件、著名商标5件，苏州市名牌商标8件、知名商标8件。开发区获批省知识产权试点园区。淘汰落后企业12家，实施节能减排项目15项，淘汰落后用能设备58台套，新增ISO 14000认证企业12家、能源审计企业10家、清洁生产审核企业14家、苏州市“能源之星”企业3家。万元GDP能耗下降5.6%。新批办外资及港澳台资企业33家，累计353家。新增注册外资及港澳台资40443万美元，到账外资及港澳台资22868万美元，完成进出口总额62.1亿美元。新批办个体私营企业4840家，新增注册资本29.48亿元。新批办外地资本项目495个，注册外地资本32.01亿元，完成投入工作量42.18亿元。全年完成三产投入76.93亿元，实现增加值356.26亿元，分别比上年增32.64%和7.25%。服务业占GDP的比重为66%。城南国际商务新城、城北科教新城与中心城区形成“一体两翼”发展格局。张家港比茨·普尔什服务外包产业园、比茨信息技术有限公司中国区总部、印度NIT张家港服务外包学院、中标苏南检测中心、绿城置业发展(代建)华东区总部等重大新兴产业项目落户园区。国泰金融广场、澳洋集团总部、爱康中央研究院、如意通动漫、九洲商业广场等一批总部项目开工建设。软件(动漫)产业园获批国家影视网络动漫实验园。江苏省国际服务外包示范区通过复审。由江苏梁丰集团投资近2000万元在其所属大寨圩兴建的苏州市首家生态牧业文化园建成开放。年内,5部动画片分别在国内外电视台播出。如意通动漫等5家企业被认定为苏州市首批重点文化企业。8家物流企业被认定为3A级以上物流企业,1家企业入选苏州市创新型企业,1家企业被评为江苏省名牌企业,1家企业被评为苏州市名牌企业。80家服务业企业营业收入超1亿元,其中10家超10亿元,10家超5亿元。投入2083万元,建设"中央小型水利重点县";复垦土地33.53公顷,新增标准化农田264公顷;投入1300万元,建成4个标准化农机服务中心,农机化率92.2%。新建各类专业合作社12家,总数47家。土地规模经营面积3080公顷,规模化率90%。新增高效农业面积254.27公顷,设施面积119公顷。职业农民免费培训1030人次。村级工业销售收入337.34亿元,村均可用财力827万元,比上年增48万元。全年实现农业总产值7.7亿元,粮食和水产品总产量分别为27618吨和1791吨。

社会事业发展　年末,有学校39所(不含幼儿园和民工子弟学校),教师总数4715人,在校学生70256人。有医院14家,社区卫生服务站76家。年内,4600户农户、193家企业实施搬迁,清场交地59个地块。新开工安置房建设48.64万平方米,竣工48.59万平方米。彩虹苑获苏州市优秀农民集中居住区二等奖。新建道路28条,总长23公里,铺设污水管网7公里,沟通5条水系,开挖河道10公里,新增绿化535.27公顷。塘市学校、塘市幼儿园交付使用;福前小学、福前幼儿园开工建设。区(镇)28所学校在全市教育质量综合评估中获奖。新建社区卫生服务站4家,全年门诊量近50万人次。9813人次获大病风险补偿,补偿金额3542.15万元。大病救助1099人次,救助金额193万元。新辟居民小区汽车停车位5000个,新建便民餐厅6个,装备社区服务中心12个,共投入资金4200万元。5个居家养老服务中心和12个居家养老服务站积极开展康复、医疗、文化和日间生活照料等服务,新增养老床位700张。年末有百岁老人22人。开展安全生产专项整治,对31个重大隐患单位实行三级挂牌督办,全面整改到位。开展食品安全"天安行动",整治"五小行业"单位520家。严厉打击"赌博放水",刑事案件特别是"八类"案件明显下降,公众安全感满意度超过90%。妥善处置"12345"热线求助3200余起、各类矛盾纠纷1600余起、劳动争议700余起。启动塘市、东莱、晨阳3个办事处文体中心建设,新增文体设施面积7500平方米。开展"情暖万家"千场文艺服务进网格、千名文化志愿者进网格、千个文艺节目进网格活动,举办杨舍地区广场舞蹈大赛、"戏曲大舞台·欢乐乡村行"巡演、"欢乐在社区·快乐在身边"广场健身舞蹈展示及"科学大讲堂·全民健身运动会"等文体活动。年内获评张家港市示范文化网格24个、五星级网格团队5个、四星级网格团队9个、三星级网格团队20个、优秀网格团队36个。"人文暨阳、书香杨舍"获评第七届苏州阅读节优秀奖。涌现市级"身边好人"60人,其中朱付妹、王金才、邵瑞平3人荣登"中国好人榜"。

彩虹苑农民集中居住小区　　(经开区　供稿)

富民工程实施　农民人均纯收入22516元,比上年增18.09%;城镇居民人均可支配收入40328元,比上年增14.8%。发放各类涉农补贴876.1万元。城保扩面9871人,超龄人员农保转城保3470人,住房公积金扩面9575人,医保扩面2213人,3618名"征地工"全部得到安置,社保覆盖率99.6%。组织开展春节慰问、走访、结对活动,慰问困难群众2.8万余户,发放慰问金4005万元。组织开展"爱满港城"慈善募捐活动,募集善款2200万元。为1330户、2309名低保和低保边缘对象发放救助金578.27万元,为710名重残人员发放救助金247.12万元,为15名特殊残废人员发放救助金5.58万元,为72户受灾户发放民生险39.44万元,为204名各类困难对象实施年度医疗救助,为483名贫困学生发放助学金147万元;为9户拆迁、预拆迁困难户补助资金52.12万元;为18户危房户帮修(建)房屋54间。推行"新市民积分管理办法",新增新市民子女入学1990人,入医疗保险3388人。组织免费就业培训1685人次,开发就业岗位14505个,其中就业援助岗位3696个、公益性岗位350个,帮助特困家庭人员就业527人,"零就业"家庭实现"动态清零"。

2012 年张家港经济技术开发区(杨舍镇)(街道)办事处基本情况

表 76

名　称	所在集镇(街道)面积(平方公里)	党工委书记	主　任	党工委副书记	副主任
泗港办事处	2.10	李达明(7 月免)	李达明(7 月免)	徐建军(7 月任) 吴　敏(女,12 月免)	徐建军(7 月任,主持工作) 缪永高(5 月免)　惠海宁 李　彬(1 月免)　吕　浪(7 月任)
塘市办事处	2.50	黄玉琪	黄玉琪	徐　波(女,1 月任)	王丽春(女)　缪永高(5 月任) 魏　立(3 月免)　蒋　炜(7 月任) 金　忠(7 月任)
乘航办事处	1.50	杜永健	杜永健	沈　敏(女)	邵建琴(女,1 月免)　徐　一 孙金方　刘　忠(7 月任)
东莱办事处	2.00	张莉莎(女)	徐文达(副主任科员,负责人)	邹丽萍(女)	林　平(1 月免)　丁同兴　张浩科 郭广益(3 月免)
晨阳办事处	0.80	—	孙秀珍(女,主任科员,负责人)	葛敏卫	倪小品　赵琦萍(女)
城东街道办事处	6.68	—	蔡　勇(主任科员,负责人)	—	耿永红(女)　曹　峰(女) 陈　静(女)
城南街道办事处	7.00	—	陶建刚(副镇级干部,负责人)	陶士高 汪明如(9 月免) 瞿雅云(女,10 月免)	王　献　陶士高(兼)　徐燕萍(女) 钱海峰(兼)
城西街道办事处	6.30	石　勇	石　勇	王翠娥(女) 蔡　健	梅丽玉(女)　葛　苏(女)
城北街道办事处	13.17	樊忠良	樊忠良	孙惠英(女) 郭建峰	张静霞(女,1 月免)　钱志杰 钱得栋　朱忠莲(女)

2012 年张家港经济技术开发区(杨舍镇)各村(社区)基本情况

表 77

村(社区)名	面积(平方公里)	户数(户)	户籍人口(人)	经济总收入(万元)	人均纯收入(元)	村(社区)党委(总支、支部)书记	村(社区)主任
城西村	1.93	698	1684	187032	29978	蔡兴华	顾国兴
城南村	3.65	1987	5312	266371	26101	王　献	缪雪花(女)
城东村	1.63	985	2547	88982	24658	郭冠平	郭冠平(兼)
赵庄村	3.85	1155	4227	64005	22528	汪明如(兼)	钱凤娟(女)
包基村	2.06	558	2134	44573	24305	陶振祥	叶　文
小城市村	2.25	680	2388	27785	22134	陶建刚(兼)	胡兰英(女)
仓基村	2.50	695	1357	61844	21749	郭　浩	高　华
范庄村	1.64	498	2072	6377	24101	缪德兴	缪立新
城北村	1.88	708	2418	9520	23710	许国兴	任建刚
斜桥村	3.91	1326	4582	181053	22560	蒋培兴	许立东
田垛里村	5.96	1941	6515	174876	23139	郭建锋(兼)	陈希超(负责人)
万红村	1.61	776	2156	6221	22681	宋祖德	—
章卿村	5.08	1579	5363	100804	22188	赵善荣	赵兴华(负责人)
闸上村	2.41	761	2477	204267	23726	赵阿盘	李　华
善港村	7.17	2305	7504	175553	21208	葛剑锋	宋海忠(负责人)
七里庙村	4.41	1366	4862	31702	23346	张建春	潘惠新
百家桥村	4.71	1422	4558	79430	22050	唐建东	赵金彪
农义村	2.41	636	1665	45983	21345	周正星	虞建石

续表 77–1

村(社区)名	面积(平方公里)	户数(户)	户籍人口(人)	经济总收入(万元)	人均纯收入(元)	村(社区)党委(总支、支部)书记	村(社区)主任
庆安村	6.23	1597	5168	154305	21816	钱　强	钱建明(负责人)
双鹿村	3.29	820	2412	26939	21362	季建飞	陈海江
蒋桥村	3.09	821	2603	97712	22048	钱建飞	支益明(负责人)
民丰村	5.24	1205	4012	93885	22302	孟建东	陈卫佳(负责人)
新民村	3.44	925	3035	73431	21888	徐建达	徐建刚
汤联村	1.92	615	2205	32296	21052	徐立峰	李金成
棋杆村	2.96	782	2960	38195	21207	薛　平	缪雪芳(女)
南庄村	2.30	526	2009	50235	21670	邹建良	邹建良(兼)
河北村	5.23	1616	5041	81177	21777	钱　旻(女)	陆惠良
河南村	2.22	560	1871	46878	21662	缪永高(兼)	徐建春
李巷村	7.01	2085	6340	213379	22372	孟雪春	秦伟达(负责人)
旺西村	1.82	519	2031	125755	23212	顾建平	徐金莲(女)
东莱村	6.89	2247	6431	131784	21659	徐文达(兼)	张震亚
西闸村	3.55	1138	3335	37799	21142	姚军明	徐显法
福前村	6.37	2024	5942	31741	21732	奚介荣	—
农联村	6.02	1685	5135	294574	23990	赵建军	李雪东
黎明村	4.90	1325	4366	69201	21051	季祖德	徐　益
徐丰村	1.46	400	1091	141391	23091	唐永德	季安平
晨南村	3.94	1132	2849	49645	21173	丁耀平	黄向红(女)
晨新村	4.37	1265	3721	220036	21502	陈　强	陈洪元
南新村	6.14	1739	5152	51430	21422	东国平	朱永安
向阳社区	1.20	1606	4486	—	—	陆晓筠(女)	陈媛媛(女)
园林社区	1.00	1712	4533	—	—	张慧玲(女)	张慧玲(女,兼)
梁丰社区	1.30	2151	5730	—	—	许梦娟(女)	许梦娟(女,兼)
花园社区	1.50	1650	4254	—	—	季芳平(女,兼)	许品洁(女,负责人)
新城社区	0.86	1428	3994	—	—	张彩英(女)	张彩英(女,兼)
东苑社区	1.40	1287	3550	—	—	赵　英(女)	赵　英(女,兼)
振丰社区	0.56	1032	2860	—	—	许小萍(女)	许小萍(女,兼)
明珠社区	0.62	1829	5282	—	—	查　颖(女,兼)	王晓英(女)
前溪社区	1.50	608	2726	20093	24648	缪德兴(兼)	葛国民
中昊社区	0.30	542	1485	—	—	陈宇红(女)	陈宇红(女,兼)
帝景社区	0.80	82	200	—	—	—	潘艳丽(女,负责人)
聚龙社区	0.40	1512	4323	—	—	陈红静(女)	陈红静(女,兼)
沙工社区	0.60	1587	4244	—	—	季忠英(女)	季忠英(女,兼)
南苑社区	0.80	3247	9258	—	—	—	曹新荣(负责人)
东湖苑社区	0.82	957	2393	—	—	张晓红(女,兼)	张晓红(女,兼)
西湖苑社区	0.20	875	2692	—	—	胡兰英(女,兼)	黄彩虹(女)
惠丰社区	0.30	1022	2630	—	—	—	陆彩萍(女,负责人)
江联社区	0.41	180	478	—	—	苏　洁(女,兼)	殷红艳(女)
清水湾社区	0.52	902	2437	—	—	钱玉芳(女)	钱玉芳(女,兼)

续表 77–2

村(社区)名	面积（平方公里）	户数（户）	户籍人口（人）	经济总收入（万元）	人均纯收入（元）	村(社区)党委（总支、支部)书记	村(社区)主任
暨阳湖社区	0.65	764	1968	—	—	赵瑞玉(女,兼)	徐　敏(女)
绿洲社区	0.34	403	1048	—	—	徐　炜(女)	徐　炜(女,兼)
馨港社区	0.22	17	43	—	—	陆美红(女)	陆美红(女,兼,负责人)
庆丰社区	0.35	1417	4215	—	—	王雅芳(女)	王雅芳(女,兼)
西门社区	0.25	1813	4949	—	—	夏军芳(女)	夏军芳(女,兼)
龙潭社区	0.18	1395	3916	—	—	葛　新(女)	葛　新(女,兼)
暨阳社区	0.45	1582	4379	—	—	张玉妹(女)	张玉妹(女,兼)
长安社区	0.12	991	2790	—	—	路　敏(女)	路　敏(女,兼)
云盘社区	0.32	2186	6155	—	—	汪秀琴(女)	汪秀琴(女,兼)
邵巷社区	0.22	1283	3606	—	—	—	刘　卫(女)（副主任主持工作）
万红社区	0.50	2296	7118	—	—	王佩华(女)	王佩华(女,兼)
汇景社区	0.32	774	2037	—	—	吴菊芳(女)	吴菊芳(女,兼,负责人)
四季社区	0.31	487	1274	—	—	梅丽玉(女,兼)	石扣萍(女)
金城社区	0.32	445	1084	—	—	葛　苏(女,兼)	沈丽红(女)
东渡社区	1.50	1417	3805	—	—	钱得栋(兼)	黄海峰(负责人)
扬帆社区	1.38	1534	6569	—	—	陈　洁(女)	陈　洁(女,兼)
通运社区	1.20	1091	2826	—	—	庄丽萍(女)	庄丽萍(女,兼)
锦绣社区	1.50	359	996	—	—	袁晓东	袁晓东(兼)
横河社区	2.25	482	1725	24011	24773	樊忠良(兼)	钱志杰(兼)
悦丰社区	0.90	720	2227	—	—	瞿玉良	黄　芳(女,负责人)
体育社区	0.53	380	1094	—	—	虞　华(女)	虞　华(女,兼)
勤丰社区	0.05	734	2089	—	—	郭冠平(兼)	郭冠平(兼)
泗港社区	1.20	337	975	—	—	徐桂贤(女)	徐桂贤(女,兼)
悦盛社区	0.28	131	526	—	—	陈希超(兼)	王季芳(女,负责人)
白鹿社区	0.11	308	824	—	—	赵金彪(兼)	赵金彪(兼)
景巷社区	0.17	147	386	—	—	潘惠新(兼)	潘惠新(兼)
乘航社区	1.50	1141	2890	—	—	楼小英(女)	楼小英(女,兼)
老宅社区	1.70	1056	2850	—	—	—	李文艳(女,负责人)
江南社区	0.41	1721	6116	—	—	—	潘德贤(负责人)
塘市社区	1.50	583	1515	—	—	张玲芬(女)	杨小棣
南湖苑社区	0.23	321	1161	—	—	邹建良(兼)	赵小江
东兴苑社区	0.34	459	1737	—	—	张栋良	李玉明
北海社区	0.13	118	450	—	—	钱　旻(女,兼)	徐　惠(女,副负责人,主持工作
金塘社区	0.24	44	183	—	—	高丽萍(女)	高丽萍(女,兼,负责人)
东莱社区	1.60	308	614	—	—	王正兴	王正兴(兼)
江帆社区	0.29	259	610	—	—	匡凤清	匡凤清(兼)
晨阳社区	0.80	341	717	—	—	丁耀平(兼)	丁　静(女)

2012 年张家港经济技术开发区(杨舍镇)主要开工项目情况

表 78

投资企业名称	项目名称	主要产品	投资金额(万元)	
			计划总投资	当年投资
那智不二越(江苏)精密机械有限公司	液压泵液压阀及机器人项目	液压泵液压阀及机器人	65000	27500
中鑫汽配(张家港)有限公司	悬挂球头万向节项目	悬挂球头万向节	60000	62100
保定天威集团(江苏)五洲变压器有限公司	220 千伏以上输变电变压器(二期)	—	40000	42000
苏州海陆重工股份有限公司	业务用房及研发楼	—	36000	39500
东熙汽车配件(张家港)有限公司	新车型油箱发动机底盘生产线及新建车间项目	新车型油箱发动机底盘	35000	25000
苏州爱康科技有限公司	总部大楼研发中心	—	26800	26000
张家港恩斯克精密机械有限公司	汽车轮毂轴承项目	汽车轮毂轴承	25000	25000
江苏神舟铝业有限公司	年产铝箔 1.2 万吨项目	铝箔	20000	8300
市澳洋绒线有限公司	特种纱线项目	特种纱线	17902	17902
江苏新美星包装机械有限公司	高速灌装成套设备项目	高速灌装成套设备	15000	4400
江苏爱博纳集团	双金属复合板项目	双金属复合板	15000	15000
市威孚热能科技有限公司	节能环保锅炉项目	节能环保锅炉	15000	15050
张家港富瑞特种装备有限公司	清洁能源(LNG)应用装置项目	清洁能源(LNG)应用装置	12000	12000
江苏申港锅炉有限公司	新车间	—	12000	6000
张家港新特变科技有限公司	特种变压器项目	特种变压器	10000	7600
张家港永能光电有限公司	增资	—	10000	8000

【国内第一家智能电力产业基金成立】 2 月 8 日,张家港经济技术开发区智能电力研究院与九派创业投资管理有限公司举行“九派张家港智能电力基金”签约仪式。智能电力研究院院长、中国工程院院士韩英铎,九派创业投资管理有限公司董事长周展宏,张家港经济技术开发区管理委员会主任助理章福才等出席签约仪式。张家港经济技术开发区智能电力研究院拥有清华大学科研背景和一批产业化科研项目,九派创业投资管理有限公司是获得科技部引导资金支持、拥有专业背景的创投团队。双方合作成立智能电力产业基金,立足张家港市,依托张家港经济技术开发区及苏南产业群和清华大学及研究院的科研技术背景,集聚科研、产业和金融人才,整合产业资源,促进产业升级,实现科技产业与资本的融合。这是国内成立的第一家智能电力产业基金,将解决智能电力中小型企业和团队融资难问题,成为中国智能电力科研成果产业化、产业资本化、资本证券化的综合平台。

【比茨服务外包产业园落户】 3 月 7 日,长三角地区唯一的比茨服务外包产业园张家港比茨服务外包产业园投资签约仪式在馨苑度假村举行。比茨·普尔什集团公司全球总裁兼首席战略官法施德,张家港市及张家港经济技术开发区有关领导出席签约仪式。比茨·普尔什(BizPlus)是一家专注于服务外包产业,从事产业开发、咨询、推介、投资管理的专业服务供应商,总部位于美国洛杉矶,亚太区总部位于新加坡。该公司为全球 20 余个国家的 400 余个知名企业客户提供各种形式的全球化战略布局及业务增强咨询服务。张家港比茨服务外包产业园计划总投资 3 亿美元,将引入 5 家左右世界 500 强企业或服务外包全球 100 强企业,创造 6 亿元以上的张家港服务外包产业。公司计划一期投资 5000 万美元建设“BizPlus 产业楼”,并作为比茨·普尔什(中国)在华东地区运营总部。同时,比茨集团旗下比茨信息技术公司(Biz Data)拟在张家港设立中国区总部。

【朱廷刚、周炳博士入选国家“千人计划”人才】 江苏能华微电子科技发展有限公司总经理朱廷刚博士和张家港意发功率半导体有限公司总经理周炳博士入选国家“千人计划”创新人才。2010 年和 2011 年,张家港经济开发区两度赴美“招才引智”,两名博士先后被引进。朱廷刚毕业于美国德克萨斯大学奥斯汀分校电子工程专业,归国前任职于美国著名化合物半导体公司,领衔研制出国际上第一支高功率 GaN 肖特基二极管,回国后在张家港经济开发区创办江苏能华微电子科技有限公司,主要从事设计、研发、生产、制造和销售以氮化镓为代表的复合半导体高性能功率器件、晶圆、芯片和模块。周炳是澳大利亚国家半导体实验室博士后,半导体科学和技术方面的资深专家,美籍华人,长期致力于半导体发光材料与器材的研发,发明设计的利用结合激光和微波技术以提高 MOCVD(金属有机化合物化学气相沉淀)中反应物质的活化能量,曾获 GEC(美国通用电器公司)的 Marconi

(马可尼)奖,先后在美国薄膜器件公司和国际整流任高级科学家、总工程师,获发明专利3项,归国后在张家港经济开发区创办张家港意发功率半导体有限公司,主要从事低能耗功率开关器件的研发生产,并与上海贝岭半导体公司、江苏骏马集团合作,总投资2.5亿元人民币,在张家港经济技术开发区创办苏州同冠微电子有限公司,专业生产低能耗功率半导体芯片。2011年,周炳先后获张家港市领军型创业人才、苏州市姑苏领军创业人才和江苏省"双创"人才称号。年内入选江苏省"产业教授",并被东南大学聘用。

【欧璧医药包装科技(中国)有限公司奠基】 8月,世界高端医疗包装行业领军企业——意大利斯蒂瓦纳托集团投资设立的亚洲第一个全资子公司——欧璧医药包装科技(中国)有限公司在张家港经济技术开发区注册成立。项目总投资1亿欧元,其中一期总投资5000万欧元,注册资本2000万欧元。将引进世界最先进的自动化设备,生产高标准无菌医药包装材料,一期项目年产西林瓶、卡式瓶4.5亿个,达产后年销售超5000万欧元。11月19日,公司举行开工奠基仪式。张家港市及张家港经济技术开发区有关领导出席开工庆典。意大利驻上海领事馆总领事德卢卡,斯蒂瓦纳托集团董事长塞尔吉奥·斯蒂瓦纳托率集团高层及企业嘉宾出席仪式。意大利斯蒂瓦纳托集团(Stevanato Group S.P.A.)成立于1949年,是斯蒂瓦纳托的家族企业,主要从事粉针、水针用西林瓶等医药包装玻璃制品及自动化设备的生产制造。该集团是世界最大的医药包装自动化设备制造商之一,也是全球三大玻璃制品制造巨头之一,在世界高端医疗包装行业占据着举足轻重的地位,其客户包括全球排名前十位的制药巨头。

【沙洲湖科创园加入"中国留学人员创业园联盟"】 9月27日至28日,中国留学人员创业联盟·全国留学人员创业园召开2012年年会。会上,张家港经济技术开发区沙洲湖科创园被认定为"中国留学人员创业联盟"成员单位。沙洲湖科创园位于城北科技新城,占地12公顷,总建筑面积约32万平方米,投资总额15亿元,建有科技研发、商务办公、接待展示、公共服务4个功能区。作为城市创新载体的沙洲湖科创园将着力建设3个中心,即国家级和省级检验检测中心、高新技术研发和成果转移中心、高新技术企业孵化中心;打造4个基地,即企业研发总部基地、海内外高层次人才创新创业基地、高等院校和科研院所产业技术基地、省级以上软件服务外包基地。该建设项目于年初开工,计划于2014年末全面竣工。沙洲湖科创园将依托中国留学人员创业园联盟的资源,拓展联盟成员优势,努力建设国内知名科技创新园区,为开发区新兴产业培育、传统产业升级和高端人才引进提供有力的载体支撑,在聚集创新人才、创新企业、创新资源方面发挥更大的示范效应。

【3人被评为"中国好人"】 由中央文明办主办、中国文明网承办的"我推荐、我评议身边好人"活动,在中国文明网集中展示"中国好人榜"候选人名单及先进事迹,接受网民投票评选。张家港经济技术开发区(杨舍镇)章卿村村民朱付妹(女)、田垛里村村民王金才、副镇级协理员邵瑞平被评为"中国好人"。朱付妹,1925年出生,自20岁嫁进徐家,婚后第十四年丈夫因病去世,她68年如一日坚持悉心照顾从小瘫痪的小姑徐翠宝,用朴实善良的心演绎着至真至纯的人间大爱。王金才,1950年出生,2012年1月22日(除夕)清晨7时许,在去儿子家的途中义务用电瓶三轮车将向其求助的外来人员王秀华送到田垛里村办急事,后到儿子家时发现在电瓶车厢里的破旧购物袋里的黑色挎包内有1.75万元现金及银行卡、驾驶证、身份证等证件和票据,及时想法归还失主王秀华。邵瑞平,1955年出生,1976年应征入伍。1979年,他的老乡兼战友辛士开随部队赴南方前线参战,临行前将母亲李林妹托付给邵瑞平,结果战友不幸在战斗中牺牲。1980年邵瑞平转业退伍,33年里他一直照料老人的晚年生活,如今自己虽已年近花甲,但仍在继续照顾94岁高龄的战友母亲。

(戴玉兴　缪时政)

江苏扬子江国际冶金工业园(锦丰镇)

【概况】 冶金工业园(锦丰镇)位于张家港市北部,与如皋、通州市隔江相望,有沿江岸线13.8公里,是国内首个省级特色工业产业园区,也是市域以钢铁冶炼为核心,加工、贸易、仓储、物流等全面发展的新型工业基地。园(镇)总面积114.32平方公里,耕地面积4688公顷。辖办事处2个、行政村25个、社区居委会6个。全园(镇)总户数44730户,户籍人口114062人,另有外来暂住人口55830人。全年实现地区生产总值500亿元,比上年增8%;其中一、二、三产业增加值分别为3.72亿元、389.55亿元、106.79亿元,按户籍人口计算,人均生产总值达到43.84万元。完成全口径财政收入40.58亿元,其中公共财政预算收入18.76亿元,入库税金40.58亿元;全社会固定资产投资143.65亿元,比上年增22.2%。锦丰·沙洲新城展示馆、沙洲县抗日民主政府纪念馆落成开放。成功举办第四届全民运动会、第四届沙上文化艺术节,编纂出版《三兴镇志》《合兴镇志》。年内,获苏州市文明镇标兵、双拥模范镇、绿化苏州先进集体,江苏省人口和计划生育系统窗口服务示范镇、和谐社区建设示范乡镇、工会帮扶服务工作先进集体等称号。

经济建设与发展　年末有企业2221家,其中工业企业1420家。销售收入超10亿元的工业企业15家,形成冶金、玻璃建材、五金机械、轻工纺织四大产业板块。全年投资超1亿元项目30项,其中玖隆物流一期、沙钢100吨电炉和50万吨精品线材技改、海力2号码头扩建、浦项20万吨不锈钢扩能技改项目竣工。全年实现工业产品开票销售收入1355.5亿元,比上年增9.2%,入库税收40.58亿元。完成工业技改投入102.05亿元,比上年增19.88%。盈鼎气体一期、SAC硅粉、绿锂电池、富澜特环境科技等项目落户。新兴产业产值518亿元，比上年增38%。全年新批三资企业及港澳台资企业16家，累计115家；新增注册外资及港澳台资2.4亿美元，累计11.5亿美元；到账外资及港澳台资1.79亿美元，比上年增20%，累计11.85亿美元；自营进出口总额68.3亿美元，比上年减16.7%。新批办私营企业301家，累计2221家，新增注册资本19.57亿元，比上年减19.9%。新批个体工商户780家，累计4365家，新注册资本4624万元，比上年增6%。新批外地资本项目215项，注册资本19.1亿元，比上年增25%。完成服务业投入41.22亿元。注册资本7亿元的翔博贸易、3亿元的三峡全通、5000万元的冀中能源百维贸易项目入驻玖隆物流中心。物流中心完成交易额1005亿元，入库税金2.35亿元。园(镇)总投资超3000万元(合资项目超500万美元)的项目50项。新增省民营科技企业8家，累计47家。申报省级科技项目9项、苏州市科技项目9项。获批省高新技术产品35种。新增省高新技术企业6家，累计27家。新增产学研合作项目26项。授权发明专利61件。有院士工作站2家，新增研究生工作站2家，累计11家。新增省级工程技术研究中心2家，累计8家；新增苏州市级工程技术研究中心13家，累计18家。新增中国驰名商标1件(联冠)，累计5件；新增江苏省著名商标1件(日新医疗)，累计14件。成功签约国家"千人计划"工作站3家，授牌2家。新增省高层次创新创业人才，姑苏领军创新创业人才各1人，累计各2人；新增张家港市领军型创业人才8人，累计18人。实现农业总产值7.13亿元，粮食、皮棉、肉类、水产品总产量分别为40476吨、15吨、828吨、1637吨。机插秧面积2210公顷，占水稻总面积的86%。秸秆还田综合利用率91.4%。投入2072万元，其中争取上级财政资金1500万元，组织实施南港、光明、红光等12个村级河塘清淤整治试点项目。投入456万元，疏浚村组河道45条计26.1万立方米。投资237万元，新建农桥7座，拆坝建桥34座。投资393万元，兴建节制闸2座。投入830万元，在建设、郁桥、协仁、西港4个村实施高标准农田配套工程，面积333.33公顷。新增高效农业面积363.33公顷，其中设施面积105.63公顷。南港蔬菜基地成为苏州市级蔬菜基地，"金南港"牌系列蔬菜形成品牌。投入610万元，添置大型收割机13台、高速插秧机8台、其他小型农业机械222台，新增各类配套农机具276台套，累计有各类农业机械3918台套，农机总动力3.56万千瓦。全年环保治理投入6.6亿元，新增减排能力二氧化硫每年1.4万吨、氮氧化物每年4000吨、粉尘每年2500吨。超额完成氨氮、二氧化硫、氮氧化合物、粉尘排放等年度减排任务。投入1.8亿元，用于中央公园、滨河公园、锦阳河等地段景观绿化建设，新增绿化面积480公顷，累计3078公顷。培育协仁、南港、建设、鼎盛4个省级三星级"康居乡村"示范点，309个村庄环境整治点通过张家港市和苏州市验收，达标率100%。

社会事业发展　年末，有中小学校9所，有教师483人，在校学生7452人。另有民办幼儿园一所(德美幼儿园)，民工子弟学校一所(锦秀学校)。合兴小学成为首批"苏州市高水平教育现代化"先进学校。妥善解决新市民子女就学问题，新市民子女入学率97.4%。年内，总投资8000万元、由江苏德美教育科技有限公司与锦丰镇人民政府合作建办、作为锦丰·沙洲新城重要教育配套设施和园(镇)为民实事工程之一的德美幼儿园落成并投入运行。中小学入学率、巩固率均保持100%，毕业率99.5%。投资镇村建设资金17亿元，共有新城区、冶金工业园载体、果品批发市场建设等动迁项目7个，完成拆迁1675户建筑面积41.27万平方米，其中拆迁企业、单位48家，建筑面积3.85万平方米。新开工安置房3140套55万平方米，年内竣工2179套，面积47.8万平方米，新安置农户1080户。区(镇)有大型休闲广场5个，体育场馆3座，晨、晚练健身点123个，其中包括健身路径、室内健身房、乒乓室等各种健身场所。张家港市域内第一条环镇公交339路正式开通。举办第四届全民运动会、组织各类体育赛事71次。编印出版《三兴镇志》《合兴镇志》，举办第四届沙上文化艺术节，扩大沙上文化辐射力。年内，安排500万元财政专项资金用于支持和奖励基层文体团队开展各类活动，各村(社区)均建有30人以上的文艺团队，全镇组建联兴村沙上乐队、厚生村映山红老年健身队、乐杨村兴艺艺术团等特色文体团队68支，划分文化网格117个，成功申报11个示范文化网格，并对31个公共文化设施服务点进行布点挂牌。组织开展"春联年画大派送"网格志愿服务、网格健身项目展示、"幸福网格乐翻天"暨"端午情"专场文艺演出等各类文体活动170余场次，惠及农村群众近10万人次。组织开展第二届"锦丰好人"寻访活动，利用"道德讲堂"等宣传载体，传播善行义举，传播"好人精神"。悦来村社区医生朱秀珍获得"中国好人"荣誉称号。新发展有线电视用户1345家，累计3.8万户。新发展宽带用户1261户、互动用户444户，累计4400户，锦丰广播电视站3个营业厅创建成"苏州市三星级"营业厅。全镇有医院4家，床位536张。计划免疫门诊接种43509人次。全镇512个餐饮单位中持有效卫生许可证的493个，持证率96.3%。213个公共场所单位中持有效卫生许可证的205个，持证率96.2%；为115名民间厨师实施免费体检，持证上岗率100%。为11068名70周岁以上老年人实施免费健康体检。有效预防和妥善处置各类群体性事件，全年排查、调处各类矛盾纠纷1694件次，成功率100%，刑事发案数961起，比上年下降7%。

富民工程实施　全镇农民人均纯收入21650元，比上年增19.05%。新建海沙、乐杨、福利、洪福4家以村集体经济为经营主体或控股的土地股份合作社，累计24家。全镇土地入股面积2800公顷，入社农户3万余户，注册资金近7000万元。组建红光、海沙等农民专业合作社，累计45家。组建郁桥、店岸、洪桥3个村劳务合作社。新增适度规模流转土地275.33公顷，累计流转土地总面积3820公顷，占可耕地总面积的90%。城乡建设用地增减挂钩复垦项目完成57公顷。有三星级为农综合服务社28家。有休闲农庄3个，农业企业24家。投资5000万元、5200万元分别组建张家港市锦联、锦翔投资发展有限公司，用于投资新城区商住房建设。全镇村级可用财力6150万元。全年发放粮食直补、农资增支补贴、土地规模经营补贴等涉农补贴2108.86万元，受益农民2.4万户；有6284名超龄人员补缴城保，新增城镇职工养老保险参保人数14779人，累计55847人，参保率99.69%。有2891名超龄人员补缴医保，有53281人参加居民基本医疗保险；住房公积金扩面完成4219人，累计27696人。累计农保转城保15221人，占农保总人数的99.53%；新增享受老年补贴7人，累计9889人，享受率99.9%。组织沙钢集团、华尔润集团等单位进行岗前培训3267人，职业技能培训1559人；举办创业培训2期，培训234人，扶持创业116人。新建创业孵化基地3个，累计7个；新建见习基地5个，累计19个。处理劳资纠纷33件，涉及金额23.2万元；处理工伤纠纷50起，涉及金额573.5万元。新增就业岗位9813个，帮助4686人就业，开发公益性岗位284个，帮助115名困难人员再就业，帮助1285名就业困难人员申报社会保险补贴。认定沙钢集团、华尔润集团等就业援助单位30家，开发就业援助岗位3506个。为3891名企业退休人员免费健康体检，有32777名企业退休人员、农保和被征地退休人员纳入全镇社会化管理范围。开展妇女病普查，接受普查24006人，“两癌”筛查人数2739人，参检率全市第一。创建成“江苏省人口与计划生育系统窗口服务示范镇”，0周岁至3周岁科学育儿工作赢得省人口与计划生育委员会的称赞。全年发放抚恤事业费695万元。发放低保、伤残救助、助学金等1909万元。为623名残疾人提供重残生活救助金218万元。“爱满港城”慈善募捐1000余万元。投入56.7万元，为18户困难户帮建、帮修房屋45间。新建镇级社会福利服务中心1家，完成5个居家养老服务站和“阳光家园”庇护工场的创建。合兴老年公寓一期投入运行，新建居家养老服务站6家，累计18家，居家养老服务中心1家。年内，先后获苏州市双拥模范镇、江苏省基层残疾人组织先进集体。发放家电下乡财政补贴510.06万元，受益6321户；发放汽车、摩托车下乡补贴5.91万元，受益105户。发放各类计划生育奖励、补助金1183万元，受益17054人。

2012年江苏扬子江国际冶金工业园(锦丰镇)办事处基本情况

表79

名　称	所在集镇面积(平方公里)	党工委书记、主任	党工委副书记	副主任
三兴办事处	2.20	陈建明	吴亚芳(女)	惠正刚
合兴办事处	5.08	周勇敏	李晓平	陈　英(女)

2012年江苏扬子江国际冶金工业园(锦丰镇)各村(社区)基本情况

表80

村(社区)名	面积(平方公里)	户数(户)	户籍人口(人)	经济总收入(万元)	人均纯收入(元)	村(社区)党委(总支、支部)书记	村(社区)主任
红光村	4.39	1278	3714	16544	21525	毛桂法	陈建平
店岸村	3.84	993	3001	27055	22195	茅　斌	朱才明
联兴村	9.96	2276	5041	53540	23127	沙勤良	杨德芳
向阳村	4.21	1110	3071	19758	22103	郭　健	郭　健
郁桥村	2.31	682	1919	5993	21079	张正清	李亚萍(女)
建设村	5.01	1884	4856	47183	22988	徐剑斌	沈永芳
协仁村	4.32	1381	4005	13873	22892	张小平	苏惠成
西港村	3.97	1353	3680	17581	19960	沈鹤林	季建华
福利村	5.72	1701	4680	17580	22091	肖正才	蒋正华
交通村	4.94	1448	4021	12623	20827	叶海平(主持工作)	蔡正平
厚生村	4.29	1966	4937	29897	22796	陆　杰	倪玉琴(女)
新港村	4.00	1463	4123	8778	21002	黄卫平	张丽芳(女)
西界港村	3.63	1322	3689	8310	20911	朱嘉喜	杜建林
登瀛村	4.36	1528	4113	11964	20804	姚恒峰	陈发根
耕余村	3.24	1201	3020	9375	21024	孙晓平	刘晓华(女)
鼎盛村	4.97	1704	4533	22813	21490	倪建华	朱建华
乐杨村	4.74	1808	4800	45380	22038	吴建清	陈建华

续表 80

村(社区)名	面积(平方公里)	户数(户)	户籍人口(人)	经济总收入(万元)	人均纯收入(元)	村(社区)党委(总支、支部)书记	村(社区)主任
星火村	2.60	866	2142	9164	22154	袁东耀	朱惠英(女)
洪桥村	4.00	968	2479	63021	21958	毛　虎	毛　虎
洪福村	5.19	1651	4223	18578	22040	殷亚华	奚　健
悦来村	3.34	1100	2863	5410	21072	倪爱民	丁金石
光明村	3.63	1214	3021	10931	20758	李忠祥	—
南港村	2.50	717	1916	7946	21694	许天明	许天明
常家村	6.01	1772	4651	17742	22097	陆惠芬(女)	张剑平
永盛村	3.41	812	2079	34441	21881	杨志高	杨志高
镇北社区	1.59	3036	7154	16378	21786	倪　军	陈惠华(女)
海沙社区	4.50	1331	3383	13950	22200	金　荣	—
滨江社区	—	2202	4287	—	—	沈晓燕(女)	沈晓燕(女)
三兴社区	—	1080	2210	—	—	朱　毅	—
合兴社区	—	2521	5445	—	—	陈永祥	陈永祥
永新社区	—	362	1006	—	—	沈连明	沈连明

2012年江苏扬子江国际冶金工业园(锦丰镇)主要开工项目情况

表 81

投资企业名称	项目名称	主要产品	投资金额(万元)
江苏沙钢集团有限公司	张家港宏昌钢板有限公司技改项目	钢材	870000
张家港新城置业有限公司	湖滨水岸项目	商品房	100000
张家港金燕房地产开发有限公司	锦都中央广场项目	购物中心	55000
张家港恒昌新型建筑材料有限公司	张家港恒昌新型建筑材料有限公司矿渣制粉项目	矿渣制品	43000
江苏沙钢集团有限公司	江苏沙钢集团有限公司6号料场改造项目	—	23000
沙洲电力有限公司	沙洲电力有限公司2台630兆瓦机组烟气脱销改造、脱硫扩容、除尘技术改造项目	—	22000
江苏华尔润集团有限公司	华晶新材料有限公司PVSC高档地板生产项目	PVSC地板	20000
张家港浦项不锈钢有限公司	张家港浦项不锈钢有限公司制钢技改项目	不锈钢	9800
江苏沙钢集团有限公司	江苏沙钢集团有限公司3号、6号、7号高炉余热回收项目	余热	9272
张家港日新医疗器械制造有限公司	张家港日新医疗器械制造有限公司医疗器械扩建项目	担架及牵引机	5500

【第四届沙上文化艺术节举办】 沙上文化是张家港市北部地区的特色文化，是沙上人在近、现代文明进程中创造出的宝贵精神财富。2008年以后，园(镇)先后投资200余万元建设沙上文化展示馆，编纂出版系统反映沙上民俗风情、发展历史的《沙上春秋》《中国·沙上宝卷集》《独特的老沙话》等书籍，成功举办3届沙上文化艺术节。10月30日，园(镇)举行第四届沙上文化艺术节开幕式。艺术节活动主要有：沙洲县抗日民主政府纪念馆开馆仪式，中央公园、滨河公园开园仪式暨《三兴镇志》《合兴镇志》首发式，“魅力沙上·富饶家乡”发展成果摄影展，市民才艺PK赛，群众文艺“百团展演”等系列活动，第四届沙上文化艺术节、“沙上文明风”公益文艺巡演活动闭幕式等。“沙上文明风”公益巡演，所有节目均源于各基层文化网格，由园(镇)文艺爱好者自编、自导、自演，有68支团队2000余名群众演员演出节目100个，观众10余万人次。

【沙洲县抗日民主政府纪念馆落成】 10月30日，沙洲县抗日民主政府纪念馆开馆。苏州市委党史工办主任、苏州革命博物馆馆长吴晨潮和张家港市委常委、宣传部部长杨芳和副市长赵建明、华红为纪念馆揭幕。该馆位于锦丰·沙洲新城一干河东侧、华山路南侧。总投资1500万元，占地面积0.4公顷。分中华怒吼、国耻家恨、“江抗”东进、众志成城、浴血奋战、百折不挠、沙洲光复、名录8个部分，以文字、图表、照片、塑像、实物等形式，全面具体地展现沙洲儿女在抗日战争时期为保卫家园，顽强抵御日本侵略者的英勇事迹。馆内重要内容采用模拟现场、多媒体影像等传统与高科技手段相结合的方式，在尊重历史的同时体现艺术性、欣赏性。江苏省委常委、苏州市委书记蒋宏坤专门题写馆名。时任中共沙洲县委书记兼沙洲县抗日民主政府县长陈伊（又名沙金）、时任中共沙洲县委副书记焦康寿分别为纪念馆题词“勿忘历史、牢记使命、开创未来”和“记抗日勇士英迹、谱港城文明华章”。年内，纪念馆接待参观人员32批3300余人次。

【第四届全民运动会开幕】 10月20日，园（镇）第四届全民运动会开幕式在市第三职业高级中学举行。市第三职业高级中学、锦丰中心小学、合兴小学、各村（社区）老年健身队等单位的1500余人进行大型团体操表演，展示园（镇）近年来取得的体育成果。此届全民运动会共有园（镇）党政机关、市镇企事业单位、各村（社区）的近2500名运动员参赛。比赛设有竞技、田径、趣味三大类27个项目，其中竞技类有篮球、足球、乒乓球、羽毛球、拔河等，田径类有100米、200米、400米、800米、1500米、铅球、跳高、跳远等，趣味类有跳绳、踢毽子、托球跑、慢骑自行车、男子掰手腕等。

【中央公园、滨河公园开园】 10月30日，园（镇）举行中央公园、滨河公园开园仪式。中央公园、滨河公园是锦丰沙洲新城重要的生态景观工程，项目总投资约1.3亿元。中央公园地处沙洲新城中心位置，占地面积8.67公顷，设有主入口广场区、滨水展示区、文化娱乐区、情趣休闲区、北部休闲区等区域，公园南、北两大区域通过空中人行桥连为整体，透露出精致婉约的韵味。滨河公园是集休闲健身、防洪安全、景观建设于一体的重大公益性建设项目，是一干河整体景观的一部分，位于一干河东侧核心位置，总占地面积11公顷，是一条生态走廊、清水走廊、休闲走廊。两个公园开放，使锦丰沙洲新城成为“向自然、傍水居”的现代生态新城。

【总投资210亿元的31个项目集中开、竣工】 10月26日至27日，园（镇）总投资210亿元的31个项目集中开竣工。新开工重点项目包括联合铜业废杂再生综合利用延伸加工项目、沙洲电厂二期2×1000兆瓦“上大压小”扩建工程、富祥新材料6万吨无机纤维生产线建设项目、盛安新材料超微硅粉、绿伟锂能动力锂电池模组、富澜特电子空气净化机产业化项目等。其中，联合铜业废杂再生综合利用年产24万吨阳极铜及10万吨阴极铜延伸加工项目，是江苏省有色金属再生资源综合利用最大项目之一。到“十二五”期末，该项目预计可以实现工业产值200亿元，对园（镇）产业结构调整和转型升级以及延伸产业链将起到积极推动作用。同时，市德美幼儿园、市公安局三兴派出所及冶金工业园商务大楼等项目集中竣工。

中央公园、滨河公园开园仪式暨《三兴镇志》《合兴镇志》首发式

（冶金工业园　供稿）

【锦丰镇文体中心和锦都中央广场奠基】 8月25日，锦丰镇文体中心及锦都中央广场奠基仪式举行。锦丰镇文体中心建在原滨江广场，总投资约3500万元，占地1.52公顷，建筑面积6500平方米，计划于2013年7月竣工投用。建成后的锦丰文体中心由文体中心楼和文化健身广场两部分组成，建有室外健身广场、篮球场、门球场和室内图书馆、报告厅、书场、篮球馆、乒乓球馆、健身房、练功房、培训室等功能设施。它的建成将成为锦丰老镇区及周边居民进行文体及休闲活动的重要场所。锦都中央广场位于永新路与锦店路交汇处，占地面积4.14公顷，总投资5.5亿元，将建设百信购物广场、主题商业步行街、写字楼及精品酒店，建筑面积分别为2.5万平方米、3万平方米、8000平方米。

【《三兴镇志》《合兴镇志》出版】 9月，《三兴镇志》《合兴镇志》两部志书由扬州广陵书社出版。10月30日，园（镇）举行《三兴镇志》《合兴镇志》首发式。《三兴镇志》《合兴镇志》编纂历经10年。2002年，合兴镇、三兴镇先后成立镇志编纂委员会。2003年8月，行政区划调整后，锦丰镇党委、政府重视历史资料的保存与延续，于2004年4月成立锦丰镇地方志编纂委员会，修志人员于2012年6月完成近50万余字的送审稿。两部镇志上限追溯事物的源头，下限至三兴镇、合兴镇撤并，各项数据截至2002年末，其中《三兴镇志》设16编56章约60万字，《合兴镇志》设15编54章约54万字，均采用述、记、志、传、图、表、录等体裁，全面反映2003年并镇前三兴、合兴两镇境内自然、政治、经济、文化、社会等各方面的历史与现状。这两本镇志出版，为后代考证、研究三兴、合兴的发展、变迁提供重要史料。

（徐　平）

塘桥镇

【概况】 塘桥镇位于张家港市东南部，是全国文明镇、全国环境优美镇、中国棉纺织毛衫名镇、中国农村改革典型镇。全镇总面积94.26平方公里，耕地面积3894公顷，辖2个办事处、14个行政村、4个社区居委会（其中3个兼挂行政村牌子）。年末，全镇总户数29840户，户籍人口91167人，另有外来暂住人口58523人。全年实现地区生产总值148.93亿元，比上年增8.71%，其中一、二、三产业增加值分别为3.01亿元、88.85亿元和57.07亿元。按户籍人口计算，人均生产总值16.34万元。全年完成全口径财政收入15.07亿元，其中公共财政预算收入6.51亿元，比上年增2.02%。完成全社会固定资产投资36.34亿元，比上年增19.6%。年内，塘桥镇获江苏省农村劳动力充分转移就业乡镇和苏州市文明镇、苏州市科普示范镇、苏州市率先实现农业机械化示范镇、苏州市村镇建设先进集体、苏州市人口和计划生育工作先进集体等称号。

经济建设与发展　全年完成经济总收入424.92亿元，比上年增2.12%。年末，有工业企业1645家，实现工业产品销售收入342.5亿元，入库税收14.79亿元。年销售收入超1亿元的企业有28家。其中，华芳集团工业产品销售收入116.8亿元，列市百强骨干企业第4位；鹿港科技、华程钢管、新东旭纺织、银河电子等企业销售收入均超10亿元。规模以上工业企业完成总产值302.54亿元，比上年增3.4%。4月，张家港光学仪器有限公司与苏州大学特聘教授、国家“千人计划”博士韩森教授牵手成功，创建“千人计划”工作站。6月，江苏张家港新能源产业园与复旦大学信息科学与工程学院签约组建“千人计划”研究院。9月，塘桥东城科技创业园获批江苏省高新技术创业服务中心。鹿港科技自动化改造、巨鸿超细纤维等十大开工项目全部竣工。成功引进总投资30亿元的御景天成城市综合体、中科晶元信息材料和总投资9000万美元的乐嘉新能源等项目。银河电子、联宏纺织等一批规模企业加快实施科技创新、产品提档升级步伐，全年完成工业技改投入20.52亿元，比上年增17.2%。欣诚充电桩等一批新兴产业项目顺利开、竣工，全年完成新兴产业投资8.5亿元，比上年增26.9%。保意电器等一批现代服务业先后开业，全年完成服务业投资15.7亿元，比上年增20.4%。投入8000万元完成产业园13.2公里道路的“白改黑”及配套工程。先后引进国家“千人计划”人才2人、省“双创”人才1人、“姑苏人才”1人、市领军型创业创新人才6人。成立“千人计划”专家工作站2家，列入国家火炬计划3项、省科技支撑项目1项、省民营科技企业3家、省高新技术企业4家，开发省高新技术产品18种。新批办三资企业5家，新增注册外资及港澳台资6965万美元，到账外资及港澳台资3228万美元，完成自营进出口总额10.25亿美元。新批办外地资本企业134家，新增外地注册资本4.89亿元，比上年增17.7%；新批办个体私营企业227家，新增注册资本5.31亿元；新办个体工商户1160家，新增注册资本1.44亿元。完成三产投入16.32亿元，实现增加值57.35亿元，分别比上年增14.9%和25.1%。批零、住餐限额以上单位销售收入49.39亿元，零售额7.07亿元。完成服务业税收1.56亿元，服务业产值占GDP的比重为38.51%。新增注册商标170件、江苏省著名商标1件、苏州市知名商标2件。全力推进以村为经营主体（或控股）的股份合作改革，组建2家千亩以上土地股份合作社、3家农业专业合作社。妙桥片6个村（居）成立金桥投资发展有限公司，鹿苑片5个村（居）成立鹿苑农产品种植专业合作社。完成112公顷农田标准化改造，新增高效农业面积255.73公顷、设施农业面积116.67公顷，新增各类农业机械216台套，创建成“苏州市全面实现农业机械化示范镇”。小麦、水稻亩产分别达到350千克和560千克。全年实现农业总产值5.47亿元，粮食、棉花、肉类、水产品产量分别为41361吨、12吨、1198吨和1425吨。

社会事业发展　年末，有中小学校8所，在职教师672人，在校学生9328人。另有3所民工子弟学校。年内，投入3000万元实施学校文化品质提升、校舍形象提升、教学装备和信息化提升工程。积极发展社区教育和学前教育，不断优化教育均衡发展环境，高考本二以上达线率54.2%，中考成绩名列全市农村初中前列，8所学校在全市教育、教学质量综合评估中获奖。有医院4家，拥有医护人员462人，核定床位410张；有社区卫生服务站22家，社区卫生服务体系得到加强和完善。实行基本药物零差率销售，推行家庭责任医生制度，实施老年人免费体检和妇幼保健常态管理，开展健康服务进万家活动，发放“健康大礼包”2.65万份。建立流动人口公共服务均等化制度，在籍人口计划生育率为99.8%，流入人口计划生育率为95%，创建成苏州市流动人口计划生育示范镇。新增公共文化设施面积3000平方米、体育设施面积1.5万平方米，全面实施网格化公共文化服务；新增群众文化团队49个，开展送戏、送影、送书等文化惠民活动240余场次；举办“全国文明镇，和谐金塘桥”主题大型文艺“村村演”公益文化活动、全民读书节、全民健身节、千人健步行等活动，协办塘桥杯全国乒乓球锦标赛。全年完成760户农户拆迁任务，竣工安置房16.38万平方米，新建老年人临时安置房280间，全年实施分房1400余套。高标准完成191个村庄的环境整治，金村小区、仇家小区分别创建成江苏省、苏州市三星级“康居乡村”。完成胡同社区、何桥社区配套公建，和鑫、馨苑、妙景等小区配套公建顺利推进。先后投入1.2亿元，完成南京路、人民路、妙桥中路改造，完成塘桥片区、鹿苑片区生活污水支管网建设，新204国道路灯安装，巨桥北路、常横路、塘鹿路、商城路等农村公路大修等工程。推进新市民同城化待遇工作，1200余名新市民参加医疗合作保险，950余名新市民家庭领到子女入学准入卡。完成胡同社区884套公寓房“两证”办理。实施市政设施升级工程，新增环卫车辆12辆，新建、改建公厕、垃圾房30余座，新增镇区停车泊位610个。新建两处地埋式生活污水处理站。新增各类绿化126.67公顷，建成妙桥憩园和两个绿化示范村庄。组建防暴特勤队，完善学校、企业、安置小区治安防控体系。开展“四项排查”“万人大巡防”“打四黑（黑作坊、黑工厂、黑市场、黑窝点）除四害”等专项活动，刑事案件和八大类案件比上年下降10.27%和42.86%。

富民工程实施　全镇农民人均收入22170元，比上年增15%。完成城乡养老保险并轨工作。新增住房公积金参保2800余人，新增超龄人员纳入城保4200余人、医保1100余人，城乡基本养老保险、基本医疗保险覆盖率均为99.6%。全年举办各类就业培训、技能培训累计18期3300余人，免费就业创业技能培训760人。提供就业岗位7600个，开发公益性岗位200个，帮助350余名就业困难人员实现就业。为537户低保对象和低保边缘对象发放最低生活保障金521.23万元。发放优抚、安置、奖励金304万元，残疾人救助金125.45万元，贫困学生助学金86万元，退休工人定补款95.11万元，各类大重病困难补助金128万元，临时救助金838万元。发放80岁、90岁以上尊老金255.97万元。年末走访、慰问、优抚低保户、残疾人、特困党员、特困职工、拆迁户等13820户，发放慰问金（含慰问品）1203万元。市、镇（部分含中央、省级）两级为土地规模经营补贴1164万元，标准化农田水利建设补贴5380万元，农民购买农机补贴927万元，农资综合补贴582万元。发放小麦水稻良种补贴、秸秆还田补贴和农业直补合计307.03万元。开展“爱满港城”慈善募捐，全年募集慈善资金972万元。

2012年塘桥镇办事处基本情况

表82

名　称	所在集镇面积（平方公里）	党工委书记、主任	党工委副书记	副主任
鹿苑办事处	4.00	薛祖民	邹海兵	孙剑敏　钱　益（7月任）
妙桥办事处	5.00	卢建刚	徐惠芳（女，1月任）	徐惠芳（女，1月免）　张萍华（女）

2012年塘桥镇各村（社区）基本情况

表83

村（社区）名	面积（平方公里）	户数	户籍人口（人）	经济总收入（万元）	人均纯收入（元）	村（社区）党委（总支、支部）书记	村（社区）主任
周巷村	7.03	2969	8966	186359	24068	曹　健	庞正峰
何桥村	7.31	2127	6790	46180	22658	张　毅（9月免） 钱腾冰（9月任）	蒋卫新
青龙村	3.88	1499	4583	67332	23867	顾惠明	马卫锋
韩山村	5.22	1509	4636	150000	23802	刘建江	陈建秋
顾家村	4.46	1143	3749	23670	23629	陈仲伯	言建国
横泾村	7.60	2127	6977	81734	22575	陆学军	谈建江
金村村	10.32	2288	7849	55160	22751	张正球	卞晓平
欧桥村	7.01	1779	6054	91126	23285	张小飞	田建林
蒋家村	5.58	1336	4568	12200	22320	吴金元	曹晓明
花园村	5.59	1535	5001	83980	22754	钱　益	钱伟东
滩里村	6.79	1970	6028	107565	24080	邹永飞（8月免） 秦朝华（女，8月任）	钱再飞
牛桥村	6.20	1599	4723	22235	20329	王爱国	郑卫兵
巨桥村	5.84	1819	5404	126186	22232	钱国忠	李志新
刘村村	4.88	1227	3630	25884	20136	孙剑敏	陈正江
镇中社区	1.70	810	2682	12910	22417	庞利新	朱颂伟
妙桥社区	3.76	678	1958	78124	21812	吴正东	朱建江
鹿苑社区	1.25	688	1691	34537	22678	钱惠星	钱震杰

2012 年塘桥镇主要开工项目情况

表 84

投资企业名称	项目名称	主要产品	投资金额
张家港瑞泰美弹性材料有限公司	PE 手套项目	PE 手套等	9000 万美元
江苏巨鸿超细纤维有限公司	纤维织品项目	超细纤维毛巾、清洁布	1200 万美元
江苏旭晶新能源科技有限公司	电池背板项目	太阳能电池背板	200000 万元
江苏博星顺华羊纤维有限公司	羊绒衫项目	羊毛、羊绒衫	23000 万元
江苏博腾新材料股份有限公司	复合涂装木皮项目	复合涂装木皮	15000 万元
江苏欣诚机电科技有限公司	充电桩项目	电动汽车充电桩	15000 万元
江苏索尔新能源科技有限公司	锂电池项目	锂电池	8000 万元
江苏联宏纺织有限公司	针织品项目	针织品、服饰	3000 万元
市协兴纺织有限公司	司腈纶纱项目	腈纶纱线	1200 万元
市锦程纺织有限公司	纺纱项目	自营纺纱	600 万元

【"千人计划"研究院组建】 6 月 20 日，由塘桥镇政府牵头，江苏张家港新能源产业园和复旦大学信息科学与工程学院签订合作协议，由复旦大学信息科学和工程院郑立荣、徐敏、陈宜方 3 位"千人计划"人才与江苏张家港新能源产业园签约组建"千人计划"研究院。研究院将依托新能源产业园平台资源优势，就智能电网和物联网关键技术、新能源光学器件精密加工技术、节能照明和柔性电子技术等领域进行产业合作；充分利用"千人计划"人才团队自身已有的知识产权和成果及在行业的影响力，对园区企业提供技术指导、成果转移、项目嫁接、企业孵化等服务。年内，研究院首批低能耗高效率超薄激光显示系统、R2R 纳米压印器件和新工艺、高亮度蓝光 LED 的制备等 6 个高端项目进展顺利。

【全市首个光学领域"千人计划"工作站创立】 4 月 20 日，张家港光学仪器有限公司与苏州大学特聘教授、国家"千人计划"博士韩森教授牵手，就共建"千人计划"工作站举行签字暨揭牌仪式。韩森教授是入选第六批国家"千人计划"的核心人物，其技术专长是光学干涉计量，特别是在光学检验、精密机械检验、半导体晶片、太阳能硅片、纳米吸薄膜检验、微米或纳米级 MEMS 检测技术等方面造诣很深。"千人计划"工作站落户张家港光学仪器有限公司后，双方就复消色差物镜开发、无限远显微物镜开发、生物显微镜开发与产业化等方面展开研发工作，依托双方优势，做大做强光学产业。至 8 月，张家港光学仪器有限公司自主设计、生产的物、目镜系列产品在北美市场推广。

【全市首家村级养老院建立】 10 月，全市首家村级养老院韩山老年公寓竣工并投入使用。为满足社会日益增长的养老服务需求，由韩山村投入 3500 万元，于 2010 年 1 月动工兴建的这座老年公寓，位于韩山村委东侧、新 204 国道西侧，占地面积 1.4 万平方米，建筑面积 1.2 万平方米，绿化面积 6000 平方米，主要由 2 幢公寓大楼和 1 幢老年室内综合服务大楼组成，设计房间 111 个，由 50 平方米和 60 平方米两种标准间，床位 222 张。公寓内设有小型影剧院、才艺展示厅、棋牌娱乐室、阅览室、乒乓室、台球室、健身室、医务室、餐厅、接待大厅等设施，为老人们提供住养、护理、医疗、康复、娱乐等综合性服务。至年末，已有 10 余位老人入住。

【《鹿苑镇志》出版发行】 6 月，《鹿苑镇志》由广陵书社出版发行。这是全市第二轮修志启动后出版的首部乡镇志。该书于 2006 年下半年启动编纂，2010 年末完成初稿，2011 年 4 月完成初审、8 月完成复审、12 月通过终审。编纂工作历时 6 年，数易其稿。志首设彩页、序言、概述、大事记，正文设建置区划·自然环境、镇村建设、经济、政治、文化、社会风土、人物、志余等 8 卷 35 章 130 节，志尾设后记，共 43 万字，全面记述了鹿苑镇境内自然、政治、经济、文化和社会等各方面的历史与现实，具有较强的存史、资政、教化作用。

【钱昌照故居维修、保护工程实施】 钱昌照故居位于塘桥镇原鹿苑小学西侧。该建筑为清代硬山式砖木

钱昌照故居

（塘桥镇　供稿）

结构，面阔三间，长约10米，进深7米。红漆椽柱门窗，淡灰色墙面，人字形屋脊，方砖铺地。东西两侧朝南各开一窗，窗顶饰西式纹饰。2007年，被市政府公布为第三批市级文物保护单位，成为塘桥镇乃至全市进行爱国主义教育的重要基地。由于年久失修，房屋及墙体漏雨、浸损严重。2011年初，江苏省启动"第三批江苏省名人故居、古民居抢救保护工程"项目遴选工作。张家港市精心组织制定维修、保护方案，并及时上报。2011年12月，经江苏省委宣传部、省文化厅、省文物局联合研究、论证，钱昌照故居成功入选"第三批江苏省名人故居、古民居抢救保护工程"十大项目之一。2012年6月下旬，由江苏省、张家港市共同投资的钱昌照故居维修保护工程启动，并于年末完工，共投入维修保护资金46.5万元。

【俭朴老党员去世前留下万元党费】 陈稼秋是塘桥镇人，1955年入党，1962年后先后在沙洲县委办公室、县委宣传部工作，20世纪80年代退休后生活非常俭朴，可对别人很关心，出资助学邻居孩子，捐钱患病村民，为生命垂危的村民募集1万余元救命钱。年初，陈稼秋身患重病，9月病情恶化，还惦记着党的十八大何时召开。9月22日早上，处于弥留状态的他苏醒过来，用微弱断续的声音告诉身旁的女儿：本想亲眼看到党的十八大胜利召开，可如今看来等不到了。说完便从枕边摸出装有1万元现金的信封递给女儿，要女儿帮他多交点党费，完成他的心愿。9月23日，陈稼秋老人去世。9月25日，他的子女把装有1万元现金的信封交给了塘桥镇党委组织部门。

（唐林康）

凤凰镇

【概况】 凤凰镇位于张家港市南部，全镇总面积78.79平方公里，耕地面积2525公顷。辖2个办事处、15个行政村、4个社区居委会。全镇总户数21485户，有户籍人口66143人，其中非农业人口12443人。另有外来暂住人口36825人。全年实现地区生产总值87.98亿元，其中一、二、三产业增加值分别为3.21亿元、54.71亿元、30.06亿元，按户籍人口计算人均生产总值13.3万元。完成全口径财政收入14.34亿元，公共财政预算收入6.04亿元，比上年增10.5%；全社会固定资产投入46.65亿元，比上年增22.5%。年内，凤凰镇被评为张家港市文明镇、农业农村工作先进镇、利用外资先进单位和利用外地资本先进单位、新兴产业培育先进单位、社会治安安全镇等称号。

经济建设与发展　全年完成经济总收入325.28亿元，比上年增4.1%。年末有企业1635家，其中工业企业1227家。全镇有销售收入超1亿元企业47家，其中超20亿元企业2家。全镇企业形成以表面活性剂、PA合金树脂、生物医药中间体、CMC为主导的化工新材料，以太阳能光伏、LED、锂电为主导的新能源，以汽车配件、数控机床为主导的新装备三大产业体系。招商力度加大，惠晶显示科技、凯比汽车部件、珍迎电机等一批优质项目成功引进。项目建设进度加快，全镇有91个新、改、扩建项目开工建设，总投入32.6亿元，其中投资超3000万元项目25项。现代威亚精密铸件、广大锻造大型精密锻件、翰普高分子尼龙11一期、富淼科技6万吨聚丙酰胺一期等76个项目竣工投产。亚力防爆电机、龙跃锂能离子动力电池、协昌电子控制器、芯片等重点建设项目顺利推进。规模型企业经济总量增加，全镇47家超1亿元企业，完成工业开票销售174亿元，占全镇经济总量61%。村级经济运行平稳，15个村完成工业开票销售收入121亿元，村级技改投入8.5亿元，为全镇经济发展注入新活力。全镇实现工业产品销售收入279.17亿元，实现利税总额12.89亿元，入库税金14.1亿元，比上年增5.5%。完成工业技改投入32.61亿元，比上年增20.8%。新批三资企业10家，累计102家。新注册外资及港澳台资12617万美元，到账外资及港澳台资7698万美元。全年完成进出口总额113460万美元，其中自营出口80368万美元。新批外地资本项目122项，注册资本52067万元，引进外地资本61967万元，新批私营企业127家，新增注册资本43810万元。新批个体工商户654家，新增注册资本6859万元。全年实现服务业增加值30.2亿元，比上年增15.5%。完成服务业项目投入14亿元，比上年增26.7%。金凤凰温泉度假村、澳洋医药物流等重点服务企业态势良好，营业额分别比上年增41.7%和100%。飞翔农业园、金凤凰农业生态园等重点服务业建设项目顺利推进。投资5000万元的凤凰科技创业园一期工程全面竣工，微电子产业园、聚光光伏研究院建设全面启动。投资2000万元的广大锻造研发中心年末建成投运。科技人才实绩重大突破，凤凰科技园被评为市领军人才创业基地。全年引进"千人计划"专家4人，自主申报"外专千人计划"1人，实现张家港市零的突破。有省"双创"人才2人，姑苏领军人才3人，市领军人才9人，完成国家火炬计划项目2项。有省高新技术企业8家，省研究生工作站2个，授权专利500件，其中发明专利40件。市广大机械锻造有限公司铁路机车用齿轮齿圈项目成功入选省质监局公布的2012年江苏省自主创新、高新技术标准化试点项目，是苏州市年内唯一获批的高新技术标准化项目。全年实现农业总产值6.15亿元，粮食、肉类、水产品总产量分别为24878吨、1613吨、3145吨。全镇新增各类高效农业生产面积224公顷，累计1429公顷，新增设施农业151公顷，累计464公顷，完成高标准农田建设287公顷，高效农业保险覆盖率48%。农业综合机械化水平达到91%，创建成苏州市农业机械化示范镇、省级平安农机示范镇。"五有"农业服务中心通过省级验收。全镇加快"三个农业园区"建设。凤凰水蜜桃产业园新增果品种植面积400公顷，投资200万元完善基础设施，凤凰水蜜桃成功冠名第六届苏州果品节，获苏州市果品协会第六届地产果品奖。8月，凤凰水蜜桃标准化示范基地成功创建成国家农业标准示范区。全镇有农产品注册商标20件，无公害农产品11种，绿色食品9种，苏州市名牌产品5种。

社会事业　年末，有中小学校5所，教师354人，在校学生5208人。有幼儿园3所，幼儿教师127人，其中公办幼儿教师69人,在校幼儿1990人。有外地民工子弟学校1所,在校学生865人。全镇公办学校接纳外地民工子弟就读3045人。投入360余万元配置现代化教学设施,新建凤凰中学、凤凰小学、西张小学、港口学校的微机房,配置多媒体设备60套。全镇公办学校师机比1.1∶1,生机比7∶1,多媒体网络课堂班覆盖率100%。凤凰中学、港口中学、西张小学、凤凰小学创建成"苏州市教育技术装备管理先进学校",港口学校网站获"苏州市优秀校园网站"一等奖。是年,举办"今日张家港·印象凤凰镇"全国摄影大赛,全国近1千名摄影爱好者参加。中国摄影报社、凤凰镇人民政府联合成功主办2012年第三届中国·河阳山歌节暨第七届凤凰桃花节。由省委宣传部副部长章剑华亲笔题写刊头的《河阳文化》期刊正式出版发行。投资360万元的恬庄古街碑刻馆落成。12月,凤凰山风景区通过江苏自驾游基地验收。改善城乡环境,港口、凤凰办事处街景改造、老住宅区整治和生活污水网管接管工程全面完成。数字化城管建成并投入使用,金谷路、双龙路、张市路创建成苏州市市容管理示范路。投资9235万元的西凤公路拓宽车道工程及景观带建设工程全面竣工。拆坝建桥2座,建涵洞4座,新建农桥1座,整治危桥5座。疏浚村级河道58条,清除淤泥8万立方米,疏浚镇级河道1条,清除淤泥12万立方米。维修村级道路10.71公里,新建公交候车亭36个。整治村庄环境,镇村两级累计投入近5000万元,完成房屋立面刷新近60余万平方米,新增村庄公共绿地面积21.48公顷,清理房前屋后乱堆放近3000余处,疏通河道、沟塘47条,新建公共活动场地3.8万平方米,打造特色娱乐休闲广场9000余平方米,停车位300余个,全镇288个村庄全面完成整治任务。10月上旬,高标准通过苏州市整治办验收考核,合格率100%,三星级"康居乡村"朱家弄及陆家宕顺利通过省级验收,西张、凤凰社区创建成苏州市绿色社区。全镇卫生基础设施提档升级,新建垃圾收集房17个,新增封闭型自装自卸清运车6辆、电瓶保洁车26辆、中型道路清扫车2辆、5吨洒水车2辆,安装户外灭蚊灯、控烟点110个,在双塘村小山建渣土及建筑垃圾堆放处1处。金谷村休闲广场创建成苏州市健康教育和健康促进基地,西参村创建成苏州市健康村,双龙花园创建成市环境卫生示范小区,凤凰办事处创建成市环境卫生长效管理先进办事处。镇有公立医院1家,民营医院2家,医务工作者274人。住院病床210张。社区卫生服务站15个,医务人员72人。全年为60周岁至70周岁的5621名老人进行健康体检,为12630名老年人健康评估,并建立个人健康档案。为0周岁至6周岁儿童健康体检预防接种20263人次。建立居民健康档案89800份,其中外来人口档案21450份。发放健康大礼包21448份,投入50万元建成健康自动体检小屋并投入使用。凤凰医院投入30万元开设康复病房,有床位26张。全镇216个餐饮单位均持卫生许可证营业,餐饮量化分级评定A、B级各108个。镇社区卫生服务中心获苏州市示范社区卫生服务中心称号,凤凰镇获苏州市餐饮服务食品安全示范镇称号,凤凰村、金谷村获市级"中医药服务示范社区卫生服务站"称号。制订"天天听民声"活动实施方案,每个工作日均有镇四套班子领导在镇信访办接访,共接访、下访151人次,受理各类案件97件,调处结案96件。全年受理信件77封,到访62批次。接"12345"便民服务热线电话,受理301起,办结率100%。加强镇村联防,镇村配有联防队员160人。

富民工程实施　全镇农民人均纯收入21810万元,比上年增18.58%。年内,全镇4个经济一般村全部组建村级控股土地股份专业合作社,土地面积335公顷,新建物业型劳务专业合作社和农民专业合作社20家,村均可用财力531万元,比上年增长13.72%。全年发放各类涉农补贴1514万元,农业保险62.7万元,发放家电和汽摩下乡补贴70.68万元。出资612万元资助307名四类困难人员进城保,社保扩面,为3003名超龄人员办理补缴进城保和1050名超龄人员补缴进医保,新增城镇职工养老保险5820人。组织开展慈善募捐活动,募集捐款788万元,207名贫困学生获得助学金64.6万元。组织对2201名城镇退休职工免费体检。新增住房公积金开户单位23个,参缴人数1950人。有33959人参加居民基本合作医疗保险,参保率100%,其中当地居民32910人,新市民1049人,共筹合作医疗基金489.67万元。门诊特种病报销408人,报销金额17.33万元;住院报销384人,报销金额153.31万元;特种费用报销102人,报销金额58.68万元。全镇新增就业岗位7397个,开发就业援助岗位740个,公益性岗位232个,建立职业见习基地5个,创业孵化基地2个,开展就业指导培训1418人。组织技能培训3044人,高技能人才培训3358人,创业人才培训130人。走访慰问低保户、低保边缘户、大重病特殊家庭、优抚对象和敬老院老人、拆迁过渡户6800户,发放慰问金1260万元;慰问困难户2624户,发放慰问金225.92万元。对26名大重病者发放医疗救助金47.45万元,为突发病引起家庭困难的350人发放临时救助金37.37万元,帮助遭遇重大自然灾害的78户居民获理赔26.7万元。为年满60周岁老人办理江苏老年优待证1310份,为70周岁以上老人发放尊老金151.23万元。

2012年凤凰镇办事处基本情况

表85

名　称	所在集镇面积(平方公里)	党工委书记	主　任	党工委副书记	副主任
凤凰办事处	4.48	赵文中(1月任)	赵文中	徐丹芸(女,4月任)	罗金翠(女)　张　平(4月任)
港口办事处	4.48	徐敏娟(女,1月任)	徐敏娟(女)	徐国平(4月任)	顾春明　徐丹芸(女,4月免) 顾建新(4月任)

2012 年凤凰镇各村(社区)基本情况

表 86

村(社区)名	面积(平方公里)	户数(户)	户籍人口(人)	经济总收入(万元)	人均纯收入(元)	村(社区)党委(总支、支部)书记	村(社区)主任
金谷村	6.30	1661	5068	88570	21972	陆惠东	徐　卫
双龙村	8.36	2225	6955	211318	22003	章建新	郭永康
西参村	3.28	818	2715	80854	21210	许栋贤	钱仲刚
魏庄村	4.30	1018	3139	39822	21899	陈耀良	程建华
安庆村	4.42	1223	4187	347380	21960	钱妙琴(女)	肖弟良
凤凰村	5.42	1179	3642	30324	20031	徐登峰	陆建东
鸷山村	6.12	1430	4060	66800	21697	徐云飞	徐　清
夏市村	2.95	669	2054	11422	21249	钱丽芬(女)	陈晓东
高庄村	7.33	1530	4908	27995	21569	阚建华	肖　安
杨家桥村	5.83	1312	3898	32258	21537	钱惠艺	张　弛
程墩村	5.10	1028	3615	132086	22015	徐国平	罗　斌(3 月免) 张志刚(负责人)
清水村	6.60	1297	4009	51150	20165	杨正元	张志强
杏市村	2.13	530	1666	12018	21275	狄建忠	陈利新
恬庄村	5.16	1494	4190	130710	21921	杨正新	戴卫良
双塘村	5.51	1432	3995	108548	21997	顾惠新(3 月免) 顾建峰(3 月任)	陆志斌
凤凰社区	4.48	819	2223	—	—	杨月明	杨月明
港口社区	4.48	1996	5637	—	—	徐新华	徐新华
西张社区	7.37	1658	4583	—	—	贡林福	贡林福

2012 年凤凰镇主要开工项目情况

表 87

投资企业名称	项目名称	主要产品	投资金额(万元)
江苏飞翔化工股份有限公司	50 万吨特种聚酯项目	特种聚酯	440000
江苏富淼科技股份有限公司	6 万吨固体聚丙烯胺项目	固体聚丙烯胺	30000
苏州惠晶显示科技有限公司	科技平板显示器项目	平板显示器	25000
江苏协昌电子科技有限公司	科技集成电路项目	集成电路功力紧件、芯片	20000
张家港广大锻造有限公司	精加工热处理项目	锻造精加工	18000
张家港永兴热电有限公司	管网扩容改造项目	热电	15000
江苏珍迎机电有限公司	珍迎机电项目	汽车精密元器件	13000
江苏爱瓦特电机有限公司	爱瓦特电机项目	发电机及部件	10000

【凤凰镇行政管理体制改革试点工作正式运行】 2 月，凤凰镇根据《省委办公厅、省政府办公厅关于张家港市凤凰镇行政管理体制改革试点方案的批复》精神，开始行政管理体制改革试点各项筹备工作。8 月 30 日，搭建改革试点组织架构和“二室七局一中心”机构设置和职能的界定，第一批涉及 23 个部门 401 项行政权力全部分解到镇属局(室)和基层站所，并将进驻中心事项落实到个人。该镇两次邀请市行政服务中心技术人员进行“网上行政服务中心”系统操作培训。9 月 29 日，行政管理体制改革试点工作正式启动。10 月 25 日，建筑面积 240 平方米的凤凰镇便民服务大厅投入运行，社会事业局、综合执法局、建设局、经济发展和改革局、政法和社会管理办公室 5 个部门进驻便民服务大厅，向上对接市计生委、民政局、城管局、住建局、规划局、环保局等 13 个部门，由中心 5 名工作人员分别代表上述 5 个部门对外受理行政许可(审批)和便民服务事项的办理，第一批进驻的各类行政许可(审批)事项和便民服务事项有 45 项。

【张家港高新技术产业园获批两项省级称号】 2月,张家港高新技术产业园获批“江苏省汽车零部件产业基地”。5月,又被省政府授予“江苏省中小企业产业集聚示范区”称号。近年来,凤凰镇多次修订产业发展规划,按照科技先导、创新先行、市场主导、政府推动的原则,大力推进汽车配件产业结构优化升级,做大做强精密汽车配件产业,放大园区集聚效应。经过多年的发展,张家港高新技术产业园已从2003年的3平方公里扩大至2012年的23.65平方公里,拥有企业342家,其中年产值2000万元以上的规模企业100家,基本形成以汽配产业为主,机械装备、光伏电子和现代物流为辅的四大特色产业基地。其中,汽车产业已聚集了现代威亚、大一汽配、大永汽配等82家精密汽车配件生产企业,汽车配件企业占到全市同行业企业数量的85%。园区内汽车配件产品有23大类,其中等速万向节在国内同行业中销售量排名第二,尼龙11合金树脂打破由国外企业长期垄断的局面,填补国内市场空白。同时,凤凰镇为推动技术创新,扶持规模企业技改投资超过10亿元,建立了以威亚汽配、大一汽配等为代表的一批面向国内、规模较大、具有竞争力的总成零部件企业。

【“共享阳光”慈善助学活动开展】 9月5日,凤凰镇举办“共享阳光”慈善助学座谈会,镇领导和冠名基金单位飞翔化工股份有限公司、罗地亚飞翔精细化工有限公司在现场向46名受助学生代表发放助学金。这次开展的“共享阳光”慈善助学活动共发放助学资金64.6万元,对207名贫困学生进行慈善资助。其中,冠名基金单位飞翔化工股份有限公司、罗地亚飞翔精细化工有限公司资助20名本科生、16名大专生;其余171名学生由市、镇两级慈善基金资助。韩资企业西一新型汽车配件有限公司也主动与20户贫困家庭进行爱心结对,资助金额6万元;可隆科技特(张家港)特种纺织品有限公司自行结对资助6名贫困大学生继续求学。镇机关干部在开学前对帮扶结对的150户贫困家庭进行走访慰问。

【飞翔——中科院大连化物所联合研发基地成立】 5月28日,飞翔集团苏州飞翔新材料研究院暨飞翔——中科院大连化物所联合研发基地正式揭牌成立。苏州飞翔新材料研究院总投资2亿元,占地2.2万平方米,建筑面积3.4万平方米,主要从事聚酯新材料上下游产品、精细有机化学品、高分子聚合物等化学新材料产品及技术的研发、技术转让和技术产业建设等工作。仪式上,飞翔集团分别与滨海恒盛化工有限公司、澳大利亚信实生物医药有限公司、美国惠明顿医药科技有限公司及苏州广大投资集团有限公司就相关合作项目进行签约。飞翔集团对这3个项目总投资4.6亿元,将全力打造集研发外包服务、自主药物研发、高附加值医药中间体和原料药生产于一体的全新业务平台。

【鸷山村被首批命名为省级专业示范村】 11月,鸷山村获江苏省农业委员会命名的首批“一村一品”专业示范村称号。鸷山村是凤凰水蜜桃的发源地,早在1950年就开始种植水蜜桃,但一直作为家庭副业推广,1963年在鸷山的山坡上扩种水蜜桃。1996年,鸷山村在农业产业结构调整中,把水蜜桃作为全村特色农业进行规划和种植,由党员示范,引导群众参与,至2001年前逐步成片种植。2012年,全村种植水蜜桃面积233.33公顷,千亩水蜜桃基地成规模,成为凤凰镇水蜜桃基地中心区域。种植的水蜜桃亩均收入连续三年超1万元,家家种植,桃农收入连年增长,实现一村一品,辐射带动,成为农民致富的甜蜜产业。

【红豆树相隔12年又开花】 5月,鸷山村邓家宕村民发现红豆树树冠偏南树枝开出串串白花,引来不少观花者。鸷山红豆树不常开花,曾在1949年、1956年、1963年、2000年4次开花结果。这棵千年古树相传由南梁昭明太子萧统所植,后由明御史徐恪移栽于此,树龄约1500年。老树历经沧桑已枯,现树是原老树根部另发的新枝。这是张家港市唯一开花结果的红豆树,当地村民非常爱护,有专人负责管理,在古树周围用砖砌立保护墙,经常清除四周杂树杂草,填平附近河浜保护其生长。该村还以红豆树为中心向周围扩展保护区50余米,开发成占地面积约0.13公顷的公园景点。红豆树枝叶茂盛,树高约9米,树围1.41米,冠幅8米。2003年7月,这棵红豆树被列为市文物保护单位。

(王正元　朱永法)

红豆树　　(凤凰镇　供稿)

乐余镇

【概况】 乐余镇位于张家港市东北部，与南通市隔江相望，有沿江岸线22.5公里和全市唯一保存完好的民国老街。全镇总面积93.39平方公里，耕地面积4326公顷。辖2个办事处、24个行政村（场）、3个社区居委会。全镇总户数29536户，户籍人口78625人，其中非农人口1.49万人，另有外来暂住人口1.5万人。全年实现地区生产总值59.39亿元，比上年增9.37%，其中一、二、三产业增加值分别为3.74亿元、32.43亿元、23.22亿元，按户籍人口计算，人均生产总值为7.55万元。完成全口径财政收入7.62亿元，其中公共财政预算收入3.58亿元，比上年增6.5%。全镇村级可用财力合计4298万元，比上年增23.3%。完成全社会固定资产投资24.76亿元，比上年增22.1%。10月27日，德国劳恩堡市政府、企业代表团一行15人受邀到乐余镇参观访问，参观了江苏牡丹离心机制造有限公司、江苏永发医疗器械有限公司和张家港长力机械有限公司，考察乐余镇机械装备制造业发展情况。其间，镇党委书记陈卫兵与德国劳恩堡市市长提德及随行企业家进行深入交流，共同探寻合作发展机会。年内，乐余镇获全国“社区乡镇阅读推广活动优秀案例征集”最佳案例奖、江苏省标准化社区教育中心、苏州市人口和计划生育先进镇、苏州市农村圩区堤防达标建设先进镇等称号。

经济建设与发展 全年完成农村经济总收入172.94亿元，入库税收7.62亿元，比上年增9.4%。年末有企业1342家，其中工业企业987家。销售收入超1亿元的工业企业22家，超1亿元的村11个。全年实现工业产品开票销售收入147亿元，比上年增2.7%；创利税收7.53亿元，比上年增8%；工业用电总量6.68亿千瓦小时，比上年增3.3%；新批办三资企业7家，累计51家；新增注册外资及港澳台资5036万美元，到账外资及港澳台资2120万美元，增长0.4%。新批办私营企业173家，新增注册资本8.46亿元；引进外地注册资本4.05亿元；新批办个体工商户456家，新增注册资本4405万元。全年工业投资15.04亿元，比上年增15.7%；新兴产业投资1.7亿元，比上年增29.9%；出口总额3.25亿美元，比上年增16.9%；公共财政预算收入3.58亿元。获批2012年高端外国专家项目1项、省“双创”人才计划1人、姑苏领军人才计划1人、省企业博士集聚计划1人，实现申报入选苏州市级以上人才项目零的突破；引进市领军型创新创业人才团队项目4项，紧缺型高层次人才3人。新增国家火炬计划重点高新技术企业1家、省级高新技术企业3家、省民营科技企业9家、省科技企业上市培育计划企业1家，完成高企复审2家；新认定高新技术产品25种，全镇高新技术产业产值达到38亿元；获评国家中小企业创新基金1项，国家火炬计划1项，国家星火计划1项，国家重点新产品项目2项，省科技支撑计划项目3项，苏州医疗科技专项资金1项，苏州国际合作项目1项，市级科技项目13项，各级科技进步奖3项；新建省工程技术研究中心2家，省级企业研究生工作站3个，苏州市级工程技术研究中心7家，市级工程技术研究中心3家，新增产学研合作项目15项。全年共申报各项专利620件，其中发明专利162件。新增授权发明专利52件，完成率达137%，列全市第一。恒阳制管、新宏基纺织、鼎顺化学、莱鹊化工4个超1亿元在建项目基本竣工。成功引进昊泰光盘信息材料、普仁化工等一批重大项目。晨泰新材料一期项目、昊泰新材料等7个待建项目正加快办理开工前的各项手续。全镇共投资365万元用于农业机械化建设，共添置插秧机、中拖、收割机、秸秆还田（旋耕）机、粮食烘干机、保鲜库、动力喷雾机、渔业设施设备、田园微耕设备等各类新型农机具128台，全镇水稻机插秧面积426.67公顷，机直播面积2600公顷，机械化种植面积占水稻总面积的98.7%，夏熟秸秆还田和利用面积3320.47公顷，秋熟秸秆还田和利用面积2978.4公顷。推进高效农业发展，新建食用菌基地3.33公顷、苗木基地24公顷，扩建果品示范基地18.67公顷、高效蔬菜基地6.67公顷，全镇有各类农业示范基地13个，总面积752.67公顷。加强农产品质量建设，全镇被农业部认定的农业标准化产品有21种，标准化农产品基地13个。落实粮食直补90.61万元、农资综合补贴541.41万元，受益农户近2.36万户。举办职业农民培训7期，培训1278人次。全年实现农业总产值5.62亿元，粮食、蔬菜、皮棉、肉类、水产品总产量分别为45835吨、36710吨、8吨、3475吨和2119吨。

社会事业发展 年末，有中小学校4所，教师437人，在校学生5358人。全镇义务教育入学率、巩固率100%，初中毕业生升学率99%。乐余高中高考本二达线人数66人。兆丰初级中学、兆丰小学合并为兆丰学校，并易地新建；新建崇实初中图书信息楼，推进乐余高中扩建改造搬迁事宜；乐余小学的国际象棋、兆丰小学的科技教育成为全市素质教育的特色项目。新增数字电视用户892户，累计2.5万户。整体转换数字电视2.68万户，整转率98%，发放机顶盒26750台。全镇有医院3家。年内，参加新型合作医疗37487人；刷卡结算251890人次，总金额2436.49万元，补偿率由上年的60%提高到65%；免费为7323名老年人健康体检，为11858人建立电子健康档案。全镇出生560人，计划生育率100%。开展公共卫生服务项目，发放健康大礼包29630份，建立外来人口居民电子健康档案9963份；累计开展联合检查14次，检查单位1263户次。年内，创建成“苏州市0～3岁科学育儿工作合格乡镇”，获苏州市全民健身节活动先进单位、苏州市第七届阅读节优秀活动奖、张家港市药品安全示范镇称号。

富民工程实施 2012年全镇农民人均纯收入21168元，比上年增19.04%。年内，举办大型综合类就业招聘活动2场，各类培训6期，共新增就业岗位4750个，开发公益性岗位203个，培训就业创业人员703人，发放就业失业登记证1615人，帮助1066名就业困难人员申报灵活就业人员社会保险补贴。完成超龄人员补缴城保4687人,职工医保2686人,新增住房公积金1327人,城镇基本养老保险、失业保险和基本医疗保险覆盖面均达到99.6%以上。全年为665户、128户低保边缘户,501名重残人员,发放低保金412.62万元,各类补贴291.65万元,临时救济金781户次66.16万元;救济贫困学生386户104.15万元,救助残疾学生及低保户残疾人的子女学生69人次,发放读书成才奖励资助金6.4万元,发放励志奖学金17户1.3万元。投入520万元在国庆、中秋双节和重阳节期间制作民生大礼包,向全镇3.4万户家庭每户发放价值80元食用油,向全镇9462名70周岁以上老人发放300元的尊老红包和重阳糕点。

2012年乐余镇办事处基本情况

表88

名　称	所在集镇面积(平方公里)	党工委书记、主任	党工委副书记	副主任
兆丰办事处	1.80	钱　斌(1月任,试用一年)	陈利民	王　忠
东沙办事处	0.70	季　忠(1月任,试用一年)	—	曹志忠

2012年乐余镇各村(社区)基本情况

表89

村(社区)名	面积(平方公里)	户数(户)	户籍人口(人)	经济总收入(万元)	人均纯收入(元)	村(社区)党委(总支、支部)书记	村(社区)主任
乐余村	4.25	1823	4071	26398	22426	李红芳(女)	张兴祥
乐西村	2.19	812	2762	14914	21047	张　健	吴玉平
永利村	2.99	1024	2887	29950	22518	许文生	许文生
永乐村	2.20	776	2184	25896	21464	陆志平	姚逸平
庙港村	2.25	870	2540	23173	21012	印忠良	樊金春
扶海村	3.47	1142	3592	16800	20824	黄卫彬	倪秀兰(女)
向群村	2.66	952	2780	25132	20865	周建兴	余　刚
双桥村	5.55	1826	5745	19750	20882	丰云飞	沙小康
闸西村	3.29	1069	3350	12316	20779	张永清	黄云芳(女)
登全村	2.15	742	2272	6369	20731	陈向东	王　征
东兴村	5.20	1573	4343	19409	21108	周晓宏	茅惠萍(女)
齐心村	9.13	2280	5736	19279	20881	周　峰	宣朝芬(女)
常丰村	4.36	1639	4413	46788	22461	展　高	张　涛
庆丰村	3.62	1250	3800	11518	20836	钱耀华	龚利平
联丰村	3.97	1242	3650	10356	20937	黄冠发	樊益东
红闸村	3.35	1245	2950	9530	20712	黄利民	蒋　彬
红星村	4.60	1384	3620	14567	21270	吴汉章	胡志明
红联村	4.78	1535	4257	17587	20907	张　军	石林虎
东林村	4.81	1543	4803	18675	20878	朱裕忠	朱永祥
东沙村	2.68	786	2307	9369	20734	沈友忠	沈友忠
东风村	4.38	749	2275	7639	20884	刘松平	孙秀成
东联村	2.63	752	2194	8560	20975	张　琪	徐宝良
稻麦良种场	1.26	331	789	6874	21660	陈　峰	—
畜禽良种场	0.49	99	211	5913	21603	周品才	—
乐余社区	5.80	2001	4513	—	—	朱永林	朱永林
兆丰社区	1.80	644	1247	—	—	刘亚忠	刘亚忠
东沙社区	0.70	183	369	—	—	刘松平	刘松平

2012年乐余镇主要开工项目情况

表90

投资企业名称	项目名称	主要产品	投资金额(万元)
江苏鼎顺化学科技有限公司	新建偏氟乙烯、四氯乙烯、二氯甲烷、三氯甲烷生产项目	偏氟乙烯、四氯乙烯、二氯甲烷、三氯甲烷	46500
江苏恒阳制管有限公司	新建精密无缝钢管生产项目	精密无缝钢管	13000
市莱鹊化工有限公司	新建钴酸锂、镍钴锰酸锂生产项目	钴酸锂、镍钴锰酸锂	10000
江苏七洲绿色化工股份有限公司	农药生产扩能改造项目	杀菌剂、杀虫剂、除草剂、植物生长调节剂	4600
张家港弘冠机械有限公司	新建自动化控制设备生产项目	自动化控制设备	4500
张家港亚细亚化工有限公司	樟脑磺酸生产扩能改造项目	樟脑磺酸	3500
大成工业(张家港)机械有限公司	扩建空气净化器生产项目	空气净化器、金属制品加工	1800
市利康源科技有限公司	乐余镇现代化食用菌示范基地建设项目	食用菌	1000
市鸿泰农业科技有限公司	市红昇优质果品基地建设项目	果品	737

【临江绿色产业园科技创新园建设启动】 8月,乐余镇专题组织召开科技创新园建设启动会议。临江绿色产业园科技创新园规划用地范围为老204国道张家港段以东、港丰公路以北、乐兴南路(港丰公路—乐丰路段)、庙港河(乐丰路—北中心河段)以西、北中心河（老204国道张家港段—庙港河段)、乐丰路(庙港河—乐兴南路段)以南区域,规划用地面积401.72公顷。科技创新园主要围绕产业转型升级,以新能源汽车及零部件、机械装备、新材料、节能环保装备等国家鼓励发展的先进制造业为发展方向,完善相应的研发、商务等配套功能,充分发挥园区对区域经济发展的辐射带动作用。

【市乐你我现代农业发展有限公司成立】 9月20日,乐余镇24个村(场)共同出资,成立了“张家港市乐汇投资发展有限公司”及“张家港市乐你我现代农业发展有限公司”,注册资金均为5000万元。市乐汇投资发展有限公司主要是整合村级闲置土地在工业集中区建设标准型厂房、参与拆迁安置小区沿街商铺建设和新城区开发等。市乐你我现代农业发展公司主要进行农业领域的技术研发,规划、建设全镇现代农业项目，统筹相关农产品的投资、种养、管理、销售、收益,进一步提高乐余镇农产品品质及市场竞争力,提高农业整体效益,重点项目是菌菇基地、绿色生态稻米、乐余羊肉等特色农产品的产供销及商标注册工作。年内实现销售总额100万元，其中菌菇销售额50万元，生态稻米销售额30万元,乐余羊肉销售额20万元。

【《乐余镇志》出版发行】 11月，由江苏省委常委、苏州市委书记蒋宏坤题词的《乐余镇志》由凤凰出版社出版发行。该书2007年初启动编纂,2012年7月完成编纂和修改工作,并于8月通过市委党史地方志办终审,历时6年。该书设地理、经济、政治、文化和社会5卷,以述、记、志、传、录、图表为主要表现形式。全书共36章133节,志尾设后记,共50万字，全面反映了2003年并镇前乐余镇范围内的自然、政治、经济、社会发展的情况,具有较强的存史、资政、教化的作用。

【乐余镇连续七年获市人口计划生育工作“六好示范镇”称号】 12月，乐余镇连续第七年获市人口计划生育工作“六好示范镇”称号。近几年来,乐余镇计划生育服务站以“组织建设好,基础管理实,优质服务好,宣传教育广,经费保障好,考核制度严”的标准,狠抓基础管理,拓展服务领域,提高服务质量,落实优惠政策,把人口计划生育工作融入到新农村新家庭建设之中,创造性地开展各项工作,推出关爱新生婴儿家庭、育龄期妇女、更年期妇女、贫困计生家庭、计生干部的“五关爱”行动,全面提升了全镇人口计生工作整体水平。此外,全镇开展0周岁至3周岁科学育儿系列工作,获“苏州市0~3岁科学育儿工作合格乡镇”称号。

【九年一贯制学校兆丰学校落成】 8月，由原兆丰小学和兆丰初中合并，并易地新建的九年一贯制学校兆丰学校落成。新建学校占地面积5.87公顷,建筑面积2.3万余平方米,总投入6500余万元，学校于9月1日启用,有教学班36个,学生1430人,教职工119人，其中具有中学高级职称的教师16人。学校建有音乐广场、多功能运动场、科技楼、创新工作室、机器人实验室、科技宫等设施。全校36个班级均配有电脑、实物展示台及交互式触摸书写屏等设备。兆丰学校的建成，进一步改善了兆丰区域的办学条件，对促进全镇教育优质均衡发展起到推动作用。 （秦　香）

南丰镇

【概况】 南丰镇位于张家港市东北部,总面积47.66平方公里,耕地面积2020公顷。辖10个行政村、3个社区居委会。全镇总户数19484户,有户籍人口48743人，另有外来暂住人口23167人。全年实现地区生产总值81.61亿元,比上年增12.8%,其中一、二、三产业增加值分别为2.12亿元、62.72亿元、16.77亿元。按户籍人口计算，人均生产总值为16.74万元。全口径财政收入14.79亿元，公共财政预算收入6.26亿元，比上年增15.35%。完成全社会固定资产投资37.9亿元，其中工业投入27.1亿元，服务业投入10.82亿元。入库税金14.51亿元，比上年增5.75%。年内，镇获苏州市乡村公路管养及安保工程示范镇、苏州市圩区堤防达标管理先进集体、苏州市率先基本实现农业机械化示范镇、苏州市双拥示范镇、苏州市健康生活方式示范镇、法治苏州建设先进集体、苏州市文明镇、全省和谐社区建设示范镇等荣誉称号。永联村获评首届江苏最美乡村、中国幸福村、中国最有魅力休闲乡村、全国民主法治示范村等荣誉称号。

经济建设与发展　全年完成经济总收入405.6亿元。年末有企业469家，其中工业企业376家，销售收入超1亿元的工业企业8家。实现工业产品开票销售收入602.9亿元，比上年增22.1%；销售收入409.32亿元，比上年增18.76%。完成社会固定资产投入37.9亿元，比上年增25.1%；其中新兴产业投入13.62亿元，比上年增64.1%。先后2次组织项目集中开、竣工活动。永钢集团总投资49亿元的节能技改项目、总投资20亿元的联峰能源装备项目、总投资11.8亿元的南港冶金物流中心项目进展顺利。新批办外资企业5家，注册资本1832.69万美元、125万欧元和1000万人民币。到账外资62.69万美元、25万欧元和244.4万人民币。新批办港澳台资企业1家，注册资本210万美元。新批办私营企业77家，注册资本3.534亿元。新增省级研究生工作站3家、苏州市工程技术中心2家、苏州市企业技术中心2家。新增产学研合作项目12项，累计42项。有高新技术产品55种，省高新技术企业9家，国家火炬计划3项。完成授权发明专利21件，申请各类专利657件，其中发明专利230件，新申报省级高新技术产品20种。张家港市精密机电产业园获批省级特色产业园。实现农业总产值4.35亿元，粮食、皮棉、油菜、肉类和水产品总产量分别为22339吨、1吨、545吨、1186吨、1116吨。水稻丰产方及大面积评比获全市第一，万亩高产水稻基地蝉联省级高产创建方A级方。新增钢管大棚27.04万平方米，累计117.9万平方米，新建高效设施农业面积175.12公顷，累计1700.1公顷。新建标准化农田136.27公顷，累计1150.27公顷。新增各类农业机械189台套，累计3541台套。村村组建农机专业合作社。港城梨、益民葡萄、"8424"西瓜等被评为苏州市优质名牌产品。新增农民专业合作社3家、劳务专业合作联社1家。累计流转农民承包地1915公顷，土地适度规模比重为94.7%。

社会事业发展　年末，有中小学校2所，教师216人，在校学生3534人。全镇投入600余万元为各类学校更新添置教学设施，维修改造校舍。投资1.5亿元易地新建南丰小学永联校区和南丰幼儿园永联园区的工程启动。南丰小学获市教育综合评估三等奖，南丰幼儿园获市教育综合评估二等奖。创新推出"名师支教、挂钩名校、结对名师"的"三名"教育工程。成功举办同城化教育汇报展演。各校完成教育创建25项，社区教育考评连续五年位列全市第一。全镇有医院2所，社区卫生服务站12个。开展"天安行动"食品安全专项整治，对民间厨师进行统一体检培训。实施"健康金钥匙"工程，免费发放"健康礼包"19114份。永联村举办第二届长江鲜美食节、乡村游乐节。完成绿化203公顷。疏浚镇村两级河道29条、34.9公里，完成土方24.6万立方米。拆坝建桥10座。新建柏油道路12.43万平方米，铺设排水管道1880米，供水管道1360米。编制《南丰镇环境保护暨生态文明建设规划》，完成镇区10平方公里水系景观规划。提升南丰东路及南丰广场景观。综合型政务刊物《南丰之窗》年发行12期，《南丰之声》自办广播节目共播出新闻520条。镇科文中心共接待访客7418人次。老年大学南丰分校和永合社区分校成立开班。南丰镇志愿者服务大队成立，拥有注册志愿者1000余人，下设爱心义工群等10支志愿者服务分队。"五老"队伍建设和网格文化工作成为全市示范。组建镇文联。投资30万元建设占地面积200余平方米的南丰镇公民道德馆。评选镇第一届道德模范。开展第二届全民健身节系列活动24次，永联钓鱼中心举办全国"永钢杯"钓鱼比赛。在江苏省第七届农民运动会上，永钢集团钱历、金爱东获自行车双人慢骑冠军，镇团队代表苏州市唯一参赛团队为苏州市获团体体育道德风尚奖。镇被评为全国乡镇体育健身工程先进镇、国家级乡镇体育健身示范工程点。

富民工程实施　全镇农民人均纯收入23026元，比上年增25.24%。完成超龄人员入城保2700人、农保转城保160人，累计27466人。办理农保续保61人、农保退休928人，享受老年农民补助4138人，为679名老人办理老年优待证，为80岁和90岁以上老人发放尊老金150.81万元。新增住房公积金扩面2246人，累计15144人。新增就业岗位4818个，开发就业援助

南丰镇建工大道　　（市园林局供稿）

岗位1380个、公益性岗位531个，实现困难人员就业212人，转移农村富余劳动力1969人，困难家庭大学生就业率100%。开展职业培训56780人次，各类就业培训5740人次，免费技能培训1460人次，培养企业高技能人才2379名。参加农村新型合作医疗保险24824人，参保率99.9%，全年补助合作医疗经费669万元。完成483人次的成人乙肝疫苗接种。为6021名老年人免费体检，建立居民电子健康档案57386份。在全市率先创建成苏州市健康生活方式示范镇。为429户低保及低保边缘户发放低保金324.35万元。组织走访慰问活动23次，发放慰问金(慰问品)958万元。为重残人员发放救助金135.18万元。为123名贫困学生发放助学金38.45万元。成立全市首家乡镇蒲公英工作室。开展慈善募捐活动，募集捐款359万元。镇领导干部、社会团体和单位帮扶结对困难户165户。永联村“爱心互助一条街”入围“苏州市精神文明建设十大新事”。

2012年南丰镇各村(社区)基本情况

表91

村(社区)名	面积(平方公里)	户数(户)	户籍人口(人)	经济总收入(万元)	人均纯收入(元)	村(社区)党委(总支、支部)书记	村(社区)主任
民乐村	3.01	1123	3038	7839	20049	匡亚军	匡亚军
南丰村	4.96	1889	4885	23695	21877	徐　晋	陆　琴(女)
民联村	3.02	1113	3118	22960	21645	马亚萍(女)	陈　健
东港村	3.38	1803	4522	16070	20303	施勇袭(副书记，主持工作)	曹　红(女，负责人)
海坝村	3.75	1564	4058	19128	20939	方荣胜	李学琴(女)
建农村	2.76	889	2471	18229	26288	施建章	施建章
和平村	5.08	2143	6042	32491	21612	耿晓斌	展　军
永丰村	5.08	1683	4247	11212	20336	金卫芳(女)	金卫芳(女)
新德村	3.71	1526	3856	12580	20560	杨　芹(女)	赵君(负责人)
永联村	10.50	4146	10592	3891387	28776	吴栋材	刘雪祥
振兴社区	2.20	1244	2302	—	—	印弘洁(女)	印弘洁(女，负责人)
新丰社区	—	13	25	—	—	王春华(女)	王春华(女，负责人)
永合社区	—	305	785	—	—	蔡晓峰	蔡晓峰(负责人)

2012年南丰镇主要开工项目情况

表92

投资企业名称	项目名称	主要产品	投资金额(万元)
江苏永钢集团有限公司	江苏联峰能源装备有限公司项目	大型锻件	200000
江苏永钢集团有限公司	3号1080立方米高炉、450平方米烧结工套项目	炼钢、烧结矿	180000
江苏永钢集团有限公司	140万吨高速线材项目	线材	68000
江苏金陵体育器材股份有限公司	专业化舞台机械设备制造项目	体育器材舞台机械设备	15000
江苏卓易环保科技有限公司	环保能源工程设计及承包、工程安装调试、环保技术咨询项目	环保能源工程设计、工程安装调试	15000
市港通光电科技有限公司	民用电缆及风力特种电缆项目	民用电缆、风力特种电缆	15000
苏州永基再生资源有限公司	废物再处理设备、垃圾焚烧处理设备制造项目	废物再处理设备、垃圾焚烧处理设备	8000
张家港泰瑞特种装备有限公司	矿山超重运载车轮胎保护履带、森林作业重型防滑链项目	矿山超重运载车保护设备	8000
张家港朗格重工机械有限公司	机械设备项目	机械设备	6500
张家港海锅重型铸件有限公司	锻件精加工项目	锻件	5000
江苏金陵体育器材股份有限公司	体育器材技改项目	体育器材	3000
张家港市隆旌汽车零部件有限公司	汽车零部件技改项目	汽车零部件	3000
江苏盛之祥电子科技有限公司	电子封装、钎焊材料项目	电子封装、钎焊材料	3000

【南丰镇38个项目集中开、竣工】 7月23日上午，南丰镇在镇机电工业园区隆重举行总投资42.8亿元的38个项目集中开、竣工活动。参加此次活动的有镇全体班子成员、机关工作人员、各村(社区)定编干部、规模企业负责人、部分事业单位和基层站所负责人以及施工、监理单位代表等450余人。集中开、竣工的38个项目，有经济类项目21项，总投资36.7亿元，其中市港通光电科技有限公司民用电缆及风力特种电缆等6个项目竣工。在开工的15个经济类项目中，有超20亿元的项目江苏联峰能源装备公司大型锻件。该项目计划于2013年4月投产，预计可实现年销售收入50亿元，利税总额5亿元。超3亿元的项目有江苏永钢集团3号1080立方米高炉和江苏永钢集团140万吨高速线材，超1亿元的项目有3项。有社会事业类项目17项，总投资6.1亿元，其中已竣工7项。在开工的10个社会事业类项目中，超1亿元项目2项，为永联小镇西扩二期工程和南丰小学永联校区新建工程。

【农村资源南丰交易所为农民增收200余万元】 2月，南丰镇在全市率先成立张家港市农村资源南丰交易所。交易所按照"公开、公平、公正"和"政府指导、村级参与、群众监督"原则，对镇村集体资产资源实行承包、租赁、参股、联营、合作、变卖等经营方式进行公开交易，并为农户和经营主体提供查询信息、政策法律咨询等服务，如土地流转、集体钢管大棚转让、集体标准厂房及门面房出租等。改变原来以村为单位对外发包为全部以镇为单位发包，按照公开竞标基本程序，强化招投标监督管理，杜绝私下交易，从源头上防止不正当竞争等不良行为发生。年内，该交易所对全镇合同到期的778.67公顷土地流转进行公开招标，现场开标得出的土地流转平均指导价比2011年增长24%，增加农民收入161万元；对233.33公顷土地承包经营进行公开招标，直接增加农民收入52.5万元；对民联、新德、东港3个村40.53公顷钢管大棚进行公开招租，增加村级可用财力12万元，增加农民收入8.4万元；对47间门面房拍招，交易资金提高15万元；为6家村级标准型厂房公开招租每公顷平均提高土地租金3万元。

【央视《焦点访谈》聚焦南丰网格文化建设】 11月19日，中央电视台《焦点访谈》栏目把镜头对准南丰镇，通过一段段视频、一幅幅画面，介绍南丰镇网格文化建设热闹场面。年内，南丰镇创新基层文化建设，采取"网格化"管理模式，根据全镇村(社区)学校、企事业单位实际情况，建立14个基层网格文化服务站点，划分35个文化网络，形成以镇科文中心为主体、各个特色文化阵地为补充的多层次立体式服务网络。每个文化网格均配备专业网格文化员，制订工作责任书。根据群众实际需求，各网格分别组建永钢艺术团、苏韵轩书画室、南丰收藏协会、南丰文联、南丰小学文化网格队等61个艺术团队，涵盖文学、音乐、舞蹈、收藏、书画影等10余个文化项目。实现网格内文化设施每周开放时间不少于56小时。镇除了在科文中心、南丰广场举办"德润南丰""梅花奖艺术团惠民专场唱响南丰"等大型文化活动外，还组织各网格站点开展文化娱乐交流、比赛等活动21次。各网格之间利用节假日、夏季乘凉晚会进行交流、巡演。同时，网格文化还结合感恩文化、江鲜文化、农耕文化的塑造，着力打造特色鲜明的文化品牌。年内，全镇35个文化网格中有9个获评市级示范文化网格，南丰镇被评为江苏省公共文化服务示范区。

【南丰镇获"全国乡镇体育健身工程先进镇"称号】 9月30日，在张家港市2012年快乐中秋喜迎国庆大型假日体育活动开幕仪式上，市委常委、宣传部部长杨芳代表市委、市政府对南丰镇荣获"全国乡镇体育健身工程先进镇"进行表彰和授牌。南丰镇是苏州市唯一获此殊荣的乡镇。此前，南丰镇还荣获"全国亿万农民健身活动先进乡镇"称号。南丰镇高度重视体育工作，镇科文中心运营后，全镇以开展全民健身系列活动为契机，举办形式多样、群众喜闻乐见的体育活动，共举行大型体育竞赛40项，举行各村(社区)、机关、企事业单位体育活动近百次。全镇体育组织网络健全，有包括太极拳、柔力球、拔河、门球、篮球、乒乓球等在内的17个单项体育分会，并成立社会体育指导站、体育志愿者，以及30余支健身队。

【永联村获评首届"江苏最美乡村"】 在江苏省文明办、农工办等10个部门和单位联合开展的首届"江苏最美乡村"推选活动中，南丰镇永联村被授予"江苏最美乡村"。全省有20个乡村入选。"江苏最美乡村"评选活动由组委会派出评选小组对30个候选村庄进行实地考察测评，再经过推荐申报、展示推荐、实地考察、审核确定等多个环节得出最终评选结果。20个首届江苏最美乡村充分展示了发展之美、生活之美、生态之美和人文之美，是江苏新农村建设和农村精神文明建设的榜样。 (张爱华　沈锦发)

大 新 镇

【概况】 大新镇位于张家港市北部，与如皋市隔江相望，有长江岸线7.9公里。港城大道、港新公路贯穿辖区南北，港丰公路、沿江公路横穿东西。全镇总面积40.48平方公里，耕地面积1708公顷，辖10个行政村、1个社区居民委员会。全镇总户数14615户，户籍人口37549人，另有外来暂住人口31613人。全年实现地区生产总值30.73亿元，比上年增加10.22%，其中一、二、三产业增加值分别为1.77亿元、18.37亿元和10.59亿元。按户籍人口计算，人均生产总值8.18万元，服务业增加值10.65亿元。公共财政预算收入2.22亿元，比上年增5.4%。完成全社会固定资产投资13.27亿元，比上年增19.4%。入库税金4.35亿元。

经济建设与发展　全年完成经济总收入76.15亿元。实现工业产品销售收入73.8亿元，比上年增1%。年末有企业690家，其中工业企业408家。销售超1亿元的企业9家，创利税3.84亿元。完成工业技改投入7.51亿元。新批外资企业6家，累计36家。注册外资及港澳台资2810万美元，到账外资及港澳台资1523万美元。新批私营企业91家，累计706家。新增注册资本1.72亿元。外贸供货值11.57亿元，其中自营出口1.6亿美元。10个行政村工业开票总销售21.88亿元，完成入库税金1.01亿元。新增省级以上高新技术产品7种，省高新技术企业2家，省工程技术中心1家。新增产学研合作项目10项，申请专利344件，其中发明专利81件，授权发明专利16件，申报省名牌产品2种。张克勤、任学宏、洪耀良3位国家“千人计划”人才和大新镇签订组建张家港生态纺织研究院的框架协议。江苏金鹰流体机械有限公司和张家港互益染整有限公司被认定为省（企业）研究生工作站。新增高标准农业面积220.1公顷，设施农业面积60.1公顷，添置各类农机具59台套，秸秆综合利用率98%。发放涉农补贴和奖农资金760万元，惠及农户9056户。创建苏州市“率先基本实现农业机械化示范镇”，农机化率达到96.1%。实现农业产值3.26亿元。粮食、皮棉、肉类、水产总产分别为14026吨、2吨、1430吨和1999吨。小麦每公顷产量5283千克，水稻每公顷产量8916千克。全镇建成农业示范基地4个，绿色食品生产基地1000公顷，江苏省无害化蔬菜基地92.87公顷，农业基地认定总面积1521.67公顷。拥有绿色产品1种，无公害农产品15种，绿色产品和无公害农产品占全镇农产品的96.3%。新组建以村为经营主体的土地股份合作社5家，入股土地138.93公顷，土地股份合作社总数6家。组建土地专业合作社4家。完成服务业增加值9.6亿元。累计土地规模经营总面积1020公顷。

社会事业发展 年末，有中小学校2所，教师173人，在校学生3411人。年内投资1500万元完善教育设施，新建民办童星幼儿园，中学、小学、中心幼儿园在市教育质量综合评估中均获奖。举办建镇90周年庆祝活动。群众文化在全市各类文艺演出、书法、美术竞赛中多次获奖。有医院1所，医务人员121人，病床179张。建立家庭健康档案14561份。居民大病实际补偿率53.5%，全镇18842人参加基本医疗保险，覆盖率100%。户籍人口合法生育率、计划生育奖励政策兑现率均为100%。全镇有线电视实现数字化，入户率100%。新增垃圾箱（桶）268个，疏浚三级河道18条，新增桥涵10座，改建排涝站1座，新增林地绿化面积204.5公顷。通过国家卫生镇复查验收。开展企业安全生产检查，排查隐患889起，发出意见书230份，整改意见627起，发出责令整改书105份，排查隐患262条。

富民工程实施 全镇农民人均纯收入20583元，比上年增17.58%。新增城镇职工养老保险参保1209人，累计18508人，参保率99.8%。实施农村富余劳动力免费培训、创业培训、技能培训2769人次，新增就业岗位5590个。特困家庭高校毕业生就业率100%。出台《大新镇关于医疗费用支出型困难家庭生活救助的实施意见》，为258户低保家庭发放低保补助122万元，水电补助4.5万元，一次性物品补助44万元。为736名低保、低保边缘、优抚对象、重残对象交纳当年农村新型合作医疗保险11.04万元，为18户困难家庭申报大额医疗费用救助，为40名重残人员申报医疗救助。为210户低保户、89户低保边缘户发放党员关爱基金40.4万元，为2名孤儿发放生活补助1.9万元。走访慰问优抚、低保户、残疾人、特困党员、特困职工、拆迁户、大重病对象等3807户，发放慰问金和慰问品645.34万元，为380户低保户、低保边缘户发放慰问金105.3万元，发放寒衣245件，为137户贫困家庭发放困难补助13.99万元，为103名贫困学生发放助学金21.5万元。为1329名80周岁至89周岁的老人发放尊老金60.42万元，为174名90周岁至98周岁的老人发放尊老金30.08万元，为156名90岁以上老人发放慰问品4.3万元。为37名现役军人、13名“三属”、伤残军人发放优待金51.34万元，为18名退伍军人发放安置费91.8万元。

2012年大新镇各村（社区）基本情况

表93

村（社区）名	面积（平方公里）	户数（户）	户籍人口（人）	经济总收入（万元）	人均纯收入（元）	村（社区）党委（总支、支部）书记	村（社区）主任
新凯村	3.84	1039	3609	10550	17108	钱正初	秦燕军
长丰村	4.88	1705	4999	29318	20605	陆　军	王国平
桥头村	3.41	1058	3363	14569	20485	朱杏春	滕惠平
段山村	4.15	917	3328	15946	20662	张小平	严亚新
朝东圩港村	4.10	1011	3260	31702	20412	肖　斌	陈　健
新闸村	2.54	525	2070	19790	20741	康卫峰	张国祥
大新村	3.53	1021	3281	54256	25923	孙爱民	王晓勇
新海坝村	3.77	856	2830	5914	20896	顾官兴	蒋　军
中山村	4.91	1481	4262	18577	20534	刘　钧	张一中
龙潭村	4.78	1315	4217	13158	17043	丁进华	张庆华
大新社区	1.30	4000	13000	—	—	张红娟（女）	张红娟（女）
新东社区	0.10	—	—	—	—	孙　娟（女）	孙　娟（女）

2012 年大新镇主要开工项目情况

表 94

投资企业名称	项目名称	主要产品	投资金额(万元)
张家港宇新羊毛有限公司	张家港天宇精梳羊毛有限公司项目	毛条	10500
江苏宏宝集团	江苏宏宝锻造有限公司项目	汽车曲轴精加工	8000
江苏宏宝集团	江苏宏宝锻造有限公司项目	连杆测验和包装	6000
市腾达五金有限公司	市腾达五金工具有限公司项目	五金工具	5000
市拓普五金	市华博锻造有限公司项目	汽车配件	5000
市新凯带钢有限公司	市新凯不锈钢制品有限公司项目	不锈钢家居制品	3000
市苏州大邦纺织有限公司	市苏州大邦纺织有限公司项目	技术改造	3000
江苏新芳科技集团	市和昊激光科技有限公司项目	机械成套设备组装、金属制品表面激光	1000

【建镇 90 周年庆祝活动举行】 为庆祝建镇 90 周年,10 月 12 日至 16 日，大新镇举办第五届全民运动会等系列活动。10 月 12 日,12 支特色方队从新城休闲广场踩街至大新中学操场，第五届镇全民运动会开幕。这次运动会共有 28 支代表队、1296 名运动员在 7 个大类 32 个项目中角逐。运动会共产生 9 个团体单项奖,23 个个人单项奖,朝东圩港村获团体总分第一名。10 月 16 日,举办以“天开图画浪花中”为主题的建镇 90 周年文艺演出暨第五届全民运动会颁奖晚会,表演节目由大新镇各单位自编自演，全镇 3000 余名群众观看。

【小高层安置小区新东社区建成】 12 月 30 日,大新镇举行小高层安置小区——新东社区安置房分房大会，4 个村 350 余户拆迁户全部拿到新房。此次分房邀请市公证处公证员全程参与,公证员亲自操作完成两轮抽签过程,摄像机全程跟拍,抽签工作公开、透明。新东社区安置房建设工程自 2010 年 9 月启动建设，2012 年 12 月通过竣工验收,共建有 9 层、11 层小高层 20 幢。社区建设立足于高起点、多功能、示范性,突出以人为本,彰显绿色生态理念,市政、景观建设均按高档商品房小区建设标准设计,安保、天然气等配套设施齐全，服务用房融社区卫生服务站、婚丧事服务用房、老年活动室、警务站、文体活动室、图书室等于一体,为居民提供全方位服务。

【新海坝村党委成立】 11 月 29 日，中共大新镇新海坝村委员会成立暨揭牌仪式在大新镇新海坝村举行。多年来,新海坝村党组织始终把建设文明富裕的社会主义新农村作为增强党组织凝聚力、战斗力、号召力的重要途径,利用地处沿江的优势,大力发展全村经济社会事业,开展招商引资,提质增效开发土地。2012 年,村民人均纯收入 20896 元，村集体经济纯收入 401.2 万元,工业开票销售收入 2.7 亿元,村级可用财力超 400 万元,村级综合实力不断增强，被批准成立党委。镇党政经主要领导,各村(社区)书记、新海坝村全体党员参加揭牌仪式。

【大新金桥土地股份专业合作社成立】 3 月,大新金桥土地股份专业合作社成立。这是全市首家以镇为经营主体的土地股份专业合作社，经营面积 100 公顷。合作社设有土地股和资金股两类股权，社员以土地入股，镇、村以资金参股，社员实行保底分红。合作社建设两大功能区：一是核心基地区。金桥·慢园集观光旅游、休闲垂钓、采摘于一体,先后投入 1000 万元，建有 7.2 公顷美国薄壳山核桃和 3.33 公顷火龙果基地、联栋大棚 3.33 公顷、垂钓中心 3.33 公顷、农机场库 0.4 公顷。二是优质稻麦区。基地垂钓中心全年实现效益 125 万元,林下养鹅实现效益 10 万余元;种植优质稻、麦 85.73 公顷，单产分别为 7875 千克和 5407.5 千克，粮食生产效益 130 万元。通过组建以镇为经营主体的土地股份合作社，保护农民土地承包经营权益,降低作业成本,提高产出效率,增加农民收入。

【江苏新芳科技集团股份有限公司成功获批挂牌】 11 月 28 日,江苏新芳科技集团股份有限公司成功获批挂牌,标志着公司在宏观战略上实现了从传统纺织行业到新兴机械装备行业、再到激光熔覆高科技产业的结构大调整。年内,集团完成开票销售收入 11 亿元，实现利税 1.35 亿元,其中入库税收 8225 万元,完成技改投入近 1 亿元,首次跨入张家港市税收超 5000 万元行列。年内，投资 8000 万元的普格机械二期塔内件项目和投资 5000 万元的安徽五河（新和纱业）半精纺项目分别竣工投产，投资 3000 万元的和昊激光熔覆高科技项目建设启动。公司半精纺生产规模继续在全国同行中保持领先地位，产品高档半精纺商务休闲纳米衬衫面料通过由中国纺织工程学会、江苏省纺织工业协会、江苏省纺织工业设计研究院、江苏省纺织研究所、苏州大学、江南大学和南通大学组成的评审委员会的鉴定,填补了国内空白。

（王　亚）

现代农业示范园区

【概况】 市现代农业示范园区位于张家港市东部,北临长江,与南通市隔江相望,有沿江岸线 9.7 公里。区域总面积 37.45 平方公里，其中耕地面积 2266.83 公顷。辖 7 个社区,1 个居委会。有户籍人口20925人，另有外来暂住人口3993人。年内实现地区生产总值8.16亿元，比上年增8.8%，其中一、二、三产业增加值分别为2.08亿元、4.01亿元、2.07亿元，分别比上年增长15.56%、2.82%和15%。按户籍人口计算，人均生产总值为38996元，比上年增加1500元，增长4%。完成财政收入1.38亿元，其中公共财政预算收入6620万元，分别比上年增长25.43%和43.29%。完成全社会固定资产投资3.56亿元，比上年增加投入8600万元。年内，常阴沙生态农业度假区被评定为“省四星级乡村旅游景区（点）”。市常青农业科技发展有限公司蔬菜基地被认定为无公害农产品产地。市现代农业示范园区通过苏州市基本实现农业机械化示范区验收。“常阴沙”大米成功申报国家地理标志保护产品。常兴社区被评为苏州市文明社区，常沙社区被评为张家港市社区标兵。

经济建设与发展　年末有企业291家，其中工业企业218家，销售收入超1亿元的规模型企业2家，超2000万元的骨干企业18家(其中超3000万元的企业6家、超5000万元的企业7家)。全年实现工业产品销售收入19.83亿元，创利税17878万元，比上年增加2662万元，增长17.49%。完成工业技改投入2.02亿元。新增个体私营企业32家，新增注册资本31803万元。引进外地资本3980万元，新批办个体工商户88家，新增注册资本304万元。申报并被认定省级民营科技企业4家，累计14家。技术开发备案企业6家，累计12家。新增产学研合作企业6家，累计8家，产学研合作项目11项，累计30项。开发高新技术产品3种，累计8种，技术开发备案企业6家，累计12家。申报专利104件，其中申请国家发明专利34件。授权专利157件，其中发明专利6件，累计9件。全年完成服务业投资额1.54亿元，完成服务业增加值2.08亿元，分别比上年增长65.59%和15.56%，服务业入库税金705万元。全年推广农业实用技术8项，其中高效栽培新技术6项。推广农业种植新品种16种。新增高标准农田66.67公顷，累计建成高标准农田2033.33公顷。共建成河豚繁育、莲藕套养、晚秋黄梨、优质蔬菜等特色基地6个。新增各类农业机械344台套1838.6千瓦，累计3577台套24493千瓦。全年实现农业总产值2.9亿元，比上年增长25.27%，粮食、皮棉、瓜果、蔬菜、肉类、水产品总产量分别为26461吨、12吨、7507吨、16383吨、250吨、488吨。

社会事业发展　年内，有九年一贯制学校1所，教师42人，在校学生811人。义务教育学龄人口入学率100%，初中升学率100%。年内，投资1230万元的街景改造工程全部完成。投资4200万元，以建设“生活宽裕安康、设施配套齐全、环境自然宜居、村容乡土特色、资源集约利用”为目标的常东社区、常沙社区、常兴社区3个省级村庄建设与环境整治示范点，完成道路新建，污水管网铺设，立面见新，景观绿化改造提升等相关工程。10月，禾丰佳苑集中居住区三期工程84套1.43万平方米安置房工程全部完成。年内，免费为7889户家庭发放健康礼包，礼包发放率占园区家庭总数的97.68%，为5674名企业退休人员进行免费体检。全年共疏浚河道22条，全长23.2公里，完成土方11万立方米。拆坝建桥(涵)9座。新建和维修改造圩口闸8座，排涝站2座，新建石驳岸1600米。完成通洲沙西水道综合整治工程(一期)水系调整工作。全年新增林木面积192公顷，全区绿化面积达到980.74公顷，绿化覆盖率27.75%。

富民工程实施　全区农村人均纯收入为1.85万元，比上年增加3422元，增长22.69%。年内新增就业岗位1040个，其中新开发公益性岗位55个。新增城镇职工养老保险人数557人，累计参加城镇职工养老保险人数为9100人。农村居民合作医疗参保人数4060人。新增住房公积金交费企业27家，住房公积金累计交费企业97家，住房公积金扩面人数267人，住房公积金累计交费人数1206人。全年为126户206人低保对象及21户21人低保边缘户落实最低生活保障，发放低保资金98.2万元、低保救助金8万元，一次性生活补助金14.7万元。对83名困难家庭人员进行重点帮扶，解决就业。审核申报240名就业困难人员享受社保补贴。对46户困难家庭进行了临时救助，发放救助金7.1万元。对2名大重病贫困儿童实施救助，发放救助金4000元，为62名贫困学生发放助学金19.9万元。对1898户临时困难家庭进行节日慰问，慰问补助金216万元。全年改造危房户5户，配套改造资金24万元，发放拆迁安置困难补助金8.3万元。对10名老复退军人发放定期补助金16.7万元，为6名伤残军人发放伤残金7.2万元。为2.08万人和7500户家庭购买了自然灾害民生保险。

2012年现代农业示范园区各社区(居委会)基本情况

表95

社区(居委)名	面积(平方公里)	户数	户籍人口	经济总收入(万元)	人均纯收入(元)	社区(居委)党总支书记	社区(居委)主任
常东社区	4.60	763	2280	10246	18296	范兴华	陈　东
常南社区	5.48	1145	3613	71809	18566	陶洪祥	—
常西社区	4.11	626	2167	5613	18292	黄金菊(女)	孙惠祥
常北社区	5.20	980	2879	10333	18336	瞿　伟	徐卫华
常红社区	4.89	945	2936	18295	18477	陈金发	李永明

续表 95

社区(居委)名	面积(平方公里)	户数	户籍人口	经济总收入(万元)	人均纯收入(元)	社区(居委)党总支书记	社区(居委)主任
常兴社区	5.19	583	1748	5394	18240	陈志华	沈维良
常沙社区	4.98	1163	3113	8634	17910	李　平	朱金发
集镇居委会	—	885	1047	—	19258	徐育清	徐育清

【园区成为《如意兔之开心农场》创作背景】 由江苏如意通动漫产业有限公司创作的动画片《如意兔之开心农场》第一季、第二季于2012年1月1日在江苏优漫卫视播出。《如意兔之开心农场》是"如意兔"的第二个系列,《开心农场》一共有6季,每季52集,每集时长12分钟。该片以张家港市现代农业示范园区为创作背景,将张家港的本土文化融入其中,集知识性与娱乐性为一体。《如意兔之开心农场》主要讲述如意兔们来到"开心农场"滨江农场,农场里的生活丰富多彩。如意兔们和小龙侠最喜欢的地方是农场里的"科研大楼",在这里,它们可以培育出想象中的各种奇花异草和水果。不料意外发生,飞天大王也看上了这个风景优美的滨江农场,一直想占为己有,他们不断使出各种手段想赶走如意兔们。该片融合了现代高科技知识和一些超现实构思,反映了如意兔们团结合作、用知识和勇敢克服种种困难取得的一次次胜利。江苏如意通动漫产业有限公司在推出《如意兔之开心农场》的基础上,凭借动漫片的影响力,在现代农业示范园区建设"开心农场主题农场",让孩子们能够走进真实的动漫世界。

【首届常阴沙金秋乡村欢乐游活动举行】 10月18日,以"体验知青文化,品尝田野江鲜,采摘丰收果实,品味乡村风情"为主题的2012年常阴沙金秋乡村欢乐游活动,在市现代农业示范园区游客中心举行启动仪式。农业部乡镇企业局副局长欧阳海洪,江苏省农委副巡视员张定,苏州市政协副主席、农委主任蒋来清,张家港市委常委周伟等领导出席启动仪式。曾在常阴沙农场插队的知青,现任中国农业银行副行长兼北京分行行长郭浩达专门发信祝贺。《新华日报》《旅游时报》等省内数十家媒体,张家港市及周边县市近20家旅行社参加了仪式和活动。启动仪式还专门为张家港常阴沙文化旅游发展有限公司、常阴沙知青文化主题馆、蛮好民宿国际连锁常阴沙店以及张家港市广达文化创意发展有限公司举行揭牌。活动当天,共吸引张家港市及周边地区近3000余名游客。启动仪式结束后,常阴沙垂钓活动、橘子采摘活动、DIY快乐之旅等精彩纷呈的金秋乡村欢乐游系列活动陆续登台。

常阴沙金秋乡村欢乐游启动仪式　　(现代农业示范园区　供稿)

【常阴沙生态农业度假区创建成省四星级乡村旅游区(点)】 年内,市现代农业示范园区常阴沙生态农业度假区顺利通过省旅游局检查验收,被评为省四星级乡村旅游区(点)。近年来,现代农业示范园区借助良好的生态优势,积极开发特色旅游产品,全力打造具有长江文化、苏南特色的生态农业度假区,先后建成一批拥有"江南元素、滨江特色、水乡风情、农事体验"的特色景观,并策划推出"乡村四季慢游线路",先后成功举办自驾游、采摘节、乡村欢乐游等活动。

【3.6万只中华鳖在常红社区落户】 市现代农业示范园区常红社区发展"一村一品",走特色水产养殖路子。8月,社区土地股份合作社从浙江省绍兴国家级中华鳖原种场购进中亚Ⅱ号鳖卵3.6万只,并陆续孵化成幼鳖,集中饲养于幼鳖池内。与此同时,社区在利用莲藕池套养黑鱼成功的基础上,套养中华鳖。首批在17.33公顷莲藕池内套养的黑鱼,已于年末捕捞上市,陆续孵化并集中饲养的幼鳖将大面积放养莲藕池。这些养殖的中华鳖上市后,预计总产可达到1.5万余千克,为社区增加经济收益200余万元。　(陆锦法)

双山岛旅游度假区

【概况】 双山岛旅游度假区位于张家港市西北郊,地处张家港作业航道与长江主航道之间，与苏州、无锡、泰州和南通四市的长江水域相连接。全岛面积约20平方公里，其中堤坝外滩涂湿地约4平方公里，堤坝内面积16平方公里，环岛岸线长16.8公里，耕地面积683公顷，辖4个行政村，户籍人口10203人。岛以农业经济为主，无工业，主要发展特色种养业。全年完成经济总收入2.18亿元，按户籍人口计算，人均纯收入15329万元。9月末获批为省级旅游度假区。11月，2012第三届环太湖国际公路自行车赛双山岛绕圈赛举行。

经济建设与发展　全年实现农业总产值2900万元，粮食、肉类、水产品产量分别为4090吨、145吨、625吨。新增高效农业33公顷，累计360公顷；设施农业9.6公顷，累计170公顷；高标准农田233公顷，累计233公顷；大棚设施栽培种植8.8公顷，累计8.8公顷；果林50公顷，累计50公顷。有绿色食品19种，有机食品3种。新增以村为经营主体的土地经营合作社4家，村均可用财力228万元，全区土地规模经营率达到100%。落实粮食直补、农业综合补贴和土地规模补贴404万元，受益农户近3500户。

社会事业发展　全区有1家社区卫生服务站，医务人员5人，病床6张。年内，为岛内60岁以上的2361名老年人进行体检，建立个人健康档案。户籍人口合法生育率、计划生育奖励政策兑现率均为100%。新增绿化360公顷，疏浚河道25条，总长2万米，新开河9条。

富民工程实施　全区人均纯收入15329万元，比上年增加11.6%。投入271余万元新建老年临时过渡房120间，帮助318名剩余劳动力、农村富余劳动力、失业人员、困难就业人员就业，参加新型合作医疗保险人数5595人。全年发放拆迁过渡户慰问金570.82万元，发放老年人慰问金、慰问品合计99.86万元，为207名低保及低保边缘人员发放最低生活保障金130万元，为74名困难学生发放助学金16万元，为2300名特殊对象办理免费过江年卡。

2012年双山岛旅游度假区各村基本情况

表96

村名	面积（平方公里）	户数（户）	户籍人口（人）	经济总收入（万元）	人均纯收入（元）	村党支部书记	村主任
渡口村	2.08	1014	2366	7385	14323	杜国平	陈建强
双中村	3.73	947	2592	4980	18353	高金荣	孙新华
老圩村	3.71	848	2982	4613	15040	夏龙华	严海华
新圩村	3.38	686	2468	4860	13600	李群慧	刘正法

【双山岛旅游度假区党工委、管委会揭牌】　在2011年12月双山岛旅游度假区党工委、管委会成立的基础上，2012年7月1日，双山岛旅游度假区党工委、管委会正式揭牌运作。开发建设双山岛对提升张家港市功能形象，优化地区产业结构，培育城市旅游名片具有十分重要的意义。双山岛旅游度假区管委会将围绕“长江文化第一岛、四时国际养生地、黄金生态水岸线”的发展定位，打造高端文化交流平台，做强做优品尚运动载体，积极引进康体养生项目，大力发展观光休闲农业，建设国内休闲旅游一流岛屿。

双山岛旅游度假区一景　（双山岛旅游度假区　供稿）

【双山岛旅游度假区获批为省级旅游度假区】　双山岛是张家港市优秀的旅游资源，建有27洞江岛型水上高尔夫球场、五星级标准高尔夫度假酒店、大伯墩湿地公园、双山岛农家乐、渡江战役纪念碑等功能景区。自度假区成立起，编制完成概念性总体规划，并按规划时序启动基础设施建设。2012年9月29日，双山岛旅游度假区经江苏省人民政府批准，成为省级旅游度假区。双山岛旅游度假区将以建设国家级旅游度假区为目标，精心开展市场整体策划，统筹推进开发建设步伐，努力把双山岛建成集生态休闲、旅游度假、商务会展、乐活人居于一体的新兴旅游度假区，带动全市旅游产业加速发展。　（高　雷）

【编辑　卢德兴】

专记

深入开展“拼抢五个月、加速现代化、献礼五十年”活动

5月9号，市委下发《关于开展“拼抢五个月、加速现代化、献礼五十年”活动的通知》。决定从发文之日起至10月，在全市范围内全面实施重大项目、科技创新、城乡建设、民生工程、文明创建、服务基层“六大提速行动”，全力建设富有个性、更具实力、群众认可、全面进步的现代化，以经济社会率先发展、科学发展、创新发展、统筹发展的过硬成绩，向中共十八大和建县(市)50周年献礼。5月19日，市委、市政府在馨苑度假村会议中心召开“拼抢五个月、加速现代化、献礼五十年”活动动员大会，动员全市紧紧围绕首批基本实现现代化总目标，进一步振奋精神、凝心聚力、拼抢当前、创新突破，以更加优异的成绩和更多的特色亮点向建(县)市50周年献礼。

根据部署，市领导以身作则、率先垂范，各板块勇挑重担、真拼真抢，各部门创新实干、亮点突出。全市上下紧紧围绕“六大提速行动”目标，大力弘扬张家港精神，争分夺秒、奋力拼抢，掀起了“加压奋进、真抓实干、合力拼抢”的热潮。

保税区(金港镇)以全面实施经济提速、项目突破、产业升级、物流增效、载体优化、城乡建设、民生保障、绩效提升“八大工程”为抓手，积极拼抢求作为，迎难而上勇争先，主要指标实现较快增长，19项现代化指标提前完成全年任务。1月至10月，区镇完成地区生产总值449.87亿元、工业投入88.97亿元、服务业投入36.84亿元，实现公共财政预算收入26.76亿元、入库税收57.57亿元，分别比上年同期增11.8%、21.7%、25.3%、12.5%和7.5%。项目建设加快突破。总投资25亿元的张化机海工装备、总投资4亿美元的润英联、总投资1亿美元的丹麦精密机床等产业链项目成功签约，韩国现代起亚整车物流中心、全球最大的物流地产商普洛斯、全国最大的橄榄油分拨基地世纪康鑫、国内粮油企业龙头北大荒江苏总部等重点服务业项目实现落地，总投资46亿元的康得新光学膜、总投资6.6亿元的凯凌化工等新开工项目加快建设，总投资15亿元的欣锦阳、总投资12亿元的苏州双象PMMA(聚甲基丙烯酸甲酯)等新落实项目实现开工，总投资10.8亿元的康宁化学、总投资8.8亿元的银河锂业碳酸锂等项目全面竣工投产。载体平台持续拓展。成功获批全省首家汽车整车进口口岸、国家火炬计划张家港锂电特色产业基地、省锂电池及材料科技产业园、省知识产权试点园区、中国纺织原料进口分销中心和江苏进口商品集采分销中心等产业新平台；中国·张家港液体化工品价格指数发布，省内首家葡萄酒检测实验室投运，大宗商品交易结算中心启动；重装基地一期码头5个泊位完成建设。

经开区(杨舍镇)围绕“项目立区、产业兴区、创新活区、富民强区”的工作方针，以10月28日为时间节点，上下一条心、凝聚精气神，通过五个月拼抢，全力打好重大项目、转型升级、城乡建设、民生福祉、文明创建、服务基层“六大攻坚战”。1月至10月，完成地区生产总值490.4亿元、公共财政预算收入25.8亿元、入库税收60.9亿元，分别比上年同期增12.3%、14.2%和16.4%。主攻投入保增长。至10月末，总投资239亿元的43个项目开竣工，累计完成工业投入85亿元，其中新兴产业投入75.4亿元，服务业投入67.1亿元。主攻项目促提速。围绕“三新”产业链高端环节，抓创新促转型，新兴产业产值占规模以上工业总产值比重为73%。海陆二期、中鑫汽配等7个投资超5000万元的项目竣工投产，华灿光电LED外延片、欧璧医药包装新材料、现代海斯克3个投资超5亿元的重点项目开工建设。中国标准化研究院张家港基地、江苏电商谷、比茨信息技术有限公司中国区总部、印度NIIT张家港服务外包学院等服务业项目签约落户。张家港软件(动漫)产业园获批国家级影视网络动漫实验园，3家企业入围全国服务业500强。

冶金工业园(锦丰镇)抢抓重大项目建设，对主要指标细化分解，实行责任到人，严格问责问效。至10月末，玖隆物流一期41.33公顷仓储项目1～3号库、沙钢集团100吨电炉、海力2号码头扩建、浦项20万吨不锈钢扩能技改等项目竣工，沙洲电力二期、联合铜业废杂铜再生综合利用、富祥新材料无机矿纤维生产线建设等项目集中开工奠基。1月至10月，完成固定资产投资130亿元，其中工业投资93.5亿元，分别占年度计划的91.5%和92.1%。实际利用外资及港澳台资2.15亿美元，为年度计划的105%。

塘桥镇坚持转型升级不动摇，经济发展逆势向好。1月至10月，完成工业投资16.79亿元，服务业投资14.26亿元，入库税收12.42亿元，实现一般预算收入5.35亿元，分别比上年同期增18.9%、21.5%、4.3%和8.3%。项目建设迈出新步。总投资22.55亿元的鹿港科技自动化改造、旭晶科技等十大工业竣工项目全部投产；总投资53.8亿元的十大工业开工项目中，8个项目如期开工；总投资27.55亿元的十大服务业开工项目中，7个项目进展有序。招商引资取得成效。引进总投资10亿元的中科晶元信息材料、总投资9000万美元的乐嘉新能源和总投资20亿元的城市综合体怡景天成等3个重大项目。

凤凰镇实施重大项目落地、科技创新驱动、主导产业壮大、城乡一体提速、民生实事福祉、体制机制创新、党建亮点培育七大工程，加力加压，合力攻坚。至10月末，28项现代化指标完成时序进度，20项指标提前完成年度确保任务。1月至10月，完成工业投入30亿元，到账外资1.25亿美元，注册外地民资4.8亿元。凤凰科技创业园吸纳微电子、聚光光伏等15个创新创业项目入驻，飞翔苏州新材料研究院、广大锻造研发中心、新港星科技新材料实验室等创新载体建成投运。三新产业加快集聚，1月至10月，完成新兴产业投资20.24亿元，实现新兴产业产值比上年同期增11.5%。

乐余镇全面开展项目大会战、科技引领转型行动，着力做大经济总量，充分发挥项目、载体、人才综合效应，促进全镇经济保持平稳较快增长。至10月末，总投资1.3亿元的恒阳制管、总投资2400万美元的新宏基纺织等4个超亿元项目基本竣工。围绕"南延北拓"总体规划，启动4平方千米创新产业园建设。成功引进国家"千人计划"1人，获批国家高端外国专家项目1项；组织推荐申报省"双创"人才项目、姑苏领军人才项目4项，实现该镇自主培育获批苏州市级以上人才项目零突破。

南丰镇打响项目建设、城乡一体、民生改善、品牌创新"四大硬仗"，冲刺率先基本实现现代化目标。1月至10月，实现工业开票销售收入504.41亿元、公共财政预算收入4.85亿元，实际利用外资及港澳台资3512万美元，分别比上年增26.9%、10.8%和16.3%，7月，组织总投资42.8亿元的38个项目集中开竣工活动。9月，完成中试产业基地建设，成功入驻盛之祥、天瞳、同宇3个科技人才项目。10月，启动永钢集团"百亿项目、千亿企业"工程。至10月末，全镇完成全社会固定资产投资38.06亿元，其中工业投资28亿元、服务业投资10.8亿元，新兴产业投资12.5亿元。

大新镇围绕"打赢五个攻坚战"，倒排时序抓落实，环环扣紧抓推进。10月末，20项现代化考核指标提前达标。1月至10月，12个项目开工建设，7个项目竣工，完成工业投入6.1亿元，比上年增12.9%。以宏宝、新芳为龙头的传统五金、纺织企业加快转型。意大利和昊激光、美国易化科技设备等新兴产业项目以及美国富井物流分拨项目顺利落户，注册外资及港澳台资3110万美元，到账外资及港澳台资1022万美元，均超额完成全年任务。全面实施"531"人才工程计划，科技人才项目提前超额完成全年目标任务。出台鼓励企业科技创新实施意见，全力支持企业打造创新平台。

现代农业示范园区突出板块特点，能快则快，量质并举，经济社会实现协调并进的发展态势。至10月末，34项现代化指标完成时序进度，20项提前完成全年目标。夯实产业基础，1月至10月，完成农业投入近1亿元，新增农业三资企业7家、注册资金2750万元，成功创建苏州市基本实现农业机械化示范区。着力调整产业结构，新增高效农业面积170.33公顷、设施农业面积103.73公顷，超额完成全年目标。加快育繁推一体化发展，建成华寅水产河豚繁育、松田公司蔬菜繁种以及常丰种子公司稻麦良种三大基地。发挥基地功能，加强产销对接，建成蔬菜配送中心以及网上配送系统，配送对象近6万人。丰富产业形态，成立常阴沙文化旅游发展有限公司，先后建成澳洋生态园、梁丰生态牧业文化园、知青文化主题馆等一批旅游载体，游客中心对外营业，成功举办2012年常阴沙金秋乡村欢乐游活动。

双山岛旅游度假区制定实施"五大硬仗"，即"机构人员、公司运作、村级管理三个到位"硬仗、编制规划硬仗、城乡一体硬仗、民生稳定硬仗、文明创建硬仗。二办三部的内部架构正式运作，双山综合开发有限公司和渡口社区成立。编制双山岛概念性总规、越江隧道方案和农业休闲园区发展规划。整岛搬迁、协议安置、万顷良田土地复垦等工作进展顺利。

5月至10月，全市各板块拼抢绩效，着力突破重点难点，着力增创特色亮点，形成了主动作为、全力拼抢、率先争先的工作局面和浓厚氛围。至10月末，全市通过实施重大项目提速行动，经济保持平稳增长；通过实施科技创新提速行动，创新能力显著增强；通过实施城乡建设提速行动，城乡面貌明显改善；通过实施民生工程提速行动，民生水平大幅提升；通过实施文明创建提速行动，社会保持和谐稳定；通过实施服务基层提速行动，作风效能优化提升。

（张　赟）

张家港建县（市）50周年庆祝活动

9月23日，"飞越五十载，全景看港城"大型航拍活动启动。10月22日，20集大型系列片《飞越五十载，全景看港城》在张家港电视台《张家港新闻》栏目开播，这是继2008年10月《激情飞越·空中看港城》后全市推出的又一大型航拍电视系列片。10月27日，"沙洲的崛起，张家港的辉煌——张家港建县（市）50周年成就展"在市文化中心综合展示馆开展，主要分为主题形象墙、亲切关怀、城市记忆、崛起之路、辉煌成就、港城荣耀、走向未来、百姓见证等八大板块,综合运用文字、图片、影像、多媒体互动、声光电等元素,生动展现张家港建县(市)50年的风雨历程和时代变迁,全景记录张家港建县(市)50年中翻天覆地的变化。10月28日,《沙洲的崛起,张家港的辉煌——纪念张家港建县(市)50周年》电视文献纪录片在张家港建县(市)50周年纪念大会首映,唱响了率先现代化主旋律。

10月28日上午,张家港建县(市)50周年纪念大会在保利大剧院举行。省委常委、苏州市委书记蒋宏坤,省人大常委会副主任李全林,省政协副主席包国新,江苏省委原常委、原常务副省长,省人大常委会原副主任,苏州市委原书记、沙洲县委原书记高德正,省委原常委、苏州市委原书记杨晓堂,苏州市委副书记、市长周乃翔,苏州市委常委、政法委书记、张家港市委原书记曹福龙,苏州市委常委、常务副市长、张家港市委原书记周伟强,无锡市委常委、常务副市长、张家港市委原书记黄钦,省政协原常委、苏州市人大常委会原副主任、张家港市委原书记秦振华,苏州市人大常委会原副主任、张家港市委原书记王振明,张家港市委书记徐美健等出席纪念大会并在主席台前排就座。

中央政治局委员、书记处书记、中组部部长李源潮,全国人大常委会副委员长严隽琪,省委书记、省人大常委会主任罗志军,省委副书记、省长李学勇,全国人大财政经济委员会副主任委员梁保华等先后作出批示或发来贺信。李源潮在批示中说:“张家港是江苏人民创业创新创优的先进典型,希望继续奋斗,做中国社会主义现代化的先行军。”严隽琪在贺信中说:“衷心希望张家港市委、市政府以即将召开的党的十八大精神为指引,以建县(市)50周年为契机,继续弘扬张家港精神,抢抓机遇,奋发有为,在率先基本实现现代化的新征程上再建新功,再创辉煌。”罗志军在批示中指出:“张家港建县(市)50年来,历届领导班子团结带领广大人民群众,解放思想,改革创新,奋勇争先,艰苦创业,形成并弘扬了著名的张家港精神,经济社会发展取得了巨大成就,成为江苏‘三创三先’时代精神的生动典型,在国内外产生了重大影响。希望你们坚持科学发展不动摇,深入实施‘八项工程’,扎实推进‘两个率先’,继往开来,再创辉煌,把张家港建设得更加美好,让人民生活更加幸福!”李学勇在贺信中说:“希望张家港以建县(市)50周年为新的起点,与时俱进弘扬张家港精神,锐意进取,再接再厉,努力当好现代化建设先行军,在全省‘两个率先’中再创新辉煌!”梁保华在贺信中说:“衷心希望你们在新的起点上,继续高举中国特色社会主义伟大旗帜,坚持与时俱进、开拓进取,坚定不移走科学发展之路,大力推进转型发展、创新发展、可持续发展,为率先基本实现现代化而努力奋斗!”商务部部长陈德铭,辽宁省委书记、省人大常委会主任王珉,广东省委常委、深圳市委书记王荣,江苏省委原常委、原副省长,省人大常委会原副主任吴锡军,青海省人大常委会原副主任姚湘成,南京市委副书记、市长季建业,中国驻爱尔兰大使罗林泉等领导以及上级部门、友好城市、兄弟县市、共建单位也纷纷发来贺信,高度评价张家港50年的光辉历程,并祝愿张家港市“再创新业绩、续写新辉煌”。

省委常委、苏州市委书记蒋宏坤在大会上讲话。蒋宏坤说,历届沙洲县委县政府、张家港市委市政府,带领广大干部群众,艰苦奋斗,奋力拼搏,在一道道艰难坎坷中顽强奋起,在一次次自我超越中展翅高飞,把一个传统的农业穷县,建设成为经济社会协调发展、综合实力位居全国县域前列的现代新兴港口城市,实现了“沙洲的崛起,张家港的辉煌”。蒋宏坤强调,沙洲、张家港的发展变化既是苏州的一个缩影,也为苏州加快发展、率先发展发挥了典型引路、推动全局的重要作用,回顾这极不平凡的50年,可以自豪地宣告:正是一种奋勇争先的精神力量,引领着张家港不断率先领先;正是一种开拓进取的拼搏豪情,激励着张家港不断创造奇迹;正是一种永争一流的理想信念,指引着张家港不断勇往直前。张家港人之所以能创造无愧于历史,无愧于时代的瞩目成就,关键在于始终坚持发展才是硬道理,始终坚持把思想领先作为引领行动率先的最强动力,始终坚持走全面协调可持续发展的路子,始终坚持抓好各级领导班子建设。蒋宏坤希望张家港市继续与时俱进,高扬张家港精神,保持奋发有为的精神状态和真抓实干的工作作风,开创张家港经济社会又好又快发展的新局面。要勇当苏南现代化建设的排头兵,让人民群众在改革发展中得到更多实惠;要始终走在全国县域经济最前列,确保综合实力在全国同类城市中继续保持领先;继续争做全国文明建设新典型,全力打造全国生态文明建设先导区,走出生态文明建设新路子;要全力打造全国城乡统筹示范区,形成一体化发展新格局。

张家港市委书记徐美健在大会上讲话。徐美健说,张家港50年的光荣历程,是一部“敢抢敢拼创奇迹”的奋斗史诗,是一首“样样工作争第一”的激昂赞歌,是一个“改革创新求突破”的时代典范,是一座“团结拼搏谋大业”的不朽丰碑。张家港建县(市)50年的历史,是一部艰辛探索的奋斗史、一部战天斗地的创业史、一部开拓进取的发展史。张家港人将始终坚持“永争第一、永立潮头”的发展豪情,把张家港打造成为富有独特精神、临港产业发达、长江文化汇聚、生态优美宜居、各种文明形态高度协调的现代化港城。将始终坚持“改革创新、敢于突破”的开拓精神,大胆闯新路,增创新优势,抢占制高点,实现新一轮大转型、大发展。将始终坚持“统筹协调、共建共享”的民本宗旨,全力打造城乡统筹样板区、民生水平最优市、社会管理示范区,不断巩固提升“全面、协调、综合”发展的全国典型地位。将始终坚持“凝心聚力、永葆活力”的机制保障,增强各级干部领导科学发展的能力、广大企业家驾驭市场经济的本领、全体群众建设文明张家港的素质,最大程度激发全社会创造活力,形成干事创业的强大合力。

10月,《人民日报》、新华社、《光明日报》和《新华日报》《苏州日报》等中央、省和苏州市主流媒体相继推出重头报道,聚焦张家港50年发展历程和辉煌成就,展示张家港率先基本实现现代化的美丽画卷。10月28日,《人民日报》在头版《科学发展、成就辉煌》专栏刊发《张家港,普惠民生正当时》,赞誉张家港百姓幸福指数一路上扬,形成了民生普惠的好经验。新华社《半月谈》杂志第19期刊发通讯《领跑转型:3.0版张家港》,从经济转型升级的角度解读张家港破解发展难题的智慧。10月21日,《光明日报》在头版头条刊发《“张家港精神”激励科学发展》，指出张家港人创造了“团结拼搏、负重奋进、自加压力、敢于争先”的“张家港精神”，使这个昔日落后地区一跃成为闻名全国的“两个文明”建设先进典型。10月26日，《新华日报》在头版头条刊发《张家港：建设百姓认可的现代化》，从“精神传承：拥抱现代化也要‘敢于争先’”“创新思维：传统产业升级踏浪国际化”“‘网格化公共服务’奠基现代化”等层面，诠释“在率先基本实现现代化的探索中，张家港城市发展有了质的提升，城与人的同步进化，是现代化进程的张家港追求”。10月24日，《苏州日报》在头版头条刊发《张家港精神引领率先现代化——写在张家港建县（市）50周年之际》，认为张家港是一个不断创造奇迹的地方，张家港精神始终是这座城市科学发展的力量之源、城市之魂，张家港“样样工作争第一，率先现代化勇立潮头”是这座城市担负的历史责任和自我追求，张家港“富民惠民唱主角，率先现代化民生为本”是执政者对群众的庄严承诺和自我考量。（张 赟 丁洪斌）

网格化公共文化服务

2012年，张家港市贯彻落实中共十七届六中全会提出的“必须坚持政府主导，加强文化基础设施建设，完善公共文化服务网络，让群众广泛享有免费或优惠的基本公共文化服务”的要求，结合全市公共文化服务体系建设实际，率先在全国推出公共文化服务新模式“网格化公共文化服务”。所谓“网格化公共文化服务”，就是在市、区镇、村（社区）三级公共文化服务体系基础上，把村（社区）按一定标准再划分成更细化的网格，使这些网格成为公共文化服务的基本单元，把全市所有人口都纳入服务范围，实现公共文化服务的均等化、便利化、对象化、精细化、人性化、个性化，全面提高公共文化服务的有效覆盖率和公共文化服务水平。

1月7日下午，市“网格化公共文化服务”启动仪式暨网格文化团队优秀文艺节目展演活动在市文化中心星海剧场举行，全市划分出955个文化网格，每个网格覆盖约1000人，首批经过培训的500名网格文化员正式上岗。同时，还举行了《张家港市公共文化服务指南》和《张家港市文化地图》的首发仪式。

该项目的创新实施，一开始就得到全国、省、苏州市主流媒体关注，1月8日至10日，《人民日报》、新华社、《光明日报》《经济日报》、中央电视台、《新华日报》、江苏卫视、《苏州日报》等主流媒体分别刊播报道《张家港率先推行网格化公共文化服务》《张家港：“网格”文化服务贴心更准确》《张家港每千人配备一名文化员，公共文化服务网格化》《张家港公共文化服务新探索：小小“网格化”，文化大繁荣》等，肯定张家港市率先在全国提出网格化公共文化服务的理念以及推进实施的举措。其中，《光明日报》《新华日报》分别在头版显著位置刊发报道，中央电视台新闻频道播发单条新闻，江苏电视台《江苏新时空》播出消息并配发评论。新华网、人民网、光明网、新华社手机政务通、新浪、搜狐、网易、新民网、中国文明网等主要网络媒体纷纷给予转载、报道。媒体的报道和传播，不仅使完全不同于社会管理方式的网格化公共文化服务为社会理解和接受，也使它成为张家港又一个鲜明的特色符号。是月，该项目被苏州市委宣传部推荐评选为2011年度苏州市宣传思想文化工作创新成果奖。

6月，中共中央政治局委员、中央书记处书记、中宣部部长刘云山，文化部部长蔡武分别对《基层文化“小网格”助推公共文化“大服务”——张家港市着力构建基层公共文化服务体系的“网格化”文化服务模式》报告作出批示，认为张家港市“网格化”文化服务模式是观念创新、机制创新的典型，对提高和完善地方公共文化服务水平和质量有重要作用。文化部组织专家先后两次到市进行专题调研，并于9月25日至26日在张家港召开国家公共文化示范区创建工作现场经验交流会，专门推广张家港市经验。9月，《人民日报》《光明日报》《经济日报》再次对张家港网格化公共文化服务进行深度报道。11月19日，中央电视台《焦点访谈》栏目播出《让文化焕发活力》节目，对张家港市网格化公共文化服务的新做法、新亮点、新成果进行专题报道，时长6分钟。年内，江苏省委宣传部《宣传工作动态》（第10期、33期）两次刊发张家港市创新网格化公共文化服务新模式经验信息。中宣部《宣传工作》（2012年第65期）刊发《江苏张家港实施“网格化”模式助推城乡公共文化服务均等化便利化》经验文章，对张家港的文化创新给予肯定。

网格化公共文化服务取得了突出成效。这项制度创新激发了文化自觉，盘活了全市公共文化服务资源，较好解决了公共文化设施利用率不高、基层群众文化参与度不够、城乡文化发展不均衡等现实问题，提升了群众感受文化、传承文化、创造文化的积极性和主动性，全市公共文化设施的利用率、公共文化活动群众参与度均得到明显提高，被誉为用“小网格”撬起了公共文化服务的“大体系”。至年末，全市公益性文化机构的服务水平和服务能力得到明显提升，全市共培育文化网格955个，命名示范文化网格100个，1075名网格文化员经严格培训后持证上岗，全年新增群众文艺团队285支，总数超430支。“文化网格”新创作文艺节目超500个，累计编排剧（节）目超3000个。全市组织开展的全民达人秀、才艺PK赛、民间艺人赛、百团大展演等系列网格文化活动，激活了群众文化活动参与和文化创造热情。仅“幸福港城”系列活动就吸引群众100余万人次。全市网格化群众文化活动超过1万场，参与群众超500万人次。有针对性地开展讲座、培训、演出、影视、展览等丰富多彩的文化活动800余项，举行送演、送书、送影、送展、送报等“五送”活动5000余场。市区图书馆、博物馆、文化馆、美术馆共接待群众177万人次，各镇文化中心接待群众79万人次，分别比上年增20%和13%。

（丁洪斌）

【编辑 朱永平】

组织机构及其领导人名录

（2012年1月1日至2012年12月31日）

市四套班子领导机构

中共张家港市第十届委员会

书　记　徐美健

副书记　姚林荣　王亚方（2月任）

常　委　徐仲高　顾月华（女，5月免）

　　张　玮（5月任）

　　万学刚（4月免）

　　方培华（10月免）

　　杨　芳（女）　卞东方

　　周　伟　张　伟（2月任）

　　许进华（4月任）

　　张　玮（5月任）

　　蔡炳峰（10月任）

委　员　（按姓氏笔画为序）

　　王永康　王松石　石锡贤

　　许剑波　应　梓　沈　彬

　　张　平（6月任）　陆颂义

　　陈世海　邵军民　邵建华

　　季洪良（6月任）　周　兵

　　赵志凯　赵金龙　赵建明

　　钱根源（2月免）　黄　尧

　　黄　镇　黄祥亮（6月任）

　　常　征　葛晓明　戴建明

候补委员　（按得票多少为序）

　　陈亚光　孙敏彪　朱瑞栋

　　蔡彩虹

张家港市第十二届人民代表大会常务委员会

（至3月）

主　任　彭建平

副主任　高建刚　包永康　顾　放

　　曹国才　郭炳荣

委　员　（按姓氏笔画为序）

　　丁一红（女）　王永康

　　王艳辉（女）　许卫红

　　陆雪祥　沈学如　宋达华

　　张满兴　郁霞秋（女）

　　周　勇　周正亚　周志虎

　　胡　波　秦毅峰　袁培龙

　　徐　瑛（女）　徐华东

　　徐华翔　殷兴盛　高根祥

　　常士明　蔡彩虹（女）

　　陶建明　钱建平

张家港市第十三届人民代表大会常务委员会

（3月选举产生）

主　任　高建刚

副主任　郭炳荣　顾　放　徐根法

　　陆颂义

委　员　（按姓氏笔画为序）

　　丁一红（女）　王永康

　　王连生　王艳辉（女）

　　许京海　孙朝枫　何　剑

　　沈学如　宋达华　张　颖

　　张满兴　季祖元　周　勇

　　周志虎　赵建军　施菊平

　　闻桂才　姚金泉　秦　浩

　　秦毅峰　格桑曲宗（女）

　　徐　敏（女）　徐卫袁

　　陶建明　黄清芬（女）

　　蔡彩虹（女）　缪维成

　　瞿刘华

张家港市人民政府

市　长　姚林荣

副市长　王亚方（2月免）

　　徐仲高（2月任）　丁学东

　　张　伟（2月免）　黄雪元

　　黄亚平　黄　尧

　　侯春静（女，挂职，8月免）

　　石锡贤　邵军民（3月任）

　　赵建明（3月任）

　　华　红（女，2月任）

　　赵金龙（11月任）

　　朱巧明（挂职）

市长助理　赵金龙（10月免）

　　范泽夫（挂职，10月免）

　　叶思涛·哈森别克（挂职，4月免）

政协张家港市第十届委员会

（至3月）

主　席　单玉珍（女）

副主席　李汉忠　刘会荪　徐平观

　　景惠新

秘书长　庞静芳（女）

常务委员　（按姓氏笔画为序）

　　丁正义　王世明　王国楷

　　王金良　王景才　朱兴华

　　邢　鹿　卢惠兴　成建中

　　刘　勃（侗族）

　　刘品贤（女）　何　剑

　　杜思梅（女）　李　刚

　　吴　平　张荣祖　陆爱清

　　陆翠珍（女）　陈　宇（女）

　　陈国华　林振球　周庆龙

　　周春峰　周萃阶　项建度

　　赵惠兴　侯蔚枫（女）

　　施菊平　秦国平　顾兴达

　　钱惠清　钱群益　徐　江

　　徐卫东　徐卫袁　徐锦章

　　高卫平　郭宏杰（女）

　　唐红英（女）　黄亚平（女）

　　曹永章　蒋新峰　焦　实

蓬　元　褚建新　缪建林
释法禅　薛　燕(女)
戴正平

政协张家港市第十一届委员会

(3月选举产生)

主　席　单玉珍(女)
副主席　李汉忠　刘会苏　徐平观
景惠新
秘书长　陶　平
常务委员　(按姓氏笔画为序)
马　辉　王正华　王国楷
王景才　卢惠兴
包惠红(女)　朱兴华
刘品贤(女)　许　峰
许细访　杜思梅(女)
李爱平　吴　平
吴惠英(女)　邹承慧
陆忠理　陆爱清
陆翠珍(女)　陈志芳
陈奉德　陈国华　陈鹤忠
范义东　林振球　周卫君
周庆龙　周春峰　周萃阶
周新华　法　禅　孟伟言
赵志刚　侯蔚枫(女)
姜志芳(女)　秦国平
钱　伟　钱建国　钱惠清
徐卫东　徐建龙　徐锦章
高卫平　郭宏杰(女)
唐　锋　唐红英(女)
黄亚平(女)　黄刻松
曹永章　梁一红(女)
蒋丽华(女)　焦　实
蓬　元　褚建新　翟二生
缪建林

保税区　开发区 冶金工业园工作机构

中共张家港保税区工作委员会

书　记　徐美健
副书记　姚林荣　卞东方(2月任)
徐仲高(2月免)　许剑波
委　员　王惠忠　张建平　张　雷
黄　镇　顾秋雁
翁羽人(女,10月任)

江苏省张家港保税区管理委员会

主　任　姚林荣
副主任　卞东方(2月任)
徐仲高(2月免)　许剑波
王惠忠　张　雷　黄　镇
顾秋雁
翁羽人(女,10月任,试用)
主任助理　童扣林　孙济刚
季　峰(兼)　支振荣
翁羽人(女,1月任,
10月免)
赵耀新(9月任)
唐　勇(10月任)

保税区党工委、管委会办公室

主　任　刘忠华(1月免)
潘正云(10月任)
副主任　潘正云(兼,10月免)
奚卫明
孙惠芳(女,兼,10月任)
陈　稳(10月免)　龚锦乾
巫　刚(7月任)
王俊峰(9月聘任,试用)
张惠锋(10月任,试用)

保税区外事办公室

主　任　潘正云(10月免)
副主任　廖祚根(10月免)

保税区组织人事局

局　长　虞维君
副局长　刘一平(兼,10月免)
马建华(兼)　卢向群(女)
仇治君

保税区经济发展局

局　长　顾秋雁
副局长　黄菊芳(女,兼,10月免)
赵　旭　陆大革(10月任)
包金华(5月任,试用)
陆炜炜(10月任,试用)

保税区科技人才局

局　长　黄菊芳(女,10月任)
副局长　黄菊芳(女,10月免)
卞春生(兼,10月任)
赵　旭(兼,10月免)
王　刚
宋　巍(挂职,10月免)
陈　朋(9月任,10月免)
仇治君(10月免)
夏东朴(挂职,2月免)
吴仲文(10月任,试用)
梁　雷(挂职,9月任)

保税区招商局

局　长　冯丹申(10月免)
张卫星(10月任)
副局长　章海铭　卞　震　卞春生
张奎军(10月任,试用)

保税区物流贸易局

局　长　彭　烨
副局长　曹　炜(10月免)　朱宁新
许汉阳　廖祚根(10月任)
缪　飞(10月任,试用)

保税区财政局

局　长　夏　琼(女)
副局长　徐　旻(女)
李春洪(10月任,试用)

保税区规划建设局

局　长　陈　健
副局长　高福勤　闻桂才(兼)
沙学胜　陈　剑
吴　强(兼)

保税区安全环保局

局　长　张卫星(10月免)
曹　东(10月任)
副局长　刘锡庆　杨忠其
王卫东(兼)

保税区投资服务中心

主　任　翁羽人(女,10月免)
沈建荣(10月任)
副主任　沈建荣(兼,10月免)
王惠忠　邹文彪　瞿　锋
巫　刚(7月免)

保税区企业服务管理局

局　长　翁羽人(女,兼,10月免)
沈建荣(10月任)
副局长　沈建荣(兼,10月免)
王惠忠(兼)　邹文彪(兼)
瞿　锋(兼)
巫　刚(兼,7月免)

保税区纪律检查工作委员会

书　记　张建平
副书记　刘一平(10月任)

保税区(金港镇)机关党委

书　记　虞维君(兼)
副书记　刘一平(兼,10月免)
卢向群(女,兼)

保税区(金港镇)非公企业党工委

书　记　刘一平(兼,10月免)
卢向群(兼,10月任)

保税区监察室

主　任　陈国平

副主任　蒋中柱(兼)

保税区金港资产经营有限公司

董事长、总经理　徐品云

市国土资源局保税区分局

局　长　季佩欣

中共张家港经济技术开发区工作委员会

(3月更名)

书　记　张　伟

副书记　葛晓明　谢　刚

委　员　徐根法(3月免)　陶惠兴
　　李　良　庞立新　张　跃
　　常　征(10月任)
　　央　毛(女,挂职,3月任)

张家港经济技术开发区管理委员会

(3月更名)

主　任　葛晓明

副主任　谢　刚　徐根法(3月免)
　　陶惠兴　李　良　季　冬
　　张　跃　常　征(10月任)

主任助理　缪维成(10月免)　章福才
　　陈建新　袁驾云
　　顾卫彬(4月任)
　　曾建香(女,4月任,挂职至6月)

张家港经济技术开发区党政办公室

(7月调整,增挂宣传文明办公室牌子)

主　任　詹亚军

副主任　黄　明
　　叶丽娜(女,兼,7月任)
　　徐卫杰　石丽华(女)

张家港经济技术开发区招商局

局　长　庞建阳

副局长　吴建江(7月免)
　　周爱军(7月免)　张海军
　　陈晓娴(女)　徐　宏(兼)
　　周敏华(12月聘任,试用)

张家港经济技术开发区商贸局

局　长　陈力克(女,12月免)

副局长　吴建江(7月任)　崔立华
　　朱晓寒(12月免)
　　周敏华(9月聘任,12月免)

张家港经济技术开发区发展改革局

(原经济发展局,7月更名)

局　长　钱锦东(4月免)
　　顾卫彬(兼,4月任)

副局长　杨　岷(女,兼)　杨立清
　　施伟民　季军学
　　杨浩东(7月任)　张　浩

张家港经济技术开发区科技人才局

副局长　杨　岷(女,兼)　庞建东
　　秦建岳
　　汪素娟(女,9月聘任,试用)
　　钟爱成(挂职,7月免)
　　蒋海云(挂职,7月免)
　　丁　伟(挂职,9月任)

张家港经济技术开发区经济服务局（安全环保局）

(原综合管理局,7月更名经济服务局)

局　长　徐伯尧

副局长　汤文军　黄　蓉(女,10月任)
　　顾汉平(7月免)
　　杨浩东(7月免)
　　邱树立(兼,7月任)

张家港经济技术开发区建设局

局　长　蒋新峰

副局长　褚奕峰(7月免)
　　顾一峰(1月任)　陈俊彪
　　陈　光　张耀军(7月免)
　　钱　斌(9月聘任,试用)

张家港经济技术开发区财政局

局　长　陈耀明

副局长　顾汉平(7月任)
　　易　玲(女,12月免)
　　徐溪椿(9月聘任,试用)

张家港经济技术开发区组织人事局

局　长　张建华

副局长　徐建耀　陈国珍(女)

张家港经济技术开发区社会事业局

(7月设)

局　长　褚奕峰

副局长　顾国平(兼)　张耀军
　　贾雪珍(女,兼)
　　郭广益(兼)

张家港经济技术开发区农村工作局

(7月设)

局　长　苏　江

副局长　施亚忠　汪明如(兼)

张家港经济技术开发区政法和社会管理办公室

(7月设)

副主任　张玉琪(兼)
　　魏　立(兼)

张家港经济技术开发区行政服务中心（招投标中心）

(7月设)

主　任　陈宣东

副主任　吴　敏(女,12月任,试用)
　　柯欣荣(12月任,试用)

张家港经济技术开发区纪律检查工作委员会

书　记　庞立新

副书记　陈宣东

张家港经济技术开发区（杨舍镇）机关党委

书　记　张建华(兼)

副书记　詹亚军(兼)

张家港经济技术开发区监察室

(7月设)

主　任　庞立新(兼)

副主任　陆卫东(兼)

中共江苏扬子江国际冶金工业园工作委员会

书　记　赵建明

副书记　杜永飞　马春青　宓子平

委　员　陈　飞(12月免)　夏立新
　　顾卫彬(3月免)

江苏扬子江国际冶金工业园管理委员会

主　任　杜永飞

副主任　夏立新(12月任)

江苏扬子江国际冶金工业园党政办公室

主　任　陈　飞(12月免)

副主任　丁正红(兼)　褚　辉

江苏扬子江国际冶金工业园经济发展局

局　长　宓子平(兼)

副局长　王晓春(5月免)　丁亚军
　　赵学刚　朱国生
　　陈　波(9月聘任,试用)

江苏扬子江国际冶金工业园规划建设局

局　长　夏立新

副局长　钱秀华　冯　春

江苏扬子江国际冶金工业园综合管理局（安全环保局）

局　长　顾卫彬(4月免)

副局长　王晓春(5月任)　余耀明
　　黄冰青(10月任,试用)

各镇(区)领导机构

杨舍镇

中共杨舍镇委员会

党委书记　张　伟
副书记　葛晓明(兼)
　谢　刚(2月任)
　张　跃(2月免)
　缪维成(3月免)
　苏　江(兼)
　张建华(兼)
　褚奕峰(2月任)
　章仁兴(兼,10月免)
　周晚林(挂职,9月免)
　陈国庆(兼,10月任)
委　员　李达明(7月免)　徐建耀
　陆卫东　张玉琪
　叶丽娜(女)　黄玉琪
纪委书记　张建华(兼)

杨舍镇人民代表大会

主　席　褚奕峰(3月免)
　缪维成(3月任,10月免)
　陶惠兴(兼,12月任)
副主席　李达明(7月任)　倪炳华

杨舍镇人民政府

镇　长　缪维成(3月免)
　葛晓明(兼,3月任)
副镇长　叶丽娜(女,3月免)
　卢少华(3月免)
　沈明华(3月免)　顾国平
　邱树立
　贾雪珍(女,3月任)
　郭广益(3月任)
　魏　立(3月任)
　汪明如(3月任)

杨舍镇经济服务中心(招商服务中心)

主　任　张　跃(兼,2月免)
　谢　刚(兼,2月任)
副主任　施亚忠(7月免)

市政协杨舍镇工作委员会

主　任　张建华(兼)
副主任　蔡　勇(兼,1月免)
　叶丽娜(女,兼,1月任)
　范惠琴(女)

塘桥镇

中共塘桥镇委员会

党委书记　王松石
副书记　王文伟　张　毅
　凌　洁(女)　蒋卫军
　唐冬青(兼)
　洪　琪(8月任,挂职)
委　员　朱栋裕　卢建刚　庞卫刚
　陈晓英(女)　薛祖民
　黄治平　曹　健(10月任)
纪委书记　凌　洁(女,兼)

塘桥镇人民代表大会

主　席　赵正良
副主席　周建兰

塘桥镇人民政府

镇　长　袁　勋(3月免)
　王文伟(3月任)
副镇长　张　毅　朱卫兵
　庞卫刚(3月免)　蔡　韧
　许建东　李　刚(3月任)

塘桥镇经济服务中心(招商服务中心)

主　任　张　毅
副主任　周爱军(7月任)　朱　新
　朱俊峰

市政协塘桥镇工作委员会

主　任　凌　洁(女,兼)
副主任　朱栋裕

金港镇

中共金港镇委员会

党委书记　徐仲高(兼,2月免)
　卞东方(兼,2月任)
副书记　季　峰　虞维君(兼)
　刘一平　徐锦芬(女)
　沈建荣　陈群燕(女,兼)
　陆大革(10月免)
　何　萍(女,10月任)
委　员　何　萍(女)　朱建兴
　孙惠芳(女)　季　健
　蒋中柱　马建华　孙永华
纪委书记　刘一平(兼)

金港镇人民代表大会

主　席　闻桂才
副主席　张卫良　赵建平

金港镇人民政府

镇　长　季　峰
副镇长　杨凤娟(女)　周士华
　闻玉林　吴　强　王卫东
　陆　剑(3月任)
　张震宇(挂职,9月免)

市政协金港镇工作委员会

主　任　刘一平(兼)
副主任　孙惠芳(女,兼)　刘金坤

锦丰镇

中共锦丰镇委员会

党委书记　赵建明
副书记　马春青　陈　飞(兼,12月免)
　黄清芬(女,3月免)
　秦真智(女,3月免)
　倪惠芬(女)　谢建华(兼)
　周勇敏(10月任)
　王　伟(挂职,2月免)
　莫祥银(挂职,8月任)
委　员　陈建明　丁正红　周勇敏
　孙天明　施正良
　陈卫菊(女)
纪委书记　陈　飞(兼,12月免)

锦丰镇人民代表大会

主　席　李　刚(3月免)
　黄清芬(女,3月任)
副主席　徐建民　赵友明

锦丰镇人民政府

镇　长　马春青
副镇长　倪惠芬(女,3月免)　刘　平
　李卫忠　钱　军　蒋亚东
　黄　宏(女,3月任)
　黄建浩(3月任)

市政协锦丰镇工作委员会

主　任　陈　飞(兼,12月免)
　夏立新(兼,12月任)
副主任　陈卫菊(女,兼)
　黄　宏(女,兼,4月免)
　朱建芬(女,兼,7月任)

乐余镇

中共乐余镇委员会

党委书记　邵军民(3月免)
　陈卫兵(3月任)
副书记　徐凤琪　周　军
　沙立平(8月免)　杨建钟
　黄　蓉(女,10月免)
　范泽夫(挂职,9月免)

陈伟杰(挂职,3月免)
陆晓平(12月任)
张耀清(12月任)
委　员　杜秀萍(女)　苏　滨
徐松林　吴永兵　张耀清
匡雄华　陈国庆(兼,10月免)
赵剑锋(兼,10月任)
纪委书记　黄　蓉(女,兼,10月免)
张耀清(12月任)

乐余镇人民代表大会

主　席　吴伟明
副主席　胡建洲

乐余镇人民政府

镇　长　徐凤琪
副镇长　高建明　徐松林(3月免)
陆惠民(3月任)　沈洪源
许文生　李　彬(3月任)
何　雄(挂职,9月任)

乐余镇经济服务中心(招商服务中心)

主　任　周　军
副主任　徐松林　匡雄华　仇建华

市政协乐余镇工作委员会

主　任　黄　蓉(女,兼,12月免)
杨建钟(兼,12月任)
副主任　吴永兵(兼)

凤凰镇

中共凤凰镇委员会

党委书记　卢懂平
副书记　季洪良　曹鹰飞
徐婉琴(女,10月任)　吴文军
叶　新　赵国锋(5月任)
刘亚林(挂职,9月免)
刘建锋(挂职,8月任)
委　员　徐敏娟(女)　李　新
李剑龙(10月免)　赵文中
邓　敏(女,5月任)
赵国锋(5月免)　黄旭东
刘恒然(10月任)
张连祥(兼)
纪委书记　吴文军(兼)

凤凰镇人民代表大会

主　席　徐婉琴(女,10月免)
缪维成(10月任)
副主席　郭其胜　钱国平

凤凰镇人民政府

镇　长　卢懂平(3月免)
季洪良(3月任)
副镇长　张新建(3月免)
赵国锋(5月免)　马宏鹏
朱春秋　葛云芳(女,9月免)
何正岳　李剑龙(10月任)
顾竹江(3月任)

凤凰镇经济服务中心(招商服务中心)

主　任　曹鹰飞
副主任　邓　敏(女,5月免)　周晓成
刘恒然(10月免)

市政协凤凰镇工作委员会

主　任　张　晖(兼,1月免)
吴文军(兼,1月任,12月免)
徐婉琴(女,兼,12月任)
副主任　李　新(兼)

凤凰镇党政办公室

(5月设)

主　任　李　新(兼)

凤凰镇组织人事和社会保障局

(5月设)

局　长　马宏鹏(兼)
副局长　李剑龙(兼,10月免)
黄旭东(兼,10月任)

凤凰镇政法和社会管理办公室

(5月设)

主　任　赵国锋(兼)

凤凰镇经济发展和改革局

(5月设)

局　长　曹鹰飞(兼)
副局长　周晓成(兼)
刘恒然(兼,10月免)

凤凰镇财政和资产管理局

(5月设)

副局长　卢丹清

凤凰镇建设局

(5月设)

副局长　顾竹江(兼)

凤凰镇农村工作局

(5月设)

副局长　何正岳(兼,7月任)

凤凰镇社会事业局

(5月设)

局　长　朱春秋(兼)
副局长　葛云芳(女,兼,8月免)

凤凰镇综合执法局

(5月设)

副局长　赵文中(兼)

凤凰镇便民服务中心(招投标中心)

(5月设)

主　任　徐敏娟(女,兼)
副主任　樊立锋(8月任)

南丰镇

中共南丰镇委员会

党委书记　常　征
副书记　沈　丹(女)　袁政国
王静娟(女)　陆一珉(3月免)
王臣业(挂职,8月任)
委　员　倪玉祥　钱兴华(女)
王卫星(女)　陆明程
谭德宝
纪委书记　王静娟(女,兼)

南丰镇人民代表大会

主　席　黄清芬(女,3月免)
陆一珉(3月任)
副主席　钱秀玉(女)

南丰镇人民政府

镇　长　王文伟　(3月免)
沈　丹(女,3月任)
副镇长　陆明程　李伟星　朱子平
金俊龙　朱建明
匡　尧(挂职,9月免)

南丰镇经济服务中心(招商服务中心)

主　任　袁政国
副主任　徐　锋　陈　兰(女)
邹　江　陈　立(7月任,试用)

市政协南丰镇工作委员会

主　任　王静娟(女,兼)
副主任　谭德宝(兼)

大新镇

中共大新镇委员会

党委书记　黄　镇(10月免)
陆忠理(10月任)
副书记　严亚明　刘忠华
袁剑秋(3月免)
朱志斌(1月任)
吴　磊(挂职,9月免)
戴文俊(挂职,8月任)
委　员　周国忠　顾　芳(女)
黄建兴　顾敬贤　丁国秋
纪委书记　朱志斌(1月任)

大新镇人民代表大会

主　席　袁剑秋(3月任)

副主席　陈云鹤　张小平

大新镇人民政府

镇　长　严亚明

副镇长　董雪明　张　平　丁　军
　　　　张爱华　陈　勇(3月任)

大新镇经济服务中心(招商服务中心)

主　任　刘忠华

副主任　丁国秋　沈安邦(7月免)
　　　　赵兰芬(女)
　　　　丁　德(7月任,试用)

市政协大新镇工作委员会

主　任　吴文军(兼,1月免)
　　　　朱志斌(兼,1月任)

副主任　顾　芳(女,兼)

现代农业示范园区

中共现代农业示范园区工作委员会

党工委书记　赵志凯

副书记　罗晓骏　赵志刚(1月免)
　　　　陈飞健(1月任)　史建军
　　　　朱利群(挂职,9月免)
　　　　曹爱兵(挂职,8月任)

委　员　张惠文　高　明　耿兴中
　　　　李　刚

纪工委书记　赵志刚(兼,1月免)
　　　　　　陈飞健(兼,1月任)

现代农业示范园区管委会

主　任　罗晓骏

副主任　史建军　王永祥(1月免)
　　　　周兰英(女,1月免)
　　　　顾彩萍(女)　马海兵
　　　　朱红专(1月任,试用)

市政协现代农业示范园区工作委员会

主　任　赵志刚(兼,1月免)
　　　　陈飞健(兼,1月任)

副主任　李　刚(兼)

市人大现代农业示范园区工作委员会

副主任　耿兴忠(兼,1月任)

张家港双山岛旅游度假区

中共张家港双山岛旅游度假区工作委员会

书　记　黄　镇

副书记　蔡建林(兼)　张　晖
　　　　戴　艳(女)　李新华

委　员　沈安邦(7月任)
　　　　李群慧(7月任)

张家港双山岛旅游度假区管委会

主　任　黄　镇

副主任　蔡建林(兼)　张　晖
　　　　戴　艳(女)　李新华

张家港双山岛旅游度假区纪律检查工作委员会

书　记　戴　艳(女,兼,7月任)

副书记　沈安邦(兼,7月任)

市纪委(监察局)

中共张家港市第十届纪律检查委员会

书　记　顾月华(女,5月免)
　　　　张　玮(5月任)

副书记　尚文涛　茅哲峰

常　委　徐莉萍(女)　陈春明
　　　　许京海(2月免)　田文华

委　员　(按姓氏笔画为序)
　　　　许京海　张建平　张耀明
　　　　陆建中　陈飞健　庞立新
　　　　赵剑锋　赵煜斌　秦毅峰

市监察局

局　长　尚文涛

副局长　周卫君　陈飞健(2月免)

市纪委非公有制经济工作委员会

(12月成立)

书　记　陈春明(兼)

副书记　张　婷(女,兼)

纪检监察工作室

一室主任　陈飞健(兼,1月免)

一室副主任　陆卫东(兼)

二室主任　许京海(兼,1月免)

二室副主任　黄治平(兼)

三室主任　施中华

三室副主任　蒋中柱(兼)
　　　　　　冯庆华(10月任,试用)

四室主任　田文华(兼)

四室副主任　孙天明(兼)

市人民武装　审判　检察机构

市人民武装部

部　长　万学刚(3月免)
　　　　李军强(3月任)

政　委　许进华

副部长　朱长春(3月免)
　　　　史学锋(4月免)
　　　　曹永华(4月任)

市人民法院

党组书记　张　玮(5月免)
　　　　　徐建东(5月任)

院　长　张　玮(5月免)
　　　　徐建东(5月任,代理)

副院长　赵剑锋　钱　平
　　　　余爱华(女)　顾海斌(9月任)

党组副书记　赵剑锋

党组成员　钱　平　赵艳洁(女)
　　　　　赵　晖　张　达　顾海斌

纪检组组长　张　达

市人民检察院

党组书记　钱根源(2月免)
　　　　　蔡　蔚(2月任)

检察长　钱根源(2月免)
　　　　蔡　蔚(3月任)

副检察长　陆建中(2月免)　董启海
　　　　　李维兵　丁建勤　陆鹏程

党组副书记　陆建中(2月免)
　　　　　　董启海

党组成员　李维兵　丁建勤　马建新
　　　　　樊建兵(10月免)　张　勇

纪检组组长　马建新

市人民检察院反贪污贿赂局

局　长　张　勇

市委工作机构

市委办公室

主　任　陆颂义

副主任　陈　刚　曹　东(10月免)
　　　　黄晓伟　王卫国(10月免)
　　　　尹　洁(女,兼,3月任)
　　　　樊建兵(10月任)　陶彦斌
　　　　钱晓锋　陶　惠(5月任,试用)
　　　　糜　正(12月任,试用)

市委机要局

(在市委办挂牌)

局　长　樊建兵(10月任)

副局长　程　阳　姜　中

市委保密委员会办公室

(市国家保密局,在市委办挂牌)

主任(局长)　陈　刚(兼)

副主任(副局长) 张成兵(5月任,试用)
龙大华(12月任)

市委研究室

主　任　黄祥亮
副主任　施建彬　李笑梅(女)

市委组织部

部　长　方培华(兼,10月免)
蔡炳峰(兼,10月任)
副部长　高　鹏(兼,4月免)　秦毅峰
陆忠理(11月免)
黄亚红(女,兼,4月任)
刘　俭(11月任)

市委非公有制经济工作委员会

(与市委组织部合署办公)

书　记　陆忠理(兼,10月免)
杨志刚(10月任)
副书记　卢惠兴(兼)
刘　俭(10月免)
杨志刚(10月免)
成家武(10月任)
臧向前(10月任)

市委党的建设工作领导小组办公室

主　任　刘　俭(兼,10月任)

市人才工作领导小组办公室

主　任　陆忠理(兼,3月任,10月免)
常务副主任　于年中

市委老干部局

局　长　庞赞平
副局长　袁小明
朱纯敏(女,7月任,试用)

市委宣传部

部　长　杨　芳(女,兼)
副部长　陈世海(兼)　朱兴华
袁　勋　屈荣杰　龙凤清

市委对外宣传办公室

(在市委宣传部挂牌)

主　任　屈荣杰(兼)
副主任　黄卫琼(女,1月免)

市政府新闻办公室

(在市委宣传部挂牌)

主　任　屈荣杰(兼)
副主任　黄卫琼(女,1月免)

市精神文明建设委员会办公室

(在市委宣传部挂牌)

主　任　袁　勋(兼)
副主任　李爱平(1月免)
陶广成(1月免)　何　俊
黄卫琼(女,1月任)

市委统一战线工作部

部　长　景惠新(兼)
副部长　马　辉　卢惠兴(兼)
谢正国
赵志刚(兼,1月任)

市政府侨务办公室

主　任　陆翊农
副主任　姜　嵘(女,5月任,试用)

市民族宗教事务局

局长、党组书记　赵志刚(1月任)
副局长　吴　一(女)
党组成员　陈国良　吴　一(女)
纪检组组长　陈国良

市委政法委员会

书　记　卞东方(兼,2月免)
王亚方(兼,2月任)
副书记　钱根源(兼,2月免)
张　玮(兼,5月免)
蔡　蔚(兼,3月任)
徐建东(兼,5月任)
赵金龙(兼)　周春峰
郁洪兴

市社会管理综合治理委员会办公室

(4月更名,在市委政法委员会挂牌)

主　任　周春峰(兼)
副主任　徐昀宇(3月任)
周文英(女,7月任,试用)

市委农村工作办公室

(挂市政府农村集体资产管理办公室牌子)

主　任　孙敏彪
副主任　季祖元(1月免)
高　翔　顾永福
张金静(女)

市机构编制委员会办公室

主　任　高　鹏(兼,3月免)
黄亚红(兼,3月任)
副主任　许　健

市委610办公室

主　任　赵煜斌(兼,3月免)
陈菊新(兼,3月任)
副主任　陆志祥　刘　军　王庭槐

市委台湾工作办公室

(市政府台湾事务办公室)

主　任　张　璇(女)
副主任　展玉明　许　峰(1月免)

市委市级机关工作委员会

书　记　马狄武
副书记　黄浩明　任和平　何正贤
纪工委书记　任和平(兼)

市人大市级机关工委工作委员会

副主任　黄浩明(兼,1月任)

市人大　市政协机关

市人大常委会办公室

主　任　钱建平(4月免)
周志虎(4月任)
副主任　周志虎(4月免)
许京海(兼,1月任)
陆雪祥(4月免)
姚金泉(1月任)
陆一珉(1月免)　孙朝枫
孙　海

市人大常委会研究室

主　任　周志虎(兼,4月免)
许京海(兼,4月任)
副主任　许京海(兼,1月任,4月免)

市人大常委会人事代表联络工作委员会

主　任　周正亚(4月免)
徐　敏(女,4月任)
副主任　张亚华　徐　敏(女,4月免)
王新法

市人大常委会内务司法工作委员会

主　任　袁培龙(4月免)
陶建明(4月任)
副主任　许　娟(女)

市人大常委会财政经济工作委员会

主　任　常士明(4月免)
张　颖(4月任)
副主任　汤耀石(4月免)
张　颖(1月任,4月免)
秦　浩(1月任)

市人大常委会城建环保工作委员会

主　任　陶建明(4月免)
周　勇(4月任)
副主任　徐永祥(4月免)
朱保明(4月任)

市人大常委会教科文卫工作委员会

主　任　周　勇(4月免)
季祖元(4月任)

副主任　季祖元(1月任,4月免)
苏花兰(女,1月任)
赵　敢(1月任)

市人大常委会外事民宗侨台工作委员会

主　任　高根祥(4月免)
格桑曲宗(女,4月任)
副主任　格桑曲宗(女,1月任,4月免)
蔡　杰

市政协

秘书长　庞静芳(女,3月免)
陶　平(3月任)
副秘书长　王世明(4月免)
陶　平(1月任,3月免)
周新华(1月任)　张燕清
刘品贤　朱育才(1月免)

市政协办公室

主　任　王世明(4月免)
周新华(4月任)
副主任　周新华(1月任,4月免)
张燕清　陈　丽(女)
朱育才(1月免)
周小军(12月任)

市政协提案委员会

主　任　项建度(4月免)
李爱平(4月任)
副主任　李爱平(1月任,4月免)
刘品贤(女)　朱文焰
杨　枫(女,1月免)
曹　东(兼,4月任,12月免)
毛建锋(兼)
黄晓伟(兼,12月任)

市政协经济科技委员会

主　任　王金良(4月免)
陈奉德(4月任)
副主任　陈奉德(1月任,4月免)
陈国平　钱　进(兼,7月免)
丁建章(兼,7月免)
张金静(女,兼)
卢惠兴(兼)　邹利明(兼)
钱建国(兼,4月任)
马学锋(女,兼,12月任)
潘　琦(兼,12月任)

市政协社会事业委员会

主　任　丁正义(4月免)
陈志芳(4月任)
副主任　陈志芳(1月任,4月免)
钱魁中(4月免)
朱育才(1月任)
周春峰(兼)
侯一华(兼,4月免)
朱兴华(兼)　王建东(兼)
季春郁(女,兼)
陈永泽(兼,4月任)

市政协城乡建设委员会

主　任　顾兴达(4月免)
王正华(4月任)
副主任　王正华(1月任,4月免)
赵惠良(4月免)
张亚萍(1月免)
张永全(1月任)
张　曲(12月任)
秦国平(兼)　王春松(兼)

市政协港澳台侨(民族宗教)委员会

主　任　成建中(4月免)
梁一红(女,4月任)
副主任　梁一红(女,4月免)
张亚萍(女,1月任)
王永清(兼,1月免)
黄亚平(女,兼)
陆翊农(兼)　马　辉(兼)
陆忠理(兼,12月免)
张　璇(女,兼)
赵志刚(兼,1月任)
刘　俭(兼,12月任)

市政协文史委员会

主　任　邢　鹿(4月免)
许　峰(4月任)
副主任　许　峰(1月任,4月免)
钱新棣　俞慧军(兼,7月免)
高卫平(兼)
汪丽菁(女,兼,12月任)

市政府工作部门

市政府办公室

主任、党组书记　应　梓
副主任　曹跃飞　王永良
陈　刚(兼)
刘东兴(4月任)　陆江山
陈卫兵(4月免)　陈雪明
毛建锋　黄晓东　张毓鸿
马正阳(1月任,试用)
汤卫华(1月任,试用)
党组成员　曹跃飞　陈　刚
刘东兴(3月任)　陆江山
陈卫兵(3月免)　陈雪明
毛建锋　黄晓东　张毓鸿
马正阳(1月任)
汤卫华(1月任)

市政府研究室

主　任　沈　斌
副主任　陈剑浩

市政府法制办公室

主　任　陆江山(兼,7月免)
范一明(7月任)
副主任　范一明(7月免)　高　攀
周炳芳(9月任,试用)

市政府外事办公室

(在市政府办公室挂牌)

主　任　曹跃飞
副主任　徐丽花(女)　吴彦飞

市发展和改革委员会

主任、党组书记　戴建明
副主任　薛　平(10月免)
陈亚光(10月任)　张明国
刘东兴(4月免)　刘　佾
曹　阳(7月任)
陈　刚(12月任,试用)
党组成员　薛　平(10月免)
陈亚光(10月任)　张明国
刘东兴(3月免)
王振芬(女)　顾　青
周国强　曹　阳(7月任)
陈　刚(12月任)
纪检组组长　王振芬(女)

市经济协作办公室

(在市发展和改革委员会挂牌)

主　任　薛　平(兼,10月免)
陈亚光(兼,10月任)
副主任　周国强

市企业上市工作办公室

(在市发展和改革委员会挂牌)

主　任　顾　青
副主任　严建忠

市政府金融工作办公室

(在市发展和改革委员会挂牌)

主　任　刘东兴(兼,4月免)
副主任　顾　青(兼)　唐爱云(女)
欧永生(10月免)

市服务业发展办公室
(在市发展和改革委员会挂牌)

主　任　戴建明(兼)
副主任　严　忠　陶凤德(9月免)
　　宋国华(12月任,试用)

市重大项目推进办公室

主　任　戴建明(兼,7月免)
　　刘　佾(兼,7月任)
副主任　刘　佾(兼,7月免)

市经济和信息化委员会

主　任　徐根法(4月免)
　　钱锦东(4月任)
党委书记　徐根法(3月免)
　　钱锦东(3月任)
副主任　邹利明　穆　军　徐　松
　　丁建华　夏燕良
　　李生栋(挂职,5月任,6月免)
党委副书记　邹利明　瞿医蕾(女)
党委委员　穆　军　徐　松　丁建华
　　夏燕良
纪委书记　瞿医蕾(女,兼)

市中小企业局
(在市经济和信息化委员会挂牌)

局　长　邹利明
副局长　黄正华　何启明　袁　俊

市教育局

局长、教育工委书记　邵建华
副局长　章　骏(5月免)
　　钱洁雅(女)　陈国华
　　马丽忠　王建东(5月任)
　　蒋海云(挂职,9月免)
教育工委副书记　陈　跃(10月任、兼)
　　王建东(5月免)
　　王世芳(女,7月任,试用)
教育工委委员　章　骏　季进胜
　　钱洁雅(女)　王建东
　　马丽忠
纪工委书记　王建东(兼,5月免)
　　王世芳(女,兼,7月任,试用)

市科学技术局
(挂市知识产权局牌子)

局长、党组书记　陈亚光(10月免)
　　万资平(10月任)
副局长　吴彦刚　董建刚　赵建华
　　李秋菊(女)　王国楷
　　宋国洪
　　王红玲(女,挂职,9月免)
　　李伟达(挂职,9月任)
党组副书记　吴彦刚
党组成员　董建刚　赵建华
　　李秋菊(女)　宋国洪
纪检组组长　李秋菊(女)

市公安局

局长、党委书记　赵金龙
督察长　赵金龙(兼,7月任)
政　委　唐万安(3月免)
　　赵煜斌(3月任)
副局长　赵煜斌(4月免)　王树秋
　　陈菊新　汤建平　章仁兴
　　季洪良(兼,1月免)　王文良
　　陈群燕(女)　邬海安
　　徐向前(兼,10月任)
党委副书记　唐万安(3月免)
　　赵煜斌　陈菊新
党委委员　王树秋　闻振平　汤建平
　　章仁兴　王文良
　　陈群燕(女)　张　航
　　邬海安　徐向前　唐冬青
　　刘　斌　谢建华
　　徐晓忠(10月任)
　　陈国庆(10月任)
副政委　闻振平　张　航
纪委书记　刘　斌
政治处主任　张　航

市民政局
(挂市老龄工作委员会办公室牌子)

局长、党委书记　陈　跃(10月免)
　　张小伟(10月任)
副局长　陆志盈(5月免)　张建新
　　瞿彩娟(女)　刘振渊
　　徐志斌(7月任,试用)
党委副书记　徐　丹
党委委员　陆志盈(5月免)　张建新
　　瞿彩娟(女)　刘振渊
　　徐志斌(7月任)
纪委书记　徐　丹(兼)

市司法局

局长、党委书记　李婧娟(女)
副局长　孙　晔　龚　俊
　　陶广成(1月任)
党委成员　孙　晔　龚　俊
　　陶广成(1月任)
　　陈　丽(女,5月任,试用)
纪委书记　龚　俊(兼,5月免)
　　陈　丽(女,5月任,试用)

市财政局

局长、党组书记　周　兵
党组副书记　瞿永昌(7月任)
副局长　瞿永昌　许啸文　吉鲁平
　　许　佳
党组成员　许啸文　吉鲁平　李　刚

市人力资源和社会保障局

局　长　高　鹏(4月免)
　　黄亚红(女,4月任)
党委书记　赵耀新(8月免)
党委副书记　高　鹏(3月免)
　　黄亚红(女,3月任,8月免)
　　李长生(7月免)
　　潘雪平(8月任)
副局长　赵耀新(9月免)　张卫中
　　潘雪平(9月免)　郁　池
　　丁　峰
　　周晓宏(1月任,试用)
　　李　昕(挂职)
　　张艳丽(女,5月任,试用)
党委委员　张卫中　潘雪平　郁　池
　　丁　峰　周晓宏(1月任)
　　张艳丽(女,5月任)
纪委书记　李长生(兼,7月免)
　　潘雪平(兼,8月任)

市国土资源管理局

局长、党组书记　季　宗
党组副书记　吴汉江(11月免)
副局长　吴汉江(11月免)　黄伟功
　　季佩欣(兼)　施文军
　　孙建华　刘　红(5月免)
　　杨惠亚(女)
党组成员　黄伟功　季佩欣(兼)
　　施　飞　施文军　孙建华
　　刘　红(5月免)
　　杨惠亚(女)
纪检组组长　施　飞

市住房和城乡建设局

局　长　袁雪祥
党委书记　朱建才
党委副书记　袁雪祥　王春松
副局长　朱建才　张国华　丁一中

曹　峥　李仲平(9月免)
许瑞兴　李建华
党委委员　张国华　丁一中　曹　峥
李仲平(8月免)　许瑞兴
祝风红(女,7月任)
纪委书记　王春松(兼)
总工程师　祝风红(女)

市地震局

(在市住房和城乡建设局挂牌)
局　长　张国华(兼)
副局长　管长兴

市房产管理中心

(为市住房和城乡建设局下属正科级单位)
主　任　朱建才(兼)
副主任　张新红　郁　军
郭宏杰(女)

市规划局

局长、党组书记　王觉方
副局长　蒋新峰(兼)　徐晓立
陈　健(兼)　张宇洲
孟伟言
党组成员　张　瑾(女,5月免)
徐晓立　陈　健　张宇洲
纪检组组长　张　瑾(女,5月免)
张宇洲(兼,7月任)
总规划师　文清泽

市城市管理局

(与市城市管理行政执法局合署办公)
局　长　季洪良(1月免)
徐向前(10月任)
党委书记　徐向前(10月任)
党委副书记　王正华(1月免)
徐向前(10月免)
钱燕秋(1月任)
副局长　徐向前(10月免)
姚惠新(4月免)
钱燕秋(1月免)
林志宏(9月任)
张　辉(1月任,试用)
陈洪明(4月任,试用)
党委委员　姚惠新(3月免)
徐向前　钱燕秋
林志宏　张　辉
陈洪明(3月任)
纪委书记　王正华(兼,1月免)
钱燕秋(兼,1月任)

市交通运输局

局长、党委书记　陈　军
党委副书记　陆新玉(女)
副局长　徐平观　戴金发(9月免)
沈正华　沈竹义　李　星
王晓冬(10月任,试用)
叶德元(12月任)
党委委员　戴金发(8月免)　沈正华
沈竹义　李　星
王晓冬(10月任)
叶德元(12月任)
纪委书记　陆新玉(女,兼)

市水利局

(挂市水务局牌子)
局　长　刘国强(12月免)
严栋兴(12月任)
党委书记　刘国强(12月免)
陈　飞(12月任)
党委副书记　严栋兴(12月任)
钱德华　张秋亚(7月任)
副局长　陈　飞(12月任)　钱德华
邵建芳(12月免)
严栋兴(12月免)
沙立平(9月任)
张　舟(7月免)
张秋亚(7月免)　张海峰
翟二生(7月任,试用)
陈杏明(12月任)
党委委员　严栋兴　邵建芳(12月免)
张　舟(7月免)
沙立平(8月任)　张秋亚
张海峰　陈杏明(12月任)
卫　臻
纪委书记　张秋亚

市农业委员会

主　任　徐　江
党委书记　李玉培(12月免)
李　刚(12月任)
党委副书记　李　刚(12月免)
副主任　李玉培(12月免)
李　刚(1月任)　陈永兵
陆　军　杨兴国(7月免)
宋向洪(12月任,试用)
总农艺师　孟凡珍(女,9月聘任,试用)
党委委员　陈永兵　陆　军　顾　新
杨兴国(7月免)
宋向洪(12月任)
纪委书记　顾　新

市商务局

局长、党委书记　唐　勇(10月免)
薛　平(10月任)
党委副书记　钱　进(5月免)
马学锋(女,12月任)
副局长　钱　进(5月免)
马学锋(女)
黄　炜(7月任)
陈　瑞(女)　蒋忠明
陈　龙(兼)
党委委员　黄　炜
陈　瑞(女)　蒋忠明
朱晓敏(女,7月任,试用)
陈　龙(7月任)
纪委书记　黄　炜(7月免)
朱晓敏(女,7月任,试用)

市文化广电新闻出版局

(挂市版权局、市文物局牌子)
局长、党委书记　陈世海
党委副书记　侯一华　解志荣
侯寿松
副局长　侯一华　解志荣
陈彩芬(女)　周国柱
陈永泽
王韶杰(9月聘任,试用)
党委委员　陈彩芬(女)　周国柱
陈永泽　孙建忠
纪委书记　侯寿松(兼)

市广播电视台

台　长　陈世海(兼)
副台长　侯一华(兼)　周国柱(兼)
陈永泽(兼)

市卫生局

局长、党委书记　陈　跃
党委副书记　徐国兴(兼)
万资平(兼,10月免)
王卫国(兼,10月任)
季春郁(女)
副局长　徐国兴(兼)
万资平(兼,10月免)
王卫国(兼,10月任)
施剑杰　王建春
曹于中(兼)　於海良
朱　贤(12月任)
王树生(12月任,试用)

党委委员　施剑杰　曹于中(兼)
於海良　陈新峰(兼)
朱　贤(12月任)
王树生(12月任)
纪委书记　季春郁(女,兼)

市食品药品监督管理局

(与市卫生局合署办公)

局　长　徐国兴
副局长　曹于中　陈新峰

市城乡环境卫生指导中心

主　任　万资平(10月免)
王卫国(10月任)
副主任　钱凤娟(女)　戴建忠

市体育局

局长、党组书记　张小伟(10月免)
孟　波(12月任)
副局长　张　莉(女)　邹　铜
金　涌　李　峰
党组成员　张　莉(女)　邹　铜
金　涌
纪检组组长　张　莉(女,兼)

市环境保护局

局　长　陶　平(1月免)
张　平(1月任)
党组书记　张　平
党组副书记　陶　平(1月免)
副局长　张　平(1月免)
张　颖(1月免)　黄永舫
秦国平　徐建龙
孙　力(4月任,试用)
杨群伟(10月任,试用)
党组成员　张　颖(1月免)　黄永舫
张建平　徐建龙
孙　力(3月任)
杨群伟(10月任)
纪检组组长　张建平

市旅游局

局长、党组书记　沈　浩
副局长　徐　炜(10月免)
张　舟(7月任)
刘中平(9月免)
匡　勇(1月任,试用)
封　收(挂职,5月任,6月免)
党组成员　徐　炜(10月免)
刘中平(8月免)　刘国华
张　舟(7月任)　匡　勇
纪检组组长　刘国华

市园林绿化管理局

(挂市林业局牌子)

局　长　徐建新
党组书记　侯虎珍(女)
党组副书记　徐建新
副局长　侯虎珍(女)　陈金发
唐金洪　黄和元　胡　燕
总工程师　钱　耿(9月聘任,试用)
党组成员　陈金发　邹建忠　唐金洪
黄和元　胡　燕
纪检组组长　邹建忠

市人口和计划生育委员会

主　任　黄亚红(女,4月免)
秦真智(女,4月任)
党组书记　黄亚红(女,3月免)
秦真智(女,3月任)
副主任　查敏智(女)
陈红卫(1月任,试用)
党组成员　查敏智(女)　曹　平
陈红卫(1月任)
纪检组组长　曹　平

市审计局

局长、党组书记　张耀明
副局长　崔振华　陆小玲(女)
翟爱保
党组成员　崔振华　陆小玲(女)
丁建平　陆光祥
纪检组组长　丁建平

市安全生产监督管理局

局长、党组书记　沈　琳
副局长　王彦文　钟　桐(女)
周建江
党组成员　王彦文　钟　桐(女)
金　炯　周建江
纪检组组长　金　炯

市统计局

局长、党组书记　徐华东
副局长　施向东
吴美兰(女,兼,4月免)
陈建康　汤魏巍(挂职)
党组成员　施向东　吴美兰(女)
陈建康
孙浩龙(7月任,试用)
纪检组组长　孙浩龙(7月任,试用)

市物价局

局长、党组书记　郑国清
党组副书记　万学刚(12月任)
副局长　万学刚(12月任)
秦　浩(1月免)　沈一平
倪雷兴
党组成员　秦　浩(1月免)
沈一平　倪雷兴　吴永生
纪检组组长　吴永生

市粮食局

局长、党组书记　孟　波(12月免)
邵建芳(12月任)
副局长　蔡惠良　徐锦章　陈卫南
葛云芳(女,9月任)
党组成员　蔡惠良　陈卫南
苏花兰(女,1月免)
杨文杰(3月任)
葛云芳(女,8月任)
纪检组组长　苏花兰(女,1月免)
杨文杰(3月任,试用)

市信访局

局长、党组书记　王永良
副局长　周　钧　邵继东
袁　俊(挂职,1月任,6月免)
李建华(挂职,1月任,6月免)
李　峰(挂职,1月任,6月免)
周建江(挂职,1月任,6月免)
张宇洲(挂职,6月任,12月免)
张海峰(挂职,6月任,12月免)
陆　洲(挂职,6月任,12月免)
周国新(挂职,6月任,12月免)
党组成员　周　钧　邵继东

市社会调解服务中心

(挂市人民政府接访中心牌子。两块牌子,一套班子)

主　任　王永良(兼)
副主任　周　钧(兼)　邵继东(兼)
孙　晔(兼)

市民防局

(挂市人民防空办公室牌子)

局长、党组书记　毛永林
副局长　陈建法　宋华东(7月免)
朱长春(兼,5月免)　王　强
杨　枫(1月任)
曹永华(兼,5月任)
刘中平(9月任)

党组成员 陈建法 宋华东(7月免)
穆利中 朱长春(兼,5月免)
王 强 杨 枫(1月任)
曹永华(兼,5月任)
刘中平(8月任)
纪检组组长 穆利中

市政府派出机构

市行政服务中心

主 任 彭 炜
党组书记 陈卫兵(兼,3月免)
刘东兴(兼,3月任)
党组副书记 彭 炜
副主任 徐忠袁 赵继杰
顾一武(12月任)
党组成员 徐忠袁 赵继杰
徐凤娟(女)
顾一武(12月任)
纪检组组长 徐凤娟(女)

市政府口岸办公室
（挂市港口管理局牌子）

主 任 姚林荣(兼)
党组书记 陆惠忠
常务副主任(局长) 陆惠忠
副主任 周月明 陆 斌 李立峰
张愫阳(12月任,试用)
党组成员 周月明 陆 斌
李立峰 张愫阳(12月任)
纪检组组长 陆 斌(兼)

市人民政府驻深圳办事处

主 任 郑建业
副主任 徐 宏

市人民政府驻南京办事处

主 任 赵 晖

人民团体 民主党派 工商联

市总工会

主席、党组书记 王永康
副主席、党组成员 戴正平(8月免)
李卫星 陈建明
景国荣 姜志芳

共青团张家港市委员会

书记、党组书记 何 剑
党组副书记 王苏嘉(8月任,试用)

市青年联合会

主 席 何 剑(兼)
副主席 钱洁雅(女,兼)
黄 蓉(女,兼)
曹鹰飞(兼)
王苏嘉(兼,8月任)

市妇女联合会

主席、党组书记 蔡彩虹(女)
副主席、党组成员 唐红英(女)
陈 霞(女)

市文学艺术界联合会

主 席 庞 曦
党组副书记 庞 曦
副主席 支坤兴 陈忠海 高卫平
董 红(女,1月任,试用)
党组成员 支坤兴 陈忠海
董 红(女,1月任)

市科学技术协会

主 席、党组书记 王连生
副主席、党组成员 钱建国
陈 玮(女)
周秋涛

市归国华侨联合会

主 席 黄亚平(女)
副主席 蒋卫忠 唐 宏

市残疾人联合会

理事长、党组书记 石国毅
副理事长 陈光辉 陆 洲
瞿秋霞(女)
党组成员 陈光辉 陆 洲
瞿秋霞(女)

市哲学社会科学界联合会

主 席 朱兴华(兼)
副主席 俞鞠敏 钱梁斌
钱晓东(1月任,试用)

市红十字会

专职副会长 朱 贤(12月免)
蔡 贤(12月任,试用)

中国国际贸易促进委员会张家港支会

会 长 唐 勇(兼,10月免)
薛 平(兼,10月任)

中国民主同盟张家港市委员会

主 委 丁学东
副主委 徐卫袁 陈国华 姜 嵘

中国农工民主党张家港市委员会

主 委 顾 放
副主委 施菊平 王国楷
刘品贤(女)

九三学社张家港市基层委员会

主 委 徐平观
副主委 秦国平 郭宏杰(女)

中国国民党革命委员会张家港市总支委员会

主 委 焦 实
副主委 张满兴 蔡克荣

中国民主建国会张家港市支部委员会

主 委 刘会荪
副主委 徐建龙

市无党派人士联谊会

会 长 蒋新峰
副会长 徐 江 徐锦章 蓬 元

市工商业联合会(总商会)

党组书记 卢惠兴(1月任)
主 席(会长) 徐卫袁
副主席(副会长) 卢惠兴
肖永良(5月免)
叶 锋 陈志勇
沈文明(兼)
吴耀芳(兼)
吴少清(兼)
沈学如(兼)
陈玉忠(兼)
施建刚(兼)
杨培兴(兼)
黄庭明(兼)
吴建明(兼)
副会长 李兴华(兼) 严加彬(兼)
邹承慧(兼) 张明良(兼)
陈 松(兼) 金双龙(兼)
钱惠清(兼) 徐卫明(兼)
唐利刚(兼) 黄刻松(兼)
黄和芳(兼) 缪向阳(兼)
党组成员 肖永良(5月免) 叶 锋
陈志勇 许海萍(女)
王舒凤(女,兼)

事业单位

中共张家港市委党校
（挂张家港市行政学校牌子）

校 长 徐美健(兼)
常务副校长 唐晓东

副校长　金善开　周国新
曹丽华(女,8月任,试用)

市行政学校

(在中共张家港市委党校挂牌)
校　长　徐美健(兼)
副校长　高　鹏(兼,4月免)　唐晓东
黄亚红(女,兼,4月任)
金善开　周国新
曹丽华(女,兼,9月任)

市委党史地方志办公室

主　任　周新华(1月免)
陈　稳(10月任)
副主任　俞慧军(7月免)　汪丽菁(女)
卢德兴(7月任,试用)

市档案局(馆)

局(馆)长、党组书记　陈志芳(1月免)
黄惠珍(1月任)
副局(馆)长、党组成员　黄惠珍(女,1月免)
施亦涛
孙　静(女)

市委接待办公室

主　任　尹　洁(女,3月任)
副主任　格桑曲宗(女,藏族,1月免)
陆晓平(12月免)
尹　洁(3月免)
顾雪峰(3月任,试用)
邵　浒(12月任,试用)

张家港日报社

总编、党组书记　龙凤清
副总编　周礼清　郭晓红(女)
魏　欣　张立新
钱　萍(女)　陈　红(女)
党组成员　周礼清　郭晓红(女)
魏　欣　钱　萍(女)
陈　红(女)
纪检组组长　张立新

市文化中心管委会办公室

主　任　解志荣(兼)
副主任　钱晓东(1月免)　归　俊
蓬　元

市级机关事务管理中心

主任、党委书记　朱丙华
党委副书记　张新建
副主任　毛　冀　王小平(10月免)
陈　平　徐一中
党委委员　毛　冀　王小平(10月免)
陈　平　徐一中
纪委书记　张新建(兼)

市土地储备中心

主　任　王卫民
党组副书记　王卫民
副主任　秦洪祥　王云良
党组成员　秦洪祥　王云良
黄利忠(7月任,试用)
纪检组组长　黄利忠(7月任,试用)

市新市民事务中心

(1月,由市流动人口服务中心更名)
主　任　王树秋(兼)
副主任　郁　池(兼)　查敏智(兼)
惠　红(女)　徐伟民
徐　伟(女)
张松祥(4月任,试用)

市便民服务中心

主　任　陈春明
副主任　董和平(女)

市城市建设基金管理办公室

主　任　朱瑞栋(兼)
副主任　张满兴
李仲平(9月任)
宋华东(7月任)
孙国兵　陈建忠

市国有资产管理办公室

主　任　瞿永昌(兼)
副主任　李　刚

市供销合作总社

主任、党委书记　唐雷刚
副主任、党委委员　姚金泉(1月免)
钱　剑　戴德荣
陈　浩　郑建龙
张　建(5月任,试用)
纪委书记　陈　浩

沙洲职业工学院

党委书记　顾月华(女,5月免)
王亚方(10月任)
院　长　王亚方
党委副书记　王亚方　邵建华
副院长　伍建国　陈　跃(10月任)
党委委员　伍建国
陆颂义(3月免)
陈　跃(10月任)
纪委书记　陆颂义(3月免)
陈　跃(10月任)

苏州广播电视大学张家港分校

(江苏广播电视大学张家港学院)
党委书记　季进胜(5月免)
章　骏(5月任)
校　长　季进胜
党委副书记　季进胜(5月任)
朱瑞春(5月任,试用)
副校长　章　骏(5月任)　沈利民
陆　昱　孙宝祥(9月免)
党委委员　沈利民　陆　昱
孙宝祥(8月免)
纪委书记　朱瑞春(5月任,试用)

江苏省梁丰高级中学

党委书记　夏　彤(8月免)
王柳军(8月任)
校　长　夏　彤(9月免)
王柳军(9月任)

企　业

市城市投资发展有限公司

(至8月)
总经理、董事长　朱瑞栋(兼)
副总经理　张满兴
李仲平(兼,4月任)
宋华东(7月任)
陆惠民(1月免)
孙国兵　陈建忠
监事会主席　瞿永昌(兼,8月任)

市城市投资发展(集团)有限公司

(8月由市城市投资发展有限公司组建)
总经理、董事长　朱瑞栋(9月任)
副总经理　张满兴(9月任)
李仲平(9月任)
宋华东(9月任)
陆惠民(1月免)
孙国兵(9月任)
陈建忠(9月任)
党委书记　朱瑞栋
党委副书记、纪委书记　陈维清
监事会主席　瞿永昌(兼,9月任)

市金茂投资发展有限公司

董事长　徐根法(兼,3月免)
钱锦东(兼,3月任)

副董事长　陈建兴
总经理、党委书记　陈建兴
副总经理　王利刚　姚　辉　王建平
党委委员　姚　辉　徐德华　王建平
纪委书记　徐德华
财务总监　徐德华
监事会主席　李　刚(兼)

市金港投资担保有限公司

董事长　陈建兴(兼)
总经理　姚　辉(兼)
监事会主席　周　兵(兼)

市金城投资发展有限公司

董事长、党委书记　蔡建林
总经理　蔡建林
副总经理　景建祥
　　宋一兵(1月任,试用)
党委委员　杨建华　景建祥　宋一兵
　　张永华
纪委书记　杨建华
监事会主席　瞿永昌(兼)

市暨阳湖开发发展有限公司

副总经理　陈松林　张满兴(兼)

江苏沙钢集团有限公司

党委书记　沈　彬
党委副书记　龚　盛　陈晓东
　　杨石林
党委常委　沈文荣　季永新　刘　俭
　　何春生　雷学民
纪委书记　季永新

江苏国泰国际集团有限公司

董事长、党委书记　张子燕
总　裁　陈晓东
党委副书记　陈晓东　谭秋斌(女)
副总裁　杨　革(回族)　邹　云
　　沈卫彬　才东升　常仁丰
　　唐朱发　张　斌
纪委书记　谭秋斌(女,兼)
总经济师　韩　伟
工会主席　韩　伟
监事会主席　唐　勇(兼,10月免)
　　薛　平(兼,10月任)

江苏华昌(集团)有限公司

党委书记　路　江
董事长　胡　波
副董事长　张光耀
总经理　张光耀
党委副书记　胡　波　张光耀
副总经理　曹凌云　谭　旋
财务总监　胡建良(兼)

张家港沙洲电力有限公司

党委书记　眭　斌
总经理　李孟春(9月免)
　　巩家富(9月任)
党委副书记　李孟春(12月免)
　　巩家富
　　顾成琪(12月免)
　　张铨平(12月任)
副总经理　翟向阳(9月免)
　　鲁玉强(9月任)
　　李东辉　赵　祥
　　朱世春(9月任)
纪委书记　李孟春(兼,12月免)
　　顾成琪(兼,12月任)

条线管理部门　涉外单位

市国家税务局

局　长　徐福友
副局长　陈卫东　肖维贤　俞　羚
　　唐建国(7月免)
纪检组组长　俞　羚(7月免)
　　徐　喆(女,7月任)

苏州市张家港地方税务局

局长、党组书记　周　健
副局长　陶　枫　潘　德
　　周　玲(女)
党组成员　陶　枫　潘　德
　　陆宇坤
　　周　玲(女,12月任)
纪检组组长　陆宇坤

苏州市张家港工商行政管理局

局长、党组书记　谷晓晖
党组副书记　刘辉明
副局长　刘辉明　施广建　孙跃忠
　　徐　平
党组成员　刘辉明　施广建　孙跃忠
　　徐　平
纪检组组长　刘辉明

苏州市张家港质量技术监督局

局　长　蒋荣海(12月免)
副局长　孔玉林　周　枫
　　陈荷凤(女)　谭　伟
纪检组组长　孔玉林

市邮政局

局长、党委书记　刘　涛(2月免)
　　李　岑(2月任)
副局长、纪委书记　王　俊

中国电信股份有限公司张家港分公司

总经理、党委书记　王少波
副总经理、纪委书记　常健栋
副总经理　陆　杰(4月任)　邓汉清

中国移动通信集团江苏有限公司张家港分公司

副总经理　徐若海(主持工作)
　　朱洪斌

中国联合网络通信有限公司张家港市分公司

总经理　贺正红
副总经理　练红芬　李　华

市气象局

局　长　顾　频(2月免)
副局长　施德锋(2月任,主持工作)
　　孟祥飞

市盐务管理局

局　长　章炳保
副局长　侯　军

市烟草专卖局

局　长　石冬萍(女)
副局长　陶惠忠　荆　辉

苏州市住房公积金管理中心张家港分中心

主　任　陈文裔(女)
副主任　张新华　顾　斌

中国人民银行张家港市支行

行长、党组书记　丁建章(6月免)
　　潘　琦(6月任)
副行长　童　琳(女)　周利兴
党组成员　童　琳(女)　周利兴
纪检组组长　周利兴

中国工商银行股份有限公司张家港支行

行　长　周夏平
副行长　陈　瑛(女)　徐　军
　　陆群一
纪委书记　许　雷

中国农业银行张家港分行

行　长　费　兴
副行长　黄　英(女,2月免)
　　林建强(1月免)
　　陈向东(1月任)　陆　锋

李　颖(女)　张宏岗
高　青(挂职,8月免)

中国农业发展银行张家港市支行

行　长　陆　林
副行长　孙晓东

江苏张家港农村商业银行股份有限公司

董事长、党委书记　王自忠
行　长　季　颖
党委副书记　季　颖　方建华
张哲清
副行长　张哲清　朱建新　高进生
纪委书记　方建华(兼)
董事会秘书　陈步杨

中国建设银行股份有限公司张家港分行

行　长　金　良(4月免)
万海敏(12月任)

中国建设银行股份有限公司张家港港城支行

行　长　张晓健(2月免)
张轶民(2月任)

中国银行股份有限公司张家港分行

行　长　马冬青
副行长　卢伟明　倪卫红(女)
吴贤芳(女)
尚秀胜(6月任)
纪委书记　夏建中

交通银行股份有限公司张家港分行

行　长　何　敏
副行长　陈小茹(女)
秦晓红(女,2月免)　李　仁
杜艳营(2月免)
陆东峰(4月任)

中国邮政储蓄银行江苏省张家港市支行

行　长　黄金伟
副行长　刘　学　吴沛东(10月免)
汪恃风(10月任)

江苏银行股份有限公司张家港支行

行　长　钱杏林
副行长　何　伟

中信银行股份有限公司张家港支行

行　长　沈　浩

中信银行股份有限公司张家港金港支行

行　长　余　强

中国民生银行股份有限公司张家港支行

行　长　谢　江
副行长　张　红(女,9月免)

上海浦东发展银行股份有限公司张家港支行

行　长　戴　超
副行长　吴　忠　张晓红(女)

招商银行股份有限公司张家港支行

行　长　郑　艳(女,2月免)
潘　杰(2月任)

中国光大银行股份有限公司张家港支行

行　长　倪江峰
副行长　张建岚(女)

江苏张家港华信村镇银行股份有限公司

行　长　夏先智
副行长　张　均　陈　静(女)

华夏银行股份有限公司张家港支行

行　长　黄少杰
副行长　周　红(女)

苏州银行股份有限公司张家港支行

行　长　黄　波
副行长　周雄伟

兴业银行股份有限公司张家港支行

行　长　黄　雄

市供电公司

总经理、党委副书记　张志昌(5月免)
陆立民(5月任)
党委书记、副总经理　严政东
副总经理　孙晓辉　顾马荣　钱祖建
马灿明
纪委书记　殷人康

中国人民财产保险股份有限公司张家港中心支公司(3月更名)

总经理　季　力
副总经理　钱　伟　俞晓英(女)

中国人寿保险股份有限公司张家港支公司

总经理　张龙卫(5月任)
副总经理　张龙卫(主持工作至5月)
徐国强　陈　莹(女)

中国太平洋财产保险股份有限公司张家港支公司

党组书记　龚　雁
总经理　龚　雁(2月免)
许兴达(2月任)
副总经理　许兴达(2月免)
赵文敏(女)　张建华(女)

中国太平洋人寿保险股份有限公司张家港支公司

总经理　何　芬(女)

中国石油化工股份有限公司江苏苏州张家港石油分公司

经　理　朱　林

张家港海关

关　长　王志林
副关长　苏成森(10月免)
夏汉民(10月任)　糜国清
钱春森

张家港保税港区海关

关　长　华毅洪
副关长　顾泳洪　郭学文

长江航运公安局苏州分局

局长、党委书记　蒋　健
政委、纪委书记　李永华

张家港出入境检验检疫局

局　长　韦　锋
副局长　王胜富(12月免)　樊惠良
倪慎新　杜国兴
殷厚德(8月任)
纪检组组长　王旭东

张家港海事局

局　长　沈贵平
党委书记　韦庆才
副局长　黄　梅(女)　陈俊杰
纪委书记　黄　梅(女,兼)

张家港引航站

站　长　金继南
党支部书记　江原生(2月免)
费鹤良(2月任)
副站长　朱建忠

张家港边防检查站

站　长　孙　勤
政　委　傅　明(5月免)
吴　千(5月任)
副站长　高　明
叶林军(5月任)
副政委　叶林军(5月免)
郑大勇(5月任)

【编辑　张　洁】

人物·先进集体

新任市领导

高建刚

1957年4月出生，江苏张家港人，大专学历，高级农艺师，中共党员。张家港市人大常委会主任、党组书记。

1975年12月至1977年2月，在沙洲县乘航镇群丰村针织厂工作。1977年2月至1979年1月，在苏州地区“五七”农业大学农学专业学习。1979年1月至1981年4月，任沙洲县乘航农科站技术员。1981年4月至1984年2月，任沙洲县农业局粮作站技术员、粮油股副股长。1984年2月至1987年8月，任沙洲县(张家港市)农业局副局长。1987年8月至1995年5月，任张家港市农业局副局长、党总支副书记。其中1988年5月至1995年5月，兼任农技推广中心主任。1995年5月至2001年6月，任市农业局局长、党总支书记。2001年6月至2007年3月，任市委常委、市委农工办主任。2007年3月至2011年1月，任市委常委。2011年1月至2011年6月，任市委常委、市人大常委会副主任、党组副书记。2011年6月至2012年3月，任市人大常委会副主任、党组副书记。2012年3月起，任市人大常委会主任、党组书记。

（人大办）

新闻人物

薛松生

1964年10月出生，美籍华人，博士，江苏多维科技有限公司董事长兼首席执行官。第七批国家“千人计划”人才，2012年中国侨界贡献奖——创新人才奖获得者。

1991年毕业于中国科学院上海光机所材料科学专业，获博士学位。先后在加拿大拉瓦尔大学、美国卡内基·梅隆大学学习和研究。曾任霍尼韦尔公司特殊材料部亚太区技术总监、希捷公司磁头部门执行总监、奥普林通讯公司生产总监，拥有丰富的半导体磁存储行业的技术研发、生产制造和高层管理经验。拥有已授权美国专利38项、已公开美国专利57项、已授权中国发明专利1项、中国实用新型专利12项，在国际著名行业期刊上发表学术论文40余篇。2010年5月，组建由10位欧美留学归国博士组成的研发、管理团队，在张家港保税区成立江苏多维科技有限公司，任董事长兼首席执行官，致力于第四代磁传感器芯片的研发和产业化，并提供其应用解决方案。江苏多维科技有限公司已申请专利60余项，获授权专利21项。他曾获2011年“江苏省高层次双创人才引进计划人才”、2011年“姑苏创业精英”、2010年“姑苏创新创业领军人才”、2010年“张家港市领军人才”等称号。2012年3月入选中组部第七批国家“千人计划”，8月获得中国侨界贡献奖——创新人才奖。

（陶叶萍　殷丽洁）

凌赫斯

1949年8月出生，德国籍人士，德国明斯特大学博士，有机化学专业。张家港飞翔化工股份有限公司研发经理。第二批“外专千人计划”人才。

1970年3月毕业于德国明斯特大学，取得学士学位。1973年4月毕业于德国明斯特大学，取得硕士学位。1978年7月毕业于德国明斯特大学，取得博士学位。1978年12月至1984年4月就职德国汉莎工程鲁尔曼和舒特公司，先后任化学分析与质量检测经理、生产经理。1984年5月至1993年4月就职赢创德固赛公司，先后任技术总监、纺丝

油剂事业部总经理。1993年5月至2011年就职希纶赛勒赫公司，任研发经理、纺丝油剂事业部总经理。他是德国TEGEWA行业协会纺丝油剂专家委员会成员，德国斯图加特大学纺织化学和化学纤维研究所的常任理事，德国化学工业协会专家，国际纤维油剂测试标准委员会专家组成员。发表国际杂志论文57篇，拥有国际专利20项。多次参加在亚洲、美国、欧洲举办的关于纤维和油剂技术的国际会议和相关的研讨会。凌赫斯从事有机金属化学/均相催化剂、合成化学、特殊磷酸酯的合成，以及化学纤维技术。该技术是世界领先的油剂复配技术，引领国际市场，包括POY油剂、短纤维油剂、FDY油剂以及个人护理工业用油剂。2011年起，他在江苏飞翔化工股份有限公司任职研发经理，致力于化学纤维油剂的开发与生产，利用中国原料，依托德国技术，开发符合最新欧洲技术标准的环境友好型纺丝油剂，以取代国内许多公司生产落后的、非环境友好型的油剂，同时也取代进口的高技术含量的油剂。2012年入选中组部第二批“外专千人计划”。

（陶叶萍）

朱廷刚

1968年4月出生，中国籍，美国德克萨斯大学奥斯汀分校博士。江苏能华微电子科技发展有限公司总经理。第七批国家“千人计划”人才。

朱廷刚于1998年考入美国著名工科院校——德克萨斯大学奥斯汀分校攻读博士学位，师从美国工程院院士、被业界誉为“金属有机化合物化学气相沉积之父”的教授Russell Dupuis。读博期间，主要开展宽禁带氮化物半导体的外延生长和器件工艺研究。作为主要项目成员，先后参与多项美国国防部技术攻关项目和产业合作项目，包括“千伏级氮化镓(GaN)高功率器件的研制”“高功率III族氮化物异质结射频晶体管的研发”“III族氮化物日盲深紫外探测器的研发”等。在宽禁带III族氮化物半导体研究领域先后发表近百篇学术论文，文章被同行引用近千次，并多次受邀在相关国际学术会议上作报告。在获得博士学位后，他于2003年作为高级研究员加入美国著名化合物半导体公司Emcore公司继续从事GaN高功率器件的研发工作。在此期间，领衔研制出了国际上第一支高功率GaN肖特基二极管，得到了业内人士的普遍认可和仿效。2005年，他和几位同事通过融资合作创立Velox半导体公司，并担任技术总监，全力推进GaN肖特基二极管的产业化进程。在此期间，他及其团队在GaN功率器件的材料生长及器件的漏电流控制技术方面上取得了突破性进展，使GaN肖特基二极管的性能和可靠性得到了显著提升。欧洲半导体巨头意法半导体主动要求与其合作，先后共同推出了多款GaN功率器件产品，使Velox公司由原先不知名的初创公司成为一个成长迅速的新星企业，其业绩行为和产品规划多次被国际化合物半导体期刊所跟踪报道。由于其在GaN功率器件领域的突出工作，他受邀在国际权威宽禁带半导体会议上作特邀报告。他及其团队掌握多项GaN功率器件的专属技术秘密，并拥有多项发明专利，包括10个相关美国专利和5个全球专利。2010年回国后创办江苏能华微电子科技发展有限公司。公司位于张家港经济技术开发区国家高新技术创业服务中心内，是由留美归国团队创办的一家专业设计、研发、生产、制造和销售以GaN为代表的复合半导体高性能功率器件、晶圆、芯片和模块的高科技公司。朱廷刚先后获得江苏省“双创”人才、“姑苏创新创业领军人才”、张家港市领军型创业人才、张家港市劳模等荣誉。2012年3月，入选中组部第七批国家“千人计划”。

（陶叶萍）

周 炳

1961年12月出生，美籍华人，澳大利亚麦夸里大学博士，半导体科学与技术专业。张家港意发功率半导体有限公司总经理兼创办人。第八批国家“千人计划”人才。

1983年7月获复旦大学学士学位，1988年7月获复旦大学硕士学位，1996年获澳大利亚麦夸里大学博士学位。曾在国际著名学术杂志发表过5篇论文，在世界著名氮化物专家、教授Trevor L Tansley的指导下从事低温GaN材料生长和发光器件开发的研究。1997年进入美国薄膜器件公司任高级科学家和总工程师，领导新一代液晶显示器薄膜器件开发团队，发明了利用调整透明导电薄膜光学折射率的方法以解决液晶显示器小视角问题，成为公司最重要的机密技术，利用此项技术开发的产品年利润达500万美元。并全面负责从产品设计和工艺开发，生产和质量管理，到市场预测及客户服务。2000年受聘于世界功率半导体器件的龙头公司国际整流，任高级工艺师，从事新一代功率器件IGBT和MOSFET的核心工艺技术开发。获IR公司领导资格证书，在任职前四年完成了沟槽型MOSFET、沟槽型IGBT和COOLMOS等世界最先进功率器件的生产工艺开发，为公司每年创造数千万美元的产值。2011年回国后，和骏马集团合资创办张家港意发功率半导体有限公司。他获得了江苏省“双创计划”人才、“姑苏创新创业领军人才”以及张家港市领军型创业人才荣誉。2012年8月入选中组部第八批国家“千人计划”。

（陶叶萍）

代卫东

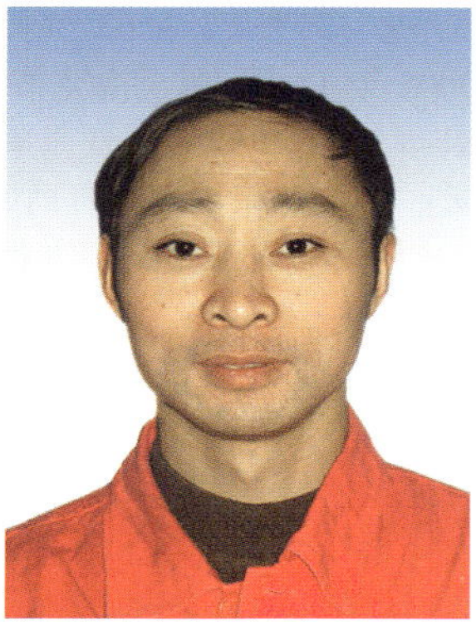

1970 年 7 月出生，江苏省涟水县人，初中学历，中共党员。张家港化工机械股份有限公司重容一车间自动焊接班班长。全国五一劳动奖章获得者。

1994 年 3 月参加工作，在张家港化工机械股份有限公司任学徒工、普通焊工。1997 年 7 月起，任张家港化工机械股份有限公司自动焊接班班长。1994 年到张家港化工机械股份有限公司务工后，从一名毫无技术的翻砂临时工成长为自动焊接理论和实践方面的核心骨干。自进公司起，他始终将本职工作当作事业，将公司当作家庭，将同事当作亲人。多年来，代卫东班组在质量管理、安全管理、现场 5S 管理、班组考核管理等方面取得了优异成绩，班组综合管理水平位居全厂前列。他恪尽职守，任劳任怨，苦心钻研，细致作业，带领班组攻克多个生产难题和技术难关，圆满完成公司交办的各项生产任务，为公司的发展作出贡献。他曾获全国优秀农民工、张家港市十佳新市民、张家港市劳动模范、张家港市道德模范等称号。2012 年 4 月，获全国五一劳动奖章。

（吴 吉）

何 剑

1978 年 2 月出生，张家港市金港镇人，本科学历，中共党员。共青团张家港市委书记。全国优秀共青团干部。

1999 年 8 月参加工作，历任张家港市杨舍镇团委书记、党委组织干事、秘书、办公室主任、共青团张家港市委副书记。2011 年 7 月起，任共青团张家港市委书记、市青联主席。何剑到团市委任职后，围绕履行团的四项基本职能，不断增强组织活力，凝聚团员青年，服务党政大局，创新实施了“小区域、大团建”工作路径、“创业青年＋大学生村官＋金融机构”青年创业小额贷款工作模式和非公团建“百团大战”系列活动等工作项目。项目连续多年荣获江苏省共青团工作创新创优成果奖。依托“社工＋志愿者”打造新市民子女快乐成长家园项目作为 17 个典型案例之一，入选团中央关爱农民工子女典型案例集，被评为江苏省十佳青年志愿服务项目。2012 年 5 月，被共青团中央评为全国优秀共青团干部。

（邵 帅）

蔡彩虹

1966 年 1 月出生，张家港市金港镇人，本科学历，中共党员。市妇联主席。2012 年全国城乡妇女岗位建功先进个人。

1983 年 9 月考入解放军电子技术学院计算机工程专业。1987 年 7 月至 1993 年 9 月，任浙江省军区司令部通讯站一连分队长、助理工程师。1993 年 10 月，转业至张家港市人民政府行政科工作，任办事员。1994 年 1 月调至市机关行政管理局工作，历任办事员、副科长、科长、局长助理。1998 年 12 月至 2001 年 2 月，任塘桥镇人民政府副镇长。2001 年 2 月至 2003 年 3 月，任西张镇党委副书记、纪委书记。2003 年 3 月至 2003 年 8 月，任合兴镇人民政府镇长。2003 年 9 月至 2006 年 3 月，任锦丰镇党委副书记兼合兴办事处主任（正镇级）。2006 年 3 月至 2007 年 10 月，任市总工会副主席、党组成员。2007 年 11 月起，担任市妇联主席、党组书记。多年来，她把对工作的无限热情和执着追求倾注到全市妇女儿童事业上，情牵妇女促发展、关爱儿童促成长、心系家庭促和谐，凭借开拓创新的思路、扎实有效的举措、求真务实的作风，形成了开放、创新、和谐、高效的妇联工作新模式。她曾荣立三等功两次。2012 年 3 月，被中华全国妇女联合会评为全国城乡妇女岗位建功先进个人。 （刘 兰）

包惠红

1968 年 8 月出生，张家港市杨舍镇人，研究生学历，民建会员，苏州金麦穗食品有限公司董事长。全国农村科技致富女能手。

1992 年大学毕业后进入美国华天集团广州水产品进出口公司工作，担任中国市场销售部经理。2002 年任马来西亚泛达食品集团公司中国区域总裁，2005 年加入上海英国麦瑞恩食品有限公司。2009 年回到张家港，利用专业优势创建农产品加工冷链物流企业——苏州金麦穗食品有限公司并担任董事长。2010 年，发展下属企业张家港金麦穗生态农业研发有限公司并担任总经理。2011 年，成立张家港金麦穗果蔬农民专业合作社并担任理事长。她投资 6000 万元创办苏州金麦穗食品有限公司，建设万吨级农产品加工冷链物流项目，主要从事农产品低温加工、储藏、配送及销售一条龙服务，年生产、配送各类优质农副产品，销售额可达亿元。公司先后获得江苏省农业产业化龙头企业、江苏省农业科技成果转化基地等荣誉。她专注于现代农业全产业链建设领域,曾获首届市十大"新农村、新女性"等荣誉。2012 年 3 月,被中华全国妇女联合会评为全国农村科技致富女能手。（刘　兰）

秦朝华

1977 年 8 月出生，张家港市塘桥镇鹿苑人，本科学历,中共党员,塘桥镇滩里村党委书记。"全国孝亲敬老之星"获得者。

1999 年 10 月参加工作,任张家港市鹿苑镇人民政府人事助理。2001 年 10 月,同时兼任共青团鹿苑镇委员会书记。2003 年 8 月,任塘桥镇人民政府人事助理。2004 年 8 月,任塘桥镇司法所所长。2008 ~ 2012 年,任塘桥镇民政办主任。2012 年 7 月起,任塘桥镇滩里村党委书记。她父母双亡,主动承担起照顾年迈的祖父祖母的责任,为老人承担每年医疗费用,添置各种生活用品。由于工作繁忙,平时委托几位姑姑轮流照看。一到周末,她就叫上姑姑们陪老人吃团圆饭。在从事司法工作期间,她调解多起老年人赡养纠纷和经济纠纷,切实维护老年人合法权益;转岗做民政、老龄工作后,她探索形成以镇级社会福利服务中心为核心,镇居家养老服务中心、老年活动中心为平台,各社区居家养老服务站、老年活动室为依托,社区老年公寓、家庭养老院为补充的多层次、立体式的乡镇养老工作新格局,有力的促进了乡镇养老体系的健康完善。她曾获"2003 ~ 2006 年度平安苏州建设先进个人"称号。2012 年 12 月,她被全国老龄委、全国妇联、全国关工委、民政部、教育部、团中央、国家广电总局授予"全国孝亲敬老之星"称号。（张求己）

沈贵平

1963 年 1 月出生，四川省平昌县人，在职研究生学历,中共党员。张家港海事局局长、党委委员。第十三届全国"金锚奖"获得者。

1981 年 7 月毕业于重庆河运学校驾驶专业,同年 8 月分配到长江航政局武汉处工作。1983 年 9 月调任至长江航政局，先后任团委副书记、值班室副主任、主任科员等职务。1988 年 3 月调任至重庆长江港监局,先后任监督科副科长、办公室主任、副监督长等职务。1995 年 5 月调至交通部安全监督局,任副处长。1996 年 9 月,调至重庆长江港监局,任副局长。2001 年 2 月调至中国海事局安全质量管理体系审核中心,任调研员。同年 3 月,调至常州海事处,任处长、党支部书记。2003 年 9 月,任江苏海事局办公室主任。2005 年 11 月,调至南京海事局,任局长、党委委员(正处级)。2010 年 5 月起,任张家港海事局局长、党委委员(正处级)。自担任张家港海事局局长以来,沈贵平带领局领导班子和全体干部职工，围绕着建设现代化海事强局的发展目标,抓班子带队伍,抓管理促规范,抓服务树形象,大力推进"学习型、责任型、服务型、创新型"海事建设。张家港海事局连续两年蝉联江苏海事局综合测评第一名，先后荣获全国交通运输行业文明单位、全国海事系统先进集体和苏州市文明单位标兵等荣誉。他个人连续三年获得江苏海事局领导干部年度考核等次优秀,2012 年 7 月，被中国海员建设工会全国委员会授予第十三届"金锚奖"。（王　洋）

胡金刚

1976 年 2 月出生,四川省金堂县人,大专学历,中共党员。张家港港务集团港盛分公司机械队技术主任。第十三届全国"金锚奖"获得者。

1996 年 8 月参加工作,历任张家港港务局港盛散货作业区流程队机械修理工,张家港港务集团港盛分公司生产操作部机械修理工,张家港港务集团港盛分公司流程队皮带机主管、斗装机主管,张家港港务集团港盛分公司机械队技术主任兼流机主管等职务。2011 年 3 月起,任张家港港务集团港盛分公司机械队技术主任。他保持勤于学习、潜心思考、敢于实践、及时总结的好习惯,快速提升技术水平。他认真做好设备维护,设备出现问题,总能在第一时间赶到现场,高效完成故障排除任务。多年来,他参与多种类型的创新攻关活动,取得了良好效果。作为设备项目负责人,将公司流程一次筛分工艺完善为能临时进行流程二次筛分工艺,为公司生产经营节约大量的成本开支。自研可移动式输送带卷绕机,为公司各类输送带的规范卷绕提供工具,此项目获得公司 2011 年度科技发明创造一等奖。他连续三年获张家港港务集团"十佳员工"称号,2012 年7 月被中国海员建设工会全国委员会授予第十三届"金锚奖"。（许咏梅）

苏　健

1973 年 9 月出生,江苏省泰兴市人,本科学历,中共党员。江苏海事局法规规范处处长助理。交通运输依法行政先进个人。

1996 年 7 月毕业于武汉理工大学,同年 7 月分配到南京长江港监局工作,先后任新生圩监督站、交管中心监督

员。1998 年 1 月调至张家港海事局，先后担任监督员、局办公室秘书、督查处副处长、执法支队副支队长、指挥中心副主任等职务。2007 年 5 月至 2008 年 4 月，借调至中国海事局法规规范处工作。2009 年 4 月到 2009 年 6 月，借调至江苏海事局法规处工作。2010 年 5 月起，至江苏海事局挂职锻炼，任法规规范处处长助理。他作为江苏海事局法规规范建设的拔尖人才，在推进交通法制建设中作出突出贡献，先后参与《中华人民共和国海事行政许可条件规定》《中华人民共和国防止船舶污染内河水域环境管理规定》等 10 余部规章和规范性文件的制定工作，还配合交通运输部海事局开展航道法跟踪研究、海上交通安全法修订调研等工作。他 1998 年因查获海盗船"天裕"轮荣立个人三等功。2011 年，被授予全国海事系统法制先进工作者称号。2012 年 9 月，获交通运输部授予的交通运输依法行政先进个人称号。

（王　洋）

钱晓萍

1974 年 10 月出生，张家港市锦丰镇合兴人，大专学历，中共党员，江苏港通路桥集团有限公司中心实验室副主任。全国交通技术能手。

1994 年 8 月参加工作以来，先后任张家港市公路管理处技术员，江苏港通路桥集团有限公司中心实验室技术员、副主任。她通过刻苦钻研和反复实验，配制成功了先进的 Superpave 沥青混合料，并得到了普遍应用。先后在苏州市、江苏省交通工程质量检测技能竞赛中，取得优异成绩。她先后被评为苏州市有突出贡献的技师、江苏省交通行业技术能手和苏州市劳模。2010 年，她通过反复对比试验，充分论证，为排水性沥青路面的研究与应用提供了基础保障和技术支持，为张家港市的交通建设作出了重要贡献。她带领检测中心的同事，多次参加工程试验检测机构比对试验竞赛，均取得了优良的成绩。她于 2009 年 9 月被中华全国妇女联合会评为"全国三八红旗手"，2012 年再次荣获"全国交通技术能手"称号。

（吴孙华）

石　波

1981 年 10 月出生，江苏省徐州市人，研究生学历。张家港海事局监管处副主任科员。直属海事系统危险货物管理岗位能手。

2004 年 6 月毕业于大连海事大学，7 月任职于张家港海事局，先后从事港口国监督检查、危险品和防污染管理等工作。2011 年 2 月至 2012 年 8 月，被单位选送至世界海事大学攻读海上安全与环境管理硕士学位。2012 年 11 月任张家港海事局监管处副主任科员。结合实际工作，他撰写多篇海事相关论文，参与撰写的论文《国际散装化学品船舶强制预洗的履约现状及对策》被国际海事研究委员会危防分委会评为优秀论文。2012 年 10 月，参加直属海事系统危险货物管理岗位技能竞赛，获个人优胜奖（第八名）。多年来，他负责实施港口国监督检查的 200 余艘国际航行船舶无一艘在国外被滞留。他先后被评为张家港市优秀青年人才、张家港市知识型职工、江苏海事局先进工作者、张家港海事局先进工作者。2012 年 10 月，被交通运输部海事局评为直属海事系统危险货物管理岗位能手。　（王　洋）

吴栋材

1935 年 8 月出生。张家港市南丰镇人。高中学历，中共党员，高级政工师。南丰镇永联村党委书记，江苏永钢集团有限公司董事长。"全国创先争优优秀共产党员"。

1952 年 12 月参加中国人民志愿军，在朝鲜战场上负伤，后被民政部定为三等甲级残废军人。1958 年任南丰"万斤大学"校长。1960 年 5 月加入中国共产党。1969~1975 年先后担任南丰公社十四大队第二、第五生产队队长，副业队队长。1978 年 7 月任南丰公社二十三大队（永联村）大队长、党支部副书记。1980 年 5 月起任党支部（党总支、党委）书记。三十多年来，他把"发展集体经济，致富一方百姓"作为自己的毕生追求，带领全体村民发扬"敢破敢立、自强不息、团结奉献、实干争先"的永联精神，将一个人均年收入仅 68 元、集体负债 6 万元的沙滩穷村，发展成 2012 年销售收入 320 亿元，利税总额 23 亿元、人均纯收入 28766 元的村。近年来，吴栋材带领村民创造出一个"共同富裕、城乡一体、文明和谐的农村现代化新样板"。全村 98%的村民集中居住，享受与城镇居民一样的现代生活；98%的村民除了农保转城保外，还能享受到 6000 元以上的福利待遇；98%劳动力离土不离乡，实现就地就业。2005 年起，永联村连续三届被评为"全国文明村"，2012 年被评为"国家级生态村""全国民主法治示范村""中国最有魅力休闲乡村"和首届"江苏最美乡村”等荣誉。村党委相继被评为“全国先进基层党组织”“全国农村三个代表重要思想学教活动先进集体”。因成绩突出，他多次荣获国家级、省级、苏州市级荣誉。2012年，被中组部评为“全国创先争优优秀共产党员”，受到党和国家领导人亲切接见。 （沈锦发）

吴　虹

1978年6月出生，张家港市金港镇人，本科学历，中共党员，保税区（金港镇）党政办文体服务中心工作人员，全国“文化共享之星”获得者。

1996年7月毕业于江苏省文化学校群众文化艺术专业。1996～1998年，在后塍文化站工作。1998～2004年，在后塍文化广播电视站工作。其间，2003年7月，获得南京师范大学群众文化艺术事业管理专业大专学历。2004年起，在金港镇文体服务中心工作。2006年12月聘任图书文博助理馆员职称。2009年12月获得党校法律本科学历。2010年晋升为中级职称。

她先后从事图书馆读者服务，乡镇分馆、村（社区）图书室建设，对各村（社区）基层图书管理员指导培训，全镇“文化信息资源共享工程”建设，馆外服务点建立等工作。她积极组织参与“文化信息资源共享工程”示范市的建设，在圆满完成金港镇创建任务的同时，负责抓好各村（社区）的培训辅导工作，使基层点业务建设达到标准化、规范化和统一化，使金港镇“文化信息资源共享工程”在全省率先实现村村通、全覆盖，成为全市公共图书馆的服务典范。她还撰写学术论文9篇，其中《社区图书馆现状应对》发表在省级以上期刊上。

她曾获得市文物工作先进个人、市非物质文化遗产普查工作先进个人等荣誉。2012年12月被文化部授予全国“文化共享之星”称号。 （邱亚峰）

赵庆华

1979年2月出生，张家港市杨舍镇人，大专学历，中共党员。张家港市公安局城北派出所副教导员。2012年度优秀执法培训教官。

2001年8月进入张家港市公安局城中派出所工作，2006年12月任城中派出所所长助理，2010年2月任张家港市公安局城北派出所副教导员。赵庆华自2003年任法制员起，充分发挥谋划、服务、指导作用，严把“案前源头关、案中审核关、案后检验关”，实行“日毕、周清、月办结”法制工作法，创新“人性化、层次化、互动化”法制培训方式，以操作流程的形式规范疑难警情处置，成为法制员队伍中的佼佼者。先后获评“全省公安机关执法标兵”“全省十佳法制员”，苏州市公安局“二十佳法制员”“十佳女警”，张家港市“十大杰出青年”“优秀青年卫士”，张家港市公安局“优秀共产党员”“优秀法制员”“十佳青年民警”等。在公安部执法服务队驻城北派出所工作期间，赵庆华的法制工作法得到了公安部领导的认可。她于2011年入选公安部“执法规范化讲师团”，前往全国各地公安机关传授执法经验。2012年年末，赵庆华被公安部评为“2012年度优秀执法培训教官”。 （董月胜）

陈　祥

1968年12月出生，张家港市乐余镇人，本科学历，中共党员。张家港市人民法院办公室主任、行政科科长。全国法院先进个人。

1991年8月至1995年4月任市法院书记员，1995年4月任审判员，2003年4月任办公室主任助理，2004年9月任办公室副主任，2008年7月任市法院办公室主任，2008年12月任市法院审判委员会委员，2011年1月起任市法院审判委员会委员、办公室主任、行政科科长。他立足本职工作，深入开展司法领域的理论与实践，紧紧抓住领导关注的难点问题和群众反映的热点问题，深入开展调查研究。他先后撰写20余篇理论文章、调查报告、情况反映，被《江苏法制报》等录用。其中，全球金融危机爆发后，率先组织撰写《企业倒闭引发群体性案件的成因与对策》，得到市委、市政府的高度重视，并被多家媒体转发。《加强欠薪预警及处置联动机制严防讨薪事件集中多发影响社会稳定的司法建议》得到省委、省政府领导的批示肯定。总结的司法指导服务工作机制的阶段性报告，能动发挥司法职能积极参与城乡一体社会管理创新的典型经验得到省高级人民法院的全文转发。他被评为全省法院信息工作先进个人、宣传工作先进个人，荣立个人三等功。2012年2月被最高人民法院评为全国法院先进个人。 （何　薇）

徐建军

1969年9月出生，张家港市杨舍镇人，本科学历，中共党员。杨舍镇泗港办事处党工委副书记、副主任。全国调解能手。

1986年7月参加工作。1986年7月至1990年11月任泗港镇副业公司渔技员，1990年11月至2000年7月

任泗港镇综治司法办主任，2000年7月至2008年8月任泗港办事处综治司法办负责人，2008年8月至2012年6月任杨舍镇司法所所长，2012年7月起任杨舍镇泗港办事处党工委副书记、副主任。他政治素质好，勤于学习，勇于创新，工作中业绩突出。先后调解各类民间纠纷1500余起，无一激化或转化为刑事案件。尤其是开展争当“人民调解能手”活动后，共调解各类纠纷90件，涉及标的1000余万元，调解成功率达100%，防止矛盾激化15件，避免群体性上访事件12起。他先后获得省级防激化先进个人、省级优秀人民调解员、苏州市百佳人民调解员、“平安张家港建设先进个人”，并记三等功一次。2012年10月，被司法部评为“全国调解能手”。

（桂　林）

卫　臻

1963年2月出生，吉林省白山市人，博士研究生，中共党员，教授级高级工程师。张家港市水资源管理处处长。全国水利系统水资源工作先进个人。

1986年7月参加工作，1987年10月到沙洲职业工学院任教，1996年11月到市水利局工作，2000年9月任市水政监察大队副大队长，2001年2月任市水资源管理处处长，2001年7月兼任市水资源监测站站长。

作为市水资源管理处的主要负责人，他带领全处职工，践行新时期治水、管水新思路，全市水资源管理工作始终走在全省乃至全国前列。他主持编制了张家港市的节水型社会建设试点工作方案，成功探索了经济发达、水环境压力较大的平原河网地区循环型节水减排的有效模式。2010年，张家港市被授予首批全国节水型社会建设示范市。他积极探索水资源精细化、规范化管理新机制，构建了实验室固定监测、移动监测、自动监测三位一体的立体化监测体系。2011年，张家港市在江苏省率先通过水资源规范化管理示范市建设的验收。2012年，他主持编制了水利部落实最严格水资源管理制度张家港试点方案，着手探索“三条红线”（用水总量、用水效率、入河污染总量）管理措施。他先后荣获2008年度全国水利科技先进个人、2009年度江苏省首届十佳水利科技优秀人才等称号。2012年4月，被水利部办公厅评为全国水利系统水资源工作先进个人。

（朱琴芳）

顾建清

1957年10月出生，张家港市杨舍镇人，高中学历，张家港市华建物业管理有限公司总经理。全国住建系统劳动模范。

1976年6月参加工作，1976年6月至1978年12月在沙洲县西连大队村部工作，1979年1月至1986年在张家港市华芳集团先后担任前纺车间主任、厂部团总支副书记，1986年至1994年任市塘桥漂染厂副厂长，1994年至1995年任市塘桥农工商总公司开发科职员，1996年至2007年任市华建房地产开发有限公司综合科科长，2007年至2009年5月任市华建物业管理有限公司副总经理（主持工作），2009年6月任市华建物业管理有限公司总经理。在进入华建物业公司工作后，他始终坚持“住户的利益就是公司的利益”“住户的满意度就是衡量公司的服务水平”的理念，实实在在为民解难题、排民忧、扎实工作。他本人先后获得省房地产系统物业服务标兵、市级房地产系统先进个人等荣誉称号。在他的带领下，公司先后获得先进集体、价格诚信单位称号。3个新接管物业项目中，两个获得苏州市优秀住宅项目称号。作为物业服务工作的带头人，他为张家港地区物业行业的发展、社区的和谐做出了突出贡献。2012年12月被人社部、住建部授予“全国住建系统劳动模范”称号。

（周幸金）

陆浩杰

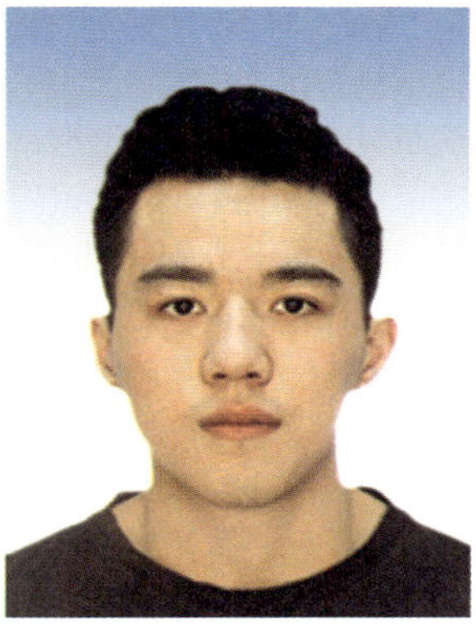

1990年8月出生，张家港市锦丰镇联兴村人，中国举重运动员。2012年伦敦奥运会举重亚军。

2000年，进入南沙举重学校。在校3年间，陆浩杰表现出极好的举重天赋，每年都获苏州市举重冠军。2003年，进入苏州市举重队。2007年，进入江苏省举重队。2010年，入选国家集训队。2011年，他第一次参加正式比赛，获全国男子举重锦标赛77公斤级比赛167公斤级抓举冠军。2012年4月，在全国男子举重锦标赛暨伦敦奥运选拔赛中，他以总成绩375公斤强势夺冠，抓举成绩175公斤超世界纪录。8月1日，在伦敦奥运会上，陆浩杰在抓举第二把冲击175公斤时肘关节受伤，但依然坚持完成比赛，最终以360公斤的总成绩获得亚军。

（徐　平）

钱伟东

1964年3月出生，张家港市塘桥镇人，大专学历，中共党员，张家港市作物栽培技术指导站站长、高级农艺师。全省粮食生产先进工作者。

1985年7月参加工作，1986年2月至市植保植检站工作，1997年2月任市植保植检站副站长，1999年12月兼市农业行政执法大队副大队长，2002年6月任市园艺技术指导站站长兼市蔬菜园艺有限公司经理，2005年8月任市作物栽培技术指导站站长兼市蔬菜园艺有限公司经理。参加工作后，他一直致力于先进农业科技的推广，为张家港市现代农业的快速发展、农村经济的繁荣富强和农业科技的更新进步无私奉献。他组织有关单位与苏州市联合申报了“水稻机插配套高产技术的推广”项目，该项目获2008~2010年度省农委颁发的省农业丰收杯二等奖。此外，他还先后组织实施机插秧专用壮秧剂、稻鸭共作、叶面肥、“三安”超有机稻米生产技术等多项试验示范推广工作，均取得显著成效。他还主持和参加制定省级农业地方标准3项、苏州市级农业地方标准2项。他先后荣获张家港市劳动模范、张家港市优秀共产党员、苏州市农业先进工作者、全省粮棉油高产增效创建工作先进个人等荣誉称号。2012年3月，被江苏省人民政府评为全省粮食生产先进工作者。（毛　慧）

季静娟

1969年10月出生，张家港市杨舍镇乘航人。国家一级演员，民盟盟员。张家港市曲艺家协会主席、市文化馆副馆长、市艺术中心副主任、市艺术剧院副院长。第七届中国曲艺牡丹奖表演奖获得者。

1989年毕业于苏州评弹学校，后在张家港评弹团工作。师承“丽调”传人、著名评弹表演艺术家张碧华。为全面掌握精华，不断增进自己的技艺水准，季静娟虚心请教、不懈追求，于2008年敬拜国家一级演员、国家非物质文化遗产代表性传承人“晏芝调”创始人邢晏芝为师。在名师指点下，季静娟刻苦钻研评弹艺术，技艺突飞猛进，擅唱丽调、香香调、张调，嗓音醇厚充满磁性，行腔吐字刚劲清脆，声情并茂富有穿透力，塑造的人物个性鲜明、栩栩如生，在界内享有较高声誉。季静娟常年坚持一线演出，跑遍江浙沪各地。曾代表张家港多次参加大型高规格的演出活动，身影遍及香港的上环文艺中心剧院、北京钓鱼台国宾馆、民族文化宫、上海大剧院。代表性长篇弹词为《赵匡胤》《法华庵》《武则天》《三更天》《文武香球》《玉连环》《真假国舅》《孝廉恨》等。20多年来季静娟在历届的评弹比赛中频频获奖。她曾获第一、二届中国苏州评弹艺术节表演奖，获第三届中国苏州评弹艺术节节目金奖、创作金奖、表演银奖，获第四届中国苏州评弹艺术节“优秀节目奖”，获第五届中国苏州评弹艺术节“优秀书目奖”“优秀表演奖”，连续荣获第二、三、四届“江苏曲艺芦花·表演奖”，获江浙沪中青年传统书目电视展演大奖赛“优秀表演奖”。2012年，季静娟以现代短篇弹词《良心》荣获第七届中国曲艺牡丹奖表演奖，成为张家港市历史上第一个牡丹奖获得者，张家港市也成为此次比赛中唯一获奖的县级市。（钱　凯）

逝世人物

刘大震（1923—2012）

1923年1月出生。湖北省荆门市人。1941年7月参加革命工作，1942年2月加入中国共产党。参加革命工作后，曾在鄂豫皖边区襄西青年服务团、洪山中学、七七日报社、实验小学、行政公署等单位工作；1946年6月，任中原突围部队郧山支队宣传干事；1947年5月起先后任豫皖苏边区二地委报社编辑、六地委蒙城县县长；1949年3月起先后任南京华东人民革命大学大队副主任、南京市均会房管处副主任、南京七区委宣传部副部长、南京市委宣传部学习室主任、南京市委党校副教育长；1951年11月至1953年6月在中央宣传干部训练部学习；1956年3月任江苏省委第二党校教务处处长、党史研究室主任；1957年12月起任江阴县委宣传部部长，江苏省南菁中学副校长，江阴师范学校校长、党支部书记；1962年10月任沙洲县沙洲中学校长、党支部书记；1966年6月下放沙洲县“五七干校”劳动；1973年10月任沙洲县第一中学校长、党支部书记；1981年10月任沙洲县政协副主席；1983年4月离休，享受司、局级政治生活待遇。2012年3月28日去世，享年89周岁。（周小军）

霍荣鑫（1934—2012）

1934年3月出生。江苏省常熟市人。1952年2月参加工作，1954年10月加入中国共产党。参加工作后，曾在常熟师范学校短期培训班学习；1952年9月起先后任常熟县

梅李区社教干部、文化站站长，常熟县文化馆干部；1958年3月下放常熟县梅李公社劳动；1959年3月任沙洲县塘桥公社党委副书记、革委会副主任；1975年9月起先后任沙洲县西张公社党委副书记，塘桥公社党委副书记、管委会主任，塘桥乡党委副书记、经联会主任；1985年7月任沙洲县塘桥镇党委书记；1990年2月任张家港市政协副主席、塘桥镇党委书记；1990年12月任市政协副主席；1993年4月任市政协督导员（副县级）；1994年9月退休。2012年8月11日去世，享年78周岁。

（周小军）

卢星堂（1938—2012）

1938年11月出生。凤凰西徐市人。江苏省国画院专职画家，国家一级美术师，当代著名山水画家。自幼家学渊源。1959年进入江苏省国画院深造，受业于山水画一代大师傅抱石、钱松岩、亚明、宋文治、魏紫熙。以擅作林木、冬雪和巨幅山水画而著称。从艺40余年，先后13次在国内外举办个人画展，并数十次参加海外联展。作品苍秀、空灵，情景交融，富有时代感和诗意。大量作品被法国、日本、美国、新加坡、澳大利亚等国家和中国香港、澳门、台湾地区的博物馆、美术馆收藏。他创作的丈二匹《华岳参天图》布列在天安门城楼，丈二匹《锦绣江南》布列在中南海怀仁堂，八尺幅《松山飞爆图》布列在中央军委八一大厦，《一望大江开》布列在南京市政府外事贵宾厅。他的作品还入选《中国当代书画选》《江苏国画选》《当代中国山水画集》等13种大型画集，出版有《卢星堂山水集》。他曾是江苏省文史馆馆员。"新金陵画派的杰出传人"。2012年11月22日去世，享年74周岁。

（史志办）

先　进　个　人

国家级和国家条线表彰的先进个人

姓　名	荣誉称号	授予单位	工作单位
吴栋材	全国创先争优优秀共产党员	中组部	南丰镇永联村、江苏永钢集团
朱秀珍	中国好人（助人为乐）	中央文明办	锦丰镇悦来社区
陈春明	中国好人（敬业奉献）	中央文明办	市纪委
邵丽娅	中国好人（助人为乐）	中央文明办	张家港地方税务局
朱付妹	中国好人（孝老爱亲）	中央文明办	杨舍镇泗港街道
王金才	中国好人（诚实守信）	中央文明办	杨舍镇田垛里村
蒋　锋	中国好人（敬业奉献）	中央文明办	市第一人民医院
邵瑞平	中国好人（诚实守信）	中央文明办	杨舍镇乘航街道
薛松生	中国侨界贡献奖——创新人才奖	中国侨联	江苏多维科技有限公司
顾建清	全国住建系统劳动模范	人社部、住建部	市华建物业管理有限公司
赵庆华	2012年度优秀执法培训教官	公安部	市公安局城北派出所
徐志斌	全国"清剿火患"战役公安消防部队成绩突出个人	公安部	市公安消防大队
朱　训	全国"清剿火患"战役公安消防部队成绩突出个人	公安部	市公安消防大队
高　明	党的十八大消防安全保卫战公安消防部队成绩突出个人	公安部	市公安消防大队
徐建军	全国调解能手	司法部	杨舍镇泗港办事处
陈　祥	全国法院先进个人	最高人民法院	市法院
吴　健	全国种粮大户	农业部	塘桥镇金村村
代卫东	全国五一劳动奖章	中华全国总工会	张家港化工机械股份有限公司

姓　名	荣誉称号	授予单位	工作单位
秦朝华	全国孝亲敬老之星	全国老龄委、全国妇联、全国关工委、民政部、教育部、团中央、国家广电总局	塘桥镇滩里村
何　剑	全国优秀共青团干部	共青团中央	团市委
蔡彩虹	全国城乡妇女岗位建功先进个人	中华全国妇女联合会	市妇女联合会
包惠红	全国农村科技致富女能手	中华全国妇女联合会	苏州金麦穗食品有限公司
钱晓萍	全国交通技术能手	交通运输部	江苏港通路桥集团
苏　健	交通运输依法行政先进个人	交通运输部	张家港海事局
石　波	直属海事系统危险货物管理岗位能手	交通运输部海事局	张家港海事局
孙家朋	全国海事调查工作先进个人	交通运输部海事局	张家港海事局
高中明	长江海事局青年岗位能手	交通运输部长江海事局	张家港引航站
王宗才	直属海事系统优秀青年	交通运输部海事局青年工作委员会	张家港海事局
沈贵平	第十三届金锚奖	中国海员建设工会全国委员会	张家港海事局
胡金刚	第十三届金锚奖	中国海员建设工会全国委员会	张家港港务集团有限公司
陈　莉	一套表联网直报先进个人	国家统计局	市统计局
尤　芳	一体化住户调查先进个人	国家统计局	国家统计局张家港调查队
季静娟	第七届中国曲艺牡丹奖表演奖	中国文联、中国曲协	市文化广电新闻出版局
吴　虹	全国文化共享之星	文化部	张家港保税区党政办
顾振华	2011年度查处侵权盗版案件有功个人三等奖	国家版权局	市公安局经侦大队
刘远志	2011年度查处侵权盗版案件有功个人三等奖	国家版权局	市公安局网监大队
李　明	2011年度查处侵权盗版案件有功个人三等奖	国家版权局	市文化广电新闻出版局
葛显平	2011年度查处侵权盗版案件有功个人三等奖	国家版权局	市文化广电新闻出版局
倪夏宇	第七届中国曲艺牡丹奖新人提名奖	中国文联、中国曲协	市文化广电新闻出版局
陈彩芬	2012年全国“扫黄打非”先进个人	全国“扫黄打非”工作小组	市文化广电新闻出版局
卫　臻	全国水利系统水资源工作先进个人	水利部办公厅	市水资源管理处
徐　健	优秀调研工作者	中央政法委办公室	市委政法委
唐利刚	全国纺织产业集群发展突出贡献者	中国纺织工业联合会	市大唐纺织制品有限公司
吴建明	2012全国电子信息行业优秀创新企业家	中国电子企业协会	江苏银河集团有限公司
许　涛	2012年度优秀通讯员	中国保税区出口加工区协会	张家港保税区党政办
	2012年度优秀联络员	中国保税区出口加工区协会	
沈文荣	袁宝华企业管理金奖	中国企业管理科学基金会	江苏沙钢集团有限公司

省级和省条线表彰的先进个人

姓　名	荣誉称号	授予单位	工作单位
钱伟东	全省粮食生产先进工作者	江苏省人民政府	市作物栽培技术指导站
徐龙斌	2011年度全省信息工作先进个人	江苏省委办公厅	市委办公室
朱甲波	2011年度全省政务信息工作先进个人	江苏省人民政府办公厅	市政府办公室
钱志标	全省优秀因公护照签证专办员	江苏省人民政府外事办公室	市外事办公室
	全省先进因公护照签证专办员	江苏省人民政府外事办公室	
	江苏省 APEC 卡申办工作先进个人	江苏省人民政府外事办公室	

姓　名	荣誉称号	授予单位	工作单位
王　敏	2012年度《江苏外事》通联工作先进个人	江苏省人民政府外事办公室	市外事办公室
唐侠女	江苏省相对集中行政执法先进个人	江苏省人民政府法制办公室	市城市管理局
赵　洁	2012年度全省政府法制（依法行政）信息工作先进个人	江苏省人民政府法制办公室	市政府法制办公室
顾春红	2011年度全省纪检监察信息工作先进个人	江苏省纪委办公厅	市纪委
沈　彬	创先争优·科学发展争一流优秀共产党员	江苏省委组织部	江苏沙钢集团有限公司
倪夏宇	2012江苏好青年百人榜	江苏省文明办、共青团江苏省委、省青年联合会	市文化广电新闻出版局
李　敬	工会帮扶服务工作先进个人	江苏省总工会	江苏永钢集团有限公司工会
俞旭琼	江苏省优秀工会积极分子	江苏省总工会	张家港保税区国税局
祁筱娟	2011~2012年度江苏省“巾帼建功”标兵	江苏省妇女联合会、省城镇妇女“巾帼建功”活动领导小组	张家港保税区地税局
薛永琴	江苏省婚姻家庭纠纷调解工作优秀调解员	江苏省维护妇女儿童合法权益联席会议暨“平安家庭”创建活动小组	锦丰镇联兴村
	国策服务标兵	江苏省人口和计划生育委员会	
吴卫平	国策服务标兵	江苏省人口和计划生育委员会	乐余镇计生办
黄　菊	国策服务标兵	江苏省人口和计划生育委员会	塘桥镇计生办
查敏智	国策服务标兵	江苏省人口和计划生育委员会	市人口和计划生育委员会
唐建岳	江苏省工业经济运行检测工作先进个人	江苏省经济和信息化委员会	市经济和信息化委员会
唐利刚	江苏纺织服装2011～2012年度创新人物	江苏省经济和信息化委员会、省纺织工业协会	市大唐纺织制品有限公司
袁雪祥	全省住房城乡建设系统创先争优优秀共产党员	中共江苏省住房和城乡建设厅党组	市住房和城乡建设局
顾林英	全省住建系统行政执法队伍规范化建设工作先进个人	江苏省住房和城乡建设厅	市建设监察大队
汤生才	江苏省建设档案系统先进工作者	江苏省住房和城乡建设厅	市城建档案馆
丁一中	2012年度全省建筑行业管理先进工作者	江苏省住房和城乡建设厅	市住房和城乡建设局
卢东亮	江苏省城市供水工作先进个人	江苏省住房和城乡建设厅	市给排水公司
顾文广	2012年度全省建筑行业管理先进工作者	江苏省住房和城乡建设厅	张家港保税区规划建设局
袁　涛	2012年度全省建筑行业管理先进工作者	江苏省住房和城乡建设厅	张家港保税区规划建设局
秦　芳	江苏省住房保障先进个人	江苏省住房和城乡建设厅	市房产管理中心
陈　业	2011～2012年度全省住建系统统计先进个人	江苏省住房和城乡建设厅	市房产管理中心
倪小琳	2011～2012年度全省住建系统统计先进个人	江苏省住房和城乡建设厅	市房产管理中心
黄永舫	2011年度全省环保执法工作先进个人	江苏省环保厅	市环境保护局
徐巡宇	全省环保系统服务群众示范岗	江苏省环保厅	市环境保护局
张　健	商务部重点联系企业统计调查工作先进个人	江苏省商务厅	江苏国泰国际集团有限公司
马丽莉	2012年度全省外资统计和联合年检工作先进个人	江苏省商务厅	市商务局
陈正华	2011年度江苏省交通运输行业“安康杯”竞赛先进个人	江苏省交通运输厅	市交通运输局

姓 名	荣誉称号	授予单位	工作单位
朱卫东	全省交通运输行业优秀工会工作者	江苏省交通运输厅	张家港港务集团有限公司
王志林	2011 年度江苏省文明口岸先进个人	江苏省口岸办公室	张家港海关
韦 锋	2011 年度江苏省文明口岸先进个人	江苏省口岸办公室	张家港出入境检验检疫局
沈贵平	2011 年度江苏省文明口岸先进个人	江苏省口岸办公室	张家港海事局
孙 勤	2011 年度江苏省文明口岸先进个人	江苏省口岸办公室	张家港边防检查站
金继南	2011 年度江苏省文明口岸先进个人	江苏省口岸办公室	长江引航中心张家港引航站
陆惠忠	2011 年度江苏省文明口岸先进个人	江苏省口岸办公室	市政府口岸办(港口局)
刘 杰	南京关区创先争优优秀共产党员	南京海关党组	张家港海关缉私分局
叶惠明	南京关区创先争优优秀共产党员	南京海关党组	张家港保税港区海关
朱建忠	南京关区创先争优优秀共产党员	南京海关党组	张家港海关
	关区先进个人	南京海关	
蒋祺中	南京关区创先争优优秀党务工作者	南京海关党组	张家港海关缉私分局
季蕴茜	第五届南京海关青年业务能手	南京海关	张家港海关
孙为群	关区先进个人	南京海关	张家港海关
朱鹤鸣	关区先进个人	南京海关	张家港海关
张凌云	机关先进个人	南京海关	张家港海关
沈贵平	模范带头人	江苏海事局	张家港海事局
	四化建设先进个人	江苏海事局	张家港海事局
黄 翔	江苏海事局优秀青年	江苏海事局	张家港海事局
孙 剑	年度先进工作者	江苏海事局党组	张家港海事局
卞春华	年度先进工作者	江苏海事局党组	张家港海事局
陈 平	年度先进工作者	江苏海事局党组	张家港海事局
王宗才	年度先进工作者	江苏海事局党组	张家港海事局
王 洋	年度先进工作者	江苏海事局党组	张家港海事局
崔瑞南	年度先进工作者	江苏海事局党组	张家港海事局
丁 峰	年度先进工作者	江苏海事局党组	张家港海事局
赵 静	年度先进工作者	江苏海事局党组	张家港海事局
单建龙	年度先进工作者	江苏海事局党组	张家港海事局
许 燕	年度先进工作者	江苏海事局党组	张家港海事局
殷建刚	年度先进工作者	江苏海事局党组	张家港海事局
池文艳	年度先进工作者	江苏海事局党组	张家港海事局
卫 臻	全省水利系统首批“111 人才工程”培养对象	江苏省水利厅	市水资源管理处
杨耀文	2010～2011 年度水政监察工作先进个人	江苏省水利厅	市水政监察大队
钱卫飞	2011 年度全省秸秆综合利用工作先进个人	江苏省农业委员会	市土肥技术指导和农产品检测站
陈永兵	2011 年度全省秸秆综合利用工作先进个人	江苏省农业委员会	市农业委员会
周大庆	2011 年度全省秸秆综合利用工作先进个人	江苏省农业委员会	市农业委员会
张关明	全省农经农业系统争创“群众满意的窗口服务单位”优秀共产党员	江苏省农委争创活动领导小组	张家港保税区农村工作局
徐 萍	全省农经农业系统争创“群众满意的窗口服务单位”优秀共产党员	江苏省农委争创活动领导小组	锦丰镇经营管理办公室
戴伟峰	2012 年度江苏农业网信息资源建设先进个人	江苏省农业信息中心	市农业委员会
钱凤娟	全省爱国卫生先进个人	江苏省爱卫办	市城乡环境卫生指导中心
	全省村庄环境整治先进个人	江苏省村庄环境整治推进工作领导小组	

姓　名	荣誉称号	授予单位	工作单位
陆　萍	2011年度江苏省优质护理服务先进个人	江苏省卫生厅	市第一人民医院
肖利亚	2011年度江苏省优质护理服务先进个人	江苏省卫生厅	市中医医院
付淑娟	2011年度江苏省优质护理服务先进个人	江苏省卫生厅	市澳洋医院
江小红	省卫生系统护理专业“巾帼建功标兵”	江苏省卫生厅	市中医医院
蒋屹峰	江苏省农村优秀中医临床人才	江苏省中医药局	市第一人民医院
屈弘宇	江苏省农村优秀中医临床人才	江苏省中医药局	市中医医院
董红军	江苏省农村优秀中医临床人才	江苏省中医药局	市中医医院
彭　勤	江苏省农村优秀中医临床人才	江苏省中医药局	市第三人民医院
倪正扬	江苏省农村优秀中医临床人才	江苏省中医药局	锦丰镇人民医院
曹　晔	江苏省农村优秀中医临床人才	江苏省中医药局	金港镇人民医院
王群刚	江苏省疾控系统“创先争优”活动先进个人	江苏省疾病预防控制中心	市疾病预防控制中心
刘丽华	江苏省空气污染与疾病监测点先进个人	江苏省疾病预防控制中心	市疾病预防控制中心
夏　威	江苏省空气污染与疾病监测点先进个人	江苏省疾病预防控制中心	市疾病预防控制中心
徐正龙	江苏省空气污染与疾病监测点先进个人	江苏省疾病预防控制中心	市疾病预防控制中心
于颖慧	江苏省空气污染与疾病监测点先进个人	江苏省疾病预防控制中心	市疾病预防控制中心
钱晓萍	江苏省企业首席技师	江苏省人力资源和社会保障厅、省财政厅	江苏港通路桥集团
薛　蕾	江苏省优秀仲裁员	江苏省人力资源和社会保障厅、省劳动人事争议仲裁委员会	市人社局
戴　俭	全省人事考试工作先进个人	江苏省人力资源和社会保障厅	市人才考试培训中心
孙礼平	2011年度全省企业养老保险经办管理工作先进个人	江苏省人力资源和社会保障厅	市企业退休人员社会化管理服务中心
刘科伟	全省机关事业单位养老保险经办工作先进个人	江苏省机关事业单位社会保险基金管理中心	市社会保险基金管理结算中心
侯建峰	全省国税系统先进工作者	江苏省人力资源和社会保障厅、省国税局、省公务员局	张家港保税区国税局
黄菊芳	江苏省科技政策落实工作先进个人	江苏省科技厅、省国税局、省地税局	张家港保税区科技人才局
王　桦	江苏省科技政策落实工作先进个人	江苏省科技厅、省国税局、省地税局	张家港保税区国税局
方兴才	江苏省科技政策落实工作先进个人	江苏省科技厅、省国税局、省地税局	张家港保税区地税局
朱剑石	江苏省国税系统民主评议政风行风工作三等功	江苏省国税局	市国税局
李　季	江苏省国税系统“十佳勤廉标兵个人”	江苏省国税局	张家港保税区国税局
穆　兰	2012年度知识产权工作先进个人	江苏省科技厅、江苏省知识产权局	市科学技术局
徐建新	江苏省林业系统先进工作者	江苏省人力资源和社会保障厅、省林业局	市园林局
	2009～2012年度全省森林防火工作先进个人	江苏省森林防火指挥部	市园林局
孙益军	全省森林资源管理先进个人	江苏省林业局	市园林局
郭　琴	2012年度江苏省冶金等工贸行业安全生产工作先进个人	江苏省安监局	市安监局

姓　名	荣誉称号	授予单位	工作单位
张　伟	2012年度江苏省职业病危害重点行业专项治理工作先进个人	江苏省安监局	市安监局
赵华东	2012年度江苏省档案工作先进个人	江苏省档案局	市公路管理处
何慰文	2012年度江苏省档案工作先进个人	江苏省档案局	市公路管理处
邹静依	2012年度江苏省档案工作先进个人	江苏省档案局	市公路管理处
严　武	全省档案宣传工作先进个人	江苏省档案局、省档案学会	市档案局(馆)
赵金龙	个人三等功	江苏省公安厅	市公安局
戴晓波	全省公安机关优秀教育工作者	江苏省公安厅	市公安局战训大队
戴　浩	个人一等功	江苏省公安厅	市公安局刑警大队
夏　鹏	个人一等功	江苏省公安厅	市公安局刑警大队
薛　军	个人二等功	江苏省公安厅	市公安局刑警大队
陈晓军	全省“清剿火患”战役公安机关成绩突出个人	江苏省公安厅	市公安局城中派出所
姚　斌	2011年度全省公安机关优秀监管民警	江苏省公安厅	市公安局看守所
雷　波	全省公安机关“春风行动”成绩突出个人	江苏省公安厅	市公安局开发区派出所
樊建兵	全省检察专门人才	江苏省人民检察院	市检察院
张　勇	全省检察专门人才	江苏省人民检察院	市检察院
陈阳阳	全省检察专门人才	江苏省人民检察院	市检察院
钱学明	全省检察专门人才	江苏省人民检察院	市检察院
张秀娟	全省检察专门人才	江苏省人民检察院	市检察院
黄　薇	全省法院涉诉矛盾纠纷化解工作先进个人	江苏省高级人民法院	市法院
俞铁城	2010~2011年度全省优秀人民法庭庭长	江苏省高级人民法院	市法院
陈美芳	全省法院少年法庭工作先进个人	江苏省高级人民法院	市法院
张晓波	全省法院办案标兵	江苏省高级人民法院	市法院
	个人二等功	江苏省高级人民法院	市法院
唐奇英	全省法院调解能手	江苏省高级人民法院	市法院
刘志东	优秀法官	江苏省高级人民法院	市法院
倪永祥	江苏省人民调解能手	江苏省司法厅	南丰镇司法所
杨文良	第十届江苏省“五星工程奖”群文之星	江苏省文化厅	市文化广电新闻出版局
董　红	江苏省文化系统先进工作者	江苏省文化厅	市文化广电新闻出版局
	第二十二届上海白玉兰戏剧表演艺术奖主角奖	上海白玉兰戏剧表演艺术奖组织委员会	市文化广电新闻出版局
庞　曦	2011~2012年度江苏省市、县(市、区)产业(行业)文联先进个人	江苏省文联	市文联
展玉才	全省“十一五”期间有线电视村村通先进工作者	江苏省广播电视局、省发改委、省财政厅	市文化广电新闻出版局
吴正江	江苏省广播电视(中波发射系统)技术能手	江苏省广播电影电视局	市文化广电新闻出版局
任黎明	2012年度全省广播影视信息工作先进个人	江苏省广播电影电视局	市文化广电新闻出版局
钱　峻	江苏省第三次全国文物普查先进个人	江苏省第三次全国文物普查领导小组办公室	市文化广电新闻出版局
王　洁	省体育产业专项调查先进个人	江苏省体育局、省统计局	市体育局
施燕雯	2012年全省价格监测工作先进个人	江苏省物价局	市物价局
钱志萍	2012年度江苏省优秀采报价员	江苏省物价局	市物价局

姓 名	荣誉称号	授予单位	工作单位
彭 梅	2012年度全省价格政务信息工作先进个人	江苏省物价局	市物价局
庞学东	2011年度江苏省收费统计工作先进个人	江苏省物价局	市物价局
严景阳	全省粮食信息工作先进个人	江苏省粮食局	市粮食局
陈 维	2010~2012年全省食品药品监管系统创先争优活动先进个人	江苏省食品药品监督管理局	市食品药品监督管理局
王金萍	2010~2012年全省食品药品监管系统创先争优活动先进个人	江苏省食品药品监督管理局	市食品药品监督管理局
徐 军	全省工商系统商标战略服务能手	江苏省工商局	张家港工商局
陈永彬	全省工商系统商标战略服务能手	江苏省工商局	张家港工商局
曹 徐	2012年度政务信息工作先进个人	江苏省工商局	张家港工商局
孙落雁	全省工商系统创建“红盾服务创业示范岗”先进个人	江苏省工商局	张家港保税区工商局
杨振宇	全省工商系统创建“红盾服务创业示范岗”先进个人	江苏省工商局	张家港保税区二商局
毛必申	省合同格式条款专项整治先进个人	江苏省工商局	张家港保税区工商局
卞红霞	全省工商行政管理系统民主评议政风行风工作先进个人	江苏省工商局	张家港保税区工商局
赵立新	一套表联网直报先进个人	江苏省统计局	市统计局
陆 梅	2012年江苏质监系统先进个人	江苏省质监局	张家港质监局
李 昊	2012年度江苏质监系统政务信息工作先进个人	江苏省质监局	张家港质监局

苏州市级表彰的先进个人

姓 名	荣誉称号	授予单位	工作单位
万 宣	人民满意的公务员	苏州市委、市政府	市公安局锦丰派出所
严亚明	人民满意的公务员	苏州市委、市政府	大新镇政府
王明龙	人民满意的公务员	苏州市委、市政府	市发改委
沈文荣	2011年度苏州市优秀民营企业家	苏州市委、市政府	江苏沙钢集团有限公司
朱甲波	2011年度苏州市党政信息工作先进个人	苏州市委、市政府	市政府办公室
俞 萍	2011年度苏州市党政信息工作先进个人	苏州市委、市政府	市委办公室
陈美芳	苏州市十佳政法干警(记二等功)	苏州市委、市政府	市法院
周 钧	2010～2012年度苏州市信访工作先进个人	苏州市委、市政府	市信访局
邵继东	2010～2012年度苏州市信访工作先进个人	苏州市委、市政府	市信访局
黄耀平	2010～2012年度苏州市信访工作先进个人	苏州市委、市政府	市信访局
施惠琴	2010～2012年度苏州市信访工作先进个人	苏州市委、市政府	南丰镇信访办
刘新德	2010～2012年度苏州市信访工作先进个人	苏州市委、市政府	市住房和城乡建设局
朱建刚	2010～2012年度苏州市信访工作先进个人	苏州市委、市政府	张家港保税区政法和社会管理办公室
秦 健	2010～2011年度苏州市医药卫生工作先进个人	苏州市委、市政府	市卫生局
刘惠祥	2010～2011年度苏州市医药卫生工作先进个人	苏州市委、市政府	市第一人民医院
施海伟	2010～2011年度苏州市医药卫生工作先进个人	苏州市委、市政府	市中医医院
王 迅	2010～2011年度苏州市医药卫生工作先进个人	苏州市委、市政府	市第三人民医院
孙 锋	2010～2011年度苏州市医药卫生工作先进个人	苏州市委、市政府	锦丰镇人民医院
袁 飞	2010～2011年度苏州市医药卫生工作先进个人	苏州市委、市政府	市红十字血站
钱洁雅	2009～2011年度苏州市人口和计划生育工作先进个人	苏州市委、市政府	市教育局

姓　名	荣誉称号	授予单位	工作单位
张菊芬	2009～2011年度苏州市人口和计划生育工作先进个人	苏州市委、市政府	市妇幼保健所
杨素琴	2009～2011年度苏州市人口和计划生育工作先进个人	苏州市委、市政府	乐余镇计生办
李　娴	2009～2011年度苏州市人口和计划生育工作先进个人	苏州市委、市政府	市公安局
朱龙友	2009～2011年度苏州市人口和计划生育工作先进个人	苏州市委、市政府	市财政局
徐春明	2009～2011年度苏州市人口和计划生育工作先进个人	苏州市委、市政府	市人社局
王卫英	2009～2011年度苏州市人口和计划生育工作先进个人	苏州市委、市政府	市民政局
谢建琴	2009～2011年度苏州市人口和计划生育工作先进个人	苏州市委、市政府	杨舍镇计生办
张丽华	2009～2011年度苏州市人口和计划生育工作先进个人	苏州市委、市政府	杨舍镇塘市办事处计生办
葛　华	2009～2011年度苏州市人口和计划生育工作先进个人	苏州市委、市政府	金港镇计生办
张　毅	2009～2011年度苏州市人口和计划生育工作先进个人	苏州市委、市政府	塘桥镇人民政府
肖彩萍	2009～2011年度苏州市人口和计划生育工作先进个人	苏州市委、市政府	锦丰镇计生办
陶月娥	2009～2011年度苏州市人口和计划生育工作先进个人	苏州市委、市政府	凤凰镇西参村
陆湘云	2009～2011年度苏州市人口和计划生育工作先进个人	苏州市委、市政府	南丰镇计生办
康卫峰	2009～2011年度苏州市人口和计划生育工作先进个人	苏州市委、市政府	大新镇新闸村
周兰英	2009～2011年度苏州市人口和计划生育工作先进个人	苏州市委、市政府	现代农业示范园区管委会
殷雪君	2009～2011年度苏州市人口和计划生育工作先进个人	苏州市委、市政府	市人口计生委
周　兴	2009～2011年度苏州市人口和计划生育工作先进个人	苏州市委、市政府	市人口计生委
徐卫凤	苏州市档案工作先进个人	苏州市委、市政府	张家港保税区党政办
黄良葵	苏州市档案工作先进个人	苏州市委、市政府	张家港保税区工商局
茅云飞	苏州市档案工作先进个人	苏州市委、市政府	张家港保税区国税局
范红专	苏州市档案工作先进个人	苏州市委、市政府	经开区(杨舍镇)
黄　敏	苏州市档案工作先进个人	苏州市委、市政府	市国土资源局
李　虹	苏州市档案工作先进个人	苏州市委、市政府	市交通运输局
张　珏	苏州市档案工作先进个人	苏州市委、市政府	张家港海事局
惠　新	苏州市档案工作先进个人	苏州市委、市政府	市人民法院
徐凤琪	苏州市现代农业建设重大贡献奖	苏州市委、市政府	乐余镇
徐　江	苏州市现代农业建设先进工作者	苏州市委、市政府	市农业委员会
李　刚	苏州市现代农业建设先进工作者	苏州市委、市政府	锦丰镇
何正岳	苏州市现代农业建设先进工作者	苏州市委、市政府	凤凰镇
王秀芹	苏州市现代农业建设先进工作者	苏州市委、市政府	市农业委员会
张关明	苏州市现代农业建设先进工作者	苏州市委、市政府	张家港保税区农村工作局
陆新玉	苏州市拥军优属先进个人	苏州市政府、军分区	市交通运输局

姓　名	荣誉称号	授予单位	工作单位
丁　浩	2011年度"省委书记信箱""市委书记信箱"来信办理工作先进个人	苏州市委	市委办公室
严正斌	2011年度省长信箱、市长信箱来信办理工作先进个人	苏州市政府	市政府办公室
吴栋材	创先争优·科学发展争一流优秀共产党员	苏州市委	南丰镇永联村、江苏永钢集团
张建春	创先争优·科学发展争一流优秀共产党员	苏州市委	杨舍镇七里庙村
戴丽君	创先争优·科学发展争一流优秀共产党员	苏州市委	金港镇滩上村
丁萍芬	创先争优·科学发展争一流优秀共产党员	苏州市委	江苏德丰建设集团、金港镇德丰社区
张惠琴	创先争优·科学发展争一流优秀共产党员	苏州市委	南丰镇南丰村
沈　彬	创先争优·科学发展争一流优秀共产党员	苏州市委	江苏沙钢集团有限公司
杨培兴	创先争优·科学发展争一流优秀共产党员	苏州市委	江苏骏马集团
吴建明	创先争优·科学发展争一流优秀共产党员	苏州市委	江苏银河电子股份有限公司
卫　臻	创先争优·科学发展争一流优秀共产党员	苏州市委	市水资源管理处
李国乾	创先争优·科学发展争一流优秀共产党员	苏州市委	张家港地税局第三税务分局
杜秀珍	创先争优·科学发展争一流优秀共产党员	苏州市委	市粮食购销总公司
	粮食工作先进个人	苏州市政府	
陆梦姣	创先争优·争创群众满意的窗口服务单位优秀共产党员	苏州市委	市便民服务中心
陆旭东	创先争优·争创群众满意的窗口服务单位优秀共产党员	苏州市委	张家港出入境检验检疫局
徐志斌	创先争优·争创群众满意的窗口服务单位优秀共产党员	苏州市委	市民政局
李　蕾	创先争优·争创群众满意的窗口服务单位优秀共产党员	苏州市委	市第一人民医院
金　波	苏州市劳动模范	苏州市政府	张家港海事局
王树生	苏州市劳动模范	苏州市政府	市中医医院
王惠东	苏州市劳动模范	苏州市政府	江苏港城汽车运输集团
林协惠	苏州市劳动模范	苏州市政府	江苏华尔润集团有限公司
韩玉晶	苏州市劳动模范	苏州市政府	张家港电视台
黄　鑫	苏州市劳动模范	苏州市政府	中国电信股份有限公司张家港分公司
闵平刚	苏州市劳动模范	苏州市政府	市邮政局
盛景新	苏州市劳动模范	苏州市政府	中国建设银行张家港港城支行
邵　骁	苏州市劳动模范	苏州市政府	市供电公司
王洪斌	苏州市劳动模范	苏州市政府	江苏骏马集团
陈　宏	苏州市劳动模范	苏州市政府	江苏海狮机械集团有限公司
林永才	苏州市劳动模范	苏州市政府	江苏合丰机械制造有限公司
许龙平	苏州市劳动模范	苏州市政府	市给排水公司
陈玉忠	苏州市劳动模范	苏州市政府	张家港化工机械股份有限公司
陶军华	苏州市劳动模范	苏州市政府	苏州迈泰生物技术有限公司
沈　彬	苏州市劳动模范	苏州市政府	江苏沙钢集团有限公司
钱文龙	苏州市劳动模范	苏州市政府	江苏鹿港科技股份有限公司
狄建忠	苏州市劳动模范	苏州市政府	凤凰镇杏市村
肖　斌	苏州市劳动模范	苏州市政府	大新镇朝东圩港村民委会
何玉清	苏州市劳动模范	苏州市政府	金港镇双山玉清特种水产养殖场
董建祥	苏州市劳动模范	苏州市政府	现代农业示范园区常南社区
张卫娟	苏州市劳动模范	苏州市政府	市国税局
周　兵	苏州市劳动模范	苏州市政府	市财政局
陈　跃	苏州市劳动模范	苏州市政府	市民政局
肖　松	苏州市劳动模范	苏州市政府	市公安局

姓　名	荣誉称号	授予单位	工作单位
蔡道平	苏州市劳动模范	苏州市政府	江苏省梁丰高级中学
纪新华	苏州市劳动模范	苏州市政府	市社会保险基金管理结算中心
李国乾	苏州市劳动模范	苏州市政府	张家港地方税务局第三税务分局
钱　波	2010～2011 年度苏州市外事工作先进个人	苏州市政府	市外事办公室
季春郁	苏州市妇女儿童工作先进个人	苏州市政府	市卫生局
张建华	苏州市妇女儿童工作先进个人	苏州市政府	张家港经济技术开发区组织人事局
徐建新	2012 年度苏州市农业现代化建设先进工作者	苏州市政府	市园林局
杭宝民	苏州市 2011 年度信息化工作先进个人	苏州市政府	市人社局
朱品香	2011 年重点项目建设先进个人	苏州市政府	市发改委
钱庆华	2011 年度苏州市服务业目标考核先进个人	苏州市政府	市发改委
曹建峰	苏州市城市园林绿化工作先进个人	苏州市政府	张家港保税区规划建设局
	2012 年苏州市旅游行业先进个人	苏州市政府	
	“绿色苏州”建设先进个人	苏州市政府	
黄和元	“绿色苏州”建设先进个人	苏州市政府	市园林局
邹　伟	“绿色苏州”建设先进个人	苏州市政府	市园林局
吴　震	“绿色苏州”建设先进个人	苏州市政府	市园林局
陆洪鑫	苏州市森林防火先进个人	苏州市政府	市园林局
陈　瑞	2012 年度苏州市商务工作先进个人	苏州市政府	市商务局
张　娟	2012 年度苏州市商务工作先进个人	苏州市政府	张家港保税区发展改革局
严春悦	2012 年度苏州市商务工作先进个人	苏州市政府	塘桥镇人民政府
夏维康	2012 年度苏州市商务工作先进个人	苏州市政府	江苏国泰国际集团有限公司
钱海东	粮食工作先进个人	苏州市政府	市粮食局
徐建石	粮食工作先进个人	苏州市政府	市粮食购销总公司
李万平	粮食工作先进个人	苏州市政府	东海粮油工业(张家港)有限公司
卢华中	粮食工作先进个人	苏州市政府	张家港国家粮食储备库
徐　军	苏州市实施商标战略先进个人	苏州市政府	张家港工商局
陈彬彬	苏州市实施商标战略先进个人	苏州市政府	张家港工商局
唐利锋	苏州市实施商标战略先进个人	苏州市政府	张家港工商局
蔡洪彬	苏州市实施商标战略先进个人	苏州市政府	张家港工商局
刘东健	苏州市实施商标战略先进个人	苏州市政府	张家港工商局
许建东	苏州市城乡规划工作先进个人	苏州市政府	塘桥镇人民政府
王益群	苏州市第十三届体育运动会群众体育工作先进工作者	苏州市政府	张家港保税区党政办

先 进 集 体

国家级和国家条线表彰的先进集体

获奖单位	荣誉称号	授予单位
张家港市	健康城市创新发展奖	世界卫生组织西太区健康城市联盟
	健康城市最佳实践奖	世界卫生组织西太区健康城市联盟
	全国慈善城市	民政部·中民慈善捐助信息中心
	第四批全国养老服务示范活动示范单位	民政部
	全国平安农机示范县(区)	农业部、国家安全生产监督管理总局
	全国农村集体“三资”管理示范县	农业部
	国家慢性病综合防控示范区	卫生部
	全国“两基”工作先进地区	教育部
	全国数字化学习先行区	中国成人教育协会社区教育专业委员会

获奖单位	荣誉称号	授予单位
张家港市	全国村务公开民主管理示范单位	全国村务公开协调小组
	国家可再生能源建筑应用示范县(市)	住建部、财政部
	中国刀鱼美食之乡	中国烹饪协会
	2012 中国制造业最优投资环境城市	亚洲制造业协会
	2011 长三角县域商业十强县市	长江三角洲城市市场信息协作网
	2012 年中国最具幸福感城市	新华社《瞭望东方周刊》、中国市长协会《中国城市发展报告》、中国最具幸福感城市推选活动组委会
杨舍镇	全国社会主义新农村建设示范镇	全国新农村建设中心、全国社会主义新农村建设发展论坛组委会、全国社会主义新农村建设示范镇推介会
张家港保税区经济发展局统计科	2011～2012 年度全国保税区统计工作先进单位	中国保税区出口加工区协会
锦丰镇联兴村	全国妇联基层组织建设示范村	中华全国妇女联合会
南丰镇体育中心	全国乡镇体育健身示范工程	国家体育总局
南丰镇永联村	全国民主法治示范村	司法部、民政部
	中国最有美丽休闲乡村	农业部
	中国特色农庄	中国村社发展促进会、特色村工作委员会
	中国幸福村	中国村社发展促进会、特色村工作委员会等
	2012 年全国示范农家书屋	新闻出版总署
	中国十佳生态文明村	首届中国生态文明论坛暨系列调查评选活动组委会等
江苏永钢集团工会	全国工会帮扶工作先进集体	中华全国总工会
市国税局第八分局	2011～2012 年度全国税务系统青年文明号	国家税务总局、共青团中央
张家港保税区国家税务局办税服务厅	全国巾帼文明岗	中华全国妇女联合会
张家港地方税务局第二税务分局	全国巾帼文明岗	中华全国妇女联合会
张家港边防检查站执勤业务一科	全国巾帼文明岗	中华全国妇女联合会
中粮东海粮油工业(张家港)有限公司油脂油料品控班组	全国巾帼文明岗	中华全国妇女联合会
市民政局	全国殡葬改革示范单位	民政部
江苏沙钢集团有限公司	第七届中华慈善奖	民政部
江苏沙钢集团有限公司钢板总厂宽厚板二车间轧钢工段	2012 年全国质量信得过班组	中国质量协会、中华全国总工会、中华全国妇女联合会、中国科学技术协会
市房产交易产权登记中心	全国房产交易与权属登记规范化先进单位	住建部
市公安局	全国优秀公安局	公安部
	全国公安机关执法示范单位	公安部
市公安局法制办	2010~2011 年度全国优秀公安基层单位	公安部
市公安局看守所	2011 年度一级看守所	公安部
市公安局机要室	一级机要室	公安部
市公安消防大队	2010~2011 年度全国优秀公安基层单位	公安部
	集体二等功	公安部
	党的十八大消防安全保卫战公安消防部队成绩突出集体	公安部
	全国“清剿火患”战役成绩突出集体	公安部
张家港边防检查站	全国公安边防检查机关 2011 年度提高边检服务水平成绩突出单位	公安部
	创建模范党组织生活活动标兵单位	公安部边防局
张家港边检站监护三中队	2010~2011 年度全国优秀公安基层单位	公安部

获奖单位	荣誉称号	授予单位
张家港边检站监护三中队	基层建设标兵单位	公安部边防局
张家港边检站指挥中心	指挥中心先进单位	公安部边防局
市法院	2012 年度司法新闻宣传工作先进集体	最高人民法院政治部、人民法院报社
市纪委	2011 年度党风建设工作联系点先进单位	中央纪委党风廉政建设室
	2011 年《华东之窗》信息工作先进单位	中央纪委第七纪检监察室
塘桥综合市场	全国诚信示范市场	国家工商行政总局
市城乡环境卫生指导中心	全国爱国卫生先进集体	全国爱卫办
张家港海事局	全国交通运输行业文明单位	交通运输部
	港口建设费征稽工作突出贡献单位	交通运输部海事局
张家港海事局党委	2010～2012 直属海事系统创先争优活动先进基层党组织	交通运输部海事局
江苏港城汽车运输集团有限公司	全国交通运输业诚信建设先进单位	中国交通企业管理协会
	全国优胜企业	中国交通企业管理协会
港城公共交通有限公司228 路班组	全国优秀班组	中国交通企业管理协会
张家港口岸	世界卫生组织口岸核心能力达标单位	国家质检总局
凤凰水蜜桃栽培标准化示范区	全国农业标准化示范区	国家质检总局
市文物局	全国文物系统先进集体	人力资源和社会保障部、国家文物局
市广播电视台电视新闻中心	2011～2012 年全国青年文明号	共青团中央、国家广电总局
市文化行政综合执法大队	2012 年度全国文化市场重大案件办案单位	文化部
	2011 年度查处侵权盗版案件有功单位三等奖	国家版权局
市图书馆	全民阅读先进单位	中国图书馆学会
市体育局	2012 年全国乒乓球锦标赛最佳赛区	国家体育总局乒羽中心
	2011 年体育竞赛优秀赛区	国家体育总局
市供电公司	一流县供电企业	国家电网公司
市中医医院	全国中医冬病夏治敷贴疗法应用示范单位	中华中医药学会
市植保植检站	2012 年全国植保信息暨农药械推广工作先进集体	中国植保信息交流暨农药械交易会组织委员会
市国泰华荣化工新材料有限公司	中国轻工业联合会“十一五”科技创新先进集体	中国轻工业联合会

省级和省条线表彰的先进集体

获奖单位	荣誉称号	授予单位
张家港市	法治县（市、区）创建工作先进单位	江苏省委、省政府
	全省放心消费创建消费环境治理工作先进县（市、区）	江苏省政府
	财政收入新增贡献奖先进单位	江苏省政府
	2011 年度社会管理综合治理先进县（市、区）	江苏省社会管理综合治理委员会
	2011 年度平安县（市、区）	江苏省社会管理综合治理委员会
	江苏省村庄环境整治工作示范市	江苏省村庄环境整治推进工作领导小组
	基本实现农业机械化县（市、区）	江苏省率先基本实现实业机械化创建工作领导小组
	江苏省创新型试点市	江苏省科技厅
	江苏省水资源管理示范县（市、区）	江苏省水利厅
	2012 年江苏省工业经济运行监测工作先进单位一等奖	江苏省经济和信息化委员会
	2012 年度全省高标准厂房建设与使用先进地区	江苏省国土资源厅、省经济和信息化委员会

获奖单位	荣誉称号	授予单位
张家港市	2012年度江苏省土地执法模范市创建工作先进市	江苏省国土资源厅
	江苏省妇幼卫生先进市	江苏省卫生厅
	江苏省卫生信息化工作先进市	江苏省卫生厅
	2012年度绿色江苏建设植树造林先进县(市、区)	江苏省绿化委员会、省林业局
	2003～2012年绿色江苏建设突出贡献奖	江苏省绿化委员会
	2003～2012年绿色江苏建设生态创建成就奖	江苏省绿化委员会
	江苏省餐饮服务食品安全示范市	江苏省食品药品监督管理局
	村级"四有一责"建设示范县	江苏省委组织部、省委农工办、省经信委、省财政厅、省农委
	全省农村集体"三资"管理优秀市	江苏省委农工办
	江苏省公共文化服务体系示范区	江苏省文化厅
	江苏省版权示范市	江苏省版权局
	2012年度江苏省创建无"小耳朵"先进县(市、区)	江苏省新闻出版局
	2012～2013年省级依法行政示范点	江苏省全面推进依法行政工作领导小组
	江苏省组织机构代码工作"文明服务窗口"	江苏省组织机构代码管理中心
	2012年第三届环太湖国际公路自行车赛城市贡献奖	环太湖国际公路自行车赛组委会
	第六届江苏省全民健身运动会优秀组织奖(气排球)	第六届江苏省全民健身运动会组委会
市人民政府	生态文明建设特别贡献奖	江苏省委宣传部等18家单位
张家港保税港区	全省开放型经济先进单位	江苏省委、省政府
江苏国泰国际集团有限公司	全省开放型经济先进企业	江苏省委、省政府
江苏沙钢集团有限公司	全省开放型经济先进企业	江苏省委、省政府
江苏沙钢集团有限公司团委	2011年度"江苏省五四红旗团委标兵"	共青团江苏省委
张家港宏昌钢板有限公司	全省开放型经济先进企业	江苏省委、省政府
道康宁(张家港)有限公司	全省开放型经济先进企业	江苏省委、省政府
江苏其元集团有限公司	全省开放型经济先进企业	江苏省委、省政府
联峰钢铁(张家港)有限公司	全省开放型经济先进企业	江苏省委、省政府
江苏永钢集团有限公司	江苏省职工文化建设先进单位	江苏省总工会
江苏华尔润集团	优秀民营企业	江苏省委、省政府
江苏华昌(集团)有限公司	江苏省厂务公开民主管理先进单位	江苏省厂务公开协调小组
张家港保税区	江苏省新型工业化产业示范基地(新材料)	江苏省经济和信息化委员会
金港镇	全省和谐社区建设示范乡镇	江苏省民政厅
	江苏省农村劳动力充分转移就业乡镇	江苏省人力资源和社会保障厅
	江苏省劳动保障监察示范网格	江苏省人力资源和社会保障厅
金港镇人口和计划生育服务站	世代服务示范岗	江苏省人口和计划生育委员会
金港镇社区体育健身俱乐部	江苏省社区体育健身俱乐部	江苏省体育局
金港镇长江村党委	创先争优·社会管理创新先锋行动先进基层党组织	江苏省委组织部
保税区(金港镇)长江村"妇女儿童之家"	江苏省示范妇女儿童之家	江苏省妇女联合会
张家港保税区工商局	2012年度全省工商行政管理系统创先争优先进集体	江苏省工商局

获奖单位	荣誉称号	授予单位
张家港保税区工商局	江苏省工商系统“筑牢红盾防线，维护食品安全”集中执法行动先进单位	江苏省工商局
张家港保税区国税局	“营改增”试点工作先进集体	江苏省国税局
经开区(杨舍镇)	江苏省乡镇(街道、园区)统计规范化创建示范单位	江苏省统计局
	江苏省联网直报企业统计规范化创建示范单位	江苏省统计局
杨舍镇党委	创先争优·科学发展争一流先进基层党组织	江苏省委组织部
经开区(杨舍镇)妇联	江苏省婚姻家庭纠纷调解工作先进集体	江苏省维护妇女儿童合法权益联席会议暨“平安家庭”创建活动领导小组
经开区(杨舍镇)小城市社区妇女议事会	江苏省“优秀妇女议事会”	江苏省维护妇女儿童合法权益联席会议暨“平安家庭”创建活动领导小组
经开区(杨舍镇)东湖苑社区“妇女儿童之家”	江苏省示范妇女儿童之家	江苏省妇女联合会
经开区(杨舍镇)徐丰村“妇女儿童之家”	江苏省示范妇女儿童之家	江苏省妇女联合会
杨舍镇人口和计划生育服务站	人口计生窗口服务示范单位	江苏省人口和计划生育委员会
冶金工业园(锦丰镇)	全省基层残疾人组织先进集体	江苏省残疾人联合会
冶金工业园	江苏省现代服务业集聚区提升工程先进单位	江苏省发展和改革委员会
	江苏省新型工业化产业示范基地(精品钢材)	江苏省经济和信息化委员会
锦丰镇	全省和谐社区建设示范乡镇	江苏省民政厅
	江苏省老年体协工作示范乡镇	江苏省老年人体育协会
锦丰镇人口和计划生育服务站	人口计生窗口服务示范单位	江苏省人口和计划生育委员会
冶金工业园(锦丰镇)总工会	全省开发区(园区)工会帮扶工作先进集体	江苏省总工会
锦丰镇农业服务中心	江苏省五星级农机专业合作社	江苏省农业机械管理局
锦丰镇联兴村	江苏省和谐社区建设示范村	江苏省民政厅
塘桥镇	江苏省农村劳动力充分转移就业乡镇	江苏省人力资源和社会保障厅
塘桥镇人口和计划生育服务站	世代服务示范岗	江苏省人口和计划生育委员会
塘桥镇韩山社区	江苏省和谐社区	江苏省民政厅
塘桥镇青龙社区	江苏省和谐社区	江苏省民政厅
塘桥镇滩里村	省级民主法治示范村	江苏省依法治省领导小组
塘桥镇滩里村“妇女儿童之家”	江苏省示范妇女儿童之家	江苏省妇联
塘桥镇顾家村	省人口和计划生育基层群众自治示范村	江苏省人口和计划生育委员会
乐余镇	标准化社区教育中心	江苏省教育厅
乐余镇乐余社区“妇女儿童之家”	江苏省示范妇女儿童之家	江苏省妇女联合会
乐余镇人口和计划生育服务站	世代服务示范岗	江苏省人口和计划生育委员会
凤凰镇人口和计划生育服务站	世代服务示范岗	江苏省人口和计划生育委员会
南丰镇	全省和谐社区建设示范乡镇	江苏省民政厅
	江苏省公共文化服务示范乡镇	江苏省文化厅、省财政厅
	江苏省老年人体协工作示范乡镇	江苏省老年人体育协会
南丰镇调处服务中心	江苏省规范化社会矛盾纠纷调处服务中心	江苏省司法厅
南丰镇永联村	江苏省最具魅力休闲乡村	江苏省农业委员会

获奖单位	荣誉称号	授予单位
南丰镇永联村	江苏省“新农村家庭计划”示范村	江苏省人口计划生育委员会
	省级法治文化建设示范点	江苏省委宣传部等
	江苏最美乡村	江苏省文明办、农委等
南丰镇建农村	省级民主法治示范村	江苏省依法治省领导小组
南丰镇永和社区“妇女儿童之家”	江苏省示范妇女儿童之家	江苏省妇女联合会
现代农业示范园区常南社区“妇女儿童之家”	江苏省示范妇女儿童之家	江苏省妇女联合会
市便民服务中心	2011~2012 年度江苏省青年文明号	共青团江苏省委
市计量测试所	省级青少年维权岗	共青团江苏省委、省质监局
市国税局	全省税务系统先进集体	江苏省人社厅、省国税局、省公务员局
市国税局第四分局	全省国税系统青年文明号	江苏省国税局、共青团江苏省委
市国税局第五分局	江苏省巾帼文明岗	江苏省城镇妇女“巾帼建功”活动领导小组、省妇女“双学双比”竞赛活动领导小组
张家港地方税务局	2012～2013 年省级依法行政示范点	江苏省全面推进依法行政工作领导小组
张家港地方税务局第三税务分局	2011 年度江苏省创建群众满意基层站所示范单位	江苏省人民政府纠正行业不正之风办公室
市国土资源局	全省土地利用管理工作先进集体	江苏省国土资源厅
市国土资源局杨舍分局	2011 年度江苏省创建群众满意基层站所示范单位	江苏省人民政府纠正行业不正之风办公室
市委办公室	2011 年度全省信息工作先进单位	江苏省委办公厅
市纪委、监察局	2011 年度全省纪检监察信息工作先进单位一等奖	江苏省纪委办公厅
市人民政府法制办公室	江苏省行政复议工作先进集体	江苏省人民政府法制办公室
	2012 年度全省政府法制工作先进集体	江苏省人民政府法制办公室
市人民政府外事办公室	2012 年度《江苏外事》通联工作先进单位	江苏省人民政府外事办公室
	江苏省 APEC 卡申办工作先进单位	江苏省人民政府外事办公室
市行政服务中心	江苏省公共机构节能示范单位	江苏省省级机关事务管理局、省经济和信息化委员会
市委政法委	全省政法宣传工作先进单位	江苏省委政法委
市人口和计划生育委员会	省级“阳光计生行动”示范单位	江苏省人口和计划生育委员会
	全省第三届计划生育综合改革创新奖	江苏省人口和计划生育委员会
市计划生育指导站	人口计生窗口服务示范单位	江苏省人口和计划生育委员会
苏州市消防支队特勤六中队	2011~2012 年度江苏省青年文明号	共青团江苏省委
市武警中队	2012 年度基层建设标兵中队	中国人民武装警察部队江苏省总队
市民政局	全省民政系统先进集体	江苏省人力资源和社会保障厅、江苏省民政厅
市法院	第六届“金法槌杯”优秀指导案例二等奖、提名奖	江苏省高级人民法院
市法院乐余法庭	全省首批“规范化管理示范法庭”	江苏省高级人民法院
市法院法警大队	全省法院司法安全警务工作示范警队	江苏省高级人民法院
市检察院	2011～2012 年度全省先进基层检察院	江苏省人民检察院
市交通运输局	全省内河港口建设和经营行为专项整治活动先进集体	江苏省交通运输厅
市交通工会	江苏省交通运输行业工会工作先进集体	江苏省交通运输厅
市航道处党支部	第二批全省交通运输行业“百个先进堡垒党支部”	江苏省交通运输厅
市交通运输管理处	2012 年春运农民工平安返乡(岗)安全优质服务竞赛先进集体	江苏省交通运输厅
市公交公司 6 路班线	2012 年度江苏省城市公交行业“十佳”文明公交线路	江苏省交通运输厅

获奖单位	荣誉称号	授予单位
市公路管理处	2012 年度江苏省档案工作先进单位	江苏省档案局
张家港海关	关区"四好"达标先进基层单位	南京海关
	2011 年度江苏省文明口岸先进单位	江苏省口岸办公室
张家港海关缉私分局	关区"四好"达标先进基层单位	南京海关
张家港海关缉私分局党支部	南京关区创先争优先进基层党组织	南京海关党组
张家港港口岸	2011 年度江苏省文明口岸	江苏省口岸办公室
市人民政府口岸办公室	2011 年度江苏省文明口岸先进组织者	江苏省口岸办公室
市港口管理局	2011 年度江苏省港口管理工作综合先进单位	江苏省交通运输厅港口管理局
张家港海事局	2011 年度江苏省文明口岸先进单位	江苏省口岸办公室
	新闻信息工作先进集体	江苏海事局
	江苏省安康杯竞赛优胜企业	江苏省总工会、江苏省安全生产监督管理局
张家港海事局党委	创先争优先进基层党组织	江苏海事局党组
张家港海事局党工部	省级文明号	中共江苏省委省级机关工委、共青团江苏省委
张家港海事局锦丰海事处	先进集体	江苏海事局党组
	创先争优人民群众满意示范窗口	江苏海事局党组
张家港 VTS1 号工班	先进班组	江苏海事局党组
海巡 0878 号	先进班组	江苏海事局党组
张家港海事局机关第一团支部	2011 年度"江苏省五四红旗团支部"	共青团江苏省委
张家港海事局机关第三党支部	创先争优学习型党组织创建工作先进集体	江苏海事局党组
张家港出入境检验检疫局	2011 年度江苏省文明口岸先进单位	江苏省口岸办公室
长江引航中心张家港引航站	2011 年度江苏省文明口岸先进单位	江苏省口岸办公室
张家港引航站党支部	长江海事局创先争优先进基层党组织	交通运输部长江海事局党委
张家港港务集团有限公司	2011 年度江苏省文明口岸先进单位	江苏省口岸办公室
	2011 年度江苏省"安康杯"竞赛优胜企业	江苏省总工会、江苏省安全生产监督管理局
张家港保税区长江国际港务有限公司	2011 年度江苏省文明口岸先进单位	江苏省口岸办公室
中国张家港外轮代理有限公司	2011 年度江苏省文明口岸先进单位	江苏省口岸办公室
市农业委员会	2011 年度全省秸秆综合利用工作先进单位	江苏省农业委员会
	2011 ~ 2012 年度农业科普宣传工作先进集体	江苏省农业委员会
	2012 年度全省农业依法行政示范单位	江苏省农业委员会
市农业科技教育站	2011 年度全省农民培训工作先进集体	江苏省农业委员会
市农业机械技术推广站	江苏省农业机械技术推广机构规范化建设示范推广站	江苏省农业机械管理局
市农业行政执法大队	2011 年度全省农药市场监管年活动先进单位	江苏省农业委员会
	全省农业行政执法先进单位	江苏省农业委员会
市植保植检站	2011 年度农作物病虫害专业化统防统治服务先进集体	江苏省农业委员会
	"十佳"植保站	江苏省植物保护站
市畜牧兽医站	全省种畜禽管理先进单位	江苏省农业委员会
	2011 年度动物防疫与监测工作先进单位	江苏省疫病预防控制中心
市知识产权局	2012 年度江苏省知识产权宣传培训工作先进单位	江苏省知识产权局
市水利局	江苏省水利系统人才工作先进集体	江苏省水利厅
	2010 ~ 2011 年度江苏省水资源管理先进集体	江苏省水利厅

获奖单位	荣誉称号	授予单位
市水利局财务科	2010～2011 年度江苏省水利系统财务审计工作先进集体	江苏省水利厅
市水资源管理处	2009～2011 年全省水利工程水费工作先进单位	江苏省水利厅
市水政监察大队	2012 年度先进水政监察大队	江苏省水利厅
市第一人民医院胸外甲乳病区	2011 年度江苏省优质护理服务先进病区	江苏省卫生厅
市疾病预防控制中心	2012 年江苏省重点职业病哨点监测工作先进集体	江苏省疾病预防控制中心
	2012 年职业病防治先进集体	江苏省疾病预防控制中心
	2012 年职业健康监护先进集体	江苏省疾病预防控制中心
	2012 年空气污染与疾病监测项目先进集体	江苏省疾病预防控制中心
	2012 年《江苏疾病控制信息》宣传报道先进集体	江苏省疾病预防控制中心
市卫生监督所	2007～2009 年江苏省精神文明建设工作先进集体	江苏省精神文明建设指导委员会
	全省卫生监督工作先进单位	江苏省卫生监督所
市教育局	江苏省教育宣传工作先进单位	江苏省教育厅
	江苏省教育人才工作先进单位	江苏省教育厅
市住房和城乡建设局	2012 年度全省建筑行业管理先进单位	江苏省住房和城乡建设厅
	江苏省城市供水工作先进集体	江苏省住房和城乡建设厅
市建筑工务处	2012 年度全省建筑行业管理先进单位	江苏省住房和城乡建设厅
市建筑安全监督站	2012 年度全省建筑行业管理先进单位	江苏省住房和城乡建设厅
市建设工程招标投标管理办公室	2012 年度全省建筑行业管理先进单位	江苏省住房和城乡建设厅
市给排水公司	江苏省城市供水工作先进集体	江苏省住房和城乡建设厅
市建设监察大队	全省城乡建设系统行政执法队伍规范化建设先进集体	江苏省住房和城乡建设厅
市房产管理中心	2011 年省住房保障先进单位	江苏省住房和城乡建设厅
市房产管理中心党总支	全省住房城乡建设系统创先争优先进基层党组织	江苏省住房和城乡建设厅党组
苏州市住房公积金管理中心张家港分中心	住房公积金管理工作先进分中心	江苏省住房和城乡建设厅
苏州市住房公积金管理中心张家港分中心服务大厅	2010～2011 年度江苏省级青年文明号	江苏省住房和城乡建设厅、共青团江苏省委
市地震局	全省市县防震减灾工作综合考核先进单位	江苏省地震局
市墙体材料改革办公室	全省墙材革新工作考核一等奖	江苏省墙体材料改革办公室
市司法局	全省司法行政系统创先争优先进集体	江苏省司法厅
	全省司法行政新闻宣传工作先进集体	江苏省司法厅
	全省司法行政信息工作先进集体	江苏省司法厅
	江苏省司法行政队伍建设创新成果三等奖	江苏省司法厅
市安全生产监督管理局	省冶金等工贸行业安全生产工作先进集体	江苏省安监局
	省安全生产宣传工作先进单位	江苏省安监局
市安全生产监察大队杨舍中队	2011 年度江苏省创建群众满意基层站所示范单位	江苏省人民政府纠正行业不正之风办公室
市安全生产教育培训中心	省安全生产培训工作先进单位	江苏省安监局
市财政局	2011 年度法治财政建设先进单位	江苏省财政厅
市商务局	江苏省商务发展先进单位	江苏省商务厅
	江苏省打击私屠滥宰强化肉品卫生安全专项治理行动商务系统先进单位	江苏省商务厅
市贸促会	2012 年度江苏省贸促系统展览工作先进单位	江苏省贸促会

获奖单位	荣誉称号	授予单位
市经济和信息化委员会	2012年度江苏省工业经济运行监测工作先进单位一等奖	江苏省经济和信息化委员会
	2012年度江苏产品万里行活动市场开拓优秀成效奖	江苏省经济和信息化委员会
	2012年度江苏产品万里行活动优秀组织奖	江苏产品万里行组委会
市老龄工作委员会办公室	2012年度全省老龄宣传工作先进单位	江苏省老龄工作委员会办公室
市社会保险基金管理结算中心	2011年度县级统筹地区医疗工伤生育保险经办工作先进单位	江苏省人力资源和社会保障厅
	2011年度全省企业养老保险经办管理工作先进单位	江苏省人力资源和社会保障厅
市人社局党委	全省人社系统创先争优先进基层党组织	江苏省人力资源和社会保障厅党组
市人社局工资福利科	江苏省机关事业单位工考工作先进单位	江苏省人力资源和社会保障厅
市劳动人事争议仲裁院	2012年度全省示范仲裁院	江苏省人力资源和社会保障厅、江苏省劳动人事争议仲裁委员会
市供电公司	江苏省居民用电服务质量优质服务示范企业	国家电力监管委员会江苏省电力监管专员办公室
市供电公司金港供电所营业厅	2012年江苏省级巾帼文明岗	江苏省城镇妇女"巾帼建功"活动领导小组、省农村妇女"双学双比"活动领导小组
市人民政府侨务办公室	全省侨务工作先进单位	江苏省人民政府侨务办公室
市档案局(馆)	全省档案宣传工作先进集体	江苏省档案局、省档案学会
市城市管理局	2012年度全省城市管理行政执法工作先进集体	江苏省全面推进依法行政工作领导小组办公室、省法制办
市城市管理行政执法局	2012～2013年省级依法行政示范点	江苏省全面推进依法行政工作领导小组办公室
市食品药品监督管理局党支部	2010～2012年全省食品药品监管系统创先争优活动先进基层党支部	江苏省食品药品监督管理局党组
市委党校	优秀县级党校	江苏省委组织部、省委党校
市发改委	2011年度全省发展改革系统目标管理工作先进集体	江苏省发改委
市公安局	全省政法系统公正廉洁执法先进集体	江苏省委政法委
	全省公安机关严厉打击经济犯罪"破案会战"成绩突出集体	江苏省公安厅
市公安局看守所	集体二等功	江苏省公安厅
	2011年度全省安全文明示范监所	江苏省公安厅
市公安局城西派出所	全省"清剿火患"战役成绩突出派出所	江苏省公安厅
市公安局交巡警南丰中队	全省公安机关"春风行动"成绩突出集体	江苏省公安厅
市公安局经侦大队	全省2009～2010年度一级经侦大队	江苏省公安厅
市公安局国保大队	全省公安机关十八大安保工作成绩突出集体	江苏省公安厅
市物价局	全省价格工作先进单位	江苏省物价局
	2012年度全省价格政务信息工作先进集体	江苏省物价局
市价格认证中心	2012年度全省价格认证工作先进集体	江苏省物价局
东海粮油工业(张家港)有限公司	2012年度江苏省优秀价格监测定点单位	江苏省物价局
市环境保护局	2011年度全省排污收费工作标兵单位	江苏省环保厅
	2011年度全省环境信访工作先进集体	江苏省环保厅
	2011年度全省环保系统网站绩效评估二等奖	江苏省环保厅
市委农工办	全省农经农业系统工作效能考评先进单位	江苏省农委
市文化广电新闻出版局	2012年度全省广播影视信息工作先进单位	江苏省广播电影电视局
市文化行政综合执法大队	2011年度全省文化市场行政执法先进单位	江苏省文化厅
市广播电视台	江苏省广播电视新闻报道先进单位	江苏省广播电视总台

获奖单位	荣誉称号	授予单位
市人民广播电台	向省台发稿优秀单位	江苏省广播电视总台
市广播电视台电视中心	江苏电视新闻荧屏繁荣奖	江苏省广播电视总台
	江苏优秀通联编辑奖	江苏省广播电视总台
市广播电视台有线电视传输中心	全省“十一五”期间有线电视村村通先进集体	江苏省广播电影电视局
市广播电视台有线电视传输中心财务管理部	江苏省“巾帼文明岗”	江苏省妇联
市体育局	省体育产业专项调查先进集体	省体育局、省统计局
市粮食局	全省粮食流通监督检查工作先进单位	江苏省粮食局
	全省粮食工作“十佳创新创优奖”	江苏省粮食局
市粮食购销总公司	全省百家农民满意粮食收购企业	江苏省粮食局
张家港工商局	全省工商系统创建“红盾品牌培育示范岗”先进集体	江苏省工商局
张家港工商局监督管理科	全省工商行政管理系统先进集体	江苏省人力资源和社会保障厅、省工商局、省公务员局
市统计局	县级统计局规范化建设示范单位	江苏省统计局

苏州市级表彰的先进集体

获奖单位	荣誉称号	授予单位
张家港市	2010～2011 年度法治苏州建设先进集体	苏州市委、市政府
	苏州市城乡一体化改革发展先进单位	苏州市委、市政府
	立法征求意见反馈工作优秀单位	苏州市政府
	行政调解工作优秀单位	苏州市政府
	2012 年度质量强市先进地区	苏州市委、市政府
市人民政府	苏州市 2012 年度依法行政工作先进集体	苏州市政府
	2011 年度省长信箱、市长信箱来信办理工作先进单位	苏州市政府
	2011 年固定资产投资目标考核优胜单位	苏州市政府
	2011 年重点项目建设先进单位	苏州市政府
	2011 年度苏州市服务业目标考核优秀地区	苏州市政府
	苏州市实施商标战略先进集体	苏州市政府
	2011 年度全市企业上市工作优秀地区	苏州市政府
市委办公室	2011 年度苏州市党政信息工作先进单位特等奖	苏州市委、市政府
	2011 年度“省委书记信箱”“市委书记信箱”来信办理工作先进集体	苏州市委
市政府办公室	2011 年度苏州市党政信息工作先进单位特等奖	苏州市委、市政府
	2012 年度“绿色苏州”建设先进集体	苏州市政府
经开区(杨舍镇)	人民满意的公务员集体	苏州市委、市政府
	2010～2012 年度苏州市信访工作先进集体	苏州市委、市政府
杨舍镇	双拥模范镇	苏州市政府、军分区
	2009～2011 年度苏州市人口和计划生育工作先进集体	苏州市委、市政府
杨舍镇党委	创先争优·科学发展争一流先进基层党组织	苏州市委
杨舍镇东莱办事处	2009～2011 年度苏州市人口和计划生育工作先进集体	苏州市委、市政府
杨舍镇农联村党委	创先争优·科学发展争一流先进基层党组织	苏州市委
杨舍镇农联村	2009～2011 年度苏州市文明村标兵	苏州市委、市政府

获奖单位	荣誉称号	授予单位
杨舍镇东湖苑社区	2009～2011年度苏州市文明社区标兵	苏州市委、市政府
金港镇	双拥模范镇	苏州市政府、军分区
	2009～2011年度苏州市人口和计划生育工作先进集体	苏州市委、市政府
保税区(金港镇)总工会	苏州市劳动关系和谐园区	苏州市政府
张家港保税区规划建设局	2012年度苏州市旅游工作先进集体	苏州市政府
金港镇长江村	2009～2011年度苏州市人口和计划生育工作先进集体	苏州市委、市政府
	2009～2011年度苏州市文明村标兵	苏州市委、市政府
金港镇长江村党委	创先争优·科学发展争一流先进基层党组织	苏州市委
金港镇元丰社区	2009～2011年度苏州市文明社区标兵	苏州市委、市政府
锦丰镇	2009～2011年度苏州市人口和计划生育工作先进集体	苏州市委、市政府
	2009～2011年度苏州市文明镇标兵	苏州市委、市政府
锦丰镇政府	双拥模范镇	苏州市政府、军分区
	2012年度“绿色苏州”建设先进集体	苏州市政府
锦丰镇联兴村党委	创先争优·科学发展争一流先进基层党组织	苏州市委
江苏沙钢集团党委	创先争优·科学发展争一流先进基层党组织	苏州市委
江苏沙钢集团有限公司	2011年度苏州市地标型企业	苏州市委、市政府
	2011年度全市党政信息工作基层信息直报点先进单位	苏州市委、市政府
	苏州慈善标兵单位	苏州市政府
	苏州市安全生产管理示范企业	苏州市政府
	2011年度苏州市外商投资企业纳税先进单位	苏州市政府
	2012年度苏州市循环经济示范企业	苏州市政府
江苏沙钢国际贸易有限公司	2011年度苏州市优秀民营企业	苏州市委、市政府
	2011年度苏州市外贸出口先进单位	苏州市政府
塘桥镇	2009～2011年度苏州市人口和计划生育工作先进集体	苏州市委、市政府
塘桥镇韩山村党委	创先争优·科学发展争一流先进基层党组织	苏州市委
乐余镇	2009～2011年度苏州市人口和计划生育工作先进集体	苏州市委、市政府
	农村圩区堤防达标建设先进集体	苏州市委、市政府
凤凰镇	2009～2011年度苏州市人口和计划生育工作先进集体	苏州市委、市政府
南丰镇	2009～2011年度苏州市人口和计划生育工作先进集体	苏州市委、市政府
	双拥模范镇	苏州市政府、军分区
南丰镇永联村	苏州市村级经济发展标兵村	苏州市委、市政府
	2009～2011年度苏州市文明村标兵	苏州市委、市政府
	2012年度苏州市旅游工作先进集体	苏州市政府
江苏永钢集团有限公司	苏州慈善标兵单位	苏州市政府
苏州江南农耕文化园	苏州市旅游标准化示范单位	苏州市政府
大新镇	2009～2011年度苏州市人口和计划生育工作先进集体	苏州市委、市政府
大新镇政府	苏州市第十三届体育运动会群众体育工作先进集体	苏州市政府
大新镇大新社区党支部	创先争优·科学发展争一流先进基层党组织	苏州市委
现代农业示范园区	2009～2011年度苏州市人口和计划生育工作先进集体	苏州市委、市政府
	苏州市现代农业建设先进集体	苏州市委、市政府

获奖单位	荣誉称号	授予单位
现代农业示范园区管委会	2012年度苏州市旅游工作先进集体	苏州市政府
双山岛旅游度假区管委会	2012年度苏州市旅游工作先进集体	苏州市政府
市农业委员会	苏州市现代农业建设先进集体	苏州市委、市政府
市公安消防大队	2009~2011年度苏州市文明单位标兵	苏州市委、市政府
	拥政爱民先进单位	苏州市政府、军分区
市人民检察院	2009~2011年度苏州市文明单位标兵	苏州市委、市政府
张家港海事局	2009~2011年度苏州市文明单位标兵	苏州市委、市政府
张家港出入境检验检疫局	2009~2011年度苏州市文明行业	苏州市委、市政府
张家港海关	2009~2011年度苏州市文明行业	苏州市委、市政府
张家港工商行政管理局	2009~2011年度苏州市文明行业	苏州市委、市政府
市国家税务局	2009~2011年度苏州市文明行业	苏州市委、市政府
张家港地方税务局	2009~2011年度苏州市文明行业	苏州市委、市政府
市烟草专卖局	2009~2011年度苏州市文明行业	苏州市委、市政府
市气象局	2009~2011年度苏州市文明行业	苏州市委、市政府
市电信局	2009~2011年度苏州市文明行业	苏州市委、市政府
市邮政局	2009~2011年度苏州市文明行业	苏州市委、市政府
市信访局	2010~2012年度苏州市信访工作先进集体	苏州市委、市政府
市城乡环境卫生指导中心	苏州市村庄环境整治先进集体	苏州市委、市政府
市国土资源局	2009~2011年度苏州市文明行业	苏州市委、市政府
华尔润集团	2011年度苏州优秀民营企业	苏州市委、市政府
市卫生局	2009~2011年度苏州市文明行业	苏州市委、市政府
	2010~2011年度苏州市医药卫生工作先进集体	苏州市委、市政府
	2009~2011年度苏州市人口和计划生育工作先进集体	苏州市委、市政府
市第一人民医院	2010~2011年度苏州市医药卫生工作先进集体	苏州市委、市政府
市中医医院	2010~2011年度苏州市医药卫生工作先进集体	苏州市委、市政府
市中医医院党委	创先争优·争创群众满意的窗口服务单位先进基层党组织	苏州市委
市第三人民医院	2011年度苏州市劳动关系和谐单位	苏州市政府
市妇幼保健所	2010~2011年度苏州市医药卫生工作先进集体	苏州市委、市政府
市食品药品监督管理局	2009~2011年度苏州市文明行业	苏州市委、市政府
市人社局	拥军优属先进单位	苏州市政府、军分区
市供电公司	2009~2011年度苏州市文明行业	苏州市委、市政府
苏州市住房公积金管理中心张家港分中心党支部	创先争优·争创群众满意的窗口服务单位先进基层党组织	苏州市委
市人口和计划生育委员会	2009~2011年度苏州市人口和计划生育工作先进集体	苏州市委、市政府
市新市民事务中心	2009~2011年度苏州市人口和计划生育工作先进集体	苏州市委、市政府
市级机关工委	2009~2011年度苏州市人口和计划生育工作先进集体	苏州市委、市政府
	苏州市第十三届体育运动会群众体育工作先进集体	苏州市政府
市体育局	苏州市第十三届体育运动会群众体育工作先进集体	苏州市政府
市民族宗教事务局	苏州市第十三届体育运动会群众体育工作先进集体	苏州市政府
市旅游局	2012年度苏州市旅游工作先进集体	苏州市政府
市公安局党委	创先争优·争创群众满意的窗口服务单位先进基层党组织	苏州市委
市图书馆	2009~2011年度苏州市文明单位标兵	苏州市委、市政府

获奖单位	荣誉称号	授予单位
江苏张家港农村商业银行股份有限公司	2009～2011年度苏州市文明单位标兵	苏州市委、市政府
中国人民银行张家港市支行	2009～2011年度苏州市文明行业	苏州市委、市政府
中国工商银行股份有限公司张家港支行	2009～2011年度苏州市文明行业	苏州市委、市政府
中国农业银行股份有限公司张家港分行	2009～2011年度苏州市文明行业	苏州市委、市政府
中国银行股份有限公司张家港分行	2009～2011年度苏州市文明行业	苏州市委、市政府
交通银行股份有限公司张家港分行	2009～2011年度苏州市文明行业	苏州市委、市政府
中国移动通信集团江苏有限公司张家港分公司	2009～2011年度苏州市文明行业	苏州市委、市政府
中国联合网络通信有限公司张家港市分公司	2009～2011年度苏州市文明行业	苏州市委、市政府
市财政局	2009～2011年度苏州市文明单位标兵	苏州市委、市政府
市商务局	2012年度苏州市商务工作先进单位	苏州市政府
江苏澳洋集团党委	创先争优·科学发展争一流先进基层党组织	苏州市委
江苏飞翔化工股份有限公司党总支	创先争优·科学发展争一流先进基层党组织	苏州市委
市发改委党组	创先争优·科学发展争一流先进基层党组织	苏州市委
市城投公司党委	创先争优·科学发展争一流先进基层党组织	苏州市委
市行政服务中心	苏州市行政服务创新工作先进集体(综合奖)	苏州市政府
市行政服务中心党总支	创先争优·争创群众满意的窗口服务单位先进基层党组织	苏州市委
张家港边防检查站	苏州市拥政爱民先进单位	苏州市政府、军分区
	爱民固边模范边检站	苏州市政府
张家港边防检查站监护三中队	“双比双帮”先进党组织	苏州市委
市人民政府外事办公室	2010～2011年度苏州市外事工作先进集体	苏州市政府
市人民政府侨务办公室	全市侨务工作先进单位	苏州市政府
市妇女联合会	苏州市妇女儿童工作先进集体	苏州市政府
市林业局	2012年度“绿色苏州”建设先进集体	苏州市政府
市经济和信息化委员会	苏州市农贸市场计量器具“四统一”先进集体	苏州市政府
江苏华昌(集团)有限公司	苏州市劳动关系和谐企业	苏州市政府
江苏国泰国际集团有限公司	苏州市商务系统先进集体	苏州市政府
	苏州市外贸出口先进单位	苏州市政府
市国税局第五分局	2010～2012年度苏州市创建群众满意基层站所示范单位	苏州市政府
张家港工商局金港分局	苏州市实施商标战略先进集体	苏州市政府
市粮食局	苏州市粮食工作优胜奖	苏州市政府
	收购服务十佳单位	苏州市政府
市晨阳粮油购销有限责任公司	收购服务十佳单位	苏州市政府
市润众粮油供应店	放心粮油十佳粮店	苏州市政府
市粮食购销总公司	品牌建设十佳企业	苏州市政府
市面粉食品有限公司	品牌建设十佳企业	苏州市政府
市恒丰淀粉制品有限公司	品牌建设十佳企业	苏州市政府
中粮东海粮油工业(张家港)有限公司	转型升级十佳企业	苏州市政府
市乘航储备粮库	规范管理十佳粮库	苏州市政府

【编辑　陆婷婷　钱永浩】

附　录

专　文

率先现代化　再创新辉煌

徐美健

省第十二次党代会明确提出："苏南等有条件的地方要在巩固全面小康成果基础上率先基本实现现代化"。同时，我省制定了一套体现"时代特征、中国特色、江苏特点"的现代化指标体系，明确了江苏现代化建设的目标指向。作为江苏首批全面小康达标县市，全国精神文明的老典型、城乡统筹发展的示范区，我们张家港市坚决贯彻省委的决策部署，大力弘扬张家港精神，坚定不移立率先之志、谋率先之策、创率先之路，自觉把在全省率先基本实现现代化，作为当前落实科学发展观最生动的实践，作为再创张家港发展新辉煌最直接的抓手，响亮提出了"决战 2012，确保在全省第一批基本实现现代化"的奋斗目标。一场"决战现代化、勇当排头兵"的攻坚战，正在张家港大地上全面展开。

抓牢经济中心谋率先，全力建设更具实力的现代化。经济是基础，经济实力是率先现代化的坚强基石。对照现代化指标体系的新要求，我们以打造现代经济为特征的产业强市为目标，加快推进转型升级步伐，不断提升产业竞争能力。确保全年地区生产总值突破 2000 亿元，地方一般预算收入超过 160 亿元，实现新兴产业产值 2000 亿元，占规模以上工业产值的比重达到 37%。突出重大项目引领。围绕发展先进制造业和高端现代服务业，加快推进康得新光学膜、扬子江丙烯、曼巴特购物广场等总投资 1430 亿元的 51 个重大产业项目建设，尤其是加快总投资 300 亿元的沙钢玖隆物流项目建设，力争再造一个世界 500 强企业。年内完成工业投入 420 亿元，其中新兴产业投入 303 亿元，分别增长 20%和 30%。坚定实施创新驱动。推动人才资源集聚，加快创新创业载体建设，力争年内新建创新创业载体面积 30 万平方米，确保全年新增省"双创计划"和"姑苏计划"人才 20 名，培育和引进"千人计划"4 至 6 名。做大做强规模企业。积极引导有条件的大企业集团，向新兴产业和现代服务业领域拓展、向价值链高端延伸，年内销售超 10 亿元的企业突破 100 家。加速发展现代服务业。把现代服务业作为转型升级的重要着力点，大力发展现代物流、商贸流通、休闲旅游，年内确保完成投入 280 亿元，增长 22%，服务业增加值占比提高 1.5 个百分点以上。

提升民生水平谋率先，全力建设群众认可的现代化。率先现代化，民生改善和群众幸福是根本出发点和落脚点。我们把 2012 年确定为"民生水平提升年"，将 75%以上的财力用于民生和社会事业，高标准建办好"就业、保障、教育、医疗、文化、安居、交通、三农"等八大类民生项目。拓宽群众增收渠道。大力实施"农民人均收入倍增计划"，进一步完善就业创业体系，年内农民人均纯收入超 2 万元。深化农村"三大合作"改革，实施"百村千亩增百万"和"十村十亿增千万"计划，建成以村为经营主体、入股土地超千亩的土地股份合作社 20 家，农民参与各类合作经济组织比重达到 95%以上。年内实现村均可支配收入增长15%左右,村村可支配收入超150万元。完善社会保障体系。在完成城乡低保、养老保险并轨的基础上,全力推进城镇职工医保和居民医保"五个统一",进一步提升医疗保障水平。加大保障性住房建设力度,年内新开工建设保障性住房33.3万平方米,竣工16.95万平方米,其中新开工公共租赁住房31.3万平方米,竣工11.75万平方米。办好为民实事工程。全面启动总投资17.26亿元的社会关爱工程、便民服务工程、"菜篮子"工程、城镇设施改造工程等5大类26个政府实事工程项目,全力提升群众对现代化的满意率和认可度。

增创特色优势谋率先,全力建设富有个性的现代化。在现代经济发展中,一个地区只有充分释放出自身特色优势,才会逐步形成引领区域发展的独特竞争力。张家港经过多年发展,已经形成了许多特色优势。在迈向现代化的新阶段,更要让这些特色更特、优势更优,充分"体现地方个性、具有示范效应",推动全省率先发展。巩固放大文明品牌新优势。率先出台"城市文明提升三年行动计划",全面推进公民素质提升、社会志愿服务等六大工程,加快完善"全民参与、长效常态和共建共享"的创建机制,不断放大"文明张家港"的品牌效应,充分展示标志国内最高层次文明建设的人文实力。巩固放大城乡统筹新优势。在原有城乡一体化改革发展取得良好成果的基础上,进一步优化城乡空间布局,深入推进农民集中居住,努力打造更具现代特色、高品质的城乡一体发展样板区。年内确保新开工建设安置房330万平方米,竣工267万平方米,在建安置房总规模将超过1000万平方米,农民集中居住率达到55%以上。巩固放大生态建设新优势。以率先建成国家生态文明城市为抓手,大力推进节能减排、绿色经济、碧水蓝天、城乡绿化、生态保护和生态示范创建六大工程,铁腕治污,刚性减排,倡导低碳,年内新增3533.33公顷成片林绿地,实现经济发展与环境指标同步提升,确保我市的生态文明水平继续保持江苏领先、全国先进。

突出人本内涵谋率先,全力建设全面进步的现代化。省委罗志军书记强调:"现代化是一个崭新的历史阶段,不仅包括经济的现代化,而且包括社会的现代化、政治的现代化、文化的现代化、生态的现代化,最根本的是人的现代化。"因此,我们在实现生产力发展的基础上,更加注重把实现人的现代化作为现代化建设的前提和最终目的去推进。以均衡教育提升全民素质。高标准推进教育现代化,扎实推进中小学校舍安全、教育信息化和学校文化品质提升"三项工程",提升城乡教育均衡发展水平,40%的义务教育学校创建成苏州市高水平教育现代化学校,争创"江苏省学前教育改革发展示范区"。加强中外合作办学,强化在职职工学历教育,全面提高劳动力综合素质。以先进文化丰富城市内涵。大力培育以张家港精神为核心要义的城市文化,放大长江文化品牌效应,加快重点文化设施建设,科学发掘、保护、开发历史文化资源,年内力争全市人均公益性文化设施面积达到0.16平方米,率先建成首批国家公共文化服务体系示范区。以管理创新促进社会和谐。以完善社区组织功能和多元管理机制为重点,积极推进社会管理重心下移,建立健全"一委一居一站一办"新型社区管理服务体制,加快"网上村委会"工程建设,在全省率先出台新市民积分管理办法,加快新市民待遇同城化步伐,努力形成"党委领导、政府负责、社会协同、公众参与"的社会管理格局。

(摘自2012年第5期《群众》杂志,作者系中共张家港市委书记)

张家港精神引领率先现代化

——写在张家港建县(市)50周年之际

王乐飞　彭旌轩

今年10月,张家港迎来建县(市)50周年。作为庆祝活动之一,不久前,经过网友投票评选出的50对"最幸福金婚夫妇"免费拿到了本该50年前就应拥有的婚纱照,并集体举行了盛大的金婚庆典。岁月在老人们脸上刻下的道道痕迹,勾勒出这座城市50年的沧桑巨变。他们手捧婚纱照时绽放的幸福笑容,映衬了这座城市50年的伟大成就。

五十载春华秋实。肩负着争当"两个率先"示范区使命的张家港,在喜迎建县(市)50周年之际,现代化建设结出了累累硕果。数据显示,对照省定地市版现代化指标体系的44个量化指标,目前该市已有27个指标完成100%,9个已实现80%以上,综合得分86分,在已进行的3次"现代化建设群众满意度"测评中,满意率均在75%以上。

样样工作争第一,率先现代化勇立潮头

张家港,一个不断创造奇迹的地方。建县(市)以来,尤其是改革开放之后,这座江边小城诉说着"春天的故事",并培育和发扬了"团结拼搏、负重奋进、自加压力、敢于争先"的张家港精神,成为全国"两个文明"协调发展的先进典型,被誉为"伟大理论的成功实践"。

踏着时代前行的车轮,张家港精神始终是这座城市科学发展的力量之源、城市之魂。2005年,张家港率先建成"全省首批全面小康达标县市",成为"第一个率先"的排头兵。此后,更是一着不让地开启了率先基本实现现代化的新征程。近年来,综合实力始终位于全国同类城市前三名,统筹发展水平一直处于全国领先,城乡一体文明建设更是全国标兵。

去年底，在步入率先基本实现现代化的关键时刻，“样样工作争第一”的张家港人发出了令人振奋的动员令：在全省第一批率先基本实现现代化。“作为张家港精神的发源地，我们有责任、有义务、有能力在全省第一批基本实现现代化。”张家港市委书记徐美健说，张家港要以“能做第一、不做第二”的锐气，建设更具实力、群众认可、富有个性、全面进步的现代化。

精神构筑发展高度，精神凝聚发展合力。在现代化建设中，张家港先后开展了“解放思想大讨论”、“张家港精神再弘扬、再教育、再实践”等一系列活动，进一步凝聚了广大干群的共同理想、主流价值观和最大的文化认同，充分释放全社会“高点定位、直面矛盾、创新突破”的激情，共同开辟了现代化建设的新境界。

从一个乡镇小轧钢厂到世界500强，在率先基本实现现代化的号角声中，沙钢集团再次亮出“大手笔”：大举进军现代服务业，投资近300亿元兴建世界级钢铁物流园。“未来5到10年内年营业收入将超2000亿元，相当于再造一个世界500强企业。”沙钢集团董事局主席沈文荣说。同样，永钢集团拟投资120亿元，实施技改升级、产品提档，并以能源装备项目建设为契机开发优特钢产品，以长江码头为载体建设大物流园区，由此正式向港城第二家超千亿企业的目标进军。

创新驱动靠人才，率先现代化谋求质变

在张家港，有这样一个令人津津乐道的创业故事。一位海归博士怀揣创业梦想，却苦于缺乏资金迟迟无法启动。直到他来到张家港，遇到了江苏骏马集团。骏马提出的合作方式让他无法拒绝：双方合作成立注册资金1000万元的公司，他以100万元现金和技术入股，占公司股份的51%。这位博士叫周炳，曾供职于澳大利亚国家半导体实验室，“张家港企业家这种支持创业的胸襟和眼界让我十分敬佩，在这里创新创业成为我的使命！”

对于这个在外人看来是赔本的买卖，骏马集团董事长杨培兴却坚信，这笔生意经很值！“骏马收获了一个高科技项目，不仅自身实现了转型，对于张家港来说，也收获了一个带动发展的企业家。”目前，新公司研发出来的“绝缘栅双极晶体管开关器件”，正在改变国内下游企业90%靠进口的局面，并具备了国际市场竞争力。据测算，该产品全球市场超过1200亿元。

千里马常有，而伯乐在张家港也常有。据介绍，在张家港已有22个人才项目与本土企业实现合作，其中包括8个国家“千人计划”人才。“他们双方之所以能够携起手来，不仅是出于优势互补的考虑，更是创新创业精神的共鸣。”张家港市人才办常务副主任于年中说。转型升级要创新驱动，创新驱动归根结底靠人才。“要把人才作为创新发展的第一资源，千方百计引进高层次创新创业人才和团队。”张家港市市长姚林荣说，引进一名领军人才，往往带来一个创业团队，发展一个新兴产业。

留美博士薛松生创办的多维科技，是世界上首个大规模生产高性能、低成本、低功耗的TMR磁传感器的企业，拥有多项自主知识产权和核心技术，打破了发达国家在该领域的长期垄断，他本人也入选了第七批国家“千人计划”。从澳大利亚回国的闫勇义，作为引进人才带着8位博士创办斯威森生物医药工程研究中心公司，其研发生产的治疗老年痴呆症药物原料，一举填补国内空白，成为全球第3家规模化生产企业。一个个引进的人才，带来的是技术“制高点”，展现的是过硬新实力。

据介绍，目前张家港共吸引了152个创新创业团队落户，他们成为经济转型升级的“主力部队”，更赋予了“张家港精神”科学发展的时代内涵。

富民惠民唱主角，率先现代化民生为本

率先基本实现现代化的决战之年，在张家港被锁定为“民生水平提升年”。“建设怎样现代化，应由老百姓说了算，要让老百姓‘看得见、摸得着’。”徐美健说，在现代化建设过程中，我们始终坚持“政府建办实实在在的项目，群众得到实实在在的实惠”。

张家港是这么说的，也是这么做的。从在全国率先实现城乡基本养老保险并轨，到在全国率先推行网格化公共文化服务模式，再到在全省首推新市民积分管理办法；从投入4500万元开发11500个就业岗位实现百分百就业，到每年财政投入近5000万元实现大病医疗救助标准的城乡统一，再到慈善助学在全国率先实现了从入园到读研贫困学生的全覆盖。张家港市委、市政府的富民惠民举措个个都是大手笔，老百姓成为现代化建设中的最直接受益者。

今年9月，张家港经济技术开发区（杨舍镇）旺西花苑一期、锦丰镇书院五村等7只安置房项目同时竣工，总面积达86.69万平方米，可安置5384户搬迁户。预计到年底再竣工130万平方米，届时农民集中居住率将达到56%。张家港基本形成经济适用房、动迁安置房、公共租赁住房“三位一体”住房保障体系。城乡基本社会保障一致性水平保持全省最高。

现代化建设的受益者不仅仅是张家港人，还包括新张家港人。新市民“积分新政”今年实施以来，张家港市1万名新市民子女凭积分成功加入居民基本医疗保险。新学期开始，7898名新市民子女凭积分成功入读公办学校，其余2509名新市民子女也顺利入读民工子弟学校。经测算，新市民子女入医比例达符合申请条件人数的78.8%，新市民子女入学比例达符合申请条件人数的88.6%，两项指标均超现代化建设力争目标值。

今年以来，张家港紧扣“民生水平提升年”的主线，以更大的投入和更高的标准建办好教育、医疗、文化等公共服务项目，仅上半年，就实施了20项惠民政策及“民生保险提优、困难家庭安居、阳光午餐、健康礼包进万家”等16个民生项目，促进各项公共服务城乡一体、均衡发展。

张家港还建立群众意见反馈机制，定期听取群众的意见和建议，定期公布建设的进程和结果，让群众知晓、参与和监督现代化建设进程，真正使现代化建设成为增进民生幸福的民心工程。

（摘自2012年10月24日《苏州日报》头版头条）

张家港　普惠民生正当时

王伟健

城乡养老保险并轨，大病医疗救助标准城乡统一;无论是失地农民还是城市"4050"人员，只要有就业意愿，就能找到工作;新市民享受到与本地居民一样的就学、就医"同城化待遇";免费发放"健康大礼包"，加快公共卫生服务均等化步伐……在江苏省张家港市，民生建设水平大幅提高，民生保障服务范围不断扩大。

今年是张家港建县(市)50周年，全市包括新市民在内的150多万人收获了一份又一份大礼。从贫穷到富裕，张家港始终致力打破城乡二元结构，形成了城乡统筹高位均衡的发展优势。张家港市委书记徐美健说，对民生蓝图的规划，该市已经从单一群体的"特惠"，向更高更广的"普惠"转变。今年以来，张家港已实施20项惠民政策、16个民生项目，逐步解决民生建设难题，让百姓幸福指数一路上扬，形成了民生普惠的好经验。

推行新市民积分新举措，让外来工享受同城化待遇

周文娟是一名在张家港工作近10年的"外来户"，得益于张家港今年推出的"新市民积分"新政，她的儿子张佳伟享受到了"同城化待遇"——新学期在塘桥镇鹿苑小学就读一年级，并参加了居民基本医疗保险，成为一名和当地孩子平等享有公办教育资源的新市民子女。

外来务工人员是城市建设的重要力量，但在以往的民生保障和服务中，外来务工家庭的权益往往得不到足够重视。张家港市相关部门在对该市居住工作3年以上的25万名流动人口调查发现，超过50%以上的外来务工者希望子女能加入居民医疗保险，81.5%的外来务工者希望子女能入读公办学校，40%的外来务工者渴望将户口转入当地，成为真正意义上的张家港市民。在张家港市市长姚林荣看来，张家港经济社会快速发展，离不开新市民的辛勤付出，发展成果应该与新市民共享。

从今年5月起，张家港推行新市民积分管理，新市民按照评分标准达到一定积分，可获取入户、子女入公办学校和参加居民基本医疗保险等同城待遇。此举在全国县级市中属首创。据统计，目前张家港市1万名新市民子女凭积分加入居民基本医疗保险。新学期，近8000名新市民子女凭积分入读公办学校。

张家港市新市民积分管理领导小组办公室有关负责人介绍，和其他地方实施的积分入户单项工作相比，张家港市的积分管理聚焦新市民关注热点，涉及新市民入户、子女入读公办学校、子女参加居民医疗保险3项具体内容，可以说内涵更广泛，待遇更优惠，措施更全面，工作更具挑战。

看到儿子坐着时髦的"长鼻子"校车放学归来，周文娟脸上洋溢着幸福的笑容，"政府没有忘记我们外来务工的，我感觉挺温暖的，也很满足。"

统筹城乡发展，农民享受市民待遇

杨舍镇李巷村村民彭卫石手上有一本《职工养老保险手册》，这本暗红色的小册子被彭卫石称为"幸福手册"，等他60岁退休后，他就可以享受到与城镇职工同等的养老待遇。

与彭卫石一样，截至目前，张家港市18.6万名符合条件的农保人员和被征地农民已经全部告别"农保"进入"城保"，在全国率先实现了城乡基本养老保险并轨。"城乡二元养老保险制度在张家港被彻底破除。"张家港市人力资源和社会保障局负责人说，今后不再办理新增农保参保人员，"对符合参加城保条件的被征地农民，将做到产生一个，参保一个。"

凤凰镇杨家桥村村民朱玉英已经切实享受到了这项民生工程的实惠。她去年9月达到法定退休年龄，现在每月能拿到687元养老金。"农保转城保，实惠真不少。"朱玉英开心地说，"每月的城保养老金比原来的农保养老金标准高出500多元，生活少了后顾之忧。"

为帮助农村困难群体，张家港市还出台了各类扶持措施:5732名城乡低保、城乡低保边缘、重度残疾、三类大病对象得到了财政资助，其中，城乡低保边缘对象每人获助1万元，其他对象每人获助2万元;1.8万名家庭困难但不属于特困人群的参保对象，也获得了期限3年、额度最高2万元的财政贴息贷款。此外，通过就业帮扶，9000名符合条件的并轨对象就业后纳入了"城保"。

今年7月，张家港还实施了《关于加强就业援助岗位开发管理的意见》，政府预计投入就业援助资金4500万元，开发就业援助岗位11500个。其中，首次将"超过劳动年龄的农村集中居住区生活困难人员"纳入就业援助对象。得益于此，已经59岁的陆金娣找到了一份保洁工的工作。"我们这些60岁左右的人，如果想工作，政府都会安排的。"她说。

统一大病救助标准，帮助每个弱势者

家住杨舍镇的李芳看病花了几十万元，除了医保报销外，自负医疗费用28万元，按照以前的医疗救助政策可获得救助金19.6万元，而现在获得的救助金为22.7万元。"多出来的这3万多元，对于我们这样的普通家庭来讲，真是雪中送炭。"她说。

而对于政府来说，需要救助的资金可不是笔小数目。"经过近两个月的运行，我们测算出一个数据，实施大病救助标准的统一，每年财政需要增加资金近5000万元。"10月15日，张家港人力社保部门工作人员告诉记者，自7月起，张家港市《社会基本医疗保险实时救助办法》和《困难家庭大额医疗费用救助实施办法》施行，完成了该市医疗保障建设的一次"攻坚"。至此，张家港大病救助标准得到统一:凡是参保人员个人自负医疗费用达到2万元以上且超过上年家庭收入的,"五保""低保""低保边缘""特困职工""特定重残""优抚""孤儿" 等特定困难人群个人自负医疗费用超过5000元的,均可享受大额医疗费用的救助。与此同时,救助标准和救助限额大大提高,每人每年救助限额由20万元提高到30万元, 且10万元以上费用救助比例达90%、20万元以上费用救助比例达95%。"这些指标在全国处于领先水平。"工作人员说。

在扶持、救助弱势群体上,张家港尽量覆盖到每个需要帮助的居民。今年初,民政部门拿出了一个5000万元的"送温暖"方案,张家港市委、市政府主动将其增加到了1.5亿元,把范围大大扩大:要求除了往年的低保、低保边缘户等对象外,新增拆迁过渡户、农村退养干部、新中国成立前老党员等困难对象, 纳入慰问范畴的总计达到19大类困难群体。

今年5月,张家港投入近1000万元,向34万户家庭免费发放"健康大礼包",包括健康指导手册一本、腋下体温计一支、健康腰围尺一把、计步器一只、控盐勺和限量盐罐、控油壶一个、自助计数跳绳一根和家庭保健箱一个,成为加快公共卫生服务均等化步伐的重要举措。

8月, 张家港慈善助学活动再次提标扩面, 共向2585名贫困生发放助学资金761.15万元。资助对象扩展到低保(低保边缘)对象家庭以及家庭收入在低保(低保边缘)对象2倍以下家庭的贫困学生, 并且在原有基础上增加了全日制研究生,实现了从入园到读研贫困学生的全覆盖。资助标准更是大幅提升,其中,低保(含边缘)对象家庭的全日制研究生每人每学年可获得最高资助标准8000元。

张家港2005年率先建成江苏首批全面小康社会,成为"第一个率先"的排头兵,此后更是开启了率先基本实现现代化的新征程。今年,全市加快了具有张家港特色的现代化建设步伐。"现代化建设,一头牵着发展,一头连着民生。"徐美健说,"民生保障好不好,不是看特定人群的待遇,而要看民生政策是否扩展到了全体民众,兼顾到了所有社会角落。让所有老百姓满意,是现代化建设的最终目标。"

（摘自2012年10月28日《人民日报》头版）

张家港:建设百姓认可的现代化

黄卫琼　彭旌轩　高　坡　李仲勋

走入张家港市文化中心,刚刚完成布展的"张家港建县(市)50周年成就展"上,展示着张家港的创业历程和业绩,其中现代化建设追求成为重点。

"在率先基本实现现代化的探索中, 张家港城市发展有了质的提升,城与人的同步进化,是现代化进程的张家港追求。"张家港市委书记徐美健介绍,对照省定地市版现代化指标体系的44个量化指标, 目前张家港已有27个指标完成100%,9个已实现80%以上,综合得分86分,在已进行的3次"现代化建设群众满意度"测评中,满意率均在75%以上。

精神传承:拥抱现代化也要"敢于争先"

一个U盘大小的开关,应用在家电、手机、工业电机等诸多行业,全球市场超过1200亿元,国内90%以上靠进口。在张家港意发功率半导体有限公司,博士"老板"周炳拿着一款"绝缘栅双极晶体管开关器件"告诉记者:"我们的产品研发出来后,正在逐步取代进口,并进入国际市场。"

周炳曾供职于澳大利亚国家半导体实验室, 成就其创业梦想的,是张家港本土民营企业江苏骏马集团。以生产经营轮胎骨架材料为主业的骏马集团投入资金, 与周博士合作成立注册资金1000万元的公司,周炳以100万元现金和技术入股,却占51%的股份。"别的地方,投资方往往占大股, 张家港企业家这种支持创业的胸襟和眼界让我十分敬佩,在这里创新创业成为我的使命!"

在很多人不解的目光中,骏马集团董事长杨培兴笑了!"这样一个高科技项目,不仅让骏马实现了转型,也让张家港拥有了一个带动发展的企业家。"央企上海贝岭半导体公司看中了周炳团队的技术优势,主动提出合作,建设低能耗半导体功率芯片项目,预计实现20亿元销售。

像杨培兴和周炳这样, 一批经历市场风浪的本土民营企业家和怀抱创业梦想的高层次人才优势互补、热情拥抱,成为张家港创新创业一个风尚。一直居间做"红娘"的张家港市人才办常务副主任于年中介绍,已有22个人才项目与本土企业合作,其中有8个国家"千人计划"人才。

迄今为止,张家港共吸引152个创新创业团队落户,他们在产业化的道路上飞速拔节,成为新时期弘扬"张家港精神"的"争先因子"和"奋进坐标"。张家港人相信,人才是现代化建设的"第一资源"。如果说,"第一个率先"离不开乡土企业家以及"四千四万"精神的引领,那么,一批创业激情历久弥坚的企业家与掌握核心技术的科学家"拥抱"后所产生的创新创业合力,已经成为张家港"第二个率先"的最强驱动力,绘就"张家港精神"的时代内涵。

创新思维:传统产业升级踏浪国际化

走进玖隆钢铁物流园,顿时感觉气势恢宏。这是四度荣登 "世界500强" 的沙钢集团向钢铁物流业进军、投资近300亿元兴建的世界级物流园,将集现货和期货交易、运输配送、电子商务及金融担保质押等诸多功能为一体,未来5到10年内年营业收入超2000亿元, 相当于再造一个世界500强企业。

"传统优势产业只要不断提高技术水平、转变发展路径,完全有条件培育成为支撑经济国际化的全球性产业。"沙钢集团董事局主席沈文荣说, 加快产业国际化和现代化进程,不能仅依赖前30年的发展经验,必须创新思维。"我们将不再增加新的产能,但是依托钢铁主业,发展现代服务业大有可为。”

传统产业不是包袱，而是转型发展的最可靠资源。沙钢集团赋予传统产业新定义，成为产业现代化的“风向标”：上半年完成出口47万吨，同比增长160%，永钢集团敏锐抓住东南亚等地基础设施建设速度加快的契机，工业线材和螺纹钢迅速在新加坡和缅甸市场打开局面，创造了奇迹；东渡集团把生产工厂先后转移到越南、柬埔寨、韩国，并在新加坡设立办事处，在国内保留研发机构和主导产品生产线，最大限度利用国际市场和资源；其元集团等企业联手打造的埃塞俄比亚东方工业园，成为全国县级市第一个境外中国经贸合作区，为国内企业搭建了一个“走出去”的平台，也实现了从卖产品到“卖工业园”的价值飞跃。近几年，张家港市产业转移资本达600多亿元。

“产业现代化的实质是要素资源的优化配置。”张家港市经信委副主任徐松认为，在全球范围内重新布局，产业价值链向研发、总部、设计等高端环节进军，产业结构向服务经济转型，由传统规模企业引领的国际化进程不断刷新张家港的“产业底色”。目前，张家港已在全球几十个国家和地区设立境外投资企业、开展对外工程承包和对外劳务合作业务，张家港资本遍布“地球村”，全市境外投资额已经连续8年位居江苏各县级市之首。

城乡一体：“网格化公共服务”奠基现代化

在杨舍镇金塘社区“幸福网格乐翻天”才艺PK赛现场，“网格文化员”赵海蓉正忙着组织演出队伍、带领啦啦队“对抗”东兴苑社区。在张家港城乡，老百姓成为文化的参与者和文化建设的主体。

今年初，近千名像赵海蓉这样的“网格文化员”走马上任。张家港在全国率先探索实施网格化公共文化服务，将全市村(社区)划分为955个“文化网格”，每个配有1到2名“网格文化员”，从而将全市所有区域、所有群众纳入公共文化服务体系的服务范畴，实现公共文化的交互供给和多元供给。

前来考察的专家认为，张家港市为各地探索富有特色的公共文化服务体系提供了样本，体现出一以贯之的公共服务“普惠均等”理念。统计显示，今年以来，张家港已实施了20项惠民政策以及“民生保险提优、困难家庭安居、阳光午餐、健康礼包进万家”等16个民生项目，通过政策倾斜不断缩小城乡差距，让公共服务加快延伸到农村。

投入4500万元，开发11500个就业岗位，实现百分百就业；自今年7月起，每年财政增加资金近5000万元，实现大病医疗救助标准的城乡统一；在全国率先实现城乡养老保险并轨，今年新增城保参保人员2.88万人、新增农保超龄人员转城保2.8万人……如今，张家港公共服务体系已覆盖教育、就业、文化、救济和社会保障等诸多领域，惠及城乡各地，不断推动了人的全面发展，使得现代化以人为本这一核心理念落地生根。

“普惠城乡的公共服务体系是现代化文明城市的基石，是实现人的发展的可靠途径。”张家港市长姚林荣表示，城市发展的终极目标是实现人的发展，通过建立城乡协调发展的公共服务体系，人民群众成为张家港现代化建设的最大受益者。

(摘自2012年10月26日《新华日报》头版)

改造提升传统产业　加快发展新兴产业

张家港　转型发展启新航

赵京安　汪晓东

人均GDP突破2万美元之后，转型发展之路该怎么走？这是江苏张家港市近年来着力破解的重要课题。

2011年，张家港市的GDP达到1850亿元，按照常住人口计算，人均GDP达2.3万美元。在国际上，这已经是发达国家和地区水平。

但是，这个令人惊叹的数字背后，还有一个令人难以轻松的数字：在张家港的经济结构中，传统产业比重依然偏高，达到85%左右。对于张家港这个在全国具有标杆意义的城市而言，加快转型升级没有退路。

“江苏省第十次党代会开启了率先基本实现现代化的新征程，张家港明确了2012年在全省首批基本实现现代化的奋斗目标。不加快转变发展方式，率先基本实现现代化就是一句空话。这就需要以更大魄力，加快改造提升传统产业，加快发展新兴产业，走出一条科学发展、转型发展、创新发展的新路。”张家港市委书记徐美健说。

传统产业不是包袱，而是转型发展最现实的资源

最近，沙钢集团玖隆钢铁物流园与江阴润超钢板预处理有限公司签约，合资组建钢板预处理公司，年加工钢板能力可达72万吨。这标志着沙钢规划总投资约300亿元发展钢铁大物流成功迈出了第一步。

“在张家港，我们将不再增加新的产能，但是依托钢铁主业，发展现代服务业大有可为。”沙钢集团董事局主席沈文荣说。

张家港有着雄厚的制造业基础，在转型升级过程中，发展生产性服务业将形成新的优势。据悉，沙钢现在的钢产量是3500万吨，如果一味扩大产能，无论是土地资源还是环境容量，都是不允许的。

产能有“天花板”，但技术创新没有止境。沙钢这几年着力提高新型产品研发能力，重点发展高技术含量和高附加值的项目，实现了棒材、线材、板材、管材等所有产品国家重点工程建设的全覆盖。

“传统产业不是包袱，而是转型发展最现实的资源。”徐美健说。张家港市先后出台了一系列政策措施，鼓励传统企业通过改造提升、转移提升、多元提升、扩张提升“四个提升”，全力推进转型升级。2011年，全市新兴产业投入230亿元，占工业投入的65.7%，实现产值1522亿元，增长28%。全市销售超10亿元企业达到70家，上市企业累计达到19家。

飞翔集团有着近40年历史，是一家老化工企业，辉煌的时候，国际市场份额曾占到50%。但是，飞翔的老总施建刚判断：在这个领域，飞翔已经“做到顶了”，很难再有更大发展空间。于是，他作出了一个惊人的决策：以4.9亿美元的价格，把表面活性剂原料这一块卖给一家法国企业，转而投入大量资金，用于开发新的技术、培育新的产业，研制开发了塑料抗紫外线增强剂。

2011年飞翔集团实现销售超过50亿元。在国际经济复杂多变的情况下，企业能取得如此业绩，施建刚的回答是：“没有其他原因，就是不断创新！”

不是腾笼换鸟，而是腾笼换凤，要把有限的空间腾出来发展新兴产业

在张家港，除了沙钢的沈文荣，还有一“沈”：澳洋集团老总沈学如。

短短几年时间，澳洋集团成长为张家港市新兴产业的领军企业。澳洋是做毛纺起家的，但现在人们津津乐道的，却是澳洋的动漫产业。他们开发的拥有具有自主知识产权的“RuYiToon（如意通）智能二维动画制作系统”，被认为是“动漫产业领域的重大关键技术和共性技术”，代表了国际领先水平。

“产业转型首先是思路转型；产业升级首先是理念升级。”沈学如说，企业要获得持久发展的动力，必须不断培育新的产业，加大自主创新的力度，“这方面需要一点壮士断腕的勇气”。

一个基本的现实是，张家港777平方公里的陆域面积，而48万亩耕地必须严格保护。张家港64公里的长江岸线，有35公里是生态岸线。经济总量那么大，发展速度又那么快，发展空间却越来越少，怎么办？

“一个字：腾。以前讲腾笼换鸟，现在要讲腾笼换凤，那些发展空间不大的产业，该淘汰的就要淘汰，该转移的转移，把有限的空间腾出来，大力发展科技含量高、资源消耗少、环境污染低的新兴产业。”张家港市市长姚林荣说。

比如张家港最大的纺织企业华芳集团，以前最多的时候，企业员工有5万人，现在，80%的生产全部转移到了外地，在张家港则大力发展动力锂电池等技术密集型产业。据统计，张家港市百家规模企业，已有28家实现了产业转移，在外投资超过600亿元。

2011年，张家港投入的新兴产业扶持资金达到15亿元。最近几年，张家港的新材料、新能源、新装备、新医药、新通讯等新兴产业迅速崛起，在工业经济中的比重也不断增加。张家港的目标是，到“十二五”期末，新兴产业的规模达到5000亿元，占到工业经济总量的50%以上。

盛隆光电的嬗变就很有代表性。这家企业原来叫“盛隆氨纶纱”，是一家传统的纺织企业。据公司总经理隆仁明回忆，他是在2006年前后才了解太阳能这个行业的，之后转向太阳能行业。目前，企业已经形成800兆瓦的生产能力，2011年，企业的销售收入达到15亿元。“真是想也不敢想！以前做纺织，年产值最多也就四五千万元。”隆仁明说。他现在雄心勃勃：把盛隆打造成太阳能行业的世界品牌！

借外脑，引外智，打造有利于高层次人才创新创业的“张家港环境”

在张家港采访过程中，接触了20多位高新企业的老总，发现其中有一半操外地口音！“这是我们实施人才强市战略的结果。”张家港市科技局局长陈亚光笑着说。

比如，位于张家港经济开发区的中国张家港智能电力研究院，其科研团队几乎全部是“外脑”。研究院2010年刚刚成立，研究院院长由中国工程院韩英铎院士担任，并由8位院士和多位国内著名专家组成专家委员会指导研发工作。研究院下设5个研究所，拥有博士30多人。

张家港面临一个现实制约：没有多少现成的科教资源，尤其是高科技人才。这个矛盾怎么解决？借脑！张家港市积极引导企业与大专院校、科研院所开展技术合作。至2011年12月，全市建立政府层面的产学研合作办公室22家，实施产学研合作项目972项，共有536家企业与230所高校、院所建立了产学研合作关系。2011年，张家港全社会研发投入占地区生产总值比重达到2.35%。

“引进一名人才、带来一批团队、兴旺一个产业、培育一个经济增长点”。基于这样的理念，近年来，张家港市加大了高层次创新创业人才、尤其是领军型人才的引进，他们的想法是“不求所有，但求所在，为我所用”。

“‘张家港精神’闻名全国，如今，我们还要着力打造创新创业的‘张家港环境’！”张家港市委常委、组织部长方培华说。张家港市明确，全市各级财政用于人才培养、引进、奖励的投入，不少于当年地方一般预算收入的3%，对于引进的创新创业人才提供10万至300万元的安家补贴，提供60万至300万元的创业启动资金，提供100到150平方米左右的人才公寓房或3年租房补贴，对于区、镇人才载体建设项目由市财政给予最高1000万元的奖励。

见到薛松生时，他正在察看“磁性芯片”生产线的调试工作。47岁的他，有着20年的磁电子行业从业经验，曾在美国希捷科技等世界500强企业中担任高管。2010年5月被张家港保税区引进，创办江苏多维科技有限公司。目前，公司已完成3条生产线的工艺流程设计，总投资1500万的超净室已调试结束，预计到2012年产值就将达到5亿元。

截至目前，张家港市已吸引海内外73个高层次创业型人才团队和28个高层次创新型人才团队落户，有力促进了新能源、新材料、新装备、新医药等新兴产业的发展。

（摘自《人民日报》2012年1月29日头版头条）

文件选录

关于加快新市民同城化待遇步伐的实施意见

(一)全力推动新市民子女享有优质平等的教育

维护和发展新市民子女受教育的基本权益，巩固和完善以公办学校为主、民办学校为辅的新市民子女就学模式，使有就读需求的新市民适龄子女入园率达100%、入学率达100%,努力让每一位新市民子女都能和本市户籍孩子一样接受优质、平等的教育。

1.解决新市民子女入学问题。坚持“以流入地政府为主，以公办学校吸纳为主”的原则,扩充、整合优化教育资源配置,全面实施新市民子女按积分入读公办幼儿园、义务教育阶段公办学校的政策。新市民子女参加中考后,可与我市户籍学生一样进入相应的普通高中或职业中学就读。对通过“2+1”招生办法来我市就读并就业的外地学生给予免费培训待遇。积极推进多元化办园,通过名园办民园、民办公助等方式发展民办幼儿园;依托现有民办学校附设幼儿园,更好地满足新市民子女的入园需求。

2.提高民办学校办学质量。民办幼儿园100%达到“苏州市农村合格园”标准,并积极创建“苏州市优质幼儿园”。各镇(区)按照不低于民办学校教师总数20%的比例,选派专业对口、素质好的公办学校教师及管理人员到民办学校支教支管。逐步提高教师待遇,民办学校的自聘教师,可参加教师职称评聘,纳入教育系统考核范围。

加大对民办学校扶持力度，按公办学校标准下拨生均公用经费;完善“以奖代补”制度,加大对办学水平达到“优秀”民办学校的奖励力度，经费由市、镇两级财政各承担50%。对办学水平考核连续两年为“不合格”的民办学校,依法取消办学资格。

3.重视新市民子女素质教育。要加强未成年新市民子女思想道德教育。全力查处、取缔“黑网吧”,净化社会文化环境,推动新市民家长学校建设,指导民办学校开展丰富多彩的“学校少年宫”活动,组织新市民子女赴市青少年社会实践基地参加实践体验活动,养成良好的行为习惯。

(二)全力推动新市民逐步接轨基本医疗和公共卫生服务

进一步完善基本医疗保险制度，扩大新市民加入居民基本医疗保险体系覆盖范围并逐步提高保障水平，落实新市民公共卫生服务项目,推进新市民享有优质、高效的基本医疗卫生服务。

1.创新新市民子女参加居民基本医疗保险方式。参加积分管理的新市民,积分累计达到一定分值后,其政策内生育的未成年子女(在本市入园、入学)可申请参加居民基本医疗保险,参保个人缴费标准、市镇财政补助标准与本市户籍居民相同。通过将新市民未成年子女纳入居民基本医疗保险范围,切实解决新市民未成年子女看病贵等突出问题。

2.落实新市民公共卫生服务项目。进一步优化社区卫生服务体系，方便新市民就近获得健康服务。为新市民实施血吸虫、寄生虫免费检查和计划免疫规定疫苗的全程免费接种,结核病治疗实行与户籍人口相同的管理与报销政策。紧紧围绕产业和行业特点,在新市民从业较为集中的领域,有针对性地做好新市民职业病防治工作，定期开展职工安全与健康知识培训，依法督促用人单位落实经费，加强新市民职业卫生宣教、作业场所职业病危害因素检测、职业健康监护、职业病诊疗和劳动保护措施,减少和消除各类职业病危害因素。

3.加强新市民健康教育。定期开展常见病、多发病防治知识的宣传教育,加强对新市民的心理关怀,提高新市民对常见病、多发病的防治能力,不断改善新市民的卫生意识、心理状况和健康行为，不断提高新市民健康基本知识知晓率、健康生活方式与行为形成率。

(三)全力推动新市民享有就业和社会保障服务

加大就业指导、社保扩面、工资支付、维权等工作力度,营造和谐劳动关系,推进新市民与企业同进步、与港城同发展。

1.强化新市民就业服务。完善市、镇、村(社区)三级就业和社会保障服务体系建设,在全市所有社区、村设立人力资源和社会保障信息服务终端设备，方便新市民自助完成求职报名、打印推荐介绍信、查询各类人力资源和劳动保障信息等。在市区设立大型户外LED屏实时发布招聘岗位、技能培训等就业信息。对经认定的岗位紧缺工种培训后取得职业资格证书(初级以上)并在我市就业的新市民,实行全额的培训和鉴定费用补贴。对参加我市用人单位、教育培训机构及社会力量开展的职业技能培训后，经人力资源和社会保障部门前期审核、中期跟踪、后期考核合格并取得职业资格证书且在我市就业的新市民，参照本地失业人员社会培训标准给予资助和职业技能鉴定费减免。

2.扩大新市民社会保险和住房公积金覆盖面。加大行政推动力度,督促用人单位按照《社会保险法》和《住房公积金管理条例》的规定，为新市民缴纳社会保险费和住房公积金。在对建筑施工企业农民工实行工伤保险单险种参保政策的基础上，对流动性较大的服务行业外来从业人员探索实行工伤保险单险种参保。建立新市民社会保险关系转移“绿色通道”,新市民跨统筹地区就业的,其基本养老保险关系、基本医疗保险关系随本人转移,缴费年限累计计算,调动新市民参保积极性。

3.切实维护新市民权益。全面畅通投诉举报渠道,免费为新市民提供法律咨询服务,加强劳动争议调解、仲裁工作。督促企业按月及时支付职工工资并建立职工工资正常增长机制。在现有建筑行业工资预留户制度的基础上,对列入预警的企业逐步实施工资支付保证金制度。健全企业职代会制度,保障新市民平等享有评定技术职称、晋升职务和评选劳动模范及先进工作者等各项民主权利。

(四)全力推动新市民不断改善住房条件

按照“政府主导、社会参与、市场运作、因地制宜”的原则,采用多主体投资、多渠道筹集的方式,通过新建、改建、收购、租用等方式多方筹集面向新市民的公租房房源,加强租赁市场管理,逐步改善新市民的居住条件。

1.扩充公租房房源。按照市“十二五”住房保障规划,对公租房的筹集做到统筹规划、布局合理、配套齐全。制定优惠政策,加大财政资金支持力度,通过各镇(区)集中建设一批、规模型企业自主建设一批等办法,多渠道筹集公租房,确保到2015年底,全市新增公租房105万平方米,其中市镇财政投资建设54.6万平方米,占比52%,社会投资建设50.4万平方米,占比48%。

2.执行统一的租金标准。对在本市签订劳动合同,并参加社会保险的新市民,按照条件逐步纳入公租房保障体系,租金与本市公租房保障对象执行同一标准。

3.提供租房便民服务。建立出租房屋信息发布制度,整合全市房屋中介机构资源,建立出租房屋网络信息平台,通过网络、报纸和电视等媒体,定期发布信息。规范房屋出租手续和出租行为,简化登记程序,加强考核监督,促进租赁登记工作有效开展,保障新市民租房合法权益。

4.提高新市民住房消费能力。持续推进企业实行住房公积金制度,抓好新市民的扩面建制工作,尽快将其纳入住房公积金保障对象。探索简化住房公积金使用流程和模式,加大新市民提取住房公积金支付房租力度,鼓励通过公积金贷款购房。

(五)全力推动新市民同享计生和优生服务

切实维护新市民妇女儿童合法权益,全面落实外来妇女儿童健康服务同城待遇。

1.新市民妇女享有同等健康服务。在2011年底实现流动人口计划生育均等化服务全覆盖的基础上,丰富内容,提升成效。为在我市登记结婚的非户籍人员,免费提供婚前医学检查、婚前卫生指导和婚前卫生咨询服务。为准备怀孕和怀孕3个月内的非户籍妇女免费增补叶酸。对持《苏州市非户籍人口计划生育管理服务卡》的新市民已婚育龄女性,免费提供孕环情检查、国家规定的避孕药具等计生服务和两年一次生殖健康普查或三年一次的“两癌”筛查服务。对国家规定的计划生育手术服务实行定额结报,对意外怀孕、政策外怀孕落实补救措施并实行定额结报,对在我市首次落实长效节育措施的对象进行一次性奖励。对持《一孩生育服务卡》或《批准再生育一个孩子生育证》的新市民育龄妇女,怀孕后,可到现居住地计生部门免费领取“优生检测券”,持券按时到卫生机构享受优生检测。

2.新市民新生儿童享有同等健康及早教服务。对新市

5月3日,张家港市新市民积分管理新闻发布会召开
(市新市民事务中心　供稿)

民孕妇在本市住院分娩的新生儿提供苯丙酮尿症、先天性甲状腺功能低下、听力障碍筛查服务,并提供3次产后访视和1次产后42天检查。对随父母居住在我市的新市民0~6岁子女按规定定期提供免费健康体检,同时探索开展新市民子女心理问题干预社会工作项目。当年度持《苏州市非户籍人口计划生育管理服务卡》《一孩生育服务卡》或《批准再生育一个孩子生育证》在张家港生育新生儿的父母,到现居住地镇(区)计生部门免费领取科学育儿知识宣传资料和“科学育儿体验券”,凭券免费在镇(区)科学育儿中心接受科学育儿的宣传教育和早教体验。

(六)全力推动新市民获得困难救助和社会关爱

给予新市民困难临时救助,切实帮助新市民解决实际问题,让新市民感受到社会大家庭的温暖。

1.发挥新市民救助资金作用。对在我市居住并办理居住证1年以上新市民,因特殊原因造成生活困难的,给予同户籍居民临时救助标准一致的救助;对在我市居住并办理居住证一年以上,本人在我市有固定职业、住所,子女在本市学校就读的新市民持证独生子女家庭,当年未婚独生子女死亡或当年独生子女未满18周岁其父母一方死亡或父母双亡的,经人口计生部门审核可视情给予一次性救助。

2.开展关爱新市民志愿服务活动。重点实施提高就业能力、保护劳动权益、维护文化权益、保障身心健康、关爱新市民子女、提升文明素质等关爱新市民志愿服务行动,积极为新市民送温暖、献爱心。在社区和新市民相对集中的企业建立关爱新市民志愿服务机构,确保活动有序开展,整体推进。

(七)全力推动新市民户口准入和积分管理的政策创新

按照率先基本实现现代化的要求,加大各类人才吸纳力度,助推经济社会发展。创新社会管理举措,在全省率先全面推行新市民积分管理工作,科学设定计分标准,突出加大新市民个人素质、获得表彰奖励、为我市经济社会发展做出贡献的分值权重,新市民在按规定量化评分后的积分达到市当年规定分值并符合条件的,可享有入户、政策内生育未成年子女(在本市入学、入园)参加居民基本医疗保险及入公办幼儿园、义务教育阶段公办学校读书待遇。

——摘自《关于加快新市民同城化待遇步伐的实施意见》(张委发〔2012〕12号)

张家港保税区打造“江苏外高桥”三年行动计划（2013～2015年）

（一）完善集疏运体系。超前完善集疏运体系规划，全力推进交通基础设施建设，加快疏港高速、暨阳路西延工程和张皋路建设；加快岸线资源整合利用，对泊位功能进行合理分工和定位，提升航道、泊位等级，着力建设好保税港区公共码头，提高综合通过能力；出台更具针对性的扶持政策，加快引进航运公司，增加航线密度，优化航线布局，重点增开到洋山港“水水中转”航线和直达日、韩、台、港等国家（地区）的航线，进一步提升港口航运水平；采取专用公路或者支线铁路的形式，超前规划连通沪通铁路枢纽的铁水联运通道。

（二）推进贸易便利化。高度重视贸易便利化工作，力争贸易便利化整体水平达到、部分指标超过外高桥保税区同期标准。成立贸易便利化常设机构，有关部门共同成立贸易便利化工作协调领导小组，建立联席办公会议制度，完善贸易便利化建设的组织保障，出台贸易便利化工作规程和贸易便利化指标体系，做到标准化操作。加快建设联检大楼等配套设施，为口岸大通关提供硬件保障。申报创建国家进口贸易促进创新示范区，提升园区形象地位。

（三）扩大联动发展。深化与周边园区的联动，借鉴太仓港与苏州工业园区综保区的联动模式，强化与周边综保区、出口加工区等经济区的联动，进一步放大保税港区辐射带动效应。深化与周边港口的联动，充分发挥喂给港与支线港的作用，深化与洋山港、外高桥港区等的联动，争取纳入启运地退税范围，提升港口竞争力。深化与周边空港的联动，消费品进口特别是高端消费品、奢侈品进口一般以空运为主，争取与周边空港实现无缝对接，开通“卡车航班”，即开展空陆联程中转业务，拓展区域国际航空货运功能。深化与市内其他区域的联动，利用拟建设的沪通铁路，在张家港北站附近规划建设保税区功能延伸区，设立保税仓储和分拨分中心，方便汽车、化工、粮油以及其他大宗商品的铁路分拨；推动核心港区“腾笼换凤”，将部分普通大宗商品转移至市内其他港区，腾出优质港口资源服务进口汽车、进口消费品等高附加值产品。

（四）完善商务服务平台。创新金融业态，拓宽投融资渠道，加强与有关商业银行的战略合作，鼓励具备条件的企业上市融资，加强保税港区内贸易融资平台建设，开展融资租赁、航运保险、离岸金融等新型业务，积极推进大宗商品金融化；完善提升电子口岸、一达通外贸服务平台、结算中心等软件平台建设；利用电子信息和物联网等新技术，新建和改造一批仓储库房，有效提升商品分拨效率；结合滨江新城开发，加快商业地产、写字楼、高档宾馆会所等商务配套设施建设，营造更加便捷完善的商务环境。依托国家相关部委及协会，加强与国内其他保税区合作，发展进口商品春、秋季交易会等平台。

（五）突破土地瓶颈。以保税港区在全省的唯一性和重要性为切入点，加大对上争取力度，力争土地指标实现省级单列；全力推进护漕港边滩围垦整治并取得实质进展；优化用地空间布局，增加服务业用地比重，全力抓好重大现代服务业项目用地点供。根据省委、省政府《关于进一步加快发展现代服务业的若干意见》（苏发〔2011〕18号）明确的“对于省级服务业重点项目用地将优先给予安排”的精神，力争将汽车口岸和消费品中心列入省级重点服务业项目，确保建设用地成功获批。

（六）推进招商与项目建设。服务业方面，瞄准7000亿级大市场目标，重点围绕“六大交易平台”建设，加速完善产业载体，确保2013年新石化交易大厦投入运营，化工品交易所实施股改，消费品运营中心大楼开工建设，加快推进普洛斯、世纪康鑫、进口汽车展示交易中心（国际汽车城）等项目建设，力争一批服务性、贸易型区域总部项目顺利落地。创新市场运作机制，整合现有市场资源成立一家主体公司，面向海内外引进专业管理团队，全力做大做强，力争三年内进入现代服务业江苏省前十强、全国五十强，并实现上市。制造业方面，瞄准三个“千亿级产业”目标，加快推进扬子江石化等一批新材料产业重大项目；优化完善装备产业载体，加快落实大型化工装备、海水淡化装备、海洋钻井平台及大型工程机械等一批重大项目。城市建设方面，瞄准“滨江宜居城”目标，按照“生态宜居、人文旅游、创新发展”的目标定位，加快滨江新城和香山风景区开发建设，重点推进滨江大厦、金科地产、东山古遗址公园、南沙老街等重点项目，力争引进一批有实力的开发商和高档商务配套设施。

——摘自《关于印发〈张家港保税区打造“江苏外高桥”三年行动计划（2013～2015年）〉的通知》（张委发〔2012〕50号）

张家港市饮用水源地保护管理办法

第一条 为加强饮用水源地管理，保障饮用水安全，推进生态文明建设，构建和谐社会，促进经济社会可持续发展，根据《中华人民共和国水污染防治法》、江苏省人民代表大会常务委员会《关于加强饮用水源地保护的决定》以及省政府《关于全省县级以上集中式饮用水源地保护区划分方案的批复》要求，制定本办法。

第二条 本办法所称饮用水源地是指长江张家港三水厂水源地和一干河新港桥水源地（备用水源地）。

第三条　集中式饮用水源地的保护由市人民政府组织实施。各相关行政主管部门应按下列职责分工做好饮用水源的保护和监督管理。

（一）发展和改革部门会同水利、环保、建设、卫生、海事、国土、农业、安监等部门做好全市饮用水安全保障规划，报市人民政府批准后实施。

（二）水利部门负责全市饮用水水资源的监督管理工作，合理规划和调度水资源，保障饮用水源的水量供给，维护饮用水源保护区正常的水事秩序，保障饮用水源保护区护岸堤坝工程的正常运行。

（三）环保部门负责全市饮用水源地污染防治的监督管理工作，提出饮用水源地污染源整治意见，报市人民政府批准后实施，加强饮用水源地环境质量及污染源的监控，保障饮用水源地的水质安全。

（四）住建部门负责全市供水排水管理工作，加强供排水设施建设，推进自来水深度处理，保障供水安全。

（五）卫生部门负责水源地卫生监测和评价，保障水源卫生安全。

（六）海事部门负责长江张家港水域船舶污染的防治；交通部门的海事管理机构负责长江以外水域的船舶污染防治。

（七）公安、药监、安监部门应按各自职责负责剧毒品、危险化学品在道路运输、使用储存等的安全管理。

（八）国土、农业、旅游、交通运输、工商等部门应按照各自职责，根据饮用水源保护的要求做好相关工作。

第四条　任何单位和个人都有保护饮用水源地水质安全的义务，并有权对污染、破坏饮用水水源的行为进行监督、劝阻和举报。

第五条　饮用水源地应设置饮用水水源保护区，纳入社会经济发展规划和水污染防治规划。饮用水水源保护区划分为一级保护区、二级保护区和准保护区。各级保护区应划定明确的地域界限、范围，设立界碑，并在明显的位置设立标志牌，标明保护区的范围。

（一）长江张家港三水厂水源地保护区区划范围

一级保护区范围：取水口上游500米至下游500米，向对岸500米至本岸背水坡之间的水域范围；一级保护区水域与相对应的本岸背水坡堤脚外100米之间的陆域范围。

二级保护区范围：一级保护区以外上溯1500米、下延500米的水域范围；二级保护区水域与相对应的本岸背水坡堤脚外100米之间的陆域范围。

准保护区范围：二级保护区以外上溯2000米、下延1000米的水域范围；准保护区水域与相对应的本岸背水坡堤脚外100米之间的陆域范围。

（二）一干河新港桥水源地（备用水源地）保护区区划范围

一级保护区范围：取水口上游1000米至下游500米，及其两岸背水坡之间的水域范围；一级保护区水域与相对应的两岸背水坡堤脚外100米之间的陆域范围。

二级保护区范围：一级保护区以外上溯2000米、下延500米的水域范围；二级保护区水域与相对应的两岸背水坡堤脚外100米之间的陆域范围。

准保护区范围：二级保护区以外上溯2000米、下延1000米的水域范围；准保护区水域与相对应的两岸背水坡堤脚外100米之间的陆域范围。

（三）沙洲湖水源地（应急水源地）保护区区划范围

沙洲湖应急水源地作为一干河新港桥水源地准保护区的延伸部分，参照准保护区相关规定进行保护。

保护区范围：沙洲湖整个水域范围；沿一干河的保护区水域与相对应的两岸背水坡堤脚外100米之间的陆域范围。

第六条　饮用水水源准保护区内禁止下列行为：

（一）新建、扩建排放含持久性有机污染物和含汞、镉、铅、砷、硫、铬、氰化物等污染物的建设项目；

（二）新建、扩建化学制浆造纸、制革、电镀、印制线路板、印染、染料、炼油、炼焦、农药、石棉、水泥、玻璃、冶炼等建设项目；

（三）排放江苏省人民政府公布的有机毒物控制名录中确定的污染物；

（四）建设高尔夫球场、废物回收（加工）场和有毒有害物品仓库、堆栈，或者设置煤场、灰场、垃圾填埋场；

（五）新建、扩建对水体污染严重的其他建设项目，或者从事法律、法规禁止的其他活动，改建项目应当削减排污量。

第七条　饮用水水源二级保护区内除禁止第六条规定的行为外，禁止下列行为：

（一）设置各类排污口；

（二）从事危险化学品装卸作业或者煤炭、矿砂、水泥等散货装卸作业；

（三）设置水上餐饮、娱乐设施（场所），从事船舶、机动车等修造、拆解作业，或者在水域内采砂、取土；

（四）围垦河道和滩地，从事围网、网箱养殖，或者设置集中式畜禽饲养场、屠宰场；

（五）新建、改建、扩建排放污染物的其他建设项目，或者从事法律、法规禁止的其他活动。

第八条　饮用水水源一级保护区内除禁止第六条、第七条规定的行为外，禁止下列行为：

（一）新建、改建、扩建与供水设施和保护水源无关的其他建设项目；

（二）在滩地、堤坡种植农作物，禁止设置鱼罾、鱼簖或者以其他方式从事渔业捕捞；

（三）停靠船舶、排筏；

（四）从事旅游、游泳、垂钓或者其他可能污染饮用水水体的活动。

第九条　饮用水源的保护应当确保饮用水源符合国家规定的标准，保障饮用水源的卫生和安全。

第十条　建立饮用水源地水质监测预警预测系统和监测信息公布制度。环保部门应当加强饮用水源地环境质量的监测，定期发布环境状况公报；水利部门应当加强对饮用水源地水量、水质的监测，定期发布水文情况预报。

第十一条　因突发性事故导致饮用水污染或可能造成饮用水污染时，有关责任单位和个人应立即采取应急措施，最大限度防止或减轻、减缓污染程度，并向市人民政府或相关责任部门报告。市人民政府或相关责任部门在接到饮用水源地突发事故报告后,应依照《中华人民共和国突发事件应对法》的规定采取相关应急措施。

第十二条 对执行本办法,保护饮用水水源有突出贡献的单位和个人,有关部门要按规定进行表彰和奖励。

第十三条 违反本办法,在饮用水水源一级保护区内设置排污口,新建、改建、扩建与供水设施和保护水源无关的建设项目、设施;在饮用水水源二级保护区内设置排污口,新建、改建、扩建排放污染物的建设项目、设施;在饮用水水源准保护区内新建、扩建对水体污染严重的建设项目、设施,或者改建项目未削减排污量的,由市人民政府责令拆除、关闭或者搬迁,并由市人民政府或环保、水利部门依照法律、法规的规定给予处罚。

本办法实施前,饮用水水源一级保护区内已建的与供水设施和保护水源无关的建设项目、设施以及饮用水水源保护区内的排污口,应当自本办法施行之日起一年内拆除、关闭或者搬迁。饮用水水源二级保护区内已建的排放污染物的建设项目和设施以及饮用水水源准保护区内已建的对水体污染严重的建设项目和设施,其污水不能达标排放或者不能截入污水集中处理设施的,应当在本办法施行之日起两年内拆除、关闭或者搬迁。具体工作由市人民政府组织实施。

第十四条 违反本办法,有下列行为之一的,由有关职能部门根据各自职责,责令停止违法行为,并依照下列规定给予处罚:

(一)在饮用水水源一级保护区、二级保护区和准保护区内建设废物回收(加工)场、有毒有害物品仓库、堆栈,设置煤场、灰场、垃圾填埋场,在饮用水水源保护区内从事危险化学品装卸作业或者煤炭、矿砂、水泥等散货装卸作业的,处以三万元以上十万元以下罚款;

(二)在饮用水水源一级保护区、二级保护区和准保护区范围内排放省人民政府公布的有机毒物控制名录中确定的污染物的,处以五万元以上二十万元以下罚款;

(三)在饮用水水源二级保护区内从事围网、网箱养殖的,拆除违法设施,处以三千元以上一万元以下罚款;

(四)在饮用水水源一级保护区内滩地、堤坡种植农作物,设置鱼罾、鱼簖或者以其他方式从事渔业捕捞,或者停靠船舶、排筏的,处以一千元以上五千元以下罚款;

(五)其他违法行为,依据相关规定进行处罚。

第十五条 有关部门有下列情形之一的,对直接负责的主管人员和其他直接责任人员依法给予行政处分:

(一)违法审批建设项目的;

(二)未按本办法规定责令拆除、关闭或者搬迁建设项目、设施的;

(三)发生水污染事故及自然灾害等紧急情况,影响正常供水时,未采取紧急措施或者未及时向社会公布信息的;

(四)其他滥用职权、玩忽职守、徇私舞弊的行为。

——摘自《关于印发〈张家港市饮用水源地保护管理办法〉的通知》(张政发规〔2012〕1号)

张家港市困难家庭大额医疗费用救助实施办法

一、救助对象

(一)在参保年度内,个人自负医疗费用达到2万元以上,且个人自负医疗费用超过上年家庭收入的。

(二)低保、低保边缘、优抚、特定重残人员、五保户、孤儿、特困职工等特定困难对象,在参保年度内个人自负医疗费用超过5000元以上的。

二、救助标准

(一)在参保年度内,个人自负医疗费用达到2万元以上,且个人自负医疗费用超过上年家庭收入的,个人自负医疗费用超过2万元部分采取分段按比例救助、累计结算、最高封顶的办法给予年度救助,每人每年救助限额最高为30万元。具体分段救助标准为:

个人自负医疗费用(元)	救助比例(%)	最高救助金额(元)
20001~50000	70%	21000
50001~100000	80%	40000
100001~200000	90%	90000
200001及以上	95%	149000
合计		300000

(二)特定困难对象个人自负医疗费用超过5000元部分采取分段按比例救助、累计结算、最高封顶的办法给予年度救助,每人每年救助限额最高为30万元。具体分段救助标准为:

个人自负医疗费用(元)	救助比例(%)	最高救助金额(元)
5001~20000	70%	10500
20001~50000	80%	24000
50001~100000	90%	45000
100001及以上	95%	220500
合计		300000

(三)对救助金额不足2000元的按保底2000元的标准进行救助。

(四)个人自负医疗费用不包括特需床位费、自请护工费及伙食费等服务项目类费用。

(五)参保人员如同时享受其他救助、援助(捐助)或商业保险赔偿的,各类补偿金额之和不超过发生的医疗总费用。

三、资金渠道

困难家庭大额医疗费用救助金由财政统筹安排。

四、操作程序

(一)救助对象持本人身份证、市民卡及家庭收入凭证到所在地镇(区)劳动保障所填报《张家港市困难家庭大额医疗费用救助申请表》,经当地村民委员会(社区居民委员会)同意,公示7天后报当地民政办初审。

(二)各镇(区)民政办对申请人家庭经济收入进行初审后,报市民政局。

(三)市民政局对申请人家庭经济收入进行复审,对符合条件的签署意见,确定为救助对象;对不符合救助条件的,告知申请人,并说明理由。

(四)市社保中心根据市民政局意见及申请人医疗费用发生情况确定救助金额,及时兑付救助资金。

五、实施时间

本办法由市人社局会同民政局负责解释,以前文件与本办法不一致的,以本办法为准。本办法自2012年7月1日起实施。

——摘自《关于印发〈张家港市困难家庭大额医疗费用救助实施办法〉的通知》(张政发规〔2012〕10号)

关于促进服务外包产业发展的若干政策

第一条　为贯彻落实《张家港市服务外包产业"十二五"发展规划》(张政发〔2011〕75号), 加快推动我市服务外包产业发展步伐,根据苏州市有关促进服务外包发展的政策,结合我市实际,特制定本政策。

第二条　本政策所指服务外包业务包括:企业向境内外客户提供的信息技术外包(ITO)、业务流程外包(BPO)和知识流程外包(KPO)等业务。

第三条　本政策主要扶持对象:服务外包企业、服务外包人才培训机构、服务外包载体和公共平台等。

第四条　扶持服务外包企业做大做强。

(一)经认定的技术先进型服务企业,减按15%的税率征收企业所得税;其发生的职工教育经费按不超过企业工资总额8%的比例据实在企业所得税税前扣除;对企业从事离岸服务外包业务取得的收入免征营业税。具体执行办法参照税务部门有关规定。

(二)奖励服务外包规模企业。对当年服务外包业务收入达1000万美元及以上、且在我市缴纳各项税收同比有增幅的企业给予分档奖励。其中:当年服务外包业务收入达1000万美元及以上、不到2000万美元的,给予企业当年实际缴纳税收(包括增值税、企业所得税、营业税,下同)地方留成部分30%的奖励;2000万美元及以上、不到5000万美元的,给予企业当年实际缴纳税收地方留成部分40%的奖励;5000万美元及以上的,给予企业当年实际缴纳税收地方留成部分50%的奖励。奖励金额最高不超过500万元。

(三)奖励服务外包成长企业。对当年服务外包业务收入达200万美元及以上、增幅超过30%,且在我市缴纳各项税收同比增长20%以上的企业给予分档奖励。其中:当年服务外包业务收入达200万美元及以上、不到500万美元的,给予不超过20万元奖励;500万美元及以上、不到800万美元的,给予不超过50万元奖励;800万美元及以上、不到1000万美元的,给予不超过100万元奖励。所获奖励最高不超过企业当年实际缴纳税收的地方留成部分的80%。

(四)支持服务外包企业上市融资。对成功上市的服务外包企业,除了按规定享受市上市公司有关扶持政策外,另一次性奖励50万元。

第五条　鼓励引进大型服务外包企业。

(一)新设服务外包企业注册资金补助。对首次在我市设立、具有独立法人资格、正常经营的服务外包企业(注册资金达1000万元及以上、年度服务外包业务额达100万美元以上),按其实际到位注册资金现金部分的1%给予补助。最高不超过200万元。

(二)鼓励引进服务外包领军企业。对世界500强、全球外包100强、中国服务外包100强企业在我市新设立的独立法人服务外包企业,给予一次性10万元~30万元的启动资金支持。上述企业在我市新购建自用办公用房的,按实际入驻人员人均10平方米的标准,给予不超过购建用房价格20%的资金补助;租赁自用办公用房的,按实际入驻人员人均10平方米的标准,三年内给予实际租金50%的补助。若实际价格明显高于市场指导价的,则按市场指导价计算补助。

第六条　促进服务外包载体平台建设。

(一)鼓励区镇积极发展服务外包产业。对经认定的国家级、省级、苏州市级服务外包示范区及特色园区,市财政一次性分别给予200万元、100万元、50万元的资金奖励,用于扶持发展区内服务外包产业。

(二)支持公共平台和公益性基础设施建设。对建设为区域内服务外包企业提供服务的公共平台和公益性基础设施,市财政按实际投资额给予一定的财政补贴。

第七条　加快服务外包人才引进和培养。

(一)鼓励服务外包企业进行技术人才培养。服务外包企业订单式委托服务外包培训机构培训服务外包专业人才,培训时间不少于三个月,且培训学员与企业签订一年期以上劳动合同的,经认定后给予不超过培训费用50%、最高不超过每人3000元的培训补贴。企业应在开班前将培训计划报市服务外包工作领导小组办公室备案。

(二)鼓励本地培训机构开设服务外包专业课程。对培训机构面向社会开设学历后服务外包专业课程培训,培训时间不少于三个月,且培训学员与本市服务外包企业签订一年期以上劳动合同的,经认定后给予每人1000元的培训补贴。培训机构应在每年年初将培训计划报市服务外包工作领导小组办公室备案。

(三)加强服务外包人才培训基地建设。积极支持高校、服务外包专业培训机构、服务外包跨国公司以及其他社会培训机构建立服务外包人才培训基地,大力培养适合服务外包企业发展需要的实用技能型人才。对获得国家、省、苏州市级服务外包人才培训基地称号的单位,市财政分别给予100万元、50万元、10万元的一次性奖励。

(四)大力改善服务外包人才居住条件。鼓励有条件的服务外包集聚区加快人才公寓建设，为服务外包从业人员提供优租房，优先提供给来本市创业的服务外包从业人员申请租住。对与本地服务外包企业签订一年期以上劳动合同并缴纳社会保险、具有研究生学历或副高及以上专业技术职称的服务外包专业人才在外租房的，经市服务外包工作领导小组认定，按每人400元/月的标准给予租房补助。补助资金按年发放，补助期限最长不超过三年。由所在企业统一申请及发放给服务外包专业人才。

第八条 鼓励服务外包企业积极开拓市场。

(一)鼓励服务外包企业积极承接外包业务。对经认定的重点企业承接的离岸外包业务，按合同和银行收汇凭证给予每美元0.2元人民币奖励。对经认定的重点企业承接的在岸外包业务，经认定后按合同和银行收入凭证给予每10元人民币0.05元奖励。申请企业当年服务外包业务额须达1000万元以上。奖励金额最高不超过500万元。本条与第四条(二)、(三)重复享受的，按就高原则一次享受。

(二)鼓励服务外包企业参加国内外专业外包展会、产业推介活动。本市企业参加经市认定的国内外服务外包专业会展、市级以上部门组织的国内外服务外包专业会议或专业推介活动，给予其不超过参展费用50%的补助，每家企业每年享受市级财政补助最高不超过10万元。

(三)鼓励服务外包企业进行行业国际资质认证。对服务外包企业在国际资质认证方面获得国家、省级扶持资金支持的，市级财政按照1:1给予扶持资金配套。

(四)对服务外包企业发生的国际通信专线费用给予30%的补贴，每年补贴金额最高不超过30万元。

第九条 优化服务外包产业发展环境。

(一)优先保障服务外包重大项目建设土地和产业用房。在不改变工业用地使用权性质、不改变房屋产权主体、不改变房屋主体结构的前提下，鼓励利用现有工业厂房、仓储用房等存量房产兴办软件开发、研发设计、动漫创意等服务外包项目，但禁止改变为商业及酒店等其他经营性土地用途。重大服务外包项目用地报经市服务外包工作领导小组讨论通过可按工业用地或科研用地性质出让。

(二)支持融资担保机构加大对本市服务外包企业的融资担保力度。对依法设立一年以上、注册资金5000万元以上，当年对本市服务外包企业的贷款担保发生额达到其当年贷款担保实际发生额的10%以上的融资担保机构，按照其当年为服务外包企业的贷款担保发生额的1%给予补偿，每家最高不超过50万元。补偿金必须用于补充其风险准备金。

——摘自《关于印发〈关于促进服务外包产业发展的若干政策〉的通知》(张政发规〔2012〕14号)

张家港市内部资料性出版物管理规定

第一条 为了加强全市内部资料性出版物的管理，根据《印刷业管理条例》《出版管理条例》《出版物印刷管理规定》和《内部资料性出版物管理办法》等有关法律法规，结合本市实际，制定本规定。

第二条 凡本市各级各类机关、团体、企事业单位从事内部资料性出版物委印和承印活动，必须遵守本规定。

第三条 本规定所称内部资料性出版物，是指在本系统、本行业、本单位内部，用于指导工作、交流信息的非卖性成册、折页或散页印刷品，不包括机关公文性的简报等信息资料。

内部资料性出版物，分为连续性内部资料性出版物和一次性内部资料性出版物两类。

第四条 对内部资料性出版物的委印和承印，实行核发《江苏省内部资料性出版物准印证》(以下简称准印证)管理。未经批准取得准印证，任何单位和个人不得从事内部资料性出版物的委印和承印活动。

第五条 全市各级各类机关、团体、企事业单位需编印连续性或一次性内部资料性出版物，应当向市文化广电新闻出版局提出书面申请，申请书应当注明编印目的、内容、发送对象、印张数、印刷期数、册数、开本等，经审核批准领取准印证后，方可从事委印活动。

第六条 凡需编印连续性刊型或者报型内部资料性出版物，均应通过市文化广电新闻出版局向苏州市文化广电新闻出版局递交书面申请。经市文化广电新闻出版局审核，报苏州市文化广电新闻出版局审批同意后，凭准印证委托出版物印刷企业印制。

第七条 凡需编印一次性内部资料性出版物，应向市文化广电新闻出版局报送全部稿件，经初审同意后，填报《江苏省内部资料性出版物一次性准印证申请表》等有关手续，经批准后，凭《江苏省内部资料性出版物一次性准印证》委托出版物印刷企业印制。

第八条 内部资料性出版物不得使用“××报”“××刊”或“××杂志”等字样；印刷时，必须在头版或封面显著位置标注“内部资料、免费交流”字样，并在明显位置完整印出“准印证号”“主管单位”“委印单位”等，不得省略、假冒或伪造。

第九条 内部资料性出版物严格限定在本系统、本行业、本单位内部交流，不得收取任何费用，不得刊登广告，不得在社会上征订发行，不得传播到境外，不得拉赞助或搞有偿经营性活动，不得用准印证出版其他出版物，不得与外单位以“协办”等形式进行出版发行。

第十条 内部资料性出版物不得刊载下列内容：

(一)反对宪法确定的基本原则的；

(二)危害国家的统一、主权和领土完整的；

(三)危害国家的安全、荣誉和利益的；

(四)煽动民族分裂，侵害少数民族风俗习惯，破坏民族团结的；

(五)泄露国家秘密的；

（六）宣扬淫秽、迷信或者渲染暴力，危害社会公德和民族优秀文化传统的；

（七）侮辱或者诽谤他人的；

（八）法律、法规规定禁止的其他内容。

第十一条　出版单位和非出版单位委托印刷经批准的内部资料性出版物，必须安排在出版物印刷企业印刷。

第十二条　出版物印刷企业承接本市出版单位和非出版单位委托印刷的内部资料性出版物，须验证并收存由市文化广电新闻出版局核发的准印证；出版物印刷企业承接外地出版单位和非出版单位委托印刷的内部资料性出版物，须验证并收存该内部资料主办单位所在地新闻出版行政部门核发的批准文件，并报市文化广电新闻出版局备案。

出版物印刷企业必须将承接印刷的内部资料性出版物样本及时送交市文化广电新闻出版局备案。

第十三条　准印证按一种内部资料一证的原则核发，其中委印单位对以成册形式印制的内部资料，一次性使用有效；连续性散页、折页内部资料的准印证有效期为6个月，期满须重新核发。委印和承印单位应当严格按准印证核准项目印制，严禁擅自更改准印证核准项目。

第十四条　委印单位有下列行为之一的，由市文化广电新闻出版行政管理部门根据情节轻重，给予警告，或者处1000元以下的罚款；以营利为目的从事下列行为的，处3万元以下罚款：

（一）未经批准委印内部资料性出版物的；

（二）委托非出版物印刷企业印刷内部资料性出版物的；

（三）违反本规定第八条、第九条规定，委印内部资料性出版物的；

（四）委印本规定第十条禁止内容的内部资料性出版物的；

（五）其他违反有关规定的。

第十五条　出版物印刷企业未按本规定承印内部资料性出版物及违反其他有关规定的，由市文化广电新闻出版行政管理部门根据情节轻重，给予警告，有违法所得的处3万元以下罚款，无违法所得的处1万元以下罚款。

——摘自《关于印发〈张家港市内部资料性出版物管理规定〉的通知》（张政发规〔2012〕30号）

2012年中共张家港市委部分文件目录

1月17日	张委发〔2012〕4号	关于在全市深入开展“我心目中的现代化”大讨论活动的通知
2月28日	张委发〔2012〕6号	关于印发《关于在创先争优活动中开展基层组织建设年的实施方案》的通知
3月15日	张委发〔2012〕8号	关于深化和拓展领导干部下基层“三解三促”活动的通知
4月10日	张委发〔2012〕9号	关于深入开展全民阅读活动加快推进“书香城市”建设的意见
4月18日	张委发〔2012〕12号	关于加快新市民同城化待遇步伐的实施意见
4月19日	张委发〔2012〕13号	关于深化实施市领导班子成员“六个一”蹲点联系制度的通知
5月9日	张委发〔2012〕17号	中共张家港市委员会关于开展“拼抢五个月、加速现代化、献礼五十年”活动的通知
5月19日	张委发〔2012〕19号	关于市委常委分工的通知
5月30日	张委发〔2012〕20号	印发《关于率先基本实现农业现代化的实施意见》的通知
8月14日	张委发〔2012〕27号	关于进一步加强和改进人民政协工作的意见
8月21日	张委发〔2012〕29号	关于印发《张家港市生态文明建设2012~2014年工作意见》的通知
10月22日	张委发〔2012〕36号	关于进一步加强和改进全市非公有制经济组织党建工作的意见
11月17日	张委发〔2012〕44号	关于开展“学习十八大、总结五十年”争先创新专题讨论活动的通知
11月19日	张委发〔2012〕46号	关于深化全市志愿服务工作的实施意见
12月3日	张委发〔2012〕47号	关于认真学习宣传贯彻党的十八大精神的通知
12月10日	张委发〔2012〕50号	关于印发《张家港保税区打造“江苏外高桥”三年行动计划（2013~2015年）》的通知
12月22日	张委发〔2012〕51号	关于深化张家港市文广新系统文化体制机制改革创新的意见
12月25日	张委发〔2012〕52号	关于印发《张家港市党政领导班子和领导干部考核评价办法（试行）》的通知
12月25日	张委发〔2012〕53号	关于批转市委组织部、市人力资源和社会保障局《张家港市年轻干部“365成长计划”实施意见》的通知

2012年张家港市人民政府部分文件目录

1月19日	张政发〔2012〕6号	关于印发2012年度基本建设项目计划及资金安排的通知
2月12日	张政发〔2012〕10号	关于印发《关于鼓励太阳能光伏发电示范工程建设工作意见》的通知
2月21日	张政发〔2012〕13号	关于印发《2012年张家港市淘汰落后腾笼换凤考核意见》的通知

3月26日	张政发〔2012〕25号	关于市政府市长副市长市长助理工作分工的通知
4月16日	张政发〔2012〕31号	关于印发《张家港市率先基本实现农业机械化实施意见》的通知
4月21日	张政发〔2012〕37号	关于印发《张家港市工业园区(集中区)环境保护三年(2012~2014年)行动计划》的通知
4月26日	张政发〔2012〕40号	关于印发《张家港市锂电产业发展规划纲要》的通知
5月9日	张政发〔2012〕43号	关于印发《张家港市土地执法监管共同责任制实施办法》的通知
5月9日	张政发〔2012〕45号	关于印发《张家港市妇女发展规划(2011~2015年)》和《张家港市儿童发展规划(2011~2015年)》的通知
5月10日	张政发〔2012〕46号	关于印发《张家港市重大活动餐饮服务食品安全管理办法》的通知
5月17日	张政发〔2012〕51号	关于印发《开展质量强市活动的实施意见》的通知
6月16日	张政发〔2012〕61号	关于印发《张家港市创建全国国土资源节约集约模范市活动实施方案》的通知
8月13日	张政发〔2012〕78号	关于印发《张家港市应急管理体系建设"十二五"规划》的通知
8月20日	张政发〔2012〕81号	关于进一步加强和改进统计工作的意见
8月25日	张政发〔2012〕82号	关于赋予凤凰镇部分经济社会管理权限的意见
11月26日	张政发〔2012〕110号	关于印发《张家港市卫生事业发展"十二五"规划》的通知
11月26日	张政发〔2012〕111号	关于印发《张家港市"政社互动"试点工作方案》的通知
11月26日	张政发〔2012〕113号	关于印发《关于推进镇村两级政务服务体系建设的指导意见》的通知
12月31日	张政发〔2012〕126号	关于印发《关于调整区(镇)分税制财政管理体制的意见》的通知
12月31日	张政发〔2012〕128号	关于印发《工业经济转型升级"3333"百企培育工程实施意见(2013~2015年)》的通知
2月12日	张政发规〔2012〕1号	关于印发《张家港市饮用水源地保护管理办法》的通知
3月18日	张政发规〔2012〕2号	关于印发《张家港市城市节约用水管理办法》的通知
4月18日	张政发规〔2012〕3号	关于印发《张家港市新市民积分管理暂行办法》的通知
4月20日	张政发规〔2012〕4号	关于印发《张家港市老年护理院管理办法》的通知
5月16日	张政发规〔2012〕5号	关于印发《张家港市城市管线规划管理办法》的通知
5月17日	张政发规〔2012〕6号	关于印发《张家港市市长质量奖评定管理办法》的通知
5月21日	张政发规〔2012〕7号	关于加强就业援助岗位开发管理的意见
5月21日	张政发规〔2012〕8号	关于印发《张家港市餐厨废弃物管理办法》的通知
5月21日	张政发规〔2012〕9号	关于印发《张家港市城市公共照明设施管理办法》的通知
5月22日	张政发规〔2012〕10号	关于印发《张家港市困难家庭大额医疗费用救助实施办法》的通知
6月8日	张政发规〔2012〕11号	关于印发《张家港市中小企业科技产业化项目信贷风险补偿专项资金管理办法》的通知
6月10日	张政发规〔2012〕12号	关于印发《张家港市社会基本医疗保险实时救助办法》的通知
6月14日	张政发规〔2012〕13号	关于印发《张家港市行政规范性文件后评估办法》的通知
6月16日	张政发规〔2012〕14号	关于印发《关于促进服务外包产业发展的若干政策》的通知
7月16日	张政发规〔2012〕15号	关于印发《关于进一步加强电网建设和电力管理的意见》的通知
7月17日	张政发规〔2012〕16号	关于印发《张家港市城市水体景观规划建设管理暂行办法》的通知
7月17日	张政发规〔2012〕17号	关于印发《张家港市建筑垃圾工程渣土管理办法》的通知
7月20日	张政发规〔2012〕18号	关于印发《张家港市长江防洪工程管理办法》的通知
7月20日	张政发规〔2012〕19号	关于印发《张家港市长江水文勘测管理办法》的通知
8月13日	张政发规〔2012〕20号	关于印发《张家港市城市绿化管理办法》的通知
8月14日	张政发规〔2012〕21号	关于印发《张家港市行政调解办法(试行)》的通知
9月18日	张政发规〔2012〕22号	关于印发《张家港市技术改造专项(贴息)资金管理办法》的通知
9月20日	张政发规〔2012〕23号	关于印发《张家港市财政专项资金管理办法》的通知
9月20日	张政发规〔2012〕24号	关于印发《张家港市税收征管保障办法》的通知
9月20日	张政发规〔2012〕25号	关于印发《张家港市安全生产事故隐患排查治理暂行办法》的通知
9月24日	张政发规〔2012〕26号	关于印发《张家港市农村部分计划生育家庭奖励制度实施办法》的通知
11月26日	张政发规〔2012〕27号	关于印发《张家港市公共视听载体播放活动管理办法》的通知
11月26日	张政发规〔2012〕28号	关于印发《关于调整征地补偿标准和安置办法的通知》的通知
11月29日	张政发规〔2012〕29号	关于印发《张家港市劳动模范评选表彰工作规程》的通知
12月21日	张政发规〔2012〕30号	关于印发《张家港市内部资料性出版物管理规定》的通知

国民经济和社会发展统计资料

2012年张家港市行政区划、面积、人口一览

表97

项　目	单　位	数　值	项　目	单　位	数　值
一、行政区划			全市人口当年出生数	人	8154
镇人民政府	个	8	出生率	‰	8.51
现代农业示范园区	个	1	全市人口当年死亡数	人	6351
双山岛旅游度假区	个	1	死亡率	‰	6.63
村民委员会	个	165	自然增长率	‰	1.88
社区居民委员会	个	92	年内迁入人口	人	5119
二、全市总面积	平方公里	986.73	其中:省内迁入	人	2564
不含长江水域面积	平方公里	798.72	省外迁入	人	2555
全市耕地面积	万公顷	3.06	年内迁出人口	人	2710
三、全市总户数	万户	33.66	其中:迁往省内	人	1448
全市总人口	万人	91.02	迁往省外	人	1262

张家港的一天

表98

项　目	单　位	数　值	项　目	单　位	数　值
一、每天创造的财富			人均生活消费额	元	41
地区生产总值(当年价)	万元	56027	粮食(原粮)	克	209
工农业总产值(当年价)	万元	152175	蔬菜及菜制品	克	295
其中:农业总产值	万元	1331	肉禽及制品	克	86
工业总产值	万元	150844	蛋类及制品	克	18
财政收入	万元	11302	水产品	克	39
钢材	吨	93848	干鲜瓜果类	克	59
电力	万千瓦小时	4682	三、每天其他经济活动		
食用油	吨	2134	社会消费品零售总额	万元	10129
乳制品	吨	117	进出口总额	万美元	8733
饮料酒	吨	146	出口总额	万美元	3500
农用化肥	吨	768	全社会用电	万千瓦小时	7257
平板玻璃	重量箱	82943	城乡居民人均生活用电	千瓦小时	2
水泥	吨	8228	固定资产投资完成额	万元	19207
铜材	吨	130	商品房销售面积	平方米	2444
粮食	吨	766	四、每天人口变动		
出栏生猪	头	330	出生人数	人	22
水产品	吨	49	死亡人数	人	17
出栏家禽	羽	5272	迁入人数	人	14
二、每天人均消费(农村居民抽样调查)			迁出人数	人	7

2012年张家港市农、林、牧、渔业总产值和增加值一览

表99　单位:万元

项　目	总产值	增加值	项　目	总产值	增加值
合　计	487278	275271	其中:水果	25279	—
一、农业	263073	167568	二、林业	61533	30397
1. 谷物及其他作物	89228	—	三、牧业	48190	21201
其中:谷物	80736	—	其中:猪饲养	21158	—
豆类	2890	—	其他牲畜饲养	10235	—
油料	2589	—	家禽饲养	16210	—
棉花	130	—	四、渔业	48192	26937
2. 蔬菜园艺作物	148155	—	其中:鱼类	22155	—
其中:蔬菜	111085	—	甲壳类	24893	—
3. 水果、茶作物	25604	—	五、农、林、牧、渔服务业	66290	29168

2012年张家港市农作物播种面积和产量一览

表100

作物名称	面积(公顷)	总产(吨)	作物名称	面积(公顷)	总产(吨)
农作物总播种面积	55807.53	—	其中:花生	154.60	342
一、粮食作物	40441.07	280511	油菜籽	1385.20	3643
1. 夏收粮食	20160.13	105941	3. 甘蔗	45.53	2455
其中:小麦	19935.20	105426	4. 药材	11.40	77
蚕豌豆	224.93	515	5. 蔬菜	10060.87	264799
2. 秋收粮食	20280.93	174570	6. 瓜果	1376.80	49679
其中:稻谷	18931.40	169587	其中:西瓜	277.33	12729
薯类	142.40	940	香瓜	75.13	2147
豆类	1022.13	2822	草莓	13.40	183
玉米	185.00	1221	水果	1010.93	34620
二、经济作物	13136.67	—	7. 其他	3.07	—
1. 棉花	62.27	53	三、其他作物	2229.80	—
2. 油料	1576.73	4041	其中:青饲料	32.13	—

2012年张家港市规模以上工业主要经济指标一览

表101　单位:万元

项　目	数　值	项　目	数　值
工业总产值	47029003	产成品	2292479
主营业务收入	47683715	资产总计	39269993
利税总额	1900966	负债总额	25482066
利润总额	897265	流动资产合计	22257026
二项资金	6665051	资产负债率	64.89
应收款尽额	4372572	产销率	98.97

2012 年张家港市工业总产值一览

表 102　　单位:万元

项　目	数　值	项　目	数　值
一、全部工业合计	55208800	(2)重工业	35587352
1. 按轻重工业分		2. 按登记注册类型分	
(1)轻工业	14415738	(1)国有工业	19871
(2)重工业	40793062	(2)集体工业	106446
2. 按企业规模分		(3)股份合作制工业	147103
(1)大型企业	36084472	(4)股份制工业	34462525
(2)中型企业	8032880	(5)外商及港、澳、台投资企业	11963140
(3)小微企业	11091448	(6)其他经济类型	329918
二、规模以上工业	47029003	在总计中:民营工业	32718682
1. 按轻重工业分		其中:私营工业	9397920
(1)轻工业	11441651		

2012 年张家港市规模以上工业主要产品产量一览

表 103

产品名称	单　位	数　值	产品名称	单　位	数　值
发电量	亿千瓦小时	171.35	服装	万件	18397.35
小麦粉	万吨	36.06	农用氮、磷、钾化学肥料(折纯)	万吨	28.10
大米	万吨	4.76	化学农药原药(折有效成分 100%)	吨	7307.93
饲料	万吨	24.10	化学纤维	万吨	88.59
精制食用植物油	万吨	78.10	橡胶轮胎外胎	万条	549.85
乳制品	万吨	4.30	水泥	万吨	301.15
饮料酒	万立方米	5.34	平板玻璃	万重量箱	3035.70
纱	万吨	51.05	钢材	万吨	3434.85
布	万米	22743.86	精炼铜(电解铜)	万吨	21.09
印染布	万米	35046	自来水	亿立方米	1.56

2012 年张家港市外向型经济主要指标一览

表 104

项　目	单　位	数　值	项　目	单　位	数　值
一、进出口总额(海关数)	万美元	3196195	其中:保税区	万美元	64310
其中:三资企业	万美元	1102704	五、到账外资及港澳台资	万美元	95155
保税区	万美元	1438194	其中:保税区	万美元	36734
二、出口总额	万美元	1281147	六、当年投产企业	家	47
其中:三资企业	万美元	386425	七、新签境外工程、劳务合同额	万美元	18412
保税区	万美元	284145	八、完成境外工程、劳务营业额	万美元	24360
三、新批三资企业	家	118	九、新派境外劳务人员	人	220
其中:保税区	家	34	十、逐年累积批办三资企业	家	1172
四、注册外资及港澳台资	万美元	161015	十一、年末实有开业三资企业	家	1077

2012年张家港市社会消费品零售总额一览

表105

单位:万元

项　目	数　值	项　目	数　值
社会消费品零售总额	3707280	二、按行业分	
一、按消费地区分		其中:批发业	255814
1. 城镇	3175699	零售业	2951699
其中:城区	1832412	住宿业	54575
2. 农村	531581	餐饮业	421839

2012年张家港市全社会固定资产投资完成情况

表106

单位:万元

项　目	合　计	城　镇	农　村	房地产
总计	7029782	3731374	2460763	837645
其中:当年开工	4173675	2442317	1572499	158859
一、按产业性质分				
第一产业	7490	—	7490	—
第二产业	4126483	2545254	1581229	—
其中:工业	4124683	2545254	1579429	—
第三产业	2895809	1186120	872044	837645
二、按建设性质分				
新建	3217425	1485697	894083	837645
扩建	2865840	1720873	1144967	—
改建	890749	522836	367913	—
其他	55768	1968	53800	—
三、按工程构成分				
建筑工程	3614028	1915593	1187737	510698
安装工程	162437	70876	44577	46984
设备工器具购置	2437850	1358032	1070894	8924
其他	815467	386873	157555	271039

2012年张家港市交通、邮电基本情况

表107

项　目	单　位	数　值	项　目	单　位	数　值
一、交通基本情况			二、邮政基本情况		
1. 公路总里程	公里	1527	1. 邮政局所总数	处	39
其中:高速公路	公里	36	邮政报刊图书销售点	处	48
一级公路	公里	210	2. 邮路(单程)	条/公里	12/844
二级公路	公里	545	农村投递路线(单程)	公里	4912
其中:国道	公里	32	3. 邮政业务总量	万元	11319
省道	公里	90	邮政业务收入	万元	13099
县道	公里	252	三、电信基本情况		
2. 公路桥梁	座/米	725/38807	1. 电信局(所)	处	2
3. 航道通航里程	公里	426	2. 电信业务总收入	万元	65388
4. 张家港口岸吞吐量	万吨	25000	3. 电话交换机总容量	门	562853
其中:外贸货物吞吐量	万吨	5037	4. 固定电话用户	户	352553
港口集装箱运量	万标箱	150	5. 移动电话用户	户	348565
5. 机动车总计	辆	299328	移动互联网用户	户	220082
其中:汽车	辆	203643	6. 互联网用户	户	460191
农用车	辆	682	其中:宽带用户	户	231524
摩托车	辆	92016	四、移动公司用户数	万户	100
6. 张家港籍年检小货轮	艘/吨位	13/3237	五、联通公司用户数	万户	21

2012年张家港市预算内财政收入、支出情况

表108　　单位:万元

项　目	数　值	项　目	数　值
一、财政收入合计	4136671	(1)一般消费税	3025
1. 公共财政预算收入	1496131	(2)增值税(75%部分)	886082
(1)增值税(25%部分)	302181	(3)企业所得税(60%部分)	298695
(2)营业税	257049	(4)个人所得税(60%部分)	131253
(3)企业所得税(40%部分)	199130	二、财政总支出	2737673
(4)个人所得税(40%部分)	87502	1. 公共财政预算支出	1429162
(5)城市维护建设税	80682	(1)基本公共管理与服务	163049
(6)房产税	45072	(2)公共安全	74185
(7)印花税	30417	(3)教育	223602
(8)城镇土地使用税	41827	(4)科学技术	71800
(9)土地增值税	61883	(5)文化体育与传媒	24323
(10)车船税	6588	(6)社会保障与就业	113457
(11)屠宰税	—	(7)医疗卫生	71094
(12)耕、契两税	109664	(8)环境保护	55267
(13)罚没收入	15778	(9)城乡社区事务	319670
(14)专项收入	62440	(10)农林水事务	145333
(15)国有资产经营收益	128250	(11)交通运输	46316
(16)行政性收费收入	43719	(12)工业商业金融等事务	105995
(17)其他收入	23949	(13)地震灾后恢复重建支出	—
2. 基金收入	1321485	(14)其他支出	15071
3. 中央级财政收入	1319055	2. 基金支出	1308511

2012年张家港市金融机构信贷收支情况

表109　　单位:万元

项　目	数　值	项　目	数　值
一、各项存款	20662226	其中:个人消费贷款	107263
1. 单位存款	12034950	(2)单位普通贷款及透支	6963036
其中:活期存款	2875278	其中:经营贷款	6937523
定期存款	3070354	固定资产贷款	22520
通知存款	459493	(3)贸易融资	1060085
保证金存款	2870088	2. 中长期贷款	5374678
2. 个人存款	7595166	(1)个人贷款	1425700
其中:储蓄存款	7469728	其中:个人消费贷款	1245969
保证金存款	14054	(2)单位普通贷款	3487215
结构性存款	111384	其中:经营贷款	790541
3. 财政性存款	84905	固定资产贷款	2696674
4. 临时性存款	20698	(3)普通并购贷款	26000
5. 委托存款	46980	(4)银团贷款	433348
6. 其他存款	879528	(5)贸易融资	2416
二、各项贷款	15005329	3. 票据融资	896434
(一)境内贷款	15003326	其中:贴现	896434
1. 短期贷款	8678934	4. 各项垫款	53280
(1)个人贷款及透支	655812	(二)境外贷款	2003

2012年张家港市保险业务情况

表110 单位:万元

项　目	数　值	项　目	数　值
一、保险收入	259806	二、当年赔款和给付	70799
1. 财产险	106269	1. 财产险	56969
其中:企业财产险	13421	其中:企业财产险	6381
机动车辆险	80147	机动车辆险	46525
货物运输险	2880	货物运输险	487
家庭财产险	896	家庭财产险	99
2. 人寿险	153538	2. 人寿险	13830

2012年张家港市科技基本情况

表111

项　目	单　位	数　值	项　目	单　位	数　值
一、科技经费			三、科研成果		
科学技术支出	万元	42318	1. 科学技术奖		
占财政支出比重	%	5.78	(1)国家科学技术奖	项	1
二、高新技术			(2)省级科技进步奖	项	6
1. 国家火炬计划重点高新技术企业	家	17	(3)苏州市科学技术奖	项	19
2. 高新技术企业	家	193	(4)张家港市科学技术奖	项	48
其中:当年认定	家	54	2. 专利情况		
3. 新增国家创新基金项目	项	7	(1)申请专利	件	9196
4. 新增省级以上火炬计划	项	13	(2)授权专利	件	8469
5. 当年认定省级高新技术产品	种	291	四、技术贸易		
6. 新增省科技支撑计划(工业)	项	3	1. 签订各类技术合同	项	81
7. 新增省科技成果转化资金项目	项	1	技术贸易成交额	万元	21968
			2. 各类科技开发、技术贸易机构	个	15

2012年张家港市人才、人事情况

表112 单位:人

项　目	数　值	项　目	数　值
一、人才总数	229900	(1)本科	1311
1. 人才文化结构		(2)大专	9050
(1)研究生	5436	(3)中专	125815
(2)本科	91548	三、公务员总数	3566
(3)大专	93478	公务员文化结构	
2. 人才职称结构		(1)研究生	247
(1)高级	7162	(2)本科	2252
(2)中级	31546	(3)大专	849
(3)初级	82151	(4)中专及以下	184
二、工人岗位人才文化结构		(5)高中及以下	34

2012年张家港市学校基本情况

表113

项　目	学校(所)	毕业人数(人)	招生人数(人)	在校学生(人)	教职工(人)	专任教师(人)
合计	78	27492	29864	118758	9182	8082
高校	2	2486	3584	9429	872	594
电大	1	725	328	2428	161	121
中等专业学校	6	3891	3173	11709	905	799
普通中学	37	11638	12722	36140	3836	3396
其中:高中	9	4281	3508	11276	1489	1328
小学	31	8743	10032	58908	3375	3144
特殊教育学校	1	9	25	144	33	28
附:幼儿园	37	9122	11864	28415	1215	984

2012年张家港市群众文化、广播电视、体育事业基本情况

表114

项　目	单　位	数　值	项　目	单　位	数　值
一、群众文化			二、广播电视		
1. 机构数	个	10	电视人口覆盖率	%	100
其中:群众文化馆	个	1	电视节目	套	1
文化部门文化站	个	9	有线电视用户	万户	33.5
2. 职工数	人	116	广播电台	座	1
其中:群众文化馆	人	56	广播节目	套	1
文化部门文化站	人	60	广播节目人口覆盖率	%	100
3. 创作艺术作品数	件	2127	三、体育		
其中:群众文化馆	件	112	体育系统体育场(馆)数	个	7
文化部门文化站	件	2015	举办运动会次数	次	9
4. 组织文艺活动次数	次	2302	年内达到等级标准运动员	人	3
其中:群众文化馆	次	321	年内输送运动员	人	30
文化部门文化站	次	1980	其中:国家队	人	2
5. 举办培训班结业人数	人次	28344	省队、省体校	人	12
其中:群众文化馆	人次	3850	苏州市级训练单位	人	16
文化部门文化站	人次	24494	在奥运会中获得奖牌(银)	枚	1
6. 藏书	万册	39.82	在省级比赛中获得金牌	枚	16
			在苏州市级比赛中获得金牌	枚	110

2012年张家港市卫生机构基本情况

表115

项　目	单　位	数　值	项　目	单　位	数　值
一、卫生机构数	个	410	6. 妇幼保健院(所、站)	个	1
1. 医院	家	35	7. 疾病预防控制中心	个	1
2. 护理院	家	1	8. 卫生监督所	个	1
3. 社区卫生服务中心	个	9	9. 医药教育机构	个	1
4. 卫生院	家	—	10. 诊所、卫生所、医务室	个	135
5. 采供血机构	个	1	11. 村级卫生机构	个	225

续表 115

项　目	单　位	数　值	项　目	单　位	数　值
二、卫生机构人员数	人	8909	其中:私营卫生机构人员数	人	2716
其中:卫生技术人员	人	7440	三、卫生机构床位数	张	6013
(1)医生	人	3062	1. 医院	张	5947
(2)注册护士	人	2729	其中:综合医院	张	4509
(3)药剂人员	人	426	中医医院	张	610
(4)技师	人	354	专科医院	张	828
(5)其他	人	869	2. 其他	张	66

2012 年张家港市城镇在岗职工人数及工资情况

表 116

行　业	年末人数(人)	平均人数(人)	平均工资(元/人)
总计	144678	152001	56591
1. 农、林、牧、渔业	24	24	28125
2. 制造业	79907	88794	48963
3. 电力、燃气及水的生产和供应业	1631	1616	60715
4. 建筑业	12865	12128	44803
5. 交通运输、仓储及邮政业	4237	4239	49824
6. 信息传输、计算机服务和软件业	1419	1368	62490
7. 批发和零售业	4489	4395	51539
8. 住宿和餐饮业	2173	2151	34331
9. 金融业	3809	3649	84155
10. 房地产业	1968	1935	53843
11. 租赁和商务服务业	413	412	64983
12. 科学研究、技术服务和地质勘查业	1569	1528	63565
13. 水利、环境和公共设施管理业	942	904	59811
14. 居民服务和其他服务业	96	94	49638
15. 教育	10215	10187	86043
16. 卫生、社会保障和社会福利业	7568	7393	61383
17. 文化、体育和娱乐业	869	857	84663
18. 公共管理和社会组织	10484	10327	98596

2012 年张家港市农民人均收入情况(农村住户调查)

表 117　　　　单位:元

项　目	数　值	项　目	数　值
一、全年总收入	23936.75	(2)批零贸易业、饮食业收入	747.72
(一)工资性收入	13145.95	(3)社会服务业收入	0.30
其中:从本地企业得到收入	9413.61	(4)其他收入	8.29
(二)家庭经营收入	7668.73	(三)财产性收入	1508.30
1. 第一产业收入	3819.84	其中:集体分配股息和红利	135.08
(1)农业收入	295.73	租金	411.45
(2)林业收入	1.09	转让土地承包经营权收入	165.86
(3)牧业收入	3522.69	(四)转移性收入	1613.78
(4)渔业收入	0.32	其中:城市亲友赠送收入	14.11
2. 第二产业收入	2326.20	农村亲友赠送收入	1313.81
3. 第三产业收入	1522.70	粮食直接补贴收入	19.35
(1)交通运输、邮电业收入	766.38	二、全年纯收入	19459.99

【编辑　沈立平　陆正芳】

索　引

说　明

一、索引采用主题分析法编制，也有部分选用关键词。

二、索引设有条目索引、表格索引、随文图片索引三个分目，按标引词首字的汉语拼音音序排列，首字相同按第二字音序排列，以此类推。

三、由类目、分目提取的索引用黑体字标明。标引词后的阿拉伯数字表示内容所在的页码，数字后面的 a、b、c 分别表示从左至右第一、二、三栏。标引词后第二个页码起，表示该索引参见内容所在位置。

四、为便于读者检索，张家港市的企事业单位以及在张家港市发生的事件名称，除易产生歧义者外，省略“张家港市”或“张家港”。

条目索引

A

B

C

K

L

R

S

T

W

表格索引

B

C

D

F

随文图片索引

【编辑　张　洁】

主审人员名单

（按姓氏笔画排序）

丁学东	丁建华	万海敏	马正阳	马汉其	王少波	王世芳
王永康	王江涛	王苏嘉	王建明	王春松	王晓峰	王海平
王静娟	归 俊	石冬萍	伍建国	刘会荪	刘国华	刘 学
刘 俭	刘雪秀	孙利婵	孙 静	朱志斌	朱志皓	朱 林
朱栋裕	朱晓敏	许 健	许海萍	何中元	何正贤	何启明
何 芬	何 俊	吴云峰	吴永生	吴永兵	吴 忠	吴金虎
宋伟丰	张立新	张龙卫	张宇洲	张 扬	张宏岗	张岳良
张 建	张建华	张明国	张炳忠	张惠琴	张 辉	张愫阳
张新华	张新建	张耀明	李 刚	李 劲	李 峰	李维兵
李 新	杜思梅	杨建华	沈栋华	肖维贤	言成钢	邵建芳
邵 浒	陆兆林	陆新玉	陆群一	陈小茹	陈 飞	陈亚光
陈 华	陈 丽	陈建刚	陈忠海	陈绍峰	陈金发	陈春明
陈洪泉	陈晓东	陈 晔	陈 祥	陈维清	陈 稳	陈 霞
周 枫	周春峰	周 钧	周新华	季春郁	尚秀胜	巫 刚
郑建业	金显哲	金 炯	金继南	侯寿松	侯蔚枫	姚章华
姜 荣	施建彬	贺正红	赵 伟	赵 晖	倪江峰	唐晓东
唐爱云	展玉明	徐凤娟	徐平观	徐 伟	徐 冰	徐华东
徐丽花	徐志斌	徐国兴	徐 松	徐莉萍	徐德华	耿兴中
袁 勋	贾东航	郭立军	钱凤娟	陶彦斌	顾永福	顾 青
高 攀	曹 平	曹企新	曹丽萍	曹 徐	章炳保	章 骏
黄少杰	黄永舫	黄利忠	黄 浩	黄 梅	龚向东	景国荣
景振新	景惠新	焦 实	童 琳	蒋卫忠	蒋新峰	谢 江
褚 辉	詹亚军	路 江	管长兴	潘雪平	潘 琦	潘 德
穆利中	戴建明	戴 艳	瞿永昌	瞿秋霞		

张家港保税科技股份有限公司

张家港保税科技股份有限公司是张家港市第一家借壳“大理造纸”上市的上市公司，股票代码“600794”。公司总部于2009年自云南昆明迁址至张家港保税区。主要从事化工品进出口开证代理、码头接卸、保税仓储、运输配送等物流链一条龙服务。保税科技旗下拥有4家子公司，分别为张家港保税区长江国际港务有限公司、扬子江化学品运输有限公司、扬子江物流公司、外商投资服务公司。其中张家港保税区长江国际港务有限公司为保税科技最大的子公司，位于张家港保税港区内，是一家专业从事散装液体石油化工产品码头接卸、保税仓储和分拨转运的液体化工物流企业，年吞吐量约300万吨，主营品种乙二醇、二甘醇已成为全国知名的集散地。2012年，保税科技坚持科学发展，注重安全生产，努力实现企业业绩成长与和谐发展的良性循环，全年公司实现营业收入3.72亿元，市值39.37亿元，资产总值约21.32亿元，利润总额1.97亿元，上缴国家税收5400万元。先后荣获江苏省平安企业、江苏省健康促进示范企业、苏州市安全生产先进企业、苏州市文明单位、苏州市劳动关系和谐企业等荣誉称号。

1 市委常委、张家港保税区党工委副书记、管委会副主任、金港镇党委书记卞东方参观保税科技企业文化展厅

2 保税科技子公司扬子江运输公司车辆展示

3 保税科技与社区签订定向帮扶计划

4 举行消防灭火演练

5 保税科技子公司长江国际港务有限公司全景

张家港保税区（金港镇）

1

2

3

张家港保税区（金港镇）位于张家港市西部，是城市副中心和对外开放的重要窗口，已成为长三角重要的国际资本承载区、现代产业集聚地和大宗商品集散中心。2012年，保税区（金港镇）紧紧围绕“决战现代化，争当排头兵”工作主线，坚持重大项目引领转型升级、综合开发引领城乡一体、民生优先引领区镇发展。全年完成地区生产总值553.82亿元，工业总产值1423.35亿元，工业开票销售收入1267.47亿元，全社会固定资产投入151.36亿元，入库税收68.7亿元，进出口总额143.82亿美元，农民人均纯收入2.27万元。年内获全省开放型经济先进单位、江苏省新型工业化产业示范基地、江苏省知识产权试点园区等荣誉称号，加快向“江苏外高桥”目标迈进。**经济转型加速升级**。扬子江石化、康得新一期、欣锦阳等一批重大项目进展顺利，润英联、霍尼韦尔特性材料等项目成功签约，获批国家锂电产业基地和省级锂电科技产业园，自主申报“千人计划”人才实现零的突破，引进“千人计划”人才5人，获评省“双创人才”3人，获评全市唯一的“省创新团队”和“省重大科技成果转化项目”。参与国家863计划项目3项，新增省高新技术企业13家、中国驰名商标2件，新兴产业育成中心一、二期竣工并实质性运作。**平台创新加速突破**。成功获批全省唯一的进口汽车整车口岸和进口商品集采分销中心，正式发布中国•张家港液体化工指数，汽车口岸和化工品交易场所建设列入国家苏南现代化建设规划草案，省内率先启动保税仓储货物抵押试点工作，率先建立葡萄酒检测实验室并成为最大的保税进口口岸。**城乡建设加速推进**。滨江大厦、金科地产高档商住小区、香山“一湖两路”工程全面启动，东山村遗址博物馆概念性规划方案正式确定，疏港高速公路正式开工，滨江新城和香山开发雏形初显。新建安置房78.49万平方米，竣工交付45.68万平方米，均创历史新高。

4

5

1 省委书记罗志军调研康得新光电材料有限公司
2 省委常委、苏州市委书记蒋宏坤调研江苏多维科技有限公司
3 保税区（金港镇）“决战现代化、争当排头兵”动员大会
4 张家港保税港区汽车整车进口口岸获批
5 中国•张家港液体化工指数发布
6 康得新2亿平方米光学膜产业集群项目奠基
7 张家港保税区新兴产业育成中心一期启动
8 保税仓储货物抵押试点工作启动
9 保税区建区20周年庆典暨第九届香山文化旅游艺术节开幕
10 南沙举重馆落成暨江苏省举重训练基地揭牌
11 新落成的金成安置小区一角
12 香山风景区

山北村

山北村位于香山风景区北侧，2004年由原山北村、镇山村、港上村三村合并而成。总面积5.8平方公里，下辖31个村民小组，居民1761户6313人。2006年10月建立山北村党委，党员278人。

近年来，山北村以经济建设为中心，践行科学发展观，始终围绕打造“三产大村二产强村”的目标，确立“稳一促二进三”的产业发展战略，形成四片工业集中区，有化工、机械、橡塑、电子、医疗器械、木业、纺织等企业80余家。2010年，积极实施“腾笼换凤”战略，在原产业分区基础上，归并同类成长型企业，实行企业重组。同时，加速助推企业转型升级，大力扶持高新企业，积极培育“五新”产业，取得了可喜的成绩。2012年全村完成工业开票销售收入7.2亿元，入库税收2100万元，村级可用财力800万元。

山北村获得江苏省卫生村、苏州市建设社会主义新农村示范村、张家港市十佳文明村、张家港市农业现代化试点村、金港镇十大经济强村（社区）等荣誉称号。

1 村党委书记庞建华

2 市委常委、张家港保税区党工委副书记、管委会副主任、金港镇党委书记卞东方专题调研安置房建设情况

3 村委会办公大楼

4 森源大厦

5 2012年保税区（金港镇）“全民健身节”暨“全民健身日”“山北杯”村级象棋联赛

新套村

新套村位于保税区（金港镇）东部10公里处，距德积办事处3.5公里，东依太字港，与朝南村接壤，西靠福民村，南邻华昌集团，北与小明沙村交界。1999年7月，由原新套村、和字村合并而成。总面积3.06平方公里，下辖26个村民小组，居民902户3133人。

近年来，新套村牢固树立科学发展观，以提升民生福祉为总体目标，脚踏实地，锐意进取，开拓创新。全村有耕地109.6公顷，100%土地流转，已申报太湖水环境综合治理七期省级专项资金项目，发展生态循环农业，以农业增产、农民增收、集体得益、承包者赚钱为准则，走出一条优质、低耗、高效、环保的致富新路。2012年，全村完成工业开票销售收入3.3亿元，村级可用财力548万元，人均纯收入22368元。

新套村获得江苏省卫生村、苏州市建设社会主义新农村示范村、张家港市种养特色村、张家港市民主法治村、张家港市双十佳卫生村等荣誉称号。

1 村党总支书记朱松山
2 村委会办公大楼
3 举办“现代化建设指标体系内涵解读”专题讲座
4 新套村种植示范田
5 新太圩小区居民健身场地

张家港村

张家港村位于张家港港通江出口处，地处保税区（金港镇）政治经济文化中心，东至团结路，南到天福北路，西至蟠港路，北到双山码头。总面积1.53平方公里，下辖19个村民小组，19个居民管理区域，居民1469户2969人，流动人口5982人。2006年10月建立张家港村党委，下设8个党支部，党员184人。

近年来，张家港村始终坚持“自我发展、自我管理、自我服务、自我教育”的原则，紧紧围绕“科学发展、创先争先、富民强村”工作理念，攻坚克难，抢抓机遇，党的建设不断加强，集体经济进一步巩固，人民生活进一步提高，农村社会进一步稳定，连续多年跻身区（镇）十大经济强村行列。2012年，全村完成工业总产值4.52亿元，工业开票销售收入4.2亿元，利税2639万元，村级可用财力830万元，人均纯收入22618元，人均住房面积120平方米。

张家港村获得江苏省卫生村、苏州市农村现代化建设示范村、苏州市基层组织建设示范村、苏州市文明村、苏州市民主法治示范村、张家港市五星级和谐社区、张家港市文明单位、张家港市文明村、张家港市先进基层党组织、张家港市信用村、金港镇十大经济强村等荣誉称号。

1 村党委书记向一
2 中共张家港村委员会成立
3 村干部例会
4 张家港村住房出租管理协会成立
5 村舞蹈队参加重大活动演出

朱家宕村

朱家宕村位于保税区（金港镇）东南部，东与经开区（杨舍镇）闸上村相邻，南和江阴市华士镇交界，西接新塍村，北连高桥村，毗邻338省道，港华路贯穿其中，地理位置优越。总面积2.36平方公里，下辖14个自然村，18个村民小组，居民1148户3164人。村党总支下设8个支部，党员104人。

近年来，朱家宕村始终践行科学发展观，调整产业结构，抢抓发展机遇，以“推动科学发展，带领农民致富，构建农村和谐”为工作宗旨。2012年，先后投入1226万元在保留村庄丁河头、北高头开展省级村庄建设与环境整治示范点创建，顺利通过省住建厅的考核验收。村拥有净资产639万元，标准型厂房10957平方米，企业60余家，完成工业开票销售收入6亿元，村级可用财力600万元。

朱家宕村获得江苏省文明村、江苏省康居示范村、苏州市生态村、苏州市新农村建设示范村、张家港市文明村、张家港市社会主义新农村基本现代化建设示范村、张家港市民主法治村等荣誉称号。

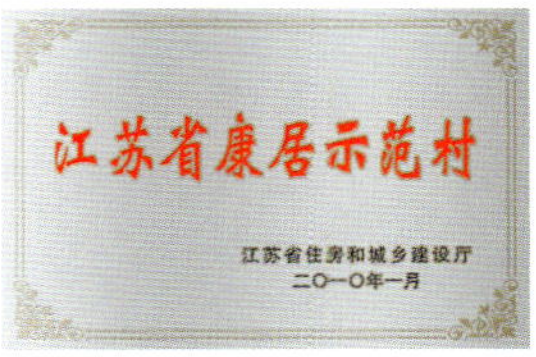

1 苏州市副市长徐明到村调研
2 蔬菜大棚
3 武术文化
4 鸟语花香的居住环境
5 居民健身场地
6 省级村庄建设与环境整治示范点

江苏化工品交易中心有限公司

2012年，江苏化工品交易所以招商引资、平台建设、优质服务为抓手，加快创新培育，全面实现稳步增长。全年交易所新注册公司134家，注册资本2.57亿元，比上年增15%；完成现货成交额435亿元，比上年增21%；税收2.5亿元，比上年增1%。全年房租收入996万元，物业费收入11.4万元，网络收入22.55万元，会员费收入45.85万元，实现经济指标和经济收入双丰收。加快创新招商，实行主动招商、推进以商招商、坚持走出去招商、围绕“楼宇经济”招商，年内中国石化化工销售有限公司张家港经营部、南方石化集团有限公司江苏分公司、辽宁省化工贸易有限公司等公司相继落户。完善《张家港口岸液体化工价格信息平台》，从2004年8月至2012年年末共发布《每日电讯》电子刊物2060期。5月，与江苏中信物联网公司、中国科学院上海高等研究院共同合作开发物联网（车联网），形成危化品物流信息资源共享数据库，建立危化品物流分拨平台的门户网站，提供综合信息服务、支持物流业务交易、诚信企业平台服务、货物跟踪等增值服务，解决供应链融资问题，11月召开物联网座谈会。8月28日，“中国•张家港液体化工指数”在北京召开新闻发布会并正式对外发布，这是国内液体化工行业首次推出的行业指数。2013年3月26日，根据省政府金融办公室意见，江苏化工品交易所有限公司更名为江苏化工品交易中心有限公司。

1 7月8日，国家发改委副主任杜鹰率苏南规划调研组考察化工品交易市场
2 8月28日，张家港液体化工指数新闻发布会举行
3 8月8日，江苏化工品交易所成立10周年座谈会举行
4 举行新春联谊会
5 举办文艺汇演

民丰村

民丰村位于杨舍城区东郊，东依新乘路，南濒菖蒲塘，西临界泾河，北靠沙洲东路，属乘航办事处管辖。梁丰生态园坐落于村域北端。全村由原民丰、新农、勤星等三村合并而成，总面积5.24平方公里，辖44个村民小组，常住人口5466人，另有暂住人口3650人。2012年10月，经市委批准，建立中共杨舍镇民丰村委员会，下设8个党支部，有党员174人。近年来，随着城市化进程的不断推进，全村有36个村民小组被征地拆迁，村民分别安置在民丰苑、新丰苑、新农花苑、联欣花苑等4个安置小区。全村拥有标准型厂房4.6万平方米、三产用房1.6万平方米，有企业41家。2012年，实现工业产品销售收入83248万元，利税总额6000余万元，村可用财力1152万元。民丰村党委坚持以人为本、和谐发展、富民强村的工作理念，不断提高村民生活水平，努力改善生态环境。先后获得苏州市加强农村基层组织建设、加快农村现代化建设示范村，苏州市“实践科学发展，推进两个率先”先锋村，苏州市经济发展百强村，江苏省卫生村，江苏省绿色社区，江苏省生态村等荣誉称号。

1 村党委书记孟建东
2 村委会办公大楼
3 联欣花苑
4 民丰工业区

张家港经济技术开发区（杨舍镇）

1

ZETDZ
张家港经济技术开发区

张家港经济技术开发区（杨舍镇）是市委、市政府所在地，是全市政治、经济、文化、交通中心，也是全市投资最集中、经济发展最快的区域之一。在开发开放、招商引智、扩大出口、调整产业结构、经济转型升级等方面起到了重要的窗口和辐射、示范、带动作用。2012年，区（镇）围绕“项目立区、产业兴区、创新活区、富民强区”的工作目标，全力建设全国一流的国家级开发区。全年实现地区生产总值579.89亿元；全口径财政收入73.59亿元，其中公共财政预算收入31.85亿元；全社会固定资产投资177.08亿元；完成工业产品销售收入926.64亿元，实现利税41.79亿元，其中利润26.39亿元；完成三产投入76.93亿元，实现增加值356.26亿元，服务业占地区生产总值的比重达到66%。年内被评为全国社会主义新农村建设示范镇。

2

3

4

1 9月25日，省委书记罗志军在江苏省（张家港）智能电力研究院考察调研

2 8月17日，国家发改委副主任解振华在张家港富瑞特种装备股份有限公司考察调研

3 8月10日，省委常委、苏州市委书记蒋宏坤在彩虹（张家港）平板显示有限公司调研

4 3月13日，苏州市委副书记、市长周乃翔在江苏省（张家港）智能电力研究院调研

5 国家广电总局批准张家港软件（动漫）产业园为国家影视网络动漫实验园

6 苏州大学张家港工业技术研究院建成

7 沙洲湖科创园效果图

8 欧璧医药包装科技（中国）有限公司开工奠基

9 全市第三家“千人计划”工作站落户经开区（杨舍镇）

5

张家港工业技术研究院

6

7

STEVANATO GROUP
奠基

8

华裕金属—朱强博士 有色金属材料“千人计划”工作站签约仪式
朱强博士
华裕金属

9

张家港经济技术开发区（杨舍镇）

1 华灿光电（苏州）有限公司开工奠基
2 张家港比茨服务外包产业园投资签约仪式
3 澳洋集团总部经济项目开工奠基
4 麦德龙张家港商场开业
5 举办“幸福网格乐翻天”活动
6 杨舍地区广场舞蹈比赛
7 老宅社区“百家乐”越剧团演出情况在中央电视台《焦点访谈》播出
8 第二届全民健身运动会
9 “决胜现代化、喜迎十八大、唱响五十年”大型歌会

开发区(杨舍镇)
幸福网格乐翻天

5

杨舍地区广场舞蹈比赛

6

国际民间艺术节
Folk Art Festival

7

家港市科学健身大讲堂·开发区(杨舍镇)第二届全民健身运动会
优健身志愿服务项目推介会

8

张家港经济技术开发区（杨舍镇）
决胜现代化 喜迎十八大 唱响五十年
大型群众歌咏会
决胜现代化 喜迎十八大唱响五十年

9

张家港经济技术开发区（杨舍镇）

1 彩虹苑获苏州市农民集中居住区二等奖
2 旺西花苑竣工
3 农联新镇（农联花园）开工建设
4 新建成的塘市初级中学
5 福前小学、福前幼儿园开工建设

6 情暖万家——大杨舍志愿者在行动

7 “爱满港城”慈善募捐活动

8 “人文暨阳，书香杨舍”全民阅读活动获第七届苏州阅读节优秀奖

9 开展区（镇）第十次“万人大巡防”活动

江苏扬子江国际冶金工业园（锦丰镇）

江苏扬子江国际冶金工业园（锦丰镇）位于张家港市北部，与如皋市、通州市隔江相望，有沿江岸线13.8公里，是国内首家省级特色工产园区、省新型工业化产业示范基地（精品钢材），是张家港市以钢铁冶炼为核心，加工、贸易、仓储、物流等全面发展的新型工业基地。园（镇）总面积114.32平方公里，耕地面积4688公顷。辖办事处2个、行政村25个、社区居委会6个。有户籍人口11.4万人，另有外来暂住人口5.58万人。2012年，园（镇）实现生产总值500.06亿元，比上年增8%；其中一、二、三产业增加值分别为3.72亿元、389.55亿元、106.79亿元，按户籍人口计算，人均生产总值达到43.84万元。完成全口径财政收入40.58亿元，其中公共财政预算收入18.76亿元，入库税金40.58亿元；全社会固定资产投资143.65亿元，比上年增22.2%。全年实现工业产品开票销售收入1355.5亿元，完成工业投入102.05亿元、服务业投入41.22亿元。新兴产业产值518亿元，比上年增38%。全年新批三资企业16家，新增注册外资及港澳台资2.4亿美元，自营进出口总额68.3亿美元。冶金物流中心注册企业910家，完成交易额1005亿元，入库税金2.35亿元。园区已形成炼铁3050万吨、炼钢3780万吨、轧材3660万吨、不锈钢100万吨、电解铜20万吨的年生产能力。锦丰•沙洲新城展示馆、沙洲县抗日民主政府纪念馆落成开放。成功举办第四届全民运动会、第四届沙上文化艺术节，编纂出版《三兴镇志》《合兴镇志》。年内，获苏州市文明镇标兵、双拥模范镇、绿化苏州先进集体，江苏省人口计生系统窗口服务示范镇、和谐社区建设示范乡镇等称号。

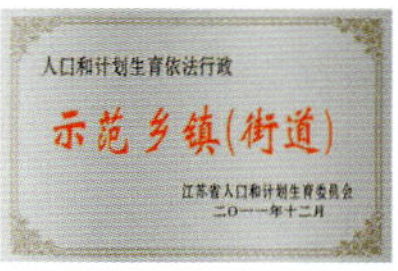

4

5

6

7

1 省委书记罗志军到园（镇）考察
2 全国人大常委会委员、全国人大教科文卫委员会副主任委员金炳华到园（镇）调研
3 副省长何权到园（镇）考察村庄环境整治工作情况
4 省人民检察院检察长徐安到镇调研
5 共青团江苏省委书记万闻华到园（镇）调研
6 省总工会主席张艳到园（镇）职工服务中心考察指导
7 省农委副主任张坚勇到园（镇）考察水稻丰产方
8 省人口计生委副主任徐东红到园（镇）调研指导科学育儿工作

8

江苏扬子江国际冶金工业园（锦丰镇）

1 玖隆物流园商务区项目开工
2 锦丰镇大南三村、五村安置小区奠基典礼
3 园（镇）召开大气治理三年行动工作会议
4 园（镇）召开“拼抢五个月、加速现代化、献礼五十年”活动动员大会。
5 全市新型土地股份合作社改革现场推进会在园（镇）召开
6 全市首家工商登记服务中心在园（镇）成立
7 德国科赫实业公司CTO Juergen Schindler到园（镇）考察

8 园（镇）举行第四届全民运动会

9 园（镇）举行全民健身节启动仪式暨“千人百万步”活动

10 锦丰镇文体中心开工

11 园（镇）举行2012年“共享阳光”慈善助学暨民革张家港市总支定向捐赠仪式

12 园（镇）开展“学习陆浩杰，争当好青年”主题宣讲活动

13 园（镇）首期村级后备干部培训班在市委党校开班

江苏扬子江国际冶金工业园（锦丰镇）

1 第四届沙上文化艺术节开幕式暨沙洲县抗日民主政府纪念馆开馆仪式

2 群众文艺团队“百团大展演”活动

3 中央公园、滨河公园开园仪式暨《三兴镇志》《合兴镇志》首发式

4 园（镇）第四届沙上文化艺术节、沙上文明风公益文艺巡演闭幕式暨第四届全民运动会颁奖典礼在保利大剧院举行

5 中央公园一景

6 沙洲县抗日民主政府纪念馆外景

协仁村

协仁村位于锦丰镇东南部，二干河、三干河之间，锡张高速北端锦丰出口处，港丰公路贯穿其中。2004年3月26日，由原双福村和协仁村合并而成，东临西港村、南濒交通村、洪福村，西邻郁桥村，北接建设村。全村总面积为4.32平方公里，共有17个村民小组，总人口4005人，有党员140人，外来常住人口381人。有耕地面积243.33公顷，围养水面10.67公顷，林地面积1.53公顷。全村农业生产是以传统的稻麦种植为主。通过产业结构调整及对大户的技术培养，建立谐和粮油、谐和农机、土地股份等3个合作社，大部分土地经流转由种田大户承包种植，建有葡萄园基地5.33公顷，设施农业10公顷。近年来，先后被评为江苏省卫生村、康居示范村、三星级康居乡村，苏州市生态村、建设社会主义新农村示范村、民主法治村等荣誉称号。村内有大小企业17家，江苏艾迪尔医疗科技股份有限公司是境内规模较大的一家企业，也是锦丰镇拟上市企业之一。

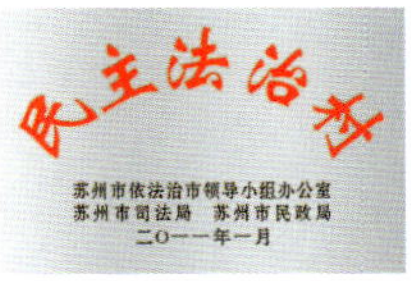

1 副省长何权到村考察
2 村党总支书记张小平陪同副市长赵建明考察
3 位于境内的锡张高速锦丰出入口
4 村貌一角
5 村头谐和埭

联兴村

联兴村位于锦丰镇区，由原联兴、其林、丰乐、南兴、锦丰五村合并而成，区域面积9.96平方公里。辖51个村民小组，有沙钢新村、锦苑新村、西苑小区、西兴花苑4个居民小区，常住人口1.31万人，外来暂住人员1.8万余人。村党委下设党支部11个，党员225人。

近年来，投资320万元租用悦来村6.67公顷流转土地用于大棚优质葡萄栽培，投资800万元对破旧厂房进行综合改建，新建综合性用房5000平方米。投资6300万元，建设锦都中央广场项目。2012年实现工业开票收入3.3亿元，村民人均收入23127元，村级可用财力1180万元。

“小区域、大党建”活动开展以来，围绕“区域共创先，党员同争优”目标，不断打造区域党建工作新亮点。不断挖掘沙上文化资源，充实沙上文化内涵，使沙上文化展示馆发展成为集历史教育、文化教育、沙上人精神风格教育的综合教育基地。利用清风苑宣传教育画廊，深入开展廉洁文化教育活动。投资600万元，建设占地面积8400平方米的社区活动中心，社会综合治理“五位一体”办公室，社区卫生服务站。功能设施方面，主要有电子阅览共享信息工程室、图书室、特色文化展示室等“十个一”文化、服务、休闲场所。2010年新建居家养老服务站，乒乓室、书画室、谈心室、健身室、日托室、棋牌休闲室等基础设施一应俱全。新建1500平方米塑胶篮球场，社区服务中心为群众提供多样文体活动。该村连续多年被评为江苏省文明村、社会主义新农村建设先进村、民主法治示范村，苏州市文明村、经济发展百强村，张家港市文明村标兵、“十佳党组织”等荣誉称号。

1 村党委书记茅斌陪同苏州市委副书记陈振一等领导考察
2 文化部“国家公共文化服务体系建设”代表团到村考察
3 锦都中央广场奠基仪式
4 欢迎奥运选手陆浩杰载誉归来
5 村篮球队获市第三届“华泰旅游杯”党委村篮球赛亚军
6 农家书店启用

刘村村

刘村村位于塘桥镇北部，东邻牛桥村，南接巨桥村，西连滩里村，北临永南河与南丰镇交界，总面积4.88平方公里，其中耕地284.07公顷，下辖30个村民小组，26个自然村，常住人口4455人，其中户籍人口3526人、外来人口929人。2012年，全村经济总收入25844万元，人均纯收入20136元，村级可用财力388万元，连续三年被评为市文明村、文明社区。

该村地理位置偏僻，交通闭塞。2001年工业产品销售收入仅为205万元，为市级经济薄弱村。为改变贫穷落后的现状，村党总支领导全村人民，开展了一场脱贫致富的攻坚战。近年来，该村"筑巢引凤"，兴建标准型厂房2.4万平方米，引进企业40余家。2012年，全村工业产品销售收入2.4亿元。该村还大力发展高效优质农业。2010年组建土地股份专业合作社，专业经营60公顷，其中"三安"有机水稻20公顷。2012年扩大到181.74公顷，其中有机水稻40公顷，实现利润50万元，村民每股分红870元。该村参加了鹿苑农产品种植合作社，种植高效水果日本甜柿和晚秋黄梨。2013年，刘村村继续加大招商引资力度，力争工业销售达到2.5亿元，技改投入超3千万元，村级可用财力达到450万元，村民每股分红超1000元。

1 村党总支书记孙剑敏
2 中央组织部组织二局调研员、副处长金玉磊到村调研
3 抢收"三安"有机稻
4 村骨干企业江苏恒宇科技股份有限公司
5 中草药种植基地

塘桥镇

塘桥镇位于张家港市东南部，东邻常熟市海虞镇，南连凤凰镇，西接杨舍镇，北靠南丰镇，是全国文明镇、全国环境优美镇、中国棉纺织毛衫名镇、中国农村改革典型镇。全镇总面积94.26平方公里，耕地面积3894公顷，辖2个办事处、14个行政村、4个社区居委会。2012年年末，全镇有户籍人口9.12万人，另有外来暂住人口5.85万人。全年实现地区生产总值148.93亿元，其中一、二、三产业增加值分别为3.01亿元、88.85亿元和57.07亿元；完成全口径财政收入15.07亿元，其中公共财政预算收入6.51亿元；完成全社会固定资产投资36.34亿元。全年实现工业产品销售收入342.5亿元，有28家企业年销售收入超亿元，其中华芳集团实现销售收入116.8亿元，列张家港市百强骨干企业第4位。江苏张家港新能源产业园与复旦大学信息科学与工程学院签约组建全市首家“千人计划研究院”，塘桥东城科技创业园获批江苏省高新技术创业服务中心。以村为经营主体的股份合作改革全力推进，妙桥片6个村（居）、鹿苑片5个村（居）分别成立金桥投资发展有限公司、鹿苑农产品种植专业合作社。城乡养老保险实现并轨，覆盖率99.6%。年内，塘桥镇获江苏省农村劳动力充分转移就业乡镇和苏州市文明镇、苏州市科普示范镇、苏州市率先实现农业机械化示范镇、苏州市村镇建设先进集体、苏州市人口和计划生育工作先进集体等荣誉称号。

1. 4月9日，省委常委、苏州市委书记蒋宏坤到滩里社区考察
2. 8月2日，省农委副主任张坚勇到牛桥村考察优质蔬菜基地
3. 8月2日，江苏省原副省长、著名水稻栽培专家凌启鸿到塘桥镇考察水稻生产
4. 8月3日，苏州市委副书记陈振一到牛桥社区考察
5. 9月28日，张家港市委书记徐美健，市委副书记、市长姚林荣考察塘桥街景改造
6. 6月28日，塘桥镇纪念中国共产党成立91周年大会召开
7. 高考期间，镇党委书记王松石到塘桥高级中学慰问师生
8. 改造后的镇机关大院夜景

4

5

6

7

8

1

苏欣诚机电科技有限公司新能源汽车充
奠基仪式
江苏欣诚机电科技有限公司
奠基
2

3

江苏旭晶新能源科技有限
JIANGSU XUJING NEW ENERGY TECHNOLOGY CO
4

塘桥镇现代生态高效农业产业园规划方案专家论证会
5

保意电器塘桥连锁店
盛大开业
6

1 镇党委副书记、经服中心主任张毅到企业慰问高温坚持工作的职工
2 1月30日，江苏欣诚科技新能源汽车充电板项目奠基仪式
3 江苏力天新能源科技股份有限公司生产车间
4 江苏旭晶新能源科技股份有限公司外景
5 塘桥镇现代生态高效农业产业园规划方案专家论证会
6 8月18日，保意电器塘桥店开业
7 室内立体育秧
8 国家级河蟹养殖基地
9 雅农生态园
10 刘村“三安”有机水稻种植基地

塘桥镇

①

②

③

④

⑤

2012年塘桥杯全国乒乓球锦标赛
主办单位：国家体育总局乒羽中心 江苏省体育局
承办单位：张家港市人民政府
协办单位：张家港市体育局 张家港市塘桥镇人民政府
支持单位：苏州大卫木业有限公司 张家港雄正酒业有限公司
张家港九洲家居装饰城（市场）有限公司 江苏沛愉食品饮料有限公司
永钢集团
YONGLIAN CHINA
中国永联村
⑥

1 1926 年金村党支部遗址园茂里
2 改造后的金村老街
3 何桥安置小区
4 金村苑小区
5 改造后的镇人民路
6 “塘桥杯”全国乒乓球锦标赛
7 塘桥镇领军型人才与科技企业对接洽谈会
8 金村庙会
9 市群众文艺团队“百团大展演”塘桥专场
10 镇网格文艺团队到敬老院慰问演出
11 金塘桥笔会

7

8

9

10

11

镇中社区

镇中社区位于塘桥中心镇区，东至青龙塘，南至华妙河，西至时代新城，北至小脉塘，区域总面积1.7平方公里。2004年3月由原镇中居委会和杨园村合并而成。2012年，下设41个居民小组，有居民3500余户，暂住人口7650人，常住人口近2万人。村居合并后，社区居委会通过对闲置土地的整理、破旧厂房的改造，原抵押厂房的回收、标准型厂房的建设、三产项目的发展等，大力发展经济。2012年年末，辖区内有工业企业43家，其中年销售收入在500万元以上的有13家，年销售收入超千万元的有4家。2012年，社区完成工业产品销售收入3.1亿元，利润总额2000余万元，三产增加值超3.6亿元，技改投入2800万元。近年来，镇中社区以创建为抓手，不断提升社区的形象，先后创建成江苏省绿色社区、苏州市绿色社区、苏州市安全社区、张家港市和谐社区，并连年被评为张家港市文明社区。

1 社区党总支书记庞利新
2 丽晶园别墅区
3 “社保情系镇中”文艺演出
4 社区腰鼓队
5 “文明百村欢乐行”进社区

妙桥社区

妙桥社区位于塘桥镇东南部，区域总面积3.76平方公里，有18个村民小组，9个居民小组，常住人口6180人。2012年，社区有私营企业68家，实现销售收入6.5亿元，利税5000万元，人均收入2.2万元。近年来，社区党总支以科学发展观为指导，在大力发展经济的同时，促进人居、卫生、体育等各项社会事业协调发展，并以城乡一体化建设为契机，加快居民小区建设，积极创建设施齐全、环境优美、人居安稳、服务周到、文化繁荣的居民住宅示范区。同时，大力推进各项公共设施建设，办好工业区、商业区、医务室、文化活动室和夕阳红文艺活动等，全力打造新型、现代化的平安社区。2012年，妙桥社区荣获市文明社区称号。

1 社区党总支书记吴正东
2 社区办公楼夜景
3 社区夕阳红艺术队
4 卢厅动迁小区一角
5 市沁诺利针织服饰有限公司

凤凰镇

凤凰镇位于张家港市南端，全镇总面积78.79平方公里，辖2个办事处，15个行政村，4个社区居委会。全镇有常住人口10.3万人。2012年实现地区生产总值87.98亿元。完成全口径财政收入14.34亿元。全镇农民人均纯收入2.18万元。完成经济总收入325.28亿元。年末有企业1635家，全镇有超亿元企业47家，其中，超20亿元企业2家。全镇工业产品销售收入279.17亿元，利税总额12.89亿元，入库税金14.1亿元。完成工业技改投入32.61亿元。新批三资企业10家。新注册外资12617万美元，完成进出口总额113460万美元。新批私营企业127家，新增注册资本43810万元。全年实现服务业增加值30.2亿元，农业总产值6.15亿元，全镇新增各类高效农业生产面积224公顷，累计1429公顷；新增设施农业面积151公顷，累计464公顷。投入镇村建设资金13亿元。高标准完成村庄环境整治288个，新增成片造林322.2公顷，新建公共活动场地3.8万平方米，停车位300余个。新建安置房63幢、1564套、25.3万平方米。年内，凤凰镇被评为张家港市文明镇、农业农村工作先进镇、利用外资先进单位和利用外地资本先进单位、新兴产业培育先进单位、社会治安安全镇等称号。

1 江苏省省长李学勇到凤凰镇调研

2 省委常委、苏州市委书记蒋宏坤到凤凰镇调研

3 凤凰镇行政管理体制改革试点启动仪式

4 惠晶显示科技公司平板显示器项目开工典礼

5 改造后的港口商业街

6 凤凰湖全景

7 恬庄古街民俗风情展演

8 大棚桃花

9 双龙花园

⑥

⑦

⑧

⑨

凤凰村

凤凰村位于风景秀丽的凤凰山南麓，距凤凰镇区3公里。区域面积5.42平方公里，全村有36个村民小组，1179户，总人口3642人，耕地面积110公顷。全村经济总收入3.03亿元，村民人均收入20031元。村有企业42家，其中中外合资企业1家，超千万元的规模企业7家，涉及建材、五金、化工、纺织等行业，工业开票销售收入2.6亿元，村级可用财力670万元。2012年被评为苏州市规范化村调解委员会、张家港市文明村、张家港市人口和计划生育工作模范村。

1 村委会办公楼外景
2 村委会服务大厅一角
3 市枫艳制衣有限公司
4 德嘉标准件厂
5 凤凰桃花园

西参村

西参村位于凤凰镇西部，距凤凰镇区2公里。区域面积3.28平方公里。全村有32个村民小组，818户，2715人。耕地面积72公顷。全村经济总收入8.09亿元，农民人均收入21210元。近年来，该村大力发展村级经济，吸引能人进村办企业，引凤入巢。强化服务，建标准型厂房1.78万平方米、促进村级经济持续发展。2012年，全村拥有私营企业76家，其中，新增8家，注册资本458万元，形成了以针织、鞋帽、机电等为主导产业的村级工业特色。全村完成工业开票收入6.8亿元，技改投入4600万元，村级可用资金520万元，比上年增10%。村级经济的发展，增加了关注民生的资本。村委认真落实低保政策，扶贫帮困，切实解决村民的困难，全年发放低保金、救助金、助学金、“三老金”54.5万元。2012年，被评为苏州市民主法治村、张家港市文明社区。

1 村党总支书记许栋贤
2 市东隆制衣有限公司
3 市华盛帽业有限公司
4 张家港茂欣家居用品有限公司
5 市杰创机械有限公司

乐余镇

乐余镇位于张家港市东北部，与南通市隔江相望，有沿江岸线22.5公里和全市唯一保存完好的民国老街。全镇总面积93.39平方公里，耕地面积4326公顷。辖2个办事处、24个行政村（场）、3个社区居委会。有户籍人口78625人，其中非农人口1.49万人，另有外来暂住人口1.5万人。2012年实现地区生产总值59.39亿元，比上年增9.37%，其中一、二、三产业增加值分别为3.74亿元、32.43亿元、23.22亿元，按户籍人口计算，人均生产总值为7.55万元。完成全口径财政收入7.62亿元，其中公共财政预算收入3.58亿元，比上年增6.5%。完成全社会固定资产投资24.76亿元，比上年增22.1%。全年完成经济总收入172.94亿元，入库税收7.62亿元，比上年增9.4%。实现工业产品销售收入147亿元，比上年增2.7%；创利税收7.53亿元，比上年增8%。全镇农民人均纯收入21168元，比上年增19.04%。年内，乐余镇获全国“社区乡镇阅读推广活动优秀案例征集”最佳案例奖、江苏省标准化社区教育中心、苏州市人口和计划生育先进镇、苏州市农村圩区堤防达标建设先进镇等称号。

1 省委常委、苏州市委书记蒋宏坤考察江苏海狮机械集团
2 苏州市委副书记、市长阎立到镇慰问敬老院老人
3 张家港市委副书记、市长姚林荣看望慰问乐余高级中学教师
4 改建后的镇政府大院
5 乐余新街门楼
6 亮化后的人民路夜景
7 乐余镇第六届阅读节暨第十届社区文体艺术节
8 乐余镇庆“五一”劳动者风采文艺晚会
9 乐余镇全民健身活动助力现代化建设
10 乐余广场

齐心村

齐心村位于乐余镇北部，沿江公路贯穿其中，2004年3月由原齐心村、鼎兴村、光文村和种子场四村合并而成。全村辖区面积9.13平方公里，设42个村民小组，农户2280户，常住人口5736人。村党总支下设3个党支部，有党员128人。

在市、镇两级党委和政府的领导下，全村上下自加压力、团结拼搏，经济总量稳步增长，各项社会事业取得长足进步。村内兴建的标准型厂房5000平方米。至2012年年末，有村属企业21家，2012年全村完成工业销售收入8000万元，利税1260万元，全年实现可用财力159万元。

在村级经济快速发展的同时，各项社会事业同步发展。近年来，新建篮球场、老年活动中心、乒乓室、图书室、卫生服务站、居家养老等健身、休闲、服务、娱乐场所，不断满足社区居民在精神文化生活方面的需求。社区以“心系群众、服务人民”为宗旨，不断提高综合服务质量和水平。齐心村先后获张家港市文明村、征兵工作先进单位、计划生育先进单位等荣誉称号。

1 村党总支书记周峰
2 村社区服务中心
3 社区配套设施
4 村骨干企业
5 村公共健身场所

红联村

红联村位于乐余镇东部，妙丰公路西侧，常通港贯穿东西，水陆交通便利。全村总面积4.78平方公里，有村民小组30个，农户1535户，户籍人口4257人，村党总支下设4个党支部，共有党员128人。

前进中的红联村经济发展蒸蒸日上，环境面貌日新月异。至2012年年末，村内有私营个体企业13家，实现工业销售1亿元，利税700万元，村级可用财力165万元，村民人均纯收入20907元。全村村组道路全部硬化，绿地面积20公顷；社区服务中心设施齐全，包括社区广场、一站式服务大厅和红联社区健康苑，健康苑内有医疗服务中心、乒乓室、书画室、图书阅览室等。红联村先后获得张家港市文明村、文明社区、计划生育先进单位等荣誉称号。

1 省委常委、苏州市委书记蒋宏坤走访红联社区农户
2 村党总支书记张军
3 社区办公楼外景
4 功能齐全的社区服务大厅
5 “文明百村欢乐行”进村
6 村篮球队参加比赛
7 社区健身休闲设施

1

2

3

4

5

6

7

乐余社区

乐余社区位于乐余镇镇区，与南通市区隔江相望，204国道与乐红公路贯穿社区。社区占地面积4平方公里，实行村居合一，1997年由乐余中心社区、乐余村、快乐村、扶桑村和扶海村部分合并而成。社区设党总支，下辖7个党支部，其中农村支部3个、企业支部3个、居委支部1个，党员总数252人。乐余社区共有28个村民小组，农户1823户，农业总人口4071人，外来人口2300人；21个居民小组，共4321户，人口10034人，外来人口3509人。社区有集中居住的新型小区3个，自然村落28个，需通过改造保留的村落3个，涉及农户户数120户。

乐余社区所辖区域拥有工业企业数36家，其中进入工业集中小区的企业数80%，2012年村完成工业销售2.5亿元，可用财力314万元，农民人均收入22426元。

乐余社区建有建筑面积2800平方米的社区服务中心，设有社会保障、计生服务、便民服务、社会救助、法律援助、信访接待、民事调解、党员服务8个服务中心，并设有警务室、卫生服务站、市民法制学校、多功能影音会议厅、远程教育中心、图书馆、电子阅览室、书画室、展览室、健身房、乒乓球室、老年人活动中心等配套服务中心。此外，社区内还设有业余文艺团队，有室外健身场地500平方米，包括塑胶场地的标准篮球场2个、羽毛球场2个、门球场1个，室外乒乓球桌2个，健身路径多处。201路、221路、302 路公交车开通到村。

近年来，乐余社区获得全国计划生育先进村，全国五星级农家书屋、江苏省规范化居民学校、江苏省卫生村、江苏省文明村、江苏省和谐社区建设示范村、江苏省绿色社区、江苏省民主法治示范村、江苏省集体资产管理示范村、苏州市文明村、苏州市民主法治村、苏州市远程教育示范点等多项荣誉称号。

1 党总支书记李红芳
2 党总支赴香山开展“缅怀革命先烈、发扬革命传统”扫墓活动
3 社区服务中心外景
4 社区夕阳红艺术队在广场演出

建农村

建农村位于南丰镇东北部，东濒五干河，北与乐余镇交界，双丰路和长安路贯穿全境，交通便捷。总面积2.76平方公里，下辖22个村民小组，有居民889户，2471人。2012年10月，成为党委村，设4个党支部，有党员101人。2012年经济总收入18229万元，村可用财力560余万元，村民人均收入26288元。全村有企业6家。近年来，投资1000余万元新建标准型厂房1.2万平方米。2012年实现工业开票销售收入7500余万元，利税560余万元。建设设施农业43.33公顷，高效农业46.67公顷，规模种植66.67公顷，全村流转土地占耕地总面积的95%，以种植葡萄、果木、蔬菜等经济作物为主。2012年，投资1000余万元建设省级三星级康居乡村，新建居民健康自检屋，免费为村民体检。村出资80余万元对村民参加合作医疗给予补助；为65周岁以上的老人发放生活补贴，为村民免费交纳“幸福港城”家庭财产保险和人身意外保险。注重文体阵地建设，建有综合教育活动室、党员教育服务中心、廉政文化园、宣传文化长廊、图书电子阅览室、书画室及特色文化展示室、文化广场、健身活动器等设施，满足社区居民的精神文化需求。2012年获“江苏省新农村建设先进村”“江苏省民主法治示范村”“苏州市文明村”等多项荣誉。

1 建农村升格为党委村
2 高效农业助增收
3 村民民主协商会
4 村民健康体检屋
5 省三星级康居乡村一角

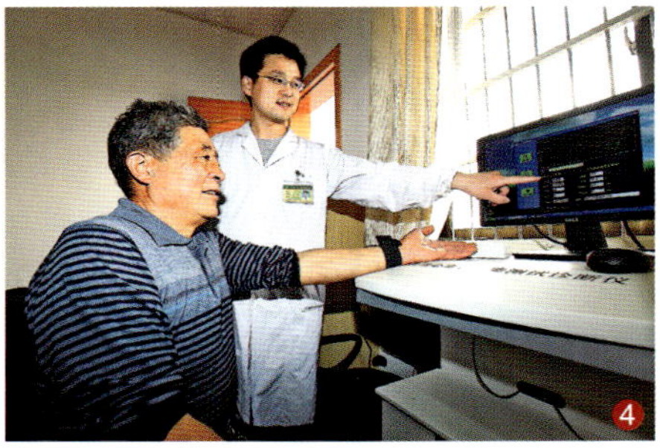

南丰镇

南丰镇位于张家港市东北部，总面积47.66平方公里，耕地面积2020公顷。辖10个行政村、3个社区居委会。全镇总户数19484户，户籍人口4.87万人，另有外来暂住人口2.32万人。全年实现地区生产总值81.61亿元，比上年增12.8%；其中一、二、三产业增加值分别为2.12亿元、62.72亿元、16.77亿元，按户籍人口计算，人均生产总值为16.74万元。全口径财政收入14.79亿元，公共财政预算收入6.26亿元，比上年增15.35%。完成全社会固定资产投资37.9亿元。入库税金14.51亿元，比上年增5.75%。年内，获苏州市率先基本实现农业机械化示范镇、苏州市双拥示范镇、苏州市健康生活方式示范镇、苏州市文明镇、全省和谐社区建设示范镇等荣誉称号。

1 9月25日，省委书记罗志军到南丰镇调研

2 10月26日，永钢集团"百亿项目、千亿企业"工程启动暨能源结构调整项目开工奠基

3 安全通畅的永钢大道

4 南丰镇泗兴佳苑工程开工奠基

5 美丽如画的南丰镇区一角

6 4月7日，吴栋材先进事迹理论研讨会召开

7 4月21日，南丰镇“民情日记”——党员干部连万家活动启动

8 5月26日，南丰镇“五老”队伍建设工作推进会召开

9 6月20日，“德润南丰”公民道德教育专场文艺演出举行

10 9月1日，南丰镇机关道德讲堂开讲

11 9月28日，“我们的节日·中秋”张家港市中华经典诗文朗诵会举行

12 12月29日，南丰镇同城化教育专场文艺演出举行

大新镇

大新镇位于张家港市西北部，北濒长江，西临张家港保税区和江苏扬子江国际化学工业园，东接江苏扬子江国际冶金工业园，全镇总面积40.48平方公里，境内有7.9公里长江岸线。下辖10个行政村和1个社区居民委员会，户籍人口37549人，外来暂住人口31613人。2012年全年实现地区生产总值30.73亿元，服务业增加值10.65亿元，公共财政预算收入2.22亿元。完成全社会固定资产投资13.27亿元，入库税金4.35亿元。全年完成经济总收入76.15亿元。实现工业产品销售收入73.8亿元。年末有企业690家，其中工业企业408家。销售超亿元的企业9家，创利税3.84亿元。新批外资企业6家，累计36家。2012年新增高标准农业面积220.1公顷，设施农业面积60.1公顷，添置各类农机具59台套，发放涉农补贴和奖农资金760万元，惠及农户9056户。创建成苏州市“率先基本实现农业机械化示范镇”，农机化率96.1%。实现农业产值3.26亿元。全镇农民人均纯收入20583元，比上年增17.58%。新增城镇职工养老保险参保1209人，累计18508人，参保率99.8%。

大新镇先后获得国家卫生镇、全国环境优美镇、江苏省新型示范小城镇、江苏省文化科技进步镇和江苏省教育现代化先进镇等荣誉称号。

1 市四套班子领导参加大新镇新东社区安置房竣工仪式
2 大新镇建镇90周年暨第五届全民运动会颁奖晚会
3 大新镇区新貌
4 大新镇第五届全民运动会
5 省三星级康居乡村新凯村日字圩埭

新海坝村

新海坝村位于大新镇东北部，北靠长江，东邻锦丰镇，沿江公路贯穿而过。该村区域面积3.77平方公里，可耕地面积71.07公顷，其中粮田面积33.93公顷、鱼塘养殖水面10.73公顷、生态林绿化面积26.4公顷。共有村民小组28个，总户数856户，其中进入集中居住小区有636户，户籍人口2830人，外来人口970人。2012年11月，新海坝村党总支升格为新海坝村党委。

近年来，新海坝村围绕“强村富民”这一主题，解放思想，主动作为，牢牢抢抓沿江大开发、大建设的发展机遇，大力新建标准型厂房，创新设立浦海丰劳务公司，积极拓宽村级财力增收渠道，2012年完成村级工业开票销售2.76亿元，实现村级可用资金401万元。新海坝村在抓好经济发展的同时，党建工作、精神文明建设不断推陈出新，文明新风户评比、农村两小组长队伍建设、村委会“一票直选”“五步三化”阳光党务公开等经验做法得到上级部门认可和推广。先后荣获为江苏省创建文明村工作先进村、江苏省生态村、苏州市社会主义新农村建设示范村、苏州市廉洁文化建设示范点等荣誉称号。

1

2

1 村党委书记顾官兴
2 市委书记徐美健到村指导工作
3 新海坝村党委成立大会
4 新海坝村村委办公大楼
5 新海坝村新居

3

5

4

新闸村

新闸村位于大新镇北部，东邻大新村，西接朝东圩港村，北靠长江，沿江公路和杨新公路穿境而过，水路交通极为便捷。村域面积约2.54平方公里（其中耕地面积37.2公顷），辖13个村民小组，农户525户，常住人口2070人。村党总支下设新闸村、联合企业、顺康、协诚4个党支部，有党员67人。

近年来，新闸村党总支始终围绕富民强村的总目标，充分发挥地处镇工业集中区的优势，加大招商引资力度，加快发展村级经济，2012年，全村41家企业完成工业开票销售收入3.1亿元，入库税收1448万元，村级可用财力142万元。该村先后荣获江苏省卫生村，江苏省生态村，张家港市文明村、文明社区，张家港市廉洁文化建设示范村等荣誉称号。

1 村党总支书记康卫峰
2 社区办公大楼
3 新闸村廉政文化室
4 华达码头
5 互益染整有限公司
6 永丰生态园及门店

双山岛旅游度假区

双山岛旅游度假区位于张家港市西北郊，地处张家港作业航道与长江主航道之间，与苏州、无锡、泰州和南通四市的长江水域相连。全岛面积约20平方公里，其中堤坝外滩涂湿地约4平方公里，堤坝内面积16平方公里，环岛岸线共16.8公里。是长江中下游地区原始生态环境保持最完好的“生态岛”之一，是镶嵌在长江下游的一颗璀璨的明珠。国际城市规划大师，中国科学院、工程院院士，清华大学一级教授吴良镛曾赞美双山岛“黄金有价，宝岛难求”。

整岛以农业经济为主，无工业，主要发展特色种养业，出产的“双山岛”牌绿色、有机农副产品广受周边消费者好评。岛内主要建有27洞江岛型水上高尔夫球场、五星级标准高尔夫度假酒店、大伯墩湿地公园、双山岛农家乐、双山岛游乐园、渡江战役纪念碑等功能景区。

2011年12月，双山岛旅游度假区党工委、管委会成立，成为张家港市一个全新的板块。2012年9月，双山岛旅游度假区成功创建成省级旅游度假区，在这个高起点上，未来围绕“长江文化第一岛、四时国际养生地、国际品尚运动岛、黄金生态水岸线”的目标定位，依托地处长三角的地理区位，顺应张家港市旅游产业转型升级的发展趋势，发挥“绿岛、亲水”的核心资源优势，以碧水、绿林、良田、湿地为生态大背景，面向中高端消费群体，建设一个集生态旅游、文化体验、健康养生、品尚运动、商务会议、乐活人居等多元复合业态的生态岛、养生岛、运动岛，最终建设成为国内一流、世界知名的国家级旅游度假区和国家AAAAA级景区。

1 省委常委、苏州市委书记蒋宏坤听取双山岛规划情况汇报

2 台风“海葵”期间，市委书记徐美健考察岛内临时过渡房情况

3 市委副书记、市长姚林荣考察双山岛大伯墩湿地公园

4 双山高尔夫球场

5 双山高尔夫酒店

现代农业示范园区

现代农业示范园区东临长江，是江苏省现代农业产业园区和张家港市发展现代农业的核心区域。总面积37.45平方公里，其中耕地面积2266.83公顷，辖7个社区、1个居委会，有户籍人口20925人，外来暂住人口3993人。

2012年，园区紧扣“在全省第一批基本实现现代化”的目标，全力主抓“现代农业发展、城乡一体建设、民生水平提高”等各项工作。成功申报并被认定省级民营科技企业4家，技术开发备案企业6家，产学研合作企业6家，农业产学研合作项目11项。推广农业高效栽培新技术6项，农业特色种植新品种16个。新建河豚繁育、莲藕套养、晚秋黄梨、优质蔬菜等特色基地6个。全面建成蔬菜配送中心及网上配送系统，设立放心蔬菜直销点5家。联农合作社成为苏州市蔬菜直供基地，“常阴沙”大米成功申报国家地理标志保护产品。生态旅游建设步伐加快，先后建成澳洋生态园、震宇生态园、梁丰生态牧业文化园、知青文化主题馆等具有“江南元素、滨江特色、水乡风情、农事体验”等特色的景观景点，游客中心正式对外营业，常阴沙生态农业度假区被评为省四星级乡村旅游区（点）。

1 江苏省农委副主任徐惠中考察园区生态养殖基地
2 江苏省海洋与渔业局局长唐庆宁到园区调研渔业现代化建设
3 苏州市委副书记陈振一考察园区科技中心
4 市委书记徐美健慰问园区便民服务中心工作人员
5 市委副书记、市长姚林荣考察园区

- 6 常阴沙生态农业度假区
- 7 游客集散中心
- 8 生态农业度假区（鱼池）
- 9 高效农业（草莓大棚）
- 10 景观农业风光
- 11 蔬菜配送中心
- 12 常阴沙知青文化主题馆

热烈庆祝金厦房产成立30周年

（1983—2013）

张家港市金厦房地产开发公司是国有全资企业，拥有国家房地产开发一级资质。公司成立于1983年，累计开发面积超过300万平方米，先后获得江苏省房地产综合实力50强企业、第三产业200强、特级资信AAA企业、江苏省住宅商品房综合质量信得过单位、2011年苏州市房地产综合实力20强企业、年纳税超5000万元企业等荣誉称号。

公司倾情打造阳光系列精品楼盘，金厦·阳光水岸，独创高层庭院式住宅在市场上独领风骚；金厦·阳光绿城，新古典主义建筑典范打造金港镇首席大盘；金厦·阳光里程，以五大景观组团、业主专属VIP会所打造城西核心领域高档社区；金厦·阳光怡庭，梁丰生态园北侧首席英伦绅士纯别墅区；金厦·阳光半岛，梁丰生态园西侧集客房、餐饮、茶楼、SPA于一体的精品酒店；金厦·阳光锦程，城东85万平方米地标性高层生态大盘；金厦商务楼，集商务、办公、休闲于一体的港城商务新典范。

金厦房产管理层携全体员工感谢社会各界对金厦房产的关心和支持，回望过去三十年，历经时代变迁；展望未来三十年，金厦房产将继续扬帆起航，秉承“自强不息，追求卓越”的企业精神，努力创造价值生活空间，精心打造“阳光下，好房子，好生活”，为全市人民奉献阳光系列精品住宅。

国家房地产开发
一级资质

江苏省房地产综合实力
50强企业

2011年苏州市房地产综合实力
20强企业

年纳税超
5000万元企业